V&R

Initia carminum Latinorum saeculo undecimo antiquiorum

Bibliographisches Repertorium
für die lateinische Dichtung der Antike
und des früheren Mittelalters

Bearbeitet von

Dieter Schaller und Ewald Könsgen

unter Mitwirkung von

John Tagliabue

Fortgeführt von

Thomas Klein

Supplementband

Vandenhoeck & Ruprecht

Bibliografische Information Der Deutschen Bibliothek

Die Deutsche Bibliothek verzeichnet diese Publikation in der
Deutschen Nationalbibliografie; detaillierte bibliografische Daten sind
im Internet über <http://dnb.ddb.de> abrufbar.

ISBN 3-525-25614-0

Gesamtherstellung: Hubert & Co., Göttingen

Gedruckt auf alterungsbeständigem Papier.

Vorbemerkung

2002 ist das ‘Bonner Incipitarium’ 25 Jahre alt geworden. Schon 1977, im Erscheinungsjahr, wurde an seinem Entstehungsort mit der Planung für eine Fortsetzung begonnen. Es galt, übersehene Texte respektive beiseite gelassene Literatur nachzutragen und auch zusätzlich solche Hinweise zu geben, die eher die Wissenschaftsgeschichte dokumentieren als den aktuellen Wissensstand mehren. Das Hauptaugenmerk lag naturgemäß auf der Auswertung neuer Publikationen in Zeitschriften, Monographien, Editionen und Handschriftenkatalogen. Diese in Bonn kontinuierlich durchgeführten Arbeiten, die bis 1996 unter der Leitung von Dieter Schaller standen, erbrachten eine umfängliche Zettelkartei von z. T. ungleichmäßiger Qualität, mit deren sowohl inhaltlicher als auch redaktioneller Überprüfung und Vervollständigung (systematisch bis zum Jahre 2002, gelegentlich – zumindest in der Bibliographie – darüber hinaus) ich als langjähriger wissenschaftlicher Mitarbeiter und Assistent am dortigen Mittellateinischen Seminar im Rahmen eines DFG-Stipendiums betraut wurde. Es war der ausdrückliche Wunsch der beiden Begründer des Incipitariums, daß ich, nach meiner Berufung an die Martin-Luther-Universität Halle-Wittenberg im Jahre 2002, dieses Projekt in eigener Verantwortung zum Abschluß bringe.

Die nach 25 Jahren veränderten technischen Gegebenheiten nun forderten für die Publikation ein neues, zeitgemäßes Konzept. Einerseits sollte das in diesem Zeitraum gesammelte Material in Buchform publiziert werden, andererseits sollte damit aber auch die Grundlage für die Fortschreibung in wesentlich kürzeren Abständen geschaffen werden. Es entstand die Überlegung, alle Initien – ohne die zusätzlichen Angaben des Basisbandes von 1977 – elektronisch einzulesen. In diesen auf die Gedichtanfänge beschränkten Altbestand sollten dann die neuen Informationen *suo loco* eingefügt werden, so daß in einem wiederum vollständigen Initienverzeichnis auf den ersten Blick die Hinzufügungen und Korrekturen ersichtlich wären und gleichzeitig für die bisherigen Auskünfte auf den Basisband verwiesen würde.

Aufgrund der Reputation, die sich das Incipitarium in einem Vierteljahrhundert internationaler Praxis als Arbeitsinstrument erworben hat, und durch das geschilderte Konzept, seine Fortführung den heutigen Erfordernissen und Möglichkeiten anzupassen, ließ sich die Deutsche Forschungsgemeinschaft dafür gewinnen, die Arbeiten an einem Folgeband von 1999 bis 2002 maßgeblich finanziell zu unterstützen; ihr sei an dieser Stelle Dank gesagt. Die Initien wurden am Seminar für Lateinische Philologie des Mittelalters und der Neuzeit in Marburg erfaßt und für die weitere Bearbeitung zur Verfügung gestellt, wofür ich Herrn Kollegen Ewald Könsgen zu tiefem Dank verpflichtet bin. Unterstützung beim Lesen der Korrekturen erfuhr ich durch Frau Annastina Kaffarnik M.A. (Bonn), die überdies für die EDV-gestützte Aufbereitung des Datenmaterials wie auch für die Fragen der Layout-Gestaltung verantwortlich war; ohne ihre Sachkompetenz und Geduld wäre das Erscheinen dieses Bandes in weitere Ferne

gerückt. Meiner Mitarbeiterin Frau Heike Endermann M.A. (Halle/Saale) danke ich für die mehrfache Durchsicht des Manuskripts. Herr PD Dr. Peter Orth (MGH München) steuerte verschiedentlich wertvolle Ergänzungen und Korrekturen bei, wofür ich aufrichtig zu danken habe. Dem Philologischen Seminar der Rheinischen Friedrich-Wilhelms-Universität Bonn weiß ich für über Jahre hin geleistete technische Hilfestellungen Dank. Der Verlag Vandenhoeck & Ruprecht schließlich, der bereits den Basisband gedruckt hatte, erklärte sich erfreulicherweise dazu bereit, auch das Supplement in sein Programm aufzunehmen.
Leider hat mein verehrter Lehrer Dieter Schaller die Veröffentlichung des Supplementbandes nicht mehr erleben dürfen. Im Andenken an ihn sei seine Einleitung von 1977, deren Gültigkeit uneingeschränkt fortbesteht, mitsamt ihren Anhängen zur Benutzung und Zitation nachstehend wiederabgedruckt.

Halle (Saale), Weihnachten 2004 THOMAS KLEIN

Einleitung (1977)

Das vorliegende Incipitarium[1]) erfaßt, alphabetisch nach den Eingangszeilen (Initien) geordnet, die in Versform überlieferten Texte der römischen und frühmittelalterlichen lateinischen Literatur, d. h. von den Anfängen im 3. Jahrhundert v. Chr. bis zur Wende vom 1. zum 2. Jahrtausend n. Chr. Darüber hinaus wurden Texte des 11. Jahrhunderts noch aufgenommen, wenn sie in dem hierfür zuständigen Initien-Repertorium von HANS WALTHER[2]), das die letzten fünf Jahrhunderte des lateinischen Mittelalters (1000-1500) erfaßt, entweder gar nicht oder mit unzureichenden bzw. überholten Angaben erscheinen. Die nahezu 18000 Initien ergeben sich nicht allein aus den Eingangsversen[3]) selbständiger Dichtungen aller Größenordnungen; es kommen hinzu die Initien

1. der Bücher *(libri)* größerer Dichtungen,
2. der nach Form oder Gattungsstil deutlich sich abhebenden Abschnitte größerer wie kleinerer Dichtungen (jedoch nicht normaler Strophen),
3. der Akte von dramatischen Dichtungen,
4. der Vers-Prooemien (-Prologe) und -Epiloge größerer Werke,
5. der poetischen Schlüsse von Prosabriefen,
6. der Versbestandteile von sogenannten Prosimetra.

Aufgenommen sind ferner solche Einzelverse oder -distichen, die n i c h t in das Sammelgebiet des (auch antikes Spruchgut mitberücksichtigenden) Proverbien-Repertoriums von HANS WALTHER[4]) fallen.

---

[1]) Als Kurzbenennung unserer ‚Initia Carminum Latinorum' (ICL) verwenden wir – wenn auch nicht im Titel – das inzwischen häufiger gebrauchte Kunstwort „Incipitarium".

[2]) Carmina Medii Aevi Posterioris Latina I: Initia Carminum ac Versuum Medii Aevi Posterioris Latinorum – Alphabetisches Verzeichnis der Versanfänge mittellateinischer Dichtungen. Unter Benutzung der Vorarbeiten ALFONS HILKAS bearbeitet von HANS WALTHER, Göttingen (Vandenhoeck & Ruprecht) ²1969. Vgl. dazu meine Hinweise MlatJb 9/1974 p. 314s. und die Ergänzungslisten von JÜRGEN STOHLMANN, MlatJb 7/1972 p. 293-314, 8/1973 p. 288-304, 9/1974 p. 320-344, 12/1977.

[3]) Bei extrem kurzen Versformen wird nötigenfalls die 2. Zeile hinzugenommen, ebenso bei identischen Anfängen verschiedener Gedichte diejenige Zeile, in der der Textunterschied einsetzt.

[4]) HANS WALTHER Proverbia Sententiaeque Latinitatis Medii Aevi. Lateinische Sprichwörter und Sentenzen des Mittelalters in alphabetischer Anordnung, I-V Göttingen 1963-1967; VI Register, Göttingen 1969.

Zielsetzung

Für die lateinischen Dichtungen der Antike ist das Incipitarium lediglich ein alphabetischer Index mit Autor- und/oder Zitierangabe. Hingegen soll es für die Jahrhunderte der Übergangszeit zum Mittelalter und des frühen Mittelalters darüber hinaus die Funktion eines bibliographischen Handbuches haben.
Diese differenzierte Zielsetzung ergab sich durch die unterschiedliche Forschungssituation der Klassischen Philologie auf der einen und der Mittellateinischen Philologie auf der anderen Seite.
Da die jahrhundertelangen Bemühungen um die Texte der römischen Literatur eine sorgfältige Registrierung in vorzüglichen literarischen Gesamtdarstellungen und großen Sammelwerken, allen voran der ‚Realencyklopädie der classischen Altertumswissenschaft', gefunden haben und durch die bibliographische Berichterstattung vor allem in ‚L'Annee philologique' von Jahr zu Jahr weiter verfolgt werden, ist es für ein Incipitarium, wenn es wie das hier vorgelegte einen ökonomisch vernünftigen Umfang nicht überschreiten soll, unzweckmäßig, den Initien der antiken Dichtung bibliographische Angaben beizufügen, nur um hinter einer sich von Jahr zu Jahr rapide vermehrenden wissenschaftlichen Produktion dann doch alsbald zurückfallen zu müssen.
Sehr viel weiter gehende Bedürfnisse ergeben sich demgegenüber für die lateinische Dichtung des frühen Mittelalters, eine in bezug auf Editions- und Interpretationsstand überaus heterogene, in verschiedenartigsten Publikationen (sofern überhaupt) edierte bzw. traktierte Masse von Texten, die einer enzyklopädischen Gesamtdarstellung ebenso wie einer umfassenden bibliographischen Registrierung jährlich hinzukommender Forschungsarbeiten bislang entraten muß.
Während die Gedichte klassischer Autoren dank einer längst durchgesetzten kanonischen Zitierzählung in beliebigen Editionen ohne Schwierigkeit aufgeschlagen werden können, ergibt sich für die Dichtung des Mittelalters die Notwendigkeit, eine Konkordanz der je verschiedenen numerischen Zitationen in Corpora, Werkeditionen einzelner Verfasser und Separateditionen einzelner Texte oder Textgruppen, von denen manche in Konkurrenz zueinander oder in Unwissenheit voneinander entstanden sind, herzustellen.
Das Incipitarium ist nicht nur hierfür der geeignete Ort, sondern auch für die Erfassung der mannigfaltigen Beiträge zur Überlieferung, Kommentierung und Interpretation, die sich – über eine internationale Vielzahl von Einzelpublikationen und Zeitschriften der verschiedenen Philologien, der Geschichtswissenschaft, der Theologie, der Kunst- und Musikgeschichte verstreut – in den seit dem Erscheinen der jeweils maßgeblichen Editionen bis heute vergangenen Jahrzehnten angesammelt haben.
Wir hoffen, bis zum Jahre 1974 einschließlich das Wesentliche erfaßt zu haben. Publikationen der Jahre 1975 und 1976 konnten nur ausnahmsweise, soweit es technisch noch möglich war, berücksichtigt werden.

Einschränkungen

muß das Programm erleiden hinsichtlich zweier großer Komplexe von Texten, bei denen Vollständigkeit der Aufnahme bzw. der beigegebenen Information anzustreben untunlich war: bei den l i t u r g i s c h e n und den e p i g r a p h i s c h e n Texten.
Die l i t u r g i s c h e Dichtung besitzt ihr Incipitarium – wenn auch ein mehr und mehr veraltendes – im Repertorium Hymnologicum von ULYSSE CHEVALIER, auf dessen Nummern in unserem Incipitarium verwiesen wird.
Die weitverstreute Literatur im Bereich vor allem der Liturgie- und Musikwissenschaft müßte für eine in absehbarer Zeit fällige Neubearbeitung des Rep. Hymn. erfaßt werden; für das vorliegende Incipitarium war es unmöglich. Drei nach speziellen Gesichtspunkten gearbeitete Repertorien erschienen in letzter Zeit und konnten für die ältere Hymnodie von uns im wesentlichen ausgewertet werden:

Monumenta Monodica Medii Aevi (MMMA)
Corpus Antiphonalium Officii (CAO)
An Index to the Chant of the Mozarabic Rite (RANDEL).

Nicht verarbeitet haben wir den ‚Index of Gregorian Chant' ed. BRYDEN/HUGHES, I-II Cambridge (Mass.) 1969. Für die schärfere Erfassung der liturgie- und musikgeschichtlichen Probleme muß auf die genannten Repertorien und ihre Register verwiesen werden.
Unser Bestreben zielte allein darauf, die Hymnen- und Sequenzendichtung bis zum beginnenden 11. Jh. nach den maßgeblichen Ausgaben zu registrieren und die wichtigsten Forschungsbeiträge anzuführen. Bloße Erwähnung von Hymnenanfängen hinsichtlich ihres liturgischen Gebrauchs in liturgischen Hss. und Büchern, in *Ordines, Consuetudines*[5]) usw. blieben grundsätzlich unberücksichtigt, es sei denn, die Erwähnung verdient ein besonderes überlieferungsgeschichtliches Interesse.
Die Tropendichtungen[6]) sind nur in den wenigen Fällen aufgenommen worden, wo zu den vom Rep. Hymn. gemachten Angaben Ergänzungen anfielen. Im übrigen rechtfertigt sich diese Abstinenz durch das zur Zeit an der Universität Stockholm in Ausarbeitung befindliche ‚Corpus Troporum'[7]).
Die Aufnahme der e p i g r a p h i s c h e n Dichtungen mußte beschränkt werden auf die in den allgemein bekannten Textsammlungen und Corpora enthaltenen Texte. Epigraphische Spezialforschung konnte nicht verarbeitet werden; wir waren indes bemüht, Textfunde der letzten Jahrzehnte zu erfassen[8]). Die E p i g r a p h i k benötigt ein spezielles Repertorium[9]). Der Anspruch unseres Incipitariums konzentrierte sich auf die Dokumentation vor allem der literarischen Überlieferung epigraphischer Dichtungen.

---

[5]) Vgl. hierfür z. B. die Register im ‚Corpus Consuetudinum Monasticarum' IV 1967 p. 324-326.
[6]) In der Hauptsache gesammelt in AH 47 und 49 und im Nachtragsband V des Rep. Hymn. indiziert.
[7]) Vgl. den Bericht in Scriptorium 29/1975 p. 107–111.
[8]) Maßgeblich hierfür waren die Hinweise in ‚L'Année Epigraphique'.
[9]) In diesem Zusammenhang ist hinzuweisen auf den Plan einer neuen Sammlung der ‚Carmina Latina Epigraphica' als CIL 18. In seinem Vorbericht (Philologus 108/1964 p. 304-310) spricht HANS

Anlage der Artikel

Je nach den Erfordernissen der Forschungslage bedingt sich die Zahl der den einzelnen Initien angefügten Zusatzangaben, die durch die (unten zu erläuternden) Sigla

A E T C M B I

charakterisiert sind.

Im Minimalfall besteht ein Artikel aus dem (fortlaufend numerierten) Initium mit angefügter arabischer Ziffer, die die Anzahl der Verszeilen des Textes bezeichnet[10]), und darunter der A-Zeile, die den Namen des Autors und/oder der Dichtung und die Zitierzählung enthält. Diese einfachste Form des Artikels wird in der Regel nur bei klassischen Autoren mit kanonischer Zitierzählung auftreten. Bei viel behandelten bzw. problemreichen Gedichten des Mittelalters können dagegen umfangreiche Artikel notwendig werden.

In den Artikeln wird überwiegend von Abkürzungen und Kurzzitierungen Gebrauch gemacht. Zu ihrer Auflösung dient die alphabetische B i b l i o g r a p h i e am Anfang des Bandes, die darüber hinaus die wichtige Funktion hat, unter den Lemmata der Autoren und Werke außer den in den Artikeln abgekürzt vorkommenden noch weitere einschlägige Editionen und Werke der Sekundärliteratur anzugeben. Diejenigen Editionen und Werke, die für eine Mehrzahl von Autoren von Bedeutung sind, sind suo loco im Alphabet bibliographisch aufgeschlüsselt. Auch Periodica und Sammelwerke erscheinen mit ihren Sigla im bibliographischen Alphabet.

Im einzelnen ist zu den Angaben, die unter den oben genannten Sigla gemacht werden, folgendes zu beachten.

A Hier erscheint der Name des Verfassers bzw. der Dichtung gegebenenfalls in abgekürzter Form, die für den Alphabetisierungsort in der Bibliographie maßgeblich ist. Bei Unsicherheit der Zuschreibung steht hinter dem Dichternamen ein Fragezeichen; anonym oder mit dubioser Zuschreibung überlieferte Gedichte erhalten als Verfasserangabe „inc.“ (incertus) und eine Angabe über die Entstehungszeit, z. B. „saec. X/XI“, mit oder ohne Fragezeichen. Hinter der Verfasserangabe, durch

---

KRUMMREY von ca. 2500 Versinschriften, „die heute bekannt sind“. Vgl. außerdem den Arbeitsbericht von KRUMMREY in: Akten des VI. Internationalen Kongresses für Griechische und Lateinische Epigraphik. München 1972 (Vestigia 17) München 1973 p. 529. Die nationalen Corpora der Inschriften des Mittelalters, vor allem „Die deutschen Inschriften“ und „Corpus des Inscriptions de la France Médiévale (VIIIe-XIIIe s.)“ befinden sich noch in den Anfangsstadien. Wir haben das Vorliegende ausgewertet.

[10]) Bei fragmentierten Texten ist diese Zahl durch „fr“ entweder ergänzt oder ersetzt. – Eine etwaige Strophengliederung ist unberücksichtigt geblieben. Für Sequenzen wurde durchweg auf eine Zeilenzählung, die inkommensurabel wäre, verzichtet.

Doppelpunkt getrennt, steht gegebenenfalls der Titel der Dichtung nebst der numerischen Zitierung. Ist eine Situierung des Textes in keiner Weise möglich oder tunlich, entfällt die A-Zeile ganz.

E Genannt werden in der Regel nur die jeweils maßgeblichen Editionen des Textes, darüber hinaus wissenschaftlich noch gültige Text-Corpora, in die er aufgenommen ist, und zwar AL, PLM, CSEL, CC, AH, MGH, RIS, RBMAS auch dann, wenn hernach bessere Editionen der betreffenden Texte vorgelegt worden sind, damit das Incipitarium die Funktion einer Konkordanz der wichtigsten Corpora wahrnehmen kann. Die in ihnen aufgrund einer irrtümlichen Frühdatierung enthaltenen Texte des späteren Mittelalters und der Renaissance sind daher ins Incipitarium aufgenommen worden. MIGNES ‚Patrologia Latina' wird nur in besonders begründeten Fällen zitiert[11]), stets jedoch das ‚Supplementum' von HAMMAN.

T benennt Übersetzungen in eine moderne Sprache von wissenschaftlicher Qualität.

C benennt wissenschaftliche Kommentare, soweit sie nicht schon Bestandteile der zuvor genannten Editionen sind[12]).

M bietet Angaben über (zusätzliche) Manuskript-Überlieferung, die in den voranstehend genannten Editionen entweder nicht berücksichtigt oder unzureichend beschrieben ist.
Dies geschieht entweder durch die Anführung einschlägiger wissenschaftlicher Publikationen oder aber durch die Nennung von Handschriften.
Gegebenenfalls wird zusätzlich oder stattdessen auf den gedruckten Handschriftenkatalog der betreffenden Bibliothek verwiesen; im übrigen impliziert jede Nennung einer Hs. immer die einschlägige Stelle in dem betreffenden Bibliothekskatalog, der durch das Repertorium von P. 0. KRISTELLER[13]) nachgewiesen ist.
Systematische Nachforschungen in den Handschriftenbeständen der Bibliotheken konnten für das Incipitarium nicht eigens angestellt werden; nichtsdestoweniger enthält es eine beträchtliche Zahl diesbezüglicher Hinweise, die sich durch spezielle Forschungsarbeiten ergeben haben. Die zahlreichen Beiträge BERNHARD BISCHOFFS zu dieser Rubrik (vgl. Vorwort S. V) sind durch das Sigel ‚B.B.' am rechten Zeilenende markiert.
Wenn die M-Zeile an die Stelle einer fehlenden E-Zeile tritt, ist unseres Wissens der Text ein Ineditum.

---

[11]) Hierfür steht das Incipitarium von M. VATTASSO Initia Patrum, I-II (Studi e Testi 16-17) Romae 1906-1908/[n]1959, zur Verfügung.

[12]) Für die Übersetzungen und Kommentare des Mittelalters und der Renaissance muß auf ein eigenes Repertorium verwiesen werden: Catalogus Translationum et Commentariorum: Mediaeval and Renaissance Commentaries ed. P. O. KRISTELLER, I-III Washington 1960-1976.

[13]) P. O. KRISTELLER Latin Manuscript Books before 1600. A List of the Printed Catalogues and Unpublished Inventories of Extant Collections, New York ²1960.

B Hierunter erscheinen etwa vorhandene Bibliographien oder auch nur einzelne bibliographische Angaben zu den Texten, sowohl in der Spezialliteratur wie in anderen Repertorien (z. B. WIC, Rep. Hymn., Clavis, DÍAZ, SZÖVÉRFFY).
Soweit Bibliographien den Editionen oder Übersetzungen beigegeben sind, wird darauf nicht eigens hingewiesen, und ebensowenig auf die einschlägigen Stellen in den Standardwerken der Literaturgeschichte und Kirchengeschichte[14]) oder in Enzyklopädien und anderen alphabetischen Nachschlagewerken[15]) sowie Bibliographien[16]) – es sei denn, die benötigte Information steht dort an einem mehr oder weniger „versteckten Ort".

I Aufgeführt werden neuere Textinterpretationen ebenso wie vereinzelt in wissenschaftlicher Literatur vorgefundene erklärende Bemerkungen zu den Texten, hingegen n i c h t Zitierungen aus ihnen en passant in weiteren Zusammenhängen und beiläufige Erwähnungen „exempli gratia".

---

[14]) MARTIN SCHANZ/CARL HOSIUS/GUSTAV KRÜGER Geschichte der römischen Literatur (Handbuch der Altertumswissenschaft VIII 1-4) I-II München ^{4}1927 –1935, III ^{3}1922 IV 1 ^{2}1914, IV 2 1920/^{n}1959 – PIERRE DE LABRIOLLE Histoire de la Littérature Latine Chrétienne, Troisième Edition, revue et augmentée par GUSTAVE BARDY, Paris 1947 – BERTHOLD ALTANER/ALFRED STUIBER Patrologie. Leben, Schriften und Lehre der Kirchenväter, Freiburg/Basel/Wien ^{7}1966 – MAX MANITIUS Geschichte der lateinischen Literatur des Mittelalters, I-III (Handbuch der Altertumswissenschaft IX 2) München 1911-1931/^{n}1964-1965 – F. J. E. RABY A History of Christian-Latin Poetry from the Beginnings to the Close of the Middle Ages, Oxford ^{2}1953 – F. J. E. RABY A History of Secular Latin Poetry in the Middle Ages, I-II Oxford ^{2}1957 – FILIPPO ERMINI Storia della Letteratura latina medievale dalle origini alla fine del secolo VII, Spoleto 1960 – FRANZ BRUNHÖLZL Geschichte der lateinischen Literatur des Mittelalters, I München 1975 – ALBERT HAUCK Kirchengeschichte Deutschlands, I-V 2 Berlin/Leipzig ^{8}1954.

[15]) Paulys Realencyclopädie der classischen Altertumswissenschaft. Neue Bearbeitung hrsg. von GEORG WISSOWA, u. a. – Lexikon für Theologie und Kirche. Freiburg i. Br. ^{2}1957 ss. – Dictionnaire d'Archéologie chrétienne et de liturgie, Paris 1924 ss. – Dictionnaire d'Histoire et de Géographie ecclesiastiques, Paris 1922 ss. – Dictionnaire de Théologie catholique, Paris 1923 ss. – Die deutsche Literatur des Mittelalters. Verfasserlexikon, hrsg. von WOLFGANG STAMMLER/KARL LANGOSCH, I-V Berlin 1933-1955 (Neubearbeitung erscheint ab 1977) – Lexikon des Mittelalters (Artemis): In Lieferungen ab 1977.

[16]) Zum Beispiel: L'Année philologique. Bibliographie critique et analytique de l'antiquité gréco-latine – Lustrum. Internationale Forschungsberichte aus dem Bereich des klassischen Altertums – Bibliographia Patristica. Internationale Patristische Bibliographie.

Benutzungsanleitung

1. Beim alphabetischen Aufschlagen des Initiums ist zu beachten, daß im Incipitarium anomale oder spezifisch mittelalterliche Graphien in der Regel (soweit es für die Alphabetisierung relevant war) ersetzt sind durch die Schreibweise des klassisch-lateinischen Standards (etwa orientiert an GEORGES' ‚Handwörterbuch'). Lediglich die alt- und vulgärlateinischen Inschriften sind nicht normalisiert worden.

2. Die Autoren- bzw. Werknamen der A-Zeilen sowie alle in Kurzform (d. h. ohne Vornamensinitiale des Verfassers und ohne Erscheinungsjahr) zitierten Publikationen und alle Sigla sind in der alphabetischen Bibliographie nachzuschlagen, und zwar zunächst unter dem Namen des in der A-Zeile genannten Autors oder Werkes; was in den hierunter zusammengestellten Kurzbibliographien nicht gefunden wird, steht als eigene Aufnahme suo loco im Alphabet.

3. Wenn in der jeweils linken Randleiste zwischen zwei Zahlen der fortlaufenden Numerierung das Zeichen ⊕ erscheint, dann sind die Additamenta am Schluß des Bandes aufzuschlagen, wo entweder der dem Zeichen zur Seite stehende Artikel durch eine zusätzliche Angabe verbessert wird oder aber, wenn das ⊕-Zeichen sich in der Leerzeile zwischen zwei Artikeln befindet, ein nach dem Umbruch hinzugekommener Artikel (vermittelst einer mit ‚a', gegebenenfalls ‚b' bezeichneten Nummer) nachgetragen ist.

NB! Die in diesem Incipitarium vorgefundenen Angaben sollen dem Benutzer ermöglichen, den Editions- und Bearbeitungsstand eines Gedichtes ohne unnötige Sucharbeiten festzustellen. Dazu muß er selbst die im Incipitarium dokumentierten Publikationen ebenso wie die in der Einleitung genannte Handbuchliteratur ihrerseits voll auswerten, außerdem zugehörige Rezensionen, auf die nur in Ausnahmefällen verwiesen ist, hinzuziehen. Die Information wird also nur teilweise explicite, großenteils aber implicite gegeben.

Allgemeine Abkürzungen

aenigm.	aenigma
alloc.	allocutio
anecd.	anecdoton
app.	appendix
arg.	argumentum
c.	columna
carm.	carmen
cf.	confer
comm.	commendatio
comment.	commentarius
concl.	conclusio
dedic.	dedicatio
dict.	dictio
ecl.	ecloga
epigr.	epigramma
epil.	epilogus
epist.	epistula
epitaph.	epitaphium
epithal.	epithalamium
exc.	excerptum
expl.	explicit
f.	folium
facs.	facsimile
frgm.	fragmentum
hymn.	hymnus
inc.	incertus
incip.	incipit
inscr.	inscriptio
invoc.	invocatio
lib.	liber
n.	nota
p.	pagina
prec.	precatio, preces
prol.	prologus
prooem.	prooemium
prop.	propositio
rhythm.	rhythmus
s.	sequens
suppl.	supplementum
syll.	sylloga
tab.	tabula
tit.	titulus
v.	versus

Bibliographie-Supplement

AAAH	Acta ad archaeologiam et artium historiam pertinentia. Series altera in 8°, Institutum Romanum Norvegiae, ed. G. BRETSCHNEIDER (Roma)
Aachener Kunstbll.	Aachener Kunstblätter (Aachen)
AAntHung	Acta Antiqua Academiae Scientiarum Hungaricae (Budapest)
Abbo Flor.	Abbo Floriacensis † 1004
	M LANDES Scriptorium 37/1983 p. 178ss.
	B CALMA I p. 7s.
	B SHARPE nr. 1
	B CANTELLI BERARDUCCI p. 480-482
Abbo Sangerm.	Abbo monachus S. Germani in Pratis † ca. 921
	ETC A. PAUELS Abbo von Saint-German-des-Prés, Bella Parisiacae urbis I (Lateinische Sprache und Literatur des Mittelalters 15) Frankfurt/M. 1984
	B Clavis Galliae I p. 3-5
	I LAPIDGE Anglo-Saxon England 4/1975 p. 67-111
	I EBENBAUER Carmen Historicum I p. 150-174
	I LÖFSTEDT StudMed III 22/1981 p. 261-266
	I LENDINARA Anglo-Saxon England 15/1986 p. 73-89
	I COUPLAND Early Medieval Europe 7/1998 p. 95
ACHTEN Theol. Hss. Berlin	G. ACHTEN Die theologischen lateinischen Handschriften in Quarto der Staatsbibliothek Preußischer Kulturbesitz Berlin (Staatsbibliothek Preußischer Kulturbesitz, Kataloge der Handschriftenabteilung I.2) II Wiesbaden 1984
Acme	Acme. Annali della Facoltà di Lettere e Filosofia dell'Università degli Studi di Milano (Milano)
Acta Classica	Acta classica universitatis scientiarum Debreceniensis ed. S. BORZSÁK Debrecini 1965ss.
ActMus	Acta Musicologica. Internationale Gesellschaft für Musikwissenschaft (Basel)
Adalb.	Adalbero Laudunensis † 1030
	ETC C. CAROZZI Adalbéron de Laon, Poème au Roi Robert (Les classiques de l'histoire de France au Moyen Âge 32) Paris 1979
	B CALMA I p. 14
	BI SZÖVÉRFFY Latin Lyrics I p. 153-160
	I D'ONOFRIO in: Eriugena Redivivus ed. W. BEIERWALTES 1987 p. 62s.
	I CAROZZI MA 82/1976 p. 453-476
	I HOHL in: Mélanges LOUIS II 1982 p. 779-806
	I OEXLE in: Fs. FLECKENSTEIN 1984 p. 495
Ademar.	Ademarus Cabannensis † 1034
	M LANDES Scriptorium 37/1985 p. 178ss.
	B CALMA I p. 42-44
	B CANTELLI BERARDUCCI p. 488-490
Aethelwulf.	Aethelwulfus Lindisfarnensis saec. IX
	B SHARPE nr. 69
	B CALMA I p. 49
	B CANTELLI BERARDUCCI p. 513s.
	I BERSCHIN Biographie III p. 115
Aethilwald.	Aethilwaldus discipulus Aldhelmi saec. VIII
	B CALMA I p. 83
Agius	Agius Corbeiensis saec. IX
	MB HOFFMANN Buchkunst p. 233
	MI U. SCHWAB Einige Beziehungen zw. altsächs. u. angelsächs. Dichtung, Spoleto 1988 p. 192s.
	B CALMA I p. 84s.

B CANTELLI BERARDUCCI p. 436s.
BI KÖNSGEN in: Verf. Lex.[2] I c. 78-82
I GOETTING in: Fälschungen im Mittelalter III Hannover 1988 p. 334s.
I SCHMID Klostergemeinschaft Fulda p. 406
I H. BEUMANN Ausgewählte Aufsätze aus den Jahren 1966-1986, 1987 p. 276
I STIENE MlatJb 22/1987 p. 80-100

Agnell. — Agnellus (sive Andreas) Ravennas — saec. IX
ET Agnellus von Ravenna, Liber Pontificalis ed. C. NAUERTH (Fontes Christiani 21.1/2) Freiburg 1996
B CALMA I p. 85
I CORTESI in: XXVIII Corso di Cultura sull'Arte Ravennate e Bizantina 1981 p. 31-76

AL — E Anthologia Latina, I: Carmina in codicibus scripta 1: Libri Salmasiani aliorumque carmina ed. D. R. SHACKLETON BAILEY Stuttgart 1982

Alcuin. — Alcuinus Turonensis — † 804
B SHARPE nr. 87
B CANTELLI BERARDUCCI p. 413-417; 732; 811
I PUJALTE RBén 13/1994-1995 p. 125-143
I WIELAND JournMedLat 2/1992 p. 84-95
I I DEUG-SU StudMed III 21/1980 p. 47-96
I LEONARDI Schede Medievali 2/1982 p. 32-53
I RANIERI StudMed III 15/1984 p. 93-114

Aldh. — Aldhelmus Malmesburiensis — † 709
ET Through a gloss darkly. Aldhelm's Riddles in the British Library MS Royal 12. C. XXIII ed. N. PORTER STORK (Studies and Texts 98) Toronto 1990
TI Aldhelm. The Poetic Works transl. by M. LAPIDGE and J. L. ROSIER with an Appendix by N. WRIGHT Cambridge 1985
M BREEZE Anglo-Saxon England 21/1992 p. 5-21
MB CARLEY Scriptorium 40/1986 p. 116:24
MI O'BRIAN O'KEEFE/JOURNET Manuscripta 27/1983 p. 131-145
B SHARPE nr. 89
B CANTELLI BERARDUCCI p. 398s.; 732
I A. ORCHARD The poetic art of Aldhelm (Cambridge Studies in Anglo-Saxon England 8) Cambridge 1994
I MARENBON ALMA 41/1977-78 p. 75-90
I RANIERI StudMed III 15/1986 p. 93-144
I HOWE Anglo-Saxon England 14/1985 p. 37-59
I MURGIA Philologus 131/1987 p. 295
I CAMERON Peritia 4/1985 p. 117-138
I CROSS in: Learning and Literature in Anglo-Saxon England ed. M. LAPIDGE/H. GNEUSS 1985 p. 230
I O'SULLIVAN Peritia 12/1998 p. 271-295
I WRIGHT Peritia 4/1985 p. 134-151; 5/1986 p. 392-396
I HERREN Anglo-Saxon England 27/1998 p. 94-96
I MILOVANOVIČ-BARHAM Anglo-Saxon England 22/1993 p. 51-64
I WRIGHT Anglo-Saxon England 25/1996 p. 7-19
I LAPIDGE Anglo-Latin Literature 1993 p. 247-269

ALFÖLDY Inschriften — G. ALFÖLDY Die römischen Inschriften von Tarraco (Madrider Forschungen X) Deutsches Archäologisches Institut, Abt. Madrid, Berlin 1975

Ambr. — Ambrosius — † 397
ET E. BOLISANI L'innologia cristiana antica: S. Ambrogio e i suoi imitatori, Padua 1963
EC Ambroise de Milan, Hymnes ed. J. FONTAINE u. a., Paris 1992
MB JULLIEN RevHistTextes 19/1989 p. 57-189
I FONTAINE in: 'Ambrosius episcopus' (Studia patristica Mediolanensia VI-VII) I Milano 1976 p. 124-170 (= J. FONTAINE Études sur la poésie latine tardive d'Ausone à Prudence. Recueil de travaux, Paris 1980 p. 84-130)
I BASTIAENSEN VigChr 48/1994 p. 157-169

ANDERSSON Epic Scenery	Th. M. ANDERSSON Early Epic Scenery. Homer, Virgil, and the Medieval Legacy, London 1976
Angilb.	Angilbertus Centulensis † 814
	B CANTELLI BERARDUCCI p. 417s.; 811
	I FABRE in: Mélanges LOUIS I 1982 p. 177-252
	I GODMAN Poets p. 64ss.
	I SCIVOLETTO GIF 5/1952 p. 289-313
Annales	Annales. Économies, Sociétés, Civilisations (Paris)
Annal. Sangall. IV	*Annales Sangallenses maiores* saec. XI
	I PABST Prosimetrum p. 822-824
Antiph. Benchuir.	*Antiphonarium Benchuirense* saec. VII
	I LAPIDGE Peritia 4/1985 p. 104-116
	I GALLI RBén 93/1983 p. 293-301
Apuleius	Apuleius saec. II
	ET Apuleius, Verteidigungsrede und Blütenlese, lat. u. dt. v. R. HELM (Schriften und Quellen der Alten Welt 36) Berlin 1977
Aquileia e le Venezie	Aquileia e le Venezie nell'Alto Medioevo (Antichità Altoadriatiche 32) Udine 1988
Arator	Arator subdiaconus † ca. 550
	T Arator's On the Acts of the Apostles (De actibus apostolorum) ed. and transl. by R. J. SCHRADER (Classics in Religious Studies VI) Atlanta, Georgia 1987
	CI MCKINLAY in: Catalogus Translationum I p. 241
	BI THRAEDE RAC suppl. 4 c. 553-573
	I BLOMGREN Eranos 72/1974 p. 143-155
	I J. SCHWIND Arator-Studien (Hypomnemata 94) Göttingen 1990
	I MARTIN Proceedings of the PMR Conference 7/1982 p. 75-81
	I COURCELLE Lecteurs ... de l'Énéide p. 753
	I ANGELUCCI Bolletino di Studi Latini 15/1985 p. 40-50
	I WRIGHT Eranos 87/1989 p. 51-64
	I BRAUN-IRGANG in: Fs. KLOPSCH 1988 p. 1-45
Arbor amoena	Arbor amoena comis. 25 Jahre Mittellateinisches Seminar in Bonn 1965-1990 ed. E. KÖNSGEN Stuttgart 1990
ARENTZEN Imago mundi cartographica	J.-G. ARENTZEN Imago mundi cartographica, München 1984 (Diss. Münster 1983. Münstersche Mittelalter-Schriften 53)
Atene e Roma	Atene e Roma. Rassegna trimestrale dell'Associazione Italiana di Cultura classica (Firenze)
AU	Der altsprachliche Unterricht. Arbeitshefte zu seiner wissenschaftlichen Begründung und praktischen Gestalt (Stuttgart)
Audrad.	Audradus Modicus †ca. 853
	B CANTELLI BERARDUCCI p. 433
	I STELLA in: Umanesimi p. 697-706
Augustinianum	Periodicum semestre Instituti Patristici 'Augustinianum' (Roma)
Aurelian. Reom.	Aurelianus Reomensis saec. IX
	E Aureliani Reomensis Musica Disciplina ed. L. GUSHEE (CSDM 21) American Institute of Musicology 1975
Auson.	Ausonius † 393/4
	E TRÄNKLE MusHelv 31/1974 p. 155-168
	E FUCHS MusHelv 32/1975 p. 173-182
	M PRETE RPL 1/1978 p. 255-262
	I J. FONTAINE in: Christianisme et formes littéraires de l'Antiquité tardive en Occident (Entretiens sur l'Antiquité classiques XXIII) Vandoeuvres-Genève 1977 p. 425-482 (= J. FONTAINE Études sur la poésie latine tardive d'Ausone à Prudence. Recueil de travaux, Paris 1980 p. 25-83)
	I CHARLET RPL 2/1979 p. 5-17
	I GRUBER in: Fs. KLOPSCH 1988 p. 67-82
	I HERZOG Bibelepik p. 4-7
	I COURCELLE Lecteurs ... de l'Énéide p. 754

	I LAUSBERG Das Einzeldistichon p. 625
	I OPELT Philologus 124/1980 p. 266-273
AVALLE San Zeno	S. D'ARCO AVALLE in: Linguistica e filologia. Omaggio a B. TERRACINI ed. C. SEGRE Milano 1968 p. 12-38
Avian.	Avianus ca. 400
	J. KÜPPERS Die Fabeln Avians. Studien zu Darstellung und Erzählweise spätantiker Fabeldichtung, Diss. Bonn 1975/1977
Avien.	Rufus Festus Avienus saec. IV
	ETC Aviénus, Les phénomènes d'Aratos ed. J. SOUBIRAN Paris 1981
	M SOUBIRAN RevPhil 49/1975 p. 217-226
	BI D. WEBER Aviens Phaenomena, eine Arat-Bearbeitung aus der lateinischen Spätantike, Wien 1986
	I H. LE BOURDELLÈS L'Aratus Latinus. Étude sur la culture et la langue latines dans le Nord de la France au VIIIe siècle (Travaux et recherches, Université de Lille 3) Lille 1985
Avit.	Alcimus Ecdicius Avitus Viennensis † 518
	B ISETTA Bollettino di Studi Latini 13/1983 p. 59-73
	I COURCELLE Lecteurs ... de l'Énéide p. 754
	I BRAUN-IRGANG in: Fs. KLOPSCH 1988 p. 1-45
	I ABBOLITO Orpheus N. S. 3/1982 p. 49-72
	I FORSTNER in: Symmicta Philologica Salisburgensia. G. PFLIGERSDORFFER sexagenario oblata ed. J. DALFEN u. a. Rom 1980 p. 43-60
	I Avitus, The Fall of Man. De spiritalis historiae gestis libri I-III ed. D. J. NODES (Toronto medieval latin texts 16) Toronto 1985
	I MCDONOUGH VigChr 35/1981 p. 170-173
	I RAMMINGER Wiener Studien 101/1988 p. 313-325
	I NODES VigChr 39/1985 p. 79-81
	I EHLERS VigChr 39/1985 p. 353-369
	I ROBERTS Traditio 36/1980 p. 399-407
AWLsK	Medelingen van de Koninklijke Academie voor Wetenschappen, Letteren en Schone Kunsten van België. Academiae Analecta (Bruxelles)
Aymoin.	Aymoinus Sangermanus † post 896
	I PABST Prosimetrum p. 618-62
BAGB	Bulletin de l'Association Guillaume Budé (Paris)
BALLAIRA Prisciano	G. BALLAIRA Per il catalogo dei codici di Prisciano, Torino 1982
Beda	Beda Venerabilis † 735
	E zur Edition von FRAIPONT cf. BULST Lat. MA p. 67-75
	B SHARPE nr. 152
	B CANTELLI BERARDUCCI p. 399-403
	I ABRAHAM Proceedings of the PMR Conference, Villanova 1976 p. 23-32
	I WRIGHT Romanobarbarica 6/1981-82 p. 361-379
	I WORMALD in: Bede and Anglo-Saxon England ed. R. T. FARRELL (British Archeological Reports 46) Oxford 1978 p. 32-95
	I GRANSDEN JEH 32/1981 p. 397-425
	I WRIGHT Peritia 4/1985 p. 134-151
	I BRACCIOTTI Romanobarbarica 11/1991 p. 21-59
	I SCHARER MIÖG 100/1992 p. 103-116
	I NEWLANDS Traditio 52/1997 p. 73-109
	I LAPIDGE Anglo-Latin Literature 1993 p. 313-338
BEERS Cistercian Hymnal	A Commentary on the Cistercian Hymnal. A Critical Edition of Troyes Bib. Mun. MS. 658 (Explanatio super hymnos quibus utitur ordo cisterciensis) by J. M. BEERS Woodbridge, Suffolk 1987
Beiträge Essen	Beiträge zur Geschichte von Stadt und Stift Essen (Essen)
BERGES/RIECKENBERG	W. BERGES Die älteren Hildesheimer Inschriften bis zum Tode Bischof Hezilos. Aus dem Nachlaß hrsg. u. m. Nachtr. versehen v. H. J. RIECKENBERG Göttingen 1983
Bernward I/II	Bernward von Hildesheim und das Zeitalter der Ottonen. Katalog der Ausstellung Hildesheim 1993 ed. M. BRANDT/A. EGGEBRECHT I-II Hildes-

	heim/Mainz 1993
BERSCHIN Biographie I-IV	W. BERSCHIN Biographie und Epochenstil im lateinischen Mittelalter (Quellen und Untersuchungen zur lateinischen Philologie des Mittelalters 8-10; 12) I-IV Stuttgart 1986-2001
BERSCHIN Eremus	W. BERSCHIN Eremus und Insula. St. Gallen und die Reichenau im Mittelalter – Modell einer lateinischen Literaturlandschaft, Wiesbaden 1987
BERSCHIN Gr.-lat. MA	W. BERSCHIN Griechisch-Lateinisches Mittelalter. Von Hieronymus zu Nikolaus von Kues, Bern/München 1980
BERSCHIN/KLÜPPEL Heiligblut-Reliquie	W. BERSCHIN/TH. KLÜPPEL Die Reichenauer Heiligblut-Reliquie, Konstanz 1988, Stuttgart ²1999
BERTALOT Anthologia Latina	L. BERTALOT Studien zum italienischen und deutschen Humanismus (Storia e Letteratura 129) I Roma 1975 p. 163-190
BERTINI Autori latini	F. BERTINI Autori latini in Africa sotto la dominazione vandalica, Genova 1974
BEUMANN/SCHRÖDER Ethnogenese	Frühmittelalterliche Ethnogenese im Alpenraum ed. H. BEUMANN/W. SCHRÖDER (Nationes V) Sigmaringen 1985
Bibbia di San Paolo	Commentario storico paleografico artistico critico della Bibbia di San Paolo fuori le mura (Codex membranaceus saec. IX) Roma 1993
Bibliothèque d'Humanisme et Renaissance	Bibliothèque d'Humanisme et Renaissance. Travaux et documents; Organe de l'Association Humanisme et Renaissance (Genève)
Biblos	Biblos. Beiträge zu Buch, Bibliothek und Schrift ed. Österreichische Nationalbibliothek (Wien)
BIERBRAUER	K. BIERBRAUER Die vorkarolingischen und karolingischen Handschriften der Bayerischen Staatsbibliothek (Katalog der illuminierten Handschriften der Bayerischen Staatsbibliothek in München I [Tafel- und Textband]) Wiesbaden 1990
BISCHOFF Anecdota novissima	B. BISCHOFF Anecdota novissima. Texte des vierten bis sechzehnten Jahrhunderts (Quellen und Untersuchungen zur lateinischen Philologie des Mittelalters 7) Stuttgart 1984
BISCHOFF Kalligraphie	B. BISCHOFF Kalligraphie in Bayern. Achtes bis zwölftes Jahrhundert (Bayerische Staatsbibliothek, Ausstellungskataloge 25) Wiesbaden 1981
BISCHOFF Mal. Studien III	B. BISCHOFF Mittelalterliche Studien. Ausgewählte Aufsätze zur Schriftkunde und Literaturgeschichte, III Stuttgart 1981
BISCHOFF Schreibschulen II	B. BISCHOFF Die südostdeutschen Schreibschulen und Bibliotheken in der Karolingerzeit, II: Die vorwiegend österreichischen Diözesen, Wiesbaden 1980
Bivium	s. u. Fs. DIAZ Y DIAZ 1983
BLOCH Monte Cassino	H. BLOCH Monte Cassino in the Middle Ages, I-III Cambridge/Massachusetts 1986
BOCCIOLINI PALAGI	L. BOCCIOLINI PALAGI Il carteggio apocrifo di Seneca e San Paolo, Accademia Toscana di Scienze e Lettere 'La Colombaria' (Studi XLVI) Firenze 1978
Boeth.	Anicius Manlius Severinus Boethius † 524
	C J. GRUBER Kommentar zu Boethius, De consolatione Philosophiae, Berlin/New York 1978
	M GIBSON RevHistTextes 14-15/1984-85 p. 71-75
	M facs. GIBSON/LAPIDGE/PAGE Anglo-Saxon England 12/1983 p. 141
	B TRONCARELLI Boethiana Aetas, passim
	BI Boethius ed. M. FUHRMANN /J. GRUBER (WdF 483) Darmstadt 1984
	I LERER Med & Hum N. S. 12/1984 p. 97ss.
	I GLEI WüJb N. S. 11/1985 p. 225-238
	I ROUSSEAU StudMed III 20/1979 p. 871-889
	I G. O'DALY The Poetry of Boethius, London 1991
	I SILVESTRE RHE 64/1969 p. 23-36
	I UHLFELDER in: Boethius and the Liberal Arts ed. M. MASI (Utah Studies in Literature and Linguistics 18) Bern/Frankfurt 1981 p. 17-34, bes. 31
	I M. GIBSON Boethius. His life, thought and influence, Oxford 1981
Bollettino di Studi Latini	Bollettino di Studi Latini. Periodico quadrimestrale d'informazione bibliografica (Napoli)
Bonif.	Bonifatius (Wynfreth) † 754

	B SHARPE nr. 166
	B CANTELLI BERARDUCCI p. 403-405
	I W. Jordaens, Conflictus virtutum et viciorum ed. A. ÖNNERFORS Opladen 1986 p. 29
	I PAVLOVSKIS Cl & Med 39/1988 p. 219-251
	I GAZZO Maia 50/1998 p. 329-348
BORST Astrolab	A. BORST Astrolab und Klosterreform an der Jahrtausendwende, Heidelberg 1989 (Sitzungsber. d. Heidelberger Akad. d. Wiss., Phil.-Hist. Kl., Bericht I, vorgetragen am 11. 02. 1989)
BORST Zahlenkampfspiel	A. BORST Das mittelalterliche Zahlenkampfspiel (Suppl. z. d. Sitzungsber. der Heidelberger Akad. d. Wiss., Phil.-Hist. Kl. 5) Heidelberg 1986
BOSWELL Gay people	J. BOSWELL Christianity, Social Tolerance, and Homosexuality. Gay People in Western Europe from the Beginning of the Christian Era to the Fourteenth Century, Chicago/London 1980
BOUHOT	J.-P. BOUHOT Ratramne de Corbie, Histoire littéraire et controverses doctrinales, Paris 1976
BRIGHT The miniature epic	D. F. BRIGHT The miniature epic in Vandal Africa, Norman 1987
BRINKMANN Hermeneutik	H. BRINKMANN Mittelalterliche Hermeneutik, Darmstadt 1980
BULLOUGH Aula Renovata	D. A. BULLOUGH Aula Renovata. The Carolingian Court before the Aachen Palace (Proceedings of the British Academy London 71/1985) Oxford 1986 p. 267-301
BULLOUGH Carolingian renewal	D. A. BULLOUGH Carolingian renewal, sources and heritage, Manchester/New York 1991
BULLOUGH Friends, neighbours and fellow-drinkers	D. A. BULLOUGH Friends, neighbours and fellow-drinkers. Aspects of community and conflict in the early medieval west (H. M. CHADWICK Memorial Lectures 1) Cambridge 1990
BULLOUGH Hagiography	D. BULLOUGH Hagiography as Patriotism: Alcuin's 'York Poem' and the Early Northumbrian 'Vitae Sanctorum', in: Hagiographie, cultures, et sociétés. IVe-XIIe siècles ed. E. PATLAGEAN/P. RICHÉ Paris 1981 p. 339-359
BULST Lat. MA	W. BULST Lateinisches Mittelalter. Gesammelte Beiträge ed. W. BERSCHIN (Suppl. z. d. Sitzungsber. der Heidelberger Akad. d. Wiss., Phil.-Hist. Kl. 3/1983) Heidelberg 1984
Byzanz und das Abendland	Byzanz und das Abendland. Ausstellung d. Handschriften- u. Inkunabelsammlung d. Österr. Nat.-Bibl., Handbuch u. Katalog ed. O. MAZAL Graz 1981
Caecil. Balb.	Caecilius Balbus
	EC Publilii Syri Mimi Sententiae ed. O. FRIEDRICH Berlin 1880 p. 80-86
Caesarodunum	Caesarodunum. Bulletin de l'Institut d'Études Latines de la Faculté des Lettres et Sciences Humaines d'Orléans (Tours)
CALMA	Compendium Auctorum Latinorum Medii Aevi (500-1500) ed. M. LAPIDGE/G. C. GARFAGNINI/C. LEONARDI Iss. Firenze 2000ss.
Calp.	Titus Calpurnius Siculus saec. I
	MB MUNK OLSEN Auteurs classiques I p. 55s.
CANTELLI BERARDUCCI	S. CANTELLI BERARDUCCI (ed.) Lo spazio letterario del medioevo, I.5: Il medioevo latino. Cronologia e bibliografia della letteratura mediolatina, Roma 1998
Canterbury Hymnal 37517	The Canterbury Hymnal ed. from British Library Ms. Additional 37517 by G. R. WIELAND (Toronto medieval latin texts 12) Toronto 1982
Carm. Cant.	*Carmina Cantabrigiensia* saec. X/XI
	ETC The Cambridge Songs (Carmina Cantabrigiensia) ed. J. M. ZIOLKOWSKI Tempe, Arizona ^{2}1998
	B CANTELLI BERARDUCCI p. 818
	BI LANGOSCH in: Verf. Lex.^{2} I c. 1186-1192
	BI SZÖVÉRFFY Latin Lyrics I p. 236-256
	I DRONKE Medieval Poet p. 149-158
	I GIBSON/LAPIDGE/PAGE Anglo-Saxon England 12/1983 p. 141-152
	I MCDONALD/GOEBEL Literary Patronage p. 52-58
	I STEVENS Words and Music p. 114-118
	I WILHELM Month p. 97ss.

Carm. Cenom.	*Carmina Cenomanensia* saec. IX
	I Le Maitre Francia 8/1980 p. 43-64
Carm. Cent.	*Carmina Centulensia* saec. IX
	I Ferrari p. 186-192
Carm. Einsidl.	*Carmina Einsidlensia*
	I Mandolfo Orpheus N. S. 7/1986 p. 1-20
Carm. Epigr.	*Carmina Latina Epigraphica*
	Cugusi Epigraphica 44/1982 p. 65-107
Carm. XII sap.	*Carmina XII sapientium*
	I Lausberg Das Einzeldistichon p. 281s.; 369; 476
Catalogus Translationum	Catalogus Translationum et Commentariorum: Mediaeval and Renaissance Latin Translations and Commentaries ed. P. O. Kristeller u. a., Washington D. C. 1960ss.
Cataluccio/Fossa	M. E. M. Cataluccio/A. U. Fossa Biblioteca e cultura a Camaldoli: dal medioevo all'umanesimo (Studia Anselmiana 75) Roma 1979
CC Cont. Med.	Corpus Christianorum, Continuatio Mediaevalis (Turnhout)
CC Ser. Graec.	Corpus Christianorum, Series Graeca (Turnhout)
Celtica	Celtica. Dublin Institute for Advanced Studies (Dublin)
Charlemagne's Heir	Charlemagne's Heir. New Perspectives on the Reign of Louis the Pious ed. P. Godman/R. Collins Oxford 1990
Charles the Bald	Charles the Bald: Court and Kingdom. Papers based on a Colloquium held in London in April 1979 ed. M. Gibson/J. Nelson Oxford 1981
Chartres	J. van der Meulen/R. Hoyer/D. Cole Chartres: sources and literary interpretation: a critical bibliography, Boston 1989
Chazelle The Cross	C. M. Chazelle The Cross, the Image, and the Passion in Carolingian Thought and Art (Diss. Yale 1985) I Ann Arbor, Michigan 1987
Chiron	Chiron. Mitteilungen der Kommission für Alte Geschichte und Epigraphik des Deutschen Archäologischen Instituts (München)
Cic.	M. Tullius Cicero † 43 ante Chr. n.
	M Munk Olsen Auteurs classiques I p. 133
CIFM	Corpus des Inscriptions de la France Médiévale ed. R. Favreau/J. Michaud/E.-R. Labande (Centre d'Études Supérieures de Civilisation Médiévale. Institut de Recherche et d'Histoire des Textes) I-XX Poitiers 1977
CIMAH	Corpus Inscriptionum Medii Aevi Helvetiae. Die frühchristlichen und mittelalterlichen Inschriften der Schweiz ed. C. Pfaff, I: Die Inschriften des Kantons Wallis bis 1300 ed. C. Jörg (Scrinium Friburgense Sonderband 1) Freiburg/Schweiz 1977
Civiltà class. e crist.	Civiltà classica e cristiana (Genua)
Clancy/Márkus	T. O. Clancy/G. Márkus Iona. The Earliest Poetry of a Celtic Monastery, Edinburgh 1995
Classen Stadt	C. J. Classen Die Stadt im Spiegel der Descriptiones und Laudes urbium in der antiken und mittelalterlichen Literatur bis zum Ende des zwölften Jahrhunderts, Hildesheim/New York 1980
Claud.	Claudius Claudianus † ca. 400
	E Claudii Claudiani Carmina ed. J. B. Hall Leipzig 1985
	ETC Claudius Claudianus, Panegyricus dictus Olybrio et Probino consulibus. Text, Übers. u. Komm. v. W. Taegert (Zetemata 85) München 1988
	CI Clarke/Levy in: Catalogus Translationum III p. 141-171
	I J. Lehner Poesie und Politik in Claudians Panegyrikus auf das vierte Konsulat des Kaisers Honorius (Beiträge zur klassischen Philologie 163) Königstein 1984
	I Fo Romanobarbarica 6/1981-82 p. 101-128
	I P. L. Schmidt Politik und Dichtung in der Panegyrik Claudians (Konstanzer Universitätsreden 55) Konstanz 1976
	I Speyer GB 6/1977 p. 107-112
	I Courcelle Lecteurs ... de l'Enéide p. 754
	I S. Döpp Zeitgeschichte in Dichtungen Claudians (Hermes-Einzelschriften 43) Wiesbaden 1980

Clavis Galliae I/II	M.-H. Jullien/F. Perelmann Clavis scriptorum latinorum medii aevi, Auctores Galliae 735-987 (Abbo Sangerm. – Ermold. Nig.) I-II Turnhout 1994-1999 (CC Cont. Med.)
CMCS	Cambridge Medieval Celtic Studies (Leamington)
Cod. aur. Ept.	*Codex aureus Epternacensis*
	E MGH Poet. 5 p. 441-445
	EMI R. Kahsnitz/U. Mende/E. Rücker Das Goldene Evangelienbuch von Echternach, Frankfurt/M. 1982
	MB MGH Poet. 5 p. 683s.
	MI facs. Dutton/Jeauneau StudMed III 24/1983 p. 75-120
Colum.	Iunius Moderatus Columella saec. I
	CI Brown in: Catalogus Translationum III p. 173-193
	MB Munk Olsen Auteurs classiques I p. 351ss.
Columb.	Columbanus † 615
	T Todde Archivum Bobiense 20/1998 p. 61-94
	B Cantelli Berarducci p. 388s.
	BI Rohr MIÖG 103/1995 p. 244-254
	I Jacobsen in: Iren u. Europa I p. 434-467
	I Löwe DA 37/1981 p. 1-19
	I L. Bieler Ireland and the Culture of Early Mediaeval Europe ed. R. Sharpe London 1987
	I Herren Florilegium 3/1981 p. 126s.
	I Lapidge Peritia 4/1985 p. 104-116
Comm.	Commodianus saec. III/V
	I Schetter Kaiserzeit und Spätantike p. 500
	I A. Salvatore Interpretazioni commodianee. Nuove ricerche sul 'Carme apologetico', Napoli 1974
	I A. Salvatore Commodianea. Rilievi critici ed esegetici sul 'Carmen Apologeticum' di Commodiano, Napoli 1970
	I Daniélou in: Fs. Pellegrino 1975 p. 59-69
	I Salvatore in: Fs. Pellegrino 1975 p. 395-415
	I Courcelle Lecteurs ... de l'Énéide p. 754
Consolino Annali	Consolino in: Annali della Scuola Normale Superiore di Pisa III 7.4/1977 p. 1351-1368
Consuetudines Farfenses	Consuetudines Farfenses ed. B. Albers (Consuetudines Monasticae) Stuttgart 1900 (= Dinter Corp. cons. mon. X)
Contreni Laon	J. J. Contreni The Cathedral School of Laon from 850 to 930. Its Manuscripts and Masters (Münchener Beiträge zur Mediävistik und Renaissanceforschung 29) München 1978
Corbet Les Saints Ottoniens	P. Corbet Les Saints Ottoniens. Sainteté dynastique, sainteté royale et sainteté féminine autour de l'an Mil (Beihefte der Francia 15) Sigmaringen 1986
Coripp.	Flavius Cresconius Corippus saec. VI
	ET Corippe, Éloge de l'empereur Justin II ed. S. Antés Paris 1981
	ETC Iohannidos liber I, introd., testo crit., trad. e comm. a cura di M. A. Vinchesi (Koinonia. Studi e Testi 9) Napoli 1983
	M Ramírez de Verger RevHistTextes 18/1988 p. 229-232
	MI Ramírez de Verger Emerita 48/1980 p. 255-269
	I Tandoi SIFC N. S. 52/1980 p. 48-89; 54/1982 p. 47-92
	I Courcelle Lecteurs ... de l'Énéide p. 755
	I Dodi Aevum 60/1986 p. 111-119
	I Ehlers RhM 127/1984 p. 58-67
	I Opelt Romanobarbarica 7/1982-83 p. 161-179
	I Schaller Wiener Studien 105/1992 p. 173-187
	I Schaller Studien p. 431
	I Vinchesi SCO 20/1980 p. 143-158
	I Vinchesi Atene e Roma 16/1981 p. 172-183
	I Vinchesi RFIC 108/1980 p. 292-316
	I Cameron Papers of the Liverpool Latin seminar, Abt. 4 p. 167-180

	I Cameron ClQ 74/1980 p. 534-539
	I Cameron/Cameron Latomus 35/1976 p. 404-415
	I Blänsdorf in: Kieler Festschrift für E. Burck ed. E. Lefèvre Amsterdam 1975 p. 525-545
	I Ehlers Philologus 124/1980 p. 109-135
	I Hakanson RhM 124/1981 p. 354-358
	I Hofmann VigChr 43/1989 p. 361-377
	I Estefanía in: Bivium p. 63-66
	I Lyle Latomus 43/1984 p. 828s.
	I Shackleton Bailey in: Fs. Munari 1986 p. 315-319
Courcelle Lecteurs ... de l'Enéide	P. Courcelle Lecteurs paiens et lecteurs chrétiens de l'Énéide, I: Les témoignages littéraires (Institut de France. Mémoires de l'Académie des Inscriptions et Belles-Lettres N. S. IV) Paris 1984
Crick Geoffrey Mss	J. C. Crick The Historia regum Britanniae of Geoffrey of Monmouth, III: A summary catalogue of the manuscripts, Cambridge 1989
Critica del testo mediolatino	La critica del testo mediolatino. Atti del convegno Firenze 6-8 dicembre 1990 ed. C. Leonardi Spoleto 1994
Crocker	R. L. Crocker The Early Medieval Sequence, Berkeley/Los Angeles/London 1977
CSDM	Corpus Scriptorum de Musica, American Institute of Musicology (Roma)
CTrop III	Corpus Troporum, III: Tropes du propre de la messe 2: Cycle de Paques ed. critique par G. Björkvall/G. Iversen/R. Jonsson Stockholm 1982
CTrop V	Corpus Troporum, V: Les deux tropaires d'Apt, mss. 17 et 18. Inventaire analytique des mss. et édition des textes uniques par G. Björkvall Stockholm 1986
Cultura in Italia I/II	La cultura in Italia fra tardo antico e alto medioevo. Atti del Convegno tenuto a Roma dal 12 al 16 Novembre 1979, I-II Roma 1981
Curran Antiphonary	M. Curran The Antiphonary of Bangor and the early Irish Monastic Liturgy, Dublin 1984
Curtius Ges. Aufsätze	E. R. Curtius Gesammelte Aufsätze zur Romanischen Philologie, Bern/München 1960
Cypr. Gall.	Cyprianus Gallus saec. V
	I Courcelle Lecteurs ... de l'Énéide p. 755
	I Roberts ClPh 77/1982 p. 248-252
Das Mittelalter	Das Mittelalter. Perspektiven mediävistischer Forschung. Zs. des Mediävistenverbandes (Berlin)
Dat. Hss. Schweiz	Katalog der datierten Handschriften in der Schweiz in lateinischer Schrift vom Anfang des Mittelalters bis 1550, Iss. Zürich 1977ss.
de Goede PRU	The Utrecht Prosarium. Liber sequentiarum ecclesiae capitularis sanctae Mariae Ultraiectensis saeculi XIII ed. N. de Goede (Monumenta Musica Neerlandica VI) Amsterdam 1965
De Karolo rege	*De Karolo rege et Leone papa*
	De Karolo rege et Leone papa. Bericht über die Zusammenkunft Karls d. Gr. mit Papst Leo III. in Paderborn 799 in einem Epos für Karl den Kaiser (Studien und Quellen zur westfälischen Geschichte 36) ed. W. Hentze Paderborn 1999
de Moreau St.-Amand	É. de Moreau Saint Amand. Apôtre de la Belgique et du nord de la France (Museum Lessianum, Section Missiologique 7) Louvain 1927
Deér Byzanz	Byzanz und das abendländische Herrschertum. Ausgew. Aufsätze von J. Deér ed. P. Classen Sigmaringen 1977
Dhuoda	Dhuoda saec. IX
	ET Dhuoda. Manuel pour mon fils. Introd., texte crit., notes par P. Riché, trad. par B. de Vregille/C. Mondesert (Sources Chrétiennes 225) Paris 1975, ^{2}1997
	ET Dhuoda. Handbook for her Warrior Son ed. M. Thiébaux (Cambridge Medieval Classics 8) Cambridge 1998
	B Rep. Font. IV p. 186
	B Cantelli Berarducci p. 431

	I Mathon in: Mélanges Bascour 1980 p. 249-264
	I Antony MlatJb 16/1981 p. 288-333
	I The Liber Manualis of Dhuoda: Advice of a Ninth-Century Mother for her Sons ed. M. E. Bowers (Catholic University of America, Phil. Diss.) 1977
	I Luff MlatJb 35/2000 p. 249-266
Díaz Rioja	M. C. Díaz y Díaz Libros y Librerias en la Rioja altomedieval, Logroño 1979
Dicuil	Dicuil Scottus saec. IX
	B Rep. Font. IV p. 194
	B Cantelli Berarducci p. 420s.
	I Lozovsky Early Medieval Europe 5/1996 p. 25ss.
	I Pabst Prosimetrum p. 321-348
Dinter Corp. cons. mon. X	Liber tramitis aevi Odilonis abbatis ed. P. Dinter (Corpus consuetudinum monasticarum X) Siegburg 1980
DOP	Dumbarton Oaks Papers (Washington D. C.)
Drac.	Blossius Aemilius Dracontius saec. V
	E Draconcio y sus carmina profana ed. J. M. Díaz de Bustamante Santiago de Compostela 1978
	ET Dracontius, Oeuvres ed. C. Moussy/C. Camus I-II Paris 1985
	EC F. Speranza Blossi Aemili Draconti Satisfactio una cum Eugeni recensione (Biblioteca di Helikon, Testi e Studi 9) Roma 1978
	I Schetter Kaiserzeit und Spätantike p. 501-504
	I Courcelle Lecteurs ... de l'Enéide p. 755
	I Clerici Istituto Lombardo. Accademia di Scienze e Lettere, Rendiconti 107/1973 p. 108-150
	I Stella Civiltà class. e crist. 8/1987 p. 91-123
	I Stella Wiener Studien 102/1989 p. 215-245
	I Bouquet in: Colloque présence d'Ovide ed. R. Chevallier 1982 p. 177-187
	I Schetter RhM 124/1981 p. 81-94
	I Schmidt in: Vestigia. Studi in onore di G. Billanovich (Storia e Letteratura, Raccolta di Studi e Testi 163) II Roma 1984 p. 681-697
	I Schetter Hermes 118/1990 p. 90-117
Dreves Jtsd.	G. M. Dreves Ein Jahrtausend lateinischer Hymnendichtung, I-II Leipzig 1909
Dronke Inaugural Lecture	P. Dronke Hermes and the Sibyls. Continuations and creations. Inaugural lecture delivered 9 March 1990, Cambridge 1990
Dronke Medieval Poet	Dronke The Medieval Poet and his World, Roma 1984
Dronke Waltharius	U./P. Dronke Barbara et antiquissima carmina, I: Le caractère de la poésie germanique héroïque; II: Waltharius-Gaiferos, Barcelona 1977
Du Meril 1854	E. Du Meril Poésies inédites du Moyen Âge précédées d'une histoire de la fable ésopique, Paris 1854
Dudo	Dudo decanus s. Quintini saec. XI
	M Manuscrits Dat.: France VII p. 527
	M Huisman in: Anglo-Norman Studies VI, Proceedings of the Battle Conference ed. R. A. Brown 1983 p. 122-135
	B Rep. Font. IV p. 254
	BI Szövérffy Latin Lyrics I p. 166-176
	I van Houts in: Anglo-Norman Studies VI, Proceedings of the Battle Conference ed. R. A. Brown 1983 p. 107ss.
	I Searle Viator 15/1984 p. 119-137
	I Shopkow JMH 15/1989 p. 19-37
	I Plassmann HJb 115/1995 p. 188-207
	I Pabst Prosimetrum p. 803-819
Duft Bodensee	J. Duft Der Bodensee in Sanktgaller Handschriften (Bibliotheca Sangallensis 3) St. Gallen 1979
Duft St. Gallen I/II	Die Abtei St. Gallen, I: Beiträge zur Erforschung ihrer Manuskripte. Ausgew. Aufsätze in überarb. Fassung von J. Duft ed. P. Ochsenbein/E. Ziegler Sigmaringen 1990; II: Beiträge zur Kenntnis ihrer Persönlichkeiten. Ausgewählte Aufsätze in überarbeiteter Fassung, Sigmaringen 1991

Dungal	Dungalus Scottus reclusus S. Dionysii	saec. IX
	B Rep. Font. IV p. 255	
	B SHARPE nr. 245	
	B CANTELLI BERARDUCCI p. 421	
DUVAL Loca Sanctorum Africae	Y. DUVAL Loca Sanctorum Africae. Le culte des martyrs en Afrique du IVe au VIIe siècle, Roma 1982	
Early Medieval Europe	Early Medieval Europe (Harlow, England)	
EBENBAUER Carmen Historicum I	A. EBENBAUER Carmen Historicum. Untersuchungen zur historischen Dichtung im karolingischen Europa (Philologica Germanica 4) I Wien 1978	
EBERHARDT	O. EBERHARDT Via regia. Der Fürstenspiegel Smaragds von St. Mihiel und seine literarische Gattung (Münstersche Mittelalter-Schriften 28) München 1977	
EFFE Dichtung und Lehre	B. EFFE Dichtung und Lehre. Untersuchungen zur Typologie des antiken Lehrgedichts (Zetemata 69) München 1977	
Egbert.	Egbertus Leodiensis	saec. XI
	B Rep. Font. IV p. 282	
	B CANTELLI BERARDUCCI p. 492s.	
EKENBERG Cur Cantatur?	A. EKENBERG Cur Cantatur? Die Funktionen des liturgischen Gesanges nach den Autoren der Karolingerzeit (Bibliotheca Theologiae Practicae 41) Stockholm 1987	
Ekkeh. I.	Ekkehardus I Sangallensis	† 972
	B STOTZ in: Verf. Lex.^{2} II c. 447-452	
Ekkeh. II.	Ekkehardus II Sangallensis	† 990
	B STOTZ in: Verf. Lex.^{2} II c. 453-455	
Ekkeh. IV.	Ekkehardus IV Sangallensis	† ca. 1060
	ET H. F. HAEFELE Ekkehardi IV. Casus Sancti Galli. St. Galler Klostergeschichten (Freiherr-vom-Stein-Gedächtnisausgabe 10) Darmstadt 1980	
	EI P. OSTERWALDER Das althochdeutsche Galluslied Ratperts und seine lateinischen Übersetzungen durch Ekkehart IV. Einordnung und krit. Edition (Das Althochdeutsche von St. Gallen VI) Berlin/New York 1982	
	B CANTELLI BERARDUCCI p. 502s.	
	I HAEFELE in: Verf. Lex.^{2} II p. 455-465	
	I HAEFELE in: Fs. DUFT 1980 p. 181-198	
	I JACOBSEN MlatJb 12/1977 p. 49-68	
	I J. DUFT Die Galluskapelle zu St. Gallen und ihr Bilderzyklus (117. Neujahrsblatt) St. Gallen 1977	
Ellinger	Ellinger Tegernseensis	† 1056
	BI SZÖVÉRFFY Latin Lyrics I p. 207-210	
Engelm.	Engelmodus Suessionensis	† 865
	B Rep. Font. IV p. 327	
Ennius	Quintus Ennius	† 169 ante Chr. n.
	E Ennianae poesis reliquiae ed. J. VAHLEN Leipzig 1928	
Ennod.	Magnus Felix Ennodius	† 521
	B Rep. Font. IV p. 328ss.	
	I LAUSBERG Das Einzeldistichon p. 626	
	I COURCELLE Lecteurs ... de l'Énéide p. 755	
	I CARINI Quaderni Catanesi 18/1987 p. 327-342	
Eos	Eos. Commentarii Societatis Philologiae Polonorum (Warszawa)	
Epigr. Bob.	*Epigrammata Bobiensia*	ca. 400
	BI J. KÜPPERS Die Fabeln Avians. Studien zu Darstellung und Erzählweise spätantiker Fabeldichtung, Diss. Bonn 1977 p. 200-209	
	I LAUSBERG Das Einzeldistichon p. 626	
EPPERLEIN Herrschaft u. Volk	S. EPPERLEIN Herrschaft und Volk im karolingischen Imperium. Studien über soziale Konflikte und dogmatisch-politische Kontroversen im fränkischen Reich, Berlin 1969	
Ermenr.	Ermenricus Elwangensis	† 874
	B Rep. Font. IV p. 373	
	B CANTELLI BERARDUCCI p. 469	

I BERSCHIN Biographie III p. 269s.
I MOSETTI CASARETTO MlatJb 36/2001 p. 205-233

Ermold. — Ermoldus Nigellus — ca. 835

TI D. L. BOUTELLE Louis the Pious and Ermoldus Nigellus: An Inquiry into the Historical Reliability of 'In honorem Hludowici' (Diss. Berkeley 1970) Ann Arbor, Michigan 1982
B Rep. Font. IV p. 377-379
B CANTELLI BERARDUCCI p. 756
BI SCHALLER in: LexMA III c. 2160s.
I COURCELLE Lecteurs ... de l'Énéide p. 755
I HAUCK Taufpfalzen p. 4ss.
I VON RICHTHOFEN in: Estudis in honor de J. ROCA-PONS 1983 p. 93-98; 101
I RANIERI Acme 36/1983 p. 161-214
I ANDERSSON Epic Scenery p. 122-131
I BACHRACH Settimane ... Spoleto 31/1985 p. 712; 722; 728; 730
I EBENBAUER Carmen Historicum I p. 101-149
I GODMAN FMSt 19/1985 p. 253-271
I GODMAN Poets p. 106-130
I J. HANNIG Consensus fidelium. Frühfeudale Interpretationen des Verhältnisses von Königtum und Adel am Beispiel des Frankenreiches (Monographien zur Geschichte des Mittelalters 27) Stuttgart 1982 p. 247-252
I BATANY in: Mélanges LOUIS I 1982 p. 313-340
I RANIERI StudMed III 15/1984 p. 93-114
I SCHALLER Wiener Studien 105/1992 p. 185; 187
I OUDART RH 297/1997 p. 3-39
I DEPREUX in: The Community, the Family and the Saint. Selected Procedings of the International Medieval Congress, University of Leeds 1994/95 ed. J. HILL/M. SWAN Turnhout 1998 p. 201-224
I RATKOWITSCH Wiener Studien 108/1995 p. 553-581

ERNST Carm. fig. — U. ERNST Carmen figuratum. Geschichte des Figurengedichts von den antiken Ursprüngen bis zum Ausgang des Mittelalters (Pictura et Poesis 1) Köln u. a. 1991

Études Ligériennes — Études Ligériennes d'histoire et d'archéologie médiévales. Memoires et exposés présentés à la Semaine d'études médiévales de Saint-Benoit-sur-Loire, 3.-10. j. 1969 et publiés sous la direction de R. LOUIS Auxerre 1975

Eugen. Tolet. — Eugenius Toletanus — † 657

E Pseudo-Eugenio di Toledo, Speculum per un nobile Visigoto ed. N. MESSINA (Monografias de la Universidad de Santiago de Compostela) Santiago de Compostela 1983
EC Blossi Aemili Draconti Satisfactio una cum Eugeni recensione ed. F. SPERANZA (Biblioteca di Helikon, Testi e Studi 9) Roma 1978
B Rep. Font. IV p. 387
B DÍAZ Y DÍAZ De Isidoro al sieglo XI, Barcelona 1976 p. 81ss.
B CANTELLI BERARDUCCI p. 381; 823
I NORBERG MlatJb 19/1984 p. 65ss.

Eugen. Vulg. — Eugenius Vulgarius — saec. X

E MEYVAERT AnBoll 84/1966 p. 349-377 (= P. MEYVAERT Benedict, Gregory, Bede and Others, London 1977 nr. 15)
EMI ERNST in: Geistl. Denkformen p. 321-335
B CANTELLI BERARDUCCI p. 506s.
BI SZÖVÉRFFY Latin Lyrics I p. 29-38

Euphrosyne — Euphrosyne. Revista de Filologia Clássica, Centro de Estudos Clássicos, Facultade de Letras, Lisboa (Lisboa)

Euseb. — Eusebius (Haetberthus) — saec. VIII

MB CARLEY Scriptorium 40/1986 p. 116:24
B SHARPE nr. 534
I M. J. MCDONALD WILLIAMS The Riddles of Tatwine and Eusebius, Diss. Ann Arbor, Michigan 1974

EUW Liber Viventium Fabariensis	A. VON EUW Liber Viventium Fabariensis. Das karolingische Memorialbuch von Pfäfers in seiner liturgie- und kunstgeschichtlichen Bedeutung (Studia Fabariensia 1) Bern/Stuttgart 1988
Exil, Fremdheit ...	Exil, Fremdheit und Ausgrenzung in Mittelalter und früher Neuzeit ed. A. BIHRER u. a. Würzburg 2000
FALKENSTEIN	L. FALKENSTEIN Karl der Große und die Entstehung des Aachener Marienstiftes (Quellen und Forschungen aus dem Gebiet der Geschichte N. F. 3) Paderborn 1981
FAVREAU	R. FAVREAU Épigraphie Médiévale (L'Atelier du Médiéviste 5) Turnhout 1997
FICHTENAU Lebensordnungen I/II	H. FICHTENAU Lebensordnungen des 10. Jahrhunderts. Studien über Denkart und Existenz im einstigen Karolingerreich, I-II Stuttgart 1984
FILL Hss. Kremsmünster I	H. FILL Katalog der Handschriften des Benediktinerstiftes Kremsmünster, I: Katalogband/Registerband (Veröffentl. d. Kommiss. f. Schrift- und Buchwesen d. Mittelalters II.3,1) Wien 1984
Filologia mediolatina	Filologia mediolatina. Rivista della Fondazione E. Franceschini (Spoleto)
FISCHER Lat. Bibelhss.	B. FISCHER Lateinische Bibelhandschriften im frühen Mittelalter (Vetus Latina – Aus der Geschichte der lateinischen Bibel 11) Freiburg 1985
Flod.	Flodoardus Remensis † 966 B Rep. Font. IV p. 469 B CANTELLI BERARDUCCI p. 477s. I P. C. JACOBSEN Flodoard von Reims. Sein Leben und seine Dichtung "De triumphis Christi" (Mittellateinische Studien und Texte 10) Leiden/Köln 1978
Flor.	Annius Florus saec. II B Rep. Font. IV p. 475s.
Flor. Lugd.	Florus Lugdunensis saec. IX B CANTELLI BERARDUCCI p. 440-442; 759
FPL^3	Fragmenta Poetarum Latinorum ed. J. BLÄNSDORF Stuttgart 1995
Francia	Francia. Forschungen zur westeuropäischen Geschichte, Deutsches Historisches Institut Paris (Paris)
Frithegod.	Frithegodus Cantuariensis saec. X B Rep. Font. IV p. 558 B SHARPE nr. 301
Froum.	Froumundus Tegernseensis † ca. 1008 B Rep. Font. IV p. 569 BI SZÖVÉRFFY Latin Lyrics I p. 201-207
Fs. AUTENRIETH	Litterae Medii Aevi. Festschrift für J. AUTENRIETH zu ihrem 65. Geburtstag ed. M. BORGOLTE/H. SPILLING Sigmaringen 1988
Fs. BARTELINK	Fructus Centesimus. Fs. G. J. M. BARTELINK ed. A. A. R. BASTIAENSEN (Instrumenta Patristica 19) Dordrecht 1989
Fs. BASCOUR	Sapientiae doctrina: Mélanges de théologie et de littérature médiévales offerts à H. BASCOUR Leuven 1980
Fs. BIELER	Latin script and letters: A. D. 400-900. Festschrift presented to L. BIELER on the occasion of his 70th birthday ed. J. O'MEARA/B. NAUMANN Leiden 1976
Fs. BLANK	Als das wissend die meister wol: Beiträge zur Darstellung und Vermittlung von Wissen in Fachliteratur und Dichtung des Mittelalters und der frühen Neuzeit. W. BLANK zum 65. Geburtstag ed. M. EHRENFEUCHTER/Th. EHLEN Frankfurt/M. 2000
Fs. BOUTEMY	Hommages à A. BOUTEMY ed. G. CAMBIER Bruxelles 1976
Fs. BRUNHÖLZL	Tradition und Wertung. Festschrift für F. BRUNHÖLZL zum 65. Geburtstag ed. G. BERNT u. a. Sigmaringen 1989
Fs. BULST	Lateinische Dichtungen des X. und XI. Jahrhunderts. Festgabe für W. BULST zum 80. Geburtstag ed. W. BERSCHIN/R. DÜCHTING Heidelberg 1981
Fs. DIAZ Y DIAZ	Bivium. Homenaje a M. C. DÍAZ Y DÍAZ Madrid 1983
Fs. DIONISOTTI	Tra latino e volgare. Studi in onore di C. DIONISOTTI ed. G. BERNADONI TREZZINI u. a. (Medioevo e Umanesimo 18) Padua 1974
Fs. DÜCHTING	Mentis amore ligati. Lateinische Freundschaftsdichtung und Dichterfreundschaft in Mittelalter und Neuzeit. Festgabe für R. DÜCHTING zum 65. Geburtstag

ed. B. KÖRKEL/T. LICHT/J. WIENDLOCHA Heidelberg 2001

Fs. DUFT — Florilegium Sangallense. Festschrift für J. DUFT zum 65. Geburtstag ed. O. P. CLAVADETSCHER/H. MAURER/S. SONDEREGGER St. Gallen/Sigmaringen 1980

Fs. ENGEL — Festschrift H. ENGEL zum siebzigsten Geburtstag ed. H. HEUSSNER Kassel 1964

Fs. FLECKENSTEIN — Institutionen, Kultur und Gesellschaft im Mittelalter. Festschrift für J. FLECKENSTEIN zu seinem 65. Geburtstag ed. L. FENSKE Sigmaringen 1984

Fs. FREDE/THIELE — Philologia Sacra. Biblische und patristische Studien für H. J. FREDE und W. THIELE ed. R. GRYSON (Vetus Latina 24.2) II Freiburg 1993

Fs. GRAUS — Politik, Gesellschaft, Geschichtsschreibung: Essener Festgabe für F. GRAUS zum 60. Geburtstag ed. H. LUDAT/R. C. SCHWINGER (Archiv für Kulturgeschichte, Beihefte 18) Köln/Wien 1982

Fs. HAEFELE — Variorum munera florum. Latinität als prägende Kraft mittelalterlicher Kultur. Festschrift für H. F. HAEFELE zu seinem sechzigsten Geburtstag ed. A. REINLE Sigmaringen 1985

Fs. HUGHES — Ireland in Early Mediaeval Europe. Studies in Memory of K. HUGHES ed. D. WHITELOCK Cambridge u. a. 1982

Fs. HUNT — Medieval Learning and Literature: Essays presented to R. W. HUNT ed. J. J. G. ALEXANDER/M. T. GIBSON Oxford 1976

Fs. KLOPSCH — Festschrift für P. KLOPSCH ed. U. KINDERMANN u. a. (Göppinger Arbeiten zur Germanistik 492) Göppingen 1988

Fs. KÖTTING — Pietas. Festschrift für B. KÖTTING ed. E. DASSMANN/K. S. FRANK (JACh Ergänzungsband 8) Münster 1980

Fs. LAZZATI — Paradoxos politeia. Studi patristici in onore di G. LAZZATI ed. R. CANTALAMESSA/L. F. PIZZOLATO (Studia Patristica Mediolanensia 10) Milano 1979

Fs. LOUIS I/II — La Chanson de Geste et le mythe carolingien: Mélanges R. LOUIS I-II Saint-Père-sous-Vézelay 1982

Fs. MASAI — Miscellanea Codicologica F. MASAI dicata MCMLXXIX ed. P. COCKSHAW/M.-C. GARAND/P. JODOGNE Gand 1979

Fs. MERCATI — Miscellanea G. MERCATI I-VI (Studi e Testi 121-126) Città del Vaticano 1946

Fs. MÜTHERICH — Studien zur mittelalterlichen Kunst 800-1250. Festschrift für F. MÜTHERICH zum 70. Geburtstag ed. K. BIERBRAUER u. a. München 1985

Fs. MUNARI — Kontinuität und Wandel. Lateinische Poesie von Naevius bis Baudelaire. F. MUNARI zum 65. Geburtstag ed. U. J. STACHE u. a. Hildesheim 1986

Fs. OTTENTHAL — Festschrift zu Ehren E. v. OTTENTHALS ed. R. v. KLEBELSBERG Innsbruck 1925

Fs. PELLEGRINO — Forma Futuri. Studi in onore del cardinale M. PELLEGRINO Torino 1975

Fs. PITTIONI — Festschrift für R. PITTIONI, II: Industriearchäologie und Metalltechnologie: Römerzeit, Frühgeschichte und Mittelalter ed. H. MITSCHA-MÄRHEIM/H. FRIESINGER/H. KERCHLER (Archaeologia Austriaca, Beiheft 14) Wien 1976

Fs. WALLACE-HADRILL — Ideal and Reality in Frankish and Anglo-Saxon Society. Studies presented to J. M. WALLACE-HADRILL ed. P. WORMALD u. a. Oxford 1983

Fs. ZIMMERMANN — Ex Ipsis Rerum Documentis. Beiträge zur Mediävistik. Festschrift für H. ZIMMERMANN ed. K. HERBERS u. a. Sigmaringen 1991

Fulb. Carnot. — Fulbertus Carnotensis † 1028
ET The Letters and Poems of Fulbert of Chartres ed. and transl. by F. BEHRENDS Oxford 1976
B Rep. Font. IV p. 598

GAMBER Ecclesia Reginensis — K. GAMBER Ecclesia Reginensis. Studien zur Geschichte und Liturgie der Regensburger Kirche im Mittelalter (Studia Patristica et Liturgica 8) Regensburg 1979

GANZ Corbie — D. GANZ Corbie in the Carolingian Renaissance, Sigmaringen 1990

GB — Grazer Beiträge. Zeitschrift für die klassische Altertumswissenschaft (Graz)

Geistesleben um den Bodensee — Geistesleben um den Bodensee im frühen Mittelalter. Vorträge eines Mediävistischen Symposions vom 30. September bis zum 3. Oktober 1987 auf Schloß Hofen am Bodensee ed. A. MASSER/A. WOLF (Literatur und Geschichte am Oberrhein 2) Freiburg i. Br. 1989

Geistl. Denkformen — Geistliche Denkformen in der Literatur des Mittelalters ed. K. GRUBMÜLLER u.

	a. (Münstersche Mittelalter-Schriften 51) München 1984
GÉNICOT/TOMBEUR Index II	L. GÉNICOT/P. TOMBEUR Index Scriptorum Operumque Latino-Belgicorum Medii Aevi. Nouveau répertoire des oeuvres médiolatines belges, II Bruxelles 1976
GENNRICH Formenlehre	F. GENNRICH Grundriß einer Formenlehre des mittelalterlichen Liedes als Grundlage einer musikalischen Formenlehre des Liedes, Darmstadt 1970
Gerb.	Gerbertus (Silvester II) † 1003
	ETI MOEHS in: Gerberto – scienza, storia e mito p. 335-349
	B CANTELLI BERARDUCCI p. 478s.
	I Gerberto – scienza, storia e mito. Atti del Gerberto Symposium Bobbio 25-27 luglio 1983 (Archivum Bobiense, Studia 2) Bobbio 1985
Germ.	Claudius Caesar Germanicus saec. I
	MB MUNK OLSEN Auteurs classiques I p. 403ss.
Gesta Bereng.	*Gesta Berengarii imperatoris* saec. X
	B Rep. Font. IV p. 720
	I AVESANI in: Storia della Cultura Veneta I Vicenza 1976 p. 259-261
	I D'ANGELO Vichiana 15/1986 p. 176-215
	I LAWO in: Arbor amoena p. 101-111
	I EBENBAUER Carmen Historicum I p. 175-198
	I ARICÒ Vichiana 12/1983 p. 40-43
	I BERSCHIN Biographie III p. 362
	I GIOVINI Maia 48/1996 p. 301-309; 50/1998 p. 349-361; 499-510
GIBSON Artes and Bible	M. T. GIBSON 'Artes' and Bible in the Medieval West, Aldershot/Brookfield 1993
GIBSON/NELSON	Charles the Bald: Court and Kingdom. Papers based on a Colloquium held in London April 1979 ed. M. GIBSON/J. NELSON Oxford 1981
GIERSIEPEN	H. GIERSIEPEN Die Inschriften des Aachener Doms (Die Deutschen Inschriften 31) Wiesbaden 1992
GIF N. S.	Giornale Italiano di Filologia, Nuova Serie (Roma)
GILARDI Syll. Turon.	F. J. GILARDI The Sylloge epigraphica Turonensis de S. Martino, Diss. Ann Arbor, Michigan 1984
GLAUCHE Schullektüre	G. GLAUCHE Schullektüre im Mittelalter. Entstehung und Wandlung des Lektürekanons bis 1200 nach den Quellen dargestellt (Münchener Beiträge zur Mediävistik und Renaissance-Forschung 5) München 1970
GNEUSS Handlist	H. GNEUSS Handlist of Anglo-Saxon manuscripts and manuscript fragments written or owned in England up to 1100 (Medieval and Renaissance texts and studies 241) Tempe/Arizona 2001
Godesc. Saxo	Godescalcus Saxo † 866/9
	ETC M.-L. WEBER Die Gedichte des Gottschalk von Orbais (Lateinische Sprache und Literatur des Mittelalters 27) Frankfurt/M. 1992
	B Rep. Font. V p. 168
	B CANTELLI BERARDUCCI p. 450s.
	I SCHMID Klostergemeinschaft Fulda p. 245s.
	I F. STELLA Il verso europeo. Atti del seminario di metrica comparata, Firenze 1995 p. 159-165
	I RÄDLE in: Verf. Lex.^{2} III 1981 c. 189-199
GODMAN Poetry	P. GODMAN Poetry of the Carolingian Renaissance, London 1985
GODMAN Poets	P. GODMAN Poets and Emperors. Frankish Politics and Carolingian Poetry, Oxford 1987
Gratt.	Grattius saec. I
	MB MUNK OLSEN Auteurs classiques I p. 411s.
GREEN Carolingian Pastoral	Seven Versions of Carolingian Pastoral ed. and annot. by R. P. H. GREEN Reading 1980
GREGOROVIUS Tombe dei Papi	F. GREGOROVIUS/C. HUELSEN Le Tombe dei Papi, Roma ^{2}1931
GRLMA	Grundriß der romanischen Literaturen des Mittelalters, I: Generalités, Heidelberg 1972; VI: La litterature didactique, allegorique et satirique 1-2 ed. H. R. JAUSS/E. KÖHLER Heidelberg 1968/1970
Gunzo	Gunzo Novariensis saec. X

	B Cantelli Berarducci p. 509
	I Pabst Prosimetrum p. 367-375
Habis	Habis. Universidad de Sevilla. Arquelogía, Filología clássica (Sevilla)
Hagiographica	Hagiographica. Rivista di agiografia e biografia della Società Internazionale per lo studio del Medio Evo Latino (Turnhout/Firenze/Paris)
Hagiographie	Hagiographie. Cultures et sociétés IVe –XIIe siècles. Actes du Colloque organisé à Nanterre et à Paris (2-5 mai 1979) (Centre de recherches sur l'antiquité tardive et le haut Moyen Âge, Université de Paris X) Paris 1981
Haidinger	A. Haidinger Katalog der Handschriften des Augustiner Chorherrenstiftes Klosterneuburg, I: Cod. 1-100 (Österr. Akad. d. Wiss., Phil.-Hist. Kl., Denkschriften 168 = Veröffentl. d. Kommiss. f. Schrift- u. Buchwesen d. Mittelalters II.2.1) Wien 1983
Hamann-MacLean Reimser Denkmale	R. Hamann-MacLean Die Reimser Denkmale des frz. Königtums im 12. Jhd. Saint-Remi als Grabkirche im frühen u. hohen MA., in: Beiträge zur Bildung der frz. Nation im Früh- und Hochmittelalter ed. H. Beumann (Nationes 4) Sigmaringen 1983 p. 93-260
Hartw.	Hartwicus S. Emmerammi † 1126
	E MGH Poet. 5 p. 517-521
	I Bischoff in: Verf. Lex.^{2} III c. 529
Häusle Denkmal	H. Häusle Das Denkmal als Garant des Nachruhms. Beiträge zur Geschichte und Thematik eines Motivs in lat. Inschriften (Zetemata 75) München 1980
Haubrichs Georgslied	W. Haubrichs Georgslied und Georgslegende im frühen Mittelalter, Königstein 1979
Haubrichs Otfrid	W. Haubrichs Nekrologische Notizen zu Otfrid v. Weissenburg. Prosopographische Studien zum sozialen Umfeld u. zur Rezeption des Evangelienbuches, in: Adelsherrschaft und Literatur ed. H. Wenzel (Beiträge zur älteren deutschen Literaturgeschichte 6) Bern 1980 p. 7-55
Hauck Taufpfalzen	K. Hauck Karolingische Taufpfalzen im Spiegel hofnaher Dichtung. Überlegungen zur Ausmalung von Pfalzkirchen, Pfalzen und Reichsklöstern (Nachr. d. Akad. d. Wiss. in Göttingen, Phil.-Hist. Kl. 1985 nr. 1) Göttingen 1985
Haug/Vollmann Frühe dt. Lit.	Frühe deutsche Literatur und lateinische Literatur in Deutschland 800-1150 ed. W. Haug/B. K. Vollmann (Bibliothek des Mittelalters 1) Frankfurt/M. 1991
Head Hagiography and the Cult of Saints	T. Head Hagiography and the Cult of Saints, The Diocese of Orléans, 800-1200 (Cambridge studies in medieval life and thought IV 14) Cambridge 1990
Hecht Wandmalerei	J./K. Hecht Die frühmittelalterliche Wandmalerei des Bodenseegebietes, I: Text; II: Faksimile, Sigmaringen 1979
Heinzelmann Bischofsherrschaft	M. Heinzelmann Bischofsherrschaft in Gallien. Zur Kontinuität römischer Führungsschichten vom 4. bis zum 7. Jahrhundert (Beihefte der Francia 5) München 1976
Heiric.	Heiricus Autissiodorensis saec. IX
	B Rep. Font. V p. 448s.
	B Cantelli Berarducci p. 455s.
	I Jeauneau Études Érigéniennes p. 73-84
	I Godman/McKitterick in: Charles the Bald p. 296; 301; 385
Helikon	Helikon. Rivista di tradizione e cultura classica dell'Università di Messina (Roma)
Heriger. Lobiensis	Herigerus Lobiensis † 1007
	I Babcock MlatJb 18/1983 p. 105s.
Hibern. Exul	Hibernicus Exul; Dungal; versus S. Dionysii saec. IX
	B Lapidge/Sharpe p. 198:735
	B Rep. Font. V p. 471
Hincm.	Hincmarus Remensis † 882
	B Rep. Font. V p. 499
	B Cantelli Berarducci p. 464-466
	I J. Devisse Hincmar. Archevêque de Reims 845-882 I-III Genf 1975/76 p. 1535

Hisperica Famina	*Hisperica Famina* ETC The Hisperica Famina, II: Related Poems ed. M. W. HERREN (Pontifical Institute of Mediaeval Studies, Studies and Texts 85) Toronto 1987 B LAPIDGE/SHARPE p. 93ss. B Rep. Font. V p. 509s. I SMOLAK Wiener HumBll 27/1985 p. 20-24 I WRIGHT CMCS 4/1982 p. 61-76 I SMYTH CMCS 14/1987 p. 82-91 I LAPIDGE in: Jean Scot Érigène et l'Histoire de la Philosophie p. 447 I LAPIDGE in: Proceedings of the seventh international congress of Celtic Studies, Oxford 1986 p. 96-99 I ROTH Eriu 29/1978 p. 112-122 I KNAPPE JournMedLat 4/1994 p. 130-162
HOFFMANN Buchkunst	H. HOFFMANN Buchkunst und Königtum im ottonischen und frühsalischen Reich, Textband/Tafelband (MGH Schriften 30.1-2) Stuttgart 1986
HOMEYER Dichterinnen	Dichterinnen des Altertums und des frühen Mittelalters. Zweisprachige Textausgabe. Eingel., übers. u. m. bibliographischem Anhang versehen von H. HOMEYER Paderborn 1979
HOLSCHNEIDER Winchester	A. HOLSCHNEIDER Die Organa von Winchester. Studien zum ältesten Repertoire polyphoner Musik, Hildesheim 1968
HOLTZ Donat	L. HOLTZ Donat et la tradition de l'enseignement grammatical. Étude sur l'Ars Donati et sa diffusion (IVe-IXe siècle) et édition critique, Paris 1981
Honorius Augustodunensis	Honorius Augustodunensis † ca. 1150 I STURLESE in: Historia philosophiae medii aevi. Fs. K. FLASCH ed. B. MOJSISCH/O. PLUTA II Amsterdam/Philadelphia 1991 p. 927-951
Hor.	Quintus Horatius Flaccus † 8 ante Chr. n. M 1200 Jahre Kloster Schäftlarn 762-1962. Blätter zum Gedächtnis ed. S. MITTERER München 1962 p. 38 MB MUNK OLSEN Auteurs classiques I p. 421ss.
Hraban.	Hrabanus Maurus † 856 E Rabani Mauri Liber de Computo ed. W. M. STEVENS (CC Cont. Med. 44) Turnhout 1979 E Rabani Mauri Martyrologium ed. J. MCCULLOH (CC Cont. Med. 44) Turnhout 1979 ETC Rabani Mauri 'In honorem Sanctae Crucis' ed. M. PERRIN (CC Cont. Med. 100/A) Turnhout 1997 TMI Raban Maur, Louanges de la Sainte Croix ed. M. PERRIN Paris/Amiens 1988 M H.-G. MÜLLER Hrabanus Maurus, De laudibus Sanctae Crucis: Studien zur Überlieferung und Geistesgeschichte mit dem Faksimile-Textabdruck aus Codex Reg. Lat. 124 der Vatikanischen Bibliothek (Diss. Münster 1970) Ratingen u. a. 1973 (= MlatJb Beihefte 11) MI REUDENBACH in: Geistl. Denkformen p. 282-320 MI ERNST Carm. fig. p. 222-332 MI PERRIN RevHistTextes 19/1989 p. 191-240 B Rep. Font. V p. 562 B CANTELLI BERARDUCCI p. 443-447; 790 BI FERRARI in: Kloster Fulda p. 493-526 I GODMAN in: Charles the Bald p. 298 I LADNER Images and Ideas p. 205 n. 33 I REUDENBACH FMSt 20/1986 p. 25-35 I Text als Figur p. 39s. I CHAZELLE The Cross, passim I BECHT-JÖRDENS in: Kloster Fulda p. 336-342 I FERRARI in: Fs. DÜCHTING 2001 p. 81-92 I M. C. FERRARI Il „Liber sanctae crucis" di Rabano Mauro. Testo-immagine-contesto (Lateinische Sprache und Literatur des Mittelalters 30) Bern 1999 I Hrabanus Maurus. Lehrer, Abt und Bischof. Symposion der Akad. d. Wiss.

u. Lit. Mainz 18.-20. Sept. 1980 ed. R. KOTTJE/H. ZIMMERMANN (Akad. d. Wiss. u. Lit. Mainz, Abh. d. Geistes- u. Sozialwiss. Kl., Einzelveröff. 4) Wiesbaden 1982

Hrotsv. — Hrotsvitha Gandersheimensis — saec. X

E Hrotsvit opera omnia ed. W. BERSCHIN München/Leipzig 2001
B Rep. Font. V p. 568s.
B CANTELLI BERARDUCCI p. 495-497
B STOTZ ALMA 59/2001 p. 273s.
I STAUBACH in: Theophanu I p. 356-364
I K. M. WILSON Hrotsvit of Gandersheim. The Ethics of Authorial Stance, Leiden u. a. 1988
I W. EGGERT/B. PÄTZOLD Wir-Gefühl und Regnum Saxonum bei frühmittelalterlichen Geschichtsschreibern (Forschungen zur mittelalterlichen Geschichte 31) Weimar 1984 p. 223-230; 265-273
I KARPF Settimane ... Spoleto 32/1984 p. 553ss.
I CORBET Les Saints Ottoniens p. 42ss.
I NEWLANDS TAPhA 116/1986 p. 369-391
I SPRENGLER-RUPPENTHAL Jb. d. Gesellschaft f. niedersächsische Kirchengeschichte 83/1985 p. 85-93
I MCENERNEY MlatJb 21/1986 p. 106-113
I D'ONOFRIO in: Eriugena Redivivus ed. W. BEIERWALTES 1987 p. 67
I STICCA in: The Roles and Images of Women in the Middle Ages and Renaissance ed. D. RADCLIFF-UMSTEAD Pittsburgh 1975 p. 3-22
I BERTINI in: Medioevo al femminile ed. F. BERTINI Roma/Bari 1992 p. 63-97
I F. BERTINI Il ‚teatro' di Rosvita. Con un saggio di traduzione e di interpretazione del ‚Callimaco', Genova 1979
I K. J. LEYSER Herrschaft und Konflikt. König und Adel im ottonischen Sachsen (Veröffentl. d. Max-Planck-Instituts f. Geschichte 76) Göttingen 1984 p. 32; 37; 57; 82; 137; 141
I ESCOLÁ I TUSET in: Umanesimi p. 121-128
I VAN HOUTS Early Medieval Europe 1/1992 p. 55ss.
I ROBERTINI StudMed III 30/1989 p. 649-659
I SIMONETTI StudMed III 30/1989 p. 661-695
I JENNINGS MlatJb 33.1/1998 p. 37-52
I JENNINGS MlatJb 34.1/1999 p. 29-39
I LEOTTA Maia 45/1993 p. 53-62
I BERSCHIN Biographie IV p. 62-69
I SMOLAK in: Comparanda 2, Innsbruck 2001 p. 162-179

Hss. Krakau — M. KOWALCZYK u. a. Catalogus codicum manuscriptorum medii aevi latinorum qui in Bibliotheca Jagellonica Cracoviae asservantur, III Wratislavae 1984

Hucbald. — Hucbaldus Elnonensis — † ca. 931

B SMITH RBén 106/1996 p. 151-171
B CANTELLI BERARDUCCI p. 467
B CHARTIER JournMedLat 5/1995 p. 202-224
I SHEERIN Bibliothèque d'Humanisme et Renaissance 42/1980 p. 167-170

Hymn. Murbac. — *Hymni Murbacenses* — saec. VIII/IX

B Drei Reichenauer Denkmäler der altalemannischen Frühzeit ed. U. DAAB (Altdeutsche Textbibliothek 57) Tübingen 1963

Hymnarium oscense — *Hymnarium oscense* — saec. XI

EI A. DURÁN/R. MORAGAS/J. VILLAR-REAL Hymnarium oscense, I: Edición facsímil; II: Estudios, Zaragoza 1987

Iconologia sacra — Iconologia sacra. Mythos, Bildkunst und Dichtung in der Religions- und Sozialgeschichte Alteuropas. Fs. K. HAUCK zum 75. Geburtstag ed. H. KELLER/N. STAUBACH Berlin/New York 1994

Il. Lat. — *Ilias Latina* — saec. I

ETC Baebii Italici Ilias Latina ed. M. SCAFFAI Bologna 1982, ^{2}1997

Il Libro e il Testo — Il Libro e il Testo ed. C. QUESTA/R. RAFFAELLI (Pubblicazioni dell'Università di Urbino, Scienze Umane, Atti di Congressi 1) Urbino 1984

Insular Latin Studies	Insular Latin Studies. Papers on latin texts and manuscripts of the British Isles: 550-1066 ed. M. W. HERREN (Papers in Medieval Studies 1) Toronto 1981
Ioh. Scot.	Iohannes Scottus Eriugena † ca. 877 ETC Iohannis Scotti Eriugenae Carmina ed. M. W. HERREN (Scriptores Latini Hiberniae 12) Dublin 1993 B SHARPE nr. 876 B CANTELLI BERARDUCCI p. 456-458 I JEAUNEAU Études Érigéniennes I JEAUNEAU ALMA 41/1977-78 p. 5-50 I HERREN in: Fs. BRUNHÖLZL 1989 p. 97-105 I COURCELLE Lecteurs ... de l'Énéide p. 756 I DUTTON in: Jean Scot Écrivain p. 51-80 I GODMAN Poets p. 170ss.
Ionas Bob.	Ionas Bobiensis saec. VII B CANTELLI BERARDUCCI p. 389s.
Ios. Scot.	Ioseph Scottus † ca. 804 B SHARPE nr. 996 B CANTELLI BERARDUCCI p. 412
Iren u. Europa I/II	Die Iren und Europa im früheren Mittelalter ed. H. LÖWE (Veröffentlichungen des Europa-Zentrums Tübingen, Kulturwiss. Reihe) I-II Stuttgart 1982
IRVINE Textual Culture	M. IRVINE The Making of Textual Culture. 'Grammatica' and Literary Theory, 350-1100 (Cambridge studies in medieval literature 19) Cambridge 1994, ^{n}1996
Isid.	Isidorus Hispalensis † ca. 636 E Isidori Hispalensis 'versus' ed. J. M. SÁNCHEZ MARTÍN (CC 113A) Turnhout 2000 EC ORTEGA Helmantica 12/1961 nr. 38 p. 261-299 M FILL Hss. Kremsmünster I p. 104 B HILLGARTH StudMed III 24/1983 p. 839 n. 34 I MADOZ Estudios Eclesiásticos 21/1947 p. 217-223 I NORBERG MlatJb 19/1984 p. 67
Israel Scot.	Israel Scottus saec. X E MGH Poet. 5 p. 647-649
Iul. Tolet.	Iulianus Toletanus Episcopus † 690 E Ars Iuliani Toletani Episcopi. Una gramática latina de la Espana visigoda, estudio y ed. critica per M. A. H. MAESTRE YENES (Publicaciones del Instituto Provincial de Investigaciones y Estudios Toledanos II/5) Toledo 1973
Iuv.	D. Iunius Iuvenalis saec. II MB MUNK OLSEN Auteurs classiques I p. 553ss.
Iuvenc.	C. Vettius Aquilinus Iuvencus saec. IV I COURCELLE Lecteurs ... de l'Énéide p. 756 I BRAUN-IRGANG in: Fs. KLOPSCH 1988 p. 1-45
JANSSENS Vita e morte	J. JANSSENS Vita e morte del cristiano negli epitaffi di Roma anteriori al sec. VII (Analecta Gregoriana 223, ser. Fac. Theol., Sectio B nr. 73) Roma 1981
JEAUNEAU Études Érigéniennes	E. JEAUNEAU Études Érigéniennes, Paris 1987
Jean Scot Écrivain	Jean Scot Écrivain. Actes du IVe Colloque International, Montréal 28 août-2 septembre 1983 ed. G.-H. ALLARD (Cahiers d'études médiévales. Cahier spécial, 1) Montréal/Paris 1986
Jean Scot Érigène et l'Histoire de la Philosophie	Jean Scot Érigène et l'Histoire de la Philosophie (Colloques internationaux du CNRS n° 561) ed. R. ROQUES Paris 1977
JMH	Journal of Medieval History (Amsterdam)
JournMedLat	The Journal of Medieval Latin. A Publication of the North American Association of Medieval Latin (Toronto)
Karl d. Gr. Nachwirken I	Karl der Große und sein Nachwirken. 1200 Jahre Kultur und Wissenschaft in Europa ed. P. BUTZER/M. KERNER/W. OBERSCHELP I Turnhout 1997
KER III	N. R. KER Medieval manuscripts in British libraries, III Oxford 1983
KER Books	N. R. KER Books, Collectors, and Libraries. Studies in the Medieval Heritage ed. A. G. WATSON London 1985

KESSLER — H. KESSLER The illustrated bibles from Tours, Princeton, New Jersey 1977

KINDERMANN Satyra — U. KINDERMANN Satyra. Die Theorie der Satire im Mittellateinischen. Vorstudie zu einer Gattungsgeschichte (Erlanger Beiträge zur Sprach- und Kunstwissenschaft 58) Nürnberg 1978

KLOPSCH Bukolik — P. KLOPSCH Mittellateinische Bukolik, in: Lectures médiévales de Virgile. Actes du Colloque organisé par l'École française de Rome, Rome, 25-28 octobre 1982 (Collection de l'École française de Rome 80) Rom 1985 p. 146-165

KLOPSCH Lyrik — Lateinische Lyrik des Mittelalters, ausgew., übers. u. komm. v. P. KLOPSCH Stuttgart 1985

Kloster Fulda — Kloster Fulda in der Welt der Karolinger und Ottonen ed. G. SCHRIMPF (Fuldaer Studien 7) Frankfurt/M. 1996

Kloster Schäftlarn — 1200 Jahre Kloster Schäftlarn 762-1962. Blätter zum Gedächtnis ed. S. MITTERER (Beiträge zur altbayerischen Kirchengeschichte 22.3) München 1962

KNAPP Tierepos — F. P. KNAPP Das lateinische Tierepos (Erträge der Forschung 121) Darmstadt 1979

KNITTEL Const. — H. KNITTEL Ex historia Constantiae. Lateinische Quellen zur Geschichte der Stadt Konstanz, Konstanz 1979

KOEHLER/MÜTHERICH V — W. KOEHLER/F. MÜTHERICH Die karolingischen Miniaturen, V: Die Hofschule Karls des Kahlen, Berlin 1982

KOEHLER/MÜTHERICH VI — W. KOEHLER/F. MÜTHERICH Die karolingischen Miniaturen, VI: Die Schule von Reims, 1: Von den Anfängen bis zur Mitte des 9. Jahrhunderts, Berlin 1994

KÖLZER Urkundenfälschungen — Th. KÖLZER Studien zu den Urkundenfälschungen des Klosters St. Maximin vor Trier, Sigmaringen 1989

Königspfalzen III — Deutsche Königspfalzen. Beiträge zu ihrer historischen und archäologischen Erforschung (Veröffentl. d. Max-Planck-Instituts f. Geschichte Göttingen 11.3) III Göttingen 1979

KORTEKAAS Historia — Historia Apollonii Regis Tyri ed. G. A. A. KORTEKAAS (Mediaevalia Groningana fasc. 3) Groningen 1984

KORZENIEWSKI Hirtengedichte — Hirtengedichte aus spätrömischer und karolingischer Zeit ed. u. übers. v. D. KORZENIEWSKI (Texte zur Forschung 26) Darmstadt 1976

KOTTJE Bußbücher — R. KOTTJE Die Bußbücher Halitgars von Cambrai und des Hrabanus Maurus. Ihre Überlieferung und ihre Quellen (Beiträge zur Geschichte und Quellenkunde des Mittelalters 8) Berlin/New York 1980

KRAHWINKLER Friaul — H. KRAHWINKLER Friaul im Frühmittelalter. Geschichte einer Region vom Ende des fünften bis zum Ende des zehnten Jahrhunderts (Veröffentl. d. Instituts f. Österr. Geschichtsforschung 30) Wien u. a. 1992

Kunst und Kultur in der Karolingerzeit — 799 – Kunst und Kultur in der Karolingerzeit. Karl d. Gr. und Papst Leo III. in Paderborn. Katalog und Beiträge zum Katalog der Ausstellung Paderborn 1999, I.1.2: Katalog; II: Beiträge ed. C. STIEGEMANN/M. WEMHOFF Mainz 1999

Lact. — Lucius Caelius Firmianus Lactantius saec. III/IV

ECI A historical and literary commentary on the Phoenix poem ascribed to Lactantius ed. M. C. SHARP I-II (Diss. Oxford 1984) Oxford 1985

LADNER Images and Ideas — G. B. LADNER Images and Ideas in the Middle Ages. Selected Studies in History and Art, Roma 1983

LAISTNER/KING Bede Manuscripts — M. L. W. LAISTNER/H. H. KING A Handlist of Bede Manuscripts, Ithaka, New York 1943

Lampas — Lampas. Tijdschrift voor Nederlandse classici (Muiderberg/NL)

La Neustrie — La Neustrie. Les pays au nord de la Loire de Dagobert à Charles le Chauve (VIIe-IXe siècle) ed. P. PÉRIN/L.-C. FEFFER Rouen 1985

La Neustrie I/II — La Neustrie. Les pays au nord de la Loire de 650 à 850. Colloque historique international ed. H. ATSMA (Beihefte der Francia 16/1-2) I-II Sigmaringen 1989

LAPIDGE Anglo-Latin Literature — M. LAPIDGE Anglo-Latin Literature 600-899, London/Rio Grande 1993

LAPIDGE/SHARPE — M. LAPIDGE/R. SHARPE A Bibliography of Celtic-Latin Literature 400-1200 (Royal Irish Acad., Dictionary of Medieval Latin from Celtic Sources, An-

	cillary Publications 1) Dublin 1985
LatCulture	Latin Culture and Medieval Germanic Europe. Proceedings of the first Germania Latina Conference held at the Univ. of Groningen, 26 May 1989 ed. R. North/T. Hofstra (Germania Latina 1) Groningen 1992
Lausberg Das Einzeldistichon	M. Lausberg Das Einzeldistichon. Studien zum antiken Epigramm (Studia et testimonia antiqua 19) München 1982
LexMA	Lexikon des Mittelalters, Iss. München/Zürich 1977ss.
Liber monstrorum	*Liber monstrorum* saec. VII/VIII?
	ETC Liber monstrorum. Introd., ed., comm. di F. Porsia Bari 1976
Licentius	Licentius saec. IV
	I Herzog Bibelepik p. 172ss.
Literacy in early mediaeval Eurcpe	The Uses of Literacy in early mediaeval Europe ed. R. McKitterick Cambridge 1990, ^{n}1995
Litterae latinae	Litterae Latinae. Das lateinische Sprachmagazin (Wien)
Liturgische Tropen	Liturgische Tropen. Referate zweier Colloquien des 'Corpus Troporum' in München (1983) u. Canterbury (1984) (Münchener Beiträge zur Mediävistik und Renaissance-Forschung 36) München 1985
Liutpr.	Liutprandus Cremonensis † ca. 972
	ETI E. Colonna Le poesie di Liutprando di Cremona. Commento tra testo e contesto (Scrinia 10) Bari 1996
	B Cantelli Berarducci p. 509s.
	I J. N. Sutherland Liudprand of Cremona, Bishop, Diplomat, Historian. Studies of the Man and his Age (Biblioteca degli 'Studi medievali' 14) Spoleto 1988
	I Pabst Prosimetrum p. 796-803
Liver	R. Liver Die Nachwirkung der antiken Sakralsprache im christlichen Gebet des lateinischen und italienischen Mittelalters (Romanica Helvetica 89) Bern 1979
Lourdaux/Verhelst Bible	The Bible and Medieval Culture ed. W. Lourdaux/D. Verhelst Leuven 1979
Lup. Ferr.	Lupus Servatus Ferrariensis † ca. 862
	B Cantelli Berarducci p. 452s.
Lux.	Luxorius saec. VI
	ECI H. Happ Luxurius, I: Text, Untersuchungen; II: Kommentar, Stuttgart 1986
	I Lausberg Das Einzeldistichon p. 628
	I Löfstedt Acta Classica 23/1980 p. 97-105
	I Mariotti Scritti p. 9-18 (= RFIC III 92/1964 p. 162-172)
Lyrik	D. Earnshaw The Female Voice in Medieval Romance Lyric (American University Studies 2/68) New York u. a. 1988
Lyrik des MA.	Lyrik des Mittelalters, I: P. Klopsch Die mittellateinische Lyrik, Stuttgart 1983
Madoz	Madoz Estudios Ecclesiásticos 21/1947 p. 217-223
MaisD	Maison (La) de Dieu (Paris)
Mar. Victor.	Claudius Marius Victorius saec. V
	I Nodes VigChr 42/1988 p. 59-74
	I Schetter Kaiserzeit und Spätantike p. 507
Mariotti Scritti	S. Mariotti Scritti medievali e umanistici, Roma 1976, ^{2}1994
Marrou	H.-I. Marrou 'Christiana Tempora'. Mélanges d'Histoire, d'Archéologie, d'Épigraphie et de Patristique, École Française de Rome (Collection de l'École Française de Rome 35) Rome 1978
Mart. Cap.	Martianus Capella Minneius Felix Afer saec. V
	ETC Martiani Capellae De nuptiis Philologiae et Mercurii liber IX, intr., trad. e comm. di L. Cristante (Medioevo e Umanesimo 64) Padova 1987
	CI Lutz in: Catalogus Translationum II p. 370-381
	M Préaux in: C. Deroux (ed.) Studies in Latin Literature and Roman History (Collection Latomus 168) II Bruxelles 1980 p. 76-128
	B Huglo ActMus 60/1988 p. 240s.
	I Antes in: Hommages à J. Cousin Paris 1983 p. 289-297
Maurer Konstanz	H. Maurer Konstanz als ottonischer Bischofssitz. Zum Selbstverständnis geistl. Fürstentums im 10. Jhd. (Veröff. d. Max-Planck-Instituts f. Geschich-

	te 39 = Studien zur Germania Sacra 12) Göttingen 1973
Maxim.	Maximianus Tuscus saec. VI EI Fo Romanobarbarica 8/1984-85 p. 151-219 C F. Spaltenstein Commentaire des Élégies de Maximien (Bibliotheca Helvetica Romana 20) Roma 1983 M Rubio Fernandez Manuscritos clásicos p. 57:XXIV; p. 605:725 MI Jaitner-Hahner in: Fs. Autenrieth 1988 p. 277-292 BI Fo Hermes 115/1987 p. 348-371 I Leotta GIF 37/1985 p. 91-106 I Fo Bollettino di Studi Latini 16/1986 p. 9-21 I C. Ratkowitsch Maximianus Amat. Zu Datierung u. Interpretation d. Elegikers Maximian (Österr. Akad. d. Wiss., Phil.-Hist. Kl., Sonderband 463) Wien 1986 I Altamura Latomus 40/1981 p. 818-827 I Schetter Kaiserzeit und Spätantike p. 508
McDonald/Goebel Literary Patronage	W. C. McDonald/U. Goebel German Medieval Literary Patronage from Charlemagne to Maximilian I. A critical comnmentary with special emphasis on imperial promotion of literature, Amsterdam 1973
Med & Hum N. S.	Mediaevalia et Humanistica. Studies in Medieval and Renaissance Culture, New Series (Denton, Texas)
Medioevo e latinità	Medioevo e latinità. In memoria di E. Franceschini ed. A. Ambrosioni u. a. (Biblioteca Erudita. Studi e Documenti di Storia e Filologia 7) Milano 1993
MedRin	Medioevo e Rinascimento. Annuario del Dipartimento di Studi sul Medioevo e il Rinascimento dell'Università di Firenze (Spoleto)
MedRom	Medioevo Romano. Rivista quadrimestrale (Bologna)
Meersseman Ordo Fraternitatis	G. G. Meersseman Ordo Fraternitatis. Confraternità e Pietà dei Laici nel Medioevo, I-III Roma 1977
MEFRA	Mélanges de l'École Française de Rome. Antiquité (Roma)
MEL	Medioevo Latino. Bolletino bibliografico della cultura europea dal secolo VI al XIII, Iss. Spoleto 1980ss.
Mélanges Colombaniens	Mélanges Colombaniens. Actes du Congrès International de Luxeuil 20-23 juillet 1950, Paris 1951
Merob.	Flavius Merobaudes saec. V I Schetter Kaiserzeit und Spätantike p. 508 I Fo Romanobarbarica 6/1981-82 p. 101-128
Merton Buchmalerei St. Gallen	A. Merton Die Buchmalerei in St. Gallen vom neunten bis zum elften Jahrhundert, Leipzig ²1923
Messina	Pseudo-Eugenio di Toledo, Speculum per un nobile Visigoto ed. N. Messina (Monografias de la Universidad de Santiago de Compostela 85) Santiago de Compostela 1983
Meyer Ges. Abh. III	W. Meyer Gesammelte Abhandlungen zur Mittellateinischen Rythmik III, besorgt u. m. Nachträgen u. Berichtigungen versehen v. W. Bulst Berlin 1936/Hildesheim ⁿ1970
de Meyier Codices Vossiani II	K. A. de Meyier Codices Vossiani Latini, II Leiden 1975
de Meyier Codices Vossiani III	K. A. de Meyier Codices Vossiani Latini, III Leiden 1977
de Meyier Codices Vossiani VI	K. A. de Meyier Codices Vossiani Graeci et Miscellanei (Codices Manuscripti VI) Leiden 1955
MGG	Die Musik in Geschichte und Gegenwart ed. F. Blume I-XIII Kassel u. a. 1949-1968 (einige Bd.e in 2. neub. Aufl. 1994-2004)
MGH Conc.	Monumenta Germaniae Historica, Concilia aevi Karolini
MGH Capit.	Monumenta Germaniae Historica, Leges. Capitularia regum Francorum
MGH SS	Monumenta Germaniae Historica, Scriptores
Michel	A. Michel In hymnis et canticis. Culture et beauté dans l'hymnique chrétienne latine, Louvain/Paris 1976
Milo	Milo Elnonensis † 871/2 I de Moreau St.-Amand p. 278-284 I Godman Poets p. 176ss.
Mirac. Fidis	*Miracula Fidis* (I-II auctore Bernardo) saec. X/XI

	EC Liber Miraculorum Sancte Fidis ed. L. ROBERTINI (Biblioteca di 'Medioevo Latino' 10) Spoleto 1994
	I PABST Prosimetrum p. 665-675
Miscellanea filologica	Poesia latina in frammenti. Miscellanea filologica. Istituto di filologia classica e medievale, Università di Genova, Facoltà di Lettere, Genova 1974
MODESTO Cena Cypriani	C. MODESTO Studien zur Cena Cypriani u. deren Rezeption (Classica Monacensia 3) Tübingen 1992
Modoin.	Modoinus (Naso) Augustodunensis † 840/3
	ET KORZENIEWSKI Hirtengedichte p. 73
	B CANTELLI BERARDUCCI p. 429
	I GODMAN Poets p. 78ss.; 102ss.
	I SCHALLER RhVjbl 41/1977 p. 162 n. 10
	I RATKOWITSCH Karolus Magnus p. 63-82
	I FRINGS Eranos 94/1996 p. 84-86
	I STOK in: Ovidio: da Roma all' Europa ed. I. GALLO/P. ESPOSITO Napoli 1998 p. 71-102
MONTORSI Epigrafe modenese	W. MONTORSI L'Epigrafe modenese di Liutprando e l'esametro ritmico 'Longobardo' (Deputazione di storia patria per le antiche provincie modenesi, Biblioteca N. S. 24) Modena 1973
MÜTHERICH Otto III.	MÜTHERICH in: The Role of the Book in Medieval Culture. Proceedings of the Oxford International Symposium 26th September-1st October 1982 ed. P. GANZ et all. (Bibliologia 4) II Turnhout 1986 p. 11-26
MÜTHERICH/GAEHDE	F. MÜTHERICH/J. E. GAEHDE Karolingische Buchmalerei (Die großen Handschriften der Welt) München 1976
MUNK OLSEN Auteurs classiques I/II	B. MUNK OLSEN L'Étude des auteurs classiques latins aux XIe et XIIe siècles, Catalogue des manuscrits classiques latins copiés du IXe au XIIe siècle, I-II Paris 1982-1985
Musica enchiriadis	Musica et scolica enchiriadis una cum aliquibus tractatulis adiunctis ed. H. SCHMID (Bayer. Akad. d. Wiss., Veröff. d. Musikhist. Komm. 3) München 1981
Musica e Storia	Musica e Storia (Venezia)
NddtJb	Niederdeutsches Jahrbuch. Jahrbuch des Vereins für niederdeutsche Sprachforschung (Neumünster/Bremen)
NELSON Politics and Ritual	J. L. NELSON Politics and Ritual in Early Medieval Europe, London/Ronceverte 1986
Nemes.	Marcus Aurelius Olympius Nemesianus saec. III
	ET KORZENIEWSKI Hirtengedichte p. 13
NEUHAUSER Hss. UB Innsbruck I	W. NEUHAUSER Katalog d. Handschriften d. Universitätsbibliothek Innsbruck, I: Cod. 1-100 (Veröff. d. Komm. f. Schrift- u. Buchwesen d. Mittelalters II.4.1) Wien 1987
NORBERG Au seuil du MA II	D. NORBERG Au seuil du moyen âge: Ètudes linguistiques, métriques et litteraires 1975-95, II Stockholm 1998
NORBERG Hymnarius Severinianus	D. NORBERG Notes critiques sur l'Hymnarius Severinianus (Kungl. Vitterhets Historie och Antikvitets Akademien, Filologiskt arkiv 21) Uppsala 1977
NORBERG Les vers iambiques	D. NORBERG Les vers latins iambiques et trochaiques au Moyen Âge et leurs répliques rythmiques (Kungl. Vitterhets Historie och Antikvitets Akademien, Filologiskt arkiv 35) Stockholm 1988
NORDEN Kl. Schriften	E. NORDEN Kleine Schriften zum Klassischen Altertum ed. B. KYTZLER Berlin 1966
Notker Balb.	Notkerus Balbulus Sangallensis † 912
	E BERSCHIN in: Fs. DUFT 1980 p. 71-121
	MB HOFFMANN Buchkunst p. 390; 401
	MI H. SPANKE Deutsche und französische Dichtung des Mittelalters, Stuttgart/Berlin 1943 p. 15-43
	B J. DUFT Die Galluskapelle zu St. Gallen und ihr Bilderzyklus (117. Njbl.) St. Gallen 1977 p. 16
	B CANTELLI BERARDUCCI p. 469-472; 781
	BI SZÖVÉRFFY Latin Lyrics I p. 9-17

	I BERSCHIN ZSchwKG 66/1972 p. 270s.
	I BERSCHIN Biographie III p. 404ss.
	I FERRARI p. 199-202
	I PABST Prosimetrum p. 624-630
ÖBERG Poetry	Two Millennia of Poetry in Latin. An Anthology of Works of Cultural and Historic Interest, I: The Late Classical Period and the Early Middle Ages ed. J. ÖBERG London 1987
ODERMATT Ordinarius St. Arnulf	A. ODERMATT Der Liber Ordinarius der Abtei St. Arnulf vor Metz, Metz, Stadtbibliothek, Ms. 132, um 1240 (Spicilegium Friburgense. Texte zur Geschichte des kirchlichen Lebens 31) Freiburg (Schweiz) 1987
Odilo Clun.	Odilo Cluniacensis † 1048
	B CANTELLI BERARDUCCI p. 486s.
Odo Clun.	Odo Cluniacensis † 942
	B CANTELLI BERARDUCCI p. 485s.
	I BRAUN-IRGANG in: Fs. KLOPSCH 1988 p. 15
	I LAPIDGE in: Jean Scot Érigène et l'Histoire de la Philosophie p. 446ss.
	I ZIOLKOWSKI MlatJb 24-25/1989-1990 p. 559-567
	I SMOLAK MlatJb 24-25/1989-1990 p. 449-456
ÖNNERFORS Vaterporträts	A. ÖNNERFORS Vaterporträts in der römischen Poesie. Unter besonderer Berücksichtigung von Horaz, Statius und Ausonius, Stockholm 1974
ÖNNERFORS Waltharius	A. ÖNNERFORS Das Waltharius-Epos. Probleme u. Hypothesen, Stockholm 1988
Opt. Porf.	Publilius Optatianus Porfyrius saec. IV
	B POLARA Vichiana N. S. 6/1977 p. 334-365
	I BARNES AJPh 96/1975 p. 173-186
Orient.	Orientius saec. V
	I BRAUN-IRGANG in: Fs. KLOPSCH 1988 p. 11
Ornamenta Ecclesiae	Ornamenta Ecclesiae. Kunst u. Künstler der Romanik ed. A. LEGNER (Katalog zur Ausst. d. Schnütgen-Museums in der Josef-Haubrich-Kunsthalle) I-III Köln 1985
Orpheus N. S.	Orpheus. Rivista di umanità classica e cristiana, Nuova Serie (Catania)
OSTERWALDER Ekkeh. IV.	P. OSTERWALDER Das althochdeutsche Galluslied Ratperts und seine lateinischen Übersetzungen durch Ekkehard IV.: Einordnung und kritische Edition, Berlin u. a. 1982
PABST Prosimetrum	B. PABST Prosimetrum. Tradition und Wandel einer Literaturform zwischen Spätantike und Spätmittelalter (Ordo 4.1-2) I-II Köln u. a. 1994
Pallad.	Palladius Rutilius Taurus Aemilianus saec. IV
	CI RODGERS in: Catalogus Translationum III p. 195-199
	I EFFE Dichtung und Lehre p. 103-106
Pan	Pan. Studi dell'Istituto di Filologia Latina, Università di Palermo
Paris BN lat.: Cat. gén.	Bibliothèque Nationale. Catalogue général des Manuscrits latins, Iss. Paris 1939ss.
PASSALACQUA Codici	M. PASSALACQUA I Codici di Prisciano (Sussidi Eruditi 29) Roma 1978
PATCH The Other World	H. R. PATCH The Other World according to Descriptions in Medieval Literature (Smith College Studies in Modern Languages N. S. 1) Cambridge/Mass. 1950, ^{n}1970
Paul. Albar.	Paulus Albarus Cordubensis † ca. 862
	I BREEZE Anglo-Saxon England 21/1992 p. 13-21
Paul. Diac.	Paulus Diaconus † ca. 799
	ET Paolo Diacono, Storia dei Longobardi. Testo originale e versione italiana ed. C. LEONARDI/R. CASSANELLI Milano 1985
	M STELLA in: Paolo Diacono. Uno scrittore fra tradizione longobarda e rinnovamento carolingio p. 551-574
	B CANTELLI BERARDUCCI p. 409-411; 784
	I Paolo Diacono. Uno scrittore fra tradizione longobarda e rinnovamento carolingio. Atti del Convegno Internazionale di Studi Cividale del Friuli–Udine, 6-9 maggio 1999 ed. P. CHIESA Udine 2000, passim
	I GODMAN Poets p. 41ss.
	I W. GOFFART The Narrators of Barbarian History, AD 550-800, Princeton

1988 p. 329-347
I MOR in: Storia della Cultura Veneta I Vicenza 1976 p. 232s.
I SCHALLER MlatJb 19/1984 p. 74ss.
I BELTING DOP 16/1962 p. 164-175
I ALFONSI Romanobarbarica 1/1976 p. 7-23

Paulin. Aquil. — Paulinus Aquileiensis † 802
E L'Oeuvre poetique de Paulin d'Aquilée ed., intr. et comm. D. NORBERG Stockholm 1979
M STELLA StudMed III 39/1998 p. 809-832
B CANTELLI BERARDUCCI p. 412s.; 784
BI SCHALLER in: Verf. Lex.[2] VII c. 376-382
I SCHALLER in: Fs. BRUNHÖLZL 1989 p. 27-45
I MOR in: Storia della Cultura Veneta I Vicenza 1976 p. 233s.

Paul. Nol. — Paulinus Nolanus † 431
TI S. Paolino di Nola, I carmi, a cura di A. MENUCCI Siena 1970
I W. ERDT Christentum und heidnisch-antike Bildung bei Paulinus von Nola (Beitr. z. Klass. Philologie 82) Meisenheim 1976
I SHACKLETON BAILEY AJPh 97/1976 p. 3-19
I FONTAINE in: Romanitas et Christianitas. Fs. J. WASZINK Leiden 1974 p. 123-143 (= J. FONTAINE Études sur la poésie latine tardive d'Ausone à Prudence. Recueil de travaux, Paris 1980 p. 393-414)
I DESMULLIEZ RecAug 20/1985 p. 35-64
I BERSCHIN Biographie II p. 289s.
I COSTANZA in: Fs. PELLEGRINO 1975 p. 741
I J. T. LIENHARD Paulinus of Nola and Early Western Monasticism, with a study of the chronology of his works and an annotated bibliography, 1879-1976 (Theophaneia 28) Köln/Bonn 1977
I HERZOG Bibelepik p. 212ss.
I COURCELLE Lecteurs ... de l'Énéide p. 757; 758
I GUTTILA Orpheus N. S. 13/1992 p. 278-294
I LAUSBERG Das Einzeldistichon p. 149; 188ss.

Paul. Pell. — Paulinus Pellaeus saec. V
I COURCELLE Lecteurs ... de l'Énéide p. 757

Paul. Petric. — Paulinus Petricordiae saec. V
I COURCELLE Lecteurs ... de l'Énéide p. 757

Pax et Sapientia — Pax et Sapientia. Studies in Text and Music of Liturgical Tropes and Sequences. In memory of G. ANDERSON ed. R. JACOBSSON Stockholm 1986

PELLEGRIN Bibliothèque Vaticane — PELLEGRIN u. a. Les Manuscrits classiques latins de la Bibliothèque Vaticane (Documents, études et répertoires publiés par l'Institut de Recherche et d'Histoire des Textes 21), I Paris 1975; II.1 Paris 1978; II.2 Paris 1982

Peritia — Peritia. Journal of the Medieval Academy of Ireland (Galway)

Petr. Pisanus — Petrus Pisanus saec. VIII
B CANTELLI BERARDUCCI p. 409

Phoc. — Phocas grammaticus saec. V
M RUBIO FERNÁNDEZ Manuscritos clásicos p. 623

PICARD Souvenir — J.-C. PICARD Le Souvenir des Évêques. Sépultures, listes épiscopales et culte des évêques en Italie du Nord des origines au Xe siècle, Roma 1988

Poesia dell'alto medioevo — Poesia dell'alto medioevo europeo: Manoscritti, lingua e musica dei ritmi latini. Atti delle euroconferenze per il Corpus dei ritmi latini (IV-IX sec.), Arezzo 6-7 novembre 1998 e Ravello 9-12 settembre 1999 ed. F. STELLA (Millennio medievale 22. Atti di Convegni 5) Firenze 2000

Poesia tardoantica — La poesia tardoantica: Tra retorica, teologia e politica. Atti del V corso della scuola superiore di archeologia e civiltà medievali, Erice (Trapani) 6-12 Dicembre 1981, Messina 1984

Poeta Saxo — Poeta Saxo saec. IX
I BERSCHIN in: Witigowo von der Reichenau p. 8
I EBENBAUER Carmen Historicum I p. 199-212
I BISCHOFF Mal. Studien III p. 253-259

	I Hauck Taufpfalzen p. 4ss.
	I Stiene MlatJb 22/1987 p. 80-100
	I H. Beumann Ausgewählte Aufsätze aus den Jahren 1966-1986, Sigmaringen 1987 p. 38; 81; 276; 295ss.
	I K. J. Leyser Herrschaft und Konflikt. König und Adel im ottonischen Sachsen (Veröff. d. Max-Planck-Instituts f. Geschichte 76) Göttingen 1984 p. 17ss.; 18 n. 10; p. 19 n. 11
Poetica	Poetica (Bochum/Amsterdam)
Portiforium Wulfstani I/II	The Portiforium of Saint Wulfstan (Corpus Christi College, Cambridge, MS. 391) ed. A. Hughes (Henry Bradshaw Society 89-90) I-II London 1958-1960
Prete Cod. Barb. Lat.	S. Prete Bybliothecae apostolicae Vaticanae codices manu scripti recensiti. Codices Barberiniani Latini, cod. 1-150, Roma 1968
Proba	Proba † 370
	M Rubio Fernández Manuscritos Clásicos p. 624
	I Herzog Bibelepik p. 14-51
Proceedings of the PMR conference	Proceedings of the PMR conference. Annual Publication of the Patristic, Mediaeval and Renaissance Conference (Villanova)
Prosp.	Prosper Tiro Aquitanus saec. V
	ETC Prosper of Aquitaine, De providentia dei ed., transl. and comm. by M. Marcovich Leiden u. a. 1989
	I Braun-Irgang in: Fs. Klopsch 1988 p. 11
Prud.	Aurelius Prudentius Clemens † ca. 410
	C R. Pillinger Die Tituli Historiarum oder das sog. Dittochaeon des Prudentius. Versuch eines philologisch-archäologischen Kommentars (Österr. Akad. d. Wiss., Phil.-Hist. Kl., Denkschriften 142) Wien 1980
	M Raffaelli in: Il Libro e il Testo p. 14-21
	BI Evenepoel RevBelge 64/1986 p. 79-85
	I Questa in: Il Libro e il Testo p. 349ss.
	I Riposati in: Fs. Lazzati 1979 p. 25-41
	I Courcelle Lecteurs ... de l'Énéide p. 758
	I Costanza Siculorum Gymnasium N. S. 29/1976 p. 123-140
	I Buchheit WüJb N. S. 11/1985 p. 189-223
	I J. Fontaine Études sur la poésie latine tardive d'Ausone à Prudence. Recueil de travaux, Paris 1980 p. 1-24
	I R. Henke Studien zum Romanushymnus des Prudentius (Europäische Hochschulschriften 15) Frankfurt/M. 1983
	I Evenepoel in: Colloque présence d'Ovide ed. R. Chevallier 1982 p. 165-176
	I Fontanier RecAug 21/1986 p. 117-137
	I Fontanier RecAug 22/1987 p. 109-128
	I J. Fontaine Études sur la poésie latine tardive d'Ausone à Prudence. Recueil de travaux, Paris 1980 p. 331ss.
	I Charlet RPL 2/1979 p. 5-17
Psalt. Mediol.	*Psalterium Mediolanense* saec. X
	E MGH Poet. 5 p. 462s.:31
	ET W. Berschin/J. Staub Die Taten des Abtes Witigowo von der Reichenau (985-997) (Reichenauer Texte und Bilder 3) Sigmaringen 1992
	MB MGH Poet. 5 p. 424; 684
PTPN	Poznánskie Towarzystwo Przyjaciół Nauk. Sprawozdania, Wydział Nauk o Sztuce (Poznán/Posen)
Publil.	Publilius Syrus saec. I ante Chr. n.
	I Pellegrin RevHistTextes 6/1976 p. 305-322
Purch.	Purchardus Augiensis saec. X
	ET W. Berschin/J. Staub (ed.) Die Taten des Abtes Witigowo von der Reichenau (985-997). Eine zeitgenössische Biographie von Purchart von der Reichenau (Reichenauer Texte und Bilder 3) Sigmaringen 1992
	M Ornamenta Ecclesiae I p. 247s.

	MI AUTENRIETH in: Fs. MÜTHERICH 1985 p. 101-106
Quaderni Catanesi	Quaderni Catanesi di cultura classica e medievale (Catania)
Quaderni medievali	Quaderni medievali (Bari)
Rabanus Maurus i. s. Zeit	Rabanus Maurus in seiner Zeit. Katalog zur Ausstellung vom 13. September bis 19. Oktober 1980, Mittelrheinisches Landesmuseum Mainz, Mainz 1980
RABE Ex patre filioque	S. A. RABE Ex patre filioque. Saint-Riquier in the Carolingian Age, Diss. Chicago 1986
Radbod.	Radbodus Traiectensis † 917
	M SCHLEIDGEN Regino p. 28
	MB HOFFMANN Buchkunst p. 475
	BI SZÖVÉRFFY Latin Lyrics I p. 48-50
	I BERSCHIN Biographie III p. 14 n. 25
Rather.	Ratherius Veronensis † 974
	M F. DOLBEAU Sacris Erudiri 27/1984 p. 373-431
RATKOWITSCH Karolus Magnus	C. RATKOWITSCH Karolus Magnus – alter Aeneas, alter Martinus, alter Iustinus. Zu Intention und Datierung des 'Aachener Karlsepos' (Wiener Studien, Beiheft 24) Wien 1997
RAW Crucifixion Iconography	B. C. RAW Anglo-Saxon Crucifixion Iconography and the Art of the Monastic Revival (Cambridge Studies in Anglo-Saxon England 1) Cambridge 1990
RÉAug	Revue des Études Augustiniennes (Paris)
RecAug	Recherches Augustiniennes (Paris)
RecThéol	Recherches de Théologie ancienne et médiévale (Mont César, Louvain)
Regensburger Buchmalerei	Regensburger Buchmalerei. Von frühkarolingischer Zeit bis zum Ausgang des Mittelalters. Ausstellung der Bayerischen Staatsbibliothek München und der Museen der Stadt Regensburg ed. F. MÜTHERICH/K. DACHS (Bayerische Staatsbibiliothek, Ausstellungskataloge 39) München 1987
Revue de Philologie …	Revue de Philologie, de Littérature et d'Histoire Anciennes (Paris)
Rhetorica	Rhetorica. A journal of the history of rhetoric (Berkeley)
RICO/MUNDÓ Ripoll	F. RICO Signos e indicios en la portada de Ripoll. Olibae abbatis carmina quae exstant de rebus monasterii Rivipullensis ed. A. M. MUNDÓ, trad. J. MEDINA Barcelona 1976
RITZERFELD	U. RITZERFELD Das Kölner Erzstift im 12. Jahrhundert. Verwaltungsorganisation und wirtschaftliche Grundlagen (Rheinisches Archiv. Veröffentl. d. Instituts f. geschichtl. Landeskunde der Rheinlande der Univ. Bonn 132) Köln u. a. 1994
Roma – Caput et Fons	A. ANGENENDT/R. SCHIEFFER Roma – Caput et Fons: Zwei Vorträge über das päpstliche Rom zwischen Altertum und Mittelalter (Gerda-Henkel-Vorlesung) Opladen 1989
Romanobarbarica	Romanobarbarica. Contributi allo Studio dei Rapporti Culturali tra Mondo Latino e Mondo Barbarico (Roma)
ROPA Poesia 'Rustica'	G. ROPA Ricerche sulla poesia 'Rustica' Veronese dell'VIII-IX secolo (Biblioteca di 'Quadrivium', Serie Filologica 7) Bologna 1979
RPL	Res publica litterarum (Lawrence/Kansas)
RUBIO FERNÁNDEZ Manuscritos Clásicos	L. RUBIO FERNÁNDEZ Catálogo de los manuscritos clásicos latinos existentes en España, Madrid 1984
RÜTZ Text im Bild	J. RÜTZ Text im Bild. Funktion und Bedeutung der Beischriften in den Miniaturen des Uta-Evangelistars (Europäische Hochschulschriften 28/119) Frankfurt/M. u. a. 1991
RUGO Iscrizioni	P. RUGO Le iscrizioni dei sec. VI-VII-VIII esistenti in Italia, I: Austria langobarda, Cittadella 1974; II: Venezia e Istria, Cittadella 1975; III: Esarcato, Pentapoli e Tuscia, Cittadella 1976
Rut. Nam.	Rutilius Claudius Namatianus saec. V
	EI SIVAN MS 48/1986 p. 522-527
	M CECCHINI RFIC 102/1974 p. 401-404
	I DOBLHOFER in: Fs. R. MUTH Innsbruck 1983 p. 73-87
Sandalion	Sandalion. Quaderni di cultura classica, cristiana e medievale (Roma)
SCHALLER Studien	D. SCHALLER Studien zur lateinischen Dichtung des Frühmittelalters (Quellen und Untersuchungen zur lateinischen Philologie des MA 11) Stuttgart 1995

Schede medievali	Schede medievali. Rassegna dell'officina di studi medievali (Palermo)
SCHETTER Kaiserzeit und Spätantike	W. SCHETTER Kaiserzeit und Spätantike. Kleine Schriften 1957-1992 ed. O. ZWIERLEIN (Sonderband z. Zeitschr. Hermes u. den Hermes-Einzelschriften) Stuttgart 1994
SCHLEIDGEN Regino	W.-R. SCHLEIDGEN Die Überlieferungsgeschichte der Chronik des Regino von Prüm (Quellen und Abhandlungen zur mittelrheinischen Kirchengeschichte 31) Mainz 1977
SCHMID Klostergemeinschaft Fulda	Die Klostergemeinschaft von Fulda im früheren Mittelalter ed. K. SCHMID u. a. (Münstersche Mittelalter-Schriften 8, 1-3) München 1978
SCHMIDT Reichenau	R. SCHMIDT Reichenau und St. Gallen. Ihre literarische Überlieferung zur Zeit des Klosterhumanismus in St. Ulrich und Afra zu Augsburg um 1500 (Vorträge und Forschungen, Sonderband 33) Sigmaringen 1985
SCHNUR Fabeln	Lateinische Fabeln des Mittelalters, lat.-dt. ed. u. übers. H. C. SCHNUR München 1979
SCHRAMM Herrschaftszeichen	Herrschaftszeichen und Staatssymbolik. Beiträge zu ihrer Geschichte vom dritten bis zum sechzehnten Jahrhundert von P. E. SCHRAMM mit Beiträgen verschiedener Verfasser (MGH Schriften 13, 1-3) I-III Stuttgart 1954-1956
SCHRAMM Herrschaftszeichen, Nachträge 1978	Herrschaftszeichen und Staatssymbolik. Beiträge zu ihrer Geschichte vom dritten bis zum sechzehnten Jahrhundert von P. E. SCHRAMM mit Beiträgen verschiedener Verfasser. Nachträge aus dem Nachlaß (MGH Schriften 13) München 1978
SCHRAMM Kaiser, Könige u. Päpste	P. E. SCHRAMM Kaiser, Könige und Päpste. Gesammelte Aufsätze zur Geschichte des Mittelalters I-IV.2, Stuttgart 1968-71
SCHRAMM/MÜTHERICH Denkmale² I	P. E. SCHRAMM/F. MÜTHERICH Denkmale der deutschen Könige und Kaiser, I: Ein Beitrag zur Herrschergeschichte von Karl dem Großen bis Friedrich II. 768-1250 (Veröff. d. Zentralinstituts für Kunstgeschichte in München 2) München ²1982
SCHROEDER Echternach	J. SCHROEDER Bibliothek und Schule der Abtei Echternach um die Jahrtausendwende, Diss. Freibug 1977
SCHUBA	Kataloge der Universitätbibliothek Heidelberg, I: Die medizinischen Handschriften der Codices Palatini Latini in der Vatikanischen Bibliothek descr. L. SCHUBA Wiesbaden 1981
SCHUPP Williram von Ebersberg	V. SCHUPP Studien zu Williram von Ebersberg, Bern/München 1978
Scire litteras	Scire litteras. Forschungen zum mittelalterlichen Geistesleben ed. S. KRÄMER/M. BERNHARD (Bayerische Akad. d. Wiss., Phil.-Hist. Kl., Abhandlungen Neue Folge 99) München 1988
Sedul.	Sedulius presbyter saec. V
	M SOTTILI I Codici del Petrarca p. 442
	M J. VENNEBUSCH IV p. 228
	B CANTELLI BERARDUCCI p. 796
	BI C. P. E. SPRINGER The Gospel as Epic in Late Antiquity. The Paschale Carmen of Sedulius (Supplements to VigChr 2) Leiden 1988
	I COURCELLE Lecteurs ... de L'Énéide p. 759
	I BRAUN-IRGANG in: Fs. KLOPSCH 1988 p. 1-45
	I WRIGHT CMCS 4/1982 p. 61-76
	I TIBILETTI in: Fs. PELLEGRINO 1975 p. 778-785
Sedul. Scot.	Sedulius Scottus saec. IX
	EC Sedulii Scotti Carmina ed. I. MEYERS (CC Cont. Med. 117) Turnhout 1991
	T E. G. DOYLE Sedulius Scottus, On Christian Rulers and the Poems, Binghamton 1983
	B DÜCHTING in: Iren u. Europa II p. 866-871
	B LAPIDGE/SHARPE p. 177s.:672
	B CANTELLI BERARDUCCI p. 462s.
	B SHARPE nr. 1606
	BI MEYERS MA 93/1987 p. 85-94
	I DÜCHTING in: Fs. BRUNHÖLZL 1989 p. 85-96
	I GODMAN Poets p. 155-165
	I STAUBACH FMSt 20/1986 p. 549-598

	I CIZEK MlatJb 26/1991 p. 17-31
	I J. MEYERS Le classicisme lexical dans la poésie de Sedulius Scottus (Bibliothèque de la Faculté de Philosophie et Lettres de l'Université de Liège 259) Genève 1994
	I STAUBACH Francia 21/1994 p. 213-226
Seren.	Quintus Serenus Sammonicus saec. III
	I CAMERON HStClPh 84/1980 p. 133ss.
	I EFFE Dichtung und Lehre p. 199-204
Settimane ... Spoleto	Settimane di Studio del Centro Italiano di Studi sull'Alto Medioevo (Spoleto 1953ss.)
Settimane ... Spoleto 27	Nascita dell'Europa ed Europa carolingia: Un'Equazione da Verificare (19-25 aprile 1979) (Settimane ... Spoleto 27) I-II Spoleto 1981
Settimane ... Spoleto 31	L'uomo di fronte al mondo animale nell'alto medioevo (7-13 aprile 1983) (Settimane ... Spoleto 31) I-II Spoleto 1985
Settimane ... Spoleto 33	Segni e riti nella chiesa altomedievale occidentale (11-17 aprile 1985) (Settimane ... Spoleto 33) I-II Spoleto 1987
SHARPE	R. SHARPE A Handlist of the Latin Writers of Great Britain and Ireland before 1540 (Publications of the Journal of Medieval Latin 1) Turnhout 1997, ^{n}2001
Sidon.	Gaius Sollius Modestus Apollinaris Sidonius † ca. 482
	ETC Apollinaris Sidonius, Carm. 22: Burgus Pontii Leontii, Einl., Text u. Komm. v. N. DELHEY (Untersuchungen zur antiken Literatur und Geschichte 40) Berlin/New York 1993
	I COURCELLE Lecteurs ... de l'Énéide p. 759
	I SCHETTER Kaiserzeit und Spätantike p. 497
	I M. REYDELLET La royauté dans la littérature latine de Sidoine Apollinaire à Isidore de Séville (Bibliothèque des Écoles françaises d'Athènes et de Rome 243) Roma 1981 p. 47-85
	I F.-M. KAUFMANN Studien zu Sidonius Apollinaris (Europ. Hochschulschriften 3/681) Frankfurt/M. 1995
SIDWELL Medieval Latin	K. SIDWELL Reading Medieval Latin, Cambridge 1995, ^{n}2003
Smar.	Smaragdus abbas S. Michaelis † ca. 830
	E Liber in partibus Donati ed. B. LÖFSTEDT u. a. (CC Cont. Med. 68) Turnhout 1986
	B CANTELLI BERARDUCCI p. 425s.
	I O. EBERHARDT Via Regia. Der Fürstenspiegel Smaragds von St. Mihiel und seine literarische Gattung (Münstersche Mittelalter-Schriften 28) München 1977
SMITS VAN WAESBERGHE	Musikerziehung. Lehre und Theorie der Musik im Mittelalter ed. J. SMITS VAN WAESBERGHE (Musikgeschichte in Bildern 3.3) Leipzig 1969, ^{2}1986
SMRH	Studies in Medieval and Renaissance History (University of Nebraska)
SOTTILI I Codici del Petrarca	A. SOTTILI I Codici del Petrarca nella Germania Occidentale I-II Padova 1971-1978
SPANKE Studien	H. SPANKE Studien zu Sequenz, Lai und Leich ed. U. AARBURG Darmstadt 1977
SPILLING Augsburg	H. SPILLING Handschriftenkataloge der Staats- und Stadtbibliothek Augsburg, II: Die Handschriften 2° Cod. 1-100, Wiesbaden 1978
St. Gallen	St. Gallen. Geschichte einer literarischen Kultur. Kloster-Stadt-Kanton-Region I-II ed. W. WUNDERLICH St. Gallen 1999
STAATS Reichskrone	R. STAATS Theologie der Reichskrone. Ottonische 'Renovatio Imperii' im Spiegel einer Insignie (Monographien zur Geschichte des Mittelalters 13) Stuttgart 1976
STÄBLEIN Archaische Sequenz	STÄBLEIN Einiges Neue zum Thema 'archaische Sequenz', in: Festschrift G. DADELSEN zum 60. Geburtstag ed. Th. KOHLHASE/V. SCHERLIESS Stuttgart 1978 p. 352-383
STÄBLEIN Ges. Aufs.	B. STÄBLEIN Musik und Geschichte im Mittelalter. Gesammelte Aufsätze ed. H. BRUNNER/K. SCHLAGER (Göppinger Arbeiten zur Germanistik 344) Göppingen 1984

STÄBLEIN Schriftbild	B. STÄBLEIN Schriftbild der einstimmigen Musik, in: Musikgeschichte in Bildern, III.4: Musik des Mittelalterers und der Renaissance, ed. W. BACHMANN Leipzig 1975
STAUBACH Rex christianus	N. STAUBACH Rex christianus. Hofkultur und Herrschaftspropaganda im Reich Karls des Kahlen, I-II Köln u. a. 1992-93
StClOr	Studi Classici e Orientali. A cura degli Istituti per le Scienze dell'Antichità della Università degli Studi di Pisa (Pisa)
STEGER Philologia Musica	H. STEGER Philologia Musica (Münstersche Mittelalter-Schriften 2) München 1971, ^{n}1991
V. D. STEINEN Homo caelestis	V. D. STEINEN Homo caelestis. Das Wort der Kunst im Mittelalter, I: Textband; II: Bildband, Bern/München 1965
STELLA Poesia carolingia	F. STELLA La poesia carolingia latina a tema biblico (Biblioteca di 'Medioevo Latino'. Collana della Società internazionale per lo studio del medioevo latino 9) Spoleto/Firenze 1993
STETTINER Prudentiushss.	R. S. STETTINER Die illustrierten Prudentiushandschriften (Diss. Straßburg 1889) Berlin 1895
STEVENS Words and Music	J. STEVENS Words and Music in the Middle Ages. Song, Narrative, Dance and Drama 1050-1359, Cambridge 1986, ^{n}1988
Storia di Milano II	Storia di Milano II: Dall'invasione dei barbari all'apogeo del governo vescovile (493-1002) ed. G. T. DEGLI ALFIERI/G. P. BOGNETTI Milano 1954
STOTZ Sapph. Dichtung	P. STOTZ Sonderformen der sapphischen Dichtung: ein Beitrag zur Erforschung der sapphischen Dichtung des Mittelalters (Medium Aevum 37) München 1982
STRAETEN Manuscrits hagiographiques	J. VAN DER STRAETEN Les manuscrits hagiographiques d'Orléans, Tours et Angers avec plusieurs textes inédits (Subsidia hagiographica 64) Bruxelles 1982
Studia Źródłoznawcze	Studia Źródłoznawcze. Polska Akademia Nauk Instytut Historii, Warszawa-Poznań (Warszawa)
SUCHOMSKI	J. SUCHOMSKI 'Delectatio' und 'Utilitas'. Ein Beitrag zum Verständnis mittelalterlicher komischer Literatur, Bern 1975
SWEDENBORG	E. SWEDENBORG Ludus Heliconius and other Latin poems, ed., introd., transl. and comm. by H. HELANDER (Acta Universitatis Upsaliensis, Studia Latina Upsaliensia 23) Uppsala 1995
SWINARSKI Herrschen mit den Heiligen	U. SWINARSKI Herrschen mit den Heiligen. Kirchenbesuche, Pilgerfahrten und Heiligenverehrung früh- und hochmittelalterlicher Herrscher (ca. 500-1200) (Geist und Werk der Zeiten 78) Bern u. a. 1990 (= Diss. Zürich 1990)
Symph.	Symphosius saec. IV/V
	M PELLEGRIN Bibliothèque Vaticane I p. 208
	MB CARLEY Scriptorium 40/1986 p. 116:24
	MI MURRU Eos 68/1980 p. 155-158
	I MUÑOZ JIMÉNEZ Emerita 55/1987 p. 307-312
SZÖVÉRFFY Holy Cross	J. SZÖVÉRFFY Hymns of the Holy Cross. An annotated edition with introduction (Medieval Classics: Texts and Studies 7) Brooklin/Leyden 1976
SZÖVÉRFFY Latin Lyrics	J. SZÖVÉRFFY Secular Latin Lyrics and Minor Poetic Forms of the Middle Ages. A Historical Survey and Literary Repertory from the Tenth to the late Fifteenth Century (Medieval Classics: Texts and Studies 25-28) I-IV Concord, New Hampshire 1992-1995
SZÖVÉRFFY Marianische Motivik	J. SZÖVÉRFFY Marianische Motivik der Hymnen. Ein Beitrag zur Geschichte der marianischen Lyrik im Mittelalter, Leyden 1985
Tatuin.	Tatuinus Cantuariensis † 734
	EI WILLIAMS Riddles, passim
	MB CARLEY Scriptorium 40/1986 p. 116:24
	B CANTELLI BERARDUCCI p. 403
	B SHARPE nr. 1681
Teoderico il Grande 1993	Teoderico il Grande e i Goti d'Italia. Atti del XIII Congresso internazionale di Studi sull'Alto Medioevo, Milano 2-6 novembre 1992, Spoleto 1993
Ter. Maur.	Terentianus Maurus saec. II
	I CAMERON HStClPh 84/1980 p. 128-132

	I EFFE Dichtung und Lehre p. 231s.
Ps. Tert.	Ps. Tertullianus
	ETC K. POLLMANN Das Carmen adversus Marcionitas. Einleitung, Text, Übersetzung und Kommentar (Hypomnemata 96) Göttingen 1991
Text als Figur	J. ADLER/U. ERNST Text als Figur. Visuelle Poesie von der Antike bis zur Moderne (Ausstellungskataloge der Herzog-August-Bibliothek 56) Wolfenbüttel u. a. 1987
Theodulf.	Theodulfus Aurelianensis † 821
	M DOLBEAU RecAug 23/1988 p. 225
	B CANTELLI BERARDUCCI p. 418-420; 800; 841
	BI SCHALLER in: Verf. Lex.² IX c. 764-772
	I GODMAN Poets p. 68ss.; 94ss.
	I RANIERI StudMed III 15/1984 p. 93-114
	I FUHRMANN in: Das Profil des Juristen in der europäischen Tradition ed. K. LUIG/D. LIEBS Ebelsbach 1980 p. 257-277
	I SCHALLER Wiener Studien 105/1992 p. 177-179
	I PUJALTE RBén 13/1994-1995 p. 125-143
Theophanu	Kaiserin Theophanu. Begegnung des Ostens und Westens um die Wende des ersten Jahrtausends. Gedenkschrift des Kölner Schnütgen-Museums zum 1000. Todesjahr der Kaiserin ed. A. VON EUW/P. SCHREINER I-II Köln 1991
Thietm.	Thietmarus Merseburgensis † 1018
	B CANTELLI BERARDUCCI p. 505
	BI BEUMANN in: Verf. Lex.² IX c. 795-801
	BI SZÖVÉRFFY Latin Lyrics I p. 199-201
	I PABST Prosimetrum p. 819-822
TRAUBE-Gedenkschrift	Lateinische Kultur im VIII. Jahrhundert. TRAUBE-Gedenkschrift ed. A. LEHNER/W. BERSCHIN St. Ottilien 1989
TREMP Thegan	E. TREMP Studien zu den Gesta Hludowici imperatoris des Trierer Chorbischofs Thegan (MGH Schriften 32) Hannover 1988
TRONCARELLI Boethiana Aetas	F. TRONCARELLI Boethiana Aetas. Modelli grafici e fortuna manoscritta della 'Consolatio Philosophiae' tra IX e XII secolo (Biblioteca di Scrittura e Civiltà 2) Alessandria 1987
TRONCARELLI Tradizioni	F. TRONCARELLI Tradizioni Perdute. La 'Consolatio Philosophiae' nell'alto medioevo (Medioevo e Umanismo 42) Padua 1981
Typus, Symbol	Typus, Symbol, Allegorie bei den östlichen Vätern und ihre Parallelen im Mittelalter ed. M. SCHMIDT (Eichstätter Beiträge 4) Regensburg 1982
Umanesimi	Gli umanesimi medievali. Atti del II Congresso dell' 'Internationales Mittellateinerkomitee', Firenze 11-15 settembre 1993, ed. C. LEONARDI (Millennio medievale 4, Atti convegni 1) Firenze 1998
UNTERKIRCHER Cod. Vind. 751	Sancti Bonifacii Epistolae. Codex Vindobonensis 751 der Österr. Nat.-Bibl., Faksimile-Ausgabe der Wiener Handschrift der Briefe des Hl. Bonifatius ed. F. UNTERKIRCHER (Codices Selecti 24) Graz 1971
Uta-Evang.	*Evangelistarium Utae abbatissae*
	E MGH Poet. 5 p. 439-441
	MB HOFFMANN Buchkunst p. 294
	MB Regensburger Buchmalerei p. 33s.; facs. tab. 10-12; 96
Ven. Fort.	Venantius Honorius Clementianus Fortunatus saec. VI
	ETC Venance Fortunat, Poèmes ed M. REYDELLET I-III Paris 1994-2000
	ETC Venance Fortunat, Vie de saint Martin ed. S. QUESNEL Paris 1996
	TI G. COOK A Basket of Chestnuts: from the Miscellanea of Venantius Fortunatus, Rochester 1981
	C LAPIDGE Anglo-Saxon England 9/1979 p. 287-295 (Rez. MEL 2/1979 p. 281 nr. 2138)
	CM HUNT Anglo-Saxon England 9/1979 p. 279-287
	M WOLGARTEN in: Arbor amoena p. 41-52 (facs.)
	M KOTTJE in: Theophanu I p. 153 n. 3
	M HUNT/LAPIDGE Anglo-Saxon England 8/1979 p. 279-295
	M BLUME in: Fs. DÜCHTING 2001 p. 30-40

M Verdun, BM 77 (TURCAN-VERKERK Scriptorium 46/1992 p. 175-203)
B Rep. Font. IV p. 521-524
B CANTELLI BERARDUCCI p. 369-371; 804; 843
BI Venanzio Fortunato tra Italia e Francia. Atti del Convegno Internazionale di Studi (Valdobbiadene 17 maggio 1990–Treviso 18-19 maggio 1990) ed. T. RAGUSA/B. TERMITE Treviso 1993
BI PIETRI Settimane ... Spoleto 39/1992 p. 729-758
I QUACQUARELLI in: Poesia tardoantica p. 431-465
I BLOMGREN Eranos 79/1981 p. 82-85
I BLOMGREN Eranos 77/1979 p. 77s.
I BLOMGREN Eranos 72/1974 p. 143-155
I BLOMGREN Eranos 83/1985 p. 23-32
I OLDONI StudMed III 13/1972 p. 618-633
I F. IRSIGLER Untersuchungen zur Geschichte des frühfränkischen Adels (Rheinisches Archiv 70) Bonn 1969, ²1981 p. 142-154
I GEORGE Eranos 86/1988 p. 53-66
I S. BLOMGREN Studia Fortunatiana I-II Uppsala 1933-34
I BRENNAN Journal of Medieval History 10/1984 p. 1-11
I M. REYDELLET La royauté dans la littérature latine de Sidoine Apollinaire à Isidore de Séville, Roma 1981 p. 297-344
I CONSOLINO in: Annali della Scuola Normale Superiore di Pisa III 7.4/1977 p. 1351-1368
I NAVARRA in: Cultura in Italia II p. 605-610
I BUJAN Euphrosyne 13/1985 p. 95-109
I COURCELLE Lecteurs ... de l'Énéide p. 755
I BRENNAN Traditio 41/1985 p. 49-78
I CLERICI Istituto Lombardo. Accademia di Scienze e Lettere, Rendiconti 107/1973 p. 108-150
I RANIERI StudMed III 15/1984 p. 93-114
I GODMAN Poets p. 1-37
I J. W. GEORGE Venantius Fortunatus. A Latin Poet in Merovingian Gaul, Oxford 1992
I PIREDDA Sandalion 20/1997 p. 141-153
I MARANINI Faventia 19.2/1997 p. 111-114
I ROBERTS JournMedLat 4/1994 p. 82-100
I BRENNAN JournMedLat 6/1996 p. 65-83
I LAPIDGE Anglo-Latin Literature 1993 p. 399-407
I R. FOLZ Les saintes reines du moyen âge en occident (VIe-XIIIe siècles), Bruxelles 1992 p. 13-15

VENNEBUSCH III/IV — J. VENNEBUSCH Die theologischen Handschriften des Stadtarchivs Köln, III: Die Oktav-Handschriften der Gymnasialbibliothek, Köln/Wien 1983; IV: Handschriften der Sammlung Wallraf, Köln/Wien 1986

Verf. Lex.² — Die deutsche Literatur des Mittelalters. Verfasserlexikon ed. K. RUH u. a., 2., völlig neu bearbeitete Auflage, Iss. Berlin 1978ss.

Viator — Viator. Medieval and Renaissance Studies. Center for Medieval and Renaissance Studies, University of California, Los Angeles (Berkeley/Los Angeles/London)

Vichiana — Vichiana. Rassegna di studi filologici e storici (Napoli)

VIDMAN — L. VIDMAN Sylloge inscriptionum religionis Isiacae et Sarapiacae (Religionsgeschichtliche Versuche und Vorarbeiten 28) Berlin 1969

VILLA Lectura Terentii I — C. VILLA La 'Lectura Terentii', I: Da Ildemaro a Francesco Petrarca (Studi sul Petrarca 17) Padova 1984

VINAY Alto Medioevo Latino — G. VINAY Alto Medioevo Latino. Conversazioni e no, Napoli 1978, ⁿ2003

Virg. Gramm. — Virgilius Maro Grammaticus saec. VII
E Virgilius Maro Grammaticus, Opera omnia ed. B. LÖFSTEDT München/Leipzig 2003
ET Virgilio Marone grammatico, Epitomi ed Epistole ed. G. POLARA Napoli 1979

B LAPIDGE/SHARPE p. 81s.
B CANTELLI BERARDUCCI p. 392s.
I M. HERREN Some new light on the life of Virgilius Maro Grammaticus (Proceedings of the Royal Irish Academy C 79.2) Dublin 1979

VISCARDI Origini Testi — A. VISCARDI u. a. Le Origini. Testi Latini, Italiani, Provenzali e Franco-Italiani (La Letteratura Italiana. Storia e Testi 1)Milano 1956, ^{2}1977

Vita Maxim. Trev. — *Vita Maximini Treverensis posterior (epigrammata picturis adscripta)*
MB HOFFMANN Buchkunst p. 470
I Th. KÖLZER Studien zu den Urkundenfälschungen des Klosters St. Maximin vor Trier (10.-12. Jahrhundert), Sigmaringen 1989 p. 47 n. 95

VULLIEZ Correspondance — C. VULLIEZ Études sur la correspondance et la carrière d'Étienne d'Orléans, in: J. LONGÉRE L'Abbaye Parisienne de Saint-Victor au Moyen Âge (Bibliotheca Victorina 1) Paris/Turnhout 1991 p. 195-231

WADDELL Cistercian Hymnal — C. W+ADDELL The Twelfth-Century Cistercian Hymnal, I: Introduction and Commentary; II: The Milanese-Cistercian Recension and the Bernardine Recension. Edition of texts and melodies (Cistercian Liturgy Series 1-2) Trappist/Kentucky 1984

Walahfr. — Walahfridus Strabo † 849
ET Walahfrid Strabo, Zwei Legenden: Blathmac, der Martyrer von Iona (Hy), Mammes, der christliche Orpheus, ed. M. PÖRNBACHER (Reichenauer Texte und Bilder 7) Sigmaringen 1997
ETC Walahfrid Strabo, Visio Wettini – Die Vision Wettis. Übers., Einf. u. Erl. v. H. KNITTEL Sigmaringen 1986
M INEICHEN-EDER Scriptorium 37/1983 p. 98-104
B CANTELLI BERARDUCCI p. 448-450; 803
BI LANGOSCH/VOLLMANN in: Verf. Lex.^{2} X c. 584-603
I GODMAN Poets p. 130-154
I BARABINO in: Pubblicazioni dell'Istituto di Filologia Classica e Medievale 42, Genova 1975 p. 175-260
I GODMAN FMSt 19/1985 p. 271-288
I H.-D. STOFFLER Der Hortulus des Walahfrid Strabo. Aus dem Kräutergarten des Klosters Reichenau. Mit einem Beitrag von T. FEHRENBACH Sigmaringen 1978, ^{n}2000
I EFFE AuA 21/1975 p. 143-151
I ALBARELLO in: Raccolta di scritti in onore A. PIAZZI ed. C. ALBARELLO/G. ZIVELONGHI Verona 1998 p. 15-33

WALLACE-HADRILL Frankish Church — J. M. WALLACE-HADRILL The Frankish Church, Oxford 1983, ^{n}1985

WALSER Einsiedler Inschriftenslg. — Die Einsiedler Inschriftensammlung und der Pilgerführer durch Rom (Codex Einsidlensis 326). Faks., Umschrift, Übers. u. Komm. ed. G. WALSER (Historia-Einzelschriften 53) Stuttgart 1987

WALTHER Streitgedicht — H. WALTHER Das Streitgedicht in der lateinischen Literatur des Mittelalters (Quellen und Untersuchungen zur lateinischen Philologie des Mittelalters 5.2) München 1920, Nachdruck mit einem Vorwort, Nachträgen u. Registern von P. G. SCHMIDT Hildesheim u. a. 1984

Walth. Spir. — Waltherus Spirensis † 1027/31
B CANTELLI BERARDUCCI p. 504s.
BI KLOPSCH in: Verf. Lex.^{2} X c. 660-664
I COURCELLE Lecteurs ... de l'Énéide p. 755

Wandalb. — Wandalbertus Prumiensis † ca. 870
M PELLEGRIN Bibliothèque Vaticane II.1 p. 342
BI STIENE in: Verf. Lex.^{2} X c. 704-710
I HAUBRICHS in: Adelsherrschaft und Literatur ed. H. WENZEL (Beiträge zur älteren dt. Literaturgeschichte 6) Bern u. a. 1980 p. 10-26
I FERRARI p. 197-199

Warmund. — Warmundus Eporediensis † 1002
M facs. MAZZOLI CASAGRANDE Ricerche medievali 6/9/1971/74, in onore di B. PAGNIN p. 89-139

WATSON Manuscripts	A. G. WATSON Catalogue of dated and datable manuscripts c. 700-1600 in the Department of Manuscripts, The British Library, I-II London 1979, ^{n}1997
WdF	Wege der Forschung (Darmstadt)
WHICHER	The Goliard Poets. Medieval Latin Songs and Satires with Verse Translation by G. F. WHICHER Westport 1979
Wiener HumBll	Wiener Humanistische Blätter (Wien)
Wiener Studien	Wiener Studien. Zeitschrift für Klassische Philologie und Patristik, Neue Folge (Wien)
WILHELM Month	J. J. WILHELM The Cruelest Month. Spring, Nature, and Love in Classical and Medieval Lyrics, New Haven/London 1965
WILLIAMS Riddles	M. J. MCDONALD WILLIAMS The Riddles of Tatwine and Eusebius, Diss. Ann Arbor, Michigan 1974
WILLMES Herrscher-'Adventus'	P. WILLMES Der Herrscher-'Adventus' im Kloster des Frühmittelalters (Münstersche Mittelalter-Schriften 22) München 1976
U. WINTER Hss. Diez	U. WINTER Die europäischen Handschriften der Bibliothek Diez (Die Handschriften-Verzeichnisse der Deutschen Staatsbibliothek zu Berlin N. S. I.1-2) I-II Leipzig 1986
WOLTERBEEK Ridicula	M. W. WOLTERBEEK Ridicula Nugae Satyrae: Comic Narratives of the Tenth, Eleventh and early Twelfth Centuries, Ann Arbor, Michigan 1984
WRIGHT Late Latin	R. WRIGHT Late Latin and Early Romance in Spain and Carolingian France (ARCA classical and medieval texts, papers and monographs 8) Liverpool 1982
Wulfstan.	Wulfstanus † 990
	ET Wulfstan of Winchester, Life of St. Aethelwold ed. and tr. by M. LAPIDGE and M. WINTERBOTTOM Oxford 1991
	B SHARPE nr. 2229
	B CANTELLI BERARDUCCI p. 514
Würzburger Diözesangeschichtsbll.	Würzburger Diözesangeschichtsblätter (Würzburg)
YORKE Aethelwold	Bishop Aethelwold. His Career and Influence ed. B. YORKE Woodbridge/Rochester 1997
Zetemata	Zetemata. Monographien zur klassischen Altertumswissenschaft (München)
ZIOLKOWSKI Talking animals	J. M. ZIOLKOWSKI Talking animals. Medieval Latin beast poetry, 750-1150, Philadelphia 1993
ZPhF	Zeitschrift für philosophische Forschung (Meisenheim)
Zs. f. Rechtsgeschichte Kan.	Zeitschrift für Rechtsgeschichte, Weimar 1861-1878 (fortgesetzt als Zeitschrift der Savigny-Stiftung für Rechtsgeschichte), Kanonistische Abteilung, Weimar 1911ss.

A

01 *A Bonifacio meruit qui pallia primo*

02 *A cunctis fletur, ad tumulum vehitur*

03 *A domini numerus thesauro profluit omnis*
I EBERHARDT p. 364

04 *A et ω primus et novissimus*
I NORBERG in: TRAUBE-Gedenkschrift p. 196
I NORBERG Les vers iambiques p. 74s.

05 *A feminis utcumque spoliari viros*

06 *A fictione veretri linguam mulieris*

07 *A fluvio dicor, fluvius vel dicitur ex me*

08 *A Iano sextum statuit quem Iulius anni*

09 *A Iove musarum primordia*

10 *A Iove qui veniet, miscenda ad pocula*

-a *A laqueo mortis liberet nos conditor orbis*
A inc. saec. XI?
E WILMART EphemLiturg 45/1931 p. 361:4

11 *A latronibus esse te fututam*

12 *A luce nomen Lucia sortita nos fide tua*

13 *A male Parcarum dura de lege sororum*

14 *A morte semper tantundem homines*

15 *A nimis indigne rapuistis fata puellam*

16 *A nobis oculus iuste liber iste vocatus*
B Clavis Galliae I p. 360s.
I BERSCHIN ZGObRh 134/1986 p. 20
cf. *Haec, lector, audi*
cf. *Erkanbald humilis*

17 *A paribus paria libet hic discernere verba*

18 *A patre hic missus Libyae proconsule bella*

19 *A patre missus veni perditos requirere*

20 *A patre unigenite / Ad nos venis per*
M ODERMATT Ordinarius St. Arnulf p. 388
M Portiforium Wulfstani nr. 209
M ZANNA in: Poesia dell'alto medioevo p. 362

21 *A patriae nido rapuit me tertius Otto*
ETI GIERSIEPEN p. 13:14
I HOFFMANN Buchkunst p. 123

22 *A pelago pluviae sunt Amos fante propheta*

23 *A principio saeculorum usque ad diluvium*
E MGH Poet. 1 p. 35; cf. 4 p. 695s.
TI N. ACOCELLA Salerno medioevale ed altri saggi 1971 p. 526
I NORBERG in: Bivium p. 203
I SCHALLER Studien p. 390

24 *A prophetis inquisivi*
I FRIED DA 45/1989 p. 408

25 *A, quales ego mane rosas procedere vidi*

26 *A quantum de me Panthi tibi pagina finxit*

– *A quibus hinc subter possis cognoscere*
cf. *E quibus hunc subter possis cognoscere*

-a *A, quotiens umbra porrexi brachia mota* 2
A inc. saec. I ante Chr. n.
E FPL³ p. 426

27 *A servo scis te genitum blandeque fateris*

28 *A silvis ad agros, ab agris ad proelia venit*
M U. WINTER Hss. Diez 1986 p. 67

29 *A Sinuessanis conviva Philostratus undis*

-a *A sole exoriente supra Maeotis paludes* 4
A Ennius: epigr. 4
E VAHLEN p. 216

30 *A solis occasu usque ad exortum*
ECM Mélanges Colombaniens p. 323s.; 335s.
I STÄBLEIN in: MGG XII 1965 c. 537
I JAMMERS ActaMus 23/1951 p. 21; 39
I SCHALLER Studien p. 197

31 *A solis ortu cardine quadrato*
I STOTZ Sapph. Dichtung p. 354
I NORBERG in: Cultura in Italia p. 366s.

32 *A solis ortu usque ad occidua*
ET VISCARDI Origini Testi p. 160s.
ET KLOPSCH Lyrik p. 144
ET GODMAN Poetry p. 206ss.
B SHARPE nr. 202
I SPANKE Studien p. 5
I V. D. STEINEN ZSchwKG 40/1946 p. 255
I D. L. BOUTELLE Louis the Pious and Ermoldus Nigellus 1970/^{n}1984 p. 4
I LÖWE DA 37/1981 p. 3
I SCHALLER in: Iren u. Europa I p. 474
I LAPIDGE StudMed III 18/1977 p. 290
I DRONKE in: Scire litteras p. 141
I NORBERG Les vers iambiques p. 73 n. 5
I STEVENS Words and Music p. 52 n. 14
I VECCHI Quadrivium 1/1956 p. 24
I SCHALLER Studien p. 242

33 *A solis ortus cardine / Adusque terrae*
E Hymnarium oscense II p. 44s.
ET KLOPSCH Lyrik p. 28
EC Canterbury Hymnal 37517 p. 65s.
T ÖBERG Poetry p. 67
M FILL Hss.Kremsmünster I p. 414
M NEUHAUSER Hss. UB Innsbruck I p. 53
M GNEUSS Handlist 450; 903
M GNEUSS MlatJb 35/2000 p. 246
I BASTIAENSEN Lampas 23/1990 p. 252
I HERREN CMCS 15/1988 p. 67
I WADDELL Cistercian Hymnal I p. IX
I SCHALLER MlatJb 19/1984 p. 78s. n. 30
I STOTZ Sapph. Dichtung p. 354s.
I SZÖVÉRFFY Marianische Motivik p. 8
I CURRAN Antiphonary p. 24
I BULLOUGH Carolingian renewal p. 262 n. 22

34 *A solis ortus cardine / Et usque terrae*

35 *A, Stephane infelix, quae te sententia vertit*

36 *A summo caeli descendens culmine Titan*

37 *A superna caeli parte angelus dirigitur*
E DU MERIL 1854 p. 280
EM VITALI in: Poesia dell'alto medioevo p. 313-321
I STOTZ in: Poesia dell'alto medioevo p. 163; 167

38 *A tibi dilecto missam Nasone salutem*

– *A via terribiliter stringit famine Marcus*
cf. *Avia terribili perstringit ...*

39 *Ab alio exspectes, alteri quod feceris*
T ÖBERG Poetry p. 145
MB HOFFMANN Buchkunst p. 506
MB PIGHI in: Studi Zenoniani 1974 p. 23

40 *Ab aquilone venite*
B LAPIDGE/SHARPE p. 172:656
I DRONKE in: Scire litteras p. 142
I V. D. STEINEN ZSchwKG 40/1946 p. 255

41 *Ab Iove principium magno deduxit Aratus*
M MlatJb 16/1981 p. 409; WIC 117

42 *Ab Iove surgat opus! prima mihi nocte*

43 *Ab ore verbum prolatum*
CI SZÖVÉRFFY Holy Cross p. 21-23
I NORBERG Les vers iambiques p. 102
I SZÖVÉRFFY Wiener Studien 96/1983 p. 224
I CURRAN Antiphonary p. 25
I CHAZELLE The Cross p. 10ss.

44 *Aba in superne theos miserere misellos*

45 *Abba Wirunt tumbam sacris dicat ossibus*

46 *Abbas Gregorius laudum splendore*

47 *Abbas Gutberctus tete bis terque salutat*
M facs. UNTERKIRCHER Cod. Vind. 751 f. 57^{v}

48 *Abbas hic Eigil tumulatus sorte quiesco*

49 *Abbas Lantfridus, virtute Dei redimitus*

50 *Abbas probatus omnino*
M ZANNA in: Poesia dell'alto medioevo p. 362
B LAPIDGE/SHARPE p. 147:578

51 *Abbas Ratoldus iacet hic per saecla*

52 *Abbas Theitfridus, divino munere fidus*

53 *Abbas Thiotmarus, cui sis, pie Christe*
I LOBBEDEY FMSt 20/1986 p. 393 n. 13

54 *Abbatis domini nutu probitate decori*

55 *Abbatis domni stat mentio sancta Ratoldi*
I SCHRAMM Kaiser, Könige u. Päpste II p. 192

-a *Abdebaran tauro geminis*
M DE MEYIER Codices Vossiani II p. 31

56 *Abdiderat celerem sol pronus in aequore*
B Rep. Font. V p. 168

57 *Abdita sunt capulo Leutgaudi membra sub*

58 *Abhinc Babillas urbis huius pontifex*

59 *Abiecta in triviis inhumati glabra iacebat*
M DE MEYIER Codices Vossiani VI p. 263; 265

60 *Ablatus mihi Crispus est, amici*

61 *Abluat unda pedes puer et detergeat udos*

62 *Abluitis quicumque animas et membra*

63 *Abraham mercatus agrum cui conderet*

64 *Abraham pater est primus credendo fidelis*

65 *Abraham sanctis merito sociande patronis*

66 *Abrepti fratris cognato sanguine iunctus*

67 *Abscisa servom quid figis, Pontice, lingua*

68 *Absit ut hoc facinus permittat celsa*

69 *Absque cibo plures degebam marcida*
I CAMERON Peritia 4/1985 p. 127

70 *Absque gubernaclo, navis ceu nutat in alto*
I PABST Prosimetrum p. 358

71 *Abstulerat totam temerarius institor urbem*

72 *Abstulit una dies anima corpusque simitur*

73 *Abundantia peccatorum solet fratres*
I JONES Viator 6/1975 p. 328-331
I V. D. STEINEN ZSchwKG 40/1946 p. 255
I NORBERG in: Cultura in Italia p. 366

74 *Ac multis largus miserator siste frequenter*

75 *Ac patiens, princeps, in cunctis actibus*

76 *Ac sceptrum regi cessit, quod solus*

77 *Ac studeas quoque avaritiam depellere*

78 *Ac testi quoque fallaci tu credere noli*

79 *Ac tribus est data nunc requies et in*

80 *Ac veluti formosa rosast cum tempore*

81 *Ac vitam castam consuescas ferre*

82 *Accedis quisquis ad hunc librum*

83 *Accedis quisquis magni suffragia Petri*
E GREGOROVIUS Tombe dei Papi p. 34*s.

84 *Accensa in Venerem serpens genitalibus*

85 *Accensum qui pedicat, urit mentulam*

86 *Accepit mundus legem, dedit arma per*

87 *Accepit requiem post septuaginta non*

88 *Acceptae bene et commode eximus intus*

89 *Accessit votis sors iucundissima nostris*

90 *Accia vel Maria est nomen mihi Tulliana*

91 *Accidit infandum nostrae scelus, Aule*

92 *Accidit, ut, dum haec gererentur*
TI ZIOLKOWSKI Talking animals p. 110ss.; 247s.

93 *Accipe belligerae crudum thoraca*

– *Accipe, cara soror, germani carmina fidi*
cf. *Hos Engilbertus faciens cum carmine*

94 *Accipe, care puer, missas tibi, quaeso*

95 *Accipe conloquium gelido Nasonis ab*

96 *Accipe consilium multis de cordibus unum*
ET MESSINA p. 45:XVIII
I J. HANNIG Consensus fidelium 1982 p. 246
I EBERHARDT p. 151; 179

97 *Accipe, Cydippe, despecti nomen Aconti*

98 *Accipe, Dardanide, moriturae carmen*

99 *Accipe de cuius biberit domus arta fluentis*

-a *Accipe dignanter, quod fert, pater alme* [*Iohannes* 1
A inc. saec. XI
E HOFFMANN Buchkunst p. 81

00 *Accipe facundi Culicem, studiose, Maronis*

01 *Accipe felices, Atlantica munera, silvas*

02 *Accipe, flos iuvenum, sancto certamine*

03 *Accipe, Karle, precor carmen pietate*
MI ERNST Carm. fig. p. 336-338
B BHL 333
I SCHALLER in: Fs. BULST 1960 p. 45
I RICHÉ in: Jean Scot Érigène et l'Histoire de la Philosophie p. 41; 44
I GODMAN in: Charles the Bald p. 301
I BERSCHIN Biographie II p. 52
I GODMAN Poets p. 176 n. 131
I SCHALLER Studien p. 24

04 *Accipe lunata scriptum testudine sigma*

05 *Accipe me, dixit, domine in tua limina*

06 *Accipe Niliacam, Pelusia munera, lentem*

07 *Accipe non vili calices de pulvere natos*

08 *Accipe nostra tuis audacius edita iussis*

09 *Accipe nunc demum scripturam, care*

10 *Accipe nunc frater supremi munus honoris*

11 *Accipe parva tuae, princeps venerande*

12 *Accipe, Phoebe, precor, Tirynthia munera*

13 *Accipe picta novis elegis, lux aurea mundi*
I Text als Figur p. 28
I SEARS in: Charlemagne's Heir p. 608

14 *Accipe, Pompei, deductum carmen ab illo*

15 *Accipe primitias Musae, pater, hoc breve*

16 *Accipe quae nimios vincant umbracula*

17 *Accipe, quae regis sedes cultusque dicetur*

18 *Accipe, quaeso meum, carissime, carmen*

19 *Accipe, quaeso, / nunc bipedali*
ETI RAFFEL in: Fs. DÜCHTING 2001 p. 389-394
M DE MEYIER Codices Vossiani VI p. 262
M U. WINTER Hss. Diez 1986 p. 67
B LAPIDGE/SHARPE p. 172:652
B SHARPE nr. 202
BI STANTON JournMedLat 3/1993 p. 150 n. 6
I JACOBSEN in: Iren u. Europa I p. 448
I COURCELLE Lecteurs ... de l'Énéide p. 234
I CHATILLON RMAL 35/1979 p. 5-8
I SCHÄFERDIEK in: Iren u. Europa I p. 175 n. 21
I SMOLAK StClOr 30/1980 p. 125-137
I HERREN StudMed III 24/1983 p. 487ss.
I LÖWE DA 37/1981 p. 6ss.
I JONES Viator 6/1975 p. 334
I LAPIDGE StudMed III 18/1977 p. 815-878

20 *Accipe, quid fletus, quid stridor in orbe*

21 *Accipe Romanum clementi pectore carmen*
M BALLAIRA Prisciano p. 211s.
I FERRARI Settimane ... Spoleto 22/1975 p. 319s.

22 *Accipe, sancte, libens, parvum ne despice*
ET NAUERTH p. 154

23 *Accipe, sancte pater Otgari, summe*
EC CC Cont. Med. 100 p. 3
I ERNST Carm. fig. p. 224

24 *Accipe, sancte pater, pauper quae munera*

25 *Accipe solvendi munus, Simon, atque*

26 *Accipe, summe puer, parvum, Hludowice*
M SCHRAMM/MÜTHERICH Denkmale[2] II p. 479
I SCHALLER Studien p. 410

27 *Accipe tam longas, brevis o scriptura*

28 *Accipe thuricremos pater accipe sancte*

29 *Accipit et nomen iam circumcisus Iesus*

30 *Accipite haec animis laetasque advertite*

31 *Accipite sancti vobis fratrem dignumque*

– *Acclines te oramus Christe*
cf. *Qui in forma servi apparens*

32 *Accola hic factus paradisi primitus Adam*

33 *Accola iam nostrae Degis, Germanice*

34 *Accusant sanctum mendaces dum*

35 *Accusare et amare tempore uno*

36 *Accusas proprios cur longo ex tempore*

37 *Acediam quoque devites quae noxia*

38 *Acephalus primus quorum hic quem*

39 *Acerva nostra crimina*

40 *Acervam Ditis rapuit infantem domus*

41 *Acervum luctum mihi demisisti, dulcissima*

42 *Achillem Aristarchi mihi commentari lubet*

43 *Acidos haec cernis montana cacumina*

44 *Acmen Septimius suos amores*

45 *Acrius insurgunt (adsurgunt) Troes ad*

46 *Actibus egregiis praeconia fulgida fulgent*

47 *Actibus egregiis, venerabile culmen Igidi*
ETC REYDELLET I p. 113

48 *Actoridem caesum nec te, Menelae, fefellit*

49 *Actorides fovet Eurypylum dum vulnere*

50 *Actus evangelii confirmant gesta priora*

51 *Ad Boreae partes Arctoi vertuntur et*
M PASSALACQUA Codici p. 5; 368
M SMITS VAN WAESBERGHE p. 178
M SPILLING Augsburg p. 17
M MUNK OLSEN Auteurs classiques I p. 532
M JEUDY in: Scire litteras p. 222
M PELLEGRIN Bibliothèque Vaticane II.2 p. 424; 309; 532
M GNEUSS Handlist 428.4

52 *Ad caeli clara non sum dignus sidera*
EI NORBERG Paulin d'Aquilée 1979 p. 51-58; 126-130
TC STELLA Poesia carolingia p. 280; 466s.
M MlatJb 16/1981 p. 409; WIC 310
MI BARRETT in: Poesia dell'alto medioevo p. 415s.; 419
BI STOTZ Sapph. Dichtung p. 23s.; 348-350; 354; 356-359; 360; 362; 456
I DUFT in: Iren u. Europa II p. 937
I NORBERG in: Cultura in Italia p. 371s.
I SPANKE Studien p. 3
I v. MOOS FMSt 5/1971 p. 349
I SCHALLER Studien p. 46; 374

53 *Ad caeli qui regna vocas aeterna fideles*

54 *Ad carmen populi flebile cuncti*

55 *Ad carum totiens mea pergit epistula*
ETC REYDELLET II p. 115
I HÜPPER FMSt 20/1986 p. 112 n. 114

56 *Ad celebres, / rex caelice, laudes cuncta*
A inc. saec. IX
E KÜRBIS Studia ʹZródloznawcze 27/1983 p. 97-112
M PASSALACQUA Codici p. 43
M FILL Hss. Kremsmünster I p. 413; 480
M MlatJb 15/1980 p. 259; WIC 314
M CTrop V p. 82; 276; 278; 287
M ODERMATT Ordinarius St. Arnulf p. 388
M facs. FMSt 23/1989 tab. VII (Abb. 10); VIII (Abb. 11)
I KÜRBIS FMSt 23/1989 p. 324; 337
I KÜRBIS PTPN 99/1981 p. 83-85
I DE GOEDE PRU p. CXLIII

57 *Ad cenam agni providi*
E Hymnarium oscense II p. 63s.
EC Canterbury Hymnal 37517 p. 87s.
TI WILHELM Month p. 76s.
M BEERS Cistercian Hymnal p. 42s.
M ODERMATT Ordinarius St. Arnulf p. 388
M GNEUSS MlatJb 35/2000 p. 244; 246
M ZANNA in: Poesia dell'alto medioevo p. 362
I WADDELL Cistercian Hymnal I p. IX
I NORBERG Les vers iambiques p. 38
I BULLOUGH Carolingian renewal p. 251
I EVENOU MaisD 151/1982 p. 19-46
I NORBERG in: Cultura in Italia p. 364
I SCHALLER Studien p. 379; 383

58 *Ad cenam invitant omnes te, Phoebe*

59 *Ad cenam magnam multos vocat hic homo*

60 *Ad cenam saturum, ieiunum ad pocula*

61 *Ad cenam si me diversa vocaret in astra*

62 *Ad cenam Varus me nuper forte vocavit*

63 *Ad Christi laudem virginis*

64 *Ad decus aeterni fulgescit pagina regis*

65 *Ad deum meum convertere volo*
ETI DRONKE CMCS 12/1986 p. 23-32
ETI LAPIDGE CMCS 10/1985 p. 1-13
B LAPIDGE/SHARPE p. 324:1224

I HERREN CMCS 15/1988 p. 81
I SILAGI/BISCHOFF in: Fs. BRUNHÖLZL 1989 p. 47-57
cf. *Audite versum dignum*

– *Ad Deum vertere volo*
cf. *Ad deum meum convertere volo*

-a *Ad Domini confugit opem*
BI CECCHELLI BullIstStorIt 47/1932 p. 127

66 *Ad Domini velle, qui linguam solvit*

67 *Ad Dominum clamaveram*
M ZANNA in: Poesia dell'alto medioevo p. 362
B LAPIDGE/SHARPE p. 344:1301
I DRONKE CMCS 12/1986 p. 24
I SCHALLER Studien p. 32-35; 404s.

68 *Ad extrema ecce mundi / mirabili candore*
EC Mélanges Colombaniens p. 336s.

69 *Ad festum tanti martyris*
I HAUBRICHS Georgslied p. 330

70 *Ad fidei normam voluit Deus hanc dare*
ETI CIFM 19 p. 85:27

71 *Ad finem rogito: semper sine fine valeto*

72 *Ad flendos tuos, Aquilegia, cineres*
ET GODMAN Poetry p. 106ss.
EI NORBERG Paulin d'Aquilée 1979 p. 166-169
TC STELLA Poesia carolingia p. 360ss.; 500ss.
BI STOTZ Sapph. Dichtung p. 24; 349; 350-352; 356; 361s.; 456
I FASOLI Settimane ... Spoleto 35/1988 p. 19
I CARILE in: Storia della Cultura Veneta I 1976 p. 148 n. 116
I KRAHWINKLER Friaul p. 169 n. 280
I NORBERG Les vers iambiques p. 80
I TREMOLI in: Aquileia e le Venezie p. 224-234
I ZANNA StudMed III 32/1991 p. 524-548

73 *Ad fontem vitae hoc aditu properate*

74 *Ad fora pictoris dum numina lignea*
I J. KÜPPERS Die Fabeln Avians 1977 p. 123
I MONTORSI Epigrafe modenese p. 151

75 *Ad Ianum redeat, qui quaerit, Agonia quid*

76 *Ad istum tamen semper recurre libellum*
B Clavis Galliae I p. 294-297

77 *Ad iuvenes converte tuam, fratercule*
M GNEUSS Handlist 12
I COURCELLE Lecteurs ... de l'Énéide p. 708

-a *Ad iuvenum metam iam vestra requiritur ae-[tas*
M PELLEGRIN Bibliothèque Vaticane II.1 p. 372

78 *Ad Lacedaemonias arces Tritonia Pallas*

79 *Ad lapidem Torquatus habet praetoria*

80 *Ad laudem Christi procerum*

81 *Ad laudem matris Domini*

82 *Ad laudem sanctae Mariae*

83 *Ad laudem virginis, quae sine labe*

84 *Ad laudes summi principis*

85 *Ad litus scribendi libri insum ego misero*
E DÍAZ Rioja p. 289
I DÍAZ Y DÍAZ MlatJb 24-25/1989-1990 p. 97; 100; 103

86 *Ad martyris Mercurii / festa venite*

87 *Ad matris casum filius indoluit*

88 *Ad mensam philosophiae sitientes currite*
ETC Carm. Cant. 37 ed. ZIOLKOWSKI p. 114; 283
EM Carmina Burana ed. SCHUMANN/ BISCHOFF I.3/1970 p. 105; 110
M GNEUSS p. 94; 96
M MlatJb 15/1980 p. 259; WIC 386
M PASSALACQUA Codici p. 4
M GNEUSS Handlist 337
I JAEGER MlatJb 27/1992 p. 142 n. 5
I KINDERMANN Satyra p. 158

89 *Ad meritum, Gerberte, tui nihil ista*

90 *Ad natalicias dapes vocabar*

91 *Ad nos quippe tuus famulus veniebat*
B Clavis Galliae II p. 36s.
I KULLMANN in: Fs. AUTENRIETH 1988

p. 3
I SCHALLER Studien p. 341

– *Ad nutum Domini nostrum ditantis*
cf. *Solem iustitiae*

-a *Ad occasum cuncta ruunt, sed et ipsa studia* [75
A inc. saec. XI
E BOCK in: J. B. WEISS Geschichte Alfreds des Großen 1852 Anhang p. 40
B WIC 409

92 *Ad Palatinas acipensem mittite mensas*

93 *Ad patriam ridens animal ridendo redire*

94 *Ad patriam vitae noctis de valle vocati*

95 *Ad perennis vitae fontem et amoena*
EM PASSALACQUA ItMedUm 20/1977 p. 343-349
M PASSALACQUA Codici p. 231
MB HOLTZ StudMed III 16/1975 p. 124:57
I NORBERG in: Fs. MUNARI 1986 p. 343
I STOTZ Sapph. Dichtung p. 359s.; 372
I NORBERG in: Bivium p. 199
I NORBERG Les vers iambiques p. 109
I SCHALLER MlatJb 19/1984 p. 89s.
I NORBERG in: La Lexicographie du Latin Médiéval 1981 p. 89
I SCHALLER Studien p. 268s.; 390

96 *Ad populos mitti qui nuper ab urbe solebas*

-a *Ad praesepe deus te novit bos et asellus*
A inc. saec. X
M facs. T. SEEBASS Musikdarstellung und Psalterillustration im früheren Mittelalter 1973 Bildband tab. 56

97 *Ad praesaepe magi stellae sunt lumine*

98 *Ad praesentis et futurae aetatis indicium*

99 *Ad primum decuma lapidem quod venimus*

00 *Ad proprium natum fer nostrum, virgo*

01 *Ad quem non ceno, barbarus ille mihi est*

02 *Ad regum thalamos numine prospero*

03 *Ad requiem noctem dederas, lucemque*
B Clavis Galliae II p. 429

04 *Ad rivum eundem lupus et agnus venerant*

05 *Ad sacrum praesepe iacens humileque*

06 *Ad sanctae Agathae virginis*
I NORBERG Les vers iambiques p. 33
I GIL Habis 7/1976 p. 195

07 *Ad sedem propriam deus exule morte*

08 *Ad sextum decimum numerum quintum*

09 *Ad studium quisquis animumque locumque*

10 *Ad superos cives Richgowo pectore dives*

11 *Ad te, Christe potens, lacrimas profundo*
B Clavis Galliae I p. 290s.
I VAN DER STRAETEN AnBoll 85/1967 p. 477

– *Ad te clamamus omnes*
cf. *Exaudi deus tuam plebem*

12 *Ad te clamamus domine / precamur ut*

13 *Ad te clamantes exaudi, Christe*

14 *Ad te cunctipotens rex celse*

15 *Ad te, deus gloriose, rerum factor omnium*
I AVALLE San Zeno p. 17
I FRIED DA 45/1989 p. 407
I HAUBRICHS Georgslied p. 183
I SPANKE Studien p. 3
I SCHALLER Studien p. 45

16 *Ad te, domine, animam levo, heu me*

17 *Ad te levamus oculos / exaudi propitius*

18 *Ad te meos levavi oculos*

19 *Ad te nostras, Domine, preces omni*

– *Ad te pie exclamamus deus*
cf. *Bone pastor moriens pro grege*

20 *Ad te, polorum conditor, clamore supplex*
I STELLA Poesia carolingia p. 232-234

21 *Ad te precamur domine: indulgentiam*

22 *Ad te pulchra cymbala hymnisona*

– *Ad te redemptor omnium rex summe*
cf. *Dextera patris*

23 *Ad te reptanti, puer insidiose, lacertae*

24 *Ad te, sancte supernum lumen*
I STÄBLEIN Ges. Aufs. p. 269 n. 7

25 *Ad te, summe, celsa laus Alleluia*

26 *Ad templi huius limina dedicata*
M CTrop V p. 78; 97; 276; 278
I DE GOEDE PRU p. CXLIII

27 *Ad tumulum Christi consederat angelus illi*

28 *Ad tumulum pergens Agrippini fratris*

29 *Ad Turnum propere Iunoni mittitur Iris*

30 *Ad vitam revocans miserans de morte*

31 *Ad vitam volui Celerem te crescere mater*

32 *Ad Viti beatissimi / gloriam*
M NORBERG Hymnarius Severinianus p. 9

33 *Adae carnis gloriosae et caduci corporis*
I CURRAN Antiphonary p. 22s.
I FONTAINE in: La Neustrie II 1989 p. 351
I NORBERG in: Fs. MUNARI 1986 p. 339

34 *Adallioz glosam tibi Heripato dat istam*
E MGH Poet. 5 p. 669

35 *Adalrammus ovans pastor praesentis ovilis*

36 *Adam in saeculo primus a domino*
I SCHALLER Studien p. 30s.

37 *Adam per lignum mortem deduxit in orbem*
M DE MEYIER Codices Vossiani VI p. 137
I CHAZELLE The Cross p. 71

38 *Adam primus homo, doctrinam commonet*
M MARTI Scriptorium 45/1991 p. 64
MB HOFFMANN Buchkunst p. 395
B LAPIDGE/SHARPE p. 200s.:745
I BERSCHIN Gr.-lat. MA p. 175

39 *Adam primus uti fingitur istic*
M KESSLER p. 32ss.
B Clavis Galliae II p. 494

40 *Adam protoplaustus ut dei praecepta*

– *Adda deo dilecta choris permixta supernis*

41 *Addat cum mihi Caecubum minister*

42 *Adde manus in vincla meas meruere*

43 *Adde merum vinoque novos compesce*

44 *Addere quid cessas, puer, immortale*

45 *Addit clarificare Deus se clarificantem*

46 *Additur his hominis vultus venerabilis almi*

47 *Additus amor erat nobis si fata dedissent*

48 *Addixti, Labiene, tres agellos*

49 *Addixti servum nummis here mille ducentis*

50 *Adducta, lector, nunc ratione*

-a ’Αδελφός *laesus fratrem qui laeserat* αὐτόν [12
A Sedul. Scot.?
ETI MEYERS/VON BÜREN ALMA 57/1999 p. 85-89

51 *Adelphus adelpha meter / alle pilus hius*
ET HERREN Hisperica Famina II p. 104
M GNEUSS Handlist 12
B LAPIDGE/SHARPE p. 245:897
I HERREN CMCS 15/1988 p. 81 n. 53
I DRONKE CMCS 12/1986 p. 24

52 *Adepto consulatu ...*

53 *Adeptus quisque monachi*

54 *Ades, inquit o Cybebe, fera montium dea*

55 *Ades, pater supreme*
T ÖBERG Poetry p. 45
TC M. M. VAN ASSENDELFT Sol ecce surgit igneus 1976 p. 51
TC BASTIAENSEN Lampas 23/1990 p. 253; 256s.
MI EVENEPOEL RevBelge 56/1978 p. 55-70
I SCHALLER in: Iren u. Europa I p. 473
I SCHALLER Studien p. 241
cf. *Cultor dei memento*

56 *Adesse ultorem nati me credas mei*

– *Adest Agathae virginis*
cf. *Ad sanctae Agathae*

57 *Adest celebritas nobis, carissimi*

58 *Adest diei, Christe, consecratio*
I NORBERG Les vers iambiques p. 67

59 *Adest dies celebranda*

60 *Adest dies laetitiae, / Iocundus omni*

61 *Adest dies lucidior*

62 *Adest dies percompta summis gaudiis*
I NORBERG Les vers iambiques p. 77

63 *Adest dies praefulgida*
E LEONARDI in: Scire litteras p. 269

64 *Adest dies, quo passus est*
I GIL Habis 7/1976 p. 200

65 *Adest dies sanctus dei, / claro resplendens*

-a *Adest, en, turba populi fidelis*

66 *Adest enim festa paschalia, redemptio*
I DE GOEDE PRU p. CXLIII

67 *Adest festa domus dedicata*

68 *Adest festa gloriosi sacri confessoris*

69 *Adest festa praecelsa et cunctis nimium*
M CTrop V p. 83; 277; 279; 281

70 *Adest iam dies, socianda festa*

71 *Adest miranda passio / Levitae*
I ELLIOTT Med & Hum N. S. 11/1982 p. 41

72 *Adest miranda passio Quirici*
I GIL Habis 7/1976 p. 199
I NORBERG Les vers iambiques p. 32s.

-a *Adest namque Pascha Christi nobis*

73 *Adest nempe valens usia*

74 *Adest nobis / dies alma*

75 *Adest nunc gloriosa sollemnitas*

76 *Adest nunc praeclara sollemnitas celsa*

77 *Adest pia ac salutifera paschalis gloria*

78 *Adest praecelsa / cunctis dies*
EI GONTSCHAROWA in: Laborare fratres in unum. Fs. DOBSZAY 1995 p. 63-77
I V. D. STEINEN ZSchwKG 40/1946 p. 208; 266

79 *Adest sacra festivitas / In qua tulit*

80 *Adest sacrata praesulum / Festivitas*

81 *Adest sancta dies ac praeclara*

82 *Adest tempus matutinum, dulce gallicinium*
EC WEBER Gottschalk p. 179

83 *Adest una atque praecelsa annuata festa*
M CTrop V p. 72; 89; 275; 277; 280
I STÄBLEIN AMusWiss 18/1961 p. 14

84 *Adeste amici, fruamur tempus bonum*

85 *Adeste, hendecasyllabi, quot estis*

86 *Adeste Musae, maximi proles Iovis*
M clm 28362 f. 189^v (GLAUCHE p. 153s.)
M BALLAIRA Prisciano p. 192

87 *Adesto, Christe, cordibus celsa redemptis*

88 *Adesto, Christe, vocibus / Inesto nostris*
I SZÖVÉRFFY Marianische Motivik p. 13s.

89 *Adesto lumen verum, pater omnipotens*
B Clavis Galliae II p. 134-139
I FERRARI p. 118

90 *Adesto, lumen verum, pater omnipotens*
E Marii Victorini Afri opera theologica ed. A. LOCHER 1976 p. 172

91 *Adesto mihi una spes mea domine deus*

92 *Adesto nobis deus summe domine*

93 *Adesto nobis propitius*

94 *Adesto nostris precibus, adesto iam*

95 *Adesto, plebs fidissima*

96 *Adesto, sancta trinitas*
EM LEMAIRÉ StudMed III 13/1972 p. 1015

97 *Adesto, summa pietas / perpetua tu claritas*

98 *Adesto, Tiberine, cum tuis undis*

99 *Adhuc supersunt multa, quae possim loqui*

00 *Adiuro te per viventem Deum caeli*
EM Colophons 18464

-a *Adiuro vos, omnes archangeli, pro amore*
cf. *Domine, exaudi*
cf. *Descendat meus amor*

01 *Adiutor in te sperantium, exaudi me*
B Clavis Galliae II p. 105

-a *Adiutor laborantium, Bonorum rector*
E MUIR RMAL 39/1983 p. 210
ET CLANCY/MÁRKUS p. 69

02 *Admiranda mihi mens est transcurrere*
A Iohannes (saec. IX/X?)
ETI LAPIDGE Anglo-Saxon England 9/1981 p. 82
M GNEUSS Handlist 794
B SHARPE nr. 825

03 *Admiror, paries, te non cecidisse ruina*

04 *Admiscet vaca basilicis haec nunc partim*

05 *Admitti ad caelos mortalia corpora credas*

06 *Admoneat monachos dulcis vox regia*
ET MESSINA p. 53:XXIV

07 *Admonet haec humiles pravos vitare*

08 *Admovit iam bruma foco te, Basse, Sabino*

09 *Adonai domine sabaoth omnipotens*

10 *Adonai magne et mirabilis*
MB PIGHI in: Studi Zenoniani 1974 p. 23
I ROPA Poesia "Rustica" p. 49
I V. D. STEINEN ZSchwKG 40/1946 p. 255

11 *Adonai, Sabaoth, rex Emanuel, unigenite*

12 *Adorate omnes gentes / Filium dei*
M PASSALACQUA Codici p. 216

– *Ads ...* cf. *Ass ...*

– *Adsc ...* cf. *Asc ...*

– *Adsp ...* cf. *Asp ...*

– *Adst ...* cf. *Ast ...*

– *Adt ....* cf. *Att ...*

13 *Adulescens tametsi properas, hoc te saxum*

14 *Advena sum terris, vocor Astronomia*

15 *Adveniant animum reserantes teste figura*

16 *Adveniant aquilae cuculi, rogo, carmina*
B Clavis Galliae II p. 213

17 *Adveniens aditum populus hic cunctus*

18 *Advenit spiritus sanctus hora*

19 *Adveniunt multi commissa ob crimina*

20 *Adventante deo descendit nuntius alto*

21 *Adventio domino papae deus donavit*
EC CC Cont. Med. 117 p. 117
B Clavis Galliae I p. 54

22 *Adversum notum noli contendere verbis*

23 *Adversus omnes fortis veloces feras*

24 *Adversus orbis principem Sebastianus*

25 *Advertite, omnes populi, ridiculum et*
A inc. saec. XI (Herib. Eichstet.?)
ETC Carm. Cant. 14 ed. ZIOLKOWSKI p. 62; 209
ETI WOLTERBEEK Ridicula p. 33-43; 284-289
T ÖBERG Poetry p. 225
C KNITTEL Const. p. 16; 133
M MlatJb 16/1981 p. 410; WIC 562
M École pratique des Hautes Études, Annuaire 1971/72 p. 375
B SCHUPP in: Verf. Lex.^{2} VIII c. 774-777
BI A. BORST Astrolab und Klosterreform 1989 p. 24 n. 33
BI SCHUPP in: Verf. Lex.^{2} VI c. 630-632
I WALL MedAev 45/1976 p. 252
I MAURER Konstanz p. 48
I STEGER Philologia Musica p. 124ss.
I STEVENS Words and Music p. 116
I SUCHOMSKI p. 100-103; 105
I DRONKE Medieval Poet p. 149-152

26 *Advocatam invocemus / Omnes laudes illi*

27 *Advolet e caelis benedicta manus*

28 *Advolitant corvi de vicino crocitantes*

29 *Aedes aedificat dives, sapiens*

30 *Aedes emit Aper sed quas nec noctua vellet*

31 *Aedibus ad genium duo sunt concessa per*
I D'ANGELO in: Teoderico il Grande

1993 p. 653 n. 20

32 *Aedibus in nostris adsit tua dextera*

33 *Aedibus in nostris volitans argenteus anser*

34 *Aediculam, Christe, egregiam venerabilis*

35 *Aediculas istic perlustrat Paula Philippi*

36 *Aedificat templum Sapientia per Solomonis*

37 *Aedilem Proculam cunctorum turba*

38 *Aeger in occiduo corpore languet homo*

39 *Aegrescunt tenerae fauces cum frigoris*

40 *Aegrotas uno decies aut saepius anno*

41 *Aegrotum sanat cum lectum tollere mandat*

42 *Aegrum fama fuit quondam iacuisse*
ET SCHNUR Fabeln p. 26-31
TI ZIOLKOWSKI Talking animals p. 46; 61ss.; 295ss.
M H. VAN THIEL Mittellateinische Texte 1972 p. 6s.
B CANTELLI BERARDUCCI p. 730
I ADRADOS Cl & Med 35/1984 p. 259
I BARTELINK Lampas 10/1977 p. 283-301
I KNAPP Tierepos p. 22s.
I KACZYNSKI/WESTRA MlatJb 17/1982 p. 31
I RÄDLE in: Literatur und Recht ed. U. MÖLK 1996 p. 37-56
I SCHALLER Studien p. 60-63; 408-411

43 *Aeli vetusto nobilis ab Lamo*

44 *Aelia nunc, Ierusalem, quae versa vocaris*

45 *Aelius hinc subiit mediis praesignis in*

46 *Aemilia et, vix nota mihi soror, accipe*

47 *Aemilia Prima salve*

48 *Aemiliae gentes et Apollineas Vercellas*

49 *Aemiliam nunc fare aviam, pia cura*

50 *Aemula Baianis Altini litora villis*

51 *Aemula dis, naturae imitatrix, omniparens*

52 *Aemula dura piri despecti mala saporis*

53 *Aemula femineo mixta commercia tactu*

54 *Aemula polluto gesturus sceptra Neroni*

55 *Aemula, quid cessas finem properare*
M U. WINTER Hss. Diez 1986 p. 67
I RATKOWITSCH MlatJb 22/1987 p. 148; 162s.

56 *Aemula Romuleis consurgunt moenia*
I N. ACOCELLA Salerno medioevale ed altri saggi 1971 p. 512; 530
I D. NORBERG Beiträge zur spätlat. Syntax 1944 p. 96
I DEETERS QFItA 49/1969 p. 391
I HAUCK Taufpfalzen p. 6ss.

57 *Aemule, si qui potes, nostros imitare*

58 *Aeneadum generis qui sextus et ultimus*

59 *Aeneadum genetrix, hominum divomque*

60 *Aeneas et Amor, pariter Iocus atque*

61 *Aeneas etiam fessus languore frequenti*

62 *Aeneas Lyddae paralysis peste gravatus*

63 *Aeneas primo Libyes appellitur oris*
EM O'CALLAGHAN Emerita 40/1972 p. 419
M Bruxelles, BR 21951 (saec. XV) f. 105r
M COULSON Scriptorium 51/1997 p. 166
I SCHETTER Hermes 116/1988 p. 343-357

64 *Aeoliam ventorum agimur patriamque*

65 *Aeolidos Canace iacet hoc tumulata*

66 *Aeolis Aeolidae quam non habet ipsa*

67 *Aeolus inmittit ventum Iunone precante*
M MlatJb 15/1980 p. 259; WIC 584

68 *Aequa diligito caros pietate parentes*

69 *Aequalem facie scindit me vomer acutus*

70 *Aequali merito Chunigunt sociata marito*

71 *Aequam memento rebus in arduis*

72 *Aequas optavi sedes iucunda marito*

73 *Aequidialis omni mundo / est aequalis*

74 *Aequinoctia dua stant in anni circoli*

75 *Aequius hunc fuerat titulum me ponere*

76 *Aequor et exesas per tempora longa*

77 *Aequor Iasonio pulsatum remige primum*

78 *Aequora conclusit campi divisque dicavit*

79 *Aequora qui ponti lembo transcurrere*

80 *Aequore congelido zephyrus fert xenia*

81 *Aequore cum gelido zephirus fert xenia*

82 *Aequoream liqui te propter, amice*

83 *Aequus causarum iudex dignissimus arce*
E MGH Poet. 5 p. 662
MI ERNST Carm. fig. p. 511-513

84 *Aera Celaenaeos lugentia matris amores*

85 *Aera domi non sunt, superest hoc, Regule*

86 *Aera per sudum nunc binis remigo pennis*
I CAMERON Peritia 4/1985 p. 127

87 *Aera per tacitum delapsa sedentis in ipsos*

88 *Aere cavo falsam serpens impleverat*

89 *Aere rigens curvo patulos conponor in*

90 *Aerea bos steteram: mactata est vacca*

91 *Aerea mugitum poterat dare vacca*

92 *Aerio victus dependet Marsya ramo*

93 *Aeris fulgiduli nitens metallo*

94 *Aeris ignifluos intendit Iulius aestus*

95 *Aeris in campis, memorat quos musa*

96 *Aesopi ingenio statuam posuere Attici*

97 *Aesopi nomen sicubi interposuero*

98 *Aesopo quidam scripta recitarat mala*

99 *Aesopus auctor quam materiam repperit*

00 *Aesopus domino solus cum esset familia*

01 *Aesopus turpi cum serviret feminae*

02 *Aestatis Maius Tauro primordia prodit*

03 *Aestifer ignitas cum Iulius urit harenas*
ETC REYDELLET II p. 97
M DE MEYIER Codices Vossiani II p. 34
I STEGER Philologia Musica p. 78ss.
I KULLMANN in: Fs. AUTENRIETH 1988 p. 3
I HOEFLICH RPL 5/1982 p. 127
I WOOD Early Medieval Europe 7/1998 p. 292

04 *Aestimo iam nosse vel adhuc te discere*
E MGH Poet. 5 p. 647
MB HOFFMANN Buchkunst p. 475

05 *Aestivo serves ubi piscem tempore, quaeris*

06 *Aestus erat, mediamque dies exegerat*

07 *Aetas properavit. faciendum fuit. noli*

08 *Aetate hic parva iaceo, lacrimabile semper*

09 *Aetate quamquam viceris dictos prius*

10 *Aeterna caeli gloria / beata spes*
E Hymnarium oscense II p. 36s.
EC Canterbury Hymnal 37517 p. 50
M Portiforium Wulfstani nr. 2716
M ODERMATT Ordinarius St. Arnulf p. 389

11 *Aeterna Christi munera / Et martyrum*
EC FONTAINE Ambroise de Milan p. 585ss.
EC Canterbury Hymnal 37517 p. 115s.
M ODERMATT Ordinarius St. Arnulf p. 389
M BEERS Cistercian Hymnal p. 76
M GNEUSS MlatJb 35/2000 p. 244-247
I Musica enchiriadis p. 193; 164ss.
I BULST Lat. MA p. 31-33
I WADDELL Cistercian Hymnal I p. IXs.

12 *Aeterna deo donante munera servunculo*
M GNEUSS Handlist 28

13 *Aeterna domus haec est*

– *Aeternae lucis conditor*
cf. *Aeterne lucis conditor*

14 *Aeternae vitae meruit post fata triumphum*

15 *Aeternam ad Ditem vivos effecit domum*

16 *Aeternam tibi sedem Hermes aramque*

17 *Aeterne, Iesu, dominator alme*

18 *Aeterne lucis conditor*
M GNEUSS MlatJb 35/2000 p. 244
I NORBERG Les vers iambiques p. 19; 23

19 *Aeterne rector omnium*

20 *Aeterne rerum conditor / et clarus mundi*
I JACOBSEN in: Iren u. Europa I p. 464 n. 91
I SCHALLER Studien p. 372

21 *Aeterne rerum conditor / noctem diemque*
E Hymnarium oscense II p. 19s.
ET KLOPSCH Lyrik p. 22
EC Canterbury Hymnal 37517 p. 26
EC FONTAINE Ambroise de Milan p. 143ss.
T ÖBERG Poetry p. 39
M Portiforium Wulfstani nr. 261
M Basel, UB A VII 3; A X 90; A X 97
M GNEUSS MlatJb 35/2000 p. 244
MI LUISELLI RCCM 15/1973 p. 298
B CANTELLI BERARDUCCI p. 810
I BLASWELL VigChr 29/1975 p. 222
I BOLOGNESI in: Scritti in onore di Giuliano BONIFANTE I 1976 p. 73
I BRINKMANN Hermeneutik p. 145; 404ss.
I JONES Viator 6/1975 p. 324
I BRINKMANN ZfdPh 102/1983 p. 16ss.
I BASTIAENSEN Lampas 23/1990 p. 257
I WADDELL Cistercian Hymnal I p. VIII
I SCHALLER Studien p. 65; 83 n. 21

22 *Aeterne rex altissime / redemptor et*
E Hymnarium oscense II p. 68s.
M NEUHAUSER Hss. UB Innsbruck I p. 54
M BEERS Cistercian Hymnal p. 47
M ODERMATT Ordinarius St. Arnulf p. 389
M GNEUSS MlatJb 35/2000 p. 246
I BULLOUGH Carolingian renewal p. 264 n. 37
I WADDELL Cistercian Hymnal I p. IX

23 *Aeterni genetrix regis, tibi, virgo Maria*

24 *Aeterni numen patris, flox saeva tonantis*

25 *Aeterni patris est virtus et dextera Christus*

26 *Aeterni patris pariterque in nomine nati*
M facs. BERSCHIN in: Theophanu I p. 331 tab. 6

27 *Aeterni proles patris et incliti*
I SCHALLER MlatJb 19/1984 p. 87 n. 78
I SCHALLER Studien p. 266

28 *Aeterni salutifera regis rutilat forma*
B Clavis Galliae II p. 66s.

29 *Aeternos menses et tempora quattuor anni*
M PRETE Cod. Barb. Lat. p. 277 (cod. 42)

30 *Aeternum laetus rediens redivivus in*

31 *Aeternum sic linquo tibi, mea vita*

32 *Aeternum specimen decusque rerum*
M HOLTZ RevHistTextes 16/1986 p. 185
B BHL 3458
I TILLIETTE Settimane ... Spoleto 36/1989 p. 400s.
I GODMAN Poets p. 175 n. 124
I RICHÉ in: Jean Scot Érigène et l'Histoire de la Philosophie p. 41
I LAPIDGE in: Jean Scot Érigène et l'Histoire de la Philosophie p. 445
I STAUBACH in: Theophanu I p. 349 n. 41s.

33 *Aeternus orbis conditor*

34 *Aeternus vere est solus Deus omnicreator*

35 *Aetherea laudant quem agmina, o Deus*

36 *Aethereis et terrae genitabile quaerere*

37 *Aethereus qui omnia / mundi herus*
I Liber monstrorum ed. PORSIA p. 102-105

38 *Aethereus ternas genitor nos iam peperit*

39 *Aetherias aquila puerum portante per*

40 *Aetherium spectare polum patriarcha*

41 *Aetherius moriens dixit: hic condite corpus*

42 *Aethiopum terras iam fervida torruit*
E Carolingian pastoral ed. R. P. H. GREEN p. 26s.; 111s.
ETC F. MOSETTI CASARETTO Theodulo: Ecloga 1997
EC Bernard d'Utrecht. Commentum in Theodolum (1076-1099) ed. R. B. C. HUYGENS 1977 p. 9
C ORBÁN Vivarium 19/1981 p. 56-69

M U. WINTER Hss. Diez 1986 p. 67
M clm 28421 f. 1r (GLAUCHE p. 253s.)
M ACHTEN Theol. Hss. Berlin II 1984 p. 180
M Basel, UB A X 6
M C. CENCI Manoscritti francescani della B. Naz. di Napoli I 1971 p. 791; 853
M PASSALACQUA Codici p. 59
M MlatJb 16/1981 p. 410; WIC 664
M Napoli, B. Naz. V.C.16 f. 38v (HOLTZ Scriptorium 44/1990 p. 239)
BI HENKEL in: Verf. Lex.² IX c. 760-764
I SCHUPP Williram von Ebersberg p. 100
I STEGER Philologia Musica p. 70 n. 322
I SCHMITT GRM 55(24)/1974 p. 1-12
I FUHRMANN AuA 36/1990 p. 138s.
I QUINN in: Catalogus Translationum II p. 386-408
I WALSH in: Papers of the Liverpool Latin Seminar ed. CAIRNS 1977 p. 163
I GREEN Viator 13/1982 p. 49-106
I BABCOCK Cl & Med 37/1986 p. 208
I VREDEVELD MlatJb 22/1987 p. 101-113
I KLOPSCH in: Fs. BRUNHÖLZL 1989 p. 149
I HENKEL MlatJb 24-25/1989-1990 p. 151-162
I MOSETTI CASARETTO StudMed III 33/1992 p. 469-536
I MOSETTI CASARETTO StudMed III 34/1993 p. 291-301
I MOSETTI CASARETTO StudMed III 35/1994 p. 543-576
I MOSETTI CASARETTO MlatJb 30.1/1995 p. 11-38

43 *Aetna mihi ruptique cavis fornacibus ignes*
I EFFE Dichtung und Lehre p. 204-220

44 *Aevi ingens, genus egregium atque ordine*

-a *Affer disparibus septem crepitantia signa* [1
A inc. saec. IX?
E Musica enchiriadis p. 30

45 *Afferat huc vivae sacer ales munus olivae*

46 *Afferesin dicunt de vertice quando recidunt*

47 *Affirmat genitum Matthaeus virgine*

48 *Afflictos corde / Bellis attritos*

49 *Affore digneris precibus, pia virgo*
B LAPIDGE/SHARPE p. 193s.:719
B SHARPE nr. 199

50 *Agapitus Praenestinum fervore sub ipso*

51 *Agathae, sacrae virginis*
M BEERS Cistercian Hymnal p. 59s.
I NORBERG in: Cultura in Italia p. 366 n. 31
I WADDELL Cistercian Hymnal I p. IX
I NORBERG Les vers iambiques p. 39

52 *Age, age iam, Alberte, ultra Decium*
BI SZÖVÉRFFY Latin Lyrics I p. 70-72
I DRONKE in: Scire litteras p. 141

53 *Age, convocata pubes*

54 *Age cuncta nuptiali*

55 *Age decumbamus sis, pater. ut iusseris*

56 *Age, deus, causam meam*
I MEYER Ges. Abh. III p. 399; 402

57 *Age i tu secundum. Sequor, supsequor te*

58 *Age iam precor mearum*
M SPILLING Augsburg p. 20
M DE MEYIER Codices Vossiani III p. 37
M CLEMOES Anglo-Saxon England 4/1975 p. 121
I COURCELLE Lecteurs ... de l'Énéide p. 555
I SCHALLER Studien p. 30

59 *Age nunc, die, camena, in hac praecelsa*
I STÄBLEIN Ges. Aufs. p. 285-288
I HÄRDELIN MlatJb 24-25/1989-1990 p. 148; 150 n. 28

60 *Age nunc, mitis caterva, et dic verba*

61 *Age, quaeso, perge, Clio, remeando corde*
EC WEBER Gottschalk p. 151
I HAUBRICHS Otfrid p. 52 n. 283
I RICHÉ in: Jean Scot Érigène et l'Histoire de la Philosophie p. 43

62 *Agedum istum ostende quem conscripsti*

63 *Aggrediar varios verbi discurrere campos*
E CC Cont. Med. 68 p. 109
M HOLTZ RevHistTextes 16/1986 p. 182

64 *Aggreditur regimen viridi Traianus in aevo*

-a *Aggregati simul unum deploremus proximum*
EI DÍAZ Y DÍAZ Augustinianum 20/1980 p. 131-139

65 *Agia virgo Fidis, proclamat quam mea*
EC ROBERTINI p. 293

66 *Agitare iuvenilis amor ullo magistro data*

67 *Agite omnes diem sacratissimum*
M NORBERG Hymnarius Severinianus p. 8

68 *Agitur haec summus cunctis per pocla*

69 *Agius atque ingenitus*
M GANZ in: Fs. WALLACE-HADRILL 1983 p. 68

70 *Agmen magnificum Thaebarum sede*

71 *Agmina cuncta populi praesentia*

72 *Agmina laeta plaudant caelica*

73 *Agmina millenis semper vexata gehennis*

-a *Agmina qui superum laudes sine fine*

74 *Agmina sacra poli iubilent modulamine*
E DU MERIL 1854 p. 277
M GNEUSS Handlist 927
MI LAPIDGE Wulfstan p. XXIX

75 *Agmina sanctorum laudantia voce serena*
M DE MEYIER Codices Vossiani VI p. 263

76 *Agmina tibi sonora psallentia organa*

77 *Agmine post iuncto multis cum milibus una*

-a *Agminibus caeli deus aptet nosmet haberi*
A inc. saec. XI?
E WILMART EphemLiturg 45/1931 p. 361:5

78 *Agminis aetherei sic omnes ducite mecum*

79 *Agminis / archangelo noveni / celebret*

80 *Agne dei, mundi qui crimina dira tulisti*
ETI CIFM 17 p. 80:17

81 *Agne dei, nostrum miserando tolle reatum*

82 *Agnes beatae virginis*
EC FONTAINE Ambroise de Milan p. 363ss.
I WADDELL Cistercian Hymnal I p. IX
I NORBERG Hymnarius Severinianus p. 11

83 *Agnes et Euphemia, Genoveva, Susanna*
I WERNER in: Iren u Europa I p. 258 n. 83

84 *Agnes nam virgo hanc aram dedicat alma*

85 *Agnes quae dormit sub tumba marmoris*

86 *Agnes sepulcrum est Romulea in domo*
B BHL 159
I SCHETTER in: Fs. MUNARI 1986 p. 321
I RIPOSATI in: Fs. LAZZATI 1979 p. 25-41
I SCHALLER Studien p. 253; 264

87 *Agnetis festum martyris / Deo dicatae*

88 *Agni genitor Domine*

89 *Agni paschalis esu / potuque dignas*
M NEUHAUSER Hss. UB Innsbruck I p. 89
M FILL Hss. Kremsmünster I p. 413
B CROCKER p. 440
I DE GOEDE PRU p. CXLIII
I STÄBLEIN AMusWiss 19/1962 p. 85

90 *Agnoscant cuncti sacro baptismate functi*
I LAVAGNE in: Journal des Savants 1977 p. 175

91 *Agnoscat omne saeculum / antistitem*
M GNEUSS MlatJb 35/2000 p. 246
I BULLOUGH Carolingian renewal p. 265
I QUACQUARELLI Poesia tardoantica p. 461

92 *Agnoscat omne saeculum / venisse vitae*
ETC REYDELLET I p. 38
M ODERMATT Ordinarius St. Arnulf p. 389
I STRECKER AfdA 33/1909 p. 44
I NORBERG Les vers iambiques p. 20

93 *Agnoscit metrum servatque Terentius*
M BALLAIRA Prisciano p. 312

94 *Agnus Dei, Christus rex, hodie pro nostra*
M CTrop V p. 73; 275; 279

95 *Agnus dei qui ut ovis*

96 *Agnus et leo, mitis et terribilis*
I NORBERG Les vers iambiques p. 73s.

97 *Agnus, lux mundi, proprio nos corpore*
I ERNST Carm. fig. p. 341-355

98 *Agnus qui moritur, nova gratia Christus*
MB HOFFMANN Buchkunst p. 333

99 *Agone triumphali militum regis summi*
ECI SIDWELL Medieval Latin p. 154-156
M NEUHAUSER Hss. UB Innsbruck I p. 92
M FILL Hss. Kremsmünster I p. 81; 413; 480
I STÄBLEIN AMusWiss 19/1962 p. 86
I DE GOEDE PRU p. CXLIII

00 *Agonitheta nobilis / Cultorque summi*

01 *Agricius palma praesul donatur in aula*

02 *Agricolam si flava Ceres dare semina*

03 *Agrorum cultor ceu corde resultat arator*

04 *Aiacis tumulo pariter tegor obruta Virtus*

05 *Ain patrem hinc abesse rus? iamdudum*

06 *Aionii salve, doleas ne fata suprema*

07 *Ait dominus ad Ionam: vade, praedica*

08 *Alacris fides tropeis*

09 *Alba columba redit corvo pereunte nigello*

10 *Albarus, o lector, longo per tempore*

11 *Albentes capiat corvos, cignosque*
TC STELLA Poesia carolingia p. 272; 462

12 *Albertus per B, non per P debuit esse*

13 *Albi bis bini praecedunt ordinis arcem*
M HOLTZ RevHistTextes 16/1986 p. 174
B LAPIDGE/SHARPE p. 198:732

14 *Albi, ne doleas plus nimio memor*

15 *Albi, nostrorum sermonum candide iudex*

16 *Albi sessor equi rigidum qui contrahit*

17 *Albino patri digno constanter amari*

18 *Albinus precibus postulet ipse suis*
I WILLMES Herrscher-'Adventus' p. 83ss.; 134
I SCHALLER MlatJb 27/1992 p. 92

19 *Albinus veniens peregrino vatis ab orbe*
B Clavis Galliae II p. 442s.

20 *Album picturis vitrum sic attenuabis*

21 *Alcide, Latio nunc agnoscende Tonanti*

22 *Alcide, sacri generis decus, hoc tibi*

23 *Alciden modo Vindicis rogabam*

24 *Alcime, quem raptum domino crescentibus*

25 *Alcimus haec ludicro texit quae carmine*

26 *Alcmenae Iovis et magni fortissima proles*

27 *Alcon hesterno signum Iovis attigit. ille*

28 *Alcyon hibernum cum ponit litore nidum*

29 *Aldebaran tauro, Geminis menheque*
ET BEHRENDS p. 260:148

– *Aldhelmus cecinit millenis versibus odas*
cf. *Arbiter aetherio iugiter qui*

30 *Alea parva nuces et non damnosa videtur*

31 *Alei in venereis rebus vitam conterunt*

32 *Ales diei nuntius / lucem propinquam*
E Hymnarium oscense II p. 30
EC Canterbury Hymnal 37517 p. 41
TC M. M. VAN ASSENDELFT Sol ecce surgit igneus 1976 p. 39
TI WILHELM Month p. 63ss.
M Portiforium Wulfstani nr. 2634
I GNILKA in: Fs. KÖTTING 1980 p. 429s.
I FUHRMANN AU 14.3/1971 p. 82-106
I BRINKMANN Hermeneutik p. 406ss.

33 *Ales dum madidis gravata pennis*

34 *Ales eques sonipes manibus depicta periti*

35 *Ales homo, numen virtus et gloria palmae*

36 *Ales Phasiacis petita Colchis*
I STOTZ Sapph. Dichtung p. 237

37 *Ales virgo leo crevit de sanguine Lai*

38 *Alexander episcopus legibus ipsis et*

39 *Alexander puer magnus circumivit*
EI MÖLK in: Convergences médiévales. Mélanges M. TYSSENS ed. N. HENRARD/P. MORENO/M. THIRY-STASSIN 2000 p. 349-356
M BOTTIGLIERI in: Poesia dell'alto medioevo p. 281s.

I STOTZ in: Poesia dell'alto medioevo p. 163

40 *Alexander urbis Romae clarus olim*
M PASSALACQUA Codici p. 196
B BHL 3856

41 *Alexandream quisque noveras, quaeso*

– *Alfa et ω*
cf. *Alpha et ω*

42 *Alfene immemor atque unanimis false*

43 *Alfeno Fortunato*

44 *Algidus in vivo moritur dum corpore*

45 *Alienum est omne quicquid optando evenit*
M PASSALACQUA Codici p. 310
MB VENNEBUSCH III p. 142; 210

46 *Aligeros inter socios summosque ministros*
B Clavis Galliae II p. 403

47 *Aliud scriptum habet Sarmentus, aliud*

– *Alius non est qui rogetur*
cf. *Alleva iugum*

48 *Allatres licet usque nos et usque*

49 *Alle-boans-luia pangat candida hac in*

50 *Alle-caeleste / nec non et perenne-luia*
I DE GOEDE PRU p. CXLIII
I SPANKE Studien p. 124

51 *Alle-cantabile sonet / chorus cantorum*

52 *Alle-nostra pangant / organa-luia*

53 *Alle-sublime / tibi turma nostra resultat*

54 *Alle-vox promat Christo carmina*
I DE GOEDE PRU p. CXLIII

55 *Alleluia, adest namque pascha Christi*

56 *Alleluia, assunt enim festa paschalia*

57 *Alleluia, deus quoniam magnus prae*

58 *Alleluia, dic nobis / quibus e terris nova*
M CTrop V p. 77; 276; 278
I DE GOEDE PRU p. CXLIII
I V. D. STEINEN ZSchwKG 41/1947 p. 142
I BJÖRKVALL MlatJb 24-25/1989-1990 p. 52

59 *Alleluia, dulce carmen / vox perennis*
EC Canterbury Hymnal 37517 p. 69s.
M ODERMATT Ordinarius St. Arnulf p. 389
M Portiforium Wulfstani nr. 328

60 *Alleluia hoc pium recitat plebs nova nunc*

61 *Alleluia iterum modulis tollatur in altum*

62 *Alleluia / nam haec est vera fraternitas*

63 *Alleluia / nostri promat chori caterva*

64 *Alleluia piis edite laudibus*
EC Canterbury Hymnal 37517 p. 70s.
M Portiforium Wulfstani nr. 332
I SPANKE Beziehungen p. 132

65 *Alleluia / Quoniam vita resurrexit nostra*

– *Alleluia, rex in aeternum*
cf. *Rex in ...*

-a *Alleluia summatim*
EI STÄBLEIN AMusWiss 18/1961 p. 24
cf. *Summatim una*

66 *Alleva iugum colla prementem*

67 *Alliget hic auras, si quis obiurgat amantes*

68 *Alloquor Hermione nuper fratremque*

69 *Alludat laetus ordo psallens pie*
M ODERMATT Ordinarius St. Arnulf p. 389

70 *Alludunt pavidi tremulis conatibus agni*

-a *Alma beatae dies instat Idae*
A Uffing.
E EICKERMANN Beiträge Essen 101/1987 p. 8 n. 12

71 *Alma beati martyris / Viti*

72 *Alma, benigne Deus / pietate regnans*

73 *Alma chorus Domini nunc pangat nomina*
M Paris BN lat. 3719: Cat. gén. VI 1975 p. 584
I IVERSEN in: Pax et Sapientia ed. R.

JACOBSSON 1986 p. 31
I HANDSCHIN Zs. f. Musikwiss. 13/1930 p. 115
I IVERSEN in: Liturgische Tropen p. 61
I V. D. STEINEN ZSchwKG 40/1946 p. 251

74 *Alma Christi quando fides / mundo*

75 *Alma cohors, una laudum sonora*

76 *Alma crucis Iesu hic portio condita Christi*

77 *Alma cunctorum celebremus omnes*
M SCHLEIDGEN Regino p. 72
I STOTZ Sapph. Dichtung p. 340

78 *Alma dei Christi tribuat tibi regna potestas*
B Clavis Galliae II p. 313

79 *Alma dei genetrix, sanctissima virgo*

80 *Alma dei soboles famulos sine fine*
E LECLERCQ in: Fs. MERCATI II 1946 p. 483
M PASSALACQUA Codici p. 367

81 *Alma deo cari primo caelestis ab aevo*
B BHL 2020
I WRIGHT Peritia 4/1985 p. 148-151
I WIELAND in: Insular Latin Studies p. 113
I ORCHARD JournMedLat 2/1992 p. 108ss.
I BERSCHIN Biographie II p. 275-278
I MARTIN Proceedings of the PMR Conference 7/1982 p. 77
I W. GOFFART The Narrators of Barbarian History 1988 p. 246-249; 256; 275-277
I HUNT/LAPIDGE Anglo-Saxon England 8/1979 p. 291s.
I SCHARER MIÖG 100/1992 p. 103s.
I WRIGHT Romanobarbarica 6/1981-82 p. 368-371

82 *Alma Deus Trinitas, quae saecula cuncta*
M MlatJb 15/1980 p. 260; WIC 781
B BHL 2633
B Clavis Galliae II p. 109
I PABST Prosimetrum p. 601s.

-a *Alma dies rutilans pulsat iam pectora [n(ost)ra*
EM DE MEYIER Codices Vossiani III p. 173

83 *Alma domus triplici patet ingredientibus*

84 *Alma domus veneror divino munere plena*

85 *'Alma, fave', dixi 'geminorum mater*

86 *Alma fides tandem, spes et concordia*

87 *Alma, fulgens crux, praeclara*
I SZÖVÉRFFY Holy Cross p. 29

88 *Alma fulget in caelesti perpes regno civitas*
M GNEUSS Handlist 450
M STELLA in: Poesia dell'alto medioevo p. 248
M ZANNA in: Poesia dell'alto medioevo p. 362
B LAPIDGE/SHARPE p. 341:1287
I NORBERG Les vers iambiques p. 97
I V. D. STEINEN ZSchwKG 40/1946 p. 255
I STOTZ in: Poesia dell'alto medioevo p. 161

89 *Alma Iovis nutrix, longo vestita capillo*

90 *Alma lavacrorum de saxis decido lympha*

91 *Alma lucerna micat, sol aureus arva*
M GNEUSS Handlist 927
MI LAPIDGE Wulfstan p. XXIIIs.; XXIX
MI LAPIDGE in: YORKE Aethelwold p. 115

92 *Alma lux siderum, robur martyrum*

93 *Alma pangat / symphonizans / caterva*

94 *Alma parens capiat nostri rectoris ab ore*

-a *Alma parens hominum tellus rerumque*
M PRETE Cod. Barb. Lat. p. 277 (cod. 42)

– *Alma poli domina, cui vincla iugalia curae*
cf. *Iuno poli domina*

-b *Alma quidem prophetice* 28
A Benedictus Anianensis?
E J. LECLERCQ Analecta Monastica. Première série Rom 1948 p. 65s.
B Clavis Galliae I p. 221

95 *Alma redemptoris mater, quae pervia caeli*
A Hermannus Contractus?
TI BERSCHIN Eremus p. 17
M MlatJb 15/1980 p. 260; WIC 797
M SOTTILI I Codici del Petrarca p. 364

-a *Alma sancta voce canora*
EI v. d. STEINEN ZSchwKG 40/1946 p. 262
MB v. d. STEINEN ZSchwKG 40/1946 p. 258

96 *Alma sollemnitas / Domini*

97 *Alma tropaea piosque crucis per bella*
B BHL 1395; 1524; 2053; 3326; 6674-6675

– *Alma Venus quondam cum Martis vitat*
cf. *Icitur alma Venus*

98 *Alma, vera ac praeclara, indivisa caritas*
I NORBERG Les vers iambiques p. 110 n. 56
I SCHALLER Studien p. 29

99 *Alma virgo, sponsa regis*
M Kloster Schäftlarn p. 35s.
MB HOFFMANN Buchkunst p. 418s.

00 *Almae caelorum turmae concrepent*
I STÄBLEIN AMusWiss 18/1961 p. 26

01 *Almae virginis festum advenit, gaudete*
EI DRONKE Medieval Poet p. 123s.

02 *Almam paribus / concinite diem modulis*
I HAUBRICHS Georgslied p. 331

03 *Alme, beate pater, lumen generale*
ETC REYDELLET II p. 156

04 *Alme confessor, summi regis praesul*
EBI STOTZ Sapph. Dichtung p. 21; 283-290; 456; 459
EI NORBERG in: Studia in honorem I. KAJANTO 1985 p. 113-123

05 *Alme, decus mundi summum, rector pius*
M GNEUSS Handlist 246

06 *Alme dei caelebs Christi dilecte Iohannes*

07 *Alme Deus cui serviunt cuncta*

08 *Alme Deus / lux summa, quem luna*

09 *Alme deus, metuendo tibi plebs concinit*
B BHL 1088
I CONTRENI Laon p. 143

10 *Alme Deus / nunc parce tuis*
A Abbo Flor.?
I SPANKE Studien p. 120

11 *Alme deus rerum, caeli custodia, cuius*
I COURCELLE Lecteurs ... de l'Énéide p. 325; 601
I STELLA Poesia carolingia p. 240s.

12 *Alme Deus / rex caelorum et arvae*
I HÄRDELIN MlatJb 24-25/1989-1990 p. 149 n. 25

13 *Alme dictatis resonante gratis*

14 *Alme, dignanter supplicium*
B MEL IX 2220
B LAPIDGE/SHARPE p. 225s.:824

15 *Alme Dionysi, parvum tu suscipe munus*

-a *Alme facturae sator et nutritor, Christe, to-* [*tius opifexque summe* 49
ET DRONKE/LAPIDGE/STOTZ MlatJb 17/1982 p. 81
ETC Carm. Cant. 78 ed. ZIOLKOWSKI p. 148; 321

16 *Alme Iesu / qui gubernas cuncta*

17 *Alme, in te credo, qui regnas trinus et unus*
B Clavis Galliae I p. 155

18 *Alme / Martyr Domini, gloriose enim*

-a *Alme Medarde, tuus dominus hoc cedat* [*enormis* 6
A Sedul. Scot.?
ETI MEYERS/VON BÜREN ALMA 57/1999 p. 97s.

19 *Alme mundi / Rex, Christe, qui regis saecla*
M CTrop V p. 80; 276; 279
BI v. d. STEINEN ZSchwKG 40/1946 p. 266
I DE GOEDE PRU p. CXLIII

20 *Alme pater Benedicte, culmen summi*

21 *Alme pater / Deus omnipotens*

22 *Alme pater mundi dignus praenomine*

-a *Alme pat(er) serui mun(us)cula suscipe par-* [*va*
EM DE MEYIER Codices Vossiani III p. 172

23 *Alme rex archangelorum*

24 *Alme rex Christe, regens cuncta*

25 *Alme sanctorum conditor, Dominus*
I HÄRDELIN MlatJb 24-25/1989-1990 p. 149 n. 25

26 *Alme, tuas laurus aetas sustollet in astra*

27 *Almi martyris / rogitemus merita*

28 *Almi nunc revehit festa polifera*
I BERSCHIN Biographie II p. 219

29 *Almi perenni / Munere Christi*
I LAPIDGE StudMed III 18/1977 p. 265

30 *Almi prophetae progenies pia*
M HOLTZ StudMed III 16/1975 p. 105
M BEERS Cistercian Hymnal p. 60-67
M Jul. Tol.: ars 20.47
M GNEUSS MlatJb 35/2000 p. 247
MI BULLOUGH Carolingian renewal p. 250; 265 n. 41
I SPANKE Studien p. 9-11
I SCHALLER MlatJb 19/1984 p. 79ss.
I WADDELL Cistercian Hymnal I p. IX
I SCHALLER Studien p. 258-265

31 *Almi triumphum Quirici*
M NORBERG Hymnarius Severinianus p. 8

32 *Almi Warnerius Petri Maiolique nutritus*

33 *Almiflua / caelorum turba / individuae*
M CTrop V p. 76; 86; 276s.; 279; 283ss.

34 *Almiflua turba caelestis gaudet*

35 *Almiphona / iam gaudia caeli rutilant*
A inc. saec. X
EI IVERSEN in: Umanesimi p. 245-248

36 *Almis apostolus et solidus princeps*
ET NAUERTH p. 94

37 *Almo quidem fulgens caelestis luce*

38 *Almo Theon Thyrsis orti sub colle Pelori*
M DE MEYIER Codices Vossiani III p. 96
M TRONCARELLI Boethiana Aetas p. 255
M GNEUSS Handlist 196; 829; 919

39 *Almos et hos mores, prospectat ab arce*

-a *Almum sidereae iam patriae decus* 10
EC Canterbury Hymnal 37517 p. 71

40 *Almus altus agnus, aptus ac perfectus*
ET A. DOLD Ein Hymnus abecedarius auf Christus 1959
M ZANNA in: Poesia dell'alto medioevo p. 363
B LAPIDGE/SHARPE p. 219:814
I NORBERG ALMA 44-45/1983-85 p. 214

– *Almus apostolus et solidus princeps*
cf. *Almis apostolus*

41 *Almus Eparchi Deo nimium quo splendide*

42 *Alpha et ω dominans sine calce per*
E MGH Poet. 5 p. 629
ETM EICKERMANN Beiträge Essen 101/1987 p. 1-13 facs.
M facs. Text als Figur p. 37
M facs. JACOBSEN in: Theophanu I p. 177 tab. 1
M BOURGAIN in: Poesia dell'alto medioevo p. 265
MI ERNST Carm. fig. p. 496-500
I JACOBSEN in: Theophanu I p. 176-178
I FICHTENAU Lebensordnungen I p. 227

43 *Alpha nitet dignus pater huius sedis*
B Clavis Galliae I p. 366s.
I BERSCHIN ZGObRh 134/1986 p. 20
I SCHALLER Studien p. 56

44 *Alpha patrem signat quoniam caput esse*

45 *Alphius ante fuit, coepit nunc Olphius esse*

46 *Alta audite τὰ ἔργα toto mundo micantia*
M ZANNA in: Poesia dell'alto medioevo p. 363
B LAPIDGE/SHARPE p. 219:816

47 *Alta progenie genitus / Quintinus dei*
M PASSALACQUA Codici p. 216
I DRONKE CMCS 12/1986 p. 24

48 *Alta prolis sanctissime / Deum promissa*
M STELLA in: Poesia dell'alto medioevo p. 246
M BOTTIGLIERI in: Poesia dell'alto medioevo p. 288
I ROPA Poesia "Rustica" p. 47
I V. D. STEINEN ZSchwKG 40/1946 p. 255

49 *Alta res, magnumque bonum, salubre*
I HAUBRICHS Otfrid p. 53 n. 286

50 *Alta ruit subito Beneventi gloria tristis*
I DEETERS QFItA 49/1969 p. 391
I BELTING DOP 16/1962 p. 167; 159 n. 130

51 *Alta urbs et spatiosa manet in Italia*
ET VISCARDI Origini Testi p. 144
M BOTTIGLIERI in: Poesia dell'alto medioevo p. 288s.
I PICARD Hagiographie p. 339-467
I BOGNETTI in: Storia di Milano II 1954 p. 267s.
I NORBERG in: Bivium p. 197
I CLASSEN Stadt p. 37s.
I ROPA Poesia "Rustica" p. 28
I NORBERG Les vers iambiques p. 105s.
I V. D. STEINEN ZSchwKG 40/1946 p. 255
I FONTAINE in: La Neustrie II 1989 p. 357
I PICARD Souvenir p. 85s.; 705s.
I SIMONI in: Storiografia e poesia. Atti del Colloquio Internazionale ... ed. F. SIMONI 1999 p. 181ss.
I ZANNA StudMed III 32/1991 p. 524-548

52 *Alta voce chorus iste / dulce pangat*

53 *Altaris aram situs et canica templi*

54 *Altaris domini pollens, bone Rucco*
ETC REYDELLET I p. 125
T COOK p. 37

55 *Altaris iuvenis corrupta mente minister*

56 *Altaris primus per tempora multa minister*

-a *Altaris titulus profusus chrismate huius* 6
A inc. saec. XI
E FÖRSTER Anglia 41/1917 p. 154
E LAPIDGE in: Scire litteras p. 260

57 *Alte vox canat / dulcis ac mera*
I SZÖVÉRFFY Holy Cross p. 29

58 *Alter adest testis monstrans loca plena*

59 *Alter erat frater, Fridegils cognomine*

60 *Alter in alterius iure ut monstratur uterque*
B Clavis Galliae I p. 300-302

61 *Alter Niliaco tumulo iacet, alter Hibero*

62 *Altera fert ...*

63 *Altera iam teritur bellis civilibus aetas*

64 *Altera lux haud laeta viris emersit Olympo*

65 *Altera pars Circi Custode sub Hercule tuta*

66 *Alterius factum ac dictum ne carpseris*
T ÖBERG Poetry p. 35

67 *Alterius tenebrae tarde labentibus astris*

68 *Altfridus tumulum praesul sibi vendicat*

69 *Altissime Deus / qui gubernas omnia*

70 *Altissime gloriose rex aeterne aie (hagie?)*

-a *Altissime, servo tuo salva, redemptor, Vigila*
A inc. saec. X/XI
E DÍAZ Y DÍAZ in: Fs. BULST 1987 p. 83s.
MI ERNST Carm. fig. p. 487s.
I DÍAZ Y DÍAZ MlatJb 24-25/1989-1990 p. 96; 102s.

71 *Altissimi apostolum / Iohannem*

72 *Altissimi verbum patris / Almaeque Iesu*

73 *Altithrono ferimus grates, qui cuncta*
EC CC Cont. Med. 117 p. 66

74 *Altithronus deus, qui regat intima vestra*

75 *Altithronus dominus, qui regnat in arce*

76 *Altithronus postquam repedavit ad aethera*
M DE MEYIER Codices Vossiani III p. 173
I GODMAN MedAev 50/1981 p. 221
I WALLACE-HADRILL Frankish Church p. 86s.
I WILLIS Mnemosyne IV.41/1988 p. 122
I QUACQUARELLI Poesia tardoantica p. 432s.; 442; 458s.
I CURTIUS Ges. Aufsätze p. 280

– *Altithronus qui regnat in arte polorum*
cf. *Altithronus dominus, qui regnat*

77 *Altithronus sacra rutilans de sede*

-a *Altius atque tonis variis modulantur in altum* [2
A inc. saec. IX?
E Musica enchiriadis p. 30

78 *Alto et ineffabili apostolorum coetui*
M ZANNA in: Poesia dell'alto medioevo

p. 363
B LAPIDGE/SHARPE p. 148:579

79 *Altori ob meritum dicat hanc Octavius*

80 *Altricis kyrio sanctus* (?) *in aula volumen*

81 *Altrix cunctorum, quos mundus gestat, in*

82 *Altrix sanctorum patria profudit*
M B. C. BARKER-BENFIELD The Mss. of Macrobius' Commentary on the Somnium Scipionis 1975 p. 406ss.
I BISCHOFF in: Verf. Lex.[2] III 1981 c. 529s.

83 *Altum caelum qui creavit, terra atque*

84 *Altus auctor omnium, sator summus*
M ZANNA in: Poesia dell'alto medioevo p. 363
B LAPIDGE/SHARPE p. 344:1300
B Clavis Galliae II p. 105
I SILAGI/BISCHOFF in: Fs. BRUNHÖLZL 1989 p. 54

85 *Altus prosator vetustus dierum et ingenitus*
E MUIR RMAL 39/1983 p. 210ss.
ET CLANCY/MÁRKUS p. 39
M GNEUSS Handlist 333
M ZANNA in: Poesia dell'alto medioevo p. 363
B LAPIDGE/SHARPE p. 148:580
I JACOBSEN in: Iren u. Europa I p. 464 n. 91
I SCHALLER in: Iren u. Europa I p. 471
I JONES Viator 6/1975 p. 332s.
I BULLOUGH in: Iren u. Europa I p. 84
I STELLA Poesia carolingia p. 382-391
I SMYTH CMCS 14/1987 p. 84
I HERREN CMCS 15/1988 p. 70
I LAPIDGE/ROSIER p. 174

86 *Ama iuvenis castitatem / Nam gratia nitens*

87 *Ama, puer, castitatem / Mundus eris de*
I DRONKE in: Scire litteras p. 142
I V. D. STEINEN ZSchwKG 40/1946 p. 255

88 *Amabo, mea dulcis Ipsitilla*

89 *Amande praesul optime, dignus tuo qui*
E DE MOREAU St.-Amand p. 321

90 *Amans amanti haec tibi pro meritis*

91 *Amanti argento filio auxiliarier*

92 *Amara nobis est vita nostra / delicta dele*

93 *Amara nobis est vita nostra / precamur*

94 *Amarantho Agathemeris soror pro meritis*

95 *Amare liceat, si potiri non licet*
I SHACKLETON BAILEY ClPh 77/1982 p. 123

– *Amat puer castitatem*
cf. *Ama, puer, castitatem*

96 *Amat qui scribit, pedicatur qui legit*

– *Amavit Christus Comgillum / Bene, et ipse*
cf. *Sancta sanctorum opera*

97 *Ambiguum, lector, monstrans, Dialectica*

-a *Ambiguus quid agam, quo tandem fine [quiescam*
M DE MEYIER Codices Vossiani II p. 31
cf. *Mi factor, mea vita, salus, fiducia*

98 *Ambitum mundi totum Deus implet et ambit*

99 *Ambitur gemini sinuosa fauce profundi*

00 *Ambo sumus lapides, una sumus, ambo*

01 *Ambrosi, sidus aureum / Orbis illustrans*

02 *Ambrosius doctor, signis insignis, et hymnis*
ETI CC 113A p. 217:6
M DE MEYIER Codices Vossiani VI p. 136

03 *Ambrosius fueram, sed nunc sum vile*

04 *Ambrosius, gestis cui caeli regna patescunt*
ETC CIMAH I p. 44

05 *Ambrosius linquens viduatae munia plebis*

06 *Ambubaiarum collegia, pharmacopolae*

07 *Ambulat insidens caeco pede captus utroque*

08 *Ambulemus in prosperis / Huius diei luminis*
M GNEUSS Handlist 450
M ZANNA in: Poesia dell'alto medioevo p. 363
B LAPIDGE/SHARPE p. 341:1286
I LAPIDGE Peritia 4/1985 p. 106

09 *Ameana, puella defututa*

– *Amica ave habilis bonus*
cf. *Parce, domine, digna narranti*

10 *Amice amico operam dedi: vicinus quod*

11 *Amici, bene facere semper studiosus fui*

12 *Amici nobiles / Christi sunt virgines*
EC DRONKE in: Fs. BULST 1981 p. 104-117
B LAPIDGE/SHARPE p. 343:1294
I LAPIDGE Peritia 4/1985 p. 106
I SCHALLER Studien p. 31

13 *Amicu' summu' meus et popularis Geta*

14 *Amicum castigare ob meritam noxiam*

15 *Amicum cum vides, obliviscere miserias*

16 *Amicus sponsi dominicusque custos in arva*
MB BISCHOFF in: Karl der Große II p. 236 n. 24
MI CHAZELLE The Cross p. 10
MI ERNST Carm. fig. p. 157-159
I RICHÉ in: La Neustrie II 1989 p. 299
I MONTORSI Epigrafe modenese p. 150
I SCHALLER Studien p. 3 n. 11

17 *Amicus sponsi, magno gaudens gaudio*
I NORBERG Les vers iambiques p. 73s.

18 *Amisit pater unicum Salonus*

19 *Amisit proprias vacuato corpore carnes*

20 *Amissos huius reparat fusa prece gressus*

21 *Amissum, mater, Trophimum sine fine doleto*

22 *Amissum non flet cum sola est Gellia patrem*

23 *Amittit merito proprium qui alienum appetit*

24 *Amnem, Troiugena, Romane ... Fuge*

25 *Amnibus delector molli sub cispite cretus*

26 *Amnis harundinibus limosas obsite ripas*

27 *Amnis ibat inter herbas, valle fusus, frigida*
I BISCHOFF in: CC 133 D (Anonymus ad Cuimnanum) p. XX

28 *Amnis iter plaustro qui dat, dedit ante*

29 *Amore captus Alcumenas Iuppiter*

30 *Amore Christi fervidus / castusque sanctis*
ETC CIMAH I p. 46

31 *Amore Christi nobilis / Et filius tonitrui*
EC FONTAINE Ambroise de Milan p. 305ss.
M GNEUSS MlatJb 35/2000 p. 244
I WADDELL Cistercian Hymnal I p. IX

32 *Amorem sensus erige / Ad te largitor veniae*

33 *Amoris ignes si sentires mulio*
EI CUTOLO Vichiana 15/1986 p. 68

34 *Amove nostrum facinus*

35 *Amphitheatralem podium transcendere saltu*

36 *Amphitheatrales inter nutrita magistros*

37 *Amphitheatrales mirantur rura triumphos*

38 *Amphitheatrali nos commendamus ab usu*

39 *Amphitryoniaden perhibet veneranda*
I KOSTER in: Fs. KLOPSCH 1988 p. 293

40 *Amphitryoniades qua tempestate iuvencos*

41 *Amphora Nestorea tibi Mamertina senecta*

42 *Amphora Niliaci non sit tibi vilis aceti*

– *Amphora terque capit modium; sextarius*
cf. *Pondera Paeoniis veterum memorata*

43 *Amphora vigesis, modius datur aere*

44 *Ampla mihi vestro est humili devotio servo*
I LAPIDGE StudMed III 18/1977 p. 257

45 *Ampla pectoralem suscitat vernia cavernam*
I BERSCHIN Biographie II p. 31
I LAPIDGE in: Jean Scot Érigène et l'Histoire de la Philosophie p. 448
I MONTORSI Epigrafe modenese p. 150

46 *Amplam regalis Susis dicta civitas*
I V. D. STEINEN ZSchwKG 40/1946 p. 255

-a *Amplificam faciem stricto sub corpore gesto*
M DE MEYIER Codices Vossiani III p. 32

47 *Amplificam sequitur vitam dum casta*
EC ICUR N. S. VIII p. 25:20799

48 *Amplificate piam renovata laude Mariam*

– *An di sint caelumque regant, ne quare doceri*
cf. *Mitte arcana dei caelumque inquirere*

49 *An ego raucisonum videor tibi strepere*

50 *Anacreunti carmine / Telam libet contexere*
TI ZIOLKOWSKI Talking animals p. 110ss.; 246s.
BI SZÖVÉRFFY Latin Lyrics I p. 39-42
I WILHELM Month p. 96

51 *Ancillam tibi sors dedit lucernae*

52 *Ancillariolum tua te vocat uxor, et ipsa*

53 *Ancipitis vitae qui vis superare labores*

54 *Andecavis abbas esse dicitur*
EI MEERSSEMAN Ordo Fraternitatis I p. 160
T ÖBERG Poetry p. 167
M H. V. THIEL Mittellateinische Texte 1972 p. 4
I ROPA Poesia "Rustica" p. 49
I V. D. STEINEN ZSchwKG 40/1946 p. 255

55 *Andrea pie / sanctorum mitissime*
EC Canterbury Hymnal 37517 p. 118

56 *Andreae, Petri germano, excellenti piscatori*

57 *Andream vigiles sanctum celebrate viriles*

– *Andreas ...*
cf. *Andrea ...*

58 *Andreas hic sanctus templi tutabitur aram*

59 *Andreas, pollens opere et sermone virilis*

60 *Andria quid portet, iuvenes que sponte*
E MGH Poet. 5 p. 688
MI BILLANOVICH ItMedUm 17/1974 p. 19; p. 43ss.; tab. VI
I VILLA Lectura Terentii I p. 9s.; 24

61 *Andromacham atque Helenam saltat*

62 *Angele consilii magni, te consulo, Christe*
ET BEHRENDS p. 242:132
M DE MEYIER Codices Vossiani II p. 31
I FICHTENAU Lebensordnungen I p. 250

63 *Angeli sancti obvient eum redemtor in pace*

64 *Angelica plaudens exultet turba polorum*

65 *Angelica reboat / symphonia / alogiens*

66 *Angelicae legis docta, dicata deo*

67 *Angelicae turmae pulcherrima*
I STÄBLEIN AMusWiss 18/1961 p. 12

68 *Angelicam Dominus naturam condidit olim*
I ERMINI StudMed II 2/1929 p. 187

69 *Angelicas populis epulas dispono frequenter*

70 *Angelici cunei primatem pangimus ecce*

71 *Angelicis alis haec arca tegatur ubique*

72 *Angelicis quondam conspexerat iste choreis*

73 *Angelicos cives, et Christi in membra*

74 *Angelicos pueros immensa luce coruscos*
B Clavis Galliae I p. 200s.
I NORBERG in: La Lexicographie du Latin Médiéval 1981 p. 93

75 *Angelicus nobis adventus claret adventi*
EC CC Cont. Med. 117 p. 88
I WILLMES Herrscher-'Adventus' p. 82

76 *Angelorum ordo sacer / Dei sereno vultu*
I STÄBLEIN Ges. Aufs. p. 281s.

77 *Angelorum regi Deo iubilemus pariter*

78 *Angelus a solis veniens ortu rutilantis*
E BERSCHIN p. 269

79 *Angelus accessit dixitque: Quis hic*

80 *Angelus affatur Mariam, quae parca*
I CH. W. NEUMANN The Virgin Mary in the Works of St. Ambrose 1962 p. 50

81 *Angelus alloquitur Mariam, quo praescia*

82 *Angelus altithroni comitetur vos, rogo*
EC CC Cont. Med. 117 p. 115
I STAUBACH Rex christianus p. 176

83 *Angelus Angilbertum adtollat in aethera*
B Clavis Galliae I p. 155

84 *Angelus apparet Zachariae missus ab astris*
EC CC Cont. Med. 117 p. 86

85 *Angelus domini / Mariae nuntiat*
I SCHALLER MlatJb 19/1984 p. 88s.
I SCHALLER Studien p. 31; 267-269

86 *Angelus domini venit ad virginem*
I SCHALLER MlatJb 19/1984 p. 88s.
I SCHALLER Studien p. 31; 267s.

87 *Angelus e caelo veniens comitetur euntem*
B Clavis Galliae II p. 61

88 *Angelus e caelo venit, quo iussa ferente*

89 *Angelus ecce seni promitit munera nati*
A inc. saec. X
E HECHT Wandmalerei I p. 24
M facs. T. SEEBASS Musikdarstellung und Psalterillustration im früheren Mittelalter 1973; Bildband tab. 56
M DE MEYIER Codices Vossiani VI p. 136
I STELLA Poesia carolingia p. 184-186
I SCHALLER Studien p. 55s.; 56 n. 65

90 *Angelus hanc domini Paulo cum principe*

91 *Angelus hic, dignum quaerens, non repperit*
E BERSCHIN p. 269

92 *Angelus illaesum Mariae per somnia Ioseph*
I SCHALLER Studien p. 188

93 *Angelus primi status caelitus est missus*

94 *Angelus venit de caelo / directus a domino*

95 *Angilberto des pius alme micantia regna*
B Clavis Galliae I p. 155s.

96 *Anglica quem genuit, hunc tellus Gallica*

97 *Anglorum proceres nimium trucidante*

98 *Anguis aper iuvenis pereunt vi volnere*
M DE MEYIER Codices Vossiani III p. 96

99 *Anguis pressa perit, fera telo, virque veneno*

00 *Angusta vitae tempora*

01 *Angustae vitae fugiunt consortia Musae*
ET VISCARDI Origini Testi p. 88
I KRÜGER FMSt 15/1981 p. 21 n. 20
I HERREN StudMed III 24/1983 p. 508
I BISANTI Filologia mediolatina 8/2001 p. 111

02 *Angustam amice pauperiem pati*

03 ... *angustia satis animus meus me adfligit*

04 *Angusto in aditu taurus luctans cornibus*

05 *Anima nimis misera, infelix scelestissima*
M BOURGAIN in: Poesia dell'alto medioevo p. 265
I HAUBRICHS Georgslied p. 183
I SPANKE Studien p. 3

06 *Animula vagula blandula*
T ÖBERG Poetry p. 21
I BISCHOFF Settimane ... Spoleto 22/1975 p. 70 (= BISCHOFF Mal. Studien III p. 62)

07 *Annaeus Placidus Herculi donum dedi*

08 *Annales Volusi, cacata carta*

09 *Annalis ritus festis hos serva diebus*

10 *Annas quem damnat, Petrus hic negat, iste*
M facs. F. J. RONIG Codex Egberti. Das Perikopenbuch des Erzbischofs Egbert von Trier (977-993) 1977 p. 94
MB HOFFMANN Buchkunst p. 488

11 *Anne, bonis coepte auspiciis, felicia cernis*

12 *Anneo Quinto filio Anneus Pudes*

13 *Annexique globum Zephyri freta kanna*

14 *Anni domini notantur in praesenti linea*
I AVESANI in: Storia della Cultura Veneta I 1976 p. 254
I SCHALLER Studien p. 390

15 *Anni nunc decimum Octimbrem rotat orbita*

16 *Anni peractis mensibus*
EC Canterbury Hymnal 37517 p. 99

17 *Anni peracto circulo / Adest dies celebrior*

18 *Anni peracto circulo soluta cursi temporum*

19 *Anni quo numerum regnans Pompilius auxit*

20 *Anni revolvens circulus*

21 *Anni supremum dicemus tempore mensem*

22 *Annis centenis cum nono de mense repletus*

-a *Annis mille dei carnis bissexque peractis*

23 *Annis sescentis bis quattuor octogenisque*

24 *Annis sextenis siquidem per regna meatus*

25 *Annis undecies centum coniunge quaternos*

26 *Anno bis terno novies centesimo*
M MGH Poet. 5 p. 680

27 *Anno milleno transacto bis duodeno*

28 *Anno primo trias*

29 *Anno tertio in regno cum esset et decimo*
M BOTTIGLIERI in: Poesia dell'alto medioevo p. 290
I HAUBRICHS Georgslied p. 168
I SPANKE Studien p. 5
I V. D. STEINEN ZSchwKG 40/1946 p. 255
I DRONKE Medieval Poet p. 171

30 *Anno vir insignis primo dilectus Othoni*

31 *Annorum nitidique sator pulcherrime mundi*

32 *Annos dece menses septe diesque sedece*

33 *Annua dum redeunt texendi tempora telas*
TI CAMERON Peritia 4/1985 p. 123

34 *Annua festa vigent rutilo*

35 *Annua festivitas hodie celebratur honore*

36 *Annua praesentis recolamus gaudia festi*
I V. D. STEINEN ZSchwKG 40/1946 p. 251

37 *Annua recolamus sancti Adalberti gaudia*
EI DUNIN-WASOWICZ in: Mélanges à J. STIENNON 1982 p. 189; 195

– *Annua, sancte dei, celebramus festa diei*
cf. *Ecce, dies populis micat haec*

38 *Annua Saturni dum tempora festa redirent*
I PAVLOVSKIS Cl & Med 39/1988 p. 226

39 *Annua venerunt Cerealis tempora sacri*

40 *Annua vota mihi remeant, simul annua*
B BHL 2870-2871
I R. HENKE Studien zum Romanushymnus des Prudentius 1983 p. 81ss.
I EVENEPOEL in: Fs. BARTELINK 1989 p. 167-176

41 *Annuat hoc agnus mundi pro peste*
MB HOFFMANN Buchkunst p. 329

42 *Annue, Christe deus, Michael archangelus*

43 *Annue, Christe, saeculorum Domine*
M Portiforium Wulfstani nr. 2131

44 *Annue rector opem, vultuque adverte*

45 *Annue, summe pater, caelique potens*
I STÄBLEIN Ges. Aufs. p. 196-198

46 *Annuit angelicis monitis mox papa beatus*

47 *Annum sol duodena means per signa*
ET BEHRENDS p. 256:147
M DE MEYIER Codices Vossiani II p. 31

48 *Annum vicensumum exsigens misera occidi*

49 *Annus ab exortu cum floriparum reserat ver*

50 *Annus bis nonus post centum bis quater*
B LAPIDGE/SHARPE p. 174:661
B SHARPE nr. 232
B Clavis Galliae I p. 299s.

51 *Annus panditur ecce iam secundus*

52 *Annus sole novo teneras dum format aristas*

53 *Annus solis continetur quattuor temporibus*
M PELLEGRIN Bibliothèque Vaticane II.2 p. 425
M GNEUSS Handlist 612
M VOLLMANN in: Poesia dell'alto medioevo p. 258
MI JONES in: Famulus Christi. Essays in Commemoration of ... Bede ed. G. BONNER 1976 p. 270; 283
BI JONES Viator 6/1975 p. 336s.

54 *Annus solis isdem spatiis*

55 *Annuus assuetum dominae natalis honorem*

56 *Annuus excurrit revolutis mensibus orbis*

57 *Ansebertus Christi heres Fontanellae sinibus*
I SCHALLER Studien p. 390 n. 39

58 *Anseisus, Senonum praesul, hic clausus*
ETI CIFM 21 p. 188:170

59 *Anser erat cuidam pretioso germine feta*

60 *Ansere Romano quamvis satur Hannibal*

61 *Anseribus locus hic pariter manet aptus*

62 *Anseris esse pedes similes mihi, nolo negare*

63 *Ansprandus honestus moribus, prudentia*
I MONTORSI Epigrafe modenese p. 147

64 *Ante bis octonos quam lux mihi verteret*

65 *Ante bonam Venerem gelidae per litora*

66 *Ante deum natis venientibus edite, quid sit*

67 *Ante diem mortis Samson venerandus in orbe*
MI POULIN Francia 15/1987 p. 730s.
B LAPIDGE/SHARPE p. 261s.:951

68 *Ante dies multos nisi te, Basilissa, rogavi*

69 *Ante fores huius Lazarus iacet ulcere plenus*

70 *Ante frequens sed nunc rarus nos donat*

71 *Ante leves ergo pascentur in aethere cervi*
A Verg.: ecl. 1.59

72 *Ante lucem decantantes Christo regi domino*

73 *Ante omnes alias felix tamen hoc ego dicor*

74 *Ante omnes artes inventa est littera melior*
I MONTORSI Epigrafe modenese p. 151

75 *Ante polos caelique diem mundique tenebras*
I NODES VigChr 42/1988 p. 59-74
I PATCH The Other World p. 140

76 *Ante puer patribus claris et nomine avito*

77 *Ante rates Siculo discurrent aequore siccae*

78 *Ante saecula et mundi principio*
I NORBERG in: TRAUBE-Gedenkschrift p. 196
I H. TRISTRAM Sex aetates mundi 1985 p. 163
I NORBERG in: Cultura in Italia p. 364
I SILAGI/BISCHOFF in: Fs. BRUNHÖLZL 1989 p. 54
I FONTAINE in: La Neustrie II 1989 p. 299
I SCHALLER Studien p. 29

79 *Ante saecula et tempora*
M STELLA in: Poesia dell'alto medioevo p. 251s.

80 *Ante saecula qui manens*
I SZÖVÉRFFY Wiener Studien 96/1983 p. 220s.

81 *Ante suos refluus Rhenus repedabit ad ortus*

82 *Ante suum commune bonum coluere Latini*

83 *Ante suum gremium portat portatus*

84 *Ante tamen, quam summa dies spectacula*

85 *Ante thronum aeterni felix qui regis in aevum*
B Clavis Galliae II p. 463
I SCHALLER Studien p. 188

86 *Ante torum virginalem*

87 *Antea per nos vox resonabat verba*

88 *Antheros huius exsulantis culmina*

89 *Antinoo et Beleno par aetas formaque si par*
ET HÄUSLE Denkmal p. 122

90 *Antiochenae urbis visit post moenia Petrus*

91 *Antiochiam genitus decorasti, rursus eandem*
B Clavis Galliae I p. 200s.

92 *Antiochus Solymam subiens penetrale*
ET BISCHOFF in: Bibbia di San Paolo p. 165

93 *Antipolitani, fateor, sum filia thynni*

94 *Antiqua digresse sacri Felicis ab aula*

95 *Antiqua fanorum parens*
B BHL 4752
I SHANZER Hermes 114/1986 p. 382s.
I BUCHHEIT in: Fs. MUNARI 1986 p. 273-289
I BUCHHEIT in: Fs. DÖLGER 1966 p. 121-144 (= Wege der Forschung 267, Darmstadt 1971 p. 455-485)
I BASTIAENSEN Lampas 23/1990 p. 251 n. 17; p. 257

96 *Antiqua generose domo, cui regia Vestae*

97 *Antiqui proceres et nomina celsa priorum*
ETC REYDELLET I p. 94
I JELLEMA Speculum 30/1955 p. 17 n. 6

I GEORGE Venantius Fortunatus p. 79-82
I ADKIN Orpheus N. S. 19-20/1998-99 p. 1s.

98 *Antiqui rex magne poli mundique prioris*

– *Antiquum ecce nitet templum, quod sorduit*
cf. *Ecce nitet templum*

99 *Antiquum poetam audivi scripsisse*

00 *Antistes Christi domini devotus Achilles*

01 *Antistes Damasus picturae ornarat honore*
ETM facs. WALSER Einsiedler Inschriftenslg. p. 29; 82
I SCALIA StudMed III 18/1977 p. 51

02 *Antistes domini, bone pastor et auctor*
ETC REYDELLET I p. 156

03 *Antistes domini celsa sacraria Christi*

04 *Antistes domini, cur sunt tibi frivola cordi*

05 *Antistes domini meritis in saecula vivens, / [Doctor in orbe ...*

06 *Antistes domini, meritis in saecula vivens, / [gaudia qui Christi ...*
ETC REYDELLET II p. 20
M TURCAN-VERKERK in: Scriptorium 46/1992 II pl. 13c
I SEMMLER in: La Neustrie II 1989 p. 80

07 *Antistes domini nimium praeclarus, Amande*
EM Colophons 12609

08 *Antistes domini qui paupertatis amorem*
E LE BLANT II p. 253:516
I HEINZELMANN Bischofsherrschaft p. 85ss.

09 *Antistes genio pollens probitate pudore*
M BOGNETTI in: Storia di Milano II p. 8 tab.

10 *Antistes humilis Christi doctusque sacerdos*

11 *Antistes humilis domini et devotus honore*
B Clavis Galliae II p. 393
I DE MOREAU St.-Amand p. 159

12 *Antistes humilis Riculf hanc condidit aulam*

13 *Antistes populi multa virtute potentis*

14 *Antistes portam renovavit Symmachus istam*

15 *Antistes Senonum reverentia magna*

16 *Antistes summus plaustro te nobile donat*

17 *Antoni Phario nihil obiecture Pothino*

18 *Antoninus abhinc regimen capit: ille vocatu*

– *Antra deserti teneris sub annis*
cf. *Ut queant laxis resonare fibris*

19 *Anule, formosae digitum vincture puellae*

20 *Anus iacere vidit epotam amphoram*

21 *Anxia cum trepidis nutat sententia rebus*

22 *Anxia dum genetrix parit hunc conixa sub*
I LAPIDGE MlatJb 24-25/1989-1990 p. 250s.; 259s.
I BERSCHIN Biographie IV p. 250-252

23 *Anxiam interea plebem luctusque dolorque*

24 *Anxius, afflictus curarum pondere curvor*

25 *Anxuris aequorei placidos, Frontine*

26 *Aoniae nunc non gelida de rupe Camenae*
I LÖWE Settimane ... Spoleto 32/1986 p. 513
I LILIENFELD in: Typus, Symbol p. 155
I STAUBACH Rex christianus p. 28s.

27 *Aonias avido qui lambitis ore Camenas*
ETC REYDELLET II p. 124
I KULLMANN in: Fs. AUTENRIETH 1988 p. 3
I CURTIUS Ges. Aufsätze p. 280
I BRENNAN Byzantion 66/1996 p. 335-345

28 *Apes florilega pratorum pervolat ampla*

29 *Apes in alta fecerant quercu favos*

– *Aphaeresin dicunt de vertice quando*
cf. *Afferesin dicunt*

30 *Apollinarem conveni meum, scazon*

31 *Apollinaris beate, / audi supplicium voces*

32 *Apollinaris martyris / Piis triumphum*

33 *Apollinem facitis citharoedum atque divinum*

34 *Apollonia quae vocitabar*

35 *Apologetici martyrem faminis*
EI NORBERG in: Fs. BULST 1981 p. 159-161
I STOTZ RF 95/1983 p. 159

36 *Apostolorum gloriam / Hymnis canamus*

37 *Apostolorum / gloriosa turba*
I STÄBLEIN AMusWiss 18/1961 p. 18

38 *Apostolorum in ordine*

39 *Apostolorum mystica / Digna quoque*
I SCHALLER MlatJb 19/1984 p. 75 n. 12
I SCHALLER Studien p. 254 n. 12

40 *Apostolorum passio / diem sacravit saeculi*
EC FONTAINE Ambroise de Milan p. 515ss.
M GNEUSS MlatJb 35/2000 p. 244; 247
I WADDELL Cistercian Hymnal I p. IX
I SZÖVÉRFFY Wiener Studien 96/1983 p. 223
I SCHALLER Studien p. 211; 259; 263

41 *Apostolorum principem, / Celsam columnam*

42 *Apostolorum splendido / Philippus ex*

43 *Apostolorum supparem / Laurentium*
EC FONTAINE Ambroise de Milan p. 549ss.
I WADDELL Cistercian Hymnal I p. X
I BASTIAENSEN Lampas 23/1990 p. 257
I HERREN StudMed III 24/1983 p. 504

44 *Apparat ecce novum regale stemmate donum*

45 *Apparebit repentina dies magna Domini*
T ÖBERG Poetry p. 75
TC HUXLEY in: Classica et Iberica. Fs. J. M. F. MARIQUE 1975 p. 321
M STELLA in: Poesia dell'alto medioevo p. 248
B CANTELLI BERARDUCCI p. 732
I NORBERG MlatJb 19/1984 p. 67
I NORBERG Les vers iambiques p. 97
I NORBERG in: Cultura in Italia p. 365
I SCHALLER Studien p. 382

46 *Apparebunt ante summum saeculorum*
M BOURGAIN in: Poesia dell'alto medioevo p. 270
I FRIED DA 45/1989 p. 408
I NORBERG Les vers iambiques p. 88s.
I AVALLE San Zeno p. 17
I HAUBRICHS Georgslied p. 183
I STOTZ in: Poesia dell'alto medioevo p. 159s.; 162

47 *Apparet mendax inlimi fonte figura*

48 *Appia, quam simili venerandus in Hercule*

49 *Appias hoc tegitur superis invisa sepulcro*

50 *Appropinquat finis saecli, declinantur*
I FRIED DA 45/1989 p. 408

51 *Aprilis numerum dant normae et Iulius*

52 *Apros et capreas levesque cervos*

53 *Apros feroces fudi - at gratus venanti locus*

54 *Apta manus domini maneat protectio nostri*

55 *Aquarum meis quis det fontem oculis*
BI STOTZ Sapph. Dichtung p. 24; 349; 359-362; 372; 374; 379; 456
I NORBERG Les vers iambiques p. 80
I NORBERG in: Bivium p. 199
I SCHALLER MlatJb 19/1984 p. 89s.
I MARIOTTI Scritti p. 21 (= RCCM 7/1965 p. 628-640)
I SCHALLER Studien p. 268 n. 84

56 *Aquila in sublimi quercu nidum fecerat*

57 *Aquilegia gloriosa quondam urbs et inclita*
I KRAHWINKLER Friaul p. 169 n. 280; p. 171 n. 289; p. 174 n. 307
I PICARD Souvenir p. 706

58 *Ara dicata tibi micat haec, baptista Iohanne*
B Clavis Galliae II p. 407ss.

59 *Ara quidem praesens sacrata est nomine*
B Clavis Galliae II p. 400s.

60 *Aram cum signo Silvano vexit in agros*

61 *Arbiter, aethereo iugiter qui regmine sceptra*

62 *Arbiter altithronus, mundi formator et auctor*
EM Colophons 17082
M SCHRAMM/MÜTHERICH Denkmale[2] p. 479
BI BULLOUGH Carolingian renewal p. 39; 70s.
I HOFFMANN Buchkunst p. 19
I WOLLASCH DA 40/1984 p. 19

63 *Arbiter altithronus, solus deus omnicreator*
B BHL 6240c
B Clavis Galliae II p. 140s.

64 *Arbiter omnipotens, hominum rerumque*
I COURCELLE Lecteurs ... de l'Énéide p. 56
I DE MOREAU St.-Amand p. 78ss.

65 *Arbiter omnipotens, solus qui cuncta creavit*
M facs. UNTERKIRCHER Cod. Vind. 751 f. 21^r
I CLASSEN AKG 72/1990 p. 267

66 *Arbiter omnitenens, rerum tu summe creator*

67 *Arbiter orbis, apex rerum, spes una reorum*

-a *Arbiter singulorum facta*
EMI V. D. STEINEN ZSchwKG 40/1946 p. 258-262

68 *Arbiter ut mundi tenebras depelleret omnes*
B Clavis Galliae I p. 215s.

69 *Arbitrio si natura finxisset meo*

70 *Arbor alta, crux beata, virtus orbis unica*
E MGH Poet. 5 p. 659
M TURCAN-VERKERK Scriptorium 46/1992 p. 175-203
I NORBERG Les vers iambiques p. 59 n. 45
I SZÖVÉRFFY Holy Cross p. 30

71 *Arbor mihi pater, nam et lapidea mater*

72 *Arbor natus (nata) in paradiso utinam*
I SILAGI/BISCHOFF in: Fs. BRUNHÖLZL 1989 p. 57

73 *Arbor odore potens, frondoso vertice lata*
ETC CC Cont. Med. 100 p. 107; 306
M CC Cont. Med. 100A tab. B13
MI G. POZZI La parola dipinta 1981 p. 293ss.
MI ERNST Carm. fig. p. 232-234

74 *Arbor salve sanctissima*
M NORBERG Hymnarius Severinianus p. 9

75 *Arbor una, mihi vilem quae conferet escam*

76 *Arboreas exosa comas et rura relinquens*

77 *Arboris est altrix quondam vagina medullae*
ET GODMAN Poetry p. 214s.

78 *Arboris in trunco nidum philomela paravit*
E MGH Poet. 5 p. 656

79 *Arbuteas frondes vastae nucis occupat*

80 *Arca Dei patuit celebri inspicienda Iohanni*

81 *Arca Noe fuit intus in inferioribus ampla*

82 *Arca Noe nostri typus est, et spiritus ales*

83 *Arcanum Varronis iter scrutando profundi*
ETI SHANZER RÉAug 37/1991 p. 110-143

84 *Arce crucis erebum, cosmum letumque*
A Hartw. (saec. XI)
ETI RÜTZ Text im Bild p. 44; 95; 153
M Regensburger Buchmalerei tab. 10
I BIELITZ StudMed III 17/1976 p. 269
I BISCHOFF in: Verf. Lex.^{2} III c. 530s.

85 *Arce polorum / tu micans / praecelsa*

86 *Arce summa, ecce, plebs aurea*
I STEVENS Words and Music p. 114 n. 11

87 *Arce superna cuncta qui gubernat*
A inc. saec. X
EI CROCKER Sequence p. 94ss.; 460
M HOLSCHNEIDER Winchester tab. 3

88 *Archadius rex terrificus*
ET Virg. Gramm. ed. POLARA p. 22

89 *Archalis clamare triumvir nomine saxi*
A Iohannes (saec. IX)
ETI LAPIDGE Anglo-Saxon England 9/1981 p. 72-83
M GNEUSS Handlist 661
B SHARPE nr. 825
I KEYNES in: Learning and Literature in Anglo-Saxon England ed. M. LAPIDGE/ H. GNEUSS 1985 p. 144 tab. I

90 *Archangelorum inclita summo canamus*

91 *Archangelum mirum magnum, Michaelem*
M ZANNA in: Poesia dell'alto medioevo p. 363
B LAPIDGE/SHARPE p. 219:815
I NORBERG Les vers iambiques p. 99

92 *Archetypis vetuli nihil est odiosius Aucti*

93 *Archetypum Myos argentum te dicis habere*

94 *Archidiaconus quiescit hic vero Pacificus*

– *Archipatres prisci pariter proceresque*
cf. *Virtus et nomen vulgata potentia*

95 *Archippo in sortem venit urbs dicta Colossae*

96 *Arcibus e policis fixit rex lumina terris*

97 *Arcta via est, verae quae ducit ad atria vitae*

98 *Arctoa de gente comam tibi, Lesbia, misi*

99 *Ardea solstitio Castranaque rura petantur*

00 *Ardennam valles et cingunt ardua saxa*

01 *Ardens amoris mentio / Utcumque paucos*

02 *Ardet amore gravi Dido; soror Anna suadet*

03 *Ardet amore sui flagrans Narcissus in undis*

04 *Ardorem solis placida compesco sub umbra*
M PASSALACQUA Codici p. 276

05 *Ardua componunt (confingunt) felices*
M GNEUSS Handlist 805
I FLORES/POLARA in: Rendiconti della Accademia di Archeologia, Lettere e Belle Arti N. S. XLIV 1970 p. 116ss.

06 *Ardua connexae libat sacraria formae*
ETC LAPIDGE/BAKER JournMedLat 6/1996 p. 1-6; 12-21
MI ERNST Carm. fig. p. 554-560

07 *Ardua consurgunt venerando culmine templa*
ET PICARD Souvenir p. 171
ET NAUERTH p. 282

08 *Ardua floriferae crux cingitur orbe coronae*

09 *Ardua montanos inter splendentia lucos*

10 *Ardua Pierio cui constant culmina fastu*
ETC REYDELLET II p. 109
T COOK p. 35

11 *Ardua sacrati baptismatis aula coruscat*
ETC REYDELLET I p. 68
M facs. O. MAZAL Lehrbuch der Handschriftenkunde 1986 p. 328
I K. HEINEMEYER Das Erzbistum Mainz in römischer u. fränkischer Zeit I 1979 p. 12ss.

12 *Ardua scriptorum prae cunctis artibus ars*
M BALLAIRA Prisciano p. 149
M SCHROEDER Echternach p. 53
M GNEUSS Handlist 688

13 *Ardua spes mundi, solidator et inclyte caeli*
M FILL Hss. Kremsmünster I p. 415
M GNEUSS Handlist 333
M KNAPP MlatJb 31.2/1996 p. 97-102; tab. 1s.
I HAUBRICHS Georgslied p. 185
I HERREN StudMed III 24/1983 p. 497s.

14 *Ardua suscepi missis epigrammata chartis*
ETC REYDELLET I p. 116

15 *Ardua virtuti longeque per aspera cliva*

16 *Area ter gratos quater et virtute beatos*

17 *Aream at sepulcra cultor verbi contulit*

18 *Argenti atque auri vapulat quicumque*

19 *Argenti genus omne conparasti*

20 *Argenti libram mittebas; facta selibra est*

21 *Argenti libras Marius tibi quinque reliquit*

22 *Argentum atque aurum facilest laenamque*

23 *Argiletanas mavis habitare tabernas*

24 *Argive victor Hercules, donum hoc tibi*

25 *Argivos sua quemque acies in bella secuntur*

26 *Argoa primum sum transportata carina*

27 *Argolici me dixerunt septena cephala*

28 *Argolicum non tuta fides; procul esto, Latine*

29 *Argos de superis si quis Achaicum*

30 *Argos nobilibus nobile civibus*

31 *Arguit immeritis consortem Martha querelis*

32 *Arguitur culpae auditor plus quam*

33 *Argumenta mea atque meos, rex accipe*
B Clavis Galliae I p. 300-302

34 *Arguta plectro syllaba concrepante promite*

35 *Arida spumosis dissolvens faucibus ora*
I WILLIAMS Riddles p. 78ss.

36 *Aridus, aerius, acies, avis ales, arena*

37 *Aries informat primi cunabula mensis*
M GNEUSS Handlist 845

38 *Arma dedi Danais in Amazonas; arma*

39 *Arma deus Caesar dites meditatur ad Indos*

40 *Arma gravi numero violentaque bella*

41 *Arma repone domi, nemo nunc vota revolvat*

42 *Arma, salus, virtus perpetua, Christus in*

43 *Arma tuli quondam toto victricia mundo*

44 *Arma virumque canit mira virtute potentem*
I SCHETTER Hermes 116/1988 p. 343-357

45 *Arma virumque canit vates Iunonis ob iram*

46 *Arma virumque cano commendat scire*

47 *Arma virumque cano, Troiae qui primus ab*
M DE MEYIER Codices Vossiani II p. 90

48 *'Arma virumque' docens atque 'arma*

49 *Armatam Pallas Venerem Lacedaemone*

50 *Armatam vidit Venerem Lacedaemone Pallas*

51 *Armatum cane, Musa, ducem belloque*

52 *Armea me docuit ...*

53 *Armifer hic domini colitur Dionysius, una*

54 *Armiger ecce Iovis Ganymedem sustulit alis*

55 *Armiger infausti Iovis et raptor Ganimidis*

56 *Armigeri dura cordis compagine fingor*

57 *Armigeros inter Martis me bella subire*

58 *Armipotens dudum celebrari Gallia gestit*

59 *Armipotens Libycum defendit Honorius*

60 *Armorum fueram vice, meque tenebat in*

61 *Armorum virtute potens Nero Claudius hic*

62 *Arnulfi comitis quaquaversum facta sciatis*

63 *Arnulfi corpus tumulo conclauditur isto*

64 *Arrectum quotiens Marulla penem*

65 *Arretina nimis ne spernas vasa monemus*

66 *Arretine calix, mensis decor ante paternis*

67 *Arrigis ad vetulas, fastidis, Basse, puellas*

68 *Arrius et Sabellius heretici impudici*
B Clavis Galliae II p. 106

69 *Ars aeterna die prima qua condidit orbem*
E MGH Poet. 5 p. 626
I FICHTENAU Lebensordnungen II p. 387

70 *Ars cui summa fuit fabricae, studium*

71 *Ars cum nulla fuit, nosci qua syllaba prima*
A Dicuil: de syllabis prol.
B LAPIDGE/SHARPE p. 175:663
B Rep. Font. IV p. 194
B SHARPE nr. 232
B Clavis Galliae I p. 298s.
I VAN DE VYVER RevBelge 14/1935 p. 39

72 *Ars mea multorum es, quos saecula prisca*
M C. CENCI Manoscritti francescani della B. Naz. di Napoli I 1971 p. 197
M HOLTZ StudMed III 16/1975 p. 118

73 *Ars nobis et vera fides duo cum bona*

74 *Artatur niveus bruma Ianuarius arva*
ECI COURTNEY MusHelv 45/1988 p. 33-57

75 *Arte me nec ulla valet duriscere quisquam*

76 *Artem quam spectas, cursum tibi solis, amice*

77 *Artem scribendi comitatur cura timendi*
E MGH Poet. 5 p. 668
MB HOFFMANN Buchkunst p. 250

78 *Artemidorus habet puerum sed vendidit*

79 *Artibus his semper cenam, Philomuse*

80 *Artibus humanis Polyphemus vixit et atro*

81 *Artibus hunc tumulum Chlodoaldus*

82 *Artibus ingenuis cura perdocta suarum*

83 *Artifex poli siderumque fictor*
EI NORBERG Hymnarius Severinianus

p. 31-33

84 *Artifice in summo sine tempore temporis*

85 *Artis ebur medicae narthecia cernis: habebis*

86 *Artis grammaticae librum de carmine fracto*

87 *Artis grammatices doctor morumque*

88 *Artis opisque tuae, tua si mihi certa voluntas*
I COURCELLE Lecteurs ... de l'Énéide p. 311; 540

89 *Artis opus queritur scriptori quod vacet esse*

90 *Artis Phidiacae toreuma clarum*

91 *Artis praepositae brevi notatu*

92 *Artis severae si quis ambit effectus*

93 *Artius ascisi summae deitatis amori*
B GÉNICOT/TOMBEUR Index II p. 169
B BHL 3558

94 *Artus almiflui conduntur hic tumulati*
ETI CIFM 21 p. 187:169

95 *Arula sex rebus semper candescit: asello*

96 *Arva, pontus / Caeli sidera, nunc*
TBI STOTZ Sapph. Dichtung p. 23; 340-344; 460

97 *Arvae polique / conditori alacres feramus*
EI NORBERG in: Bivium p. 205-207
I HÄRDELIN MlatJb 24-25/1989-1990 p. 149 n. 25

98 *Arve, poli conditorem, ponti, mundi*
I NORBERG Les vers iambiques p. 106 n. 36
I NORBERG in: Bivium p. 202
I SCHALLER MlatJb 24-25/1989-1990 p. 429

99 *Arvi polique conditori / alacres ferant*
I NORBERG in: Bivium p. 205

00 *Arvi polique creator immense / qui tuum*
E CC Cont. Med. 52 p. 371-373
B Clavis Galliae I p. 89
I VAN ACKER RBén 88/1978 p. 291-295

01 *Asbestos calido si sit succensus ab igne*

02 *Ascendens Christus caelos hos exigit usus*

03 *Ascendit caelos sumpto per saecla triumpho*

04 *Ascendit Deus in iubilo / Et dominus in voce*

05 *Ascendit in caelos Deus / Altissimi proles dei*

06 *Asia ab oriente vocata antiquitus*
M VEZIN in: Fs. MASAI 1979 p. 160
M L. WALLACH Diplomatic Studies in Latin and Greek Documents from the Carolingian age 1977 tab. VII
M BOURGAIN in: Poesia dell'alto medioevo p. 272
I CURTIUS Ges. Aufsätze p. 146
I TRISTRAM in: Iren u. Europa II p. 727
I ROUCHE in: La Neustrie I 1989 p. 22

07 *Asinus iacentem vidit in prato lyram*

08 *Asmata digna viro sunt nunc dicenda sereno*
I COURCELLE Lecteurs ... de l'Énéide p. 461

09 *Aspecto paulum tumulo subsiste, viator*

10 *Asper eram et bene discidium me ferre*

11 *Asper et immitis, breviter vis omnia dicam*

12 *Aspera condicio et sors inrevocabilis horae*
M Aurelian. Reom. ed. GUSHEE p. 68
M CRICK Geoffrey Mss. p. 20
M GNEUSS Handlist 120
I GEORGE Eranos 86/1988 p. 55-59; 65
I GEORGE Venantius Fortunatus p. 88-92
I SCHALLER Studien p. 369
I HEN Early Medieval Europe 7/1998 p. 284
I WOOD Early Medieval Europe 7/1998 p. 292

13 *Aspera diverso lassatur vita dolore*

14 *Aspera, dum nascor, cute producor a matre*

15 *Aspera dum quaterent humanas proelia*

16 *Aspera gustatu populo sitiente lacuna*

17 *Aspera orbiculis tergo scutalibus hirtis*

18 *Asperat Aonios rabies audita cruenti*

19 *Aspernata procos subolem neglexit habere*

20 *Aspexi digitos per lactea munera fixos*

21 *Aspice caelesti dominator ab arce serenus*
B Clavis Galliae I p. 156

22 *Aspice correptam splendenti fragmine venam*

– *Aspice de cuius biberit domus arcta fluentis*
ETI LAURENS BAGB 1986 p. 346
cf. *Accipe de cuius*

23 *Aspice deposita blandum feritate leonem*

24 *Aspice, descensu extructo tenebrisque fugatis*

25 *Aspice descensum, cernes mirabile factum*
ETI WALSER Einsiedler Inschriftenslg. p. 126

26 *Aspice, deus de supernis sedibus*

27 *Aspice: et hic tumulus retinet caelestia*

28 *Aspice felicem sibi, non tibi, Romule, Sullam*

29 *Aspice fulgentis tectis et gurgite Baias*

30 *Aspice Iohannem recubantem in pectore*

31 *Aspice marmoreas superantes astra*
ETI HOWLETT Peritia 10/1996 p. 6s.
B LAPIDGE/SHARPE p. 198:733

32 *Aspice morigeras Rhodani torrentis alumnas*

33 *Aspice, mortalis sumptus de pulvere pulvis*
ETI E. MICHAEL Die Inschr. d. Lüneb. Michaelisklosters 1984 p. 3:1

34 *Aspice, nupta deo, quae sit tibi gloria terris*

35 *Aspice pandecten vitae de fonte scatentem*
EC CC Cont. Med. 117 p. 112
I STAUBACH FMSt 20/1986 p. 558-562

36 *Aspice pendentes ex iuris arbore natos*

37 *Aspice praeclarum radiis solaribus orbem*
CI STAUBACH Rex christianus p. 61-69
I JEAUNEAU Études Érigéniennes p. 378-380
I HERREN in: Irland u. Europa/Ireland and Europe ed. P. Ní CHATHÁIN/M. RICHTER 1984 p. 203
I HERREN in: Jean Scot Écrivain 1986 p. 277-278

38 *Aspice, quam blandae necis ambitione*

39 *Aspice quam densum tacitarum vellus*

40 *Aspice quam placidis insultet turba iuvencis*

41 *Aspice quam pulchro decorata est ordine*

42 *Aspice quam subito marcet quod floruit ante*
E ALFÖLDY Inschriften p. 342:693

43 *Aspice quam tumeat magno iecur ansere*

44 *Aspice quem valido subnixum Gloria regno*

45 *Aspice, qui transis, quam sit brevis, accipe*

46 *Aspice quod grunnit loquitur quod sibilat*
E MGH Poet. 5 p. 656

47 *Aspice serve Dei sic me posuere Iudaei*

48 *Aspice, si Thomarim Sithie furibunda*

49 *Aspice sudantes venerando pondere fratres*

50 *Aspice, summe pater, placidus / Fronte*
EMI MÖLK in: Mittelalterstudien. Fs. E. KÖHLER ed. H. KRAUSS/D. RIEGER 1984 p. 218-228

51 *Aspice tu, lector, nostrae pia signa salutis*
TI CHAZELLE The Cross p. 53s.
B Clavis Galliae II p. 448s.
I SCHALLER Studien p. 193 n. 35

52 *Aspice, ut insignis vacua atria lustrat*
I COURCELLE Lecteurs ... de l'Énéide p. 30

53 *Aspiciens noris taphion de more Bavonis*

54 *Aspicis Albinum titulos post busta dedisse*

– *Aspicis angustum praecisa in rupe*
cf. *Despicis angustum praecisa rupe*

55 *Aspicis auratum caelesti culmine tectum*

56 *Aspicis eximia rutilans en luce, Mouline*
B Clavis Galliae I p. 292s.
I HOFFMANN Buchkunst p. 69

57 *Aspicis hunc uno contentum lumine, cuius*

58 *Aspicis imbelles temptent quam fortia*

59 *Aspicis incomptis illum, Deciane, capillis*

60 *Aspicis ingenium Nili: quibus addere plura*

61 *Aspicis ut parvus nec adhuc trieteride plena*

62 *Aspicite hanc speciem, iuvenes, miserabilis*

-a *Aspicite o cives senis Enni imaginis formam* [2
A Ennius: epigr. 1
E VAHLEN p. 215

63 *Aspicite tumulum dignis ex sorte dicatum*

64 *Aspicite venientes hic mea membra sepulta*

65 *Aspidas ut capiat tectis fraus hospita technis*

66 *Aspirante deo describens carmine vitam*
I DE MOREAU St.-Amand p. 148; 200
I COURCELLE Lecteurs ... de l'Énéide p. 677; 708
I CLASSEN Stadt p. 44

67 *Aspiravit infanti deus electae puellae*

68 *Asseritur monachus hac urbe Georgius ortus*

– *Assertor aequi non ope regia*
cf. *Almi prophetae progenies pia*

69 *Assibus hic bibitur, dipundium si dederis*

70 *Assiduae multis odium peperere querelae*

71 *Assidueque tibi scripturae lectio sanctae*

72 *Assiduo multas vias itinere currens*

73 *Assiduus clamor dominis est maximus angor*
I JACOBSEN in: Theophanu I p. 183

74 *Assilia mundianus: pastricat tegoria*

– *Assint nobis sublimia*
cf. *Audite, fratres, famina*

75 *Assis, Christe, dapes hinc nunc benedicere*
B Clavis Galliae II p 65

76 *Assiste nunc precatibus / Tuorum virgo*

77 *Assit iubilatio / Removens maerorem*

78 *Assuescunt siliquae viridi mollescere suco*

79 *Assunt nobis celebria, / carissimi, sollempnia*
B BHL 5633b

80 *Assunt, o populi, festa celebria*
C THORSBERG p. 23

81 *Assunt punicea floscula virginum*
M HOLTZ StudMed III 16/1975 p. 113
I NORBERG MlatJb 19/1984 p. 70
I NORBERG Introd. p. 81; 99

82 *Assunt quattuor in prima iunctione species*
BI BULLOUGH JournMedLat 5/1995 p. 184 n. 40
I SCHALLER Studien p. 390

83 *Assunt tenebrae primae / Noctis tetrae*

84 *Ast epulis post haec nimium dignatur*

85 *Ast Februus quivis sonat et Mars*

86 *Ast gravis hunc morem monachorum exigit*

87 *Ast mihi tradiderat nomen fecunda loquela*

88 *Ast opus inceptum ... perfecerat Egino*

89 *Ast soboles Domini et Dominus dominantium*
ETC CC Cont. Med. 100 p. 27; 294
M RAW Crucifixion Iconography p. 243
M Rabanus Maurus i. s. Zeit p. 25s.
M CC Cont. Med. 100A tab. B1
MI ERNST Carm. fig. p. 277-280

90 *Astantes pariter sexus unigenae*
I GIL Habis 7/1976 p. 201 bis; p. 202

– *Astat, en, turba populi fidelis*
cf. *Adest, en, turba*

91 *Astemus mente vigili / Summo summorum*

92 *Asterius quidam praesens erat, urbis*

93 *Astra hodie / Aredius polica*

– *Astra polorum / Cuncta chorique*
cf. *Omnipotentem semper adorent*

94 *Astra polorum super ascendit*
I STOTZ Sapph. Dichtung p. 431; 454

95 *Astra polumque dedit, quamvis opstante*

96 *Astra polumque pie cepisti mente*

97 *Astra volando petens pandit secreta*
MB HOFFMANN Buchkunst p. 332

98 *Astrigerae iam sedis iter cursumque polorum*

99 *Astrigeros postquam Christus transcenderat*
I COURCELLE Lecteurs ... de l'Énéide p. 115; 325
I CONTRENI Laon p. 143

00 *Astrorum cupidus quisquis scrutator adisti*

01 *Astrorum numerus Pleiadum septenus*

02 *Astrorum populus necdum de lumine solis*

03 *Astrorumque globos et sidera maximus*

04 *At comes, avertens animum, solacia saltem*

05 *At di deaeque dentibus tuis escam*

06 *At ducis invicti iactabant pectora curae*
I BALDWIN Hermes 114/1986 p. 503
I MODERAN MEFRA 99/1987 p. 983 n. 75; p. 984s.

07 *At dum Gregorii venerando syrmate prompta*

08 *At fratris Iacobi, Gallaecia, corpore fulges*

-a *At Maia genitus superas remeabat ad auras*

09 *At mala tristitia absistat de mente benigna*

10 *At mihi prande, precor, tanto meliora petenti*

11 *At non Alcithoe Minyeias orgia censet*

12 *At non Aoniae moderator perfidus aulae*

13 *At non formosa est, at non bene culta puella*

14 *At non in Pharia' dicit, quod bella Catoni*

15 *At non in Pharia manes iacuere favilla*

16 *At non longa bene est, at non bene mentula*

17 *At nonas modo quarta aperit, modo sexta*

18 *At nova Romuleum carpebat cura senatum*

19 *At nunc vos cantate novum, benedicite*
ETC CC Cont. Med. 100 p. 185; 317
M CC Cont. Med. 100A tab. B24
MI ERNST Carm. fig. p. 257; 259-261

20 *At o deorum quidquid in caelo regit*

21 *At parte ex alia foribus sese intulit altis*

22 *At parte interiore domus secretus Ulixes*

23 *At pater Heliadum radios ubi tinxerit undis*

24 *At postquam ventum ad naves et litora ponti*

25 *At procul extremis terrarum Caesar in oris*

26 *At proprius spectes lacrimosa poemata puppi*

27 *At quae venturas praecedit sexta kalendas*

28 *At quarti libri narrat pars prima, quod ivit*
M Hss. Krakau 524 f. 123^r

29 *At qui continuis non cessat adire diebus*

30 *At regina gravi iamdudum saucia cura*

31 *At regina gravi pectus succensa dolore*

32 *At regina gravi Veneris iam carpitur igni / [Consulitur*
A Ps.Ov.: arg. Aen. 4
M COULSON Scriptorium 51/1997 p. 166
I SCHETTER Hermes 116/1988 p. 343-357

33 *At regina gravi Veneris iam carpitur igni / [Venatusque*
I SCHETTER Hermes 116/1988 p. 343-357

34 *At simul auritis violae demuntur asellis*

35 *At tenebris velata suis et lampade circum*
I SHEERIN Traditio 38/1982 p. 60
I BAYER Aachener Kunstbll. 54-55/1986-1987 p. 36; 42 n. 45

36 *At tibi Colchorum, memini, regina vacavi*

37 *At trepidam in thalamis et iam sua facta*

38 *At tua templa libens vota suscepta peregri*

39 *At tuba terribilem sonitum cum protulit istum*
I COURCELLE Lecteurs ... de l'Énéide p. 319; 322; 327; 329

40 *At Venus et Phrygiae gentis tutator Apollo*

41 *At vigil isdem ardet furiis Gradivus et*

42 *At vos incertam, mortales, funeris horam*

43 *Athenae cum florerent aequis legibus*

44 *Athleta Christi, Antonius martyr*

45 *Athleta Christi Columba*

46 *Athleta Christi sacer venerandus Aredius*

47 *Athletae Christi, Domitillae ad bella*

48 *Athletae claro meritis actuque Benigno*

49 *Athletae domini vos nunc deposcimus almi*

50 *Atque alias rerum, collectas undique*
cf. *Continet in se usus monachorum iste*

51 *Atque creaturae agmina stelligerae*

52 *Atque ea cunctantis Tyrii primordia belli*

53 *Atque ea diversa dum parte. hic diva Cybebe*
I SCHETTER Hermes 116/1988 p. 343-357

54 *Atque ea diversa penitus dum parte geruntur*

55 *Atque ea diversa penitus dum parte geruntur* [/ *Iris*

56 *Atque ea diversa penitus dum parte geruntur* [/ *Iunonis*
M COULSON Scriptorium 51/1997 p. 166

57 *Atque ea non oculis pater amplius aequis*

58 *Atque ea praesenti populo cum dixerat ipse*
EC Severi Episcopi Malacitani (?) in Evangelia libri ed. B. BISCHOFF/W. SCHETTER/O. ZWIERLEIN München 1994 p. 49

59 *Atque frequens a te elemosina sistat agenda*

60 *Atque gulam nimiam non adsuescas*

61 *Atque perlata humeris tuli maxima divum*

62 *Atque suis sanctis societ post funera mortis*
ETI CIFM 17 p. 80:17

63 *Atque superbia mente tua procul abiciatur*

64 *Atque tuo domini timor instet corde fideli*

65 *Atreus Caecilius cucurbitarum*

66 *Atria magnifici sunt membris plena sepulti*

67 *Atria magnificis quae sunt iam plena sepultis*
E GREGOROVIUS Tombe dei Papi p. 35*

68 *Atria Pisonum stabant cum stemmate toto*

69 *Atria quae cernis vario formata decore*
E RUGO Iscrizioni II p. 43:46

70 *Atro enim es, Roma summus amor, semine*
E MGH Poet. 5 p. 633 n. 3

71 *Atrox o Fortuna, truci quae funere gaudes*

72 *Attalus haec feci rebus splendore paratis*

73 *Attatae! cives, populares, incolae*

74 *Attende deus ecclesiam tuam*
TBI STOTZ Sapph. Dichtung p. 22s.; 194s.; 310s.; 313-315; 334; 456; 460

75 *Attende, rex piissime, planctus hos ecclesiae*

76 *Attendite artius antistites almifici*
A Valerius Bergidensis: Epitameron 5a
E DÍAZ Anecd. Wisig. p. 107s.

-a *Attentus tibi diplasion hoc ordine signa* 1
A inc. saec. IX?
E Musica enchiriadis p. 30

77 *Attenuare nives norunt et lintea nostra*

78 *Attica dis data sum turba comitata meorum*

79 *Attica me furiat*

80 *Attica nectareum turbatis mella Falernum*

81 *Attica palla tegit socerum, toga picta*

82 *Attica quae fuerat Cusini fidissima coniux*

83 *Attice, facundae renovas qui nomina gentis*

84 *Atticorum ex genere oriundus nobili*
EI NORBERG in: La Lexicographie du Latin Médiéval 1981 p. 85
EI NORBERG Au seuil du moyen âge II 1998 p. 23-33
I NORBERG Les vers iambiques p. 99
I SCHALLER Studien p. 385

85 *Atticus eximie si cenat, lautus habetur*

86 *Atto, tibi, praesul, ternos ego confero libros*
MI MGH Poet. 5 p. 682s.
I FROVA BullIstStorIt 90/1982-83 p. 29s. n. 57
I LEVINE Speculum 30/1955 p. 578

87 *Attollens thalamis Idalium iubar*

88 *Attollit Capuam tradens nova dogmata*

89 *Attoniti Danaum proceres discrimine tanto*

90 *Attonitis nova lux oculis aperitur, et uno*

91 *Attonitos laudat tonitru sermonis Achivos*

92 *... Attribuit gratis signum ... illustrat*
MI ERNST Carm. fig. p. 355-358

93 *Auctor huius operis tu Deus esse crederis*

94 *Auctor luminis, filius virginis*
I GIL Habis 7/1976 p. 194
I STOTZ Sapph. Dichtung p. 444

95 *Auctor pacis eram fidei dilectus amator*

96 *Auctor perennis gloriae*

97 *Auctor salutis unicus / mundi redemptor*
EC Canterbury Hymnal 37517 p. 86
M Portiforium Wulfstani nr. 639

98 *Auctorem caeli praesumimus postolare*

99 *Auctorem mortis deiciens*

00 *Auctorem tanti cupias si nosse decoris*

01 *Auctori mirabilium / Cantemus*
EC Mélanges Colombaniens p. 333s.

02 *Auctorum curavi adfigere nomina horum*

03 *Audacter calamum, pater, arripui sine tora*

04 *Audax es iuvenis, tua dum caro mobilis ardet*

05 *Audax es vir iuvenis*
ETC Carm. Cant. 18 ed. ZIOLKOWSKI p. 76; 225
M STELLA in: Poesia dell'alto medioevo p. 246-248
M BOURGAIN in: Poesia dell'alto medioevo p. 265s.
M BOTTIGLIERI in: Poesia dell'alto medioevo p. 288
M VITALI in: Poesia dell'alto medioevo p. 313
MB HOFFMANN Buchkunst p. 506
I HAUBRICHS Georgslied p. 183
I SCHALLER in: Iren u. Europa I p. 482
I NORBERG Les vers iambiques p. 41
I V. D. STEINEN ZSchwKG 40/1946 p. 255
I SCHALLER Studien p. 250

06 *Audax et modicos Haimino pandere versus*

07 *Audax Icario qui fecit nomina ponto*
E CSEL 30 (Paul. Nol.) p. 3:3II

08 *Audax nimium qui freta primus*

09 *Audebisne, precor, tantae subiecta catervae*

– *Audenter non nunc gelida de rupe Camenae*
cf. *Aoniae nunc non*

10 *Audeo mira loqui: solem sine lumine vidi*
B GÉNICOT/TOMBEUR Index II p. 133

11 *Audet facundo qui carmina mittere Nervae*

12 *Audi benigne conditor / Mundique factor*
M GNEUSS MlatJb 35/2000 p. 246

13 *Audi benigne conditor / Nostras preces*
E Hymnarium oscense II p. 54
EC Canterbury Hymnal 37517 p. 75s.
M ODERMATT Ordinarius St. Arnulf p. 389
M Portiforium Wulfstani nr. 449
M DE MEYIER Codices Vossiani III p. 80
M BEERS Cistercian Hymnal p. 32
M ZANNA in: Poesia dell'alto medioevo p. 363
I WADDELL Cistercian Hymnal I p. IX

14 *Audi Christe triste fletum amarumque*
M VOLLMANN in: Poesia dell'alto medioevo p. 260
I BIANCO in: Disiecti Membra Poetae ed. V. TANDOI I 1984 p. 227 n. 34
I NORBERG Les vers iambiques p. 101

15 *Audi clamantes pater altissime / v.4: Bone [redemptor ...*

16 *Audi clamantes pater altissime / v.4: Indulge*

17 *Audi, Deus, hymnizantum*

– *Audi iudex mortuorum una spes mortalium*
cf. *O redemptor, sume carmen*

18 *Audi laudes horae primae, deus*
EC WEBER Gottschalk p. 181

19 *Audi, magnifici luminis auctor*
M GNEUSS Handlist 474.5

20 *Audi me, deus, de caelo, respice me misero*
I SCHALLER Studien p. 45

21 *Audi me, deus, peccatorem nimium*

22 *Audi me, deus piissime*
I SCHALLER Studien p. 46

23 *Audi nos clamantes Christe Ihesu bone*

24 *Audi nos, deus, qui posuisti terminos*
I AVALLE San Zeno p. 15
I NORBERG Les vers iambiques p. 73 n. 5; p. 81
I V. D. STEINEN ZSchwKG 40/1946 p. 255

25 *Audi nos, rex Christe, / Audi nos, Domine*

26 *Audi pie et intende / et gementes*

27 *Audi pie rex aeterne*

28 *Audi, praesul Marciane / Martyr*

29 *Audi, quae canimus, Christe redemptor*

30 *Audi quid facerem, si tecum nocte iacerem*

31 *Audi redemptor gentium*
EC Canterbury Hymnal 37517 p. 62-64
M GNEUSS MlatJb 35/2000 p. 246

32 *Audi, tellus; audi, magni maris limbus*
I G. CREMASCOLI in: La tradizione dei tropi liturgici 1990 p. 36

– *Audi tu vocem, quae vis Christiana manere*
cf. *Audivisti vocem, quae vis ...*

33 *Audi vocem supplicum / et da vitae*

34 *Audiamus, fratres, magnalia dei*

35 *Audiat caelum atque terra, universus*
M BOURGAIN in: Poesia dell'alto medioevo p. 265
B SZÖVÉRFFY Hymn. p. 210 n. 169 B. B.

36 *Audiat insomnes caelos scandens super*

37 *Audiat insomnes deus aure potens super*

38 *Audiat Otmarus vigiles sibi martyr amarus*
I SHEERIN Traditio 38/1982 p. 59

39 *Audient principes, audient populi*
MB PIGHI in: Studi Zenoniani 1974 p. 22
B BHL 9009
I HAUBRICHS Georgslied p. 182
I AVALLE San Zeno p. 11-38
I BERSCHIN Biographie II p. 140
I ROPA Poesia "Rustica" p. 70
I AVALLE in: Omaggio a B. TERRACINI ed. C. SEGRE 1968 p. 11-38
I NORBERG Au seuil du moyen âge II 1998 p. 76
I V. D. STEINEN ZSchwKG 40/1946 p. 255
I AVESANI in: Storia della Cultura Veneta I 1976 p. 243
I STOTZ in: Poesia dell'alto medioevo p. 163
I SCHALLER Studien p. 31

40 *Audieram memorande tuas Stymphale*

41 *Audieris in quo, Flacce, balneo plausum*

42 *Audiit haec Flaccus sancto a Nicomede*

43 *Audit cum prolem, fidei dat virgo favorem*

– *Audit tyrannus anxius*
cf. *Quicumque Christum quaeritis*

44 *Audite bonum exemplum*
M ZANNA in: Poesia dell'alto medioevo p. 363
B LAPIDGE/SHARPE p. 146:572
I CURRAN Antiphonary p. 44ss.
I NORBERG Les vers iambiques p. 99

45 *Audite cuncti canticum almificum*
I NORBERG ALMA 44-45/1983-85 p. 219
I NORBERG in: TRAUBE-Gedenkschrift p. 195-207
I SILAGI/BISCHOFF in: Fs. BRUNHÖLZL 1989 p. 54

46 *Audite, fideles populi, causam rumoris*

-a *Audite, filii hominum / loquentem ipsum do-[minum*
A inc. saec. X?
EC BOTTIGLIERI in: Poesia dell'alto medioevo p. 291-298
M Verona, BC LXXXVIII (83) f. 57

M Rep. Hymn. 1521

47 *Audite, fratres, / facta sine crimine*
M ZANNA in: Poesia dell'alto medioevo p. 364
B LAPIDGE/SHARPE p. 344s.:1304
I NORBERG Les vers iambiques p. 73
I BULST in: Fs. BIELER 1976 p. 93-95
I BULST Lat. MA p. 23-25

48 *Audite, fratres, famina*
M ZANNA in: Poesia dell'alto medioevo p. 364
B LAPIDGE/SHARPE p. 219:817
I Ó NÉILL in: Irland und Europa/Ireland and Europe ed. P. NÍ CHATHÁIN/M. RICHTER 1984 p. 285

49 *Audite, fratres, quae dico et mihi irasci*

50 *Audite mirabilia / De fratribus duodecim*
I HAUBRICHS Georgslied p. 168
I SILAGI/BISCHOFF in: Fs. BRUNHÖLZL 1989 p. 54

51 *Audite, omnes amantes deum, sancta merita*
TC L. BIELER St. Secundinus. Hymn on St. Patrick (Ancient Christian Writers 17) 1953 p. 57-65; 100-103
M LOWE in: Folia Ambrosiana ed. A. L. GABRIEL/J. N. GARVIN 1965 tab. VI
M ZANNA in: Poesia dell'alto medioevo p. 364
B BHL 6495
B LAPIDGE/SHARPE p. 146:573
B SHARPE nr. 1605
I CURRAN Antiphonary p. 35ss.
I NORBERG in: Cultura in Italia p. 365
I HOWLETT Peritia 11/1997 p. 69s.

52 *Audite omnes canticum mirabile*
I SCHALLER Studien p. 28s.; 373; 394
I NORBERG Les vers iambiques p. 76 n. 16; p. 81s.
I HAUBRICHS Georgslied p. 198

53 *Audite, omnes fines terrae, errore cum*
EI RUSSO MAILLER Quaderni medievali 14/1982 p. 6-27
MB PIGHI in: Studi Zenoniani 1974 p. 23
I NORBERG in: La Lexicographie du Latin Médiéval 1981 p. 91
I V. D. STEINEN ZSchwKG 40/1946 p. 255
I FONTAINE in: La Neustrie II 1989 p. 357

54 *Audite, omnes gentes, / Et discite prudentes*
E DU MERIL 1854 p. 283
I SCHALLER in: Iren u. Europa I p. 474 n. 34

55 *Audite omnes gentes, / Pauperes et potentes*
M STOTZ in: Poesia dell'alto medioevo p. 299-312
I SCHALLER in: Iren u. Europa I p. 474 n. 34

56 *Audite omnes versum verum magnum*
EC MARCHI in: Medioevo e latinità p. 264s.
MB PIGHI in: Studi Zenoniani 1974 p. 22
I ROPA Poesia „Rustica" p. 41
I V. D. STEINEN ZSchwKG 40/1946 p. 255

57 *Audite pantes monachi / exempla andros*

58 *Audite, pantes, ta erga*
B LAPIDGE/SHARPE p. 147:575
I BERSCHIN in: Iren u. Europa I p. 507
I NORBERG Les vers iambiques p. 44
I CURRAN Antiphonary p. 81

59 *Audite passeres de casta turtura*

60 *Audite pueri, quam sunt dulces litterae*
I GANZ in: Fs. WALLACE-HADRILL 1983 p. 60

61 *Audite sancta studia / Virginum Christi milia*
M ZANNA in: Poesia dell'alto medioevo p. 364
B LAPIDGE/SHARPE p. 344:1303

62 *Audite versum dignum / de sancto Petro*
EI SILAGI/BISCHOFF in: Fs. BRUNHÖLZL 1989 p. 47-57
EI DRONKE Filologia mediolatina 2/1995 p. 109-125
M HOLTZ RevHistTextes 16/1986 p. 195
cf. *Ad deum meum convertere volo*

63 *Audite versus parabole / Quod quondam*
M BERSCHIN in: Bibliotheca Palatina Textbd. ed. E. MITTLER 1986 p. 125
I V. D. STEINEN ZSchwKG 40/1946 p. 255

64 *Audite vobis omnes / Quod erit a iudicio*

65 *Audite vocem hymni / Et vos, qui estis digni*
M ROPA Quadrivium 13/1972 p. 67; tab. 16

66 *Auditis precibus Gisleni rex Dagobertus*

67 *Auditor Petri simul interpresque peritus*
EM KOEHLER/MÜTHERICH V p. 91 (facs. tab. 10c); p. 149

68 *Auditum tribuat deumque laudet*

69 *Auditur quantum Massyla per avia murmur*

70 *Auditus, visus, gustus, olfactio, tactus*

71 *Audivere, Lyce, di mea vota, di*

72 *Audivi corvum plus iusto dicere, Cobbo*

73 *Audivi, fateor, ieiunia longa parari*

74 *Audivi veterem virum / vulgo dicere fabulam*

75 *Audivisti vocem, quae vis Christiana manere*

76 *Audradi miserere tui, qui per crucis aram*

77 *Aufer hinc scelera, quot sunt hic grammata*

78 *Auferat hunc Gallo librum per saecula nemo*

79 *Auferat hunc librum nullus hinc omne per*
E MERTON Buchmalerei St. Gallen p. 35
M J. DUFT Hochfeste im Gallus-Kloster 1963 tab. 1
EMI facs. St. Gallen I tab. 12; p. 249s.

80 *Auferet ex oculis veniens Aurora Booten*

81 *Aufilena, bonae semper laudantur amicae*

82 *Aufilena, viro contentam vivere solo*

83 *Aufugit mi animus; credo, ut solet, ad*

-a *Aufugiunt pueri puerorum et pessime* 2
A Chronicon Laurissense breve (Fulda)
E SCHNORR V. CAROLSFELD NA 36/1911 p. 37
B Hrabanus Maurus p. 61

84 *Auge potens speculans speculator gentis*

85 *Augustam Treci nutu statuere monarchi*

86 *Augusti labor hic fuerat committere classes*

87 *Augustine pater, clarissime doctor in orbe*

88 *Augustine pater datur hic sicophante*
E MGH Poet. 5 p. 668

89 *Augustine sacris nimium donate loquelis*

90 *Augustine tonans divini fulmina verbi*
E JEAUNEAU Études Érigéniennes p. 660

91 *Augustine, tonas divini fulmine verbi*

92 *Augustine, tonas divino fulmine linguae*

93 *Augustine tuum redolet liber iste leporem*

94 *Augusto domino centenas perfero grates*
EC CC Cont. Med. 117 p. 50

95 *Augusto pia tura victimasque*

96 *Augustos opibus celebres praecellis et armis*
MI Byzanz und das Abendland p. 41:13
B Clavis Galliae I p. 374s.
I KULLMANN in: Fs. AUTENRIETH 1988 p. 5
I VIARRE in: Colloque présence d'Ovide ed. R. CHEVALLIER 1982 p. 266
I GODMAN in: Charles the Bald p. 299
I WALLACE-HADRILL Frankish Church p. 415
I CURTIUS Ges. Aufsätze p. 126; 280
I BOUREAU Annales 37/1982 p. 690ss.
I WERNER in: Charlemagne's Heir p. 109

97 *Augustum et Maium iungit quae linea*

98 *Augustum specimen, mitis clementia, magne*

99 *Augustus Caesar totum cum duceret orbem*

00 *Augustus demum pleno iam farre refertus*
I MAURER Konstanz p. 39ss.

01 *Augustus parens dedit*

02 *Aula caelestis gratuletur regis*

03 *Aula dei claris radiat speciosa metallis*
I BELTING-IHM Settimane ... Spoleto 41/1994 p. 869

04 *Aula dei haec similis Synai sacra iura ferenti*

05 *Aula dei patuit Oswaldo pridie Martis*
MI LAPIDGE RBén 94/1984 p. 352; 361

06 *Aula dei variis radiat decorata metallis*

07 *Aula iacebat haec longis neglecta ruinis*

08 *Aula micat, (ubi corpus beati sancti Anthioci*

09 *Aula palatinis perfecta est ista magistris*
TI BERSCHIN Eremus p. 11
M DE MEYIER Codices Vossiani VI p. 263

-a *Aula superna poli reboet modulamine dulci* [54
ET DRONKE/LAPIDGE/STOTZ MlatJb 17/1982 p. 62
M GNEUSS Handlist 12
M CLEMOES Anglo-Saxon England 4/1975 p. 123
MI LAPIDGE Wulfstan p. XXIXs.

10 *Aula trinitatis haec est mater innocens*

11 *Aula viret pulchram domini sortita iuventam*

12 *Aulae celsae lux summa*

13 *Aulae lucis et repertae*

14 *Aulae ministrum caelicae hac tyrannide*

15 *Aulae plebs aethereae / cuncta iucunda*

16 *Aulae rutilae / micantem iubare*

17 *Aulae sidereae parallelos undique circos*
TC STELLA Poesia carolingia p. 254ss.; 450ss.
CI STAUBACH Rex christianus p. 75-86; 271-277; 313 n. 114
M GNEUSS Handlist 70
I MCKITTERICK in: Charles the Bald p. 388
I JEAUNEAU Études Érigéniennes p. 100; 259ss.; 617ss.
I DIETRICH/DUCLOW in: Jean Scot Écrivain 1986 p. 34
I DUTTON in: Jean Scot Écrivain 1986 p. 68; 71
I CHRISTE in: Jean Scot Érigène et l'histoire de la philosophie ed. ROQUES 1977 p. 478ss.
I GIBSON/NELSON p. 388
I DUTTON/JEAUNEAU StudMed III 24/1983 p. 99

18 *Aulae supernae / qui resides celsa*

-a *Aulam hanc ac altare hoc illi sanctificamus*
M LAPIDGE Anglia 100/1982 p. 4

19 *Aulam repertam auri plenam Euclio*

20 *Aulica siderei tibi dent obsonia regni*
B BHL 7406m

– *Aulide te fama est vento retinente morari*
cf. *Mittit et optat amans, quo mittitur*

21 *Aulus Palateina Egnatius Priscilianus*

22 *Aurae etulere parvulorum superae Pium*

23 *Aurant hic Stephani digne protomartyris*

24 *Aure benigna audias / nostra hodie famina*

25 *Aurea caelestem thesaurum contegit urna*
B Clavis Galliae I p. 156s.
I BERSCHIN Biographie III p. 152 n. 153

26 *Aurea caelorum postquam de virgine prolis*
B Clavis Galliae I p. 86s.

27 *Aurea caesareo de germine ducta propago*

28 *Aurea concisis surgit pictura metallis*
EC ICUR N. S. VIII p. 15s.:20757
EI LADNER Images and Ideas p. 288

29 *Aurea concordi quae fulgent fila metallo*
ET HOMEYER Dichterinnen p. 186
I CUTOLO Vichiana 15/1986 p. 60

-a *Aurea cum Domino satagis qui scandere re-* [*gna* 8
EM Manuscrits Dat.: France VII p. 213

30 *Aurea Daviticos en pingit littera cantus*
M facs. O. MAZAL Lehrbuch der Handschriftenkunde 1986 p. 326
M NEWTON Scriptorium 33/1979 p. 191s.
B Clavis Galliae I p. 288
B Rep. Font. IV p. 100
I HOFFMANN Buchkunst p. 69
I FISCHER Lat. Bibelhss. p. 345
I STAUBACH Rex christianus p. 8

31 *Aurea dum exili Christo fila acu dedicata*
M DE MEYIER Codices Vossiani II p. 236

32 *Aurea flammigerum cum Luna subegerit*
ETC CRISTANTE p. 112

33 *Aurea formosa componit capsa libellum*

34 *Aurea Fortunae Reduci si templa priores*

35 *Aurea frequenter lingua in sublimi hetera*
ETI BRADLEY MlatJb 22/1987 p. 114-135

36 *Aurea funereum complecti littera carmen*
I SCHALLER Studien p. 101; 117
I CIZEK MlatJb 26/1991 p. 19 n. 33
I COURCELLE Lecteurs ... de l'Énéide p. 288

37 *Aurea gemma, floridis*

38 *Aurea gemma polo rutilans, o Bavo*

– *Aurea iam resonent redimitis carmina*
cf. *Carmina nunc festis psallamus rite*

39 *Aurea luce et decore roseo*
A inc. saec. IX?
E Hymnarium oscense II p. 75
EC Canterbury Hymnal 37517 p. 102s.
M GNEUSS MlatJb 35/2000 p. 247
M ODERMATT Ordinarius St. Arnulf p. 389
I NORBERG Paulin d'Aquilée 1979 p. 76 n. 12
I DE MARCO in: Miscellanea A. CAMPANA II 1981 p. 241ss.
I STOTZ Sapph. Dichtung p. 361

40 *Aurea lux hodie rutilat Swithunus in orbe*

41 *Aurea lux mundi, Francorum gloria regni*
MI ERNST Carm. fig. p. 214; 219
I NEYMAN/SIEDE Scriptorium 52/1998 p. 237s.
I DE MOREAU St.-Amand p. 54s.
I STAUBACH Rex christianus p. 265-267

42 *Aurea lux mundi, resplendens gloria caeli*
E MGH Poet. 5 p. 600
I FICHTENAU Lebensordnungen II p. 405

43 *Aurea lux patriae Wentana splendet in urbe*
M GNEUSS Handlist 496; 927
MI LAPIDGE Wulfstan p. XXVIIIs.

44 *Aurea lux terrae dominatrix inclita, salve*
ET OCHSENBEIN in: St. Gallen II p. 144-147
EI BULST Lat. MA p. 144-147
M SCHMIDT Reichenau p. 157s.
M St. Gallen II p. 147 tab. 3
I BERGER StMGBO 104/1993 p. 278-285
I WILLMES Herrscher-'Adventus' p. 84ss.

45 *Aurea mala mihi, dulcis mea Marcia, mittis*
EI CUTOLO Vichiana 15/1986 p. 58-73

– *Aurea mala, Theon, sed plumbea carmina*
cf. *Ausonius consul vatem resaluto*

46 *Aurea matronas claudit basterna pudicas*

47 *Aurea mutasti Saturni saecula, Caesar*

48 *Aurea nam decem transmisi poma sorori*
M DE MEYIER Codices Vossiani VI p. 136

49 *Aurea nunc splendent meritis hic ora*
EM J. TRUHLAR Cat. Cod. Mss. Lat. Prag. I 1905 p. 192s.

50 *Aurea per nebulas dissolvit fila magister*

51 *Aurea personet lyra clara modulamina*
ETC Carm. Cant. 10 ed. ZIOLKOWSKI p. 44; 190
TI MICHEL p. 171
M Palaeographie der Musik I.3 ed. S. CORBIN 1977 p. 3; 107s.; tab. 12; 22
MI STÄBLEIN in: MGG XII 1965 c. 540
M BERNHARD in: Fs. BRUNHÖLZL 1989 p. 141s.
MB GENNRICH Formenlehre p. 174
I SPANKE Studien p. 41; 45s.; 99
I SPANKE Beziehungen p. 83s.
I STEGER Philologia Musica p. 124ss.
I BRADLEY MlatJb 22/1987 p. 114-135

52 *Aurea porrigitur Iani caryota Kalendis*

– *Aurea praecisis viget pictura magistri*
cf. *Aurea concisis surgit pictura metallis*

53 *Aurea progenies, felici stemmate pollens*

54 *Aurea progenies iacet hic vocitata Iohannes*

55 *Aurea purpureis pinguntur grammata scedis*
M A. VON EUW Liber Viventium Fabariensis 1989 p. 186
I SWINARSKI Herrschen mit den Heiligen p. 31 n. 26
I GODMAN Poets p. 46 n. 44s.; p. 47 n. 46
I MÜTHERICH in: Culto cristiano e politica imperiale carolingia 1979 p. 298
I BULLOUGH Carolingian renewal p. 156 n. 42

56 *Aurea quae fulvis rutilant elementa figuris*
I HEIDRICH RhVjBl 52/1988 p. 12

57 *Aurea regna tenet supero thesaurus in aevo*
ET MESSINA p. 39:XIIb
I EBERHARDT p. 158:151

58 *Aurea sceptra tibi sors, Karlomanne*

59 *Aurea siderei transcendere cornua Tauri*
I KATIČIĆ in: H. WOLFRAM/A. SCHWARCZ Die Bayern u. ihre Nachbarn I 1985 p. 303 n. 18
I W. POHL Die Awaren 1988 p. 456 n. 176; p. 463s. n. 83; 85; 89
I SWINARSKI Herrschen mit den Heiligen p. 377
I WERNER in: Charlemagne's Heir p. 120 n. 431

60 *Aurea sit plantis species evangelizantis*
I STOTZ MlatJb 16/1981 p. 3

61 *Aurea spes patriae, specimen pietatis opimae*
A inc. saec. IX
EI BULST Lat. MA p. 147-150
MB HOFFMANN Buchkunst p. 375
BI SZÖVÉRFFY Latin Lyrics I p. 19
I SCHALLER in: Fs. AUTENRIETH 1988 p. 139
I BABCOCK MlatJb 21/1986 p. 101
I HAUBRICHS Georgslied p. 184
I WILLMES Herrscher-'Adventus' p. 84ss.
I SCHALLER Studien p. 55; 55 n. 58

62 *Aurea stella maris, regalis virgula floris*
ETI VON EUW in: Theophanu I p. 214
M facs. VON EUW in: Theophanu I p. 212 tab. 18

63 *Aurea / virga primae / matris Evae*
ETC BOYNTON Comitatus 25/1994 p. 21-42
M CTrop V p. 288

64 *Aurea vos summi conservet dextera patris*

-a *Aureas arces super astra structas*
I STOTZ Sapph. Dichtung p. 295; 328s.

65 *Aureli, pater esuritionum*

66 *Aurelianus, ubi solamine virginis omnes*

67 *Aurelius Prudens virtutum proelia Clemens*

68 *Aurelius Saza centenarius peregre (pelege)*

69 *Aurem flecte pietatis et extende dexteram*
EM VECCHI Quadrivium 13/1972 p. 189
EI NORBERG Eranos 83/1985 p. 142-146
I NORBERG Les vers iambiques p. 109 n. 50

70 *Aurem tuae pietatis pulsamus modo*

71 *Aureo ex fonte quiescunt in ordine reges*
E Paolo Diacono, Storia dei Longobardi ed. LEONARDI/CASSANELLI 1985 p. 215 tab.
EI MONTORSI Epigrafe modenese p. 113-134; 147
I KLOOS in: Atti del 6° congresso internazionale di studi sull'alto Medioevo, Spoleto 1980 p. 171-174

72 *Aureo / flore primae / matris Evae*
ETC BOYNTON Comitatus 25/1994 p. 21-42
EI TURRIN MlatJb 14/1979 p. 84-88
M CTrop V p. 81; 100; 276; 278; 288

73 *Aureolis futui cum possit Galla duobus*

74 *Aures ad nostras deitatis preces*

75 *Aures in domini sabaoth martyres orant*
EC CC Cont. Med. 117 p. 89

76 *Aures suspensas teneo, carissime, semper*

77 *Aureum sidus pietate fulgens*
EC CC Cont. Med. 117 p. 107
I BRUNHÖLZL in: Scire litteras p. 94
I WILLMES Herrscher-'Adventus' p. 83

78 *Aureus, a Danae, pro ... cara marita*

79 *Aureus ac simul Iustinus fera proelia mundi*
M GNEUSS Handlist 765
M CC 123A p. 60; 72

80 *Aureus hic textus Heimrammi continent*

81 *Aureus ordo micans celi de numine fulget*
MI ERNST Carm. fig. p. 372-375

82 *Auri sacra fames, quae non satiat locupletes*

83 *Auri sexcentas habet haec crux aurea libras*

84 *Auri stemmate nexas / Flavescente coronas*

85 *Auribus haec cordis quaeso te audire*
B Clavis Galliae II p. 212
I BULST Lat. MA p. 78s.

86 *Auribus Hebraicis notum si dixero pascha*
CI STAUBACH Rex christianus p. 61-64;

67-69
I DUTTON in: Jean Scot Écrivain 1986 p. 66
I BEIERWALTES in: Jean Scot Écrivain 1986 p. 225s.
I BEIERWALTES ZPhF 38/1984 p. 540

87 *Auribus intentis, toto moderamine mentis*
B GÉNICOT/TOMBEUR Index II p. 11
BI KORTEKAAS Historia p. 151s. n. 7
I COURCELLE Lecteurs ... de l'Énéide p. 350; 363; 531
I ERMINI StudMed II 2/1929 p. 187

88 *Auricomas species, cernis quas lignea, lector*
E MGH Poet. 5 p. 671

89 *Auriculam Mario graviter miraris olere*

-a *Aurificum manibus vas hoc ego Cumma*

90 *Auriflua / comant luce arva / astra*

91 *Auro quid melius? iaspis. quid iaspide?*
M U. WINTER Hss. Diez 1986 p. 67
I COURCELLE Lecteurs ... de l'Énéide p. 362

92 *Aurora clara rutilat, / Annua festa reparat*

93 *Aurora cum primo mane taetram noctem*
ET GODMAN Poetry p. 262ss.
ET KLOPSCH Lyrik p. 148
ETC C. FABRE in: Mélanges LOUIS I 1982 p. 177-252
T ÖBERG Poetry p. 153
B Clavis Galliae I p. 353s.
BI SCHALLER in: Verf. Lex.[2] I c. 356-358
I VECCHI Quadrivium 1/1956 p. 24
I GODMAN Poets p. 151s.
I SPANKE Studien p. 5
I WALLACE-HADRILL Frankish Church p. 332
I FONTAINE in: La Neustrie II 1989 p. 356s.
I DRONKE Medieval Poet p. 171

94 *Aurora dicta sermone prophetiae*
EC BRADLEY MlatJb 31.2/1996 p. 81-88
I NORBERG Les vers iambiques p. 73s.

95 *Aurora fulget aurea, dies micat, quo laurea*

96 *Aurora iam spargit polum / Terris dies*
E Hymnarium oscense II p. 38s.
EC Canterbury Hymnal 37517 p. 53
M Portiforium Wulfstani nr. 2741

97 *Aurora in croceis fulgebat lutea bigis*

98 *Aurora lucis rutilat / Caelum laudibus*
E Hymnarium oscense II p. 65ss.
EC Canterbury Hymnal 37517 p. 89-91
TI WILHELM Month p. 77s.
M LUISELLI RCCM 15/1973 p. 300
M ODERMATT Ordinarius St. Arnulf p. 389
M ZANNA in: Poesia dell'alto medioevo p. 364
M GNEUSS MlatJb 35/2000 p. 244; 247
I NORBERG Les vers iambiques p. 38
I BULLOUGH Carolingian renewal p. 249; 254
I NORBERG in: Cultura in Italia p. 363s.

99 *Aurora Oceanum croceo velamine fulgens*

00 *Auroram dictam sermone prophetico*

01 *Aurorant mundum aetherioque animalia*

02 *Aurum quod nigri manes, quod turbida*
M MUNK OLSEN Auteurs classiques I p. 477
I SMOLAK StClOr 30/1980 p. 131
I SHACKLETON BAILEY ClPh 77/1982 p. 124
I JACOBSEN in: Iren u. Europa I p. 452 n. 50

03 *Aurum vile tibi est, argenti pondera cedant*

04 *Auscultet, exsultet fidelis contio*

05 *Ausoniae postquam ditio florentia frena*

06 *Ausonidum quo constiterint pia corda*

07 *Ausoniis numquam tellus violata triumphis*

08 *Ausonius consul vatem resaluto Theonem*

09 *Ausonius, cuius ferulam nunc sceptra*

10 *Ausonius genitor nobis, ego nomine eodem*

11 *Ausonius salve caro mihi dico Theoni*

12 *Auspiciis iterum sese regalibus annus*

13 *Auspiciis primis Simon fit nomine Petrus*
B BHL 6677

14 *Auspicio Christi cuius pia signa tulisti*
B BHL 8334

15 *Auspicio et numero fasces, Auguste*
I KAMPERS FMSt 14/1980 p. 56 n. 61

16 *Ausus post veteres tuis, amice*
ET BERTINI Autori latini p. 170-173

17 *Aut Asia aut Europa tegit aut Africa*

18 *Aut Corcyraei sunt haec de frondibus horti*

19 *Aut hoc risit Amor aut hoc de pectine traxit*

20 *Aut lego vel scribo, doceo scrutorve sophian*
ET KLOPSCH Lyrik p. 206
ET GODMAN Poetry p. 282s.
EC CC Cont. Med. 117 p. 117
T ÖBERG Poetry p. 165
I BRUNHÖLZL in: Scire litteras p. 92

21 *Aut lux hic nata est, aut capta hic libera*
ET NAUERTH p. 242

22 *Aut restingue ignem, quo torreor, alma*

23 *Aut si es dura, nega: sin es non dura, venito*

24 *Aut sodes mihi redde decem sestertia, Silo*

25 *Aut tergum huic ex aere bovi circumdedit*

26 *Authelmi monachi busto sunt membra sub*

27 *Auxiliare tuis precibus, pia virgo Maria*
B Clavis Galliae II p. 450s.

28 *Auxiliare tuo princeps iustissime servo*

29 *Auxilium a notis petito si forte labores*
T ÖBERG Poetry p. 35

30 *Auxilium, Domine, qui te rogitantibus adfers*
M GNEUSS Handlist 927
MI LAPIDGE Wulfstan p. XXIX

31 *Auxilium Fortuna tibi, res perfida, Quinte*

32 *Auxit Ezechiae ter quinos qui pater annos*
M SCHRAMM/MÜTHERICH Denkmale[2] p. 482
I BAYER Aachener Kunstbll. 54-55/1986-87 p. 36
I STAATS Reichskrone p. 46

33 *Auxit patroni famam barbatus alumnus*

34 *Avarus cupiditatem amat huius saeculi*
ETI BECHT-JÖRDENS in: SCHWAB/BECHT-JÖRDENS AWLsK 55/1993 p. 53-63
I NORBERG Les vers iambiques p. 106 n. 36
I SCHWAB in: Lat. und Volkssprache 1992 p. 79

35 *Ave alme pater excelse*

36 *Ave, beati germinis / invicte rex*
EI BULST Lat. MA p. 139-144
I WILLMES Herrscher-'Adventus' p. 84ss.
I BERGER StMGBO 104/1993 p. 278-285

37 *Ave caeli ianua, / Stella maris*
B BHL 8425b

38 *Ave casta Christi sponsa, o mater ecclesia*
M TURCAN-VERKERK Scriptorium 46/1992 p. 157-203
M DOLBEAU RecAug 13/1978 p. 29; 217
I DIERKENS RBén 93/1983 p. 246ss.
I BERSCHIN Biographie IV p. 52 n. 195

39 *Ave colenda trinitas, / Ave perennis unitas*

40 *Ave, Dunstane, praesulum / Sidus decusque*

41 *Ave, flos virginum, soror magnorum*

42 *Ave, Herennia Crocine cara sueis*

43 *Ave, Iesu, fili David, regnans in patris dextra*

44 *Ave, Maria, gratia plena, Dominus tecum*
M ODERMATT Ordinarius St. Arnulf p. 389
I DE GOEDE PRU p. CXLIII

45 *Ave maris stella / Dei mater alma*
A Ambrosius Autpertus?
E Hymnarium oscense II p. 50s.
EC Canterbury Hymnal 37517 p. 83s.
T ÖBERG Poetry p. 171
M Basel, UB A X 90
M ODERMATT Ordinarius St. Arnulf p. 389
M BEERS Cistercian Hymnal p. 58s.
M ZANNA in: Poesia dell'alto medioevo p. 364
MI LAPIDGE Wulfstan p. LXX
I STOTZ Sapph. Dichtung p. 323; 325; 432
I WEBER RBén 88/1978 p. 159-162
I WILHELM Month p. 120
I LAUSBERG Nachr. d. Akad. d. Wiss. in Göttingen Phil.-Hist. Kl. 2/1976 p. 59;

11/1976 p. 389; 4/1979 p. 79-89
I SZÖVÉRFFY Marianische Motivik p. 14-16
I WADDELL Cistercian Hymnal I p. IX
I STÄBLEIN Ges. Aufs. p. 353-358
I H. LAUSBERG Der Hymnus 'Ave maris stella' 1976

-a *Ave pater alme*
A Bertharius Casinensis
E AH 52 p. 124-126:132
EI H. LAUSBERG Der Hymnus 'Ave maris stella' 1976 p. 132
I SZÖVÉRFFY MlatJb 14/1979 p. 325

46 *Ave, pater, pastor noster, pontifex egregie*
E DE MOREAU St.-Amand p. 322

47 *Ave, pontifex Haedde, rutilans in aula*

48 *Ave praesul alme / Dei cultor magne*

-a *Ave, praesul benedicte, ave nunc piissime* [48
A Aymoin. Sangerm.: mirac. Germ.
E MPL 126 c. 1047s.
I PABST Prosimetrum p. 619s.

49 *Ave sacer et alme Imperator Carole*
I SCHRAMM Kaiser, Könige u. Päpste I p. 280
I E. H. KANTOROWICZ Laudes regiae 1958 p. 73
I WILLMES Herrscher-'Adventus' p. 75; 81

50 *Ave, salutata / ab angelo, Maria*

51 *Ave, Septima, sit tibi terra levis*

52 *Ave, stella maris, charismate lucida prolis*

53 *Ave stella maris, quae gaudes germine prolis*
A inc. saec. X/XI (Psalt. Mediol.)

54 *Ave summa praesulum, eia o Christi gemma* [71
A inc. saec. X?
E AH 53 p. 297s.:182
I V. D. STEINEN ZSchwKG 40/1946 p. 266ss.
I SPANKE Studien p. 20
I DE GOEDE PRU p. CXLIII

55 *Ave, virgo angelorum / consors mille milium*

56 *Ave virgo maris stella, / Ave mater et puella*

-a *Aversor morum crimina*
A inc. saec. X?
M PASSALACQUA Codici p. 370

– *Averte domine iram furoris tui*
cf. *Omnium precibus*

57 *Avete Manes Pontiae Dionysiae*

58 *Aveto, placidis praesul amabilis*
MI LAPIDGE Wulfstan p. XXXVII-XXXIX

59 *Avia perlustrans indignas quaerito causas*

60 *Avia Pieridum peragro loca nullius ante*

61 *Avia terribili perstringit famine Marcus*
M MGH Poet. 5 p. 684

62 *Avidus hospes amat gelidae me tempore*
B Clavis Galliae II p. 20

63 *Avis haec magna / Ad astra tendit*
TI ZIOLKOWSKI Talking animals p. 107ss.; 290ss.
I ERNST Carm. fig. p. 546s.
I SCHALLER Studien p. 66; 411

64 *Avis, quam dicunt terraneolam rustici*

65 *Avitianum, Musa, germanum meum*

66 *Axioma flatus hic praestruit ipse sacratus*

B

67 *Bacche, vitium repertor, plenus adsis vitibus*
EC Flori carmina ed. C. DI GIOVINE 1988 p. 75s.; 93ss.

68 *Bacchum in remotis carmina rupibus*

69 *Bacchus abest siccis Scottorum faucibus*
I CONTRENI in: Carolingian Learning, Masters and Manuscripts 1992 ed. J. J. CONTRENI p. VIII; 59
I JEAUNEAU in: Jean Scot Écrivain p. 18
I JEAUNEAU Études Érigéniennes p. 238
I CONTRENI in: Charles the Bald p. 336
I CONTRENI in: Jean Scot Érigène et l'Histoire de la Philosophie p. 59ss.

70 *Bachifer, eia, / Delue catinum*
I LAPIDGE StudMed III 18/1977 p. 260
I SMOLAK Wiener Studien 99/1986 p. 275

71 *Bachiger, eia / Munda catinum*

72 *Baetica me genuit tellus, cupidus Libuae*

73 *Baetis olivifera crinem redimite corona*

74 *Baiana nostri villa, Basse, Faustini*

75 *Baiano procul a lacu, monemus*

76 *Baiarum dum forte capit sub mollibus*

77 *Baiulet ille crucem, qui scit contemnere*

78 *Balbilla, votum debitum reddo tibi*
E ICUR N. S. VIII p. 411:23396

-a *Bald habet hunc librum Child quem conscri- [bere iussit* 6
A inc. saec. X
ETI LAPIDGE Anglo-Latin Literature 1993 p. 86s.

79 *Baldo, dei famule, clare magister*
B Clavis Galliae I p. 315

-a *Baldo superne, sagax, sapiens, venerande [magister*
B LAPIDGE/SHARPE p. 173:659
I BISCHOFF Schreibschulen II p. 78 n. 76
I E. MUNDING Abt-Bischof Waldo 1924 p. 117s.
cf. *Ille superne, sagax*

80 *Baldricum mitem, tota virtute fidelem*

81 *Balnea, quae fragilis suspendunt corporis*

82 *Balnea, rura, domus fecit Constantius auctor*

83 *Balnea vina Venus corrumpunt corpora*

84 *Balnea vina Venus faciunt properantia fata*

85 *Balsama me capiunt, haec sunt unguenta*

86 *Balsama si geminis instillans auribus addas*
M MUNK OLSEN Auteurs classiques II p. 475

87 *Baptizat dominum servi devotio summum*
E HECHT Wandmalerei I p. 24s.
I STELLA Poesia carolingia p. 186-188
I HAUCK Taufpfalzen p. 85

88 *Barba tangenda te virum esse memineris*

89 *Barbam capellae cum inpetrassent ab Iove*

90 *Barbara barbaribus barbabant barbara*

91 *Barbara de pictis veni bascauda Britannis*

92 *Barbara praeruptis inclusa est Corsica saxis*

93 *Barbara pyramidum sileat miracula*

94 *Barbara quem genuit tellus, hunc tradidit*

95 *Barbaricae feritate manus de robore pensi*

96 *Barbaricam faciem Romanos sumere cultus*

97 *Barbaricas gentes constringens dux*
ET BISCHOFF in: Bibbia di San Paolo p. 164

98 *Barbarus aere cavo tubicen dedit. horrida*

99 *Barbate, Christi famule, / Langobardorum*

00 *Barbati pecoris vulgus per rura vagatur*
M U. WINTER Hss. Diez 1986 p. 68

01 *Barbatus rigido nupsit Callistratus Afro*

02 *Barcinon, laete Cucufate vernans*
A Quiricus Barcinonensis
I NORBERG MlatJb 19/1984 p. 69

03 *Bardorum bella invida hinc inde vetusta*
I MONTORSI Epigrafe modenese p. 158
I DE RUBEIS in: Poesia dell'alto medioevo p. 231

04 *Bardorum fulsit magno de germine Rotfrit*

05 *Bariona necne piam retrahit de morte*

-a *Bartholomeus, caeli sidus aureum, milies su-[pra solis iubar radians*
EC Canterbury Hymnal 37517 p. 119

06 *Basia coniugibus, sed et oscula dantur*

07 *Basia da nobis, Diadumene, pressa. Quot*

08 *Basia das aliis, aliis das, Postume, dextram*

09 *Basia dimidio quod das mihi, Postume, labro*

10 *Basia dum nolo nisi quae luctantia carpsi*

11 *Basilicae Petri custos venerande beati*
ETI VON EUW in: Theophanu I p. 195s.
MBI HOFFMANN Buchkunst p. 87; 316

12 *Bassa caret membris vivens per saecula*

13 *Bassa vatis quae Laberi coniuga hoc alto*

14 *Battare, cycneas repetamus carmine voces*
M U. WINTER Hss. Diez 1986 p. 68

15 *Bavo beate, deo nimium dilecte supremo*

16 *Beata martyr Christi, / Hostis Sabina*

17 *Beata nobis gaudia / Anni reduxit orbita*
E Hymnarium oscense II p. 69s.
EC Canterbury Hymnal 37517 p. 97s.
M BEERS Cistercian Hymnal p. 49s.
M ODERMATT Ordinarius St. Arnulf p. 389
M GNEUSS MlatJb 35/2000 p. 246
I WADDELL Cistercian Hymnal I p. IX

18 *Beata / tu, virgo Maria, / Mater* 21
A inc. saec. IX
EC BRADLEY MlatJb 31.2/1996 p. 88-92
M CTrop V p. 76; 276; 279
MB CROCKER p. 441s.
MB V. D. STEINEN ZSchwKG 40/1946 p. 258
I V. D. STEINEN ZSchwKG 40/1946 p. 254
I SPANKE Studien p. 15; 18s.
I SZÖVÉRFFY Marianische Motivik p. 24s.

19 *Beata virgo, tantis / Quae siderum choreis*

20 *Beate martyr, prospera*
B BHL 8637
I ELLIOTT Med & Hum N. S. 11/1982 p. 45s.
I R. HENKE Studien zum Romanushymnus des Prudentius 1983 p. 116ss.

21 *Beate pastor, Petre, clemens accipe*

-a *Beate Simon et Taddee inclite, cernite no-[stros gemitus cum fletibus*
EC Canterbury Hymnal 37517 p. 121

22 *Beati filii hominum / qui suum timent*

23 *Beatus Christi famulus / Petrus quoque*

24 *Beatus homo, qui pauper est spiritu*
M MlatJb 15/1980 p. 261; WIC 2101
I HAUBRICHS Georgslied p. 183
I SPANKE Studien p. 3
I V. D. STEINEN ZSchwKG 40/1946 p. 255

25 *Beatus igitur Maurus, / clarissimo genere*

26 *Beatus ille qui procul negotiis*

27 *Beatus ille qui procul vitam suam*

28 *Beatus quidem opifex escrutatur cantecis*

29 *Beatus videor: subduxi ratiunculam*

30 *Beatus vir Vincentius / vocatus nomen*

31 *Beccut iam primum Iloni coniuncta marito*

32 *Beda dei famulus, divino dogmate clarus*
EM Colophons 20137
I JEAUNEAU Études Érigéniennes p. 151

33 *Beda dei famulus facundo famine fretus*
M PELLEGRIN Bibliothèque Vaticane I

p. 527
I MGH Poet. 5 p. 652 n.

34 *Beda dei famulus, nostri didascalus aevi*
M facs. Regensburger Buchmalerei tab. 108
I ORCHARD JournMedLat 2/1992 p. 124ss.
I JEAUNEAU Settimane ... Spoleto 22/1975 p. 33 n. 41

35 *Beel fuit ex more genitus sic denique Nini*

36 *Bella bis quinis operatus annis*
M PAGE in: M. GIBSON Boethius. His Life, Thought and Influence 1981 p. 306-311
BI STOTZ Sapph. Dichtung p. 18; 112-115; 261; 456; 460
I SPANKE Studien p. 4
I STAUBACH Rex christianus p. 323

37 *Bella consurgunt poli praesentis sub fine*
ET Virg. Gramm. ed. POLARA p. 20

38 *Bella die noctuque suis facit Eutychus armis*

39 *Bella ducis Iosuae seniorum et tempora*
A Alcuin.: carm. 68.2

40 *Bella es, novimus, et puella, verum est*

-a *Bella Gallorum toto concessent in orbe* 1
ET Virg. Gramm. ed. POLARA p. 264

41 *Bella gerens vitiis abbas sub tegmine Christi*
ETI CIFM 14 p. 79:43

42 *Bella per Emathios plus quam civilia campo*
M N. R. KER Medieval Manuscripts in British Libraries II 1977 p. 223

43 *Bellator armis inclitus / Martinus actu*
M BEERS Cistercian Hymnal p. 74s.
I WADDELL Cistercian Hymnal I p. IX
I NORBERG Les vers iambiques p. 29 n. 13
I NORBERG in: Cultura in Italia p. 366 n. 31

44 *Bellerophon superans incendia dira*

45 *Bellice, depositis clipeo paulisper et*

46 *Belliger algenti sonipes nutrite sub axe*

47 *Belliger invictis quod Mars tibi servit in*

48 *Belligerare cupis, stulte, quasi bella*

49 *Bellipotens Mavors, Veneris gratissime furto*

50 *Bellipotens olim, semper metuendus in armis*

51 *Bellipotens valida natus de gente Gothorum*

-a *Bellus homo es? valde capitalia crimina*
cf. *Carmina mortifero tua sunt suffusa*

52 *Bellus homo et magnus vis idem, Cotta*

53 *Belus fortunae rector mentisque magister*

54 *Benchuir bona regula*
MI ZANNA in: Poesia dell'alto medioevo p. 364; 377
B LAPIDGE/SHARPE p. 146:574
I SCHALLER in: Iren u. Europa I p. 472; 475 n. 41
I CURRAN Antiphonary p. 82s.
I LAPIDGE Celtica 21/1990 p. 247ss.
I P. O'DWYER Versiculi familiae Benchuir 1975
I SCHALLER Studien p. 240; 243

55 *Bene acquiescas, frater Aucte Tulli*

56 *Bene acquiescas, Hilara, si quid sapiunt*

-a *Bene colit homo deum*

57 *Bene factum et volup est me hodie*

58 *Bene meriti servi sedeant: surgunt liberi*

59 *Bene sit tibi qui iacis intus, et tu qui trasis*

60 *Bene sit tibi qui legis et tibi qui praeteris*

61 *Bene supra terminatis, lector constantissime*
I K. F. WERNER Vom Frankenreich zur Entfaltung Deutschlands u. Frankreichs 1984 p. 221

62 *Benedic, Domine / domum istam*

63 *Benedicite Dominum / gubernatorem*
M GNEUSS Handlist 482
B LAPIDGE/SHARPE p. 245:896
B Clavis Galliae I p. 251-253

64 *Benedicite omnia opera domini dominum*

65 *Benedicta hic sum, in patrono meo semper*

66 *Benedicta / Semper sancta / Sit trinitas*
A inc. saec. IX
M FILL Hss. Kremsmünster I p. 413; 480
M CTrop V p. 84; 102; 277s.
M NEUHAUSER Hss. UB Innsbruck I p. 89; 155
I SPANKE Studien p. 15; 18
I V. D. STEINEN ZSchwKG 40/1946 p. 254
I V. D. STEINEN ZSchwKG 41/1947 p. 152
I DE GOEDE PRU p. CXLIII
I Musica enchiriadis p. 211 d. 3

67 *Benedicta / sit beata Trinitas, deitas aeterna*
I DE GOEDE PRU p. CXLIII
I Musica enchiriadis p. 211 d. 3

68 *Benedicto / gratias deo / Nos referamus*
I STÄBLEIN AMusWiss 19/1962 p. 86

69 *Benedictum monachorum / veneretur concio*

70 *Benedictus dominus deus Israel*

71 *Benedictus eris ingrediens et benedictus*
EI BULST Lat. MA p. 138s.
I WILLMES Herrscher-'Adventus' p. 83ss.
I BERGER StMGBO 104/1993 p. 278-285

72 *Benedictus es / Domine, Deus / patrum*
M ODERMATT Ordinarius St. Arnulf p. 389

73 *Benemerenti de me hoc feci ei monimentum*

74 *Benigna Christi gratia / Respargit orbem*

75 *Benigna nobis hodie / Christi refulget gratia*

76 *Benigne pater, cordibus fidelium*

77 *Benignitatis fons, Deus / Qui non habes*

78 *Ber ... Dicor, si vis me nosse, petitor*

79 *Bernwinus humilis sua reddit vota tonanti*
B Clavis Galliae I p. 243

80 *Bert ... Hoc hordine res . .*

81 *Bertharius, Christi iutus iuvamine sanctus*

82 *Bertrannum monachum furem nequeo*

83 *Bertulfo Baudacarius moderante statutus*

84 *Bestia nam subito nostras subrepserat aedes*
B Clavis Galliae II p. 16

85 *Beta vocor graece, sed non sum beta latine*
I RENEHAN ClQ 75/1981 p. 471s.

86 *Bethlehem tellus emicat / Caelum resultans*

87 *Bethlem regiparens, Davidis origine clara*

88 *Bias Prieneus quod (sum) dixi*

89 *Biblorum seriem Karolus rex inclitus istam*
M SCHRAMM/MÜTHERICH Denkmale² p. 481
B LAPIDGE/SHARPE p. 325:1227
I STAUBACH FMSt 9/1975 p. 347-349
I STAUBACH Rex christianus p. 101s.; 324
I NEYMAN/SIEDE Scriptorium 52/1998 p. 237s.

-a *Bina celestis aulae luminaria, Iacobe necnon [Iohannes theologe*
EC Canterbury Hymnal 37517 p. 118

90 *Bina magnorum de nobilitate parentum*

91 *Binae nos sumus, una sed est flens mesta*

92 *Bis binas statuit sua nos vigiles dominatrix*

93 *Bis binos ... Vix dum compleverat annos*

94 *Bis Cotta soleas perdidisse se questus*

95 *Bis deni binique dies scribuntur in anno*
M PELLEGRIN Bibliothèque Vaticane II.2 p. 424
M MlatJb 16/1981 p. 412; 436; WIC 2170

– *... bis denis Agele florentibus annis*
cf. *Mussia bis denis*

96 *Bis denis Italum conscendit navibus aequor*

97 *Bis denos annos Proculino fata dedere*

98 *Bis denos et bis binos tibi collige, lector*

99 *Bis denos vitae qui vix compleverat annos*

00 *Bis denos vixi depletis mensibus annos*

01 *Bis duo nam nivei praesunt et quinque nigelli*
M HOLTZ RevHistTextes 16/1986 p. 175

M GNEUSS Handlist 196
B LAPIDGE/SHARPE p. 198:732

02 *Bis duodena senum sedes pateris citharisque*

03 *Bis gratum est, quo opus est, si offeras ultro*

04 *Bis iam tricenos vitae compleverat annos*

05 *Bis legimus fraudatum humanis visibus*

06 *Bis me sol adiit gelidae post frigora brumae*

07 *Bis novem noster populus sub uno*
EI GNILKA in: Iconologia sacra p. 25-67
B BHL 1502
I STOTZ Sapph. Dichtung p. 14
I RIPOSATI in: Fs. LAZZATI 1979 p. 25-41

– *Bis per chorum, hinc et inde collaudemus*
cf. *Cantemus in omni die concinentes*

08 *Bis quadringenti volitant et septuaginta*
E JEAUNEAU Études Érigéniennes p. 614
EM KOEHLER/MÜTHERICH V p. 11; 175
M clm 1708 f. 23^{V} (saec. XIV)
M BIERBRAUER Vorkarol. u. karol. Hss. München p. 128
MI DUTTON/JEAUNEAU StudMed III 24/1983 p. 96
I HOFFMANN Buchkunst p. 65

09 *Bis quadringentis, decies quinisque volutis*

10 *Bis quadringentis triginta atque octo volutis*
B Clavis Galliae I p. 290s.

11 *Bis quadringentos dum mundus volveret [annos / Ac bis*
E MGH Conc. 2 p. 843
B Clavis Galliae I p. 290s.

12 *Bis quadringentos dum mundus volveret [annos / Instabili*
B BHL 262
B Clavis Galliae I p. 98; 290s.
I SCHALLER MlatJb 27/1992 p. 99
I VAN DER STRAETEN AnBoll 85/1967 p. 476s.

13 *Bis quater ad denos pertulit illu dies*

– *Bis quattuor istic*
cf. *Prudentis metrici prudens et nomen*

14 *Bis quingenteno bis trino bis quoque bino*
E MGH Poet. 5 p. 669

15 *Bis quinquagenis domus est tibi milibus*

16 *Bis sena mensium vertigine volvitur annus*
M M. L. GABRIEL Catalogue of Microfilms of One Thousand Scientific Manuscripts in the Ambrosiana 1968 p. 82
M U. WINTER Hss. Diez 1986 p. 68
M DE MEYIER Codices Vossiani II p. 181
M N. R. KER Medieval Manuscripts in British Libraries II 1977 p. 813
M GNEUSS Handlist 258; 612
B SILVESTRE RHE 75/1980 p. 409
I SHACKLETON BAILEY ClPh 77/1982 p. 122

17 *Bis senas anno reparat Lucina kalendas*

18 *Bis seni comites venerantur sorte beata*

19 *Bis senis, Aprilis, habes vernale Kalendis*
M Scriptorium 31/1977 p. 83

– *Bis senis mensium vertigine volvuntur annus*
cf. *Bis sena mensium vertigine volvitur*

20 *Bis senos exploro vechros*

21 *Bis senos magni doctoris in ordine libros*

22 *Bis senos metire pedes interque columnas*
E BERSCHIN in: Studien zum St. Galler Klosterplan II ed. P. OCHSENBEIN/ K. SCHMUCKL (Mitteil. z. vaterl. Gesch. 52/2002) p. 107-144
I KENDALL MS 56/1994 p. 279-297

23 *Bis septem spicae, vaccae totidem Faraoni*

24 *Bis septena tibi direxi carmina, Vasco*
B Clavis Galliae II p. 431s.

25 *Bis sex signiferae numerantur sidera*

26 *Bis ternas horas explicans*
M GNEUSS MlatJb 35/2000 p. 244
I NORBERG Les vers iambiques p. 31
I NORBERG in: Cultura in Italia p. 364

27 *Bis ternos annos vixit et mensibus quinque*

28 *Bis tibi triceni fuimus, Mancine, vocati*

-a *Bis titivicilium plumbum numerat*

29 *Bis vicine Nepos - nam tu quoque proxima*

– *Bissena ...* cf. *Bis sena*

– *Bissenis ...* cf. *Bis senis*

– *Bissenos ...* cf. *Bis senos*

30 *Bissextum cecini tardanti sole paratum*
B Clavis Galliae I p. 300-302

31 *Bissextum et saltum memorans in utrisque*
B Clavis Galliae I p. 300-302

32 *Bissula nec ceris nec fuco imitabilis ullo*

33 *Bissula, trans gelidum stirpe et lare prosata*

34 *Bistonii stabulum regis, Busiridis aras*
EC DELHEY Apoll. Sidon., Carm. 22

35 *Blanda magistra suum verbis recreavit et*
T COOK p. 28

36 *Blandam te, pietas, mors impia funere tristi*

37 *Blandis vocibus laeti / Celebremus solemnia*

38 *Blanditias fera Mors Veneris persensit*

39 *Blanditur mulier, sentit bos, membra*

40 *Blandum mellis opus sollerti fingitur arte*

41 *Blesamus hoc Novius requiem sortitus in*

42 *Blith' d'monachi sum carus nempe libellus*

43 *Boletos et aprum si tamquam vilia ponis*

44 *Boletos solus sumens atque ostrea voras*

45 *Bone pastor moriens pro grege*

-a *Bones viros urbi dedit Sicilia* 1
ET Virg. Gramm. ed. POLARA p. 64

46 *Bononiensis Rufa Rufulum fellat*

– *... bonus Ardo magister*
cf. *Hoc clausus iacet in tumulo bonus Ardo*

47 *Bonus vir est Robertus*
EC CC Cont. Med. 117 p. 97
I STOTZ Sapph. Dichtung p. 443
I MEYERS MA 93/1987 p. 88; 93

48 *Borysthenes Alanus*

49 *Bos lepus ales equus homo serpens pavo leo*
I MGH Poet. 5 p. 682

50 *Boveis probata, inveisa sum a nulla proba*

51 *Bracchia, dic ubi sunt, formidandique lacerti*
EC ROBERTINI p. 111

52 *Brigita nomen habet, gemino et diademate*
M ZANNA in: Poesia dell'alto medioevo p. 365
B LAPIDGE/SHARPE p. 220:818

53 *Bruma est et riget horridus December*

54 *Bruma senectutis vernacula, totius anni*

55 *Brumae diebus feriisque Saturni*

56 *Bruttia maerentem casus patriaeque suosque*

57 *Brutus, quia reges eiecit, consul primus*

58 *Bubeda, quid dormis? Iam iam rogo surgito*

59 *Bucolica Ausonio primus qui carmine feci*

60 *Bucolica expressi et ruris praecepta colendi*
M U. WINTER Hss. Diez 1986 p. 68

61 *Bucula sum, caelo genitoris facta Myronis*

– *Burchardo*
cf. *Purchardo*

C

62 *C. Allidio Hermae, qui quidquid dixit*

63 *C. Cornelius Fortunatianus quondam de*

64 *C. Sentidius Saturninus hic / mihi hoc posuit*

65 *Caballina furens amanda nulli*

66 *Caeca mihi facies atris obscura tenebris*

67 *Caeca profanatas coleret dum turba figuras*
M STRAETEN Manuscrits hagiographiques p. 81
I ROCCA Romanobarbarica 3/1978 p. 335ss.

68 *Caeci parentis regimen et fessi unicum*

69 *Caecilia, Agathes, Agnes et Lucia virgo*
B Clavis Galliae II p. 398

70 *Caeciliana mihi socioque fuit Daphnus*

71 *Caecuba Fundanis generosa cocuntur*

72 *Caecus erat quidam a Iuvavensi urbe*

73 *Caede iuvencorum domi calet area felix*

74 *Caedere qui tauros validisque ferire lacertis*

75 *Caedis in expensas fert hostia propria*
I SUNTRUP FMSt 18/1984 p. 501

76 *Caeduntur rastris veteris miracula templi*

77 *Caelatus tibi cum sit, Anniane*

78 *Caelebs Folquinus requiescit hic tumulatus*
M DOLBEAU Sacris erudiri 27/1984 p. 386s.

79 *Caeleste organum / hodie sonuit in terra*

80 *Caelestem ad patriam Christo redimente*

81 *Caelestem ad patriam tendens, cognosce*

– *Caelestem mathesyn percurrit et astronomia*
cf. *Primus grammaticae titulus reseratur*

82 *Caelestes animae, damnant quae crimina*

83 *Caelestes hominumque genus superabile*

84 *Caelestes intrate vias per amoena virecta*

85 *Caelesti renatus aqua qui vixit in aevum*

86 *Caelestinus adhinc caelestia regmina tractat*

87 *Caelestis aulae nobiles / Mundique recti*
MI LAPIDGE Wulfstan p. XXXVII-XXXIX

-a *Caelestis vigilum canit chaterva: Alleluia*
A inc. saec. X/XI
E CTrop V p. 325

88 *Caelestium te signifer / Mysteriorum*

89 *Caeli cives, adplaudite*
MB V. D. STEINEN ZSchwKG 40/1946 p. 258
MI GAIFIER AnBoll 83/1965 p. 335ss.
I LAPIDGE MlatJb 22/1987 p. 66
I STOTZ MlatJb 24-25/1989-1990 p. 501
I A. W. ROBERTSON Service-Books of Saint-Denis 1991 p. 225s.
I SCHALLER Studien p. 30; 216

89 *Caeli cives in gaudio / Manentes*

-a *Caeli cives tripudiant*
ETI STOTZ MlatJb 24-25/1989-1990 p. 489-505

-b *Caeli clavigero donavit pectore laeto* 4
A inc. saec. XI
E HOFFMANN Buchkunst p. 87

91 *Caeli deus sanctissime*
E Hymnarium oscense II p. 32s.
EC Canterbury Hymnal 37517 p. 45
M ODERMATT Ordinarius St. Arnulf p. 389
M Portiforium Wulfstani nr. 2668A

92 *Caeli, Lesbia nostra, Lesbia illa*

93 *Caeli senator inclite, sancte pater Ecclesiae*
TMI LAPIDGE Wulfstan p. XXIII; XXVs.; CXIVs.; CXVIIIs.
M LAPIDGE in: YORKE Aethelwold p. 115

94 *Caelica resonant / clare camoenas agmina*
M CTrop V p. 72; 275; 278

M HOLSCHNEIDER Winchester tab. 1

95 *Caelica terrenaque simul turba personant*

96 *Caelicus ac illi monstratur visio talis*

97 *Caelipotens tuba hic baptista Iohannes*
I HAUCK Taufpfalzen p. 71

-a *Caelitus accensus divini numinis igne* 1
ET MUNDÓ/MEDINA in: RICO/MUNDÓ Ripoll p. 62
M RICO/MUNDÓ Ripoll (Rückendeckel)

98 *Caelitus adveniet nobis benedictio Christi*

99 *Caelitus enormem Michael everberat hostem*

00 *Caelitus incipiens seriem symmysta Iohannes*
MB HOFFMANN Buchkunst p. 316

01 *Caelius Aufilenum et Quintius Aufilenam*

02 *Caelo ferunt Ambrosium*

03 *Caelo supinas si tuleris manus*

04 *Caelo tonantem credidimus Iovem*

05 *Caelorum dominus, qui cum patre condidit*
I SCHRAMM Kaiser, Könige u. Päpste I p. 233
I SCHRAMM Herrschaftszeichen, Nachträge 1978 p. 23

06 *Caelos et arva qui regis atque maria*

07 *Caelum aetherium circumvagant septem*

– *Caelum mane rubens venturos nuntiat*
cf. *Mane rubens caelum venturos*

08 *Caelum, mare, tellus / Et quae sunt*

09 *Caelum nubilum. Caelum nubilum*

10 *Caelum nunc omne gaudeat / Laetetur*

11 *Caelum perpetuo virtutis iure guberno*

-a *Caelum terra pontus*
I V. D. STEINEN ZSchwKG 40/1946 p. 242

-b *Caelus ille elevatus visu carnalium caret* [1
ET Virg. Gramm. ed. POLARA p. 202

12 *Caeretana Nepos ponat, Setina putabis*

13 *Caerula dum verrit ponti, vi flaminis actus*

14 *Caerula tunc illi Saturnius adnuit arce*

15 *Caeruleis provecta vadis iam Dardana*

16 *Caeruleus nos Liris amat, quem silva*

17 *Caesar, ad imperium civili sanguine partum*

18 *Caesar avito / nomine pollens*

19 *Caesar, care deo, dignanter suscipe, quaeso*
M SCHRAMM/MÜTHERICH Denkmale[2] p. 485

20 *Caesar erat Karolus toto clarissimus orbe*
EC CC Cont. Med. 117 p. 51
I BRUNHÖLZL in: Scire litteras p. 94
I HERREN in: Giovanni Scoto nel suo tempo 1989 p. 538; 542
I STAUBACH Rex christianus p. 212-215

21 *Caesar - in - augusta Senioris fraude relicta*
I COURCELLE Lecteurs ... de l'Énéide p. 461

22 *Caesar, tantus eras, quantus et orbis*
M MUNK OLSEN Auteurs classiques II p. 694
BI SZÖVÉRFFY Latin Lyrics I p. 269-271

23 *Caesare sub Karolo Francorum gloria pollet*
I DUTTON in: Jean Scot Écrivain p. 60; 69
I JEUDY in: Jean Scot Écrivain p. 303
I STAUBACH Rex christianus p. 44 n. 105

24 *Caesareae stirpis, generosae nobilitatis*
M HAMPE NA 23/1898 p. 642
I SCHRAMM Kaiser, Könige u. Päpste III p. 283
I BAYER Aachener Kunstbll. 54-55/1986-87 p. 36s.

25 *Caesareis Carolus sapiens haec auribus*
ET KORZENIEWSKI Hirtengedichte p. 74
EC GREEN Carolingian Pastoral p. 14s.; 63s.
I MURRAY in: Latin Poetry and the Classical Tradition 1990 p. 12s.
I SCHALLER Studien p. 135 n. 28; p. 146

26 *Caesareos proceres, in quorum regna*
M MlatJb 15/1980 p. 261; WIC 2295
M N. R. KER Medieval Manuscripts in

British Libraries II 1977 p. 141

27 *Caesareos toto referens hic orbe triumphos*

28 *Caesareum specimen, laus orbis, gloria*
EC CC Cont. Med. 117 p. 55
I McDonald/Goebel Literary Patronage p. 22
I Riché in: Iren u. Europa II p. 742

29 *Caesaris ad nutum damnant lex iusque*
M facs. Regensburger Buchmalerei tab. 14
M facs. Bloch Monte Cassino III p. 1141
MB Hoffmann Buchkunst p. 300
I Bloch Monte Cassino I p. 27
I Campana in: Studi e ricerche ... in mem. G. Mercati 1959 p. 34-47

30 *Caesaris ad valvas sedeo, sto nocte dieque*

31 *Caesaris alma dies et luce sacratior illa*

32 *Caesaris arma dei crescebant munere celsi*
B Clavis Galliae I p. 374s.
I Swinarski Herrschen mit den Heiligen p. 379s.
I Brunterc'h in: La Neustrie I 1989 p. 47

33 *Caesaris Augusti femina mater erat*

34 *Caesaris Augusti lascivos, livide, versus*

35 *Caesaris hic domini deargentata columba*
EC CC Cont. Med. 117 p. 122

36 *Caesaris imperio famuletur Romulus orbis*
M MGH Poet. 5 p. 682
I Bayer Aachener Kunstbll. 54-55/1986-87 p. 36

37 *Caesarius consul, teneris sublatus in annis*
I Courcelle Lecteurs ... de l'Énéide p. 28

38 *Caespes pulvereus Wifordi quod tegit artus*

39 *Caespite Venanti recubant hoc ossa sacrato*
EC ICUR N. S. VIII p. 395:23303

40 *Caius Epicadi filius princeps civitatis*

41 *Calidorus iuvenis meretricem Phoenicium*

– *Callide mage (mole) sub hec celi est iniuria*
cf. *Pallida mole sub hac celavit*

42 *Callidior cunctis aura vescentibus aethrae*

43 *Callidior priscis fuit ex nebulonibus unus*
I Maaz in: Fs. Brunhölzl 1989 p. 110-113

44 *Callidus Afer eris semper, Romane disertus*

45 *Callidus effracta nummos fur auferet arca*

46 *Callidus emissas eludere simius hastas*

47 *Callidus inposuit nuper mihi copo Ravennae*

48 *Callimachi Manes et Coi sacra Philitae*

49 *Calliodorus habet censum - quis nescit?*

50 *Calliope, cane plura procax! en ore serenus*

51 *Calliope madido trepidat se iungere Baccho*

52 *Calliope princeps sapienti psallerat ore*

53 *Calliste mihi nomen erat, quod forma*

54 *Calpurniane, salve properis versibus*

55 *Calvi momordit musca nudatum caput*

56 *Calvus eques capiti solitus religasse capillos*

57 *Campanus quoque quam nituit Benedictus ab*

58 *Campis dives Apollo sic Myrinis*

59 *Campum Metensem benedixit praesul et*
I Semmler in: Iren u. Europa II p. 949-951

60 *Campus Achaldema sceleris mercede*

61 *Campus hic aureolus, argenti qui vomit*

62 *Cana est barba tibi, nigra est coma: tinguere*

63 *Canamus omnes laudes Dei filio*
I Norberg Les vers iambiques p. 81

64 *Canant cuncta / per orbem creata*

65 *Canat omnis turba fonte renata*
I Härdelin MlatJb 24-25/1989-1990 p. 149

66 *Candent sidera / melliflua Deoque dicata*

67 *Candida conspicuum produxit massa*

68 *Candida / contio / melos concrepa*
M CTrop V p. 83; 277s.
I DE GOEDE PRU p. CXLIII

69 *Candida florigeris lucet ceu lilia campis*
M J. LECLERCQ Analecta monastica. Première série 1948 p. 64
B Clavis Galliae II p. 121-125

70 *Candida forma nitens necnon et furva*

71 *Candida funereo sculpuntur marmore gesta*

72 *Candida iam nostris aptentur colla lacertis*

73 *Candida me docuit nigras odisse puellas*

74 *Candida pax grata nobis vice temporis*
I J. T. LIENHARD Paulinus of Nola and Early Western Monasticism 1977 p. 47-49
I PANI ERMINI Settimane ... Spoleto 36/1989 p. 860

75 *Candida per silvam primaevo flore iuventus*
B BHL 2870-2871

76 *Candida Phoebeo praefulgunt ora rubore*

-a *Candida quae totiens obtundis pectora pug-[nis*
M PRETE Cod. Barb. Lat. p. 278 (cod. 42)

77 *Candida quod moribus, quod Christi floridus*

78 *Candida semper Christo mente munita fideli*

79 *Candida si croceos circumfluit unda vitellos*

80 *Candida sidereis ardescunt lumina flammis*
I COURTNEY ClPh 79/1984 p. 310

81 *Candida sidereis delabor nubibus atris*

82 *Candida sidereo fulgebat marmore Cypris*

83 *Candida supernis dilabor nubibus atris*

84 *Candida, te niveo posuit lux proxima templo*

85 *Candida virgo suas lacrimas dum seminat*

86 *Candide Liber ades: sic sit tibi mystica vitis*

87 *Candidius nihil est te, Caeciliane. Notavi*

88 *Candidolum bifido proscissum vomere*
I BULLOUGH Aula Renovata p. 288
I BULLOUGH Carolingian renewal p. 156 n. 45

89 *Canes effugere cum iam non possit fiber*

90 *Canes legatos olim misere ad Iovem*

91 *Canite, o pubes inclita, Phoebum*

92 *Cantasti male, dum fututa es, Aegle*

93 *Cantemus Christo regi / terrae, maris*

94 *Cantemus cuncti melodum / nunc alleluia*
B CROCKER p. 441
I SPANKE Studien p. 113; 119
I WILHELM Month p. 96
I DE GOEDE PRU p. CXLIII
I STEVENS Words and Music p. 394

95 *Cantemus domino deoque nostro, / Cui*

96 *Cantemus domino deoque nostro, / Fratres*

– *Cantemus Domino, sociae, cantemus*
cf. *Cantemus, socii, Domino cantemus*

97 *Cantemus in omni die / concinentes varie*
ET KLOPSCH Lyrik p. 62
ET CLANCY/MÁRKUS p. 177
M Basel, UB A VII 3
M ZANNA in: Poesia dell'alto medioevo p. 365
B LAPIDGE/SHARPE p. 148:581
B SHARPE nr. 207
I SZÖVÉRFFY Marianische Motivik p. 19-21
I ENRIGHT Iona, Tara and Soissons 1985 p. 45
I NORBERG Les vers iambiques p. 99
I ZANNA in: Poesia dell'alto medioevo p. 378s.
I SCHALLER Studien p. 35

98 *Cantemus laudes deo de praesente*
EBI STOTZ Sapph. Dichtung p. 19; 203; 456; 459

99 *Cantemus omnes arbitro*

00 *Cantemus organa pulchra satis atque decora*
I DE GOEDE PRU p. CXLIII

01 *Cantemus pariter fluviali carmina iunco*
ET KORZENIEWSKI Hirtengedichte p. 86
EC GREEN Carolingian pastoral p. 17s.;

80s.
I NORBERG in: La Lexicographie du Latin Médiéval 1981 p. 81
I KLOPSCH in: Fs. BRUNHÖLZL 1989 p. 149
I SCHALLER Wiener Studien 105/1992 p. 181 n. 42; p. 182s.
I SMOLAK Wiener Studien 96/1983 p. 207-209
I SCHALLER Studien p. 354 n. 42

02 *Cantemus regi regum hunc semper honorem*
B Clavis Galliae I p. 268s.
I SCHALLER Studien p. 367
I GARRISON Early Medieval Europe 7/1998 p. 324

03 *Cantemus sancto, cantemus Guingualoeo*
I PABST Prosimetrum p. 620-623

04 *Cantemus, socii, Domino, cantemus honorem*
M MlatJb 15/1980 p. 261; WIC 2382
M VENNEBUSCH III p. 95; IV p. 228
M GNEUSS Handlist 491
I GODMAN MedAev 50/1981 p. 218ss.

05 *Cantent te Christe, nunc nostrae camenae*

06 *Cantibus dignis modulisque miris*

07 *Cantica Davidico Christum modulantia*

08 *Cantica gignit amor et amorem cantica*
M MUNK OLSEN Auteurs classiques II p. 21

09 *Cantica quapropter, museo compta lepore*

10 *Cantica virginis Eulaliae / Concine*
E FOERSTER/KOSCHWITZ/HILKA Afrz. Übungsbuch 71932 p. 50
EI WRIGHT Late Latin p. 131ss.
EI BULST Lat. MA p. 81-91
TI V. D. STEINEN ZSchwKG 40/1946 p. 242; 246
BI STÄBLEIN Archaische Sequenz p. 352ss.
I SPANKE Studien p. 30; 108
I WALL MedAev 45/1976 p. 245s.
I DE GOEDE PRU p. CXLIII

11 *Canticum laudis domino canentes*
EC LEONARDI in: Medioevo e latinità p. 248ss.

12 *Canto carmina versibus minutis*

13 *Canus rogabat Laidis noctem Myron*

14 *Capena grandi porta qua pluit gutta*

15 *Cappadocum saevis Antistius occidit oris*

16 *Capricornus amat Iani contingere portas*
B Clavis Galliae I p. 357s.

17 *Captivo stultus congaudet stemmate vatis*

18 *Captivumque suem mirantibus intulit Argis*
A Stat.: Theb. 8.750
E Sulpicius Severus CSEL 1 p. 208

19 *Capto tuam, pudet heu, sed capto, Maxime*

20 *Captus amante puer aquila moderante*

21 *Captust in pugna Hegionis filius*

22 *Caput artibus, inclita virgo*
I Musica enchiriadis p. 216, 50

23 *Caput gemmato ceteris praeclarus*
EBI STOTZ Sapph. Dichtung p. 19s.; 214-221; 429; 456; 459
MB PIGHI in: Studi Zenoniani 1974 p. 23
BI SZÖVÉRFFY Latin Lyrics I p. 45s.
I M. W. HERREN The Hisperica Famina II 1987 p. 34
I ROPA Poesia "Rustica" p. 49
I SCHALLER Studien p. 83 n. 18; p. 238; 411

24 *Cara meis vixi, subito fatale rapina*

25 *Cara mieis vixi, virgo vitam reddidi*

26 *Cara mihi coniunx, multis solacium annis*

27 *Cara mihi dudum veneranda Polimia virgo*

28 *Cara mihi genita, mea Carice hic, pius infas*
I Epigraphica 35/1973 p. 122

29 *Cara mihi post has memorabere, nomen*

30 *Cara pia coniunx Yguia deditaque marito*
I MONTORSI Epigrafe modenese p. 156

31 *Carbasa nunc zephyris inflantibus, arva*
B BHL 2670
I COURCELLE Lecteurs ... de l'Énéide p. 281

32 *Carcere contrusum Herodes vinxerat atro*

33 *Carcere iam liber custodibus atque catenis*

34 *Carcere vallatus, turba infidelium septus*
I MONTORSI Epigrafe modenese p. 154

35 *Carceres et dira Iohannes ferrea vincla*

36 *Cardinis occidui regio quae sumpsit ab ortu*

37 *Carduus et spina cum pastum praebet asello*

38 *Carduus in pratis asinino pascitur ore*

39 *Care mihi in aevum, valeas tu, Teudila*
E I. GIL Miscellanea Wisigothica 1972 p. 19

40 *Care pater nobis, tum re cum nomine Iuste*

41 *Care, quid linguam taciturnus abdis*
E Notker Balbulus ed. BERSCHIN p. 94
ET OCHSENBEIN in: St. Gallen II p. 155s.
ET KLOPSCH Lyrik p. 228
TI BERSCHIN Eremus p. 35

42 *Care venis subito, subito quoque, care*

43 *Carentine, decus fidei, deitatis amice*
ETC REYDELLET I p. 112
I K. HEINEMEYER Das Erzbistum Mainz in römischer u. fränkischer Zeit I 1979 p. 12

44 *Carior in cunctis mihimet qui constat*
I COURCELLE Lecteurs ... de l'Énéide p. 446
I RICHÉ in: Iren u. Europa II p. 739
I SPILLING in: Iren u. Europa II p. 878; 880

45 *Caritas fuit magna / inter Deum*

46 *Carmen ad iratum dum tu perducis Achillem*

47 *Carmen lyra resonemus*
EI KÖNSGEN in: Arbor amoena p. 91-99
M PELLEGRIN Bibliothèque Vaticane II.1 p. 310

-a *Carmen nunc nobile Christo*
A inc. saec. XI
E CTrop V p. 377

48 *Carmen suo dilecto / Ecclesia Christi*
M NEUHAUSER Hss. UB Innsbruck I p. 89
B CROCKER p. 440
I DE GOEDE PRU p. CXLIII
I STÄBLEIN AMusWiss 19/1962 p. 86
I COURCELLE Lecteurs ... de l'Énéide p. 464

49 *Carmina convicii cerritus, carpere calvos*
TC STELLA Poesia carolingia p. 274; 462s.
M A. DE LA MARE Catalogue of Lyell Manuscripts 1971 p. 175
M BOESE DA 35/1979 p. 586
M TRONCARELLI Boethiana Aetas p. 195
MB HOFFMANN Buchkunst p. 507
MI SHEERIN Bibliothèque d'Humanisme et Renaissance 42/1980 p. 167-170
I GODMAN in: Charles the Bald p. 303
I Musica enchiriadis p. 84 n. 138a
I SHEERIN Traditio 38/1982 p. 65
I RICHÉ in: Jean Scot Érigène et l'Histoire de la Philosophie p. 44
I ERNST Carm. fig. p. 214

– *Carmina Davidico Christum modulantia*
cf. *Cantica Davidico*

50 *Carmina dilecto faciat mea fistula David*
B Clavis Galliae II p. 55s.
I GODMAN Poets p. 74 n. 191
I EPPERLEIN Herrschaft u. Volk p. 76 n. 270
I COURCELLE Lecteurs ... de l'Énéide p. 499
I EBENBAUER Carmen Historicum I p. 78s.; 83s.
I FONTAINE in: La Neustrie II 1989 p. 359
I MORDEK in: Kunst und Kultur in der Karolingerzeit II p. 49

51 *Carmina dispersit volucris de nocte vocata*

52 *Carmina diva legens proprioque e pectore*
ETC REYDELLET II p. 35

53 *Carmina dulcisona ferimus tibi, sancte*

54 *Carmina ferte mea Anghelramo; dicite patri*
M U. WINTER Hss. Diez 1986 p. 68
I GODMAN Poets p. 63
I VILLA DA 51/1995 p. 45
I SCHALLER Studien p. 17s.; 332 n. 2; p. 402

55 *Carmina iam dudum coepi confingere parva*

56 *Carmina mitto Petro, dulci doctoque*
M U. WINTER Hss. Diez 1986 p. 68
M Kunst und Kultur in der Karolingerzeit

I p. 682 tab. 13
B Clavis Galliae I p. 157
I Bullough Carolingian renewal p. 156 n. 41
I Villa DA 51/1995 p. 41
I Schaller Studien p. 334 n. 20

57 *Carmina mortifero tua sunt suffusa veneno*

58 *Carmina nulla probas molli quae limite*

59 *Carmina nunc festis psallamus rite choreis*

60 *Carmina Paulus emit, recitat sua carmina*

61 *Carmina per thalamum quamvis festina*

62 *Carmina plura nitent studio florente peracta*
I Chatillon RMAL 35/1979 p. 101-117
I Classen Stadt p. 43

63 *Carmina prima tibi cum iam puerilibus annis*

64 *Carmina psallere voce, lyra*
TC Stella Poesia carolingia p. 286; 468s.

65 *Carmina, quae cernis nunc, o didascule*
M MGH Poet. 5 p. 687

66 *Carmina, quae quamvis simili composita*

67 *Carmina qui quondam studio florente peregi*
ETC Carm. Cant. 50 ed. Ziolkowski p. 126; 313
C Notker III. in: Haug/Vollmann Frühe dt. Lit. p. 270-273
I Courcelle Lecteurs ... de l'Énéide p. 393; 471
I Ratkowitsch MlatJb 22/1987 p. 142
I Schaller Studien p. 226; 234

-a *Carmina quis potuit tuto legisse Tibulli*
M Prete Cod. Barb. Lat. p. 278 (cod. 34)

68 *Carmina saepe mihi, fratres, pergrata tulistis*
ET Klopsch Lyrik p. 120
I Chase in: Insular Latin Studies p. 147

69 *Carmina si fuerint te iudice digna favore*

70 *Carmina sidereos merito scandentia campos*

71 *Carmina Vergilii sunt bucolica, arva*
EI Brugnoli GIF 39/1987 p. 113

72 *Carmina Vergilius Phrygium prodentia*
EI Schetter in: Fs. Himmelmann 1989 p. 446s.
I Shackleton Bailey ClPh 77/1982 p. 118

73 *Carmine bucolico nitui, cultoribus agri*

74 *Carmine, clara, cave calvos calvare*

75 *Carmine divinas artes et conscia fati*
M Ballaira Prisciano p. 123s.
M MlatJb 15/1980 p. 261; WIC 2476

76 *Carmine dulcis olor dum virginis otia mulcet*

77 *Carmine dulcisono quosdam cognovimus*

78 *Carmine dum tali silvas animosque ferarum*

79 *Carmine Graecinum, qui praesens voce*

80 *Carmine qui vacuas captavi saepius auras*

81 *Carminibus Circe socios mutavit Olyxis*

82 *Carminibus pecudes et rus et bella canendo*
M U. Winter Hss. Diez 1986 p. 68

83 *Carminis hic finem dat clausula fertque*
ET Staub in: Witigowo von der Reichenau p. 60

84 *Carminis hic finem lacrimis faciemus obortis*
B Clavis Galliae II p. 64

85 *Carminis Idalii cuperem nunc ebrius esse*
E Díaz de Bustamante p. 304
ET Bertini Autori latini p. 154-161
I Dronke in: Umanesimi p. 99

86 *Carminis Iliaci libros consumpsit asellus*

87 *Carminis incentor mihi Iuppiter! auspice*
ETC Soubiran p. 94

88 *Carminis incompti lusus lecture procaces*
M U. Winter Hss. Diez 1986 p. 68

89 *Carminis incompti tenuem lecture libellum*

90 *Carminis interea nostri redeamus in orbem*

91 *Carminum interpres meritique (veterumque)*
TBI Stotz Sapph. Dichtung p. 19; 98; 176-179; 181-183

92 *Carne deum voce Matthaeus signat et ore*
A inc. saec. X/XI (Cod. aur. Ept.)

93 *Carne deus dormit, eurusque nothusque*
E HECHT Wandmalerei I p. 82; II tab. 189-207
ETC BERSCHIN MlatJb 29.2/1994 p. 3-17

94 *Carnea membra dei probat os faciesque*

95 *Carnea vox nati terrae surgentis ab imo*

96 *Carnis amica gulam ieiunia sancta trucident*
E MGH Poet. 5 p. 651

-a *Carnis sepulta vitio*
E BIELER in: Fs. BULST 1981 p. 51

97 *Carnis virginitas intacto corpore habetur*

98 *Carpe libenter iter, que ducit ad aulam regis*
A Ven. Fort.: carm. 3.30.3ss.

99 *Carpe tibi munus, parvus quod dirigo*

00 *Carpebat somnos dudum aerumnosus Ulixes*

01 *Carpere causidicus fertur mea carmina: qui*

-a *Carpere quis poterit tanta magnaque pote-[stas* 20
A inc. saec. X
E MGH Poet. 5 p. 632 n.

02 *Carpis si quis vias, paulum huc depone*
ET HÄUSLE Denkmal p. 45

03 *Carpit blanda suis ver almum dona rosetis*

– *Carta*
cf. *Charta*

04 *Carus abunde, Caraune, nites*

05 *Caseus Etruscae signatus imagine Lunae*

06 *Casibus erigitur iugiter pars ista duobus*
E CC Cont. Med. 68 p. 218

07 *Casibus incertis rerum fortuna rotatur*
ETC REYDELLET II p. 60
ETI K. STEINMANN Die Gelesuintha-Elegie des Venantius Fortunatus 1975
I BLOMGREN Eranos 81/1983 p. 131-138
I GEORGE Eranos 86/1988 p. 54s.; 65
I LAPIDGE StudMed III 18/1977 p. 289
I GEORGE Venantius Fortunatus p. 96-101

08 *Casibus innumeris decurrunt tempora vitae*
M DE MEYIER Codices Vossiani VI p. 262
B LAPIDGE/SHARPE p. 171:650
B SHARPE nr. 202
I JACOBSEN in: Iren u. Europa I p. 442
I HERREN StudMed III 24/1983 p. 487ss.

09 *Casibus innumeris hominum momenta*
M STOHLMANN in: Fs. LANGOSCH 1973 p. 218
I JACOBSEN in: Iren u. Europa I p. 444 n. 33

10 *Casibus ornata praelucent nomina cuncta*
E CC Cont. Med. 68 p. 73

11 *Cassiae ut dignae Orestinae coniugi castae*

12 *Cassio-libripotens titulaverat ordine-dorus*

13 *Cassius immerito praesul de munere Christi*

14 *Casta bona inviolans, rarum hoc a coniuge*

15 *Casta nec antiquis cedens Laevina Sabinis*

16 *Casta pudica fui Mnesithea bona marito*

17 *Casta pudica pudens coiuge cara suo*

-a *Casta sibi mater caelestis maxime nutrit*

18 *Casta suo gladium cum traderet Arria Paeto*

19 *Castae et incorruptae / Pangamus iubila*
A inc. saec. X
I SPANKE Studien p. 17s.

20 *Castalides, domino virtutum tradite palmam*
I Text als Figur p. 28

21 *Castalidum madidos divino rore corymbos*
B Clavis Galliae I p. 355s.
I COURCELLE Lecteurs ... de l'Énéide p. 163; 190; 216

22 *Castellane sorex cluacae, pressura tuorum*

23 *Castitas (Kastitas) corporis fructus est*
I SCHALLER Studien p. 31

24 *Castitas fides caritas pietas obsequium*

25 *Castora de Polluce Gabinia fecit Achillan*

26 *Castra etiam scrutabantur, quo si quis in*

27 *Castra Macer sequitur: tenero quid fiet*

28 *Castra vigent; mala vis cum signis pulsa*

29 *Castrorum proles dedicativa*

-a *Castus agit quem nulla libido movet vigilan-* [*tem* 2
A Fulb. Carnot.
ET BEHRENDS p. 252:141
M WIC 2549
cf. *Sex gradibus consummatur v. 13-14*

30 *Caterva matrum personat*

31 *Caterva (Katerva) plebis sex centum milium*
I SCHALLER MlatJb 19/1984 p. 88s.
I SCHALLER Studien p. 31

32 *Catholica sollers cauta moderata venusta*

33 *Cato grammaticus, Latina Siren*

34 *Catonis modo, Galle, Tusculanum*

35 *Cattus dum ructus refluit de sorice grandi*
TI ZIOLKOWSKI Talking animals p. 111ss.

36 *Causa iudicii Cayphae deducitur aedi*

37 *Causa meae mortis partus fatumque*

38 *Causa necis fueram, tamen et nil nuncupor*
B Clavis Galliae II p. 17

39 *Causidicus pauper media sub nocte*

40 *Cauta nimis spinam Satyri pede rustica tollit*

41 *Cauta quidem genetrix, noceant ne vulnera*

42 *Caute cane, cantor care*
ETC Carm. Cant. 30 ed. ZIOLKOWSKI p. 98; 264

43 *Cautus honorandum, lector, venerare*
B Clavis Galliae I p. 366s.
I BERSCHIN ZGObRh 13/1986 p. 20

44 *Cave amici invidias inimici insidiis magis*

45 *Cave vetatos liberum sulcos seras*

46 ...

47 *CD si scribas temonemque insuper addas*

48 *Cecropias noctes, doctorum exempla*
M PRETE Cod. Barb. Lat. p. 278 (cod. 123)

49 *Cedant antiqui quidquid meminere poetae*
ETC REYDELLET I p. 104
M BESOMI ItMedUm 8/1965 p. 394
I AUPEST-CONDUCHÉ in: Les pays de l'ouest. Actes du 97e Congrès National des Sociétés savantes (Nantes 1972) 1977 p. 147-163
I KULLMANN in: Fs. AUTENRIETH 1988 p. 3

50 *Cede loco laesus, fortunae cede potenti*

51 *Cede Parum, paries lapidoso structe metallo*

52 *Cede prius nomen, novitati cede vetustas*
ETI DUVAL Loca Sanctorum Africae p. 147
I CHAVASSE RBén 91/1981 p. 100

– *Cede prius veniens Christi te fonte renasci*
cf. *Crede prius*

53 *Cede procul myrtumque istam fuge, nescius*

54 *Cede vetus nomen, novitati cede vetustas*
ET NAUERTH p. 150

55 *Cedere de nostris nulli te dicis amicis*

56 *Cedere maiori virtutis fama secunda est*

57 *Cedere quae lato nescit fera saucia ferro*

58 *Cedite deliciae Baiarum, cedite Bauli*

59 *Cedite Romani scriptores, cedite Grai*
M MUNK OLSEN Auteurs classiques II p. 281
M PASSALACQUA Codici p. 346

60 *Celebra Iuda festa Christi gaudia*
ETI HOWLETT Peritia 10/1996 p. 40-47
M ZANNA in: Poesia dell'alto medioevo p. 365
B LAPIDGE/SHARPE p. 148s.:582
B SHARPE nr. 210
I BULST Lat. MA p. 23-25
I NORBERG Les vers iambiques p. 73
I BULST in: Fs. BIELER 1976 p. 93-95

61 *Celebranda satis nobis est diei*
M CTrop V p. 75; 276; 279
I STÄBLEIN AMusWiss 18/1961 p. 14

62 *Celebris, digne nobilis, atque*

63 *Celsa caelorum / cohors angelorum*

64 *Celsa lux Sion, ave, martyr, Pantaleon*

65 *Celsa personet melos / vox in hac aula*

66 *Celsa polorum continens astra alpha*
I DE GOEDE PRU p. CXLIII
I STÄBLEIN AMusWiss 18/1961 p. 15

67 *Celsa pueri / concrepent melodia*
I DE GOEDE PRU p. CXLIII

68 *Celsa terribilis codex qui sede locaris*

69 *Celsae salutis gaudia*

70 *Celsi cunctiparens conditor aetheris*

71 *Celsicolae nascor fecunda matris in alvo*

72 *Celsior astrigerum Titan conscenderat axem*

73 *Celso gaudere et bene rem gerere*

74 *Celsum triumphum martyrum*

75 *Celtica qua medios exporgit Gallia tractus*
M DOLBEAU RecAug 13/1978 p. 29; 217
I CLASSEN Stadt p. 44
I COURCELLE Lecteurs ... de l'Énéide p. 23
I B. C. BARKER-BENFIELD The Mss. of Macrobius' Commentary on the Somnium Scipionis 1975 p. 361s.

76 *Cenabis belle, Iuli Cerialis, apud me*

77 *Cenabis bene, mi Fabulle, apud me*

78 *Cenantes superingrediens monachus sibi*
M MUNK OLSEN Auteurs classiques I p. 477

79 *Cenes, Canthare, cum foris libenter*

80 *Ceno domi quotiens, nisi te, Charopine*

81 *Censor, ab occasu quem laus exporgit Eoo*

82 *Censor maxime principumque princeps*

83 *Centauro vehitur rapta Deianira marito*

84 *Centenis quod emis pueros et saepe ducenis*

85 *Centeno ex numero iustus cognomen habebat*

86 *Centies mille legionum angeli*
cf. *Te centies mille legionum*

-a *Centum concito sic qui novit condere*
M GNEUSS Handlist 12

87 *Centum Coranus et ducenta Mancinus*

88 *Centum miselli iam valete quadrantes*

89 *Ceperat Etruscos occulto milite colles*

90 *Cephan, Andream Messias puppe sequestrat*
EC CC Cont. Med. 117 p. 41
I RICHÉ in: Iren u. Europa II p. 740
I STAUBACH FMSt 20/1986 p. 558

91 *Cerberus et cervus distincti pragmate verso*

92 *Cerea quae patulo lucet ficedula lumbo*

93 *Cerne age principio venerandum numen*

-a *Cerne apices, lector, poteris sic contra iu-[venta*
A inc. saec. IX
E TAFEL RhM 69/1914 p. 640

94 *Cerne Arabem Myrrham temerati a crimine*

95 *Cerne coronatam domini super atria Christi*

96 *Cerne hic ora sacri semper veneranda*

97 *Cerne malis faveas, cassa mercede potita*

98 *Cerne, redemptor, vita beatorum*

99 *Cerne salutiferas splendenti marmore Baias*
I CUGUSI Epigraphica 44/1982 p. 96

00 *Cerne viator, in hoc tumulo iacet optima*

01 *Cernebam tetrum lustrans per saecula*

02 *Cernere erat lacrimas sancto spiramine*

03 *Cernere facundi Tibur glaciale Vopisci*

04 *Cernere iam fas est, quod vix tibi credere fas*
EM KRAUS Österreichische Vierteljahresschrift für kath. Theol. 2/1863 p. 61
B Rep. Hymn. 2920

05 *Cernere inest, ut eat mundus signetque*
I FRIED DA 45/1989 p. 410

06 *Cernere me nulli possunt nec prendere*

07 *Cernere Parrhasios dum te iuvat, Aula*

08 *Cernere quis poterit, numero aut quis*
I ORCHARD JournMedLat 2/1992 p. 104ss.
I COURCELLE Lecteurs ... de l'Énéide p. 77

09 *Cernis ut artificis dominum sollertia pinxit*
E MGH Poet. 5 p. 673

10 *Cernis ut orba meis, hospes, monumenta*

11 *Cernite consurgens cultu meliore*
EC ICUR N. S. VIII p. 339:22965

12 *Cernite cuncti praesens quod gestat pagina*

13 *Cernite quid voluit, fratres, sententia legis* [28
E Rabani Mauri De institutione clericorum ed. A. KNOEPFLER 1900 p. 4

14 *Cernite, venturi sunt haec discrimina mundi*

15 *Cernitis, o famuli gratis dulcedine pasti*

-a *Cernito: cunctorum commercia vana poten-* [*tum* 26
A inc. saec. IX?
ECI CONSOLINO Romanobarbarica 7/1982-83 p. 111

16 *Cernitur hic finis quem probat iste cinis*

17 *Cernitur hic Pario renovatum marmore*
ETI CIFM 14 p. 84:47

18 *Cernitur hic tumulus, qui praesul dicitur esse*
E GREGOROVIUS Tombe dei Papi p. 45*

19 *Cernitur in medio Seraphim altissimus ordo*

20 *Cerretana mihi fiat vel missa licebit*

21 *Certa fides iustis caelestia regna patere*
E GREGOROVIUS Tombe dei Papi p. 13*

-a *Certa non certis* frgm.
E KORTEKAAS Historia p. 298

22 *Certa salus vitae Notgerum salvat ubique*

23 *Certamen longa protractum lite gerebant*

24 *Certavi tecum, coniunx, pietate virtute*

25 *Certum est, Lauripotens decusque divum*

26 *Certum tenentes ordinem*
M GNEUSS MlatJb 35/2000 p. 244
I NORBERG Les vers iambiques p. 23 n. 30
I NORBERG in: Cultura in Italia p. 364

27 *Cervia, quae idem (in fidei) vixit Abundantia*

28 *Cervom altifrontum cornua*

29 *Cervus aper coluber non cursu dente veneno*
M MGH AA 8 p. XXII
I LAUSBERG Das Einzeldistichon p. 473 n. 14

30 *Cervus nemorosis excitatus latibulis*

31 *Cervus ut ad fontes sitiens festinat aquarum*

32 *Cessatis, pueri, nihilque nostis*

33 *Cessit Lyaei sacra fama numinis*

34 *Cetera per naves somno sopita manebat*

35 *Cetera, quae sollers processu temporis usus*

36 *Cetera quae superant scioli supplere*
A Israel Scot.?
E MGH Poet. 5 p. 649

37 *Ceu canis umbrosam lustrans Gortynia*

38 *Ceu rotae cyclus celeri recursu*

39 *Ceu sol fervescit sidus super omne*

40 *Ceu tesserae in pyrgis mutantur ludificis*
B Clavis Galliae I p. 300-302

41 *Chalcidicum gressu nutrix superabat anili*

42 *Charta, Christo comite, per telluris spatium*
I U. SCHWAB Einige Beziehungen zw. altsächs. u. angelsächs. Dichtung 1988 p. 198 n. 359
I GARRISON in: Karl d. Gr. Nachwirken I p. 113

43 *Charta, dirige gressus per maria navigans*
A Petrus
ETI LAPIDGE Anglo-Saxon England 9/1981

p. 83-93; 98
M GNEUSS Handlist 220; 342

44 *Chartula dic: Cuculus valeat per saecula*
B Clavis Galliae II p. 213
I BULST Lat. MA p. 78s.

45 *Chartula percurrens, Friducino fer mea*
B Clavis Galliae II p. 56

46 *Chartula, perge cito pelagi trans aequora*
B Clavis Galliae II p. 30s.
I LAPIDGE in: TRAUBE-Gedenkschrift p. 164 n. 17
I BULLOUGH Aula Renovata p. 280
I A. STOCLET Autour de Fulrad de Saint-Denis 1993 p. 148-151
I JACOBSEN in: Iren u. Europa I p. 461 n. 78
I COURCELLE Lecteurs ... de l'Énéide p. 59
I GODMAN Poets p. 44-46
I BULLOUGH Settimane ... Spoleto 20/1973 p. 573
I SCHALLER Studien p. 92; 328; 401; 412

47 *Chattica Teutonicos accendit spuma capillos*

48 *Chere salus cosmoy Splendens super aethra*
EM TRONCARELLI Tradizioni p. 3
M facs. SPORBECK in: Theophanu I p. 371 tab. 1

49 *Cherule, tu cenas apud omnes, nullus apud*

50 *Chia seni similis Baccho, quem Setia misit*

51 *Chirurgus fuerat, nunc est vispillo Diaulus*

52 *'Chommoda' dicebat, si quando 'commoda'*

53 *Chorus novae Hierusalem / Novam meli*
TI MICHEL p. 171
M ODERMATT Ordinarius St. Arnulf p. 389
M NEUHAUSER Hss. UB Innsbruck I p. 53
M BEERS Cistercian Hymnal p. 43s.
B Chartres p. 299
I WADDELL Cistercian Hymnal I p. IX

54 *Chremetis frater aberat peregre Demipho*

55 *Chreste nutrici fecimus hunc tumulum*

56 *Χρῆστος Ἀκίνδυνος αὐτοαδελφεοί, οἰκτρὰ δὲ τέκνα*

57 *Chrisma beat Christus, quo surgit nobile*

58 *Christe, caelestis medicina patris*

59 *Christe, caeli domine, / mundi salvator*
M GNEUSS MlatJb 35/2000 p. 244
I BULST Lat. MA p. 18s.
I NORBERG Les vers iambiques p. 37
I BULST in: Fs. BIELER 1976 p. 88s.
I NORBERG in: Cultura in Italia p. 364

60 *Christe, caelorum conditor, Deus dominator*

61 *Christe, caelorum conditor, / qui dominaris*

62 *Christe, caelorum habitator alme*
I STOTZ Sapph. Dichtung p. 73

63 *Christe, caelorum modulans caterva*
I STOTZ Sapph. Dichtung p. 175

64 *Christe, caput fidelium, / hospes mundorum*

65 *Christe, corona martyrum, victoria*

66 *Christe, creator omnium*

67 *Christe cunctorum dominator alme*
E Hymnarium oscense II p. 96
M BEERS Cistercian Hymnal p. 79-82
M GNEUSS MlatJb 35/2000 p. 246
MI BULLOUGH Carolingian renewal p. 251
I NORBERG MlatJb 19/1984 p. 70
I FONSECA Settimane ... Spoleto 36/1989 p. 925s.
I WADDELL Cistercian Hymnal I p. X
I STOTZ Sapph. Dichtung p. 82; 208; 312; 397
I STOTZ MlatJb 24-25/1989-1990 p. 497

68 *Christe cunctorum pariter tuorum*

69 *Christe cunctorum via, lux sanctorum*

– *Christe, decus mundi, qui lux es clara*
cf. *Christe, deus mundi*

-a *Christe, Dei soboles, immensi forma parentis* [18
EI MAZAL Biblos 17/1968 p. 51-56

70 *Christe, dei virtus splendor sapientia*
B Rep. Font. IV p. 242

71 *Christe Deus, cum quo pater est et spiritus*
M CHIESA Filologia mediolatina 5/1998 p. 257

72 *Christe, deus mundi, qui lux es clara diesque*
I A. Haug Zur Entstehung u. Entwicklung der Walthersage 1965 p. 164

73 *Christe deus, nostrae benedic convivia*
M facs. Jeauneau Études Érigéniennes p. 602; tab. 1b
B Clavis Galliae II p. 428s.
I Dutton/Jeauneau StudMed III 24/1983 p. 84ss.; tab. 1b

74 *Christe deus, rerum pulcherrime factor et*

75 *Christe deus, summa bonitas, moderamine*
I Lapidge in: Scire litteras p. 256

76 *Christe deus, summi virtus, sapientia patris*
ET M. H. Hargrove Alcuin's Poem on York, Diss. Cornell Univ. 1937
ETI P. Godman Alcuin. The Bishops, Kings, and Saints of York 1982
M Koehler/Mütherich VI p. 68
M Dolbeau MlatJb 17/1982 p. 26
B BHL 900b
B Clavis Galliae II p. 495-497
I Knittel Walahfr. Wett. p. 12
I Lapidge in: Traube-Gedenkschrift p. 163 n. 11
I Viarre in: Traube-Gedenkschrift p. 220-224
I Wallace-Hadrill Frankish Church p. 205s.
I Courcelle Lecteurs ... de l'Énéide p. 137; 172; 467
I Lapidge RBén 94/1984 p. 331
I Schaller MlatJb 18/1983 p. 79
I Orbán Mnemosyne IV.38/1985 p. 245
I Godman MlatJb 15/1980 p. 33-50
I Irvine Textual Culture p. 315
I Godman MedAev 50/1981 p. 225s.
I Thacker in: Fs. Wallace-Hadrill 1983 p. 150
I Hunt/Lapidge Anglo-Saxon England 8/1979 p. 293s.
I Bullough in: U.-R. Blumenthal Carolingian Essays 1983 p. 3; 18
I Bullough Hagiography p. 339-359
I Classen Stadt p. 42
I Frassinetti GIF 2/1949 p. 360
I Schaller in: Kontinuität u. Transformation d. Antike im Mittelalter ed. W. Erzgräber 1989 p. 369s.
I Wright Peritia 4/1985 p. 136
I Jeauneau Études Érigéniennes p. 151-153
I Ebenbauer Carmen Historicum I p. 91-93
I Berschin Biographie III p. 114s.; 122
I Bullough Settimane ... Spoleto 20/1973 p. 574ss.
I Kirsch in: Umanesimi p. 283-295
I Coates Speculum 71/1996 p. 547-556

77 *Christe dignare habitacula nostra tueri*

78 *Christe, dominator caelestis / et possessor*

79 *Christe, domine, laetifica sponsam tuam*
M Ropa Quadrivium 13/1972 p. 109
I Stäblein AMusWiss 19/1962 p. 86
I de Goede PRU p. CXLIII
I Stäblein Ges. Aufs. p. 278-281

80 *Christe, duae vivae tibi frondent semper*

81 *Christe fave votis Gregori et Austreconde*
A inc. saec. VIII
EM Rugo Iscrizioni III p. 74:96
I Montorsi Epigrafe modenese p. 155

82 *Christe fave votis Pipini gratia regis*

83 *Christe fave votis qui mundum in morte*

84 *Christe, fave votis, salvator maxime mundi*
B Lapidge/Sharpe p. 193:715
B Sharpe nr. 274

85 *Christe, fidem solidans vincens bene*
A Hartw. (saec. XI)
E cf. MGH Poet. 5 p. 685
ETI Rütz Text im Bild p. 49; 115
M Regensburger Buchmalerei tab. 10
I Bischoff in: Verf. Lex.[2] III c. 530s.
I Bielitz StudMed III 17/1976 p. 271

86 *Christe fili Iesu summi, mentes nostras*

87 *Christe, graves hominum semper miserate*
I Gnilka VigChr 42/1988 p. 147-155
I Gnilka in: Roma Renascens. Fs. I. Opelt 1988 p. 81
I Gnilka Hermes 114/1986 p. 93-98
I Wieland Anglo-Saxon England 14/1985 p. 160ss.
I Wieland MedAev 55/1986 p. 85-92

88 *Christe, hac hora tertia*

89 *Christe Iesu, rex regum Dominus / nostris*

– *Christe immense caramen lire resonemus*
cf. *Carmen lyra resonemus*

90 *Christe immense, dominator alme / respice*

91 *Christe immense, dominator sancte / [Conserva*

92 *Christe immense, dominator sancte / Custodi*
I GIL Habis 7/1976 p. 194

93 *Christe, lumen perpetuum*

94 *Christe, lux lucis, Deus angelorum*
I GIL Habis 7/1976 p. 200

95 *Christe, lux mundi, salus et potestas*
E NORBERG in: Scire litteras p. 312

96 *Christe, lux mundi salus et redemptor*
I STOTZ Sapph. Dichtung p. 206-209

97 *Christe, meam puppim rege, quaeso, velut*

98 *Christe, mearum / lux tenebrarum*
ET KLOPSCH Lyrik p. 132
ETC Carm. Cant. 79 ed. ZIOLKOWSKI p. 150; 322
EC WEBER Gottschalk p. 135
TC STELLA Poesia carolingia p. 290; 469s.
MI LÖWE Settimane ... Spoleto 32/1986 p. 527; 529 n. 156
I EPPERLEIN Herrschaft u. Volk p. 223 n. 279
I LAPIDGE StudMed III 18/1977 p. 264
I NINEHAM JEH 40/1989 p. 17s.

99 *Christe, nostra nunc et semper*
M FILL Hss. Kremsmünster I p. 415
I NORBERG Les vers iambiques p. 89

00 *Christe, novum qui pascua mihi concedis*
ETC Walahfr. Wett. ed. KNITTEL 1986
T GODMAN Poetry p. 214s.
I ORLANDI StudMed III 20/1979 p. 192-199
I CICCARESE Romanobarbarica 7/1982-83 p. 63-67
I HERREN StudMed III 24/1983 p. 501
I SCHMID in: Fs. O. HERDING 1977 p. 32-36
I ZIOLKOWSKI Talking animals p. 80ss.
I LAPIDGE MlatJb 22/1987 p. 73
I BERSCHIN Biographie III p. 274

-a *Christe, opifex rerum, parent cui sidera, [Christe*
M DE MEYIER Codices Vossiani III p. 36

01 *Christe, pater mundi, secli radiantis origo*
B Clavis Galliae II p. 101s.
I GODMAN Poets p. 55
I SCHALLER MlatJb 6/1970 p. 20
I SCHALLER Studien p. 85 n. 43; p. 93; 413

02 *Christe, patris altissimi / Verbum et natae*

03 *Christe patris verbum caro iam de virgine*

04 *Christe, patris verbum, cuncti concordia*
ET NAUERTH p. 212
EM KRAUS Österr. Vierteljahresschrift f. kath. Theol. 2/1863 p. 61
M BALLAIRA Prisciano p. 228
M STAUB/KNAUS Hss. d. Hess. Landes- u. Hochschulbibl. Darmstadt IV p. 280
B Rep. Hymn. 2920
I BELTING-IHM Settimane ... Spoleto 41/1994 p. 866

05 *Christe, patris verbum, moderans per*
E MGH Poet. 5 p. 636
I ÖNNERFORS HZ 232/1981 p. 144

06 *Christe, patris verbum, reverendum numen et*

07 *Christe, Petro portas paradisi pande beatas*
MB MGH Poet. 5 p. 684

08 *Christe potens Domine nostri largitor*

09 *Christe potens rerum, redeuntis conditor*
E MGH Epist. 3 p. 238
M facs. UNTERKIRCHER Cod. Vind. 751 f. 25^r
M MlatJb 15/1980 p. 262; WIC 2703
MI CC 133D p. XX n. 11

10 *Christe potens, rogito, vitiorum comprime*
E DE MEYIER Codices Vossiani I p. 6

11 *Christe precamur annue*
M GNEUSS MlatJb 35/2000 p. 244
I NORBERG Les vers iambiques p. 28
I NORBERG in: Cultura in Italia p. 364

12 *Christe, precamur, inclite, te postulamus*

13 *Christe, preces intellege, Romam tuam*
MI DORMEIER/SCHUFFELS in: Bernward II p. 237s.
I DORMEIER in: Bernward I p. 106
I SKUBISZEWSKI CCM 28/1985 p. 163; 167
I WILLMES Herrscher-'Adventus' p. 140; 187

14 *Christe, precor, veniam segni des mitis*
EM Colophons 20286

15 *Christe principium finis lux est via Christus*

16 *Christe qui caput es sacrae / solus ecclesiae*
E MGH Poet. 5 p. 602
I STOTZ Sapph. Dichtung p. 124; 262

17 *Christe qui lux es et dies*
E Hymnarium oscense II p. 25s.
EC Canterbury Hymnal 37517 p. 35
M Basel, UB A XI 96
M PASSALACQUA Codici p. 175
M ZANNA in: Poesia dell'alto medioevo p. 365
M GNEUSS MlatJb 35/2000 p. 244
MI BULLOUGH Carolingian renewal p. 251
I NORBERG Les vers iambiques p. 20 n. 14; p. 28
I CURRAN Antiphonary p. 31
I WADDELL Cistercian Hymnal I p. IX

18 *Christe, qui regis omnia*

19 *Christe, qui virtus sator et vocaris*

-a *Christe, recorderis Ellenhardi famulantis* [1
A inc. saec. XI
M Bamberg, Staatsbibliothek Lit. 2 f. 2^v
M facs. Freising 1250 Jahre geistliche Stadt 1989 p. 249

20 *Christe redemptor omnium / Conserva*
E Hymnarium oscense II p. 83
EC Canterbury Hymnal 37517 p. 110s.
M Basel, UB A X 90
M LAPIDGE Wulfstan p. LXXVI
M GNEUSS MlatJb 35/2000 p. 246
I STÄBLEIN Ges. Aufs. p. 309 n. 58

21 *Christe redemptor omnium / Ex patre*
E Hymnarium oscense II p. 43s.
M Portiforium Wulfstani nr. 151
M LUISELLI RCCM 15/1973 p. 299
M ODERMATT Ordinarius St. Arnulf p. 389
I NORBERG Les vers iambiques p. 38

22 *Christe, redemptor omnium / Exaudi preces*

23 *Christe, redemptor omnium / Infirma*

– *Christe redemptor pius animarum*
cf. *Ne derelinquas*

24 *Christe, rex clemens pietatis auctor*
M NORBERG Hymnarius Severinianus p. 8

25 *Christe, rex, mundi creator*
I NORBERG Les vers iambiques p. 86; 92
I NORBERG MlatJb 19/1984 p. 69

26 *Christe, rex noster, via lux salusque*
EI NORBERG Hymnarius Severinianus p. 22
MI HOLTZ StudMed III 16/1975 p. 106
I STOTZ Sapph. Dichtung p. 352; 363
I CECCHINI RFIC 108/1980 p. 482

27 *Christe, rex regum, Deus angelorum*

28 *Christe rex regum dominans in aevum*
ET KLOPSCH Lyrik p. 186
EC WEBER Gottschalk p. 139
TC STELLA Poesia carolingia p. 292; 470s.
I SPANKE Studien p. 3
I BERNAYS MlatJb 32.1/1997 p. 14-23

29 *Christe, rex regum, dominator magne*
MI NORBERG Hymnarius Severinianus p. 27ss.
I CECCHINI RFIC 108/1980 p. 483s.

30 *Christe, rex regum, dominator orbis*

31 *Christe, rex regum piissime / sanctificator*

32 *Christe, rex, splendor gloriae*
M GNEUSS MlatJb 35/2000 p. 247

33 *Christe rex via (vita) lux et vita (via et*
I HÄRDELIN MlatJb 24-25/1989-1990 p. 149

34 *Christe, salus hominum, constant quo cuncta*

-a *Christe salus mundi magnorum summe crea-* [*tor*
EM Colophons 17594

35 *Christe salus mundi, nobis miserere*
M SCHALLER in: Fs. BULST 1981 p. 188
I SCHALLER Studien p. 35; 199
I RATKOWITSCH MIÖG 106/1998 p. 474

36 *Christe, salus mundi, sanctorum gloria*

37 *Christe salus utriusque decus, spes unica*

38 *Christe salvator hominis ab ore*
B Clavis Galliae II p. 383

39 *Christe, salvator hominumque rector*
I STOTZ Sapph. Dichtung p. 363
I STOTZ in: Fs. HAEFELE 1985 p. 48

40 *Christe, salvator omnium, caelorum sublimis*

41 *Christe salvator, pietatis auctor*

42 *Christe, sanctis unica spes, salus, vita*

43 *Christe sanctorum decus angelorum / In polo*
I NORBERG Hymnarius Severinianus p. 60

44 *Christe sanctorum decus angelorum / Rector*
E Hymnarium oscense II p. 82
EC Canterbury Hymnal 37517 p. 108
M GNEUSS MlatJb 35/2000 p. 247
I STOTZ Sapph. Dichtung p. 73; 208; 323

45 *Christe sanctorum decus atque virtus / [Splendor*
M GNEUSS MlatJb 35/2000 p. 247
I STOTZ Sapph. Dichtung p. 208

46 *Christe sanctorum decus atque virtus / Vita*
E Hymnarium oscense II p. 77s.
EC Canterbury Hymnal 37517 p. 80s.
M ODERMATT Ordinarius St. Arnulf p. 389
MB V. D. STEINEN ZSchwKG 40/1946 p. 258
MI BULLOUGH Carolingian renewal p. 253
I STOTZ Sapph. Dichtung p. 208; 363

47 *Christe sanctorum decus et corona*
I STOTZ Sapph. Dichtung p. 208

48 *Christe servorum regimen tuorum*
ET KLOPSCH Lyrik p. 24
I BUCHHEIT Philologus 134/1990 p. 50-65
I GNILKA in: Iconologia sacra p. 53-55
I STOTZ Sapph. Dichtung p. 14

-a *Christe, splendor gloriae, laudes referimus [tibi*
EC Canterbury Hymnal 37517 p. 126s.

49 *Christe supreme, dominator alme*

50 *Christe, tibi laudes quas possumus aut dare*

-a *Christe, tibi semper grates persolvimus [omnes* 23
A inc. saec. XI?
EI HOWLETT Peritia 13/1999 p. 117s.

51 *Christe, tu rerum opifexque operum*
I NORBERG Les vers iambiques p. 77

52 *Christe, tua agmina iubilant voce praecelsa*
A inc. saec. IX
M CTrop V p. 75; 276; 279
MBI V. D. STEINEN ZSchwKG 40/1946 p. 254; 258
I V. D. STEINEN ZSchwKG 41/1947 p. 46
I SPANKE Studien p. 15

53 *Christe, tuo clipeo Dermoth defende*
EC CC Cont. Med. 117 p. 50
I BERSCHIN Gr.-lat. MA p. 173

54 *Christe, tuum, clemens, tege semper ab hoste*

55 *Christe, verus rex sanctorum*
I GIL Habis 9/1978 p. 163

56 *Christi athletae ut essent certamina*
EMB STOTZ Sapph. Dichtung p. 362
EI LEONARDI in: Fs. MUNARI 1986 p. 354

57 *Christi caterva clamitat*
M GNEUSS MlatJb 35/2000 p. 246

58 *Christi caterva pervigil*

59 *Christi domini militis / martyrisque*

60 *Christi genealogia formans ceu doctrinalia*
A Hartw. (saec. XI)
ETI RÜTZ Text im Bild p. 61s.; 136s.
I BISCHOFF in: Verf. Lex.^{2} III c. 530s.

61 *Christi hodiernae pangimini omnes una*
M CTrop V p. 72; 275; 277s.
MB CROCKER p. 437s.
MBI V. D. STEINEN ZSchwKG 40/1946 p. 254; 258
I SPANKE Studien p. 15

62 *Christi hodiernum / celebremus sanctum*

63 *Christi natalis, tersit qui vulnera mortis*
E LECLERQ in: Miscellanea MERCATI II 1946 p. 483

64 *Christi oves exultate spiritali iubilo*
I SWINARSKI Herrschen mit den Heiligen p. 400s.
I NORBERG Les vers iambiques p. 103 n. 27

65 *Christi patris in dextera*
B LAPIDGE/SHARPE p. 149:583

66 *Christi per horam tertiam*

67 *Christi Ravennam dedicatam legibus*

68 *Christi sacra serenat nativitas mundi nubila*

69 *Christi sancta domus, praepollens aula*

70 *Christicolarum sacrosancta lacrimentur*

71 *Christicolas animas haec conscia cura*

-a *Christicolas cunctos benedicere iube sacer-* [*dos*
A inc. saec. XI?
E LECLERQ EphemLiturg 59/1945 p. 318

72 *Christicolas inter populos animasque*

-a *Christo delinquentium convertit carmina fide*
A inc. saec. VIII
EM RUGO Iscrizioni III p. 64:81

73 *Christo divinam Pabo scripserat hanc*
EM Colophons 14935

74 *Christo inclita candida / nostra canant*
M CTrop V p. 82; 101; 276; 278
M Basel, UB O I 9
M Paris, BN lat.: Cat. gén. VI 1975 p. 67
I DE GOEDE PRU p. CXLIII

75 *Christo mente pia monachus subiectus Oliva*

– *Christo nato, rege magno*
cf. *Lumen clarum rite fulget / Orto*

-a *Christo (Christe), quem dominum caeli*

76 *Christo quoque percipiente*

77 *Christo regi cantica vocum per discrimina*

78 *Christo, regi regum, virgo canat ecclesia*

79 *Christophorus mox sortitus moderamina*

80 *Christum fonte lavat paradisi in sede*
ET NAUERTH p. 210

81 *Christum laude celebri / sexus et aetas*

82 *Christum non tenuit saxum, non claustra*

83 *Christum peto, Christum preco*
ETC LAPIDGE Anglo-Latin Literature 1993 p. 244s.
M ZANNA in: Poesia dell'alto medioevo p. 365
B LAPIDGE/SHARPE p. 342:1291
I LAPIDGE Peritia 4/1985 p. 106
I LAPIDGE Anglo-Saxon England 15/1986 p. 47

84 *Christum quisque cupis cernere, et alto*

85 *Christus ad nostras veniat camenas*
M FILL Hss. Kremsmünster I p. 415
I STOTZ Sapph. Dichtung p. 279; 428

86 *Christus amor votum mihi, qui pia munera*
ETC CC Cont. Med. 100 p. 171; 315
M CC Cont. Med. 100A tab. B22
MI ERNST Carm. fig. p. 274-277
I BERSCHIN Gr.-lat. MA p. 159s.
I Text als Figur p. 40

87 *Christus discipulum mallens advisere*

88 *Christus est virtus, patris sapientia*
A inc. saec. IX (Paul. Albar.?)
I NORBERG Les vers iambiques p. 76s.
I WRIGHT Late Latin p. 69s.
I GIL Habis 7/1976 p. 204

89 *Christus est vita veniens in orbem*
I STOTZ Sapph. Dichtung p. 287

90 *Christus Evam ducit Adae, quam vocat*
M KESSLER p. 32ss.
B Clavis Galliae II p. 494

91 *Christus hic flos est decor hic est fonsque*

92 *Christus hunc diem iucundum cunctis*
B CROCKER p. 448
I DE GOEDE PRU p. CXLIII
I STÄBLEIN AMusWiss 19/1962 p. 85

93 *Christus in arce poli praebet consortia matri*

94 *Christus in nostra insula quae vocatur*
ETI HOWLETT Peritita 12/1998 p. 79-86
M Basel, UB A VII 3
B LAPIDGE/SHARPE p. 149:584

– *Christus, lorica militum*
cf. *Christus, redemptor gentium*

-a *Christus, lux, vita, det nobis vincere dira*
A inc. saec. XI?
E WILMART EphemLiturg 45/1931 p. 360:1

95 *Christus passus patibula*
EI RAW Crucifixion Iconography p. 99

96 *Christus Ragnardum salvet, tueatur, honoret*
E Colophons 16392

97 *Christus, redemptor gentium*
B LAPIDGE/SHARPE p. 149:585
I SCHALLER in: Iren u. Europa I p. 471
I COCCIA StudMed III 8/1967 p. 303

98 *Christus, redemptor plebium, baptisma*

99 *Christus, rex noster, via lux salusque*

00 *Christus rex, via, vita, lux et veritas*
M BOTTIGLIERI in: Poesia dell'alto medioevo p. 288
I SPANKE Studien p. 4
I V. D. STEINEN ZSchwKG 40/1946 p. 255

01 *Christus Salvator, Christus rex arce serenus*
ETC CC Cont. Med. 100 p. 75; 301
M CC Cont. Med. 100A tab. B8
MI ERNST Carm. fig. p. 228-232

02 *Christus sit requies scriptori, quin bona*

03 *Christus te, socio super astra Valente, Senesi*

04 *Christus unxit gentes castas*

05 *Christus ut humanam traxit de virgine*
E JEAUNEAU Études Érigéniennes p. 612
EM KOEHLER/MÜTHERICH V p. 182
MI DUTTON/JEAUNEAU StudMed III 24/1983 p. 94

06 *Christus, ut intremus, foris est perpessus, in*

07 *Christus, vita hominum, caelorum gloria*
E JEAUNEAU Études Érigéniennes p. 612
EM KOEHLER/MÜTHERICH V p. 182 (facs. tab. 48)
MI DUTTON/JEAUNEAU StudMed III 24/1983 p. 94 tab. 3
I STAUBACH Rex christianus p. 275s.

08 *Chrysocome gladium fugiens stringente*

09 *Chrysogonum in vinclis Anastasia fovebat*

10 *Cibis resumptis congruis*

11 *Ciconiarum Rufus iste conditor*

12 *Cilicio posito spe fruitur domino*

13 *Cinaede Talle, mollior cuniculi capillo*

14 *Cinctum togatis post et ante Saufeium*

15 *Cingebant latices montem teneroque meatu*
B BHL 1903b

16 *Cingitis altithronum, leo bos homo rexque*

17 *Cinnam, Cinname, te iubes vocari*

18 *Circin hic numeros perpendiculare figuras*

19 *Circinus a norma quid distet, suspice, lector*

20 *Circius aestivo, vulturnus frigore gratus*

21 *Circuitu longo vitans contingere limen*
E Notker Balb. ed. BERSCHIN p. 115

22 *Circulus hic summi comprendit nomina regis*

23 *Circumitu adversi te rite notavi sepulcri*

24 *Circumlata diu mensis scribilita secundis*

25 *Circus imago poli, formam cui docta*
M KER Books p. 202
I COURTNEY MusHelv 45/1988 p. 57

26 *Cives caelestis patriae / Regi regum*
ETI KITSON Anglo-Saxon England 12/1983 p. 109ss.
M MlatJb 15/1980 p. 262; WIC 2812
M PASSALACQUA Codici p. 34
M Colmar 187 (Cat. gén. 56 p. 83)
M WIELAND Anglo-Saxon England 4/1975 p. 123
M GNEUSS Handlist 12
B DRONKE/LAPIDGE/STOTZ MlatJb 17/1982 p. 55
B SHARPE nr. 301
I THORNDIKE Ambix 8/1960 p. 6
I HOWLETT Peritia 13/1999 p. 113s.

27 *Clam Kraton iudexque Zenophylus abdita*

28 *Clamabat tumidis audax Leandros in undis*

– *Clamamus ad te deus*
cf. *Tu traditus es*

– *Clamamus ad te domine*
cf. *Rex altissime*

29 *Clamant leprosi domino: miserescito nostri*

– *Clamat ecce supplex mea nunc ad te miseria*
cf. *O mi custos, o mi heros*

– *Clamemus omnes una voce*
cf. *Amara nobis*

30 *Clangam, filii / ploratione una*
ET GODMAN Poetry p. 322ss.
ET KLOPSCH Lyrik p. 212
TI ZIOLKOWSKI Talking animals p. 105ss.; 298s.
M CTrop V p. 86; 277; 279; 283s.
MI STÄBLEIN Schriftbild p. 114s.
BI SZÖVÉRFFY Latin Lyrics I p. 22-24
I V. D. STEINEN ZSchwKG 41/1947 p. 126; 139ss.
I WALL MedAev 45/1976 p. 247s.
I LIVER MusHelv 39/1982 p. 146-156
I STÄBLEIN Ges. Aufs. p. 261-264; 271 n. 9
I SPANKE Studien p. 92; 110
I STEVENS Words and Music p. 111s.; 439
cf. *Plangant filii / ploratione una*

– *Clangant filii*
cf. *Clangam filii*

31 *Clange, lyra, Zachariam / v. 13: Ecce iuncta*

32 *Clange, lyra, Zachariam / v. 13: Iam te*
I GIL Habis 7/1976 p. 207; 9/1978 p. 160

– *Clara beati agnoscere Pauli dogmata qui*
cf. *Clare beati agnoscere*

33 *Clara cantemus sonoriter cantica*

34 *Clara chorus dulce pangat*
I SEVESTRE in: Laborare fratres in unum. Fs. L. DOBSZAY ed. J. SZENDAI/D. HILEY 1995 p. 285-295

35 *Clara dies rutilat populis: sacra limina*

– *Clara fide, praeclare actu, clarissime fructu*
cf. *Clare fide*

36 *Clara fui quondam, Sodomae dum farra*

37 *Clara gaudia, festa paschalia congaudet*
M CTrop V p. 77; 96; 276s.; 279s.
MB CROCKER p. 435
I DE GOEDE PRU p. CXLIII
I STÄBLEIN AMusWiss 18/1961 p. 13

– *Clara magnis quae sanctorum*
cf. *Mysticum melos persolvat*

– *Clara mihi post has memorabere*
cf. *Cara mihi post has memorabere*

38 *Clara praecelso redeunt honore*

39 *Clara refulgent huius templi culmina*
cf. *Refulgent clara*

40 *Clara resonant nunc organa*
I DE GOEDE PRU p. CXLIV

41 *Clara sanctorum meritis trophaea*

42 *Clara sanctorum una, Hierusalem*
I GIL Habis 7/1976 p. 206

43 *Clara sub aetheriis fulget Thaumantia proles*

44 *Clara suis meritis et nobilitate parentum*

45 *Clara tibi celsae referam primordia gentis*
E LEONARDI in: Fs. MUNARI 1986 p. 351
I NELSON Politics and Ritual p. 203
I TREMP Thegan p. 35 n. 139
I GODMAN Poets p. 168s.
I GODMAN in: Charles the Bald p. 301
I WALLACE-HADRILL Frankish Church p. 243
I RICHÉ in: Jean Scot Érigène et l'Histoire de la Philosophie p. 41
I COURCELLE Lecteurs ... de l'Énéide p. 527
I HAUBRICHS Otfrid p. 46 n. 245

46 *Clara tibi nos, Christe, dulcifluum Alleluia*

47 *Claras laudes ac salubres, posco, fratres*

48 *Clare beati agnoscere Pauli dogmate qui*
A inc. saec. XI
E Colophons 14987
E MGH Poet. 5 p. 671

49 *Clare fide, praeclare actu, clarissime fructu*

50 *Clare rutilans symphonia / Dulci resonat*
I V. D. STEINEN ZSchwKG 40/1946 p. 252

51 *Clare sacerdos, clues, almo fultus decore*
E Mélanges Colombaniens p. 328s.
I BULST in: Fs. BIELER 1976 p. 81-91
I NORBERG Introduction p. 141
I SCHALLER in: Iren u. Europa I p. 473
I BULST Lat. MA p. 19-21

I BERSCHIN Biographie II p. 36
I NORBERG in: Cultura in Italia p. 368
I BERSCHIN Biographie III p. 159 n. 169
I SCHALLER Studien p. 241; 243

52 *Clare sanctorum senatus apostolorum*
M FILL Hss. Kremsmünster I p. 81; 413; 480
M ODERMATT Ordinarius St. Arnulf p. 389
M NEUHAUSER Hss. UB Innsbruck I p. 91s.
B CROCKER p. 446
I DE GOEDE PRU p. CXLIV
I STÄBLEIN AMusWiss 19/1962 p. 85

53 *Clarent angelici sublimia festa diei*

54 *Clarescat terris Iuvenalis gloria*
EBI STOTZ Sapph. Dichtung p. 23s.; 75; 331; 362-371; 385; 456; 459
EI LEONARDI in: Fs. MUNARI 1986 p. 351
I NORBERG Les vers iambiques p. 80

55 *Claret Aquis sane, tua qua valeat manus arte*
ETI GIERSIEPEN p. 13:14

56 *Claret in exiguis ... sapientia verbis*

57 *Claret mira dei bonitas in rege Manasse*

58 *Claret opus, domino quod vovit condere*
I JACOBSEN in: Theophanu I p. 179

59 *Claret sacrata iam dies*

60 *Clari tecta antistis Martini quoque membra*

61 *Clarificis virtutum armis (iam)*
M GNEUSS Handlist 88

62 *Clariflua caterva Deo lyrica*

63 *Clarior eloquio cunctis, Cypriane refulges*
ETI CC 113A p. 221:10
I MADOZ p. 220

– *... claris lirae camenis*
cf. *Praeclaris lirae camenis*

64 *Claris vocibus inclita / cane, turma sacra*
M PELLEGRIN Bibliothèque Vaticane II.1 p. 486
M CTrop V p. 81; 100; 276; 278s.; 280
I DE GOEDE PRU p. CXLIV
I HOLSCHNEIDER Winchester p. 133
I HÄRDELIN MlatJb 24-25/1989-1990 p. 145; 150

– *Claro paschali gaudio, sol mundo nitet radio*
cf. *Aurora lucis rutilat*

65 *Clarum decus ieiunii / Monstratur orbi*
EC Canterbury Hymnal 37517 p. 79
M Portiforium Wulfstani nr. 442

66 *Clarum nobis, Christe, tui*

67 *Clarus ab infuso discedens sidere Phoebus*
I GIOVINI Maia 50/1998 p. 489-498

68 *Clarus Cyprianus in caelestibus almis*

69 *Clarus fronde Iovis, Romani fama cothurni*

70 *Clarus in officio renitebat honore tyranni*

71 *Clarus in orbe soli martyr Bonifatius istud*

72 *Clarus inoffenso procedat lumine Titan*
M MlatJb 15/1980 p. 262; WIC 2846

73 *Clarus ob insignis meritum laudisque*
ET HÄUSLE Denkmal p. 69

74 *Claude, precor, miseras, aetas verbosa*

75 *Claudere sic versum didicit: Berecynthius*

76 *Claudia caeruleis cum sit Rufina Britannis*

77 *Claudia nobilium prolis generosa parentum*

78 *Claudia, Rufe, meo nubit Peregrina Pudenti*

79 *Claudiani librum mihi vestrum mittite*

80 *Clauditur en cunctum quem constat claudere*
E MGH Poet. 5 p. 676

81 *Clauditur hac tumba pridem sine felle*

82 *Clauditur hic magnus Leopardus nomine*
ETI GIERSIEPEN p. 13:15

83 *Clauditur hoc gremium Sperendeus rite*

84 *Clauditur hoc tumulo Benedicti fida iugalis*
EM RUGO Iscrizioni III p. 40:40

85 *Clauditur hoc tumulo martyr Corona*
ETI GIERSIEPEN p. 13:15

86 *Clauditur hoc tumulo, tantum sed corpore*
I DE RUBEIS in: Paolo Diacono … ed. P.

CHIESA 2000 p. 139ss.

87 *Clauditur hoc tumulo venerabilis ille*

88 *Clauditur immunis convexo tegmine rivus*
ETI LAURENS BAGB 1986 p. 346

– *Clauditur in tumulo sanctus sophista*
cf. *Conditur hoc tumulo sanctus*

89 *Claudius atque Nicostratus cum*

90 *Claudius egregie vixit privatus et insons*
B BHL 1797

91 *Claudius exstinctae rediviva incendia*

92 *Claudius hic iaceo Diadumenus arte poeta*

93 *Claudius hunc vivus Stygias Rufinus ad*
ET HÄUSLE Denkmal p. 46

94 *Claudius inrisae privato in tempore vitae*

95 *Clauduntur tumulo hoc Hariolfi antistitis*

96 *Claudus erat marcens utero, cui poples*

97 *Claudus iter peragens quidam pede substitit*
E MGH Poet. 5 p. 657

– *Clausa domo teneor gravibusque coercita*
cf. *Mittit Hypermestra de tot*

98 *Clausa iacet lapidi coniux pia cara Sabina*

99 *Clausula iustitiae est martyrium votis optare*

00 *Clausus ab umbroso qua ludit pontus Averno*

01 *Clausus aurium meatus et sonorum nescius*

02 *Clausus in hoc tumulo iuvenis requiescit*

03 *Clausus in hoc tumulo Pompeius nunc*

04 *Claviger aeternae paradisi et ianitor aulae*
I SCHALLER Studien p. 114

05 *Claviger aethereus Petrus dum sancta*
B BHL 1860f
I A. DIERKENS Abbayes et chapitres entre Sambre et Meuse 1985 p. 167 n. 125

06 *Claviger aethereus, portas qui pandit Olimpi*
B Clavis Galliae II p. 444
I HERMANN in: Frühes Mönchtum in Salzburg ed. E. ZWINK 1983 p. 171 n. 40; 45

07 *Claviger aethereus, portas qui servat Olympi*
B Clavis Galliae II p. 433

08 *Claviger aethereus princeps in principe*
B Clavis Galliae II p. 445
I SCHALLER Studien p. 375

09 *Claviger aethereus servat qui regmina caeli*
B Clavis Galliae II p. 400

10 *Claviger aethereus Simon cognomine Petrus*

11 *Claviger alme poli, Ruotpertus mente fideli*

12 *Claviger exiguus quondam Lotharius istum*
EM Colophons 12607
I CONTRENI Laon p. 41

13 *Claviger hanc Petrus doctor hanc Paulus et*

14 *Claviger o Petre cui Christus dixit: Amas me*

15 *Clavipotens frater simul homonymusque*
I SCHMID Klostergemeinschaft Fulda p. 766

16 *Clemens dudum pulsus Roma a Traiano*

17 *Clemens et constans, ut res expostulat, esto*

18 *Clemens per Petrum sortitur pontificatum*

19 *Clementis festum celebratur hodie*
I NORBERG Les vers iambiques p. 77

20 *Cleobulus ego sum, parvae civis insulae*

21 *Clerice, dicticam lateri teneas ut amicam*

22 *Clerice, diptychas lateri ne dempseris*
M MlatJb 15/1980 p. 262; WIC 2907
M JEUDY ALMA 44-45/1983-85 p. 92
M LAPIDGE in: YORKE Aethelwold p. 103
I BERSCHIN Gr.-lat. MA p. 170s.
I LENDINARA Anglo-Saxon England 15/1986 p. 73-89

23 *Climata perspicuis loetis decorata sigillis*

24 *Clinicus Herodes trullam subduxerat aegro*

25 *Clio gesta canens transactis tempora reddit*
M PASSALACQUA Codici p. 129; 133
M PRETE Cod. Barb. Lat. p. 278 (cod. 42)
M BALLAIRA Prisciano p. 134; 148

M Bruxelles, BR 5327 (saec. IX/X) f. 173^{r}
M COULSON Scriptorium 42/1988 p. 264
M COULSON/LEMAÎTRE Scriptorium 41/1987 p. 264
M WELKENHUYSEN in: Mélanges BASCOUR 1980 p. 406
M Nigel of Canterbury, The Passion of St. Lawrence ed. ZIOLKOWSKI 1994 p. 291s.
M MlatJb 15/1980 p. 262; WIC 2938
M GNEUSS Handlist 95; 196
MI CONTRENI StudMed III 17/1976 p. 809

26 *Clio saecla retro memorat sermone soluto*
I COURTNEY ClPh 79/1984 p. 311

27 *Clipeus hic vividam dat postulantibus escam*

– *Clotho colum baiulat, Lachesis trahit*
cf. *Tres sunt fatales quae ducunt*

28 *Cludere quae cenas lactuca solebat avorum*

– *Clypeus*
cf. *Clipeus*

29 *Coaequalis patri per omnia ac spiritui*

30 *Coccina famosae donas et ianthina moechae*

31 *Codicibus sacris hostili clade perustis*
A inc. saec. VI?
E Alcuin.: carm. 69.201s.
EB J. J. G. ALEXANDER Insular Manuscripts Sixth to the Ninth Century 1978 p. 33
TM facs. ÖBERG Poetry tab.
M K. WEITZMANN Spätantike u. frühmittelalterliche Buchmalerei 1977 p. 126:48
MI CORSANO Scriptorium 41/1987 p. 20

32 *Codicis hanc partem Pauli conscripserat Igi*
I HOFFMANN DA 48/1992 p. 83-96

33 *Codicis huius opus struxit Theodulfus amore*
EM Colophons 17791; 17792
I Études Ligériennes p. 351
I SZERWINIACK Scriptorium 48/1994 p. 226

34 *Codicis huius ovans volui confringere penna*
ET BERSCHIN in: St. Gallen II p. 75
EM Colophons 18818
TI BERSCHIN Eremus p. 8
MI A. VON EUW Liber Viventium Fabariensis 1989 p. 75 tab. 9

35 *Codicis istius quot sunt in corpore sancto*

36 *Codrusque ille canit, quali tu voce canebas*

37 *Coenobium ad eximii merito venerabile*

38 *Coenobium claustrum praesentis rite*

39 *Coeperat egregius hoc Petrus condere*

40 *Coepit, Maxime, Pana quae solebat*

41 *Coetibus aligeris divina voce vocatis*

42 *Coetus apostolicus cum hic pictis rite*

43 *Coetus apostolicus hanc sacram continet*

44 *Coetus apostolicus pariter cum principe*

45 *Coetus honorifici decus et gradus ordinis*
ETC REYDELLET I p. 63

46 *Cogis me calamo manuque nostra*

47 *Cogit me Titus actitare causas*

48 *Cogitat Ursidius sibi dote iugare puellam*

49 *Cogitato te hominesse et scito: moriendust*

50 *Cogito quid faciam: nuper mihi contigit uno*
M SCHMIDT Reichenau p. 163

51 *Cogitur Aeneas bellorum exponere casus*

52 *Cogor amore tuo iuvenilem tollere clavam*
I COURCELLE Lecteurs ... de l'Énéide p. 398
I R. VAN DOREN Étude sur l'influence musicale de l'abbaye de Saint-Gall 1925 p. 92s.

53 *Cohibete intra limen etiam vos parumper*

54 *Colchida quid scribis, quid scribis, amice*

– *Collatum vitae destruxit femina culmen*
cf. *Omnis mente pius fugiat mortale*

55 *Collaudet spatiis hortorum commoda lautis*

– *Collegium quod est acceptum aetati agendae*
cf. *Gonlegium quod est aciptum*

56 *Colliberti et conservi merito posuerunt*

57 *Collibitum est nobis, in lexi schemata quae*
M PASSALACQUA Codici p. 230
M HOLTZ StudMed III 16/1975 p. 121:42
M SHACKLETON BAILEY ClPh 77/1982 p. 115
MI BALLAIRA RhM 122/1979 p. 326-337
I EFFE Dichtung u. Lehre p. 232s.

58 *Collibus in celsis saevi discrimina Martis*

59 *Collige per numerum quicquid cupis esse*
M DESHMAN Anglo-Saxon England 6/1977 p. 149; tab. II

60 *Colligere incertos et in ordine ponere crines*

61 *Colligit Albinus virtutum dote ditatus*

62 *Colligit haec parvos hac simplicitate nitentes*

63 *Collis o Heliconiei*

64 *Collis sum collisque fui collisque manebo*

65 *Collisi silicis chalybem vigor urget in ignem*

66 *Collo necte, puer, meros amores*

-a *Collocet in caelis oratio nos Michaelis*
A inc. saec. XI?
E WILMART EphemLiturg 45/1931 p. 360:3

67 *Colmano versus in Colmanum perheriles*

68 *Columbanus etenim qui et Columba*
I HENNIG in: Iren u. Europa II p. 695

69 *Columen morum ac pietatis*

70 *Comere me comiter iussit ita praesulis archi*
I KER Books p. 21

71 *Comitur Ambrosii meritis urbs Mediolana*

72 *Commemorare tua lib ...*

73 *Commendare meas, Instanti Rufe, Camenas*

74 *Commendare tuum dum vis mihi carmine*

75 *Commendo tibi me ac meos amores*

76 *Commendo tibi, Quintiane, nostros*

77 *Comminus Aeratae succedunt postera*

78 *Commisso mihi non satis modestas*

79 *Commoda de damnis mercaris, gaudia*

– *Commoda naturae nullo tibi tempore derunt*
cf. *Si contentus eo fueris quod postulat*

80 *Commoditas haec est in nostro maxima pene*

81 *Commodus Herculeum nomen habere cupit*
E FUCHS MusHelv 31/1974 p. 179

82 *Commodus insequitur, pugnis maculosus*

83 *Commoritur, Narcisse, tibi resonabilis Echo*

84 *Commune Eumaeus mapale et divus Ulixes*

85 *Communem nummum dividendum censio est*

86 *Communi sede regna beata tenes*

87 *Communis tibi cum viro, Magulla*

88 *Commutat Fortuna vices pueriliter actas*

89 *Comoedi tres sunt, sed amat tua Paula*

90 *Compages flagrantis quinque feruntur*

91 *Compar amande vale, nostri decus, inclute*

92 *Compedibus nixi quidam duo forte sedebant*

93 *Compesce lacrimas, subduc suspiria lector*
I DÍAZ Anecd. Wisig. p. 120

94 *Compinxi turmam celebratus lumine fulvam*

95 *Complentem menses sextae per cornua lunae*

96 *Complexi (complevi) praecepta sacris*

97 *Componis fatuis dum pueris melos*

-a *Composita est tabulae nunc talis formula [belli* 8
E AL 193
ETI A. J. BAUMGARTNER Untersuchungen z. Anthologie d. Codex Salmasianus 1981 p. 100
cf. *In parte alveoli*

98 *Composui propriis manibus hoc munus*
T COOK p. 13

99 *Comprimit adulescens Lemnius Sicyoniam*

00 *Comprimite, o gentes, homicidia! Nonne*

01 *Computus hic alphabeto confectus habetur*
E KÖNSGEN MlatJb 14/1979 p. 66-75
M GNEUSS Handlist 483

02 *Conantur patri multi nunc insidiari*

03 *Concelebremus sacram / huius diei*
A inc. saec. IX
M STÄBLEIN in: MGG XII 1965 c. 522ss.
I J. STEVENS Words and Music p. 84-88
I DE GOEDE PRU p. CXLIV
I SPANKE Studien p. 5; 82; 92; 140
I V. D. STEINEN ZSchwKG 41/1947 p. 146s.

04 *Concentu caeli meruit sine fine beari*

05 *Concentu parili hic te, Maria, veneratur*
M DE MEYIER Codices Vossiani VI p. 137
M NEUHAUSER Hss. UB Innsbruck I p. 90
M CTrop V p. 76; 276; 278
M FILL Hss. Kremsmünster I p. 413; 480
B CROCKER p. 441
I DE GOEDE PRU p. CXLIV
I SZÖVÉRFFY Marianische Motivik p. 21-23
I STÄBLEIN AMusWiss 19/1962 p. 86

06 *Concentu parili Iustam canamus*
I GIL Habis 7/1976 p. 207

07 *Concentu veneremur / Cuncti fratres*

08 *Concentus omnis virginum*
M Albi, Bibl. mun. 37 f. 97v

09 *Concilium divis hominum de rebus habetur*
M COULSON Scriptorium 51/1997 p. 166

10 *Concilium sacrum venerandi culmina iuris*

11 *Concinat altithrono vox omnis cordis ab*

12 *Concinat orbis cunctus Alleluia*

13 *Concipe praeteritos, res publica, mente*
I LADNER Images and Ideas p. 793

-a *Concita tempestas rutilans illuminat orbem* [18
A inc. (Hist. Apoll. reg. Tyr. c. 11)
E FPL³ p. 450

14 *Concita veloces fugeret cum damma*

15 *Concordes animae casto sociantur amore*
I WALLACE-HADRILL Frankish Church p. 407

16 *Concordes animae quondam, cum vita*

17 *Concors atque unum per pascua pastor et*

18 *Concurrite huc populi et insulae*
EC SCHALLER in: Fs. BULST 1981 p. 186s.
M KOEHLER/MÜTHERICH V p. 125
MI facs. BERSCHIN ZGObRh 134/1986 p. 20
I BERSCHIN Gr.-lat. MA p. 179
I BERSCHIN ZSchwKG 66/1972 p. 266s.
I SCHALLER MlatJb 18/1983 p. 81
I SCHALLER Studien p. 40-44; 197-234; 424s.

19 *Concurrite omnes augures haruspices*
I SCHALLER Studien p. 207

20 *Concussit quamvis potantem Nestora clamor*

21 *Concute cor torpens, cruce pendens hostia*
EMI facs. DUFT St. Gallen I tab. 18; p. 254

22 *Concutitur post haec humano denique more*

23 *Condicio belli tristis, sors invida rerum*
MI WALZ in: Fs. DÜCHTING 2001 p. 521-540; tab. 1
I CONSOLINO Annali p. 1360s.
I WALLACE-HADRILL Frankish Church p. 84
I BULST Lat. MA p. 44-56
I BRENNAN Byzantion 66/1996 p. 335-345

24 *Condicione necis, hominum genus, omne*
E MGH Poet. 5 p. 635

25 *Condiderat iam Solis equos Tartesia Calpe*

26 *Condidit alta quies annis meritisque*

27 *Condidit altithronus hominem / Quem iubet*

28 *Condidit Ambrosius templum dominoque*

29 *Condidit Antigonus haec moenia fortia*

30 *Condidit Erlbaldi abbatis sub tempore*
TI BERSCHIN in: Codices Sangallenses ed. P. OCHSENBEIN/E. ZIEGLER 1995 p. 2

31 *Condidit haec vates Naucellius, ante*

32 *Condidit hanc aulam Landulphus et Otho*

33 *Condidit hic miseri mater duo funera partus*

34 *Condidit hic natum infelix Bocontia mater*

35 *Condidit hoc domino praesul Warmundus ab*

36 *Condidit hoc sanctum stabili fundamine*
M DE MEYIER Codices Vossiani VI p. 263

37 *Condidit hoc templum multa virtute [verendum / Theudelinda*

38 *Condidit hoc templum summa virtute [verendum / Regina*

39 *Condidit hoc tumulo fatis tricensimus annus*

40 *Condit in hunc tumulum Carudi coniugis*

41 *Condita Caesariae sunt hoc pia membra*

42 *Condita cum tibi sit iam sexagensima messis*

43 *Condita disparibus numeris ego Naso Salano*

44 *Condita hoc tumulis requiescit ossa*

– *Condita in hoc tumulo*
cf. *Condita sub tumulo*

45 *Condita Nebris habes titulum quem sola*

– *... condita priorum*
cf. *Raginthruda piis semper memoranda*

46 *Condita sancta cupis si nosse pignora, lector*
EM GAUTIER DALCHÉ RevHistTextes 12-13/1982-83 p. 153s.; 158 n. 4
B CALMA I p. 83
B Clavis Galliae I p. 65s.

47 *Condita sepulchro hic pausat Ursa crestiana*

48 *Condita sub tumulo requiescit corpore*

49 *Condita sum Nice, quae iam dulcissima patri*

50 *Condita sunt tumulo Iuliani membra sub isto*
ETC REYDELLET I p. 152

51 *Conditor aeterne, quem laudo versibus istic*
B Clavis Galliae I p. 243
I CHAZELLE The Cross p. 70

52 *Conditor, aeternis fulcit qui saecla columnis*
MI O'BRIAN O'KEEFE Anglo-Saxon England 14/1985 p. 61-73
I TRONCARELLI Tradizioni p. 114s.

53 *Conditor aeternus, caeli qui regnat in arce*
M MGH Poet. 5 p. 611

54 *Conditor alme siderum / Aeterna lux*
E Hymnarium oscense II p. 39s.
EC Canterbury Hymnal 37517 p. 56s.
M VAN DEN GHEYN Cat. I p. 302
M Kloster Schäftlarn p. 36s.
M Basel, UB A X 90
M BEERS Cistercian Hymnal p. 22
M Portiforium Wulfstani nr. 31
M ODERMATT Ordinarius St. Arnulf p. 389
M GNEUSS MlatJb 35/2000 p. 246
I NORBERG Les vers iambiques p. 38
I WADDELL Cistercian Hymnal I p. IX
I BULLOUGH Carolingian renewal p. 255; 269 n. 66

55 *Conditor alme summaque potestas*

56 *Conditor almus / Christus Olympi*
ETC Carm. Cant. 80 ed. ZIOLKOWSKI p. 152; 324

-a *Conditor angelici coetus rerumque creator* [67
M PASSALACQUA Codici p. 241

57 *Conditor Armenius, supero qui dignus*

58 *Conditor cosmi omniumque salus*
EI NORBERG Hymnarius Severinianus p. 61ss.

59 *Conditor excelsi residens in culmine caeli*
B BHL 850

– *Conditor hic regum genetrix et regia coniunx*
cf. *Conditur hic regum*

60 *Conditor omnipotens, rector mihi mitis*

61 *Conditor omnipotens rerum, mens unica*
I TRONCARELLI Tradizioni p. 85s.

62 *Conditor omnipotens rerum, qui cuncta*
I COURCELLE Lecteurs ... de l'Énéide p. 464

63 *Conditor supernus orbis, imperator omnium*
I MEYERS MA 93/1987 p. 90

64 *Conditur Heinricus hic heremita pius*

65 *Conditur hic genitore bono melior Diomedes*

66 *Conditur hic iuris series amplissima legum*
ETI CC 113A p. 225:15

67 *Conditur hic Odgerus hoc sub culmine*

68 *Conditur hic primus Guifredus marchio*
A Oliba Rivipullensis
ET MUNDÓ/MEDINA in: RICO/MUNDÓ Ripoll p. 58

69 *Conditur hic regum genetrix et regia coniunx*

– *Conditur hoc antro sacrae substantia carnis*
cf. *Scire volens, cur triste genus*

70 *Conditur hoc busto praesul Drogo marmore*
B Clavis Galliae I p. 307s.

71 *Conditur hoc tumulo Laerta natus Ulixes*

72 *Conditur hoc tumulo raptus florentibus annis* [26
A inc. saec. VI?
ETI LEBEK ZPE 63/1986 p. 83-100
EI BISCHOFF Anecdota novissima p. 147s.
I KLEIN in: Arbor amoena p. 58s.
I LEBEK ZPE 65/1986 p. 66-68
I LEBEK ZPE 69/1987 p. 101-105

73 *Conditur hoc tumulo sanctus sophista*
E JEAUNEAU Études Érigéniennes p. 512
E JEAUNEAU in: Mélanges BASCOUR 1980 p. 170
M SOTTILI I Codici del Petrarca p. 223; 265
I LAPIDGE Anglo-Saxon England 9/1981 p. 79

74 *Conditur interius nitido hoc patriarcha*
E PICARD Souvenir p. 369 n. 25

75 *Conditus hac Romanius est tellure Iovinus*

76 *Conditus hic ego sum Bassi dolor, Urbicus*

77 *Conditus hic ego sum. cuius modo rustica*

78 *Conditus hic tumulis iuvenis iacet hic Aper*
E ALFÖLDY Inschriften p. 235:441

79 *Conditus hoc tumulo tegitur Gregorius exul*

80 *Conditus impensa iacet hic ...*

81 *Conditus in bivio serpens sub cote latebat*

82 *Conditus infelix in ista sede perenni*

83 *Conduntur cineres parvi tellure sub ista*

84 *Confessor Christi, pie Dei famule / [Geminiane exorando*
ET VISCARDI Origini Testi p. 248s.

85 *Confessor Christi, pie Dei famule / [Geminiane supplicando*

86 *Confessor Domini, Maure, paterni*

87 *Confessor fidei meritis et nomine clarus*
B Clavis Galliae II p. 411

88 *Confessor hic probabilis / extorris aevo*

89 *Confessor meritis martyr cruce apostolus*
ET GILARDI Syll. Turon. p. 212; 225

90 *Confirmat hominis corpus haec formula*

91 *Confitebor tibi, pater / domine caeli*

92 *Confitemini et psallite*

93 *Confiteor dominum nunc patrem*
M GNEUSS Handlist 12; 903

94 *Confiteor tibi, trine deus, qui crederis unus*

95 *Congaudeat turba fidelium / natus est rex*
I SPANKE Beziehungen p. 14

96 *Congaudent angelorum chori / gloriosae*
M NEUHAUSER Hss. UB Innsbruck I p. 91
M FILL Hss. Kremsmünster I p. 81; 413; 480
M ODERMATT Ordinarius St. Arnulf p. 389
MI STÄBLEIN Schriftbild p. 184s.
B CROCKER p. 438
I STÄBLEIN AMusWiss 19/1962 p. 86
I V. D. STEINEN ZSchwKG 41/1947 p. 158
I SZÖVÉRFFY Marianische Motivik p. 23
I OCHSENBEIN in: Fs. FREDE/THIELE II 1993 p. 639-653
I SCHALLER Studien p. 209s.

97 *Congaudentes exsultemus vocali concordia*
M NEUHAUSER Hss. UB Innsbruck I p. 90
M ODERMATT Ordinarius St. Arnulf

p. 389
I DE GOEDE PRU p. CXLIV

98 *Congenitae in Christo gentis mihi castus ab*
I COURCELLE Lecteurs ... de l'Énéide p. 84

99 *Congreditur mundo cursu mirabile factor*

00 *Congregavit nos in unum Christi amor*
EM FRANCESCHINI in: Studi in onore di A. CHIARI I 1973 p. 511-520 (= FRANCESCHINI Scritti di Filologia Latina Medievale. Medioevo e Umanesimo 26 u. 27 I 1976 p. 366-371)
EI NORBERG Paulin d'Aquilée p. 59-65; 138-140
EI MOELLER Questions liturgiques et parroissiales 62/1981 p. 106-112
EI MEERSSEMAN Ordo Fraternitatis I p. 156s.
T ÖBERG Poetry p. 111
TI MICHEL p. 122
M L. GJERLOW Adoratio crucis 1961 p. 148
I V. D. STEINEN ZSchwKG 40/1946 p. 255
I NORBERG in: Cultura in Italia p. 372
I BRINKMANN ZfdPh 102/1983 p. 12s.
I SCHALLER in: Karl d. Gr. Nachwirken I p. 206s.

01 *Congrua pulmentis introrsus grana feruntur*

02 *Congruet in Pascha, die felicissimo nostro*

03 *Coniuge direpta meo direptaque natis*

04 *Coniuge si qua caret fratemque miserruma si*

05 *Coniuges hic positi acerbo funere rapti*

06 *Coniugi pro meritis quondam carissimo*

07 *Coniugii dulcis hoc est commune sepulchrum*

08 *Coniugio nostro spatium breve contigit aevi*

09 *Coniugis amissae lacrimas satis esse putavi*

10 *Coniugis arte decus patriae reduxit Iason*

11 *Coniugis audisset fatum cum Porcia Bruti*

12 *Coniugis et nati vitia vix nosse valemus*

13 *Coniugis iratae noli tu verba timere*

14 *Coniugis officium paret tribuisse maritum*

15 *Coniugium inceptum dulce mihi tecum*

16 *Coniugius hic ille iacet castissimae famae*

17 *Coniunctum dulci fraterni iuris amore*

18 *Coniunx cara mihi, multos dilecta per annos*
ET HÄUSLE Denkmal p. 31

19 *Coniunx hic Blandi sita cum Crispina*

20 *Coniunx namque huius Otdruda et nomine*

21 *Coniunx, quae placidam capis quietem*

22 *Coniunxit mors quos ...*

23 *Conquerar an sileam? monstrabo crimen*

24 *Conquerar, an taceam? ponam sine nomine*

25 *Conquerar oppressus incoepti fasce laboris*

26 *Conscendat usque sidera / Caelique pulset*

27 *Conscius insignis facti locus in Bethania*

28 *Consecrat aediculam mandrita Lupambulus*
MI MGH Poet. 5 p. 680s.
cf. *Iusserat aediculam*

29 *Consecrat hoc templum reginae rite polorum*

30 *Consedere duces et vulgi stante corona*

31 *Consequiturque brevis titulatio rite secundi*

32 *Conserva potius, quae sunt iam parta labore*

33 *Conservam uxorem duo conservi expetunt*

34 *Consilia qui dant prava cautis hominibus*

35 *Consiliis belloque bonus, quae copula rara*

36 *Consiliis sacris apta est sapientia regis*
M facs. BLOCH Monte Cassino III p. 1141
M facs. Regensburger Buchmalerei tab. 14
MB HOFFMANN Buchkunst p. 300
I CAMPANA in: Studi e ricerche ... in mem. G. MERCATI 1959 p. 34-47

37 *Consilio pollens Iudaeam denique gentem*

38 *Consilium arcanum tacito committe sodali*

39 *Consilium formae speculum dulcisque*

40 *Consimiles fratrum trabeis gestamina*

41 *Consistantque tibi ieiunia sancta frequenter*

42 *Consistasque frequens in factis semper*

43 *Consociet dominus pariter nos in paradiso*

44 *Consona, caterva, plaudente sacri*

45 *Consona diversas fundit narratio linguas*

46 *Consona diversis finxisti carmina libris*

47 *Consonis Christum veneremur odis*
I STOTZ Sapph. Dichtung p. 360

48 *Consors levita martyrum*
EI NORBERG Hymnarius Severinianus p. 59

49 *Consors paterni luminis / Lux ipse*
E Hymnarium oscense II p. 29
EC Canterbury Hymnal 37517 p. 40s.
EM PÉREZ GONZÁLEZ in: Poesia dell'alto medioevo p. 335; tab.
M ODERMATT Ordinarius St. Arnulf p. 389
M Portiforium Wulfstani nr. 2618

50 *Conspectis properanter aquis ardescere*

51 *Conspicitur pictus dux nobilis atque serenus*
MB HOFFMANN Buchkunst p. 281

52 *Conspicua primum specie quam fata bearunt*
M GNEUSS Handlist 183
I SHACKLETON BAILEY ClPh 77/1982 p. 126

53 *Conspicuos en virgo tuos modulando*
EM STRAETEN Manuscrits hagiographiques p. 76s.

54 *Conspicuum corpus arte mirifica sumpsi*

55 *Conspicuum retinet bustum memoranda per*

56 *Constans augustus cupiens sibi subdere*

57 *Constanti coniunx, parvorum mater*

58 *Constanti virtus studium victoria nomen*
I SIVAN MS 48/1986 p. 527 n. 15
I DELLA CORTE Romanobarbarica 5/1980 p. 98

59 *Constantina deum venerans Christoque*
M clm 13108 (H.-G. SCHMITZ Kloster Prüfening im 12. Jahrhundert 1975 p. 189)
M SOTTILI I Codici del Petrarca p. 442
M GNEUSS Handlist 38; 680
I WOCHNIK StMGBO 99/1988 p. 125

60 *Constantine, decus mundi, lux aurea saecli*
M MUNK OLSEN Auteurs classiques II p. 169

61 *Constantine, meis opus est non promere*

62 *Constantine pater, constans ostenderis ex*
M VEZIN in: Fs. MASAI 1979 p. 160; tab. 20

63 *Constantine pater, tu, mundi gloria, consul*

64 *Constantine, tuo fini dum providus esses*

65 *Constantine, tuos sic semper malis iratos*

– *Constantinensis pagus cognoscitur esse*
cf. *Quod caelum terramque Deus*

66 *Constantinensis urbis rector (domnus)*
BI La Neustrie p. 221:75

67 *Constantinopoli adsurgit Carthago priori*

– *... Constantius auctor*
cf. *Balnea, rura, domus fecit Constantius*

68 *Constat disiunctum quicquid stat lege*

69 *Constat sic homo compositus ...*
B BISCHOFF in: Verf. Lex. V^2 c. 919s.

70 *Constiteram exorientem Auroram forte*

71 *Constitit attonito spectans stellantia visu*

72 *Constitit haec miris olim constructa figuris*

73 *Constitui aeternum mihi meisque terminum*

74 *Constituit Marti spoliorum ex hoste*
M COULSON Scriptorium 51/1997 p. 166

75 *Constituit, Philomuse, pater tibi milia bina*

76 *Constructas inter moles parietibus altis*

77 *Constructum renovatur opus, dum saecula*

78 *Consubstantialis patri et sempiterni filio*
M CTrop III.2 p. 73

79 *Consueta vitia ferimus, non reprendimus*

80 *Consuetudo oculis nil sinit esse novum*

81 *Consul eram quondam, Romanus miles*

82 *Consul in egregiis bis senis fascibus auctus*

83 *Consule Pompeio primum duo, Cinna*

84 *Consule te Bruto quod iuras, Lesbia, natam*

85 *Consules fiunt quotannis et novi proconsules*
EC Flori carmina ed. C. DI GIOVINE 1988 p. 77; 120s.

86 *Consulis ad genium nomen pro stemmate*

87 *Consumpta est uno si lemmate pagina*

88 *Consumptus rithmos metrum nunc incipit*
B Clavis Galliae I p. 300-302

89 *Contemni turpe est, legem donare superbum*

90 *Contentum propriis sapientem vivere rebus*

91 *Contentus esto, Paule mi*

92 *Contentus modico Bacchus solet esse racemo*

93 *Contentus modico tectique habitator egeni*

94 *Contero cuncta simul virtutis robore magno*

95 *Conticuere omnes. Infandos ille labores*
M COULSON Scriptorium 51/1997 p. 166
I SCHETTER Hermes 116/1988 p. 343-357

96 *Conticuere omnes intentique ora tenebant*

97 *Conticuere omnes intentique ora tenebant*

98 *Conticuere omnes intentique ore loquentis*

99 *Conticuere omnes. tum sic fortissimus heros*
I SCHETTER Hermes 116/1988 p. 343-357

00 *Contigeris nostros, Caesar, si forte libellos*

01 *Contigeris regina meos si Polla libellos*

02 *Contigit Ausoniae procerum mitissimus*

03 *Contigit hic tumulus duo pignora cara*

04 *Contigit ut princeps Augusti limina tecti*
ETC ANTÈS p. 52
I BALDWIN Hermes 114/1986 p. 503
I W. POHL Die Awaren 1988 p. 32; 48s.; 60; 401 n. 17

05 *Continet haec ara sanctorum pignora sacra*

06 *Continet hic botrum pariter spinamque*
M DE MEYIER Codices Vossiani VI p. 263

07 *Continet hic paries veterum monimenta*

08 *Continet hic plures Christi per nomina testes*

09 *Continet hic sanctus uno sub corpore codex*
B Clavis Galliae II p. 85
I CONTRENI Laon p. 50
I HOFFMANN Buchkunst p. 44
I STELLA Poesia carolingia p. 40s.
I FISCHER Lat. Bibelhss. p. 226; 277

10 *Continet hic tumulus memorandi Caesaris*

-a *Continet hic tumulus Teotbaldi nobile corpus* [3
A inc. saec. IX: epitaph. Teotbaldi
ETI CIFM 13 p. 156:43

11 *Continet hic tumulus vultu ... Vel ...*

12 *Continet hymnidicus divino iure libellus*

13 *Continet ille prior sacrati gesta libellus*
I COURCELLE Lecteurs ... de l'Énéide p. 147; 333

14 *Continet in gremio caelum terramque*

-a *Continet in se usus monachorum iste libellus* [40
EM DINTER Corp. cons. mon. X p. 7s.
I FRIED DA 45/1989 p. 415
cf. *Atque alias rerum*

15 *Continet ista manus mundum, prosternit*

16 *Continet iste decem naturae verba libellus*
M TRONCARELLI Boethiana Aetas p. 238
M PASSALACQUA Codici p. 350
B Clavis Galliae II p. 92s.

17 *Continet iste liber numerorum pondera*

18 *Continet iste liber partes sex, noscito, frater*
MB HOFFMANN Buchkunst p. 493

19 *Continet iste liber veterum monumenta*
I JACOBSEN in: Theophanu I p. 179

20 *Continet iste statum paschalem circulus*
EI MARTÍNEZ GÁSQUEZ/GÓMEZ PALLARÈS MlatJb 27/1992 p. 103-140

21 *Contingat vos saepe vestros visitare famulos*
E MGH Poet. 5 p. 498; 686

22 *Continuant superi pleno Romana favore*
I SIMS-WILLIAMS Anglo-Saxon England 12/1983 p. 8

23 *Continuata loco tria sidera, Corvus et*

24 *Continuata meae durare silentia linguae*

25 *Continuis vexata madet vindemia nimbis*

26 *Continuoque novo solidantur membra vigore*

27 *Contio fratrum, pietate culta*

28 *Contra Augustinum narratur serpere quidam*
M Beda: hist. eccl. 1.10

29 *Contra hominem astutum noli versutus*

30 *Contra hominem iustum prave contendere*

31 *Contra potentes nemo est munitus satis*

32 *Contra verbosos noli contendere verbis*

33 *... Contriti et cordis sacra parare deo*
I MEYVAERT RBén 89/1979 p. 45

34 *Contulerat natura potens, quae summa*
B Clavis Galliae I p. 7

35 *Contulit ad saturas ingentia pectora Turnus*

36 *Contulit agminibus fratrum pia munera*

37 *Contulit alme tibi pater hunc Benedicte*
M MUNK OLSEN Auteurs classiques II p. 705
B Rep. Font. V p. 492s.

38 *Contulit hic igitur praedictus nomine praesul*
B Clavis Galliae I p. 290s.

39 *Contulit hic ventus pretiosi membra metalli*

40 *Contulit hunc librum divinis usibus aptum*
MB HOFFMANN Buchkunst p. 285

41 *Conubii bellique deas superavit amorum*

42 *Conubii decus egregium, lux alma parentum*

43 *Conubio iuncti, diversis gentibus orti*

44 *Convenere lepus vulpesque in famina dudum*

45 *Conveniant gentes fidei tria dona ferentes*

46 *Convenio signis, quem convenisse loquelis*

47 *Convenit haec monachis semper servare*

48 *Convenit omnimodis Christo natura leonis*

49 *Convenite simul quot estis omnes*
BI STOTZ Sapph. Dichtung p. 20s.; 235-238

50 *Conveniunt subito cuncti de montibus altis*
ET GODMAN Poetry p. 144ss.
EC GREEN Carolingian pastoral p. 7s.; 36s.
EI MCENERNEY MlatJb 16/1981p. 35-42
T ÖBERG Poetry p. 139
TC STELLA Poesia carolingia p. 302; 474ss.
M PRETE Cod. Barb. Lat. p. 36 (cod. 26)
M N. R. KER Medieval Manuscripts in British Libraries II 1977 p. 706
M DE MEYIER Codices Vossiani III p. 34
M PELLEGRIN Bibliothèque Vaticane I p. 75: Barb. lat. 26 (VIII.26)
M MUNK OLSEN Auteurs classiques II p. 633
M TRONCARELLI Boethiana Aetas p. 239
M U. WINTER Hss. Diez 1986 p. 68
M DE MEYIER Codices Vossiani VI p. 265
M JEUDY MlatJb 29.1/1994 p. 3
MBI CASTILLO Cuadernos FilClas 5/1973 p. 53-61
B Clavis Galliae II p. 69-73
I ERMINI StudMed II 2/1929 p. 187
I VINAY Alto Medioevo Latino p. 250
I SCHUPP Williram von Ebersberg p. 95
I WILHELM Month p. 88ss.
I CHASE in: Insular Latin Studies p. 136-152
I KLOPSCH Bukolik p. 158
I VIARRE in: TRAUBE-Gedenkschrift p. 228
I WEBER Wiener Studien 100/1987 p. 258

51 *Conventus sollers sacerdotum / et plebis*

52 *Converti ad mores rectos et vivere sancte*

53 *Convexa solis orbita*

54 *Conviva quisquis Zoili potest esse*

55 *Convivae miseri, luctus deposcite multos*

56 *Convivae, tetricas hodie secludite curas*
I Lausberg Das Einzeldistichon p. 403 n. 13

57 *Convivas epuli mundos Deus esse superni*
A Odo Clun.: occup. 6.11
E Swoboda p. XII

58 *Convivis Christi caelestis mensa paratur*

59 *Copa Surisca, caput Graeca redimita mitella*
M U. Winter Hss. Diez 1986 p. 68
M Prete Cod. Barb. Lat. p. 278 (cod. 42)

60 *Copia materiam genuit cum germine rerum*
B BHL 8958
B Lapidge/Sharpe p. 227s.:827
I Poulin Francia 23/1996 p. 705

61 *Copia me perdit: tu suffragare rogatus*

62 *Copiosae caritatis / Nicolae pontifex*

63 *Coponem laniumque balneumque*

64 ... *Coporusque tulis* ... */ nec Tusci saltus*

65 *Coquina eorundum et sanguinem minuentum*
I W. Berschin Der St. Galler Klosterplan als Literaturdenkmal p. 116s.

66 *Cor geminum fratris, valeas, flos splendide*

67 *Cor non laudo hominis: nam perfidum et*

-a *Coram simul congregati consonates canora* [18
A Valerius Bergidensis: Epitameron 5b
E Díaz Anecd. Wisig. p. 108

68 *Cordas tange, melos pange cum lira sonabile*
ETC Carm. Cant. 43 ed. Ziolkowski p. 120; 296

69 *Corde devoto / omnis nunc fidelium*

70 *Corde gaudemus hilares sereno*
EC CC Cont. Med. 117 p. 100
I E. H. Kantorowicz Laudes regiae 1958 p. 73 n. 28
I Riché in: Iren u. Europa II p. 740
I Willmes Herrscher-'Adventus' p. 82
I Staubach Rex christianus p. 327s.

71 *Corde iucundo, calamo venusto*
I Quacquarelli Poesia tardoantica p. 460
I Gnilka in: Iconologia sacra p. 53 n. 149
I Stotz Sapph. Dichtung p. 293
I Stotz in: Umanesimi p. 722

72 *Corde laetamur hilares sereno*
EC CC Cont. Med. 117 p. 106
I Willmes Herrscher-'Adventus' p. 82

73 *Corde natus ex parentis ante mundi* [*exordium*
M Fill Hss. Kremsmünster I p. 151

-a *Corde sincero resonemus ymnum*
A inc. saec. IX/X
ETI Stotz in: Fs. Haefele 1985 p. 45-58
B WIC 3320

75 *Cordis laeti iubilo / Mentis*

76 *Cordis melos et oris*

77 *Corduba me genuit, rapuit Nero, proelia dixi*
M Hss. Krakau 524 f. 1^{r}; 525 f. 2^{r}; 527 f. 4^{r}
M Bruxelles, BR 21951 (saec. XV) f. 105^{r}
M Prete Cod. Barb. Lat. p. 278 (cod. 66)
M Bruxelles, BR 5330 (saec. X) f. 1^{v}
M Munk Olsen Auteurs classiques II p. 21
M N. R. Ker Medieval Manuscripts in British Libraries II 1977 p. 223
M Coulson Scriptorium 51/1997 p. 166

78 *Corduba, solve comas et tristes indue vultus*

79 *Corinthiorum amator iste verborum*

80 *Cornea si non sum, numquid sum fuscior?*

81 *Cornelii famulos audit gaudens sibi missos*

82 *Cornelius Lucius Scipio Barbatus*
EI Heinzelmann Bischofsherrschaft p. 34

83 *Cornibus apta cavis, tereti perlucida gyro*
ET BERTINI Autori latini p. 178s.
I PAVLOVSKIS Cl & Med 39/1988 p. 250

84 *Cornibus ex pecudum sisto fabricata laterna*

85 *Corniger has quondam pedibus pulsavit*

86 *Corniger in primis Aries et corniger alter*

87 *Cornipedes cuncti, quos gignunt bellica rura*

88 *Cornix et caries vetusque bustum*

89 *Corpora sanctorum gremio sunt*

90 *Corpora sanctorum pro Christi nomine passi*

91 *Corpora si viva tangam, torpescere faxo*

92 *Corpore, Christe, tuo dignanter pasce*
B Clavis Galliae I p. 290s.

93 *Corpore deposito cum liber ad aethera*
M PASSALACQUA Codici p. 120

94 *Corpore deposito mens redit ad dominum*

95 *Corpore devicto moritur cuicumque*

96 *Corpore fac mundos pariter cum corde*

97 *Corpore formata pleno de parvulo patre*

98 *Corpore hic recubat Crescentius inclitus*

99 *Corpore mente animo pariterque et nomine*
M SIMS-WILLIAMS Anglo-Saxon England 10/1982 p. 27-34
M GNEUSS Handlist 938
I SCHALLER Studien p. 187

00 *Corpore mente fide castissimus incola*

01 *Corpore non magnus, verborum flore sed*
EM Colophons 16397
M VEZIN in: Fs. MASAI 1979 p. 160

02 *Corpore par querulis es vel clamore cicadis*

03 *Corpore sulcato nec non ferrugine glauca*

04 *Corpore sum gracilis, stimulis armatus*
TI CAMERON Peritia 4/1985 p. 122

05 *Corpore terreno qui cernitur esse sepultus*
B Clavis Galliae I p. 175

06 *Corpore virgineo postquam Deus est homo*

07 *Corpore virgo, sacer carus Dominoque*

08 *Corporeis resoluta malis duce praedita*

09 *Corporeos gressus vicibus sic ablue limphis*

10 *Corporeos inter sensus, moribundaque*

11 *Corporibus nostris qui das alimenta, creator*

12 *Corporis atque animi diros sufferre labores*

13 *Corporis est species, species est altera rerum*
E CC Cont. Med. 68 p. 12

14 *Corporis et cordis maculas vitale lavacrum*

15 *Corporis exigui vires contemnere noli*

16 *Corporis exsuperat vires prudentia mentis*

17 *Corporis extremo non magnum pondus*

18 *Corporis hic faciem lavo, sed peccamina*

19 *Corporis hic victum sumens mentis*

-a *Corporis immensi fertur pecus isse per auras* [10
A Avian.: fab. 8
E GUAGLIANONE p. 17

20 *Corpus ad eximii merito venerabile Petri*
EM LAPIDGE EHR 90/1975 p. 806:13
EB J. J. G. ALEXANDER Insular Manuscripts Sixth to the Ninth Century 1978 p. 34
MI CORSANO Scriptorium 41/1987 p. 8
B SHARPE nr. 183
I BERSCHIN Biographie II p. 286
I FISCHER Lat. Bibelhss. p. 20

21 *Corpus humo, animam Christo, Petroni*

22 *Corpus in hoc tumulo magni Ciceronis*
M PRETE Cod. Barb. Lat. p. 29 (cod. 20); 278 (cod. 20)
M Hss. Krakau 515s.; 518
M N. R. KER Medieval Manuscripts in British Libraries II 1977 p. 704
M COULSON Scriptorium 51/1997 p. 166

23 *Corpus nostrum, quod cruci*

24 *Corrigi vix tandem quod curvom est factum*

25 *Corrigit hunc cursim librum Laurentius imus*

26 *Corripit illicitos praesens quoque sanna*

27 *Corruitura docet Christus decora inclita*

28 *Corrupti iecoris vitio vel splenis acerbus*

29 *Corsica Phocaico tellus habitata colono*
EI TIMPANARO in: Fs. MUNARI 1986 p. 299-308

30 *Corve salutator, quare fellator haberis*

31 *Cosconi, qui longa putas epigrammata*

32 *Coscum duxisse cascam non mirabile est*

33 *Cosmas germano Damianum foedere*
E MGH Poet. 5 p. 675
MB HOFFMANN Buchkunst p. 145
B BHL 8118

34 *Cosmas Gregorio monacho dedit ista*
B BHL 8118

35 *Cosmicos esse tibi, Semproni Tucca, videris*

36 *Costa viri matrem pausante protulit Adam*

37 *Cot debuit facere filius*

38 *Cote super plana scripturam impressit*

39 *Cotile, bellus homo es: dicunt hoc, Cotile*

40 *Cras amet, qui numquam amavit, quique*
ETC L. CATLOW Pervigilium Veneris 1980
T ÖBERG Poetry p. 25
TI WILHELM Month p. 3ss.
I PARDINI Orpheus N. S. 12/1991 p. 558ss.

41 *Cras te victurum, cras dicis, Postume*

42 *Creator mundi divinus in suo condidit verbo*
I STELLA Poesia carolingia p. 8

43 *Creator mundi domine / qui aequitatem*
TBI STOTZ Sapph. Dichtung p. 24; 194; 310; 384-88; 456

44 *Creator poli / atque arvae*
I SZÖVÉRFFY Holy Cross p. 29

45 *Creator poli / rexque terrae*
I DE GOEDE PRU p. CXLIV

46 *Credat hoc quisquam? ferus ille et acer*
BI STOTZ Sapph. Dichtung p. 18; 49-55; 60s.; 64; 66s.; 80; 84s.; 91; 97; 104; 456

47 *Crede mihi, miseros prudentia prima reliquit*
EC ROBERTINI p. 260

48 *Crede mihi, res nulla manet sine me*

49 *Crede prius veniens, Christi te fonte renasci*
I LAUSBERG Das Einzeldistichon p. 188

50 *Crede ratem ventis, animum ne crede puellis*
M SOTTILI I Codici del Petrarca p. 410

51 *Credebam vitiis aegram gentilibus urbem*

52 *Credentes in Christo derelictis idolis omnes*
M PRETE Cod. Barb. Lat. (cod. 34) p. 278

53 *Credere quis possit? falcem quoque (turpe*

54 *Credere quis poterit tantis spectacula causis*
TI LAPIDGE/ROSIER p. 64

55 *Credere si velles, cecini de fauce libellos*
M U. WINTER Hss. Diez 1986 p. 68

56 *Credere vix dubito, sed amicum amittere*

57 *Credi virgine castior pudica*

58 *Credideram nil posse meis adfectibus addi*

59 *Credimus te, sacer Christi, oraculo angeli*

60 *Credis eum iam posse tuae meminisse*

61 *Credis me potuisse meae maledicere vitae*

62 *Credis ob haec me, Pastor, opes fortasse*

63 *Credita sunt urna pietatis membra sub ista*

64 *Credita virgo parem blande decepit Achilles*

65 *Credite victuras anima remeante favillas*

66 *Credo ego Amorem primum apud homines*

67 *Credo ego miseram fuisse Penelopam*

-a *Credo et prostratus iacuit palmasque tetendi* [2
A Ven. Fort.: carm. spur. app. 1.59s.
E MGH AA 4.1 p. 372
E MGH Poet. 1 p. 554:57.3s. (Theod.)

cf. *Lingua prophetarum cecinit de virgine*
cf. *Pusio personae cum vultum obducit*

68 *Credo Pudicitiam Saturno rege moratam*

69 *Credo, rex, vos delectari his miris verissimis*

70 *Crescens, quisque meam futuet rivalis*

71 *Crescere Pippinus dum viderat inclytus*

72 *Crescere te Deus omnipotens in opus pietatis*
M facs. UNTERKIRCHER Cod. Vind. 751 f. 62^r

73 *Crescite gaudentes terram cum prole*

74 *Cresciture, ferox ne quid tibi dorsa flagellis*
I RENEHAN ClQ 75/1981 p. 471s.

75 *Cresconii monumenta patent conscripta*

76 *Creta dedit magnum, maius dedit Africa*

77 *Crethoni Petrus caeco praeceperat almus*

78 *Creticus atque trochaeus erit, qui claudere*

79 *Creticus aut spondeus erit paeanve supremus*

80 *Creticus hic sollers quidam vocitatur*

81 *Creverunt miri meritis crescentibus actus*
I COURCELLE Lecteurs ... de l'Énéide p. 356

82 *Crevit ad ornatum stabuli circique decorem*
EI SCHOLZ Hermes 115/1987 p. 231-240

83 *Crimina qui tollit agni designat imago*

84 *Crimine quo merui iuvenis, placidissime*

85 *Criminibus multis oppressus peccatis*

86 *Criminum mole gravatus et reatu saucius*
M Bruxelles, BR 15111-28 (saec. X) f. 79
I NORBERG in: Fs. MUNARI 1986 p. 340

87 *Crine ruber, niger ore, brevis pede, lumine*

88 *Crinibus ambrosiis Veneris decus addidit, ut*

89 *Crinitae Line paedagoge turbae*

90 *Crispe, meae vires lassarumque ancora*
I TIMPANARO in: Fs. MUNARI 1986 p. 299

91 *Crispulus iste quis est, uxori semper*

92 *Cristallum tali facile valet arte secari*

93 *Crucis almae fero signum: fuge daimon*

94 *Crucis instant sollemnia / pandunt*

95 *Cruda virensque Deo Kerhilt, seniore sed*

96 *Crudeles Parcae, nimium, matercula dicit*

97 *Crudelis nimium nostrorum cede tyranni*

– *Crux alma gerit*
cf. *Crux haec alma gerit*

98 *Crux benedicta nitet, dominus qua carne*
ETC REYDELLET I p. 49
ECI SZÖVÉRFFY Holy Cross p. 18-20
I QUACQUARELLI Poesia tardoantica p. 452
I BERSCHIN Eremus p. 20
I GEORGE Eranos 86/1988 p. 63
I SZÖVÉRFFY Wiener Studien 96/1983 p. 226ss.

99 *Crux benedicta, peto, mihimet succurre*

00 *Crux Christi sequitur de summo stemmate*

01 *Crux, decus es mundi, Iessu de sanguine*
ET GODMAN Poetry p. 138ss.
ECI SZÖVÉRFFY Holy Cross p. 24s.
MI Text als Figur p. 12; 41
MI ERNST Carm. fig. p. 170-174; 176
B Clavis Galliae II p. 31s.
I KLEIN Gnomon 60/1988 p. 592s.
I MÜLLER Hrabanus Maurus p. 130
I CHAZELLE The Cross p. 29; 31ss.
I SCHRAMM Kaiser, Könige u. Päpste I p. 321
I FERRARI p. 372s.
I SCHALLER Studien p. 1; 3-6; 9s.; 400

02 *Crux domini mecum, crux est, quam semper*
M SCHALLER in: Fs. BULST 1960 p. 33 n. 28
I SCHALLER Studien p. 12

03 *Crux est vita mihi, mors, inimice, tibi*

04 *Crux fidelis, inter omnes / arbor*
M ODERMATT Ordinarius St. Arnulf p. 389

-a *Crux genitum torret, suavem pater haurit* [*odorem* 2
A inc. saec. XI
EC BERGES/RIECKENBERG p. 162

05 *Crux haec alma gerit sanctorum corpora*
EI GÓMEZ PALLARÈS in: Umanesimi p. 177-179
I DRONKE Inaugural Lecture p. 36 n. 24

06 *Crux haec sancta dei consignet munera*

07 *Crux honoranda figura, spes pereuntibus*
E MGH Poet. 5 p. 661

08 *Crux magna dei pietas, crux gloria caeli*
MI ERNST Carm. fig. p. 427s.

09 *Crux micat alma dei divino munere plena*

10 *Crux mihi carmen erit, aures adhibete fideles*
ETC CC Cont. Med. 100 p. 151; 312
M CC Cont. Med. 100A tab. B19
MI ERNST Carm. fig. p. 270-272

– *Crux mihi certa salus Christi sacrata cruore*
cf. *Inclita si cupias sancti sub culmina*

11 *Crux mihi certa salus, crux est quam semper*
ETC REYDELLET I p. 56
T COOK p. 43
M Eichstätt, UB 772 f. 1^r
MI ERNST Carm. fig. p. 421; 423-427; 445; 447s.
I ERNST in: Mittelalter-Rezeption ed. P. WAPNEWSKI 1986 p. 203
I Text als Figur p. 43

12 *Crux ovat orbis honor, Christi victoria clara*

13 *Crux pia vita salus miserique redemptio*

14 *Crux quoque certa salus mundi et concessio*
I ERNST Carm. fig. p. 327

15 *Crux rogo sacra Dei signa mihi numine*
ETC CC Cont. Med. 100 p. 57; 298
M Rabanus Maurus i. s. Zeit p. 29
M CC Cont. Med. 100A tab. B5
MI ERNST Carm. fig. p. 240-242

16 *Crux terrena modis speratur certa duobus*

17 *Crux tua, Christe potens, his sit protectio*
M DE MEYIER Codices Vossiani VI p. 137
I CHAZELLE The Cross p. 71

18 *Crux tua, Christe, salus hominum*
I SZÖVÉRFFY Holy Cross p. 26s.

19 *Crux tua, lux lucis, has vallet fulgida caulas*
M DE MEYIER Codices Vossiani VI p. 137
I CHAZELLE The Cross p. 71

20 *Crux tua, rex regum Christe, hoc tueatur*
M DE MEYIER Codices Vossiani VI p. 137
I CHAZELLE The Cross p. 71

-a *Crux tua, sancte pater, Wicfridum salvet et* [*ornet* 4
MI ERNST Carm. fig. p. 445s.

21 *Crux veneranda dei solis haec fulget ab ortu*

22 *Crux veneranda hominum redemptio semper*

-a *Crux, victrix pleno longe lateque trophaeo* [5
A inc. saec. XI?
ETI E. MICHAEL Die Inschr. d. Lüneb. Michaelisklosters 1984 p. 13:2

23 *Cubiculum duplex cum arcisoliis et luminare*

24 *Cui dederint superi nomen habere Pii*

25 *Cui dedit hirsutus nomen venerabile cirrus*

26 *Cui deus omnipotens, quotiens haec liba*
ETI CIFM 17 p. 80:17

27 *Cui dono inlepidum, rudem libellum*

28 *Cui dono lepidum novum libellum / Arida*

29 *Cui dono lepidum novum libellum /* [*Veronensis*

30 *Cui fugienda fuit indocti semita vulgi*

-a *Cui haec parva non sufficiunt maiora non* [*proderunt* 3
A Valerius Bergidensis: Epitameron
E DÍAZ Anecd. Wisig. p. 113

31 *Cui, Hludowice, tui donasti munus amoris*

32 *Cui legisse satis non est epigrammata*

33 *Cui longinqua mei tempestas cardinis instat*

34 *Cui miserere Deus, clemens, pius atque*

35 *Cui pater amnis erat, fontes puer ille colebat*
I L. VINGE The Narcissus Theme in

Western European Literature 1967 p. 25s.

36 *Cui scieris non esse parem te tempore cede*

37 *Cui scripsi semel et legit, mea iure puellast*

38 *Cui servitutem di danunt lenoniam*

39 *Cui tradas, Lupe, filium magistro*

40 *Cuicumque aetheria qui regnet in arce*

41 *Cuius ab aeterno succedunt iura salutis*
B Clavis Galliae I p. 290s.

42 *Cuius ad imperium tremuere duces, tulit*

43 *Cuius ad obsequium coiere duces, bonus*
I BAYER Aachener Kunstbll. 54-55/1986-87 p. 36

44 *Cuius in exortu fit ab angelico pie coetu*
E LECLERCQ in: Miscellanea MERCATI II 1946 p. 483

45 *Cuius in hoc tumulo corpus requiescit*

46 *Cuius in hoc tumulo requiescunt ossa*

47 *Cuius in occasu ... Mors discrimina sentit*

48 *Cuius opes aut nobilitas aut tanta potestas*

49 *Cuius opus? - Phidiae: qui signum Pallados*

50 *Cuius rugitus Herculanum murmure*

51 *Cuius si tam properantia fata non fuissent*

52 *Cuius vigoris Frigdiani sanctitas*

53 *Cuius vis fieri, libelle, munus*

54 *Culmen apostolici coepisti nominis heres*

55 *Culmen apostolici transegimus ordinis altum*

56 *Culmen apostolicum cum Caelestinus*
ETMfacs. WALSER Einsiedler Inschriftenslg. p. 31; 84
I C. PIETRI Roma Christiana 1976 p. 504

57 *Culmen apostolicum Petrus Paulusque*

58 *Culmen honoratum, decus almum, lumen*
ETC REYDELLET II p. 34

59 *Culmen honorificum, patrum pater*

60 *Culmen honoris, ave, magno de semine*
M QUESTA in: Il Libro e il Testo p. 384 n. 75
B LAPIDGE/SHARPE p. 199:737
I STAUBACH in: Theophanu I p. 351 n. 61
I STAUBACH FMSt 20/1986 p. 576-579

61 *Culmen, opes, subolem, pollentia regna*
ET VISCARDI Origini Testi p. 50
EI ALFONSI Romanobarbarica 1/1976 p. 8ss.
M The Historia regum Britannie of Geoffrey of Monmouth II ed. N. WRIGHT 1988 p. LXXXI
M CRICK Geoffrey Mss. p. 111; 269
I A. ANGENENDT Kaiserherrschaft und Königstaufe 1984 p. 153 n. 5
I G. THOMA Namensänderungen in Herrscherfamilien ... 1985 p. 27s.
I SCHALLER Studien p. 213

62 *Culmina ampla vides haec. Hanc quis*

63 *Culmina caelorum calcata morte petente*
ET BISCHOFF in: Bibbia di San Paolo p. 171

64 *Culmina cernenti lectori, littera, prome*
B Rep. Font. IV p. 432
I LEVISON NA 41/1919 p. 288

65 *Culmina conspicui radiant veneranda Nazari*
ETC REYDELLET I p. 29

66 *Culmina multa polos radianti lumina*
ETC REYDELLET II p. 129
M DE MEYIER Codices Vossiani III p. 187
M York, Minster Libr. XVI.Q14 (saec. XIII) f. 64^{r-v}
I CASTILLO Cuadernos FilClas 5/1973 p. 56
I QUACQUARELLI Poesia tardoantica p. 449s.
I WILLIS Mnemosyne IV.41/1988 p. 122s.
I GNILKA in: Iconologia sacra p. 26 n. 6; p. 51 n. 140
I FICARRA Bollettino di Studi Latini 8/1978 p. 273-275
I HOEFLICH RPL 5/1982 p. 125
I G. SEIBT Ven. Fort. de virginitate (Diss. masch. Berlin) 1969
I HUNT/LAPIDGE Anglo-Saxon England 8/1979 p. 291; 295
I STEMMLER in: La Neustrie II 1989

p. 80
I BRENNAN Traditio 51/1996 p. 73-97

67 *Culmina si regum dudum cecinere poetae*
I SCHALLER in: Karl d. Gr. Nachwirken I p. 198-201; 209

68 *Culmina sublimi tollunt quae vertice cristas*

69 *Culmine praeclaro renitens diademate sacro*

70 *Culmine qui celso fulgit probusque sacerdus*
B BHL 6944

71 *Culminibus caeli rutilans Vincentius atque*

72 *Culpa levis tali stringatur in ordine facti*

73 *Culpare in quoquam quae non sunt nota*

74 *Culpatus reus extenuat delicta patrata*

75 *Culta mihi est pietas patre primum et matre*

76 *Cultor dei memento*
EC Canterbury Hymnal 37517 p. 36s.
I SCHALLER in: Iren u. Europa I p. 473

77 *Cultor et antistes doctorum sancte virorum*

78 *Cultor iustitiae, divinae et pacis amator*

79 *Cultores domini Felix pariterque Philippus*

80 *Cultoris domini toto sonus exiit orbe*
ETC REYDELLET I p. 28
I BECKER Beiträge z. Vgl. Sprachforschung 4/1863 p. 131

81 *Cultro membranas ad libros praesulis aptans*

82 *Cultus iustitiae, clarum quoque dogma*

– *Cum ...*
cf. *Dum ...*

83 *Cum ascendisset Dominus*
I NORBERG Les vers iambiques p. 40s.

84 *Cum bene re gesta salvos convortor domum*

85 *Cum bis duodenos aetas compleverat annos*

86 *Cum blandiretur iuveni meretrix perfida*

87 *Cum castitatem Iuno laudaret suam*

88 *Cum cathedrata litos portet tibi raeda*

89 *Cum Christo montem scandit sociisque*

90 *Cum clamant omnes, loqueris tunc, Naevole*

91 *Cum coleret puros pauper Telesinus amicos*

92 *Cum colum, invisum morbi genus, intima*

93 *Cum comes Arctois haereret Caesaris armis*

94 *Cum coniunx, natus vel servus peccat*

95 *Cum coniunx tibi sit, ne res et fama laboret*

96 *Cum constans anima adversis non frangitur*

97 *Cum constet vere, nihil ortum sine carere*

98 *Cum corio ante meo tectus vestitus et essem*

99 *Cum cretam sumit, faciem Sertoria sumit*

00 *Cum croceis rorare genis Tithonia coniunx*

01 *Cum cunctae penitus dentur divinitus artes*
M SCHRAMM/MÜTHERICH Denkmale[2] p. 474
M N. R. KER Medieval Manuscripts in British Libraries III 1983 p. 213
M Kunst und Kultur in der Karolingerzeit I p. 516s. tab. VIII.7
I LÖWE Settimane ... Spoleto 32/1986 p. 508

02 *Cum dare non possim, quod poscis, Galla*

03 *Cum data sint equiti bis quina nomismata*

04 *Cum datur iniusto peccandi optata potestas*

05 *Cum de fortunis quidam quereretur suis*

06 *Cum dederis Siculos mediae de collibus*

07 *Cum denis lustris ternos minus inclitus*

08 *Cum depilatos, Chreste, coleos portes*

09 *Cum describere non possim Theodotae*
I MONTORSI Epigrafe modenese p. 147

10 *Cum destinassem (terminum) operis*

11 *Cum deus altipotens animalia condidit orbis*
ET GODMAN Poetry p. 292ss.

EC CC Cont. Med. 117 p. 72
TI ZIOLKOWSKI Talking animals p. 69ss.; 262ss.
I GODMAN in: Charles the Bald p. 302
I KRATZ The Classical World 2/1976 p. 319-323
I ZIOLKOWSKI Neuphilologische Mitteilungen 84/1983 p. 288
I ZIOLKOWSKI Mediaevalia 9/1987 p. 1-24
I BRUNHÖLZL in: Scire litteras p. 91 n. 12; p. 92
I RATKOWITSCH Wiener Studien 102/1989 p. 251-266

12 *Cum Deus effectum precibus non praestat*

13 *Cum deus exserta peccantes verberat ira*

14 *Cum Deus infandas iam plecteret aequore*

15 *Cum Deus omnipotens exornasset mundi*

16 *Cum dicis Propero, fac si facis, Hedyle*

17 *Cum dixi ficus, rides quasi barbara verba*

18 *Cum Domino montana petit, cunctasque per*

19 *Cum Dominus dicat, in gemitum edere*

20 *Cum dubia et frugalis nobis sit vita tributa*

21 *Cum dubia incertis versetur vita periclis*

22 *Cum dubitaret adhuc belli civilis Enyo*

23 *Cum duo venissent ad Phyllida mane fututum*

24 *Cum ego antehac te amavi*

25 *Cum facias versus nulla non luce ducenos*

26 *Cum faciem laudo, cum miror crura*

27 *Cum famulis telisque furens penetralia*

28 *Cum fici tibi suavitas subibit*

29 *Cum fieret tristis solvendis auctio nummis*

30 *Cum foderet gladio castum Lucretia pectus*

31 *Cum fueris felix, quae sunt adversa, caveto*

32 *Cum fueris locuples, corpus curare memento*

33 *Cum futuis, Polycharme, soles in fine cacare*

34 *Cum gesta Martini loquor*

35 *Cum graderer festinus iter, pater alme*
ETC REYDELLET II p. 39

36 *Cum gravis extremas Vestinus duceret horas*

37 *Cum iam pro meritis tuis pararem*

-a *Cu(m) ia(m) ter siculis studeant laudare [puellas*
EM DE MEYIER Codices Vossiani III p. 173

38 *Cum ieiunasset Dominus*

39 *Cum insignium virorum gesta dictis fulgeant*
ETI WOLTERBEEK Ridicula p. 43-53; 298-303
M PASSALACQUA Codici p. 216

40 *Cum Iuvenale meo quae me committere*

41 *Cum iuvenem super astra Iovem natura*

42 *Cum iuvenis splendens fueram, mutuatus*
M VEZIN in: Fs. MASAI 1979 p. 161s.

43 *Cum labor est manuum, ad talem currite*

44 *Cum lapides vivi pacis conpage ligantur*
A Prosp.: epigr. 36
E MPL 51 c. 509
ETI GIERSIEPEN p. 6:6
TI HEITZ in: Culto cristiano e politica imperiale carolingia 1979 p. 350
TI HEITZ Settimane ... Spoleto 22/1975 p. 743
I ZIELINSKI in: I. CRUSIUS Beiträge zu Geschichte u. Struktur d. mittelalterlichen Germania Sacra 1989 p. 115 n. 102
I BAYER in: M. KERNER Der verschleierte Karl 1999 p. 445-452

– *Cum leporem mittis, semper mihi, Gellia*

45 *Cum libros Galli legerem, quibus ille parenti*

46 *Cum librum scribo, Vedastus ab aethere*
TI Ornamenta Ecclesiae I p. 217

47 *Cum loquor, una mihi peccatur littera; nam*

48 *Cum lupus infami laesisset fauce colonos*

49 *Cum me captares, mittebas munera nobis*

50 *Cum me ficus alat, cum pascar dulcibus uvis*

51 *Cum me mater amat ad ludum vivere iurat*

52 *Cum me velle vides tentumque, Telesphore*

53 *Cum mea me mater gravida gestaret in alvo*
M PASSALACQUA Codici p. 346

54 *Cum mensas habeat fere trecentas*

55 *Cum mihi boleti dederint tam nobile nomen*

56 *Cum mihi pomiferis coniunx foret orta*

57 *Cum mihi prima novos spargebat flore*

58 *Cum mihi supremos Lachesis perneverit*
A Mart.: epigr. 1, 88, 9

59 *Cum mittis turdumve mihi quadramve*

60 *Cum modo pace sui repetant sua praemia*
E MGH Poet. 5 p. 618

61 *Cum moneas aliquem nec se velit ille moneri*

62 *Cum mundum linquens Demetrias Amnia*
M ICUR N. S. VI 15764

– *Cum mundum natura potens terramque*
cf. *Dum mundum*

63 *Cum mundus per inania vertatur volitando*
I KNITTEL Walahfr. Wett. p. 9 n. 13
I A. ÖNNERFORS Das Waltharius-Epos. Probleme u. Hypothesen 1988 p. 14
I KLOPSCH in: Geistesleben um den Bodensee p. 81
I BERSCHIN HJb 95/1975 p. 259
I BERSCHIN Biographie III p. 273; 287

64 *Cum natus esset dominus / turbatur rex*

65 *Cum nemo in sese temptat descendere*

66 *Cum nemus omne suo viridi spoliatur honore*

67 *Cum pater in tanto nati regnaret amore*
B Clavis Galliae I p. 198
I STELLA Poesia carolingia p. 290-293

68 *Cum pater in verbo sit semper, et in patre*
I FISCHER Lat. Bibelhss. p. 243

69 *Cum patrem et patrios ferret cervice penates*

70 *Cum per mirificos magnificosque*

– *Cum peritura Getae*
cf. *Dum peritura Getae*

71 *Cum petere optassem sancta sepulchra prior*

72 *Cum peteret dulces audax Leandros amores*

73 *Cum peteret pars haec Myrinum, pars illa*

74 *Cum peteret patriae missicius arva*

75 *Cum peteret regem, decepta satellite dextra*

76 *Cum peteret seram media iam nocte*

77 *Cum Phariseorum dominum cum principe*

78 *Cum Phoebi radiis grave*
ETC Carm. Cant. 55 ed. ZIOLKOWSKI p. 130; 314

79 *Cum Phrygis Assaraci Tithonia fratre relicto*

80 *Cum pia mens in laude Dei superata laboras*

81 *Cum pinguis mihi turtur erit, lactuca valebis*

82 *Cum pius imperii Ludovicus iura teneret*

83 *Cum placeat Phileros tota tibi dote*

84 *Cum plebe clerus, monachi*

85 *Cum pluvias madidumque Iovem perferre*

86 *Cum polo Phoebus roseis quadrigis*
ETC Carm. Cant. 59 ed. ZIOLKOWSKI p. 132; 314
BI STOTZ Sapph. Dichtung p. 18; 21; 108; 259-262; 268; 271; 456

87 *Cum possis parvo sumptu conducere asellum*

88 *Cum potes amethystinos trientes*

89 *Cum praematura raptum mihi morte*

90 *Cum praesens ego supremis fortasse fuissem*
TC STELLA Poesia carolingia p. 310ss.; 479ss.
B BHL 3764
I CORBET Les Saints Ottoniens p. 45
I COURCELLE Lecteurs ... de l'Énéide

p. 260; 370
I LÖWE Settimane ... Spoleto 32/1986 p. 502 n. 44
I BERSCHIN in: Witigowo von der Reichenau p. 12 n. 11
I STELLA Poesia carolingia p. 447
I KLOPSCH Bukolik p. 162

91 *Cum praestat gravior bustum fortuna per*

92 *Cum praestet cunctis se fulva cydonea pomis*

93 *Cum prima Dativae suboles monstraret*
I MONTORSI Epigrafe modenese p. 157

94 *Cum primis, quos non oneravit gloria*

95 *Cum primum istorum conduxit mensa*

96 *Cum primum veni Montanis et numina vidi*

97 *Cum probitate pudor castas quae feminas*

98 *Cum proprii generis viginti quattuor horis*

99 *Cum propriis Christus cenam sacravit*

00 *Cum puer oraret dominum precibusque*

01 *Cum puero bello praeconem qui videt esse*

02 *Cum puros homines licet supremos*

03 *Cum quendam rigidus deus videret*

04 *Cum quid peccaris, castiga te ipse subinde*

05 *Cum quis tonanti reddere gratias*

06 *Cum quo caelestes pugnantes quippe*

07 *Cum radiis imbres et aquarum pendulus*

08 *Cum recte vivas, ne cures verba malorum*

09 *Cum rogo te nummos sine pignore, non*

10 *Cum sacra Donatus celebrans divina*
M U. WINTER Hss. Diez 1986 p. 69

11 *Cum sacrum fieret deo salaci*

12 *Cum saevit penitus haerens iniuria lumbis*

13 *Cum saevus teneras dolor alte sauciat aures*

14 *Cum Salomon coleret generosi encaenia*
ETC REYDELLET I p. 92
I SCHEIBELREITER FMSt 96/1983 p. 140ss.

15 *Cum saltas misero, Gattula, corpore*

16 *Cum sancto penetras arcana labore*
E JEAUNEAU Études Érigéniennes p. 614
EM KOEHLER/MÜTHERICH V p. 184
MI DUTTON/JEAUNEAU StudMed III 24/1983 p. 96
I STAUBACH Rex christianus p. 275

17 *Cum sanctus Stephanus necis petrinae*

18 *Cum sanguis nimius puri permixtus atroci*

19 *Cum sapias animo, noli ridere senectam*

20 *Cum Saxetani ponatur coda lacerti*

21 *Cum se ferarum regem fecisset leo*

22 *Cum sedeat Karolus magno coronatus*
EM KOEHLER/MÜTHERICH V p. 135 (facs. tab. 26a)
M R. MCKITTERICK The Frankish Church 1977 p. 3
M SCHRAMM/MÜTHERICH Denkmale[2] p. 480
I JEAUNEAU ALMA 41/1977-78 p. 18
I JEAUNEAU Études Érigéniennes p. 100

23 *Cum sene communem vexat spado Dindymus*

24 *Cum servos fueris proprios mercatus in usus*

25 *Cum servus nequam Socrati malediceret*

26 *Cum sexaginta numeret Cascellius annos*

27 *Cum sim infra cunctos, sublimior omnibus*

28 *Cum sim parva nimis, ingentia pondera*

-a *Cum sine mollitie manet auris saxea regis* [28
B WIC 3774
M Basel, UB A N IV 11 (saec. XI) f. 35^{r}

29 *Cum sint crura tibi similent quae cornua*

30 *Cum sis incautus nec rem ratione gubernes*

31 *Cum sis ipsa domi mediaque ornere Subura*

32 *Cum sis ipse nocens, moritur cur victima pro*

33 *Cum sis nec ridiga Fabiorum gente creatus*

34 *Cum sis tam pauper quam nec miserabilis*

35 *Cum sit anus coniunx et sint tibi mortua*

36 *Cum sitis similes paresque vita*

37 *Cum socio gnarus venator foedera sanxit*
TI WOLTERBEEK Ridicula p. 111

38 *Cum sol ardentis radios in nubila iecit*

-a *Cum sors maesta ... tantum sonet ore* [*loquentis* 26
M PASSALACQUA Codici p. 241

39 *Cum splendor lunae fulgescat ab aethere*
ET GODMAN Poetry p. 216s.
ET KLOPSCH Lyrik p. 168
T ÖBERG Poetry p. 161
TI BERSCHIN Eremus p. 32
I BERSCHIN StudMed III 19/1978 p. 472
I BECHT-JÖRDENS in: Fs. DÜCHTING 2001 p. 5-10

40 *Cum steterit nullus vultu tibi talus eodem*

41 *Cum studiis renitere sacer, cum gliscere*

42 *Cum sua cornua Luna / Condit in aere*

43 *Cum sua gentiles studeant figmenta poetae*
M Écriture et enluminure en Lorraine au Moyen Âge. Catalogue de l'exposition Nancy 1984 p. 92s. (facs.)
M VENNEBUSCH IV p. 228
I WILHELM Month p. 94ss.
I LAPIDGE Anglia 100/1982 p. 14-16
I WIELAND Anglo-Saxon England 14/1985 p. 155ss.

44 *Cum subeunt ad cor scelerum monumenta*

45 *Cum subit illius tristissima noctis imago*

46 *Cum subitis peragi fallax clementia veris*

47 *Cum te aliquis laudat, iudex tuus esse*
M PASSALACQUA Codici p. 360

48 *Cum te Barbati referas de sanguine cretum*

49 *Cum te detineat Veneris damnosa voluptas*

50 *Cum te diversis iterum vanisque viderem*

51 *Cum te mortalem noris, praesentibus exple*

52 *Cum te municipem Corinthiorum*

53 *Cum te non nossem, dominum regemque*

54 *Cum te sancta manus praestantem reddidit*
M B. MEEHAN A reconsideration of the historical works associated with Symeon of Durham 1979 p. 52
I ORCHARD JournMedLat 2/1992 p. 116ss.
I LAPIDGE in: TRAUBE-Gedenkschrift p. 162 n. 4
I LAPIDGE Anglo-Latin Literature 1993 p. 381-398

55 *Cum terras nebulae pressant, lux clara*

56 *Cum tetigit nubes radiis fulgentibus atras*

57 *Cum tibi contigerit studio cognoscere multa*

58 *Cum tibi divitiae superent in fine senectae*

59 *Cum tibi non Ephesos nec sit Rhodos aut*

60 *Cum tibi non essent sex milia, Caeciliane*

61 *Cum tibi nota tui sit vita fidesque mariti*

62 *Cum tibi praeponas animalia cuncta timere*

63 *Cum tibi praevalidae fuerint in corpore vires*

64 *Cum tibi sint nati nec opes, tunc artibus illos*

65 *Cum tibi sit facies, de qua nec femina possit*

66 *Cum tibi sit sophiae par fama et cura*

67 *Cum tibi tam crassae sint, Artemidore*

68 *Cum tibi trecenti consules, Vetustilla*

69 *Cum tibi vel socium vel fidum quaeris*

70 *Cum tibi vernarent dubia lanugine malae*

71 *Cum tot sustineas et tanta negotia solus*

72 *Cum traheret Priscus, traheret certamina*

73 *Cum transisset ex hoc mundo ad caelestem*
A Adeloldus Remensis

MB Clavis Galliae I p. 29s.

74 *Cum tu, laurigeris annum qui fascibus intras*

75 *Cum tu, Lydia, Telephi*

76 *Cum tua centenos expugnet sportula civis*

77 *Cum tua fortuna rerum tibi displicet ipsi*

78 *Cum tua non edas, carpis mea carmina*

79 *Cum tua, Rustice, recumbunt hic membra*
I HEINZELMANN Bischofsherrschaft p. 101ss.

80 *Cum tua sacrilegos contra, Norbane, furores*
ETI ROSEN in: Fs. LIPPOLD 1993 p. 393ss.

81 *Cum variis maneat praesens repleta periclis*
I CURTIUS Ges. Aufsätze p. 338
I COURCELLE Lecteurs ... de l'Énéide p. 659

82 *Cum venatorem celeri pede fugeret lepus*

83 *Cum Venere et Baccho vis est et iuncta*
T ÖBERG Poetry p. 35

84 *Cum victi mures mustelarum exercitu*

85 *Cum videam citharae cantare loquacia ligna*
I QUACQUARELLI Poesia tardoantica p. 437

86 *Cum vitia alterius satis acri lumine cernas*

87 *Cum vocer ad cenam non iam venalis ut ante*

88 *Cum voco te dominum, noli tibi, Cinna*

89 *Cumas deinde venit. fert hinc responsa*
M COULSON Scriptorium 51/1997 p. 166
I SCHETTER Hermes 116/1988 p. 343-357

90 *Cumque diu cellam memoratus pastor*
I ORCHARD JournMedLat 2/1992 p. 116ss.

91 *Cumque pro Christo patriam, parentes*
E Notker Balb. ed. BERSCHIN p. 95s.

92 *Cumque serenifluo sudat nox humida caelo*

93 *Cumque tuas conspectat opes tibi dulcis*

94 *Cunarum fueras motor, Charideme, mearum*

95 *Cuncta bonis prosunt, quos et mors ipsa*

96 *Cuncta creans, Dee, verbigena*

97 *Cuncta creans, natura triplex in usiade*
CI M. LAPIDGE Anglo-Latin Literature 1993 p. 484; 486
M GNEUSS Handlist 27
I LAPIDGE in: YORKE Aethelwold p. 99 n. 74; p. 100 n. 75
I LAPIDGE Wulfstan p. XCV-XCVII

98 *Cuncta qui nutu regit, orbis conditor*
I NORBERG Les vers iambiques p. 79 n. 32

99 *Cuncta qui regis, Deus alme, nostri*

00 *Cuncta simul / instantia / Christo canat*

01 *Cunctarum rerum Domino / sit laus*

02 *Cuncti caelestis curiae / cives resultant*

03 *Cuncti hodie festiva colunt: ego solus in orbe*
I BLOMGREN Eranos 77/1979 p. 78

04 *Cuncticreans genitor, mihimet succurre*

05 *Cunctipotens temet tueatur ut oro proclivus*

06 *Cunctipotentis / Dextera Christi*

07 *Cunctis perplacitam sic alternando quietem*

08 *Cunctis porta patet, quis porrigit ubera*

09 *Cunctis sorte pari dinoscitur hic tumulari*

10 *Cunctorum haec suboli sedem post morte*

11 *Cunctorum rex omnipotens*

12 *Cunctum orbem aeternitatis lux hodie*

13 *Cunctus ... mundus patule triumphat*

-a *Cunneah abbas, qui venit huc de*

– *Cuprea curva, capax alienis humida guttis*
cf. *Robida, curva, capax, alienis humida*

14 *Cur a te pretium Danae, regnator Olympi*

15 *Cur alienus in Esquiliis mea gramina carpis*

16 *Cur differs, mea lux, rogata, semper*

17 *Cur fluctuas anima maerorum quassata*
M VOLLMANN in: Poesia dell'alto medioevo p. 258-260
M SCHIEFFER DA 46/1990 p. 12 n. 46
I OHLY in: Memoria ed. K. SCHMID/J. WOLLASCH 1984 p. 18 n. 20
I BINACO in: Disiecti Membra Poetae ed. V. TANDOI I 1984 p. 227 n. 34
I MONTORSI Epigrafe modenese p. 149

18 *Cur gentes fremuere et inania cur meditati*

19 *Cur, here quod dederas, hodie, puer Hylle*

20 *Cur me querelis exanimas tuis*

21 *Cur me sic pulsas lacrimis hic nocte dieque*

22 *Cur me torquetis morsu lacerante penali*
TI ZIOLKOWSKI Talking animals p. 135
I ZIOLKOWSKI MlatJb 20/1985 p. 53

23 *Cur mihi fons orbis parvo sermone meavit*

24 *Cur mihi tam validas innectis, cura*
ETC REYDELLET II p. 77
I KORTEKAAS Historia p. 98; 231 n. 551

25 *Cur non basio te, Philaeni? calva es*

26 *Cur non, dulce decus, quoniam se contulit*
ETI DÄNTL Zs. d. Aachener Geschichtsver. 52/1930 p. 3-23
ETI HERREN JournMedLat 1/1991 p. 118-139
MI SMOLAK in: Karl d. Gr. und das Erbe der Kulturen ed. F.-R. ERKENS 2001 p. 89-110
I HOMEYER in: Platonismus u. Christentum. Fs. H. DÖRRIE 1983 (= JACh 10) p. 106-117
I ERMINI StudMed II 2/1929 p. 186
I LAPIDGE MlatJb 22/1987 p. 56; 73
I MCDONALD/GOEBEL Literary Patronage p. 15
I ORŁOWSKI CCM 30/1987 p. 137
I KLOPSCH Bukolik p. 160
I GODMAN in: Charles the Bald p. 301
I A. ÖNNERFORS Das Waltharius-Epos. Probleme und Hypothesen 1988 p. 41
I GEUENICH in: Fs. AUTENRIETH 1988 p. 60
I RICHE in: Jean Scot Érigène et l'Histoire de la Philosophie p. 39
I KULLMANN in: Fs. AUTENRIETH 1988 p. 5
I WALLACE-HADRILL Frankish Church p. 324
I GODMAN Poets p. 133-148
I HERREN StudMed III 24/1983 p. 502
I THÜRLEMANN AKG 59/1977 p. 25-65
I WARD in: Charlemagne's Heir p. 222-224
I WERNER in: Charlemagne's Heir p. 117 n. 418
I EFFENBERGER in: Kunst und Kultur in der Karolingerzeit II p. 655s.
I MEIER in: Karl d. Gr. Nachwirken I p. 299

27 *Cur non mitto meos tibi, Pontiliane, libellos*

28 *Cur non, Mopse, boni quoniam convenimus*

29 *Cur obscaena mihi pars sit sine veste*

30 *Cur Otho mentito sit, quaeritis, exul honore*

31 *Cur pictum memori sit in tabella*

32 *Cur quisquam faciem dominae iam credat*

33 *Cur, rogo, nate, tuo patri irasceris, amate*
B Clavis Galliae II p. 41

34 *Cur saepe sicci parva rura Nomenti*

35 *Cur spleniato saepe prodeam mento*

36 *Cur tantum eunuchos habeat tua Gellia*

37 *Cur te Virgilium mentiris, pessime, nostrum*

38 *Cur tempus templi domini non est faciendi*

39 *Cur titulata diu torpuerunt iura sepulchri*
E GREGOROVIUS Tombe dei Papi p. 20*s.

40 *Cur tristiorem cernimus Saleianum*

41 *Cura est casta fides, casta custodia nobis*

42 *Cura, labor, meritum sumpti pro munere*
ETI ROMANO Orpheus N. S. 4/1983 p. 384-390
EI BOCCIOLINI PALAGI p. 24
M Bruxelles, BR 20776A (saec. XIV) f. 199^{v}
M Bruxelles, BR 21951 (saec. XV) f. 105^{r}
M Bruxelles, BR II 971 (saec. XIV) f. 2^{v}
M MlatJb 15/1980 p. 264; WIC 3960
M clm 28362 f. 26^{r} (GLAUCHE p. 152)

M FILL Hss. Kremsmünster I p. 436
M N. R. KER Medieval Manuscripts in British Libraries II 1977 p. 702; 756
M MUNK OLSEN Auteurs classiques II p. 381
M COULSON Scriptorium 51/1997 p. 166
I SHACKLETON BAILEY ClPh 77/1982 p. 121

43 *Cura pii passim gliscebat denique regis*
ET GODMAN Poetry p. 250ss.
B Clavis Galliae I p. 374s.
I STELLA Poesia carolingia p. 450-452
I HAUCK FMSt 20/1986 p. 529
I NELSON Politics and Ritual p. 174
I LAMMERS in: Fs. HEIMPEL III 1972 p. 226-289 (= W. LAMMERS Vestigia mediaevalia 1979 p. 219-283)
I ANGENENDT Settimane ... Spoleto 32/1984 p. 761-763
I SPILLING in: Iren u. Europa II p. 878
I GIBSON/NELSON p. 299
I A. ANGENENDT Kaiserherrschaft und Königstaufe 1984 p. 216ss.
I BROOKE in: Charlemagne's Heir p. 559s.
I BULLOUGH/CORRÊA in: Charlemagne's Heir p. 489s.
I GUILLOT in: Charlemagne's Heir p. 483 n. 124
I WARD in: Charlemagne's Heir p. 216-220
I SEMMLER in: Charlemagne's Heir p. 128 n. 24; p. 141 n. 154
I WERNER in: Charlemagne's Heir p. 120 n. 427
I HAUCK in: Charlemagne's Heir p. 290-293
I W. KIENAST Fränkische Vasallität 1990 p. 124
I DETTE StMGBO 105/1994 p. 22

44 *Cura sit haec tibi ne plus quam tria fercula*
ET BEHRENDS p. 252:143

45 *Curam servorum deus ipse gerendo suorum*

46 *Curandum penem commisit Baccara Raetus*

47 *Curate ut splendor meo sit clupeo clarior*

48 *Curculio missu Phaedromi it Cariam*

49 *Currant verba licet, manus est velocior illis*

50 *Curre per Euboicos non segnis, epistula*
I SCHALLER Studien p. 413

-a *Curre, poema meum, metaforice curre [camena*
EMI GANZ Corbie p. 159s.
M Paris, BN lat. 13955 (saec. IX) f. 3^v (P. GODMAN)

51 *Curre, quaere certum scire*
I KULLMANN in: Fs. AUTENRIETH 1988 p. 9 n. 50

52 *Curre velox charta, plures fer cincta salutes*

53 *Curre viam, frater, angusto tramite*
B Clavis Galliae II p. 61

54 *Currens, charta, procul nuntia porta*

55 *Curriculi genus est memorat quod Gallia*
ETC REYDELLET I p. 115

56 *Currit ovis repetens a te sua pascua, pastor*
ETC REYDELLET I p. 111

57 *Currite litterulae perfectam ferte salutem*
B Clavis Galliae I p. 321

58 *Currite vos, fratres, ad caeli culmina*
I SCHALLER Studien p. 207

59 *Currite vos, iuvenes, Christi properanter ad [aulam / Intentisque*
B Clavis Galliae II p. 439

60 *Currite vos, iuvenes, Christi properanter in [aulam / Ad laudem Christi*
B Clavis Galliae II p. 419
I SCHALLER Studien p. 207

61 *Cursibus Octobrem sibimet quis Martius*

62 *Cursorem sexta tibi, Rufe, remisimus hora*

63 *Cursu pennigeros celeri similabo volucres*

64 *Cursu volucri, pendens in novacula*

65 *Cursum mundi sol vergentis pariterque*
EC WEBER Gottschalk p. 176

66 *Curva licet maneam vel strata soloque*

67 *Curva retrocedens dum fert vestigia cancer*

68 *Cuspide non quisquam, longae neque caede*

69 *Custodes cassi servant hic claustra sepulchri*
M facs. Regensburger Buchmalerei tab. 94

70 *Custodes das, Polla viro, non accipis ipsa*

71 *Custodes ovium tenerae propaginis, agnum*
I CUTOLO Vichiana 15/1986 p. 67

72 *Custodes tuto dominum clausere sepulchro*

73 *Custos sepulcri paene destricto deus*

74 *Cutius has auris Gallus tibi voverat olim*

75 *Cyclica quadrifidis currebant tempora metis*
ET GODMAN Poetry p. 282ss.
EC CC Cont. Med. 117 p. 127
TC STELLA Poesia carolingia p. 306; 477s.
I MCENERNEY Cl & Med 36/1985 p. 199-211
I SCHRAMM Herrschaftszeichen II p. 412
I KLOPSCH Bukolik p. 161
I DE MARCO in: Miscellanea A. CAMPANA II 1981 p. 248
I SCHUPP Williram von Ebersberg p. 99

76 *Cyclica torva tenens, et lubrica devia*

77 *Cyclum atque epactas quinto narrabo libello*
B Clavis Galliae I p. 300-302

78 *Cyclus habet lunae quinos ter et quater*
B Clavis Galliae I p. 300-302

79 *Cygneas Genitor gestans post fulmina pinnas*

80 *Cyllenes caelique decus, facunde minister*

81 *Cynthia - facundi carmen iuvenale Properti*

82 *Cynthia prima suis miserum me cepit ocellis*

83 *Cynthius occiduas rapidis declivus ad oras*
M DE MEYIER Codices Vossiani VI p. 265
I BULLOUGH Aula Renovata p. 288
I BERSCHIN Biographie II p. 154
I BULLOUGH Carolingian renewal p. 156 n. 45
I SCHALLER Studien p. 107

84 *Cypris candidulo reddita marmore*

D

85 *Da camena / nunc sonora / cum lyra*
I DE GOEDE PRU p. CXLIV

86 *Da, Christe, nobis propere*

87 *Da decimas domino, tibimet qui plura*
ET MESSINA p. 37:XI
I EBERHARDT p. 151; 179; 187

88 *Da dominus tanto patri requiem paradisi*

89 *Da mecum gemitum singulti Roma doloris*
E GREGOROVIUS Tombe dei Papi p. 21*s.

90 *Da nobis prudens clarum pincerna falernum*

91 *Da, pater omnipotens, per saecula longa*

92 *Da pietate potens et det mitissime David*
B Clavis Galliae I p. 157s.
I ERNST Carm. fig. p. 207

93 *Da puer plectrum choreis ut canam fidelibus*
M FILL Hss. Kremsmünster I p. 414
I BASTIAENSEN Lampas 23/1990 p. 246 n. 4; p. 251 n. 17
I CURRAN Antiphonary p. 24ss.
I NORBERG in: Fs. MUNARI 1986 p. 339
I FONTAINE in: La Neustrie II 1989 p. 352

94 *Da sensus mihi, Phoebe, precor; nam poena*

95 *Da tua celsithronus nobis suffragia semper*
B Clavis Galliae II p. 49

96 *Da veniam delictis / qui es illusus*

97 *Da veniam lector, si quid male puncta*
EM BARKER-BENFIELD in: Fs. HUNT 1976 p. 151; 159s.
EM NEGRI RFIC 38/1959 p. 265
M facs. GAVINELLI Aevum 59/1985 p. 185ss.
M PASSALACQUA Codici p. 26

98 *Da veniam subitis: non displicuisse meretur*

99 *Da vigilem sensum rex regum cuncta*

00 *Dacia quem genuit, suscepit inclita Roma*
EC ICUR N. S. VIII p. 363:23076

01 *Dacia, sorte tuos, quae Gallis mittis alumnos*

02 *Dacorum olim, themate vili*

03 *Dactylus aut spondeus inest vel cursor*

04 *Dado pater celebris, speculum, via, lumen et*
C KNITTEL Const. p. 5; 128
I COURCELLE Lecteurs ... de l'Énéide p. 361
I H. BEUMANN Ausgewählte Aufsätze aus den Jahren 1966-1986, 1987 p. 60
I LAUDAGE in: Theophanu II p. 274 n. 100
I BISCHOFF in: Verf. Lex.[2] VIII c. 529

05 *Daedale, cur vana consumis in arte laborem*

06 *Daedale, Lucano cum sic lacereris ab urso*

07 *Daemon proiicitur legio cui nomen inhaeret*
E HECHT Wandmalerei I p. 82; II tab. 155-168
ETC BERSCHIN MlatJb 29.2/1994 p. 3-17

08 *Daemon temptavit, quem Christus ter*

09 *Dalmatiane, iugi, Caesar quem terra*

10 *Damasus hinc, post expositos, pater Urbis*

11 *Damnaris numquam post longum tempus*

12 *Damnati fructus mittit tua tessera ligni*

13 *Damnatorum animae merito se ipsae*

14 *Damnum nisi ex abundanti raro evenit*

15 *Danorum spiculo iacet Heriradus in arvo*

16 *Dant orbi latices quaeque incrementa*

17 *Dante tibi turba querulos, Auguste, libellos*

18 *Dantem vina tuum quotiens aspeximus*

19 *Danuvii cum pace redit Tanainque furore*
I LADNER Images and Ideas p. 794
I THOMPSON AnBoll 75/1957 p. 137

20 *Danuvius penitis caput occultatus in oris*

21 *Daphnen et Nioben saltavit simius idem*

22 *Daphnis ego Hermetis coniunx sum libera*

23 *Daphnonas, platanonas et aerios pityonas*

24 *Dapsilis interdum notis et carus amicis*

25 *Dardania genitus istic, mihi care Timavi*

26 *Das gladiatores, sutorum regule, cerdo*

27 *Das numquam, semper promittis, Galla,*

28 *Das Parthis, das Germanis, das, Caelia,*

29 *Dat Baiana mihi quadrantes sportula centum*

30 *Dat belli signum Laurenti Turnus ab arce*
M COULSON Scriptorium 51/1997 p. 166

-a *Dat belli signum Turnus Mezentiaque arma*
cf. *Ut belli signum Turnus Mezentiaque*

31 *Dat chartis habiles calamos Memphitica tellus*

32 *Dat dextram miserae, miseransque attollit*

33 *Dat festinatas, Caesar, tibi bruma coronas*

34 *Dat Ianus prima undecimam pede septima*

35 *Dat legem natura tibi, non accipit ipsa*

36 *Dat mihi pinna rubens nomen, sed lingua*

37 *Dat pacis donum, penetral quos clauserat*

38 *Dat pater hoc natis insons miser ecce*

39 *Dat tuba caelo signum sublato leone*

40 *Dat Veneri malum formae pro munere pastor*

41 *David citharista puer lyricis concentibus*

42 *David et ipse manu fortis, mysteria Christi*

43 *David, in aeternum tecum sit gratia Christi*
B Clavis Galliae II p. 311s.
I SCHALLER Studien p. 415

44 *David parvus erat, fratrum ultimus, et modo*
M MlatJb 15/1980 p. 264; WIC 4086

-a *David regem inclita proles*

-b *David regis inclita proles, citharizantes in [citharis suis* 21
ET DRONKE/LAPIDGE/STOTZ MlatJb 17/1982 p. 86
ETC Carm. Cant. 81 ed. ZIOLKOWSKI p. 156; 325

-c *David, vates Dei, filius Isai Betlehemite, [magne fuit vite* 41
ET DRONKE/LAPIDGE/STOTZ MlatJb 17/1982 p. 90
ETC Carm. Cant. 82 ed. ZIOLKOWSKI p. 158; 327
M Metellus von Tegernsee, Exp. Ieros. ed. P. C. JACOBSEN 1982 p. XIV

45 *Davidicas odas typico sermone repletus*
EI CONTRENI Laon p. 60
M Vat. Pal. lat. 1649 f. 36^{V}
M PASSALACQUA Codici p. 311

46 *Davidis / citharoedis, Pulchra rhythmica*

47 *De caelo descendit civitas in anastase prima*

48 *De cathedra quotiens surgis - iam saepe*

49 *De Chlotario est canere rege Francorum*
I HAUBRICHS Georgslied p. 170

50 *De circulo zonae fallit vos imperitia vestra*

51 *De cruce deposito domino tandemque*

52 *De crucis throno aspice nos miseros*

53 *De decuma, Victor, tibei Lucius Mumius*

54 *De die iudicii propter incredulos addo*

55 *De domini gerulae stipata luce corusca*

56 *De domini Petri Petronilla prole beata*

57 *De duplici ligno dixi, mors unde processit*

58 *De funeris pompa sollicitus esse qui quaeris*

59 *De genitore mihi domus Umbria, de*

60 *De germanis, non de Gallis duo triumphant*

61 *De hoc amplo anfitridis lucumine*

62 *De hoc amplo olympi firmamento*

63 *De lacrimis et pro lacrimis mea coepit origo*

64 *De luna dicam, de stellis arte locutus*
B Clavis Galliae I p. 300-302

65 *De lunae cursu in cyclo ante minore*

66 *De madido nascor rorantibus aethere guttis*

67 *De mare velivolo consurgo, per aethera*

-a *De medio pietas rapuit divina Bosonem*
EM CIFM 2 p. 59

68 *De more Graeco prodeo in scaenam Solon*

69 *De nostris annis tibi Iuppiter augeat annos*

70 *De nostro, facunde, tibi Iuvenalis, agello*

71 *De nullo quereris, nulli maledicis, Apici*

72 *De numero vatum si quis seponat Homerum*
I CUTOLO Vichiana 15/1986 p. 71 n. 45

73 *De patre verbum prodiens*

74 *De pecudis dorso pecudes ego terreo cunctas*
I PAVLOVSKIS Cl & Med 39/1988 p. 225

75 *De Pompeiano saepe est eiecta theatro*

76 *De praetoricia folium mihi, Paule, corona*

77 *De prima ad quintam aedificabat apostolus*

78 *De profundis, Christe / Mens humana*

79 *De profundis suppliciter*

80 *De qua nihil umquam dolui nisi cum mortua*

81 *De qua saepe tibi, venit: sed, Tucca, videre*

82 *De rimis lapidum profluxi flumine lento*

83 *De salicis trunco, pecoris quoque tergore*

84 *De sancti translatione prosequamur brevibus*
I K. F. WERNER Vom Frankenreich zur Entfaltung Deutschlands u. Frankreichs 1984 p. 221

-a *De sancto Johanne, baptista Dei* 42
E AH 10 p. 201:268

85 *De semine lolii, qui stant in ecclesia mixti*

86 *De Sinuessanis venerunt Massica prelis*

87 *De Sole et Luna, licet sint praesentanea*

88 *De Spoletinis quae sunt cariosa lagonis*

89 *De summa fidei sic praesul Adalbero scribit*
M TRONCARELLI Boethiana Aetas p. 195

90 *De summo montis castrum prospectat in*

91 *De summo planus sed non ego planus in imo*
M BALLAIRA Prisciano p. 144
I PAVLOVSKIS Cl & Med 39/1988 p. 222

92 *De tanto vate laeti, fratres, vigilate*

93 *De terra formatum hoc in tumulo*
ET Dhuoda ed. RICHÉ p. 356
ET HOMEYER Dichterinnen p. 200
ETI CIFM 13 p. 88:81
B Clavis Galliae I p. 294-297
I FEVRIER Settimane ... Spoleto 33/1985 p. 940s.

94 *De terrae gremiis formabar primitus arte*

95 *De terris orior candenti corpore pelta*

96 *De voce primus liber est et partibus eius*

97 *Dea sancta Tellus, rerum naturae parens*
TI HAUCK FMSt 11/1977 p. 424ss.
I MCENERNEY RhM 126/1983 p. 175-187

98 *Dea virago Delia*

99 *Debellum hostis si subito venit inundans*

00 *Debeo et hanc nostris, fili dulcissime, curis*
EI ÖNNERFORS in: Fs. MUNARI 1986 p. 264

01 *Debetum naturae quidem compleveras ipse*

02 *Debile saepe caput totum dat debile corpus*

03 *Debilis Albuleo steterat qui gurgite Samis*

04 *Debita communis persolvens ultima sortis*

05 *Debita coniugio Apelles pia carmina scribit*

06 *Debita libertas iuveni mihi lege negata*

07 *Debita, non optata dies iuvenili advenit*

08 *Debita pars terrae, fallentia tempora sperne*

09 *Debitas laudes Domino canentes*
MI NORBERG Hymnarius Severinianus p. 26; 29
I CECCHINI RFIC 108/1980 p. 482s.

10 *Debuit haec gnatae pietas praestare parenti*

11 *Debuit hic ante miseros sepelire parentes*

12 *Debuit hoc patris natus duo corpora humare*

13 *Debuit ingrato nullam dictare salutem*
ETC Epistula Didonis ad Aeneam ed. G. SOLIMANO 1988
TC SHACKLETON BAILEY HStClPh 84/1980 p. 198
I COURCELLE Lecteurs ... de l'Énéide p. 297; 309; 366

14 *Decem et octo annorum natus vixi ut potui*

15 *Deceptae felix casus se miscuit arti*

16 *Decidit occiduis subita nunc morte sub oris*
M MGH Poet. 5 p. 687

17 *Decies victor aram victo posui ruo*

18 *Decimus a prima sectatus castra iuventa*

19 *Decipimur votis et tempore fallimur et mors*

20 *Declamas belle, causas agis, Attice, belle*

21 *Declamas in febre, Maron: hanc esse*

22 *Decora lux aeternitatis auream*

23 *Decorata / tribus miraculis*

24 *Decus sacrati nominis / Nomenque vita*

25 *Decus sanctorum martyrumque norma*
EMI NORBERG Hymnarius Severinianus p. 31-33
I CECCHINI RFIC 108/1980 p. 484

26 *Decus sanctorum nobile*

27 *Decutit ardorem solis pluviamque ferenti*

28 *Dedecus o iuvenum turpisque infamia*
I COURTNEY Mnemosyne IV.39/1986 p. 405

29 *Dederas, Apici, bis trecenties ventri*

30 *Dedita sum semper voto, non certa futuro*

31 *Defectum saltum lunari lumine dixi*
B Clavis Galliae I p. 300-302

32 *Defendet manus haec scapulas mordente*

33 *Defensor patriae, iuvenum fortissimus*
M PRETE Cod. Barb. Lat. p. 279 (cod. 65; 113)
M Paris, BN lat.: Cat. gén. VI 1975 p. 769
M MUNK OLSEN Auteurs classiques I p. 73

34 *Defensor probe tristium reorum*

35 *Defesso pelagi glebae natalis in oras*
I COURCELLE Lecteurs ... de l'Énéide p. 62

36 *Deficiet cito iam consumptum tempore*

37 *Deficiunt magico torti sub carmine rhombi*

38 *Deflendam semper medici deflerem ego*

39 *Deflendus Cicero est Latiaeque silentia*

40 *Defleram iuvenis tristi modo carmine fata*
I SHACKLETON BAILEY ClPh 77/1982 p. 127

41 *Defluit expulsus morbo latitante capillus*

42 *Defore me patriis tota trieteride terris*

43 *Deformem quidam te dicunt, Crispa: ego*

44 *Deformis uxor cui sit, ancilla elegans*

45 *Defuerit si forte puer soleasque libebit*

46 *Defuga quod Christi Iulianus apostata*

47 *Defugiens pontum silvas Galatea peragrat*

48 *Defuncti vivunt, viventes morte tenentur*
M GNEUSS Handlist 188

49 *Degere quisquis amat ullo sine crimine*
E Paolo Diacono, Storia dei Longobardi ed. LEONARDI/CASSANELLI 1985 p. 212 tab.
ET VISCARDI Origini Testi p. 40
EI A. RONCORONI Rivista archeologica dell'antica provincia e diocesi di Como 162/1980 p. 99-149

50 *Dei fide qua vivimus*
E Hymnarium oscense II p. 55s.
EC Canterbury Hymnal 37517 p. 72
M ODERMATT Ordinarius St. Arnulf p. 389
M GNEUSS MlatJb 35/2000 p. 244; 246
I NORBERG Les vers iambiques p. 32 n. 23

-a *Dei iusta, fratres carissimi, / valde [metuamus iudicia. Alleluia* 27
A inc. saec. XI
E CTrop V p. 391

51 *Dei patris festinare maximum*
ETI HOWLETT Peritia 10/1996 p. 58-66
EMI BISCHOFF Anecdota novissima p. 154ss.
B LAPIDGE/SHARPE p. 324:1225

52 *Dei praeventus gratia / Intra materna*

53 *Deidamia virum qua coepit nocte mereri*

54 *Delectat variis infundere corpora lymphis*

55 *Delector lyrico boare metro*

56 *Delia cervus aper tigris leo bucula pardus*

57 *Delia, nos miramur: et est mirabile, quod*

– *Delia saepe tibi venit. Sed Tucca, videre*
cf. *De qua saepe tibi*

58 *Delibuta comas ingressa Pecunia turres*

59 *Deliciae populi, magno notissima circo*

60 *Delicias, Berulfe, tuas spectando libenter*
ETC REYDELLET II p. 111

61 *Delicias, Caesar, lususque iocosque leonum*

62 *Delicias parvae si vis audire catellae*

63 *Deliciis variis tumido me ventre tetendi*
T COOK p. 23

64 *Delicium, blanditiae, ludus, amor, voluptas*

65 *Delicium parvo donabis dorcada nato*

66 *Delicta maiorum inmeritus lues*

67 *Delictique tibi fiat confessio vera*

68 *Delos iam stabili revincta terra*

69 *Delphis Solonem scripse fama est Atticum*

70 *Deludunt vos pauci scelerati vates inanes*

71 *Demens almigerum consensit tradere*

72 *Demetrium Antigoni, Poenos, elapsus Epiro*

73 *Demetrius, qui dictus est Phalereus*

74 *Demissos animo et tacitos vitare memento*

75 *Democritos, Zenonas inexplicitosque*

76 *Demovit dominus tenebras ut luce creata*
M GNEUSS Handlist 938

77 *Demus, qua ratione habeat tabula altera*

78 *Denaris tribus invitas et mane togatum*

79 *Denique et hic plures variis et partibus orbis*

80 *Denique, ne multis tam multa et magna*

81 *Denique quaesitos tetigit tamen ille penates*

82 *Denique tutus amor magna est medicina*
E MGH Poet. 5 p. 642

83 *Denique vernali interdum conspergitur*
I COURCELLE Lecteurs ... de l'Énéide p. 423

84 *Dens ego sum magnus populis cognatus Eois*

85 *Densas figite curvanas inter viminas*

86 *Dente canum quidnam me, fratres, roditis?*

87 *Dente perit Lycabas, serpens pede, Nigra*

88 *Dente timetur aper, defendunt cornua*

89 *Dentes aprorum, quos cecidit, Maximus*

90 *Dentibus antiquas solitus producere pelles*

91 *Dentibus argenti fulvum concluditur aurum*

92 *Dentibus atque comis - nec te pudet - uteris*

93 *Dentibus innumeris sum toto corpore plena*

94 *Dentibus insanis ego sum qui vinco videntes*

95 *Deo caeli regi regum nos debemus reddere*
ECM SCHALLER Filologia mediolatina 3/1996 p. 153-167
I SCHALLER Studien p. 368

96 *Deo digna praeconia / Roma regnorum*

97 *Deo promat / plebs nostra cantica pulchra*

98 *Deo quod ortus sit Deus*

99 *Depositus hic Tassius*

00 *Deposuit corpus tumulo, sed laude perennis*
E PICARD Souvenir p. 612 n. 113

01 *Deprecor intentus Genesim, pater, ad breve*
E MGH Poet. 5 p. 640

02 *Deprensum in puero tetricis me vocibus*

03 *Depressus usquequaque / Omnis pondere*
M Ioh. Scot., Periphyseon ed. I. P. SHELDON-WILLIAMS 1968 p. 17

04 *Depromat caelum, tellus tibi, pontus et*
I PABST Prosimetrum p. 636-640

05 *Derides quoque, fur, et impudicum*

06 *Derisor Fabianus hirnearum*

07 *Descendat meus amor super illam*
ETC HERREN Hisperica Famina II p. 90
EI DRONKE CMCS 16/1988 p. 61-75
BI DRONKE in: Poesia dell'alto medioevo p. 174
cf. *Domine, exaudi*

08 *Descende caelo et dic age tibia*

09 *Descendere et Tauriscos Carnosque et*

10 *Descripsi breviter finesque situsque locorum*

11 *Desere corda, dolor, cum sint en gaudia*
B LAPIDGE/SHARPE p. 199:737
I BOGNETTI in: Storia di Milano II 1954 p. 783
I STAUBACH FMSt 20/1986 p. 583; 597
I STAUBACH in: Theophanu I p. 351 n. 61
I BERSCHIN Gr.-lat. MA p. 196
I WILLMES Herrscher-'Adventus' p. 83

12 *Deserit funera Daniel horrida*

13 *Desertores enim genere non uno dicuntur*

14 *Desiderata tenens ut navita litora gaudet*
EM Colophons 20574

15 *Desidet populus absconsus ultimus sanctus*

16 *Desidiam nolis. Sed nec labor improbus*

17 *Desine de quoquam quicquam bene velle*

18 *Desine iam mater lacrimis renovare*

19 *Desine, Paulle, meum lacrimis urgere*

20 *Desine sponte viros in te stimulare nocivos*

21 *Desine, Troia, tuos animo deflere labores*

22 *Desinite, aequales, Plocami lugere sepulti*

23 *Desinite, o veteres, Calpurnia nomina*

24 *Desivit in hac cnephosa caligine mundi*

25 *Despice divitias si vis animo esse beatus*
M PRETE Cod. Barb. Lat. p. 279 (cod. 48)

26 *Despicis angustum praecisa rupe*

27 *Desuper electi sit honora dies Benedicti*

28 *Det Christus dominator enim de semine*
B Clavis Galliae I p. 158
I ERNST Carm. fig. p. 203-205; 207
I CHAZELLE The Cross p. 70

– *Det peccatori veniam peccator et aequa*
cf. *Verus amor Christi vera est*

29 *Det tibi consilium pacis simul atque salutis*
B Clavis Galliae II p. 282s.

30 *Det tibi perpetuam clemens in saecla*
B Clavis Galliae II p. 276s.

31 *Det tunicam locuples: ego te praecingere*

32 *Detrahe serta comis et amorum oblita*

33 *Detur inoffenso vitae tibi tangere metam*

34 *Deucalion ego sum crudeli sospes ab unda*

– *Deum deorum dominum / Regem et sponsum*
cf. *Audite sancta studia*

35 *Deum patrem, deum filium*

36 *Deum poli summum rogo dominum*
EM CC 133D p. IX
M GNEUSS Handlist 933

37 *Deum semper, rex, amate; Germanum*

38 *Deus, a quo facta fuit huius mundi machina*
ETI HOWLETT Peritia 10/1996 p. 1-6
B LAPIDGE/SHARPE p. 89:315
I H. TRISTRAM Sex aetates mundi 1985 p. 161
I NORBERG Les vers iambiques p. 98
I SAMUEL Med & Hum 2/1944 p. 36 n. 37
I DÁIBHÍ Ó CRÓINÍN in: Fs. BRUNHÖLZL 1989 p. 17

39 *Deus aeterne, famulos clementer*

40 *Deus, aeterni luminis*
E AH 27 p. 70:13; 51 p. 12:9
M GNEUSS MlatJb 35/2000 p. 244
I NORBERG Les vers iambiques p. 31

41 *Deus amet puellam / claram et benivolam*
BI SZÖVÉRFFY Latin Lyrics I p. 74-76
I DRONKE in: Scire litteras p. 141

-a *Deus, caeli, angelorum creator et hominum* [18
A inc. saec. IX
EM BISCHOFF Anecdota novissima p. 155ss.

42 *Deus candorum luminis*

43 *Deus, creator omnium / Lucis*

44 *Deus, creator omnium / Polique*
ET KLOPSCH Lyrik p. 24
EC FONTAINE Ambroise de Milan p. 241ss.
EC Canterbury Hymnal 37517 p. 53-55
TCI BASTIAENSEN Lampas 23/1990 p. 248; 250; 255
M GNEUSS Handlist 381
M GNEUSS MlatJb 35/2000 p. 244
I WADDELL Cistercian Hymnal I p. IX
I BULLOUGH Carolingian renewal p. 255
I LAPIDGE/ROSIER p. 174

45 *Deus deorum Domine / Rex*

-a *Deus Domine meus tibi sum reus mortis*
EI LAPIDGE Celtica 21/1990 p. 240-251

46 *Deus, domine, sanctus spiritus*
E Marii Victorini Afri opera theologica ed. A. LOCHER 1976 p. 177

47 *Deus et homo Christus in ista*

48 *Deus, ignee fons animarum*
T ÖBERG Poetry p. 47
I BASTIAENSEN Lampas 23/1990 p. 253
I CATAUDELLA in: Fs. LAZZATI 1979 p. 311-317

49 *Deus, immensa trinitas / Corona*

50 *Deus, immensa trinitas / Unita*
I NORBERG Les vers iambiques p. 29

51 *Deus, in adiutorium / intende laborantium*
M ZANNA in: Poesia dell'alto medioevo p. 365
B LAPIDGE/SHARPE p. 149s.:587
I SCHALLER in: Iren u. Europa I p. 471

52 *Deus in adiutorium meum intende / Domine*

53 *Deus, in tua virtute sanctus Andreas*
M NEUHAUSER Hss. UB Innsbruck I p. 90
M FILL Hss. Kremsmünster I p. 413
I DE GOEDE PRU p. CXLIV

54 *Deus mirande, virtus alma in sanctis*
I FONTAINE in: La Neustrie II 1989 p. 354
I STOTZ in: Poesia dell'alto medioevo p. 158s.; 163-167

– *Deus miserere / deus miserere*
cf. *Tu pastor et ovis*

55 *Deus miserere mei, deus, miserere mei*
I WRIGHT Late Latin p. 153

– *Deus miserere miserere illi deus*
cf. *Angeli sancti obvient*

56 *Deus miserere nobis / deus miserere nobis*

57 *... deus omnia regna / sub pedibus dedit esse*
ET BERTINI Autori latini p. 182-185
ETC ANTÈS p. 13

58 *Deus orbis reparator, lux aeternae gloriae*
I V. D. STEINEN ZSchwKG 40/1946 p. 255
I SCHALLER Studien p. 45

59 *Deus, pater ingenite*

60 *Deus pater piissime / Christe Iesu*

61 *Deus pater piissime / Petenda*

62 *Deus, patrum sub tempore*

63 *Deus perenne gaudium*

64 *Deus, piorum gaudium*

65 *Deus qui caeli lumen es*
M GNEUSS MlatJb 35/2000 p. 244
I NORBERG Les vers iambiques p. 23

66 *Deus qui certis legibus*
M GNEUSS MlatJb 35/2000 p. 244
I NORBERG Les vers iambiques p. 19; 23

67 *Deus qui claro lumine*
M GNEUSS MlatJb 35/2000 p. 244
I NORBERG Les vers iambiques p. 30

-a *Deus qui Moysi apparuit* 24
A inc. saec. IX?
ETI DECKER FMSt 24/1990 p. 168-177

68 *Deus qui mundum crimine iacentem*

69 *Deus, qui pulsis tenebris*

70 *Deus sanctorum, psallimus*
I GIL Habis 7/1976 p. 206

71 *Deus, subveni omnibus*

72 *Deus, summae lucis conditor, poli*
ET Dhuoda ed. RICHÉ p. 72
ET HOMEYER Dichterinnen p. 192
ET GODMAN Poetry p. 274ss.
ET Dhuoda ed. THIÉBAUX p. 42
B Clavis Galliae I p. 294-297
I BESSMERTNY MA 93/1987 p. 169; 180ss.
I JANSSENS in: Handelingen der koninklijke Zuidnederlandse maatschappij voor taal- en letterkunde en geschiedenis 35/1981 p. 147-175
I CURTIUS Ges. Aufsätze p. 338

73 *Deus, tuorum militum / Corona spes*
T DÖRR StMGBO 98/1987 p. 73
M GNEUSS MlatJb 35/2000 p. 247

74 *Deus, tuorum militum / Digne coronans*

75 *Deus tuorum militum / Sors et corona / v. 5 [Hic testis*
M ODERMATT Ordinarius St. Arnulf p. 389
I WADDELL Cistercian Hymnal I p. X

76 *Deus tuorum militum / Sors et corona / v. 5 [Hic nempe*
E Hymnarium oscense II p. 91s.
EC Canterbury Hymnal 37517 p. 122
M Portiforium Wulfstani nr. 2182
M BEERS Cistercian Hymnal p. 77

77 *Devastata iterum summota plebe precantum*

78 *Devenere viri Mosi duce sex ubi fontes*

79 *Devota mente, socii / Preces*

– *... devotam / Haec tibi martyr ego rependo*
cf. *Quae tibi martyr ego*

80 *Devoti / cordis laude nobis*

81 *Devotione vigens angustas Pontius aedis*
ETC CIMAH I p. 35

82 *Dextera bellipotens vulgatis plena triumphis*

83 *Dextera, Christe, patris, virtus, sapientia*

84 *Dextera Fama mihi fuit et fortuna, patrona*

85 *Dextera haec patris mundum dicione*
EM facs. JEAUNEAU Études Érigéniennes p. 614; tab. 7b
EM KOEHLER/MÜTHERICH V p. 176
MI DUTTON/JEAUNEAU StudMed III 24/1983 p. 96; tab. 7b
I STAUBACH Rex christianus p. 307

86 *Dextera magna dei ecclesiam tueatur ab*

87 *Dextera me domini conservet semper in*

88 *Dextera nam Domini fulget cum floribus*
M DESHMAN Anglo-Saxon England 6/1977 tab. IV; VIIc; p. 150
M F. WORMALD Collected Writings I 1984 p. 131

89 *Dextera nos salvos domini conservet in*

90 *Dextera patris lapis angularis*
I SPANKE Beziehungen p. 54
I STOTZ Sapph. Dichtung p. 203; 311; 350

91 *Dextera quae patris mundum dicione*
EM KOEHLER/MÜTHERICH V p. 63ss.
EM facs. JEAUNEAU Études Érigéniennes

p. 605; tab. 1a
B Clavis Galliae II p. 88-90
I DUTTON/JEAUNEAU StudMed III 24/1983 p. 84ss.; tab. 1a

92 *Dextera scribentis benedicat lingua legentis*

93 *Dextera te Christi semper defendat ubique*
B Clavis Galliae II p. 209s.

94 *Dextra clavigerum, salo ne mergeretur,*

95 *Dextra dei Maganum benedicat nunc et in*
E MGH Poet. 5 p. 638

96 *Dextra potens domini te ducat, frater*
EC CC Cont. Med. 117 p. 114

97 *Dextram, quaeso, meam rector confirmet*
I QUADRI StudMed III 24/1983 p. 356ss.

98 *Di bene, quod sceptri (sceleris) Didius non*

99 *Di coniugales tuque genialis tori*

00 *Di illum infelicent omnes*

01 *Di immortales, quibus et quantis*

02 *Di Manes, manes sitis: iam morte misellis*

03 *Di maris et caeli - quid enim nisi vota*

04 *Di meliora ferant, nec sint mihi somnia vera*

05 *Di prohibete minas, quas partus nuntiat*
I D'ANGELO in: Teoderico il Grande 1993 p. 653 n. 20

06 *Di quibus audacis amor est servare carinas*

07 *Di tibi dent et tu, Caesar, quaecumque*

08 *Di tibi dent quidquid, Caesar Traiane*

09 *Dianae sumus in fide*

10 *Dianam tenerae dicite virgines*

11 *Dic alacris salvata deo, Lutecia, summo*
ET GODMAN Poetry p. 312ss.
ETC PAUELS p. 24ss.
I CLASSEN Stadt p. 44
I CURTIUS Ges. Aufsätze p. 127-130
I M. LAPIDGE Anglo-Latin Literature 1993 p. 477 zu p. 126; p. 482 zu p. 197
I R. SONNTAG Studien zur Bewertung v. Zahlenangaben i. d Geschichtsschreibung d. frühen Mittelalters 1987 p. 123ss.; 133
I LOT Bibliothèque de la Faculté des Lettres 3/1987 p. 93
I BERSCHIN Gr.-lat. MA p. 170
I SMOLAK Wiener HumBll 27/1985 p. 26
I WERNER in: La Neustrie I 1989 p. XXV

12 *Dic, canis, hic cuius tumulus? - Canis. - At*
M U. WINTER Hss. Diez 1986 p. 69
M SOTTILI I Codici del Petrarca p. 246
M MUNK OLSEN Auteurs classiques I p. 592

13 *Dic, Capuane, mihi, quali sub principe sistis*

14 *Dic, cate, quid faciat, quod nil perfecerat*

15 *Dic chorus insomnis: benedictus apostolus*

16 *Dic, dic in esca mici, redde mici gutture*

17 *Dic domino gratum prima nece nobilitatum*

18 *Dic duo quae faciunt pronomina nomina*
M GNEUSS Handlist 12; 765
B DRONKE/LAPIDGE/STOTZ MlatJb 17/1982 p. 55
I LAPIDGE Anglo-Latin Literature 1993 p. 479 zu p. 142

19 *Dic, hospes, Spartae nos te hic vidisse*

20 *Dic, mea Calliope, tanto cur tempore differs*

21 *Dic mihi, Damoeta, cuium pecus? an*

22 *Dic mihi, Damoeta, cuium pecus? anne*

23 *Dic mihi de nostra, quae sentis, vera puella*

-a *Dic mihi, dic ebrie*
A inc. saec. IX?
M WIC 4368
M MOHLBERG Kat. Zürich p. 54

24 *Dic mihi, Musa, virum captae post moenia*

25 *Dic mihi, parve puer, numquam tua tela*
E L. ZURLI Aegritudo Perdicae 1987
MI ZURLI GIF 38/1986 p. 161-219
I BRIGHT The miniature epic p. 222ss.
I COURTNEY ClPh 79/1984 p. 312
I SCHETTER Hermes 119/1991 p. 94-113

26 *Dic mihi, quem portas, volucrum regina?*

27 *Dic mihi, quis furor est? turba spectante*

28 *Dic mihi simpliciter, comoedis et citharoedis*

29 *Dic mihi, virgo ferox, cum sit tibi cassis et*

30 *Dic, Musa, quid agat Canius meus Rufus*

– *Dic nobis, quibus e terris nova cuncto*
MB CROCKER p. 436
cf. *Alleluia, dic nobis*

31 *Dic, o Carle, putas quae verae signa salutis*
B LAPIDGE/SHARPE p. 170s.:648
I MÜLLER Hrabanus Maurus p. 129
I SCHRAMM Kaiser, Könige u. Päpste I p. 321
I ERNST Carm. fig. p. 180-183
I CHAZELLE The Cross p. 29s.; 37ss.
I SCHALLER Studien p. 1; 3-9; 11-15; 24

32 *Dic, philomela, velis cur noctem vincere*
M BOUHOT RecAug 18/1983 p. 159

33 *Dic, quicumque legis praeclari gesta patroni*
B Clavis Galliae II p. 501-503
I BERSCHIN Biographie III p. 157

34 *Dic quid agis, formosa Venus, si nescis*
I SHACKLETON BAILEY ClQ 77/1983 p. 301

35 *Dic quotus et quanti cupias cenare nec unum*

36 *Dic, rogo, cur pullo deludis corda cucullo*

37 *Dic, rogo, praeteriens: sit tibi terra levis*

38 *Dic, rogo, qui transis: sit tibi terra levis*

39 *Dic suavis cithara, dic citharista*
M GNEUSS Handlist 485
BI SZÖVÉRFFY Latin Lyrics I p. 230s.

40 *Dic, toga, facundi gratum mihi munus amici*

41 *Dic verum mihi, Marce, dic amabo*

42 *Dicamus bona verba: venit Natalis ad aras*

43 *Dicamus laudes domino*
M GNEUSS MlatJb 35/2000 p. 244
I NORBERG Les vers iambiques p. 23 n. 30
I NORBERG in: Cultura in Italia p. 364

– *Dicamus omnes: miserere domine*
cf. *Ex toto corde*

– *Dicamus omnes: miserere nobis deus*
cf. *Mundi rector et redemptor*

– *Dicamus omnes: Misericors domine*
cf. *Qui salvare mundum veniens*

44 *Dicamus primum versiculum*

45 *Dicata sancto tuo nomine, Christe, fideles*

46 *Dicebam: medicare tuos desiste capillos*

47 *Dicebam tibi: Galla, senescimus; effugit*
I F. MUNARI Kleine Schriften 1980 p. 228

48 *Dicebam tibi venturos, irrisor, amores*

49 *Dicebas quondam solum te nosse Catullum*

50 *Dicendi palmam Victoria tollit amico*

51 *Dicendum et quae sit membris medicina*

52 *Dicere cum conor curam tibi, Pamphila*

53 *Dicere de Libycis reduci tibi gentibus, Afer*

54 *Dicere Musa iubet, me dicere iussit Apollo*

55 *Dicere plus, fecisse minus taxatur honestum*

– *Dicere quisquis amat ullo sine crimine vitam*
cf. *Degere quisquis amat*

56 *Dici quidam annum velut anum forte fatentur*

57 *Dicis amore tui bellas ardere puellas*

58 *Dicis formosam, dicis te, Bassa, puellam*

59 *Dicit se vetulam, cum sit Caerellia pupa*

60 *Dicite: cui populi conceditur ampla potestas*
EC CC Cont. Med. 117 p. 31
I STAUBACH Rex christianus p. 210-212

61 *Dicite, cum melius cadere ante Lucretia*

62 *Dicite gentes / Undique laudes*
I BLOCH Monte Cassino I p. 8
I ERNST Carm. fig. p. 382 n. 104

63 *Dicite io Paean et io bis dicite Paean*

64 *Dicite, qui colitis lucos antrumque Sibyllae*
E MANGANARO Nuovo Didaskaleion 2/1961 p. 23-45
MI DOLBEAU RÉAug 27/1981 p. 38-43
I L. CRACCO-RUGGINI Il paganesimo romano tra religione e politica. Memorie dell'Accademia Nazionale dei Lincei, Cl. di Scienze morali, stor. e fil. (ser. 8) 23/1979 p. 4s.
I F. HEINZBERGER Heidnische u. christl. Reaktion auf die Krisen d. weström. Reiches i. d. Jahren 395-410 n. Chr. 1976 p. 162-196
I COURCELLE Lecteurs ... de l'Énéide p. 542
I PERELLI GIF 40/1988 p. 241-254
I ROSEN in: Klassisches Altertum, Spätantike und frühes Christentum. Fs. LIPPOLD 1993 p. 396ss.
I SHANZER RÉAug 32/1986 p. 235-248

65 *Dicitis esse deos, qui sunt manifeste cruenti*

66 *Dicitis o stulti: Iovis tonat, fulminat ipse*
TI HECK VigChr 30/1976 p. 72ss.

67 *Dicito presbyteris: vestram fuscare serenam*
ET MESSINA p. 53:XXII

– *Dicitur alma Venus, dum Martis vitat amores*
cf. *Icitur alma Venus*

68 *Dico libenter amen: nostrum sic finio*

69 *Dicta Iuvavo fuit quondam metropolis ista*
I WOLFRAM in: H. DOPSCH/R. JUFFINGER Virgil von Salzburg 1985 p. 342 n. 5
I SEMMLER MIÖG 107/1999 p. 43 n. 389

70 *Dicta Pales nobis, idem Vinalia dicam*

71 *Dicta vocatur avis proprio cognomine gallus*
E DU MERIL 1854 p. 137
TI ZIOLKOWSKI Talking animals p. 48ss.; 241
B Clavis Galliae II p. 58
I KNAPP Tierepos p. 72
I SCHALLER Studien p. 64s.; 83 n. 19; p. 411

72 *Dictamen verbis assuesce polire superbis*
I FICHTENAU Lebensordnungen II p. 387

73 *Dictantes medici quandoque et Apollinis*
I VREDEVELD ClPh 80/1985 p. 45s.

74 *Dicuil accipiens ego tracta auctoribus ista*
B Clavis Galliae I p. 302s.
I HOWLETT Peritia 13/1999 p. 109-112

-a *Didascalus Remis Remigius urbe receptus* [4
A inc. saec. IX/X
EM JEUDY RevHistTextes 2/1972 p. 77 n. 3
EI RICHÉ in: Gerberto - scienza, storia e mito p. 53
M PELLEGRIN Bibliothèque Vaticane II.2 p. 302

75 *Diei luce reddita*
M GNEUSS MlatJb 35/2000 p. 244
I NORBERG Les vers iambiques p. 23 n. 30

76 *Diem celebremus virginis die, eia*

77 *Diem colamus laudibus / binis dicatum*

78 *Diem festum Bartholomaei*
M FILL Hss. Kremsmünster I p. 413

79 *Diem natalem / Domini suscepturi*

– *Diem sacrati hominis (nominis)*
cf. *Decus sacrati nominis*

80 *Diem sanctum Georgii*
I HAUBRICHS Georgslied p. 331

81 *Dies est aer sole illustratus*

82 *Dies sacra, dies ista / Dies*
TMI LAPIDGE Wulfstan p. CXXVIII-CXXX

83 *Differris, dives, nimium tua cuncta videndo*

84 *Difficile est dictis narrare singula gesta*

85 *Difficilis facilis, iucundus acerbus es idem*

86 *Difficilis parti est custodia; qui labor ingens*

87 *Difficilis quondam, dominis parere serenis*

88 *Diffugere nives, redeunt iam gramina campis*

– *Digestis igitur sanctorum laudibus almis*
cf. *Omnipotens genitor mundum*

-a *Digna ab ego laudari carmento mirabili* 1
ET Virg. Gramm. ed. POLARA p. 208

89 *Digna cultu / dies hodierna*

90 *Digna fiat fante Glingio: gurgo fugax*
EC HERREN p. 43
EI GWARA JournMedLat 6/1996 p. 84-134
cf. *Dignus, fante glingio: gurgo fugax*

91 *Digna fui merito meo rara sodali*

92 *Digna sacerdotis Bibiani templa coruscant*
ETC REYDELLET I p. 31
I BORGOLTE in: Fs. AUTENRIETH 1988 p. 34
I STEMMLER in: La Neustrie II 1989 p. 81

93 *Digna tuo cur sis indignaque nomine, dicam*

94 *Digna viro posuit coniunx memorabilis aevo*

95 *Dignas, summe sacer, simul immensasque*

96 *Digne pro meritis ducis futuri*

97 *Digne semper amande piis deus inclite*
B Clavis Galliae I p. 158
I ERNST Carm. fig. p. 207
I CHAZELLE The Cross p. 70

98 *Digne te, sancte Domine*

99 *Digne tenes praemium Marea pro nomine*
EC ICUR N. S. VIII p. 361:23065

00 *Dignetur clemens famuli rex cernere sedem*

01 *Dignis digna loco: picturis condecoravit*

02 *Dignis hodie / fratres devoti*

03 *Dignum aequum ac iustum est tibi nos pie*

04 *Dignum et iustum est, nos gratias tibi dicere*

05 *Dignum opus et clarum victoris psallere*
ETC CC Cont. Med. 100 p. 113; 307
M CC Cont. Med. 100A tab. B14
MI ERNST Carm. fig. p. 267-270

-a *Dignum, sancte pater, tibi laudem voce [perenni* 26
EI MAZAL Biblos 17/1968 p. 51-56

06 *Dignus laude quidem est, vitam sine crimine*

07 *Digressi per bella, pedem referamus in*

08 *Dii, si qua est caelo pietas quae talia curet*

09 *Dilectae nimis et peculiari*

10 *Dilectae Probus haec persolvo munera matri*

11 *Dilecte deo / Galle, perenni*
ET OCHSENBEIN in: St. Gallen II p. 151s.
M ROPA Quadrivium 13/1972 p. 96 (tab. X)
B CROCKER p. 443
I DE GOEDE PRU p. CXLIV
I STÄBLEIN AMusWiss 19/1962 p. 86

12 *Dilecte iste domini / Ioannes est*

13 *Dilecto domino Wilhelmo, pacis amico*

14 *Dilectus domini David bendictus in aevum*
ET KORZENIEWSKI Hirtengedichte p. 100
I EBENBAUER Carmen Historicum I p. 87s.

15 *Dilectus hic pollet tuus*

16 *Dilige budellos, sit nunc tibi pancia cara*
M PASSALACQUA Codici p. 247

-a *Dilige care deo scripturae discere causas*
A Milred. (saec. VIII)
EI SHEERIN Manuscripta 21/1977 p. 178

17 *Dilige denarium (olens nardum), sed parce*

18 *Dilige iudicium, si vis conscendere caelum*
ET MESSINA p. 33:VIII
I EBERHARDT p. 151; 160; 179; 373

19 *Dilige sic alios, ut sis tibi carus amicus*
M J. FLIEGE Die Hss. aus Quedlinburg in Halle 1982 p. 132

20 *Diligit informes et foedas Myrro puellas*

21 *Diligo te quantum solus scit fautor amantum*

22 *Dimidium donare Lino quam credere totum*

23 *Dimittasque tuis, exortor, debita multa*

24 *Dindyma nostra citro sanctum fla pneuma*

25 *Diogenem meretrix derisum Laida monstrat*

26 *Dionysio Christus dedit*

27 *Dira patet Iani Romanis ianua bellis*
ECI COURTNEY MusHelv 45/1988 p. 33-57
M PELLEGRIN Bibliothèque Vaticane II.2 p. 532
M BALLAIRA Prisciano p. 134
M N. R. KER Medieval Manuscripts in British Libraries II 1977 p. 813
M GNEUSS Handlist 258

28 *Dirum Iocasta nefas, vel cum venit effera*

29 *Dis est sacratus Manibus hic tumulus*

30 *Dis fretus, vitae intrepidus mei*

31 *Dis Manibus Caefalio eximiae laudis iuveni*

32 *Dis Manibus sacrum Gabiniae Matronae*

33 *Discat evangelico Christum sermone fateri*
ET GILARDI Syll. Turon. p. 208; 221s.

34 *Discat qui nescit, quod episcopus hic*

35 *Disce aliquid nam, cum subito fortuna*
T ÖBERG Poetry p. 35

36 *Disce fabam sollers pallentem sumere cantor*

37 *Disce frequenter, homo, laudem resonare*
I LÖFSTEDT/LANHAM Eranos 73/1975 p. 71

38 *Disce fuisse duces, qui carmina nostra*

39 *Disce leo supplex apices sine murmure*
TI ZIOLKOWSKI Talking animals p. 137ss.
I ZIOLKOWSKI MlatJb 20/1985 p. 55

-a *Disce libens iuvenis palentem sumere fabam* [2
M L. MUNZI Il 'De partibus orationis' di Giuliano di Toledo 1983 p. 184

40 *Disce libens, iuvenis, sacris insistere curis*

41 *Disce, miles militare, Galba est, non*

42 *Disce, moriture, bonum ostendere cunctis*

43 *Disce per has cartas calles transire perartos*

44 *Disce pium facinus: percusso, Romule, fratre*

45 *Disce, puer, claris virtutum crescere palmis*

46 *Disce, puer, manibus mercedem quaerere*

47 *Disce, puer, nigras depingere ...*

48 *Disce, puer, tabulis, quo possis scribere*

49 *Disce qui velis nosse, quid tegit tumulus iste*
E Paolo Diacono, Storia dei Longobardi ed. LEONARDI/CASSANELLI 1985 p. 70 (tab.)
I MONTORSI Epigrafe modenese p. 147

50 *Disce, quid Esquilias hac nocte fugarit*

51 *Disce quisque pius pater es vel mater quae*

52 *Disce quod in fratribus fraudem meditatus*

53 *Disce sed a doctis, indoctos ipse doceto*
T ÖBERG Poetry p. 35

54 *Disce tuas iuvenis ut agat facundia causas*
M MUNK OLSEN Auteurs classiques II p. 96

55 *Discere ne cessa, cura sapientia crescat*

56 *Discere, si cupis, a doctis quam multa licebit*

57 *Discernant leges pietas iustitia mites*
M facs. BLOCH Monte Cassino III p. 1141
M facs. Regensburger Buchmalerei tab. 14
MB HOFFMANN Buchkunst p. 300
I BLOCH Monte Cassino I p. 27
I CAMPANA in: Studi e ricerche ... in mem. G. MERCATI 1959 p. 34-47

58 *Discernens totum iuris, natura locavit*

59 *Discingat chartam mitis, rogo, dextera*
B Clavis Galliae II p. 313

60 *Disciplinam docet sanctorum regula patrum*

61 *Disciplinarum esse hominem risusque*

62 *Discipuli Christum visu comitantur euntem*

63 *Discipulis cunctis domini praelatus amore*
EI GÓMEZ PALLARÈS in: Umanesimi p. 179
I HAUCK Taufpfalzen p. 59

64 *Discipulis lavisse pedes pietate magistrum*

65 *Discipulis nam sponte lavit vestigia cunctis*

66 *Discipulum Christi teneat haec ara*
B Clavis Galliae II p. 457

67 *Discipulum medicus quidam suscepit*

68 *Discipulum profer, quem Christus amavit et*

69 *Discipulus Christi verus primusque secutor*
B Clavis Galliae II p. 426

70 *Discipulus est prioris posterior dies*

71 *Discipulus melior nulli meliorve magister*

72 *Discite crescentes pietatem reddere vestris*

73 *Discite: dum vivo, mors inimica venit*

74 *Discite, filioli, cursum discernere Phoebi*
E MGH Poet. 5 p. 655

75 *Discite me, pueri, versus si scribere vultis*
B Clavis Galliae I p. 284s.

76 *Discite, mortales, fidei nihil esse quod obstet*
ETC REYDELLET I p. 26
M HUNT/LAPIDGE Anglo-Saxon England 8/1979 p. 282

77 *Discite nunc, pueri! Docilis cito vertitur*
ET GODMAN Poetry p. 178s.

78 *Discite, quae faciem commendet cura*

79 *Discite, qui legitis, divino munere reddi*

80 *Discite quid meriti praestet pro rege feriri*
EC ICUR N. S. VIII p. 410:23393

81 *Discite securos non umquam credere amores*
I COURCELLE Lecteurs ... de l'Énéide p. 343

82 *Discolor aetheriis apparet nubibus Iris*

83 *Discolor ancipiti sub iactu cauculus astat*
ETI A. J. BAUMGARTNER Untersuchungen z. Anthologie d. Codex Salmasianus 1981 p. 98

84 *Discolor in curvis conversor quadripes*

85 *Discrimen generis iunxerunt foedera partus*
I D'ANGELO in: Teoderico il Grande 1993 p. 654

86 *Discrimen vitae, ludit dum forte, Hyacinthus*

87 *Discurrens obiter lupus ad predam*

88 *Discursus varios vagumque mane*

89 *Discus erat tereti formatus imagine mundi*

90 *Discussi, fateor, sectas, Antonius, omnes*

91 *Discute torpentes, frater, tibi pollice somnos*
B Clavis Galliae II p. 419

92 *Discutimus, Pauline, iugum, quod nota*

93 *Disertissime Romuli nepotum*

94 *Disiecit lacrimas medella cordis*

95 *Dispar damna lege Parkarum et stamina*

96 *Disparibus par fervor inest, lumine pressi*

97 *Disparibus victum populis praenuntiat unum*

98 *Dispeream male, si novi civilia iura*

99 *Dispersit remeans ludentis tempora discus*

00 *Dispositum tempus venit nostris pacem in*

01 *Disputat hic Karolus rex Albinusque*

02 *Dissere parva tibi, scripturo maxima, fili*

03 *Dissimilem sibi dat mihi pater figuram*

04 *Dissimilem sibi me mater concipit infra*
I PAVLOVSKIS Cl & Med 39/1988 p. 231

05 *Dissimiles sumus et mos non similis tenet*

06 *Dissimilis matri, patri diversa figura*

07 *Dissimilis virtute patri et multo magis illi*

08 *Dissimula laesus, si non datur ultio praesens*
M DE MEYIER Codices Vossiani VI p. 136

09 *Dissimulas legem tanto praeconio latam*

10 *Dissona conexis audet componere verbis*

11 *Dissona vox hominis rugitum signat aselli*
I CODOÑER in: Bivium p. 49
I DÍAZ Anecd. Wisig. p. 118

12 *Disticha qui scribit, puto, vult brevitate*

13 *Distinctus maculis et pulchro corpore pardus*

14 *Distinxi emendans gratum mihi munus amici*
M PRÉAUX in: Collection Latomus 158/1978 p. 80
M SEIDER in: Studien zum antiken Epos ed. GÖRGEMANN/SCHMIDT 1976 p. 143

15 *Diti pontifici Renconi vernula mitis*

16 *Diu vivendo multa vidi incommoda*

17 *Dius apex Adam ut fecit, dat somnia, donec*
ETC REYDELLET II p. 33
EI ERNST in: Mensura. Maß, Zahl, Zahlensymbolik im Mittelalter ed. A. ZIMMERMANN 1984 p. 321ss.
T COOK p. 47
M St. Petersburg Q. V, I, 20 (saec. IX) f. 13r
MI ERNST Carm. fig. p. 152; 154s.
MI CHAZELLE The Cross p. 9
I Text als Figur p. 33
I MÜLLER Hrabanus Maurus p. 125
I SCHALLER Studien p. 4

18 *Dius apex carne effigians genetalia limi*
ETC REYDELLET I p. 54
T COOK p. 49
MI ERNST Carm. fig. p. 151-153
I Text als Figur p. 33; 42s.
I MÜLLER Hrabanus Maurus p. 125

19 *Diva non miti generata*
BI STOTZ Sapph. Dichtung p. 18; 39-42; 49; 60s.; 80; 105; 456

20 *Diva, precor, Tellus aevo complectere sancta*

21 *Diva tibi vita est, felicia tempora, Naevi*

22 *Dive, quem proles Niobaea magnae*

23 *Diversa infelix et lambit et olfacit Eunus*

24 *Diversae Hesperia patriae radiante nitescunt*
B BHL 1903

25 *Diversi diversa patres: sed hic omnia dixit*

26 *Diversis dapibus confinia proxima servat*

27 *Diversis horis laudandi scripta laboris*

28 *Diversis iuvenes Asia atque Europa sepulcris*

29 *Diversum sortita capis finemque caputque*

30 *Dives Daedalon olim Ἑκατόπολις extulit*
I COURCELLE Lecteurs ... de l'Énéide p. 426

31 *Dives eras quondam: sed tunc pedico fuisti*

32 *Dives et pauper simul peribunt*

33 *Dives opum Christo, pauper sibi pulchra*

34 *Dives opum virtute potens clarusque*

35 *Dives sine avaritie vixit, ad Ditem venit. vale*

36 *Divi Constanti pignus de nomine nomen*

37 *Divina bonitas ne saeviat, exerit iram*

38 *Divina fulgens doctrina sceptra praecellit*
BI FUHRMANN Settimane ... Spoleto 27/1981 p. 434s.
I HAUCK in: Wörter und Sachen ed. R. SCHMIDT-WIEGAND 1981 p. 247s.
I SCHIEFFER in: Roma - Caput et Fons p. 46
I SWINARSKI Herrschen mit den Heiligen p. 32 n. 30; p. 370s.
I NORBERG ALMA 44-45/1983-85 p. 221
I MONTORSI Epigrafe modenese p. 150

39 *Divina virtus, Christe, lux luminis, fave tuo*
E DÍAZ in: Fs. BULST 1981 p. 70
I ERNST Carm. fig. p. 476
I DÍAZ Y DÍAZ MlatJb 24-25/1989-1990 p. 96; 100

40 *Divinis donis aurea*

41 *Divinorum operum secretas noscere causas*

42 *Divinum veneranda tegunt altaria foedus*

43 *Divis orte bonis, optume Romulae*

44 *Divitias alius fulvo sibi congerat auro*

45 *Divitias grandesque epulas et munera multa*

46 *Divitias tribuat veras tibi, David amate*
B Clavis Galliae II p. 293

47 *Divitibus pretium est Ennodi forma metallis*

48 *Divorum ... / Mutua ... / Filius Aproni*

49 *Divum empta cante, divum deo supplicate*

50 *Divum sodalis, consul ex verno die*

51 *Dixerat astrologus periturum te cito, Munna*

52 *Dixerat; at iudex altrinsecus instat et inquit*

53 *Dixerat, at Paphie paulum contractior ore*

54 *Dixerat, atque caput parasitus plangere*
EC ROBERTINI p. 96

55 *Dixerat 'o mores! o tempora!' Tullius olim*

56 *Diximus hanc sortem miseris mortalibus esse*

57 *Diximus iam multa de superstitione nefanda*

58 *Dixit Esaias: Hic homo, qui commovit orbem*

59 *Dixit et hoc pater omnipotens cum pelleret*

60 *Do do iuxta nomen tuum tibi, tu mihi da da*
B Clavis Galliae II p. 212
I BULST Lat. MA p. 78s.

61 *Do tibi naumachiam, tu das epigrammata*

62 *Docta lyra, grata et gestu, formosa puella*

63 *Docta manus saevis quotiens se praebuit*

64 *Docta manus solio dominum depingit in alto*
E MGH Poet. 5 p. 675
MB HOFFMANN Buchkunst p. 145

65 *Doctiloqui carmen ructatum fonte Maronis*
I SHACKLETON BAILEY ClPh 77/1982 p. 123

66 *Doctiloquis studium verbis extollere rebus*

67 *Doctor apostolicus hoc pingitur ordine*
E JACOBSEN in: Theophanu I p. 188
E MGH Poet. 5 p. 450; 685

68 *Doctor apostolicus hunc haec vox alma*
B Clavis Galliae II p. 401

69 *Doctor Francorum primus pastorque*

70 *Doctorum Licini celeberrime Sura virorum*

71 *Doctorum medius sedet hic sapientia*

72 *Doctrinae antistes, rerum mirabilis auctor*
M Hss. Krakau p. 515s.; 518
M COULSON Scriptorium 51/1997 p. 166

73 *Doctrinae Domini penetralia, tempore in isto*

74 *Doctrinae vitaeque pari brevitate caducum*

75 *Doctus Apollineo disponere carmina plectro*

76 *Doctus apostolicis mundum superare*

77 *Doctus Aristoteles paeanem laudat utrumque*

78 *Doctus Hylas caestu, Phegeus catus arte*

-a *Doctus lege dei Clunicensis Hugonis alum-* [*nus*
E CIFM 2 p. 138:40

– *Dodo*
cf. *Do do*

79 *Dodone tibi, Iuppiter, sacrata est*

80 *Dodra ex dodrante est. sic collige: ius, aqua*

81 *Dodra vocor. quae causa? novem species*

82 *Dogma quod antiqui satiatum felle draconis*

83 *Dogmata mellifluis mentes mulcentia verbis*

84 *Dogmate papali datur ac simul imperiali*
M J. FLIEGE Die Hss. aus Quedlinburg in Halle 1982 p. 129

85 *Dolens et maerens filieis fecit sueis*

86 *Dolere mater noli, faciundum hoc fuit*

87 *Dolere noli matrem, faciundum fuit*

88 *Domine audi lacrimantes*

89 *Domine cunctorum, transfer patrem nostrum*

90 *Domine Deus, Iesu / Via, vita*
M ZANNA in: Poesia dell'alto medioevo p. 366
B LAPIDGE/SHARPE p. 341s.:1289
I LAPIDGE Peritia 4/1985 p. 106

91 *Domine deus qui me creasti nec me digneris*

-a *Domine, exaudi*
ETI DRONKE CMCS 16/1988 p. 61-75
cf. *Descendat meus amor*

– *Domine miserere nobis / Domine*
cf. *Domine audi lacrimantes*

92 *Domine miserere nobis / Et exaudi*

-a *Dominus misericordiam / obliviscere pecca-* [*ta nostra* 20
A Iulianus Toletanus
EI DRONKE Medieval Poet p. 125s.

93 *Domine redemptor noster, quod rogamus tu*
I MARCHETTA Romanobarbarica 5/1980 p. 105-115
I MATTIACCI in: Poesia dell'alto medioevo p. 10ss.

94 *Domine sancte / pater aeterne / omnipotens*

95 *Dom(i)no dilectus, quoquo iret, semper*

96 *Dom(i)no pontifici, Vventanam principe*
I SHEERIN RBén 88/1978 p. 263-273
I YORKE Aethelwold p. 205
I HOLSCHNEIDER Winchester p. 139-143; tab. 14

97 *Dominus caeli rex et conditor*
EMI SILVESTRE RBén 91/1981 p. 169-171
BI STÄBLEIN Archaische Sequenz p. 352ss.
I SPANKE Studien p. 32; 108
I V. D. STEINEN ZSchwKG 40/1946 p. 241
I WALL MedAev 45/1976 p. 246
I DE GOEDE PRU p. CXLIV

-a *Dominus qui iussit, regnet filiter in aevum* [3
EI BISCHOFF Mal. Studien III p. 155s.

98 *Domitianus qui plures exemerat arvis*

99 *Domnaedius, possessor, colonus sequens*

00 *Domninus, rem spemque deo qui mente*

-a *Domno ...*
cf. *Domino ...*

01 *Dona animae miserendo meae sedem oro*
MI ERNST Carm. fig. p. 204; 206s.
B Clavis Galliae I p. 158s.
I CHAZELLE The Cross p. 70

02 *Dona cano divom, laetas venantibus artis*
I EFFE Dichtung und Lehre p. 154-165

03 *Donant ex signis alii praeconia sanctis*

04 *Donarem pateras grataque commodus*

05 *Donasse amicum tibi ducenta, Mancine*

06 *Donasti, Lupe, rus sub urbe nobis*

07 *Donasti tenero, Chloe, Luperco*

08 *Donat hac pelli, Diana*

09 *Donata pia iusta vale, serva tuos omnes*

10 *Donatistarum crudeli caede peremptum*
ETI SANDERS in: Fs. BARTELINK 1989 p. 297-313
ETI DUVAL Loca Sanctorum Africae p. 182

11 *Donatus et Valerianus hic simul*

12 *Donatus lector studiorum in agone sodalis*

13 *Donavi tibi multa quae rogasti*

14 *Donavit genitor magno te, parve, sepulcro*

15 *Donec gratus eram tibi*

16 *Donec proterva nil mei manu carpes*

17 *Dono sepulcrorum victor post multa tyranni*

18 *Donum fert Ruodpreht, quod praesul suscipit*
MI HOFFMANN Buchkunst p. 85; 315

19 *Dorcas prementis consumpta voragine*

20 *Dormis an vigilas? Nimium mundilia curas*

21 *Dormis cum pueris mutuniatis*

22 *Dormit in hac tumba simplex sine felle*

23 *Dotatae uxori cor harundine fixit acuta*

24 *Doxa per omnia / renitet cosmi climata*

25 *Doxa superna / omnipotens columen*

26 *Doxa supernorum, nitenti bella tuorum*

27 *Drama tibi primae depango laudis usyae*
E MGH Poet. 5 p. 669
I NORBERG ALMA 44-45/1983-85 p. 220

28 *Drauci. Natta sui vocat pipinnam*

29 *Duas res simul nunc agere decretumst mihi*

30 *Duas sorores ... / Duo fratres*

31 *Dubthach hos versus transcripsit tempore*
M BALLAIRA Prisciano p. 139
B LAPIDGE/SHARPE p. 181:688
B SHARPE nr. 241

32 *Duc o parens celsique dominator poli*

33 *Ducit ad auriferas quod me Salo Celtiber*

34 *Ducite ab urbe decus, Musae, venerabile*
EC CC Cont. Med. 117 p. 12
I COURCELLE Lecteurs ... de l'Énéide p. 273
I BRUNHÖLZL in: Scire litteras p. 91

35 *Ducite istum; si non sequitur*

36 *Ducitur in templum, purgat qui vota*

– *Ductor iacet infandi nomen memorare*
cf. *Dum placet infandi nomen*

37 *Ductu / auspicio imperioque / eius Achaia*

38 *Ductus amore dei, Martini et praesulis almi*
I ENGELS in: Fs. BARTELINK 1989 p. 159

39 *Ductus amore tuo magno, mitissime Christe*
ET W. WEYRES Die vorgotischen Bischofskirchen in Köln (Studien zum Kölner Dom 1) 1987 p. 95s.
B Clavis Galliae II p. 441

40 *Dudum compositis ego nomen gesto figuris*

41 *Dudum limpha fui squamoso pisce*

42 *Dulce caput populi, Dagobercthe, perennis*
I WAREMAN Cl & Med 37/1986 p. 201
I GEORGE Eranos 86/1988 p. 60
I HOEFLICH Res publica litterarum 5/1982 p. 133

43 *Dulce carmen et melodum*
A inc. saec. X
BI STÄBLEIN Archaische Sequenz p. 352ss.
I SPANKE Studien p. 4; 22s.; 25; 108
I V. D. STEINEN ZSchwKG 40/1946 p. 241
I SPANKE Beziehungen p. 182
I DE GOEDE PRU p. CXLIV

44 *Dulce carmen lingua promat, dulce melos*
I SZÖVÉRFFY Holy Cross p. 25s.

45 *Dulce decus nostrum, Christi sanctissima*

46 *Dulce decus regni latet hic sub marmore*

47 *Dulce decus scaenae, ludorum fama, Latinus*

48 *Dulce genus, proles priscorum*
EI BULST Lat. MA p. 164-166
I WEINFURTER HJb 106/1986 p. 268

49 *Dulce istic nomen Glyptae iacet, omnibus*

50 *Dulce maerenti populus dolentum*

51 *Dulce malum pelago Sirenae volucresque*

52 *Dulce melos cum organo / sonet chorus*

53 *Dulce sonat quod cantat amor, cui grata*
M DE MEYIER Codices Vossiani VI p. 265

54 *Dulce suum sub fronde sedens philomena*

55 *Dulces exuviae, dum fata deusque sinebat*

56 *Dulces modos et carmina praebe, lyra*
E P. MARCHEGAY/E. MABILLE Chroniques des églises d'Anjou 1869 (^{n}1968) p. 201-204
I NORBERG Les vers iambiques p. 22
I ORŁOWSKI CCM 30/1987 p. 140
I HEAD Hagiography and the Cult of Saints p. 218 n. 81s.

57 *Dulces Vestricii iocos*

58 *Dulci evangelium cantemus voce Iohannis*
I STELLA Poesia carolingia p. 219-223
I IVERSEN in: Pax et Sapientia ed. R. JACOBSSON 1986 p. 29

-a *Dulcia cum nostros sancti natalis amores*
cf. *Dulcis cum nostros sancti natalis*

59 *Dulcia cum tantum scribas epigrammata*

60 *Dulcia defecta modulatur carmina lingua*

61 *Dulcia dona mihi semper tu, Maxime, mittis*

62 *Dulcia fraternis tunc imprimit oscula labris*

63 *Dulcia mella mihi semper tu dulcia mandas*
M DE MEYIER Codices Vossiani VI p. 265

64 *Dulcia non meruit, qui non gustavit amara*

-a *Dulcia quae docuit finctor nunc respice*

[*verba* 2
EMI VILLA Lectura Terentii I p. 31; 39; 116
M RIOU in: Collection Latomus 158/1978 p. 9

65 *Dulcia quos dudum iungebant foedera legis*

66 *Dulcia sunt ficata avium, sed cura gubernat*

67 *Dulcibus alloquiis quae fabula fertur in aure*

68 *Dulcibus e stagnis fluvio torrente coactus*

69 *Dulcibus officiis et amica mente colendo*

70 *Dulcifero pia nos genetrix ditavit honore*
I IRVINE Textual Culture p. 103s.

71 *Dulcior ut portus nautis ut meta quadrigis*

72 *Dulcis ad hesternas fuerat mihi rixa lucernas*

73 *Dulcis, adesto meis, praeclara Camoena,*
E MGH Poet. 5 p. 599

74 *Dulcis amica ripae, semper vicina profundis*
E KORTEKAAS Historia p. 380

75 *Dulcis amica veni, noctis solatia praestans*
M U. WINTER Hss. Diez 1986 p. 69
M PASSALACQUA Codici p. 345
M N. R. KER Medieval Manuscripts in British Libraries II 1977 p. 140
I CASTILLO Cuadernos FilClas 5/1973 p. 58
I SCHALLER Studien p. 66; 82 n. 9; p. 411

76 *Dulcis amice, bibe gratanter munera Bacchi*
M DE MEYIER Codices Vossiani VI p. 265
I BULLOUGH Friends, neighbours and fellowdrinkers p. 12 n. 21

-a *Dulcis amice, bonum summum quod constat* [*et unum* 6
A Herimannus Contractus
EMI BORST DA 40/1984 p. 77

77 *Dulcis amice mihi, memorabile nomen*

78 *Dulcis amice, vale, cupio quem cernere*

79 *Dulcis amice, veni pacem sub pectore*

80 *Dulcis amor lacrimis absentem plangit*
B Clavis Galliae II p. 53

81 *Dulcis apud Manes Zoe benedicta moraris*

82 *Dulcis cara viro latet hoc Amemone sepulcro*

83 *Dulcis conscia lectuli lucerna*

84 *Dulcis cum nostros sancti natalis amores*
cf. *Dulcia cum nostros sancti natalis*

85 *Dulcis et egregii Gisleni vita patroni*

86 *Dulcis Homere vale, valeat tua vita per*
B Clavis Galliae II p. 50s.
I KULLMANN in: Fs. AUTENRIETH 1988 p. 3
I VIARRE in: TRAUBE-Gedenkschrift p. 230; 233

87 *Dulcis honor Domini Zachaeo fulsit amico*

88 *Dulcis nimis proles, o spes, solacia nostra*

89 *Dulcis odor nemoris flamma fumoque fatigor*

90 *Dulcis optima decens, cui tanta est cura*

91 *Dulcis Proserii coniunx Vincentia quondam*

– ... *a) dulcis tantum dilecta mo* ...
cf. *Valentina dulcis tantum*

92 *Dulcis Vestricii ioca*
cf. *Dulces Vestricii iocos*

93 *Dum bacchans passim per rura, per oppida*

94 *Dum bibis solus pateras, quot omnes*
TB STOTZ Sapph. Dichtung p. 19; 179s.

95 *Dum caderet Martinum arbor pressura*

96 *Dum caeli sphaera volvitur*

97 *Dum chlamydem Martinus inops divisit*

98 *Dum cibis corpus modicis fovetur*

99 *Dum crystalla puer contingere lubrica*
ETI LAURENS BAGB 1986 p. 347

00 *Dum cupidus iuvenis urbem voluisse videre*

– *Dum cupimus tectis admittere martyr*
cf. *Dum lucem cupimus tectis*

01 *Dum cupis, inde peris, dum ardis proximi*

02 *Dum divina pius caelestis semina vitae*

03 *Dum domus ipsa mea dormit, vigilare suesco*
TC STELLA Poesia carolingia p. 200; 426ss.

04 *Dum donas, Macer, anulos puellis*

05 *Dum dubitat natura, marem faceretne*
M U. WINTER Hss. Diez 1986 p. 69
I LAUSBERG Das Einzeldistichon p. 321

06 *Dum essem in Babylonia templum hora diei*

07 *Dum face, dum ferro celsam affectare*

08 *Dum factor summae, mediae rationis et imae*
E BERSCHIN p. 104
I LAPIDGE MlatJb 22/1987 p. 75

09 *Dum fiscella tibi fluviali, Tityre, iunco*

– *Dum fortuna tibist rerum discrimine prava*
cf. *Cum tua fortuna rerum tibi*

10 *Dum fretum Hesperios inter Siculosque*

11 *Dum fuerit, iuvenis, aetas docilis tibi, disce*

12 *Dum furit in medio vallis vis ignea Martis*

13 *Dum genus humanum truculenta fluenta*
I WIELAND JournMedLat 8/1998 p. 70

14 *Dum Ianus hiemes, Domitianus autumnos*

15 *Dum iubet Hainricus, quod sanctus*
E MGH Poet. 5 p. 675

– *Dum ivi ambulare*
cf. *Dum mihi ambulare*

16 *Dum labefactat onus gravidi temeraria*

17 *Dum lasciviam nobilium et laudes fucosas*

18 *Dum leve videtur cumcumque neque vitatur*

19 *Dum levis arsura struitur Libitina papyro*

20 *Dum lucem cupimus tectis admittere, martyr*
E ICUR N. S. VIII p. 359:23057

21 *Dum mea Caecilio formatur imago Secundo*

22 *Dum mea multiplices mens anxia sustinet*

23 *Dum messem frater meteret*
EC Mélanges Colombaniens p. 333s.

24 *Dum mihi ambulare*
BI SZÖVÉRFFY Latin Lyrics I p. 73s.
I SCHALLER in: Iren u. Europa I p. 474
I DRONKE in: Poesia dell'alto medioevo p. 173

25 *Dum mihi fessus iter gradior prope noctis in*
ETC REYDELLET II p. 109

26 *Dum modo causidicum, dum te modo rhetora*

27 *Dum moreris, quem hic claudit humus*

28 *Dum mortem, Jesu, pro nobis sustinuisti*
E MGH Poet. 5 p. 662
MI ERNST Carm. fig. p. 502-504

29 *Dum mundum Natura potens terramque*
I COURCELLE Lecteurs ... de l'Énéide p. 366

30 *Dum mundus centum redeuntes septies annos*
B CALMA I p. 29
B Clavis Galliae I p. 27s.
I GODMAN Poets p. 47 n. 47
I SCHALLER Studien p. 410

31 *Dum mutabilium decurrunt tempora rerum*

32 *Dum nimium vano tumefactus nomine*

33 *Dum non laeta fuit, defensa est Ilios armis*

34 *Dum non perturbant animum discrimina*

35 *Dum non vis pisces, dum non vis carpere*

36 *Dum nos blanda tenent lascivi stagna*

37 *Dum nova Pannonici numeratur gloria belli*

38 *Dum novus est nec adhuc rasa mihi fronte*

39 *Dum pergit hinc quisque viam, mea pagina*

40 *Dum peritura Getae posuissent castra sub*
E ICUR N. S. IX p. 98:24313

41 *Dum perstat cuculus cantans Cereris sine*

42 *Dum petit a Baulis mater Caerellia Baias*

43 *Dum Phaethontea formica vagatur in umbra*

-a *Dum pietas multimoda / Deus gubernans*

[*omnia*144
A Frithegod
E AH 16 p. 33:14
M KER Books p. 202
B Rep. Hymn. 4987

44 *Dum placet infandi nomen memorare tyranni*
I MODERAN MEFRA 99/1987 p. 984

45 *Dum poscor crepitu digitorum et verna*

46 *Dum premeret patriam rabies miserabilis*

47 *Dum primus pulchro fuerat homo pulsus ab*
MI CORSANO Scriptorium 41/1987 p. 21s.
B Clavis Galliae II p. 87s.
I W. THIELE Vetus Latina 11.1 (1977) p. 80
I STELLA Poesia carolingia p. 41; 43-54
I FISCHER Lat. Bibelhss. 1985 p. 221; 229ss.; 277; 282s.
I GODMAN StudMed III 20/1979 p. 582
I COURCELLE Lecteurs ... de l'Énéide p. 119

48 *Dum proavos atavosque refers et nomina*

49 *Dum proceres mundi regem venerare*
ET GODMAN Poetry p. 174ss.
I GODMAN FMSt 19/1985 p. 280 n. 149
I GODMAN in: Charles the Bald p. 297
I FICHTENAU Lebensordnungen I p. 58
I RICHÉ in: Iren u. Europa II p. 745
I BULLOUGH Aula Renovata p. 293
I GODMAN Poets p. 61
I EBENBAUER Carmen Historicum I p. 18-29; 77ss.
I ERMINI StudMed II 2/1929 p. 186
I STAUBACH Rex christianus p. 31
I W. KIENAST Fränkische Vasallität 1990 p. 111
I SCHALLER in: Karl d. Gr. Nachwirken I p. 213-217
I SCHALLER Studien p. 136

50 *Dum putat esse parem vitreis Narcissus in*
M DE MEYIER Codices Vossiani VI p. 265

51 *Dum repetit sera conductos nocte penates*

52 *Dum residens mentem lentus perquirere*
TC STELLA Poesia carolingia p. 294; 472s.

53 *Dum residens noster, Tisulfus nomine, laetus*

54 *Dum sacra praesentis pervasit limina templi*
B Clavis Galliae II p. 389
I DE MOREAU St.-Amand p. 274

55 *Dum sacris mentem placet exercere loquellis*
M CLEMOES Anglo-Saxon England 4/1975 p. 121

56 *Dum sedeas laetus pulchra possessor in aula*
B Clavis Galliae II p. 461

57 *Dum semihiulco savio*
I H. DAHLMANN Ein Gedicht des Apuleius? (Gellius 19, 11) 1979

58 *Dum sibi redire de Patrensibus fundis*

59 *Dum simul dulcem cum viro carpere vitam*

60 *Dum sis patris heres teneas et, Bumbule*

61 *Dum subito properas dulces invisere terras*
ET GODMAN Poetry p. 280s.
B LAPIDGE/SHARPE p. 193:717
B SHARPE nr. 199
I JACOBSEN in: Iren u. Europa I p. 466

62 *Dum suetas soleat cycnus servare camenas*
B Clavis Galliae II p. 74
I KULLMANN in: Fs. AUTENRIETH 1988 p. 3

63 *Dum sum Vitalis et vivo, ego feci sepulcrum*
T ÖBERG Poetry p. 23

64 *Dum sumit cenam Christus, fit cena clientum*

65 *Dum te mathiten cupias me cernere salvum*
M HOLTZ RevHistTextes 16/1986 p. 195

66 *Dum te prosequor et domum reduco*

67 *Dum tendit citharam noster, dum cornua*

68 *Dum tener est onager solaque lalisio matre*

69 *Dum tibi Cadmeae dicuntur, Pontice, Thebae*

70 *Dum tibi felices indulgent, Castrice, Baiae*

71 *Dum tibi Niliacus portat crystalla cataplus*

72 *Dum Tiburtinis albescere solibus audit*

73 *Dum toga per quinas gaudet requiescere*

74 *Dum tu forsitan inquietus erras*

75 *Dum tu lenta nimis diuque quaeris*

76 *Dum ventri servis, innocentem esse te dicis*

77 *Dum vivis, sperare licet: tu rustice custos*

78 *Dum vix ter senos habuissem temporis annos*

79 *Dum vixi, bibi libenter, bibite vos, qui vivitis*

80 *Dum vixi quaesi, cessavi perdere numquam*

81 *Dum vixi, vixi quomodo condecet ingenuom*

82 *Dum vixit, omnibus suuis dulcissimus*

83 *Dum volo carminibus notum percurrere*

84 *Dumque ea Cephenum medio Danaeius*

85 *Dumque inter sese proceres certamen*

86 *Dumque pio sobolis celebrant insomnia ritu*

87 *Dunstan amande vale, praesul dignissime*

88 *Dunstanum memet clemens rogo, Christe*
EI GNEUSS Anglia 96/1978 p. 138
TMI IRVINE Textual Culture p. 407-409
M GNEUSS Handlist 538
B SHARPE nr. 246
I GNEUSS Anglia 96/1978 p. 145-148

89 *Duo cum incidissent in latronem milites*

90 *Duo generantur multo sub numero fratres*

– *Duodecimo Turnus divinis occidit armis*
cf. *Turnus iam fractis*

91 *Duos cum haberet Demea adulescentulos*

92 *Duplex est qui dulcia vult et hic et in ante*
ET BEHRENDS p. 254:144

93 *Duplicat ars geminis mihi nomen rite figuris*
I ZIOLKOWSKI Talking animals p. 45
I Liber monstrorum ed. PORSIA p. 85

94 *Dura fuit quondam, sed nunc est mollis ut*
E Notker Balb. ed. BERSCHIN p. 96

95 *Dura quae gignit et amara cunctis*
I STOTZ Sapph. Dichtung p. 312

96 *Dura quidem frangit parvorum morte*

97 *Dura subit Stephanus Petro sacrata*

98 *Dura viris et dura fides, durissima gleba*
E Notker Balb. ed. BERSCHIN p. 96
TI BERSCHIN Eremus p. 22

99 *Durandus iacet hic, qui paulo plus tribus*

00 *Dure vir, inposito tenerae custode puellae*

01 *Durum cacantes monuit ut nitant Thales*

02 *Durus et indomitus Veneris se semine cretum*

03 *Durus mihi pater, dura me generat mater*
I PAVLOVSKIS Cl & Med 39/1988 p. 231

04 *Dux Aries et frons Tauri metuenda minacis*

05 *Dux ego linguarum resonans et prima per*

06 *Dux elementorum studiis viget in Latiis*

07 *Dux genus egregium, praecellens norma*

08 *Dux Gisilbertus monachos afflixerat huius*

09 *Dux gregis et placidum pandens subit*

10 *Dux lanterna viae clusis feror aurea flammis*

11 *Dux pietatis ades, carnem qui ex semine*
B Clavis Galliae I p. 159
I CHAZELLE The Cross p. 70

12 *Dux puer en patribus apponitur hic*

13 *Duxerat esuriens locupletem pauper*

E

14 *E caelo domini clara virtute corusca*

15 *E cane me ponti canis excipit. ah dolor: in*

16 *E geminis nascor per ponti caerula conchis*
TI CAMERON Peritia 4/1985 p. 119

17 *E marmore hanc me carneam effinxit Scopas*

18 *E nubis medio Moyses flammaeque vocatus*
ET BISCHOFF in: Bibbia di San Paolo p. 154
M KESSLER p. 66

19 *E Ponto mihi gens artem docuit me Musa*

20 *E quibus hunc subter possis cognoscere*
M MUNK OLSEN Auteurs classiques I p. 133

21 *E tenebris tantis tam clarum extollere lumen*

22 *E vitro si quis depingere vascula quaerit*

23 *Ebibe rex iugiter purgatum hoc vase licore*

24 *Ebo, Remense decus, praesul pastorque*
A Godesc. Saxo?
E Colophons 15193
EC WEBER Gottschalk p. 186
B Clavis Galliae I p. 328
I LAMBOT RBén 68/1958 p. 49
I MGH Poet. 6 p. 88 n. 4
I KOEHLER/MÜTHERICH VI p. 11s.; 51

25 *Ebria Baiano veni modo concha Lucrino*

26 *Ebria nos madidis rumpit tibicina buccis*

27 *Ebria Sidoniae cum sim de sanguine*

28 *Ebrioso modum non pone: sed bellua maior*

29 *Ebrius haec fecit terris, puto, monstra*

30 *Ecce, annuntio / Christicolae*

31 *Ecce assunt stellae cum magno lumine*
M Paris, BN lat. 7730 (saec. IX) f. 54

32 *Ecce, beatus / alumnus harmonica*

– *Ecce Boethius adest in caelo magnus et omni*
cf. *In hoc sarcophago iacet Boetius*

-a *Ecce bonum quam praeclarum quoque [quamque iucundum 2*
M PELLEGRIN Bibliothèque Vaticane II.2 p. 42
I WALTER Gnomon 56/1984 p. 616

33 *Ecce columba pia pacis tibi portat olivam*

34 *Ecce coronatur divinitus atque beatur*
TMB Regensburger Buchmalerei p. 32; tab. 6
M SCHRAMM/MÜTHERICH Denkmale[2] p. 484
MI KELLER FMSt 19/1985 p. 306s.
I HOFFMANN Buchkunst p. 19; 21
I BLOCH Monte Cassino I p. 25

35 *Ecce crucem cari mater tenet optima nati*
E MGH Poet. 5 p. 674
MB HOFFMANN Buchkunst p. 145

36 *Ecce crucem Domini fugiat pars hostis iniqui*
ETI GIERSIEPEN p. 21:24
M SCHRAMM/MÜTHERICH Denkmale[2] p. 486

37 *Ecce decus patriae Notkerus, dogma sophiae*

38 *Ecce deo carus praesul iam tempore quodam*

39 *Ecce deo Gallum puerili flore tenellum*
I COURCELLE Lecteurs ... de l'Énéide p. 61
I SCHALLER in: Fs. AUTENRIETH 1988 p. 140

40 *Ecce dies, Christe, tibi festus praeminet iste*
I BERSCHIN Gr.-lat. MA p. 179

41 *Ecce dies domini magno veneratur in orbe*

42 *Ecce dies nobis anno revoluta peracto*
B BHL 2870-2871
I HOFFMANN Buchkunst p. 59

-a *Ecce dies operata d(e)o laete m(ih)i ovantes*
EM DE MEYIER Codices Vossiani III p. 173

43 *Ecce dies orbi / redit veneranda*
MB CROCKER p. 444

44 *Ecce, dies populis micat haec sanctissima*
TB J. DUFT Weihnacht im Gallus-Kloster 1986 p. 11; 121
I HAUBRICHS Georgslied p. 184

45 *Ecce dies praesens, Taurini laude refulgens*

46 *Ecce, dies venerandus / lustrantur*

47 *Ecce Dionysius, martyr Laurentius atque*

48 *Ecce domus domini perpulchro condita textu*

49 *Ecce domus domini, quae ducit ad atria caeli*
I HAUCK Taufpfalzen p. 59

50 *Ecce fames qua per saecla non saevior ulla*

51 *Ecce feri norunt sanctis deferre leones*

52 *Ecce fui quondam florens, qui nunc modo*

53 *Ecce fulget clarissima Patricii sollemnitas*
E BIELER in: Fs. BULST 1981 p. 52s.
B LAPIDGE/SHARPE p. 149:586

-a *Ecce gratulemur / nos Christiani* 41
E AH 10 p. 11:1

54 *Ecce habes hic tumulum Christi, quam*
I PABST Prosimetrum p. 348-352

55 *Ecce, iam Christus / Quem sancti patres*

56 *Ecce iam noctis tenuatur umbra*
E Hymnarium oscense II p. 21
EC Canterbury Hymnal 37517 p. 28s.
I BULLOUGH Carolingian renewal p. 255; 269 n. 67

57 *Ecce iam, sancta Agnes*

58 *Ecce, iam venit nostra / redemptio pretiosa* [61
E AH 37 p. 15s.:4a
M CTrop V p. 72; 275; 279
MB CROCKER p. 438
MB V. D. STEINEN ZSchwKG 40/1946 p. 258
I V. D. STEINEN ZSchwKG 41/1947 p. 29-33

-a *Ecce iam venit / redemptio pretiosa* 58
A inc. saec. XI?
E AH 37 p. 16s.:4b
I V. D. STEINEN ZSchwKG 41/1947 p. 45

59 *Ecce iam votiva / festa recurrunt annua*

60 *Ecce, Iohannis, Domini dilecti*

61 *Ecce iterum Crispinus, et est mihi saepe*

62 *Ecce Iudas velut olim Salvatorem tradidit*
A inc. saec. IX: Planctus Alardi (878)
ECI FABRE in: Mélanges LOUIS I 1982 p. 229ss.

63 *Ecce iugi motu placendi munera portans*

64 *Ecce laeti laude digna praevenimus gaudia*

65 *Ecce leo fortis transit discrimina mortis*
M facs. Regensburger Buchmalerei p. 27
MB HOFFMANN Buchkunst p. 333

66 *Ecce libros retines diversum dogma ferentes*

67 *Ecce lignum gloriosum, in quo dudum pensa*

68 *Ecce marita suum cibat amara virum*

69 *Ecce meae supplex humilis devotio mentis*
E BERSCHIN p. 306
I KIRSCH MlatJb 24-25/1989-1990 p. 215-224

70 *Ecce, micantia veluti sidera*
I GIL HABIS 7/1976 p. 200s.
I SCHALLER Studien p. 260 n. 46

71 *Ecce, molosorum nomen mihi fata dederunt*
I Liber monstrorum ed. PORSIA p. 98

72 *Ecce nitet templum, quod ibidem sorduit ante*
I GANDOLFO Settimane ... Spoleto 36/1989 p. 893

73 *Ecce nugax labiis filo quidam certa*

74 *Ecce nunc advenit dirae mortis dies*

75 *Ecce nunc omnes famuli*

76 *Ecce paramur enim ventura ad festa colenda*

77 *Ecce patent agno libri secreta perempto*
E BERSCHIN p. 269

78 *Ecce pater dulcis ut potui tua iussa peregi*
EM Colophons 20702

79 *Ecce patet aditus et sacri ianua templi*

80 *Ecce, patronus adest meritis signisque*

81 *Ecce polis potior solio terraque scabello*
ET Ekkeh. IV. ed. HAEFELE p. 90

82 *Ecce, puerpera / genuit Emanuel*
A inc. saec. X
EI V. D. STEINEN ZSchwKG 40/1946 p. 207

83 *Ecce pulchra / canorum resonat*
M CTrop V p. 96; 277s.; 280; 286
I HÄRDELIN MlatJb 24-25/1989-1990 p. 149; 150 n. 27
I SPANKE Studien p. 124
I V. D. STEINEN ZSchwKG 41/1947 p. 153

84 *Ecce quam bonum sublime*

85 *Ecce quidam iuvenis valido languore per*

86 *Ecce rapax properans lynceus apprendit*
I PABST Prosimetrum p. 636-640

87 *Ecce, refulget dies / splendens gaudio*

88 *Ecce Reginbaldus pausat chorepiscopus istic*

89 *Ecce renascentes susceptat Christus alumnos*

90 *Ecce, renascentis testatur gratia mundi*
M SPILLING Augsburg p. 13

91 *Ecce restauratur festinus gressibus aeger*

92 *Ecce rubes nec causa subest. me teste*

93 *Ecce sacerdotalis in arte libellulus esse*
B LAPIDGE/SHARPE p. 229:829
I NORBERG in: La Lexicographie du Latin Médiéval 1981 p. 81
I LAPIDGE in: Jean Scot Érigène et l'Histoire de la Philosophie p. 448

94 *Ecce sacerdotis (-tum) tenuit qui iura*
I HEINZELMANN Bischofsherrschaft p. 152ss.

95 *Ecce salus vitae, per quam mors mortua*
M SCHRAMM/MÜTHERICH Denkmale[2] p. 486

96 *Ecce, salvator omnium*

97 *Ecce sator hominum victor super aethera*

98 *Ecce silent media caeli cives velut hora*
E BERSCHIN p. 269

99 *Ecce solemnis diei / Canamus festa*

00 *Ecce sub accensis altaribus ossa piorum*

01 *Ecce sub hoc arvo flaccentia membra*

02 *Ecce sub hoc titulo sita sunt Soteridis ossa*

03 *Ecce, suburbana rediens male sobrius aede*

04 *Ecce sumus geminae socia paritate sorores*

05 *Ecce superno / munere laeti*
M DE MEYIER Codices Vossiani VI p. 136
I LAPIDGE StudMed III 18/1977 p. 259

06 *Ecce supervacuus, quid enim fuit utile gigni*

07 *Ecce, te, Christe, tibi cara semper*
M GNEUSS MlatJb 35/2000 p. 246
MI BULLOUGH Carolingian renewal p. 251
I STOTZ Sapph. Dichtung p. 312

08 *Ecce, tempus idoneum / Medicinae*
E AH 51 p. 68:68; p. 365

09 *Ecce tenet victrix pinnatum dextera numen*

10 *Ecce tibi faustum, Germanice, nuntiat annum*

11 *Ecce tibi librum misi, quem scribere feci*

12 *Ecce tibi ut peteras conscripsi promptus*

13 *Ecce triumphatis terrarum partibus orbis*
TMB Regensburger Buchmalerei p. 32; tab. 7
M SCHRAMM/MÜTHERICH Denkmale[2] p. 484
MI KELLER FMSt 19/1985 p. 306 n. 78

14 *Ecce triumphator mortis, vitae reparator*

15 *Ecce tubae crepitant quae mortis iura*
E HECHT Wandmalerei I p. 25
I STELLA Poesia carolingia p. 184; 188

16 *Ecce tuis parui votis, venerabilis Hadwi*
I FICKERMANN in: Corona Quernea p. 158s.
I WINTER MlatJb 24-25/1989-1990

p. 558

17 *Ecce tuis parui votis, venerande sacerdos*
T TALBOT in: Soldiers of Christ ed. Th. F. X. NOBLE/Th. HEAD 1995 p. 189-211
B Clavis Galliae II p. 507-511
I FERRARI in: Umanesimi p. 129-141

18 *Ecce tumet vitis tua gemmis, optime Bacche*

19 *Ecce tuo Clemens hymnum construxit honori*

20 *Ecce, veniet / Deus et homo factus*

21 *Ecce venit Danai multis celebrata propago*

22 *Ecce vicit / Radix David / Leo*
M CTrop V p. 77; 96; 276ss.; 280
MB CROCKER p. 432
MI STÄBLEIN Ges. Aufs. p. 296 n. 15; p. 299; 302s.
I STÄBLEIN in: Fs. ENGEL 1964 p. 371
I DE GOEDE PRU p. CXLIV
I V. D. STEINEN ZSchwKG 41/1947 p. 148

23 *Ecce viros istos, praeclaros valde patronos*

24 *Ecce vocibus / Carmina comparibus*

25 *Ecce votis apta vestris venit hora, psallite*
I WILLMES Herrscher-'Adventus' p. 83ss.
I FONTAINE in: La Neustrie II 1989 p. 359

26 *Ecclesiae Christi sanctaeque dei genetrici*

27 *Ecclesiae Clemens Anacleto regmina Romae*

28 *Ecclesiae clipeus, patriae defensio nostrae*

29 *Ecclesiae corpus totum pollebat ab intus*
I FRIED DA 45/1989 p. 414

30 *Ecclesiae Felix feliciter usus honore*

-a *Ecclesiae gestis hoc quondam legimus actum* [669
A Wulfstan.: brevil.
I DOLBEAU AnBoll 106/1988 p. 35-98
I LAPIDGE MlatJb 24-25/1989-1990 p. 254s.
I LAPIDGE Wulfstan p. XVII-XXII

31 *Ecclesiae lampas sacer hic est nomine Lucas*
E JACOBSEN in: Theophanu I p. 188

32 *Ecclesiae Petrus fert fundamenta beatus*

33 *Ecclesiae pignus hodie sacer incipit agnus*

34 *Ecclesiae posthac Felix moderamina tractat*

35 *Ecclesiae postquam parta est tibi sella*

36 *Ecclesiae specimen, clarissima gemma*
E GREGOROVIUS Tombe dei Papi p. 37*

37 *Ecclesiae speculum patriae vigor ara reorum*

38 *Ecclesiam cum namque suam rex Christus*

39 *Ecclesiam, quam praeelegisti, defende*

40 *Ecclesiis post hanc fulsit lux clara procellam*

41 *Ecgfridus infesto Pictorum dum cadit ense*
I ORCHARD JournMedLat 2/1992 p. 116ss.

42 *Echarti tumulus hic fulget caespite pulchro*

43 *Ecloga de calvis haec Hucbaldi sapientis*

44 *Ecquid ab inpressae cognoscis imagine*

45 *Ecquid Hyperboreis ad nos conversus ab*

46 *Ecquid te mediis cessantem, Cynthia, Bais*

47 *Ecquid ubi e Ponto nova venit epistula*

48 *Ecquid, ut adspecta est studiosae littera*

49 *Ecquid, ut audisti - nam te diversa tenebat*

50 *Ecussum cornu gemeret dum forte capella*
TI ZIOLKOWSKI Talking animals p. 67ss.

51 *Edas ut vivas; ut edas, noli vivere*

52 *Ede tuos tandem populo, Faustine, libellos*

53 *Edepol nugatorem lepidum lepide*

54 *Edepol, Syrisce, te curasti molliter*

55 *Edere lascivos ad Baetica crusmata gestus*

56 *Edicam scriptis, clamabo vocibus altis*

57 *Edictum domini deique nostri*

58 *Edideram munus mirabile mense Novembri*

59 *Edidit haec Strabus, parvissima portio*
TI BERSCHIN Eremus p. 30

60 *Edidit hos famulus gnaro meditamine versus*

61 *Edidit ignotum genetrix male conscia partum*
I D'ANGELO in: Teoderico il Grande 1993 p. 654

62 *Edita gurgitibus limoque immersa profundo*

63 *Edita ne brevibus pereat mihi cura libellis*

64 *Edite nobilibus, studium rationis adepte*
B Clavis Galliae I p. 13
I RICHÉ MlatJb 24-25/1989-1990 p. 420

65 *Editor, aetherea splendes qui patris in arce*
B Clavis Galliae I p. 374s.
I BATANY Mélanges LOUIS I 1982 p. 313-340
I RUIZ-DOMÈNEC Boletín de la Real Academia de buenas letras de Barcelona 37/1977-78 p. 149ss.
I ERNST Carm. fig. p. 543s.

66 *Editur en sextus sine te mihi, Rufe Camoni*

67 *Edmundi mundus miratur gesta, serenat*

68 *Edmundus, martyr inclitus*

– *Edone dicit*
cf. *Assibus hic bibitur*

69 *Effera gens Iudaea viros pro talibus ausis*

70 *Effert uxores Fabius, Chrestilla maritos*

71 *Efferus exuviis populator me spoliavit*

72 *Efficitur quinis symphonia sescupla*

73 *Effigie gracilis, sum usurpans famina regum*

74 *Effigiem carae mihi coniugis, Albula lympha*

75 *Effigiem Christi cum transis semper honora*
CMI BUGGE Acta ad archaeologiam et artium historiam pertinentia. Inst. Rom. Norvegiae 6/1975 p. 127-139
B WIC 5256

76 *Effigiem, rex Croese, tuam, ditissime regum / [v. 3 Constitit*

77 *Effigiem, rex Croese, tuam, ditissime regum / [v. 3 Nil*

78 ... *Effigiem sumpsit ipsius unde caro*

79 *Effigiem tantum pueri pictura Camoni*

80 *Effigies liquido resplendet ab aequore fontis*

81 *Effigies regum hic et nomina clara refulgent*
I HOFFMANN Buchkunst p. 7
I JACOBSEN in: La Neustrie II 1989 p. 152

82 *Effingit species purissimus umor aquarum*

83 *Efflueret Domini dum nungentesimus annus*
I HAMANN-MACLEAN Reimser Denkmale p. 183s.

84 *Effuga regno / ... tus essem / Sed quia saepe*
TI ZIOLKOWSKI Talking animals p. 116ss.; 249ss.
MI DORMEIER/SCHUFFELS in: Bernward II p. 234ss.
I KNAPP Tierepos p. 24s.

85 *Effugere in thermis et circa balnea non est*

86 *Effugere non est, Flacce, basiatores*

87 *Effugiat procul 'et', chorus hic id caelicus*

88 *Effusam redimite comam nutante corymbo*

89 *Egi, Sexte, tuam pactus duo milia causam*

90 *Egisti vitam semper, Line, municipalem*

91 *Egit iter quondam venerandus forte viator*

92 *Egit quod docuit meritis et honore superstes*

93 *Egnatius, quod candidos habet dentes*

94 *Ego adhuc adolescens feci monumentum*

95 *Ego Antoninus umbra tenus 'ave' tibi dico*

96 *Ego haec, ego arte fabricata rustica*

97 *Ego licet vilis vernacula Christi*
M GNEUSS Handlist 88

98 *Ego me non tam astutum neque ita*

99 *Ego minam auri fero supplicium damnis*

00 *Ego nata duos patres habere dinoscor*
I MONTORSI Epigrafe modenese p. 147

01 *Ego nolo Caesar esse*
EC Flori carmina ed. C. DI GIOVINE 1988 p. 75; 81ss.

02 *Ego nolo Florus esse*

-a *Ego quid simus acturi / quibus agri sunt [direpti?* 2
ET Virg. Gramm. ed. POLARA p. 210

03 *Ego sum ille Amphitruo*

04 *Ego tui memini*

05 *Egone hic me patiar frustra in matrimonio*

06 *Egreditur portu, tenuis quo semita ducit*

07 *Egregia / plebs una / concrepa*

08 *Egregia post hos splendescens pace*

09 *Egregia virtute potens meritisque refulgens*
EC ROBERTINI p. 290

10 *Egregie doctor, Paule, mores instrue*

11 *Egregii iuvenes, o gloria summa parentum*
E DÍAZ DE BUSTAMANTE p. 298

-a *Egregii patris Berthwaldi corpus humatum*

12 *Egregii proceres Clotharius ac Dagobertus*
I C. WEHRLI Mittelalterliche Überlieferungen von Dagobert I. 1982 p. 86 n. 22
I JACOBSEN in: La Neustrie II 1989 p. 152

13 *Egregiis caelum meritis non posse negari*

14 *Egregio compacta situ, falerata rotatu*
ETC REYDELLET II p. 161

15 *Egregio iuveni Salomoni fidus amicus*
I POLHEIM in: Corona Quernea p. 50

16 *Egregio, Moduine, viro tibi mitto salutem*

17 *Egregio pollens virtutis digne tropheo*

– *Egregioque patri fer codicem milleque*
cf. *Dulcior ut portus nautis*

18 *Egregios fratres, Fergum Blandumque saluta*
EC CC Cont. Med. 117 p. 62
I CONTRENI in: Charles the Bald p. 335
I CONTRENI in: Iren u. Europa II p. 767
I GIBSON/NELSON p. 335; 338
I BERSCHIN Gr.-lat. MA p. 173

19 *Egregium forma iuvenem pactosque*
I COURCELLE Lecteurs ... de l'Énéide p. 350

20 *Egregius fidei sanctus mitisque sacerdos*

21 *Egregius lector, qui vult recitare Camenas*
EM WINTER Philologus 123/1979 p. 174-181
B LAPIDGE/SHARPE p. 198:732

22 *Egregius martyr, praesul Christique fidelis*
B Clavis Galliae II p. 421

23 *Egregius meritis pausat Ferrutius istic*
ETI Y. MONSEES Die Inschr. d. Rheingau-Taunus-Kreises 1997 p. 4:2
I SCHALLER Studien p. 159 n. 145

24 *Egregius vere nullus sine me est neque felix*

25 *Egressum magna me accepit Aricia Roma*

26 *Egressus foribus meis, libelle*

27 *Eheu fugaces, Postume, Postume*

28 *Eheu heu Taracei, ut acerbo es deditus fato*

29 *Eheu maerentem renuit dictatio mentem*

30 *Eheu nos miseros, quam totus homuncio nil*

31 *Eheu, quae miseros tramite devios*
ETC Carm. Cant. 72 ed. ZIOLKOWSKI p. 138; 317

-a *Eheu, quam parvo perfunctus tempore vitae* [33
ETI LEBEK ZPE 63/1986 p. 83-100
cf. *Heu quam parvum perfunctus tempore vita*

32 *Eheu quos fletus retinet crudele sepulcrum*

33 *Ei mihi, composuit mortalis pondera carnis*
E GREGOROVIUS Tombe dei Papi p. 31*s.

34 *Ei mihi, quod dominam nec vir nec femina*

– *Ei mihi, vae misero*
cf. *Vae mihi, vae misero*

35 *Eia Camena libens nunc dicito carmina*
I CHAZELLE The Cross p. 72

36 *Eia, cantemus cuncti*

37 *Eia, caterva, dicata / tonanti*

– *Eia, dic nobis quibus e terris nova*
cf. *Alleluia, dic*

38 *Eia, fratres cari! / festivitatem sancti*
I STÄBLEIN AMusWiss 18/1961 p. 22

-a *Eia, fratres, celebremus purae mentis [vocibus*
M Kloster Schäftlarn p. 37

39 *Eia fratres decantemus carmina dulcissima*

40 *Eia, harmoniis, / sociis, laudum resonis*

41 *Eia meum solito noli convertere carmen*

42 *Eia Musa, dic quaeso / praeclara chorea*
M CTrop V p. 79; 98; 276; 278
M ODERMATT Ordinarius St. Arnulf p. 389

43 *Eia, nunc, socii / fratres et Domini*

44 *Eia, organica cantica*

45 *Eia, pater sancte, tanta qui gloria fulgis*

46 *Eia recolamus laudibus / diem istum*

47 *Eia recolamus / laudibus festis festa*

48 *Eia, recolamus / laudibus piis digna*
M FILL Hss. Kremsmünster I p. 81; 412s.; 480
M NEUHAUSER Hss. UB Innsbruck I p. 89
I DE GOEDE PRU p. CXLIV
I STÄBLEIN AMusWiss 18/1961 p. 22

49 *Eia salutifero pangamus carmina Christo*

50 *Eia, sancte pater, tanto qui lumine praestas*

51 *Eia, simul / agmina cuncta / Deo devota*
M ODERMATT Ordinarius St. Arnulf p. 389

52 *Eia, turba sancta / Deoque dicata*
I STÄBLEIN Ges. Aufs. p. 303s.

53 *Eia, vir Domini, perpaucis, si placet, audi*

54 *Eius et a precibus Simon ita praecipitatur*

55 *Electos famulos servat per saecula Christus*

56 *Electus Christo locus est, ubi corda probata*
EI SCHETTER Hermes 110/1982 p. 110-117
B BHL 2532b

57 *Elementa, rudes quae pueros docent magistri*

58 *Elide nostrum facinus / qui pro nobis*

59 *Elidit geminos infans nec respicit anguis*

60 *Elinguem quis te dicentis imagine pinxit*

61 *Eloquii cultu vernantem texere mitram*
B Clavis Galliae I p. 356
I COURCELLE Lecteurs ... de l'Énéide p. 26; 467
I CURTIUS Ges. Aufsätze p. 281

62 *Eloquii merito primis aequande, fuisti*

63 *Eloquiis haec se promittit solvere mentes*

64 *Eloquio domini fulgens dilectus amicus*
ET BISCHOFF in: Bibbia di San Paolo p. 170

65 *Eloquio princeps, magnis memorabilis actis*
M Hss. Krakau 515s.; 518
M COULSON Scriptorium 51/1997 p. 166

66 *Eloquium certus naturae constitit index*

67 *Eloquium Domini quaecumque volumina*
MI CORSANO Scriptorium 41/1987 p. 29
I SIMS-WILLIAMS Archivum Historiae Pontificiae 21/1983 p. 24

– *Elpis dicta fui, Siculae regionis alumna*
cf. *Helpis dicta fui*

-a *Elysiam caeli nunquam contendat ad aulam* [2
A Dunst.
E MPL 89 c. 76
EI LAPIDGE Anglia 98/1980 p. 104

68 *Elysii sedem nobis acquire, Severe*

69 *Elysio redeat si forte remissus ab agro*

-a *Embolismales se quivis conspice lunas* [8
M PELLEGRIN Bibliothèque Vaticane II.2 p. 533

70 *Emendata potest quaenam vox esse magistri*

71 *Emerita gemina sortis sub lege tenemur*

72 *Emeritae quantum damnato corpore vitae*

73 *Emeritus miles dominique per omnia*

74 *Emersam pelagi nuper genitalibus undis*

75 *Emi seu puerum togamve pexam*

76 *Emicat alma dies, Domino*

77 *Emicat alma foris rutiloque decore venusta*
M ELBERN in: Roma e l'età Carolingia (Istituto Nazionale di Archeologia e Storia dell'Arte) Roma 1976 p. 345-356
I PICARD Souvenir p. 98 n. 282
I ROSA in: Storia di Milano II p. 697

78 *Emicat almifici famuli*

79 *Emicat altithroni cultu venerabile templum*

80 *Emicat aula decens venerando in culmine*
ETC REYDELLET I p. 23

81 *Emicat aula pia e variis decorata metallis*
ETI FAVREAU p. 114s.

82 *Emicat ecce dies cunctis veneranda per*
M SCHRAMM/MÜTHERICH Denkmale^2 p. 485
M GNEUSS Handlist 120

83 *Emicat, ecce, dies lucida*

84 *Emicat ecce dies, nobis iter instat agendum*
ETC REYDELLET II p. 128

85 *Emicat, ecce, dies paschalibus alma*

86 *Emicat ecce dies toto festivior anno*

87 *Emicat ex Erebo lux mundi magna*
CI STAUBACH Rex christianus p. 70-74

88 *Emicat hic pater elysio*

89 *Emicat o quanta pietate Caecilia sancta*
ETC Carm. Cant. 26 ed. ZIOLKOWSKI p. 92; 249

90 *Eminet ecce cherub antiquae gloria legis*

91 *Eminet impletus pullorum carnibus anser*

92 *Emit fidicinam, filiam credens, senex*

93 *Emit lacernas milibus decem Bassus*

94 *Emitte, Christe, Spiritus / Donum*

95 *Emori nolo, sed me esse mortuum nihil*

96 *Empserat hanc mansam Magulf venerabilis*
B Clavis Galliae II p. 430

97 *Empta domus fuerat tibi, Tongiliane*

98 *Emptis quod libris tibi bibliotheca referta est*

99 *En adest Caesar pius et benignus*
I D. L. BOUTELLE Louis the Pious and Ermoldus Nigellus 1970/^{n}1984 p. 207
I SWINARSKI Herrschen mit den Heiligen p. 379
I E. H. KANTOROWICZ Laudes regiae 1958 p. 73 n. 28
I WILLEMS Université de Gand. Recueil de travaux 19/1896 p. 5
I WILLMES Herrscher-'Adventus' p. 82
I FONTAINE in: La Neustrie II 1989 p. 359-361

00 *En adsum Caesar. quis me praestantior*

01 *En altare tenet hoc Marcellinus honeste*

02 *En arca haec claustro custodit maxime*
I SCHMID Klostergemeinschaft Fulda p. 254

03 *En caeli rutilant lumine splendida*

04 *En caesar sophiae renitens Heinricus honore*
M SCHRAMM/MÜTHERICH Denkmale^2 p. 485

05 *En comites Christi bis seno munere clari*

-a *En Constantini genitrix et clara repertrix* [33
A Almannus: epitaph. Helenae
EI POIREL RevHistTextes 24/1994 p. 275-290

06 *En crucis atque piae cum sanctis capsa*
ET Ekkeh. IV. ed. HAEFELE p. 34
M DE MEYIER Codices Vossiani VI p. 263

07 *En crux alma dei venerando fulget amictu*

08 *En dat aperturam crurum flexura recurvam*

09 *En, dies splendet veneranda nobis*

10 *En dilecta mihi nimium formosa Lycoris*

11 *En ego non vereor rigidi discrimina ferri / [Est mihi*

12 *En ego non vereor rigidi discrimina ferri / [Flammarum*

13 *En ego Notkerus peccati pondere pressus*
A Notkerus Leodiensis
MI Rhein u. Maas (1972) p. 221:F9

14 *En, ego pulchra foras sum, sed magis utilis*
B Clavis Galliae II p. 20

15 *En, evangelistae adest*
I GIL Habis 7/1976 p. 209

16 *En, festum prodiit virginis inclitae*
I GIL Habis 7/1976 p. 200-203

17 *En formosa domus domino veneranda futura*

18 *En hoc in tumulo requiescit innocens*

19 *En hoc ius finit hic, en et idem incipit hoc ius*
B Clavis Galliae I p. 300-302

20 *En idem versus iterum ludi arte moventur*
B Clavis Galliae I p. 300-302
I ERNST Carm. fig. p. 215

21 *En illuxit suspecta diu*

22 *En iterum poteris bina argumenta videre*
B Clavis Galliae I p. 300-302

-a *En laetum et pulchrum Christi famulos simul [esse* 2
E PELLEGRIN Bibliothèque Vaticane II.2 p. 42

23 *En Lantfrid dominus primis natalibus ortus*

– *En logodaedalia: stride modo, qui nimium*
cf. *Et logodaedalia? stride modo*

24 *En manus illa creatrix de nichilo omnia*

25 *En martyr primus succurrat Stephanus almus*
MB MGH Poet. 5 p. 684

26 *En martyris Laurentii*

27 *En, me purpureo decoravit sanguine*
I CHAZELLE The Cross p. 71
I SCHALLER Studien p. 371

28 *En menti contemplabili / Carmen*
A Hartw. (saec. XI)
ET RÜTZ Text im Bild p. 63
I BISCHOFF in: Verf. Lex.[2] III c. 530s.

29 *En montis Sinai tabularum ac portio sacra*

30 *En mulier pulchre fulget circumdata sole*
E BERSCHIN p. 269

31 *En multos libros gestant haec scrinia nostra*
ETI CC 113A p. 211:1

32 *En natat in liquidis mundi cum civibus arca*

33 *En, nobis species splendida vernans*

– *En, nova qui celsae fundavit moenia Troiae*
cf. *Hic nova*

34 *En Numerus fortes recitat bellique feroces*
ET BISCHOFF in: Bibbia di San Paolo p. 156

35 *En operis habitus quod poscit hic tibi*
EI JACOBSEN in: Theophanu I p. 179; 187
M Ornamenta Ecclesiae I p. 152

36 *En ora paginis alacer insedens*
I PÉREZ DE URBEL in: Classica et Iberica. Fs. J. M. F. MARIQUE Worcester/Mass. 1975 p. 400

37 *En, Paradise, tuos vernantes collige flores*

38 *En, pater gloriae, rutilum gaudium*
E JANINI Hispania Sacra 28/1975 p. 28

39 *En patet ista domus mediocri exacta paratu*
I JEAUNEAU Études Érigéniennes p. 615

40 *En per frondisonas herbosi caespitis ulmos*

41 *En perfecta cito Baiarum grata voluptas*

42 *En pie sacris adolemus aris*

43 *En piis splendent revoluta votis*

44 *En, plures debrians impendo pocula Bacchi*

45 *En praesul Petroaldus hunc tibi confero*

46 *En quantum est citior quam sol conversio*
B Clavis Galliae I p. 300-302

47 *En quem cernis cavea saxa teget compago [sacra hic dilecta*
ETI FAVREAU p. 150-152

48 *En quem cernis cavea saxa teget compago [sacra praesul Isauri*

49 *En quem synonymae repperi nunc arte*
EM Colophons 20732

50 *En regnator / caelestium et terrenorum*
I JAMMERS ActMus 23/1951 p. 13
I STÄBLEIN AMusWiss 19/1962 p. 86

51 *En renitens astris pulcre quam fulget in arvis*

52 *En servus Christi Ratlaicus nomine dictus*

53 *En silvis caesa fluctu meat acta carina*
ET KLOPSCH Lyrik p. 66
EI SHEERIN Traditio 38/1982 p. 69
TI SALZMANN Bodensee-Hefte 11/1987 p. 28-31
MI LAPIDGE StudMed III 18/1977 p. 304
B LAPIDGE/SHARPE p. 172:653
B SHARPE nr. 202
I JACOBSEN in: Iren u. Europa I p. 460

54 *En sine nube pluit sub tectis imbre sereno*

55 *En, Stephanus lapides suffert, Laurentius*
M GNEUSS Handlist 938
B Clavis Galliae II p. 465
I SCHALLER Studien p. 188

56 *En tempus acceptabile, / Salutis*

57 *En testes, clara clamantes voce sub ara*
E BERSCHIN p. 269

58 *En tibi discendant e celo gratiae totae*
A Iohannes? (saec. IX/X?)
ETI LAPIDGE Anglo-Saxon England 9/1981 p. 82
M GNEUSS Handlist 794
B SHARPE nr. 825

59 *En tibi, Paule, deus ter quinas augeat horas*
B Clavis Galliae II p. 101
I BULLOUGH Carolingian renewal p. 156 n. 45
I BULLOUGH Aula Renovata p. 288 n. 1
I JACOBSEN in: Iren u. Europa I p. 446 n. 36

60 *En tibi perpetuae cupiens infundere vitae*
I LÖWE Settimane ... Spoleto 32/1986 p. 504
I KLOPSCH Verslehre p. 85
I ERNST Carm. fig. p. 548s.

61 *En tibi ter senos, pia virgo Maria, libellos*
E Colophons 7226

62 *En tibi versiculos, Gerberg, fero, domna*
E BERSCHIN p. 94
B BHL 1026

63 *En tres abbates, meritis et germine fratres*

64 *En tuus Albinus, saevis ereptus ab undis*
ET GODMAN Poetry p. 122s.
B Clavis Galliae II p. 48
I VIARRE in: TRAUBE-Gedenkschrift p. 230
I KLEIN Gnomon 60/1988 p. 592

65 *En ursus Gallo famulatur pane recepto*

66 *En veneranda dies cunctis mortalibus adest*

67 *En venerande pater, calcem compulsus adivi*

68 *En vester socius semper constans Agericus*
I LÖFSTEDT/LANHAM Eranos 73/1975 p. 84

69 *En victor David, prudens et praescius aequi*
ET BISCHOFF in: Bibbia di San Paolo p. 160

70 *En video sobolem propria cum matre*

71 *En virginum agmina / praecellit*
MB CROCKER p. 446
I DE GOEDE PRU p. CXLIV

72 *En vitae libri mortisque tenentur aperti*
E BERSCHIN p. 270

73 *Enarrare parans annorum lapsa meorum*
I ÖNNERFORS in: Fs. MUNARI 1986 p. 267
I DES JARDINS BLE 75/1975 p. 122

74 *Encaustus Phaeton tabula tibi pictus in hac*

-a *Enchirias normam statuit, cui limmata [quartis* 7
A inc. saec. IX?
E Musica enchiriadis p. 2

75 *Enharmonica voce sonore personemus*
M CTrop V p. 74; 275; 279
MI STÄBLEIN Ges. Aufs. p. 295 n. 14

76 *Enimvero, Antipho, multimodis cum istoc*

– *Enitet ecce polo iam nunc plenissima luna*
cf. *Fistula nostra sonet, melicis*
cf. *Laetamur vestris, frater*

77 *Enituit mundo, divus vel maximus Otto*

-a *Enni poeta salve, qui mortalibus* 2
A Ennius: sat. 3.1
E VAHLEN p. 205

78 *Ennodius vatis lucis rediturus in ortu*

79 *Ennomus hic Chromiusque iacent: quis*

80 *Enos Lases iuvate*

81 *Ense Geroldus obit praesul, qui dimicat ense*

82 *Eo cupidius perpoto in monumento meo*

83 *Eois patribus, cunctoque favente senatu*

84 *Eoo Oceano Hyperion fulgurat Euro*

85 *Eorpuinus hunc sequitur commissi pastor*

86 *Ephesia Rufria mater et coniux bona*

87 *Ephrata carpophoros, tellus uberrima, salve*

88 *Ephyra creatus huc Periander prodeo*

89 *Epigramma nostrum cum Fabulla legisset*

90 *Epiphaniam Domino / canamus gloriosam*
TM HANDSCHIN in: New Oxford History of Music II 1954 p. 155ss.
M CTrop V p. 75; 92; 267ss.
I DE GOEDE PRU p. CXLIV
I SPANKE Studien p. 120
I STÄBLEIN Ges. Aufs. p. 293-295; 299

91 *Epiphonus, strophicus, punctum, porrectus*

92 *Epithalamia / Affla, reboa*
I STÄBLEIN AMusWiss 18/1961 p. 14

93 *Epyfania tegit hic tumulus, quam funere duro*

94 *Equum ex quadriga multis palmis nobilem*

95 *Equus sedare solitus quo fuerat sitim*

96 *Erat quidam Christianus nomine*

97 *Erat quidam exorcista Romae Petrus nomine*
B Rep. Font. IV p. 295
B BHL 5232
B Clavis Galliae I p. 344s.
I NORBERG Les vers iambiques p. 110
I PÉREZ GONZÁLEZ in: Poesia dell'alto medioevo p. 77-106

– *Ercanbald*
cf. *Erkanbald*

98 *Erectum ultra hominem meditans fera bellua*

99 *Ereptam e gremio cum iam sibi posceret*

00 *Ereptam viro et matri mater me Terra*

01 *Ereptam volucrem Cupido luget*

02 *Erepti fatis hic sunt concordibus atris*

03 *Ereptis opibus noli maerere dolendo*

04 *Ereptum lecto more lavant solito*

05 *Ereptus fato est Aquileiae, Tiburi natus*

06 *Erexit, fautore Deo, rex inclytus urbem*
E MGH AA 11 p. 348

07 *Ergo beate nimis deposcens obsecro*

08 *Ergo decennovennali sic ordine cyclus*
M FINCH Scriptorium 31/1977 p. 83

09 *Ergo domus aeterna nobis hic erit*

10 *Ergo erat in fatis Scythiam quoque visere*

11 *Ergo lupus, vulpes et tertia forsan alauda*

12 *Ergo prophetarum bene te crux famen*
ETC CC Cont. Med. 100 p. 199; 319
M CC Cont. Med. 100A tab. B26
MI ERNST Carm. fig. p. 236s.

13 *Ergo salutetur vestro Prudentius ore*

14 *Ergo sollicitae tu causa, pecunia, vitae*

15 *Ergo sufficiam reus in nova crimina semper*

16 *Ergo tam doctae nobis periere tabellae*

17 *Ergone supremis potuit vox improba verbis*
M Bruxelles, BR 21951 (saec. XV) f. 104r
M MUNK OLSEN Auteurs classiques II p. 695
M Bern, Burgerbibliothek 165
M COULSON Scriptorium 51/1997 p. 166
I SHACKLETON BAILEY ClPh 77/1982 p. 121
cf. HStClPh 36/1925 p. 96

18 *Erige cor sursum, satanas prece reice*
EMI facs. DUFT St. Gallen I tab. 19; p. 255

19 *Erilis patria, salve, quam ego biennio*

20 *'Eripe' David, 'aquis', orans, 'me ex*

21 *Eripiens geminas ripis cedentibus ollas*

22 *Eripitur nobis iam pridem cara puella*

23 *Eripuit nobis unde vicensimus annus*

24 *Erkanbald humilis praesul me scribere iussit*
B Clavis Galliae I p. 361s.
I BERSCHIN ZGObRh 134/1986 p. 20
cf. *Haec, lector, audi*
cf. *A nobis oculos*

25 *Erkanbald praesul Francorum ruribus exul*
B Clavis Galliae I p. 361
I BERSCHIN ZGObRh 134/1986 p. 20

26 *Erkanbald praesul sanctae dat dona Mariae*
M BERSCHIN in: Fs. BULST 1981 p. 251
MI facs. BERSCHIN ZGObRh 134/1986 p. 20
B Clavis Galliae I p. 362

27 *Erkanbaldus ego Davidis carmina promo*
B Clavis Galliae I p. 366s.
I BERSCHIN ZGObRh 134/1986 p. 20

28 *Erras, meorum fur avare librorum*

29 *Errasti attendens haec ilia nostra, iuvence*

30 *Erue a framea animam meam*

31 *Erutus aequorei crescente tumoris ab aestu*

32 *Es bibe lude veni*

33 *Es factus primis homo quattuor ex elementis*
A inc. saec. X/XI (Cod. aur. Ept.)

34 *Es tria summa Deus, trinum specimen, vigor*
I SCHALLER in: Fs. AUTENRIETH 1988 p. 135ss.

35 *Esca fies canibus, fueris si furfure mixtus*

36 *Escit suas quisque faber fortunas*

37 *Esquiliis domus est, domus est tibi colle*

38 *Esse bonus si vis, cole divos, optime Pansa*

39 *Esse Deo verum et proprium est, cui quisquis*

40 *Esse deos, i, crede: fidem iurata fefellit*

41 *Esse duo praestat ratione fruens uti noscat*

42 *Esse duos usus probat Albericus ubique*

43 *Esse negas coctum leporem poscisque*

44 *Esse nihil dicis quidquid petis, inprobe*

45 *Esse puta ceras, licet haec membrana*

46 *Esse putas, non esse, cavis dum personat*

47 *Esse putes nondum sumen; sic ubere largo*

48 *Esse quid hoc dicam quod olent tua basia*

49 *Esse quid hoc dicam, quod tam mihi dura*

50 *Esse quid hoc dicam vivis quod fama negatur*

51 *Esse salutaris perhibetur mulsa Novembri*

52 *Esse salutatum vult te mea littera primum*

53 *Esse sibi patrem domino tractante tonantem*
E HECHT Wandmalerei I p. 25
I STELLA Poesia carolingia p. 185s.

54 *Esse sitas olli sedes illo satis oro*

55 *Esse tibi videor demens, quod carmina nolim*

56 *Esse tibi videor saevus nimiumque*

57 *Esse tuis requies, Iesu, digneris ubique*

58 *Esse velim Graecus, cum sim vix, domna*
ET Ekkeh. IV. ed. HAEFELE p. 194
ET OCHSENBEIN in: St. Gallen II p. 112
EI DUFT St. Gallen I p. 56
I BERSCHIN Gr.-lat. MA p. 180

59 *Esse vides lignum; servas nisi lumina, fiet*

60 *Esset, Castrice, cum mali coloris*

61 *Esset causidici si par facundia nervo*

62 *Esset improprie talis sententia menti*

63 *Esset si, genitor, nobis substantia larga*

64 *Est a Wolverado semper mundana secuto*

65 *Est ager ecclesiae partes distinctus in istas*

66 *Est animus promptus, sunt sensus, accipe*
I HAEFELE in: Fs. BRUNHÖLZL 1989 p. 64-67

67 *Est antiqua, potens muris et turribus ampla*
I H. H. ANTON Trier im frühen Mittelalter 1987 p. 180 n. 29

68 *Est aquila alta petens narrans divina*

69 *Est aquilae similis de verbo sermo Iohannis*
A inc. saec. X/XI (Cod. aur. Ept.)

70 *Est ardelionum quaedam Romae natio*

71 *Est corpus in se panis qui frangitur in me*
EC BERGES/RIECKENBERG p. 77; 175

72 *Est cribrata cavis tellus ut spongia venis*

73 *Est deus in caelo, cuius hic habetur imago*
EI JACOBSEN in: Theophanu I p. 179; 187

74 *Est domus haec Christi peregrinis adtitulata*

75 *Est domus haec domini sacrata in honore*
B Clavis Galliae I p. 290s.

76 *Est domus in terris clara quae voce resultat*
E KORTEKAAS Historia p. 378
ET BERTINI Autori latini p. 176

-a *Est domus in terris set semper in undis*
M PELLEGRIN Bibliothèque Vaticane II.1 p. 155

-b *Est domus ista dei qua plangimus acta diei* [5
E CIFM 12 p. 58

77 *Est domus ista Deo sine fine dicata superno*

78 *Est domus o lector pannitis scripta duabus*
E MGH Poet. 5 p. 658
C EDER StMGBO 83/1972 p. 136
BI BISCHOFF Mal. Studien III p. 243ss.

79 *Est elephans morbus tristi quoque nomine*

80 *Est error spretus, quo Langobarda iuventus*

81 *Est et in hac vita multis requies data sanctis*

82 *Est et Non cuncti monosyllaba nota*
EM WINTER Philologus 123/1979 p. 178
M BALLAIRA Prisciano p. 133s.; 148

83 *Est etiam alternis febris rediviva diebus*

84 *Est etiam morbi species, quae dicitur: ignis*

85 *Est fandi vertex, cui forma subest quoque*

86 *Est fluvius, Sartam Galli dixere priores*
I SCHALLER MlatJb 27/1992 p. 93; 95ss.
I ZIOLKOWSKI Talking animals p. 59

87 *Est hoc monimentum Marcei Vergilei*

88 *Est hodie sanctus baptista Ioannes*

89 *Est homo non totus, medius sed, piscis ab*

90 *Est honor et tumulis. animas placate*

91 *Est iactura gravis quae sunt amittere damnis*

92 *Est insensibilis morbus, sed noxia formae*

93 *Est inter notos Sirenum nomine muros*

94 *Est laus Wulfstano mea pulchritudo benigno*
I KER Books p. 21

95 *Est leo signatus eremi memoramine Marcus*
A Hartw. (saec. XI)
ETI RÜTZ Text im Bild p. 67; 131
I BISCHOFF in: Verf. Lex.[2] III c. 530s.

-a *Est liber scriptus, qui scripsit sit benedictus* [1
A inc. saec. IX
EM Colophons 20756

96 *Est locus, aestifero quamvis sit tempore*
ETC REYDELLET I p. 43

97 *Est locus beatus ille, Corneli sanctissime*
I SWINARSKI Herrschen mit den Heiligen p. 398s.
I NORBERG Les vers iambiques p. 86s.; 92; 94
I HAUBRICHS Georgslied p. 191

98 *Est locus ex omni medius quem credimus*
E RONCORONI RivStorLettRel 12/1976 p. 388s.
ETC SCHWIND in: Fs. RONIG 1989 p. 379-402
M MlatJb 15/1980 p. 266; WIC 5721
I PATCH The Other World p. 141; 156
I GREENHILL Traditio 10/1954 p. 339s.
I SZÖVÉRFFY Holy Cross p. 4; 7

99 *Est locus, hunc vocitant Carroph cognomine*
I ZIOLKOWSKI Talking animals p. 53s.
I COURCELLE Lecteurs ... de l'Énéide p. 375
I SCHALLER Studien p. 65s.

00 *Est locus in primo felix oriente remotus*
M PRETE Cod. Barb. Lat. p. 280 (cod. 42)
M Bruxelles, BR 5332 (saec. X) f. 132^r
M Bruxelles, BR 10704 f. 184^v-185^r (frgm.)
B WLOSOK Gymnasium 96/1989 p. 138s. n. 14s.
I EVENEPOEL Maia 35/1983 p. 129
I PATCH The Other World p. 137s.; 145
I SHACKLETON BAILEY ClPh 77/1982 p. 115
I COURCELLE Lecteurs ... de l'Énéide p. 111

01 *Est locus occiduis, qui Ganda vocatur, in*
B GÉNICOT/TOMBEUR Index II p. 15
I CLASSEN Stadt p. 46

02 *Est Lucas vitulus, leo Marcus, avisque*

03 *Est lupus in sacco, quo tu, Romane, caveto*

04 *Est mala femina res, peccati femina origo est*

05 *Est male caecus amor proprii rumoris*

06 *Est mihi corporeae species aptissima formae*
ET GODMAN Poetry p. 316ss.
TC STELLA Poesia carolingia p. 370ss.; 507ss.
I MCENERNEY Proceedings of the PMR Conference 7/1982 p. 109-116

07 *Est mihi discipulus nonnullo nexus amore*

08 *Est mihi nonum superantis annum*
I STOTZ Sapph. Dichtung p. 106

09 *Est mihi rus parvum, fenus sine crimine*
I TIMPANARO in: Fs. MUNARI 1986 p. 310

10 *Est mihi servili scripulus dicione subactus*
M R. DÜCHTING Sedulius Scottus 1968 p. 15
M HOLTZ RevHistTextes 16/1986 p. 175
B Clavis Galliae II p. 33s.
I FASOLI Settimane ... Spoleto 35/1988 p. 26

11 *Est mihi sitque, precor, flavae tutela*

12 *Est mihi sitque, precor, longum te praeside*

13 *Est mihi sola parens geminae sine patre*

14 *Est mirum ingrato cunctis quod nomine*

15 *Est monitor quidam, plures qui commonet*

16 *Est mulier viscus tactu, visu basiliscus*

17 *Est nihil, et teneo: convincit dextera visum*

18 *Est nova nostrarum cunctis captura ferarum*

19 *Est operae pretium iamiamque stilo [referendum / Quam sit*

20 *Est operae pretium iam iamque stilo [referendum / Ut tumulo*

21 *Est Orion, iugulam vocitat quem sermo*

22 *Est pater hic Abram patriam dimittere iussus*

23 *Est procul ingenti regio summota recessu*

24 *Est quaedam quicumque volet cognoscere*

25 *Est quod mane legas, est et quod vespere*

26 *Est sane iocus iste quod libellum*

-a *Est Savinianus quem sic necat Aurelianus*
EC FIFM I.3 p. 138

27 *Est subiti species morbi, cui nomen ab illo*

28 *Est tibi sitque, precor, multos crescatque per*

29 *Est tria summa deus; trinum specimen, vigor*
M SOTTILI I Codici del Petrarca p. 29
I PABST Prosimetrum p. 609-618

30 *Est ubi non imber nec ros dilabitur umquam*

31 *Est unus locus, Homburh dictus*
ETC Carm. Cant. 20 ed. ZIOLKOWSKI p. 84; 234
ETI WOLTERBEEK Ridicula p. 69-73; 318-321
I FICHTENAU Lebensordnungen II p. 438
I STOTZ Sapph. Dichtung p. 431

32 *Est vera secta? Te, magister, consulo*

-a *Est v(er)bu(m) vite. Christus. lux. vita beata*
A Casulanus?
E DE MEYIER Codices Vossiani II p. 42

– *... est vigili ... famulatus debita*
cf. *Hic Theoderici Francorum*

33 *Est vir iam totus canuto vertice sanus*
B Clavis Galliae II p. 18

34 *Este memor memoris, solvendo vota rogantis*

35 *Estis, io superi, nec inexorabile Clotho*

36 *Estne tibi, Cerinthe, tuae pia cura puellae*

– *Esto animo forti, cum sis damnatus inique*
cf. *Forti animo esto libens*

– *Esto Fufanna memor domini regnantis in*
cf. *Esto Susanna memor*

-a *Esto gravis fieri si vis Matfrede iocundus*
M PELLEGRIN Bibliothèque Vaticane II.1 p. 384

37 *Esto nunc Sol testis et haec mihi Terra*
E Hosidii Getae Medea ed. R. LAMACCHIA 1981
ETC Osidio Geta, Medea ed. G. SALANITRO 1981
I COURCELLE Lecteurs ... de l'Énéide p. 303ss.

38 *Esto pro nobis expostulans*

39 *Esto Susanna memor Domini regnantis in*
I HAUCK Taufpfalzen p. 68

40 *Esuriens pauper telis incendor amoris*

41 *Esuries te, Christe Deus, sitis atque videndi*

42 *Et amita Veneria properiter obiit*

43 *... et arte fuit / quoius ut est lenis patrium*

44 *Et Cereale quidem nugarum in parte*
I COURCELLE Lecteurs ... de l'Énéide p. 327

45 *Et cinis ipsius tumulo requiescit in isto*

46 *Et, Citari dilecte, mihi memorabere, dignus*

47 *Et coepit secum tacitus deposcere Christum*

48 *Et Critias mea delicia est et salva, Charine*
A Apuleius
ET HELM p. 30

49 *Et cruor ille sacer, qui Christi ex carne*
ETI CIFM 17 p. 80:17

50 *Et cumulo lapidum recubat hic tectus in urna*

51 *Et delator es et calumniator*

52 *Et dolet et queritur sibi non contingere frigus*

53 *Et duo cum duris venatibus ocia misce*

54 *Et fictus rigidam servat, Venus inproba*

55 *Et fraus nulla tibi consistat mente fideli*

56 *Et fugis et culpas, Quintine, superfluitatem*

57 *Et genus et nomen merui virtute feroci*

58 *Et, germane, mei gratis memorare ne cesses*

59 *Et hoc supernum munus est*

60 *Et iacet hic sterili coniectus corpore terrae*

61 *Et iacet hic tectus duro sub tegmine ruris*

62 *Et iam lassatum tempus deponere stilum*

63 *Et iam tunc roseo subtexere sidera peplo*

64 *Et iudex petit et petit patronus*

65 *Et latet et lucet Phaethontide condita gutta*

66 *Et logodaedalia? stride modo, qui nimium*

67 *Et manet obductus petrarum mole sub ista*

68 *Et Mediolani mira omnia, copia rerum*

69 *Et merito, quoniam potui fugisse puellam*

70 *Et nos servasti eternali sanguine fuso*

71 *Et pater et genetrix larque Syracosius*

72 *Et patruos, elegea, meos reminiscere cantu*

73 *Et Phoebus pater et severa Pallas*

74 *Et princeps Karolus, sancto qui more*
EM facs. JEAUNEAU Études Érigéniennes p. 605; tab. 1a
EM KOEHLER/MÜTHERICH V p. 63ss.
B Clavis Galliae II p. 88-90
I DUTTON/JEAUNEAU StudMed III 24/1983 p. 84ss.; tab. 1a

75 *Et quae rara fides toris habetur*

– *Et quia verborum pennis super astra*
cf. *It quia*

76 *Et quidquid taetrum conspexerit et*
ETI CIFM 17 p. 80:17

77 *Et quisquam ingenuas etiam nunc suspicit*

78 *Et rex cum sanctis regnet per secula felix*

79 *Et sacra sanctarum si nomina reliquiarum*

80 *Et saepe inferio vino celebrate sepulcrum*

81 *Et spes aeternae vitae, quae fine carebit*

82 *Et spes et ratio studiorum in Caesare tantum*

83 *Et te germanum non sanguine, sed vice*

84 *Et te, quem cathedram temere usurpasse*

85 *Et te, Terra, precor leviter super ossa*

86 *Et tetracem, Romae quem nunc vocitare*

87 *Et tu quae dederis, sit tibi terra levis*

88 *Et ture et fidibus iuvat*

-a *Et verba antiqui multum furate Catonis* 21
A inc. saec. I ante Chr. n.
E FPL^3 p. 427

89 *Et vixi satis et genui feliciter*

90 *Et voltu poteram tuo carere*

91 *Etgeri fueram praestantis filia regis*

92 *Etiam innocentes cogit mentiri dolor*

93 *Etrusci nisi thermulis lavaris*

94 *Etsi digna tibi non sunt haec carmina frater*

95 *Etsi me assiduo defectum cura dolore*

96 *Etsi me invito discedis, Cynthia, Roma*

97 *Etsi me vario iactatum laudis amore*

– *eu*
cf. *heu*

98 *Eucerus hic situs est Auletio cantor ubique*

99 *Eucharii templo fert angelus haec Quiriaco*

00 *Eucharis est mater, pius et pater est mihi*

01 *Eucharius primus Trevirorum pastor*

02 *Euge, beate pater, meritoque et nomine*

-a *Euge benigne / Papa Iohannes (Innocenti)*

03 *Eugenius quem prodiderant cunabula sacris*

04 *Eum sine doctrina nulla possit vitare ruina*

05 *Eumenidum varias prudens horresce figuras*

06 *Eune, quid adfectas vendentem Phyllida*

07 *Eune, quod uxoris gravidae putria inguina*

08 *Eunuchus litigabat cum quodam improbo*

09 *Eunuchus turpem poscit per conpita victum*

10 *Eunus Syriscus, inguinum ligurritor*

11 *Euodus hic situs est. Nice miserrima fecit*

12 *Euphemiae celebris recolamus virginis*

13 *Euphemum Ciconum ductorem Troia tellus*

14 *Euphoniae senis Aprilis in arte kalendis*
M SCHMIDT Reichenau p. 161

15 *Euphrates flumen, quos furvo vortice cingit*

16 *Euphrates ortus, Rhenus secluserat Arctos*

17 *Euphrosyne pia docta novem musis*

18 *Eupolis atque Cratinus Aristophanesque*

19 *Europamque Asiamque, duo vel maxima*

20 *Eus tu viator, veni hoc et quiesce pusilu*

21 *Eusebius iacet hic ob spretos magnus*

22 *Eusebius Ligurum successit finibus hospes*

23 *Eusebius, post Marcellum eius excipit almum*

24 *Eusebius praesul fortis vibrat arma fidei*

– *Euthicius*
cf. *Eutychius*

25 *Eutitia hic felix fideli morte quiescit*

26 *Eutrapelus tonsor dum circuit ora Luperci*

27 *Eutreptus iustis bis senos cursibus annos*

28 *Eutropium hic Christe, tuum virtute*
I HEINZELMANN Bischofsherrschaft p. 94ss.

29 *Eutychis, ut par est, tribuit tibi natus honores*

30 *Eutychius martyr crudelia iussa tyranni*

31 *Eva columba fuit tunc candida, nigra deinde*
M MlatJb 16/1981 p. 417; WIC 5963
M GAVINELLI Aevum 59/1985 p. 194
I GNILKA in: Roma Renascens. Fs. I. OPELT 1988 p. 84

32 *Evae viperea vetitum decerpere pomum*

33 *Evangelista fulgidus / et clarus ore*

34 *Evasi, effugi. Spes et Fortuna valete*

35 *Evasi flammas, ignis tormenta profugi*

36 *Ex aevo tempus manet unus de patre*

37 *Ex alto venio longa delapsa ruina*

38 *Ex bibulis semper dinoscor condita buccis*

39 *Ex dictis patrum diversit catholicarum*

40 *Ex gemina gemino clamatur lintre vocatu*

41 *Ex hac arte quidem multi sunt multa locuti*

42 *Ex hinc aetherei laudes reboando ministri*

43 *Ex his ergo fuit venerandus nomine pastor*
I ORCHARD JournMedLat 2/1992 p. 116ss.

44 *Ex manibus tuis fulgescunt optima scripta*
E MGH Poet. 5 p. 669

45 *Ex more docti mystico*
E Hymnarium oscense II p. 52s.
EC Canterbury Hymnal 37517 p. 76s.
M ODERMATT Ordinarius St. Arnulf p. 389
M GNEUSS MlatJb 35/2000 p. 246

46 *Ex multis mirabilibus ostenditur*
B BHL 775d

47 *Ex novenis atque denis volo annis canere*

48 *Ex numeris librum, quem conspicis esse*
EM Colophons 16852
M facs. TURCAN-VERKERK Scriptorium 46/1992 tab. 15c
B GÉNICOT/TOMBEUR Index II p. 87

49 *Ex numero frequentium, qui obviarunt*
M CTrop III.2 p. 99

50 *Ex oriente die noctis processit alumnus*

51 *Ex physicis quiddam vobis volo ponere*

52 *Ex quibus est ortus patribus homo Christus*
EM KOEHLER/MÜTHERICH V p. 149

53 *Ex quibus Isaias praecelso munere fartus*
MI DUTTON/JEAUNEAU StudMed III 24/1983 p. 93; tab. 3

– *Ex quo enim me iussisti hunc in mundum*
cf. *O deus, miseri miserere servi*

54 *Ex quo fama tui celebrem mihi nominis*
ET GODMAN Poetry p. 216ss.
I WALLACE-HADRILL Frankish Church p. 324
I LANGOSCH MlatJb 12/1977 p. 236s.

55 *Ex quo me pater ille senex fastigia vitae*
I COURCELLE Lecteurs ... de l'Énéide p. 330
I SCHUPP in: Studi di letteratura religiosa tedesca. In memoria di S. LUPI 1972 p. 177-220
I SHEERIN RBén 92/1982 p. 305
I SANDMANN FMSt 96/1983 p. 403-444
I ERNST Carm. fig. p. 305

56 *Ex quo percipiens vestrae praeconia famae*

57 *Ex toto corde et ex tota mente*

58 *Ex vitio cerebri phrenesis furiosa movetur*

– *Ex vitro si quis depingere vascula quaerit*
cf. *E vitro si quis*

59 *Exaltent sanctum, cui sit sibi gloria tantum*

60 *Exanimes artus nec liquit caelica virtus*

61 *Exaudi, Christe, nos patris potens, pie*
I MESSINA in: Actes du XVIIIe Congrès International de Linguistique et de Philologie Romanes VI 1986 ed. D. KREMER 1988 p. 308-322
I CASTRO SÁNCHEZ Emerita 53/1990 p. 139-143

62 *Exaudi deus tuam plebem*

63 *Exaudi preces omnium*

64 *Excedunt cunctos hi libros philosophorum*
M Hss. Krakau 516 f. 71[v]

65 *Excellens tumulo Hierapolis aucta Philippi*

66 *Excelsi montes iam condunt ninguine cautes*

67 *Excelsum dominum ment ...*

68 *Excidio templi veteris stat pinna superstes*

69 *Excipe, Christe potens, discretam corpore*

70 *Excipe, Christe potens, Theotoce et virgo*

71 *Excipe dignanter, Sergi praefecte beati*
B BHL 3678d
I HAUBRICHS Georgslied p. 272

72 *Excipe quae ferimus felicia munera Liberi*

73 *Excipient apros expectabuntque leones*

74 *Excipis adverso quod pectore vulnera septem*

75 *Excipit ingentem Iuvenalis fortior aprum*

76 *Excipit innocuo viventem belua morsu*

-a *Excita Domine magnam* 16
E AH 10 p. 12:3

77 *Excolat ergo sui quisquis iam praetoris*
A Aganus (saec. X): praef. ad Bedae temp. rat.
ETI STOCK/SYNAN Manuscripta 23/1979 p. 113-115
B Clavis Galliae I p. 67

78 *Excole Warmundi mores fons praesulis alme*

79 *Excruciant turpes anum si forte papillae*

-a *Excussum cornu premeret dum forte capella*
M MUNK OLSEN Auteurs classiques I p. 477s.

80 *Execti species viri*

81 *Exegi monumentum aere perennius*

82 *Exegit vitam florente Cinegius aevo*

83 *Exemplar mendum tandem me compulit*
M THOMSON Scriptorium 40/1986 p. 86

84 *Exemplis continetur Aesopi genus*

85 *Exemplo domini ieiunia corporis extra*

86 *Exemplo domini mihi vel venerabilis orbi*

87 *Exemplo quodcumque malo committitur, ipsi*

88 *Exemplum matrona sita est, qua fama*

89 *Exemplum periit catae, lugete, puellae*

90 *Exerce studium, quamvis perceperis artem*

91 *Exerce studium, sine quo nil discere quivis*

92 *Exi e culina sis foras, mastigia*

93 *Exi, inquam, age exi: exeundum hercle tibi*

94 *Exiet hic hospes vel templi tecta subibit*

95 *Exige mendaces populorum uxorcula barbas*
I D'ANGELO in: Teoderico il Grande

1993 p. 651 n. 16

96 *Exigis a nobis operam sine fine togatam*

97 *Exigis ut donem nostros tibi, Quinte, libellos*

98 *Exigis ut nostros donem tibi, Tucca, libellos*

99 *Exigit hos mores sanctus baptista Iohannes*

00 *Exigua mihi virtus, sed magna facultas*

01 *Exiguo licet ingenio calamoque novello*
E MGH Poet. 5 p. 581
I FICHTENAU Lebensordnungen I p. 195

02 *Exiguum corpus munus flexu mucronis*

03 *Exiguum corpus sed cor mihi corpore maius*

04 *Exiguum munus cum det tibi pauper amicus*

05 *Exiguus nimium modicum tibi dirigo munus*

06 *Exiguus parvo tumulatus corpore pauso*

07 *Eximia specie iacet hic Priscilla puella*

08 *Eximiae dominae resonemus carmen honoris*
EC CC Cont. Med. 117 p. 45

09 *Eximiae vocis praecinctis dogmata verbi*
E DINTER Corp. cons. mon. X p. 259

10 *Eximie antistes has accipe Dado salutes*
I BISCHOFF in: Verf. Lex.[2] VIII c. 529

11 *Eximio quondam saeclis sum nata parente*

12 *Eximium haec Celsi corpus complectitur ara*

13 *Eximius Perdicca fuit, qui corpore eburno*

14 *Exit Hieronymus Roma condiscere verba*
M KESSLER p. 87
I STAUBACH Rex christianus p. 251

15 *Exit ut in mundum fons orti deliciarum*
B BHL 5286

16 *Exitium postquam laetus Nero forte peregit*

17 *Exodus Hebraeam valide concrescere*
ET BISCHOFF in: Bibbia di San Paolo p. 153

– *Exoriens Chelas aries*
cf. *Exsurgens Chelas Aries*

18 *Exoriente die noctis processit alumnus*

19 *Exoritur hodie virga radicis Iessae*
M GNEUSS Handlist 805
B SHARPE nr. 301

20 *Exoritur Phoebus perfundens luce nitente*

21 *Expandens utrasque manus oravit ad*

22 *Expansis manibus sic totum amplectitur*

23 *Expensas operis claudit pulcherrimus ἑξάς*

24 *Expeteres fidi si, cartula, limen amici*
M BALLAIRA Prisciano p. 177
M PASSALACQUA Codici p. 221
B Clavis Galliae I p. 355
I COURCELLE Lecteurs ... de l'Énéide p. 217; 336

25 *Expirantis adhuc scombri de sanguine primo*

26 *Expleta cursim syllabarum pagina est*

27 *Explicat aestivas ramis errantibus umbras*

28 *Explicit ad cunctos generalis epistola fratres*
I ORCHARD JournMedLat 2/1992 p. 121ss.

29 *Explicit ad domnum specialis epistola*
I ORCHARD JournMedLat 2/1992 p. 121ss.

30 *Explicit ampla suo stringens dialectica*
E JEAUNEAU Études Érigéniennes p. 660

31 *Explicit egregiae memorandum dogma*

32 *Explicit egregii Gisleni vita patroni*

33 *Explicit hic huius voluminis nomen et opus*
E Clementis qui dicitur Ars grammatica ed. A. M. PUCKETT 1978 p. 235

34 *Explicitum nobis usque ad sua cornua*

-a *Explicuit scribi quantum potui ac renovari*
M DE MEYIER Codices Vossiani II p. 90

35 *Exporgi meliust lumbos atque exsurgier*

36 *Exprimit in spicam tellus iam feta papillas*

37 *Exprimit oppositas immobilis unda figuras*

38 *Exprobrat hic durum Iesus cor discipulorum*

39 *Exprome propere, sede qua genitus cluas*

40 *Expulerat primogenitum saevissimus anguis*
M VENNEBUSCH IV p. 228
I LAPIDGE Anglia 100/1982 p. 16

41 *Exquirens pietas tectum decorare sacratum*

42 *Exsecro cultores et abominor idola cuncta*

– *Exsecti ...*
cf. *Execti*

43 *Exsere quae posuit mens nomina certa*

44 *Exspectando exedor miser atque exenteror*

45 *Exspectata dies aderat dignisque hymenaeis*

46 *Exspecto quo pacto meae techinae*

47 *Exspecto te, noster amor, venerande Dynami*
ETC REYDELLET II p. 80
ETI BLUME in: Fs. DÜCHTING 2001 p. 22-40
I CONSOLINO Annali p. 1362

48 *Exstasi sublimis Petrus carceris vinclis*

49 *Exstat causa mali, malum cessisse Dionae*

50 *Exstitit antistes Teodericus hic vocitatus*

51 ... *Exstructor templi quo corporis artos*

52 *Exstruit immensis opibus vesania turrim*

53 *Exsul ab humano dum pellitur orbe Iohannes*
EI CC121A p. 166-169; 218
M MUNK OLSEN Auteurs classiques II p. 169
M MORDEK in: Fs. AUTENRIETH 1988 p. 71
M Sélestat, Bibl. Hum. 14 (104) (saec. IX)
M LAISTNER/KING Bede Manuscripts p. 25s.; 129
M MORDEK in: Fs. ZIMMERMANN 1991 p. 61 n. 34
B Clavis Galliae II p. 368s.
I GANZ Corbie p. 110s.

54 *Exsul arismaspes hac martis in arce quiesco*
A inc. saec. XI
EM VOLLMER/RUBENBAUER Trierer Zeitschrift 1/1926 p. 26-30
EM KURZE NA 15/1890 p. 303
TI KEUNE Trierer Zeitschrift 1/1926 p. 141-143
M DE MEYIER Codices Vossiani II p. 52
M SCHLEIDGEN Regino p. 44
MB HOFFMANN Buchkunst p. 487
MB MGH Poet. 5 p. 499

55 *Exsul inops contempta novo Medea marito*

56 *Exsul sum generis factus motante figura*

57 *Exsulta, laetare satis, rex inclite David*
M SCHRAMM/MÜTHERICH Denkmale[2] p. 480
I WALLACE-HADRILL Frankish Church p. 245

58 *Exsulta nimium, turba fidelium*

59 *Exsultamus in ista fratres sollemnitate*

60 *Exsultate Deo / agmina*

61 *Exsultate pii lacrimis in gaudia versis*

62 *Exsultemus in hac die*

– *Exsultemus in ista, fratres, sollemnitate*
cf. *Exsultamus*

63 *Exsultent Apono Veneti, Campania Bais*

64 *Exsultent caeli sidera*

65 *Exsultet aula caelica*
M ODERMATT Ordinarius St. Arnulf p. 389

66 *Exsultet caelum laudibus*
E Hymnarium oscense II p. 88
EC Canterbury Hymnal 37517 p. 114s.
M ODERMATT Ordinarius St. Arnulf p. 389
M GNEUSS MlatJb 35/2000 p. 247
I SZÖVÉRFFY Marianische Motivik p. 135

67 *Exsultet domino mente serena*
I STÄBLEIN Archaische Sequenz p. 377

68 *Exsultet elegantis / omnis mundi fabrica*
I DE GOEDE PRU p. CXLIV
I STÄBLEIN AMusWiss 18/1961 p. 19
I V. D. STEINEN ZSchwKG 41/1947 p. 154

69 *Exsultet nostra / cum angelis turba*
I SPANKE Studien p. 111
I V. D. STEINEN ZSchwKG 41/1947 p. 142

70 *Exsultet nunc / omnis chorus*
I SPANKE Studien p. 120

71 *Exsultet omne saeculum*

72 *Exsultet omnis aetas, ordo, sexus uterque*
I DE GOEDE PRU p. CXLIV

73 *Exsultet orbis ambitus*

74 *Exsultet orbis machina*

75 *Exsuperant auri pretium seu topaziorum*

76 *Exsurgat totus almiphonus / supercaelestium*
TI BERSCHIN Eremus p. 38
I BERSCHIN Gr.-lat. MA p. 184

-a *Exsurge, praeco, fac populo audientiam* 16
A Ennius: Achilles
E VAHLEN p. 118

77 *Exsurge, rector gentium / Nec moriturus*
M CTrop III.2 p. 101

78 *Exsurgens Chelas Aries demergit in ima*
M DE MEYIER Codices Vossiani III p. 60
M FILL Hss. Kremsmünster I p. 393

79 *Exsurgens Kaurum duc, Zephyre, flatibus*

80 *Extemporalis factus est meus rhetor*

81 *Extensis ad te manibus / pater summe*

82 *Exterius cernor pulcher formaque decorus*

83 *Externis natus terris monumenta locavi*

84 *Externo quotiens vocitaris nomine, demens*

85 *Extinctum puerum crudeli funere plango*

86 *Extitit in Galliis meritis dignissimus olim*

87 *Extollatur in laudibus / Sanctus domini*

88 *Extollit celsas nemoralis Aricia sedes*

89 *Extorquet hoc sorte dei veniabile signum*
ETC REYDELLET I p. 55
T COOK p. 45
MI ERNST Carm. fig. p. 152s.
MI CHAZELLE The Cross p. 9; 32
I Text als Figur p. 42s.
I SCHALLER Studien p. 3s.

90 *Extra locum fratris defuncti cernitur usus*

91 *Extractam puteo situlam qui ponit in horto*

92 *Extremo tumulus latuit sub aggere montis*
ETI WALSER Einsiedler Inschriftenslg. p. 125

93 *Extremum bis sena regit nunc linea mensem*

94 *Extremum hunc, Arethusa, mihi concede*

95 *Extremum Tanain si biberes, Lyce*

96 *Extulit et sanctum veneranda Valeria patrem*

97 *Extulit oceano caput aureus igniferum Sol*

98 *Exueret Deus ut tetra caligine mundum*

99 *Exuit a vitiis nos circumcisio Christi*

00 *Exuit implicitum tenebris umentibus orbem*

01 *Exuperi, memorande mihi, facunde sine arte*

-a *Exuvias asinus gaetuli forte leonis*
A Avian.: fab. 5
E GUAGLIANONE p. 13

02 *Exuviis resolutus in aetheris aequore tutum*
TI JANSSENS Vita e morte p. 31

03 *Ezechias pius in dominum perque omnia*
M facs. Dat. Hss. Schweiz III (Abb.) p. 317 tab. 736

04 *Ezechiel et bisseni Danielque prophete*

F

05 *Fabrica nulla tenet stabilem per tempora*

06 *Fabricae mundi polumque*
EI KELLY ActMus 60/1988 p. 11; 27

07 *Fabricio iunctus fido requiescit Aquinus*

08 *Fabrus quas potuit, carissime, debito honore*

09 *Fabula constituit toto notissima mundo*

10 *Fabula Geryonem tricipem regnasse canit*
I SCHALLER Wiener Studien 105/1992 p. 179 n. 32
I BEUMANN Settimane ... Spoleto 27/1981 p. 542
I GODMAN Poets p. 97 n. 22
I GODMAN FMSt 19/1985 p. 246-248
I R. SCHNEIDER Brüdergemeinde u. Schwurfreundschaft 1964 p. 102
I BOSHOF in: Charlemagne's Heir p. 174s.
I ERKENS DA 52/1996 p. 470
I SCHALLER Studien p. 352 n. 32

11 *Fac, ita ut iussi, deducantur isti. faciam*

12 *Fac me tu sciolum qui me scis mente*

– *Fac nobiscum domine misericordiam*
cf. *Qui mundum salvare veniens*

13 *Fac sumptum properer, cum res desiderat*

14 *Fac tibi proponas mortem non esse*

15 *Facere in Lyciscam. Paule, me iubes versus*

16 *Facete, comis, animo iuvenali senex*

17 *Facile crimen ut sagitta figitur, aegre*

18 *Facta beanda lege, Gabriel missum*

19 *Factionis Venetae Fusco sacravimus aram*
E ALFÖLDY Inschriften p. 238:445

20 *Factor orbis angelorum per novenos ordines*
EI NORBERG in: Fs. MUNARI 1986 p. 335
I NORBERG Les vers iambiques p. 93s.

21 *Facunde, docte, lingua et ingenio celer*

22 *Facundi dicti si cui est studiosa voluntas*

23 *Facundi Senecae potens amicus*

24 *Facundos mihi de libidinosis*

25 *Facundum constat quondam cecinisse*

26 *Faex Garamantarum nostrum processit ad*

27 *Falce minax et parte tua maiore, Priape*

28 *Fallaces curis semper torquentur amaris*

29 *Fallaces vitreo stellas componere mundo*

30 *Fallantur volucres et silvarum bestei escis*

31 *Fallunt nos oculi, vagique sensus*

– *Falluntur volucres et silvarum bestei viscis*
cf. *Fallantur volucres et silvarum*

32 *Falsa est ista tuae, mulier, fiducia formae*

33 *Fama citat plures perfectam visere vitam*
I ORCHARD JournMedLat 2/1992 p. 116ss.

34 *Fama est fictilibus cenasse Agathoclea*
M MGH Epist. sel. 1 p. 146
M facs. UNTERKIRCHER Cod. Vind. 751 f. 4r

35 *Fama est quod geminum profundens simia*

36 *Fama per Ausoniae turbatas spargitur urbes*

37 *Fama puellaris tauri corrumpitur extis*
M MlatJb 15/1980 p. 267; WIC 6255
BI VAN HOUTS JournMedLat 2/1992 p. 18ss.
I WOLTERBEEK Ridicula p. 216

38 *Fama refert nostros te, Fidentine, libellos*

39 *Fama refert sanctos dudum retulisse*
EC ICUR N. S. VIII p. 13s.:20753
M clm 13108 (H.-G. SCHMITZ Kloster Prüfening im 12. Jh. 1975 p. 189)
M SOTTILI I Codici del Petrarca p. 442
M GNEUSS Handlist 38; 680

40 *Fama refert, veterum quae nescit perdere*
I QUADLBAUER in: Fs. E. BURCK 1983 p. 359

41 *Famae non nimium bonae puellam*

42 *Fame coacta vulpes alta in vinea*

43 *Famosos postquam genuit dea Terra*

– *Famula nunc Christi fuerat Carthaginis*
cf. *Incola nunc Christi*

44 *Fana coli terris necdum meruere negasti*

45 *Fascia crescentes dominae compesce*

46 *Fascibus exemptos dum cernimus Urbis*

47 *Fastidit vinum quia iam sitit iste cruorem*

48 *Fastorum genitor parensque Ianus*

49 *Fastradana pia Caroli coniunx vocitata*
ECI SMOLAK in: Christentum u. römische Welt (Orbis Latinus I) 1984 p. 156

50 *Fata canam pueri Nympharum versa calore*
E DÍAZ DE BUSTAMANTE p. 270
ETI B. WEBER Der Hylas des Dracontius 1995
I BRIGHT The miniature epic p. 21ss.
I DE PRISCO Vichiana N. S. 6/1977 p. 290-300

51 *Fata deum tria, quae retinetis condita vitae*

52 *Fata Iovem superant id ...*

-a *Fata mihi Caesar tum erunt mea dulcia cum [tu* 4
A C. Cornelius Gallus?
E FPL[3] p. 258

53 *Fata per humanas solitus praenoscere fibras*

54 *Fata si liceat mihi*

55 *Fata suum petiere diem: qui reddidit*

56 *Fatale adscriptum nomen mihi Protesilao*

57 *Fatalem hanc sedem Hippolite dedit ob*

58 *Fatales moneo ne quis me lugeat, Orbi*

59 *Fatalis, anima misera, te vis obruit*

60 *Fatis agimur: cedite fatis*

61 *Fato crudeli siqua est erepta puella*

62 *Fatur et imperii quae sunt mandata superni*

63 *Faune, Nympharum fugientum amator*

64 *Fausta fuit primo mundi nascentis origo*

65 *Fausta novum domini condens Fortuna*
I EVANS-GRUBBS/COURTNEY ClPh 82/1987 p. 237
I DINGEL Wiener Studien 98/1985 p. 177

66 *Faustulus insidens formicae ut magno*

67 *Fave sancta deum sata*

68 *Favens redemptis voto abstinentiae*
I NORBERG Les vers iambiques p. 77; 79 n. 32

69 *Febre laborabant dudum duo corpora*

70 *Februa olus, volucresque cibis odere*

71 *Fecerat Eufranor Bacchum, quem Gallus*

72 *Feci ego quod decuit te mi fecisse, puella*

73 *Feci quod volui vivus monumentum mihi*
I WOLTERBEEK Ridicula p. 216

74 *Fecimus hunc titulum miseri dulcissimo nato*

75 *Fecit amore viam iuvenis crudele per aequor*
A inc. saec. X/XI (Cod. aur. Ept.)

76 *Fecit aqua vinum deus inter fercula primum*

77 *Fecunda et fortis vernans virtutibus altis*

78 *Fecunda tellus cuncta qua generat Pales*

79 *Fecundam diaden primordia nostra*

80 *Fefellit saevam verbum factum te caro*
I SZÖVÉRFFY Holy Cross p. 6
I SZÖVÉRFFY Wiener Studien 96/1983 p. 220s.

81 *Feles habebat gallus lecticarios*

82 *Felicem Aufidium felicem semper deus*

83 *Felicem fieri credis me, Zoile, cena*

84 *Felicem gladium tibi qui sacramque dicavit*

85 *Felicem, sol, pande diem radiisque serenis*
ETC REYDELLET II p. 44

86 *Felices fere faciunt, semperque beatos*

87 *Felices illos qui te genuere parentes*

88 *Felices iunguntur ecce benedicto foedere*
M JEUDY MlatJb 29.1/1994 p. 3
I H. TRISTRAM Sex aetates mundi 1985 p. 163 n. 101

89 *Felices nimium atque beati / Quos rex*

90 *Felices, quibus urna dedit spectare*

91 *Felici misero penarum pondera pelle*

92 *Felicis patriae nostrae praeconanda*
M HUNT/LAPIDGE Anglo-Saxon England 8/1979 p. 279s.
I PIACENTE Romanobarbarica 1/1976 p. 195-202

93 *Felicis penetral prisco venerabile cultu*

94 *Felicitas hic habitat: nihil intret mali*

95 *Felicitas ipsis migravit sancta Kalendis*

96 *Felicitas memoranda quidem, quia felicitatis*

97 *Felicla hic misera consumptast morte, puella*

98 *Felix bis meritis sibi Machabaea vel orbi*

99 *Felix dies et iucunda*

00 *Felix digna tulit parum munera Christi*

01 *Felix Gallia, fortibus trophaeis*
M FRAEYS DE VEUBEKE in: Miscellanea MASAI 1979 p. 224
B BHL 5750

02 *Felix grammaticus non est, sed nec fuit*

03 *Felix grex hominum, qui, Christi dogma*

04 *Felix haec visa est nascendi lege puella*

-a *Felix Hieronimus summa sedet arce locatus* [1
EM BISCHOFF Mal. Studien III p. 206

05 *Felix, hoc merito quod nomine, nomine et*

06 *Felix illa hominum est mors et preciosa*

07 *Felix imperio, felix brevitate regendi*

08 *Felix in cathedrae applicitis moderamine*

09 *Felix lectule talibus*

10 *Felix marinis alitibus Fridamal*
I RAMMINGER Philologus 132/1988 p. 297-307

-a *Felix mater Constantia devote Christi iubila* [12
A inc. saec. X
E MONE Hymnen III p. 476:1119
MI MAURER Konstanz p. 74 n. 26; p. 42 n. 71
B Rep. Hymn. 6042

11 *Felix militiae sumpsit devota Iovinus*
I C. LORIQUET Le tombeau de Jovin à Reims [4]1983 p. 8
I HAMANN-MACLEAN Reimser Denkmale p. 131s.
I HEINZELMANN Bischofsherrschaft p. 5

12 *Felix nimium prior aetas*
ETC Carm. Cant. 61 ed. ZIOLKOWSKI p. 134-315

13 *Felix o Menelae, deum cui debita sedes*
M DE MEYIER Codices Vossiani VI p. 115

14 *Felix, o meritum sati*

15 *Felix, o vallis Iosaphat, quae membra beata*

16 *Felix pater habes digna tuae praemia vitae*

17 *Felix per omnes festum mundi cardines*
E Hymnarium oscense II p. 76s.
EI NORBERG Paulin d'Aquilée p. 66-80; 159s.
M ZANNA in: Poesia dell'alto medioevo p. 366
I SCHRAMM Kaiser, Könige u. Päpste IV.1 p. 162 n. 68
I NORBERG in: Cultura in Italia p. 371
I DE MARCO in: Miscellanea A. CAMPANA II 1981 p. 242ss.

18 *Felix propheta David primus organi*
I BASTIAENSEN Lampas 23/1990 p. 245

19 *Felix, qui Pharias proscindit vomere terras*

20 *Felix qui poterit thesaurum condere caelo*
ET MESSINA p. 37:XIIa
I EBERHARDT p. 179:151

21 *Felix, qui potuit boni*
ETC Carm. Cant. 76 ed. ZIOLKOWSKI p. 140; 317

22 *Felix, qui propriis aevum transegit in arvis*
I F. MUNARI Kleine Schriften 1980 p. 126
I ROMANO Vichiana N. S. 13/1984 p. 165-169

23 *Felix, qui spernit pretiosa pericula mundi*

24 *Felix si fueris multos numerabis amicos*

25 *Felix Tarraco, Fructuose, vestris*
B BHL 3204

26 *Felix terra, precor, leviter super ossa residas*

27 *Felix Urania mecum partire laborem*

28 *Felix valde o Maria, incorrupta puerpera*

29 *Felix vera virginitas*

30 *Felix vita sua quondam dum forte maneret*

31 *Felix vita viri, felicior exitus ipse*

32 *Feltria perpetuo nivium damnata rigore*

33 *Femina praeferri potuit tibi nulla, Lycori*

34 *Femina, quae matrimonialem torum*

35 *Femina sancta virum circumdat, ait Ieremias*

36 *Femina si furtum faciet mihi virve puerve*

37 *Femina virque simul veneris cum germina*
TC P. H. SCHRIJVERS Eine medizinische Erklärung der männlichen Homosexualität aus der Antike 1985 p. 43

38 *Femina virtutis iacet isto Gisla sepulchro*

39 *Femineam nobis cherson si credis inesse*

40 *Femineo geminum designat nomine sexum*

41 *Fer, Benedicte, preces, fer vota rogantum*

42 *Fer festina patri Paulino, carta, salutem*
B Clavis Galliae II p. 46s.

43 *Fercula nostra pius Christus benedicat in*
B Clavis Galliae II p. 438

44 *Fercula post vitam sibi conferat ista beatam*

45 *Ferge, decus vatum, formosae gloria Musae*
EC CC Cont. Med. 117 p. 63
I STAUBACH Rex christianus p. 200
I BERSCHIN Gr.-lat. MA p. 173
I RICHÉ in: Iren u. Europa II p. 742
I COURCELLE Lecteurs ... de l'Énéide p. 197
I GIBSON/NELSON p. 335; 338

46 *Ferratas acies et denso milite turmas*
I Liber monstrorum ed. PORSIA p. 98

47 *Ferre parans Christus poenam, mortemque*

48 *Ferreus es, si stare potest tibi mentula,*

49 *Ferreus in vacuis, pendet caducifer auris*
I NORBERG in: Cultura in Italia p. 366 n. 25

50 *Fert animus vulgare nefas et virginis atrae*
E DÍAZ DE BUSTAMANTE p. 356
I BRIGHT The miniature epic p. 46ss.
I SCHETTER WüJb N. F. 6a/1980 p. 209-221

51 *Fert aquilae facies domini symmysta*
A Hartw. (saec. XI)
ETI RÜTZ Text im Bild p. 78; 131
M facs. Regensburger Buchmalerei p. 26
I BISCHOFF in: Verf. Lex.[2] III c. 530s.

-a *Fert genetrix natum Stephano testante* [*beatum* 10
A inc. saec. X/XI
E MANITIUS NA 39/1914 p. 159
EI ENGELS in: Fs. BARTELINK 1989 p. 155-159

52 *Fert miseranda caput, domino quod monstret*

53 *Fert scriptura vetus plures quod sede*
E MGH Poet. 5 p. 628

54 *Ferte deo claras claro pro martyre laudes*

55 *Ferte, viri, et duros animo tolerate labores*

56 *Ferte viro casiam, myrrham date, cinnama*
EC CC Cont. Med. 117 p. 79
I STAUBACH Rex christianus p. 215s.
I WILLMES Herrscher-'Adventus' p. 82

57 *Fertilem cantum, habitator omnis*

58 *Fertur apud priscos mos hic viguisse poetas*
B BHL 1050

59 *Fertur de Iano dictus Ianuarius olim*

60 *Fertur ducentos eruendis glareis*

61 *Fertur eo Eustachius, Placidus cognomine*

62 *Fertur habere meos, si vera est fama, libellos*

63 *Ferunt Ophyr convexa cimba per liquida*

64 *Fervebat via sicca heremi serpentibus atris*

65 *Fervere caede nova silvas camposque*

66 *Fervida ne trito tibi pollice pusula surgat*

67 *Fervidus axe Pelops contemnit iura tyranni*

68 *Fessa camena putabat / Hoc breve, quod sibi*
BI STOTZ Sapph. Dichtung p. 24; 389-92; 456; 461

69 *Festa Christi / omnis christianitas celebret*
M FILL Hss. Kremsmünster I p. 413
M NEUHAUSER Hss. UB Innsbruck I p. 89
I DE GOEDE PRU p. CXLIV
I STÄBLEIN AMusWiss 19/1962 p. 86
I V. D. STEINEN ZSchwKG 41/1947 p. 158

70 *Festa dies caelis, eadem celeberrima terris*
I COURCELLE Lecteurs ... de l'Énéide p. 424

71 *Festa dium sollemnia*
ET Virg. Gramm. ed. POLARA p. 20
I HERREN CMCS 15/1988 p. 74

72 *Festa iucunda contio fidelium*
I STOTZ Sapph. Dichtung p. 348

73 *Festa plebs sancto sua Nicolao*

74 *Festa praepollet / dies, in qua / celsi*
I SZÖVÉRFFY Holy Cross p. 29

75 *Festa praesentis celebret diei / Mente devota*

76 *Festa propinquabant nostri veneranda*
I DE MOREAU St.-Amand p. 277

77 *Festa, quae magno colimus novoque*
I SWINARSKI Herrschen mit den Heiligen p. 385
I WILLMES Herrscher-'Adventus' p. 137

78 *Festa sacrata praesulis*

-a *Festa sanctorum martyrum / meminisse [iucundum est*33
A inc. saec. IX
E AH 14 p. 76:66
I HAUBRICHS Georgslied p. 330

79 *Festa Stephani / protomartyris Christi*
M FILL Hss. Kremsmünster I p. 480

80 *Festa triumphorum dant caelica iubila rerum*
A Hartw. (saec. XI)
ETI RÜTZ Text im Bild p. 50; 115; 153
M Regensburger Buchmalerei tab. 10
I BISCHOFF in: Verf. Lex.[2] III c. 530s.

81 *Festinat Polytimus ad puellas*

82 *Festinata prior, decimi mihi cura libelli*

83 *Festinata sui gemeret quod fata Severi*

84 *Festiva adest nobis / dies cunctis nimium*

85 *Festiva Christo cantica / Nunc turma*

86 *Festiva mundo gaudia*

87 *Festiva saeclis colitur*
E Hymnarium oscense II p. 84s.
EC Canterbury Hymnal 37517 p. 109s.
I SPANKE Studien p. 5

88 *Festivas laudes devota mente canentes*

89 *Festive credis te, Calliodore, iocari*

90 *Festo quid potius die*

91 *Festum beati martyris / Evangelistae nobilis*

-a *Festum beati martyris / Georgii digne [colimus* 36
E AH 4 p. 144:261
I HAUBRICHS Georgslied p. 330

92 *Festum, Christe rex, per orbem*

93 *Festum colentes annuum*

94 *Festum colentes celebre / In Magdalenae*

95 *Festum diem Wiboradae / Virginis et*

96 *Festum insigne prodiit coruscum*
I NORBERG MlatJb 19/1984 p. 66s.
I GIL Habis 7/1976 p. 195; 197s.

97 *Festum nunc celebre magnaque gaudia*
M GNEUSS MlatJb 35/2000 p. 246

98 *Festum, turba, sanctissimum*

99 *Festus adest nobis / cunctis nimium*
I DE GOEDE PRU p. CXLIV

00 *Festus, Musoni suboles prolesque Avieni*

01 *Festus sacratus martyrum*

02 *Fetere multo Myrtale solet vino*

– *Fiant iure kalendarum sanctus conciditur*
cf. *Iure kalendarum sanctus*

03 *Ficosa est uxor, ficosus et ipse maritus*

04 *Ficta quidem Iacob natis, sed vera loquutus*

05 *Fictilis ex terra spernens mandata paterna*
E MGH Poet. 5 p. 617

06 *Fida salus patriae, Felix spe nomine corde*
ETC REYDELLET I p. 91

07 *Fida satis custos conservans pervigil aedes*

08 *Fideles admoneo, fratres ne odia tollant*

09 *Fideles Christi praeparate mentem*

10 *Fidelis in pace sita castissima virgo*

11 *Fidelium devotio / Depromat hymnum*

12 *Fidem qui perdit, quo rem servat relicuam*

13 *... or / fidens remeare sepultos*

14 *Fidis virgo sacra, laude verenda*
EC ROBERTINI p. 277

15 *Fidus vixisti sine crimine, Gavi*

16 *... fieri nos qui dedit esse sacratas*

– *Figitur alma Venus, dum Martis vitat amores*
cf. *Icitur alma Venus ...*

17 *Fila Tarentini graviter redolentia porri*

18 *Filia cum matre est, hospes, sei forte requiris*

19 *Filia divinitatis / Genetrix humanitatis*

20 *Filia Picenae venio Lucanica porcae*

21 *Filia Solis aestuat igne novo*
M BALLAIRA Prisciano p. 149
BI STOTZ Sapph. Dichtung p. 20; 143; 233-235; 303; 461

22 *Filia Wiggonis Gerlind hic virgo sepulta est*

23 *Filiolam amisit pater heu materque secutast*

24 *Filiorum casus licet et dolum cordis*

25 *Filius almifici Marcus baptismate Petri*
MB HOFFMANN Buchkunst p. 316

26 *Filius altithroni postquam resplenduit orbi*

-a *Filius Aproni maior quam nomine factis*
MI BERSCHIN AlemannJb 1973-75 (Fs. B. BOESCH) p. 328ss.
cf. *Divorum ... / Mutua ...*

27 *Filius Aurorae, Phoebi nascentis alumnus*

28 *Filius ecce dei conculcat colla leonis*

29 *Filius ecce Petri sancti baptismatis unda*
ET BISCHOFF in: Bibbia di San Paolo p. 168

30 *Filius Evandri Pallas quem lancea Turni*

31 *Filius hac Zebedei Iacobus congaudet in ara*
B Clavis Galliae II p. 455

– *Filius Helvidi Ragnardus conferat ista*
cf. *Ter ternos habuit annos qui*

32 *Filius hic Petri Marcus, quia fonte renatus*
E JEAUNEAU Études Érigéniennes p. 613
EM KOEHLER/MÜTHERICH V p. 183
MI DUTTON/JEAUNEAU StudMed III 24/1983 p. 95

33 *Filius hic situs est Iuli Bassi Bassianus*

34 *Filius hunc titulum debebat ponere matri*

35 *Filius ille dei, caeli quem summus ab arce*
EI NORBERG Paulin d'Aquilée p. 26-33; 99
I SCHALLER Studien p. 320

-a *Filius o dilecte, mihi sticos tu corrige paucos* [1
E MGH Poet. 5 p. 658

36 *Findere me nulli possunt, praecidere multi*

37 *Fingere Musarum fraglarem numine vultus*
MI G. POZZI La parola dipinta 1981 p. 155; tab. 52

38 *Fingis superbum quod tibi patrum genus*

39 *... finibus Europae sed graviora Asia*

-a *Finibus expulsum patriis nova regna* [*petentem* 6
A inc. saec. XI
EC BERGES/RIECKENBERG p. 157
B WIC 6547

40 *Finibus Italiae cum primum ad regna*

41 *Finibus occiduis describitur optima tellus*
B LAPIDGE/SHARPE p. 182:693
B Rep. Font. IV p. 242
I HENNIG in: Iren u. Europa II p. 695

42 *Finierat sumptum translatio coepta volumen*

43 *Finis adest operi: his, quibus est*
EM Colophons 17792
M facs. in: La Neustrie p. 229 tab. 2

44 *Finis adest operis, mercedem posco laboris*
EM Colophons 21287
M Klosterneuburg CCl 28 f. 106rb (HAIDINGER p. 58s.)

45 *Finitis titulis Urania musa boabit*

-a *Finito libro, frangantur crura magistro* [2
A inc. saec. IX
EM Colophons 21393

46 *Finito primo, praefatio danda secundo*

47 *Finitos annos vitae recessisti in pace securus*
M ICUR N. S. VI p. 261:17192

48 *Finitum Euhodiae fatum qui conspicis*

49 *Firma satis felix, cum me mea vita maneret*

50 *Firmanus saltus non falso, Mentula, dives*

51 *Firmino votum referet Iustini Paterna*

52 *Fistula, conemur parvos configere versus*

53 *Fistula, curre, virum, rogito, perquire*

54 *Fistula nostra brevi narret tibi famina verbo*

55 *Fistula nostra, referre queat quid, scire*

56 *Fistula nostra sonet, melicis et concinat odis*
EC CC Cont. Med. 117 p. 37
I RICHÉ in: Iren u. Europa II p. 741
I WILLMES Herrscher-'Adventus' p. 82

57 *Fistula, pange melos puero, meditante*
B Clavis Galliae I p. 376

58 *Fistula raucisonans, nunc incipe dicere*
I ERNST Carm. fig. p. 213 n. 142

59 *Fistula rurestris cecinit prothemata cannis*

60 *Fistula treche cita, Aldricum perquire*

61 *Fit cunctis mirum, rubeat quod potus*

62 *Fit merito gaudens oleo frigente Iohannes*

63 *Fit porta Christi pervia*
M DE MEYIER Codices Vossiani VI p. 137
M GNEUSS MlatJb 35/2000 p. 247
I DEUG-SU StudMed III 15/1974 p. 194

64 *Fixa manent / pectus habent / hymnum*

65 *Fixior annoso sonipes moderamine noster*

66 *Fixus amore tuo votis inhiantibus adstans*
ETC REYDELLET II p. 117

67 *Flamen, item dumvir, quaestor pagique*

68 *Flamen sume samentum*

69 *Flamina nos Boreae miro canentia vultu*
ET GODMAN Poetry p. 286s.
ET KLOPSCH Lyrik p. 196
EC CC Cont. Med. 117 p. 7
I STAUBACH FMSt 20/1986 p. 583
I BRUNHÖLZL in: Scire litteras p. 88ss.

70 *Flaminis hoc donum, regnator summe*

71 *Flamma duelliferi paulum sopita vaporis*

72 *Flammea perspicuis coeunt hic lumina*

73 *Flammifugas fratres pietatis maxima dona*

-a *Flante cum terram Zephiro solutam*
A inc. saec. X/XI
ETI LEBEK MlatJb 29.1/1994 p. 21-37
I TSCHERNIAK MlatJb 32.2/1997 p. 19-22

74 *Flatibus alternis vescor cum fratre gemello*
I PAVLOVSKIS Cl & Med 39/1988 p. 236

75 *Flatibus eurorum glaciosis nympha*

76 *Flavi, delicias tuas Catullo*

77 *Flavi voluntas his declaratur versibus*

78 *Flavia gens, quantum tibi tertius abstulit*

79 *Flavia, te decoret una Venus phaleris*

80 *Flaviani antistitis resonant praeconia vitae*
E PICARD Souvenir p. 318 n. 16
I MONTORSI Epigrafe modenese p. 156

81 *Flavius hic situs est proavus, qui tempora*

82 *Flavius hoc tumulo Liutprandus conditur*

83 *Flebunt amici et bene noti mortem meam*

84 *Flecte genu, en signum per quod vis*

85 *Flecte truces animos, utvere ludere possis*

86 *Flectere te nolim, sed nec turbare capillos*

87 *Flectit ab inviso morientia lumina disco*

88 *Flectite nunc vestros, Heliconis numina*

89 *Flemus casus, Oenei, tuos*

90 *Flende iaces in Basso iterum defuncte*

91 *Flendo peractorum Kotelend veterana*

92 *Flens puer extremam putei conspexit ad*

93 *Flent miseri amissum Phryges Hectora*

94 *Flentibus Heliadum ramis dum vipera repit*

95 *Flere cupis quicumque meos in marmore*

96 *Flere monent populum crudelia funera*
I GEORGE Eranos 86/1988 p. 60
I WAREMAN Cl & Med 37/1986 p. 201

97 *Flet domus et cari lugunt sine fine parentes*

98 *Flet Philomela nefas incesti Tereos, et quae*

99 *Flete meos casus: tristes rediere tabellae*

00 *Flete nefas vestrum sed toto flete Lucrino*

01 *Flexilis obliquo sinuatur circulus orbe*

02 *Flexosis geminum contractibus in caput*

03 *Flora venit. Quae Flora? Dea. An de gente*

04 *Flore, bono claroque fidelis amice Neroni*

05 *Flore solum vario depingit odoriferum ver*

06 *Florea serta, meum mel, et haec tibi carmina*
A Apuleius
ET HELM p. 30

07 *Floreat aeternis tecum sapientia donis*
B Clavis Galliae II p. 278-280

08 *Floreat et vigeat sophia virtute triumphis*
B Clavis Galliae II p. 317
I SCHALLER Studien p. 145

09 *Floreat in vestro divinis pectore donis*
B Clavis Galliae II p. 230s.

10 *Florente aetate depressere veneficae*

11 *Florentem meritis Chrysanti nomine famam*

12 *Florentem speciem rapuere novissima fata*

13 *Florentes annos mors subita eripuit*

14 *Florentes annos subito nox abstulit atra*

15 *Florentina micans, decus immortale pudoris*

16 *Florentina mihi quondam dulcissima*

17 *Flores et casiae et*

18 *Flores in varios qui vult mutare colores*

19 *Floret Floriacus quem circuit undique*
M PELLEGRIN in: Miscellanea MASAI

1979 p. 93

20 *Floret in hoc opere pia mentis praesulis*
I KER Books p. 21; 56 n. 1

21 *Floriacus datur esse lacus vel flos*
M J. N. GRANT Studies in the Textual Tradition of Terence 1986 p. 139

22 *Florianus magnis praeclarus in orbe*
B Clavis Galliae II p. 452

23 *Floribus ut saltem requiescant membra*

24 *Florida clarisonae solitae sat carmina*

25 *Florida floriacum perlustrant pragmata*

26 *Florida me genuit nigrantem corpore tellus*

27 *Florida per varios ut pingitur Hybla colores*

28 *Florida saepe mihi depingis, deltice, verba*

29 *Florida Thespiadum soror ac praenobilis*
EC CC Cont. Med. 117 p. 3
I BRUNHÖLZL in: Scire litteras p. 87s.

30 *Floridus adveniat nobis in gaudia palmes*
EC CC Cont. Med. 117 p. 61
I CONTRENI in: Iren u. Europa II p. 767

31 *Floridus ecce venit: campi, florete patentes*
EC CC Cont. Med. 117 p. 121
I WILLMES Herrscher-'Adventus' p. 83

32 *Florigeras gero comas, dum maneo silvis*

33 *Floruit hic clarus venerando Pamphilus actu*

34 *Floruit in mundo quaedam virguncula*
B BHL 160

35 *Florus ego hic iaceo quondam bigarius*

36 *Flos Asiae tantaque unus de gente superstes*

37 *Flos, decus et vitae c ...*

38 *Flucticolae cum festa nurus Pagasaea per*

39 *Fluctuat in terris, qui semper vivere quaerit*
I ERNST Carm. fig. p. 549

40 *Fluctuat interea Wido crebroque retractat*
I WILLEMS Université de Gand. Recueil de travaux 19/1896 p. 76

41 *Flumina qui metuat modica sulcare carina*
I COURCELLE Lecteurs ... de l'Énéide p. 388

42 *Flumina verna cient obscuro lumine Pisces*

43 *Flumine nectareo meritis mihi dulcior Agnes*
I JACOBSEN in: Iren u. Europa I p. 445 n. 33

44 *Flumineam salicem fecundant ardua*

45 *Fluminis in medio succendis viscera, Fauste*
EI LAPIDGE StudMed III 18/1977 p. 256

46 *Fluxa aut syrmata Bacchici cothurni*

47 *Fluxit ille labor magnus, quem diurnum*
EC WEBER Gottschalk p. 177

48 *Foeda est in coitu et brevis voluptas*
I COURTNEY Mnemosyne IV.39/1986 p. 406

49 *Foeda res est causam audire et personas*
T ÖBERG Poetry p. 53
I MATTIACCI in: Poesia dell'alto medioevo p. 6ss.
I LUQUE MORENO in: Poesia dell'alto medioevo p. 119-135

50 *Foedasti miserum, marite, moechum*

51 *Foedera coniugii celebrabant auspice coetu*

52 *Foedera multigenis reddens animantibus*

53 *Foederis in signum depinxit rex deus irim*

54 *Foedula quae mundum domino miserante*

55 *Foedus amicitiae nec vis, carissime, nostrae*

56 *Folquini veneranda patris hic membra*

57 *Fomitis aetherei regimen, terrestris Averni*

58 *Fons aeterne deus, humilis miserere*
EC CC Cont. Med. 117 p. 131

59 *Fons, Antenoreae vitam qui porrigis urbi*

60 *Fons concluse petris qui geminos aluisti*

61 *Fons, Deus, aeternae pacis*
I NORBERG Les vers iambiques p. 123
I GIL Habis 7/1976 p. 203

62 *Fons, Deus, vitae perennis*
I NORBERG Les vers iambiques p. 86; 92
I NORBERG MlatJb 19/1984 p. 68s.

63 *Fons dominae, regina loci quo gaudet*

64 *Fonte lavat genitor, quem crimine polluet*
M DE MEYIER Codices Vossiani VI p. 263

65 *Fonte patrum ductas bos agnis elicit undas*
M V. D. STEINEN Homo caelestis II 1965 tab. 157
MI BISCHOFF Mal. Studien II p. 304-311; tab. VIII

66 *Fonte repulsatur depicta tuentis imago*

67 *Fontibus in liquidis paulum requiesce, viator*
M DE MEYIER Codices Vossiani VI p. 136

68 *Fontibus in liquidis simplex geminatur*

69 *Fontibus in liquidis versatur vestra Camena*
EC CC Cont. Med. 117 p. 111
I MEYERS RMAL 44.3-4/1988 p. 60-64

70 *Fontis aquae reddunt simulacra imitantia*

71 *Forma caput facies Deuteri cuncta magister*

72 *Forma, genus, mores, populi favor, ampla*

73 *Forma loci dudum ... / Squalida sed tantum*
ET NAUERTH p. 526

74 *Forma manet tenuis, cum semipedalis imago*

75 *Forma meae catulae brevis est, sed amabilis*

76 *Forma Mercurius potest placere*

77 *Forma pudicitiae iuvenis sectanda Veneri*

78 *Forma repercussus liquidarum fingit*

79 *Forma speciosissimus / manuque*

80 *Formas pura refert oculis spectantibus unda*

-a *Formator regum, qui regnas cuncta in [aevum* 24
A inc. saec. XI
EC BERGES/RIECKENBERG p. 118

81 *Formosa es, fateor, dives generosa venusta*

82 *Formosa Phyllis nocte cum mihi tota*

83 *Formosam Donacen Idas puer et puer Alcon*

84 *Formosam faciem nigro medicamine celas*

85 *Formosam Glyceram amat Lupercus*

86 *Formosam sane sed caecus diligit Asper*

87 *Formosi coetus pastor formosus et ipse*
ETI CIFM 21 p. 189:171
M MlatJb 15/1980 p. 267; WIC 6777a

88 *Formosissima Lai feminarum*

89 *Formosissima quae fuere vel sunt*

90 *Formosum pastor Corydon ardebat Alexin*

91 *Formosus Stephanum sequitur; cui*

92 *Formula Narcissi nitet istic praesulis almi*

93 *Formula vivendi praesto est tibi: pauca*
EM PATTIN Scriptorium 44/1990 p. 90

-a *Forte canis quondam, nullis latratibus [horrens* 16
A Avian.: fab. 7
E GUAGLIANONE p. 15

94 *Forte colebatur dum quis pro martyre latro*

95 *Forte erat Aurorae tempus Solisque*

96 *Forte iacebat Amor victus puer alite somno*
ETI LEBEK ZPE 58/1985 p. 37-45
EI G. CUPAIUOLO in: Studi di Filologia Classica III 1991 p. 1301-1312

97 *Forte loco sancto qui Gethsemani vocitatur*

98 *Forte lupum melior cursu deluserat haedus*

99 *Forte Micon senior Canthusque, Miconis*

00 *Forte per arruptos decrevi currere calles*
I DÜMMLER NA 4/1879 p. 398

01 *Forte procellosi remeans ex arce Caferei*

02 *Forte profetarum nati dum ligna recidunt*

03 *Forte remittentem curas Phoeboque levatum*

04 *Forte sub arguta consederat ilice Daphnis*

05 *Forte sub hoc lapide iaceo Matrona sepulta*

06 *Forte Venus blando quaesitum frigore*

07 *Fortem fidelem militem*
I J. van der Meulen/A. Speer Die fränkische Königsabtei St. Denis 1988 p. 188
I A. W. Robertson The Service-Books of the Royal Abbey of Saint-Denis 1991 p. 226s.
I Stemmler in: La Neustrie II 1989 p. 79

08 *Fortes estote vos atque cavete leone*
A inc. saec. X/XI (Cod. aur. Ept.)

09 *Forti animo esto libens, cum sis damnatus*

10 *Fortia dicta dabas, exhortatoria verba*

11 *Fortia facta ducis toto dominantia iam nunc*

-a *Fortia neglecti velabant colla lacerti* 2
A inc. saec. I ante Chr. n.
E FPL^{3} p. 426

– *Fortia quid subito dissolvis membra*
cf. *Musa senectutis istic cantatur*

12 *Fortior est omni, quem signas, Marce, leone*
A inc. saec. X/XI (Cod. aur. Ept.)

13 *Fortior ... Vicit haec fortia Christus*
ETI Rütz Text im Bild p. 49; 115; 154
M Regensburger Buchmalerei tab. 10
I Bischoff in: Verf. Lex.^{2} VIII c. 530s.

14 *Fortis ad auxilium regalia brachia tende*
ET Messina p. 39:XIII
I Eberhardt p. 151ss.

15 *Fortis ad infirmos descendens panis alendos*

16 *Fortis atque amara / Erit tunc dies*
A inc. saec. IX/X
MB Crocker p. 435
I v. d. Steinen ZSchwKG 41/1947 p. 141
I Crocker Viator 6/1975 p. 343-350

-a *Fortis ensem Aeneas forti portabat in nu* [2
ET Virg. Gramm. ed. Polara p. 138

17 *Fortis in infirmo viguit constantia sexu*

18 *Fortiter adversa virtus patientia suffert*

19 *Fortiter in vita mortem contemnere iactant*

20 *Fortius ut valeas, interdum parcior esto*

21 *Fortuito casu pulsus de sede priori*

22 *Fortuitu imperii suggestum totius atrox*

23 *Fortuitu quondam venisse presbyterorum*
ET Nauerth p. 86
I Lapidge StudMed III 18/1977 p. 260

24 *Fortuna numquam sistit in eodem statu*

25 *Fortuna spondet multa multis, praestat*

-a *Fortuna varia validis cum viribus luctant* [27
A Ennius: ann. 9
E Vahlen p. 53

26 *Fortunae donis semper par esse memento*

27 *Fortunae et virtutis opus, Severine Boethi*

28 *Fortunam studiumque viri laetosque labores*
I U. Schwab Caedmon 1972 p. 42ss.

29 *Fortunata fui et vixi te digna marito*

30 *Fortunatus vitam scripsit ipsius clarissimam*

31 *... fossa Reginonis continet ossa*

32 *Fove nunc, sancte Domine*

– *... fragilem postquam ratem*
cf. *Venerat ad portum vitata pericula*

33 *Fragmentum quod vile putas et inutile*

34 *Fragmina cupressina tibi pro munera lego*

35 *France beate, tibi prosit meritum Nicholai*

36 *Francia quem genuit, Lugdunus flumine*
ET Sapin in: Mélanges Louis II 1982 p. 890
ETI CIFM 20 p. 15:10

37 *Francia tot gentes superans iam morte*

38 *Francigenum rectrix, laus orbis, gloria*
EC CC Cont. Med. 117 p. 39
I Riché in: Iren u. Europa II p. 740

39 *Francorum decus est Rotberti vita superstes*
ETC Ch. J. McDonough Warner of Rouen

1995 p. 72
ETI WOLTERBEEK Ridicula p. 205-214; 416-455
I SCHMIDT in: Angewandte Sprachwissenschaft ed. H. BEHME 1988 p. 194-197

40 *Francorum doctor Remigius inclytus aram*
B Clavis Galliae II p. 396

41 *Francorum placito nomen tulit hic Frederici*
B Clavis Galliae II p. 369-371

42 *Francorum specimen, Francis memorabile*

43 *Francus ego cives, Romanus miles in armis*

44 *Frangat Idumaeas tristis Victoria palmas*

45 *Frangere dum metuis, franges crystallina*

46 *Frater amande nimis, / Te pius implet*

47 *Frater amate, satis nimium te posco valere*

48 *Frater amore dei cognato dulcior omni*
B LAPIDGE/SHARPE p. 170s.:648

49 *Frater amore dei, digno memorabilis actu*
ETC REYDELLET I p. 128
M TURCAN-VERKERK Scriptorium 46/1992 pl. 14a
M GNEUSS Handlist 120

50 *Frater erat Gaii Gabinius, ille Suzannam*

51 *Frater erat quidam sanctae sub regmine*
I ORCHARD JournMedLat 2/1992 p. 116ss.
I CICCARESE Romanobarbarica 7/1982-83 p. 57

52 *Frater Froumundus Liutoldo mille salutes*

53 *Frater Gerbertus solo cognomine dictus*
I HOFFMANN Buchkunst p. 60

54 *Frater promissum mihi mitte, precor*
E MGH Poet. 5 p. 640

55 *Fraternas acies alternaque regna profanis*

56 *Fratres alacri pectore*
M SILVESTRE RBén 91/1981 p. 169s. n. 3
I SCHALLER MlatJb 19/1984 p. 76 n. 22
I SMOLAK in: Paolo Diacono … ed. P. CHIESA 2000 p. 505-526
I SCHALLER Studien p. 255 n. 22

57 *Fratres, caelestem celebrantes nativitatem*

58 *Fratres ephebi fossor et pastor duo*

59 *Fratres, extremi memores estote diei*

60 *Fratres, fibrarum carmine / Christi*
EI NORBERG Hymnarius Severinianus p. 55s.

61 *Fratres, unanimes foedere nexili*

62 *Fratri praelatus poenam Tato fertque reatus*

63 *Fratri sepulturam fratres fecere Vitali*

64 *Fratribus aeternae crescant augmenta*
I ORCHARD JournMedLat 2/1992 p. 121ss.

65 *Fratribus et dominis sint semper munera*

66 *Fratribus ex alta resonet sacra lectio sede*
B Clavis Galliae II p. 437s.

67 *Fratribus infirmis pariter locus iste paretur*

68 *Fratribus instituit novembris ista Kalendis*

69 *Fratrum sacra deus nutu distante duorum*

70 *Fraudata tumeat fragilis tibi culcita mula*

71 *Fraudator homines cum advocat sponsum in*

72 *Fraude carete graves, ignari cedite doctis*

73 *Fraudis amicitias qui sub pietate ministrat*

74 *Fraxinus in silvis pulcherrima, pinus in hortis*
M GNEUSS Handlist 938

75 *Frendentem Scyllam metus est prope litoris*

76 *Frequens viator saepe qui transis lege*

77 *Frigida non derit, non derit calda petenti*

78 *Frigida per calidas auras ego flamina*

79 *Frigida tam multos placuit tibi Cyzicus*

-a *Frigidus ad prunas caleo, laudabilis hospes*

[2
A Sedul. Scot.?
ETI MEYERS/VON BÜREN ALMA 57/1999 p. 96

80 *Frigidus est sanguis, donec me malo taceri*

81 *Frigidus ex gelido prolatus viscere terrae*
I PAVLOVSKIS Cl & Med 39/1988 p. 238; 244

82 *Frigidus hiberno veniens de monte viator*
B Clavis Galliae II p. 429

83 *Frigidus in bellis frustra praecingitur armis*

84 *Frigisiensis enim sedis haec aula vocata est*
E MGH Script. rer. Germ. 13 (Arbeo) p. 127

85 *Frigora iam Zephyri minuunt, annoque*

86 *Frigore constrictae pendent ut vellera*

87 *Frigore digredior, redeunte calore revertor*

88 *Frigore vim lentae revocat telluris Aprilis*

89 *Frigoribus pulsis nitidum ver aethera mulcet*

90 *Frigoris hiberni glacie constringitur orbis*
ET GEORGE Venantius Fortunatus p. 196
ETC REYDELLET II p. 150

91 *Frigus adest, iuvenes, frondes nunc arripite*
B Clavis Galliae II p. 65

92 *Frondibus et membris servavit dextera*

93 *Frondibus in salicis suspendimus organa*
EC CC Cont. Med. 117 p. 15
I COURCELLE Lecteurs ... de l'Énéide p. 246
I BRUNHÖLZL in: Scire litteras p. 91
I MEYERS MA 93/1987 p. 92

94 *Frons hominis mentem proprio depromit*

-a *Frons hominis propriae*
A Jonas Aurelianensis
E MGH AA 14 p. 265 n.
E MPL 106 c. 309A

95 *Frontibus adversis molles concurrere*

96 *Fructibus Agrippae Siculis, quos colligis*

97 *Fructibus apta quidem cunctis est terra*
E DÍAZ DE BUSTAMANTE p. 278

98 *Frugibus hic instat cunctis labor excutiendis*

99 *Frustra, Blanditiae, venitis ad me*

00 *Frustra et non frustra percussus dicitur Iob*

01 *Fuderat in terras roseum iubar ignicomus*

02 *... fuere quondam Vibii opulentissimi*

03 *Fugerit an Phoebus mensas cenamque*

04 *Fugit insanae similis procellae*
BI STOTZ Sapph. Dichtung p. 18; 43s.; 61; 64; 67; 132; 281; 456

05 *Fuit domini dilectus languens a Bethania*
ET GODMAN Poetry p. 90ss.
EI NORBERG Paulin d'Aquilée p. 39-50; 103-113
B BHL 4801t
I NORBERG in: Cultura in Italia p. 371s.
I SPANKE Studien p. 3s.
I TREMOLI in: Aquileia e le Venezie p. 217s.

06 *Fuit mihi nativitas Romana, nomen si queres*

07 *Fulgens Eunomia decensque virgo*

08 *Fulgens praeclara / Rutilat per orbem*
M CTrop V p. 76; 95s.; 276ss.
M facs. YORKE Aethelwold p. 155 tab. II
I M. BERRY in: YORKE Aethelwold p. 155
I DE GOEDE PRU p. CXLIV
I HÄRDELIN MlatJb 24-25/1989-1990 p. 149
I STÄBLEIN AMusWiss 18/1961 p. 16
I V. D. STEINEN ZSchwKG 41/1947 p. 148

09 *Fulgent magna sacrae festa Mariae*

10 *Fulgenti, nova Carthago quem reddidit auris*

11 *Fulgentis auctor aetheris*
M GNEUSS MlatJb 35/2000 p. 244
I NORBERG Les vers iambiques p. 23

– *Fulges astra clarior*
cf. *Fulgis astra*

12 *Fulges salvifico nomine martyr*
M MISONNE in: Miscellanea MASAI 1979

p. 124
I STÄBLEIN Archaische Sequenz p. 377

13 *Fulget coruscans ut sidus exuberans*
I NORBERG Les vers iambiques p. 77
I GIL Habis 7/1976 p. 209s.

14 *Fulget dies iucunda, / in qua Christi*
MI STÄBLEIN in: MGG XII 1965 c. 522ss.
I STEVENS Words and Music p. 84-88

15 *Fulget dies praeclarus / cunctis*
ETI DÖRR/SCHLAGER/WOHNHAAS StMGBO 98/1987 p. 42-48; 74-76

16 *Fulget et in patinis ludens pulcherrima Nais*

17 *Fulget hic honor sepulcri*
I NORBERG MlatJb 19/1984 p. 68
I GIL Habis 7/1976 p. 203

18 *Fulget honorifico indutus mensis amictu*
ECI COURTNEY MusHelv 45/1988 p. 33-57

19 *Fulget praeclara / Rutilat per orbem*

20 *Fulgida pinna facit illustrem tegmine pavum*

21 *Fulgida regna petens caelesti sorte vocatus*

22 *Fulgida sacratis pollent tentoria velis*
ET BISCHOFF in: Bibbia di San Paolo p. 155

23 *Fulgida sanctorum consortia cerne virorum*

-a *Fulgida stella maris pro cunctis posce [misellis* 6
ETI RAW Crucifixion Iconography p. 81s.
M facs. MERTON Buchmalerei St. Gallen tab. 97b

24 *Fulgide Caesar, ave, nunc mundi doxa*
EC CC Cont. Med. 117 p. 99
I STAUBACH Rex christianus p. 327s.
I RICHÉ in: Iren u. Europa II p. 740
I WILLMES Herrscher-'Adventus' p. 82

25 *Fulgis astra clarior / tuis in dictis*

26 *Fullones ululamque cano, non arma*

27 *Fulmina scriptores rerum de nubibus aiunt*

28 *Fulmina sub Iove sunt; Neptuni fuscina*

29 *Fumantes iterum cineres quid respicis*

30 *Fumat montis apex divinis ignibus in quo*

31 *Functa iaces hic, sed vivis vivesque Secundo*

32 *Functus honorato senio plenusque dierum*

33 *Fundavit sanctum hoc Christi et venerabile*

34 *Fundere preces tempus est*

35 *Fundetur sanguis albi nigrique animantis*

36 *Fundit et haurit aquas, pendentes evomit*

37 *Fundite, corda, preces, lacrimosas mittite*
I JACOBSEN in: Theophanu I p. 178

38 *Fundite fletus, edite planctus*

39 *Funditus aediculam Tetsinus hanc spatiavit*

40 *Funditus hanc statuit Marcianus l ...*

41 *Fundum Vettus vocat, quem possit mittere*

42 *Funera componit subito languore solutum*

– *Funera Dardaniae narrat fletusque secundo*
cf. *Conticuere omnes, tum sic*

43 *Funera Lemniadum nescit veneranda*

44 *Funera post septem nupsit tibi Galla virorum*

45 *Funere de fratris deplora, grex monachilis*
I HOFFMANN Buchkunst p. 72

46 *Funere leprosus, paralyticus, hoc quoque*

47 *Funere non aequo puer immaturus obivi*

48 *Funere turbat equos necdum satiatus*

49 *Funereo textu scribuntur facta priorum*

50 *Funeri de subito raptus decumbis in agro*

51 *Funeri multa quidem condigna iam misimus*

-a *Funeris augustae cuncti memorate minores* [2
A inc. saec. IX
EM BISCHOFF Mal. Studien III p. 208
I FREISE in: Memoria ed. K. SCHMID/J. WOLLASCH 1984 p. 536 n. 464

52 *Funeris victor triduo resurgens*
M NORBERG Hymnarius Severinianus p. 8

I STOTZ Sapph. Dichtung p. 282

53 *Funus obit, virgo quotiens in busta refertur*

54 *Fur notae nimium rapacitatis*

55 *Furei cui neque servos est neque arca*

56 *Furens Herodes impie*

57 *Furi et Aureli, comites Catulli*
I STOTZ Sapph. Dichtung p. 47; 424

58 *Furi, villula vostra non ad Austri*

59 *Furitis procaces Naides*

60 *Futuitur cunnus pilosus multo melius quam*

G

61 *Gabriel, Dei archangelus*

62 *Gaetula harena prosata*

63 *Gaius hanc lucem gemma mihi Iulius alba*

64 *Gaius Tutilius Rufinus nominor ille*

65 *Galbina decipitur calamis et retibus ales*

-a *Galileae rex inclitus* 180
A Azelinus (saec. XI?)
ETC MODESTO Cena Cypriani p. 220

66 *Galla, nega: satiatur amor nisi gaudia*

67 *Galle pater, librum quisquis tibi subtrahat*

68 *Galli cantu mediante noctis iam caliginem*
EC WEBER Gottschalk p. 178

69 *Gallia me genitum e Pictavis ore tonanti*
ETI CC 113A p. 217:5
EC ORTEGA p. 275
M DE MEYIER Codices Vossiani VI p. 136

70 *Gallia me genuit, nomen mihi divitis undae*

-a *Gallia me rapuit Normannica bella [tuler(unt)*
A inc. saec. X?
EM DE MEYIER Codices Vossiani III p. 171

71 *Gallia nonne tuis virtutibus enitet omnis*

72 *Gallia nutrit equos, nutrit Burdegala mulos*

73 *Gallia pomposis tunc sublimata triumphis*

74 *Gallia Santonico vestit te bardocucullo*

75 *Gallias Caesar subegit, Nicomedes*

76 *Gallio, crimen erit vix excusabile nobis*

77 *Gallo canente venimus*
E PÉREZ GONZÁLEZ in: Poesia dell'alto medioevo p. 338s.

78 *Gallorum, Christe, cantibus*

79 *Gallos Caesar in triumphum ducit, idem in*

80 *Gallus, Anastasiae natus, decus addidit*

81 *Gallus habet fratres, quorum est lepidissima*

82 *Gallus se excutiens pennis et voce resultat*

83 *Garris in aurem semper omnibus, Cinna*

84 *Garrula nigriferas noctis discurro per*

85 *Garrula paupertas vestitur chlamyde scissa*

86 *Garrula, quid totis resonas mihi noctibus*

87 *Garrulus in laxo cur anulus orbe vagatur*

88 *Garrulus in tenebris rutilos cecinisse*

89 *Gastrimargia est primum principale vitium*
I SCHALLER Studien p. 390 n. 32

90 *Gaude caelum, gaude terra, / sollemni*

91 *Gaude, caterva, / Diei praesentis*

92 *Gaude, Christi sponsa, / virgo mater*
M FILL Hss. Kremsmünster I p. 413

93 *Gaude eia, / unica columba*
A inc. saec. IX
ET Dhuoda ed. THIÉBAUX p. 228
B CROCKER p. 432
I V. D. STEINEN ZSchwKG 40/1946 p. 265; 41/1947 p. 39
I STÄBLEIN Ges. Aufs. p. 289-291; 295; 304; 307-311
I SPANKE Studien p. 143

94 *Gaude Maria, / virgo dei genetrix*
B CROCKER p. 442
I STÄBLEIN AMusWiss 19/1962 p. 85

95 *Gaude, mater ecclesia, / filiorum / adoptione*

96 *Gaude sacrata meritis / Andreae tellus*

97 *Gaude, sacrata meritis / Leufredi, tellus*

98 *Gaude, semper serena / Felixque genetrix*

99 *Gaude, virgo ecclesia, / Christi et tuas*

00 *Gaude visceribus, mater, in intimis*
M GNEUSS MlatJb 35/2000 p. 247

01 *Gaudeamus, in hac die / Christus natus est*
M CTrop V p. 72; 275; 279
I DE GOEDE PRU p. CXLIV

02 *Gaudeant caeli, mare, cuncta terra*
EC CC Cont. Med. 117 p. 80
T L. BIELER Irland 1961 p. 128s.

03 *Gaudeant cunctae / partes Europae*

04 *Gaudeat acceptum hic sibi remedium*

05 *Gaudeat cuncta pia plebs alumna*
A inc. saec. IX?
EI M. C. DÍAZ Y DÍAZ De Isidoro al siglo XI 1976 p. 272
I GIL Habis 7/1976 p. 205

06 *Gaudeat / fidelis plebs universa*
I SZÖVÉRFFY Holy Cross p. 29

07 *Gaudeat tellus / exsultetque mundus*

08 *Gaudebant ambo, genitos quidem honore*

09 *Gaudebant ambo, Landbertus honore*

10 *Gaudebat super invento sat pectine calvus*
TI WOLTERBEEK Ridicula p. 108

11 *Gaudebunt mea, cum tibi decantavero, labra*

12 *Gaudendum nobis suadent / huius diei festa*

13 *Gaudens Christi / Praesentia iucunda*

14 *Gaudens ecclesia / hanc dieculam*

15 *Gaudens mater / pange laudes ecclesia*

16 *Gaudent acceptum hic sibi remedium*

17 *Gaudent, ecce, per omnem cuncta*
I SPANKE Studien p. 118

18 *Gaudentes / celebremus festum / laude*

19 *Gaudeo quod me nimis ac frequenter*
TBI STOTZ Sapph. Dichtung p. 19; 180ss.

– *Gaudeo transisse latos in campos prosae*
cf. *Hoc opus hic tridui modo sic*

20 *Gaudet caterva nobilis*

21 *Gaudet clemens Dominus*
I STÄBLEIN AMusWiss 18/1961 p. 26

– *Gaudet denario non frustra pagina rithmo*
cf. *Dum mortem Iesu pro nobis*

22 *Gaudet equis recti dissuasor, et prodigus*

23 *Gaudet hodie / proles Deo devota*

24 *Gaudet in effossis habitare cuniculus antris*

25 *Gaudet nunc naviter iam toga candida*
I CASTRO SÁNCHEZ Emerita 53/1990 p. 143s.
I GIL Habis 7/1976 p. 203s.

26 *Gaudet polus, ridet tellus, iocundantur*
ETC Carm. Cant. 41 ed. ZIOLKOWSKI p. 118; 290
I FICHTENAU Lebensordnungen I p. 175
I NORBERG Les vers iambiques p. 123

– *Gaudet pontificis studio splendere Leonis*
cf. *Placidiae pia mens operis decus*

27 *Gaudet sanctorum coetus supernorum*
I STOTZ Sapph. Dichtung p. 371

28 *Gaudet transgressor peccato impune politus*

29 *Gaudete, flores martyrum*

30 *Gaudete, vos fideles*

31 *Gaudetis reducem, modo quem vidistis*

32 *Gaudia cum vivis sperans, obiter bene sudet*

-a *Gaudia de geminis Wiborade nata coronis* [4
A Ekkeh. IV.?
M St. Gallen Stiftsbibl. 197 p. 1

33 *Gaudia dicto / iure magistro / necne salutem*
C LAPIDGE Anglo-Latin Literature 1993 p. 486
M GNEUSS Handlist 27
I LAPIDGE Wulfstan p. XCV-XCVII

34 *Gaudia diei / celebremus hymnis / natalis*

-a *Gaudia festivi coleret cum clara diei* 51
M PASSALACQUA Codici p. 241

35 *Gaudia laeta fer manus ista*

36 *Gaudia maesta canam detestandoque*
I BRIGHT The miniature epic p. 138ss.
I GRILLONE RPL 8/1985 p. 93-98
I SCHETTER FMSt 19/1985 p. 48-74
I ARDUINI Orpheus N. S. 8/1987 p. 366-380

37 *Gaudia praepetibus concurrunt undique*

38 *Gaudia praesentis, Bonifati sancte, diei*

-a *Gaudia pura tibi maneant ac saecla prolixa* [6
A inc. saec. XI
EM NEGRI RFIC N. S. 38/1959 p. 264
M facs. GAVINELLI Aevum 59/1985 p. 183

39 *Gaudia quae dederat rapuit Fortuna repente*

40 *Gaudia quot radii Phoebo tibi sint et*
ETC PAUELS p. 20

41 *Gaudia transcendunt vires, vox laeta*
I CURTIUS Ges. Aufsätze p. 279

42 *Gaudium mundi, Christe, lux sanctorum*

43 *Gaugericus praesul pastorque Eligius almus*
B Clavis Galliae II p. 403

44 *Gauzline pater, spes inclita, praesul et abba*
cf. *O Gauzline pater*

45 *Gavisa est certe sublatam Cynthia legem*

46 *Gazenus fidei impugnans Asclepius hostes*

47 *Gellius aedificat semper: modo limina ponit*

48 *Gellius audierat patruum obiurgare solere*

49 *Gellius est tenuis: quid ni? cui tam bona*

50 *Geminat peccatum, quem delicti non pudet*

51 *Gemma patrum necnon diadema nitens*
ETI CIFM 21 p. 191:173

52 *Gemma praesulum Germanus*

53 *Gemma sacerdotum, norma et Taurine*

54 *Gemma velim fieri hora non amplius una*
ETI CUTOLO Vichiana 15/1986 p. 65

55 *Gemmatum Scythicis ut luceat ignibus aurum*

56 *Genesar in bibulis populus diffusus arenis*

57 *Genetrix intacta / Summi regis sola*

58 *Genitor Iunonem dedicat*
ET HÄUSLE Denkmal p. 122

59 *Genitorem nati atque filium*
ETI HOWLETT Peritia 10/1996 p. 66-68
B LAPIDGE/SHARPE p. 325:1226

60 *Gens Augustorum salve, princeps populorum*
I BULST Lat. MA p. 166s.
I WEINFURTER HJb 106/1986 p. 268
I CAIRNS MlatJb 18/1983 p. 175

61 *Gens bona Gothorum semper sine fine valeto*
B Clavis Galliae II p. 42s.

62 *Gens Bragmanna quidem miris quae*
EI BOCCIOLINI PALAGI p. 19
M U. WINTER Hss. Diez 1986 p. 70
M MUNK OLSEN Auteurs classiques II p. 377
M PELLEGRIN Bibliothèque Vaticane I p. 231
B Clavis Galliae II p. 95s.
I Liber monstrorum ed. PORSIA 1976 p. 69
I KURFESS Aevum 26/1952 p. 43
I CIZEK Rhetorica 4/1986 p. 123
I C. LECOUTEUX Kleine Texte zur Alexandersage 1984 p. XVII

63 *Gens Francorum inclita / auctorem Deo*
I E. H. KANTOROWICZ Laudes regiae 1958 p. 58

64 *Gens habitans Alpes tibi mandat, domne*

65 *Gens Hebraeorum peccamine capta*

66 *Gens inimica tamen caecis garrire susurris*

67 *Gens sacranda polis hic semine nascitur*
T JANSSENS Vita e morte p. 35s.

68 *Gens sine pastore ferox iam noli vagare*

69 *Gens subiecta parem te sentiat, effera*

70 *Gentaculum nostri, cupio, frangant ut*

71 *Gente bonus, probitate nitens et nominis*
I SCHETTER Hermes 114/1986 p. 500-

502

72 *Gentes gaudete, quia quod dixere prophetae*

73 *Gentibus in Lybicis uxor tua, Galle, male*

74 *Georgi / Martyr Christi gloriose*
I HAUBRICHS Georgslied p. 331
I STÄBLEIN Ges. Aufs. p. 303

75 *Gerberti laudem replicat liber iste per orbem*
M MGH Poet. 5 p. 685
I VILLA Lectura Terentii I p. 82

76 *Gerbertus Latio numeros abacique figuras*

77 *Gerdrudam testem facimus, quod nempe*

78 *Gerfridi patris tumbam venerare fidelis*

79 *Germane, sidus aureum*

80 *Germani decus et dolor Mamerti*

81 *Germani fratres sunt, Chrestos, Acindynos*

82 *... germani loco relicto parente*

83 *Germanos domui Caesar Gallosque potentes*

84 *Germanos Maurosque domas sub Marte*

85 *Germanus ipse praesul urbis Gallicae*

86 *Germina clara / Sumite sicci*

87 *Germine cana prius niveos haud invida*

88 *Germine conspicuos pulchro decorando*

89 *Germine nobilis Eulalia*
B BHL 2699
I RIPOSATI in: Fs. LAZZATI 1979 p. 25-41
I SPANKE Studien p. 5

90 *Germine praeclaro surgens praeclarior actis*

91 *Germine sublimi, Proba nomine, mente*

92 *Germinis aeterni ramos hos vitis adorat*

93 *Germinis excelsi vates magnalia cernens*

-a *Gerulis suis gravem gestantibus*
[*grassitudinem* 4
A Valerius Bergidensis: Epitameron 5c
E DÍAZ Anecd. Wisig. p. 108

94 *Gervasius martyr simul atque Protasius*
B Clavis Galliae II p. 425

95 *Gesta sacerdotis magni tenet iste libellus*
B Clavis Galliae II p. 501-503
I BERSCHIN Biographie III p. 149

96 *Gesta sanctorum martyrum / Meminisse*

97 *Gestari iunctis nisi desinis, Hedyle, capris*

98 *Gestat honorandum cunctis manus inclita*

99 *Gestavit modo fronte me iuvencus*

00 *Gillo vomit gelidum vastis singultibus*

01 *Giranti cuneos Christicolum, quos humus*

02 *Gisla, favente deo venerabile suscipe donum*
I VIEILLARD-TROIEKOUROFF in: Études Ligériennes p. 351
I ALLGEIER Jahresbericht der Görres-Gesellschaft 1938 (1939) p. 114
I SCHALLER Studien p. 117

– *Glaeba mihi corpus, vires mihi praestitit*
cf. *Terra mihi corpus, vires*

03 *Glauca seges lini vernans ex aequore campi*
I PAVLOVSKIS Cl & Med 39/1988 p. 235

04 *Glaucen vectat equus tramittens aequora*

05 *Gloria celsa pios domini circumdat amicos*
ETC REYDELLET I p. 23

06 *Gloria, Christe, tibi famulis, qui tanta*

07 *Gloria, Christe, tibi, precibus qui nosmet*

08 *Gloria, Christe, tibi, sanctorum gloria celsa*

09 *Gloria dignos colimus triumphos*

10 *Gloria divitiae fundi domus ampla valete*

11 *Gloria et honor deo, virtus et imperium*

12 *Gloria laus et honor tibi sit, rex Christe*
T ÖBERG Poetry p. 151
M FILL Hss. Kremsmünster I p. 414
M ODERMATT Ordinarius St. Arnulf p. 389
M Portiforium Wulfstani nr. 676
M SPILLING Augsburg p. 13
M K. YOUNG The Drama of the Medieval

Church I 1933 p. 96
M BROMMER Zs. f. Rechtsgeschichte Kan. 91/1974 p. 119
I SCHALLER MlatJb 27/1992 p. 92
I BULLOUGH Carolingian renewal p. 270 n. 72
I AVALLE San Zeno p 26
I FONTAINE in: La Neustrie II 1989 p. 361
I SCHALLER Studien p. 50

13 *Gloria magna patri, semper tibi gloria nate*

14 *Gloria nostra dei crux est miranda*

15 *Gloria nostra redit, clementia luxque serena*
EC CC Cont. Med. 117 p. 25
I ZIOLKOWSKI Talking animals p. 71ss.
I BRUNHÖLZL in: Scire litteras p. 91

16 *Gloria pontificum, veneratio Christicolarum*
ETC REYDELLET II p. 41

17 *Gloria quid mundi felix, quid pompave*
EI CONTRENI Laon p. 90
B LAPIDGE/SHARPE p. 201:748
I CONTRENI in: Jean Scot Érigène et l'Histoire de la Philosophie p. 61; 109ss.

18 *Gloria resonante cymbalarum*

19 *Gloria sanctorum perpes rex Christe tuorum*

– *Gloria sit Christo regi victoria Carlo*
cf. *Iesu nate Dei Carlum*

20 *Gloria sit cunctis Christo nascente benignis*

21 *Gloria sit mundo, fit factor factus in ipso*

22 *Gloria sit tibi, Christe Deus, per saecula*
I PABST Prosimetrum p. 636-640

23 *Gloria stelligeris domino sit maxima caelis*
M MGH Poet. 5 p. 687

24 *Gloria summa patris natique ac spiritus almi*
I GEORGE Venantius Fortunatus p. 62-67

25 *Gloria summa rosis domino sit deliciosis*

26 *Gloria summa tibi sit laus et gloria Christe*
ET BERSCHIN/KLÜPPEL Heiligblut-Reliquie p. 30s.
I PABST Prosimetrum p. 634-636

27 *Gloria tam parvi non est obscura sigilli*

28 *Gloria vana simul pellatur corde modesto*

29 *Gloria victori sit Christo laude perenni*
EI BJORK Viator 12/1981 p. 71

30 *Gloria, vita salus, sanctorum spes, bonitas*
I HAUBRICHS Otfrid p. 40 n. 194

31 *Gloriam Christo Domino canentes*
EC LEONARDI in: Medioevo e latinità p. 255ss.

32 *Gloriam deo in excelsis hodie*
EI NORBERG Paulin d'Aquilée p. 51-58; 131-137
M BOTTIGLIERI in: Poesia dell'alto medioevo p. 290
MI BARRETT in: Poesia dell'alto medioevo p. 418
BI STOTZ Sapph. Dichtung p. 23; 349s.; 352-57; 362; 456
I CROCKER Sequence p. 420
I SPANKE Studien p. 4
I V. D. STEINEN ZSchwKG 40/1946 p. 255
I NORBERG in: Bivium p. 208
I SCHALLER Studien p. 374

33 *Gloriam nato cecinere Christo*
M SCHMIDT Reichenau p. 163

34 *Glorificat nostra pax quos contempserat*

-a *Gloriosa Christi caro insons cruci adfixa* [35
E DÍAZ Y DÍAZ in: Fs. BULST 1981 p. 71s.
MI ERNST Carm. fig. p. 480-482
I DÍAZ Y DÍAZ MlatJb 24-25/1989-1990 p. 96s.; 98 n. 11; p. 100-103
I Text als Figur p. 36; 38

35 *Gloriosa dies / adest praeclara*

36 *Gloriosa / dies adest haec, / qua processit*
M CTrop V p. 74; 275; 277s.
MB V. D. STEINEN ZSchwKG 40/1946 p. 258
I DE GOEDE PRU p. CXLIV

37 *Gloriosa dies / Solemnis atque sancta*
M CTrop V p. 72; 95; 275; 279

38 *Gloriosae civitatis / Iam receptus moenibus*

39 *Glycerius forma vultuque animoque suavi*
EI PICARD Souvenir p. 54 n. 121

40 *Gnosia Minoae genuit vindemia Cretae*

41 *Godo Bonaevallis humilisque monasticus*
A Godo abbas (saec. IX)
EI MORDEK DA 24/1968 p. 355ss.

42 *Gondacri monachi, martyr memorande*

43 *Gonlegium quod est aciptum aetatei agendai*

44 *Gorgoneos vultus habuit Catucia coniunx*

– *Gozbaldus sancto me donavit Kiliano*
cf. *Officio vivae linguae fungens*

45 *Gozlinus, domini praesul verbique lucerna*
I K. F. WERNER Vom Frankenreich zur Entfaltung Deutschlands u. Frankreichs 1984 p. 220

46 *Graecarum glossas domino donante peregit*
EI CONTRENI Laon p. 61
B LAPIDGE/SHARPE p. 200:742
I BERSCHIN Gr.-lat. MA p. 169
I LAPIDGE in: Jean Scot Érigène et l'Histoire de la Philosophie p. 445

47 *Graecia bellorum longa succisa ruina*

48 *Graecia quaesitis cecinit si regna loquelis*
I CURTIUS Ges. Aufsätze p. 130
I KELLER DA 22/1966 p. 380s.
I HOFFMANN DA 28/1972 p. 54

49 *Graecinum virgo, puerum Graecinus amabat*
T BOSWELL Gay people p. 401

-a *Graecorum Latio produntur grammata [rithmo* 1
E JEAUNEAU Études Érigéniennes p. 664

50 *Graecule, consueta lenandi callidus arte*

51 *Graeculus Iudaeus iam nunc. Agarenus et*
I STAUBACH Rex christianus p. 86-90
I DUTTON in: Jean Scot Écrivain 1986 p. 68; 76s.
I LUSCOMBE in: Fälschungen im Mittelalter I 1988 p. 144

52 *Graecus apemphaenonta solet memorare*

53 *Graiugenas acies superans passimque*
M U. WINTER Hss. Diez 1986 p. 70

54 *Gramina ne speres violis distincta, Iohannes*

55 *Gramine florigero cornutam pasce capellam*
M MOHLBERG Kat. Zürich I p. 44:16 (*Quam bene sub patulae*)
I SCHALLER in: Iren u. Europa I p. 479 n. 69
I SCHALLER Studien p. 247 n. 69

56 *Gramma - legendo - ticum Christi - lector*

57 *ΓΡΑΜΜΑΤΑ ΓΡΑΙΥΓΕΝΩΝ ΚΑΤΑ*
ETC HERREN in: Fs. BRUNHÖLZL 1989 p. 97-105
M SCHRAMM/MÜTHERICH Denkmale² p. 484
B LAPIDGE/SHARPE p. 200:740
I STAUBACH FMSt 20/1986 p. 579

58 *Grammata qui sophiae quaerit cognoscere*
MB HOFFMANN Buchkunst p. 332
B MGH Poet. 5 p. 684
I DEÉR Byzanz 1977 p. 191s.
I LILIENFELD in: Typus, Symbol p. 152 n. 22

-a *Grammate puniceo quae sit complexio*

59 *Grammatibus duplici mutata descripta*
M PASSALACQUA Codici p. 181
B Clavis Galliae II p. 18s.

60 *Grammatica scalpris parcens terat otia*
I STOTZ MlatJb 16/1981 p. 4

61 *Grammaticus lectorque fui sed lector eorum*

62 *Grande caput collo consertum sumere*

63 *Grande habet initium cum res vilissima dictu*
TI WOLTERBEEK Ridicula p. 104s.

64 *Grande mihi caput est, intus sunt membra*

65 *Grandia membra mihi plumescunt corpore*

66 *Grandia ne viola parvo chrysendeta mullo*

67 *Grandia non perdes, inopi qui vilia praebes*

68 *Grandia pro parvis qui nosti reddere servis*

69 *Grandia taurorum portant qui corpora*

70 *Grandine permixtas aries nivibusque caducis*

71 *Grandinis innumere formantur fragmina sic*

72 *Grandis honor Christi cultoribus exstat*
ETI Y. MONSEES Die Inschr. d. Rheingau-Taunus-Kreises 1997 p. 5:3

73 *Grandis honor genti sibi tot sanctos nutrienti*
ET SCHMUKI in: St. Gallen II p. 184s.
M St. Gallen II p. 186 tab. 3

74 *Grata quies geminas tenet hic in pace*

75 *Grata voluptatis species et causa favoris*

76 *Grates ac votum potis est captare serenum*
MI ERNST Carm. fig. p. 358-361
I HERREN StudMed III 24/1983 p. 491ss.
I LAPIDGE StudMed III 18/1977 p. 302s.
I LÖWE in: Tradition als hist. Kraft. Fs. K. HAUCK 1982 p. 149 n. 53

77 *Grates, Christe, tibi, laus, gloria iure*

78 *Grates, Christi, tibi refero, spes vita*

79 *Grates nunc omnes reddamus Domino Deo*
T J. DUFT Weihnacht im Gallus-Kloster 1986 p. 23
M FILL Hss. Kremsmünster I p. 412
M NEUHAUSER Hss. UB Innsbruck I p. 88
I SPANKE Studien p. 129
I DE GOEDE PRU p. CXLIV

-a *Grates omnimodas refero tibi patri mi* 1
E Notker Balb. ed. BERSCHIN p. 117

80 *Grates salvatori ac regi / Christo deo solvant*
M FILL Hss. Kremsmünster I p. 413
M NEUHAUSER Hss. UB Innsbruck I p. 89
M STÄBLEIN in: MGG XII 1965 c. 526ss.
MB CROCKER p. 431
I STÄBLEIN AMusWiss 19/1962 p. 85
I WALL MedAev 45/1976 p. 254
I HUSMAN in: In memoriam J. HANDSCHIN 1962 p. 66-72
I DE GOEDE PRU p. CXLIV

81 *Grates tibi, Iesu, novas*
EC FONTAINE Ambroise de Milan p. 487ss.
I PICARD Souvenir p. 613 n. 115

– *Grates tibi reffero spes vita bonorum*
cf. *Grates, Christe, tibi refero*

82 *Grates usiae / solvimus supremae*
ETC Carm. Cant. 4 ed. ZIOLKOWSKI p. 8; 171
M École pratique des Hautes Études 1971/72 p. 374

83 *Gratia celsithroni lumborum fluvida stringat*
TC STELLA Poesia carolingia p. 270; 459

84 *Gratia clave aperit, quae clausa prophetia*

85 *Gratia cum domini mortem gustasset Averni*
I COURCELLE Lecteurs ... de l'Énéide p. 65; 330; 451

86 *Gratia de caelis nova fecit gaudia terris*

87 *Gratia excelso regi referamus pariter*
EI MEERSSEMAN Ordo Fraternitatis I p. 158s.
M BOTTIGLIERI in: Poesia dell'alto medioevo p. 289
MB PIGHI in: Studi Zenoniani 1974 p. 23
I ROPA Poesia "Rustica" p. 49
I AVESANI in: Storia della Cultura Veneta I 1976 p. 257 n. 55
I V. D. STEINEN ZSchwKG 40/1946 p. 255

88 *Gratia magna datur, cum fons in fonte*

89 *Gratia magna tibi, Paean, qui pectora*

90 *Gratia, quae tarda est, ingrata est. gratia*
M PRETE Cod. Barb. Lat. p. 280 (cod. 42)

91 *Gratia sit cenae speciali robore plenae*

92 *Gratia summa dei me sufficienter et apte*

93 *Gratia summa dein primae dat iura Ioanni*

94 *Gratia vos domini servet sine limite quovis*

95 *Gratias agamus deo / Qui agamus sibi*

96 *Gratias tibi pro posse / Reddimus, Iesu bone*

97 *Gratificas Iesu laudes tibi semper agamus*
E PELLEGRIN Bibliothèque Vaticane II.2 p. 42

98 *Gratior ... / ducamus laetum lucis honore*

99 *Gratior officiis, quo sis mage carior esto*

00 *Gratis in hoc subiit dominus signum crucis*

01 *Gratis qui dare vos iubet, puellae*

02 *Gratuletur omnis caro nato Christo domino*
ETC Carm. Cant. 1 ed. ZIOLKOWSKI p. 2; 165
M E. L. WAELTNER Die Lehre vom

Organon bis zur Mitte des 11. Jhds. 1975 p. 48
MI BARRETT in: Poesia dell'alto medioevo p. 414
I Musica enchiriadis p. 217 d. 1
I SCHALLER Studien p. 29; 369; 376

03 *Gratulor Oechaliam titulis accedere nostris*

04 *Gratum est quod Celeri nostros legis, Aucte*

05 *Gratum est, securus multum quod iam tibi de*

06 *Gratum munus erit scisso nec inutile ventri*

07 *Gratus qui fuerat dominis liberque patronis*

08 *Gratus sic tibi, Paule, sit December*

09 *Grave praeiudicium est, quod iudicium non*

10 *Gregorianae qua vigebat gloriae*

11 *Gregorii hoc opus est mundi per climata noti*
M facs. La Neustrie p. 85
I La Neustrie p. 112s.

12 *Gregorii lapis iste sepultat nobilis artus*

13 *Gregorii sancti nitidos percurrere campos*

– *Gregorii semper monita atque exempla*
cf. *Vita hominum brevis est, certa hanc*

14 *Gregorio, fratres, vigilanter solvite grates*

15 *Gregorio quartus iacet hic Bonifatius almus*
E GREGOROVIUS Tombe dei Papi p. 20*

16 *Gregorius celsi caelestia visa prophetae*

17 *Gregorius doctor, insignis praesul et auctor*

18 *Gregorius doctor, pastor, patriarcha*
B Clavis Galliae II p. 413

19 *Gregorius flatu superi Gelasius atque*
E MGH Poet. 5 p. 674
I HOFFMANN Buchkunst p. 143

20 *Gregorius magni sublimia dicta prophetae*

21 *Gregorius post haec sumit sacra iura*

22 *Gregorius praesul doctorque Hieronimus*
B Clavis Galliae II p. 397

23 *Gregorius praesul meritis et nomine dignus / [Sedis apostolicae*
M SCHMIDT Reichenau p. 164

24 *Gregorius praesul meritis et nomine dignus / [v. 3: Quem vitae*

25 *Gregorius praesul meritis et nomine dignus / [v. 3: Renovavit ...*
M KOEHLER/MÜTHERICH V p. 129 (facs. tab. 24a)
M GNEUSS Handlist 321
I STÄBLEIN Ges. Aufsätze p. 137-139

26 *Gregorius praesul meritis et nomine dignus / [v. 3: Tradidit ...*

27 *Gregorius structura humili veneratur in ista*

28 *Grex agit in scaena mimum: pater ille*

29 *Grex tuus, o Benedicte, tibi*

30 *Grex Zephyri flabat quondam cum canna*

– *Guarinus primam, Rannulfus necne*
cf. *Vuarinus primam ...*

31 *Guisindis dextram illustris adorna, flabelle*

32 *Gunea pontus habet, tumulus sine corpore*

33 *Guntharius praesul Christi venerandus*
I STAUBACH FMSt 20/1986 p. 558

34 *Gurgite caeruleo pelagus Mosella relaxat*
ETC REYDELLET I p. 109
T K. HESSEL Die ältesten Mosellieder [2]1904 p. 25
I ROBERTS Traditio 49/1994 p. 1-22

35 *Gurgite caeruleo Sequanae meat aestuantis*

36 *Gurgitis in morem si lingua fluenta rigaret*
ETC REYDELLET II p. 158

37 *Gustarent postquam Paulo narrante*

H

38 *Ha, evasi effugi. Spes et Fortuna valete*

39 *Habeat scabiem quisquis ad me venerit*

40 *Habent insidias hominis blanditiae mali*

41 *Habere amicam nolo, Flacce, subtilem*
M clm 28338 f. 14^{v} (GLAUCHE p. 123)

42 *Habes senilem, Martiane, fabulam*
ETC CRISTANTE p. 170

43 *Habet Africanus miliens, tamen captat*

44 *Habet hoc voluptas omnis*
ETC Carm. Cant. 71 ed. ZIOLKOWSKI p. 138; 316

45 *Habet sepulcrum non id intus mortuum*

46 *Habrus quas potuit, carissime dulcis amice*

47 *Hac Albericus propria tellure quiescit*

48 *Hac Arnulphus humo est Caesar Romanus*

49 *Hac ave Ioannes domini signat deitatem*

50 *Hac baptista potens sacra venerabitur ara*

51 *Hac caede Spoletana sanctum civitas*

– *Hac cavea duplici textus evangelii*
cf. *Clauditur en cunctum*

52 *Hac Christus colitur, mundi salvator, in aula*
B Clavis Galliae II p. 453

53 *Hac clara die turma / festiva dat*
M CTrop V p. 81; 94; 276ss.; 280; 288
I v. D. STEINEN ZSchwKG 41/1947 p. 143

54 *Hac colitur Christus mundi salvator in ara*

55 *Hac cruce nos mundo et nobis interfice*

56 *Hac desiderii Deus est pietate colendus*

57 *Hac domini frater Iacobus veneratur in ara*
B Clavis Galliae II p. 456s.

-a *Hac Dagobertus humo Francorum gloria [princeps*
E E. DUCHESNE Historiae Francorum Scriptores I 1636 p. 590
M PELLEGRIN Bibliothèque Vaticane II.1 p. 305

58 *Hac duo germani Cosmas, Damianus in ara [/ Iunguntur*
B Clavis Galliae II p. 449s.

59 *Hac duo germani Cosmas et Damianus in [ara / Scribuntur*
B Clavis Galliae II p. 397s.

60 *Hac duo praeclari patres venerantur in ara*
B Clavis Galliae II p. 406

61 *Hac ego bis denos nondum matura per annos*

62 *Hac epiphania splendet venerabilis Uta*

63 *Hac est Willerus fossa pius abba sepultus*

64 *Hac etenim residens Ignatius urbe nitebat*

65 *Hac exeuntes civitate plurimas*

66 *Hac gemini parva sancti memorantur in ara*

67 *Hac hominem Christum Matthaeus imagine*
M MÜTHERICH/GAEHDE p. 111:40

68 *Hac honor ecce tuus, praesul Amandus, in*
B Clavis Galliae II p. 422s.
I DE MOREAU St.-Amand p. 297

69 *Hac in aula regi Christo*

70 *Hac licet in gemma, servat quae nomina*

71 *Hac licet indigna liceat vos voce monere*
B Clavis Galliae I p. 328
I TREMP Thegan p. 73
I BROOKE in: Charlemagne's Heir p. 562

72 *Hac locuples Christi thesaurus conditur*
I M. BORGOLTE Der Gesandtenaustausch der Karolinger mit den Abbasiden und mit den Patriarchen von Jerusalem 1976 p. 130

73 *Hac magnus colitur Stephanus protomartyr*
B Clavis Galliae II p. 440s.

74 *Hac morieris, Tulga, primae sub flore*

75 *Hac pater egregius colitur Benedictus in ara*
B Clavis Galliae II p. 397

76 *Hac Paulus doctor mundi et Benedictus in*
B Clavis Galliae II p. 452

77 *Hac pius Anianus sacra memoratur in ara*
B Clavis Galliae II p. 405s.

78 *Hac plebs prona die det honoris vota Mariae*

79 *Hac praeter istos nube multi caelicos*

80 *Hac primum iuvenum, lascivos lusit amores*

81 *Hac quoque percursa nunc de quarta tibi*

82 *Hac quoque praesenti praesul requiescit in*
B Clavis Galliae II p. 359
I WALLACE-HADRILL Frankish Church p. 85

83 *Hac recubant fossa Ravingeri patris ossa*

84 *Hac recubant fossa Thidgrimi praesulis ossa*

85 *Hac renitet species geniti genitricis in aede*

86 *Hac requiescit humo Helmengaldus nobilis*

87 *Hac requiescit humo Tilpinus praesul*
MI HAMANN-MACLEAN Reimser Denkmale p. 139ss.
I LUSCOMBE in: Fälschungen im Mittelalter I 1988 p. 141

88 *Hac sacratus honor Martini fulget in ara*
B Clavis Galliae II p. 411s.

89 *Hac sedet arce deus iudex, genitoris imago*
B Clavis Galliae II p. 433
I STELLA Poesia carolingia p. 174s.

90 *Hac sedet arce Deus, mundi rex, gloria caeli*
M KESSLER p. 55
I BELTING-IHM Settimane ... Spoleto 41/1994 p. 879

91 *Hac Stephanus colitur magnus protomartir*
B Clavis Galliae II p. 447

92 *Hac sunt in fossa Bedae Venerabilis ossa*

93 *Hac sunt in fossa praeclari praesulis ossa*
I ERDMANN Römische Quartalschrift 68/1973 p. 103

94 *Hac tellure pios constat splendescere plures*

95 *Hac tellure sua Milo cum coniuge pausat*

96 *Hac tumulatur humo claro de stemmate*
I CONSOLINO Romanobarbarica 7/1982-83 p. 116

97 *Hac tumulatur humo patris corpus reverendi*

-a *Hac tumuli fossa clauduntur praesulis ossa* [8
A inc. saec. XI: epitaph. Bernwardi
EC BERGES/RIECKENBERG p. 104
B WIC 7444a

98 *Hac urbe sanctae Iulianus indolis*
B BHL 4535

99 *Hac zona cinctum fac, Christe, pio ordine*
I OHLY in: Memoria ed. K. SCHMID/J. WOLLASCH 1984 p. 20 n. 22

-a *Hactenus adversa certa sunt fronte*

00 *Hactenus aequorei per magna negotia fati*

01 *Hactenus alternis certarunt iurgia linguis*

02 *Hactenus antiquos descripsi carmine patres*
I SHEERIN Traditio 38/1982 p. 59
I COURCELLE Lecteurs ... de l'Énéide p. 346
I DE MOREAU St.-Amand p. 54s.

03 *Hactenus arcanam seriem, primordia mundi*

04 *Hactenus armatae laudes: nunc qualibus*

05 *Hactenus arvorum cultus et sidera caeli /* [*Nunc*
M PRETE Cod. Barb. Lat. p. 280 (cod. 19)

06 *Hactenus arvorum cultus et sidera caeli /* [*Pampineas*
I SCHETTER Hermes 116/1988 p. 343-357

07 *Hactenus ascripsi fastos. si sors volet, ultra*

08 *Hactenus edideras dominos, gens Flavia*

09 *Hactenus errores et inertia corda virorum*

10 *Hactenus et veterum cunabula prima deorum*

11 *Hactenus eximios sancti versatus in actus*
I DE MOREAU St.-Amand p. 116

12 *Hactenus in bibulis fixa stetit ancora terris*
I QUACQUARELLI Poesia tardoantica p. 443; 460

13 *Hactenus in sanctum sulcando movimus*
EM facs. JEAUNEAU Études Érigéniennes p. 605
EM KOEHLER/MÜTHERICH V p. 63ss.
B Clavis Galliae II p. 83-90
I DUTTON/JEAUNEAU StudMed III 24/1983 p. 84ss.; tab. 1b

14 *Hactenus in tenero quid fecerit ecce notavi*
I POULIN Francia 23/1996 p. 168s.

15 *Hactenus in terris undas potuisse canenti*
MI RAMMINGER Wiener Studien 101/1988 p. 321-325

16 *Hactenus informis heremi vexatus harenis*

17 *Hactenus observata mihi lex commemorandi*

-a *Hactenus tetendi liram*
A Guido Luxoviensis
M SMITS VAN WAESBERGHE p. 190

18 *Hactenus undosum calamo descripsimus*
MI DUTTON/JEAUNEAU StudMed III 24/1983 p. 97
I JEAUNEAU Études Érigéniennes p. 294

19 *Hactenus ut caros, ita iusto funere fletos*
I ÖNNERFORS in: Fs. MUNARI 1986 p. 266

20 *Hadriano summo papae patrique beato*
M BIERBRAUER in: 794 - Karl der Große in Frankfurt am Main ed. J. FRIED 1994 p. 79s.
M SCHRAMM/MÜTHERICH Denkmale[2] p. 478
B Rep. Font. IV p. 100
B Clavis Galliae I p. 288s.
I BERSCHIN ZGObRh 134/1986 p. 20
I GODMAN in: Charles the Bald p. 297

21 *Hae paginae retinent veneranda deifica orsa*
E DÍAZ Rioja p. 297

22 *Hae sunt parvae tuae meaeque sedes*

23 *Haec aequata solo viluit domus inclita*
B Clavis Galliae II p. 450

24 *Haec aeterna domus, in qua nunc ipsa*

25 *Haec aeterna micat Stephano protomartyre*
B Clavis Galliae II p. 408

26 *Haec ait et portis acies petit acer apertis*

27 *Haec ait et tremulo deduxit vertice canos*

28 *Haec ait et turpi convolvens stamina fuso*

29 *Haec alborea exomicat taberna*

30 *Haec Aldegundis veneranda est virginis ara*
B Clavis Galliae II p. 401

31 *Haec arborea lectis plasmata est tabula*

32 *Haec Arethusa suo mittit mandata Lycotae*

33 *Haec argumenta insignia / Sabbatorum*

34 *Haec arma fides illaesos servat fideles*
I SILVESTRE RHE 60/1965 p. 737; 64/1969 p. 167

35 *Haec ars a nobis quae musica saepe vocatur*

36 *Haec Augustini ex sacris epigrammata dictis*
M MlatJb 15/1980 p. 268; WIC 7475
M LAGORIO Manuscripta 18/1974 p. 111s.
M CLEMOES Anglo-Saxon England 4/1975 p. 121
M GNEUSS Handlist 12
I WIELAND Anglo-Saxon England 14/1985 p. 163
I SCHALLER MlatJb 18/1983 p. 76

– *... haec Bassi ...*
cf. *Per praefecturam flumina*

37 *Haec, Benedicte, tibi, pius abba, dux*
B Clavis Galliae II p. 412

38 *Haec cantabat papa Tascius solio Cornelii*
ETC MODESTO Cena Cypriani p. 198
I ZIOLKOWSKI Talking animals p. 57ss.
I RICHÉ in: Jean Scot Érigène et l'Histoire de la Philosophie p. 45

39 *Haec causas operis coepti praefatio pandit*

40 *Haec cava saxa Oppilani continet membra*
EI GÓMEZ PALLARÈS in: Umanesimi

p. 179s.

41 *Haec certe deserta loca et taciturna querenti*

42 *Haec Christi mensa est, hic caelica sumitur*

43 *Haec Christi virtus Domini moderata*

44 *Haec Christus fundamina posuit fundator*
EI MONTORSI Epigrafe modenese p. 46; 96; 147

45 *Haec cineres abdit Sobeonis terrea moles*
ETI CIFM 15 p. 129:128

-a *Haec consanguinitatis paulatim volvitur in [se*
EI H. SCHADT Die Darstellungen der Arbores Consanguinitatis und der Arbores Affinitatis 1982 p. 100 n. 243

46 *Haec crux consignet Aelfwinum corpore*

47 *Haec cum superba verterit vices dextra*
ETC Carm. Cant. 57 ed. ZIOLKOWSKI p. 132
I SMOLAK Wiener Studien 95/1982 p. 300

48 *Haec Damasus tibi, Christe deus, nova tecta*
EI SCALIA StudMed III 18/1977 p. 50

49 *Haec de bissexto cecini, saltum memorabo*

50 *Haec de vitifera venisse picata Vienna*

51 *Haec dicit dominus hodie de virgine natus*
E LECLERCQ in: Miscellanea MERCATI II 1946 p. 482

52 *Haec dies est sancta / atque gloriosa*
MB CROCKER p. 443
I HÄRDELIN MlatJb 24-25/1989-1990 p. 150
I DE GOEDE PRU p. CXLIV

53 *Haec dies / Quam excelsus / ipse fecit*
MB CROCKER p. 431
I HUSMANN in: In memoriam J. HANDSCHIN 1962 p. 67
I DE GOEDE PRU p. CXLIV

54 *Haec, dilecte comes, proprio argumenta*
B Clavis Galliae II p. 23-25

55 *Haec diruta domus flammis crepitantibus*

56 *Haec diruta quidem renovavit templa*
B Clavis Galliae II p. 360s.

57 *Haec divina dei placeat scriptura, precamur*
B Clavis Galliae II p. 81s.
I FISCHER Lat. Bibelhss. p. 238; 277

58 *Haec domui adsistit cunctis qua porgitur*

59 *Haec domus alma dei, Christi et venerabilis*
B Clavis Galliae II p. 386

60 *Haec domus alma dei est qua itur ad atria*

61 *Haec domus alma dei flammis crepitantibus*
I VIARRE in: TRAUBE-Gedenkschrift p. 236s.
I BERSCHIN Biographie III p. 161 n. 184

62 *Haec domus alma dei, hic sunt thesaura*
B Clavis Galliae II p. 413s.

63 *Haec domus alma dei sacrata est nomine*
B Clavis Galliae II p. 395

64 *Haec domus alma deo prima est fundata*
B Clavis Galliae II p. 391
I DE MOREAU St.-Amand p. 217
cf. *Martinus meritis domini*

65 *Haec domus ampla micat variis fabricata*
ETI FAVREAU p. 118s.

66 *Haec domus ecclesiis aliis ut mater habetur*
B Clavis Galliae II p. 451

67 *Haec domus est Aquilae seu Priscae virginis*

68 *Haec domus est Christi semper mansura*
M GNEUSS Handlist 938

69 *Haec domus est domini et sacri ianua regni*
M DE MEYIER Codices Vossiani VI p. 137; 265
I BELTING DOP 16/1962 p. 172
I SCHALLER Studien p. 208

70 *Haec domus est fidei, mentes ubi summa*
ETMfacs. WALSER Einsiedler Inschriftenslg. p. 45; 110

71 *Haec domus hospitibus parata est quoque*

72 *Haec domus officii scriptorum in honore*

73 *Haec, dulces iuvenes, prompti servate*
B LAPIDGE/SHARPE p. 176:669
B SHARPE nr. 206

B Clavis Galliae I p. 285

– *Haec ego nauta rudis teneris congesta*
cf. *Christe deus, summi virtus*

74 *Haec egregia floreis fulget caterva pompis*

75 *Haec ... eo pater hunc perfecit honorem*

76 *Haec est alma dies, sanctarum sancta*
EC CC Cont. Med. 117 p. 104
I MEYERS Latomus 45/1986 p. 878-885

77 *Haec est alma domus, veniae locus, aula*

78 *Haec est ara crucis sanctae sacrata*
B Clavis Galliae II p. 398
I CHAZELLE The Cross p. 52s.

79 *Haec est aula dei, veniae domus, aula salutis*
B Clavis Galliae II p. 388

80 *Haec est aula quidem sancti veneranda*
B Clavis Galliae II p. 406

81 *Haec est clara dies, clararum clara dierum*
ETC Carm. Cant. 44 ed. ZIOLKOWSKI p. 120; 298

82 *Haec est dies, in qua Christus pretiosus*

83 *Haec est dies / nobis digne colenda*

84 *Hec est dies / veneranda nimis*

-a *Haec est ecclesia quam continet alma Maria* [5
E CIFM 12 p. 58:37

85 *Haec est festivitas / magna cunctis*
M CTrop V p. 80; 276; 279; 281

86 *Haec est illa dies, magni quae conscia*

87 *Haec est illa meis multum cantata libellis*

88 *Haec est illa tibi promissa Theophila, Cani*

89 *Haec est mira domus vario depicta metallo*

90 *Haec est papalis sedes et pontificalis*

91 *Haec est praeclarae / solemnitatis*

92 *Haec est pulchra domus sic sit precor aula*

93 *Haec est quae vixit semper natura proba*

94 *Haec est quam coniux condidit atque pater*

95 *Haec est Sabina nominata laude omnibus*

96 *Haec est sancta domus, pacis locus, aula*
B Clavis Galliae II p. 434

97 *Haec est sancta / Sollemnitas cunctis* [*colenda*
M CTrop V p. 84; 93; 277s.; 280; 289s.
B Clavis Galliae II p. 66

98 *Haec est sancta / Sollemnitas cunctis (et)* [*veneranda*
MB CROCKER p. 434
MB V. D. STEINEN ZSchwKG 40/1946 p. 258
I SPANKE Studien p. 15
I V. D. STEINEN ZSchwKG 40/1946 p. 254; 256

99 *Haec est sancta / Sollemnitas sollemnitatum*
M NEUHAUSER Hss. UB Innsbruck I p. 89
M ODERMATT Ordinarius St. Arnulf p. 389
M FILL Hss. Kremsmünster I p. 413; 480
I DE GOEDE PRU p. CXLIV
I STÄBLEIN AMusWiss 19/1962 p. 86

00 *Haec est vera fides, caeli quae ducit ad*
I SCHALLER Studien p. 107; 149

01 *Haec est vera fraternitas*

02 *Haec est vera / redemptio*
M CTrop V p. 77; 276; 279
MB CROCKER p. 441

03 *Haec est vere / Laudanda ac virgo*

04 *Haec et mendaces depromit fabula testes*

05 *Haec etiam pictura recludit, qualiter heros*
I WALLACE-HADRILL Frankish Church p. 245

06 *Haec facilis patet aula sanctis*

07 *Haec fera congreditur sanctis virtute*
E BERSCHIN p. 270

08 *Haec fera crudelis rabiem quoque sanguine*

09 *Haec, Florberte pater, Livinus carmina*
I KESSLER Settimane ... Spoleto 39/1992 p. 647ss.

10 *Haec fuerat quaesita dies innoxia famae*

11 *Haec Fundana tulit felix autumnus Opimi*

12 *Haec habeo, quae edi quaeque exsaturata*

13 *Haec hominis sanctum designat forma*

14 *Haec hypopanti gaudentes agite cuncti*

15 *Haec illi sine sorte datur cui nomina Rhenus*

16 *Haec in amore patris devotio finxit alumni*

17 *Haec in honore crucis constat sanctae ara*

18 *Haec in honore dei Theodulfus templa*
E MGH Script. 15 p. 550

19 *Haec in honore patris Benedicti stat titulata*

20 *Haec inter dominus Iesum dignatus adire*

21 *Haec inter famulus Christi dum moribus*
I ORCHARD JournMedLat 2/1992 p. 116ss.
I BRADLEY MlatJb 22/1987 p. 124 n. 56

22 *Haec inter geminas meruit via pignore*

23 *Haec iugiter lampas niteat tumulum ante*

24 *Haec iuris σημεῖα libens, rex, suscipe, Karle*

-a *Haec, lector, audi dicentis verba libelli* 13
E MGH Poet. 5 p. 687
I BERSCHIN ZGObRh 134/1986 p. 20
cf. *A nobis oculos*
cf. *Erkanbald humilis*

25 *Haec lege qui rectum fidei vis noscere*
E BURNAM American Journal of Archeology 4/1900 p. 300
M GNEUSS Handlist 536

26 *Haec lege, sancte pater, felix feliciter, atque*
B Clavis Galliae II p. 168-170

27 *Haec loca Mauritius meritis vivacibus ornet*
B Clavis Galliae II p. 411

28 *Haec loca quae cernis, lector, venerabilis*
B Clavis Galliae II p. 424s.

29 *Haec loca sancta tenet praeclarus in orbe*
B Clavis Galliae II p. 451

30 *Haec loca sanctificet venerandus Bavo*
B Clavis Galliae II p. 440
I DE MOREAU St.-Amand p. 220

31 *Haec loca Theudosius decorat post fata*

32 *Haec Lupus, alte pater, stolido de pectore*

33 *Haec Lupus, haec nitido passim versabat in*
EM OLSEN RevHistTextes 9/1979 p. 100
I SANTINI GIF 37/1985 p. 270

34 *Haec lux siderei celebratur honore Iohannis*

35 *Haec mea materiae substantia bina creata*

36 *Haec mea si casu miraris epistula quare*

37 *Haec meditans animo nullis succumbere*

38 *Haec mihi bis seno numeratur tessera punct*

39 *Haec mihi Cimmerio bis tertia ducitur aestas*

– *Haec mihi dulcis canoro*
cf. *Da puer plectrum choreis*

40 *Haec mihi festa dies longos superinstet in*

41 *Haec mihi quae colitur violis picture*

-a *Haec mittens domino servus tibi corde [salutem*
EM GAVINELLI Aevum 59/1985 p. 182

42 *Haec modica magnum missa est epistola*
I SCHALLER Studien p. 88; 90; 110; 147; 412

43 *Haec moribus ornata et nomine claro ...*

44 *Haec mulier tactu vestis furata salutem est*

– *Haec namque invenies praesenti pascua*
cf. *Omnipotentis opus, quod*

45 *Haec nobis caute vel amicis non simulate*

46 *Haec nostra nobis conferunt peccamina*

47 *Haec nostram dominam Irmindrudis nomine*
I RICHÉ in: Iren u. Europa II p. 744
I COURCELLE Lecteurs ... de l'Énéide p. 338
I HYAM in: Charles the Bald p. 157 n. 50
I STAUBACH Rex christianus p. 64-69
I DUTTON in: Jean Scot Écrivain p. 67

48 *Haec nunc, Christe, tuo, deus*

49 *Haec nunc frequens devotio / Praeclaro*

50 *Haec oportet agi adventu spiritus almi*

51 *Haec opus ad fratrum fundata domuncula*

52 *Haec pars a verbo nomen et nomine sumpsit*
E CC Cont. Med. 68 p. 196

53 *Haec pater insonti filiae suprema peregit*

54 *Haec perlecta pii, lector, doctrina patroni*
TI RABE Ex patre filioque p. 219; 222
B Clavis Galliae I p. 177s.

55 *Haec pictura docet quicquid recitavit*
I SHACKLETON BAILEY ClPh 77/1982 p. 129

56 *Haec plaga martyribus decoratur namque*

57 *Haec populo iuveni, qui dives, liber et haeres*
ETC POLLMANN p. 104

58 *Haec porta est caeli, aeternae haec est ianua*
B Clavis Galliae II p. 390

59 *Haec poterant celeres pretio tardare puellas*
TI LAUSBERG Das Einzeldistichon p. 351s.

60 *Haec praecepta legat devotus ut impleat actu*
M LAPIDGE Anglia 100/1982 p. 3
M MUNK OLSEN Auteurs classiques I p. 576
B LAPIDGE/SHARPE p. 172:655
B SHARPE nr. 202
B Clavis Galliae II p. 75-77
I JACOBSEN in: Iren u. Europa I p. 435; 445 n. 35
I LAPIDGE Anglia 100/1982 p. 3 n. 13; p. 17
I LAPIDGE StudMed III 18/1977 p. 871
I HERREN StudMed III 24/1983 p. 508s.
I LILIENFELD in: Typus, Symbol p. 53 n. 26

61 *Haec quae difficili turget paganica pluma*

62 *Haec quae me faato praecessit, corpore*

63 *Haec quae Picenis venit subducta trapetis*

64 *Haec quae pulvere dissipata multo*

65 *Haec, quae saepe solet vinci, quae vincere*

66 *Haec, quae tota patet tegiturque et marmore*

67 *Haec quaecumque legis devoto pectore*
EC ICUR N. S. VIII p. 464:23732

68 *Haec qui sacra petis veneranda culmina*
B Clavis Galliae I p. 159s.

69 *Haec quicumque legas, veniam deposcere*

70 *Haec quicumque legat, miseranti pectore*
E BERSCHIN p. 41

71 *Haec quicumque legis devoto pectore mater*

-a *Haec quicumque legis diversaque verbula [capis*
M DE MEYIER Codices Vossiani III p. 33; 35

72 *Haec quicumque legis, stridenti ignosce*
cf. *Tertia pars orbis, fratres*

73 *Haec quicumque vides nimio perfecta labore*
M ICUR N. S. VI p. 52:15762

-a *Haec quid significent da lector, munere [digno* 2
E JEAUNEAU Études Érigéniennes p. 656

74 *Haec quisquis pedibus penetret solaria*

75 *Haec quondam rapido fugiens per devia*
E FO Romanobarbarica 8/1984-85 p. 170
EI SALANITRO Orpheus N. S. 8/1987 p. 142

76 *Haec quoque coenobium totum Fuldense*

77 *Haec quoque contortis stringens effamina*

78 *Haec quoque mensa tuo sacrata est nomine*
B Clavis Galliae II p. 404s.

79 *Haec quoque praefectus construxit moenia*

80 *Haec quoque quae statui fulgentia culmina*

81 *Haec quoque qui legitis, rogo, reddite verba*

82 *Haec quoque rescribit sollers Marcellus ad*

83 *Haec quoque saepta premunt discentis vota*

84 *Haec quoque Symphosius de carmine lusit*

– *Haec quoque temporibus quinquennia sacra*
cf. *Tantalidae Pelopi maestum*

85 *Haec rapit Antaei velox in pulvere draucus*

86 *Haec ratione brevi tibi praesul Amande*

87 *Haec res avaris esse conveniens potest*

88 *Haec revelante deo cernebat mente futura*

89 *Haec, rogo, parva domus caelesti pace*

90 *Haec rogo quisquis adis limina sacra*

91 *Haec rosea: trementibus spadis furicat pira*

– *Haec rota per gyrum quam tradit machina*
cf. *Bis sena mensum vertigine*

92 *Haec Rufi tabula est: nil verius. ipse ubi*

93 *Haec sedis vallis Noricanae dicta Sebana*
I R. Heuberger Rätien im Altertum und Frühmittelalter 1932 p. 192s.

94 *Haec Sereni membra in tumulo devotus*

95 *Haec servavit avis Tarpei templa Tonantis*

96 *Haec si scruteris, hinc mage cautus eris*
I Villa Lectura Terentii I p. 119

97 *Haec sit sacra domus, sic sit, precor, aula*

98 *Haec Stephani fulget meritis protomartyris*
B Clavis Galliae II p. 389
I de Moreau St.-Amand p. 272

99 *Haec sub se teneat fratrum qui tegmina curat*

00 *Haec sunt ambigena, quae nuptu dispare*
M MlatJb 16/1981 p. 419; WIC 7591
M Questa in: Il Libro e il Testo p. 385 n. 77
M Rigg MS 39/1977 p. 300
M Rubio Fernández Manuscritos Clásicos p. 469:556
M Pellegrin Bibliothèque Vaticane I p. 838
M Holtz RevHistTextes 16/1986 p. 175
I Ziolkowski Talking animals p. 36s.

01 *Haec sunt illa mei quae cernitis ora Camoni*

02 *Haec sunt sacra festa*
M Ropa Quadrivium 13/1972 p. 28; 34

03 *Haec tam prisca suis longaque origine nolis*

04 *Haec te caesareo generatam semine karta*
B Clavis Galliae I p. 321s.

05 *Haec tenet exanimam tellus natalis, in alta*

06 *Haec tenet orna tuum venerandum corpus*
EI Gómez Pallarès in: Umanesimi p. 180s.

07 *Haec tenet urna duos sexu sed dispare*
EC ICUR N. S. VIII p. 30s.:20819

08 *Haec tibi Arateis multum invigilata lucernis*

09 *Haec tibi brumali gaudentia frigora rapa*

10 *Haec tibi, cara, tuus conscripsi verba*

11 *Haec tibi, cunctorum largitor, Christe*

12 *Haec tibi dat Strabo, carissime pusio Bodo*

13 *Haec tibi dictaram morbis oppressus acervis*
I Smolak StClOr 30/1980 p. 125
I Löwe DA 37/1981 p. 6ss.
I Lapidge StudMed III 18/1977 p. 298

14 *Haec tibi erunt armata suo graphiaria ferro*

– *Haec tibi Honorius persolvit vota sacerdos*
cf. *Symmachus ista tibi persolvit*

15 *Haec tibi, Macari, devovi munera, pastor*
B Clavis Galliae II p. 47s.

16 *Haec tibi Menphitis tellus dat munera: victa*

17 *Haec tibi mens Valilae devovit praedia*

18 *Haec tibi mittuntur, quem sum modo carmin*

19 *Haec tibi multiplici quae structa est massa*

20 *Haec tibi, non alia, est ad cenam causa*

21 *Haec tibi non vanam portantia verba*

22 *Haec tibi pro nato plena dat laetus acerra*

23 *Haec tibi quae fontes et aquarum nomina*

24 *Haec tibi quae torta venerunt condita meta*

25 *Haec tibi, rex, Phoebus lunatis cornibus edo*

– *Haec tibi rex summe, iussu compulsus erili*
cf. *Primus in orbe dies* (v. 34s.)

26 *Haec tibi sancta domus sancta est*
B Clavis Galliae II p. 404

27 *Haec tibi, sancte pater, devote munera trado*
E Rabani Mauri De institutione clericorum rec. A. KNOEPFLER 1900 p. 4
I SHEERIN RBén 92/1982 p. 306

28 *Haec tibi, sancte pater, pro tempore*

29 *Haec tibi servitii munuscula vilia parvi*
ET BERSCHIN in: St. Gallen II p. 88s.
I GEUENICH in: Fs. AUTENRIETH 1988 p. 59

30 *Haec tibi sorte datur tergendis spongea*

31 *Haec tibi turbato Canusino simillima mulso*

32 *Haec tibi, Vergili, domus est aeterna sepulto*

33 *Haec tu alme decus Christi sancteque levita*

34 *Haec, tu quam cernis, praeparva domuncula*
B Clavis Galliae II p. 442

– *Haec tua alme Deus Christi sancteque levita*
cf. *Haec tu alme decus*

35 *Haec tua perpetuae quae scripsi dogmata*

36 *Haec tua, Persephone, maneat clementia*

37 *Haec tua sunt, bona sunt, quia tu bonus ista*

38 *Haec ubi dicta dedit, portis sese extulit*

39 *Haec ubi transierint, Capricorno, Phoebe*

40 *Haec urbem circa stulti monumenta laboris*

41 *Haec, ut vobis nulla desit, Karle care, gratia*
I ERNST Carm. fig. p. 354

-a *Haec veneranda crucis Christi vexilla* [*sacratae* 10
B SHARPE nr. 211
I SIMS-WILLIAMS Archivum Historiae Pontificiae 21/1983 p. 12s.

42 *Haec veterum praecepta legens monumenta*

43 *Haec vulgo pictura manet dignissima laude*
M Vat. Pal. Lat. 834 f. 28^{v} (STICKLER/DE SALVIA Biblioteca Apostolica Vaticana 1986 p. 58s. tab. XII)

44 *Haedina tibi pelle contegenti*

45 *Haerentem luteo sub gurgite rusticus axem*

-a *Haesit amore pio semper medicamina*

– *Hagius*
cf. *Agius*

46 *Hahahae! Requievi*

47 *Hanc abbatiam rex Arnolf praestat*

48 *Hanc aedem domini Adalpertus erexit amore*
I HAUCK Taufpfalzen p. 69ss.

49 *Hanc aedem sacram Michael archangelus*

50 *Hanc, aeterne deus, Caesar Hlotharius aram*

51 *Hanc amo quae me odit, contra illam quae*

52 *Hanc aram Christi praeclarus amator*
B Clavis Galliae II p. 402

53 *Hanc aram domini genetricis honore*

54 *Hanc aram domini servant Paulusque*
M CONTRENI Laon p. 173

55 *Hanc aram Fabianus habet sanctissimus*

56 *Hanc aram Nymphis exstruxi nomine Laetus*

57 *Hanc aram Paulus meritis vivacibus ornet*
B Clavis Galliae II p. 455

58 *Hanc aram templumque simul sub honore*

59 *Hanc aulam Christi hic construxit amore*
I HAUCK Taufpfalzen p. 69ss.

60 *Hanc aulam domine Saephe quoque amore*
I HAUCK Taufpfalzen p. 69ss.

61 *Hanc aulam domini servat tutela Mariae*
M SCHMIDT Reichenau p. 163
I HAUCK Taufpfalzen p. 31ss.

62 *Hanc aulam dominus salvator consecrat ipse*

63 *Hanc aulam precibus Michael archangelus*

64 *Hanc baptista potens meritis tutabitur aram*
B Clavis Galliae II p. 410

65 *Hanc, Benedicte pater, cryptam tutaberis*

66 *Hanc carne fratres nobilesque sanguine*

67 *Hanc cellam dominus fratrum decoravit*
I ORCHARD JournMedLat 2/1992 p. 116ss.

68 *Hanc circum iaceant defuncta cadavera*
TI BERSCHIN Eremus p. 20
I BERSCHIN Freiburger Diözesan-Archiv 104/1984 p. 9

69 *Hanc conam decimus renovavit papa*

70 *Hanc concordi famulatu / colamus*
M ODERMATT Ordinarius St. Arnulf p. 389
M NEUHAUSER Hss. UB Innsbruck I p. 89
M FILL Hss. Kremsmünster I p. 81; 412; 480
B CROCKER p. 433
I DE GOEDE PRU p. CXLV
I STÄBLEIN Ges. Aufs. p. 297-301
I STÄBLEIN AMusWiss 19/1962 p. 85
I STÄBLEIN in: Fs. ENGEL 1964 p. 372

71 *Hanc confessores aram, castae et mulieres*

72 *Hanc Decoratus opem subducta luce petivit*

73 *Hanc diem tribus Dominus signis illustrat*

74 *Hanc domum iuris tui placata posside*

75 *Hanc dulce nobeis nomen atque omen gerens*

76 *Hanc ego Radbertus studui componere*

77 *Hanc fidei zelo Paschalis primus ab imo*
ETI FAVREAU p. 119

78 *Hanc Iacobi frater, hanc Simon apostolus*
B Clavis Galliae II p. 458

79 *Hanc levita dei meritis Laurentius aedem*
B Clavis Galliae II p. 423

80 *Hanc levita dei totam Laurentius aulam*
B Clavis Galliae II p. 390

81 *Hanc libam sacro Graecorum nectare fartam*
M Basel, UB O III 5
I JEAUNEAU in: U.-R. BLUMENTHAL Carolingian Essays 1983 p. 138
I BERSCHIN Gr.-lat. MA p. 146
I JEAUNEAU Études Érigéniennes p. 28; 88ss.
I JEUDY in: Jean Scot Écrivain p. 302
I DUTTON/JEAUNEAU StudMed III 24/1983 p. 101

-a *Hanc Lupus struxit criptam scriptoribus [aptam2*
A Lup. Ferr.
ET BISCHOFF Settimane ... Spoleto 22/1975 p. 75 (= BISCHOFF Mal. Studien III p. 65)

82 *Hanc Magulf humilis cameram construxerat*
B Clavis Galliae II p. 430

83 *Hanc nevit fusulo vestem proprioque labore*
MB HOFFMANN Buchkunst p. 395
I SCHMID FMSt 16/1982 p. 159s.

84 *Hanc olim patriam vastavit gens Agarena*

85 *Hanc, Othmare, domum tuus Ymmo ornavit*

86 *Hanc paradisiacam vernantis schematis*
EC CC Cont. Med. 117 p. 78

87 *Hanc partem Gallo patrat Uodalricus et Uto*

88 *Hanc pater egregius aram Filibertus habebit*
B Clavis Galliae II p. 421s.

89 *Hanc pater egregius doctorque Remedius*
B Clavis Galliae II p. 412

90 *Hanc pater, hanc natus pinxit, Lucillus*

91 *Hanc patrona tibi satuit scholam, C. Lentine*

92 *Hanc Petrus absidam sanctorum sorte*
M SCHMIDT Reichenau p. 163
I HAUCK Taufpfalzen p. 60

93 *Hanc pius Andreas meritis tutabitur aram*
B Clavis Galliae II p. 454

94 *Hanc pius Autbertus necnon Audomarus*
B Clavis Galliae II p. 403

95 *Hanc probo tincturam quam bis tenet ollula*

96 *Hanc puto de proprio tinxit Sol aureus ortu*

-a *Hanc quam cernis parva(m) aulam atque [domos parvolas*
A inc. saec. IX
EM RUGO Iscrizioni I p. 42:32

97 *Hanc quicunque (quique) devoti convenitis*
TI ENGELMANN StMGBO 95/1984 p. 138

98 *Hanc quisquis devoto domum advenisti*
B Clavis Galliae I p. 160s.
I CHAZELLE The Cross p. 70
I SCHALLER Studien p. 390s.; 393

99 *Hanc quondam terram vastavit gens*
I FAVREAU Settimane ... Spoleto 39/1992 p. 707

00 *Hanc quoque servator templi tutabitur aram*
B Clavis Galliae II p. 400

01 *Hanc regat omnipotens Michael archangelus*
B Clavis Galliae II p. 409

02 *Hanc renovavit enim Liupprammus*

03 *Hanc sancti sub honore Petri renovavit et*
I GEUENICH in: Fs. AUTENRIETH 1988 p. 56
I TREMP Thegan p. 122 n. 476

04 *Hanc Satan, hanc laesit, cum Iob saniem sibi*
ET Ekkeh. IV. ed. HAEFELE p. 172
TI Vitae S. Wiboradae ed. W. BERSCHIN 1983 p. 9
I BERSCHIN ZSchwKG 66/1972 p. 266
I HAEFELE in: Fs. BISCHOFF 1971 p. 274

05 *Hanc sedem dilecta uxor sociata amore*

06 *Hanc sedem longo placuit sacrare labori*

07 *Hanc seriem divinorum summamque*
I OHLY in: Memoria ed. K. SCHMID/J. WOLLASCH 1984 p. 17 n. 15

08 *Hanc tabulam custos sancti reparavit*

09 *Hanc thecam ad laudem Christi sic condere*

10 *Hanc thecam tibimet, Sergi, sanctissime*

11 *Hanc tibi, celsitonans, aram Teudulfus*

12 *Hanc tibi constitui, ill. magne sacerdos*
B Clavis Galliae I p. 161

13 *Hanc tibi Cumano rubicundam pulvere*

14 *Hanc tibi, Fronto pater, genetrix Flaccilla*

15 *Hanc tibi marmoreo caesam de monte*

16 *Hanc tibi Naso tuus mittit, Rufine, salutem*

17 *Hanc tibi, praecursor domini, Fardulfus*
B Rep. Font. IV p. 432

18 *Hanc tibi Priamides mitto, Ledaea, salutem*

19 *Hanc tibi quam vovi, posui, bone Iuppiter*

20 *Hanc tibi Sequanicae pinguem textricis*

21 *Hanc tibi victricem, dux inclite, sume*
B LAPIDGE/SHARPE p. 173:659
B Clavis Galliae I p. 315s.

22 *Hanc tibi Waltherus, praesul Baldrice*

23 *Hanc tua devotis Aldrici gratia sedem*
B Clavis Galliae I p. 290s.

24 *Hanc tua Penelope lento tibi mittit, Ulixe*

25 *Hanc tuus e Getico mittit tibi Naso salutem*

26 *Hanc volo quae facilis, quae palliolata*

27 *Hanc volo, quae non vult; illam, quae vult*

-a *Hanc Willibaldo pharum construxerat almo* [6
A Megingaud
ET DÖRR StMGBO 98/1987 p. 77

-b *Hanc zonam regina nitens sanctissima* [*Hemma*
E BISCHOFF in: Die Ausgrabungen in St. Ulrich und Afra in Augsburg 1977 p. 264 n. 4
cf. *Witgario tribuit*

28 *Hancine tu rubem, maxime regum Alexander*

29 *Hannibalem et longos fregi Carthaginis*

30 *Harberti imperio componor ab arte Paterni*

31 *Hartker in melius mutatur, ut opto, reclusus*

32 *Hartperto superi saepto diademate regni*
M SCHMIDT Reichenau p. 163

33 *Has acies bello similes cano, quas*
ETI A. J. BAUMGARTNER Untersuchungen z. Anthologie d. Codex Salmasianus 1981 p. 96

34 *Has Amor incendit lymphas, cum ludere*

35 *Has celebres, / rex caelice, / laudes*
EI IVERSEN in: Umanesimi p. 240-245
M CTrop V p. 101; 278; 288; 290

36 *Has, cherubim, portas flammis defende*

37 *Has Christi species ob amorem fingere iussi*

38 *Has cum gemina compede dedicat catenas*

39 *Has ego Donatus virtutes sanguine Scottus*
EI D. N. KISSANE Proceedings of the R. Irish Acad. 77 C 3/1977 p. 57ss.
B BHL 1459
B LAPIDGE/SHARPE p. 182:693
B Rep. Font. IV p. 242

40 *Has ego perparvus studui coniungere*

41 *Has Erchanbaldus Thrutberti martyris almi*
B Clavis Galliae I p. 368
I BERSCHIN ZGObRh 134/1986 p. 20
I SCHALLER Studien p. 56 n. 70

42 *Has iam scripturas abbatis sancta voluntas*
E MGH Poet. 5 p. 668

43 *Has inter virtutis opes iam proxima paschae*
M VENNEBUSCH IV p. 228
I CHAZELLE The Cross p. 34

44 *Has inter virtutis opes rex inclitus Eadgar*
I LAPIDGE MlatJb 24-25/1989-1990 p. 251s.; 259s.
I ORCHARD JournMedLat 2/1992 p. 121ss.
I LAPIDGE Wulfstan p. XIV; XVI; XIX; XXII; XXIV; CXI; CLXV
I LAPIDGE in: YORKE Aethelwold p. 111 n. 135

45 *Has interque pedes denos moderare*

-a *Has mundi cordis capiunt in mente locantes* [1
M PELLEGRIN Bibliothèque Vaticane II.1 p. 384

46 *Has tabulas, senior, gratanter percipe*

47 *Has tibi, sancte puer Benedicti Maure*
B Clavis Galliae II p. 59
I Hrabanus Maurus p. 57 n. 189
I SCHALLER Studien p. 121

48 *Has tibi symphonias plectrat sophus*
I SPANKE Studien p. 141

49 *Hasce fenestellas iussit formare rotundas*

50 *Hatto, non Ioseph, qui nec formaberis Iafeth*
I TRIBOUT DE MOREMBERT in: Saint Chrodegang 1967 p. 193

– *Hatto nunc brutus studio florente solutus*
cf. *Ligneus hic paries*

51 *Haud aliter raptum transverso limite caeli*

– *Haud ego sum castus; tamen hac ex sorte*
cf. *Maesta superveniens fortuna*

52 *Haud facile est acrem dentis tolerare*

53 *Haud facile est pravis innatum mentibus ut*

54 *Haud procul ambrosiam vulgo quam dicere*

55 *Haud quisquam credet disiectos vulnere*

56 *Haud secus altipetax semente cucurbita vili*
ET GODMAN Poetry p. 224ss.

57 *Haud tantum in proceres totum quin saevit i*

58 *Haud tristis gemino sub nexu vincula gesto*

59 *Hauri perpetuae, Sigeberte, charismata vita*

60 *Hauriat Caesar sapiens, benignus*
B LAPIDGE/SHARPE p. 199:737
I STOTZ Sapph. Dichtung p. 308
I STAUBACH FMSt 20/1986 p. 573s.
I WILLMES Herrscher-'Adventus' p. 83

61 *Hauriat hinc populus vitam de sanguine*

62 *Hauserat insolitos promissae virginis ignes*

63 *Hausimus altifluam Petri Paulique salutem*

64 *Hausimus altifluo perfusas rore salivas*
EI NORBERG Paulin d'Aquilée p. 26-33; 97s.
M HOLTZ Donat p. 411
I TREMOLI in: Aquileia e le Venezie p. 209s.
I SCHALLER Studien p. 319; 323

65 *Hebraicus populus liber, Pharaone subacto*
E MGH Poet. 5 p. 567

66 *Hebraicus populus semper peccare suetus*
I COURCELLE Lecteurs ... de l'Énéide p. 198; 342
I HERREN in: Giovanni Scoto nel suo

tempo 1989 p. 552
I DE MOREAU St.-Amand p. 54s.

67 *Hector ubique ferox violento pectore saevit*

68 *Hectore prostrato nec dis nec viribus aequis*

69 *Hectoris et patriae simul est commune*

70 *Hectoris hic tumulus, cum quo sua Troia*

71 *Hecyra est huic nomen fabulae. haec quom*

72 *Hedistes animo simul et cognomine matris*

73 *Hei age quisque voles moriturus inemptor*

74 *Heia, viri, nostrum reboans echo sonet heia*
EI SHEERIN Traditio 38/1982 p. 67
M U. WINTER Hss. Diez 1986 p. 71
B LAPIDGE/SHARPE p. 172:654
B SHARPE nr. 202
I JACOBSEN in: Iren u. Europa I p. 463 n. 84

75 *Heic est illa sita felix Pomponia Eleusis*

76 *Heic est sepulta virgo egregieis moribus*

77 *Heic est situs Queinctius Gaius Protymus*

78 *Heic est ... ulia Quincti Ranci feilia*

79 *Heic sita est Nimisis*

80 *Heinrich in Italiam lecto quoque milite*

81 *Heinrici magni Francorum germinis alti*
M SCHLEIDGEN Regino p. 22; 24

82 *Heinrico regi sit praesto gratia Christi*

83 *Heinricum regem iuvenili flore nitentem*
M SCHRAMM/MÜTHERICH Denkmale[2] p. 486

-a *Heinricus caesar, cui non virtutibus est par* [5
A inc. saec. XI
E HOFFMANN Buchkunst p. 43

84 *Heinricus cunctis semper laudandus in actis*

85 *Heinricus lux orbis abit et in astra volavit*

86 *Heinricus regis pater et defensio legis*
TI WEINFURTER HJb 106/1986 p. 259

87 *Heinricus scandit, postquam puerilia vicit*

88 *Heiricus, salvator, dicavit ovans tibi librum*

89 *Heli, Heli, Domine mi*
ETC LAPIDGE Anglo-Latin Literature 1993 p. 245
M ZANNA in: Poesia dell'alto medioevo p. 366
B LAPIDGE/SHARPE p. 342:1292
I LAPIDGE Anglo-Saxon England 15/1986 p. 47
I LAPIDGE Peritia 4/1985 p. 106

90 *Helias ascendit equos currusque volantes*

91 *Ἑλλαδικῆς μέτοχον μούσης Latiaeque*

92 *Hellinas Troasque suos cantarat Homerus*
ET GODMAN Poetry p. 300ss.
CI STAUBACH Rex christianus p. 49-56; 67-69
I KULLMANN in: Fs. AUTENRIETH 1988 p. 6
I CURTIUS Ges. Aufsätze p. 280
I JEAUNEAU Études Érigéniennes p. 329
I COURCELLE Lecteurs ... de l'Énéide p. 332
I JEAUNEAU in: Jean Scot Écrivain p. 19
I DUTTON in: Jean Scot Écrivain p. 63-67; 73-78
I JEUDY in: Jean Scot Écrivain p. 305
I SCHIEFFER in: Giovanni Scoto nel suo tempo 1989 p. 22 n. 72
I STAUBACH in: Iconologia sacra p. 391 n. 30

93 *Helpis dicta fui, Siculae regionis alumna*
M Basel, UB A N IV 11 f. 75ra (saec. XI)
M GNEUSS Handlist 193
M COULSON Scriptorium 51/1997 p. 167
M VON BÜREN Scriptorium 50/1996 p. 65-71

94 *Helvi, iudicio et consulto lecte senati*

95 *Helvius haec voto suscepi munera divi*

96 *Hemrammo librum si quis vi subtrahat istum*

– *Heptaphonus, strophicus, punctus, porrectus*
cf. *Epiphonus, strophicus*

97 *Heraclius vetuit labsos peccata dolere*
E GREGOROVIUS Tombe dei Papi p. 8*

98 *Herardus praesul templum sacravit et aram*

99 *Herba fui quondam viridi de gramine terrae*
I PAVLOVSKIS Cl & Med 39/1988 p. 224

00 *Herbarum fueras indutus, Basse, colores*

01 *Herbarum in numero, quas hortulus ille*

02 *Herbarum species, pulchros cum germine*
M DE MEYIER Codices Vossiani VI p. 264
I BULLOUGH Aula Renovata p. 290
I SCHALLER Studien p. 156 n. 134
I MEIER in: Karl d. Gr. Nachwirken I p. 304

03 *Hercle vero, Libane, nunc te meliust*

04 *Herculane, qui profectus gremio de nostro*

05 *Hercules invicte, Catius hoc tuo donum*

06 *Hercules invicte, sancte Silvani nepos*

07 *Hercules quod monstrum Aventini montis*

08 *Herculia hic sita est sacratis abluta lymbis*

09 *Herculis in magni voltus descendere Caesar*

10 *Herculis ritu modo dictus, o plebs*

11 *Heredem cum me partis tibi, Garrice,*

12 *Heredem Fabius Labienum ex asse reliquit*

13 *Heredem tibi me, Catulle, dicis*

14 *Heredes, nolite brevem sepelire colonum*

15 *Heres ecce tibi dignus, Willelme patrici*

16 *Heriger, urbis Maguntiacensis*
ETC Carm. Cant. 24 ed. ZIOLKOWSKI p. 88; 242
ETI WOLTERBEEK Ridicula p. 54-59; 304-307
I STOTZ Sapph. Dichtung p. 431
I FICHTENAU Lebensordnungen I p. 45
I ZIOLKOWSKI Talking animals p. 91
I ZIOLKOWSKI Poetica 23/1991 p. 18

17 *Hermes cunctorum thalamos et vota pererrat*

18 *Hermes Martia saeculi voluptas*

19 *Hermogenes tantus mapparum, Castrice, fur*

20 *Heroas Christi geminos haec contenit aula*

21 *Hesperia genitus, hac sum tellure sepultus*
I SCHALLER MlatJb 27/1992 p. 93
I LOUIS Études Ligériennes p. 437
I SCHALLER Studien p. 52 n. 31

22 *Hesperie lateri redimicula nectit eburno*

23 *Hesterna factum narratur, Postume, cena*

24 *Hesterna, mea lux, cum potus nocte vagarer*

25 *Hesterna tibi nocte dixeramus*

26 *Hesterno fetere mero qui credit Acerram*

27 *Hesterno, Licini, die otiosi*

28 *Hesychius regum tunc forte nitebat in aula*

29 *Heu, Benedicte, mihi. Cur me undique rodis?*
ET MATARAZZO 1999 p. 40
I PABST Prosimetrum p. 793s.

30 *Heu crudele nimis fatum. dua funera*

31 *Heu, cui miseram linquis, carissime coniunx*
EC ICUR N. S. VIII p. 435:23529

32 *Heu decus humanum nimia vertigine vanum*
E MGH Poet. 5 p. 636
I FICHTENAU Lebensordnungen I p. 209

33 *Heu doleo, cives, sic vos hebetari de mundo*

34 *Heu dolor, est magnis semper mors invida*
ET BERTINI Autori latini p. 174s.

35 *Heu Fortuna malis nuncquam non laeta*

-a *Heu genitor nato dat tristia dona superstes* [5
A inc. saec. V?
E LEBEK ZPE 45/1982 p. 88-90

36 *Heu iuvenis tumulo qualis iacet abditus isto*

37 *Heu Ludovice comes, patriae dulcissime*

38 *Heu me, dulcis amans, quae nos tunc fata*
ET MATARAZZO 1999 p. 56
I PABST Prosimetrum p. 793s.

39 *Heu me, nate, iaces tenero subtractus in*

40 *Heu memorande pater, longi mihi causa*
TI JANSSENS Vita e morte p. 160

41 *Heu mihi, Salvator, salvari servus anhelat*
I SCHALLER Studien p. 188

42 *Heu misera in nimios hominum petulantia*
I SHACKLETON BAILEY ClPh 77/1982 p. 117

43 *Heu quae natura, quam mendax ista figura*
M R. REICHE Ein rhein. Schulbuch aus dem 11. Jh. 1976 p. 154ss.

44 *Heu quam difficilis gloriae custodia est*

45 *Heu quam dulce malum mortalibus additum*

46 *Heu quam parvum perfunctus tempore vita*
EI BISCHOFF Anecdota novissima p. 145ss.
I KLEIN in: Arbor amoena p. 54-58
cf. *Eheu quam parvo*

47 *Heu, quam praecipiti mersa profundo*
ETC Carm. Cant. 51 ed. ZIOLKOWSKI p. 128; 313
C Notker III. in: HAUG/VOLLMANN Frühe dt. Lit. p. 274-279
M PASSALACQUA Codici p. 252

48 *Heu quantis impedimur lacrimis memorare*

49 *Heu quantos luctus renovas gratissime fili*

50 *Heu, quid adhuc furis ardescens, o Arnulphe*

51 *Heu quotiens calidis vitis sine fruge labellis*

52 *Heu rudis et nimium tenero interceptus in*

53 *Heu simul hic nata et genetrix functaeque*

54 *Heu tumulo Donata iaces: reddit tibi mater*

55 *Heu, valeo, omnigenum quia pondere*
EC WEBER Gottschalk p. 159

56 *Heus, adulescens, quis properantem me*

57 *Heus oculo errante quei aspicis leti domus*

58 *Heus tu, non bene qui manum rapacem*

59 *Heus tu, viator lasse, qui me praetereis*

– *Heuticius martyr*
cf. *Eutychius martyr*

60 *Hexametris epigramma facis, scio dicere*

61 *Hi fodiunt tumulum, quo locitent miserum*

62 *Hi sancte coluere deos, vixere fideles*

-a *Hi sunt luminaria / Divinitus lucentia*

63 *Hi sunt, quos toto divina electio mundo*

64 *Hi sunt vero duae regni caelestis olivae*

65 *Hiberna quamvis Arctos et rudis Peuce*

66 *Hiberno pulvere, verno*

67 *Hibernos peterent solito cum more recessus*

68 *Hic ab iniquis cursibus obliquis*

– *Hic Abbas abaci doctor dat se Abbo quieti*
cf. *Nunc manibus fer aquas*

69 *Hic abbas vitae Womarus flamine cassus*

70 *Hic ad supernam dum recessit patriam*

71 *Hic Adam pariterque Eva genitalia celant*
I STELLA Poesia carolingia p. 193

72 *Hic adhibete pias monitis caelestibus aures*

73 *Hic Agabi pollent sancti monumenta*

74 *Hic age siste, precor, recitans epigramma*

75 *Hic agnum stantem supra Syon aspice*
E BERSCHIN p. 270

76 *Hic alius finisset iter signisque relatis*

77 *Hic Anianus adest martyr, Desiderius atque*

78 *Hic Aquilae cineres miserabilis urna*

79 *Hic armenta tibi fetus lac atque ministrant*

80 *Hic Atiae cinis est, genitrix hic Caesaris*

81 *Hic Augustini Aurelii pia dogmata fulgent*
TI RABE Ex patre filioque p. 219
M GORMAN RBén 95/1985 p. 17
B Clavis Galliae I p. 177s.

82 *Hic aviam neptemque locus post fata recepit*

83 *Hic avidos carnis missa ortygometra refecit*

84 *Hic bene maturo transit pater ille sub aevo*
B LAPIDGE/SHARPE p. 199:736

85 *Hic bis praefectus patriae, praefectus et*

86 *Hic bonus Ezechias meruit ter quinque per*

87 *Hic brevis ad numeros rapidum qui colligit*

88 *Hic calamus facto Liuthardi fine quievit*
EM KOEHLER/MÜTHERICH V p. 11; 137 (facs. tab. 31f.)
I HOFFMANN Buchkunst p. 65

89 *Hic caput indiculi sumunt sine lege peracti*

90 *Hic caulas ovium caute dispone tuarum*

91 *Hic celebranda rudis florescit gloria templi*
I HAUCK Taufpfalzen p. 32; 59ss.

92 *Hic celebris recubat vita redimitus honesta*

-a *Hic cernite funere nostra(m)*
EI MARROU p. 137-144

93 *Hic chorus angelicus dominum reverenter*

-a *Hic Christi vernae corpus sub marmore iacet* [15
M MÜTHERICH/GAEHDE p. 110:39
M MGH Poet. 5 p. 684s.
I ORCHARD JournMedLat 2/1992 p. 98ss.
I SCHALLER Studien p. 193 n. 37

94 *Hic Christus verbo dat lumen cernere caeco*

95 *Hic cineres atque ossa iacent tantumodo*

96 *Hic cinis exiguus stoa requiescit in ampla*

97 *Hic citharista catus mitis, pius atque fidelis*

98 *Hic citharista sedens David rex atque*
E MGH Poet. 5 p. 673

99 *Hic cito rapta iacet natis, quos ad ubera*

00 *Hic clavis colitur fixus veneranter Iesus*

01 *Hic clavis fixus mitis veneratur Iesus*

02 *Hic Clearchus, qui dum vixit Graeco magno*
E ALFÖLDY Inschriften p. 280:541

03 *Hic Clemens martyr pariter cum martyre*

04 *Hic Clodia cara cunctis iustisque piisque*

05 *Hic Clytius carus cunctis iustusque piusque*

06 *Hic codex pueris plus quam sapientibus*
M PASSALACQUA Codici p. 128; 298
M BALLAIRA Prisciano p. 147
M DE MEYIER Codices Vossiani II p. 91
B LAPIDGE/SHARPE p. 175:664
B Rep. Font. IV p. 195
B SHARPE nr. 232
B Clavis Galliae I p. 303s.

07 *Hic codex veniae lapsis, legatio vitae*

08 *Hic colitur domini veneranda ascensio*
B Clavis Galliae I p. 243
I STELLA Poesia carolingia p. 172-174
I CHAZELLE The Cross p. 70

09 *Hic colligit tumulus regali ex semine corpus*

10 *Hic colligit tumulus regali sanguine cretum*

11 *Hic conclusa tenetur paterno membra*

12 *Hic congesta iacet quaeris si turba piorum*

13 *Hic coniurati germanum vendere fratres*

14 *Hic Constans alacer, celebri probitate*
B Clavis Galliae I p. 243s.

15 *Hic convertit aquas in vinum summa*

16 *Hic corpus iacet pueri nominandi*

17 *Hic corpus primum sancti requievit humatum*

18 *Hic cubat aeterni Ludovicus Caesar honoris*
T BESTA in: Storia di Milano II p. 410
M MUNK OLSEN Auteurs classiques I p. 478

19 *Hic cubat Ambrosius tumulo defossus in isto*

20 *Hic cum lauru feret Romanis iam relevatis*

21 *Hic, Cytherea, tuo poteras cum Marte iacere*

22 *Hic Damasi mater posuit Laurentia membra*

23 *Hic Damasi species rutilat formata beati*

24 *Hic data Vergilio requies, qui carmine dulci*
M U. WINTER Hss. Diez 1986 p. 71

25 *Hic de syzygiis quadratus pingitur orbis*
EI P. VOSSEN Liber Floridus p. 45

26 *Hic deberet adhuc puer ignorare, quid esset*

27 *Hic decus Italiae tegitur Constantius heros*
M DE MEYIER Codices Vossiani VI p. 136
I WATT./LEV. p. 217 n 165

28 *Hic Deodericus, generoso sanguine natus*

29 *Hic deus ascendit, hominem super astra*

30 *Hic deus est Christus dominus qui regnat*

-a *Hic deus est magnus quem signat mysticus [agnus*
ETC CIFM I.3 p. 100:20

31 *Hic deus est praesens puro poscentibus ore*
E HECHT Wandmalerei I p. 24
M DE MEYIER Codices Vossiani VI p. 263

32 *Hic deus, hic genetrix, hic praeco propheta*

33 *Hic deus omnipotens Adam de pulvere*
I STELLA Poesia carolingia p. 175
I VIARRE in: TRAUBE-Gedenkschrift p. 234

34 *Hic deus omnivalens, recubanti ferto*

35 *Hic devota deo iacet ...*

36 *Hic Domini martyr praeclaro lumine cordis*

37 *Hic duo sanctorum requiescunt membra*
B BHL 7880

38 *Hic duo sanctorum sunt corpora clausa*

39 *Hic duo sunt fratres, ardens ast angulus*
M BALLAIRA Prisciano p. 311
B LAPIDGE/SHARPE p. 199:736
I MARENBON in: Charles the Bald p. 365
I GIBSON/NELSON p. 375 (381 n. 4)

-a *Hic duo templa micant tecto condita sub uno* [8
A inc. saec. IX?
ETI CIFM 17 p. 83:19

-b *Hic duo templa micant tecto fundata sub uno*
EI CUMONT REA 49/1947 p. 151

40 *Hic dux cum prole situs est Guifrede Pilose*

41 *Hic ego Chia cinis, fatis mea forma soluta*

42 *Hic ego condideram fratrem geminosque*

43 *Hic ego cum domina resoluto clune peregi*

44 *Hic ego Donatus Scottorum sanguine cretus*
B LAPIDGE/SHARPE p. 183:694
B Rep. Font. IV p. 242
B SHARPE nr. 238
I RICHÉ in: Iren u. Europa II p. 739

45 *Hic ego Gerwidis iam carne soluta quiesco*

46 *Hic ego me memini quandam futuisse*

47 *Hic ego murinus praeco felix, cui tales amici*

48 *Hic ego nunc futuei formosam forma*

49 *Hic ego nunc iaceo Grattius infelix*
I CUGUSI Epigraphica 44/1982 p. 96

50 *Hic ego quae iaceo Rothaid de nomine dicor*

51 *Hic ego qui iaceo, thesaurus philosophiae*

52 *Hic ego qui sine voce loquor de marmore*
ET HÄUSLE Denkmal p. 45

53 *Hic ego qui taceo, versibus mea vita*

54 *Hic ego Siculina, minus bima, crudeli funere*

55 *Hic ego sub nimio Godelendis fasce quiesco*

56 *Hic ego sum Cornutus doliens cum filiis*

57 *Hic ego sum posita Irene, quae vixi XVIII*

58 *Hic ego telluris Godelendis pondere servor*

59 *Hic Ellingeri noscuntur membra teneri*

60 *Hic Emerentiana virgo virginis*

– *Hic enim dies / velut primogenitus*
cf. *Precamur patrem / Regem*

61 *Hic erat hic primus, genitor ut glorius essem*

62 *Hic erat ille tuo domitus, Cyparisse, capistro*

63 *Hic Ercambertus situs est abbas venerandus*

64 *Hic erit, hic iurata manet, rumpantur iniqui*

65 *Hic erit, ut perhibent doctorum corda*

66 *Hic est condita delicata Musa*

67 *Hic est contemptor regnorum / Vel delicti*
I R. FOLZ Les saints rois du moyen âge en occident 1984 p. 118

68 *Hic est dies, in quo Christi pretioso*
EI NORBERG Paulin d'Aquilée p. 59-65; 141-143
I NORBERG in: Bivium p. 202
I V. D. STEINEN ZSchwKG 40/1946 p. 255
I SCHALLER Studien p. 374; 376

69 *Hic est dies verus Dei*
EC FONTAINE Ambroise de Milan p. 407ss.
M Basel, UB A X 90
M GNEUSS MlatJb 35/2000 p. 244
I WADDELL Cistercian Hymnal I p. IX
I SCHALLER Studien p. 370

-a *Hic est Germanus, voluit quem mater in alvo* [16
A Aymoin.: mirac. Germ.
E MPL 126 c. 1040
I PABST Prosimetrum p. 619
cf. *Hic fuit egregia genitus de stirpe*

70 *Hic est Hieremias sacratus matris in alvo*

71 *Hic est illa sita dulcis Sallustia Rufa*

72 *Hic est illa sita pia frugi casta pudica*

73 *Hic est ille locus quo passio proxima constat*

-a *Hic est ille situs, cui nemo civis neque hostis* [2
A Ennius: epigr. 3
E VAHLEN p. 215

74 *Hic est ille situs Dioscurus, illaque lingua*

75 *Hic est ille situs mirus Nicys*

76 *Hic est ille situs notis et cognitus Agraylus*

77 *Hic est ille situs, qui qualis amicus amico*

78 *Hic est ille situs Q. Petronius Turnus*

79 *Hic est ille, suis nimium qui credidit undis*
TI L. VINGE The Narcissus Theme in Western European Literature 1967 p. 25

80 *Hic est pampineis viridis modo Vesbius*

81 *Hic est quem cernis equitum peditumque*

82 *Hic est quem legis ille, quem requiris*

83 *Hic est qui vitam patriae devovit amatae*

84 *Hic est sepulta Pacilia Sospita pia proba*

85 *Hic est sita Rutilia Hilaritas, dolor heu*

86 *Hic est sonus / caelestis et / Angelica*
I HÄRDELIN MlatJb 24-25/1989-1990 p. 150 n. 26

87 *Hic est spermologi Lucas sacer assecla*

88 *Hic et Tydidae mentem Tritonia Pallas*

89 *Hic et virgineas gaudentes inspice turmas*

90 *Hic etiam Manahen, qui collactaneus ipsi*

91 *Hic etiam qui consuetas minuisse probatur*

92 *Hic Evam loquitur serpens ad, coniugis Adae*
I STELLA Poesia carolingia p. 192s.

93 *Hic evangelicae recitatur lectio pacis*

94 *Hic evangelii recitatur lectio sacri*

95 *Hic facies aquilae prodit scribente Iohanne*

96 *Hic famulos domini nova condunt templa*

– *Hic famulos domini nova nunc haec tecta*
cf. *Hic famulos domini noveris*

97 *Hic famulos domini noveris requiescere*

98 *Hic famulus Christi mira virtute refulgens*

99 *Hic famulus Hincmar domini sacra membra*

-a *Hic felicia membra summo debitoque [conduntur honore* 4
A inc. saec. VIII
EMI BISCHOFF Anecdota novissima p. 150ss.

– *Hic fert ecce deum Christum veneranda*
cf. *Hic Mariam claro Gabrihel sermone*

00 –

01 *Hic fert pontifici Lucianus visa Iohanni*

02 *Hic fessus veniens primo subsiste, viator*
B Clavis Galliae II p. 460

03 *Hic, festa cuius pangimus*

04 *Hic festinata requiescit Erotion umbra*

05 *Hic Festus iacet, cognoscite fratres*

06 *Hic fetas servabis equas tenerosque caballos*

07 *Hic finem chartae lacrimis faciemus obortis*
B Clavis Galliae II p. 180
I COURCELLE Lecteurs ... de l'Énéide p. 266; 289

08 *Hic finis testis qualis sit corpore pestis*

09 *Hic finis tituli. Textus nunc ipse sequetur*

10 *Hic floreus amplo nitore exomicat drimus*

11 *Hic fluit ut Tigris rationis dogmate velox*
ET RÜTZ Text im Bild p. 68

12 *Hic fons inriguus vitalia dona ministrat*

13 *Hic Fortuna iaces casu prostrata ruinae*

14 *Hic fratrum numero memorantur nomina*

15 *Hic fuerat similis roseo Cupidine vultu*

16 *Hic fuimus cari duo nos sine fine sodales*

17 *Hic fuit antistes Leucorum Stephanus olim*

18 *Hic fuit egregia genitus de stirpe parentum*
cf. *Hic est Germanus, voluit quem mater in*

19 *Hic fuit horridus ante locus Asteri*

20 *Hic fuit ille bonus multa multa probitate*

21 *Hic functionis est dies*

22 *Hic funus crudele situm, primaque iubenta*

23 *Hic furor hostilis templum violavit, iniquus*

24 *Hic geminae radiant veneranda volumina*
ETI CC 113A p. 213:3
EC ORTEGA p. 273
I MADOZ p. 220

25 *Hic gemini fratres iuncti dant membra*

26 *Hic gemini rutilant Libani de vertice fratres*
EC CC Cont. Med. 117 p. 32
I RICHÉ in: Iren u. Europa II p. 742
I STAUBACH Rex christianus p. 216-220
I WILLMES Herrscher-'Adventus' p. 82

27 *Hic genetrix Christi veneratur sancta Maria*

28 *Hic genetrix posita est, dudum famula*

29 *Hic Gislebertus praesul requiescit humatus*
B Clavis Galliae II p. 360
I DE MOREAU St.-Amand p. 29; 271

30 *Hic habeat fratrum semper sua vota minister*

31 *Hic habitasse (-are) prius sanctos*
ETMfacs. WALSER Einsiedler Inschriftenslg. p. 61; 232
TI DINKLER Gymnasium 87/1980 p. 1-37
I PIETRI Roma Christiana 1976 p. 522
I HACK Hagiographica 4/1997 p. 9-33

32 *Hic homines threnas asini suspiria fundant*
EC ROBERTINI p. 102

33 *Hic hominis pecora fugiunt varia feritatem*

34 *Hic hominum vitia blando sermone removit*

35 *Hic homo formatur pulchro sub agalmate*
ET BISCHOFF in: Bibbia di San Paolo p. 152
M KESSLER p. 34

36 *Hic homost omnium hominum praecipuos*

37 *Hic honor atque decus, hic sanctus pater et*
E PICARD Souvenir p. 363 n. 9

38 *Hic humilis tumulus merito cunctis*

39 *Hic iacent duorum sanctorum martyrum*

40 *Hic iaceo coniux Crati et Hilari dicta*

41 *Hic iaceo infelix Smyrna puella tenebris*

42 *Hic iaces extincta, matri (patri) gratissima*

43 *Hic iacet abrepta extremo funere coniux*
EC ICUR N. S. VIII p. 102s.:21306

44 *Hic iacet Almannus sophiae praeclarus*
B Clavis Galliae I p. 103

45 *Hic iacet ambigua pietas dolor et pudor in se*

46 *Hic iacet Anspertus, nostrae clarissimus*
E PICARD Souvenir p. 96 n. 274
TM BESTA in: Storia di Milano II p. 418 tab.; p. 420
I AMBROSIONI in: Medioevo e latinità p. 35ss.

47 *Hic iacet antistes sanctusque Novatus*

48 *Hic iacet Arnulfus regali stemmate fusus*

49 *Hic iacet Arpinas manibus tumulatus amici*
M Hss. Krakau 515s.; 518
M SOTTILI I Codici del Petrarca p. 264
M N. R. KER Medieval Manuscripts in British Libraries II 1977 p. 704
M COULSON Scriptorium 51/1997 p. 166

50 *Hic iacet Artemia, dulcis aptissimus infans*

51 *Hic iacet Aufidia Severina signo Florenti*
I MONTORSI Epigrafe modenese p. 157

52 *Hic iacet egregia meritis et gratia morum*

53 *Hic iacet egregium decus orbis atque*

54 *Hic iacet Eppo bonus de Sancto Monte*
E HECHT Wandmalerei I p. 31

55 *Hic iacet exanimis tumulis Aelia Sabina*

56 *Hic iacet exanimis tumulis Laberia Felicitas*

57 *Hic iacet exanimum dilectae corpus alumnae*

58 *Hic iacet exiguis Dionysia flebilis annis*

59 *Hic iacet eximius meritis venerabilis abba*
B Clavis Galliae I p. 22

60 *Hic iacet extinctus primo sub limine vitae*

61 *Hic iacet germanitas fratris atque sororis*

62 *Hic iacet Helpidius fatis exstinctus iniquis*

63 *Hic iacet Heraclius nimium dilectus amicus*
EC ICUR N. S. VIII p. 437:23538

64 *Hic iacet Hincmarus cleptes vehementer*
ET GODMAN Poetry p. 306s.
TC STELLA Poesia carolingia p. 270; 459s.
TI JEAUNEAU Études Érigéniennes p. 328
MI DUTTON in: Jean Scot Écrivain p. 56-59
I JEAUNEAU in: Jean Scot Écrivain p. 18
I SCHIEFFER in: Giovanni Scoto nel suo tempo 1989 p. 24
I VILLA Lectura Terentii I p. 96 n. 86
I BERSCHIN Gr.-lat. MA p. 147
I J. DEVISSE Hincmar I 1975 p. 9

65 *Hic iacet humatus vir in omni vita beatus*

66 *Hic iacet ille senex Augusta notus in aula*

67 *Hic iacet ille situs Marcus formonsior ullo*

68 *Hic iacet in tumulo Aur. Sabina pientissima*

69 *Hic iacet in tumulo Circe carissima amica*

70 *Hic iacet in tumulo felix venerabilis atque*

– *Hic iacet in tumulo genio celsus*
cf. *Hic iacet ingenio celsus*

71 *Hic iacet in tumulo quem flevit Rhetica tellus*

72 *Hic iacet inclusus Adalhardus nomine dictus*

73 *Hic iacet inclusus tetopi de stirpe creatus*

74 *Hic iacet indignus Flodoardus honore*
E JACOBSEN 1978 p. 83

75 *Hic iacet infelix fato deceptus iniquo*

76 *Hic iacet infelix proprio Cicercula nomen*

77 *Hic iacet ingenio celsus celeberrimus ore / [Quem titulis*

78 *Hic iacet ingenio celsus celeberrimus ore / [Qui pietate*

79 *Hic iacet insignis vir nomine Tutin humatus*
I Hrabanus Maurus p. 90

80 *Hic iacet Iohannes peccatur et indignus*

-a *Hic iacet Martinianus, qui laeta iuventae* [2

81 *Hic iacet Meteriola mihi dulcissima coniux*

82 *Hic iacet Ogygii Bacchi dei nota sacerdos*
E VIDMAN p. 211:433

83 *Hic iacet opertus cespite telluris in aula*
I MONTORSI Epigrafe modenese p. 153

84 *Hic iacet Optatus pietatis nobilis infans*

85 *Hic iacet quem vidis puer atque aetate*

86 *Hic iacet Restutus pereger in pace fidelis*

87 *Hic iacet Vetedinus pietatis nobilis infans*

88 *Hic iam nunc situs est quondam praestantius*

89 *Hic Iani mensis sacer est. en aspice ut aris*
ECI COURTNEY MusHelv 45/1988 p. 33-57
M MlatJb 16/1981 p. 420; WIC 7988a
M N. R. KER Medieval Manuscripts in British Libraries II 1977 p. 813
M PELLEGRIN Bibliothèque Vaticane II.2 p. 531
M BALLAIRA Prisciano p. 134
M GNEUSS Handlist 258

90 *Hic Iesum sanctas Simeon suscepit in ulnas*

91 *Hic igitur nullum lateat, quid terra retentat*

– *Hic illaesus olim servant hec tecta catenis*
cf. *Illaesas olim servant haec tecta catenas*

92 *Hic implent istud Christi iam verba libellum*

93 *Hic inhabitavit domini vestigia lambens*
ET GILARDI Syll. Turon. p. 204; 218

94 *Hic inhumata pridem carpenta lapsa*
EI FRIDH Eranos 83/1985 p. 67-81

95 *Hic inter numeror sacras vix sola sorores*
I GRÉGOIRE Settimane ... Spoleto 24/1976 p. 729

96 *Hic Iohannes, mire natus*

97 *Hic Iovis altisoni subito pinnata satelles*

-a *Hic Iovis imperio Martem Cyllenius ales*

98 *Hic iubet infantes occidere saevus Herodes*

99 *Hic iuvenis Norica quondam regione serena*
I COURCELLE Lecteurs ... de l'Énéide p. 91; 478; 486
I GODMAN in: Charles the Bald p. 298
I BECHT-JÖRDENS in: Kloster Fulda p. 342-352
I BERSCHIN in: Kloster Fulda p. 318s.

00 *Hic iuxta sacram cum turibolo stetit aram*
E BERSCHIN p. 269

01 *Hic labor est gratus loca condere proxima*

02 *Hic labor est nostris vox dum sonat ecce*
E MGH Poet. 5 p. 643

03 *Hic lapis et tutamen erit post morte sepulcri*

04 *Hic lapis eximium corpus tegit ecce pusillus*

05 *Hic lapis ossa tegit miseri collecta Philonis*

06 *Hic, lector, subsiste parum, lege verba*

07 *Hic legentes octo pes sunt metro clare*

-a *Hic leo crudelis devicit iura leonis*
A inc. saec. IX?
M MGH Poet. 6 p. 228

08 *Hic Leo cum propria iudex uxore quiescit*

09 *Hic leo surgendo portas confregit Averni*
EM KOEHLER/MÜTHERICH V p. 183 (facs. tab. 57)
EM facs. JEAUNEAU Études Érigéniennes p. 612; tab. 4b
M MÜTHERICH/GAEHDE p. 105:36
MI DUTTON/JEAUNEAU StudMed III 24/1983 p. 94; tab. 4b

10 *Hic Leo vir sanctus sociatur pace beatis*

11 *Hic levita iacet Dionysius artis honestae*

12 *Hic levitarum primus in ordine vivens*

13 *Hic liber egregii resplendet imagine Pauli*

14 *Hic liber est, Benedicte, tuus, venerande, per*
EB MUNK OLSEN Auteurs classiques I p. 476s.

-a *Hic liber est sancti benedicti floriacensis*
M DE MEYIER Codices Vossiani II p. 85

-b *Hic liber est scriptus, qui scripsit sit* [*benedictus* 2
A inc. saec. IX
EM Colophons 21859

15 *Hic liber est vitae, hic fons et origo librorum*

16 *Hic liber est vitae paradisi quattuor amnes*
B Clavis Galliae II p. 111s.
I HOFFMANN Buchkunst p. 20

17 *Hic liber est vitae quia vitam continet in se*
I BERSCHIN FMSt 14/1980 p. 303 n. 20

cf. *Heinricus Caesar cui non virtutibus est*

18 *Hic liber est vitae toto diffusus in orbe*
EI JACOBSEN in: Theophanu I p. 179; 187
M facs. Ornamenta Ecclesiae I p. 152
I BERSCHIN FMSt 14/1980 p. 303 n. 20

19 *Hic liber exiguus verbis sensu tamen altus*
E MUNK OLSEN Auteurs classiques I p. 251

20 *Hic liber officiis divinis scriptus habetur*
A inc. saec. X?
MB HOFFMANN Buchkunst p. 376

21 *Hic licet indignus monachus tamen Ardo*
B Clavis Galliae I p. 185

22 *Hic locus ecce tenet congestos rite sepulcris*

23 *Hic locus ecce tenet sanctorum condita rite*

24 *Hic locus est, veneranda penus qua conditur*

25 *Hic locus hospitibus pateat venientibus ultro*
B Clavis Galliae II p. 424

26 *Hic locus, ut fertur, dudum Iuvavo vocatus*

27 *Hic loquitur codex. In honore Basilei cosmi*

28 *Hic Lucae evangelium Paulus commendat*

29 *Hic Lucianus cum bona pace quiescit*

30 *Hic lupus ante rapax vestitur vellere molli*
I SCHALLER Studien p. 209

31 *Hic magnis meritor micans, hic prima*

32 *Hic manet interius divinae legis amator*
E HECHT Wandmalerei I p. 24
M DE MEYIER Codices Vossiani VI p. 263

33 *Hic Mariam claro Gabrihel sermone*
B Clavis Galliae I p. 244
I STELLA Poesia carolingia p. 172-174

34 *Hic matri domini sociaris, sancte Gregori*

35 *Hic matris cineres sola sacravimus ara*

36 *Hic Mauri primum, medium describit et*

37 *Hic Maxima iacet nunc Vidia funere acerbo*

38 *Hic Maximinus caelesti teste probatus*

39 *Hic me custodem fecundi vilicus horti*

40 *Hic me florentem mei combussere parentes*

41 *Hic mentem dedit Icariae Tritonia Pallas*

42 *Hic mihi cara pio tegitur coniux ecce*

43 *Hic mihi semper dolor erit in aevo*

44 *Hic mihi servitium video dominamque*

45 *Hic mihi sunt sedes aeterna pace colendae*

46 *Hic miser Antheros posuit duo corpora*

47 *Hic monachis longos tribuas pia vota per*

48 *... hic monachus meritis nec nomine dignus*
M facs. K. FORSTNER Das Verbrüderungsbuch v. St. Peter in Salzburg 1974 p. 33s.; tab. 35
I HOFFMANN Buchkunst p. 75

49 *Hic monachus situs est Landolfus stemmate*

50 *Hic mulus geminum pecus est, sed corpore*

51 *Hic mundi caelique sedet rex summus et*

52 *Hic mundi species perituri picta videtur*

53 *Hic muro tectum impositum patet atque*

54 *Hic murus salvator adest invictaque porta*

55 *Hic natos caramque tuens ex munere*

56 *Hic natus passus surgens scandensque*
B Clavis Galliae I p. 244
I STELLA Poesia carolingia p. 172-174

57 *Hic Noe dilectus domino sibi fabricat arcam*

58 *Hic normam sancti recitat lector Benedicti*

59 *Hic nova qui celsae fundavit moenia Troiae*

60 *Hic ... nullo stomachante veneno*
ETI S. SCHOLZ Die Inschr. d. Landkr. Bergstraße 1994 p. 7:3

61 *Hic nunc aeternas situs sum qui raptus in*

62 *Hic odorata iacent, hic spirant cinnama*
ETI CC 113A p. 231:20

– *Hic opifex mundi, verbo qui cuncta creavit*
cf. *Angelicam Dominus naturam*

63 *Hic Optata sita est, quam tertia rapuit aestas*

64 *Hic panis vitae satiavit milia quinque*

65 *Hic panis vivus caelestisque esca paratur*
ETI CIFM 17 p. 80:17

66 *Hic pansis dominus pendet manibus cruce*

67 *Hic paradisiacum sine tecto sternito campum*

68 *Hic pariter fratres domini cum laudibus [intrent / Quos pariter*
B Clavis Galliae II p. 435

69 *Hic pariter fratres domini cum laudibus [intrent / Semper in ore*
B Clavis Galliae II p. 438
I LILIENFELD in: Typus, Symbol p. 154 n. 32

70 *Hic parvi recubant Aichonis ossa sepulti*

71 *Hic Pastor medicus monumenta in martyris*

72 *Hic, pater alme virum, monachorum maxime*

73 *Hic pater ecclesiae, Romae decus, inclytus*
E Gregorovius Tombe dei Papi p. 27*s.
ETI FAVREAU p. 64-68; tab. 5
M SCHRAMM/MÜTHERICH Denkmale[2] p. 478
B Clavis Galliae II p. 351s.
I BAUER in: Kunst und Kultur in der Karolingerzeit II p. 521
I SCHALLER Studien p. 101 n. 41

74 *Hic pater egregius Aligernus pausat humatus*

75 *Hic pater egregius meritis Bonifatius almis*
B Clavis Galliae II p. 336s.
I HAUCK Taufpfalzen p. 32

76 *Hic pater egregius Vedastus corpore pausat*
B Clavis Galliae II p. 355

77 *Hic pater et mater posuerunt ossua nati*

78 *Hic pater et natus recubant Marquardus et*

79 *Hic pater et pastor humilis doctusque*
TI 1200 Jahre Dom zu Salzburg. Fs. zum 1200jährigen Jubiläum des Domes zu Salzburg 1974 p. 80
I HAIDER MIÖG 80/1972 p. 45

80 *Hic pater et pastor magnus, Christique*
B Clavis Galliae II p. 363s.
I KAHL in: H. DOPSCH/R. JUFFINGER Virgil von Salzburg 1985 p. 117
I WOLFRAM in: H. DOPSCH/R. JUFFINGER Virgil von Salzburg 1985 p. 342 n. 5

81 *Hic pater exceptor, lector, levita, sacerdos*

82 *Hic pater indignum se visibus asserit altis*

83 *Hic pater insignis Liutwinus, fons pietatis*

84 *Hic pater insignis meritis Hieronymus almis*
E MGH Poet. 5 p. 685
E JACOBSEN in: Theophanu I p. 187
M facs. Ornamenta Ecclesiae I p. 232

85 *Hic patriae planctus simul et miserabile*
I PABST Prosimetrum p. 794

86 *Hic patriarcha pius sedeat summusque*
B Clavis Galliae II p. 434

87 *Hic patrii sceleris purgatus noxa Severus*

88 *Hic patris antiqui condigno nomine Iusti*
ETI CIFM 17 p. 69:4

89 *... hic patronae cum disiecta ossa iacerent*

90 *Hic patrum teneat modum humilis abba*

91 *Hic Pauli dignos magni celebramus honores*

92 *Hic Paulinus ovans toto requiescat in aevo*
B Clavis Galliae II p. 39

93 *Hic pausat praesul pius eximiusque*

94 *Hic pax eterna moretur*

95 *Hic peregrinorum laetetur turba receptu*

96 *Hic Perusina sita est, qua non pretiosior ulla*
ET HÄUSLE Denkmal p. 94

97 *Hic Petrus ecclesiae pastor sortitur honorem*

98 *Hic Petrus et Paulus, mundi duo lumina*

99 *Hic Petrus et Paulus, quadrati luminaria*

00 *Hic Petrus Iunior Christi concepta secutus*
ET NAUERTH p. 312

01 *Hic pia Christophori quiescunt membra*
E GREGOROVIUS Tombe dei Papi p. 38*

02 *Hic pia pacifici memoratur passio Christi*
B Clavis Galliae I p. 244s.
I STELLA Poesia carolingia p. 172-174
I CHAZELLE The Cross p. 70

03 *Hic pia surgentis veneranda est gloria*
B Clavis Galliae I p. 245
I STELLA Poesia carolingia p. 172-174
I CHAZELLE The Cross p. 70

04 *Hic pietas, hic alma fides, hic gloria Christi*

05 *Hic pietas, hic prisca fides, hic integra vita*

06 *Hic pietatis honor: veteris stat gratia facti*

07 *Hic pietatis honos, haec sunt pia dona mariti*

08 *Hic pius ad triplicem tria cancellarius usum*

09 *Hic plantata olerum pulchre nascentia*
TI BERSCHIN Eremus p. 19
I BERSCHIN Freiburger Diözesan-Archiv 104/1984 p. 8s.

10 *Hic Pomptilla iacet. cineres pia cura*

11 *Hic Pontianus Fabianum turbine*

12 *Hic populi leges saxi sub mole sepultae*

13 *Hic populis nostris, cleroque, sacrisque*

– *... hic posita est clarissima femina*
cf. *Paulina hic posita est*

14 *Hic positis membris purus perrexit ad*

15 *Hic positus caeli transcendit culmina Paulus*

16 *Hic positus iuvenis quondam virtute beatus*

17 *Hic postquam Danaum longe cedentia vidit*

18 *Hic posuit cineres genetrix castissima prolis*
M SIMS-WILLIAMS Anglo-Saxon England 10/1982 p. 28 n. 39; p. 30s.
M GNEUSS Handlist 938
I SCHALLER Studien p. 187

19 *... hic posuit, sed funere acerbo*

20 *Hic praeco insignis Christi et baptista*

-a *Hic praesul Peredeus intus corpore pausat* [11
A inc. saec. IX
E PICARD Souvenir p. 361s. n. 6

21 *Hic precibus nostris Michael archangelus*
B Clavis Galliae II p. 415

22 *Hic pretiosa magi sub virginis ubere Christo*

23 *Hic Priami non est tumulus nec condor in*

24 *Hic primo ecclesiam struxit, Adalhuno*

-a *Hic primum subito non sumpsit laude* [*coronam*
I MORDEK in: J. JARNUT/U. NONN/ M. RICHTER Karl Martell in seiner Zeit 1994 p. 350
cf. *Saeva vorax nil posse*

25 *Hic princeps triplicis requiescit Acardus*

26 *Hic prior antistes vestigia parva reliquit*

27 *Hic prius abiectus, fit postea pastor honestus*

28 *Hic probitatis apex, hic status gloria prisci*
B Clavis Galliae I p. 245

-a *Hic profert geminas de se sors una sorores* [17
A Adso: Versus de dasian et silen
E A. VERNET Langue et Littérature Latines du Moyen Âge, AEPHE 4e section, Rapp. 1966-67 [1967-68] p. 345-347
B Clavis Galliae I p. 49s.
B CALMA I p. 48

29 *Hic prologi finis. Tituli hinc ex more*

30 *Hic psalmus titulo primus sine cernitur esse*

31 *Hic puella iacet primis cito rapta sub annis*

32 *Hic puer insignis Cyricus cum matre Iulitta*

33 *Hic puer octavo fraudatus clauditur anno*

34 *Hic pueri discant senioris ab ore magistri*
B Clavis Galliae II p. 416
I CHASE in: Insular Latin Studies p. 141; 148

35 *Hic quando Telethusa circulatrix*

36 *Hic quatitur totus terrae globus undique*
A Ekkeh. IV.?
M HOFFMANN Buchkunst p. 368 n. 3

37 *Hic, quem cernis, Athos inmissis pervius*

38 *Hic quem claudit (velat, tegit) humus oculis*
E GREGOROVIUS Tombe dei Papi p. 43*
I SKUBISZEWSKI CCM 28/1985 p. 171

39 *Hic quem videtis gressibus vagis lentum*

40 *Hic qui dura sedens porrecto saxa leone*

41 *Hic qui libellis praegravem gerit laevam*

42 *Hic qui Melchisedech et dilatavit Iafeth / [Arte*
MB HOFFMANN Buchkunst p. 490
I JACOBSEN in: Theophanu I p. 183

43 *Hic qui Melchisedech et dilatavit Iafeth / Et*
M STRECKER ZfdA 69/1932 p. 113
I TRIBOUT DE MOREMBERT in: Saint Chrodegang 1967 p. 194
I JACOBSEN in: Theophanu I p. 183
I BERSCHIN Biographie IV p. 200 n. 574

44 *Hic quicumque cubat, defendat dextera*

45 *Hic quicumque lavat faciem, peccamina*

46 *Hic quicumque preces domino vel munera*

47 *Hic quidam levita cubat sub tegmine ponti*

48 *Hic quidam residet calamis ornatus honestis*

49 *Hic quiescit ancilla dei, quae de sua omnia*

50 *Hic quietus recubat felicis sorte Naustia*

51 *Hic quondam Ianuaria sita, quam docuisse*

52 *Hic quoque Caietam sepelit, tum deinde*
M COULSON Scriptorium 51/1997 p. 166
I SCHETTER Hermes 116/1988 p. 343-357

53 *Hic quoque commemorat metrorum comma*
I HAUCK Taufpfalzen p. 60

54 *Hic quoque Iacobus cretus genitore vetusto*
I HAUCK Taufpfalzen p. 60

55 *Hic quoque Liciniae tumulus totidemque*
EC ICUR N. S. VIII p. 383:23221

56 *Hic quoque mensis habet dubias in nomine*

57 *Hic quoque, qui astatis, cervices flectite*
I COURCELLE Lecteurs ... de l'Énéide p. 115

58 *Hic quoque sanctorum pausant duo corpora*
B Clavis Galliae II p. 364

59 *Hic quoque sarcocolam, campos quae*

60 *Hic quoque sunt igitur Graiae - quis*

61 *Hic, Radulfe, iaces, ploratus publicus urbi*

62 *Hic raphanum radice potens latoque*

63 *Hic recubans iugiter spem tendat ad aethera*

64 *Hic recubat dignus Christo levita sacratus*

65 *Hic recubat eximius Samuel illustrissimus*

66 *Hic recubat lepidus martyr doctorque*

67 *Hic redolere solent autumni pendula mala*

68 *Hic regina, dei genetrix, pia virgo Maria*
B Clavis Galliae II p. 455

69 *Hic Regina sita est tali contecta sepulcro*

70 *Hic Reginensis sedis vocitatur ab urbe*

71 *Hic reliciae Pelopis: sit tibi terra lebis*

72 *Hic reparandarum generator fons animarum*
I BULST Lat. MA p. 14s.
I BULST in: Fs. BIELER 1976 p. 84s.

73 *Hic replicat Moyses legem suadetque*
ET BISCHOFF in: Bibbia di San Paolo p. 157

74 *Hic requiem inveniat famulantum turba*

75 *Hic requies data Hloderici membra*

76 *Hic requiescit Eris coniux castissima frugi*

77 *Hic requiescit in pace Mercasto*

78 *Hic requiescit in tumulo cui decies quina*

79 *Hic requiescit Superbus, tantum in nomine*

80 *Hic reserat scriptis superni mysteria fontis*
ETI RÜTZ Text im Bild p. 78; 132

81 *Hic residens solio Christus iam victor in alto*
ETI VON EUW in: Theophanu I p. 214
M facs. VON EUW in: Theophanu I p. 213 tab. 19

82 *Hic resident summi Christo cum iudice*
E HECHT Wandmalerei I p. 25
I STELLA Poesia carolingia p. 185

83 *Hic residet Christus virtutum stemmate*
EMI facs. DUFT St. Gallen I Frontispiz; p. 243; 248
M V. D. STEINEN Homo caelestis II 1965 tab. 5
M MENZ-VONDER MÜHLL FMSt 15/1981 p. 392

84 *Hic residet Karolus divino munere fultus*
EM facs. JEAUNEAU Études Érigéniennes p. 609; tab. 2a
EM KOEHLER/MÜTHERICH V p. 175
M BIERBRAUER p. 128; tab. 521
M I. NESKE Kat. d. lat. Hss. d. Bayer. Staatsbibl. München (Clm 28615a-28786) 1984 p. 130
M SCHRAMM/MÜTHERICH Denkmale[2] p. 480
M MÜTHERICH/GAEHDE p. 106:37
MI DUTTON/JEAUNEAU StudMed III 24/1983 p. 91s.; tab. 2a
I STAUBACH Rex christianus p. 262-264; 268; 278; 303
I STAATS Reichskrone p. 62
I KELLER FMSt 19/1985 p. 303 n. 60

85 *Hic retinet corpus Ruodulfi tellus humatum*

86 *Hic rex Heinricus nulli probitate secundus*

87 *Hic rogo pauxillum veniens subsiste viator /* [*v. 3 Quod nunc*
M GNEUSS Handlist 12

88 *Hic rogo pauxillum veniens subsiste viator /* [*v. 3 Ut tua*
M JEAUNEAU Études Érigéniennes p. 602
B Clavis Galliae II p. 357s.
I GODMAN StudMed III 20/1979 p. 580s.
I DUTTON/JEAUNEAU StudMed III 24/1983 p. 84ss.
I CONSOLINO Romanobarbarica 7/1982-83 p. 123
I BERSCHIN Biographie III p. 180
I CHASE in: Insular Latin Studies p. 136-152

89 *Hic Romani regis pater et defensio legis*

90 *Hic roseus laricomi torriminis crepitat rogus*

91 *Hic rutilat species Nithardi picta sagacis*
I HOFFMANN Buchkunst p. 7

92 *Hic sacer atque ferox, nimium crudelis et*

93 *Hic sacer in tumba pausat cum corpore*
I LAPIDGE/ROSIER p. 16

94 *Hic sacra beati membra Cumiani solvuntur*
M facs. ROMANINI Settimane ... Spoleto 22/1975 tab. XIV
I JACOBSEN in: Iren u. Europa I p. 450 n. 43
I MONTORSI Epigrafe modenese p. 147

95 *Hic sacros calamo scriptor sulcante libellos*

96 *Hic sacrum tegitur Landulphi corpus*
E PICARD Souvenir p. 95 n. 272

97 *Hic sal et corpus, sanctorum hic pignora*

98 *Hic sanatur inops virtutis corporis hydrops*

99 *Hic sanctum corpus lectoris Pauli quiescit*
M ICUR N. S. VI p. 250:17106

00 *Hic Sarra latitans casulae post ostia risit*

01 *Hic sata sancta iacit, redeat quis fruge*

02 *Hic Saulum dominus caecat, hinc fundit in*
M facs. La Neustrie p. 237
M KESSLER p. 122

03 *Hic scarus, aequoreis qui venit adesus ab*

04 *Hic sedeant sacrae scribentes famina legis*
ET GODMAN Poetry p. 138s.
ET J. STIENNON Paléographie du moyen âge 1973 p. 285
T ÖBERG Poetry p. 133
B Clavis Galliae II p. 416s.
I CHASE in: Insular Latin Studies p. 143s.
I IRVINE Textual Culture p. 330s.
I H. FICHTENAU Beiträge zur Mediävistik II 1977 p. 117
I KLEIN Gnomon 60/1988 p. 592

05 *Hic sedeo incanto matutinos*

– *Hic sedet ingenium veterum dialectica*
cf. *Scribam quod verum devitans*

06 *Hic seducta fuit mulier, seductus et Adam*

07 *Hic Severa sita est Virusi nepotula cara*

08 *Hic sex discipulos trames describit honoros*

09 *Hic sibi constituit tumulum iussitque reponi*
E GREGOROVIUS Tombe dei Papi p. 26*

10 *Hic sibi constructa tumulatur Petrus in urna*

11 *Hic Silvina sita insons ...*

12 *Hic simul Andreas templum tutabitur ara*
A Aldh.: carm. eccl. 4.3
E MGH AA 15 p. 22
I HAUCK Taufpfalzen p. 60

13 *Hic sine domatibus paradisi plana parantur*

14 *Hic sine luce natus sputo lutoque linitus*
E HECHT Wandmalerei I p. 82; II tab. 208-216
ETC BERSCHIN MlatJb 29.2/1994 p. 3-17

15 *Hic sistimus cum precibus*
I SMOLAK Wiener Studien 99/1986 p. 270

16 *Hic sit sub pedibus tibi, Maginare, magistri*
B Clavis Galliae II p. 363

17 *Hic sita est Amymone Marci optima et*

18 *Hic sita quae fuerat Samiaria dulcis Hypora*

19 *Hic sita quae vixi duodetriginta per annos*

20 *Hic sita quae vixit castissima fida marito*

21 *Hic sita Reginae famula est cognomine*

22 *Hic sita sum matrona, genus nomenque*

23 *Hic sita sum properans quae liqui gaudia*

24 *Hic sita sum quae frugiferas cum coniuge*

25 *Hic sita sunt pia natorum duo corpora cara*

26 *Hic situs Amphion ereptus prima iuventa*

27 *Hic situs est abbas H. praeclarus ubique*

28 *Hic situs est aris dignus adesse sacris*

29 *Hic situs est claro quondam qui nomine*
EI MARROU REA 54/1953 p. 326 (= MARROU p. 105-110)

– *Hic situs est Crescens, quattuor qui*
cf. *Hic situs ... mensibus actis*

30 *Hic situs est forma ...*

31 *Hic situs est infans Victor desertus ab annis*

32 *Hic situs est iusti iudex laudator et aequi*

33 *Hic situs est iuvenis, primo qui flore iuventae*

34 *Hic situs est Marcus Flavonius ille magister*

35 *Hic situs est primeus qui vixit*

36 *Hic situs est quondam Gelli pars maxima*

37 *Hic situs est quondam iuvenis generoso*

38 *Hic situs est Rufus, pulso qui Vindice*

39 *... hic situs est simul et pia Iulia coniunx*

40 *Hic situs est Varius cognomine Frontonianus*
ET HÄUSLE Denkmal p. 117

41 *Hic situs Euphrosynus qui vixit semper*

42 *Hic situs ... finita luce quiescit*

43 *Hic situs ille ego sum merulator Publius ipse*
I MONTORSI Epigrafe modenese p. 157

44 *Hic situs in tumulo genitus nomenque*

45 *Hic situs ... mensibus actis*

46 *Hic situs Silbius, ecclesiae sanctae minister*

47 *Hic sonoreus alma mactat sepherus robora*

48 *Hic soror et frater vivi sunt plaga parentis*

49 *Hic speciosa condita simul cubat cum filia*

50 *Hic Stephani pulchro conduntur membra*
ETI CIFM 15 p. 58:55

51 *Hic Stephanus martyr, martyr Laurentius*

52 *Hic stigmata aeterna Acte libertae scripta*

53 *Hic sum Bassa sita pia filia, virgo pudica*

54 *Hic sum Blandus in hoc sepulcro*

55 *Hic sum positus qui semper sine crimine vixi*

56 *Hic sunt insignes sancti, quos insula nostra*
B LAPIDGE/SHARPE p. 194:722
B SHARPE nr. 239

57 *Hic super ossa cineresque tuos bene dicta*

58 *Hic supplex Hadauuih Pinnosae virginis*
E MGH Poet. 5 p. 675
MB HOFFMANN Buchkunst p. 145

59 *Hic tendens Hiericho spoliatur ab hoste*

60 *Hic tenera insontis quiescunt membra ...*

61 *Hic tenet hospitium memorandae corpus*
M R. REICHE Ein rhein. Schulbuch aus dem 11. Jh. 1976 p. 154ss.

62 *Hic Teudefredi condita*

63 *Hic Theoderici Francorum tempore regis*

64 *Hic θεοτοκος sanctae versatur sermo Mariae*

65 *Hic Thomas colitur, tetigit qui vulnera*
B Clavis Galliae II p. 456
I COENS AnBoll 77/1959 p. 387

66 *Hic Thomas, Didymus nomen sortitus*
I HAUCK Taufpfalzen p. 60

-a *Hic tibi cantori sunt cuncta sequentia [praesto* 2
E AH 47 p. 11
EM HOLSCHNEIDER Winchester p. 88; 145; tab. 5

67 *Hic tibi ceu natus, mater, famuletur amatus*

68 *Hic tibi donatur panda ruber urceus ansa*

69 *Hic tibi nocturnos praestabit cereus ignis*

70 *Hic tibi qui rostro crescentia lilia mersit*

71 *Hic titulus pueri casos describit iniquos*

72 *Hic titulus teget diaconum Emilium, quem*

73 *Hic tu per stratam pergens subsiste, viator*
EM JEUDY in: Scire litteras p. 222
B Clavis Galliae II p. 460s.

74 *Hic tua Mathildis Christi genetricis in alis*

75 *Hic tua sancta manus retinetur, vota*

76 *Hic tua, summe Pater, veneratur lucida*

77 *Hic tua, venerabilis Amate, requicunt*

78 *Hic tumulatur Adalmanus praesulque beatus*
E PICARD Souvenir p. 106 n. 319
ETI FAVREAU p. 98s.

79 *Hic tumulus Fructi sacer est, quem laedere*

80 *Hic tumulus parvus nil habet invidiae*

81 *Hic tumulus vatis conservat membra*

82 *Hic ubi Baiarum surrexit grata voluptas*

83 *Hic ubi congestis mons caeco Marte ruinis*

84 *Hic ubi conspicuis radiant nunc signa*
E SHACKLETON BAILEY nr. 201
I PFERSCHY MIÖG 97/1989 p. 292 n. 196
I CLOVER in: Das Reich und die Barbaren ed. E. K. CHRYSOS/A. SCHWARCZ 1989 p. 66-68

85 *Hic ubi Fortunae Reducis fulgentia late*

86 *Hic ubi sidereus propius videt astra colossus*

87 *Hic ubi tam claris laudantur moenia tectis*

88 *Hic umbrosa novos inter sclarega virores*

89 *Hic urbem sanctus Simeon penes*
B BHL 7962

90 *Hic utriusque gerit legis praecepta libellus*

91 *Hic vanam insano profertis corde querelam*

92 *Hic veneranda iacet Walburg, quae mente*
I LÖWE Settimane ... Spoleto 32/1986 p. 497

93 *Hic veneranda rudis sacrantur culmina*

94 *Hic ver purpureum viridantia gramina gignit*
ETC REYDELLET II p. 76
I GEORGE Venantius Fortunatus p. 101-

105
I GEORGE Eranos 86/1988 p. 55; 60ss.

95 *Hic Verus qui semper vere locutus*

96 *Hic victus fratrum cura tractetur honesta*

– *Hic vir ab exortu Petri est nutritus ovili*
cf. *Cur titulata diu torpuerunt*

97 *Hic vir despiciens mundum et terrena*

98 *Hic vir erat sanctus magna virtute Riochus*

– *Hic vir inaccessis tenuit contraria factis*
cf. *Da mecum gemitum singulti*

99 *Hic vir magnus erat, quondam dum corpore*

00 *Hic vitam functis, reparavit lumina caecis*
B Clavis Galliae I p. 161s.

01 *Hic volucrem Rhodani torrentis respice*

02 *Hic volucres, armenta, viros, genus omne*

03 *Hic volucrum pugna est, ubi Gallo caeditur*

04 *Hic votis paribus tumulum duo nomina*
E ICUR N. S. IX p. 7:23572

05 *Hic Warentrudis nimium veneranda quiescit*
I GEUENICH in: Fs. AUTENRIETH 1988 p. 57s.
I R. SPRANDEL Das Kloster St. Gallen in der Verfassung des karoling. Reiches 1958 p. 37 n. 47

06 *Hieronyme interpres, variis doctissime*
ETI CC 113A p. 219:8
M DE MEYIER Codices Vossiani VI p. 136
MI CORSANO Scriptorium 41/1987 p. 14
I MADOZ p. 221

07 *Hieronymi certus Paulae Eustochiove*
B BHL 6549

08 *Hieronymus fulget celsa virtute revoans*

09 *Hieronymus monuit postremi in fronte libelli*

10 *Hieronymus mundi celeberrimus exstat in*

11 *Hieronymus primum clausit hac parte*

12 *Hieronymus reserans dum mystica clausa*
MI SIMS-WILLIAMS Anglo-Saxon England 10/1982 p. 33s.
I SIMS-WILLIAMS Archivum Historiae Pontificiae 21/1983 p. 24
I SCHALLER MlatJb 12/1976 p. 21 n. 49

13 *Hieronymus velis secat aequora salsa*
ET BISCHOFF in: Bibbia di San Paolo p. 149s.
M KESSLER p. 88

14 *Hierusalem gloriosa, mater una martyrum*
I NORBERG Les vers iambiques p. 86; 92
I NORBERG MlatJb 19/1984 p. 68

-a *Hilarius cubat hac Pictavus episcopus una*

15 *Hildbertus, meritis qui fulsit episcopus almis*
EC CC Cont. Med. 117 p. 71
I STAUBACH in: Theophanu I p. 350 n. 52
I STAUBACH FMSt 20/1986 p. 556

16 *Hildebolde, tuae requies et gloria plebis*
M OLSEN RevHistTextes 9/1979 p. 99-103
I JEAUNEAU Études Érigéniennes p. 76; 540
I SCHALLER Studien p. 407

17 *Hildeboldus amat fratri succedere caro*

18 *Hildegard, rapuit subito te funus acerbum*
I HEIDRICH RhVjbl 52/1988 p. 11

19 *Hildirici regis fulget mirabile factum*

20 *Hilduino abbatum summo sit vita salusque*
B Clavis Galliae I p. 371-373

21 *Hinc ab alto aquosos amara ... campos*

22 *Hinc auctor vitae mortem moriendo peremit*

– *Hinc celer egrediens celeri mea charta*
cf. *Christe, pater mundi, saecli*

23 *Hinc Cereris ludi; non est opus indice*

24 *Hinc, cervisa, abeas: vocitatus nomine*
TC STELLA Poesia carolingia p. 272; 462ss.
M BALLAIRA Prisciano p. 311

25 *Hinc crux sancta potens caelo successit et*
I SZÖVÉRFFY Holy Cross p. 7
I FERRARI p. 361s.

26 *Hinc duodenus honor Iuda moriente minutus*

27 *Hinc est quod populus aurum quasi numen*

28 *Hinc gesta altisoni texuntur in orsa Leonis*

29 *Hinc Hormisda colit clerum, psallentia tradit*

30 *Hinc laeti surgunt Agathonis tempora patris*

31 *Hinc Maium aestivo primo sub sole calentem*

32 *Hinc Maximinus rite post apostolos*

33 *Hinc me deliciis, illinc me pascitis herbis*
T COOK p. 22

34 *Hinc pater exceptor lector levita sacerdos*
EI SCALIA StudMed III 18/1977 p. 45

35 *Hinc, pater o suavis, nunc cesset opinio talis*

36 *Hinc pia consilium pertractat turba salubre*

37 *Hinc pius Agapitus congesta ligamina rumpit*

38 *Hinc pius ecce domum salvator consecrat*

39 *Hinc Pontianus iura supplet regminis*

40 *Hinc primo ecclesiam struxit Adalhuno*

41 *Hinc primus extat Aeacus Iovis proles*

42 *Hinc prorsus dicunt demensi corporis ursum*

– *Hinc puer exceptor lector levita sacerdos*
cf. *Hinc pater exceptor*

43 *Hinc repetita sacri gradiens per moenia*

44 *Hinc sacra succedunt Adriani iura secundi*

45 *Hinc sitis atque fames fugiunt, properate*

46 *Hinc subit ad modicum vates Bonifatius*

47 *Hinc subsequar ordinem signorum*

48 *Hinc tibi consistant virtutes quattuor istae*

49 *Hinc ubi multiplicis ferimus praeconia laudis*
ET BERSCHIN/KLÜPPEL Heiligblut-Reliquie p. 38s.
I PABST Prosimetrum p. 634-636

50 *Hinc ubi protulerit formosa ter Hesperus ora*

51 *Hinc ululansque lupus, rugens et vilis asellus*

– *Hinc votis paribus tumulum duo nomina*
cf. *Hic votis paribus*

52 *Hippolytus fertur premerent cum iussa*

53 *Hippothoum Pyleumque tenet gremio infima*

54 *His actis domini famulus remeavit ad orbem*
I GODMAN MedAev 50/1981 p. 224

55 *His Aquileia ducem illum distinavit in oris*

-a *His caveas ne quid proprio de sanguine [demas*
TI LAUSBERG Das Einzeldistichon p. 351s.
cf. *Bis deni binique dies*

– *His concepta deum tenuit discordia mensas*
cf. *His contempta deum*

56 *His constat Veneri praelatae gratia formae*
TI LAUSBERG Das Einzeldistichon p. 351s.

57 *His contempta deum tenuit Discordia*
TI LAUSBERG Das Einzeldistichon p. 351s.

58 *His dictis gallum milvum rapuisse ferebant*
TI ZIOLKOWSKI Talking animals p. 112ss.

59 *His ego litterulis domini deposco salutem*
I SCHALLER Studien p. 410

60 *His, fateor, colaphos, alapas tu sumere*
I MANITIUS I p. 402

61 *His foribus carae recubant mihi coniugis*

62 *His igitur causis signorum nocte revisis*

63 *His incitatos orbe toto fomites*
B BHL 7544

64 *His ita decursis, haec rescribuntur ad ista*

65 *His ita dispositis mirabili in orbe videbis*

66 *His operum formas deus exemplaribus*
A Hartw. (saec. XI)
ETI RÜTZ Text im Bild p. 37; 150; 155
I BISCHOFF in: Verf. Lex.[2] III c. 530s.

67 *His pater ac mater maestum solantur*

68 *His placidus dictis aurem praebeto paternis*

69 *His poterit sollers signatum discere cantum*
E J. SMITS VAN WAESBERGHE School en

Muziek in de Middeleeuwen 1949 p. 85
M KLEIN StudMed III 32/1991 p. 846

70 *His quoque discipulos mulcebat plausibus*
I JEAUNEAU Études Érigéniennes p. 73

71 *His rebus vitri patet effectus pretiosi*

72 *His semper verbis opus est sub pectore fixis*

73 *His solidata fides, his est tibi, Roma, catenis*
M GNEUSS Handlist 938
B Clavis Galliae II p. 463s.
I SCHALLER Studien p. 187-189

74 *His tegitur terris Antonia, quam generavit*

75 *His tibi de mulis non est metuenda ruina*

76 *His tibi versiculis, abbas venerande, gemellis*
B Clavis Galliae I p. 322

77 *His tibi versiculis, doctor sanctissime Degan*
I COURCELLE Lecteurs .. de l'Énéide p. 228
I TREMP Thegan p. 4; 9; 15

78 *His tu parce locis, alter amicus adest*

79 *Hisce locis Flori requiescunt ossa sepulta*

80 *Hispaniae figunt paribus vestigia curis*

81 *Hispidus tota facie atque membris*
TBI STOTZ Sapph. Dichtung p. 19; 180; 182-184

82 *Historiam Gyldae Cormac sic perlege*

83 *Historias primo rerum canit ordine Clio*

84 *Historias rerum, et transacti tempora saecli*
ETI CC 113A p. 223:12

85 *Histrio iam senior turpis, gravis, asper*
E FUCHS MusHelv 31/1974 p. 179

– *Hoc adhibe vitae quo possis vivere sanus*
cf. *Hoc bibe quo possis*

86 *Hoc adiens templum genetricis Virginis*
A Oliba Rivipullensis
ET MUNDÓ/MEDINA in: RICO/MUNDÓ Ripoll p. 60

87 *Hoc agere est causas, hoc dicere, Cinna*
I BERSCHIN Gr.-lat. MA p. 158

88 *Hoc agitat turtur ...*

89 *Hoc agite sultis, spectatores, nunciam*

90 *Hoc agni cratere sacro potantur et haedi*
M QUESTA in: Il Libro e il Testo p. 385
B LAPIDGE/SHARPE p. 199:737
I MEYERS MA 93/1987 p. 90

91 *Hoc, Aiulfe, tibi, praesul sanctissime, mitto*
M DE MEYIER Codices Vossiani VI p. 136
I SCHALLER MlatJb 18/1983 p. 65s.
I GODMAN FMSt 19/1985 p. 248-250
I VIARRE in: Colloque présence d'Ovide ed. R. CHEVALLIER 1982 p. 267
I FRIED in: Charlemagne's Heir p. 253 n. 135
I SEMMLER in: Charlemagne's Heir p. 141 n. 161
I SCHALLER Studien p. 49-51; 53s.; 56

92 *Hoc Albrada locor, de pulvere pulvis, in*

93 *Hoc altare dei genetrix pia virgo Maria*
B Clavis Galliae II p. 398

94 *Hoc altare dei Michael archangelus ornat*

95 *Hoc altare dei praeclarus in orbe sacerdos*
B Clavis Galliae II p. 395

96 *Hoc altare deo dedicatum est maxime*

97 *Hoc altare deo fulget honore novo*

98 *Hoc altare deo primum Bonifatius ipse*
I SHEERIN RBén 92/1982 p. 313

99 *Hoc altare deo sanctae sub honore Mariae*

00 *Hoc altare dicant comites testesque tonantis*

01 *Hoc altare dicat Christi vere ecce sepulcrum*

02 *Hoc altare in honore Dei sanctaeque Mariae*

03 *Hoc altare pater praesul Hilarius ornat*
B Clavis Galliae II p. 392

04 *Hoc altare Petrus princeps Paulusque*

05 *Hoc altare pius servet Quintinus ab hoste*

06 *Hoc altare sacrum Domini venerabile*
A Oliba Rivipullensis
ET MUNDÓ/MEDINA in: RICO/MUNDÓ Ripoll p. 62

07 *Hoc altare suis meritis defendat ab hoste*
B Clavis Galliae II p. 410; 446

08 *Hoc altare tenens Bonifatius ipse sacerdos*

09 *Hoc altare tenent sanctus baptista Ioannes*

10 *Hoc altare tenet Christi symmista Iohannes / [Presbyter*
B Clavis Galliae II p. 426s.; 456

11 *Hoc altare tenet Christi symmista Iohannes / [Qui*

12 *Hoc altare tenet Gervasius atque Prothasius*

13 *Hoc altare tenet in domate rite Philippi*

14 *Hoc altare tenet sanctus baptista Iohannes*
B Clavis Galliae II p. 401

15 *Hoc altare tenet Stephanus, Laurentius atque*

16 *Hoc altare tenet Timotheus apostolus almus*

17 *Hoc altare tibi, caeli terraeque creator*
I CHAZELLE The Cross p. 72

18 *Hoc altare tibi constat, Martine, dicatum*
B Clavis Galliae II p. 405

19 *Hoc anno efficitur Notkerus abba benignus*

20 *Hoc Anulinae mei memorantur carmine*

21 *Hoc arboreum candelatis plasmatum est*

22 *Hoc, auguste, libro tibi cor deus induat, Otto*
TMI BAYER Aachener Kunstbll. 54-55/1986-87 p. 33s.; 41 n. 3
M facs. K. J. LEYSER Herrschaft und Konflikt 1984 tab. 2
I KELLER FMSt 19/1985 p. 292 n. 7; p. 304 n. 67; tab. XXVI
I HOFFMANN Buchkunst p. 86
I GAMESON Scriptorium 49/1995 p. 203 n. 120

23 *Hoc, Auguste, quidem tumulo tua membra*
E ICUR N. S. VIII p. 48:20919

24 *Hoc baptista potens teneat altare Iohannes*
B Clavis Galliae II p. 451s.

25 *Hoc Benedicti papae quiescunt membra*
E GREGOROVIUS Tombe dei Papi p. 41*s.

26 *Hoc, Benedicti, tibi Bernardus contulit*

27 *Hoc Benedictus pater constituit sacrum*

28 *Hoc bibe, quo possis, si vis tu, vivere sanus*

29 *Hoc busto tegitur tumulatus Franco sacerdos*
B Clavis Galliae I p. 290s.

30 *Hoc calamo atque stilo sulcamus iugera*

31 *Hoc caput inspexum benedicat pneuma*

32 *Hoc carmen cecinit Candidus, ecce*
B BHL 2441

33 *Hoc castae in tumulo iacet aetas prima*

34 *Hoc Christi famuli Bedani membra sepulcro*

35 *Hoc cinis exiguus tumulo requiescit humatus*

36 *Hoc claustro oblati pulsantibus associantur*

37 *Hoc clausus iacet in tumulo bonus Ardo*
B Clavis Galliae I p. 185s.

38 *Hoc conditorio regina Susanna quiescit*

39 *Hoc construxit opus, lector, quod cernis*
B Clavis Galliae I p. 162

40 *Hoc correxit opus domini ... Iusserat hoc*

41 *Hoc cui syroma placet, placeant simul haec*
E MGH Poet. 5 p. 668

42 *Hoc de Caesareis mittis vindemia cellis*

43 *Hoc decus altaris, monumentum dulcis*

44 *Hoc decus eximium pulchro moderamine*

45 *Hoc dedit Helgaudus Benedictus munus*

46 *Hoc defende tuis precibus Martine, sacellum*
B Clavis Galliae II p. 408

47 *Hoc deflet mundus, iacet hic quia corpore*
I JACOBSEN in: Theophanu I p. 178

48 *Hoc desiderium titulo coniux et amorem*

49 *Hoc, deus, in lecto fautor sis, posco, cubanti*
B Clavis Galliae II p. 64

50 *Hoc, dilecte comes, proprio argumenta*

51 *Hoc discunt omnes ante alfa et beta puellae*
M SILVESTRE in: Miscellanea MASAI 1979 p. 143
MI OLSEN RevHistTextes 9/1979 p. 57-62

52 *Hoc domini Caroli servantur membra*
ETI CIFM 17 p. 11:6

53 *Hoc Domini templum Petro fuit ante dicatum*

54 *Hoc dudum fuerat fanum per tempora prisca*

55 *Hoc ego ciborium statui, quod cernis*

56 *Hoc ego psalterium quod iure vocatur*
M facs. Dat. Hss. Schweiz III (Abb.) p. 317 tab. 735; tab. 736b

57 *Hoc ego sum in tumulo Primus notissimus*

58 *Hoc ego sum tumulo Marcianus redditus*

59 *Hoc Epios tumulo Cinipest cum fratre*

60 *Hoc erat in primis quod me gaudere iubebas*

61 *Hoc erat in votis: modus agri non ita*

62 *Hoc eremita sacer Antonius adstat ad altar*

63 *Hoc est factum monumentum / Maarco*

64 *Hoc est puella, quam delicato corpori*

65 *Hoc est quod nitido membrum completur*

66 *Hoc est servi facinus frugi facere*

67 *Hoc evangelicum devota mente libellum*
TM facs. Ornamenta Ecclesiae I p. 126

68 *Hoc evangelium, quod ponitur ordine [primum, / Hebraico*

69 *Hoc evangelium, quod ponitur ordine [primum, / Matheus*

70 *Hoc exstat tumulo, lector, qui conditus oro*
ETI CIFM 17 p. 86:21

71 *Hoc fabricavit opus Walpertus amore*
EB GRAY Latin Inscriptions p. 95:72

72 *Hoc faciunt vites, ut tanta pericula vites*

73 *Hoc fervore triumphantes Aquileia vidit*

74 *Hoc, Fortuna, tibi videtur aequum*

75 *Hoc Fridricus adest tumulo, quem Francia*

76 *Hoc fuit in primis templum quassante ruina*
E RUGO Iscrizioni II p. 65:85

77 *Hoc Gillebertus sub marmore pausat opertus*

78 *Hoc Gondacrus opus prosae contorsit ad*

79 *Hoc Hermannus opus statuit vir religiosus*

80 *Hoc, hoc sepulcrum respice*

81 *Hoc humata iacent Ioannis membra sepulcro*

82 *Hoc iacet humatum tumulo corpus superistae*
I NORBERG in: La Lexicographie du Latin Médiéval 1981 p. 80

83 *Hoc iacet humatus monachus licet Ardo sub*
B Clavis Galliae I p. 186

84 *Hoc iacet in busto sopitus nomine quidam*

85 *Hoc iacet in lapide Aurelia Marcellina*

86 *Hoc iacet in parvo magnus Crescentius*

87 *Hoc iacet in tumulo Armanni corpus fidelis*

88 *Hoc iacet in tumulo Christi dignissima virgo*
M DE MEYIER Codices Vossiani VI p. 263
I FREISE in: Memoria ed. K. SCHMID/J. WOLLASCH 1984 p. 537 n. 466

89 *Hoc iacet in tumulo coniux veneranda*

90 *Hoc iacet in tumulo monachus Atanasius*

91 *Hoc iacet in tumulo non flenda infantia*
ETC REYDELLET I p. 152

92 *Hoc iacet in tumulo Pippinus, rex*
I JACOBSEN in: La Neustrie II 1989 p. 152
I VILLA DA 51/1995 p. 40

93 *Hoc iacet in tumulo quem deflet Retica tellus*

94 *Hoc iacet in tumulo raptus puerilibus annis*

95 *Hoc iacet in tumulo sacra qui mystica*

96 *Hoc iacet in tumulo sacrata Georgia Christi*

97 *Hoc iacet in tumulo secura Glyconis honesto*

98 *Hoc iacet in tumulo tumulatus nomine Luto*

99 *Hoc iacet in tumulo vates imitator Homeri*

00 *Hoc iacet in tumulo venerabilis abba*

01 *Hoc iacet tumulo Lamyrianus quondam*

02 *Hoc in litoribus chobar concinnite planctus*

03 *Hoc in loco suo conditum est corpus meum*

04 *Hoc in sarcophago genetrix duo corpora*

– *Hoc in sarcophago iacet ecce Boetius arco*
cf. *In hoc sarcophago iacet*

05 *Hoc in sarcophago requiescunt membra*

06 *Hoc in signo moriturus pendet patris unicus*
M PELLEGRIN Bibliothèque Vaticane II.1 p. 384
M JEUDY MlatJb 29.1/1994 p. 3

07 *Hoc ipse exponat posco problema tibi*
B LAPIDGE/SHARPE p. 200:741

08 *Hoc itere invises sanctorum corpora fratrum*

-a *Hoc Karoli fuerat signum dum sceptra [regebat* 2
A inc. saec. XI
EI HOFFMANN Buchkunst p. 16

09 *Hoc lapide tegitur Aurelia Pia piissima*

10 *Hoc legite et felices vita plus minus este*

11 *Hoc loculo Irmingart Hludowici filia pausat*

12 *Hoc Marcellinus sub agone Petrusque*

13 *Hoc Matthaeus agens hominem generaliter*
ETI FAVREAU p. 150
M facs. La Neustrie p. 232
M facs. ROSENTHAL in: Fs. MÜTHERICH 1985 p. 146 tab. 1
M CIFM 8 p. 79s.:37

14 *Hoc Matthaeus aiens hominemque deumque*
EM KOEHLER/MÜTHERICH V p. 91 (facs. tab. 6a)

15 *Hoc membrum capula tibi, quod magis*

16 *Hoc merita adsequitur fratrum Felix*

17 *Hoc mihi noster erus sacravit inane*

– *Hoc modo grande / Maius inante*
cf. *Effuga regno*

18 *Hoc, Modoine, tibi Teudulfus dirigit exul*
ET KLOPSCH Lyrik p. 124
M DE MEYIER Codices Vossiani VI p. 136
I COURCELLE Lecteurs ... de l'Énéide p. 670
I WALLACE-HADRILL Frankish Church p. 219
I GODMAN FMSt 19/1985 p. 248-250
I VIARRE in: Colloque présence d'Ovide ed. R. CHEVALLIER 1982 p. 267
I RATKOWITSCH MlatJb 22/1987 p. 143
I SCHALLER MlatJb 27/1992 p. 93
I ZIOLKOWSKI Talking animals p. 46; 59s.
I FRIED in: Charlemagne's Heir p. 253 n. 132
I EHLEN in: Exil, Fremdheit ... p. 168-177; 218-220
I SCHALLER Studien p. 50s.; 53s.; 56; 70-72; 85 n. 42

19 *Hoc monimentum mausoleumque*

20 *Hoc natum tumulo pietas pauperrima texit*

21 *Hoc nemus aeterno cinerum sacravit honori*

22 *Hoc nemus, hi fontes, haec textilis umbra*

23 *Hoc nemus umbriferum crebris de flatibus*
M BALLAIRA Prisciano p. 311
B LAPIDGE/SHARPE p. 199:736

24 *Hoc nemus umbriferum pingit viridissima*

25 *Hoc nepos loco tenetur maximi viri*

26 *Hoc nituere viri egregii sub praesule plures*

27 *Hoc nomen hospes sei legis, ne vituperes*

28 *Hoc non una manus offert, pastor, tibi munus*

29 *Hoc nondum culto praesul iacet ecce*
EM BERGES/RIECKENBERG p. 105; 181

30 *Hoc nunc nos posito titulo nomenque tuemur*

31 *Hoc opus acceptum tibi sit, pie Galle, per*

-a *Hoc opus ad vestrum scripsi devotus*

[*honorem* 2
A inc. saec. IX
EM BISCHOFF Mal. Studien III p. 198

32 *Hoc opus Airardus, caelesti munere fretus*
I HOFFMANN Buchkunst p. 88

33 *Hoc opus ambonis auro gemmisque micantis*
ETI GIERSIEPEN p. 17:19
M SCHRAMM/MÜTHERICH Denkmale[2] p. 486

34 *Hoc opus argento pretiosum compsit et auro*
I MGH Poet. 5 p. 681

35 *Hoc opus Arnardus, Gauzlini iussa secutus*
I ELBERN Settimane ... Spoleto 39/1992 p. 871

36 *Hoc opus egregium caelesti nectare plenum*
I BAYER Aachener Kunstbll. 54-55/1986-87 p. 36
I SCHRAMM Kaiser, Könige u. Päpste I p. 84

37 *Hoc opus egregium Fardulfus fecerat abbas*
B Rep. Font. IV p. 432

38 *Hoc opus egregium, quo mundi summa*
E BIELER in: Proceedings of the Royal Irish Academy 64/1965 (Section C) p. 29

39 *Hoc opus exiguo quod cernis tramite, lector*
M Mailand, Ambros. O 95 sup. f. $34^{r/v}$

40 *Hoc opus exiguum diversis artibus actum*

41 *Hoc opus exiguum Maioli dogmate clarum*

42 *Hoc opus exiguum praesul clarissimus*
EI MORIN RBén 38/1926 p. 58s.

43 *Hoc opus exiguum puerili pollice scriptum*
EM Colophons 16631

44 *Hoc opus exiguum Walafridus pauper*
E MGH Capit. 2 p. 474

45 *Hoc opus eximium Bernwardi praesulis arte*
EM BERGES/RIECKENBERG p. 49; 172

46 *Hoc opus eximium gemmis auroque decorum*

-a *Hoc opus exstruxit Lanfrancus fieri iussit* [2
A inc. saec. IX?

EI MONTORSI Epigrafe modenese p. 155s.

47 *Hoc opus Harduinus fidens in rege Sabaoth*

48 *Hoc opus hic tridui modo sic finire cupivi*
B Clavis Galliae I p. 300-302
I KNAPP Tierepos p. 27

-a *Hoc opus, hoc carmen quod cernis tramite*
B Clavis Galliae II p. 145-148

49 *Hoc opus, hoc etenim non solum subtrahet*
B Clavis Galliae II p. 287s.
I SCHALLER in: Fs. BRUNHÖLZL 1989 p. 34 n. 34

50 *Hoc opus, hoc fuerat praeclaro praesule*

51 *Hoc opus illustris comitis clarescit Adulfi*

52 *Hoc opus in Christi monachus Guido fecit*

53 *Hoc opus in melius restaurans archisacerdos*

54 *Hoc opus ingenti constat sudore peractum /* [*Commenda*
EM Colophons 21993

55 *Hoc opus ingenti constat sudore peractum /* [*Quod*

-a *Hoc panthema pia celaverat ipsa Maria* 1
ET Ekkeh. IV. ed. HAEFELE p. 102

56 *Hoc pater Heldricus quod pinxerat ipse*

57 *Hoc pater infelix posuit pie nate merenti*

58 *Hoc patulo colitur ligno suspensus Iesus*

59 *Hoc pavimentum humilis abbas componere*
B Clavis Galliae I p. 162s.

60 *Hoc peplum fuerat Hludowici Caesaris olim*
M BALLAIRA Prisciano p. 139
B LAPIDGE/SHARPE p. 199:736
I HYAM in: Charles the Bald p. 157 n. 50

61 *Hoc per iter, rogito, qui pergis rite, viator*
ETI R. NEUMÜLLERS-KLAUSER Die Inschr. d. Landkr. Calw 1992 p. 2:2

62 *Hoc Petri et Simonis libro conflictus agonis*
M facs. VON EUW in: Fs. MÜTHERICH 1985 p. 81; 85 tab. 3

63 *Hoc pietatis opus fecit tibi, nate, sepulcrum*

64 *Hoc plures etiam vario quoque tempore*

65 *Hoc posita in tumulo pueri sunt ossa, viator*

66 *Hoc praestante deo, qui condidit omnia*
MB HOFFMANN Buchkunst p. 323

67 *Hoc pro continuo te, Galle, monemus amore*

68 *Hoc proculus Seiae Victorinae coniugi*

69 *Hoc qualecumque est Musa quod ludit mea*

70 *Hoc qui Nazarium libro fraudaverit almum*

71 *Hoc qui scire cupis iaceant quae membra*

72 *Hoc qui scripsit Surianus pedicavit Maevium*

73 *Hoc quicumque legis titulo rogo carmen*

74 *Hoc quicumque libro legis aptare conde sub*

75 *Hoc quicumque voles carmen cognoscere*

76 *Hoc, quod amare vocant, solve aut misceto*

77 *Hoc quodcumque vides, hospes, qua maxima*

78 *Hoc quoque composui Pelignis natus aquosis*

79 *Hoc quoque flabellum tranquillas excitat*

80 *Hoc quoque Gregorius patres de more*
M SCHMIDT Reichenau p. 164

81 *Hoc quoque, Tiresia, praeter narrata petenti*

82 *Hoc quoque, virgo dei genetrix veneranda*
I TREMP Thegan p. 122 n. 476
I GEUENICH in: Fs. AUTENRIETH 1988 p. 56

83 *Hoc Radoald coniux comitis prolesque*

84 *Hoc recubat busto semper memorabilis abba*
B Clavis Galliae I p. 153
I NELSON Politics and Ritual p. 224

85 *Hoc recubat tumulo Motharius ille sacerdos*

86 *Hoc recubat tumulo nuper confossus in isto*

87 *Hoc requies tumulo membrorum facta*

88 *Hoc, reverende sacer Iona, percurre*
B Clavis Galliae I p. 248s.

89 *Hoc ritu quidam cum coniuge vixit apud nos*

90 *Hoc rudis aurigae requiescunt ossa sepulcro*
E ALFÖLDY Inschriften p. 237:444

91 *Hoc sacer Heraclides limato famine praesul*

92 *Hoc sacer observat dilubrum Mathias almum*
I HAUCK Taufpfalzen p. 59

93 *Hoc sacro tumulo degit abbas Leonianus*
ETI CIFM 15 p. 132:130

94 *Hoc satus in viridi servatur flosculus arvo*
M DE MEYIER Codices Vossiani VI p. 265
I TREMOLI in: Aquileia e le Venezie p. 209
I JARNUT Francia 12/1984 p. 650 n. 30
I SCHALLER Studien p. 320 n. 34

95 *Hoc saxo in Christo requiescit episcopus isto*

96 *Hoc sceptrum, quod ab arbore est recisum*

97 *Hoc schedulum licet sit vili scriptu formatus*

98 *Hoc sepulcrum confrequent, a me qui sint*

99 *Hoc sermone deum concepit et edidit illum*

00 *Hoc sibi lusit opus de stamine floricolore*

01 *Hoc signo ruit umbra*

02 *Hoc signum iussit praesul componere Dido*
EI CONTRENI Laon p. 147
I QUADRI StudMed III 24/1983 p. 356ss.

03 *Hoc signum zabolus crucis exhorret*

04 *Hoc silicum tumulo iacet Ilisa corpore*

05 *Hoc simul in spatio, campo quo figitur imis*

– *Hoc sita sunt papae Bonefaci membra*
cf. *Postquam, mors, Christi pro nobis*

06 *Hoc situs est tumulo Carus fatis male raptus*

07 *Hoc situs est tumulo castus de semine casto*

-a1 *Hoc solium domnus Teodardus marmore [fecit* 3
E CIFM 12 p. 38:24

-a2 *Hoc solum vere dicam nihil esse figuras*

08 *Hoc spes et vitae nostrae monumentum*

09 *Hoc Stephani papae clauduntur membra*
E GREGOROVIUS Tombe dei Papi p. 36*

10 *Hoc subter iaceant defuncta cadavera*
M PASSALACQUA Codici p. 276

11 *Hoc sunt undeni bis quippe volumine libri*
EM Colophons 18808
MB HOFFMANN Buchkunst p. 237; 271
MI SCHUFFELS in: Bernward II p. 174ss.

12 *Hoc symmysta dei teneat altare Iohannes*
B Clavis Galliae II p. 399

-a *Hoc tegitur corpus venerandi praesulis*

13 *Hoc tegitur loculo divus et maximus Otto*
B MGH Poet. 5 p. 680
I STAATS Reichskrone p. 45
I CORBET Les Saints Ottoniens p. 60
I DEÉR Byzanz 1977 p. 188ss.

14 *Hoc tegitur tumulo comitissae corpus*

15 *Hoc tegor in tumulo quarti iam prodigus*

16 *Hoc templum Bugge pulchro molimine*
I STANCLIFFE in: Fs. WALLACE-HADRILL 1983 p. 155
I HAUCK Taufpfalzen p. 6ss.

17 *Hoc templum domini sacratum est nomine*

18 *Hoc templum sanctus primo fundavit Avitus*

19 *Hoc templum Stephani celebratur honore*

20 *Hoc textum dedit almo patri Teodricus*
EM Colophons 17652

21 *Hoc tibi Campani sudavit baca Venafri*

22 *Hoc tibi, Christe, deus vitae spes unica terris*
M GNEUSS Handlist 938
M ZANNA in: Poesia dell'alto medioevo p. 363
I SCHALLER Studien p. 135

23 *Hoc tibi, Christe, tuus venerande volumen*
M KOEHLER/MÜTHERICH VI p. 71

24 *Hoc tibi, Dalmathi, munus transmittit Oliva*

25 *Hoc tibi dat munus, deus omnipotens*

26 *Hoc tibi dat tumulum pietatis nomine mater*

27 *Hoc tibi de titulo, iuvenis Hincmare sacerdos*
I FUHRMANN in: Charles the Bald p. 238
I GIBSON/NELSON p. 238ss.

28 *Hoc tibi, Palladiae seu collibus uteris Albae*

29 *Hoc tibi, posco sacer, gratum sit carmen*

30 *Hoc tibi pro summo direxi munere signum*

31 *Hoc tibi quidquid id est longinquis mittit ab*

32 *Hoc tibi, Remigi, fabricavi, magne*
ETI FAVREAU p. 136
I HAMANN-MACLEAN Reimser Denkmale p. 114s.

33 *Hoc tibi restituit Siguald Baptista Iohannes*
EM RUGO Iscrizioni I p. 12:2

34 *Hoc tibi, Rufe, brevi properatum tempore*

35 *Hoc tibi sanctificans, apostole sancte*

-a *Hoc tibi sufficiat de trino nunc pater alme* [2
E JEAUNEAU Études Érigéniennes p. 663

36 *Hoc tibi Thesei populatrix misit Hymetti*

37 *Hoc titulum ornavit frater Rufus sociale*

38 *Hoc trophaeum Christi Egino pro luce*

39 *Hoc tumulata iacet pusilla puellula busto*
I HEIDRICH RhVjbl 52/1988 p. 11

40 *Hoc tumulo Baioli conduntur membra sepulti*
M ICUR N. S. VI p. 59s.:15795

41 *Hoc tumulo cineres atque ossa novissima*

-a *Hoc tumulo domnus Salomon requiescit*
A inc. saec. X?: epitaph. Salomonis
ETMFAVREAU p. 69-71; tab. 7

42 *Hoc tumulo magni Fulconis membra*

43 *Hoc tumulo, Pontiane, iaces, secure laborum*

44 *Hoc tumulo positum est Ingenui filia Flora*

45 *Hoc tumulo sacrata deo nunc membra*

46 *Hoc tumulo tegitur crudeli morte peremptus*

47 *Hoc turba in tumulo mei parentes*

48 *Hoc vas impletum vertatur mox in acetum*
MI facs. DUFT in: Fs. HAEFELE 1985 p. 88 (tab.)

49 *Hoc vas marmoreum custos reparavit*

50 *Hoc verum est, tota te ferri, Cynthia, Roma*

51 *Hoc vide, vide et vide, ut possis plura videre*

52 *Hoc vigilanter ara studio votoque sagaci*

53 *Hoc voluit aeterna superum fortuna*

54 *Hoc votum Christo solvit cum plebe sacerdos*
ET NAUERTH p. 292

55 *Hocce decus gemmis, Cosma Damianeque*

56 *Hoccinest credibile aut memorabile*

57 *Hodie beatissimus / Athleta Christi*

58 *Hodie caelesti sponso / iuncta est ecclesia*

59 *Hodie cantandus est nobis puer*
ET OCHSENBEIN in: St. Gallen II p. 142-144
T J. DUFT Weihnacht im Gallus-Kloster 1986 p. 30
M St. Gallen II p. 145 tab. 2
M FILL Hss. Kremsmünster I p. 411
I STEGER Philologia Musica p. 122ss.

-a *Hodie completi sunt dies pentecostes*
A inc. saec. X/XI
E CTrop V p. 320

60 *Hodie Dominus Iesus Christus*

61 *Hodie festivum celebravi diem, in orbem*

62 *Hodie fratres carissimi / Adoremus Christum*
M CTrop III.2 p. 111

63 *Hodie laeti sancto, carissimi, gaudio cuncti*

64 *Hodie ornent merita*

65 *Hodie puer / natus est nobis*
M CTrop V p. 35; 81; 276; 279; 283; 292
I HÄRDELIN MlatJb 24-25/1989-1990 p. 150 n. 25
I DE GOEDE PRU p. CXLV
I SPANKE Studien p. 17

66 *Hodie sacratissima / Virgo Christi*

67 *Hodie sollemnitas sollemnitatum, gloriosa*

68 *Hodierna die namque adest festa*

69 *Hodierna dies rutilat climata orbis per*

70 *Hodierna dies veneranda est namque*
M CTrop V p. 80; 276; 279

71 *Hodiernae lux diei / Celebris in matris Dei*
I DE GOEDE PRU p. CXLV
I FILL Hss. Kremsmünster I p. 258; 415

72 *Hodiernae lux diei / Recolit athletas Dei*

73 *Hodiernus / Sacratior venerandus in orbe*
M GNEUSS Handlist 56

74 *Hominem virgo / creavit arva*

75 *Homines ego moneo niquei diffidat sibi*

76 *Hominum caput, inclite cesar*

– *Homo bonus infans*
cf. *Homobonus infas*

77 *Homo commendatus nemo natura est novus*

78 *Homo doctus in se semper divitias habet*

79 *Homo es: resiste et tumulum contempla*

80 *Homo in periclum simul ac venit callidus*

81 *Homo laboriosus, non dignus loco*

82 *Homo quidam erat dives valde in pecuniis*
M BOTTIGLIERI in: Poesia dell'alto medioevo p. 289
M STELLA in: Poesia dell'alto medioevo p. 248
I HAUBRICHS Georgslied p. 168ss.
I NORBERG Les vers iambiques p. 106 n. 36
I SPANKE Studien p. 5
I V. D. STEINEN ZSchwKG 40/1946 p. 255

83 *Homo tantum in vita possidet quantum utitur*

84 *Homobonus infas adque amicus omnibus*

85 *Honc oino ploirume consentiont Romane*

86 *Honestam praebens ornatui publico laudem*

87 *Honestam vitam vixsit pius et splendidus*

88 *Honorem sanctae Eugeniae*
I NORBERG Les vers iambiques p. 35
I GIL Habis 9/1978 p. 159

89 *Hora nona quae canimus*

90 *Hora nona qui potenter emisisti spiritum*
EC WEBER Gottschalk p. 134

91 *Hora sexta crucifixus summi patris unicus*
EC WEBER Gottschalk p. 133

92 *Hora tertia qui missus advenisti caelitus*
EC WEBER Gottschalk p. 132

93 *Horam cum primam cumque horam sole*

94 *Horarum iam nunc texemus in ordine metas*

95 *Horarum sibi Quintilem quis Iunius aequat*

96 *Horas quinque puer nondum tibi nuntiat et tu*

97 *Horis peractis undecim*

98 *Horrea parva licet, sed mens est largior illis*

99 *Horrendum magis est perimit quod corpora*

00 *Horrens amplecti luxus et ludicra saecli*

01 *Horrentes dumos abies pulcherrima risit*

02 *Horret apex capitis; medio fera lumina*

03 *Horrida congestis cum staret bruma pruinis*

04 *Horrida cornuto procedit belua rostro*

05 *Horrida, curva, capax, patulis fabricata*
TI LAPIDGE/ROSIER p. 64
I PAVLOVSKIS Cl & Med 39/1988 p. 240

06 *Horrida tempestas caelum contraxit et*

07 *Horridus horriferas speluncae cumbo*

-a *Hortans ille petit nato cum proelia portam*
A inc. saec. I
E AL 1
EI G. ZECCHINI Il carmen de bello Actiaco 1987

08 *Hortaris in vitam miscens adversa secundis*

09 *Hortatur fieri quod te Lupus, Urbice, patrem*

10 *Hortis Hesperidum, Sabelle, cultis*

11 *Hortorum quoque te cultus, Silvine, docebo*
I EFFE Dichtung und Lehre p. 97-103

12 *Hortulus hic Vari est opus Alcinoi*

13 *Hortus erat Veneris, roseis circumdatus*

14 *Hortus, quo faciles fluunt Napaeae*
I JACOBSEN in: Iren u. Europa I p. 443 n. 29

-a *Hos, Albine, tibi, merito venerabilis abbas*

15 *Hos Amiternus ager felicibus educat hortis*

16 *Hos animae flores quibus ornentur bene*

17 *Hos animo cupidus si vis percurrere versus*

18 *Hos citharista puer lyricis concentibus*

19 *Hos claros versus venerabilis edidit auctor*
I HART EHR 97/1982 p. 571

20 *Hos duo testa tegit coniecta in unum*

21 *Hos ego versiculos feci. tulit alter honorem*
EI BRUGNOLI GIF 39/1987 p. 105-127
M clm 28349 f. 1rb (GLAUCHE p. 140)
M MUNK OLSEN Auteurs classiques II p. 694
M PELLEGRIN Bibliothèque Vaticane II.2 p. 451
M GNEUSS Handlist 919
B Clavis Galliae II p. 63s.
I JACOBSEN in: Iren u. Europa I p. 442 n. 29

-a *Hos ego versiculos feci tulit alter honorem*
v. 3 *sic vos non vobis vellera fertis oves* 5
EI BRUGNOLI GIF 39/1987 p. 105-127
MI MURGIA Philologus 131/1987 p. 293

22 *Hos Engilbertus faciens cum carmine versus*

23 *Hos ergo versiculos tecum fer, frater amice*

24 *Hos frater flores studuit iuxtare Iohannes*

– *Hos Karolo regi versus Hibernicus Exul*
cf. *Dum proceres mundi regem*

25 *Hos Karolus libros studio rex magnus et*
E BISCHOFF in: Karl der Große II p. 45 n. 22 (= BISCHOFF Mal. Studien III p. 154 n. 22)
I FISCHER Lat. Bibelhss. p. 214

26 *Hos lavat exterius, qui pectora deluit intus*

27 *Hos nisi de flava loculos implere moneta*

28 *Hos pater ire monet, loca monstrat pervia*

29 *Hos perfecta suo servans confessio regi*

30 *Hos pietatis equos Christus regit undique*
EC CC Cont. Med. 117 p. 88

31 *Hos placuit Domino coniungere binos*

32 *Hos praesul summus nec honore minore*

-a *Hos quattuor libros regum per nomina [scriptos* 4
EM H. BOESE Die Hss. d. Württemberg. Landesbibl. Stuttgart 2.2.1 1975 p. 23
I BERSCHIN Eremus p. 57

33 *Hos quoque bissenos fixi tibi, Caesar amate*

34 *Hos quoque commenda Venuleio, Rufe*

35 *Hos quos videtis stare hic captivos duos*

36 *Hos Salamon libros Iησου clareque Sophie*
M facs. Dat. Hss. Schweiz III (Abb.) p. 316 tab. 734

37 *Hos sat erit cursim numeros memorasse*

38 *Hos specie, forma cognoscit, munere dogma*

39 *Hos tandem domini (dignos) caraxavit*
I FISCHER Lat. Bibelhss. p. 222

-a *Hos tibi. mil. lyrico. red. feci carmine versus* [3
I SIMS-WILLIAMS Anglo-Saxon England 10/1982 p. 22

40 *Hos tibi muros, haec moenia Zethus ille*

41 *Hos tibi, Phoebe, vovet totos a vertice crines*

42 *Hos tibi versiculos ad laudem, maxime [princeps / v. 3: Benedictus*
I JACOBSEN in: Iren u. Europa I p. 442 n. 29

43 *Hos tibi versiculos ad laudem, maxime [princeps / v. 3: Gerwardus*
EM A. DE MANDACH in: Mélanges LOUIS I 1982 p. 368
B Rep. Font. IV p. 716
B Clavis Galliae I p. 346-351
I TREMP Thegan p. 56 n. 220
I JACOBSEN in: Iren u. Europa I p. 442 n. 29
I BISCHOFF in: Fs. HUNT 1976 p. 6

44 *Hos tibi versiculos, prudens Evrarde*
E MGH Epist. 6 p. 2 n. 5
I JACOBSEN in: Iren u. Europa I p. 442 n. 29

45 *Hos tibi vicinos, Faustine, Telesphorus*

46 *Hos tres praescriptos dixisse minora libellos*

47 *Hos vitalis adhuc retinet praesentia lucis*

48 *Hospes ad hoc tumulum dum perlegis acta*

49 *Hospes, ad hunc tumulum ne meias ossa [precantur*

50 *Hospes ades paucis et perlege versibus acta*

51 *Hospes, balneolum breve sum. comite utier*

52 *Hospes consiste et Thoracis perlege nomen*

53 *Hospes eras nostri semper, Matho, Tiburtini*

54 *Hospes, monumentum hoc magnum quoius*

55 *Hospes praeruptis habitans in margine ripis*
TI CAMERON Peritia 4/1985 p. 126

56 *Hospes, quod deico, paullum est, asta ac*
ET HÄUSLE Denkmal p. 93

57 *Hospes resiste et aspice aeternam domu*

58 *Hospes resiste et hoc ad grummum ad*

59 *Hospes resiste et nisi molestust, perlege*

60 *Hospes, resiste et pariter scriptum perlige*

61 *Hospes, resiste et quae sum in monumento*

62 *Hospes, resiste et titulum perscriptum lege*

63 *Hospes, resiste et tumulum contempla meum*

[/ *Lege et ... fatum*
ET HÄUSLE Denkmal p. 26

64 *Hospes resiste et tumulum contempla meum /* [*Lege et ... quae*

65 *Hospes resiste et tumulum contempla meum /* [*Morare gressum*

66 *Hospes, resiste et tumulum hunc excelsum*

67 *Hospes, resiste. Nisi molestust, respice*

68 *Hospes, si non est lasso tibi forte molestum*

69 *Hospes, si vacuum est tumuli cognoscere*

70 *Hospes, sta et lachruma, si quicquam*

71 *Hospita, Demophoon, tua te Rhodopeia*

72 *Hospitibus praebere domos sumptusque*

73 *Hospitio largus Christum quoque suscipit*

74 *Hospitium hoc domini est, ilex ubi frondea*

75 *Hospitium tibi hoc. invitus venio. veniendum*

76 *Hostem cum fugeret, se Fannius ipse peremit*

77 *Hostem humani generis*

78 *Hostem, Romani, si ex agro expellere vultis*

-a *Hostes proponunt, o cives, ea dextras vestro* [2
ET Virg. Gramm. ed. POLARA p. 136

79 *Hostes prosaicus duodenus iudicat acre*

80 *Hostia fit Christo pro quo fuit hostia*

81 *Hostia viva sedet disponens omnia Christus*

82 *Hostibu' victis, civibus' salvis*

83 *Hostibus indigne saeva nunc morte*

84 *Hostis Herodes impie / Christum venire quid*
E Hymnarium oscense II p. 47s.
EC Canterbury Hymnal 37517 p. 66s.
M Portiforium Wulfstani nr. 205
M GNEUSS MlatJb 35/2000 p. 246
I BULLOUGH Carolingian renewal p. 255

85 *Hostis Herodes impie / Christum volens*

86 *Hostis inique Adam, paradiso fraude repellis*
ETC REYDELLET I p. 133

87 *Hostis seduxit nos, sed mors ista reduxit*

88 *Hostis ut Ausoniis decederet advena terris*

89 *Hrabano patri per verba precantia Strabus*
TC STELLA Poesia carolingia p. 268; 457s.

90 *Hubertus fueram, sed nunc sum vile cadaver*

91 *Huc accessisti, subsiste mementoque iusti*

92 *Huc acies deflecte pias, studiose viator*
I MAURER Konstanz p. 75 n. 27

93 *Huc ades et tenerae morbos expelle puellae*

94 *Huc ades, intento tumulati corde memento*

95 *Huc ades, o Florens, et festa luce relaxa*

96 *Huc ades o Lyaee*

97 *Huc adtolle genas defectaque lumina: venit /* [*v. 12: Nunc*
ETC Carm. Cant. 32 ed. ZIOLKOWSKI p. 108; 273
M RUBIO FERNÁNDEZ Manuscritos Clásicos p. 35:27

98 *Huc adtolle genas defectaque lumina: venit /* [*v. 12: Quid queror*
ETC Carm. Cant. 29 ed. ZIOLKOWSKI p. 96; 262
M PASSALACQUA Codici p. 241

99 *Huc, conviva, tuum fidus transmitte*

00 *Huc deus Alcides stabulanda armenta coegit*

01 *Huc est mens deducta tua, mea Lesbia, culpa*

02 *Huc est usque tibi scriptus, matrona, libellus*

03 *Huc huc cito convenite nunc, spatalocinaedi*

04 *Huc huc, quisquis es, in dei salacis*

05 *Huc iterum, Pietas, Venerandas erige mentes*

06 *Huc Lu A Cae Heu Eu Ma Ve Faus atque*

07 *Huc mihi vos, largo spumantia pocula vino*

08 *Huc omnes pariter venite capti*
ETC Carm. Cant. 74 ed. ZIOLKOWSKI p. 140;

317
BI Stotz Sapph. Dichtung p. 18; 21; 108; 237; 269-273; 425; 456

09 *Huc propera festine sacram cognoscere*

10 *Huc properate, viri, sitientia corda rigari*

11 *Huc quoque Caesarei pervenit fama triumphi*

12 *Huc quoque tristes veniunt et laeti recedunt*
EC ICUR N. S. VIII p. 411:23397

13 *Huc spectate viri, sic vos moriendo redemi*

14 *Huc stilus usque tuus, Laurenti, venit egenus*

15 *Huc veniens petiturus, oro, subsiste viator*

16 *Huc vos gratifice, plebs pia, convocat*
I Schaller Studien p. 260 n. 47

17 *Hucbaldo sopho sophia sit semper amica*

18 *Hug dulce nomen, Hug propago nobilis*
EBI Stotz Sapph. Dichtung p. 24; 349; 374-378; 456
I Norberg Les vers iambiques p. 80 n. 40
I Vecchi Quadrivium 1/1956 p. 24
I Spanke Studien p. 5
I Werner in: Charlemagne's Heir p. 117 n. 421

19 *Huic aliam non insimili subdens ratione*

-a *Huic claustro pollent studio loca compotis* [*apta*
MB Dolbeau RecAug 23/1988 p. 227

20 *Huic data non urbi a nobis Theodosia virgo*

21 *Huic frater quidam subiectus corpore, mente*
I Orchard JournMedLat 2/1992 p. 116ss.

22 *Huic Karolus princeps condignum mente*
B Clavis Galliae I p. 163

23 *Huic placidam requiem tribuat deus*

24 *Huic porticui potus quoque cella cohaeret*

25 *Huic primus praesul, post Petrum, Euadius*

26 *Huic sancto loco sepultus cosun siquis*

27 *Huius ad effigiem miracula diva patrantur*

28 *Huius apostolici primum est hic corpus*
E Gregorovius Tombe dei Papi p. 10*s.

29 *Huius caelicolam subductus partus ad aulam*

30 *Huius, Christe, manus factrices dirige cerei*

-a *Huius cum summo templi Theodardus* [*honore* 10
E CIFM 12 p. 37s.:24

31 *Huius diei gratia / Det, Christe*

32 *Huius hic pausat praeclarus episcopus urbis*
B Clavis Galliae II p. 364s.

33 *Huius magistri ad vota fratres incliti*

34 *Huius namque tumulo procumbit Servandae*

– *Huius obtentu Deus alme nostris*
cf. *Virginis proles opifexque matris*

35 *Huius ovilis ego quondam dictus pater Otto*
I Eickermann Beiträge Essen 101/1987 p. 2

36 *Huius patricii cumulum bonitatis enormen*

37 *Huius Pelagiam percepimus urbis alumnam*
ETI Rothschild/Strubel in: Pélagie la Pénitente II ed. P. Petitmengin 1984 p. 67-99
B BHL 6610

38 *Huius Pudentis sanctitate praeclues*

39 *Huius supplicium pestis amarae*

40 *Hulindim retinet pulchram locus iste*
I Geuenich in: Fs. Autenrieth 1988 p. 58

41 *... humana litigosus: quassat genimina flavo*

42 *Humanam formam modulorum sumere*
E MGH Poet. 5 p. 640 n.

43 *Humanitati qui se non accomodat*

44 *Humano capiti cervicem pictor equinam*

45 *Humano generi legem natura creatrix*

46 *Humanos quicumque tremens sub pectore*
ET HÄUSLE Denkmal p. 98
I OHLY in: Memoria ed. K. SCHMID/J. WOLLASCH 1984 p. 43

47 *Humanum Christi describit Mattheus ortum*

48 *Humidis delector semper consistere locis*

49 *Humiles laborant, ubi potentes dissident*

– *Humili prece et sincera devotione*
cf. *Summus et omnipotens genitor*

-a *Humilis homo / Erit in regno*

50 *Humor alit segetem; segeti contrarius humor*

51 *Hunc abbas humilis iussit fabricare libellum*
M SCHRAMM/MÜTHERICH Denkmale^2 p. 479

52 *Hunc ancilla dei iam iusserat Ava libellum*
B Clavis Galliae II p. 85s.
I FISCHER Lat. Bibelhss. 1985 p. 225; 277

53 *Hunc ardore tuo perscripsi, Christe, libellum*
EM Colophons 22016

-a *Hunc auctore deo parvum scribendo libellum* [4
M MUNK OLSEN Auteurs classiques I p. 66

54 *Hunc cecinere diem Parcae fatalia nentes*

55 *Hunc cecinit Salomon mira dulcedine librum*
M Bruxelles, BR 15111-28 (saec. X) f. 143^r
M DINTER Corp. cons. mon. X p. XXVIII
M VAN DEN GHEYN Cat. I p. 303
M FILL Hss. Kremsmünster I p. 203
M GNEUSS Handlist 919.3
B Clavis Galliae II p. 116-119
I STELLA Poesia carolingia p. 30s.; 121-123
I COURCELLE Lecteurs ... de l'Énéide p. 707
I VIARRE in: TRAUBE-Gedenkschrift p. 232s.

56 *Hunc codicem ex studio Sigeberti presulis*
EM Colophons 17050

57 *Hunc diem celebret omnis mundus*

58 *Hunc, Egberte, librum divino dogmate*
TM F. J. RONIG Codex Egberti. Das Perikopenbuch des Erzbischofs Egbert von Trier (977-993) 1977 p. 16 facs.
TI BERSCHIN Eremus p. 11
MBI HOFFMANN Buchkunst p. 80; 488

59 *Hunc ego Bernwardus codicem conscribere*
MB HOFFMANN Buchkunst p. 289
MI SCHUFFELS in: Bernward II p. 249s.
MI KUDER in: Bernward II p. 574ss.

– *Hunc ego codiculum causa iuvenum peraravi*
cf. *Hunc, pueri parvi, nostrum*

60 *Hunc ego Froumundus librum ecce colonie*
M SCHROEDER Echternach p. 86

61 *Hunc ego Hrodradus, sanctorum indignus*
EM GANZ Corbie p. 57
EM Colophons 16777

62 *Hunc ego nunc titulum statuo tibi, carissima*

63 *Hunc ego, o iuvenes, locum villulamque*

64 *Hunc ego peccator Otloh vulgo vocitatus*
EM BISCHOFF Kalligraphie p. 36; 93

65 *Hunc ego Psalmorum studui conscribere*

-a *Hunc Ellenhardus offert praesul uenerandus* [2
A inc. saec. XI
M clm 6831 f. 2^r
M facs. Freising 1250 Jahre geistliche Stadt 1989 p. 247

66 *Hunc epiglossatum Graeco sermone libellum*

67 *Hunc ergo ex scriptis confeci rite libellum*
E CC Cont. Med. 44 p. 4
I MCCULLOH Sacris erudiri 23/1978-79 p. 426
I COURCELLE Lecteurs ... de l'Énéide p. 260
I KOTTJE Bußbücher p. 227
I SCHALLER Studien p. 55 n. 63

68 *Hunc fieri monachus Christo vehementer*

69 *Hunc finemque breves iussit firmare per*
I ZIOLKOWSKI Talking animals p. 80ss.

70 *Hunc fontem tibi dedicat atque Deo super*
B TOMEA Aevum 53/1979 p. 372

-a *Hunc genealogium praecepit fieri princeps*

[11
A Gausbaldus
E MGH SS 2 p. 587
M TREMP Thegan p. 151

71 *Hunc, genetrix domini, parvum tibi, magna*

72 *Hunc habet aeternus cinis Agcellonis*

73 *Hunc heros librum legum conscribere fecit*
E MGH Epist. 6 p. 2 n. 5
EI KROGMANN NddtJb 69-70/1970 p. 161

74 *Hunc humilis librum fecit perscribere Baldo*

75 *Hunc humilis librum Liuphrammus scribere*

76 *Hunc humilis tomum Baldo craxare rogavit*

-a *Hunc Ingelardus decoravit scriptor honestus*
[1
A inc. saec. XI
E HOFFMANN Buchkunst p. 77

77 *Hunc laeti diem cuncti / rite venerantur*

78 *Hunc lapidare volunt Iudaei nec potuerunt*

79 *Hunc leges leti praeposterae eripuere*

80 *Hunc librum dictis formaque perornat*

81 *Hunc librum exposuit Hrabanus iure*
M VON EUW in: Fs. MÜTHERICH 1985 p. 81

82 *Hunc librum Froumund et scripsi et scribere*

83 *Hunc librum Gallo Notker patravit et Anno*

84 *Hunc librum Karolus quondam perfecit*
M Regensburger Buchmalerei tab. 91

85 *Hunc librum manibus, lector, cum penderis*

86 *Hunc librum regi Mathilda donat Migoni*
EI DUNIN-WASOWICZ in: Mélanges J. STIENNON 1982 p. 191
EI KÜRBIS FMSt 23/1989 p. 325-338
M facs. KÜRBIS FMSt 23/1989 tab. VII (Abb. 9); IX (Abb. 14)

87 *Hunc librum rogito fratres quoscunque*

-a *Hunc librum tibi conscripsit pater inclite*
[*Trudo* 8
A Arnulfus
EM Colophons 1433
EM MUNK OLSEN Auteurs classiques II p. 411

88 *Hunc lucum tibi dedico consecroque, Priape*

89 *Hunc Lyra curva sequi cuperet, sed idonea*

90 *Hunc, Macrine, diem numera meliore lapillo*

91 *Hunc Moyses agnum monstravi lege futurum*
EM facs. JEAUNEAU Études Érigéniennes p. 605; tab. 1a; p. 613; tab. 6b
EM KOEHLER/MÜTHERICH V p. 63ss.; 184 (facs. tab. 63)
M KESSLER p. 75
B Clavis Galliae II p. 88-90
I DUTTON/JEAUNEAU StudMed III 24/1983 p. 84ss.; tab. 1a; 6b

-a *Hunc mundum tipice laberinthus denotat iste*
EI BIRKHAN in: Fs. PITTIONI II 1976 p. 436

92 *Hunc offert librum ... bene scriptum*

93 *Hunc operis nostri modicum percurre*
E CC Cont. Med. 68 p. 3
I COURCELLE Lecteurs ... de l'Énéide p. 706
I EBERHARDT p. 514

94 *Hunc, Petre, Daviticum librum conscripsit*
I HOFFMANN Buchkunst p. 60

95 *Hunc praeceptoris Hartmoti iussa secutus*
E MERTON Buchmalerei St. Gallen p. 34
I HOFFMANN Buchkunst p. 71; 89

-a *Hunc proprie librum Milredus possidet ipse*
[3
I SHEERIN Manuscripta 21/1977 p. 172
I SIMS-WILLIAMS Anglo-Saxon England 10/1982 p. 22

96 *Hunc, pueri parvi, nostrum craxate libellum*
A Dicuil: de syllabis epilog.

97 *Hunc quem aureis humeris portavit more*

98 *Hunc quem mensa tibi, quem cena paravit*

99 *Hunc, quem nigra gerit (refert) tabella*
I COURTNEY ClPh 79/1984 p. 311

00 *Hunc, quem saepe vides intra penetralia*

01 *Hunc qui femineis noctesque diesque*

02 *Hunc qui leges titulum peto perlegas, neve*

03 *Hunc, qui rimatur secreta domus alienae*

04 *Hunc quicumque librum Aldhelmo*
I STETTINER Prudentiushss. p. 21

05 *Hunc quicumque librum legeris, committere*

06 *Hunc quis non credat ipsis dare Syrtibus*

07 *Hunc quoque de Getico, nostri studiose*

– *Hunc quoque tristes veniunt et laeti recedunt*
cf. *Huc quoque tristes*

08 *Hunc regina locum monachis construxit ab*

09 *Hunc Rufum suavem amisit lectissima mater*

10 *Hunc sacer Hilarius librum pro dogmate*

11 *Hunc sancto codicem Kylicno praesul*
M A. G. WATSON Catalogue of dated and datable manuscripts c. 435-1600 in Oxford libraries I 1984 p. 97

12 *Hunc sanctum docuit, nutrivit pastor*

13 *Hunc satis exiguum, rex illustrissime regum*
E MGH Poet. 5 p. 633
EM HOFFMANN Buchkunst p. 256
M SCHRAMM/MÜTHERICH Denkmale[2] p. 482
I FICHTENAU Lebensordnungen I p. 220

14 *Hunc senior Bruno nutrivit ab ungue tenello*
I JACOBSEN in: Theophanu I p. 178

15 *Hunc sequitur fervens sub religionis amore*
B BHL 1313

16 *Hunc si quis librum gemmis auroque politum*
MB HOFFMANN Buchkunst p. 357

17 *Hunc tibi, Christe deus, librum Theodorus*

18 *Hunc tibi dat librum praesul Warmundus*
EM Colophons 18628

19 *Hunc tibi perpetuo titulum, gratissima*

20 *Hunc tibi, prime pii testis fortissime Christi*

21 *Hunc tibi prudentem conscripsi maxime*

22 *Hunc tibi quem minimus librum conscripsit*

23 *Hunc titulum laudis oculis vel ore probabis*
EM Colophons 22025

24 *Hunc titulum mammae felicis cerne viator*

25 *Hunc titulum martyr Ignatius et Florianus*

26 *Hunc titulum natae genetrix decepta paravi*

27 *Hunc titulum nostrum si vis, cognosce viator*

28 *Hunc titulum posui miserabile munus, non*

29 *Hunc titulum posuit tibi fidus amicus*

30 *Hunc trimetron veteres Graii cognomine*

31 *Hunc tumulum quiqui non irreverenter adite*

32 *Hunc unum plurimae consentiunt gentes*

33 *Hungrorum cecidi crudeli vulnere fossus*

34 *Hydriolam hanc fundi Dunstan mandaverat*
I LAPIDGE Anglia 98/1980 p. 104

– *Hymnis et precibus sanctis vigiliis*
cf. *Castitas corporis fructus est spiritus*

35 *Hymnis pulsate piis*
I SCHALLER in: Iren u. Europa I p. 474

36 *Hymniza Christo pluteo qui pingis in isto*

37 *Hymnorum carmina redempti precio Christi*

38 *Hymnos canamus gloriae / Hymni nunc*
M ODERMATT Ordinarius St. Arnulf p. 389

39 *Hymnos et psalmos per delevit*

40 *Hymnum beatae virgini / Dic, turma*
I J. DUFT Die Abtei St. Gallen II 1991 p. 156

– *Hymnum canamus Domino / Hymnum*
cf. *Hymnum cantemus Domino*

-a *Hymnum canamus domino / ymni novi nunc [personet*
EC Canterbury Hymnal 37517 p. 91-93

– *Hymnum canamus gloriae / Hymni novi*
cf. *Hymnos canamus gloriae / Hymni nunc*

41 *Hymnum canamus, socii / Devota mente*
M GNEUSS MlatJb 35/2000 p. 246

42 *Hymnum canentes martyrum / Dicamus*
ETI LAPIDGE Anglo-Latin Literature 1993 p. 328s.
T ÖBERG Poetry p. 95

43 *Hymnum cantemus Domino / Hymnum*

44 *Hymnum dicamus domino*
M BEERS Cistercian Hymnal p. 32
I WADDELL Cistercian Hymnal I p. IX
I NORBERG Les vers iambiques p. 34

45 *Hymnum dicat turba fratrum, hymnum*
M GNEUSS Handlist 28
M ZANNA in: Poesia dell'alto medioevo p. 366
I NORBERG Les vers iambiques p. 42; 72; 87s.; 91
I NORBERG in: Fs. MUNARI 1986 p. 340
I CURRAN Antiphonary p. 22ss.
I BRINKMANN ZfdPh 102/1983 p. 14
I SCHALLER Studien p. 378; 381

46 *Hymnum laudis, Medarde, tibi, corda*
I NORBERG Les vers iambiques p. 100

47 *Hymnum Mariae virginis*

48 *Hymnum novum decantemus*

49 *Hymnum tibi, rex gloriae / vox insonet*
M GNEUSS Handlist 865.2

50 *Hymnus te decet, Domine*

51 *Hysocryse puer, Natalis verpa te salutat*

52 *Hystericam vetulo se dixerat esse marito*

I

53 *I, felix rosa, mollibusque sertis*

54 *I, mea charta, celer Benedicti ad tecta beati*
I HEAD Hagiography and the Cult of Saints p. 203
I PONCELET AnBoll 24/1905 p. 9

55 *I nostro comes, i, libelle, Flavo*

56 *I nunc, edere me iube libellos*

57 *I, puer et populi, sed postquam sit satis audi*

58 *Iacebant sancta corpora*

59 *Iacere me, quod alta non possim, putas*

60 *Iacob fraude bona, patri dum suggerit escas*

61 *Iacobus Cephas Ioannes Thaddeus uno*
E CC 121 p. 181
M DE MEYIER Codices Vossiani VI p. 137
I LUISELLI Miscellanea filologica p. 372

-a *Iacobe iuste, Iesu frater domini, sit tibi pia*
EC Canterbury Hymnal 37517 p. 119

62 *Iactat inaequalem Matho me fecisse libellum*

63 *Iactet se Fortuna aliis, quos iudice nullo*

64 *Iam bis sena simul digessi nomina patrum*
I HAUCK Taufpfalzen p. 60

65 *Iam bis ut octonos Spendon compleverat*

-a *Iam, bone pastor Petre, clemens accipe*
EC Canterbury Hymnal 37517 p. 116s.

66 *Iam caelum roseis rutilat Tithonia bigis*

67 *Iam caelum rutilat roseis Aurora quadrigis*

68 *Iam certe stupido non dices, Paula, marito*

69 *Iam, Christe, sol iustitiae*
E Hymnarium oscense II p. 56s.

70 *Iam Christus ascendit polum*
A Ennod.: carm. 1.16

71 *Iam Christus astra ascenderat*
E Hymnarium oscense II p. 70s.
EC Canterbury Hymnal 37517 p. 94-96
M GNEUSS MlatJb 35/2000 p. 246
I WADDELL Cistercian Hymnal I p. IX
I NORBERG Les vers iambiques p. 24

72 *Iam cursus horae sexies*

73 *Iam datus est finis vitae, iam pausa malorum*

74 *Iam decuma maestos inter ancipites metus*

75 *Iam dena nos praeceptio*

76 *Iam deprome / universus mundus*

77 *Iam deus omnipotens primaevi tempora*

78 *Iam dies instat alma / qua proles diva*

79 *Iam, dilecte puer, penna sit pingere notas*

80 *Iam diu lato satiata campo*

81 *Iam docui silices verba benigna loqui*

82 *Iam dudum ausculto et cupiens tibi dicere*

83 *Iam dudum monitus coepi decerpere versus*

84 *Iam dudum nutrix errorum et stulta vocabor*
I SCHRAMM Kaiser, Könige u. Päpste I p. 96

85 *Iam dudum, quod fama refert, te Graecia*

86 *Iam dudum Saulus procerum praecepta*
M Manuscrits Dat.: France VII tab. VI
M GNEUSS Handlist 53
B BHL 6568s.
I EVENEPOEL Maia 35/1983 p. 127

87 *Iam dudum temerasse duces pia foedera*
ET HOMEYER Dichterinnen p. 182
M MlatJb 15/1980 p. 270; WIC 9696
M Colmar 406 (Cat. gén. 56 p. 154)
M DE MEYIER Codices Vossiani II p. 8
M RIGG MS 39/1977 p. 298
I SHANZER RÉAug 32/1986 p. 235-248
I EVENEPOEL Maia 35/1983 p. 127
I PATCH The Other World p. 138s.

88 *Iam dudum teretes hendecasyllabos*

89 *Iam dulcis amica venito*
ET KLOPSCH Lyrik p. 240
ETC Carm. Cant. 27 ed. ZIOLKOWSKI p. 92; 251
ETI DRONKE in: Mediaevalia Lovaniensia. Series I/Studia VII 1979 p. 236-262
EI BRADLEY MlatJb 19/1984 p. 104-115
T ÖBERG Poetry p. 231
T WHICHER p. 24
BI SZÖVÉRFFY Latin Lyrics I p. 79-82
I HUGLO CCM 24/1981 p. 199
I DRONKE in: LOURDAUX/VERHELST Bible p. 243-245
I LIVER in: Fs. KLOPSCH 1988 p. 312ss.
I TAVERA in: Le soleil, la lune et les étoiles au Moyen Âge 1983 p. 391
I BULST in: Fs. BIELER 1976 p. 96-100
I HUGLO CCM 25/1982 p. 197-203
I DAVIDSON Neophilologus 59/1975 p. 452
I STEVENS Words and Music p. 68
I BULST Lat. MA p. 26-30
I DRONKE CMCS 12/1986 p. 30 n. 11
I ROSS AU 20.2/1977 p. 48
I BJÖRKVALL/HAUG Filologia mediolatina 3/1996 p. 169-205
I DRONKE Medieval Poet p. 219-225; 234-236

90 *Iam facibus lassos spectans marcentibus*
ETC CRISTANTE p. 102

91 *Iam fera Caesaribus Germania, totus ut*

92 *Iam festa fulgent aurea*

93 *Iam fidelis turba fratrum / voce dulci*
ET OCHSENBEIN in: St. Gallen II p. 170s.
I STOTZ Sapph. Dichtung p. 445
I DUFT Bodensee p. 93

94 *Iam fisus simul atque ausus volo promere*

95 *Iam fluebat decima de mense diecula Iani*

96 *Iam genuit, quondam sterilis cognomine*
ETC POLLMANN p. 86

– *Iam hora noctis transiit*
cf. *Iam meta noctis transiit*

97 *Iam iam efficaci do manus scientiae*

98 *Iam legis umbra clauditur*

99 *Iam libet ad lusus lascivaque furta reverti*

00 *Iam lucis orto sidere*
E Hymnarium oscense II p. 21s.
EC Canterbury Hymnal 37517 p. 29
M Basel, UB A X 90; A X 97
M ODERMATT Ordinarius St. Arnulf p. 390
M BEERS Cistercian Hymnal p. 14s.
M SPILLING Augsburg p. 13
M GNEUSS MlatJb 35/2000 p. 244
I WADDELL Cistercian Hymnal I p. IX

01 *Iam lucis splendor rutilat*

02 *Iam maesta quiesce querella*

03 *Iam mea cura premit, quo me quod nescio*

04 *Iam mea cycneas imitantur tempora plumas*

05 *Iam medium curru Phoebus diviserat orbem*

06 *Iam meta noctis transiit*
E PÉREZ GONZÁLEZ in: Poesia dell'alto medioevo p. 341

07 *Iam mihi deterior canis aspergitur aetas*

08 *Iam mihi mitte bovem nostrum munitus per*

09 *Iam mihi polliceor sacris tua carmina libris*
I W. ERDT Christentum und heidnisch-antike Bildung bei Paulin von Nola 1976 p. 275s.
I BONANNI RCCM 39/1997 p. 71-78

10 *Iam mulier sibi nauta fuit, iam Virginis*

11 *Iam nisi me fessum via longior indupediret*
I DE MARCO in: Miscellanea CAMPANA II 1981 p. 248

12 *Iam nisi per somnum non arrigis et tibi*

13 *Iam nitidum retegente diem noctisque*

14 *Iam nitidum tumidis Phoebus iubar intulit*

15 *Iam nocte Titan dubius expulsa redit*

16 *Iam nos secundae praemonet*

17 *Iam nox hibernas bis quinque peregerat*
M U. WINTER Hss. Diez 1986 p. 71
M SCHUBA p. 163 (pcl. 1188, f. 140va-141rb)

18 *Iam numerat placido felix Antonius aevo*

19 *Iam nunc ad illos properare convenit*
I GIL Habis 9/1978 p. 161

20 *Iam nunc ardentes (algentes) autumnus*

21 *Iam nunc, paterna claritas*

22 *Iam nunc per omne lux refulget saeculum*
EI NORBERG Paulin d'Aquilée p. 66-80; 157s.

23 *Iam nunc sub axe placido, beate princeps*

24 *Iam parce lasso, Roma, gratulatori*

25 *Iam passionis incohandae gloriam*
I GIL Habis 7/1976 p. 207

-a *Iam pater Conradus et iam Segebertus in [tectis* 12
A inc. saec. XI
EC BERGES/RIECKENBERG p. 158

26 *Iam patinas implebo meas, ut parcior ille*

27 *Iam pauca aratro iugera regiae*

28 *Iam per alternum pelagus loquendi*

29 *Iam Phoebus breviore vita contraxerat*

30 *Iam, Phryx, a nupta queris, Tithone, relinqui*

31 *Iam placidas Iordanis item transgressus*
M VENNEBUSCH IV p. 228
I LAPIDGE Anglia 100/1982 p. 17

32 *Iam post edomitas Alpes defensaque regna*
I POTZ Philologus 134/1990 p. 66-81

33 *Iam pridem nimium residebam maestus*

34 *Iam pridem nimium risorie, nosco, petisti*

35 *Iam pridem post terga diem solemque*

36 *Iam pridem vestras studui pulsare benigne*

37 *Iam prope desertos cineres et sancta*

38 *Iam protogibra marcet in umbra*

39 *Iam puto nervosis religata problemata*
M U. WINTER Hss. Diez 1986 p. 71
M DE MEYIER Codices Vossiani VI p. 265
I BULLOUGH Carolingian renewal p. 156 n. 45
I BULLOUGH Aula Renovata p. 288
I VILLA DA 51/1995 p. 45

40 *Iam rara micant sidera prono*

41 *Iam redeunt gaudia / Festa lucent*
EI V. D. STEINEN ZSchwKG 40/1946 p. 262
M FILL Hss. Kremsmünster I p. 412
M CTrop V p. 77; 276; 278; 281; 292; 395; 399
MB V. D. STEINEN ZSchwKG 40/1946 p. 258
MI STÄBLEIN Schriftbild p. 124s.

42 *Iam referam verbis tibi, quod vix credere*

-a *Iam remeas, chara nobis armonia Alleluia*
A inc. saec. X/XI
E CTrop V p. 319

43 *Iam rotat alter ab axe annus caeli, mihi*

44 *Iam rutilat sacrata dies et splendida valde*
EC Canterbury Hymnal 37517 p. 64s.

45 *Iam sacra dies annua / Nobis reduxit*

46 *Iam satis haec. factis mea vox inpensa*
TC SHACKLETON BAILEY HStClPh 84/1980 p. 196s.
I STOTZ Sapph. Dichtung p. 167

47 *Iam satis terris nivis atque dirae*

48 *Iam semel in laudem tanti prolata patroni*

49 *Iam senior Ladon Tiberinae nauta carinae*

50 *Iam sex aut septem nupsisti, Galla, cinaedis*

51 *Iam sex et totidem luces de mense supersunt*

52 *Iam sexta sensim volvitur*
M GNEUSS MlatJb 35/2000 p. 244
I NORBERG Les vers iambiques p. 19

-a *Iam si nec lacrimis cedis nec carmina sentis* [4
A Julianus Toletanus ep.
E MGH Mer. 5 p. 529

53 *Iam sine fine Dei valeas plebs inclita summi*

54 *Iam Sol Oceano radiatos prompserat ortus*

55 *Iam sua pastores stabulis armenta locarunt*

56 *Iam super Herculeas fauces nemorosaque*

57 *Iam super Herculeas quo fugit, denotat atque*

58 *Iam super oceanum venit a seniore marito*

59 *Iam surgit hora tertia / Et nos*

60 *Iam surgit hora tertia / Qua Christus*
EC FONTAINE Ambroise de Milan p. 207ss.
M GNEUSS MlatJb 35/2000 p. 244
I WADDELL Cistercian Hymnal I p. IX
I BASTIAENSEN Lampas 23/1990 p. 248s.
I SZÖVERFFY Marianische Motivik p. 7
I BRINKMANN ZfdPh 102/1983 p. 21
I SZÖVERFFY Holy Cross p. 6

61 *Iam, Tartessiaco quos solverat aequore*

62 *Iam ter quaternis trahitur*
cf. *Sic ter quaternis*

63 *Iam terra glaciale caput fecundaque nimbis*

64 *Iam tristis nucibus puer relictis*

65 *Iam tua, Laomedon, oritur nurus ortaque*

-a *Iam turbida caligine noctis remota lucifer*
EI GAMBER RBén 95/1985 p. 232-239

66 *Iam turma / caelica / laeta reboans*

67 *Iam vaga caelo sidera fulgens*

68 *Iam vallum fossamque super Troiana*

69 *Iam venerandus erat praesul, cui nomen*

70 *Iam ver egelidos refert tepores*

71 *Iam veris comites, quae mare temperant*

72 *Iam vicina dies spectandi consulis omnes*
ETC ANTES p. 72

73 *Iam victor Christus portas destruxit Averni*

74 *Iam vitae diffusus amor venerabilis huius*

75 *Iam vulgata licet maneant exempla salutis*
B BHL 161

76 *Iambe Parthis et Cydonum spiculis*

77 *Iamne abis et nos properans relinquis*
BI GNILKA in: Iconologia sacra p. 52
n. 145
I SHEERIN Traditio 38/1982 p. 55
I STOTZ Sapph. Dichtung p. 130
I DEMETRIO Archivio storico pugliese 27/1974 p. 161-190

78 *Iamne viam carpens nos deseris, o bone*
EC CC Cont. Med. 117 p. 10
I BRUNHÖLZL in: Scire litteras p. 91

79 *Iamque adeo celsis armati e navibus ibant*

80 *Iamque adeo Oceani liquidos pede liquerat*

81 *Iamque adeo ventum validae ad*

82 *Iamque ades Hesperiis, Pipinus rector, ab*
EC SCHALLER in: Arbor amoena p. 61-74
B Clavis Galliae I p. 163s.
I COURCELLE Lecteurs ... de l'Énéide p. 147; 193
I WILLMES Herrscher-'Adventus' p. 81
I VILLA DA 51/1995 p. 41
I SCHALLER Studien p. 332-354

-a *Iamque aves in qua silva* 16
E MGH Script. 3 p. 710 n.

83 *Iamque deus posita fallacis imagine tauri*

84 *Iamque dies prono decedens lumine pontum*

85 *Iamque duae restant noctes de mense*

86 *Iamque duae stabant acies fulgentibus armis*

87 *Iamque, favente deo, Francos pax undique*
B Clavis Galliae I p. 374s.
I CURTIUS Ges. Aufsätze p. 280
I SCHRAMM Kaiser, Könige u. Päpste II p. 64
I E. H. KANTOROWICZ Laudes regiae 1958 p. 89 n. 77
I HOLMES Speculum 30/1955 p. 74
I GODMAN in: Charlemagne's Heir p. 586-588
I GUILLOT in: Charlemagne's Heir p. 465 n. 60-62
I SWINARSKI Herrschen mit den Heiligen p. 379
I FRIED in: Charlemagne's Heir p. 246; 250-253
I WERNER MlatJb 24-25/1989-1990 p. 521 n. 19
I SEMMLER in: Charlemagne's Heir p. 125 n. 2; p. 127s.

88 *Iamque fretum Minyae Pagasaea puppe*

89 *Iamque Giganteis iniectam faucibus Aetnen*

90 *Iamque irae patuere deum manifestaque belli*

91 *Iamque meum tibi quod narro mirabile dictu*

92 *Iamque procos genua amplectens orabat*

93 *Iamque propinquabant adversis hostibus*

– *Iamque vident post terga diem solemque*
cf. *Iam pridem post terga*

94 *Iane nove, primo qui das tua nomina mensi*
ECI COURTNEY MusHelv 45/1988 p. 33-57

95 *Iane pater, Iane tuens, dive biceps biformis*

96 *Iane, veni: novus anne, veni: renovate veni*

97 *Iani prima dies et septima fine timetur*
E S. REHLE Missale Beneventanum 1972 p. 48
M A. HAIDINGER Kat. d. Hss. d. Augustiner Chorherrenstiftes Klosterneuburg I 1983 p. 133s.; 143s.; 150
M MlatJb 16/1981 p. 422; WIC 9771
M Klosterneuburg CCl 71 f. 11^{r}-16^{v} (HAIDINGER p. 130-138); CCl 73 f. 1va-4^{r} (HAIDINGER p. 142-148); CCl 74 f. 4^{r}-9^{v} (HAIDINGER p. 148-156)
M J. FLIEGE Die Hss. aus Quedlinburg in Halle 1982 p. 197; 210
M SPILLING Augsburg p. 10

98 *Ianitor ad dantis vigilet; si pulsat inanis*

99 *Ianitor aetheriae commissis clavibus aulae*
TM facs. Ornamenta Ecclesiae I p. 141s.
MB HOFFMANN Buchkunst p. 344

00 *Ianitor aetherius, divo moderamine fretus*
B BHL 1850

01 *Ianitor ante fores fixit sacraria Petrus*

02 *Ianitor hic caeli est fidei petra culmen*

03 *Ianitor indignum dura religate catena*

04 *Ianitor o caeli, decus et lux aurea mundi*
ETI VON EUW in: Theophanu I p. 195s.
EM DODWELL/TURNER Reichenau Reconsidered 1965 p. 33-42
MB HOFFMANN Buchkunst p. 316

05 *Ianua caeli inclita*

06 *Ianua celsa poli terra pulsante patescit*
ETC REYDELLET I p. 59
I HAUCK Taufpfalzen p. 62ss.

07 *Ianua parva quidem et parvus habitator in*
B Clavis Galliae II p. 47

08 *Ianua Petre tuo caeli sit aperta Gerhoo*

09 *Ianua, quod reseret caelos secretaque*

10 *Ianua Virgo Leo Virtus Sapientia Verbum*

11 *Ianuarius cum Decembrio in horarum*

12 *Ianuarius, December et Augustus pariter*

13 *Ianus et October binis regulantur habenis*
M PELLEGRIN Bibliothèque Vaticane II.2 p. 425
M H. SILVESTRE Les manuscrits de Bède à la Bibliothèque Royale de Bruxelles 1959 p. 17

14 *Ianus habet finem, cum carmine crescit et*

15 *Iaspi fundatur primus viridanti colore*
B SILVESTRE RHE 75/1980 p. 408

16 *Ibam forte via sacra, sicut meus est mos*

17 *Ibant pariter animis et ducibus imparibus*

18 *Ibi pastores ludos faciunt coriis consualia*

19 *Ibic sensus finit rursum nunc incipit idem*
B Clavis Galliae I p. 300-302

20 *Ibimus hinc omnes alia in regione locandi*

21 *Ibis in optatas sedes: nam Iuppiter aethram*

22 *Ibis Liburnis inter alta navium*

23 *Ibis litoreas, Macer. Salonas*

24 *Ibitis Aegaeas sine me, Messalla, per undas*

25 *Icarus et Phaethon, Veneto nolente, vocaris*

26 *Icci, beatis nunc Arabum invides*

27 *Icitur alma Venus, dum Martis vitat amores*

28 *Icta gravi telo confossaque vulnere mater*

29 *Ictu non potuit primo Cato solvere vitam*
I DINGEL Wiener Studien 98/1985 p. 174

30 *Id cinerem aut manes credis curare sepultos*

31 *Idaeo quales fudit de vertice flores*

32 *Idcirco certis dimensum partibus orbem*
M N. R. KER Medieval Manuscripts in British Libraries II 1977 p. 813
M GNEUSS Handlist 258

33 *Idcirco palma semper et laurus viret*

34 *Idem amico praestes, tibi quod praestari*

35 *Idem forte vigens dux quadam mane rubente*
B LAPIDGE/SHARPE p. 198:732

36 *Idem pontificum descripserat hoc*
B Clavis Galliae I p. 359
B LAPIDGE/SHARPE p. 170s.:648
I BULLOUGH Carolingian renewal p. 216 n. 40

37 *Idem, qui Nioben saltavit saxeus, ut tum*

38 *Idibus agrestis fumant altaria Fauni*

39 *Idibus est Annae festum geniale Perenne*

40 *Idibus in magni castus Iovis aede sacerdos*

41 *Idibus intrat hiems septenis dura Novembris*
M FINCH Scriptorium 31/1977 p. 83

42 *Idibus Octobris ut obires corpore quinis*
B Clavis Galliae I p. 359
I BERSCHIN ZGObRh 134/1986 p. 20

43 *Idibus ora prior stellantia tollere Taurum*

44 *Idibus septembris sic incipiantur a vobis*

45 *Ididia, Salomon, Coeleth, Lamuhel vocitatur*

46 *Idola dum cuperet Martinus sternere fulta*

– *Idoneae nunc nunc gelida de rupe Camenae*
cf. *Aoniae nunc non*

47 *Iectofian prasino felix auriga colore*

– *Ientaculum*
cf. *Gentaculum*

48 *Ieremias precibus his compellasse tonantem*

49 *Iesse virgam humidavit*
M U. WINTER Hss. Diez 1986 p. 71

50 *Iesu Christe, auctor vitae*

51 *Iesu Christe, bonum clemens crucis accipe*
I FAVREAU Settimane ... Spoleto 39/1992 p. 692
I SCHRAMM/MÜTHERICH Denkmale[2] p. 160:120

52 *Iesu, clementer visita*
I HERREN CMCS 15/1988 p. 69

53 *Iesu corona celsior / Et veritas*
M BEERS Cistercian Hymnal p. 77-79
I WADDELL Cistercian Hymnal I p. X

54 *Iesu corona virginum / Quem mater*
E Hymnarium oscense II p. 94s.
M ODERMATT Ordinarius St. Arnulf p. 390
M BEERS Cistercian Hymnal p. 79
M Portiforium Wulfstani nr. 2315
M GNEUSS MlatJb 35/2000 p. 247
I WADDELL Cistercian Hymnal I p. X

55 *Iesu, defensor omnium*
E PÉREZ GONZÁLEZ in: Poesia dell'alto medioevo p. 331s.

56 *Iesu, fili summi patris*

-a *Iesu nate Dei Carlum defende potenter* 2
I SCHRAMM Kaiser, Könige u. Päpste I p. 248; II p. 36
I HAUCK Taufpfalzen p. 41

57 *Iesu, nostra redemptio / amor*
E Hymnarium oscense II p. 67
EC Canterbury Hymnal 37517 p. 88s.
M BEERS Cistercian Hymnal p. 46
M ODERMATT Ordinarius St. Arnulf p. 390
M ZANNA in: Poesia dell'alto medioevo p. 366s.
M GNEUSS MlatJb 35/2000 p. 246
I WADDELL Cistercian Hymnal I p. IX
I SCHALLER Studien p. 378

58 *Iesu, quadragenarie*
EC Canterbury Hymnal 37517 p. 78
M Portiforium Wulfstani nr. 587

59 *Iesu, redemptor omnium / Perpes corona*
M Portiforium Wulfstani nr. 2308
M ODERMATT Ordinarius St. Arnulf p. 390
M GNEUSS MlatJb 35/2000 p. 247

60 *Iesu, redemptor omnium / Qui morte*

61 *Iesu redemptor qui solus victima*

62 *Iesu, redemptor saeculi*
E Hymnarium oscense II p. 62s.
EC Canterbury Hymnal 37517 p. 34

63 *Iesu, rex regum omnium*

64 *Iesu, sacrator mentium / Spes*

65 *Iesu, salus certantium*
M LAPIDGE Wulfstan p. LXXVII

66 *Iesu, salvator saeculi / Redemptis*
M ODERMATT Ordinarius St. Arnulf p. 390
M BEERS Cistercian Hymnal p. 72
M Basel, UB A X 90
M GNEUSS MlatJb 35/2000 p. 246
I WADDELL Cistercian Hymnal I p. X

67 *Iesu, salvator saeculi / Verbum*

68 *Iesu, summa salus, hominum qui respicis*

69 *Iesu unigenite dei patris filius*

-a *Iesus Christus verus panis veniens de caelis* [1
ETI RÜTZ Text im Bild p. 56; 146

70 *Iesus dum moritur, titulo vicisse probatur*

71 *Iesus omnipotens deus adiuva me sine fine*

72 *Iesus refulsit omnium / Pius*
E Hymnarium oscense II p. 46

73 *Iesus surrexit, mulieribus angelus inquit*

74 *Ignaris homines in vita mentibus errant*
E Hymnarium oscense II p. 51s.

75 *Ignava volucris venturi nuntia luctus*

76 *Ignavus deforme pecus concidere iussus*

77 *Igne calens belli mediaque in caede cruentus*

78 *Igne create, Liber, dextra servate Tonantis*

79 *Igne salutifero Veneris puer omnia flammans*

80 *Ignea sum fervens, turbo precordia bellis*

81 *Igneus astrigeras iam sol migrabat ad arces*

82 *Igneus en genitor fertur mihi Iuppiter esse*

83 *Ignibus haut mixtus adolet tymiamata discus*

84 *Ignibus in mediis vivens non sentio flammas*
I Liber monstrorum ed. PORSIA p. 85 n. 33; p. 98

85 *Igniculus tenuis pingui fulcitur olivo*
TI LAUSBERG Das Einzeldistichon p. 353s.

86 *Ignis creator igneus*
A inc. saec. V/VI
M MGH Epist. 4 p. 261 (str. 5)
M ZANNA in: Poesia dell'alto medioevo p. 367
I BULST in: Fs. BIELER 1976 p. 92s.
I BULST Lat. MA p. 22s.
I CURRAN Antiphonary p. 59ss.
I NORBERG Les vers iambiques p. 18; 24; 43; 88 n. 27

87 *Ignorantis eam scinifes hiemavit in aure*

88 *Ignoscenda istaec an cognoscenda rearis*

89 *Ignota aeternae ne sint tibi tempora Romae*

90 *Ignoti vis celsa patris vel prima propago*
MI GANZ in: Geistl. Denkformen p. 142-153

91 *Ignotos mihi cum voces trecentos*

92 *Ignotum tibi tu noli praeponere notis*

93 *Iliaco similem puerum, Faustine, ministro*

94 *Ilias et Priami regnis inimicus Ulixes*

95 *Ilias incensis per diruta Pergama taedis*

96 *Ilion in medium Pario de marmore facti*

97 *Illa dies haec est, qua te celebrare poetae*

98 *Illa ego sum Dido, vultu, quem conspicis*

99 *Illa manus quondam studiorum fida meorum*

00 *Illa relicta feris etiam nunc, improbe Theseu*

01 *Illa salax nimium nec paucis nota puellis*

02 *Illa Salem mater, cui nomen visio pacis*

03 *Illacrimant oculi, quatiuntur viscera fletu*
ETC REYDELLET I p. 137
I QUACQUARELLI Poesia tardoantica p. 453

04 *Illaesas olim servant haec tecta catenas*
M SIMS-WILLIAMS Anglo-Saxon England 10/1982 p. 28
M GNEUSS Handlist 938
I SCHALLER Studien p. 191s.

05 *Ille coniunx maestus deo credens ultima*

06 *Ille crucem, plagas, alapas, sputa aspera*

07 *Ille deo plenus, lumen de lumine Christo*

08 *Ille domus vestrae primis venerator ab annis*

09 *Ille ego Alexander genitore Eupaede creatus*

10 *Ille ego Demetrius vero libratus abunde*

– *Ille ego Origenes doctor verissimus olim*
cf. *Ille Origenes ego*

11 *Ille ego Pannoniis quondam notissimus oris*
ET HÄUSLE Denkmal p. 67

12 *Ille ego qui fuerim, tenerorum lusor amorum*

13 *Ille ego qui quondam gracili modulatus*
EM O'CALLAGHAN Emerita 40/1972 p. 417
M PRETE Cod. Barb. Lat. p. 280 (cod. 91)
B Aufstieg und Niedergang der röm. Welt II 31.1/1980 p. 206s.
I MADOZ p. 220

14 *Ille ego qui quondam praetor paucisque*

15 *Ille ego, qui varios cursus variumque*

16 *Ille ego sum, patriam Poeno qui Marte*

17 *Ille ego sum Proculus totus qui natus honori*

18 *Ille ego sum scorpus, clamosi gloria Circi*

19 *Ille et nefasto te posuit die*

20 *Ille fuit rigidi semper servator honesti*

21 *Ille hic magnanimus, qui claris arduus actis*

22 *Ille iubere nefas, ille perhibetur amare*

23 *Ille mi par esse deo videtur*
I STOTZ Sapph. Dichtung p. 106

24 *Ille Origenes ego doctor verissimus olim*
ETI CC 113A p. 215:4
EC ORTEGA p. 273 (cf. 7710)
M MAESTRE YENES Ars Iuliani Toletani Episcopi p. 40 (cf. 7710)
I MADOZ p. 220

25 *Ille sacri lateris custos Martisque togati*

26 *Ille sciat, novit necdum qui promere facta*

27 *Ille superne, sagax sapiens, venerande*

28 *Ille tuos quondam non ultimus inter amicos*

29 *Illi deos iratos, quos omnis colunt*

30 *Illic alternis depugnat pontus et aer*

31 *Illius cineres saxo servantur in isto*
I SCHALLER MlatJb 27/1992 p. 93
I LOUIS in: Études Ligériennes p. 437

32 *Illius et tellus speciem suscepit avara*

33 *Illius ob nomen quem summum credimus*

34 *Illotus sudor vel copia nobilis escae*

35 *Illudis Gallis, Veneti male tincta propago*

36 *Illum non sal, non istum sapientia condit*
B MEL II 1822
I WITKE in: Studies in honor of Ch. W. JONES II 1979 p. 13

37 *Illuminans altissimus / Micantium*
EC FONTAINE Ambroise de Milan p. 337ss.
M GNEUSS MlatJb 35/2000 p. 244
I BULLOUGH Carolingian renewal p. 262 n. 22

38 *Illuminator omnium / In saeculo*

39 *Illuminavit hunc diem / Claritas veri luminis*

40 *Illuminavit hunc diem / Rerum creator*

41 *Illusit mihi pauper inquilinus*

42 *Illustrem cum tota meis convivia flammis*

-a *Illustri dominae reginae moribus almae*
M U. SCHWAB Einige Beziehungen zw. altsächs. u. angelsächs. Dichtung 1988 p. 192

43 *Illustris meriti recubat hoc marmore tectus*

44 *Illustris merito virtutum sancte sacerdos*

45 *Illustris mulier tumulatur nempe Maroza*

46 *Illustris ortu generis, sanctus studiisque*

47 *Illustris titulis meritisque haud dispar*

48 *Illuxit alma saeculis / Dies beatae*
I NORBERG Hymnarius Severinianus p. 12

49 *Illuxit festiva dies, me gaudia cogunt*
ETC REYDELLET I p. 97
M SOTTILI I Codici del Petrarca p. 331 n. 3
I GEORGE Venantius Fortunatus p. 77-79

50 *Illuxit nostris caeli miseratio Gallis*
B GENICOT/TOMBEUR Index II p. 171

51 *Illuxit orbi iam dies*
M GNEUSS MlatJb 35/2000 p. 246

52 *Illyricis regnator aquis, tibi, Nile, secundus*

53 *Imbribus urget hiems: horrent incommoda*

54 *Imbriferas nubes radiis ubi contigerit sol*

55 *Imbue plebeias Clusinis pultibus ollas*

56 *Immanem stomachum mihi cietis*

57 *Immatura quies quos abstulit, hic siti sunt*

58 *Immatura sinu tellus levis accipe Grati*

59 *Immatura tui properantur tempora fati*
B BHL 6560

60 *Immensae pietatis opus qua laude feremus*

61 *Immensam silvam laudum, vir iuste, tuarum*
ET BERTINI Autori latini p. 186-189
I HOFMANN AnzAW 34/1981 c. 133
I SCHALLER Studien p. 394 n. 17

62 *Immensas domino laudes gratesque rependi*

63 *Immensas grates volumus tibi dicere, Baldo*

64 *Immense caeli conditor / haec precum vota*

65 *Immense caeli conditor / qui mixta*
E Hymnarium oscense II p. 28s.
EC Canterbury Hymnal 37517 p. 39s.
M ODERMATT Ordinarius St. Arnulf p. 390
M Portiforium Wulfstani nr. 2616

66 *Immense omnium / rex angelorum / et*

67 *Immensi soricis cattus dum membra vorasset*

68 *Immenso angelorum / atque hominum regi*

69 *Immensum pelagus tranavimus, optime*

70 *Immensum taurus fugeret cum forte leonem*

71 *Immensus dominus fluenta misit*

72 *Immerito abductas Phoebi de limine patris*

73 *Imminet Leoni Virgo caelesti situ*

74 *Immitis Boreas placidusque ad sidera*

75 *Immolat patri deo*
I R. HENKE Studien zum Romanushymnus des Prudentius 1983 p. 63ss.

76 *Immortale decus Martini praesulis almi*
B Clavis Galliae I p. 200

77 *Immortale nihil mundi conpage tenetur*
M Aurelian. Reom. ed. GUSHEE p. 68
I QUADLBAUER GB 2/1974 p. 190
I MURRU Wiener Studien 93/1980 p. 133s.
I GODMAN MedAev 50/1981 p. 217s.

78 *Immortales mortales si foret fas flere*
M PASSALACQUA Codici p. 345

79 *Impedior lacrimis prorumpere nomen*
ETC REYDELLET I p. 149

80 *Impedit omnimodis praebere levamen iniquis*

81 *Impensae causam, titulum qui perlegis, audi*

82 *Imperat omnipotens: procul, o procul effuge*

83 *Imperat omnipotens: procul, o procul effuge*

– *Imperator magne, vivas*
cf. *Innovatur nostra laetos*

84 *Imperatorum genimen potentum*
EI BULST Lat. MA p. 157-160
M SCHMIDT Reichenau p. 158
I WILLMES Herrscher-'Adventus' p. 84ss.
I BERGER StMGBO 104/1993 p. 278-285

85 *Imperialis honor fit pravis schismate fautor*

86 *Imperii culmen rerum non motibus ullis*
ETC ANTÈS p. 17
I ANTÈS Caesarodunum 14/1979 p. 187-196
I SPECK Philologus 134/1990 p. 82-92
I SCHALLER Studien p. 145 n. 72; p. 346-360

87 *Imperii custos, vocali pollice cordas*

88 *Imperii fastus geminant vicennia signa*

89 *Imperii fulmen, Francorum nobile culmen*

90 *Imperii Romae Traiano sceptra regente*
I LAPIDGE in: Scire litteras p. 256

91 *Imperii solio fulget Heinricus avito*
M Regensburger Buchmalerei tab. 14
M facs. SCHRAMM/MÜTHERICH Denkmale^2 p. 486
M facs. BLOCH Monte Cassino III p. 1141
MB HOFFMANN Buchkunst p. 300
I BLOCH Monte Cassino I p. 25
I BAYER Aachener Kunstbll. 54-55/1986-87 p. 36
I CAMPANA in: Studi e ricerche ... in mem. G. MERCATI 1959 p. 34-47

92 *Imperii vestri, rex inclite, iussa secutus*
M SCHRAMM/MÜTHERICH Denkmale^2 p. 474
I WALLACE-HADRILL Frankish Church p. 218

93 *Imperiis cum regna suis Romana teneret*

94 *Imperio Christi mansuescunt flamina venti*

95 *Imperio vestri sanentur daemone pleni*

96 *Imperium, binis fuerat sollemne quod olim*

97 *Imperium mundi pressante Diocletiano*
B Clavis Galliae I p. 200s.
I COURCELLE Lecteurs ... de l'Énéide p. 147

– *Imperium mundo florens cum Roma teneret*
cf. *Omnipotens genitor mundum dicione*

98 *Impetret Eugenius nobis, precor: Euge*

99 *Impia blasfemi cecidit domus ecce Caifae*

00 *Impia fata mea Falconi morte fuerunt*

01 *Impia gignendo sum filia daemonis atri*

02 *Impia iam miserum captat curvare senecta*
I C. RATKOWITSCH Maximianus amat 1986 p. 30
I STOTZ Sapph. Dichtung p. 312
I NORBERG in: Cultura in Italia p. 364

03 *Impia iamdudum condemno silentia, quod te*

04 *Impia mors rapiens teneris te, nate, sub*

05 *Impia pars mundi parti est infesta piorum*

06 *Impietas profunda mali, mens invida vitae*
ETC POLLMANN p. 56

07 *Impiger egelido movet arma Severus ab*

08 *Impios parrae recinentis omen*

09 *Impius innumeris infantum caedibus hostis*

10 *Impleat ut vestrum domini dilectio pectus*
ET MESSINA p. 27:I
M O'BRIAN O'KEEFE Anglo-Saxon England 14/1985 p. 65
M GNEUSS Handlist 12; 478
I KER Books p. 202
I ANTON HZ 234/1982 p. 646
I EBERHARDT p. 151; 160; 178

11 *Implent tricenas per singula menstrua luces*

12 *Implesti pia vota: peracto tempore vitae*

13 *Improba Massiliae quidquid fumaria cogunt*

14 *Improba sum, fateor; quid enim gula turpe*

15 *Improba vis leti hic morte perit crucifixi*

16 *Improbe, distractor, pretium si poscere*

17 *Improbe mons avium, tali / neque tu nomine*

18 *Improbe, quid fractis confundis singula*

19 *Improbi semper et dura cervice recalces*

20 *Impugnare viros lanio nec sufficit atro*
B BHL 420

21 *Impulit Ionios praemisso lumine fluctus*
M PRETE Cod. Barb. Lat. p. 281 (cod. 68)

22 *Impulsus ventis et pressa nube coactus*

23 *Imputat aegra toris vim per deserta Calypso*

24 *In aula domini nostri Iesu Christi sancti*

25 *In brevibus tabulis mihi carmina magna*
ET GEORGE Venantius Fortunatus p. 198

26 *In caelo flagrans iam iustis vita perennis*
M facs. UNTERKIRCHER Cod. Vind. 751 f. 20r

27 *In caput alta suum labentur ab aequore retro*

28 *In caput ingredior, quia de pede pendeo solo*

29 *In castris natus patriis, nutritus in armis*

30 *In causa Hippolyti versa est natura*

31 *In Christo Domino felix sine fine valeto*
B Clavis Galliae I p. 300-302

– *In circo palma semper et laurus viret*
cf. *Idcirco palma*

32 *In cithara Davidis citharoedis pulchra*

– *In commune bonus Bonefacius esse vocatur*
cf. *Da mecum gemitum singulti Roma*

33 *In convertendo dominus*

34 *In cruce confregit postquam victorque*
I BERSCHIN AlemannJb 1973-75 (Fs. B. BOESCH) p. 331s.

35 *In cruce quadratum redimis qui sanguine*

36 *In cruce quaesitam pretioso sanguine vitam*
ET Ekkeh. IV. ed. HAEFELE p. 68

37 *In cruce qui mundi solvisti crimina, Christe*
E JEAUNEAU Études Érigéniennes p. 607
EM KOEHLER/MÜTHERICH V p. 80 (facs. tab. 1b)
EI RAW Crucifixion Iconography p. 64
M facs. in: Fs. WALLACE-HADRILL 1983 tab. VII
M facs. SCHRAMM/MÜTHERICH Denkmale² p. 249:tab. 43
I DUTTON/JEAUNEAU StudMed III 24/1983 p. 89

38 *In cruce restituit Christus pia victima factus*

39 *In cruce suspensum qui vis hic cernere*
I HAUBRICHS Otfrid p. 44 n. 232

40 *In cruce suspensus crucis est virtute*

41 *In Deitate gradus, mensura et tempora non*
I SCHALLER in: Fs. AUTENRIETH 1988 p. 136ss.

42 *In Domini vere cupimus vos domne valere*

43 *In faciem versus Amphitruonis Iuppiter*

– *In fine mundi / post tanta mysteria*
cf. *Precamur patrem / Regem*

44 *In fontem refluo Iordanis gurgite fertur*

45 *In freta dum fluvii current dum montibus*

46 *In gestis patrum veterum, quoddam legi*
ET BEHRENDS p. 266:153
ETC Carm. Cant. 42 ed. ZIOLKOWSKI p. 118; 292
ETI WOLTERBEEK Ridicula p. 59-63; 308-311
TI MICHEL p. 171
M BEHRENDS Scriptorium 31/1977 p. 296
I SUCHOMSKI p. 103
I SZÖVÉRFFY CCM 30/1987 p. 263-265
I NORBERG Les vers iambiques p. 56

47 *In gremio matris rector complectitur orbis*

48 *In gremio Veneris quoddam genus herba*

49 *In hac die triumphavit / Iulianus et migravit*

50 *In hac Hieronymi crypta memoratio sacri*

51 *In his versiculis ludens aenigmate canto*
B Clavis Galliae I p. 300-302
I ERNST Carm. fig. p. 215

52 *In hoc altari sanctorum gloria pollet*
EC CC Cont. Med. 117 p. 85
I COUPLAND Early Medieval Europe

7/1998 p. 98

53 *In hoc loco reconditus - Amansvindus*

54 *In hoc nobilium florent praecepta virorum*
EC CC Cont. Med. 117 p. 90
I RICHÉ in: Iren u. Europa II p. 740
I MEIER in: Karl d. Gr. Nachwirken I p. 290

55 *In hoc quinque libri retinentur codice Moysis*
B Clavis Galliae II p. 86s.
I STELLA Poesia carolingia p. 41-43
I FISCHER Lat. Bibelhss. p. 227ss.; 277; 282s.
I W. THIELE Vetus Latina 11.1 (1977) p. 80

56 *In hoc quisque legat patrum dulcissima*

57 *In hoc sarcophago iacet Boetius arcto*
ETI MOEHS in: Gerberto - scienza, storia e mito p. 344s.; 350

58 *In hoc tumulo requiescunt bene memoriae*

-a *In honorem almissimi*

59 *In iaculum, quodcumque gerit, dementia*

60 *In lacrimis cuncta si possem vertere membra*
B Rep. Font. IV p. 361
I DRONKE Inaugural Lecture p. 36 n. 24

61 *In laude Martini, Deus*

62 *In laude summi verbi / Dei praeconis*

63 *In laudem nunc tota dies expenditur ista*

64 *In laudibus Eparchii, sancti patris piissimi*

65 *In lavacro Christi capiunt signacula multi*

66 *In lege praecepit dominus caeli, terrae*

67 *In Ligurum terris potorem qui vocat errat*

68 *In Luca vitulus patris exstat victima Christus*

69 *In Lyciae provincia fuit quidam Christicola*
M BALLAIRA Prisciano p. 153

70 *In Macetum campis ultus iam Caesaris*

-a *In mare quid pisces, quid aquas in flumina [mittas* 2
A Acca?
E CC 120 p. 5
BI BABCOCK MlatJb 22/1987 p. 53-55

71 *In matutina nuper spectatus harena*

72 *In matutinis surgimus*

73 *In me multigena sapientia constat habunde*

74 *In medio generata salo nunc arte magistra*

75 *In medio regum caelestem respice regem*

76 *In medio viva voce petit veniam*

77 *In metro vilis crebro grex est puerilis*

78 *In militiam proficisci / gnatum Cliniam*

79 *In multis libris qui nondum cognita quaeris*

80 *In natale tuo nobis, pia mater, adesto*

81 *In nece iustorum crudescunt vota malorum*

82 *In Nomentanis, Ovidi, quod nascitur agris*

83 *In nomine divino trino atque uno*

84 *In nomine Domini hic tumulus Honori*

85 *In nomine domini tempus certe croaxare*
A inc. saec. IX
M TRAUBE O Roma nobilis p. 60
B LAPIDGE/SHARPE p. 176:669
B Clavis Galliae I p. 284s.
B SHARPE nr. 206
I NORBERG Introduction p. 128 n. 1

86 *In nongentenis novenis octuagenis annis*

87 *In nova fert animus mutatas dicere formas*

88 *In nova surgentem maioraque viribus ausum*

89 *In nullo morum studio sic vincitur hostis*

90 *In omnibus Vacerra quod conclavibus*

91 *In pace Christi dormiam*
M GNEUSS Handlist 443
M ZANNA in: Poesia dell'alto medioevo p. 367
B LAPIDGE/SHARPE p. 341:1288

92 *In parte alveoli pyrgus velut urna resedit*
ETI A. J. BAUMGARTNER Untersuchungen z. Anthologie d. Codex Salmasianus

1981 p. 98
cf. *Composita est tabulae*

93 *In parvo magnas fecit manus ardua Baias*

– *In patinis fulget ludens pulcherrima Nais*
cf. *Fulget et in patinis ludens*

94 *In patris et nati, paracliti et nomine magno*

95 *In patris natique et sancti nomine Flatus*
ET NAUERTH p. 78

96 *In patris natique sui sed flaminis almi*
ETC LAPIDGE/BAKER JournMedLat 6/1996 p. 8s.; 24s.
M GNEUSS Handlist 428.4

97 *In Pompeiano dormis, Laevine, theatro*

98 *In Pompeiano tecum spectabo theatro*

99 *In praeclara Genovefae virginis celebritate*

00 *In pretio scopas testatur palma fuisse*

01 *In prima quinti Pompeio Roma regenda*
M Hss. Krakau 524 f. 123r

02 *In primis, Baldrice, vale, clarissime praesul*
B BHL 4812b

03 *In primis pennam, quam cedimus arte*

04 *In primis te, sponse, precor: patiare*

05 *In primo certe canone quattuor concordant*

06 *In principatu commutando saepius*

07 *In qua sollicite scrutans loca Paula sacrata*

08 *In quartum surgens comprensus deprimor*

09 *In quo multoties caelesti nectare dulcis*

10 *In quosdam furuisse licet rex Numerianus*
B BHL 1790

11 *In rebus bene gestis sola superbia restat*

12 *In rebus mundi non idem est omnibus usus*

13 *In rebus tantis trina coniunctio mundi*
B MGH Poet. 5 p. 688
cf. *Is rebus tantis*

-a *In ripa lepus est; missus contemnitur arcus* [4
A Ps.-Claud.
E SPEYER GB 6/1977 p. 111

-b *In ripa lepus est: nixu contenditur arcus* [4
A Claud.?: epigr.
E FPL^3 p. 393

14 *In risum plorata senis vesania venit*

15 *In rivi decursibus agnus ab amne bibebat*

16 *In Saeptis Mamurra diu multumque vagatus*

17 *In Salomonis ferculo, / Quod construxit*
M CRICK Geoffrey Mss. p. 20
BI SHOAF MlatJb 17/1982 p. 46
I NORBERG Les vers iambiques p. 57

18 *In saltu nascor ramosa fronde virescens*
I PAVLOVSKIS Cl & Med 39/1988 p. 240

19 *In septem Titan subiens per celsa trionem*

20 *In Siculas iterum terras fortuna reducit*

21 *In solio regem sabaoth residere propheta*
ET BISCHOFF in: Bibbia di San Paolo p. 161

22 *In spatio Veneris simulantur proelia Martis*

23 *In specie rerum nihil est quod constat id*
E MGH Poet. 5 p. 623

24 *In speciem mortis cum sit dilectio fortis*

25 *In sterquilino pullus gallinaceus*

26 *In tabulis praecepta decem sunt scripta*

27 *In tantum prisci defluxit fama Maronis*

28 *In Tartesiacis domus est notissima terris*

– *In te, Christe, credentium miserearis omnium*
cf. *Deus in adiutorium intende*

29 *In te, si in quemquam, dici pote, putide Victi*

30 *In tellure Beneventi claris ortus patribus*

31 *In tenebris luges amissum, Galla, maritum*

32 *In terris abscondere, dicitur ecce, talentum*

33 *In terris cineres alius locus, hic habet ossa*

34 *In terris mihi grata domus, sed pascor*

35 *In terris surrexit avis de nomine glutto*

36 *In thermis sumit lactucas, ova, lacertum*

37 *In tribus haec tota gradibus conlatio constat*
E CC Cont. Med. 68 p. 32

-a *In tridui spatio solis menso requiete*
A inc. saec. X?
EI BJORK Viator 12/1981 p. 29

38 *In trinitate spes mea / fixa non*
M ZANNA in: Poesia dell'alto medioevo p. 367
B LAPIDGE/SHARPE p. 150:588

39 *In trinitatis nomine / Sanctae*

40 *In tumulo iaces hoc, Marce, sed Maxime*

41 *In tumulo, mors saeva, iace. Caelestia regna*

42 *In venerabilibus famulis operator opime*
ETC REYDELLET II p. 20
I WILLIS Mnemosyne IV.41/1988 p. 122

43 *In Venetis sint lauta licet convivia terris*

44 *In vesperi dictamine / Canentes*

45 *In veteri nobis nova res adnascitur actu*
I J.-T. LIENHARD Paulinus of Nola and Early Western Monasticism 1977 p. 155-159
I JUNOD-AMMERBAUER RÉAug 24/1978 p. 22-57

– *In vitis patrum veterum quiddam legi*
cf. *In gestis patrum*

46 *Incaustum dum penna probat, simul ipsa*

47 *Incedunt pueri pariterque ante ora parentum*

48 *Incensum, Christe, tuo sacri altaris*

49 *Inceptor coepti perfector rite peracti*

50 *Incertum ex certo sexum fert pube recisa*

51 *Incestum si promiseris, petii*

52 *Inchoat hic 'comes' in Christo cognomine*
B Clavis Galliae II p. 93

53 *Incideris quotiens in basia fellatorum*

54 *Incipe: dimidium facti est coepisse. superfit*

55 *Incipe dulcisonos iam mecum fistula versus*
E MGH Poetae 5 p. 612s. (v. 49-60)

56 *Incipe, lingua senum, carmen cantare*

57 *Incipe luctificos anima perculsa dolore*

58 *Incipit ad domnum specialis epistola patrem*
I ORCHARD JournMedLat 2/1992 p. 121ss.
I LAPIDGE Wulfstan p. XVI; XIX-XXII; XXIV; CXI; CXLIVs.; CLXXXs.

59 *Incipit adventus patris eximii Benedicti*

60 *Incipit adventus sacrati pignoris haerus*

61 *Incipit ardentes Phoebus producere flammas*

62 *Incipit, ecce! patris gestorum vita Iohannis*

63 *Incipit et claudit cenam lactuca tenacem*

64 *Incipit exceptis lector constructio verbis*
A Israel Scot.
E MGH Poet. 5 p. 649

65 *Incipit hic Ianus cui traditur astrea capra*
MI LAPIDGE RBén 94/1984 p. 343ss.
B LAPIDGE/SHARPE p. 325:1229

66 *Incipit hic primus de sobrietate libellus*

67 *Incipit hic rhythmus sacrato dogmate*

68 *Incipit hic textus per dicta poetica scriptus*
ET STAUB in: Witigowo von der Reichenau p. 30
MB HOFFMANN Buchkunst p. 327
I TILLIETTE Settimane ... Spoleto 36/1989 p. 403 n. 57

69 *Incipit omne bonum, hodie fit gratia donum*

-a *Incipiunt (h)ymni quos noctibus atque diebus*
A inc. saec. X?: expositio hymnorum
E GNEUSS p. 265

70 *Incipiunt parvae super evangelia glossae*

-a *Incipiunt pulchrae usus monasticae normae*

[1
A inc. saec. XI?
E DINTER Corp. cons. mon. X p. 9

71 *Inclita caesareum diffundit fama triumphum*
M SCHRAMM/MÜTHERICH Denkmale^2 p. 479
I BERSCHIN Gr.-lat. MA p. 141

72 *Inclita Fastradae reginae hic membra*

73 *Inclita Gregorii subeunt hunc culmina, caulis*
B BHL 3644

74 *Inclita magnarum processit gloria rerum*
ETC REYDELLET II p. 53
I ANTON in: Iren u. Europa II p. 591 n. 64
I HOEFLICH RPL 5/1982 p. 125ss.
I GEORGE Eranos 86/1988 p. 61
I GEORGE Venantius Fortunatus p. 43-48
I PETERSMANN Gymnasium 96/1989 p. 420
I HEN Early Medieval Europe 7/1998 p. 284
I WOOD Early Medieval Europe 7/1998 p. 292

75 *Inclita Mansueti claris natalibus orti*
B Clavis Galliae I p. 53s.
B CALMA I p. 48

76 *Inclita nobilitat venerandae virginis Urbem*
B BHL 162

77 *Inclita praefulgent sanctorum limina templo*
ET PICARD Souvenir p. 180s.
ET NAUERTH p. 380

78 *Inclita progenies, regali stirpe coruscans*
ETC REYDELLET II p. 57
I WAREMAN Cl & Med 37/1986 p. 199-201
I LATZKE MlatJb 14/1979 p. 29-33
I J. JARNUT Agilolfingerstudien 1986 p. 29; 96

79 *Inclita sanctorum cum gloria crescit ubique*

80 *Inclita Saxonum / Ceu leo frendens*

81 *Inclita sceptra tenens, commissum deprecor*
EI HAEFELE in: Fs. BRUNHÖLZL 1989 p. 73s.

82 *Inclita si cupias sancti sub culmina templi*
MI ERNST Carm. fig. p. 186-188
B LAPIDGE/SHARPE p. 170s.:648
I ERNST in: Mittelalter-Rezeption ed. P. WAPNEWSKI 1986 p. 192
I SCHRAMM Kaiser, Könige u. Päpste I p. 321
I CHAZELLE The Cross p. 29s.; 40s.
I SCHALLER Studien p. 1; 3-5; 10-15

83 *Inclita Torquatae dedit hic cognomina genti*

84 *Inclita vota suis adquirunt praemia laudis*

85 *Inclitae parentis alme Christe pignus unicum*
I NORBERG in: Fs. MUNARI 1986 p. 340

86 *Inclitae parentis alme Christe pignus unicus*
E DÍAZ Rioja p. 294
M Paris, BN lat. 2855 (saec. X) f. 159^v-160^r (Ildefonsus ed. GARCÍA 1971 p. 14; 30)

87 *Inclite Caesar ave, Hludowice serene*
I D. L. BOUTELLE Louis the Pious and Ermoldus Nigellus 1970/^{n}1984 p. 207
I SCHALLER Studien p. 67; 84 n. 32

88 *Inclite Caesar, ave! populorum gloria, salve*
EI BULST Lat. MA p. 150s.
I WILLMES Herrscher-'Adventus' p. 84

89 *Inclite Christi confessor*

90 *Inclite confessor, meritis et nomine Felix*
I LIVER p. 369-371

91 *Inclite, de superis dentur tibi munera pacis*
M SCHRAMM/MÜTHERICH Denkmale^2 p. 485
I HOFFMANN Buchkunst p. 14
I MÜTHERICH Otto III. p. 19

92 *Inclite deus patiens / clamorem*

93 *Inclite dux, meritis totum vulgate per orbem*

94 *Inclite dux saecli satire misere scito nostri*

– *Inclite parentis alme Christe*
cf. *Inclitae parentis*

95 *Inclite Pelagi, martyr fortissime Christi*
E BERSCHIN p. 63
T WILSON in: E. A. PETROFF Medieval Women's Visionary Literature 1986 p. 114
B BHL 6618
I KIRSCH MlatJb 24-25/1989-1990

p. 215-224

96 *Inclite rector, ave, laus orbis, gloria saecli*
EC CC Cont. Med. 117 p. 28
I BRUNHÖLZL in: Scire litteras p. 94
I RICHÉ in: Iren u. Europa II p. 742
I STAUBACH Rex christianus p. 200-210; 257; 265; 328s.
I WILLMES Herrscher-'Adventus' p. 82

97 *Inclite rex magne regum, consecrator*
I SCHALLER Studien p. 368

98 *Inclite sacrorum cultor, secure quiescis*

99 *Inclite tu princeps, nativo germine preses*

00 *Inclite, vulnifici victor, Nazari, dracone*

01 *Incliti festum pudoris*
I NORBERG Les vers iambiques p. 86; 92
I NORBERG MlatJb 19/1984 p. 68

– *Incliti parentis alme Christe*
cf. *Inclitae parentis*

02 *Inclito caelorum laus sit digna Deo*
ETC Carm. Cant. 5 ed. ZIOLKOWSKI p. 16; 173
M SCHALLER in: Fs. BULST 1981 p. 187
B WIC 9245
BI SCHUPP in: Verf. Lex.[2] VI c. 634-636
I HAUBRICHS Georgslied p. 174
I STEGER Philologia Musica p. 124ss.
I SPANKE Studien p. 97
I WALL MedAev 45/1976 p. 250s.
I SCHALLER Studien p. 198; 207; 224; 230 n. 57; p. 425

03 *Inclito regi polorum*

04 *Inclitus Anglorum veniens Lebuinus ab oris*
B BHL 4811

05 *Inclitus armipotens, spes Romae, gloria*
EC CC Cont. Med. 117 p. 48
I STAUBACH Rex christianus p. 109 n. 19
I BRUNHÖLZL in: Scire litteras p. 94

06 *Inclitus ecce comes rediit lumenque serenum*
EC CC Cont. Med. 117 p. 109
I KRAHWINKLER Friaul p. 259 n. 70
I WILLMES Herrscher-'Adventus' p. 83

07 *Inclitus est istic positus lebita Geroldus*

08 *Inclitus hic Cicero est Lamiae pietate*
M Hss. Krakau 516; 518
M COULSON Scriptorium 51/1997 p. 166

09 *Inclitus in primo Martinus limite fulget*
EC CC Cont. Med. 117 p. 43

10 *Inclitus iste locus proprio cognomine*

11 *Inclitus pastor populique rector*
TMI LAPIDGE Wulfstan p. XXIII; XXV; CXIIIs.; CXVIIIs.
MI LAPIDGE in: YORKE Aethelwold p. 115s.

12 *Inclitus praesul Germanus*

13 *Inclusam Danaen turris aenea*

14 *Inclusi tenerum pretioso marmore corpus*

15 *Incola nunc Christi, fuerat Carthaginis ante*
E ICUR N. S. IX p. 8:23755

16 *Incola sum patriae, cum sim miserabilis exul*

17 *Incola Tifatae, venantibus incluta virgo*

18 *Incolae caelorum futuri cum Deo Christo*

19 *Incolit hoc templum sat felix turba piorum*
I HAUCK Taufpfalzen p. 59

20 *Incoluere Palaestinam virtutibus alti*
B BHL 5418

21 *Incolumem Christi faciat te gratia semper*
B Clavis Galliae II p. 348s.

22 *Incolumem Christus, carissime, te mihi*
B Clavis Galliae II p. 45

23 *Incolumem Christus faciat te vivere semper*
B Clavis Galliae II p. 310

24 *Incorporeae personae gratia colloquii*
ET BEHRENDS p. 262:150

25 *Incredulus populus non est nisi vester, iniqui*

26 *Incubat egregii Theodori praesulis almi*
E GREGOROVIUS Tombe dei Papi p. 23*

27 *Incumbit foribus pictae Concordia mensae*

28 *Incumbunt Troes, fugiunt in castra Pelasgi*

29 *Incustoditis et apertis, Lesbia, semper*

30 *Inde per immensum croceo velatus amictu*

31 *Inde quater pastor saturos ubi clauserit*

32 *Inde secundus habet regnum laudesque*

33 *Inde Severinus Phoebo per signa relato*

34 *Index naturae studium tibi non venit ullum*

35 *Index peccati lex est plectenda vetando*

36 *India litoribus propriis me gignit amoenam*

37 *Indica materies blandum certamen amicis*
ETI A. J. BAUMGARTNER Untersuchungen z. Anthologie d. Codex Salmasianus 1981 p. 100

38 *Indica purpureo genuit me litore tellus*

39 *Indicat atque sequens fatuorum corda*

40 *Indicat in pueris septennis prima novus dens*

41 *Indicis a summo capiens exordia primus*
EI HUGLO in: Hommages BOUTEMY 1976 p. 190s.
EI RUSSELL Journal of the American Musicological Society 34/1981 p. 109-118
MB RUSSELL MlatJb 17/1982 p. 39
MI SMITS VAN WAESBERGHE p. 122

42 *Indicium future pudicitiae, Gerontia*
ET HÄUSLE Denkmal p. 31

-a *Indiculi vestri gerulus cum venit ad almum*
A inc. saec. XI
E DUTOUR CCM 20/1970 p. 27

43 *Indiculo hoc sumpto, Marcum Marcellus ad*

-a *Indigites divi fato summi Iovis hi sunt* 3
A Macrobius: comm. in somn. 1.9.7
E FPL[3] p. 400

44 *Indignas premeret pestis cum tabida fauces*

45 *Indoctus teneram suscepit calculo pubem*

46 *Indolis egregiae felix Rictrudis amore*

47 *Indolis emeritae Mathildis filia clari*

48 *Indolis hic iacet heu ecce sepultus*

49 *Indolis o praeclare satis, deposcimus omnes*

50 *Indomita cervia respuit iugum ferre labori*

51 *Inducenda rota est: das nobis utile munus*

– *Indulgentia clamemus*
cf. *Ad te clamamus domine*

– *Indulgentia, dicamus omnes*
cf. *Rex altissime et perennis domine*

– *Indulgentiam postulamus*
cf. *Iesu unigenite*

52 *Indulget pecori nimium dum pastor Amyntas*

53 *Inest quibus caritas, ipsis placet veritas*

54 *Infandum dictu cunctis procul absit amicis*

55 *Infandus volucer sum, et nomen habebo*

56 *Infans bina iacet bis denis aucta diebus*

57 *Infantem nudum cum te natura crearit*

58 *Infantem Nymphae Bacchum, quo tempore*

59 *Infantem secum semper tua Bassa, Fabulle*

60 *Infantem tibi vir, tibi, Galla, remisit adulter*

61 *Infantum diem martyrum*

62 *Infausto, levis umbra, tuo mihi flebilis hora*

63 *Infectum quondam vitiis concordibus orbem*
M facs. Écriture et enluminure en Lorraine au moyen âge. Catalogue de l'exposition 'La plume et le parchemin' Nancy 1984 p. 94
I NODES VigChr 39/1985 p. 80s.

64 *Infelices parentes filiae testantur amorem*

65 *Infelix Dido, nulli bene nupta marito*

66 *Infelix, modo crinibus nitebas*

67 *Infelix vitulus sudibus ....*

68 *Inferior rescit, quicquid peccat superior*

69 *Inferis manu sinistra*

70 *Inferni lacus et puteus baratrumque*

71 *Inferni raptoris equos afflataque curru*
EI SCHWARZ Litterae Latinae 29/1974-75 p. 9-27
I WILHELM Month p. 46ss.

72 *Infernum fregit deus hic animasque redemit*

73 *Inferus invisus cadat, exsurgat paradysus*

74 *Infirma mundi eligis / Ut fortia confundere*

75 *Infirmi cum gaudia tanta salutis amamus*

76 *Infirmis defunctis / oppressis dispersis*

77 *Infirmos, nudos, sitientes, esurientes*
E BEHRENDS p. XLIII

78 *Infirmus si fuerit frater, de paupere dico*

79 *Infundit nostris Titan sua lumina Bais*

80 *Infusum sibi nuper a patrono*

81 *Ingemui graviter, Graecum miseratus*

82 *Ingenii cultor, fons oris, copia linguae*

83 *Ingenii legumque potens Constantius atra*

84 *Ingenii virtute cluens et nobilis ortu*

85 *Ingenio clarus, artum libramine gnarus*

86 *Ingenio clarus sensu celer ore suavis*

87 *Ingenio virtute modo doctrina decore*

88 *Ingeniti genitus fit matris corpore natus*

89 *Ingenitus genitor, per verbum cuncti creator*
M TURCAN-VERKERK Scriptorium 46/1992 p. 157-203; tab. 13a
I BABCOCK MlatJb 18/1983 p. 106
I BABCOCK Cl & Med 37/1986 p. 210
I COURCELLE Lecteurs ... de l'Énéide p. 100; 631
I A. DIERKENS Abbayes et chapitres entre Sambre et Meuse 1985 p. 91-102
I DIERKENS RBén 93/1983 p. 251ss.
I TILLIETTE Settimane ... Spoleto 36/1989 p. 402

90 *Ingenium mihi, Gaure, probas sic esse*

91 *Ingenium mores cunctos lucrantur honores*

92 *Ingenium quaerit qui viribus non potuit*

93 *Ingenium quondam fuerat pretiosius auro*
M MUNK OLSEN Auteurs classiques I p. 73
M GNEUSS Handlist 664; 903

94 *Ingenium studiumque tibi moresque*

95 *Ingens carnis honor, sed morum gratia*

96 *Ingentem fertur mus quondam parvus*

97 *Ingentem sitiens cornix aspexerat urnam*

98 *Ingenuam malo, sed si tamen illa negetur*

99 *Ingratae Venaeri spondebam munera*
M MlatJb 15/1980 p. 270; WIC 9349
M PASSALACQUA Codici p. 346

00 *Ingrati nebulae desidie caput*

01 *Ingrato homine terra peius nil creat*

02 *Ingrederis quisquis radiantis limina templi*

03 *Ingrediare viam caelo licet usque sereno*

04 *Ingrediens, lector, perparvi domatis antrum*

05 *Ingrediens quisquis hanc aedem rite revisas*

– *Ingrediens quisquis radiantis limina templi*
cf. *Ingrederis quisquis*

06 *Ingrediens templum refer ad sublimia vultum*
ET GILARDI Syll. Turon. p. 206; 220

07 *Inguina quod calido levas tibi dropace*

08 *Inguina succinctus nigra tibi servos aluta*

09 *Inguina torquati tardant hebetantque*

10 *Inguine suspensam gestas sub ventre*

11 *Inicio Furias: ego sum tribus addita quarta*

12 *Iniqua fata, quae nos tam cito disiunxerunt*

13 *Iniquitatem regis Urbis ustio*

14 *Iniuste innocuo sanctorum sanguine fuso*

15 *Innocui pueri, Christo benedicite regi*
I STELLA Poesia carolingia p. 216-219

16 *Innocuis flagrans rebus, martyr Clionee*

17 *Innocuos Christi testes nondumque loquentes*

18 *Innocuus Aper ecce iaces non virginis ira*

19 *Innovat antiquum melior pictura decorem*

20 *Innovatur nostra laetos / terra*
I WILLMES Herrscher-'Adventus' p. 83ss.
I FONTAINE in: La Neustrie II 1989 p. 358

21 *Innuba me genuit genetrix de coniuge nullo*

22 *Innumerae sumus, et simul omnes quaeque*

23 *Innumeris ego nascor de matribus unus*
I PAVLOVSKIS Cl & Med 39/1988 p. 232

24 *Innumeris hominum subiecta est vita periclis*

25 *Innumeros cineres sanctorum Romula in*
B BHL 3960

26 *Innumeros concepta mitto de nido volatus*

27 *Innumeros homines sublimia facta ferentes*
M STRAETEN Manuscrits hagiographiques p. 145
B BHL 2478
I SCHALLER Wiener Studien 105/1992 p. 177
I SCHALLER Studien p. 350

28 *Innumeros usque hanc urbem compsisse*

29 *Innumerum tempus vos salvet somate Iesus*
I BERSCHIN Biographie II p. 59

30 *Inops, potentem dum vult imitari, perit*

31 *Inque loco sancti quo stant sacra lectula*

32 *Inquisita, refer, quid plores, Augia mater*
ET STAUB in: Witigowo von der Reichenau p. 30ss.
TI HECHT Wandmalerei I p. 10s.
MB HOFFMANN Buchkunst p. 327
I BERSCHIN Eremus p. 44
I BAYER Aachener Kunstbll. 54-55/1986-87 p. 36s.
I KLOPSCH Bukolik p. 163
I DUCH in: Liber Floridus p. 241-252
I Königspfalzen p. 191
I ERMINI StudMed II 2/1929 p. 187

cf. *Incipit hic textus*

33 *Insana Domini iussis quid mente resistis*
I STAATS Reichskrone p. 55

34 *Insanas lites odiosaque iurgia differ*

35 *Insani nomen sanus fert, aequus iniqui*

36 *Insanus vobis videor, nec deprecor ipse*

37 *Inscius egregios aegris conatibus actus*
I BROOKS The Early History of the Church of Canterbury 1984 p. 228-231
I LAPIDGE in: Jean Scot Érigène et l'Histoire de la Philosophie p. 450
I BERSCHIN Biographie IV p. 250-252

38 *Inscripsit tumulis septem scelerata virorum*

-a *Insece Musa manu Romanorum induperator* [28
A Ennius: annal. 10
E VAHLEN p. 58

39 *Insequeris, fugio; fugis, insequor; haec mihi*

40 *Inseritur lauro cerasus partuque coacto*

41 *Inserta phialae Mentoris manu ducta*

42 *Insidens caeco graditur pede claudus*

43 *Insidens nubi perlustrat nubila saecli*

44 *Insidias nullas vereor de fraude latentis*

– *Insidiati sunt mihi adversarii*
cf. *Portatus sum ut agnus*

45 *Insidiis rimisque hiantibus*

46 *Insidiosorum si ludis bella latronum*

47 *Insigne festum Iuliani martyris*
I NORBERG Les vers iambiques p. 67
I DÍAZ Y DÍAZ MlatJb 24-25/1989-1990 p. 97 n. 8
I GIL Habis 7/1976 p. 207

48 *Insigne meritis beatus Fructuosus*

49 *Insigne sanctum tempus acceptabile*
EI NORBERG Paulin d'Aquilée p. 66-80; 147-149
I SCHALLER Studien p. 374

50 *Insignem Christi martyrem*
I NORBERG Les vers iambiques p. 30

51 *Insignem Crispinum laudemus martyrem*

52 *Insignem genitum crucis munimine saeptum*

53 *Insignem meriti virum*
B BHL 7039

54 *Insigni merito et Geticae de stirpe senatus*
BI M. C. DÍAZ Y DÍAZ De Isidoro al siglo XI 1976 p. 79
I KIENAST HZ 239/1984 p. 52 n. 80

55 *Insipidi quondam laticis elementa saporem*

56 *Insipiens esto, cum tempus postulat ipsum*

57 *Insita proceris pergit concrescere ramis*

58 *Insolito more tristes arsere cometae*

59 *Insolitum si quid labentia tempora promunt*

60 *Insomnem philomela trahit dum carmine*
M BOUHOT RecAug 18/1983 p. 159

61 *Insonat haecque piis oppressis mole sepulcri*

62 *Insons esse volens isto mundare lavacro*

63 *Insons pro nobis agnus qui victima factus*
ET BISCHOFF in: Bibbia di San Paolo p. 173
M KESSLER p. 74

64 *Insons vita fuit Marci, quam novimus omnes*

65 *Insontes domini, nobis succurrite sancti*

66 *Inspexi lucem, subito quae erepta est mihi*

67 *Inspice Liam typum sinagogae fuisse*

68 *Inspice quadrivium, si vis cognoscere rectum*

69 *Instabat capus ad saltus agitare columbam*

70 *Instabilem constringe manum, Karmentis*

71 *Instabilem faciunt naturae damna Tribunum*

– *... instanti optatus quae contigit anno*
cf. *Timo comes missusque tuus, rex*

72 *Instauras nostram renovanda ad murmura*

73 *Institerint nonae, missi tibi nubibus atris*

74 *Instructus sapientia / delectans*

75 *Instrue praeceptis animum, ne discere cessa*
T ÖBERG Poetry p. 35

76 *Instruxit iuvenis nonnullos discipulorum*
E BEHRENDS p. XLIII

77 *Insulsissima quid puella rides*

78 *Insuper iussum Columbae non putans fas*

79 *Intactam Crocalen puer Astacus et puer Idas*

80 *Intactam ducas dives, in fenore pressus*

81 *Intactas quare mittis mihi, Polla, coronas*

82 *Intacti cum claustra freti, coeuntibus aequor*
I GNILKA AuA 18/1973 p. 144-160

83 *Intactis opulentior*

84 *Integer atque pius vita et corpore purus*
I HEINZELMANN Bischofsherrschaft p. 66ss.

85 *Integer innocuus semper pia mente probatus*

86 *Integer vitae scelerisque purus*
I STOTZ Sapph. Dichtung p. 197

87 *Intemerata procis et tot servata per annos*

88 *Intende nostris precibus / intende iam*

89 *Intende, qui regis Israel*
E Hymnarium oscense II p. 42s. (Veni, Redemptor gentium)
ET KLOPSCH Lyrik p. 20
EC FONTAINE Ambroise de Milan p. 265ss.
T ÖBERG Poetry p. 41
M GNEUSS MlatJb 35/2000 p. 244
MI IVERSEN in: FICHTE/GÖLLER/SCHIMMELPFENNIG Zusammenhänge, Einflüsse, Wirkungen 1986 p. 400s.
BI WACHINGER in: Verf. Lex.^{2} X c. 224-226
I BULLOUGH Carolingian renewal p. 255
I BASTIAENSEN Lampas 23/1990 p. 246 n. 4
I SZÖVÉRFFY Marianische Motivik p. 7
I WADDELL Cistercian Hymnal I p. IX
I SCHALLER Studien p. 256 n. 24

90 *Inter almas laudes virtutumque triumphos*
ET NAUERTH p. 528
I MONTORSI Epigrafe modenese p. 147

91 *Inter Amazonidas, quas insula celsa Tritonis*
M U. WINTER Hss. Diez 1986 p. 72

92 *Inter apostolicas acies sacrosque prophetas*
ETC REYDELLET II p. 146

93 *Inter apostolicos domini numeratus amicos*
E JACOBSEN in: Theophanu I p. 188

94 *Inter aves turdus, si quid me iudice certum*

95 *Inter avos proavosque tuos sanctumque*
I HEINZELMANN Bischofsherrschaft p. 47

96 *Inter Caesareae discrimina saeva Dianae*

97 *Inter capellas agno balanti canis*

98 *Inter christicolas celebres quos fama*

99 *Inter Christicolas quos actio vexit in astris*
ETC REYDELLET I p. 72

00 *Inter cognatos iam fletus, avuncule, manes*

01 *Inter convivas fac sis sermone modestus*

02 *Inter convivas residens dulcesque catervas*

03 *Inter Cyaneas, Ephyraea cacumina, cautes*
I U. FRINGS Claudius Claudianus, Epithalamium 1975 p. 15

04 *Inter delicias varias mixtumque saporem*
T COOK p. 27

05 *Inter eils goticum scapia matzia ia drincan*

06 *Inter et exsequias miri flagrantia odoris*

07 *Inter florigeras fecundi caespitis herbas*
EM ARNOLD RBMAS 75 p. 23
M VENNEBUSCH IV p. 228
M York, Minster Libr. XVI Q 14 (saec. XIII) f. 48^{v}-49
M MlatJb 15/1980 p. 270; WIC 9456
M BALLAIRA Prisciano p. 30
I STELLA Poesia carolingia p. 9
I EDDEN MedAev 49/1980 p. 180
I HART EHR 97/1982 p. 571; 575
I TRONCARELLI Tradizioni p. 117

08 *Inter florigeras lenti dum sedimus herbas*
I EDDEN MedAev 49/1980 p. 180s.
I CURTIUS p. 433s.

09 *Inter haec praeses toparches sedis hanc*
E Notker Balb. ed. BERSCHIN p. 98

10 *Inter illa quae profani bona putant maxime*
ET BEHRENDS p. 264:151

11 *Inter ligna soli haec semper sanctissima crux*
TI BERSCHIN Eremus p. 20
I BERSCHIN Freiburger Diözesan-Archiv 104/1984 p. 9

12 *Inter luciferum caelum terrasque iacentes*
ET BERTINI Autori latini p. 180s.

13 *Inter mirandum cunctis est cetera, quod nunc*

14 *Inter multa suis quae tradidit haeresiarches*

15 *Inter multiplices epulas ieiunia mittis*

16 *Inter multiplices tribulati cordis agones*
M PASSALACQUA Codici p. 271

17 *Inter mundanae mala conflictantia vitae*

18 *Inter odoratam memorare lybistica silvam*

19 *Inter opima ferax qua volvitur unda*
ETC REYDELLET I p. 44

20 *Inter patres monastici / vel clericalis*
ET BEHRENDS p. 268:154

21 *Inter pontifices praesentis tramitis aevi*

22 *Inter praecipuas quas cingunt aequora*
I BERSCHIN in: Fs. DÜCHTING 2001 p. 20

23 *Inter praecipuos paradisi quattuor amnes*

24 *Inter quos genuit radians Aquitanicus axis*
ETC REYDELLET I p. 33
M DE MEYIER Codices Vossiani II p. 34
I GEORGES Venantius Fortunatus p. 70-74
I QUACQUARELLI Poesia tardoantica p. 461
I STEMMLER in: La Neustrie II 1989 p. 81

25 *Inter sacratos caelesti iure ierarchos*

26 *Inter sapores fertur alitum primus*

27 *Inter saxa fui, quae me contrita premebant*

28 *Inter scriptores citus Augustinus habetur*

29 *Inter tanta tuae miracula, Caesar, harenae*

30 *Inter utrumque putans dubie vivendo carere*

31 *Interdico tibi per Christi nomen Iesu*

32 *Interdum existit turpi verruca papilla*

33 *Interea ad regem volitabat fama Gradlonum*

34 *Interea Aeneas pelagus iam classe tenebat*
I SCHETTER Hermes 116/1988 p. 343-357

35 *Interea Clemens aeterni semina verbi*

36 *Interea ductor munitis agmine signis*
I BIANCO in: Disiecti Membra Poetae ed. V. TANDOI I 1984 p. 222
I MODERAN MEFRA 99/1987 p. 982-984; 985 n. 83

37 *Interea fragilem dum nota per oppida*

38 *Interea gelidas intravit carceris umbras*

39 *Interea gelidis Maia satus aliger umbris*

40 *Interea iuvenis tristi cum pube suorum*

41 *Interea magnis Acamantem viribus Aiax*

42 *Interea medium Aeneas iam classe tenebat*

43 *Interea medium Aeneas tendebat in aequor*

44 *Interea mulier totis paralitica membris*
I COURCELLE Lecteurs ... de l'Énéide p. 176

45 *Interea qua prava bonam provincia terram*

46 *Interea scelerum luctusque ignarus Iason*

47 *Interea sonuere tubae raucusque per*

48 *Interea tempus, tuba quod reboat Danielis*

49 *Interea trepidis Fabius spes unica rebus*

50 *Interea varios agitant dum tempora cursus*

51 *Interea victor defleti corpus amici*

52 *Interea vigilum excubiis cohibentur Achivi*

53 *Intermissa tibi renovat, Tirynthie, sacra*

54 *Intermissa, Venus, diu*

55 *Internos aestus restringere rite monemur*

56 *Interpone tuis interdum gaudia curis*

57 *Interponis aquam subinde, Rufe*

58 *Interpres divum, caeli terraeque meator*

59 *Intertexta rosa Tyrii subtemine fuci*

60 *Intima qui penetras cunctorum arbiter vera*
EI GÓMEZ PALLARÈS in: Umanesimi p. 181-183

61 *Intonat arce poli, nostri iaculantur ab igni*

62 *Intonat in prima Matthaeus sede locatus*

63 *Intonat in tectis vox et septena supernis*

64 *Intonuit metuenda dies, surrexit in hostem*
EC ICUR N. S. VIII p. 410s.:23394

65 *Intrantes Christus pariter regat et redeuntes*

66 *Intrasti quotiens inscriptae limina cellae*

67 *Intrat nunc cerebrum Michaelis lancea*
MB MGH Poet. 5 p. 684

68 *Intrate algentes post balnea torrida fluctus*

69 *Intraturi aulam venerantes limina Christi*
ET GILARDI Syll. Turon. p. 207; 221

70 *Intres ampla licet torvi lepus ora leonis*

71 *Intuite dicta Salomonis, iudices omnes*

72 *Intulerat fluvio trepidas fuga foeda catervas*

73 *Intus aquae dulces biboque sedilia saxo*

74 *Invadunt post terga suem. stat torvus in ira*

75 *Invasit medici Nascia phreneticus Eucti*

76 *Inveniat quod quisque velit. Non omnibus*

77 *Inveniens similem comiti*

78 *Invenit calvus forte in trivio pectinem*

79 *Invenit proprios mediis in fontibus ignes*
TI L. VINGE The Narcissus Theme in Western European Literature 1967 p. 26

80 *Inventa est ferro pietas prolemque necando*

81 *Inventa secuit primus qui nave profundum*
M PRETE Cod. Barb. Lat. p. 281 (cod. 68)

82 *Inventor primus Cynices ego. quae ratio*
I C. LECOUTEUX Les monstres dans la littérature allemande du Moyen Âge II 1982 p. 192

83 *Inventor rutili, dux bone, luminis*
TC M. M. VAN ASSENDELFT Sol ecce surgit igneus 1976 p. 46
TI GNILKA in: Fs. KÖTTING 1980 p. 418s.
M FILL Hss. Kremsmünster I p. 414
BI EVENEPOEL Wiener Studien 91/1978 p. 232-248
I BASTIAENSEN Lampas 23/1990 p. 251 n. 17; p. 252
I BUCHHEIT Wiener Studien 99/1986 p. 251
I BEIKIRCHER Wiener Studien 99/1986 p. 262

84 *Inventor sceleris, consilii et mali*

85 *Inventum fuerit si verum, non erit aequum*
EC CC Cont. Med. 117 p. 105

86 *Investigatum ferre dolo leporem*

87 *Invia Sarmaticis domini lorica sagittis*

88 *Invicti veneranda ducis per saecula vellent*

89 *Invictum victis in partibus omnia Caesar*

90 *Invictum virtute comae leo frangere Samson*

91 *Invictus constans Anicius, ortus ab urbe*

92 *Invictus de petra natus si deus habetur*

– *Invictus victis es partibus. omnia Caesar*
cf. *Invictum victis*

93 *Invida florentem rapuerunt fata iuventam*

94 *Invida mors, rabido quamvis miniteris hiatu*
ETC REYDELLET I p. 135

95 *Invida mors rapuit fato crudelis iniquo*

96 *Invida Parcarum series livorque malignus*

97 *Invida puncta iubent felice ludere doctum*

98 *Invida si maculat faciem lentigo decoram*

99 *Invida si Tauri vidisset Iuno natatus*

00 *Invida sidereo rumpantur pectora visu*

01 *Invida sors fati rapuisti Vitalem*

02 *Invide, cur properas, cortex, operire puellam*

03 *Invide, quid gaudes? illa hic mihi mortua*

04 *Invide, quid laceras illos, quos crescere*

05 *Invide, quid laceras Nasonis carmina rapti*

06 *Invide, tu tandem voces compesce molestas*

07 *Invideo vobis, agri formosaque prata*
M U. WINTER Hss. Diez 1986 p. 72

08 *Invidiam fugias, quae multum pectora*

09 *Invidiam nimio cultu vitare memento*

10 *Invidus alterius macrescit rebus opimis*

11 *Invisae nimium pueris grataeque magistris*

12 *Invisus natalis adest, qui rure molesto*

13 *Invisus tibi sum: peream si, Maxime, miror*

14 *Invitas ad aprum, ponis mihi, Gallice*

15 *Invitas centum quadrantibus et bene cenas*

16 *Invitas nullum nisi cum quo, Cotta, lavaris*

17 *Invitas pietate patris sacer ire Gregori*
ETC REYDELLET II p. 36

18 *Invitas tunc me cum scis, Nasica, vocasse*

19 *Invitum cenare foris te, Classice, dicis*

– *Invocat antiquum melior pictura decorem*
cf. *Innovat antiquum*

20 *Invoco non Driades nymphas nec clamito*
I PABST Prosimetrum p. 630-633

21 *Ioannem socium promoveant, hinc rogat*
E Notker Balb. ed. BERSCHIN p. 99

22 *Ioannem tumulus vatem tegit astra ut aetas*
E GREGOROVIUS Tombe dei Papi p. 25*
EM SILVAGNI RivArchCrist 20/1943 p. 110:40

23 *Ioannes caelum virgo vidit patefactum*
E BERSCHIN p. 269

24 *Ioannes Crispusque, ubi plura decore nitenti*

25 *Ioannes, Iesu Christo multum dilecte virgo*
TI STEVENS Words and Music p. 89
M ODERMATT Ordinarius St. Arnulf p. 390
M CTrop V p. 74; 275; 278
M NEUHAUSER Hss. UB Innsbruck I p. 89
M FILL Hss. Kremsmünster I p. 412; 480
B CROCKER p. 436
I STÄBLEIN AMusWiss 19/1962 p. 86
I v. D. STEINEN ZSchwKG 41/1946 p. 158
I DE GOEDE PRU p. CXLV
I STÄBLEIN AMusWiss 18/1961 p. 13

26 *Iohannes, Paulus pariter, Laurentius atque*
B Clavis Galliae II p. 399

27 *Ioannes quae vidit ovans secreta polorum*

28 *Ioannes subit hinc, qui fulsit in ordine nonus*

29 *Ioannes Syriam virtutis culmine linquens*

30 *Ioannes verbum scribendo tendit in altum*

31 *Iohannis celsi rimans mysteria caeli*
M GNEUSS Handlist 845

32 *Iohannis in principio*

33 *Ioannis Paulique diem sol attulit orbi*

34 *Iob quoque sic recinit, tuus, o Patientia*

35 *Ioculare tibi videtur, et sane levi*

36 *Iocundum, mea vita, mihi proponis amorem*

– *Iohannes*
cf. *Ioannes*

37 *Iosaphat sola confidens laude tonantis*

38 *Ioseph manipulus Christi crux, stellaque*

39 *Iosue vertit Amurreos cedendo feroces*

40 *Iovi disque ago gratias merito magnas*

41 *Iovigena Liber Pater*

42 *Ipsa gravis non sum, sed aqua mihi pondus*
E KORTEKAAS Historia p. 384s.

43 *Ipsa licet senibus brevis est quae clauditur*

44 *Ipsa manus vivat quae tam bene scribere*
M Manuscrits Dat.: France VII p. 59; tab. CXCV

-a *Ipsa mihi per se virtus placet illa sibique*
M PELLEGRIN Bibliothèque Vaticane II.1 p. 368

45 *Ipsa quidem Virtus pretium sibi, solaque late*
I SHEERIN Traditio 38/1982 p. 53

46 *Ipsa suos onerat meliori germine ramos*

47 *Ipsarum tribadum tribas, Philaeni*

48 *Ipse etiam Augustus somnum restringit et*

49 *Ipse homini qui cuncta dedit, quae polus*
ET Dhuoda ed. RICHE p. 182
ET Dhuoda ed. THIEBAUX p. 114

50 *Ipse ille mundi princeps homicida cruentus*

51 *Ipse iubet mortis te meminisse deus*

52 *Ipse libenter avem filomellam nomine dictam*

53 *Ipse licet venias Musis comitatus Homerus*
M GNEUSS Handlist 903

54 *Ipse malas vires et lamentabile carmen*

55 *Ipse manu patiens inmensa volumina versat*

56 *Ipse manus sibimet inmundo stercore foedat*

57 –

58 *Ipse Micon paucos studui decerpere stichos*

59 *Ipse pater lacrimans sculpsi puero*

60 *Ipse prior nitidam ducat sine crimine vitam*
ET MESSINA p. 51:XXII

61 *Ipse puer postquam robustus crevit in annos*
M PASSALACQUA Codici p. 319

62 *Ipse qui quondam superare gentes*
BI STOTZ Sapph. Dichtung p. 18; 122; 128-136; 139; 154; 458

63 *Ipse sit hic tegmen, cuius tegit omnia numen*
MI facs. DUFT in: Fs. HAEFELE 1985 p. 88; tab.

64 *Ipsius et corpus recubat tellure sub ista*

65 *Ipsius hinc quidam sumens pia pignora*

66 *Ipsius ut meritis capiat caelestia regna*
B Clavis Galliae I p. 164

67 *Ipsiusque dei summi dilectio verax*

68 *Ipsum nos carmen Pacis deduxit ad aram*

69 *Ipsumque fanum fulmine ardet caelico*

70 *Ira in mente tua inmoderans non sistat*

71 *Iram, diva, refer nati Peleos Achillei*

72 *Iram pande mihi Pelidae, Diva, superbi*
M U. WINTER Hss. Diez 1986 p. 72
M MlatJb 15/1980 p. 270; WIC 9580

73 *Iram, qua merito sternimur, auctor*
I GIL Habis 9/1978 p. 164

74 *Irasci nostro non debes, cerdo, libello*

75 *Irasci tantum felices nostris amici*

76 *Irasci victos minime placet, optime frater*

77 *Iratus de re incerta contendere noli*

78 *Iratus tamquam populo, Charideme, lavaris*

79 *Iris habet varios subiecta luce colores*

80 *Irradiat Cumas fortis Iuliana virago*

81 *Irriguis Avolum lacrimis ne flete sepultum*
ETC REYDELLET I p. 151

82 *Irrita coniugii sterilis si munera languent*

83 *Irritamento quidam me movit alumnus*

84 *Irus adest populis per mendicabula notus*

85 *Is igitur socius meritis Reparatus ut esset*
ET NAUERTH p. 428

86 *Is mihi candor inest, villorum gratia tanta*

87 *Is qui prius habitum mortalem induit*
I DE GOEDE PRU p. CXLV
I STÄBLEIN Ges. Aufs. p. 285-288

88 *Is rebus tantis, trina coniunctio mundi*
E EHWALD in: Fs. Albert von Bamberg 1905 p. 25
B MGH Poet. 5 p. 688
cf. *In rebus tantis*

89 *Isaiae brevibus, lector, mysteria verbis*

– *Isdem pontificum descripserat hoc*
cf. *Idem pontificum*

90 *Isi, o fruge nova quae nunc dignata videri*

-a *Ismaelita cohors Rhodani cum sparsa per [agros*
ETC CIMAH I p. 125

91 *Ismahel in saltu venandi indagine gnarus*

92 *Israelis tegitur sub petra hac corpus*

93 *Issa est passere nequior Catulli*

94 *Ista bubis conservandis domus atque caballis*

95 *Ista columna refert priscam, quae in gurgite*

-a *Ista dies fulgens p(ro) magno constat honore*
A Woltricus? (saec. IX)
EM DE MEYIER Codices Vossiani III p. 172
EI STRATMANN DA 50/1994 p. 131; 141

96 *Ista Dionisius penetrantes limina sanctus*

97 *Ista domus cunctas nutrit servatque capellas*

98 *Ista domus domino Christo sanctisque dicata*
B Clavis Galliae II p. 433

99 *Ista domus pridem fuerat confracta ruinis*
ETI FAVREAU p. 116-118

00 *Ista meis manibus fiscella est vimine texta*
T COOK p. 25

01 *Ista senes licet accusent convivia duri*

02 *Ista theophaniae servemus in ordine vitae*

03 *Ista vorax fossa Dominici continet ossa*

04 *Istaec sponte sua perscribit denique penna*

05 *Istam Lantbertus retinet Martinus et aram*

06 *Istam Patricius sanctus tibi vindicat aulam*
M KORTEKAAS Historia p. 173 n. 93s.
M GNEUSS Handlist 938
MI SIMS-WILLIAMS Anglo-Saxon England 10/1982 p. 24
B LAPIDGE/SHARPE p. 168s.:644
B SHARPE nr. 182
I GROSJEAN AnBoll 78/1960 p. 369s.
I HOWLETT Peritia 11/1997 p. 82-84
I SCHALLER Studien p. 187; 423

07 *Istanti, quo nec sincerior alter habetur*

08 *Iste callis est, supernam qui parat potentiam*

09 *Iste cherub Christi nova signat mystica legis*
EC CC Cont. Med. 117 p. 130
I STAUBACH in: Theophanu I p. 351 n. 57

10 *Iste confessor Domini sacratus*
E Hymnarium oscense II p. 92
EC Canterbury Hymnal 37517 p. 125s.
M Portiforium Wulfstani nr. 2266
M ODERMATT Ordinarius St. Arnulf p. 390
M GNEUSS MlatJb 35/2000 p. 247
I STOTZ Sapph. Dichtung p. 289; 397; 450
I STOTZ MlatJb 24-25/1989-1990 p. 499; 505 n. 71

11 *Iste dei sanctus doctor venerabilis orbi*

12 *Iste dei sanctus praedixerat ante futura*

13 *Iste dies / celebris constat / ob trinitatis*

14 *Iste dies est celebris / de natali nobilis*

15 *Iste electus Iohannes / Diligendi promptior*

16 *Iste est de sublimibus caelorum*

– *... iste genus mortale, repente*
cf. *Scire volens, cur triste genus*

17 *Iste leo factus fortes denuntiat actus*

18 *Iste libellus habet versus modulaminis apti*
ET OCHSENBEIN in: St. Gallen II p. 149

19 *Iste liber modico tenuis sit corpore quamvis*
EC SILAGI in: Fs. BULST 1981 p. 221s.

20 *Iste liber Pauli retinet documenta sereni*
M facs. Dat. Hss. Schweiz III (Abb.) p. 317 tab. 736a
M WATSON Manuscripts I p. 33

21 *Iste liber vario sensus sermone patescit*
B Clavis Galliae II p. 369-371
I CHASE in: Insular Latin Studies p. 141
I STELLA Poesia carolingia p. 117-121

22 *Iste licet digitos testudine pungat acuta*

23 *Iste ligat veterem sub Tartara saeva*

24 *Iste locus mundi Silvestri membra sepulti*
E GREGOROVIUS Tombe dei Papi p. 44*
M DE MEYIER Codices Vossiani II p. 132
I RICHÉ MlatJb 24-25/1989-1990 p. 421

25 *Iste locus sancti complectitur ossa Neonis*
A inc. saec. IX
EM RUGO Iscrizioni III p. 29:21

26 *Iste martyr / pugnator fortis / celsi regis*

27 *Iste mihi coniux in tristia Tartara abit nunc*

28 *Iste pater sanctus, pastor, patriarcha*

29 *Iste pittaciolus plane depromit et apte*

30 *Iste quidem clarus, sed tristia fata minatur*

31 *Iste quod est, ego saepe fui: sed fors et in*

32 *Iste salutares fons continet inclitus undas*

33 *Iste sues locus enutrit custodit adultas*

34 *Iste tibi faciet bona Saturnalia porcus*

35 *Istec Iohannem consolatur lacrimantem*
E BERSCHIN p. 269

36 *Isti sunt luminaria / Divinitus lucentia*

37 *Istic insontes caelesti flumine lotas*

38 *Istic perdurans liber hic consistat in aevum*
EMI facs. DUFT St. Gallen I p. 249s. tab. 12
M J. DUFT Hochfeste im Gallus-Kloster

1963 tab. 1

39 *Istic praecipuis quoque consummantur*
I COURCELLE Lecteurs . . de l'Énéide p. 333

40 *Istic translatos patres gaudete beatos*

41 *Istic tuta malis iacet eius conlateralis*

42 *Istinc beati et gloriosi principes*

43 *Istis dans pisces docet Ysos litore stantes*

44 *Istius egregii seriem percurre libelli*
I STELLA Poesia carolingia p. 132-136

-a *Istis generibus / Nunc carminum supplex*

45 *Istos novembris mores servate Kalendis*

46 *Istos nunc, fratres, versus audite, sodales*

47 *Istos tergemino nasci quos cernis ab ovo*

-a *Istud apostoli certaminis alma volumen*
A Salom. III.
ET OCHSENBEIN in: St. Gallen II p. 163s.
I DÜCHTING in: Fs. BULST 1981 p. 118-128

48 *Istud, quisquis ades, super hoc ex corde*

49 *Istum iam mediator conciliarier*

50 *It caelo clamor fratrum, lacrimaeque*

-a *It eques et plausu cava concutit ungula [terram* 14
A Ennius: annal. 17
E VAHLEN p. 79

– *It Lacedaemonias arces Tritonia Pallas*
cf. *Ad Lacedaemonias arces Tritonia*

51 *It mare per medium dominus fluctusque*

52 *It quia verborum pinnis super astra Iohannes*
M MGH Poet. 5 p. 684
M MÜTHERICH/GAEHDE p. 95:31

53 *Ita candidatus fiat honoratus tuus*

54 *Ita candidatus quod petit fiat tuus*

55 *Ita levis incumbat terra defuncto tibi*

56 *Ita me di ament, quantum ego illum vidi*

57 *Ita me di ament, tardo amico nihil est*

58 *Ita me di bene ament measque mihi bene*

59 *Ita pol quidem res est, ut dixti, Lesbia*

60 *Ita valeas, scriptor, hoc monimentum*

61 *Itala me genuit tellus Hispania texit*

62 *Itala me rapuit crudeli funere tellus*

63 *Italiae commune decus, Rubiconis amoeni*

64 *Italicam Christina Tyrum Vulsinaque*

65 *Itane tandem uxorem duxit Antipho iniussu*

66 *Ite agite, o Danai, magnum paeana canentes*

67 *Ite agite, o iuvenes, et desudate medullis*

– *Ite, agite, o pueri, pariter sudate medullis*
cf. *Ite agite, o iuvenes, et desudate*

68 *Ite, comae, facilemque precor transcurrite*

69 *Ite hinc, inanes, ite rhetorum ampullae*

70 *Ite igitur, Camenae*

71 *Ite, leves elegi, doctas ad consulis aures*

72 *Ite procul, iuvenes: mitis mihi convenit aetas*

73 *Ite triumphales circum mea tempora laurus*

74 *Ite, umbrosas cingite silvas*
I STOTZ Sapph. Dichtung p. 45s.

75 *Ite, verecundo coniungite foedera lecto*
I TIMPANARO in: Fs. MUNARI 1986 p. 308

76 *Iter agens per te laetum, sanctissima Mustis*

77 *Iter septem annis ego iam fatale peregi*

78 *Itote, populi, psallite praepetes*
I GIL Habis 7/1976 p. 211

79 *Itur ad Herculei gelidas qua Tiburis arces*

80 *Iubes, amice, nostra per volumina*

81 *Iubilans concrepa nunc, paraphonista*

82 *Iubilate Deo omnis arva, quia hodie rex*
I DE GOEDE PRU p. CXLV

83 *Iubilemus carmen dulce / Ore pio*

– *Iubilemus Christo regi et Iulianae virgini*
cf. *Alma virgo, sponsa regis, Iuliana*
cf. *Surge, sancta Iuliana, mansione*

84 *Iubilemus, exsultemus, intonemus canticum*

85 *Iubilemus omnes modo una Deo nostro*
M CTrop V p. 86; 277s.; 283s.
MB CROCKER p. 446s.
I DE GOEDE PRU p. CXLV

86 *Iubilet symphonia organica / alternatim*

87 *Iucunda Deo / laudatio sit in hac die*

88 *Iucundum nobis hunc diem*

89 *Iudaeus licet et porcinum numen adoret*

90 *Iudex summe, mediae rationis et infimae*
ETC Carm. Cant. 9 ed. ZIOLKOWSKI p. 40; 188
I STEVENS Words and Music p. 120
I HAUBRICHS Georgslied p. 186

91 *Iudicem nos inspicientem / Crypta cordis*
B CROCKER p. 435
I STÄBLEIN AMusWiss 19/1962 p. 85

92 *Iudicibus iubeat vestra praeclara potestas*
ET MESSINA p. 55:XXV

93 *Iudicii callem censores prendite iusti*
ET GODMAN Poetry p. 162ss.
M BROMMER Zs. f. Rechtsgeschichte Kan. 91/1974 p. 118
I GODMAN Poets p. 70-74
I EPPERLEIN Herrschaft u. Volk p. 76s.
I NEES DOP 41/1987 p. 443-451
I STAUBACH in: Iconologia sacra p. 385-388; 394
I COURCELLE Lecteurs ... de l'Énéide p. 460
I ZWIERLEIN MlatJb 22/1987 p. 195s.
I FUHRMANN in: Das Profil d. Juristen i. d. europ. Tradition ed. K. LUIG/D. LIEBS 1980 p. 257-277
I ROUCHE Settimane ... Spoleto 39/1992 p. 347 n. 19
I VIEILLARD-TROÏEKOUROFF in: Études Ligériennes p. 350
I KLEIN Gnomon 60/1988 p. 593
I A. SCHMITT-WEIGAND Rechtspflegedelikte i. d. fränk. Zeit 1962 p. 156s.
I KNITTEL Walahfr. Wett. p. 29; 109 n. 72
I WALLACE-HADRILL Frankish Church p. 218
I MEYVAERT RBén 89/1979 p. 41s.
I WITKE Satire p. 176-199
I STAUBACH in: Umanesimi p. 685-687

94 *Iudicii secreta dei dum Paulus acuto*
I COURCELLE Lecteurs ... de l'Énéide p. 314; 333

-a *Iudicii signum: sudavit rufada tellus*
A inc. saec. VII/VIII
E DRONKE Inaugural Lecture p. 35 n. 15

95 *Iudicii signum tellus sudore madescet*
ETI FAVREAU p. 197-199
M STÄBLEIN Ges. Aufs. p. 341 n. 13
M HOLTZ Donat p. 411
M Basel, UB A X 90
M MlatJb 15/1980 p. 271; WIC 9907
M facs. RICO/MUNDÓ Ripoll tab. 33
M GNEUSS Handlist 114; 536; 805
MB SILVESTRE RHE 75/1980 p. 408
I SPANKE Studien p. 4
I J. HAFFEN Contribution à l'étude de la Sibylle médiévale 1984 p. 23
I SCHALLER in: Iren u. Europa I p. 477 n. 60
I AVALLE San Zeno p. 19
I DRONKE Inaugural Lecture p. 10s.
I SCHALLER Studien p. 156; 245 n. 60

96 *Iudiciis paeana refert tibi Tullius aptum*

97 *Iudicio tellus sudabit maesta propinquo*
EI BULST Lat. MA p. 57-63
B SHARPE nr. 1686
I BROOKS The Early History of the Church of Canterbury 1984 p. 98

98 *Iudicis auxilium sub iniquitate rogato*

99 *Iudicium humanum, quod falli saepe necesse*

00 *Iudicium Paridis provexit coniuge Troiam*

01 *Iudicium populi numquam contempseris*

02 *Iugera mercatus prope busta latentis agelli*

-a *Iugiter ignoscentibus iactura incutit* 12
A Valerius Bergidensis: Epitameron 5d

E DÍAZ Anecd. Wisig. p. 109

03 *Iugiter opto libens, sacer amplectende*
ETC REYDELLET II p. 37

04 *Iugum grave premit plebem*

05 *Iuli Flore, quibus terrarum militet oris*

06 *Iuli iugera pauca Martialis*

07 *Iuli tredecimis resolutus carne kalendis*

08 *Iulia C. f. Anulla hic sita est, fato praerepta*

09 *Iulia Caesarei procerem primumque cubilis*

10 *Iulia Erotis femina optima hic sitast*

11 *Iulia fida mihi coniunx aequaeva iucunda*

12 *Iulia lex populis ex quo, Faustine, renata est*

13 *Iulia Pieris obstetrix*

14 *Iulia Sidonia Felix de nomine tantum*
E VIDMAN p. 331:789

15 *Iuliani vita martyris*

16 *Iulius Ausonia notus testudine vates*

17 *Iulius cum Trebia bene vixit multosque per*

18 *Iulius hic fuerat nomine summo artificioque*
E ALFÖLDY Inschriften p. 239:447

19 *Iulius hinc flavis humeros redimitus aristis*

20 *Iulius Ingenuus obiit in Gallia morte*

21 *Iulius interiit Caesar grassante senatu*

22 *Iulius ut perhibent, divus trieteride regnat*
M N. R. KER Medieval Manuscripts in British Libraries II 1977 p. 141

23 *Iunctam Pasiphaen Dictaeo credite tauro*

24 *Iunctus in aethereo, Vedaste pater, pie regno*

25 *Iungere nescisti nobis, o stulte, lacernas*

26 *Iungitur hic tumulo fratris germanus et almo*

27 *Iungitur huic psalmus, prosam post ultimus*

28 *Iunius et gaudet gelidis, et pascitur herbis*

29 *Iunius in Nonis festum venerabile nobis*

30 *Iunius umbrifugo aestatis sub caumate*

31 *Iuno labor, Polyclite, tuus et gloria felix*

32 *Iuno poli domina, cui vincla iugalia curae*

33 *Iunonis sedes infernae cernite cuncti*

34 *Iunxit magnorum casus Fortuna virorum*

35 *Iuppiter ad Iuno pariter a beata Minerva*

36 *Iuppiter admonuit Troasque atque Hectora*

37 *Iuppiter, affectae tandem miserere puellae*

38 *Iuppiter ambiguas hominum praediscere*

39 *Iuppiter astra, fretum Neptunus, Tartara*

40 *Iuppiter est illo laetus magis. hic ubi Solis*

41 *Iuppiter hic natus in insula Creta Saturno*
TI HECK VigChr 30/1976 p. 72ss.

42 *Iuppiter Idaei risit mendacia busti*

43 *Iuppiter in caelis, Caesar regit omnia terris*

44 *Iuppiter in parvo cum cerneret aethera vitro*

45 *Iuppiter in toto quondam quaesiverat orbe*

46 *Iuppiter interea cinctam Thaumantida*
M PRETE Cod. Barb. Lat. p. 281 (cod. 68)

47 *Iuppiter interea cum dis genitalibus una*

48 *Iuppiter omnipotens, caeli qui sidera torques*
E DÍAZ DE BUSTAMANTE p. 280

49 *Iuppiter omnipotens, celsi moderator Olympi*

50 *Iuppiter omnipotens regum rerumque*
E August.: De civ. Dei 7.9

51 *Iuppiter supreme, servas me measque auges*

52 *Iuppiter supremus summis opibus atque*

53 *Iura Deus dedit inde Patrum subit alma*

54 *Iura sacerdotii Lucas sermone fatetur*
M MGH Poet. 5 p. 684

55 *Iura sacerdotii Lucas tenet ore iuvenci*
E RUGO Iscrizioni I p. 12:2
ETI FAVREAU p. 150
M facs. Ornamenta Ecclesiae I p. 428
M facs. La Neustrie p. 233
M F. WORMALD Collected Writings I 1984 p. 15
M ROSENTHAL in: Fs. MÜTHERICH 1985 p. 147 tab. 3 (facs.)
M Zimelien ... der Stiftung Preuß. Kulturbesitz 1975 p. 56

56 *Iura superna Dei quae sunt quicumque*
M KOEHLER/MÜTHERICH VI p. 169

57 *Iura trium petiit a Caesare discipulorum*

58 *Iurat capillos esse, quos emit, suos*

59 *Iuratum tibi me cogis promittere, Galla*

60 *Iure colis proprium natalem, pulcer Arator*

61 *Iure gliscunt nobis summa*
T DÖRR StMGBO 98/1987 p. 66
B BHL 8932d

62 *Iure Kalendarum sanctus conciditur agnus*
E MCGURK AnBoll 104/1986 p. 90

63 *Iure pari regnat communis conditor aevi*

-a *Iure senator amans offert haec dona* [*magistro* 2
A Cassiodorus
E MGH AA 12 p. 1

– *Iure sacerdoti Lucas tenet ore iuvenci*
cf. *Iura sacerdotii*

64 *Iure tuo nostris maneas licet, hospes, in*

65 *Iure vocor Maurus, quoniam sum nigra*
I AVESANI in: Storia della Cultura Veneta I 1976 p. 225 n. 46

66 *Iurgia conflat amor, ut blandius urat*
I SCHETTER Hermes 114/1986 p. 236

67 *Iuris consulto, cui vivit adultera coniunx*

68 *Iuris et aequarum cultor sanctissime legum*

69 *Ius ad iustitiam revocare aequumque tueri*

70 *Ius tibi natorum vel septem, Zoile, detur*

71 *Iussa dei complens, mundo sis corpore*
B MGH Poet. 5 p. 683 (zu p. 418:9)
I FRIED DA 45/1989 p. 396

72 *Iussa manus sacri pectus violasse Catonis*

-a *Iusserat aediculam mandrita Lupambulus* [*istam* 2
E MGH Poet. 5 p. 680s.
cf. *Consecrat aediculam*

73 *Iusserat haec rapidis aboleri carmina*
EC LEHNUS Scripta philologa 3/1982 p. 190
EI SCHETTER in: Fs. HIMMELMANN 1989 p. 445s.
M Bruxelles, BR 10017 (saec. XIII) f. 158^{v}

74 *Iusserat hos omnes Christi deductus amore*
B Clavis Galliae II p. 86s.

75 *Iussimus haec scribi vobismet prorsus amori*

76 *Iussis postquam nostra tuis se lingua subegit*

77 *Iussor amande tuis, pie rex Heinrice*
MB HOFFMANN Buchkunst p. 407
B Rep. Font. IV p. 700
I H. KUGLER Die Vorstellung der Stadt i. d. Lit. d. dt. MA 1986 p. 152-160
I CLASSEN Stadt p. 46

78 *Iusta precor: quae me nuper praedata puella*

79 *Iuste iudex, Iesu Christe / rex regum et*
M U. WINTER Hss. Diez 1986 p. 72
M LEMAIRE StudMed III 13/1972 p. 1015

80 *Iustitia donate dei, Matthaee, refulges*

81 *Iustitia et bonitas, pax et patientia vera*

82 *Iustitia et pietas par pactum servat et omne*

83 *Iustitia totum cura disponere regnum*
ET MESSINA p. 35:IX
I EBERHARDT p. 151; 160; 373

– *Iustitiae custos rectus patiensque benignus*
cf. *Postquam, mors, Christi pro nobis*

84 *Iustitiae facies, pudor integer, omnis*

– *Iustitiae fides fidei domus aula pudoris*
cf. *Iustitiae sedis, fidei*

-a *Iustitiae Gozbertus Heros fratris Winihardi* [4
ETI BERSCHIN in: Codices Sangallenses ed. P. OCHSENBEIN/E. ZIEGLER 1995 p. 2-7

85 *Iustitiae merces gemina est, vel cum bona*

86 *Iustitiae Nemesi Fatis quam voverat aram*

87 *Iustitiae sedis, fidei domus, aula pudoris*
ETM facs. WALSER Einsiedler Inschriftenslg. p. 21; 70
M MGH Epist. 5 p. 29
I C. PIETRI Roma Christiana 1976 p. 56
I CHRISTE in: Jean Scot Érigène et l'Histoire de la Philosophie p. 477
I HAUCK Taufpfalzen p. 71

88 *Iustius invidia nihil est, quae protinus ipsum*
M U. WINTER Hss. Diez 1986 p. 72
M MlatJb 16/1981 p. 423; WIC 10014
M MUNK OLSEN Auteurs classiques II p. 71

89 *Iustorum poterat quod non in vertice montis*
MI ERNST Carm. fig. p. 341-355
I TAEGER DA 33/1977 p. 153-167

90 *Iustum erat adventum dominorum munere*

91 *Iustum et tenacem propositi virum*

92 *Iustus ab iniusto nec non et parvus ab alto*

93 *Iustus apostolicos aequat salvator amicos*
I GROSJEAN AnBoll 78/1960 p. 369

94 *Iustus Asa simulacra patrum lucosque*

95 *Iustus ego non sum, fratres, de cloaca*

96 *Iustus mane suum cor tradidit ad vigilandum*

97 *Iuvenis Sereni triste cernitis marmor*

98 *Iuventus nomen fecit Peniculo mihi*

99 *Iuventus nomen indidit 'Scorto' mihi*

00 *Iuxta mense focum calidis utare Decembri*

01 *Ixion quod versari narratur rota*

K

02 *Kalendae februariae quinis in regularibus*

03 *Kalendae Februi quinos exprimunt*

04 *Kalendae quindenae cernebant Aprilis*

05 *Kalo Graecum certe est voce*

– *Kantemus laudes*
cf. *Cantemus laudes*

– *Karitas*
cf. *Caritas*

06 *Karolus in somnis audit sibi dicere: Si vis*

– *Kartula*
cf. *Chartula*

– *Kastitas*
cf. *Castitas*

– *Katerva*
cf. *Caterva*

07 *Κοινὰ φίλων haec sunt, haec sunt tua*

08 *Kraton iudicium iudexque Zenophyle iustum*

09 *Κρούσματα non noscens nec συμπλήρασμα*

10 *Kyrie, caeligenae cui pollet gratia formae*
E CC Ser. Graec. 18 p. 13
I JEAUNEAU Études Érigéniennes p. 88; 126; 250ss.
I BERSCHIN Gr.-lat. MA p. 146
I JEAUNEAU RThAM 45/1978 p. 98s.

11 *Kyrie cunctipotens, tu vera bonis bona*

12 *Kyrie, rex genitor ingenite, vera essentia*
I CREMASCOLI in: La tradizione dei tropi liturgici 1990 p. 33; 38

13 *Kyrie, sancte pater, nobis miserere*

L

14 *Labitur heu nimium praesumpta superbia*
B LAPIDGE/SHARPE p. 182:690
B SHARPE nr. 1040

15 *Labor imperantis militum est securitas*

16 *Labore et cura vivos perfeci hanc domum*

-a *Lac pueris, apibus thymus, cythysusque [capellis* 4
A inc. saec. X
E MGH Poet. 5 p. 642
MB HOFFMANN Buchkunst p. 395

-b *Lac tenerum cum melle bibit butirumque [comedit* 1
E Magister Siguinus ed KNEEPKENS/ REIJNDERS 1979 p. 172
cf. *Mel niveo cum lacte*

17 *Laceratus quidam morsu vehementis canis*

18 *Lacta mero pastum pigrae mihi matris*

19 *Lactea splendifico quae fulget tumba metallo*
I MOR in: Aquileia e le Venezie p. 71s. n. 14
I KRAHWINKLER Friaul p. 134 n. 95
I PERRAYMOND Romanobarbarica 4/1979 p. 193
I DE RUBEIS in: Poesia dell'alto medioevo p. 224

20 *Laesa Venus non est, naturae vincula*

21 *Laeserat ingrato leo perfidus ore magistrum*

22 *Laeta bis octonis accedit purpura fastis*

23 *Laeta bis octono tibi iam sub consule pubes*

24 *Laeta deo plebs sancta canat, quod moenia*

25 *Laeta dies aureo iubare coruscat*

26 *Laeta dies protobaptiste resplendet in orbe*

27 *Laeta / mente annua / celebremus sollemnia*
I JENSEN AnBoll 115/1997 p. 274-277

28 *Laeta mente canamus deo nostro*
I STÄBLEIN AMusWiss 19/1962 p. 85

29 *Laetabunde / Nunc imminet in terris*

30 *Laetabundus / exsultet fidelis chorus*
M MlatJb 15/1980 p. 271; WIC 10087a
M GNEUSS Handlist 100
MI ARLT in: La sequenza medievale. Atti del Convegno Internazionale … ed. A. ZIINO 1992 p. 3-18
I STEVENS Words and Music p. 91
I DE GOEDE PRU p. CXLV

31 *Laetamini, plebs, hodie, fidelis*

32 *Laetamur subito tranquilli mente serena*
EC CC Cont. Med. 117 p. 119
I WILLMES Herrscher-'Adventus' p. 83ss.
I LAPIDGE MlatJb 22/1987 p. 63

33 *Laetamur vestris, frater Venerande, camenis*
EC CC Cont. Med. 117 p. 38
I DÜCHTING in: Iren u. Europa II p. 869 n. 16

34 *Laetandum est vita, nullius morte dolendum*

35 *Laetare, caelum, desuper, applaude, tellus*

36 *Laetare tanta mater prole, suavis Suevia*

37 *Laetatus sum in omnibus*

38 *Laetetur caelum humus et omnis*
TBI STOTZ Sapph. Dichtung p. 23; 344-346; 460

39 *Laetetur ecclesia iubilans catholica*

40 *Laetetur et concrepet devota fidelium plebs*
I STÄBLEIN AMusWiss 18/1961 p. 11

41 *Laetetur omnis hac die*

42 *Laeti canamus / Domino carmina*
M CTrop V p. 86; 277; 279; 283ss.

43 *Laetificat mundum cum quo bona ducit per*

44 *Laetior occubuit Paulus cervice secanda*
I STAUBACH FMSt 20/1986 p. 558

45 *Laetitiae de fonte fluo dulcedinis auctrix*

46 *Laetor: honoris meritis conspicis astra*

47 *Laetus Aristagoras natis bene vilicus uvis*

48 *Laetus hoc festum colat universus*

49 *Laetus honor vitae celsa subvectus in arce*
EMI ERNST in: Geistl. Denkformen p. 321-335
MI Text als Figur p. 36
MI ERNST Das Mittelalter 6.2/2001 p. 71s.
I ERNST Carm. fig. p. 377-380

50 *Laevia sex cyathis, septem Iustina bibatur*

51 *Laidas et Glyceras, lascivae nomina famae*

52 *Lais anus Veneri speculum dico: dignum*

53 *Lais, Eros et Itys, Chiron et Eros, Itys alter*

54 *Lambere cum vellet mediorum membra*

55 *Lambere nascentis fertur primordia prolis*

56 *Lambere quae turpes prohibet tua prandia*

57 *Lambere securi dextram consueta magistri*

58 *Lamentemur nostra, socii peccata*
ETC Carm. Cant. 17 ed. ZIOLKOWSKI p. 74; 223

59 *Lamentis viduae deus et dolet atque rigatur*

60 *Lampade cum gemina Dionysius obtinet*

61 *Lana quidem tristis sed tonsis neta ministris*

62 *Lando dein summam Petri subit ordine*

63 *Laneus Euganei lupus excipit ora Timavi*

64 *Langobardorum gens impia cum reproborum*

65 *Languebam: sed tu comitatus protinus ad me*

66 *Languentem Gaium moriturum dixerat olim*

67 *Languentem tristis dum flet Pomptilla*

68 *Languenti Marco dixit Diodorus haruspex*

69 *Languescit rigidi tecum substantia ferri*
I SHANZER RFIC 111/1983 p. 186-195

70 *Languida cum vetula tractare virilia dextra*

71 *Languida ne tristes obscurent lumina cerae*

72 *Languida si duro turgent praecordia morbo*

73 *Languidior noster si quando est Paulus, Atili*

74 *Laniger astrorum ductor, Taurusque*

75 *Lanigerae pecudes et equorum bellica pubes*

76 *Lanigeri ductor gregis, Europae quoque*

77 *Lantbertus habet hanc atque Richarius aram*
B Clavis Galliae II p. 396

– *Laodamia virum qua coepit nocte mereri*
cf. *Deidamia virum*

78 *Lapsis olim annosae voraginis stadiis*

79 *Larga tua pietas, Christe, clareat ubique*

80 *Largam Sollius hanc Apollinaris*

81 *Largior existens angusto in tempore praesul*

82 *Largus erat multum, patiens, humilisque*
I PABST Prosimetrum p. 796

83 *Largus et exundans leto dedit ingenii fons*

84 *Lascivam tota possedi nocte puellam*

85 *Lascivos leporum cursus lususque leonum*

86 *Lascivos vultus et blandos aufer ocellos*

87 *Lascivum pecus et viridi non utile Baccho*

88 *Lascivus versu, mente pudicus eras*
A Apuleius
ET HELM p. 34

89 *Lassa quod hesterni spirant opobalsama*

90 *Lassos ante boves palae iaculantur edendae*

91 *Lassus Amyclaea poteris requiescere pluma*

92 *Lassus iter domini famulus faciebat amatum*

93 *Latonae venerande nepos, qui mitibus herbis*

94 *Latrans vir cervus equus ales scorpio cattus*

95 *Latratus catulorum, hinnitus fingi equorum*

-a *LAU contemptus pecuniae* 4
ET Virg. Gramm. ed. POLARA p. 138

96 *Laucontem gemini distendunt nexibus*

97 *Laudabunt alii claram Rhodon aut Mytilenen*

98 *Laudamus te, rex ex Maria genite*
I SZÖVÉRFFY Holy Cross p. 29

99 *Laudans, caterva, iubila*

00 *Laudantem Selium cenae cum retia tendit*

01 *Laudantes triumphantem Christum*

02 *Laudaris quodcumque palam, quodcumque*
M SILVESTRE Humanistica Lovaniensia 23/1974 p. 386

03 *Laudas balnea versibus trecentis*

04 *Laudat, amat, cantat nostros mea Roma*

05 *Laudate altithronum, pueri, laudate*
M SCHMIDT Reichenau p. 163

06 *Laudatis utiliora quae contempseris*

07 *Laudatur Moyses mitissimus esse virorum*

08 *Laudatus nostro quidam, Faustine, libello*

09 *Laude canora vox pulchra*

10 *Laude celebret vox quoque Deum dulcisona*
TMI LAPIDGE Wulfstan p. CXXVIIs.; CXXX

11 *Laude celebri dignum*

12 *Laude Christo debita / Celebremus inclita*
M FILL Hss. Kremsmünster I p. 81; 133; 480
I DE GOEDE PRU p. CXLV

13 *Laude Christum modulemus pulchra*

14 *Laude condignissima / dies annua*

15 *Laude deo gentes vigilent praesaepe petentes*

16 *Laude digna clementia Christi est merito*

17 *Laude dignum sanctum canat Otmarum*
I DE GOEDE PRU p. CXLV
I SCHALLER Studien p. 229

18 *Laude iucunda melos, turma, persona*
M ODERMATT Ordinarius St. Arnulf p. 390
M CTrop V p. 99; 278-280; 286
M Paris, BN lat.: Cat. gén. VI 1975 p. 584
I V. D. STEINEN ZSchwKG 41/1947 p. 153

19 *Laude mirandum digna / prosequamur*

20 *Laude multisona nostrarum virium*
CI SZÖVÉRFFY Holy Cross p. 29; 37-40

-a *Laude nunc simphonia*
A inc. saec. X/XI
E CTrop V p. 329

21 *Laude pia et iucunda, / alme pater*

22 *Laude poli dignum meritis super aethera*
M SILVESTRE RBén 91/1981 p. 169s. n. 3
B BHL 1110

23 *Laude pulchra vox omnis dulcisona*

24 *Laude resonet / Te, Christe, devote*

25 *Laude sanctum illum ... canat*

26 *Laude summa Deo psallat nunc caterva*

27 *Laudem beatae Eulaliae*

28 *Laudem beati martyris ad trinitatis gloriam*
ET PÖRNBACHER p. 96

29 *Laudem Christo plebs dicata*

30 *Laudem dicite Deo, martyrum turba*

31 *Laudem scribo tuam, tua laus ne vesperet*

32 *Laudemus Christi gratiam / confessorum*

33 *Laudemus Christum / in excelsis regem*
M CTrop V p. 73; 275; 279; 285

34 *Laudemus dominum, quod aquas fecit fore*

35 *Laudemus omnes dominum qui virginis per*

36 *Laudent condita omnia pulchra*

37 *Laudent ecce per orbem cuncta*
M CTrop V p. 96; 277; 279s.; 286

38 *Laudent regem angelorum agmina sacra*

39 *Laudes canamus Domino de protomartyre*

40 *Laudes canamus domino / In sanctae virginis*

41 *Laudes Christo die nunc*

42 *Laudes Christo redempti voce modulemur*
E JONSSON in: Research on Tropes ed. G. IVERSEN 1983 p. 116
M FILL Hss. Kremsmünster I p. 413
M ODERMATT Ordinarius St. Arnulf p. 390
I DE GOEDE PRU p. CXLV

43 *Laudes deo concinat orbis ubique totus*
M ROPA Quadrivium 13/1972 p. 109
MB CROCKER p. 431
I DE GOEDE PRU p. CXLV
I STÄBLEIN AMusWiss 19/1962 p. 86
I SCHALLER Studien p. 227 n. 38; p. 229 n. 54

44 *Laudes Deo devotas*

45 *Laudes deo dicam per saecula*
I STÄBLEIN Ges. Aufs. p. 209

46 *Laudes Deo dignas*

47 *Laudes Deo modulemur, nos qui Deo*

-a *Laudes Deo omnis sexus*
MB CROCKER p. 27; 431
cf. *Laus Deo nostro*

48 *Laudes deo perenni, auctor redemptionis*

49 *Laudes Deo sexus omnis consonet*
I DE GOEDE PRU p. CXLV

50 *Laudes dicamus omnes cum cantibus almis*
M HAUBRICHS Otfrid p. 87 n. 173

51 *Laudes Domino concinamus / eiusque*
I HAUBRICHS Georgslied p. 330
I STÄBLEIN Ges. Aufs. p. 299 n. 21; p. 301

52 *Laudes dulces fluant tibiali modo*
E DÍAZ Rioja p. 315
BI SZÖVÉRFFY Latin Lyrics I p. 124s.
I DÍAZ Y DÍAZ MlatJb 24-25/1989-1990 p. 97

53 *Laudes magnificas altithrono Deo*
I SCHALLER MlatJb 19/1984 p. 81
I SPANKE Studien p. 10
I SCHALLER Studien p. 260

54 *Laudes Mercurii dicere martyris*

55 *Laudes omnipotens ferimus tibi, dona*
M SCHMIDT Reichenau p. 158
M FILL Hss. Kremsmünster I p. 414
I HAUBRICHS Georgslied p. 185

56 *Laudes / omnis sexus et aetas*

-a *Laudes pangamus baptiste Iohannis* 9
A inc. saec. X/XI
E AH 47 p. 117s.:119
TI STOTZ Sapph. Dichtung p. 19; 198-201; 296; 337; 428; 459

57 *Laudes pangamus regi*

58 *Laudes pange deo, redempta lingua*

59 *Laudes salvatori voce modulemur supplici*
M NEUHAUSER Hss. UB Innsbruck I p. 89
M FILL Hss. Kremsmünster I p. 413; 480
B CROCKER p. 434
I STÄBLEIN AMusWiss 19/1962 p. 85
I STÄBLEIN in: MGG XII 1965 c. 523
I V. D. STEINEN ZSchwKG 40/1946 p. 252
I DE GOEDE PRU p. CXLV
I WALL MedAev 45/1976 p. 254

60 *Laudes sanctorum martyrum*

61 *Laudes solvamus debitas tibi, unita trinitas*

62 *Laudes / summo debitas / genitori*

-a *Laudes tibi dicimus, pie rex*
A inc. saec. X/XI
E CTrop V p. 318

63 *Laudet Achaemenias orientis gloria telas*

64 *Laudibus, aeterni cives, gaudete, superni*

65 *Laudibus amplificis extollite festa Iohannis*
I SCHRAMM Kaiser, Könige u. Päpste III p. 239
I SCHALLER MlatJb 18/1983 p. 75
I SCHALLER in: Fs. AUTENRIETH 1988 p. 139

66 *Laudibus ecce tuis intendens, o dee Christe*
B WATT./LEV. p. 544

67 *Laudibus egregiis venerarís climate cuncto*

68 *Laudibus eximiis celebrantur saecula prisca*
I GODMAN Poets p. 62 n. 127

69 *Laudibus eximiis resonent nunc organa vocis*

70 *Laudibus humanis reliquorum corda*
ETC REYDELLET I p. 61
I HAUCK Taufpfalzen p. 62ss.

71 *Laudibus hymnite Stephano precibusque*

72 *Laudibus infantum hunc fratres iungite ritum*

73 *Laudibus instantes Mariam memorent*

-a *Laudibus nunc devotis / Deo rerum [gubernanti* 33
A inc. saec. IX/X
E AH 53 p. 331:206
B Rep. Hymn. 10455

74 *Laudibus o cunctis nimium celebraris in ista*
B BHL 8378

75 *Laudiflua cantica / det mens nostra*

76 *Laudis amore tuae, Michael archangele*
E MGH Poet. 5 p. 638
ET SCHMID FMSt 16/1982 p. 144
MB HOFFMANN Buchkunst p. 330

77 *Laudis tuae potentiam*

78 *Laudo Timomachum, matrem quod pinxit in*

79 *Laudum carmina creator, lira plaude, eia*

80 *Laudum da phalanx praeconia devota*

81 *Laudum laeta psallat poemata paschalia*

82 *Laudum quis carmine*

83 *Laudum vota tibi (Zoylus) gratus persolvere*

84 *Laurea clara laetantem Laurentium*
MI STÄBLEIN in: MGG XII 1965 c. 523

85 *Laurea regni redimitus olim*
M GNEUSS Handlist 514

86 *Laurenti, David magni martyr milesque*
M ODERMATT Ordinarius St. Arnulf p. 390
M CTrop V p. 81; 276; 278
M NEUHAUSER Hss. UB Innsbruck I p. 91
M FILL Hss. Kremsmünster I p. 413; 480
B CROCKER p. 437
I DE GOEDE PRU p. CXLV
I STÄBLEIN AMusWiss 18/1961 p. 13
I STÄBLEIN AMusWiss 19/1962 p. 86

87 *Laurenti, merito flammis vitalibus uste*
I QUACQUARELLI Poesia tardoantica p. 445
I HAGENEDER in: BEUMANN/SCHRÖDER Ethnogenese p. 210

88 *Laurigeros domini, liber, intrature penates*

89 *Laus angelorum inclita*

90 *Laus beata / vita paxque perfecta*
I HÄRDELIN MlatJb 24-25/1989-1990 p. 145 n. 9; p. 150 n. 28

91 *Laus cui certa deo, cui sunt sua munera*
I MGH Poet. 5 p. 686

92 *Laus Deo nostro sit per saecula*
EI CROCKER p. 30; 431

93 *Laus et corona militum*
M GNEUSS Handlist 514

94 *Laus et gloria / Deo sit in saecula*
M FILL Hss. Kremsmünster I p. 62

95 *Laus et honor, decus atque decor tibi*

96 *Laus harmoniae resultet: alleluia*

97 *Laus inclita Domino reddatur*

98 *Laus pia perpetua sanctorum in luce superna*
ETC CC Cont. Med. 100 p. 193; 318
M CC Cont. Med. 100A tab. B25
MI ERNST Carm. fig. p. 264; 266s.

99 *Laus surgat / ubique Christo iucunda*
I SZÖVÉRFFY Holy Cross p. 29

00 *Laus tibi, Christe, cui sapit, quod videtur*
I DE GOEDE PRU p. CXLV
I BERSCHIN Eremus p. 33
I STÄBLEIN AMusWiss 19/1962 p. 85

01 *Laus tibi, Christe, patris optimi nate, cui*
M NEUHAUSER Hss. UB Innsbruck I p. 89
I DE GOEDE PRU p. CXLV

02 *Laus tibi, Christe, patris optimi nate, deus*
M FILL Hss. Kremsmünster I p. 81; 412
I DE GOEDE PRU p. CXLV

03 *Laus tibi, Christe / quem Magi deferentes*
I STÄBLEIN Ges. Aufs. p. 297

04 *Laus tibi, Christe, qui humilis homo*

05 *Laus tibi, Christe, sponso sponsae, laus in te*

06 *Laus tibi, Deus, pater Iesu*

07 *Laus tibi forte minor fuerat, generose*
ETC REYDELLET I p. 46
M DE MEYIER Codices Vossiani II p. 34

08 *Laus tibi sit, o fidelis deus*
I STÄBLEIN AMusWiss 19/1962 p. 85

09 *Laus tibi sit, summe factor praecelsus*

10 *Laus trinitati resonet perennis*

-a *Laus tua, deus, resonet coram te rex*
MB V. D. STEINEN ZSchwKG 40/1946 p. 258

– *Laus veneranda bonis, Iesu clementia Christi*
cf. *Rite diem festum colimus*

11 *Laus vera in Dominum depromitur ore*

12 *Laxior hexaphoris tua sit lectica licebit*

13 *Laxis fibris resonante plectro linguae*
BI SZÖVÉRFFY Latin Lyrics I p. 60-62
I W. KIENAST Fränkische Vasallität 1990 p. 508

14 *Lazare perge foras quarto iam sole sepulte*
E HECHT Wandmalerei I p. 82; II tab. 257-263
ETC BERSCHIN MlatJb 29.2/1994 p. 3-17

15 *Lazarus hic iterum proiecta morte resurgit*

16 *Lazarus ut diri premeret pede culmina mundi*

17 *Leander pater excellens, quem suscipit*

18 *Lecta suburbanis mittuntur apyrina ramis*

19 *Lectio finitur, quae patris honore politur*

20 *Lectita, collis viator, hoc memoriae*

21 *Lecto compositus vix prima silentia noctis*
ECI RITOÓK AAntHung 30/1982-1984 p. 319-328

22 *Lector adesto vigil, pagina quaeque canit*
I SIMS-WILLIAMS Anglo-Saxon England 10/1982 p. 38
I KEYNES in: Learning and Literature in Anglo-Saxon England ed. M. LAPIDGE/ H. GNEUSS 1985 p. 163

23 *Lector aritmeticae conductus amore*

24 *Lector, casses catholice*
ETC HOWLETT ALMA 53/1995 p. 119-140
M facs. UNTERKIRCHER Cod. Vind. 751 f. 40r
I Liber monstrorum ed. PORSIA p. 102-105
I HERREN CMCS 15/1988 p. 77
I BROWN MS 37/1975 p. 426s.
I GROSJEAN AnBoll 75/1957 p. 216
I COLLINS JThSt 50/1949 p. 70

25 *Lector et auditor nostros probat, Aule*

26 *Lector, fige gradum, qui voto tendis in altum*
MB HOFFMANN Buchkunst p. 490
I SCHALLER in: Fs. AUTENRIETH 1988 p. 142 n. 40

27 *Lector, fle casum meum, adusque est flere*

28 *Lector, hic stando proprium cognoscito*

29 *Lector honeste, meam si vis cognoscere*
ET Rabanus Maurus i. s. Zeit p. 113
EI SCHMID Klostergemeinschaft Fulda p. 749
M KOTTJE Bußbücher p. 69
I HAEFELE in: Fs. DUFT 1980 p. 193
I FERRARI p. 182-185

30 *Lector ne fabulas quaeras, sed tende magis*

31 *Lector, siste gradus, proprios horresce*

32 *Lector strenuus, legem attende*

33 *Lectores moneo quosdam cognoscere tantum*

34 *Lectulus hen fratrum venientium cernitur*
E DINTER Corp. cons. mon. X p. 255

35 *Ledaei partus ovo monstrantur aperto*

36 *Legales ritus vellent cum extollere quidam*

37 *Legali thalamo Plectrudis iuncta Pipino*

38 *Lege aeviterna traditus leto puer*
E VIDMAN p. 265:585

39 *Lege nimis dura convivam scribere versus*

40 *Lege nunc, viator nomen in titulo meum*

41 *Lege sacerdotis stetit hoc vas pectore patris*
B BHL 5347d

42 *Lege tonantis eri retegit qua crimina lator*

43 *Legem spernentes odit cum legis amator*

44 *Legerat huius Amor titulum nomenque libelli*
M MlatJb 15/1980 p. 272; WIC 10239

45 *Legia, lege ligans cum praelatis tibi leges*

46 *Legibus inferni motis Proserpina reddi*

47 *Legiloquum quisquis librum recitaveris*
E MGH Leg. 2 Capit. II p. 394
MBI HOFFMANN Buchkunst p. 19; 373

48 *Legistis, meminit vestra sagacitas*
ET PÖRNBACHER p. 42
B BHL 5197
I BERSCHIN Biographie III p. 275ss.

49 *Legitime accipient soliti certare coronam*

50 *Lelifagus prima praefulget fronte locorum*
TI BERSCHIN Eremus p. 19

51 *Lemnias Hypsipyle Bacchi genus Aesone*

52 *Lenaee vitisator Bromie Semeleie Bacche*

53 *Lenaeos latices hircorum tergora gestant*

54 *Leniat ut fauces medicus quas aspera vexat*

– *Lenis vitisator, proles Semeleia, Bacche*
cf. *Lenaee vitisator, Bromie Semeleie*

55 *Lenta paludigenam vestivit cera papyrum*
TI LAUSBERG Das Einzeldistichon p. 353s.

56 *Lentiscum melius: sed si tibi frondea cuspis*

57 *Lentulus affatur maerentem voce senatum*

58 *Lentus ab urbe venis, Corydon; vicesima*

59 *Leontia bene merita teget haec sedes*

60 *Lepra cadit mentis, redeunt purgamina*
I LAVAGNE Journal des Savants 1977 p. 178

61 *Leprosi maculas mundat divina voluntas*

62 *Lesbia mi dicit semper male nec tacet*

63 *Lesbia mi praesente viro mala plurima dicit*

64 *Lesbia Pieriis Sappho soror addita Musis*

65 *Lesbia se iurat gratis numquam esse fututam*

66 *Lesbius est pulcer: quid ni? quem Lesbia*

67 *Letifer immodico naturae elatus honore*

68 *Leuthardus Christi famulus supremus Iesu*

-a *Leutcharius iussit hunc sanctum scribere [librum*
EM Colophons 16630

69 *Levavi oculos meos*

70 *Levis ab aequorea cortex Mareotica concha*

71 *Levis exsurgit zephirus, et sol procedit*
ET KLOPSCH Lyrik p. 244
ETC Carm. Cant. 40 ed. ZIOLKOWSKI p. 116; 287
T ÖBERG Poetry p. 233
T WHICHER p. 26
I LADNER Images and Ideas p. 691
I TAVERA in: Le soleil, la lune et les étoiles au Moyen Âge 1983 p. 397s. n. 22
I ROSS AU 20.2/1977 p. 44

72 *Levita hanc Stephanus simul et Laurentius*

73 *Levitae coniunx Petronia, forma pudoris*

74 *Levitae coniux, semper mihi grata Maria*

75 *Levitae iam Vincentii*

76 *Lex aeterna Dei stabili regit omnia nutu*

77 *Lex bona dicendi, lex sum quoque dura*

– *Lex gemina Christum felicis adorat in aula*
cf. *Ut medium valli pax nostra*

78 *Lex mala membra regens animum per*
B LAPIDGE/SHARPE p. 199:738

I DUFT in: Iren u. Europa II p. 928

79 *Lex mihi iure pio posita hunc celebrare*
B BHL 2870-2871
I COSTANZA Siculorum Gymnasium N. S. 29/1976 p. 140s.
I GNILKA in: Iconologia sacra p. 32 n. 52
I DE VOGÜÉ in: Fs. BARTELINK 1989 p. 127 n. 9; 11

80 *Lex pia cumque dei latum dominans regit*
ET GODMAN Poetry p. 248s.
TC STELLA Poesia carolingia p. 266; 457
TI NELSON in: Literacy in carolingian government p. 266

81 *Lex praeclara dei, totum quae inluminat*

82 *Lex quoque vera Dei vincenda est sorte*
ETC CC Cont. Med. 100 p. 165; 314
M CC Cont. Med. 100A tab. B21
MI ERNST Carm. fig. p. 256-258

83 *Lex tenet occasum, pia gratia surgit in ortum*
A Hartw. (saec. XI)
ET RÜTZ Text im Bild p. 46
M Regensburger Buchmalerei tab. 10
I BISCHOFF in: Verf. Lex.[2] III c. 530s.

84 *Lex vetat ut mecum contendes aut ego tecum*

-a *Lexisti assiduum bellare / in toto curriculo* [2
ET Virg. Gramm. ed. POLARA p. 86

85 *Liber a me lectus explicit Richirannus qui*

86 *Liber, amicorum dulcissima cura tuorum*

87 *Liber, Amyclaea frontem vittate corona*

88 *Liber eram et vacuo meditabar vivere lecto*

89 *Liber et exactus cura, germane, subisti*

90 *Liber et ingenuus sum natus utroque parente*
I PABST Prosimetrum p. 793s.

91 *Liber homo es nimium, dicis mihi, Ceryle*
M PRETE Cod. Barb. Lat. p. 281 (cod. 34)

92 *Liber nunc curis fuerim qui, respice lector*

93 *Liber Pater sanctissime*

94 *Libera captivum meruerunt culmina lumen*
M BOGNETTI in: Storia di Milano II p. 8 tab.

95 *Libera, non hostem, non passa Britannia*

96 *Libera plebem tibi servientem*
EC CC Cont. Med. 117 p. 83

97 *Liberium lector mox et levita secutus*
E ICUR N. S. IX p. 175:24832
E GREGOROVIUS Tombe dei Papi p. 9*

98 *Liberta et coniunx Petronia cara patrono*

99 *Liberta hoc titulo patronum pietatis honorat*

00 *Libertas nulla est melior, maiorve potestas*

01 *Libertinus eram, fateor, sed facta legetur*

02 *Libertus Melioris ille notus*

– *Liberum lector mox et levita secutus*
cf. *Liberium lector*

03 *Liberum patrem certe bis genitum dicitis ipsi*

04 *Libra quod est Ammon, nepa bos geminos*

05 *Libra vel as ex unciolis constat duodenis*
ET BEHRENDS p. 254:146
M PRETE Cod. Barb. Lat. p. 116 (cod. 65)
M DE MEYIER Codices Vossiani II p. 31

06 *Libras quattuor aut duas amico*

07 *Libratum miris librum tu solve sigillis*
MB MGH Poet. 5 p. 684

08 *Libri Matthei tractatores universi*

09 *Libro hoc Guntpoldus fuerat se pascere*

10 *Librum Clementis conscripsit dextera fratris*
M TURCAN-VERKEERK in: Scriptorium 46/1992 p. 15e

11 *Librum, Galle, tibi prior hunc Eberhart*
EM Colophons 16854
EMI facs. DUFT St. Gallen I tab. 14; p. 110; 251

12 *Librum qui gestis sanctorum fartus honestis*

13 *Licet imperita fandi*

14 *Licet iurges Voluptas*

15 *Licia qui texunt et carmine, carmina Musis*
I COURCELLE Lecteurs ... de l'Énéide p. 659

16 *Lictorem pro rege necans nunc Mucius ultro*

– *Lieos latices*
cf. *Lenaeos latices*

17 *Ligneus est lectus nulla tamen arbore sectus*
A inc. saec. X/XI
M SILVESTRE RHE 80/1985 p. 772 n. 3
M MlatJb 16/1981 p. 423; WIC 10317

18 *Ligneus hic paries vario splendescit amictu*
I TRIBOUT DE MOREMBERT in: Saint Chrodegang 1967 p. 193
I BERSCHIN ZGObRh 134/1986 p. 20

19 *Ligno quo Christus humanum subdidit*

– *Lignum crucis mirabile*
cf. *Signum crucis mirabile*

20 *Ligula iam melos tremulc velut sicat talpa*

21 *Lilia quo versu candentia, carmine quove*

22 *Limen ad hoc, populi, persolvite vota*

23 *Limen apostolicae cupiunt dum visere*

24 *Limen superum inferumque, salve, simul*

25 *Limina magnifici properas qui scandere*

26 *Limina nunc servo tenui qui culmina sedis*
E GREGOROVIUS Tombe dei Papi p. 12*

27 *Limina quisquis adis papae metuenda beati*
E GREGOROVIUS Tombe dei Papi p. 39*

28 *Limine Garganum attollit Campania collem*

29 *Limo solubili*
ET Virg. Gramm. ed. POLARA p. 268

30 *Limpida sum, fateor, saeva sed fraude*

31 *Linea, Christe, tuos prima est quae continet*
M PELLEGRIN Bibliothèque Vaticane II.2 p. 425
M A. L. GABRIEL Catalogue of Microfilms of One Thousand Scientific Manuscripts in the Ambrosiana 1968 p. 82
M N. R. KER Medieval Manuscripts in British Libraries II 1977 p. 813
M GNEUSS Handlist 258; 612
I LANDES Scriptorium 37/1983 p. 185 n. 26; p. 187 n. 36

32 *Linea constricto de pectore vincula solve*

33 *Linea, quae Iani prima est pariterque*
M FINCH Scriptorium 31/1977 p. 84
M GNEUSS Handlist 612

34 *Linge Leli, linge Leli, linge Leli Falculam*

35 *Lingis, non futuis meam puellam*

36 *Lingo cui pater addiderat nomenque merebat*

37 *Lingua assentatrix vitium peccantis acervat*

38 *Lingua brevis, brevitate levis, levitate*
M B. C. BARKER-BENFIELD The Mss. of Macrobius' Commentary on the Somnium Scipionis 1975 p. 268

39 *Lingua maritus, moechus ore Nanneius*

40 *Lingua perita mihi nomen dedit atque*

41 *Lingua prophetarum cecinit de virgine*
I STRECKER AfdA 33/1909 p. 47-51
cf. *Credo et prostratus iacuit palmasquet*

42 *Linque metum leti: nam stultum est tempore*

43 *Linque tuas sedes alienaque litora quaere*

44 *Lintea ferret Apro vatius cum vernula nuper*

45 *Liquerat in tepido Tithonum Aurora cubili*

46 *Lis mihi cum Balbo est, tu Balbum offendere*

47 *Lis te bis decumae numerantem frigora*

48 *Lite procax mulier fluvio submersa profundo*
TI WOLTERBEEK Ridicula p. 113

49 *Litem inferre cave cum quo tibi gratia iuncta*

50 *Litigat et podagra Diodorus, Flacce, laborat*

51 *Litis praeteritae noli maledicta referre*

52 *Litora Thessaliae reduci tetigisse carina*

53 *Litore ab Euxino Nasonis epistula veni*

54 *Litore diverso Libyae clarissima longe*

55 *Litorea praessus scruposae margine rupis*

56 *Litoribus vestris quoniam certamina laetum*

57 *Litoris ad portum lector hoc opus aspice*
A Iohannes Calaber (saec. X)
EI BILLANOVICH Settimane ... Spoleto 22/1975 p. 335
B MUNK OLSEN Auteurs classiques I p. 90

58 *Littera de proprio laudetur splendida censu*

59 *Littera distribuit mihi nomen Graeca*

60 *Littera facundi gratum mihi pignus amici*

61 *Littera me pavit, nec quid sit littera novi*
ET BERTINI Autori latini p. 176

62 *Littera nulla docet nomen causamque*
ET HÄUSLE Denkmal p. 93

63 *Littera pervenit tua quo consuevit, Aconti*

64 *Littera prima dolet, lubet altera, tertia mittit*
EI LEBEK ZPE 42/1981 p. 63

65 *Littera pro verbis tibi, Messaline, salutem*

66 *Littera Pythagorae, discrimine secta bicorni*
M clm 28362 f. 188^{v} (GLAUCHE p. 153s.)
M N. R. KER Medieval Manuscripts in British Libraries III 1977 p. 100
M PASSALACQUA Codici p. 89; 91; 133
M U. WINTER Hss. Diez 1986 p. 72
M Bruxelles, BR 5331 (saec. X) f. 132^{r}
I MARIOTTI Scritti p. 133-136

67 *Littera quaecumque est toto tibi lecta libello*

68 *Littera qui nosti, lege casum et dole puellam*

69 *Littera rem gestam loquitur; res ipsa*

70 *Littera sera quidem, studiis exculte Suilli*

71 *Littera sum caeli penna perscripta volantis*

– *Littera sum Samii discrimine secta bicorni*
cf. *Littera Pythagorae discrimine*

72 *Littera Theorianis semper dictura salutem*

73 *Litterulas lacrimae nostras comitantur*

74 *Litus beatae Veneris aureum Baias*

75 *Litus harenosum ad Libyae caelestis origo*

76 *Litus ut implorat, qui tempestate laborat*

77 *Livet Charinus, rumpitur, furit, plorat*

78 *Livia me tellus aluit geminamque sororem*

79 *Livor edax fratris hic iustum perculit Abel*

80 *Livor, tabificum malis venenum*
M BALLAIRA Prisciano p. 192
I COURCELLE Lecteurs ... de l'Énéide p. 297

81 *Loci, inquit, huius decrevi fore patronus*

82 *Loco ignominiae est apud indignum dignitas*

83 *Locus capillo ribus, expectat caput suum*

84 *Lodices mittet docti tibi terra Catulli*

85 *Lomento rugas uteri quod condere temptas*

86 *Longa feror velox formosae filia silvae*
E KORTEKAAS Historia p. 380

87 *Longa licet te, care pater, subtraxerit aetas*

88 *Longa satis nunc sum; dulci sed pondere*

89 *Longa sed exilis, tenui producta metallo*
I PAVLOVSKIS Cl & Med 39/1988 p. 223

90 *Longa vicenorum falx, lata decem cubitorum*

91 *Longaevo mecum vixisti tempore, coniunx*

92 *Longaevus victor Caesar Hloduice, valeto*
B Clavis Galliae I p. 300-302

93 *Longaevus vita, divino dogmate plenus*
EM KOEHLER/MÜTHERICH V p. 150

94 *Longe per centum sociis moderare talentum*

95 *Longior undecimi nobis decimique libelli*

96 *Longior ut fiat, precor, haec dictatio, frater*

97 *Longius hinc irem coeptique via properarem*

98 *Longus amor periit. direpta morte recepta*

99 *Loqui ignorabit, qui tacere nesciat*
M MlatJb 16/1981 p. 423; WIC 10391

00 *Lothari, rex clemens, pius, iustus, sanctus*

01 *Lotus nobiscum est, hilaris cenavit, et idem*

02 *Lubrica quassa levis fragilis bona vel mala*

03 *Luca bovem similas, quia pontificalia tractas*
A Hartw. (saec. XI)
ETI RÜTZ Text im Bild p. 73; 131
M Regensburger Buchmalerei tab. 12
MB HOFFMANN Buchkunst p. 357
I BISCHOFF in: Verf. Lex.^{2} III c. 530s.

04 *Lucae sacravit supplex Evantius aedem*

05 *Lucam votorum fingunt sacramenta*
MB HOFFMANN Buchkunst p. 300
I CAMPANA in: Studi e ricerche ... in mem. G. MERCATI 1959 p. 34-47

06 *Lucani proprium diem frequentet*

07 *Lucas Achaicis calamo describit honesto*
E JEAUNEAU Études Érigéniennes p. 613
EM KOEHLER/MÜTHERICH V p. 183s. (facs. tab. 69c)
MI DUTTON/JEAUNEAU StudMed III 24/1983 p. 95

08 *Lucas aetherii speciem tenet ore iuvenci*

09 *Lucas apostolico prius alto dogmate clarus*
EM KOEHLER/MÜTHERICH V p. 150 (facs. tab. 36c)

– *Lucas ore dei medicina fultus, at inde*
cf. *Matthaeus e sacro totus spiramine*

10 *Lucas per vitulum Christi fert pontificatum*
M MGH Poet. 5 p. 684s.

11 *Lucas qui scripsit cum gestis dogmata*

12 *Lucas Syriacus, Graeco sermone peritus*
MB HOFFMANN Buchkunst p. 316

13 *Luce propinquorum, quae plurima mittitur*

14 *Luce refulgens aurea*

15 *Luce repentina cum sol implevit aquosas*

16 *Luce secutura tutos pete, navita portus*

17 *Luce Valentinus caeli rutilante cluebat*

18 *Luce videt Christum Petrus quem nocte*

19 *Luceat in vestro semper clementia vultu*
ET MESSINA p. 43:XVII
I EBERHARDT p. 151; 163; 179

20 *Lucentes, mea vita, nec smaragdos*

21 *Lucernam fur accendit ex ara Iovis*

22 *Luci, gloria temporum tuorum*

23 *... a) luci praeclare*

24 *Lucia cum Stephano genetrix, sed avunculus*

25 *Lucia, Iuliana simul et Scholastica virgo*

26 *Lucida de domo lapsus diffundor ubique*

27 *Lucida dum current annosi sidera mundi*

28 *Lucida perspicui nituerunt limina templi*
ETC REYDELLET I p. 69

29 *Lucida quae cernis clarescere tecta, viator*

30 *Lucidum tinxit maculante fuco*

31 *Lucidus et laetus quinis considere ramis*

32 *Lucifer annorum et saeclis, Sol, Iane*

33 *Lucifer diem incohat*
I HAUBRICHS Georgslied p. 330

34 *Lucifer exoriens umbras ceu Cynthia format*

35 *Lucifer exoritur, emittunt sidera lumen*

36 *Lucifer ut nitidos producit in aethera vultus*
ETC REYDELLET II p. 92
I LATZKE MlatJb 14/1979 p. 30; 34ss.

37 *Lucifero subeunte Lares delubra tulerunt*

38 *Lucili, quam sis mendosus, teste Catone*

39 *Luciola, effigies illorum iudice quovis*

40 *Lucis auctor clemens, lumen immensum*

41 *Lucis creator optime*
E Hymnarium oscense II p. 24
EC Canterbury Hymnal 37517 p. 32
M ODERMATT Ordinarius St. Arnulf

p. 390
M Portiforium Wulfstani nr. 358
MI BULLOUGH Carolingian renewal p. 251

42 *Lucis egenus, viduae frontis*
I LAPIDGE StudMed III 18/1977 p. 255

43 *Lucis fine carens ...*

44 *Lucis largitor splendide*
M LEHMANN Nordisk Tidskrift för bok- och biblioteksväsen 22/1935 p. 7

45 *Luciscit hoc iam. cesso pultare ostium*

46 *L(ucius) Caecilius Felix fecit sibi coniugi*

47 *Lucius expositos sequitur splendore sacrati*

48 *Lucius haec coniunx posui tibi dona merenti*

49 *L(ucius) Octavi Silvane, bene quiescas*

50 *Lucri repertor atque sermonis dator*

51 *Lucrum viva manens toto nam confero*
I GANZ in: Fs. WALLACE-HADRILL 1983 p. 69

52 *Luctantur pectusque leve in contraria*

53 *Luctus quando meus nunc est in gaudia*
MB HOFFMANN Buchkunst p. 357

54 *Lucus enim antifrasin a non lucendo vocatus*

55 *Ludens haec ego teste te, Priape*

56 *Ludere me libuit; ludentem papa Iohannes*
ETC MODESTO Cena Cypriani p. 200
I ZIOLKOWSKI Talking animals p. 57ss.

57 *Ludere me libuit variabilis ordine campi*
M STRAETEN Manuscrits hagiographiques p. 273

58 *Ludere nemo potest versu sine lege polito*
ET KLOPSCH Lyrik p. 132
M DE MEYIER Codices Vossiani VI p. 136
I SMOLAK Wiener Studien 93/1980 p. 162
I WALLACE-HADRILL Frankish Church p. 219
I GODMAN FMSt 19/1985 p. 250-253
I RATKOWITSCH MlatJb 22/1987 p. 143
I SEMMLER in: Charlemagne's Heir p. 141 n. 164
I EHLEN in: Exil, Fremdheit ... p. 177-182
I SCHALLER Studien p. 49-51; 53s.; 56

59 *Ludere sueta vadis privato nympha natatu*

60 *Ludi magister, parce simplici turbae*

– *Ludimus heroico versu, matrona perennis*
cf. *Rite diem festum colimus*

61 *Ludis, nec superas, Ultor, ad aleam*

62 *Ludis qui plano tabulis de stipite sectis*
M PELLEGRIN Bibliothèque Vaticane I p. 694
MI BORST Zahlenkampfspiel p. 40s.

63 *Ludit cum multis Vatanans, sed ludere nescit*

64 *Ludit in ancipiti constans fallacia sexu*
I D'ANGELO in: Teoderico il Grande p. 650

65 *Ludite lascivi, sed tantum ludite, servi*

66 *Ludite securi, quibus aes est semper in arca*

67 *Ludowicus Caesar factus coronante*
M Vat. Reg. Lat. 191 (saec. IX) f. 102^{v} (WILMART Cod. Reg. I p. 456)
B Clavis Galliae I p. 332s.
I SCHALLER in: Iren u. Europa I p. 476 n. 49
I B. SCHNEIDMÜLLER Karoling. Tradition u. frühes französ. Königtum 1979 p. 50

68 *Ludus inest pulcher, si quis bene noverit*
M HOLTZ RevHistTextes 16/1986 p. 175

69 *Lugeat aether magnusque parens*

70 *Lugentum lacrimis populorum roscida tellus*
TI N. ACOCELLA Salerno medioevale ed altri saggi 1971 p. 532
I F. MUNARI Kleine Schriften 1980 p. 97
I DE RUBEIS in: Poesia dell'alto medioevo p. 224; 232

71 *Lugete, O Veneres Cupidinesque*

72 *Lull mihi nomen erat, famosa Britannia*

73 *Lumbi sedendo, oculi spectando dolent*

74 *Lumbos cinge tuos, manibus fer lumina clara*

-a *Lumen adest Christi*
A inc. saec. IX?
E LECLERCQ EphemLiturg 59/1945 p. 318

75 *Lumen aeterno radians nitore*

76 *Lumen aeternum, moderator temporum*

77 *Lumen apostolicum cum spargeret una*
ETC REYDELLET II p. 14
I GEORGE Venantius Fortunatus p. 67-69

78 *Lumen clarum rite fulget / Orto*
M DE MEYIER Codices Vossiani VI p. 136
I SCHALLER Studien p. 380

79 *Lumen cunctorum luminum*

80 *Lumen in aethereo, quo clarus haberis*

81 *Lumina, colla, genae, flavi flexura capilli*
T BOSWELL Gay People p. 401

82 *Lumina: Nestorei mitis prudentia Crispi*

83 *Lumine candoris clarent hic lilia caeli*

84 *Lumine divino repleat nos lux hodierna*
E LECLERCQ in: Miscellanea MERCATI II 1946 p. 483

85 *Lumine purpureo dum sol perfunderet arva*
M DE MEYIER Codices Vossiani VI p. 265
I BULLOUGH Carolingian renewal p. 156 n. 45
I KLOPSCH Bukolik p. 158
I BULLOUGH Aula Renovata p. 288
I KLOPSCH in: Fs. BRUNHÖLZL 1989 p. 149
I SCHALLER Studien p. 107

86 *Lumine quo cordis residens in corpore*
MB MGH Poet. 5 p. 684

87 *Lumine sed magno vibrare ianua cerno*

88 *Lumine sidereo Dionysius auxit Athenas*
E Wilhelmus Lucensis: Commentum in tertiam ierarchiam Dionisii ed. F. GASTADELLI 1983 p. 3
ET GODMAN Poetry p. 304ss.
M Basel, UB O III 5
I BERSCHIN Gr.-lat. MA p. 146
I JEUDY in: Jean Scot Écrivain p. 304
I JEAUNEAU Études Érigéniennes p. 268

89 *Lumine virgineo hic splendida membra*
I C. W. NEUMANN The virgin Mary in the works of Saint Ambrose 1962 p. 59s.

90 *Luminis aeterni lumen, lux, lucis origo*
ET MOUSSY/CAMUS II p. 16
I JACOBSEN in: Iren u. Europa I p. 454

91 *Luminis fons, lux et origo lucis*
B Clavis Galliae II p. 384

92 *Luna decus mundi, magni pars maxima caeli*
I SHACKLETON BAILEY ClPh 77/1982 p. 125

-a *Luna, deum quae sola vides periuria volgi* [2
A inc. saec. I ante Chr. n.
E FPL^3 p. 426

93 *Luna regit menses, huius quoque tempora*

94 *Luna revertentis cum primum colligit ignis*

95 *Lupensia hic ego sum illata Consutia Rufa*

96 *Lupis et agnis quanta sortito obtigit*

97 *Lupus dum ambularet viam, incontravit*
E Ars Juliani Toletani ed. MAESTRE YENES p. 222
I DRONKE/BERTINI Settimane ... Spoleto 31/1985 p. 1054s.
I ZIOLKOWSKI Talking animals p. 48

98 *Lurida per latices cenosas lustro paludes*
TI CAMERON Peritia 4/1985 p. 125
I PAVLOVSKIS Cl & Med 39/1988 p. 242

99 *Lusimus, Octavi, gracili modulante Thalia*
M U. WINTER Hss. Diez 1986 p. 72

00 *Lusistis, satis est: lascivi nubite cunni*

01 *Lusit Nereidum docilis chorus aequore toto*

02 *Lusori cupido semper gravis exitus instat*

– *Lustra sex qui iam peracta*
cf. *Pange, lingua, gloriosi*

03 *Lustrat Amor - taurus latet Ioque - furta*

04 *Lusuri nummos animos quoque ponere*

05 *Lusus erat sacrae conubia fallere taedae*

06 *Lutea fulgebat roseis Aurora capillis*

07 *Lutea si crescent et cunctis noxia fella*

08 *Lux aeterna deus fons lucis fons veritatis*
EC CC Cont. Med. 117 p. 94
I IVERSEN in: Pax et Sapientia ed. R. JACOBSSON 1986 p. 29

09 *Lux arcana Dei verbum sapientia lucis*

10 *Lux clara surgens rutilat*

11 *Lux clarissima orta ante omnia*

12 *Lux de luce Deus tenebris illuxit Averni*
I V. D. STEINEN ZSchwKG 40/1946 p. 251
I BRUNNER in: La sequenza medievale. Atti del Convegno Internazionale ... ed. A. ZIINO 1992 p. 19-44

13 *Lux, Deus Christe, pietas redundans*

14 *Lux ecce surgit aurea / Pallens facessat*
A Prud.: cath. 2 (v. 25/93s.; 96-108)
E Hymnarium oscense II p. 34
EC Canterbury Hymnal 37517 p. 47
M ODERMATT Ordinarius St. Arnulf p. 390
M Portiforium Wulfstani nr. 2689

15 *Lux Eoa rutilior*

16 *Lux est orbis honor, maiestas fervida caeli*
EI MCENERNEY MlatJb 19/1984 p. 100-103
B Clavis Galliae II p. 96
I VIARRE in: TRAUBE-Gedenkschrift p. 232

17 *Lux et sal Hattho sacrans divinique sacerdos*

18 *Lux exorta viros in pristina bella remisit*

19 *Lux festa sacris vult litari paginis*

20 *Lux Hyadas, Taurinae cornua frontis*

21 *Lux immensa Deus, mundum fulgore*

22 *Lux iustorum angelorum*
EMI V. D. STEINEN ZSchwKG 40/1946 p. 258; 262

– *Lux mea, Fauste, / Spesque salusque*
cf. *Fluminis in medio*

23 *Lux mea puniceum misit mihi Lesbia malum*
ETI CUTOLO Vichiana 15/1986 p. 60; 70-72; 16/1987 p. 271-279
I SHACKLETON BAILEY ClPh 77/1982 p. 123

24 *Lux mihi pura deus, deus est mihi vivida*
I STELLA Poesia carolingia p. 231

25 *Lux mihi semper adest nec possum cernere*

26 *Lux mihi Siricia divino rapta flagello*

27 *Lux mores hodierna tuos, Marcelle novavit*
B Rep. Font. V 168

28 *Lux mundi beatissima*

29 *Lux mundi Christus simul est et vita perennis*

30 *Lux mundi Dominus nubila saeculi*
I SCHALLER MlatJb 19/1984 p. 81
I SCHALLER Studien p. 260

31 *Lux mundi laeta, deus, haec tibi celeri cursu*
B LAPIDGE/SHARPE p. 350:1308

32 *Lux mundi vera, salus et aeterna*
EBI STOTZ Sapph. Dichtung p. 19; 195; 205-211; 456

33 *Lux nova sublimis de caelo fulget in imis*

34 *Lux nova, Swidbertus, Francos lustravit et*
MB HOFFMANN Buchkunst p. 475
B BHL 7940
I COURCELLE Lecteurs ... de l'Énéide p. 251

35 *Lux oculis, lux blanda, meis lux mentibus*
E FO Romanobarbarica 8/1984-85 p. 166

36 *Lux orbis, domine praesulum inclite*

37 *Lux patriae, sublime decus pater Osius urbis*

38 *Lux sincera animi, semper mihi dulcis Hilari*
ETC REYDELLET I p. 115

39 *Lux solemnis, ave, Christus, per saecula*
I SPANKE Studien p. 143

40 *Lux solis cecidit, stellarum lumina clarent*
B Clavis Galliae I p. 303s.

41 *Lux superans animas hominum superumque*
M CONTRENI Laon p. 180

I JEAUNEAU Études Érigéniennes p. 236

42 *Lux tibi post Idus numeratur tertia Maias*

43 *Lux vera, lucis claritas*

44 *Lux via vita salus Christus vos salvet in*

45 *Luxerat et celso fulgebat Phoebus Olimpho*
B Clavis Galliae I p. 200s.

46 *Luxovii pastor Gerardus, lucis amator*

47 *Luxuriae rictu Martis marcent moenia*

48 *Luxuriam fugito, simul et vitare memento*

49 *Luxuriam ventris, lector, cognosce vorantis*
TC STELLA Poesia carolingia p. 266; 456s.

B Clavis Galliae II p. 418

50 *Luxuriamque simul depellas corpore toto*

51 *Luxuries animum ne nostrum frangat*
E MGH Poet. 5 p. 650

52 *Lydia, dic, per omnis*

53 *Lydia tam laxa est equitis quam culus aeni*

54 *Lymphae, quae tegitis cognato carcere*
ETI LAURENS BAGB 1986 p. 346

55 *Lynceus ipse meus seros insanit amores*

56 *Lyra pulchra regem angelica*

M

57 *M mutaris et R sedes si, Basse notarum*
I COURTNEY Mnemosyne IV.39/1986 p. 405
I LEBEK ZPE 42/1981 p. 65

58 *Machabaeo minitante suis / hostibus*

59 *Machina tunc struitur muris, ars quaeque*
EC ROBERTINI p. 274

60 *Mactandi fuit invidia quam magna voluntas*

61 *Macte decus proprium, Vincenti martyr*
I HAUCK Taufpfalzen p. 59

62 *Macte nova virtute, vale, Milo, optime vates*
I COURCELLE Lecteurs ... de l'Énéide p. 631

63 *Maecenas atavis edite regibus*
M Kloster Schäftlarn p. 38s.

64 *Maecenas, eques Etrusco de sanguine regum*

-a *Maeielbrithus MacDurnani* 7
A inc. saec. X
E KEYNES in: Learning and Literature in Anglo-Saxon England ed. M. LAPIDGE/H. GNEUSS 1985 p. 153; tab. V

65 *Maeonii specimen vatis veneranda Maronem*
ETC Phoc. ed. BAYER p. 292ss.; 718-732
I CUPAIUOLO Vichiana 13/1984 p. 49-57
I BRUGNOLI GIF 39/1987 p. 239

66 *Maeonio vati qui par aut proximus esset*

67 *Maeonium quisquis Romanus nescit*
M U. WINTER Hss. Diez 1986 p. 72
M PRETE Cod. Barb. Lat. p. 282 (cod. 42)

68 *Maerebat genetrix ignara mente cadaver*

69 *Maeremur, Fabea Scerniola, nobis semper*

70 *Maesta diu miseras hominum Musa refert*

71 *Maesta superveniens Fortuna impleverat*

72 *Maestifica quisquis scriptura pascere visum*
B Clavis Galliae I p. 208s.

73 *Magna beatorum retinet haec terra talenta*
I HAUBRICHS Georgslied p. 330

74 *Magna et praeclara pollet urbis in Italia*
ET GODMAN Poetry p. 181ss.
ET VISCARDI Origini Testi p. 148
M ELEEN Scriptorium 41/1987 p. 227ss.
M DOLBEAU Sacris erudiri 27/1984 p. 385s. n. 52
MB PIGHI in: Studi Zenoniani 1974 p. 22
I BERSCHIN Biographie II p. 140
I AVALLE San Zeno p. 15
I PICARD Hagiographie p. 339-467
I ROPA Poesia "Rustica" p. 7-39
I AVESANI in: Storia della Cultura Veneta I 1976 p. 246
I FONTAINE in: La Neustrie II 1989 p. 357
I PICARD Souvenir p. 517-519; 675
I SIMONI in: Storiografia e poesia. Atti del Colloquio Internazionale ... ed. F. SIMONI 1999 p. 181ss.
I ZANNA StudMed III 32/1991 p. 524-548
I VILLA DA 51/1995 p. 39

75 *Magna licet totiens tribuas, maiora daturus*

76 *Magna minorque ferae, quarum regis altera*

77 *Magna quidem in multis est excellentia*

78 *Magna quidem non sum, sed inest mihi*
ET BERTINI Autori latini p. 178s.

79 *Magna quidem pavido praebet fiducia vati*
B Clavis Galliae II p. 32s.
I CASTILLO Cuadernos FilClas 5/1973 p. 57
I GODMAN Poets p. 57
I Text als Figur p. 35
I SCHRAMM Kaiser, Könige u. Päpste I p. 321
I ERNST Carm. fig. p. 174s.; 177s.
I CHAZELLE The Cross p. 30; 39s.
I SCHALLER in: Karl d. Gr. Nachwirken I p. 211-213
I SCHALLER Studien p. 1; 3s.; 6; 10-17; 24; 401
I ERNST Das Mittelalter 6.2/2001 p. 68s.

80 *Magna quod adsurgunt sacris fastigia tectis*
ETI DUVAL Loca Sanctorum Africae p. 185

81 *Magna sapientia multasque virtutes*

82 *Magna Satan ausae taceas: nihil hic tibi*

83 *Magna tuis Benedicte pater monumenta*
E GREGOROVIUS Tombe dei Papi p. 24*

84 *Magna Verona, vale. Valeas per secula*

85 *Magna virtus pueri victusque remisit*

86 *Magna virum resonent Domini praeconia*

87 *Magnae deus potentiae*
E Hymnarium oscense II p. 34s.
E Sententie Magistri Gisleberti ed. HÄRING AHDLMA 53/1979 p. 177
EC Canterbury Hymnal 37517 p. 48
M Portiforium Wulfstani nr. 2697

– *Magnam sapientiam multasque virtutes*
cf. *Magna sapientia*

88 *Magnanimi proceres et clari Marte secundo*
ET VISCARDI Origini Testi p. 194s.

89 *Magnanimum Aeaciden formidatamque*

90 *Magnas vero agere gratias Thais mihi*

91 *Magne deum, Silvane potens, sanctissime*

92 *Magne Deus, caeli factor, terraeque creator*
MI POULIN Francia 15/1987 p. 730s.
B LAPIDGE/SHARPE p. 261s.:951

93 *Magne et pie hac die rex exsultant*
I STÄBLEIN AMusWiss 18/1961 p. 16

94 *Magne, premis Libyam; fortes tua pignera*

95 *Magne senex, stolide copulas cum funere*

– *Magne tuis Benedicte pater monimenta*
cf. *Magna tuis*

96 *Magnes ferricolor ferrum suspendere novit*

97 *Magni animi Caesar populos virtute subegi*

98 *Magni consilii per te quos imbuit olim*
B Clavis Galliae I p. 53s.

99 *Magni magna dei portantes munera templo*
B Clavis Galliae II p. 82

I FISCHER Lat. Bibelhss. p. 241s.; 277

00 *Magni minores saepe fures puniunt*

01 *Magni palmam certaminis*

02 *Magni Pompei miles vasti corporis*

03 *Magnifico Patri magnus succedit alumnus*
B BHL 744

04 *Magnificus Christi sectator iure colendus*

05 *Magnis ecclesiae laudibus omni*

06 *Magno canentes annua / Nunc Benedicto*
E Hymnarium oscense II p. 79s.

07 *Magno in honore dei domini genetricis et*
ETM BERSCHIN Eremus p. 6; 55; 120

– *Magno salutis gaudio*
cf. *Magnum salutis gaudium*

08 *Magnorum sacrata deo haec aula virorum*
ETI LEBEK ZPE 63/1986 p. 83-100
EI BISCHOFF Anecdota novissima p. 148ss.
I KLEIN in: Arbor amoena p. 59

09 *Magnum iter ad doctas proficisci cogor*

10 *Magnum nostra fides, noster et ordo*
B BHL 7016
I CURTIUS Ges. Aufs. p. 281

11 *Magnum patrem Benedictum, / virum iustum*

12 *Magnum peccatum est amor immoderatus*

13 *Magnum post Petrum Linus Ecclesiae*

14 *Magnum praesidium est sacro libamine*

15 *Magnum salutis gaudium*
M BEERS Cistercian Hymnal p. 35-37
I NORBERG Les vers iambiques p. 29
I WADDELL Cistercian Hymnal I p. IX

16 *Magnum te, Michaelem, habentes pignus*
M FILL Hss. Kremsmünster I p. 413
M ROPA Quadrivium 13/1972 p. 109
B CROCKER p. 440
I SCHALLER Studien p. 227 n. 36

17 *Magnus ab arce poli Michael archangelus*
B Clavis Galliae II p. 422

18 *Magnus Alexander bellisque horrendus et*
M U. WINTER Hss. Diez 1986 p. 72

19 *Magnus Alexander sum, qui victricibus*

20 *Magnus Aristoteles trutinando cacumina*

21 *Magnus cesar Otto, quem hic modus refert*
ETC Carm. Cant. 11 ed. ZIOLKOWSKI p. 48; 196
BI SCHUPP in: Verf. Lex.[2] VI c. 632-634
I STEVENS Words and Music p. 118
I STEGER Philologia Musica p. 124ss.
I SPANKE Studien p. 97

22 *Magnus Deus in universa terra*
M ODERMATT Ordinarius St. Arnulf p. 390

23 *Magnus erat princeps Arichis, lux nostra*
I NORBERG in: La Lexicographie du Latin Médiéval 1981 p. 90

24 *Magnus miles mirabilis / Multis effulgens*
M GNEUSS Handlist 56

25 *Magnus, quem metuunt omnes, digito caput*

26 *Magnus, tu, Bache*
E MPL 122 p. XVIII
M PELLEGRIN Bibliothèque Vaticane II.1 p. 311

27 *Maiae Mercurium creastis Idus*

28 *Maiestate Dei concluditur omne quod*
I SCHALLER in: Fs. AUTENRIETH 1988 p. 136ss.

29 *Maiestate potens, qui sic iudicat orbem*

30 *Maiestate sua rutilans sapientia vibrat*

31 *Maiole consors procerum / Regum Regi*

32 *Maiolus pater inclitus, omni laude*

– *Maior cura boni est fratrum revelare labores*
cf. *Dignus laude quidem est, vitam*

33 *Maior eram longe quondam, dum vita*
ET BERTINI Autori latini p. 178s.
I PAVLOVSKIS Cl & Med 39/1988 p. 224

34 *Maior Scipiades, Italis qui solus ab oris*

35 *Maiores tropos veteres dixere quaternos*
MI facs. RICO/MUNDÓ Ripoll p. 36; tab. 26; p. 37

36 *Maiorum similis nostrorum maior Olybri*

37 *Maiugena, Alcides, et Pollux cestibus auctor*

38 *Mala soluta navis exit alite*

39 *Male morigerus mihi est danista*

40 *Malest, Cornifici, tuo Catullo*

41 *Malignos fieri maxime ingrati docent*

42 *Mallius Anitius residet Boetius idem*
EM TRONCARELLI Tradizioni p. 2
M facs. SPORBECK in: Theophanu I p. 371 tab. 1

-a *Malo hercle magno suo convivat sine modo* [2
A Ennius: sat. 1
E VAHLEN p. 204

43 *Malum consilium consultori pessimum est*

44 *Malum dabunt Metelli Naevio poetae*

45 *Malum ego: mittit me quidam tibi munus*

46 *Malus cum sutor inopia deperditus*

47 *Mammas atque tatas habet Afra, sed ipsa*

48 *Mammosas metuo; tenerae me trade puellae*

49 *Mandant Waltero fratres non tradere*
TI WOLTERBEEK Ridicula p. 119

50 *Mandris notus olim felix fur, cautus et audax*

51 *Mandrosa hic nomine, omnium gratia plena*

52 *Mane domi nisi te volui meruique videre*

53 *Mane erat, et volui, si sola quiesceret illa*

54 *Mane iam clarum reserat fenestras*

55 *Mane novo seu cum ferventia balnea poscunt*

56 *Mane rubens caelum venturos nuntiat imbres*
M L. MUNZI Il 'De partibus orationis' di Giuliano di Toledo 1983 p. 183

57 *Mane salutavi vero te nomine casu*

58 *Mane ubi bis fuerit Phoebusque iteraverit*
E ALFÖLDY Inschriften p. 125:228

59 *Manes si saperent, miseram me abducerent*

60 *Mania pupa iacet, paucos dilecta per annos*

61 *Manibus hic placidis Passiena casta quiescit*

62 *Manibus hoc sacrum certa pietate resolvo / [Hoc donu ego*

63 *Manibus hoc sacrum certa pietate resolvo / [Hoc Novellus*

64 *Manlius hic situs est Montanus raptus iniqua*

65 *Manlius indulget somno noctesque diesque*

66 *Manno miser vitam mereatur, Christe*
EB MUNK OLSEN Auteurs classiques I p. 258

67 *Mantua, da veniam, fama sacrata perenni*
M U. WINTER Hss. Diez 1986 p. 73

68 *Mantua me genuit, Calabri rapuere, tenet*
EI BRUGNOLI GIF 39/1987 p. 120s.
M U. WINTER Hss. Diez 1986 p. 73
M QUESTA in: Il Libro e il Testo p. 385 n. 77
M MUNK OLSEN Auteurs classiques II p. 694
M clm 28349 f. 1rb (GLAUCHE p. 140)
M PASSALACQUA Codici p. 114; 346
I TRAPP in: Journal of the Warburg and Courtauld Institutes 47/1984 p. 2

69 *Mantua mi patria est, nomen Maro. carmina*
M U. WINTER Hss. Diez 1986 p. 73

70 *Mantua si posset divinum reddere vatem*

71 *Manu misit emptos suos amores Philolaches*

72 *Manus edocta variis*

73 *Marce, leo fortis, fortem resonare videris*
ETI GIERSIEPEN p. 17:19

74 *Marce, tuis scriptis vox est similata leonis*

75 *Marcellina tuos cum vita resolveret artus*

76 *Marcelline, boni suboles sincera parentis*

77 *Marcelline tuos pariter Petre nosse*

-a *Marcelline tuum pariter Petrique sepulcrum*
M ICUR N. S. VI p. 231:16961

78 *Marcellus, Clemens, Bonifatius et Cyprianus*

79 *Marcellus hic quiescit*

80 *Marchio iure potens meritis digneque*

81 *Marci discipulo radiata Aquileia nitescit*

82 *Marci praeclarum resonemus hymnum*

83 *Marci praesulis ante figuratique leonis*
MB HOFFMANN Buchkunst p. 323

84 *Marcia, non Rhenus, salit hic, Germane*

85 *Marciana pium nobis / et amabile nomen*

86 *Marcum terribilis designat forma leonis*

87 *Marcus amans puerum natum mentitur*

88 *Marcus amat nostras Antonius, Attice*

– *Marcus, divini Petro narrante repletus*
cf. *Matthaeus e sacro totus*

89 *Marcus eram Cicero toto notissimus orbe*
M Hss. Krakau 515s.; 518
M N. R. KER Medieval Manuscripts in British Libraries II 1977 p. 704
M COULSON Scriptorium 51/1997 p. 166

90 *Marcus evangelium qui scripserat arte*

91 *Marcus Frontinus Memnonem coram audio*

92 *Marcus in hoc regis Christi fert sceptra*

93 *Marcus ut alta fremit vox per deserta leonis*
E RUGO Iscrizioni I p. 12:2
ETI FAVREAU p. 150
EM KOEHLER/MÜTHERICH V p. 160 (facs. tab. 39c)
M facs. Ornamenta Ecclesiae I p. 427s.
M facs. ROSENTHAL in: Fs. MÜTHERICH 1985 p. 146:tab. 2
M facs. La Neustrie p. 232

94 *Mare et luna concurrunt una*
ET Virg. Gramm. ed. POLARA p. 26

95 *Mare, fons, ostium atque terrarum*
ETI DÖRR/SCHLAGER/WOHNHAAS StMGBO 98/1987 p. 55-58; 78s.

-a *Mare oceanum / classes quod longae* 4
ET Virg. Gramm. ed. POLARA p. 128

-b *Mare oceanum / saepe turbatur* 4
ET Virg. Gramm. ed. POLARA p. 128

96 *Maria, caeli regina*

97 *Maria fusis crinibus*
M CATALUCCIO/FOSSA p. 245

98 *Maria mater domini / Aeterni*

99 *Maria, mater luminis*

-a *Maria, nostrum gaudium*
M DE MEYIER Codices Vossiani III p. 110

00 *Maria sacra / O benedicta / Deo dilecta*

01 *Maria, virgo virginum*

02 *Marite, si sanguis curis*

03 *... mariti / qui caruit vita, quom caret hac*

04 *... Marius factis et nomine quondam*

05 *Marmora parva quidem sed non cessura*

06 *Marmore conclusum tegitur venerabile*
E PICARD Souvenir p. 88 n. 244
I BOGNETTI in: Storia di Milano II p. 270

07 *Marmore Natalis tegitur venerabile corpus*

08 *... marmore Rodoaldi / Membr' teguntur hic*

09 *Marmoreo Licinus Tumulo iacet, at Cato*

10 *Marmoreum ne sperne globum: spectacula*
ETI LAURENS BAGB 1986 p. 347

11 *Marmoribus vestita ...*

12 *Marmoris hac tumba Fulchardus conditur*

13 *Marolus, extremae potator Tigridis undae*

14 *Marri, quietae cultor et comes vitae*

15 *Marrucine Asini, manu sinistra*

16 *Mars gravis armorum, Pluto moderator*

17 *Mars pater armorum fortissime belligerator*

18 *Mars pater et nostrae gentis tutela Quirine*

19 *Marsica Martini iuga promeruere triumphos*

20 *Marsica Paeligni mittunt turbata coloni*

21 *Marte perit duro Vichart occisus in illo*

22 *Martia gesta modis audax imitata sonoris*

23 *Martia progenies, Hector, tellure sub ima*

24 *Martia Theudosium dominorum Roma*

25 *Martialis sanctissime trophaeum*

26 *Martianus praesul Terdona primus in urbe*
I PICARD Souvenir p. 664

27 *Martiis caelebs quid agam kalendis*

28 *Martine beate sacerdos*
I R. SONNTAG Studien zur Bewertung v. Zahlenangaben i. d. Geschichtsschreibung d. frühen MA 1987 p. 132; 136
I HAUBRICHS Georgslied p. 190
I SHEERIN Traditio 38/1982 p. 65
I SZÖVÉRFFY Wiener Studien 96/1983 p. 229s.

29 *Martine, confessor Dei / Valens vigore*
EC Canterbury Hymnal 37517 p. 112s.
M GNEUSS MlatJb 35/2000 p. 247

30 *Martine, iam consul poli*

31 *Martine, par apostolis*
E Hymnarium oscense II p. 86s.

32 *Martine, praesul optime*

33 *Martine te deprecor / pro me rogaris*
M ZANNA in: Poesia dell'alto medioevo p. 367
B LAPIDGE/SHARPE p. 150:589
I SCHALLER in: Iren u. Europa I p. 472
I LAPIDGE Celtica 21/1990 p. 248ss.
I HOWLETT Peritia 11/1997 p. 75
I SCHALLER Studien p. 240

34 *Martini corpus totis venerabile terris*
ET GILARDI Syll. Turon. p. 213s.; 226s.
I R. SONNTAG Studien zur Bewertung v. Zahlenangaben i. d. Geschichtsschreibung d. frühen MA 1987 p. 32s.

35 *Martini interitum sacris operatus ad aram*

36 *Martini meritis cum nomine nobilis heres*
ETC REYDELLET II p. 13

37 *Martini meritis per tempora longa, Gregori*
ETC REYDELLET II p. 18

38 *Martini quondam proceris sub dextera tinta*

39 *Martini renitet, en, speciosa dies*
I BJORK Viator 12/1981 p. 142

40 *Martinianum spiritu fratrem mihi*
I GNILKA in: Iconologia sacra p. 33

41 *Martinus humilis praesul permansit in actu*

42 *Martinus, magnus pontifex*
I NORBERG Les vers iambiques p. 35

43 *Martinus meritis domini condignus amore*
B Clavis Galliae II p. 390s.
I DE MOREAU St.-Amand p. 217
cf. *Haec domus alma deo*

44 *Martinus moritur sed vitae dona meretur*

45 *Martinus praesul, Antonius et Benedictus*

46 *Martinus praesul, Britius confessor et almus*

47 *Martinus praesul simul et Gregorius almus*

48 *Martinus praesul toto venerabilis orbe*
B Clavis Galliae II p. 460

49 *Martis alumne dies, roseam quo lampada*

50 *Martis aper genitus iugis inesse montium*

51 *Martis origo, sibi quintum quem signat in*

52 *Martis Romani festae venere kalendae*

53 *Martius, exortum statuit cui Romulus anni*

54 *Martius humores, et terrae, et corporis auget*

55 *Martius, insigni feriatus tempore demum*

56 *Martius ut proprias demonstrat rite*

57 *Martyr Agatha dei, Petronella et tu Iuliana*

58 *Martyr amoene, tuos hic Christus condidit*

59 *Martyr Dei egregie / Intende melos gloriae*

60 *Martyr dei qui unicum / Patris sequendo*
E Hymnarium oscense II p. 90s.
EC Canterbury Hymnal 37517 p. 122
M ODERMATT Ordinarius St. Arnulf p. 390
M GNEUSS MlatJb 35/2000 p. 247

61 *Martyr Dei, regem caeli deplora*

62 *Martyr egregie, Deo dilecte*
I HAUBRICHS Georgslied p. 330

63 *Martyr hic adiutor sacrorum in luce*

64 *Martyr ut emeritam certamine sumere*
cf. *Celtica qua medios exporgit Gallia*

65 *Martyribus Christi cunctis haec ara locata*

66 *Martyribus Christi domini pia vota Iohannes*

67 *Martyribus Christi, quorum hic ossa*

68 *Martyribus domini animam corpusque tuendi*

69 *Martyribus mundum quinam vicere*
B Clavis Galliae II p. 427

70 *Martyribus reverenda tribus haec fulgurat*
ETI CIFM 16 p. 161:46

71 *Martyribus sanctis honor extat maximus*

72 *Martyribus sanctis placuit mihi mittere*
EC CC Cont. Med. 100 p. 9

73 *Martyribus sanctis promissa Colonicus*
ETI DUVAL Loca Sanctorum Africae p. 313

74 *Martyribus sanctis Proto pariterque*

75 *Martyribus subter venerabilis emicat aula*
I TESTINI Settimane ... Spoleto 31/1985 p. 1164 n. 163
I HAUCK Taufpfalzen p. 33

76 *Martyribus venerandis busta ut trina*
B LAPIDGE/SHARPE p. 173:659
B Clavis Galliae I p. 316
I LAPIDGE MlatJb 22/1987 p. 60
I NEBBIAI-DALLA GUARDA Saint Dénis 1985 p. 62

77 *Martyrio iam non potes istud tradere corpus*

78 *Martyrio insignes Venantius atque Quirinus*

79 *Martyrio lapidum mercaris, Stephane*

80 *Martyris ad frontem recubent quae membra*

81 *Martyris ad nomen quisquis hoc limine*

82 *Martyris Albani renovavit culmina Richolf*
B BHL 5657

83 *Martyris aula Syri Genuensi splendet in urbe*

84 *Martyris Christi colimus triumphum*
EC Canterbury Hymnal 37517 p. 104s.

85 *Martyris Christi / militisque clari*

86 *Martyris Christi veneranda festa*
I NORBERG Hymnarius Severinianus p. 26

87 *Martyris ecce dies Agathae*

88 *Martyris Ecclesiam Verona Zenonis urbe*

89 *Martyris egregii pollens micat aula Georgi*
ETC REYDELLET I p. 69
I HAUBRICHS Georgslied p. 330
I K. HEINEMEYER Das Erzbistum Mainz in römischer u. fränkischer Zeit I 1979 p. 12; 53

90 *Martyris egregii Quintini altare triumphis*
B Clavis Galliae II p. 402

91 *Martyris egregii Quintini hic membra*

92 *Martyris en Gregorii / Festum sacratum*
A inc. saec. X/XI?
E LEONARDI in: Fs. BULST 1981 p. 136-138
M NORBERG Hymnarius Severinianus p. 8
I STOTZ RF 95/1983 p. 158

93 *Martyris ergo sacri dudum huc transtulit*
ETI Y. MONSEES Die Inschr. d. Rheingau-Taunus-Kreises 1997 p. 5:3

94 *Martyris exuviis celebri decoramine functis*

95 *Martyris festum rutilat beati*

96 *Martyris haec Nemesi sedes per saecula*
M ICUR N. S. VI p. 53:15763

97 *Martyris hic almi pie condita membra*

98 *Martyris hic Christi fulgent sacraria clara*

99 *Martyris hic locus est Vitalis nomine vero*

00 *Martyris hic Mauri tumulus pia membra*
E ICUR N. S. IX p. 8:23754

01 *Martyris hic sancti Liberalis membra*

02 *Martyris hic tumulus magno sub vertice*
M ICUR N. S. VI p. 232:16962

03 *Martyris invicti Stephani requiescis in aula*

04 *Martyrium, fili, quoniam desideras, audi*

05 *Martyrium flammis olim, levita, subisti*
M GNEUSS Handlist 938
I SCHALLER Studien p. 187

06 *Martyrum nobis festum rutilat*

07 *Mascula femineo derivans pectora flexu*

08 *Masculus intravit fontis: emersit utrumque*

09 *Masculus qui non sum sed neque femina*

10 *Massiliae fumos miscere nivalibus undis*

11 *Massyli leo fama iugi pecorisque maritus*

12 *Mater cum gnata iaceo miserabile fato*

13 *Mater digna ducis, lux lucida, filia lucis*

14 *Mater erat Tellus, genitor est ipse*
I PAVLOVSKIS Cl & Med 39/1988 p. 247

15 *Mater honore mihi, soror autem dulcis*
I CONSOLINO Annali p. 1357

-a *Mater illa prole quondam foeta felix Suevia*
A inc. saec. X/XI
E MONE Hymnen III p. 137:726
EI NORBERG in: Fs. MUNARI 1986 p. 341

16 *Mater Lacaena clipeo obarmans filium*

17 *Mater larga Ceres miserata fame pereuntes*

18 *Mater me genuit, eadem mox gignitur ex me*

19 *Mater monumentum fecit maerens filio*

20 *Mater nomen eram mater non lege futura*

21 *Mater opima, decens, voto laetare beato*

22 *Mater rogat quamprimum ducatis se ad vos*

23 *Mater saeva Cupidinum*

24 *Mater si possem, filii vice morte subirem*

-a *Mater virginea nunc caelica regnat in aula* [23
A inc. saec. XI
ET CLAYTON AnBoll 104/1986 p. 424

25 *Materia duplici palmis plasmabar apertis*

26 *Materiale tuum repetens hic abba quiescis*

27 *Maternis est nomen aquis hoc aliger illas*

28 *Maternum specimen, patrum decus, alma*
EC CC Cont. Med. 117 p. 102
TC STELLA Poesia carolingia 376s.; 512s.
I RICHÉ in: Iren u. Europa II p. 740

29 *Maternum specimen, patrum decus atque*
EC CC Cont. Med. 117 p. 79

30 *Matre Quiarani sedente in curru volubili*
B BHL 4656d

31 *Matri natus ego, frater simul ipse sorori*
I BLOMGREN Eranos 77/1979 p. 77s.

32 *... matris amor deliciumque meum*

33 *Matrona castis culta nec non moribus*

34 *Matrona vis esse Christiana ut saeculi*

35 *Matronae procul hinc abite castae*

36 *Matronae puerique virginesque*

37 *Matronam magni vehit ardens pavo Tonantis*

38 *Matthaee, progenium Christi numerando*
ETI GIERSIEPEN p. 17:19

-a *Matthaee sancte, bino pollens munere*
EC Canterbury Hymnal 37517 p. 120

39 *Matthaei, Marci, Lucae sanctique Iohannis*

40 *Matthaeus e sacro totus spiramine fretus*
B Clavis Galliae II p. 90s.
I MGH Poet. 5 p. 685
I STELLA Poesia carolingia p. 41; 152-154
I FISCHER Lat. Bibelhss. 1985 p. 223s.

41 *Matthaeus egregium describens dogma*
I TESTINI Settimane ... Spoleto 31/1985 p. 1164 n. 163
I HAUCK Taufpfalzen p. 60

-a *Matthaeus (et) Marcus, Lucas sanctusque* [*Iohannes*
ETC CIMAH I p. 123

42 *Matthaeus ex patribus sumens exordia*
MB HOFFMANN Buchkunst p. 316

43 *Matthaeus ex regum docet ortum stemmate*
A Hartw. (saec. XI)
ET RÜTZ Text im Bild p. 60
I BISCHOFF in: Verf. Lex.[2] III c. 530s.

44 *Matthaeus ex regum producit stemmate*
M facs. Regensburger Buchmalerei tab. 97
MB HOFFMANN Buchkunst p. 300
I CAMPANA in: Studi e ricerche ... in mem. G. MERCATI 1959 p. 34-47

-a *Matthaeus hominem Christum denuntiat esse*
EM GANZ Corbie p. 160s.

45 *Matthaeus humana quia coepit promere*
M facs. Ornamenta Ecclesiae I p. 198
M MGH Poet. 5 p. 422; 684

46 *Matthaeus instituit virtutum tramite mores*
M GNEUSS Handlist 531
B Clavis Galliae II p. 471-473
I SPILLING in: Iren u. Europa II p. 884

47 *Matthaeus Laevi comitem tenet ordine*
M GNEUSS Handlist 243
MI ERNST Carm. fig. p. 300-304

48 *Matthaeus Marcus Lucas sanctusque*

49 *Matthia numero splendes electe replendo*

50 *Maturitatis hoc calore copiam*

51 *Matutinarum non ultima praeda ferarum*

52 *Matutine cliens, urbis mihi causa relictae*

53 *Maure beate nimis, Benedicti patris alumne*
B BHL 5776m

54 *Mauritio induperatori perversa serenti*

55 *Mausoleo Hermannus tegitur conclusus in*

56 *Maxillam concede, deus, perrumpere fortis*

57 *Maxima civilis belli iactura sub ipso est*

58 *Maxima est iustitia Dei, qui misereatur*

59 *Maxima pars Graium Saturno et maxime*

60 *Maxima pars lapsis abiit iam mensibus anni*
ETC MARCOVICH p. 4
I GALLO Aevum 51/1977 p. 333ss.
I LAGARRIGUE in: Hommages à R. SCHILLING ed. H. ZEHNACKER/G. HENTZ 1983 p. 137-145

61 *Maxime confessor, monachorum pastor et*

62 *Maxime pontificum Fronto, decus et caput*
EC ROBERTINI p. 246

63 *Maxime, qui claris nomen virtutibus aequas*

64 *Maxime, qui tanti mensuram nominis inples*

65 *Maximilla potens servare foedera Christi*

66 *Maximine sacer defende tuos prece prosper*

67 *Maximus ecce gigans scandit super astra*
MB HOFFMANN Buchkunst p. 333

-a *Maximus et minimus concludit in terminus*

68 *Maximus has olim thermas exstruxerat*

69 *Maximus hic recubo dulcissimus infans*

70 *Maximus hic situs est, dictus cognomine*

71 *Maximus hic situs est primaevo flore*

72 *Maximus Iliacae gentis certamina vates*

73 *Maximus ille tuus, Ovidi, Caesonius hic est*

74 *Me bene scribentem faciat, precor*

75 *Me caput horrentis fertur genuisse draconis*

76 *Me dedit ah quantis natum fortuna procellis*

77 *Me dudum genuit candens onocrotalus*
I PAVLOVSKIS Cl & Med 39/1988 p. 235
I WILLIAMS Riddles p. 80

78 *Me Godefrid sanctae praesul dedit ecce*
MB HOFFMANN Buchkunst p. 384
I BERSCHIN ZGObRh 134/1986 p. 4

79 *Me lapidem quondam Persae advexere*

80 *Me legat annales cupiat qui noscere menses*
EM ARNOLD in: RBMAS 75/1885 p. 23
I JACOBSEN in: Iren u. Europa I p. 448

81 *Me legat annales qui vult cognoscere cyclos*
M GNEUSS Handlist 784.5

82 *Me legat antiquas cupiat qui scire loquelas*
TI IRVINE Textual Culture p. 329
M HOLTZ RevHistTextes 16/1986 p. 195
B Clavis Galliae II p. 142-145
I WRIGHT Late Latin p. 109 n.
I FONTAINE Settimane ... Spoleto 27/1981 p. 785 n. 25
I WRIGHT JournMedLat 3/1993 p. 88

83 *Me legat, antiquas vult qui proferre loquelas*
M HOLTZ RevHistTextes 16/1986 p. 181
M PELLEGRIN Bibliothèque Vaticane II.2 p. 428s.
M Bruxelles, BR 19116 (saec. XIII) f. 1r
M LAGORIO Manuscripta 19/1975 p. 98-106
M RUBIO FERNÁNDEZ Manuscritos Clásicos p. 106:115
B Clavis Galliae II p. 142-145
I WRIGHT Late Latin p. 109
I WRIGHT JournMedLat 3/1993 p. 88

84 *Me lege, qui veterum cupias cognoscere*
M Aristoteles Latinus ed. MINIO-PALUELLO I.1-5/1961 p. LXXXIV-LXXXVI
B Clavis Galliae II p. 130-133
I CHASE in: Insular Latin Studies p. 139

-a *Me lege si linguam cupias cognoscere Bede* [2
E Bedae hist. eccl. ed. PLUMMER I p. CXLV

85 *Me mater novellam vetus de germine finxit*

86 *Me mater ut vivam spinis enutrit iniquis*
I PAVLOVSKIS Cl & Med 39/1988 p. 231

87 *Me memini nosse panem dubio procul esse*

88 *Me miserum, neque enim verbis sollemnibus*

89 *Me nive candenti petiit modo Iulia. rebar*

90 *Me non argolici docuit, sed virga latini*
ET BEHRENDS p. 246:136

91 *Me pater et mater gelido genuere rigore*
I PAVLOVSKIS Cl & Med 39/1988 p. 245s.

92 *Me pater ex gelido generat dum tergore*

93 *Me pater ignitus, ut nascar, creat urendo*

94 *Me pater ingenitus genuit sermone coaevam*
M CATALUCCIO/FOSSA 1979 p. 202

95 *Me pater omnipotens clementi iure gubernat*
I STELLA Poesia carolingia p. 229-231

96 *Me pedibus manibusque simul fraudaverat*

97 *Me Phoebus in somnis vetuit potare liaeum*

-a *Me precor exiguum squalorum sorde [volutum* 4
EMI ERNST Carm. fig. p. 445s.

98 *Me precor, indignum clemens salvator*
E MGH Script. 4 p. 447*
ET BERSCHIN/KLÜPPEL Heiligblut-Reliquie p. 28s.
I PABST Prosimetrum p. 634-636

– *Me pridem genuit candens onocrotalus*
cf. *Me dudum genuit*

99 *Me propter maria, terras atque aspera caeli*

-a *Me quicumque capit, rusticitate caret* 1
A inc. saec. IX
EM Colophons 23618

00 *Me quicumque legis, Herimanni sis memor*
M WATSON Manuscripts I p. 128

01 *Me si visu quaeras, multo sum parvulo*

02 *Me sibi et uxori et natis commune sepulcrum*

03 *Me sibi praeclarus doctor nutrivit alumnum*

04 *Me similem cineri ventoque umbraeque*
M GNEUSS Handlist 450

05 *Me sine matre pater genuit pariente puellam*
M GNEUSS Handlist 12

06 *Me solum exposcit tempus vobis dicere*

07 *Me sterilem genuit patrio sine semine mater*

08 *Me terrent proprii quos vobis confero mores*
I PAVLOVSKIS Cl & Med 39/1988 p. 247

09 *Me vitulus cernens immugiet; irruet in me*

10 *Me vult in pingues Froumundus tinguere*

11 *Mea forte si requiris temporis initia*
B Clavis Galliae I p. 332
I AIRLIE in: Charlemagne's Heir p. 202

12 *Mea, mea matrona, tuum amplector soma*
ET Virg. Gramm. ed. POLARA p. 26

13 *Meam amice ne doleas sortem: moriendum*

14 *Mecum Timavi saxa novem flumina*
ET VISCARDI Origini Testi p. 132
EI NORBERG Paulin d'Aquilée p. 34-38; 100-102
TI DUVAL in: Aquileia e le Venezie p. 116-122
M facs. PRESSACCO in: Aquileia e le Venezie p. 240 tab. 2s.
MI BARRETT in: Poesia dell'alto medioevo p. 417
I TREMOLI in: Aquileia e le Venezie p. 210-217
I FASOLI Settimane ... Spoleto 35/1988 p. 25
I KRAHWINKLER Friaul p. 154ss.
I J. HANNIG Consensus fidelium 1982 p. 235
I VECCHI Quadrivium 1/1956 p. 24
I W. POHL Die Awaren 1988 p. 10; 321
I COURCELLE Lecteurs ... de l'Énéide p. 72
I SPANKE Studien p. 4
I BISANTI Filologia mediolatina 8/2001 p. 114

15 *Medeam fertur natos Prognenque necasse*

16 *Medeam vellet cum pingere Timomachi mens*

17 *Mediae noctis tempus est (tempore)*
E PÉREZ GONZÁLEZ in: Poesia dell'alto medioevo p. 332s.
M GNEUSS MlatJb 35/2000 p. 244
BI BULLOUGH Carolingian renewal p. 270 n. 73
I BULST Lat. MA p. 15-18
I NORBERG Les vers iambiques p. 36s.
I BULST in: Fs. BIELER 1976 p. 85-88
I NORBERG in: Cultura in Italia p. 364

18 *Medio recumbit imus ille qui lecto*

19 *Mediolanensis Datius quo robore fultus*
B BHL 2102

20 *Mel nive cum lacte bibit butyrumque comedit*
I SILAGI DA 36/1980 p. 615

21 *Mella geris tecum firmato glutine saepta*

22 *Mellea Liudgeri reboat primordia sancti*

23 *Mellifluae bonitatis ope*

24 *Mellifluas cuperem vobis depingere laudes*
I NELSON Politics and Ritual p. 236

25 *Melligeris apibus mea prima processit origo*
I PAVLOVSKIS Cl & Med 39/1988 p. 241

26 *Mellitos oculos tuos, Iuventi*

-a *Melodum dulcedo / resonet in altum* 41
A inc. saec. X
E AH 53 p. 342:212
I V. D. STEINEN Notker II p. 606

27 *Melos cuncti / concinnantes / gratiarum*
ETC Carm. Cant. 2 ed. ZIOLKOWSKI p. 2; 167

28 *Melos decorum concine / monachorum*

29 *Membra beata senex Bonifatius hic sua*
I ERNST Carm. fig. p. 327

30 *Membra Benedicti quarti sacrata quiescunt*
E GREGOROVIUS Tombe dei Papi p. 37*s.

31 *Membra fulgent hic urna*

32 *Membra mali capitis discant basiliscus et*

33 *Membra sub hoc tumulo requiescunt*

34 *Membranula scribit qui pennam scindere*

35 *Membrorum series certo deducta tenore*
M BALLAIRA Prisciano p. 175
M MUNK OLSEN Auteurs classiques II p. 476
M SCHUBA p. 19 (pcl. 1088 f. 66^r-89^r)

36 *Memento mei domine*

37 *Memnona si mater, mater ploravit Achillem*
M PRETE Cod. Barb. Lat. p. 282 (cod. 31)

38 *Memnonem vates canorum Maximus*

39 *Memnonis aetheriam vocem clarumque*

40 *Memnonis ut genetrix infecerat humida*

41 *Memorans vocer quamquam placet quae*

42 *Mendacique reum, sensus virtute retectum*

43 *Mendosam quam cantilenam ago*
ETC Carm. Cant. 15 ed. ZIOLKOWSKI p. 68; 217
ETI WOLTERBEEK Ridicula p. 27-33; 280-283
BI SCHUPP in: Verf. Lex.^{2} VI c. 630
I FICHTENAU Lebensordnungen II p. 528
I WALL MedAev 45/1976 p. 251s.
I SPANKE Studien p. 98
I STEGER Philologia Musica p. 124ss.
I SUCHOMSKI p. 105

44 *Menophili penem tam grandis fibula vestit*

45 *Mens devota deo, Bertchilde corde*
ETC REYDELLET II p. 59
I QUACQUARELLI Poesia tardoantica p. 458

46 *Mens fecunda deo, Radegundis, vita sororum*
ET KLOPSCH Lyrik p. 50
ETC REYDELLET II p. 152
T COOK p. 17
I CONSOLINO Annali p. 1353

47 *Mens hominum sollers vitae servare tenorem*
I JACOBSEN in: Theophanu I p. 178

48 *Mens illaesa nihil violato corpore perdit*

49 *Mens intenta manum calamum manus addat*

50 *Mens mea congaudet, bonitas iam vestra*
B Clavis Galliae II p. 280s.

51 *Mens nivei lactis, species manifesta*

52 *Mens penetrat caelos, hac corpus dormit in*

53 *Mens percussa gerit geminum uno tempore*

54 *Mens quoque numen habet, Mentis delubra*

55 *Mens tenebrosa tumet mortis obscura*
EI HOLTZ Donat p. 321
M GAVINELLI Aevum 59/1985 p. 195
M facs. RICO/MUNDO Ripoll tab. 20
M JEUDY in: Collection Latomus 158/1978 p. 57
M HOLTZ RevHistTextes 16/1986 p. 173;

193
B Clavis Galliae II p. 97

56 *Mens tibi dira, Creon, vel cum Medea*

57 *Mens typici solis radio perfusa Ioannis*
ETI GIERSIEPEN p. 17:19

58 *Mens, ubi amaris, ama: rarum est agnoscere*

59 *Mensa coloratis aquilae sinuatur in alis*

60 *Mensas, Ole, bonas ponis, sed ponis opertas*

61 *Mense Ianuario tonitrus si sonuerit ullus*

62 *Mense novo Iani veterem, Proculeia*

63 *Menses a luna menes vocantur*

– *... mensibus actis*
cf. *Hic situs ... mensibus actis*

64 *Mensibus et geminis concludens tempora*

65 *Mensis amat tepido Iani decurrere victu*

66 *Mensis quando diem octavum ter videris*
B Clavis Galliae I p. 300-302

67 *Menstrua si cupias hic argumenta videbis*

68 *Mente canam Domino grates laudesque*
M GNEUSS Handlist 450

69 *Mente laetamur subito serena*
EC CC Cont. Med. 117 p. 68
I BRUNHÖLZL in: Scire litteras p. 93
I KRAHWINKLER Friaul p. 256 n. 53
I WILLMES Herrscher-'Adventus' p. 82
I STAUBACH Rex christianus p. 326s.

70 *Mente perculsus pavensque osor omnis*
E Notker Balb. ed. BERSCHIN p. 98

-a *Mente pia Christus faciat nos stare benignus*
A inc. saec. XI?
E WILMART EphemLiturg 45/1931 p. 361:6

71 *Mente pia vivens, Christi nutritus in aula*
E GREGOROVIUS Tombe dei Papi p. 14*s.
B Clavis Galliae II p. 56s.
I SCHALLER Studien p. 191

72 *Mente pura te oramus potestas diva*

73 *Mente tristamur nimio dolore*
EC CC Cont. Med. 117 p. 35
I BRUNHÖLZL in: Scire litteras p. 92

74 *Mentem devoti caelesti munere vesti*

75 *Mentes huc vestras lectores vertite cuncti*
M GNEUSS Handlist 136

76 *Mentibus damus saporem, dum polimus*

77 *Mentibus instat amor sermonibus aestuat*

78 *Mentiri noctem, promissis ducere amantem*

79 *Mentiris, credo: recitas mala carmina, laudo*

80 *Mentiris fictos unguento, Phoebe, capillos*

81 *Mentiris iuvenem tinctis, Laetine, capillis*

82 *Mentitur, qui te totum legisse fatetur*
ETI CC 113A p. 219:7
M DE MEYIER Codices Vossiani VI p. 136
I MADOZ p. 221

83 *Mentitur qui te vitiosum, Zoile, dicit*

84 *Mentitus taurum Europam Iuppiter aufert*

85 *Mentula conatur Pipleium scandere montem*

86 *Mentula cum doleat puero, tibi, Naevole*

87 *Mentula habet instar triginta iugera prati*

88 *Mentula moechatur. moechatur mentula*

89 *Mentula tam magna est quantus tibi, Papyle*
M clm 28338 f. 14^{V} (GLAUCHE p. 123)

90 *Mercari nostras si te piget, Urbice, nugas*

91 *Mercator Siculus, quoi erant gemini filii*

92 *Mercatum asotum filium extrudit pater*

93 *Mercedes habeat, Christo donante, per*

94 *Mercuri, facunde nepos Atlantis*

95 *Mercuri - nam te docilis magistro*

96 *Mercuri, semper venerande martyr*

97 *Mercurii matrem falso delusa priorum*

98 *Mercurii sancti claret Translatio, cuius*

99 *Mercurio genitore satus, genetrice Cythere*

00 *Mercurium hospitio mulieres olim duae*

01 *Mercurius furtis probat ungues semper*

02 *Mercurius hic lucrum promittit, Apollo*

03 *Mercurius, Iovi' qui nuntius perhibetur*

04 *Mercurius vester fiat cum arabylo depictus*

05 *Meretricem Athenis Ephesum miles avehit*

06 *Meretricem ingenuam deperibat mutuo*

07 *Mergeret ut divos in mortem, pabula serpens*

08 *Mergitur Hammonis Libra, Tauri Scorpius*

09 *Mergitur Hippolytos mersurus amore*

10 *Meridie orandum est / Christusque*
E Hymnarium oscense II p. 56
EC Canterbury Hymnal 37517 p. 73
M GNEUSS MlatJb 35/2000 p. 244; 246
I NORBERG Les vers iambiques p. 39
I NORBERG in: Cultura in Italia p. 364

11 *Meridie Titan cum degit fit procul ab arvis*

12 *Mersa procul terris in cespite lympha*
I PAVLOVSKIS Cl & Med 39/1988 p. 224

-a *Messi hic Romuli*
I MONTORSI Epigrafe modenese p. 157

13 *Messuit hos flores magni de fonte magistri*

14 *Metiri se quemque decet propriisque iuvari*

15 *Metra suit certa si visat rectius artem*
M HOLTZ Donat p. 398
I ERNST Carm. fig. p. 489s.

16 *Metrica tirones nunc promant carmina*
B BHL 381; 389f; 419; 609m; 647; 733; 891; 1027; 1497; 1977; 2052; 2121c; 2669, 2700d; 3522f; 3668f; 3865v; 3879d; 3879m; 4329d; 4993; 5347d; 5433; 5637d; 6034; 6577p; 6596m; 7359d; 7518; 7743m; 8021a
I HAUCK Taufpfalzen p. 68
I STELLA Poesia carolingia p. 8
I GROSJEAN AnBoll 75/1957 p. 218
I SCHALLER Studien p. 317 n. 26

17 *Mi factor, mea vita, salus, fiducia sola*

18 *Mi fili, mater rogat ut me ad te recipias*

19 *Mi pater omnipotens, quem parvum patria*

20 *Mica vocor: quid sim cernis, cenatio parva*

21 *Michael aethereus princeps, primusque*
B Clavis Galliae II p. 392

22 *Migrare certumst iam nunc e fano foras*

23 *Mihi ad enarrandum hoc argumentum est*

– *Miles, ad castrum properes novellum*
cf. *Nos sua, Magne, pignora Gallus*

24 *Miles Hyperboreos modo, Marcelline*

25 *Miles inclite / fortissimi regis Christi*
I STÄBLEIN Ges. Aufs. p. 278-281

26 *Milesius sum Thales: aquam qui principem*

27 *Milia conclusae domo sub una sorores*

28 *Milia misisti mihi sex bis sena petenti*

29 *Milia pro puero centum me magno poposcit*

30 *Milia triginta hic infleta inhumata, viator*

31 *Milia viginti quondam me Galla poposcit*

32 *Milies in domino praesul venerande valeto*

33 *Militat omnis amans, et habet sua castra*

34 *Militem Christi pariter canamus*

35 *Militem clarissimum / victorem saeculi*

36 *Militia insigni raptus trieteride sexta*

37 *Militiae atque domi sibi, quod fuit, ardea*

38 *Militiae cultus et nigri tegmina panni*

39 *Militiae decus hoc gratique erit omen*

40 *Militiae nomen cum dederis, freno teneris*

41 *Militiae nomen dederant saevumque*
ETMfacs. WALSER Einsiedler

Inschriftenslg. p. 57; 128

42 *Militiae titulus et sanguine clarus avorum*

43 *Militiam peragens, capiens nova praemia*

44 *Militis in galea nidum fecere columbae*
I LAUSBERG Das Einzeldistichon p. 370

45 *Mille hominum species sed mille discolor*

46 *Mille legendo rosas domino benedic*

47 *Mille mille mille decollavimus*
E FUCHS MusHelv 31/1974 p. 180

48 *Mille post annos quater atque centum*

49 *Mille Sarmatas, mille Francos semel et*

50 *Mille tibi dulces operum manus ista figuras*

51 *Mille tibi nummos hesterna luce roganti*

52 *Milo poeta sophus cubat hoc sub marmore*

53 *Mimorum princeps lepidaeque Genesius*

54 *Minimum malum fit contemnendo maxumum*

55 *Minister vetuli puer Falerni*

56 *Ministerium Christi zacones exercite casti*

57 *Minxisti currente semel, Pauline, carina*

– *Mira dei pietas: peccator mergitur undis*
cf. *Hic reparandarum generator*

58 *Mira mihi facies animusque volubilis instat*

59 *Mira namque sui mulcet dulcedine cantus*

60 *Mira tibi referam nostrae primordia vitae*

61 *Mira vides, lector, iunioris verba Catonis*

62 *Mirabar, quidnam visissent mane Camenae*

63 *Mirabile miraculum / Fecit deus per*

64 *Mirabilis Deus in sanctis mirabilia dans*
M CTrop V p. 82; 277s.
I DE GOEDE PRU p. CXLV

65 *Miracula primaeva hymnorum modula clara*
I MONTORSI Epigrafe modenese p. 149

66 *Miraculum laudabile canite omnes populi*
I SZÖVÉRFFY Hymn. p. 144
I NORBERG in: Cultura in Italia p. 368
I PICARD Souvenir p. 619

67 *Mirantibus cunctis nascens infligo querelas*

68 *Miraris docto quod carmina mitto Severo*

69 *Miraris, quare dormitum non eat Afer*

70 *Miraris quicumque manere ingentia mundi*

71 *Miraris, quotiens gemmantis explicat alas*

72 *Miraris verbis nudis me scribere versus*

73 *Miraris veteres, Vacerra, solos*

74 *Mire cunctorum Deus est creator*
I STOTZ Sapph. Dichtung p. 332; 341; 402; 444

75 *Mire plasmator saeculi*

76 *Mirificis formata modis, sine semine creta*
I PAVLOVSKIS Cl & Med 39/1988 p. 242

77 *Mirificis fratrem liceat memorare loquelis*

78 *Mirifico nubes ambit Thaumante creata*

79 *Miris modis di ludos faciunt hominibus / v.* [*3: Ne*

80 *Miris modis di ludos faciunt hominibus / v.* [*3: Velut*

81 *Miro cursu mundi currunt tempora*

82 *Miror, cur mavis nimium habitare secretus*

83 *Miror, cur minime promissum reddidit ipse*

84 *Mirum opus est iunctos et tales edere versus*

85 *Mirum videtur mihi, lupus ab agno tenetur*
I ANDERSON Viator 23/1992 p. 73-93

86 *Miser Catulle, desinas ineptire*

87 *Miser homo est qui ipse sibi quod edit*

88 *Miserarum est neque amori dare ludum*
ETC Carm. Cant. 46 ed. ZIOLKOWSKI p. 122; 301

89 *Miserat has grammas vocitatus: Nobile*

90 *Miserator domine tu indulge nobis*

91 *Miserere domine, Miserere Christe, miserere*
E Marii Victorini Afri opera theologica ed. A. LOCHER 1976 p. 175

92 *Miserere Domine, miserere Christe, tu*
M clm 28140 f. 68^{rv} (HAUKE p. 49)
M J. LECLERCQ Analecta monastica. Première série 1948 p. 64
B Clavis Galliae II p. 121-125

93 *Miserere domine miserere nobis*

– *Miserere domine supplicantibus*
cf. *Rerum creator omnium*

– *Miserere et parce, clementissime domine*
cf. *Prostrati omnes*

94 *Miserere facti hominis miserere Deus*

– *Miserere miserator et esto placatus*
cf. *Per quem te semper in celis*

– *Miserere miserere deus miserere*
cf. *Aurem tuae pietatis*

– *Miserere miserere miserere illi deus*
cf. *Miserator domine*

– *Miserere nobis deus*
cf. *Audi pie rex eterne*

95 *Miseri parentes qui in spem tollunt filias*

96 *Misit Herodes innocentum*

97 *Mispilus et cerasus puerorum schismate*

98 *Missus ad Eoas legati munere partes*
I RAMIREZ DE VERGER Habis 15/1984 p. 149-156

99 *Missus es Euxinas quoniam, Vestalis, ad*

00 *Missus in hanc venio timide liber exulis*

01 *Missus mercatum ab suo adulescens patre*

02 *Missus sacer a supernis ad Mariam angelus*
M BOURGAIN in: Poesia dell'alto medioevo p. 266
I STÄBLEIN Archaische Sequenz p. 365

03 *Missus sede patris advenit spiritus istis*

-a *Mistica nos quorum lecturi dicta precamur* [4
A inc. saec. IX
EM Colophons 22584

04 *Mitem habuere deum ranae, per tempora*

05 *Miti September praegustans pocula Baccho*
I DOLBEAU AnBoll 103/1985 p. 42

06 *Mitia corda gerens hinc Constantinus*

07 *Mitis ab aetherio clementer Christus*
B Clavis Galliae II p. 280s.

08 *Mitis ab aetherio clementia Christus*
EM Colophons 22586 (v. l. *clementer*)

09 *Mitis corde pio castusque et corpore puro*

10 *Mitis corpus / Conteret suum*
ET Dhuoda ed. RICHE p. 252
ET Dhuoda ed. THIEBAUX p. 158

11 *Mitis et Arcas ero, rore sacrate sitim*
EC CC Cont. Med. 117 p. 126
TI ZIOLKOWSKI Talking animals p. 144
I ZIOLKOWSKI MlatJb 20/1985 p. 58

12 *Mitius inveni quam te genus omne ferarum*

13 *Mitte, aquila, hanc praedam. Mitte, inquam*

14 *Mitte arcana dei caelumque inquirere quid*

15 *Mitte recordari monimenta vetusta, Terenti*
T F. DOGLIO Teatro in Europa I 1982 p. 68ss.
I ZIOLKOWSKI MlatJb 20/1985 p. 57
I WALTHER Streitgedicht p. 89
I VILLA Lectura Terentii I p. 67-98

16 *Mittebas libram, quadrantem, Garrice, mittis*

17 *Mittere, care, mihi libuit tibi carmina*
ET KLOPSCH Lyrik p. 130
I SCHALLER MlatJb 27/1992 p. 93

18 *Mittit Abydenus, quam mallet ferre, salutem*

19 *Mittit et optat amans, quo mittitur, ire*

20 *Mittit hic praesulem. Gregorius*

21 *Mittit Hypermestra de tot modo fratribus uni*

22 *Mittit praecipuos nemoralis Aricia porros*

23 *Mitto tibi signum signi rem significantis*
E MGH Poet. 5 p. 639

24 *Mittor ad Alciden a coniuge conscia mentis*

25 *Mittuntur domino munuscula vilia digno*
E MGH Poet. 5 p. 639

26 *Miximus in lecto. fateor, peccavimus, hospes*

27 *Mobilis hirsutas horret lascivia saetas*

28 *Moechum Gellia non habet nisi unum*

29 *Moechus eram regis, sed lignea membra*

30 *Moechus erat: poteras tamen hoc tu, Paula*

31 *Moechus es Aufidiae, qui vir, Scaevine, fuisti*

32 *... moenia muros / Sed dominus mundi*

33 *Moenia qui Risinni Aeacia, qui colis arcem*

34 *Moenia quisque dolet nova condere*

35 *Moenibus undosis bellorum incendia cernens*
T SCHRADER p. 21
I MOORHEAD Latomus 46/1987 p. 166
I IRVINE Textual Culture p. 368
I QUACQUARELLI Poesia tardoantica p. 443

36 *Mole culparum graviter onustus*
I STOTZ Sapph. Dichtung p. 312

37 *Mole sub hac lapidis nativo pulvere pulvis*
I FICHTENAU Lebensordnungen I p. 156

-a *Mole sub hac lapidum sanctissima membra [teguntur* 3
A inc. saec. X: epitaph. Mamerti
ETI CIFM 15 p. 131:129

38 *Mole sub hac magni servantur membra*
I BERSCHIN Eremus p. 37
I Königspfalzen p. 49
I SCHALLER Studien p. 218

39 *Mole sub hac tegitur Chaidocus iure*
B Clavis Galliae I p. 174

40 *Moles multa mihi curae cum presserit artus*

41 *Moles tanta tibi pendet sub ventre syringis*

42 *Moliuntur ecce plures*

43 *Mollem robusteis nondum formata iuventus*

44 *Mollia Phrixei secuisti colla mariti*

45 *Mollia quod nivei duro teris ore Galaesi*

46 *Mollibus horresco semper consistere locis*

47 *Mollior in tactu, sed durior omnibus actu*

48 *Mollis ego duros de corde genero natos*

49 *Mollis erat facilisque viris Poeantius heros*

50 *Mollis in aequorea quae crevit spina*

51 *Mollis inertia cur tantam diffuderit imis*

52 *Molliter ossa cubent dicat, rogo, quisque*

– *Monachi Wichrammi monitis Hartpertus*
cf. *Te precor, o lector, cum sumpseris*

53 *Mons in praecipiti suspensa mole tumescit*
ETC REYDELLET I p. 107
T K. HESSEL Die ältesten Mosellieder [2]1904 p. 28
I J. VAN DER MEULEN/A. SPEER Die fränkische Königsabtei St. Denis 1988 p. 225
I ROBERTS Traditio 49/1994 p. 1-22

54 *Mons Iovis ab Iove, quem prisci coluere*

55 *Mons parturibat, gemitus immanes ciens*

56 *Monstrorum princeps elephans proboscide*

57 *Monstrum feminei bimembre sexus*

58 *Montano dei electo Christi namque famulo*
E DÍAZ in: Fs. BULST 1981 p. 89s.
I PÉREZ DE URBEL in: Classica et Iberica. Fs. J. M. F. MARIQUE 1975 p. 400
I ERNST Carm. fig. p. 476
I DÍAZ Y DÍAZ MlatJb 24-25/1989-1990 p. 100; 102s.

59 *Monte sub hoc lapidum tegitur Ballista*
TI LAUSBERG Das Einzeldistichon p. 389
M U. WINTER Hss. Diez 1986 p. 73
M PASSALACQUA Codici p. 114

60 *Monte sub hoc lapidum tegitur his ipse*

61 *Montes et colles, silvaeque et flumina, fontes*
ET GODMAN Poetry p. 264ss.
I K. F. WERNER Vom Frankenreich zur Entfaltung Deutschlands u. Frankreichs 1984 p. 294
I KLEIN Gnomon 60/1988 p. 593s.
I WERNER Settimane ... Spoleto 27/1981 p. 191
I GODMAN Poets p. 149ss.

62 *Monteses deos dicitis, dominentur in arvo*

63 *Montibus e summis radicitus eruta quercus*

64 *Montibus et silvis, pratis et vallibus imis*

65 *Montibus ignotis curvisque in vallibus artum*

66 *Montis calle sedens grave et immutabile*

67 *Montis in excelsi scopulo, rex, siste puellam*

68 *Montis oliviferi Christus de vertice sursum*
M CTrop III.2 p. 139

69 *Montium custos nemorumque, virgo*

70 *Monumentum maerens mater fecit feiliae*

71 *Moram si quaeris, sparge milium et collige*

72 *Morborum medicina latex quem spiritus*

73 *Morborum vitia et vitae mala maxima fugi*

74 *Morbus habet senium, praeceps delicta*

75 *Mordaces morsu solitus consumere mures*

76 *Mordaciorem qui improbo dente appetit*

77 *Mordeo mordentes, ultro non mordeo*

78 *More aquilae alta petit meritis verboque*

79 *More hoc fit atque stulte mea sententia*

80 *More quidem regum gestabat sceptra*

81 *More volans aquilae verbo petit astra*
E JACOBSEN in: Theophanu I p. 187
E RUGO Iscrizioni I p. 12:2
ETI FAVREAU p. 150
EM KOEHLER/MÜTHERICH V p. 160 (facs. tab. 39d)
M facs. ROSENTHAL in: Fs. MÜTHERICH 1985 p. 147 tab. 4
M MÜTHERICH/GAEHDE p. 86:26
M CIFM 8 p. 79:37
I LITTLE in: Fs. MÜTHERICH 1985 p. 11-26; p. 12 tab. 1; p. 14 tab. 4

82 *Mores paschales sic observetis ovantes*

83 *Moribus egregiis virtutum et vita coronis*
B Clavis Galliae II p. 273s.

84 *Moribus en geminae variis et iure sorores*

85 *Moribus et meritis celebris, Willelme patrici*

86 *Moribus et meritis spectatus Amator opimis*
ET GODMAN Poetry p. 306ss.

87 *Moribus et vultu coniunx quaeratur habenda*

88 *Moribus haec Cristum semper comitata*

89 *Moribus hic simplex situs est Titus Aelius*

90 *Moribus in sanctis pulchra est concordia*

91 *Moribus ingenio pietate fideque devotus*

92 *Moribus ornatur sanctis probitatis amator*
E MGH Poet. 5 p. 637
TI BERSCHIN ZGObRh 134/1986 p. 20

93 *... morientes / ... et laetificantes*

94 *Morio dictus erat: viginti milibus emi*

95 *Mors dominum pressit, sed nil tum claudere*

96 *Mors infesta ruens quamvis ex lege parentis*

97 *Mors mala per hominem paradisi ex arbore*
B Clavis Galliae II p. 448

98 *Mors mea ne careat lacrimis: linquamus*

99 *Mors mea quoi doluit, posuit hunc titulum*

00 *Mors patitur mortem, vitam meruere sepulti*

01 *Mors prima pellit animam, secunda retentat*

02 *Mors quae perpetuo cunctos absorbet hiatu*

03 *Morsu pomi primi patris*

04 *Mortalis cum sis, genio bene fac; quod erit*

-a *Mortalis nemo est quem non attingat dolor*

05 *Mortalis quicumque venis iam disce*

06 *Mortalis titulo signabar nominis Odo*

07 *Morte cita rapto tumulum fecere parentes*

08 *Morte repentina noli gaudere malorum*

09 *Morte sua Christus destruxit Tartara victor*

10 *Mortem damnavit sic, qui nos vivificavit*

11 *Mortem ego pater libens adsumo pro natis*
I PAVLOVSKIS Cl & Med 39/1988 p. 233

12 *Mortiferum magis est quod Graecis*

13 *Mortua cum fueris, fati quod lege necessest*

14 *Mortua fit praedo; pullorum turgida*

15 *Mortua maiorem vivens quam porto laborem*

16 *Mortue, surge citus residensque loquensque*
E HECHT Wandmalerei I p. 82; II tab. 227-240
ETC BERSCHIN MlatJb 29.2/1994 p. 3-17

17 *Mortuus agnus / dignus habetur / sumere*
I LAPIDGE StudMed III 18/1977 p. 265

18 *Mortuus effertur, turba gemens sequitur*

-a *Mortuus huic mundo Christum tibi vivere [noris*
ET BEHRENDS p. 238

19 *Mos nostram intravit tonsurae pessimus*

-a *Motibus his mundus*
A inc. saec. XI
M PASSALACQUA Codici p. 103

20 *Motor, curro, fero velox, nec desero sedem*

21 *Motum ex Metello consule civicum*

22 *Mox cruce defixa sanctum cecinere poema*

23 *Mox Ezrae digitis Cypriane Balakh quoque*

-a *Mox septem Bellona viros in proelia cogit*

-b *Mox superba mente ducti summa caeli [scandere* 2
E Notker Balb. ed. BERSCHIN p. 113

24 *Mox tamen imbelles petit inde profectio*
I SCHALLER Studien p. 72s.; 85 n. 45

-a *Mox Theodoricus, tantae virtutis amicus* [13
A inc.: Mirac. Fidis app.
EC ROBERTINI p. 311

25 *Moyses primus Hebraeas exaravit litteras*
E MAESTRE YENES Ars Iuliani Toletani Episcopi p. 115
I NORBERG in: Fs. MUNARI 1986 p. 340

26 *Mucro mihi geminus ferro coniungitur uno*
E KORTEKAAS Historia p. 382
ET BERTINI Autori latini p. 178s.

27 *Mucro secat clamidem, Martinus vestit*

28 *Mugiet ut pascens, puto, bucula: numne*

29 *Mugit adesse sacrum Lucas libaminis aesum*
ETI GIERSIEPEN p. 17:19

-a *Mulctavi tornores logi nec arena cessi* 1
ET Virg. Gramm. ed. POLARA p. 28

30 *Muli gravati sarcinis ibant duo*

-a *Mulier advenit de longis partibus arvi* 12
A inc. saec. XI?
E DE GAIFFIER AnBoll 99/1981 p. 257

31 *Mulier ferebat filium similem sui*

– *Mulier intra pectus omnis celat virus*
cf. *Omnis mulier intra pectus celat*

– *Mulierem fortem quis inveniet? procul*
cf. *Rex Salomon summa qui fulsit in orbe*

32 *Mulieris regiae caput decalvatum*

33 *Mulio quod non det tacituris, accipe, mulis*

34 *Mulio viginti venit modo milibus, Aule*

35 *Mulsum crustula, municeps, petenti*

36 *Multa diu summi differt patientia Regis*

37 *Multa diuque tuli, vitiis patientia victa est*

38 *Multa favente Deo scribuntur dogmata*

39 *Multa legas facito, perlectis perlege multa*
T ÖBERG Poetry p. 35

40 *Multa legit paucis, qui librum praedicat*

41 *Multa nimis fides operisque paratus*

42 *Multa Palaestinam constat decorasse*

43 *Multa per Aeneadum sanctorum milia*

44 *Multa prius dominae delicta queraris oportet*

45 *Multa quidem quaecumque loci celebrata*

46 *Multa quidem veniunt meritis non debita*
ET KLOPSCH Lyrik p. 166
ETI KLOPSCH in: Lyrik des MA I 1983 p. 38-49
I MCDONALD/GOEBEL Literary Patronage p. 15
I BERNAYS MlatJb 32.1/1997 p. 23-27

47 *Multa salus nobis, si sunt tibi dona salutis*

48 *Multa suis dominus fulgescere lumina saeclis*
EM LAPIDGE Filologia mediolatina 2/1995 p. 127-163
M STELLA StudMed III 32/1991 p. 447
I LAPIDGE Anglo-Latin Literature 1993 p. 339-355
I THACKER in: Fs. WALLACE-HADRILL 1983 p. 137
I GODMAN MedAev 50/1981 p. 222
I ORCHARD JournMedLat 2/1992 p. 108ss.

49 *Multa tuae, Sparte, miramur iura palaestrae*

50 *Multas per gentes et multa per aequora*

51 *Multas res simitu in meo corde vorso*

52 *Multi curantur, dum corpora sancta levantur*
M facs. Ornamenta Ecclesiae III p. 80

-a *Multi modum malitiae mentem* 10
A Valerius Bergidensis: Epitameron 5e
E DÍAZ Anecd. Wisig. p. 109

53 *Multi praeterea renitent hac urbe patroni*

54 *Multi rhetores vocantur atque dialectici*
ET BEHRENDS p. 266:152
M MUNK OLSEN Auteurs classiques I p. 131
M U. WINTER Hss. Diez 1986 p. 73
M DE MEYIER Codices Vossiani II p. 86

55 *Multi sectantur lepores pinguesque ferinas*

56 *Multicolor quali specie per nubila fulgit*

57 *Multiferis omnes dapibus saturare solesco*

58 *Multimodas perpesse minas, nimiosque*

59 *Multimodo matris divellor opere membris*

60 *Multimodos sensus Petrus cum voce*

61 *Multiplicat dominus maestae solamina plebi*

62 *Multiplices epulae concurrunt undique fusae*

63 *Multiplices grates tibi sint, laudesque salutes*

64 *Multiplices habeas pro tali carmine grates*
E Notker Balb. ed. BERSCHIN p. 116

65 *Multiplici veste natus de matre producor*

66 *Multis dum precibus Iovem salutat*

67 *Multis iam, Lupe, posse se diebus*

68 *Multis promissis parvam prestolor alaudam*

69 *Multis sanctorum praefulgens arce polorum*
EC ROBERTINI p. 304

70 *Multis venuste martyres Campaniam*

71 *Multo labore industria vigilantia*

72 *Multorum cum facta senex et dicta reprendas*

73 *Multorum disce exemplo quae facta sequaris*
T ÖBERG Poetry p. 35

74 *Multos incertos certare hanc rem vidimus*

75 *Multos urgebat, multos properare monebat*

76 *Multum venturi ne cures tempora fati*

77 *Multus homo es, Naso, neque tecum multus*

78 *Munde, tuas fugio insidias, vale proditor: at*
I CUGUSI Epigraphica 44/1982 p. 93

79 *Mundi aetate octava / Florebunt*
M JEUDY Scriptorium 38/1984 p. 147
M GNEUSS Handlist 844

80 *Mundi formator Warmundum protege vatem*

81 *Mundi labentis lustris nam mille peractis*
E BERSCHIN p. 5

82 *Mundi magna parens, laqueo conexa tenaci*

83 *Mundi peccamen deleverat hoc cruciamen*

84 *Mundi rector et redemptor*

85 *Mundior excocti fulgescat luce metalli*

86 *Munditiam sanctam nobis largire creator*

87 *Mundus ad ima ruit, miseros ad tartara ducit*

88 *Mundus iste transibit / Cottidie decrescit*
ETI HOWLETT MlatJb 28.1/1993 p. 35-46
M ZANNA in: Poesia dell'alto medioevo p. 367
B LAPIDGE/SHARPE p. 220:819
B SHARPE nr. 201
BI STANTON JournMedLat 3/1993 p. 150 n. 6
I JACOBSEN in: Iren u. Europa I p. 440
I BEIERWALTES in: Jean Scot Écrivain p. 226s.
I SCHALLER in: Iren u. Europa I p. 468-483
I BULST in: Fs. BIELER 1976 p.90s.
I LAPIDGE Celtica 21/1990 p. 248s.
I HOWLETT Peritia 11/1997 p. 70
I SCHALLER Studien p. 236-251; 425-427

89 *Mundus origo mea est, animam de sidere*
B DRONKE Inaugural Lecture p. 36 n. 24
I DRONKE StudMed III 36/1995 p. 582-588

90 *Munera direxi, sed non mea, crede fatenti*

91 *Munera muneribus David superaddidit Albin*
B Clavis Galliae II p. 52
I VIARRE in: TRAUBE-Gedenkschrift p. 233s.

92 *Munera parva nimis, pia, suscipe quaeso*
ETC REYDELLET I p. 42
I JACOBSEN in: Iren u. Europa I p. 444 n. 33

93 *Munera parva quidem pretio sed honoribus*

94 *Munera quae cernis, quo sancta altaria*
ETI DUVAL Loca Sanctorum Africae p. 361

95 *Munera qui tibi dat locupleti, Gaure, senique*

96 *Munera quod senibus viduisque ingentia*

97 *Munera suscipiens dignis apparuit ipse*

98 *Munere te hoc dono, Latonia sancta virago*

99 *Muneribus cupiat si quis contendere tecum*

00 *Muneror orbiculis ut pardus discolor albis*

01 *Municipem rigidi quis te, Marcelle, Salonis*

02 *Municipes, Augusta mihi quos Bilbilis acri*

03 *Munifici reparans Martini gesta, Gregori*
ETC REYDELLET II p. 160

04 *Munificum patrem nimium deposco valere*

– *Munther Benchuir beata*
cf. *Benchuir bona regula*

05 *Munus Burchardi patris hoc servetur honori*

06 *Munus hoc exiguum praeclaro nempe*
EM Colophons 22593

07 *Munus in officii sacris altaribus apti*

08 *Munus, virgo, tuum inviolata carne iuvasti*

09 *Murice puniceo vestis depingitur ista*

10 *Muridac haec Petri conscripsit dicta beati*
EI CC Cont. Med. 40 p. XXIV
B LAPIDGE/SHARPE p. 177:671
I HOLTZ in: Jean Scot Érigène et l'Histoire de la Philosophie p. 74

11 *Musa cita studio gaudens nunc dicere numen*
ETC CC Cont. Med. 100 p. 21; 293
M CC Cont. Med. 100A tab. A8

12 *Musa decus vatum, moderato, Polimnia*
M CARLEY Scriptorium 40/1986 p. 114:13
I ERNST Carm. fig. p. 213 n. 144

– *Musa, dictorum caput*
cf. *Fluminis in medio*

13 *Musa, manu in celsi tu basia fige magistri*

14 *Musa melos resona paulo maiora canendo*

15 *Musa, nostrum, plange, soror, dolorem*
ET KLOPSCH Lyrik p. 158
ET GODMAN Poetry p. 224ss.

TI BERSCHIN Eremus p. 31
M H. v. THIEL Mittellateinische Texte 1972 p. 5
I KNITTEL Walahfr. Wett. p. 15
I BARELLI StudMed III 32/1991 p. 769-773
I BERNAYS MlatJb 32.1/1997 p. 11-23

16 *Musa, peto, placeat hodie tibi pangere*

17 *Musa, precor te, quantotius pede treche*

18 *Musa, quibus numeris heroas et arma*
I SOUBIRAN Vichiana 11/1982 p. 295-304

19 *Musa, retro eclipsin Phoebae sensim*

20 *Musa senectutis istic cantatur amarae*
M clm 28140 f. 68^{v}-69^{v} (HAUKE p. 49)
I LEOTTA GIF 37/1985 p. 91-106
I C. RATKOWITSCH Maximianus amat 1986 p. 58 n. 135

21 *Musa volans veniat Monimagno ferre*
B Clavis Galliae II p. 56s.
I CELLI-FRAENTZEL Speculum 7/1932 p. 99

-a *Musae quae pedibus* 118
A Ennius: annal. 1
E VAHLEN p. 1

22 *Musaei pathicissimos libellos*

23 *Musarum decima est Ico, Cytherea secunda*

24 *Musarum Xantho decimast, Cytherea*

25 *Musca in temone sedit et mulam increpans*

26 *Musica contingens subtili stamina pulsu*

27 *Musica cum cantu resonares carmina mire*

28 *Musica quid valeat, quid sit, quicumque*

29 *Musicis concors numerisque doctus*
M GNEUSS Handlist 252

-a *Musicorum et cantorum magna est distantia*
I J. SMITS VAN WAESBERGHE School en Muziek in de Middeleeuwen 1949 p. 163

30 *Musicus incinere, docte cantare solebat*

31 *Musigenae numeros vates et metra secuntur*
M BALLAIRA Prisciano p. 149
M DE MEYIER Codices Vossiani II p. 91

32 *Musis amicus tristitiam et metus*

33 *Mussia bis denis Agele florentibus annis*

34 *Musta cadis famuli dum condunt nostra*

35 *Mustela ab homine prensa cum instantem*

36 *Musteus est: propera, caros nec differ*

37 *Mutari melius tauro, pater optime divum*

38 *Mutatae Vistiliae hic ossa sepulta quiescunt*

39 *Mutatos subolis mactat pater impius artus*

40 *Mutua quin etiam moris commercia ficus*

41 *Mutua quod nobis ter quinquagena dedisti*

42 *Mutua te centum sestertia, Phoebe, rogavi*

43 *Mutua viginti sestertia forte rogabam*

44 *Mygdonii cineres et si quid restat Eoi*

45 *Mysteriorum signifer / Coelestium*
EC Canterbury Hymnal 37517 p. 105s.
M BEERS Cistercian Hymnal p. 71
I WADDELL Cistercian Hymnal I p. X

– *Mysterium Christi, zacones, exercite caste*
cf. *Ministerium Christi*

46 *Mysterium ecclesiae hymnum Christo*
M Basel, UB A X 90
M BEERS Cistercian Hymnal p. 56s.
I WADDELL Cistercian Hymnal I p. IX
I NORBERG Les vers iambiques p. 32
I SZÖVÉRFFY Marianische Motivik p. 11
I NORBERG in: Cultura in Italia p. 366 n. 31

47 *Mystica Daviticae si te modulamina musae*

48 *Mystica hinc Domini sumuntur haec*
E DINTER Corp. cons. mon. X p. 259

49 *Mystica Iob sancti dic, doctor, verba*
MB HOFFMANN Buchkunst p. 493

50 *Mystica more crucis fit conversatio iustis*
A Hartw. (saec. XI)
ETI RÜTZ Text im Bild p. 51; 151

M Regensburger Buchmalerei tab. 10
I BISCHOFF in: Verf. Lex.^{2} III c. 530s.

51 *Mystica municipi dant regi munera reges*

52 *Mystica sanctorum panduntur dogmata*
I JEAUNEAU Études Érigéniennes p. 236
I STAUBACH Rex christianus p. 64-69

53 *Mystica verba tibi prompta, Dionysie magne*

54 *Mystica vis sacris non est incognita libris*

55 *Mysticum melos persolvat*
I GIL Habis 7/1976 p. 204

56 *Mytilena ego ortus Pittacus sum Lesbius*

N

57 *Naidas antiqui Dryadasque habuere Priapi*

58 *Nam bona iure bonum cecidit cum semen in*

59 *Nam citius flammas mortales ore tenebunt*

-a *Nam deus est, quod imago docet, sed non [deus ipsa* 2
A inc. saec. IX?
EI DEMUS in: Atti del 2° congresso ... sull'alto medioevo 1953 p. 184

60 *Nam fuit eximia specie miroque decore*

61 *Nam κακός atque ἀγαθὸς prorsus μεγαλός τε*

62 *Nam licet officio sit te praestantius arae*

63 *Nam nihil est quod non mortalibus afferat*

64 *Nam pictura tibi cum omni sit gratior arte*
I LADNER Images and Ideas p. 24; 26; 69
I CHASE in: Insular Latin Studies p. 147
I HOFFMANN Buchkunst p. 63
I HAEFELE in: Fs. BRUNHÖLZL 1989 p. 67-71
I ERNST Carm. fig. p. 326
I FERRARI p. 19-22

-a *Nam qui haec audita a docto meminissem*

65 *Nam quibus ipse tuos cantabo laudibus actus*

66 *Nam quicumque rogo librum perspexeris*

67 *Nam quotiens missurus erat resonante fritillo*

68 *Nam sacra temporibus sanctorum corpora*

69 *Nam si viveret in terris Democritus, omnes*

70 *Nam - sumus experti - quicumque fuit*

71 *Nam te su coniunx multa dilecta per annos*

72 *Nam Thrax quo duri rumpere regna Erebi*
ETC CRISTANTE p. 116

73 *Namque cicatrices domini pro nomine factae*
I CHAZELLE The Cross p. 71

74 *Namque ego iamdudum vixi puer et solida*

75 *Namque ego suetus eram hos libros legisse*
ET KLOPSCH Lyrik p. 114
ET GODMAN Poetry p. 168ss.
I SCHRAMM Kaiser, Könige u. Päpste I p. 335
I KLEIN Gnomon 60/1988 p. 593
I COURCELLE Lecteurs ... de l'Énéide p. 501; 708
I STAUBACH in: Iconologia sacra p. 388-390
I FREEMAN in: Scire litteras p. 163
I NEES DOP 41/1987 p. 448
I STAUBACH in: Umanesimi p. 683-685

76 *Namque imitatur eum pietate vel actibus*

77 *Namque monasterii ante fores genetricis in*

78 *Namque per egregium ieiunia sancta*

79 *Namque virum mulier, mulierem decipit*

80 *Nancarbanensis dictamina sunt Caratoci*

81 *Nardina cara mihi genetrix castissima patris*

82 *Nardu poeta pudens hoc tegitur tumulo*

83 *Nardus Columbae floruit*
I NORBERG in: La Lexicographie du Latin Médiéval 1981 p. 92

84 *Narnia, sulphureo quam gurgite candidus*

85 *Narrat te rumor, Chione, numquam esse*

86 *Narratur belle quidam dixisse, Marulle*

87 *Nascatur magus ex Gelli matrisque nefando*

88 *Nascere Dardanio promissum nomen Iulo*

89 *Nascere, quae tardo semper mihi redderis*
I JUNOD-AMMERBAUER RÉAug 24/1978 p. 22-57
I J. T. LIENHARD Paulinus of Nola and early Western Monasticism 1977 p. 155-159
I PANI ERMINI Settimane ... Spoleto 36/1989 p. 860

90 *Nascimur albenti loco sea nigrae sorores*
TC STELLA Poesia carolingia p. 204; 429ss.

91 *Nascimur ex ferro rursus ferro moribundae*

92 *Nascitur e senibus divinae praeco salutis*

93 *Nascitur humana celsus ae carne creator*
M GNEUSS Handlist 933
B Clavis Galliae II p. 467
I KNITTEL Walahfr. Wett. p. 112 n. 124
I SCHALLER Studien p. 188-190; 373

94 *Nascitur in terris dominator totius orbis*
E LECLERCQ in: Miscellanea MERCATI II 1946 p. 483

95 *Naso suo (posuit nomen quam paene!) sodali*

96 *Naso suo profugus mittit tibi, Flacce*

97 *Naso Tomitanae iam non novus incola terrae*

98 *Nassius hic situs sum Luci libertus Amandus*

99 *Nastes Amphimachusque Nomionis inclita*

00 *Nasutus nimium cupis videri*

01 *Nasutus sis usque licet, sis denique nasus*

02 *Nata brevi spatio, partu subiecta nec ante*

03 *Nata luna nempe citior*

04 *Nata Maria simul caro cum fratre Nione*

05 *Nata sed in lacrimas solum, dolor omnibus*

06 *Natales mihi Martiae Kalendae*

07 *Natali, Corvine, die mihi dulcior haec lux*

08 *Natali, Diodore, tuo conviva senatus*

09 *Natali tibi, Quinte, tuo dare parva volebam*

10 *Natalis Christi macula nos purget ab omni*
E LECLERCQ in: Miscellanea MERCATI II 1946 p. 483

11 *Natalis Christi morbo nos purget ab omni*
E LECLERCQ in: Miscellanea MERCATI II 1946 p. 483
M HOLTZ RevHistTextes 16/1986 p. 176

12 *Natalis Iuno, sanctos cape turis acervos*

13 *Natalis noster nonas instare Novembres*

14 *Nate patris summi, qui tela ferocia frangis*
ETC CC Cont. Med. 100 p. 121; 308
M CC Cont. Med. 100A tab. B15
M Rabanus Maurus i. s. Zeit p. 29
MI ERNST Carm. fig. p. 283s.; 286s.

15 *Nati mater ego, natus ab utero mecum*
I PAVLOVSKIS Cl & Med 39/1988 p. 231

16 *Natis in usum laetitiae scyphis*

17 *Nativa penitus ratione heu fraudor ab hoste*

18 *Nativitas / praecursoris hodierna*
M CTrop V p. 80; 98; 276; 278s.

19 *Nativitatem pueri / prophetamque*

20 *Nativitatis / colamus debita sacra*

21 *Nato canant omnia / domino pie agmina*
M CTrop V p. 73; 89; 275; 277s.; 280
M ODERMATT Ordinarius St. Arnulf p. 390
M FILL Hss. Kremsmünster I p. 412
M SILVESTRE RBén 91/1981 p. 169s. n. 3
M CARLEY Anglo-Saxon England 23/1994 p. 276 n. 59
M GNEUSS Handlist 433.2

22 *Nato Patriciae hinc cedunt pia iura Iohanni*

23 *Natorum mihi ius trium roganti*

24 *Natum me gelido terrae de viscere dicunt*
I PAVLOVSKIS Cl & Med 39/1988 p. 244

25 *Natura omnipotens una est, quae cuncta*

26 *Natura simplex stans, non sapio undique*

27 *Natura utilior lapidi praemittitur arbor*

28 *Naturae genitor, quae mundum continet*
M facs. PELLEGRIN Bibliothèque Vaticane II.2 p. 2 tab. XVII
M BALLAIRA Prisciano p. 121s.
I J.-G. ARENTZEN Imago mundi cartographica 1984 p. 53

29 *Naturae quisquis propriae non spernis*

30 *Naturae vitiis medicas obiecimus artes*

31 *Naturam canimus causamque canendo*
A inc. saec. IX/X

EM RUSSELL MlatJb 17/1982 p. 39
M MlatJb 15/1980 p. 274; WIC 11613
M KLEIN StudMed III 32/1991 p. 846

32 *Naturam dare cuique suam voluit Deus*

33 *Naturas rerum varias labentis et aevi*
M DE MEYIER Codices Vossiani II p. 180
I LUISELLI Miscellanea Filologica p. 374

34 *Natus ante saecula dei filius invisibilis*
TM J. DUFT Weihnacht im Gallus-Kloster 1986 p. 26; tab. IV facs.
M FILL Hss. Kremsmünster I p. 412; 480
M CTrop V p. 73; 275; 278; 399
M NEUHAUSER Hss. UB Innsbruck I p. 89
M St. Gallen II p. 153 tab. 4
M Kunst und Kultur in der Karolingerzeit I p. 855 tab.
B CROCKER p. 441
I STÄBLEIN AMusWiss 19/1962 p. 85
I V. D. STEINEN ZSchwKG 41/1947 p. 158
I JAMMERS ActMus 23/1951 p. 5
I BRINKMANN ZfdPh 102/1983 p. 29
I DE GOEDE PRU p. CXLV

35 *Natus enim est hodie mundi sator atque*
M SCHMIDT Reichenau p. 163

36 *Natus et egregie et cultu nutritus erili*

37 *Natus Eurystheus properante partu*
BI STOTZ Sapph. Dichtung p. 18; 31-35; 37; 42; 48; 59; 61; 66; 84; 93; 97s.; 109; 274; 456

38 *Natus in excelsis tectis Karthaginis altae*
EM WINTER Philologus 123/1979 p. 179
M QUESTA in: Il Libro e il Testo p. 385 n. 77
M U. WINTER Hss. Diez 1986 p. 73
M SOTTILI I Codici del Petrarca p. 36; 365
M PRETE Cod. Barb. Lat. p. 282 (cod. 29)
M Paris, BN lat.: Cat. gén. VI 1975 p. 769
M DE MEYIER Codices Vossiani III p. 66
M BALLAIRA Prisciano p. 251
M Basel, UB A IX 21
M MlatJb 15/1980 p. 274; WIC 11627
I VILLA Lectura Terentii I p. 49; 119; 196; 210

39 *Natus sum summa in pauperie, merui post*

40 *Natus ut, ignotum est. neque enim de limine*
CT SHACKLETON BAILEY HStClPh 84 p. 180s.

41 *Naucelli vatis fuerit quae forma, videtis*

42 *Nauci Froumundus tamen est vester quoque*

43 *Naucratem quem convenire volui in navi*

44 *Naufragus eiecta nudus rate quaerit eodem*

45 *Naufragus ut medio qui gurgite forte laborat*
E MGH Poet. 5 p. 672
EM Colophons 22599

46 *Nauta rudis pelagi ut saevis ereptus ab undis*
EB Colophons 22600
TC STELLA Poesia carolingia p. 266; 455s.
M SCHROEDER Echternach p. 53
M GNEUSS Handlist 93; 688
B Clavis Galliae II p. 82-84
I FISCHER Lat. Bibelhss. p. 244s.; 277

47 *Nauta rudis, pelago commissus vela*

48 *Nauta rudis tumido cum vult dare vela*
B BHL 5624
I QUACQUARELLI Poesia tardoantica p. 458

49 *Navigat Aeneas. Siculas defertur ad oras*
M COULSON Scriptorium 51/1997 p. 166
I SCHETTER Hermes 116/1988 p. 343-357

50 *Navita per postes suspendit munera ponti*

51 *Ne cures, si quis tacito sermone loquatur*

-a *Ne damnent tenebre, quod fecerit actio vite* [3
A inc. saec. XI
EC BERGES/RIECKENBERG p. 135; 203

52 *Ne David grabatum temptator callidus intret*

53 *Ne derelinquas plebem supplicantem*
TBI STOTZ Sapph. Dichtung p. 22s.; 194s.; 309-313; 315; 349; 384; 386; 428; 456; 460

54 *Ne dubita cum magna petas impendere*

55 *Ne dubitare, precor, titulo mea fata dolere*

56 *Ne dubitet Petrus gentili tradere sacra*

57 *Ne dubium longo quaeratur in aevo*

58 *Ne dubium longo umquam quereretur in*

59 *Ne forte credas interitura quae*

60 *Ne gloriari libeat alienis bonis*

61 *Ne gravis hesterno fragres, Fescennia, vino*

62 *Ne laudet dignos, laudat Callistratus omnes*

63 *Ne legat hunc Chione, mando tibi, Rufe*

64 *Ne legeres partem lascivi casta, libelli*

65 *Ne lutet inmundum nitidos ceroma capillos*

66 *Ne mendica ferat barbati prandia nudi*

67 *Ne mirare magum fatui quod inertia vulgi*
I GREGOROVIUS Tombe dei Papi p. 127*

68 *Ne miserere sacri deformia busta Catonis*

69 *Ne more pecoris otio transfungerer*

70 *Ne multum quaeras, hospes, cuius*

71 *Ne nimis exhausto macresceret inguine*

72 *Ne perconteris, fundus meus, optime Quincti*

73 *Ne prendare, cave. prenso nec fuste nocebo*

74 *Ne pudeat quae nescieris te velle doceri*
T ÖBERG Poetry p. 35

75 *Ne, quaeso, ne me ad talis inpellite pugnas*

76 *Ne quandoque caro dubitet, sua quae sit*

77 *Ne quis miretur qui sim, paucis eloquar*

78 *Ne sit ancillae tibi amor pudori*

79 *Ne tibi pallentes moveant fastidia caules*

80 *Ne tibi quid desit, quaesitis utere parce*

81 *Ne tibi sim, mea lux, aeque iam fervida cura*

82 *Ne timeas illam, quae vitae est ultima finis*

83 *Ne toga barbatos faciat vel paenula libros*

84 *Ne toga cordylis et paenula desit olivis*

85 *Ne tristes lacrimas, ne pectora tundite vestra*
EC ICUR N. S. VIII p. 62:21015

86 *Ne valeam, si non totis, Deciane, diebus*

87 *Ne violes teneras periuro dente columbas*

88 *Nec bibit inter aquas ...*

89 *Nec Capuam pol agri cultuque penuque*

90 *Nec doctum satis et parum severum*

91 *Nec dotes simulae possis numerare nec usus*

92 *... nec duro iam doleas obitu*

93 *Nec fonte labra prolui caballino*

94 *Nec fora sunt nobis nec sunt vadimonia nota*

95 *Nec Fortunati Tudertinae acta silenda*

96 *Nec genus hoc clari medicaminis ecce*
EC ROBERTINI p. 263

– *Nec germana genitum te*
cf. *Nec Herculanum genitum*

97 *Nec Herculanum genitum germana mea*

98 *Nec his contentus Francorum finibus, ultra*

99 *Nec iam tu, matris spes unica, ephebe Talisi*

00 *Nec iussa testamento neque voce rogata*

01 *Nec longum turbare datur Christi agmina*

02 *Nec malus attendit, quod vates inclytus orat*

03 *Nec maratri taceatur honor, quod stipite*

04 *Nec me latet nunc, quam cruenta cogitem*

05 *Nec me nepotes impii silentii*

06 *Nec me non dignum titulo Pleuronia credit*

– *Nec meminisse moror praeconia clara*
cf. *Omnipotens genitor mundum*

07 *Nec mihi defuerit vulgaris copia mentae*

08 *Nec minus abrotani promptum est mirarier*

09 *Nec minus eiusdem sensit Supponis alumnus*

10 *Nec minus ergo tua custodit iura character*
ETC CC Cont. Med. 100 p. 209; 320
M CC Cont. Med. 100A tab. B27

MI ERNST Carm. fig. p. 236; 238s.

11 *Nec minus interea glomeretur virgo*
I HAUCK Taufpfalzen p. 60

12 *Nec morbum noli nec pauperiem obtexere*

13 *Nec mula parit nec lapis lanam fert*

14 *Nec mullus nec te delectat, Baetice, turdus*

15 *Nec non et citrei patiuntur mutua rami*

– *... nec non et flaminis almi*
cf. *Iustorum poterat quod non*

16 *Nec non Iacobus Christi matertera cretus*
I HAUCK Taufpfalzen p. 60

17 *Nec non triste sepulto epulum mensamque*

18 *Nec nostros reticebo cibos, quos priscus*

19 *Nec patitur Christus carum per saecla*

20 *Nec peccasse puto me nimirum mihi coram*
M PELLEGRIN Bibliothèque Vaticane II.2 p. 382

21 *Nec pol ego Nemeae credo neque ego*

-a *Nec res ulla dat alteri colorem* 2
A inc. saec. I ante Chr. n.
E FPL^3 p. 429

22 *Nec sanguis procerum nec honor nec copia*

23 *Nec sedit vindicta diu, civilia nam mox*

24 *Nec stilo scribi, nec fas est promere verbis*

25 *Nec Stygiis lucis ineunt sua foedera fratres*

26 *Nec tam donorum ingenteis mirabere*

27 *Nec tantum Clario est Lyde dilecta poetae*

28 *Nec te collaudes nec te culpaveris ipse*

29 *Nec te Marcello genitum, Marcelle, silebo*

30 *Nec te praetereo, populi Fortuna potentis*

– *Nec tibi dictaram*
cf. *Haec tibi dictaram*

31 *Nec toga nec focus est nec tritus cimice*

32 *Nec tu crede levem dilato tempore febrem*

33 *Nec tu, Martie Narbo, silebere, nomine cuius*

34 *Nec tu quippe tuum curasti, filia, Flaccum*
B Clavis Galliae II p. 52s.

35 *Nec Veneris nec tu vini tenearis amore*
M U. WINTER Hss. Diez 1986 p. 73
M clm 28362 f. 188^r (GLAUCHE p. 153s.)
M SOTTILI I Codici del Petrarca p. 264
M MlatJb 16/1981 p. 425; WIC 11706

36 *Nec vocat ad cenam Marius, nec munera*

37 *Nec volo me summis Fortuna neque adplicet*
M MUNK OLSEN Auteurs classiques II p. 96

38 *Necdum caduce sole, iam sub vespere*

39 *Necessitas, cuius cursus transversi impetum*

40 *Nectar vina cibus vestis doctrina facultas*
ETC REYDELLET II p. 87
T COOK p. 36
T ÖBERG Poetry p. 91
I HOEFLICH RPL 5/1982 p. 128

41 *Nectare cui vultum mellis iam texerat almum*
BM MGH Poet. 5 p. 684

42 *Nectareo muro dulces cinguntur harenae*

43 *Nectareos flores verbum patris redolentes*
EM Colophons 16853
M TURCAN-VERKERK Scriptorium 46/1992 II tab. 15d

44 *Nectareos succos, Baccheia munera cernis*

45 *Nectaris ambrosii redolentia carpito mella*
E MGH Poet. 5 p. 530:55; 687
ET Ekkeh. IV. ed. HAEFELE p. 222
I HAEFELE in: Fs. DUFT 1980 p. 196s.

46 *Nemini plura acerba credo esse*

47 *Nemo bonus Brito est. si simplex Silvius esse*

48 *Nemo diu gaudet quod iniquo iudice vincit*
M U. WINTER Hss. Diez 1986 p. 73

49 *Nemo fidem fari neque corde queat*

50 *Nemo habitat gratis nisi dives et orbus apud*

51 *Nemo libenter recolit qui laesit locum*

52 *Nemo me credat omnino furatum*

-a *Nemo me lacrimis decoret nec funera fletu* [2
A Ennius: epigr. 2
E VAHLEN p. 215

53 *Nemo nimis cupide sibi rem desideret ullam*

– *Nemo non haec vera dicit, nemo contra*
cf. *Sperne mores transmarinos, mille*

54 *Nemo nova caluit sic inflammatus amica*

55 *Nemo suae mentis motus non aestimat*

56 *Nemone in tanto potuit populo esse, Iuventi*

57 *Nempe haec adsidue. iam clarum mane*

58 *Nempe incomposito dixi pede currere versus*

59 *Nepa mihi nomen veteres dixere Latini*

60 *Neptuni vertex regmen, sortiti mobile ventis*

61 *Neptunum facitis deum ex Saturno pronatum*

62 *Neptunus vires Danais animumque ministrat*

63 *Neque gnatust neque progignetur*

64 *Nequeon ego ted interdictis facere*

65 *Nequius a Caro nihil umquam, Maxime*

66 *Nequoi si vostrum mirum quor partis seni*

67 *Nereides freta sic verrentes caerula tranant*

68 *Nescia mens nostri fixum servare tenorem*

69 *Nescio cur sancto non parcas, stulte, labori*

70 *Nescio quid de te non belle, Dento, fateris*

– *Nescio quid fugiente anima, non sponte sed*
cf. *Ergone supremis potuit vox*

71 *Nescio quo stimulante malo pia foedera rupi*

72 *Nescio tam multis quid scribas, Fauste*

73 *Nesciris votis et cordis nube recedis*

74 *Nescit, crede mihi, quid sint epigrammata*

75 *Nescit cui dederit Tyriam Crispinus abollam*

76 *Nescit id esse quod est qui quod non est*

77 *Nescit mens nostra fixum servare tenorem*
M MlatJb 16/1981 p. 425; WIC 11749

78 *Nescit saevus amor frenum rationis habere*

79 *Nescius assumptis Priamus pater Aesacon*

80 *Nescivi, fateor, mihi prandia lassa parari*

81 *Nestoriana lues successit Pelagianae*

82 *Neu tu parce pilos vivacis condere cervi*

83 *Nexa ligor ferro, multos habitura ligatos*
ET BERTINI Autori latini p. 176

84 *Nexus, alme pater, vitiorum solve potenter*
E JACOBSEN in: Theophanu I p. 187
M facs. Ornamenta Ecclesiae I p. 151s.

85 *Ni nostra, astrigeri, nota benignitas*

86 *Ni nostra en stolida sensa silentium*

87 *Ni te plus oculis meis amarem*

88 *Ni te visceribus meis, Horati*

89 *Nicolai proceris procerum venerande sodalis*
B BHL 6170f

90 *Nigrante tectam pallio*

91 *Nihil agere quod non prosit, fabella indicat*

92 *Nihil Ammiano praeter aridam restem*

93 *Nihil durare potest tempore perpetuo*

94 *Nihil est miserius neque gulosius Santra*

95 *Nihil sumus et fuimus mortales. respice*

96 *Nil adeo motus, sic infit vir venerandus*

97 *Nil admirari prope res est una, Numici*

98 *Nil agere semper infelici est optimum*

99 *Nil aliud loqueris quam Thesea*

00 *Nil cum fidibus graculo est, nihil cum*

01 *Nil dubie concedo loqui, sed certa recludo*

02 *Nil est tritius Hedyli lacernis*

03 *Nil fallit simulans: quod finxit dextera*

– *Nil formido valet morsus cessere luporum*
cf. *Symmachus has arces*

04 *Nil herebo melius, celo sic (nil) peius*
M GNEUSS Handlist 12

05 *Nil horum fixe geris, haec tamen omnia ficte*

06 *Nil in te scripsi, Bithynice. Credere non vis*

07 *Nil intemptatum Selius, nil linquit inausum*

08 *Nil lascivius est Charisiano*

09 *Nil mihi das vivus; dicis post fata daturum*

10 *Nil mihi mors faciet: pro me monumenta*
I SCHETTER Hermes 114/1986 p. 236s.

11 *Nil miserabilius, Matho, pedicone Sabello*

12 *Nil moror adflictos constanter prodere vultus*

13 *Nil nimium studeo, Caesar, tibi velle placere*

14 *Nil non, Lygde, mihi negas roganti*

15 *Nil recitas et vis, Mamerce, poeta videri*

16 *Nil sexus nec busta nocent, nil fila sororum*

17 *Nil status inferior praeclaris moribus obstat*

18 *Nil temere uxori de servis crede querenti*

19 *Nil tibi legavit Fabius, Bithynice, cui tu*

20 *Niliacum ridebis holus lanasque sequaces*

21 *Nilus quam riguis parit fluentis*

22 *Nilus ut Aegyptum perfundit flumine dextro*
I MAAZ in: Fs. BRUNHÖLZL 1989 p. 107-110

23 *Nimbifer ille deo mihi sacrum invidit Osirim*

24 *Nimi' stulte dudum feci quom marsuppium*

25 *Nini Semiramis, quae tanto coniuge felix*
EM KURZE NA 15/1890 p. 303
EI SAMUEL Med & Hum 2/1944 p. 38
M SCHLEIDGEN Regino p. 44
MB HOFFMANN Buchkunst p. 487
MB MGH Poet. 5 p. 686
BI SZÖVÉRFFY Latin Lyrics I p. 280s.

26 *Ninus ab Assyriis sum primus regibus ausus*
M U. WINTER Hss. Diez 1986 p. 73
M PRETE Cod. Barb. Lat. p. 282 (cod. 42)

27 *Nisi dominus aedificaverit*

28 *Nisi me animu' fallit, hic profectost*

29 *Nisi quia altissimus*

30 *Nitar perspicui Christi celebranda ministri*

31 *Nitet Leucothea martyrum roseo*

32 *Nitimini appositas, fratres, attollere gazas*

33 *... a) nitore / Sobria prospiciens mater pia*

34 *Nix ruit e caelo, gelidus simul ingruit imber*
ETI LAPIDGE Anglo-Latin Literature 1993 p. 63s.
B Clavis Galliae II p. 53
I HAUBRICHS Georgslied p. 87
I SCHALLER Studien p. 416
I VILLA DA 51/1995 p. 41

35 *Nobile duco genus magni de gente Catonis*

36 *Nobile gauderem si scirem dicere carmen*

37 *Nobile praeceptum, rectores, discite post me*

38 *Nobile praecipuum memorabile grande*

39 *Nobilibus quondam fueras constructa*
ET KLOPSCH Lyrik p. 210
M Paris, BN lat.: Cat. gén. VI 1975 p. 768
MI Byzanz und das Abendland p. 36:8
I MÜTHERICH Otto III. p. 18

40 *Nobilibus tollis genium, male compte*

– *Nobilis a proavis procerum de stirpe creatus*
cf. *Hic sanctum corpus lectoris Pauli*

41 *Nobilis a veteri proavorum femina stirpe*

42 *Nobilis aestivas platanus diffuderat umbras*

43 *Nobilis atque insons occasu inpubes acerbo*

44 *Nobilis bis binos composuit hos quoque*

45 *Nobilis ecce iacet tumulata hic femina*

46 *Nobilis ecce iacet tumuli tellure sepultus*

47 *Nobilis ecce micat flos regis nomine pictus*
ETC CC Cont. Med. 100 p. 179; 316
M CC Cont. Med. 100A tab. B23
MI ERNST Carm. fig. p. 233; 235s.

48 *Nobilis et lanis et felix viribus Aulon*

49 *Nobilis et magno virtutum culmine celse*

50 *Nobilis Eugenia praeclari sanguinis ortu*
I F. S. KOPP Ein neues Elogium von Ven. Fort, Diss. Würzburg 1938 p. 84s.

– *Nobilis exultat Baiarum fabrica thermis*
cf. *Nobilis insultat*

51 *Nobilis hac Stephanus colitur protomartyr in*
B Clavis Galliae II p. 426

52 *Nobilis hanc Aries cognomine dictus avito*
I HAUBRICHS in: Verbum et Signum. Fs. F. OHLY I 1975 p. 253
I LOŠEK Wiener Studien 114/2001 p. 635ss.

53 *Nobilis hic calamum deponit Prosper*
M SPILLING Augsburg p. 21

54 *Nobilis hic exstat Hermildis in busto locata*

55 *Nobilis hic parva Ruodulfus pausat in urna*

56 *Nobilis hic Phocae veneratur agone*

57 *Nobilis hoc albo pausat sub marmore virgo*
M MGH Poet. 5 p. 680
I BAYER Aachener Kunstbll. 54-55/1986-87 p. 36

58 *Nobilis hoc Stephani clauduntur ossa*

59 *Nobilis huius anus stragis Lucia rigore*

60 *Nobilis in causis forma celsusque Sabinus*

61 *Nobilis in Roma vixit pulcherrima virgo*

62 *Nobilis ingenii linguam facunde poeta*
ETC Audrado di Sens, Il fonte della vita, testo a fronte trad. F. STELLA 1991
TC STELLA Poesia carolingia p. 48; 186; 417ss.
B Clavis Galliae I p. 199s.
I COURCELLE Lecteurs ... de l'Énéide p. 638; 701
I RAW Crucifixion Iconography p. 127
I KLOPSCH Bukolik p. 162
I SMOLAK Wiener Studien 105/1992 p. 189-193
I STELLA Poesia carolingia p. 301-317
I LAPINI StudMed III 33/1992 p. 935-950

63 *Nobilis insultat Baiarum fabrica thermis*
E SHACKLETON BAILEY nr. 202
I PFERSCHY MIÖG 97/1989 p. 292 n. 196

64 *Nobilis interpres Hieronymus atque sacerdos*
EM KOEHLER/MÜTHERICH V p. 135 (facs. tab. 26b)
M KESSLER p. 149

65 *Nobilis iste fuit clara de stirpe priorum*
I WINTER MlatJb 24-25/1989-1990 p. 558

66 *Nobilis iste fuit magna de gente sacerdos*

67 *Nobilis urbs Asiae Ephesus est quae perstitit*

68 *Nobilis vasta nitens rediviva an fabrica*
A inc. saec. VIII
EM RUGO Iscrizioni III p. 69:91
I MONTORSI Epigrafe modenese p. 155

69 *Nobilitas cuius sceptrum generosa coronat*

70 *Nobilitas igitur pietatis, cuncta, supernae*

71 *Nobilium tumulata tegit hic corpora fornix*

72 *Nobilius villosa tegant tibi lintea citrum*

73 *Nobis annua / basilicae huius festa*

74 *Nobis ecce dies ordine congruo*
EC Canterbury Hymnal 37517 p. 59
M NORBERG Hymnarius Severinianus p. 7

-a *Nobis unde forent fructus vitaeque*
[*propagmen* 6
A Ennius: annal. 4
E VAHLEN p. 28

75 *Nocte dieque gemo, dominum quia sentio*
E TOSI in: Gerberto - scienza, storia e

mito p. 169-172
B DA 44/1988 p. 277

76 *Nocte dieque gemo, quia sum peregrinus et*
B LAPIDGE/SHARPE p. 200:743
I FERRARI in: Storia della Cultura Veneta I 1976 p. 278

77 *Nocte dieque tuam vigilemus cernere lucem*
E MGH Poet. 5 p. 650

78 *Nocte minus quarta promet sua sidera*

79 *Nocte pluit tota, redeunt at mane serena*
EI BRUGNOLI GIF 39/1987 p. 105-127
M MUNK OLSEN Auteurs classiques II p. 694
M clm 28349 f. 1rb (GLAUCHE p. 140)
M SOTTILI I Codici del Petrarca p. 264
M PELLEGRIN Bibliothèque Vaticane II.2 p. 451
M GNEUSS Handlist 114; 919

80 *Nocte salutifera maneant materque sororque*

81 *Nocte sequente diem canis Erigoneius exit*

82 *Nocte soporifera veluti cum somnia ludunt*

83 *Nocte surgentes vigilemus omnes*
E Hymnarium oscense II p. 20s.
EC Canterbury Hymnal 37517 p. 28
M ODERMATT Ordinarius St. Arnulf p. 390
M Portiforium Wulfstani nr. 2386
M ZANNA in: Poesia dell'alto medioevo p. 367
MB BULLOUGH Carolingian renewal p. 255; 269

84 *Nocti praeteritae dedimus cum membra*
BI SZÖVÉRFFY Latin Lyrics I p. 47s.
I TRIBOUT DE MOREMBERT in: Saint Chrodegang 1967 p. 194

85 *Noctibus, o, tibi, gestator, sum praevia*

86 *Noctis taetrae primordia*

87 *Noctis tempus exigimus*

88 *Noctis tempus iam praeterit*
E PÉREZ GONZÁLEZ in: Poesia dell'alto medioevo p. 337s.

89 *Noctis ut horrentes rupit lux orta tenebras*

90 *Noli admirari, quare tibi femina nulla*

91 *Noli dolere coniunx eventum meum*

92 *Noli dolere, mamma, faciendum fuit*

93 *Noli dolere, mater, eventum meum*

94 *Noli dolere, mater, factui meo*

95 *Noli homines blando nimium sermone*

96 *Noli pater indulgere tonitrua cum fulgore*
ET CLANCY/MÁRKUS p. 81
M ZANNA in: Poesia dell'alto medioevo p. 367
B LAPIDGE/SHARPE p. 150:590
I SCHALLER in: Iren u. Europa I p. 471
I COLLINS JThSt 50/1949 p. 70
cf. *Te timemus terribilem*

97 *Noli quaeso pater munuscula spernere*
B Clavis Galliae II p. 493s.
I BERSCHIN Biographie III p. 162 n. 186

98 *Noli, sorte pari functurus, stare gravari*
I HOFFMANN Buchkunst p. 75

99 *Noli tu quaedam referenti credere semper*

00 *Nolis longa ferae bella Numantiae*

01 *Nolite o iuvenes castam irrumare puellam*

02 *Nolite omnia, quae loquor, putare*

03 *Nolo ego semper idem capiti suffundere*

04 *Nolo fidem frangas, licet irrita dicta putentur*

05 *Nolo minor me timeat despiciatque maior*
M MlatJb 16/1981 p. 426; WIC 11904

06 *Nolo putes pravos homines peccata lucrari*

07 *Nolo quod cupio statim tenere*

08 *Nolo toro iungi, quamvis placet esse*

09 *Nolo tuae, nauclere Charon, consistere ripae*

10 *Nolueram, Polytime, tuos violare capillos*

11 *Nome fuit nomen, haesit nascenti Cusuccia*
I MONTORSI Epigrafe modenese p. 157

12 *Nomen ab Ie (Abie; ab te) sonat, Iaezabel*
ETC J. M. ZIOLKOWSKI Jezebel. A Norman

Latin poem of the early eleventh century 1989
BI VAN HOUTS JournMedLat 2/1992 p. 18ss.
I WOLTERBEEK Ridicula p. 215
I KLEIN Gnomon 64/1992 p. 680-683

13 *Nomen amicitiae magna pietate colendum*

14 *Nomen amicitiae sic, quatenus expedit*

15 *Nomen Athenagorae credis, Callistrate*

16 *Nomen cum violis rosisque natum*

17 *Nomen dulce mihi, mihi semper amabile*
I J. JARNUT Agilolfingerstudien 1986 p. 13; 98

18 *Nomen ego Ausonius, non ultimus arte*
EI ÖNNERFORS Vaterporträts p. 121-132; 143-148; 183-186
I ÖNNERFORS in: Fs. MUNARI 1986 p. 266

19 *Nomen Erenfridi tribuat super aethera scribi*

20 *Nomen habens hominis post ultima fata*
I PAVLOVSKIS Cl & Med 39/1988 p. 225

21 *Nomen habes teneri quod tempora nuncupat*

22 *Nomen habet magni volucris tam parva*

-a *Nomen id expelle, quod dicis, Caesar, Aselle* [3
A Asilo Herbipolensis
EI BORST Zahlenkampfspiel p. 57; 334

23 *Nomen imago dedit servandum voce pelasga*

24 *Nomen non dico nec quot vixerit annis*

25 *Nomen ovis graece, contentio magna dearum*

26 *Nomen qui retinens tuum, magnus Alexander*

27 *Nomen Sprava mihi*

28 *Nomen ut herbarum tenet haec urbs*
I JAEGER MlatJb 27/1992 p. 143 n. 8
I SCHUPP MlatJb 5/1968 p. 37 n. 54

29 *Nomentana meum tibi dat vindemia*

30 *Nomina amicorum mihi dulcis epistula*
ETC REYDELLET II p. 118

31 *Nomina candelae nobis antiqua dederunt*

32 *Nomina carorum iam condita funere iusto*

33 *Nomina dat spondae pictis pulcherrima*

34 *Nomina pone, pater, cunctis animantibus*

35 *Nomina pontificum Mettensis sedis et ordo*

36 *Nomina, quae septem vertentibus apta*

37 *... / Nomine Cormaci quos tulit egregio*
M MGH Poet. 5 p. 687
I HAUBRICHS Otfrid p. 46s. n. 250

38 *Nomine dicta fuit Papinia Quinta Papini*

39 *Nomine Guod vocitans ornavit marmore*

40 *Nomine Ioannes Chrysostomus inde vocatus*
ETI CC 113A p. 221:9
I MADOZ p. 222

41 *Nomine Iulianus, menses excedere septem*

42 *Nomine mente fide meritis pietate Sacerdus*
I HEINZELMANN Bischofsherrschaft p. 130ss.

43 *Nomine namque tuo, doctor clarissime*
B Clavis Galliae II p. 446

44 *Nomine, non merito, praesul Hincmarus ab*
I HAMANN-MACLEAN Reimser Denkmale p. 139ss.
I LUSCOMBE in: Fälschungen im Mittelalter I 1988 p. 141

45 *Nomine pandecten proprio vocitare memento*
B Clavis Galliae II p. 79-81
I FISCHER Lat. Bibelhss. p. 237s.; 277
I STELLA Poesia carolingia p. 40
I KESSLER Settimane ... Spoleto 39/1992 p. 659s.
I MEYVAERT RBén 89/1979 p. 42

46 *Nomine proposito meritis certamine Victor*

47 *Nomine quae Solida vixit cum coniuge*

48 *Nomine quo genitor mihi dicitur, hoc ego*

– *Nomine quod vocitans ornavit marmore*
cf. *Nomine Guod vocitans*

49 *Nomine quos noto locus hic et imagine*

-a *Nomine sacra tuo Sigeberte dicatur imago*
[2
A inc. saec. XI
ETMOrnamenta Ecclesiae I p. 155s.

50 *Nomine sub Domini, quem gaudent cernere*

51 *Nominibus mensum quae sit rationis origo*

52 *Nominis alma tui capiat clementer origo*
I RÄDLE in: Scire litteras p. 324

53 *Nominis auspicio fulgent tua facta, Paterne*
ETC REYDELLET II p. 119

54 *Nominis effusi a Christo, dux, tutor et auctor*

55 *Nominis et formae pariter ludibria gestans*

56 *Nominis haud proprio pronomen fungit*
E CC Cont. Med. 68 p. 89

57 *Nominis omne genus ter binus calculus ornat*
E CC Cont. Med. 68 p. 42
I EBERHARDT p. 369

58 *Nominis umbra manet veteris; nam dicere*

59 *Nominis ut titulo, sic mentis lumine Clarus*

60 *Non abacus, non te mathesis, Gerberte*

61 *Non adeo cecidi, quamvis abiectus, ut infra*

62 *Non aequos Parcae statuistis stamina vitae*
I MONTORSI Epigrafe modenese p.157

63 *Non aliter quam nos Ioseph decantat et ipse*

64 *Non amo quod vincat, sed quod succumbere*

65 *Non amo te, Sabidi, nec possum dicere quare*

66 *Non aries illum verno ferit aere cornu*

67 *Non audis et verba sinis mea ludere, cum*

68 *Non bibit in rivo doctrinae quem docet Ivo*

69 *Non bibit inter aquas poma aut pendentia*

70 *Non bibulo quiddam nuper sed Caesare*

71 *Non bonus agricolis, non frugibus utilis*

72 *Non cenat sine apro noster, Tite, Caecilianus*

73 *Non circumdantis timeo me milia plebis*

74 *Non clausa in tumulo requiescunt ossa*

75 *Non custos si fingar ille Cretum*

76 *Non de plebe domus nec avarae verna*

77 *Non de vi neque caede nec veneno*

78 *Non decet hinc querulas homines emittere*

79 *Non dicam, licet usque me rogetis*

80 *Non digna coniunx cito vita exire decrevisti*

81 *Non digne, Felix, citto vitam caruisti, miselle*

82 *Non dixi, Coracine, te cinaedum*

83 *Non donem tibi cur meos libellos*

84 *Non dubie nostri Deus est et rector, et auctor*

85 *Non ebur neque aureum*

86 *Non ego celari possum, quid nutus amantis*

87 *Non ego continuo morior, dum spiritus exit*
ET BERTINI Autori latini p. 180s.

88 *Non ego de toto mihi corpore vindico vires*

89 *Non ego mendosos ausim defendere mores*

90 *Non ego, ne pecces, cum sis formosa, recuso*

91 *Non ego nobilium sedeo studiosus equorum*

92 *Non ego nunc Hadriae vereor mare noscere*

93 *Non ego nunc tristis vereor, mea Cynthia*

94 *Non ego te infletum memori fraudabo*

95 *Non ego te, quamvis properabis vincere*

96 *Non erat iste locus: merito tamen aucta*

97 *Non erit in turba quisquam Μισούμενος ista*

98 *Non es eques - Quare? - Non sunt tibi milia*

99 *Non est dives opum dives, nec pauper*

00 *Non est elatum in me cor meum*

01 *Non est ex albo iudex patre Aegyptio*

02 *Non est - falleris - haec beata, non est*

03 *Non est forma satis, nec quae vult bella*

04 *Non est in populo nec urbe tota*

05 *Non est in terris me virgo stultior ulla*
I COURCELLE Lecteurs ... de l'Énéide p. 119; 122

06 *Non est ista recens, nec nostri gloria caeli*

07 *Non est lana mihi mendax nec mutor aheno*

08 *Non est mentitus qui te mihi dixit habere*

09 *Non est munera quod putes pusilla*

10 *Non est, Tucca, satis quod es gulosus*

11 *Non facit ad saevos cervix, nisi prima, leones*

12 *Non fueras, nunc es, iterum nunc desines*

13 *Non fuit Arsacidum tanti expugnare Seleucen*
I MARIOTTI in: Fs. C. DIONISOTTI 1974 p. 547; 563 (= S. MARIOTTI Scritti medievali e umanistici 1976 p. 160; 176)

14 *Non gelidus sanguis oppletos strinxerat*

15 *Non gravis hic texit tumulus te, Punica virgo*

16 *Non habilis cyathis et inutilis uva Lyaeo*
I BERSCHIN Gr.-lat. MA p. 180

17 *Non haec humanis opibus, non arte magistra*

18 *Non hederam sperare vales laurumve, libelle*
ET VISCARDI Origini Testi p. 204s.
I COURCELLE Lecteurs ... de l'Énéide p. 320
I KULLMANN in: Fs. AUTENRIETH 1988 p. 6
I GIOVINI Maia 52/2000 p. 295-316

19 *Non Helicona gravi pulsat chelys enthea*

20 *Non hic auratis orantur prandia fulcris*

21 *Non hic nostra diu est fugienti tempore vita*
ETC REYDELLET I p. 153

22 *Non hic olla meos cineres aut continet arca*

23 *Non hoc de nihilost quod Laches me*

24 *Non homo, non pecus, et pro parte videtur*

25 *Non horti neque palmitis beati*

26 *Non hos lana dedit sed olentis barba mariti*

27 *Non iam pastus erit dignae dulcedine cenae*

28 *Non ideo, Gelli, sperabam te mihi fidum*

29 *Non ideo quidquam mandat Deus, ut sibi*

30 *Non ignominium est virum seduci prudentem*

31 *Non Indum fulgebat ebur, quod inhaeserat*

32 *Non ita complebant Ephyraeae Laidos aedis*

33 *Non ita Dardanio gavisus Atrida triumpho*

34 *Non ita me di ament quicquam referre putavi*

35 *Non labor est penitus pergenti in lumine*

36 *Non magis est nato laetata Verona Catullo*
I ÖNNERFORS Waltharius p. 28s.
I KULLMANN in: Fs. AUTENRIETH 1988 p. 5

37 *Non Maro, Flaccus, Naso. Lucanus*
M BISCHOFF in: Jean Scot Érigène et l'Histoire de la Philosophie p. 50
I SPILLING in: Iren u. Europa II p. 880s.

38 *Non me scriptorem, lector, sed rode priorem*

39 *Non me sic aliena manus quam laedit amicus*

40 *Non mea Massylus servat pomaria serpens*

41 *Non mendax stupor est nec fingitur arte*

42 *Non meritis precor ut ve ...*

43 *Non mihi diffusae dant prandia celsa*

44 *Non mihi licere meam rem me solum, ut volo*

-a *Non mihi praesumens ullam praestare [salutem* 12
A Sedul. Scot.?
ETI MEYERS/VON BÜREN ALMA 57/1999 p. 98-102

45 *Non mihi sit ductrix inflata superbia, quaeso*
E MGH Poet. 5 p. 649

M PASSALACQUA Codici p. 307
M PELLEGRIN Bibliothèque Vaticane I p. 526
I FICHTENAU Lebensordnungen II p. 369

46 *Non minimas grates, non parva rependere*
I COURCELLE Lecteurs ... de l'Énéide p. 499
I HAUBRICHS Otfrid p. 41 n. 209

47 *Non miror quod potat aquam tua Bassa*

48 *Non mirum est, fallax nimium quod flamma*
EI SCALIA StudMed III 18/1977 p. 51

49 *Non nobis, piae, spes fuerat, cum sis novus*
ET Ekkeh. IV. ed. HAEFELE p. 66
ET OCHSENBEIN in: St. Gallen II p. 110
I HAEFELE in: Fs. DUFT 1980 p. 187

50 *Non nomen, non quo genitus, non unde, quid*

51 *Non nos Saturni genuit spurcissima proles*

52 *Non omnis aetas ad perdiscendum sat est*

53 *Non omnis laudes pretiumque aurata*

54 *Non omnis nostri nocturna est pagina libri*

55 *Non optata tibi coniunx monimenta locavit*

56 *Non pater hos monitis, gemitu movere*

57 *Non patitur cunctas angustia carminis huius*

58 *Non per mystica sacra Dindymenes*

59 *Non plenum modo vicies habebas*

60 *Non possum nasci, si non occidero matrem*
M L. MUNZI Il 'De partibus orationis' di Giuliano di Toledo 1983 p. 231

61 *Non possum prorsus dignos componere*
ET Ekkeh. IV. ed. HAEFELE p. 194
ET OCHSENBEIN in: St. Gallen II p. 112
I BERSCHIN Gr.-lat. MA p. 180

62 *Non possum vetulam? quaeris, Matrinia*

63 *Non possunt, paliurus ait, divellere trimum*

64 *Non potare nivem sed aquam potare*

65 *Non puerum rapias, pueri non munera tollas*

66 *Non quaeras hominum laudem propter bona*

67 *Non quemcumque focum nec fumum caseus*

68 *Non quia, Maecenas, Lydorum quidquid*

-a *Non quia qui summus Pater est et Filius hic* [*est* 2
E JEAUNEAU Études Érigéniennes p. 663

69 *Non recto servat legalia sabbata cultu*

70 *Non redit in florem, sed munus perdit*

71 *Non renuenda peto, mihi, Calliopea, faveto*
B Rep. Font. V p. 168

72 *Non, rogo, dura tibi videatur semita fratrum*
B Clavis Galliae II p. 418s.
I EKENBERG Cur Cantatur? p. 176; 181

73 *Non rude vulgus lacrimisque novum*

74 *Non rudis indocta fecit me falce colonus*

75 *Non satis antiquis doctoribus impar haberis*
ETI CC 113A p. 225:14
I MADOZ p. 219

76 *Non satis est ars sola coco: servire palatum*

77 *Non satis est quod nos mergis, furiosa*

78 *Non semper clipei metuendum gentibus*

79 *Non semper imbres nubibus hispidos*

80 *Non semper vere est felix impleta voluntas*
I SCHALLER in: Fs. AUTENRIETH 1988 p. 136ss.

81 *Non sensus, lector, quaeso, non verba*

82 *Non servit iussis legis prudentia carnis*

83 *Non sibi sed domino venatur vertragus acer*

84 *Non silice duro structilive caemento*

85 *Non sim pro meritis sanctorum coetibus exul*

86 *Non sim talorum numero par tessera, dum sit*

87 *Non sinat offensas super has deus affore*
I STOTZ MlatJb 16/1981 p. 3
I DUFT Bodensee p. 90s.

88 *Non sistas iracundus nec corde protervus*

89 *Non solum claros ex nobilitate parentes*

90 *Non solum me numen et implacabile fatum*

91 *Non solum miseros taeterrima febris adurit*

92 *Non suffecerat uno dolore miseros bibere*

93 *Non sum compta comis et non sum compta*
E KORTEKAAS Historia p. 384s.

94 *Non sum crispa quidem nec silvae filia*

95 *Non sum de fragili dolatus ulmo*

96 *Non sum de primo, fateor, trifolina Lyaeo*

97 *Non sumus aequales, quamvis ambaeque*

98 *Non sumus audacis plebeia toreumata vitri*

99 *Non tales quondam species tulit armentorum*

00 *Non tantum calamis sed cantu fallitur ales*

01 *Non tantum isse iuvat Romam, bene vivere*
I FRIED in: Charlemagne's Heir p. 236 n. 28

02 *Non tantum pullo lugentes vellere lanas*

03 *Non te peto, piscem peto, quid me fugis*

04 *Non te, qui properas viator ire*

05 *Non tibi de Libycis tubures et apyrina ramis*

06 *Non tibi sit nostras indigum noscere causas*
EI U. SCHWAB Die Sternrune im Wessobrunner Gebet 1973 p. 53
I BAESECKE Reimgebet p. 34

07 *Non tibi vina placent, o insanabilis hospes*

08 *Non tituli pretium sed amantis accipe curam*

09 *Non tot Achaemeniis armatur etrusca*

10 *Non tot in Eois timuit Gangeticus arvis*

11 *Non totam mihi, si vacabis, horam*

12 *Non tu tantis causa periclis*

-a *Non tulit hanc speciem furiato pectore Victor*
[1
A Ekkeh. IV.
ET Ekkeh. IV. ed. HAEFELE p. 160

13 *Non ullis meritis, sed sola voce sacerdos*
M MUNK OLSEN Auteurs classiques I p. 478

14 *Non umquam altricem nostri reticebo*

15 *Non una Aeaciden tellus habet: ossa*

16 *Non uno semper concurrunt ordine fratres*

17 *Non urbana mea tantum Pimpleide gaudent*

18 *Non usitata nec tenui ferar*

19 *Non valet ulterius cladem spectare suorum*

20 *Non vendo nisi amantibus coronas*

21 *Non veniam meritis tribuas, quaeso*

22 *Non vis in solio prius lavari*

-a *Non videat Christum, qui librum subtrahit* [*istum* 1
A inc. saec. XI
EM Colophons 22637

23 *Non vides, quanto moveas periclo*

24 *Non volo penniger aethram, non vago rura*

25 *Nonae aprilis norunt quinos*
E CC Cont. Med. 44 p. 305
M DE MEYIER Codices Vossiani VI p. 265
M VOLLMANN in: Poesia dell'alto medioevo p. 258
B LAPIDGE/SHARPE p. 349s.:1307
I JONES in: Famulus Christi. Essays in Commemoration of ... Bede ed. G. BONNER 1976 p. 270; 283
I BRUNHÖLZL I p. 183 n. 48
I JONES Viator 6/1975 p. 357s.
I Sigebert von Gembloux, Liber decennalis ed. J. WIESENBACH 1986 p. 60
I SCHÄFERDIEK DA 39/1983 p. 376

26 *Nonae kalendae afferunt quinos*

27 *Nonaginta dies et quattuor ac medium sol*

28 *Nonas Aprilis norunt consistere quinis*

29 *Nondum bis denos aetas compleverat annos*

30 *Nondum bis denos annus compleverat annos*

31 *Nondum completis viginti quattuor annis*

32 *Nondum cuncta polo vigil inclinaverat astra*

33 *Nondum est beatus, turba quem non riserit*

34 *Nondum legerit hos licet puella*

35 *Nondum longus erat nec multa volumina*
EC Ferrari ItMedUm 16/1973 p. 15
BI Lebek in: Klass. Antike u. Gegenwart (Dialog Schule-Wissenschaft. Klass. Sprachen u. Literaturen 19) 1985 p. 57-62
I Courtney Mnemosyne IV.39/1986 p. 405

36 *Nondum murice cultus asperoque*

37 *Nondum Solis equos declinis mitigat aestas*

38 *Nondum subacta ferre iugum valet*

39 *Nongentis pariterque novem labentibus*
EM Colophons 16912
EI Allgeier Jahresbericht der Görres-Gesellschaft 1938 (1939) p. 103ss.
M facs. Berschin in: Theophanu I p. 328-330 tab. 1-5
I Maurer Konstanz p. 75 n. 21

40 *Nongento primo anno incarnati domini*

41 *Nonnumquam existit subiti nova causa*

42 *Nonum nunc anni censemus in ordine*

43 *Nonum post decimum compleras nubilis*

– *Nonus habet pugnas nec adest dux ipse*
cf. *Atque ea diversa penitus dum parte*

44 *Norica prima parens fuerat, Aquitania mater*

45 *Norica tam certo venabula dirigit ictu*

46 *Noricus ex genere fueram atque Aquitanicus*

47 *Noricus ex patribus ego sum, Germanicus*
I Schmid Klostergemeinschaft Fulda p. 1008

48 *Norma sanctorum, decus et corona*

49 *Nortbertus donum dedit hoc tibi, Galle*

50 *Northmanniae nunc praesules*

51 *Nos ad salvandum venit per virginis alvum*

52 *Nos afflictos aestu vel pluvia*

53 *Nos alicam, poterit mulsam tibi mittere dives*

54 *Nos ante te, uxor, iustius fuerat mori*

55 *Nos Athlante satas stolidi dixere priores*

56 *Nos bibimus vitro, tu murra, Pontice. Quare*

57 *Nos decem et septem genitae sine voce*
I Pavlovskis Cl & Med 39/1988 p. 241

58 *Nos Deus in ligno revocavit ab hoste*

59 *Nos dicamus Christo laudem genitoris unico*
ET Godman Poetry p. 82ss.
ET Klopsch Lyrik p. 74
BI Bullough Carolingian renewal p. 137; 156
I Pressacco in: Aquileia e le Venezie p. 237s.
I Bullough Aula Renovata p. 288
I Kullmann in: Fs. Autenrieth 1988 p. 4
I Villa DA 51/1995 p. 43
I Schaller Studien p. 369; 376 n. 14

60 *Nos Domino laudes dignas gratulando*

61 *Nos et nostra dei benedicat dextera dona*

62 *Nos geminas olim genuit natura sorores*
I Pavlovskis Cl & Med 39/1988 p. 238

63 *Nos Gordiani atque Epimachi*

64 *Nos grates domino referamus riteque laudes*
EC CC Cont. Med. 117 p. 124

-a *Nos hodie laeti colimus tua festa, Georgi* [6
E AH 49 p. 109:237
I Haubrichs Georgslied p. 330

65 *Nos in amore Dei, qui cuncta creavit*

66 *Nos Lacedaemoniae pastor donavit amicae*

67 *Nos manibus duris et toto sole perusti*

68 *Nos mater generat, generamus nos quoque*

– *Nos pagani compulerunt*
cf. *Christi oves, exultate spiritali*

69 *Nos pater occultus commendat patulae matri*

70 *Nos quini, vario fratres suo nomine, templum*

71 *Nos Satyri, nos Bacchus amat, nos ebria*

72 *Nos sitis atque fames conturbat, bestia*
ET KLOPSCH Lyrik p. 200
EC CC Cont. Med. 117 p. 23
I COURCELLE Lecteurs ... de l'Énéide p. 482
I BRUNHÖLZL in: Scire litteras p. 91

73 *Nos sua, Magne, pignora Gallus*
BI STOTZ Sapph. Dichtung p. 19; 194; 202s.; 238; 427; 459

74 *Nos sumus, ad caelum quae scandimus alta*
E KORTEKAAS Historia p. 388

75 *Nos sumus aequales communi sorte sorores*
I PAVLOVSKIS Cl & Med 39/1988 p. 237

76 *Nos tibi digna tuae monumenta extrema*

77 *Nos tibi subiectos benedic precor alme*

78 *Nos volumus per annos vadere scire libellos*

79 *Noscat quisquis bonus, scripsi quoniam*
EM Colophons 17055

80 *Nosce tamen servum plus ingenuo*
E RÄDLE in: Fs. BULST 1981 p. 180
BI SZÖVÉRFFY Latin Lyrics I p. 231s.

81 *Noscere qui mavis Martini gesta beati*

82 *Noscere quisque velit, tumulo hoc quis*
I MOSETTI CASARETTO StudMed III 38/1997 p. 659

83 *Noscitur in signis populus habitasse*

84 *Nosses iocosae dulce cum sacrum Florae*

85 *Noster ad ecclesiam quotiens conventus*

86 *Nosti mortiferum quaestoris, Castrice*

87 *Nosti si bene Caesium, libelle*

88 *Nostra carmina supplici / devotione poscant*

-a *Nostra tibi prosit sapientia, cane sacerdos*
[2
A Israel Scot.
E MGH Poet. 5 p. 648
M CTrop V p. 77; 276; 279; 281
I STÄBLEIN in: Fs. ENGEL 1964 p. 378

89 *Nostra tuba / Deo nostro decus est*

90 *Nostra tuba / Nunc tua clementia*

91 *Nostra tuba / regatur fortissima*
M CTrop V p. 79; 276; 278
MB V. D. STEINEN ZSchwKG 40/1946 p. 258
I V. D. STEINEN ZSchwKG 41/1947 p. 46
I DE GOEDE PRU p. CXLV

92 *Nostrae laetificae quae mittis dona Mariae*
B Clavis Galliae I p. 368s.
I BERSCHIN ZGObRh 134/1986 p. 20

93 *Nostras omnis familia*
ET Virg. Gramm. ed. POLARA p. 214

94 *Nostris sollemnis saeculis / Refulget dies*
EI Mélanges Colombaniens p. 331s.
I BERSCHIN Biographie II p. 37
I NORBERG in: Cultura in Italia p. 368

95 *Nostris versibus esse te poetam*

96 *Nostrum peccamen deleverat hoc cruciamen*

97 *Nostrum peccatum ruit istum per cruciatum*

98 *Nota Suburanas inter Telesina puellas*

99 *Notas habemus quisque corporis formas*

00 *Note, licet nolis, sublimi pectore vates*

01 *Notitia exilis nobis, Attusia, tecum*

-a *Notitiam nutrienti ne similes illis*
[*nuncupentur* 6
A Valerius Bergidensis: Epitameron 5f
E DÍAZ Anecd. Wisig. p. 109s.

02 *Notitiam veri quo numquam fallere nosti*

03 *Notum sit cunctis praesentibus atque futuris*

04 *Notus es in mundo tua per theoremata toto*
ECI ÖBERG MlatJb 33.2/1998 p. 21-43
ECI MCDONOUGH MlatJb 32.2/1997 p. 23-51
I WOLTERBEEK Ridicula p. 214s.

I DRONKE Individuality p. 76ss.

05 *Notus honore gentibus ... Christi videns*

06 *Nova gratia aethera / reboantia*
I STÄBLEIN AMusWiss 18/1961 p. 20

07 *Novae laudis adsunt nobis*

08 *Novariae genitus, Papiae moenibus altus*
I BISCHOFF in: Il Libro e il Testo p. 173

09 *Novariae natus, Papiae moenibus altus*
EM Colophons 17484
I VILLA Lectura Terentii I p. 119

10 *Novem Iovis concordes filiae sorores*

11 *Novenas Iunii Kalendas novenas qui nos*

12 *Noverat ergo deus, quid homuntio gesserit*
I LAPIDGE in: Jean Scot Érigène et l'Histoire de la Philosophie p. 446s.; 448

13 *Noverit incauto Entellus conamine lapsus*

14 *Novimus esse viam qua credimus esse*
ETC Carm. Cant. 62 ed. ZIOLKOWSKI p. 134; 315

15 *Novimus quantas dederit ruinas*
BI STOTZ Sapph. Dichtung p. 18; 74; 94; 109-112; 131; 259; 261; 270; 456

16 *Novit loturos Dasius numerare: poposcit*

17 *Novum melos ac cantica / Pangamus*

18 *Novum vetus vinum bibo*

19 *Nox abiit oriturque Aurora: Parilia poscor*

20 *Nox abit astrifero velamine cincta micanti*

21 *Nox atra rerum contegit / Terrae*
E Hymnarium oscense II p. 33
EC Canterbury Hymnal 37517 p. 46
M ODERMATT Ordinarius St. Arnulf p. 390
M Portiforium Wulfstani nr. 2671

22 *Nox ego sum facie, sed non sum nigra colore*

23 *Nox erat et caelo fulgebat Luna sereno*

24 *Nox erat et magni alternis per climata caeli*
ETI ZIOLKOWKSI Poetica 23/1991 p. 3
TI ZIOLKOWSKI Talking animals p. 79ss.; 213s.

25 *Nox erat et somnus curas marcore premebat*

26 *Nox erat, et somnus lassos submisit ocellos*

27 *Nox erat et toto fulgebant sidera mundo*

28 *Nox et amor vinumque nihil moderabile*
M MlatJb 15/1980 p. 275; WIC 12344

29 *Nox et tenebrae et nubila*
E Hymnarium oscense II p. 32
EC Canterbury Hymnal 37517 p. 44
TC M. M. VAN ASSENDELFT Sol ecce surgit igneus 1976 p. 42
M Portiforium Wulfstani nr. 402
I BUCHHEIT Wiener Studien 99/1986 p. 257
I BLASWELL VigChr 29/1975 p. 224
I GNILKA in: Fs. KÖTTING 1980 p. 426s.

30 *Nox media, et dominae mihi venit epistula*

31 *Nox mihi dat nomen primo de tempore noctis*

32 *Nox subsequens nocet aspectu*

33 *Nox ubi nulla rapit splendorum lucis amene*

34 *Nox ubi transierit caelumque rubescere*

35 *Nox ubi transierit, solito celebretur honore*

-a *Noxa notat poenam, nec non et noxia culpam* [1
A Israel Scot.
E MGH Poet. 5 p. 648

36 *Noxia corporibus quaedam de corpore*

37 *Noxia si cholerum penitus saevire venena*

38 *Nubere Paula cupit nobis, ego ducere*

39 *Nubere Sila mihi nulla non lege parata est*

40 *Nubere vis Prisco: non miror, Paula; sapisti*

41 *Nubibus atris / Condita nullum*
ET KLOPSCH Lyrik p. 40
ETC Carm. Cant. 56 ed. ZIOLKOWSKI p. 132; 314
I LOOS in: Fs. A. NOYER-WEIDNER

Interpretation. Das Paradigma d. europ. Renaissance-Literatur 1983 p. 262s.

42 *Nubibus e taetris vidi dilabere quendam*

43 *Nubibus eurorum elisis afflante furore*

44 *Nubibus omnipotens Heloim cum condere*

45 *Nubigenae iuvenis vector Taurique trucis*

46 *Nubila cum Phoebus perfudit lumine claro*

47 *Nubila per ritum dicatis tempora cuncti*

48 *Nubila quae rapido perflante Aquilone*
ETC REYDELLET II p. 88
M DE MEYIER Codices Vossiani II p. 34
I ROBERTS Traditio 49/1994 p. 1-22

49 *Nuda Venus picta, nudi pueri pinguntur*

50 *Nudatam crinibus quinque coactam virginem*

51 *Nudo stragula ne toro paterent*

52 *Nudum hominem primo mundi natura*

53 *Nudus eat hospes, placeat cui ludere mecum*
B Clavis Galliae II p. 415

54 *Nudus, egens, Veneris naufragus in pelago*

55 *Nulla anima est, quae non mortali carne*

56 *Nulla bona grataque senilis devehit aetas*

57 *Nulla Deum oblectat miserorum poena*

58 *Nulla dies adeo est australibus umida nimbis*

59 *Nulla erit suspicio / Salutis vel remedii*

60 *Nulla est difficilis vitae via, si fora fervunt*

61 *Nulla est hora tibi qua non me, Phylli*

62 *Nulla fides tecum, retinet mendacia totum*
M DE MEYIER Codices Vossiani VI p. 136

63 *Nulla manus cartam discingat, ni tua*
B Clavis Galliae II p. 45s.

64 *Nulla mihi certa est, nulla est peregrina*
E KORTEKAAS Historia p. 386s.

65 *Nulla nota est veniente die, quam dicere*

66 *Nulla penum laxat mentis pressura sinistrae*

67 *Nulla potest mulier tantum se dicere amatam*

68 *Nulla quidem mens est mortali in corpore*
I SCHALLER in: Fs. AUTENRIETH 1988 p. 136ss.

69 *Nulla remisisti parvo pro munere dona*

70 *Nulla tuum nobis subducet femina lectum*

71 *Nulla vis flammae tumidive venti*
BI STOTZ Sapph. Dichtung p. 18; 21; 58-60; 62s.; 67; 76; 78; 98s.; 107; 114; 259; 274-277; 282; 456

72 *Nulla vox humana constat absque septem*

73 *Nullam ante tempus illustrem genero prolem*

74 *Nullam ego me vidisse credo magis anum*

75 *Nullam, Vare, sacra vite prius severis*

76 *Nulli munera, Chreste, si remittis*

77 *Nulli nocendum: si quis vero laeserit*

78 *Nulli se dicit mulier mea nubere malle*

79 *Nulli, Thai, negas, sed si te non pudet istud*

– *Nullius ut meam lux*
cf. *Nullus ut*

80 *Nullo firmo loco manens consistere possum*

81 *Nullos esse deos, inane caelum*

-a *Nullum laedit me humana tetigisse vitia* 33
A inc. saec. XI
E C. BOCK in: Geschichte Alfreds des Großen ed. J. B. WEISS 1852 Anh. p. 40
B WIC 12387

82 *Nullum opus exsurgit, quod non annosa*

83 *Nullus amor tanti est, abeas, pharetrate*

84 *Nullus argento color est avaris*

85 *Nullus enim medicus poterit compescere*

86 *Nullus in hoc debet degens confidere mundo*

87 *Nullus in urbe fuit tota qui tangere vellet*

88 *Nullus ubique potest felici ludere dextra*

89 *Nullus ut meam lux sola penetrat umbram*
TC STELLA Poesia carolingia p. 202; 429ss.

90 *Num te leaena montibus Libystinis*

91 *Numenio Zoe fecit amans tumulum*

92 *Numidarum prima mulierum*

93 *Numinibus, iuvenes ob pulsum moenibus*

94 *Numinis antistes Sabazis Vincentius hic est*

95 *Nummi cum tibi sint opesque tantae*

96 *Nummi dira fames compellit vendere Iudam*

97 *Nummorum rivi, vos estis grana columbae*

98 *Numquam bella bonis, numquam discrimina*

99 *Numquam dicis have sed reddis, Naevole*

00 *Numquam discrepat utile ab decoro*
M MlatJb 16/1981 p. 427; WIC 12411

01 *Numquam divitias deos rogavi*

02 *Numquam est fidelis cum potente societas*

03 *Numquam frugiferis per saecula longa*

04 *Numquam me revocas, venias cum saepe*

05 *Numquam morte perit meritis post busta*

06 *Numquam se cenasse domi Philo iurat, et*

07 *Numquam stante domo pascit, mihi credite*

08 *Numquam Stygias fertur ad umbras*

09 *Numquam versiculum mihi fecisti, puer*

10 *Numquid in hac, Lycida, vidisti forte*

11 *Nunc admirentur quod tam mihi pulchra*

12 *Nunc age, quos clades insignis Iapyge*

13 *Nunc age, rumpe moras, calamis aufer ...*

14 *Nunc almus thero evvigero assis thiernum*
ETC Carm. Cant. 19 ed. ZIOLKOWSKI p. 82; 228
MI FRIED in: Political Thought and the Realities of Power ... ed. J. CANNING/O. G. OEXLE 1998 p. 9-32
B Rep. Font. IV p. 146
BI MCLINTOCK in: Verf. Lex.[2] III c. 928-931
I K. F. WERNER Vom Frankenreich zur Entfaltung Deutschlands u. Frankreichs 1984 p. 306
I MCDONALD/GOEBEL Literary Patronage p. 42 n. 42
I WERNER Settimane ... Spoleto 27/1981 p. 203
I M. DIEBOLD Das Sagelied 1974 p. 16-18
I U. SCHWAB Einige Beziehungen zw. altsächs. u. angelsächs. Dichtung 1988 p. 199
I WEINFURTER HJb 106/1986 p. 266
I SANTORO Medioevo e Rinascimento 9/1995 p. 17-50

15 *Nunc amici, anne inimici sis imago*

16 *Nunc Andreae sollemnia laetis canamus*

17 *Nunc aro, nunc operor, consumor in*

18 *Nunc autem narrare iuvat, sub calce libelli*

19 *Nunc, Balahamitae, tria munera ferre venite*
ETC OCHSENBEIN in: St. Gallen II p. 105-109
EI NAUMANN AU 17.1/1974 p. 76s.
M facs. Dat. Hss. Schweiz III (Abb.) p. 334 tab. 769
M St. Gallen II p. 108 tab. 4
BI SZÖVÉRFFY Latin Lyrics I p. 226s.

20 *Nunc bipedali carmine laudes*
B Clavis Galliae II p. 62
I LAPIDGE StudMed III 18/1977 p. 258; 824; 839
I VIARRE in: TRAUBE-Gedenkschrift p. 232
I JACOBSEN in: Iren u. Europa I p. 451 n. 49

21 *Nunc caelo est similis vere nunc inclita*

22 *Nunc cecinit Salomon mira dulcedine librum*

23 *Nunc cernenda placent nostrae spectacula*
TI CAMERON Peritia 4/1985 p. 119

24 *Nunc cithara / Christo digna / regi*

25 *Nunc, corda, pange melos devote*
ETC Carm. Cant. 8 ed. ZIOLKOWSKI p. 36;

186

26 *Nunc crucis almae canta gaudia*
I SZÖVÉRFFY Holy Cross p. 29

27 *Nunc cuculus ramis etiam resonavit in altis*
B DA 44/1988 p. 256
B Clavis Galliae II p. 73
I JELLEMA Speculum 30/1955 p. 26 n. 40

28 *Nunc Damasi monitis aures praebete*
M facs. BERSCHIN in: Theophanu I p. 331 tab. 6
M GNEUSS Handlist 381

29 *Nunc dies / inclita / atque pretiosa*

30 *Nunc ego cum pelagi fatis communibus insto*
EI J. E. CROSS The Literate Anglo-Saxon - On Sources and Disseminations, Proceedings of the British Academy 58/1972 (1974) p. 67ss.

31 *Nunc ego Triptolemi cuperem consistere*

32 *Nunc est bibendum, nunc pede libero*

33 *Nunc est ira recens, nunc est discedere*

34 *Nunc est Apollineos Tiberina per ostia ludos*

35 *Nunc et praedictos et regni sorte sequentes*

36 *Nunc et terrigenis patribus memoremus*

37 *Nunc etiam Februi texemus carmine cursum*

38 *Nunc etiam infectos demens imitare*

39 *Nunc exsultet / omnis mundus*
M CTrop V p. 77; 276; 279
MB CROCKER p. 433
I DE GOEDE PRU p. CXLV
I V. D. STEINEN ZSchwKG 41/1947 p. 149
I BJÖRKVALL MlatJb 24-25/1989-1990 p. 52

40 *Nunc gaudeat aurea Roma*

41 *Nunc genitum Carolo volo dilectare*
B LAPIDGE/SHARPE p. 174:660
B Clavis Galliae I p. 300-302

42 *Nunc hilares, si quando mihi, nunc ludite*

43 *Nunc igitur nobis dum cessa est copia fandi*
B Rep. Font. IV p. 432

44 *Nunc igitur summi faveat clementia Christi*

45 *Nunc incipiendum est mihi magnum gaudium*
EI OSTERWALDER Ekkeh. IV. p. 85ss.
I HAUBRICHS Georgslied p. 170
I SHEERIN Traditio 38/1982 p. 58

– *Nunc invisa bonis, vocitaris nomine prisco*
cf. *Hinc cervisa abeas: vocitatus*

46 *Nunc Iovis incipiam causas aperire Feretri*

47 *Nunc laudibus symphonicis*
EI NORBERG Hymnarius Severinianus p. 58s.

48 *Nunc liceat paucis titulos praefigere musis*
I WINTER MlatJb 24-25/1989-1990 p. 558

49 *Nunc manibus fer aquas, quia sat iam*

50 *Nunc margarita dicturus de pretiosa*
ET BERSCHIN/KLÜPPEL Heiligblut-Reliquie p. 36s.
I PABST Prosimetrum p. 633s.

51 *Nunc mea divinis complentur viscera verbis*
EC SIDWELL Medieval Latin p. 101

52 *Nunc meminisse velis miserorum, virgo*
EC ROBERTINI p. 302

53 *Nunc mihi dicenda est regis fuga; traxit ab*

54 *Nunc mihi fit luctus, dum gaudia nostra*

55 *Nunc mihi iam credas, fieri quod posse*

56 *Nunc mihi mille sonos, quoque est*

57 *Nunc mihi sunt oculi bis seni in corpore solo*

58 *Nunc novitas ... pace deleta vetustas*

59 *Nunc, o Bacche, tuis humiles advolvimur*

60 *Nunc oculos tua cum violarit epistula*

61 *Nunc operae pretium est quaedam memorare*
I SHANZER RFIC 111/1983 p. 186-195

62 *Nunc Ophilonis ego soboles Synagria nupsi*

63 *Nunc pater et mater nato fecere sepulchrum*

64 *Nunc plenas posuere colos et stamina*

65 *Nunc prece Martinum cultorem flectite*

66 *Nunc primum loca tangentes cum flumine*
B OSTERWALDER Ekkeh. IV. p. 42
I KULLMANN in: Fs. AUTENRIETH 1988 p. 5
I PABST Prosimetrum p. 609-618

-a *Nunc quia permodicum Christi iuvamine* [*carmen* 27
A Wulfstan.: brevil., epil.
EI DOLBEAU AnBoll 106/1988 p. 35-98
EI HOWLETT MlatJb 31.1/1996 p. 61-65
I LAPIDGE Wulfstan p. XVII-XXII

67 *Nunc quoque quis longa vigilet sub nocte*
I HAUBRICHS Otfrid p. 11 n. 24; p. 13 n. 35; 36; 38

68 *Nunc sancte nobis spiritus*
E PÉREZ GONZÁLEZ in: Poesia dell'alto medioevo p. 341
EC Canterbury Hymnal 37517 p. 30
M ODERMATT Ordinarius St. Arnulf p. 390
M Basel, UB A X 90; A X 97
M BEERS Cistercian Hymnal p. 15s.
M GNEUSS Handlist 392
I WADDELL Cistercian Hymnal I p. IX

69 *Nunc soror alme vale, soror o carissima*
B Clavis Galliae II p. 268

70 *Nunc te marmoreum pro sumptu fecimus: at*

71 *Nunc te rogo, sancte, recolas ut nomen amici*

72 *Nunc tego quosque viros a quis et retro*

73 *Nunc tempus acceptabile*

74 *Nunc tibi, Christe / carmina laeta*
E Hymnarium oscense II p. 45
M STELLA in: Poesia dell'alto medioevo p. 250s.
B Clavis Galliae II p. 140s.
I LAPIDGE StudMed III 18/1977 p. 263; 829
I SPANKE Studien p. 5

75 *Nunc tibi, virgo virginum*

76 *Nunc ut quemque mihi*

77 *Nunc viget amor, vester et honor*

78 *Nunc viridant segetes, nunc florent germine*
EC CC Cont. Med. 117 p. 87

79 *Nunc vos, potentis omnes herbas, deprecor*
ETI HAUCK FMSt 11/1976 p. 429s.
EI NORDEN Mitt. Schles. Ges. f. Volkskunde 13-14/1911 p. 520 (= Kl. Schriften p. 234ss.)

80 *Nuntia diluvii iam decrescentis ad arcam*

81 *Nuntia Iunonis vario decorata colore*

82 *Nuntia Mariae fers, angele, mystica sanctae*

83 *Nuntia multivago Danaas perlabitur urbes*

84 *Nuntiat octavam Phariae sua turba iuvencae*

85 *Nuntium vobis fero de supernis*
E Hymnarium oscense II p. 47

86 *Nuntius emissus discurro more ministri*
E Hymnarium oscense II p. 22

87 *Nuntius iste boni fluit amnis ut hic paradisi*
ETI RÜTZ Text im Bild p. 60; 131

88 *Nuper dein labentibus vivis brumae*
M facs. UNTERKIRCHER Cod. Vind. 751 f. 40^{v}
I Liber Monstrorum ed. PORSIA p. 102-105
I GROSJEAN AnBoll 75/1957 p. 215
I MAZZUOLI PORRU Romanobarbarica 5/1980 p. 139s.

89 *Nuper erat medicus, nunc est vispillo*

90 *Nuper in Ausonia domini spectatus harena*

91 *Nuper in hoc tumulo genitoris membra*

92 *Nuper praeclaro signatus munere Christi*

93 *Nuper Tarpeio quae sedit culmine cornix*

94 *Nursicus ille senex sociam qui limine pellit*

95 *Nusquam sic colitur totis affectibus hospes*

96 *Nutriit haec Gallis Martinum lucis alumnum*

97 *Nux ego iuncta viae cum sim sine crimine*
M Bruxelles, BR 4429 (saec. XV) f. 73^{r}-

76ʳ
M N. R. KER Medieval Manuscripts in British Libraries II 1977 p. 705
M U. WINTER Hss. Diez 1986 p. 74

98 *Nyctilus atque Micon nec non et pulcher*

99 *Nympha, mei Stellae quae fonte domestica*

00 *Nympha sacri regina lacus, cui grata*

01 *Nympha suo Paridi, quamvis suus esse*

02 *Nympharum Bacchique comes, quem pulcra*

03 *Nympharum pater amniumque, Rhene*

04 *Nymphius aeterno devinctus membra sopore*
I HEINZELMANN Bischofsherrschaft p. 55

05 *Nysea de stirpe meum Cornubia partum*

O

06 *O admirabile Veneris idolum*
A inc. saec. XI
ET KLOPSCH Lyrik p. 238
ET VISCARDI Origini Testi p. 242s.
ETC Carm. Cant. 48 ed. ZIOLKOWSKI p. 124; 306
ETI LIMBECK in: Fs. DÜCHTING 2001 p. 253-274
T ÖBERG Poetry p. 211
TI VOLLMANN in: Fs. KLOPSCH 1988 p. 532-543
BI SZÖVÉRFFY Latin Lyrics I p. 76-79
I BULST Lat. MA p. 56
I STEVENS Words and Music p. 63
I DE MARCO in: Miscellanea A. CAMPANA II 1981 p. 233-255
I ROSS AU 20.2/1977 p. 45
I AVESANI in: Storia della Cultura Veneta I 1976 p. 265
I BEIN ZfdPh 109/1990 p. 41
I DRONKE in: Umanesimi p. 101
I GIOVINI StudMed III 40/1999 p. 261-278

07 *O alma Dies dominica*

08 *O alma trinitas / deitas et individua*

09 *O alma trinitas / Deus es et unitas*
M CTrop V p. 82; 277; 279
I STÄBLEIN AMusWiss 18/1961 p. 26

-a *O alpha et ω, altissimi dei patris sapientia*
E DÍAZ in: Fs. BULST 1981 p. 80s.
MI ERNST Carm. fig. p. 484; 486s.
I DÍAZ Y DÍAZ MlatJb 24-25/1989-1990 p. 97; 100; 102s.

– *O Andreas sancte, pro me intercede*
cf. *Te nunc peto, care, mane*

10 *O baptista potens tinxisti in Iordane*

11 *O beata et / Venerabilis / virgo Maria*

12 *O beata Hierusalem*
I NORBERG Les vers iambiques p. 86; 92
I NORBERG MlatJb 19/1984 p. 69

13 *O beata / theotocos alma / qui in tua*

14 *O beatam civitatem, pace quae bellum timet*

15 *O beate mundi auctor*

– *O beate protomartyr / Stephane, cuius instat*
cf. *Gloriosa dies adest, qua processit*

16 *O bene nate puer, dic, quo te laesimus*

17 *O benedicta soror Benedicti numine Christi*
E MGH Poet. 5 p. 598
B BHL 7520
I SMOLAK MlatJb 24-25/1989-1990 p. 451s.

18 *O Benedicte / nunc tibi, sancte*
M Manuscrits Dat.: France VII p. 224; cf. p. 490
B Clavis Galliae II p. 405

19 *O Benedicte pater cunctis celeberrime terris [/ Qui confessorum*
B BHL 1107-1108
M BLUM Traditio 12/1956 p. 92
I CECCHELLI BullIstStorIt 47/1932 p. 86

20 *O Benedicte pater cunctis celeberrime terris [/ Qui in caelo*
I CECCHELLI BullIstStorIt 47/1932 p. 86

21 *O Benedicte pater, Iohannis suscipe vota*

22 *O Benedicte pater, monachorum maxime*

23 *O Benedicte pater, monachorum pastor*
E MGH Poet. 5 p. 670

24 *O Benedicte, vale, monachorum maxime*
B Clavis Galliae II p. 60

25 *O blandos oculos et infacetos*

26 *O Blasi dilecte / regi regum summo*
A inc. saec. X
EI V. D. STEINEN Notker I p. 106; 178; II p. 465; 606

27 *O bona Traiectum, mater praelecta locorum*
ET Alpertus Mettensis ed. H. VAN RIJ 1980 p. 26s.
I R. GROSSE Das Bistum Utrecht u. seine Bischöfe im 10. u. frühen 11. Jh. 1987 p. 174
I ENGELS in: Beiträge zu Geschichte u. Struktur d. ma. Germania Sacra

ed. J. CRUSIUS 1989 p. 145 n. 52

28 *O bone praeparvos cultor nunc collige*
M KOTTJE Bußbücher p. 21
M MGH Poet. 5 p. 687

29 *O caelorum alme princeps*
I PÉREZ DE URBEL in: Litúrgia y música mozárabes D 1/1975 p. 148 (Congreso internacional de estudios mozárabes, Toledo 1979)
I DÍAZ Y DÍAZ MlatJb 24-25/1989-1990 p. 98 n. 12

30 *O cara anima, Deo pretiosa*

31 *O cherubin seraphin de caelo nomen Iesus*
ETC CC Cont. Med. 100 p. 51; 297
M Text als Figur p. 6
M Rabanus Maurus i. s. Zeit p. 29
M CC Cont. Med. 100A tab. B4
MI ERNST Carm. fig. p. 280-283

32 *O Christe clemens, qui tali in imagine*
I HAUBRICHS Otfrid p. 44 n. 232

33 *O cives legite hoc Remi et Quirini*

34 *O civitas fecundior quam pluribus*

35 *O clericorum optime / Tu es decus*

36 *O Colonia, quae cupis ponte ludere longo*

37 *O comes, excelso perfungens culmine, Rofrit*

38 *O cordi nostro dulcissime semper amice*

39 *O creatoris inclita*

40 *O crucifer bone, lucisator*
M FILL Hss. Kremsmünster I p. 414
M BOUHOT RÉAug 31/1985 p. 230
I THRAEDE JACh suppl. 9/1982 p. 68-78

41 *O crudelis adhuc et Veneris muneribus*

42 *O crux quae excellis toto et dominaris*
ETC CC Cont. Med. 100 p. 35; 295
M CC Cont. Med. 100A tab. B2
MI ERNST Carm. fig. p. 226-228

43 *O cui Tarpeias licuit contingere quercus*

44 *O cui virgineo flavescere contigit auro*

45 *O curas hominum, o quantum est in rebus*

46 *O curas populi studiis diversa colentis*

47 *O Daniel monachus, praelucens dogmate*

48 *O decus Argolicum, quin puppim flectis*

-a *O decus et cui vernat honor, Sigefrede, [teneto* 14
A Abbo Flor.?
ETC LAPIDGE/BAKER JournMedLat 6/1996 p. 6-8; 22s.

49 *O decus Europae, caesar Heinrice, beare*
M SCHRAMM/MÜTHERICH Denkmale[2] p. 485

50 *O decus eximium, nostrae spes aurea Musae*
EC CC Cont. Med. 117 p. 64
I COURCELLE Lecteurs ... de l'Énéide p. 250

51 *O decus eximium, votis, Taurine, precantum*

52 *O decus imperii, certissima spes quoque*

53 *O decus mundi, radiate Titan*
BI STOTZ Sapph. Dichtung p. 18; 56-59; 61; 84; 280; 456

54 *O decus, o veneranda salus, o splendide*
M SCHRAMM/MÜTHERICH Denkmale[2] p. 480
I WALLACE-HADRILL Frankish Church p. 245

55 *O decus sacrum virginum*

56 *O dee cunctiparens, animae dator, o dee*
M SOTTILI I Codici del Petrarca p. 420
M GNEUSS Handlist 12; 120
B DRONKE/LAPIDGE/STOTZ MlatJb 17/1982 p. 55

57 *O Dei perenne verbum*
I NORBERG Les vers iambiques p. 86; 92
I NORBERG MlatJb 19/1984 p. 69
I GIL Habis 7/1976 p. 209

58 *O dei verbum, patris ore proditum / Rerum*
EI M. C. DÍAZ Y DÍAZ De Isidoro al siglo XI 1976 p. 238
I GIL Habis 7/1976 p. 205
I NORBERG Les vers iambiques p. 76; 79 n. 32
I WRIGHT Late Latin p. 175s.; 192
I PÉREZ DE URBEL in: Litúrgia y música mozárabes D 1/1975 p. 157 (Congreso internacional de estudios mozárabes,

Toledo 1979)

59 *O Dei Verbum patris ore proditum / Rutilant*
A Vigila Albeldensis (saec. X)
E Díaz in: Fs. Bulst 1981 p. 87s.
I Wright Late Latin p. 175; 192
I Ernst Carm. fig. p. 476
I Díaz y Díaz MlatJb 24-25/1989-1990 p. 100; 103

60 *O deitas, vigila, quae trina vocaris et una*

61 *O Deus aeternae mundo spes unica vitae*

62 *O deus aeterne, mundi sanctissime rector*

63 *O deus aeterne quam multum devorat iste*

– *O deus altipotens, de caelis proflue rorem*
cf. *... pontifex quiesco ecce sorte*

-a *O Deus clemens, moderator orbis* 24
ETI Stotz MlatJb 24-25/1989-1990 p. 489-505

64 *O deus et hominum decus almorumque*
B BHL 7010
I Contreni Laon p. 143

65 *O deus, miseri miserere servi*
ET Klopsch Lyrik p. 190
EC Weber Gottschalk p. 143
TI Michel p. 131
I Löwe Settimane ... Spoleto 32/1986 p. 527
I Gibson Artes and Bible X p. 3s.
I Ehlen in: Exil, Fremdheit … p. 197
I Spanke Studien

66 *O deus omnigenum moderator sancte*
I Haubrichs Georgslied p. 73 n. 162
I Lapidge MlatJb 22/1987 p. 74

– *O deus omniparens, animae dator, o dee*
cf. *O dee cunctiparens animae*

67 *O Deus omnipotens, caelestia lumine [complens / Qui caelum terramque*

68 *O Deus omnipotens, caelestia lumine [complens / Qui caelum, terras*

69 *O deus omnipotens, convexae conditor arcae*
I H. Beumann Ausgewählte Aufsätze aus den Jahren 1966-1986, 1987 p. 25
I R. Schneider Brüdergemeine und Schwurfreundschaft 1964 p. 103
I Boshof in: Charlemagne's Heir p. 175 n. 79
I Erkens DA 52/1996 p. 471

70 *O deus omnipotens, cuius pietate redemptus*

71 *O Deus omnipotens hominum plasmator*

72 *O deus omnipotens, nostrae spes sola salutis*
B Clavis Galliae II p. 100

-a *O d(eu)s rector mundi celiq(ue) creator*
EM de Meyier Codices Vossiani III p. 172

73 *O Dietrice comes, hic Magnum laetus adores*
EM facs. D. Walz Auf den Spuren der Meister. Die Vita d. hl. Magnus v. Füssen 1989 p. 27 tab. 2

74 *O dilecte pater, vino transmitto Falerno*

75 *O diva, gratum quae regis Antium*

76 *O dolor, quantae lacrimae fecere*

77 *O dulci iocunda viro, iocunda parenti*

78 *O dux Rollo, potens, et praestantissime*

79 *O fata brevia contrariaque mihi*

80 *O felix animo, felix, Nigrina, marito*

81 *O felix nimis femina*

-a *O felix pat(er) o veteru(m) iuvenu(m)q(ue) [patrone*
EM de Meyier Codices Vossiani III p. 172

82 *O felix semper, magne Engilmare, magister*

83 *O felix somnus, felix per cuncta Gerardus*

84 *O felix sonipes, tanti cui frena mereri*

85 *O felix tellus quae tam venerabile corpus*

86 *O felix vates, senioris nomine dignus*

87 *O Fiscane sacris semper fecunde favillis*

88 *O flos iuvenum*

89 *O fons Bandusiae, splendidior vitro*

90 *O formonsa domus domino veneranda futura*

91 *O formosa nimis semperque pudica maritis*

92 *O Fortuna, hominum dubia quae fata*
I CUGUSI Epigraphica 44/1982 p. 101

93 *O Fortuna potens et nimium levis*
M BALLAIRA Prisciano p. 192

94 *O Fortuna viris invida fortibus*

95 *O fortunatam Galli me consule cellam*
ET Ekkeh. IV. ed. HAEFELE p. 260

96 *O frater calve, nunc et per saecula salve*

97 *O Fulco, praesul optime*
BI SZÖVÉRFFY Latin Lyrics I p. 50s.

98 *O funde noster, seu Sabine seu Tiburs*

99 *O funestus multis populi*

00 *O furum optime balneariorum*

01 *O Gauzline pater, spes inclita, praesul et*
M TRONCARELLI Boethiana Aetas p. 170

02 *O generatio recta satis*

03 *O generis clari decus, o mihi funus acerbum*

04 *O generosa parens cunctis gratissima doctis*
E HECHT Wandmalerei I p. 24
M GNEUSS Handlist 12

05 *O genitor nostri, caeli qui in sede moraris*
M PASSALACQUA Codici p. 56
M GNEUSS Handlist 903

-a *O Georgi, pretiose, miles invictissime* 12
EI HAUBRICHS Georgslied p. 189

– *O gloriosa femina (domina) / Excelsa*
cf. *Quem terra pontus aethera*

06 *O gloriosa ... Scholastica*

07 *O gloriosum lumen*

– *O grande cunctis gaudium*
cf. *Optatus votis omnium*

-a *O homo nolo velis multum potare lieum*
M PELLEGRIN Bibliothèque Vaticane II.1 p. 384

08 *O Iesu testis Christi Willelme future*

09 *O Io - versiculos nexos quia despicis*
M HOLTZ RevHistTextes 16/1986 p. 176

10 *O Iohannes da baptista*

11 *O iucunda, covinne, solitudo*

12 *O iucunda quies, primo cum testis amori*

13 *O iucundum lumen superum, o vitae iucunda*

14 *O Iuda, tradis Christum cum foedere pacis*

15 *O Iuliarum dedecus Kalendarum*

16 *O iuvenis clarae rutilans splendore iuventae*

– *O laeta et iucunda quies, o vita duorum*
cf. *Pontificis veneranda sequens vestigia*

17 *O litus vita mihi dulcius, o mare felix*

18 *O Luthdovice, si bene corde vota teneres*

19 *O lux aeterna / sublima / Claritas*

20 *O lux, beata trinitas / Et principalis unitas*
E Hymnarium oscense II p. 39
EC Canterbury Hymnal 37517 p. 55
M ODERMATT Ordinarius St. Arnulf 390
M Portiforium Wulfstani nr. 252
M GNEUSS Handlist 7
MI BULLOUGH Carolingian renewal 255s.

21 *O lux Dardaniae, spes o fidissima Teucrum*

22 *O lux vera, Deus, cunctorum conditor unus*

23 *O magna parens, Natura, deum*

24 *O magne rerum, Christe, rector inclite*
B CANTELLI BERARDUCCI p. 380s.

25 *O magni patroni, o Christi regis amici*

– *O magnum pietatis opus, mors mortua tunc*
cf. *Fortis ad infirmos descendens*

26 *O Martine / sacer, merito / canimus*
M CTrop V p. 83; 102; 277ss.

27 *O martyr aeterni patris*
I SCHALLER Studien p. 197

28 *O martyr invictissime / Saviniane pontifex*
ETI CIFM 21 p. 193:175

29 *O mater sola et virgo*

30 *O Materne, pastor alme*
I SPANKE Studien p. 142

31 *O matre pulcra filia pulcrior*

32 *O me felicem, o nox mihi candida, et o tu*

33 *O mea cara domus, habitatio dulcis, amata*
B Clavis Galliae II p. 49s.

34 *O mea cella, mihi habitatio dulcis, amata*
ET KUSCH Einführung p. 51
ET GODMAN Poetry p. 124ss.
EI GODMAN StudMed III 20/1979 p. 555-583
TC STELLA Poesia carolingia p. 364ss.; 503ss.
TI MICHEL p. 121
B Clavis Galliae II p. 41s.
I MCENERNEY RPL 8/1985 p. 179-185
I PUCCI Latomus 49/1990 p. 839-849
I CHASE in: Insular Latin Studies p. 136-152
I KULLMANN in: Fs. AUTENRIETH 1988 p. 3
I VIARRE in: TRAUBE-Gedenkschrift p. 228

35 *O mea magna salus, o spes, o gloria regni*
I GODMAN FMSt 19/1985 p. 244s.
I CIZEK MlatJb 26/1991 p. 24
I SCHALLER Studien p. 410

36 *O mi custos, o mi heros, mi pater misericors*
ET GODMAN Poetry p. 232ss.
EC WEBER Gottschalk p. 160
M Basel, UB A N IV 11 (saec. XI) f. 77^r (v. 1s.)
M BOURGAIN in: Poesia dell'alto medioevo p. 265
MI BARRETT in: Poesia dell'alto medioevo p. 414
I LÖWE Settimane ... Spoleto 32/1986 p. 527
I KLEIN Gnomon 60/1988 p. 593
I NORBERG in: Fs. MUNARI 1986 p. 345 n. 13
I WALLACE-HADRILL Frankish Church p. 369
I GANZ in: Charles the Bald p. 365

37 *O mihi care quidem semper, sed tempore*

38 *O mihi curarum pretium non vile mearum*

39 *O mihi desertae natorum dulcis imago*
ETC Carm. Cant. 31 ed. ZIOLKOWSKI p. 106; 272

40 *O mihi dilectos inter pars prima sodales*

41 *O mihi dulcis amor David, per saecla valeto*
B Clavis Galliae II p. 51s.

42 *O mihi grata quies, o blanda, Telesphore*

43 *O mihi non dubios inter memorande sodales*

44 *O mihi post nullos, Iuli, memorande sodales*

45 *O mihi post ullos numquam memorande*

46 *O mihi ter cara, natos, si vinceret aetas*

– *O miranda nimis domini sapientia summi*
cf. *Biblorum seriem Karolus rex*

47 *O miranda / stupenda / Christi opera*

48 *O ... modus semper consistit in aequo*

49 *O molles tibi quindecim, Calene*

50 *O mors crudelis, quae nulli parcere nosti*
EC CC Cont. Med. 117 p. 65
I KRAHWINKLER Friaul p. 266 n. 106
I BRUNHÖLZL in: Scire litteras p. 93

51 *O mortalis homo, mortis reminiscere casus*
M DE MEYIER Codices Vossiani III p. 48
B Clavis Galliae II p. 109

– *O multa dictu gravia, perpessu aspera*

52 *O Musae Cicilides, seu praestat Pierides*
M JEUDY ALMA 44-45/1983-85 p. 93
BI SZÖVÉRFFY Latin Lyrics I p. 178-180
I SPANKE Studien p. 41
I V. D. STEINEN ZSchwKG 40/1946 p. 246

53 *O nata lux de lumine*

54 *O nata mecum consule Manlio*

55 *O navis, referent in mare te novi*

56 *O Nazarene, lux (dux) Bethlem, verbum*

57 *O nefas, quan floridos cito, mors, eripis*

– *O nimis felix meritique celsi*
cf. *Ut queant laxis resonare fibris*

58 *O nimium dilecte Deo, cui (tibi) militat*
E August.: De civ. Dei 5.26
E Paul. Oros. ed. ZANGEMEISTER CSEL 5 p. 532
EM Otto Frising.: Chron. 4.18 ed. HOFMEISTER p. 207 n. 1

59 *O nimium mundas quas profudit latus undas*

60 *O nobilis virginitas In matre salvatoris*

61 *O non candidior puella Mauro*

62 *O numquam pro me satis indignate Cupido*

63 *O paedagoge sacer meritis*
ETC PAUELS p. 22

64 *O pater, aeterna Gislene coruscus in aula*

65 *O pater altitonans, celsi dominator Olympi*

66 *O pater astrigeri*

67 *O pater cleri, populique decus*
I SCHALLER MlatJb 27/1992 p. 92
I SWINARSKI Herrschen mit den Heiligen p. 379s.
I WILLMES Herrscher-'Adventus' p. 83ss.

68 *O pater egregie, parvum cognoscite sensum*
M MGH Poet. 5 p. 687

69 *O pater egregie, regali sanguine cretus*

70 *O pater, o pastor, num me sic proripit error*

71 *O pater, o patris proles, o spiritus alme*
M FILL Hss. Kremsmünster I p. 191

– *O pater omnipotens, celsi dominator Olympi*
cf. *O pater altitonans*

72 *O pater omnipotens, digneris ferre donanti*
M GNEUSS Handlist 175; 188
B SHARPE nr. 246

73 *O pater optime, sancto regnans pneumate*
ETC Carm. Cant. 13 ed. ZIOLKOWSKI p. 60; 207
I SPANKE Studien p. 98

74 *O pater pie Germane*

75 *O pater sancte mitis atque pie*

76 *O patris unigenitus magnus Mariae filius*

77 *O Pauline pater, pastor, patriarcha*
B Clavis Galliae II p. 40
I COURCELLE Lecteurs ... de l'Énéide p. 289

78 *O Petre, petra ecclesiae*

79 *O pia virgo Fides, quae tanto nomine polles*
EC ROBERTINI p. 298

80 *O pie lucisator, mundi rerumque parator*
E BERSCHIN p. 42

81 *O pie magne potens defensor et inclite rector*

82 *O pie, sorte tua Ruodulfum suscipe, Christe*

83 *O pietate bonus opifex, fulgore decorus*
E MGH Poet. 3 p. 129
I COURCELLE Lecteurs ... de l'Énéide p. 73

84 *O pius, prudens, bonus et modestus*
I STOTZ Sapph. Dichtung p. 142; 147s.; 153s.

85 *O plurimum niger, propera ad documenta*
B Clavis Galliae II p. 67

86 *O praeclare, decus claro de sanguine*

87 *O praesul Dunstane probus, sine fine valeto*
ETC GWARA JournMedLat 2/1992 p. 222ss.
I ERNST Carm. fig. p. 464s.

88 *O praesul patriae prudens et rex venerande*
M GNEUSS Handlist 12; 478

89 *O Priape potens amice, salve*
BI STOTZ Sapph. Dichtung p. 235-238

90 *O princeps pacis ac principium pietatis*

91 *O princeps Petre principum, caelestis aulae*

92 *O prudens lector, vitae cui cura perennis*
I STELLA Poesia carolingia p. 456s.

93 *O pulchra sacer nostra*

94 *O quam blandus es, Ammiane, matri*

95 *O quam dulciter promes armonia suavia*

96 *O quam dura tibi, piguit, Fortuna, fateri*

97 *O, quam glorifica luce coruscas*
E Hymnarium oscense II p. 80s.
M FILL Hss. Kremsmünster I p. 151
M BEERS Cistercian Hymnal p. 57s.
M NEUHAUSER Hss. UB Innsbruck I p. 53
M ODERMATT Ordinarius St. Arnulf p. 390
I SZÖVÉRFFY Marianische Motivik p. 19
I STÄBLEIN Ges. Aufs. p. 254-256
I WADDELL Cistercian Hymnal I p. IX
I TRAUBE O Roma nobilis p. 41

– *O quam infelix anima / Privata*
cf. *Nulla erit suspicio*

98 *O quam lacrimabile gestum*

99 *O quam laeta dies emicat ista*

00 *O quam magna tuae clarent praeconia*
EI MUNZI RBén 12/1992-1993 p. 189-210
B CANTELLI BERARDUCCI p. 409
I ALBERI JournMedLat 3/1993 p. 106
I SCHALLER Wiener Studien 105/1992 p. 178 n. 26
I KLOPSCH in: Geistesleben um den Bodensee p. 69 n. 8
I GODMAN Poets p. 47 n. 48
I CONTRENI in: U.-R. BLUMENTHAL Carolingian Essays 1983 p. 85
I BISCHOFF Mal. Studien III p. 154 n. 25
I BISCHOFF StMGBO 92/1981 p. 172
I VILLA DA 51/1995 p. 33
I SCHALLER Studien p. 410

01 *O quam mira sunt, deus, tua portenta*
I DE GOEDE PRU p. CXLV
I STÄBLEIN AMusWiss 19/1962 p. 85

02 *O quam pacificos cunctipotens amat*

03 *O quam suavis odor vestri de pectoris aula*
B Clavis Galliae I p. 88s.

04 *O quando optandi veniat mihi tempus amoris*
B Clavis Galliae II p. 63

05 *O quanta pietas fuerat in hac adulescentia*

06 *O qui finitimo disponis regmine cuncta*

07 *O qui flosculus es Iuventiorum*

08 *O qui, nominibus cum sis generosus avorum*

09 *O, qui perenni residens*

10 *O qui perpetua mundum ratione gubernas*
ET KLOPSCH Lyrik p. 46
ETC Carm. Cant. 73 ed. ZIOLKOWSKI p. 140; 317
TI W. BEIERWALTES in: Communicatio fidei. Fs. E. BISER ed. H. BÜRKLE/G. BECKER 1983 p. 241-251
C Notker III. in: HAUG/VOLLMANN Frühe dt. Lit. p. 286-293
M PASSALACQUA Codici p. 239
MI SILVESTRE in: Miscellanea MASAI 1979 p. 134; 143
B MEL IX 437A; 438A
I JEAUNEAU Études Érigéniennes p. 166
I STOTZ in: Liturgische Tropen p. 29
I WEBER Wiener Studien 95/1982 p. 306

11 *O qui Tartareas pede fauces proteris almo*
I SEARS in: Charlemagne's Heir p. 608

12 *O qui vetustos (venustos) uberi facundia*

13 *O Ramesiga cohors, amplis quae claudere*
M PASSALACQUA Codici p. 56

14 *O Ratramne pater, venerabilis ore magister*

15 *O rector invictissime*

16 *O redemptor mundi et plasmator omnium*

17 *O redemptor, sume carmen*
M HUGLO RevHistTextes 9/1979 p. 304 (Troyes, BM 2142 f. 189)
M GNEUSS Handlist 59
I NORBERG Les vers iambiques p. 89

18 *O regale decus, Francorum spes*
I GODMAN Poets p. 169 n. 95

19 *O regina potens, aurum cui et purpura vile*
ETC REYDELLET II p. 151
T COOK p. 20
T ÖBERG Poetry p. 89
I ORBÁN in: Fs. BARTELINK 1989 p. 275 n. 28

20 *O regina potens, exemplar posco potentis*

21 *O regina potens, o magni gloria regis*
I CIZEK MlatJb 26/1991 p. 17
I SCHALLER Studien p. 117

22 *O regis suboles Karoli, salveris amoena*

23 *O regnans deitas, trinus et unus*
B OSTERWALDER Ekkeh. IV. p. 42
I PABST Prosimetrum p. 609-618

24 *O regnorum magnis fallax*

25 *O rem ridiculam, Cato, et iocosam*

26 *O rerum, Domine, conditor omnium*
I DÍAZ Y DÍAZ MlatJb 24-25/1989-1990 p. 102 n. 34

27 *O rerum sator omnium tremende*
ET PÖRNBACHER p. 42
I BERSCHIN Biographie III p. 275ss.

28 *O res mira nimis, quis huius cernere possit*

29 *O rex augusto clarissime dignus honore*
B Clavis Galliae II p. 134-139
I SCHALLER Studien p. 144s.

30 *O rex, cur memor haud tui*

31 *O rex, iste tuus locus Efternaca vocatus*
TM facs. Ornamenta Ecclesiae I p. 221
M (facs.) cf. Cod. aur. Ept. ed. KAHSNITZ/MENDE/RÜCKER p. 28
I HOFFMANN Buchkunst p. 17

32 *O rex, o rector regminis*
M ZANNA in: Poesia dell'alto medioevo p. 367
B LAPIDGE/SHARPE p. 220:820

33 *O rex praecelso polles qui culmine magne*

34 *O rex regum, qui solus in aevum*
ETC Carm. Cant. 16 ed. ZIOLKOWSKI p. 70; 221
I STOTZ Sapph. Dichtung p. 430

35 *O Rhode, dulcis anima, acervo mihi funere*
E ICUR N. S. IX p. 65:24125
I MONTORSI Epigrafe modenese p. 158

– *O Richarde potens, et probus, et pius*
cf. *O Willelme potens*

– *O Roma felix, quae tantorum principum*
cf. *Felix per omnes festum*

36 *O Roma nobilis, orbis et domina*
ET KLOPSCH Lyrik p. 236
ET VISCARDI Origini Testi p. 244s.
T ÖBERG Poetry p. 209
M H. VAN THIEL Mittellat. Texte 1972 p. 23
I H. ANGLÈS Scripta Musicologica I 1975 p. 345-350 (Storia e Letteratura. Raccolta di Studi e Testi 131)
I AVESANI in: Storia della Cultura Veneta I 1976 p. 266
I STEVENS Words and Music p. 63
I DE MARCO in: Miscellanea A. CAMPANA II 1981 p. 231-255

37 *O Rotome, tuus tibi dux venit en recolendus*

38 *O sacer, e nostris, venerabilis, affuit unus*

39 *O sacer Heimramme praesul martyrque*

40 *O sacerdotum inclita corona*
I GIL Habis 7/1976 p. 198

41 *O sacros vultus Baccho vel Apolline dignos*

42 *O sacrosancta trinitas*

43 *O saepe mecum tempus in ultimum*

44 *O sancta mundi domina*
M FILL Hss. Kremsmünster I p. 151

45 *O sator omniparens, es qui per saecula*
M GNEUSS Handlist 927

46 *O sator rerum, reparator aevi*
M MlatJb 16/1981 p. 428; WIC 12977

47 *O semel atque iterum vero de nomine Felix*
ETMfacs. WALSER Einsiedler Inschriftenslg. p. 61; 131

48 *O semper meritos tali de prole parentes*

49 *O si diviso metiri limite Clio*

50 *O sidereae conditor aulae*
I STOTZ Sapph. Dichtung p. 123

51 *O socii io io cives concurrite cuncti*

52 *O socii, mecum studeatis ludere, quaeso*

53 *O sol iustitiae fulgens super omnia Christi*

54 *O species cari, cur non ades, alma magistri*

55 *O stelliferi conditor orbis*
ETC Carm. Cant. 54 ed. ZIOLKOWSKI p. 130; 314
I SPANKE Studien p. 4

I STOTZ in: Liturgische Tropen p. 27s.

56 *O te magnanimum, pium, modestum*

57 *O temperatae dulce Formiae litus*

– *O tenebris tantis tam clarum extollere lumen*
cf. *E tenebris*

58 *O Theos benigne Domine*

59 *O Thiodolte, bonum sedulo sermone poetam*
M MGH Poet. 5 p. 687

-a *O Thoma, Christi perlustrator lateris, per*
EC Canterbury Hymnal 37517 p. 121

60 *O tota felix conversa mente Maria*

61 *O trinum specimen, tria summa, virgo Deus*

62 *O triplex honor, o triforme culmen*
I SCHALLER Studien p. 30

63 *O tristia saecla priora*

64 *O tu qui servas armis ista moenia*
ET VISCARDI Origini Testi p. 246s.
ET GODMAN Poetry p. 324ss.
ET KLOPSCH Lyrik p. 230
T ÖBERG Poetry p. 207
BI SZÖVÉRFFY Latin Lyrics I p. 25-27

65 *O tua si sineres in nostris nomina poni*

66 *O una ante omnes felix pulcherrima virgo*
M DE MEYIER Codices Vossiani VI p. 137
I SCHALLER Studien p. 255

67 *O utinam liceat collo complexa tenere*

68 *O utinam vivo potuissem praemia morum*

69 *O veneranda dei suboles*
EC WEBER Gottschalk p. 141

70 *O veneranda trinitas laudanda*

71 *O venerande pater, Ianuari martyr opime*

72 *O venerande pie frater mihi semper amande*
B LAPIDGE/SHARPE p. 198:734
B Clavis Galliae I p. 314s.
I SZÖVÉRFFY p. 651

73 *O veni, veni, vinum*
BI SZÖVÉRFFY Latin Lyrics I p. 24s.

74 *O Venus regina Cnidi Paphique*

-a *O vere virum beatum*
E GNEUSS p. 114

75 *O verum regimen, Christe, fidelium*
EI DÍAZ Y DÍAZ in: A. GONZÁLES BLANCO Los Visigodos 1986 p. 445-448
I GIL Habis 9/1978 p. 163
I NORBERG MlatJb 19/1984 p. 70
I SCHALLER Studien p. 260 n. 47

76 *O vetustatis memoranda custos*
ET Vit. Verg. ed. BAYER p. 720
I SHACKLETON BAILEY ClPh 77/1982 p. 121

– *O victores gloriosi, his ovate laudibus*
cf. *Claras laudes ac salubres, posco*

77 *O vir beatus, cui remissa iniquitas*
I ERDT p. 116s.

78 *O virgo princeps virginum*

79 *O virtus aeterna dei, quam machina mundi*
I STELLA Poesia carolingia p. 223-229

80 *O virtus Christi proprio dicata tropheo*
E MGH Poet. 5 p. 663
MI ERNST Carm. fig. p. 513-515

81 *O vis, o decus, o excelsi gloria sensus*

82 *O vos amici corde subtilissimi*

83 *O vos artifices qui sculpere vultis honeste*

84 *O vos, est aetas, iuvenes, quibus apta*
M PASSALACQUA Codici p. 241
M Bruxelles, BR 9581-95 (saec. IX) f. 79^r
M GNEUSS Handlist 765; 903
B Clavis Galliae II p. 94s.
I CHASE in: Insular Latin Studies p. 140ss.
I ZOTZ in: Curialitas. Studien zu Grundfragen d. höfisch-ritterlichen Kultur ed. J. FLECKENSTEIN 1990 p. 400

85 *O vos praelati, non cura at nomine solo*

86 *O Willelme, potens, et probus, et pius*

87 *O Willelme sacer, iuvenili macte salute*

88 *Ob adventum carissimi / Nunc spiritus*

89 *Ob culmen generis quondam non infimus*

90 *Ob mortem Christi Lucas tenet ora iuvenci*
A inc. saec. X/XI (Cod aur. Ept.)

91 *Obdormivit Adam, cui costa revixit in Evam*

92 *Obduxere polum nubila caeli*
M Bruxelles, BR 9581-95 (saec. IX) f. 44^{v}
M GNEUSS p. 39
I SCHALLER MlatJb 19/1984 p. 82s.
I STOTZ Sapph. Dichtung p. 125
I SCHALLER Studien p. 261s.; 428
I GNEUSS MlatJb 35/2000 p. 232

93 *Obicitur totiens a te mihi nostra libido*

94 *Obliquis quid me, pathicae, spectatis ocellis*

95 *Obliquo memet visu qui figis, ocelle*

96 *Obruit haec tumulos, vivit post funera factis*

97 *Obruit Hesperia Phoebum nox umida porta*

98 *Obrutus hic abbas Seligerus ius colit et fas*

99 *Obscaenas rigido deo tabellas*

00 *Obscaenis, peream, Priape, si non*

01 *Obscuram vitam quidam qui ducere vitant*
I HOFFMANN Buchkunst p. 51

02 *Obscure poteram tibi dicere: da mihi, quod*

03 *Obsecro contemptor, tu cor compunge*

04 *Obsecro, da veniam, patriam repedare*

05 *Obsecro, mea nutrix, quid nunc fiet*

06 *Obsecro, populares, ferte misero*

– *Obsecro, quisque legis, Cynebertum supplice*
cf. *Splendet apostolici radio*

07 *Obsecro, serve Dei, super hoc absiste moveri*

08 *Obsecro te, frater, titulum qui conspicis*

09 *Obsequio gemino divisum stat opus istud*

10 *Obsequio raro solo contenta marito*

– *Obsequium praestans Damasus mentemque*
cf. *Quae tibi martyr ego rependo*

11 *Observanda / Abunde solemnitas nobis*
I DE GOEDE PRU p. CXLV
I STÄBLEIN AMusWiss 18/1961 p. 11
I V. D. STEINEN ZSchwKG 41/1947 p. 154

12 *Obsidiones obvias / Paremus omnes*
EM PÉREZ GONZÁLEZ in: Poesia dell'alto medioevo p. 342; tab.

13 *Obsignate cellas, referte anulum ad me*

14 *Obstat, care Pudens, nostris sua turba*

15 *Obtineat meritis in arce Syreneus almus*

16 *Obtineat meritis veniam, concedat et illud*

17 *Obtinui pretium votorum munere Christi*
T JANSSENS Vita e morte p. 61

18 *Obtulit altithrono parvus munuscula servus*
B Clavis Galliae II p. 387

19 *Obtulit hunc librum Boniprandus mente*
M CC 133C p. VII

20 *Obtulit hunc librum domino, Germane*
EM ÉTAIX RevHistTextes 8/1978 p. 312-314
EI QUADRI StudMed III 16/1975 p. 744
B Clavis Galliae I p. 334

21 *Obtulit hunc librum Regimarus sorte*
M SCHRAMM/MÜTHERICH Denkmale[2] p. 479

22 *Obtulit ut maneat sacrum per tempora*
MI facs. PALMA in: Il Libro e il Testo p. 311 tab. 1; 2

– *... obumbrant cycneas*
cf. *Densas figite curvanas inter viminas*

23 *Obvia turba pio stravit sua tegmina Christo*

24 *Obvius occurrens sanatur ydropicus unus*
E HECHT Wandmalerei I p. 82; II tab. 169-188
ETC BERSCHIN MlatJb 29.2/1994 p. 3-17

25 *Occasu celeri feroque raptam*

-a *Occe puelle iacet*
I MONTORSI Epigrafe modenese p. 156

26 *Occidere simul Cascae, simul occubuere*
I LEBEK RhM 125/1982 p. 176-180

27 *Occidis, Cadmi generosa proles*
BI STOTZ Sapph. Dichtung p. 18; 47-49; 61; 64s.; 67; 97; 105; 245; 281; 456

– *Occidis infelix viridi sub flore iuventae*
cf. *Accipe tam longas, brevis o scriptura*

– *Occidit Aeneae decimo Mezentius iro*
cf. *Concilium divis hominum*

28 *Occisis proprium pars utraque reddit*

29 *Occisor mortis, dux vitae, planta salutis*

30 *Occisum iugulum quisquis scrutare, inimice*

31 *Occius hic situs est Mani prosapia Festus*

32 *Occulit abbatis magni haec urna fabilas*

33 *Occupat Apriles idus cognomine Victor*

34 *Occurrere dei famulo ter forte quaterni*

35 *Occurris cum mane mihi, ni purior ipsa*

36 *Occurris quocumque loco mihi, Postume*

37 *Occurris quotiens, Luperce, nobis*

38 *Occurrit dubitans hic disserator et illud*

39 *Occurrit tibi nemo quod libenter*

-a *Oceani sacro de limite surgit Apollo* 12
E MGH Poet. 5 p. 665
MI ERNST Carm. fig. p. 505-507
I ERNST MlatJb 21/1986 p. 145

40 *Oceani summo circumfluus aequore lucus*

41 *Oceano extulerat roseos Aurora iugales*

42 *Oceano interea surgens Aurora videbat*
I SCHETTER Hermes 116/1988 p. 343-357

43 *Oceanum interea Phoebus superaverat ortu*

44 *Oceanum interea surgens Aurora reliquit*

45 *Oceanum interea surgens Aurora reliquit*

46 *Octachorum sanctos templum surrexit in*
I STAATS Reichskrone p. 25

47 *Octaphoro sanus portatur, Avite, Philippus*

48 *Octavae Martis kalendae quinque*
M VOLLMANN in: Poesia dell'alto medioevo p. 258

49 *Octavas Stephani sic fratres currite sancti*

50 *Octavus horae circulus*

51 *Octingenta quattuor centis mille fusa cruore*
E MGH Poet. 5 p. 601

52 *Octo modos iubilo monet ista per O rota*
E MGH Poet. 5 p. 666
I ERNST Carm. fig. p. 519s.

53 *Octobres age sentiat Kalendas*

54 *Octobri offertur venatio, vina, volucres*

– *Octonae Martis kalendae quinque*
cf. *Octavae Martis kalendae quinque*

55 *Octonas Martis coepit lex quinque librorum*
M Scriptorium 31/1977 p. 83
M PELLEGRIN Bibliothèque Vaticane II.1 p. 102; II.2 p. 108; 531
M AUTENRIETH in: Landesgeschichte und Geistesgeschichte. Fs. O. HERDING 1977 p. 49
M SPILLING Augsburg p. 17

56 *Octonis decies septingentisque peractis*
I BACHRACH Settimane ... Spoleto 31/1985 p. 730
I COURCELLE Lecteurs ... de l'Énéide p. 23; 176; 189

57 *Octonos distingue modos per neumata*
I FICHTENAU Lebensordnungen I p. 71

58 *Oculo Philaenis semper altero plorat*

59 *Oculos reposuit statuis qua ad vixit bene*

60 *Oddo, Romani praefulgens gemmula regni*
E BERSCHIN p. 274
T ÖBERG Poetry p. 213
I STAATS Reichskrone p. 40s.

61 *Oderat ante ducum famulos turbamque*

62 *Odero, si potero, si non invitus amabo*
M L. MUNZI Il 'De partibus orationis' di

Giuliano di Toledo 1983 p. 206

63 *Odi et amo, quare id faciam, fortasse*

64 *Odi profanum volgus et arceo*
I SCHALLER Studien p. 263

65 *Odi te quia bellus es, Sabelle*

66 *Odilo nomen habens haec vasa patraverat*
E DINTER Corp. cons. mon. X p. 259

67 *Odiosa cornix super ovem consederat*

68 *Odit falsa pius turbans turbatur iniquus*

69 *Odit pro iusto deus omnes carpiliones*

70 *Odo crucis blando iungatur rex pius agno*
MI ERNST Carm. fig. p. 362-366; 369-371

71 *Odo, princeps altissime*
EI SCHRAMM Kaiser, Könige u. Päpste II p. 156; 214
I I. STRASSER diutisk-deutsch (Österr. Ak. d. Wiss., phil.-hist. Kl., SB 444) 1984 p. 53 n. 217

-a *Oenidae interitu magni Dircaea iuventus*

72 *Offero ut fiant numina magna Mithrae*

73 *Offert progeniem sanctis altaribus Habran*

74 *Officii nostri vincire est tegmina morsu*

75 *Officiis exerte tuis, moderamine sollers*

76 *Officiis generose piis, pater alme Gregori*
ETC REYDELLET II p. 35

77 *Officiis generose piis, sacer arce Gregori*
ETC REYDELLET II p. 38

78 *Officiis intente piis, memorator amantis*
ETC REYDELLET II p. 100

79 *Officiis intente piis, pater urbis Avite*
ETC REYDELLET I p. 119

80 *Officio vivae linguae fungens liber iste*

81 *Officiosa pium ne desere, pagina, munus*

82 *Officium alterius multis narrare memento*

83 *Officium nomenque tuum, primaeve Thalasse*

84 *Offilo hic tenui versus in pulvere dormit*

85 *Ogygiae (Ogygia) me Bacchum vocant*

86 *Ohe, iam satis est, ohe, libelle*

87 *Olbertus hoc egregium, Petre sancte*
B GENICOT/TOMBEUR Index II p. 55
I HOFFMANN Buchkunst p. 44

88 *Olim cum proprio natos iurgare marito*
TI WOLTERBEEK Ridicula p. 117

-a *Olim de caelo laevum dedit inclytus signum* [14
A Ennius: annal. 3
E VAHLEN p. 26

89 *Olim defuncto cuiusdam praesule sedis*

90 *Olim dictabar proprio sub nomine caesar*

91 *Olim discipulos omnipotens Deus*

92 *Olim dives eras, nunc es de divite pauper*

93 *Olim factus homo de terrae principe limo*

94 *Olim haec transtuli / sicuti valui*

95 *Olim non fuimus, nati sumus, unde quieti*

96 *Olim pro meritis intacti funere carnis*

97 *Olim Prometheus saeculi figulus novi*

98 *Olim quae propriis laetata es, Gallia, regnis*

99 *Olim, quas vellent esse in tutela sua*

00 *Olim Romulea sanctus qui mansit in urbe*
ET CUSCITO in: Culto cristiano e politica imperiale carolingia 1979 p. 239ss.
ETI CUSCITO in: Aquileia e le Venezie p. 155-160
I PRESSACCO in: Aquileia e le Venezie p. 244-248
I R. VAN DOREN Étude sur l'influence musicale de l'abbaye de Saint-Gall 1925 p. 65

01 *Olim ruricolae bini fecere duellum*

02 *Olim sacrilegam quam misit Graecia turbam*

03 *Olim, summe pater, residebas iure (bibendi)*
TC STELLA Poesia carolingia p. 42; 146;

396s.

04 *Olim truncus eram ficulnus, inutile lignum*

05 *Olim Victor avus caelo devotus et astris*

-a *Olli respondit suavis sonus Egeriai* 27
A Ennius: annal. 2
E VAHLEN p. 20

06 *Omina ne regito lotiger en animo*
EM Manuscrits Dat.: France VII p. 561

07 *Omine susceptus primo votisque parentum*

08 *Omne bonum mundo concretum, et tempore*

09 *Omne bonum praescit Deus, et praedestinat*

10 *Omne bonum velox fugitivaque gaudia [mundi / Monstrantur*
ETC REYDELLET I p. 148; 155
TCI Venanzio Fortunato, Epitaphium Vilithutae (IV 26) ed. P. SANTORELLI 1994
I QUACQUARELLI Poesia tardoantica p. 446s.
I JACOBSEN in: Iren u. Europa I p. 444 n. 33
I GEORGE Eranos 86/1988 p. 55
I HALSALL Early Medieval Europe 5/1996 p. 16

11 *Omne bonum velox fugitivaque gaudia [mundi / Prosperitas*
ETC REYDELLET I p. 142
I GEORGE Venantius Fortunatus p. 93s.

12 *Omne bonum velox fugitivo tempore transit*

13 *Omne deus documen dedit istud habere*

14 *Omne dicit Iesus fieri non stabile regnum*
I ERKENS DA 52/1996 p. 470 n. 229
I PABST Prosimetrum p. 795

-a *Omne genus hominum, casus reminiscere*

15 *Omne genus hominum punitur caede*

16 *Omne genus mali dignum est adsurgere citro*

17 *Omne genus vitii proprio tantum valet actu*

18 *Omne hominum genus in terris simili surgit*
ETC Carm. Cant. 70 ed. ZIOLKOWSKI p. 138; 316
I STOTZ in: Liturgische Tropen p. 29

19 *Omne malum votum creat ignorantia totum*

20 *Omne ministerium, trifido quod praeminet*
I JACOBSEN in: Iren u. Europa I p. 444 n. 33
I RICHÉ in: Iren u. Europa II p. 742
I STAUBACH Rex christianus p. 117s.; 254

21 *Omne quod aeternus per verbum condidit*
TC STELLA Poesia carolingia p. 212; 435ss.
I STELLA Poesia carolingia p. 235-237; 556

22 *Omne quod est fecit deus, omnia continet in*

23 *Omne quod est plangat, quod posse plangere*
I BAYER Aachener Kunstbll. 54-55/1986-87 p. 36

24 *Omne quod hac supera vivum dinoscitur*
ETI E. MICHAEL Die Inschr. d. Lüneb. Michaelisklosters 1984 p. 3:1

25 *Omne quod Natura parens creavit*

-a *Omne visum ab homine CU delectabile* 3
ET Virg. Gramm. ed. POLARA p. 136

26 *Omnes compositi, qui nos coluere, patroni*

27 *Omnes enim diris complent mea viscera*

28 *Omnes / ergo laetemur*

29 *Omnes ergo recreati*

30 *Omnes eunuchos habet Almo nec arrigit ipse*

31 *Omnes gentes qui fecisti, tu Christe, dei*
ET GODMAN Poetry p. 186ss.
ET KLOPSCH Lyrik p. 98
M U. WINTER Hss. Diez 1986 p. 74
M H. VAN THIEL Mittellat. Texte 1972 p. 1
MB PIGHI in: Studi Zenoniani 1974 p. 22
I AVESANI in: Storia della Cultura Veneta I 1976 p. 244s.
I FASOLI Settimane ... Spoleto 35/1988 p. 26
I AVENARIUS Settimane ... Spoleto 35/1988 p. 147
I AVALLE San Zeno p. 15
I H. WOLFRAM Die Geburt Mitteleuropas 1987 p. 349
I EBENBAUER Carmen Historicum I p. 30-33; 77ss.
I NORBERG Les vers iambiques p. 109

n. 50
I W. POHL Die Awaren 1988 p. 10; 293; 301; 305; 319; 324; 402 n. 38; p. 418 n. 50
I KRAHWINKLER Friaul p. 139s. n. 120s.; p. 152
I FONTAINE in: La Neustrie II 1989 p. 355s.
I VILLA DA 51/1995 p. 39
I SCHALLER Studien p. 335 n. 26; p. 383

32 *Omnes hei mei sunt, filius illum manu*

-a *Omnes mortales victores, cordibus vivis* 11
A Ennius: annal. 12
E VAHLEN p. 65

33 *Omnes o sancti nostrae succurrite vitae*

34 *Omnes optamus: sit tibi terra levis*

35 *Omnes persequeris praetorum, Cotta*

36 *Omnes quas habuit, Fabiane, Lycoris amicas*

– *Omnes qui gaudetis de pace modo verum*
cf. *Foeda res est causam audire*

37 *Omnes sancti seraphim / cherubim*
M FILL Hss. Kremsmünster I p. 413; 480
M NEUHAUSER Hss. UB Innsbruck I p. 92
B CROCKER p. 448
I STÄBLEIN AMusWiss 19/1962 p. 86
I DE GOEDE PRU p. CXLV

38 *Omnes scribentes scriptis advertite mentes*

39 *Omnes Sulpiciam legant puellae*

40 *Omnes superni ordines*
E O. HEIMIG Corpus Ambrosianum Liturgicum I (Liturgiewiss. Quellen u. Forschungen 49) 1968 p. 318
M SCHMIDT Reichenau p. 162; 164

-a *Omnes terrarum incolae* 36
E AH 11 p. 105:177
I STOTZ in: Fs. HAEFELE 1985 p. 47s.

41 *Omnes una manet sors irreparabilis horae*
ETC REYDELLET I p. 144

42 *Omnes una veneremur / Eugenium*

43 *Omnes venite monachi per orbem*

44 *Omnes vicisti specie, doctrina puella*

45 *Omnia bona meruit ipse, dum viveret annis*

46 *Omnia, Castor, emis: sic fiet ut omnia*

47 *Omnia casus agit, fatum consulta sequuntur*
I SCHETTER Hermes 114/1986 p. 233

48 *Omnia Christus habet, per Christum cuncta*
B LAPIDGE/SHARPE p. 193:715
B SHARPE nr. 274

49 *Omnia cum Bavio communia frater habebat*

50 *Omnia cum domino dona redisse suo*

51 *Omnia cum retro pueris obsonia tradas*

52 *Omnia femineis quare dilecta catervis*

53 *Omnia formonsis cupio donare puellis*

54 *Omnia iam florent, iam formosissimus annus*

55 *Omnia iam splendent vero de lumine Christi*
ETC CC Cont. Med. 100 p. 69; 300
M Rabanus Maurus i. s. Zeit p. 29
M CC Cont. Med. 100A tab. B7
MI ERNST Carm. fig. p. 244-247

56 *Omnia melliflua dent cantica*

57 *Omnia membra mihi plasmavit corporis*
TI LAPIDGE/ROSIER p. 65
I Liber monstrorum ed. PORSIA p. 98
I PAVLOVSKIS Cl & Med 39/1988 p. 235

58 *Omnia Memphitis retinentur saecula textis*

59 *Omnia misisti mihi Saturnalibus, Umber*

60 *Omnia possideant vestram moderamina*

61 *Omnia post Petrus dominantis verba secutus*

62 *Omnia praevideat sollers industria regis*
ET MESSINA p. 35:X
I EBERHARDT p. 151; 160; 179; 373

63 *Omnia promittis cum tota nocte bibisti*

64 *Omnia, quae caelo sunt ex terraque, vocatur*

65 *Omnia quae cernis summo renovata decore*
B Clavis Galliae I p. 164s.

66 *Omnia quae longo vitae cupiuntur in aevo*

67 *Omnia, quae metuunt homines, haec rite*

68 *Omnia quae miseras possunt finire querellas*
I SHACKLETON BAILEY ClPh 77/1982 p. 123
I COURTNEY Mnemosyne IV.39/1986 p. 406

69 *Omnia quae poscis dominum, si credis*

70 *Omnia quae praesens tellus producit alendo*
EM KOEHLER/MÜTHERICH V p. 63s.; 181 (facs. tab. 47)
EM facs. JEAUNEAU Études Érigéniennes p. 604; 611 tab. 1a; 2b
TI V. D. STEINEN Homo caelestis I (Textband) p. 286
M MÜTHERICH/GAEHDE p. 107:38
MI facs. CHRISTE in: Eriugena Redivivus ed. W. BEIERWALTES 1987 p. 144s.
B Clavis Galliae II p. 88-90
I DUTTON/JEAUNEAU StudMed III 24/1983 p. 84ss.; tab. 1a; 2b
cf. *Suscipit, agne, tuum*

71 *Omnia quae sensu volvuntur vota diurno*
M PRETE Cod. Barb. Lat. p. 282 (cod. 68)

72 *Omnia, quae vario rerum metimur in actu*

73 *Omnia quaeque vides proprio quaesita*

74 *Omnia qui magni dispexit limina mundi*

75 *Omnia qui solo concludit saecula palmo*
E MGH Poet. 5 p. 665
M facs. Mal. Textüberlieferung u. ihre krit. Aufarbeitung. Beiträge d. MGH zum 31. Deutschen Historikertag 1976 p. 74
MI ERNST Carm. fig. p. 514; 518s.
I ERNST MlatJb 21/1986 p. 145

76 *Omnia qui solus rerum secreta tuetur*
ET KLOPSCH Lyrik p. 164

77 *Omnia quod scribis castis epigrammata*

78 *Omnia sorte crucis, Deus, ad te saecula*

79 *Omnia subsidunt, ater cinis omnia fiunt*

80 *Omnia sunt bona: sunt quia tu bonus omnia*
ETI WEBER Wiener Studien 114/2001 p. 543-557

– *Omnia tempus agit, cum tempore cuncta*
cf. *Me legat, annales cupiat*

81 *Omnia tempus edax depascitur, omnia carpit*

82 *Omnia trina vigent sub maiestate divina*

83 *Omnia vincit amor et nos cedamus amori*

84 *Omnia vis belle, Matho, dicere. Dic*

85 *Omnibus ad sanctum turbis patet haec via*

86 *Omnibus alma salus pueris sit atque puellis*
B Clavis Galliae II p. 44s.

87 *Omnibus attamen his sat perstat, quod*

88 *Omnibus effectis, quae poscit cura lavacri*

89 *Omnibus est locuples, qui rebus abundat*

90 *Omnibus est notum quadri per climata*
B BHL 7947
I ORCHARD JournMedLat 2/1992 p. 121ss.

91 *Omnibus exemplum sit, quod venerabile*

92 *Omnibus expletis arcem subit ille quietis*

93 *Omnibus expletis quos praesens causa*
M PASSALACQUA Codici p. 238

94 *Omnibus hoc vitium est cantoribus, inter*

95 *Omnibus in horis semper te, sancte sacerdos*
I JACOBSEN in: Iren u. Europa I p. 439

– *Omnibus in membris solvit me crimine diro*
cf. *Omnibus in terris ego sum*

96 *Omnibus in rebus geminum est opus*

97 *Omnibus in terris ego sum notissima mundo*
E MGH Poet. 5 p. 665
M GNEUSS Handlist 93; 510
MI ERNST Carm. fig. p. 516-518
I ERNST MlatJb 21/1986 p. 145

98 *Omnibus in terris nemo est perfecte fidelis*

99 *Omnibus in terris, quae sunt a Gadibus*

00 *Omnibus modis, qui pauperes sunt*

-a *Omnibus ut Clipea praestat mustela marina*

[11
A Ennius: hedyphagetica
E VAHLEN p. 218

01 *Omnigena contio redempta certamina*

02 *Omnigenarum / Murmure vocum*
E Notker Balb. ed. BERSCHIN p. 99
I LAPIDGE StudMed III 18/1977 p. 261

03 *Omnigenum pater a solio*
E MGH Poet. 5 p. 666
I ERNST MlatJb 21/1986 p. 145

04 *Omnipotens aeterne deus fons auctor origo*
ET MOUSSY/CAMUS I p. 150

05 *Omnipotens aeterne deus, qui lumina Phoebi*
E Colophons 16352

06 *Omnipotens aeterne deus, spes unica mundi*

07 *Omnipotens Angilberti miserere redemptor*
B Clavis Galliae I p. 165s.

08 *Omnipotens, annosa poli quem suspicit aetas*
I SHACKLETON BAILEY ClPh 77/1982 p. 117
I SCHMID Wiener Studien 101/1988 p. 293-295

09 *Omnipotens auctor, caeli regnator in aula*
M SCHMIDT Reichenau p. 163

10 *Omnipotens auctor, nutu qui cuncta creavit*

11 *Omnipotens caeli rector, rerum dominator*
MI POULIN Francia 15/1987 p. 730s.
B LAPIDGE/SHARPE p. 261s.:951

-a *Omnipotens caelo vosmet benedicat ab alto*

12 *Omnipotens deus, Angilberti tu miserere*
B Clavis Galliae I p. 165s.

13 *Omnipotens deus et genitor*

14 *Omnipotens deus, fortis per innumera*
MB CROCKER p. 444

15 *Omnipotens domine et pacis donator in*
MI CHAZELLE The Cross p. 30; 44ss.
I SCHRAMM Kaiser, Könige u. Päpste I p. 321
I Text als Figur p. 41s.
I FREEMAN Speculum 40/1965 p. 276s.
I ERNST Carm. fig. p. 192-197
I EHLEN in: Exil, Fremdheit ... p. 167
I SCHALLER Studien p. 1; 3-6; 12-15; 17-24; 402; 410

16 *Omnipotens dominus cunctis sua facta*
I GAMBER Ecclesia Reginensis p. 152

17 *Omnipotens dominus docet ut quod fecit*

18 *Omnipotens dominus, mundi formator et*
B Clavis Galliae I p. 243

19 *Omnipotens dominus, qui celsa vel ima*
B Clavis Galliae I p. 165
I SCHALLER Studien p. 146; 334 n. 20

20 *Omnipotens Dominus, quo constat machina*
I PABST Prosimetrum p. 636-640

21 *Omnipotens dominus tibi sit deus ipse*

22 *Omnipotens genitor, cunctis qui gentibus*
MI SIMS-WILLIAMS Archivum Historiae Pontificiae 21/1983 p. 24
B Clavis Galliae II p. 464
I SCHALLER Studien p. 188

23 *Omnipotens genitor, genito qui cuncta*
B LAPIDGE/SHARPE p. 201:747

24 *Omnipotens genitor lucem mihi confer*
E MGH Poet. 5 p. 637

-a *Omnipotens genitor lumenque et lucis origo*
[8
A inc. saec. X
E AH 47 p. 48:3
B Rep. Hymn. 14092
I SCHALLER in: Fs. AUTENRIETH 1988 p. 139

25 *Omnipotens genitor mundum dicione*
M STRAETEN Manuscrits hagiographiques p. 81
MB CARLEY Scriptorium 40/1986 p. 117:25
B BHL 1789
I HUNT/LAPIDGE Anglo-Saxon England 8/1979 p. 289
I JEHL Franziskanische Studien 64/1982 p. 311s.
I COURCELLE Lecteurs ... de l'Énéide p. 84; 92
I WRIGHT Peritia 4/1985 p. 137ss.
I WIELAND in: Insular Latin Studies p. 113
I LÖWE Settimane ... Spoleto 32/1986 p. 506 n. 65
I Willem Jordaens, Conflictus virtutum

et viciorum ed. A. ÖNNERFORS 1986 p. 27
I HAUCK Taufpfalzen p. 69
I WIELAND MedAev 55/1986 p. 85-92
I GODMAN MedAev 50/1981 p. 220s.
I LAPIDGE/ROSIER p. 21
I GROSJEAN AnBoll 75/1957 p. 216-222
I SCHALLER Studien p. 54

26 *Omnipotens genitor, natusque, et spiritus*
I SCHALLER in: Fs. AUTENRIETH 1988 p. 136ss.

27 *Omnipotens genitor, qui rerum es maximus*
I SCHALLER in: Fs. AUTENRIETH 1988 p. 139

28 *Omnipotens genitor, rerum cui summa*

29 *Omnipotens genitor, solus qui cuncta creasti*

30 *Omnipotens genitor, summae virtutis amator*
ET HAUG/VOLLMANN Frühe dt. Lit. p. 164
ET Waltharius ed. E. D'ANGELO 1998 p. 56
EI HAEFELE DA 54/1998 p. 1-22
C HAUG/VOLLMANN Frühe dt. Lit. p. 1187-1189
I SCHALLER in: Fs. AUTENRIETH 1988 p. 135ss.
I BERSCHIN MlatJb 8/1971 p. 28
I SCHALLER MlatJb 24-25/1989-1990 p. 423-437
I PENNISI Orpheus N. S. 4/1983 p. 286-341
I DRONKE Waltharius p. 66-69
I ÖNNERFORS Waltharius p. 16ss.
I SCHALLER MlatJb 18/1983 p. 63-83
I BERSCHIN ZGObRh 134/1986 p. 20
I WAWRZYNIAK MlatJb 18/1983 p. 100-104
I LANGOSCH MlatJb 18/1983 p. 84-99
I SILAGI DA 54/1998 p. 119s.
I BERSCHIN Biographie IV p. 11 n. 29
I SCHALLER Studien p. 47-57; 407

31 *Omnipotens genitor tandem miseratus ab*
I COURCELLE Lecteurs ... de l'Énéide p. 116

32 *Omnipotens ingenite, unigeniti*

33 *Omnipotens Messia soter, adde legentibus*

34 *Omnipotens miro qui cunctis numine parcit*
I GANZ in: Geistl. Denkformen p. 142

-a *Omnipotens misericors*
M MUNK OLSEN Auteurs classiques I p. 478

-b *Omnipotens nobis benedicat in omnibus [horis*
A inc. saec. XI?
E WILMAERT EphemLiturg 45/1931 p. 360:2

35 *Omnipotens propitius, misericors, rex*

36 *Omnipotens rerum factor, bonitatis et auctor*

37 *Omnipotens rerum factor regumque creator*

38 *Omnipotens, solo mentis mihi cognite cultu*

39 *Omnipotens solus, regnas qui trinus et unus*
EB DRONKE/LAPIDGE/STOTZ MlatJb 17/1982 p. 55
M GNEUSS Handlist 12

40 *Omnipotens, summi patris sapientia, Christe*

41 *Omnipotens virtus, maiestas alta, Sabaoth*
ETC CC Cont. Med. 100 p. 217; 321
M Rabanus Maurus i. s. Zeit p. 32
M CC Cont. Med. 100A tab. B28
MI ERNST in: Mittelalter-Rezeption ed. P. WAPNEWSKI 1986 p. 178
MI ERNST Carm. fig. p. 289-292; 464
I Hrabanus Maurus p. 100

42 *Omnipotens virtus, summa sapientia, Christe*
A Hraban.: cruc. 1.6
ETC CC Cont. Med. 100 p. 63; 299
M CC Cont. Med. 100A tab. B6
MI ERNST Carm. fig. p. 242-244

43 *Omnipotens vis trina deus pater optima*
A inc. saec. VI
M Wien, ÖNB 806 f. 59rb

44 *Omnipotentem semper adorent et benedicant*
I STOTZ Sapph. Dichtung p. 429; 431

-a *Omnipotenti deo omnes exigamus una*
A inc. saec. X/XI
E CTrop V p. 322

45 *Omnipotenti Domino / Prostrati omnes*
I GIL Habis 7/1976 p. 198

46 *Omnipotentis opus, quod continet iste*
ET BISCHOFF in: Bibbia di San Paolo p. 135-139
I COURCELLE Lecteurs ... de l'Énéide

p. 708
I HOFFMANN Buchkunst p. 70
I HAUBRICHS Otfrid p. 39 n. 185s.
I HAUBRICHS in: Adelsherrschaft und Literatur ed. H. WENZEL 1980 p. 39; 89 n. 186
I STAUBACH Rex christianus p. 252-254; 257

47 *Omnipotentis opus sacrum sacer ore*
I CHAZELLE The Cross p. 72

48 *Omnis, ait dominus, vindicta mihi tribuatur*

49 *Omnis aut vetulas habes amicas*

50 *Omnis chorus / ecclesiae / praeclara*

51 *Omnis chorus ecclesiarum*

52 *Omnis conventus populi deo dignus catholici*

53 *Omnis habet vitae ratio sua gaudia: honores*

54 *Omnis homo Christianus, qui accepet*

55 *Omnis homo primum proponit nobile vinum*
M GNEUSS Handlist 829

56 *Omnis in hoc gracili Xeniorum turba libello*

57 *Omnis in ima cadit qui se iactando levabit*

58 *Omnis librorum raptor nec redditor horum*
EM Colophons 22730

59 *Omnis mendosus corvos fert esse columbas*
EC CC Cont. Med. 117 p. 93
I BRUNHÖLZL in: Scire litteras p. 94

60 *Omnis mente pius fugiat mortale venenum*
EI GRÉGOIRE Settimane ... Spoleto 19/1976 p. 789
I SCHALLER in: Iren u. Europa I p. 478
I SCHALLER Studien p. 246s.

61 *Omnis mulier intra pectus celat virus*
EC Flori carmina ed. C. DI GIOVINE 1988 p. 76; 97ss.

62 *Omnis mundus / laetabundus / ista digna*

63 *Omnis orbis Eusebii*
A inc. saec. X
I V. D. STEINEN Notker II p. 602

64 *Omnis quaque via pergit, venit ut requiescat*

65 *Omnis sexus et aetas / Festa Thebaeorum*
A inc. saec. X

66 *Omnis sonus cantilene trifariam fit*
ETC Carm. Cant. 6 ed. ZIOLKOWSKI p. 22; 177
ETI WOLTERBEEK Ridicula p. 43-53; 290-297
EI BRADLEY MlatJb 36/2001 p. 235-248
MBI VOLLMANN in: Verf. Lex.[2] V c. 608-611
I STEGER Philologia Musica p. 124ss.
I SPANKE Studien p. 98
I BRADLEY MlatJb 22/1987 p. 122 n. 44
I KLOPSCH in: Fs. BRUNHÖLZL 1989 p. 149
I CALVO FERNÁNDEZ in: Actas del I. Congreso nacional de Latín Medieval 1993 ed. M. PÉREZ GONZÁLEZ 1995 p. 87-96

67 *Omnis terrarum regio*

68 *Omnis voluptas demum cum arrisit nocet*

69 *Omnisata omnigena e terra quae gramina*

70 *Omnium, Christe, pariter tuorum*
E Hymnarium oscense II p. 85
EC Canterbury Hymnal 37517 p. 111s.

71 *Omnium clemens petimus creator*

72 *Omnium precibus / pium auditum praebe*
I COURCELLE Lecteurs ... de l'Énéide p. 342

73 *Omnium regi referamus omnes*
B LAPIDGE/SHARPE p. 199:737
I STAUBACH FMSt 20/1986 p. 583; 595
I STAUBACH in: Theophanu I p. 351 n. 61
I STOTZ Sapph. Dichtung p. 444
I SCHALLER Studien p. 372

74 *Omnium rerum decimas iubemur*

75 *Opaca linquens Ditis inferni loca*

76 *Opes invisae merito sunt forti viro*

– *... opibusque paternis*
cf. *Titulis auroque nitebant*

77 *Oplomachus nunc es, fueras opthalmicus*

78 *Oppia Calsiane mater feci filiae meae*

79 *Oppida vicinis coeunt castellaque villis*

80 *Opponis frustra rapidum, Germania*

81 *Oppressae nimium vicina est fascia plumae*

82 *Oppressis quoties iustis dominatur iniqui*

83 *Oppressit Nemeae primum virtute leonem*
M BALLAIRA Prisciano p. 148
M PASSALACQUA Codici p. 129
I SHACKLETON BAILEY ClPh 77/1982 p. 117

84 *Opprimit insontes infidi causa parentis*
I F. MUNARI Kleine Schriften 1980 p. 175ss.

85 *Optamus cuncti: sit tibi terra levis*
TC STELLA Poesia carolingia p. 358ss.; 498ss.

86 *Optans misceri Notkerus in aethere plebi*
E AH 53 p. 148
M facs. J. DUFT Die Abtei St. Gallen II 1991 tab. 10

87 *Optatio nomen sis natum carmine tristi*

88 *Optatus votis omnium / Sacratus illuxit*
EC Canterbury Hymnal 37517 p. 93s.
M Basel, UB A X 90
M BEERS Cistercian Hymnal p. 44-46
M ZANNA in: Poesia dell'alto medioevo p. 368
M GNEUSS MlatJb 35/2000 p. 246
I WADDELL Cistercian Hymnal I p. IX
I NORBERG Les vers iambiques p. 34

89 *Optima vota Deo, quorum est dator ipse*

90 *Optime, magnarum Dominus cui maxima*
E ALFÖLDY Inschriften p. 412:937

91 *Optime pastorum princeps ne sperne tuorum*
E PELLEGRIN Bibliothèque Vaticane I p. 46 (cf. facs. tab. pl. 2)
EM MUNK OLSEN Auteurs classiques II p. 640

92 *Optimus est, Cleobulus ait, modus, incola*

93 *Optimus est Fuscus, bonus Afer, pessimus*

94 *Opto, benigne pater, verbo tibi ferre salutem*
ETC REYDELLET II p. 41

95 *Opto meae caste contingat vivere natae*

96 *Opto, tibi maneam praesens, dum sistis ad*

97 *Ora gerens hominis Matthaeus terrestria*

-a *Ora primum tu pro nobis, virgo mater [germinis* 16
M FILL Hss. Kremsmünster I p. 414
I HAUBRICHS Georgslied p. 183

98 *Ora pro me saepissimi / deum caeli carissimi*

-a *Ora pro scripture, si Christo habeas [adiuture* 2
A inc. saec. VII
EM Colophons 22756

99 *Orabat superos dudum Laertia proles*

00 *Oraclum sanctum et cherubim hic aspice*
I BELTING-IHM Settimane ... Spoleto 41/1994 p. 882

01 *Oramus, deus, imperium cui est animarum*
I ERNST Carm. fig. p. 544s.

02 *Oramus, si forte non molestum est*

-a *Oramus te, aeterna spes et summa* 46
A inc. saec. X/XI
E AH 10 p. 208:279
M CTrop V p. 74; 91; 277; 279; 284

03 *Orantem si cupias te exaudiri de caelo*

04 *Oraque magnanimum spirantia paene*

05 *Orator ad vos venio ornatu prologi*

06 *Oravi causas felix, dum tertia non lux*

07 *Orba queror genetrix miseri post funera nati*

08 *Orbe bonus toto passim laudabilis heros*
M A. VON EUW Liber Viventium Fabariensis 1989 p. 186
BI BULLOUGH Carolingian renewal p. 135s.; 156
BI BULLOUGH Aula Renovata p. 286s.
I G. THOMA Namensänderungen in Herrscherfamilien 1985 p. 79s.
I GODMAN Poets p. 47 n. 46
I HOFFMANN Buchkunst p. 65
I SCHALLER Studien p. 367

09 *Orbe pereffosso fluvidum de lumine vulnus*

10 *Orbe tegor medio, maior virtute paterna*

11 *Orbem iam totum victor Romanus habebat*
M MUNK OLSEN Auteurs classiques II p. 21; 222

12 *Orbis celsa gravi versantur culmina lapsu*
I HEINZELMANN Bischofsherrschaft p. 139ss.

13 *Orbis Christe salus atque redemptor*

14 *Orbis conditor / regressus est*
M CTrop V p. 79; 276; 279
I DE GOEDE PRU p. CXLVI

– *Orbis magister Tasciae*
cf. *Urbis magister Tasciae*

15 *Orbis magni monarchiam / Dolus Landrici*
ETI HOHL in: Mélanges LOUIS II 1982 p. 779-806

16 *Orbis redemptor / et conditor / iamiam*
M CTrop V p. 85; 277; 279; 281; 286

17 *Orbis Roma caput, celsa potentibus*

18 *Orbis terrarum metasque situsque locorum*

19 *Orbis vita, / Patris sapientia, / proles unica*

– *Orbita me croceo deformis comprimit alvo*
cf. *Omnibus in terris ego sum notissima*

20 *Orbita signat iter, modo qua cavus alveus*

21 *Orbus es et locuples et Bruto consule natus*

22 *Ordiar unde tuas laudes, o maxime Lari*
ET VISCARDI Origini Testi p. 88
TC STELLA Poesia carolingia p. 356ss.; 497ss.
M DE MEYIER Codices Vossiani VI p. 265

23 *Ordiar unde tuos, sacer o Benedicte*
TC E. PETERS Monks, Bishops and Pagans. Christian Culture in Gaul and Italy, 500-700 1949/1975 Index s. v.
M SILVESTRE RBén 91/1981 p. 169s. n. 3
B BHL 1105-1106
I CECCHELLI BullIstStorIt 47/1932 p. 84
I SMOLAK in: Paolo Diacono … ed. P. CHIESA 2000 p. 505-526

24 *Ordine bifario quadripertita figura*
E CC Cont. Med. 68 p. 69

25 *Ordine cuncta suo cum staret machina*

26 *Ordine finali titulae chartas breviabit*

27 *Ordine fit primus regali nomine functus*
B LAPIDGE/SHARPE p. 198:732

28 *Ordine luce micans Lucas hic tertius exstat*
ET BISCHOFF in: Bibbia di San Paolo p. 169

29 *Ordine mortis eunt alternae ad munera vitae*

-a *Ordine perversum scriptum modo perlege [versum*
M PELLEGRIN Bibliothèque Vaticane II.1 p. 372

30 *Ordine presbyteri dum promoturus asellum*
TI ZIOLKOWSKI Talking animals p. 69; 280s.
M MUNK OLSEN Auteurs classiques I p. 477

31 *Ordine quadrato variis depicta figuris*
EM facs. JEAUNEAU Études Érigéniennes p. 604; 611; tab. 1a; 3
EM KOEHLER/MÜTHERICH V p. 63s.
B Clavis Galliae II p. 88-90
I STELLA Poesia carolingia p. 41; 155-157
I FISCHER Lat. Bibelhss. p. 223
I DUTTON/JEAUNEAU StudMed III 24/1983 p. 84ss.; tab. 1a; 3

32 *Ordine tam vario disponit sidera caelo*

33 *Ordinibus variis, quorum compagine vestis*
B BHL 2737

34 *Ordinis sacri Stephanus honore*

35 *Ordior arma, quibus caelo se gloria tollit*

36 *Orditur miranda saeclo nunc gestorum*

37 *Ordo nunc rerum deposcit debitus harum*
E BERSCHIN p. 306
I E. KARPF Herrscherlegitimation u. Reichsbegriff i. d. otton. Geschichtsschreibung d. 10. Jhs. 1985 p. 137-141
I FICHTENAU Lebensordnungen II p. 538 n. 52
I HOFFMANN Buchkunst p. 33
I GOETTING in: Fälschungen im Mittelalter III 1988 p. 336-340
I ERMINI StudMed II 2/1929 p. 180

I EHLERS FMSt 23/1989 p. 305
I KIRSCH MlatJb 24-25/1989-1990 p. 215-224

38 *Ordo sacerdotum venerandaque culmina*
ETI GEORGE Venantius Fortunatus p. 48-57; 198
I GEORGE JMH 15/1989 p. 5-18
I CURTIUS Ges. Aufsätze p. 279
I HOEFLICH RPL 5/1982 p. 125ss.
I JELLEMA Speculum 30/1955 p. 17 n. 6

39 *Ordonius ille princeps, quem fama loquetur*

40 *Ore calens frigido respondit iure Saturno*

41 *Ore canit vituli Lucas miracula Christi*
MB HOFFMANN Buchkunst p. 332

42 *Ore canora canamus summo cantica Christo*

43 *Ore leo tergoque caper postremaque serpens*
C Notker III. in: HAUG/VOLLMANN Frühe dt. Lit. p. 280-285

44 *Ore mihi nulla petenti pocula dantur*

45 *Ore pulchro, et ore muto, scire vis quae sim*

46 *Ore truces ululare lupi sub nocte silenti*

47 *Oremus omnes / ad Dominum Iesum*

48 *Oremus pariter toto de corde rogantes*
ET MESSINA p. 47:XX
I EBERHARDT p. 151; 178; 187-190

49 *Organa do sancto praesul Dunstanus*
I LAPIDGE Anglia 98/1980 p. 104

50 *Organa, plebs pia, psalle iucunda*

51 *Organicis / canamus modulis / v. 6 Cuius*

52 *Organicis / canamus modulis / v. 6 Qui*
ET HOLSCHNEIDER Winchester p. 132
M CTrop V p. 84; 93; 124; 277s.; 280; 289
MB CROCKER p. 443s.
I DE GOEDE PRU p. CXLVI

53 *Organum mentis tibi, quaeso nostrae*
M DE MEYIER Codices Vossiani II p. 32
I STOTZ Sapph. Dichtung p. 442

54 *Orgia dum celebras, sacras persistis ad aras*

55 *Orgia lassato quotiens solvuntur Iaccho*

56 *Oriens annus, Ianuarius mensis*

-a *Originem opificii obstinanter offerentes* 4
A Valerius Bergidensis: Epitameron 5g
E DÍAZ Anecd. Wisig. p. 110

57 *Oritur sidus inclitum illustrans omne*

58 *Ornasti et manes lacrimis, miserabilis uxor*

59 *Ornat acus miro sabanum molimine fulta*

60 *Ornat Aphrodite cunctorum foedera rite*

61 *Ornat hanc Christi mensam Mauricius almus*

62 *Ornate ea quae linquit speciose, vitae suae*
E ALFÖLDY Inschriften p. 401:921

-a *Ornatus patriae tegeris Mustele sepulcro* [4
ET Recherches archéologiques à Haïdra I: Les inscriptions chrétiénnes ed. DUVAL 1975 Index s. v.

-b *Oro meos fratrem libros quencumque [legentem* 2
E DE MEYIER Codices Vossiani I p. 132
M BALLAIRA Prisciano p. 143

63 *Oro te ramus aram ara sumar et oro*
E MGH Poet. 5 p. 633 n.

64 *Orphea cum primae sociarent numina taedae*

65 *Orphea quod subito tellus emisit hiatu*

66 *Orpheum vatem renarrant ut priorum*
E DÍAZ DE BUSTAMANTE p. 269
I B. WEBER Der Hylas des Dracontius p. 32; 36; 38

67 *Orpheus orditas moveret dum pollice*
ETC REYDELLET II p. 85
I HOEFLICH RPL 5/1982 p. 130

68 *Orta salo, suscepta solo, patre edita Caelo*

69 *Orta, ut fama probat, memoranda divite*

70 *Orthodoxus ac beatus ille rector eminet*

71 *Ortivum solem sibi laudet Hibernia prolem*

72 *Ortu Gisleni Graecorum sanguine clari*

73 *Ortu phoebi iam proximo*

74 *Ortum sacrae quisque cupis nosse*

75 *Ortus ab Iguvio medicus fora multa secutus*

– *Ortus Hibernia insula, extremo Oceano sita*
cf. *Columbanus etenim qui et Columba*

76 *Ortus ovans hodie, celebrat quem mundus*
E LECLERCQ in: Miscellanea MERCATI II 1946 p. 483

77 *Ortus perpetui floris fructusque perennis*

-a *Ortus virginis, virgo alme, Christus, matris* [35
E DIAZ in: Fs. BULST 1981 p. 77s.
MI ERNST Carm. fig. p. 484s.
I DIAZ Y DIAZ MlatJb 24-25/1989-1990 p. 97; 102

78 *Ortus, vita obitus Bertini patris et actus*
I STOTZ MlatJb 24-25/1989-1990 p. 495s.

79 *Os cineri mixtum rapido cum decidit igni*

80 *Os est mihi patens crebroque tunditur ictu*

81 *Os et labra tibi lingit, Manneia, catellus*

82 *Os male causidicis et dicis olere poetis*

83 *Osanna rex Nazarene*

84 *Oscula, Chrysarium, viscum tibi, lumina*

85 *Oscula das pacis, quem, Iuda perfide, tradis*

86 *Oscula hic duri defigunt blanda leones*
I STELLA Poesia carolingia p. 192

– *Oscuram*
cf. *Obscuram*

87 *Osee cum Petro consistit in ordine primo*

88 *Ossa pia cineresque sacri hic ecce quiescunt*

89 *Ossa quieta precor Zopyri requiescite in*

90 *Ossa relata domum, cinis hic adoperta*

91 *Ossa sub hac lapidum felicia mole quiescunt*

92 *Ossa sub hoc tumulo pia sunt sed acerba*

93 *Ossa sub hoc tumulo requiescunt condita*

94 *Ossa T(iti) Quincti hic sita sunt. Stabilio*

95 *Ossibus et nervis iam sum disiunctus in antro*

96 *Ossibus ex pecudum fabrefacta per omnia*

97 *Ostendis Christum populis Baptista Iohannes*
B Clavis Galliae II p. 467s.
I SCHALLER Studien p. 188

98 *Ostrea Baianis certantia, quae Medulorum*

99 *Ostrea nobilium cenis sumptuque nepotum*

00 *Ostriger en arvo vernabam frondibus hirtis*
TI CAMERON Peritia 4/1985 p. 131

01 *Otgarius coepit, Hrabanus rite peregit*

02 *Otho, rex magnus recolendus atque*
BI STOTZ Sapph. Dichtung p. 18; 148; 151-155; 458

03 *Otho, surge velocius et fuge nunc citus*

04 *Otia longa tuis cupiens dissolvere tandem*
I TREMP Thegan p. 121
I SMOLAK Wiener Studien 93/1980 p. 162

05 *Otia sopitis ageret cum cantibus Orpheus*
M PRETE Cod. Barb. Lat. p. 283 (cod. 68)

06 *Otiosa loqui valde peccare est*

07 *Otiosis locus hic non est, discede morator*

08 *Otium divos rogat in patenti*
I STOTZ Sapph. Dichtung p. 424

09 *Otonis caput oppido est pusillum*

10 *Otto avus, Otto pater fuerant huic Ottoque*
I VILLA Lectura Terentii I p. 104

11 *Otto, decus regni, de stemmate cretus herili*

12 *Otto pius Caesar, totius gloria gentis*
E MGH Poet. 5 p. 633
I BAYER Aachener Kunstbll. 54-55/1986-87 p. 36

13 *Otto rex, tua lex quia semper venditur auro*

14 *Otto valens caesar, nostro tu cede coturno*
ETC GWARA JournMedLat 2/1992 p. 227ss.

TMI ERNST Carm. fig. p. 466-474
MB MGH Poet. 5 p. 685
I Text als Figur p. 42
I EICKERMANN Beiträge Essen 101/1987 p. 7
I ERNST MlatJb 21/1986 p. 144
I MÜTHERICH Otto III. p. 22
I BERSCHIN Biographie IV p. 228 n. 679
I ERNST Das Mittelalter 6.2/2001 p. 75

15 *Otto vir invictus laetetur caesar amatus*
E MGH Poet. 5 p. 400:43; p. 682
I HOFFMANN Buchkunst p. 14

16 *Ottoni regum virtus cui crescat in acta*
E MGH Poet. 5 p. 634

17 *Ottonis fuit ad tempus hic regis in aula*

18 *Oves ovilis Christi currite prece supplici*
I ENGELMANN StMGBO 95/1984 p. 139

19 *Ovorum copiosa phalanx in ventre tumentis*

P

20 *Paccius hic ego sum Germilla compare*
EC ICUR N. S. VIII p. 443s.:23586

21 *Pacifari non volumus, sic nec viduari*

22 *Pacificum passim fieret mortalibus aevum*
I COURCELLE Lecteurs ... de l'Énéide p. 169

23 *Pacificus mula residens properatur adungui*
ET BISCHOFF in: Bibbia di San Paolo p. 163
I STAUBACH Rex christianus p. 264

24 *Pacificusque tuae consistas tempore vitae*

25 *Pacis amator erat, litem rixasque fugabat*

– *Pacis amatrix / Lucis amica*
cf. *Omnia qui solus rerum secreta*

26 *Pacis Amor deus est, pacem veneramur*

27 *Pacui discipulus dicor. Porro is fuit Enni*

28 *Paene insularum, Sirmio, insularumque*

29 *Paenitens es factus: noctibus diebusque*

30 *Pagani ritus coluerunt templa deorum*
M MISONNE in: Miscellanea MASAI 1979 p. 124
B BHL 4682
I KUPPER RHE 79/1984 p. 30-36
I BABCOCK Traditio 42/1986 p. 95-113

-a *Pagina magniflui, quae dicitur Area cycli* [2
A Abbo Flor.?
E MPL 90 c. 743s.

31 *Pagina multiplici praesens langore laborat*
EM Colophons 22806

32 *Pagina namque preces et laudes continet ista*
I SCHALLER Wiener Studien 105/1992 p. 177s. n. 26

– *Pagina nunc praesens retinet splendore*
cf. *Christus, vita hominum, caelorum*

33 *Pagina Purchardo placeat, praepostulat*
BI SZÖVÉRFFY Latin Lyrics I p. 226

34 *Pagus olim gemmam nobis protulit*
I K. F. WERNER Vom Frankenreich zur Entfaltung Deutschlands u. Frankreichs 1984 p. 221

35 *Pallados armisonae festum dum cantibus*

36 *Pallados en studio didicisti, Marsya, cantum*

37 *Pallas me docuit texendi nosse laborem*

38 *Pallas tota Iovis patrio de vertice nata*

39 *Pallia nota fovet lacrimis decepta Themisto*

40 *Pallida mole sub hac celavit membra*

41 *Pallida ne Cilicum timeant pomaria brumam*

42 *Pallida sub parvo clauduntur membra*
A inc. saec. VIII/IX
M GAUTIER DALCHÉ RevHistTextes 12-13/1982-83 p. 153
I CURTIUS Ges. Aufsätze p. 149
I D. NORBERG Beiträge zur spätlateinischen Syntax 1944 p. 19
I SCHALLER Studien p. 320 n. 34

– *Pallidus hypocrita sessor*
cf. *Albi sessor equi rigidum aui*

43 *Palma caelestia regna tenentes*

44 *Palma regit nostros, mitissime Caesar*

45 *Palma sacerdoti, venerando Tetrice cultu*
ETC REYDELLET I p. 132
I GRÉGOIRE Settimane ... Spoleto 33/1985 p. 685

46 *Palma sacerdotum, rerum doctrina bonarum*

47 *Palma sanctorum, decus angelorum*
EI NORBERG Hymnarius Severinianus p. 21

– *Palmaciane iugi*
cf. *Dalmatiane, iugi*

48 *Pan tibi, Phoebe tibi, lenimen dulce laborum*

49 *Pancratius puer hac reges sub strage*

50 *Pande, duplex Arelate, tuos blanda hospita*

51 *Pande foris superum vittataque templa*

52 *Pande manum, genetrix; totus tingatur*

53 *Pande salutarem Domino vincente*
ETC CC Cont. Med. 100 p. 145; 311
EI ERNST in: Mensura. Maß, Zahl, Zahlensymbolik im MA ed. A. ZIMMERMANN 1984 p. 328ss. tab. V
M CC Cont. Med. 100A tab. B18

54 *Pande tuas, paradise, fores sedemque*

– *Pandit et haurit aquas, pendentes evomit*
cf. *Fundit et haurit*

55 *Pandite atque aperite propere ianuam hanc*

56 *Pandite defensum reduces Helicona sorores*

57 *Pandite nunc Helicona, deae, nunc pectore*

58 *Panditur atque tetri puteus praegrandis*

59 *Panditur ecce novum pelagus flatusque*

60 *Panditur hic aditus*

61 *Panditur interea caelum coetusque deorum*
I SCHETTER Hermes 116/1988 p. 343-357

62 *Panditur interea caelum sedesque Tonantis*

63 *Panditur interea domus omnipotentis Olympi*

64 *Panditur interea gaza multique sua*
EC Severi Episcopi Malacitani (?) in Evangelia libri XII ed. B. BISCHOFF/W. SCHETTER/O. ZWIERLEIN München 1994 p. 62

65 *Panditur introitus, sacrata limina Christo*

66 *Pando quod ignoro, nec contradico petenti*

67 *Pane suo vivens, aliena negotia supplens*

68 *Paneadae civis mulier deprenditur huius*

69 *Pangamus creatoris atque redemptoris*
M ROPA Quadrivium 13/1972 p. 109
M NEUHAUSER Hss. UB Innsbruck I p. 89
M FILL Hss. Kremsmünster I p. 81; 413
I DE GOEDE PRU p. CXLVI

70 *Pangamus nunc astrifero*
EI NORBERG Hymnarius Severinianus p. 43s.
I CECCHINI RFIC 108/1980 p. 484s.

71 *Pangamus pariter carmina cantibus*

72 *Pangat chorus alternatim / clara*

73 *Pangat hymnum Augiensis insula*

74 *Pangat laudes / digne lingua, canora*
I DE GOEDE PRU p. CXLVI

75 *Pangat laudes nunc lingua / nostra Iesu*
MB CROCKER p. 448
I DE GOEDE PRU p. CXLVI

76 *Pangat simul, eia / praesens caterva*
I STÄBLEIN Ges. Aufs. p. 250-255
I DE GOEDE PRU p. CXLVI
I SPANKE Studien p. 27; 143
I V. D. STEINEN ZSchwKG 40/1946 p. 242
I STÄBLEIN in: MGG XII 1965 c. 540
I STOTZ in: Fs. HAEFELE 1985 p. 48

77 *Pangat vox humana / Christe, carmina*
I STÄBLEIN AMusWiss 18/1961 p. 14

78 *Pange camena tuis extollens vocibus octo*

79 *Pange, cor, esto tenax, rogita, meditare quod*

80 *Pange cunctorum domino, caterva*
M GNEUSS Handlist 474.5

81 *Pange Deo debitum / lingua / modulando*
MB CROCKER p. 438
MB V. D. STEINEN ZSchwKG 40/1946 p. 258

82 *Pange, lector, concrepantem dulciter*
B BHL 4051
I BERSCHIN Biographie IV p. 21s.

83 *Pange, lingua, gloriosi proelium certaminis*
E Hymnarium oscense II p. 60ss.
ET KLOPSCH Lyrik p. 52
ETC REYDELLET I p. 50
ECI SZÖVÉRFFY Holy Cross p. 10-15
T ÖBERG Poetry p. 85
M HUNT/LAPIDGE Anglo-Saxon England

8/1979 p. 284
M facs. SPORBECK in: Theophanu I p. 373 tab. 3
M FILL Hss. Kremsmünster I p. 414
M Portiforium Wulfstani nr. 748
M ODERMATT Ordinarius St. Arnulf p. 390
M BEERS Cistercian Hymnal p. 32s.
M GNEUSS MlatJb 35/2000 p. 246
I SPANKE Studien p. 5
I V. D. STEINEN ZSchwKG 40/1946 p. 255
I NORBERG in: Cultura in Italia p. 366s.
I STEVENS Words and Music p. 53
I KNEEPKENS in: Fs. BARTELINK 1989 p. 193-205
I CURRAN Antiphonary p. 25ss.
I BULLOUGH Carolingian renewal p. 250
I AVALLE San Zeno p. 24
I WADDELL Cistercian Hymnal I p. IX
I QUACQUARELLI Poesia tardoantica p. 454
I STOTZ Sapph. Dichtung p. 319; 396
I SZÖVÉRFFY Wiener Studien 96/1983 p. 226ss.
I COLLINS JThSt 50/1949 p. 69
I FONTAINE in: La Neustrie II 1989 p. 354

84 *Pange, turma, corde, vultu*

– *Pangendo caeli reboemus odas*
cf. *Pangite caeli, reboemus odas*

85 *Pangite caeli, reboemus odas*
M DE MEYIER Codices Vossiani VI p. 136
M NORBERG Hymnarius Severinianus p. 8
MI HAUBRICHS Otfrid p. 37 n. 173
I STOTZ Sapph. Dichtung p. 308
I NORBERG in: Studia in hon. I. KAJANTO 1985 p. 116

86 *Pangite iam lacerae carmen lugubre*
I SCHRAMM Kaiser, Könige u. Päpste I p. 242 n. 83
I CORBET Les Saints Ottoniens p. 244
I MOISL in: H. WOLFRAM/A. SCHWARCZ Die Bayern u. ihre Nachbarn I 1985 p. 118s.
I MCDONALD/GOEBEL Literary Patronage p. 12
I H.-J. REISCHMANN Die Trivialisierung des Karlsbildes der Einhard-Vita in Notkers 'Gesta Karoli Magni' 1984 p. 80ss.
I LÖWE Settimane ... Spoleto 32/1986 p. 509 n. 77
I WERNER in: Charlemagne's Heir p. 95 n. 352

87 *Panibus angelicis albent tentoria patrum*

88 *Panibus hic septem populorum milia pascit*

89 *Pannonas et Cymbros diverso marte subegit*

90 *Pannoniae satio misit tibi, Gallia, fructum*

91 *Pannonicas nobis numquam dedit Umbria*

92 *Pannoniis genitus transcendens aequora*
EI GÓMEZ PALLARÈS in: Umanesimi p. 183s.

93 *Πάντ' ἐφορᾶν καὶ πάντ' ἐπακούειν*

94 *Pantaleon stratus veniam mihi posco reatus*

95 *Panthea cornigeri sacris adiuncta Tonantis*

96 *Papa beas plures quorum tu postea fur es*

97 *Papa meus num me linquit? Laurentius*

98 *Papilio vespam praetervolitans viderat*

99 *Papilio volitans texto religatus aranist*

00 *Par ille est superis cui pariter dies*

01 *Par meritum, quicumque legis, cognosce*

02 *Par scelus admisit Phariis Antonius armis*

03 *Paradisi amoena regio*
M MlatJb 16/1981 p. 429; WIC 13673

04 *Parasitus ego sum hominis nequam*

05 *Parbi sepulcrum corporis*

06 *Parcae te miseris rapuere parentibus urna*

07 *Parce, Deus, famulo, miserens, miseresce*
E CC Cont. Med. 46A p. 216s.
M DOLBEAU Sacris erudiri 27/1984 p. 392
I PABST Prosimetrum p. 1068s.

08 *Parce domine digna narranti*
ET HERREN Hisperica Famina II p. 94
ETI HOWLETT Peritia 19/1996 p. 71-90
M GNEUSS Handlist 12; 903
B LAPIDGE/SHARPE p. 89:314

– *Parce Iesu redemptor*
cf. *Sacratae manus illae*

09 *Parce laudato, nam quem tu saepe laudaris*

10 *Parce meo iuveni, seu quis bona pascua*

11 *Parce, piae Manes, ita te tua vota sequantur*

12 *Parce, precor, Paulo, sanctorum maxime*

13 *Parce, precor, virgo, toties mihi culta videri*
B Rep. Font. V p. 168

14 *Parce puer, si forte tuas sonus improbus*

15 *Parce, rapax, epulis vehemens, Perpetue*

16 *Parcitis heredi et vos insentibus dedite morti*

17 *Parcius iunctas quatiunt fenestras*
I STOTZ Sapph. Dichtung p. 424

18 *Parcius utaris moneo rapiente veredo*

19 *Parcus amator opum, blandorum victor*

20 *Parcus deorum cultor et infrequens*

21 *Parentem amavi, qua mihi fuit parens*

22 *Parentibus praesidium, amiceis gaudium*

23 *Parentis olim siquis inpia manu*

24 *Parere scire par imperio est gloria*

25 *Paris rex Troge Menelau privad Elena*

26 *Pars adversa labat, Michaelis dextra*

27 *Pars crucis hic domini est, qua Christus*

28 *Pars crucis hic domini est, qui summus*

29 *Pars est rhetoricae sollers inventio prima*
M MUNK OLSEN Auteurs classiques I p. 131
MB HOFFMANN Buchkunst p. 361

30 *Pars hic ecce loci est, quo Christus astra*

31 *Pars hominis Bernwardus eram, nunc*
EM BERGES/RIECKENBERG p. 92
EI KAHSNITZ in: Bernward I p. 383
B WIC 13717a
I BERSCHIN Biographie IV p. 191 n. 547

32 *Pars, Liutwarde, prior finitur calle sub arte*
TI J. DUFT Hochfeste im Gallus-Kloster 1963 p. 43
M SCHMIDT Reichenau tab. p. 152/153

33 *Pars maxillarum tonsa est tibi, pars tibi rasa*

34 *Pars me Sulmo tenet Paeligni tertia ruris*

35 *Pars mea nulla fuit, peccavi nescio siquid*

36 *Pars mea, pars valeas; semper sit pars tua*
B Clavis Galliae II p. 199

37 *Pars mihi pacis erit dextram tetigisse tyranni*
A Verg.: Aen. 7.266

38 *Pars te Furippum vocitat, pars vero*

39 *Pars tibi, Nise, datur Bacchi, pars deinde*

40 *Partem sume sacer, Christi Stephane*

41 *Parthenio dic, Musa, tuo nostroque salutem*

42 *Parthenius Calloceriusque vigore nitentes*

43 *Parthenopensis apex, praesul per cuncta*

44 *Partibus a dextris rectores hi residentes*

45 *Partibus hic constat humanae machina*

46 *Partibus inferior iacet interiectio cunctis*
E CC Cont. Med. 68 p. 231

47 *Partibus Italiae Romanica gens fera constat*

48 *Partibus occiduis fulsit clarum decus orbis*
E BERSCHIN p. 63
I FICHTENAU Lebensordnungen I p. 191 n. 30
I KIRSCH MlatJb 24-25/1989-1990 p. 215-224

-a *Participium generis omnis omne* 4
ET Virg. Gramm. ed. POLARA p. 300

49 *Partitusque meis iustos indico labores*

50 *Partium hic textus breviter digestus habetur*
A Israel Scot.?
E MGH Poet. 5 p. 649

51 *Partu terra suo fraudem non sustinet ullam*
ETC REYDELLET I p. 150

52 *Parturit absconsos hominum quoque terra*

53 *Parturit unda sitim, quam splendens conca*

54 *Paruimus iussis, sacer ac venerande*
ETC REYDELLET I p. 120

55 *Paruimus monitis tua dulcia iussa secuti*
I NODES VigChr 43/1989 p. 284; 289 n. 7

56 *Paruimus tandem iussis, venerande sacerdos*
ETC REYDELLET I p. 125

57 *Parum est quod, hic ut fiximus semel sedem*

58 *Parva brevis gemino potiorque fruorque*
EI WATTENBACH Schriftwesen p. 66

59 *Parva domus iugiter pateat haec, claviger*

60 *Parva etiam fuit Idalia*

61 *Parva mihi domus est sed ianua semper*

62 *Parva quidem monumenta tibi pro munere*

63 *Parva quidem subolis, quam cito ab ubere*

64 *Parva quod exiguo sint scripta epigrammata*

65 *Parva rogas magnos; sed non dant haec*

66 *Parva sub hoc titulo Festi sunt ossa, lapillo*

67 *Parva suburbani munuscula mittimus horti*

68 *Parve culex, pecudum custos tibi tale*
M MURGIA Philologus 131/1987 p. 291
M U. WINTER Hss. Diez 1986 p. 74
M N. R. KER Medieval Manuscripts in British Libraries II 1977 p. 232

69 *Parve nec invideo sine me, liber, ibis in*

70 *Parvi beatus ruris honoribus*

71 *Parvolus in gremio communis forte parentis*

72 *Parvos non aquilis fas est educere fetus*

73 *Parvula dum nascor, minor effecta senesco*

74 *Parvula progeniem terrae mandaverat ales*

75 *Parvula quod lusit, sensit quos iunior aetas*
I LAUSBERG Das Einzeldistichon p. 474s.

76 *Parvula rex Karolus seniori carmina Paulo*
B Clavis Galliae II p. 103

77 *Parvula securo tegitur mihi culmine sedes*

78 *Parvula succinctis ornavit iugera Bais*

79 *Parvula tecta tenent caelestis dona sophiae*
B Clavis Galliae II p. 437
I H. FICHTENAU Beiträge zur Mediävistik II 1977 p. 117
I LILIENFELD in: Typus, Symbol p. 152

80 *Parvulus aestivas latens abscondor in*

81 *Parvulus echenais ingentem pondere navem*

82 *Parvulus hic situs est, vixit tres usque per*

83 *Parvulus Odbertus dum veni nempe puellus*

84 *Parvus erat locus ante sacris angustus*

85 *Parvus et exiguam lucem frunitus iniquae*

86 *Parvus nobilium cum liber ad domos*

87 *Pascasium aurigam populi fortem esse*

88 *Pasce boves, pastor, procul hinc, ne forte*

89 *Pasce greges procul hinc, nec quaeso*

90 *Pascere qui quaeris et quod potuisti parasti*

91 *Paschale hic hodie donum memorabile floret*

92 *Paschales quicumque dapes conviva requiris*
M VENNEBUSCH IV p. 228

93 *Paschalis cyclus breviter hic omnis habetur*
B Clavis Galliae I p. 300-302

94 *Paschalis praesulis opus decora fulget in*

95 *Pascit oves Iacob varias. Vos discite, vates*

96 *Pascitur et dulci facilis gallina farina*

97 *Pasiphae, niveum linquis nec in arte*

98 *Pasiphile, ornatus fidei, cui iure fatemur*
E Palladius ed. RODGERS p. 294

99 *Passer, deliciae meae puellae*

00 *Passim stricta riget glacies concreta pruina*
M STOHLMANN in: Fs. LANGOSCH 1973

p. 218

01 *Passio pontificum / Petri, Pauli rutilat*

02 *Pastis visceribus ciboque sumpto*

03 *Pastor Adalberte, summa cate caelitus arte*
TM facs. Ornamenta Ecclesiae I p. 140
MB HOFFMANN Buchkunst p. 344

04 *Pastor ait summe bonus hoc de nomine falso*

05 *Pastor apostolicus, Wulfhelmus, nomine*

06 *Pastor arator eques pavi colui superavi*
M U. WINTER Hss. Diez 1986 p. 74
M Bruxelles, BR 21951 (saec. XV) f. 104ᵛ
M facs. WATSON Manuscripts II tab. 548
M MlatJb 16/1981 p. 429; WIC 13779
M COULSON Scriptorium 51/1997 p. 166
I WORSTBROCK DVjs 49/1975 p. 10
I BERSCHIN Biographie II p. 217
I TRAPP Journal of the Warburg and Courtauld Institutes 47/1984 p. 15

07 *Pastor bonus, fons gratiae*

08 *Pastor capellae cornu baculo fregerat*

09 *Pastor cum traheret per freta navibus*

10 *Pastor enim verus bonus auctor tu pie David*
B Clavis Galliae I p. 166
I CHAZELLE The Cross p. 70

11 *Pastor honoris apex, venerabilis arce*
ETC REYDELLET II p. 40

12 *Pastor o qui Christi oves per amoena pascua*

13 *Pastor opime gregis, cunctis tua pabula*
ETC REYDELLET I p. 111
I GRÉGOIRE Settimane ... Spoleto 33/1985 p. 682

-a *Pastor ovile bonus det vobis gaudia vitae*
A inc. saec. XI
E DUFOUR CCM 20/1970 p. 26

14 *Pastor ovile Dei servans Anstasius olim*
ETI CIFM 21 p. 190:172

15 *Pastor ovile dei servans sine crimine Petre*
I HEIDRICH RhVjbl 52/1988 p. 11

16 *Pastor Petre, gregis caelestis claviger aulae*

17 *Pastor si confessus fuerit, geminavit agonem*

18 *Pastorem magnum laudis pia praemia*
E GREGOROVIUS Tombe dei Papi p. 22*s.
I R. VAN DOREN Étude sur l'influence musicale de l'abbaye de Saint Gall 1925 p. 22 n. 3

19 *Pastores cecini; docui qui cultus in agris*

20 *Pastores te invenerunt*

21 *Pastori magno totum qui tradidit orbem*
B Clavis Galliae I p. 200

22 *Pastorum dominus sub agni decore nitescens*

23 *Pastorum Musam Damonis et Alphesiboei*

24 *Pastorum Musam vario certamine promit*
I SHACKLETON BAILEY ClPh 77/1982 p. 125

25 *Pastorum vates ego sum, cui rura ducesque*
M U. WINTER Hss. Diez 1986 p. 74

26 *Pataviensi ergo sedi est haec aula dicata*

27 *Pater argentarius, ego Corinthiarius*

28 *Pater ex Marulla, Cinna, factus es septem*

29 *Pater infelicissimus feci unico quondam meo*

30 *... pater ipse suis / Composuit manibus*

31 *Pater paravi solum, constitui meis*

32 *Pater patriae perditus est*
B SILVESTRE RHE 75/1980 p. 409

33 *Pater peccavi in caelum et coram te*

– *Pater princepsque temporum*
cf. *Sator princepsque temporum*

34 *Pater, qui caelos contines*

35 *Pater, qui omnia regis, peto Christi nos scias*
I DRONKE in: Poesia dell'alto medioevo p. 175

36 *Paterfamilias saevum habebat filium*

37 *Patre Palaestinam claram Hilarione feramus*
B BHL 3880

38 *Patre sub hoc Romam veniens urbe*

39 *Patrem, natum, paracletum*

40 *Patrem precor potentiae*

41 *Patri dilecto virtutum flore sereno*

42 *Patria, diverso terrarum litore Magnos*

-a *Patrici Aedani Ninia Columba Cerari*
A inc. saec. XI?
M Bibl. Apost. Vat., Reg. lat. 300 f. 78^{V}
B LAPIDGE/SHARPE p. 201:749

43 *Patricium domus haec aeterna laude tuetur*

44 *Patricius, Cheranus Scottorum gloria gentis*
B Clavis Galliae II p. 459
I COENS AnBoll 77/1959 p. 387
I GROSJEAN AnBoll 78/1960 p. 116

45 *Patris adest votiva dies, cantemus ovantes*
TMI LAPIDGE Wulfstan p. XXVII; CXVIIs.; CXXV

46 *Patris dextera virtus sapientia*

47 *Patris Eleutherii probitas hic clara coruscat*

48 *Patris opus munusque suum tibi, Roma*

49 *Patrius affectus me movit ad arma cruenta*

50 *Patrono meritis fueris qui carus amicis*

51 *Patulo sum semper ore nec labia iungo*

52 *Pauca Iovem nuper cum milia forte rogarem*

53 *Pauca mihi, niveo sed non incognita Phoebo*

54 *Pauca quidem cecini fors frivola. his quoque*

– *Pauca referre tibi memet fraterna coegit*
cf. *Curre Poema meum*

55 *Pauca refert titulus nec gesta per omnia*

56 *Pauca tibi, Caesar, de multis, magne*
B LAPIDGE/SHARPE p. 176:666
B Clavis Galliae I p. 278
B SHARPE nr. 196
I SPILLING in: Iren u. Europa II p. 878

– *... paucis mensibus actis / Post nuptias*
cf. *Hic situs ... mensibus actis*

57 *Paule beate, preces domino ne fundere*

58 *Paule, sub umbroso misisti tramite versus*
M DE MEYIER Codices Vossiani VI p. 265
I HAUCK FMSt 20/1986 p. 525 n. 49
I BULLOUGH Aula Renovata p. 288
I BULLOUGH Carolingian renewal p. 156 n. 45

59 *Paulina hic posita est clarissima femina*

60 *Paulino Ausonius. metrum sic suasit, ut esses*

61 *Paulinus praesul. Brixius quoque*

62 *Paulisper consiste viator*

63 *Paulo siste gradum, iuvenis pie, quaeso*

64 *Paulum praeteriens nostro remorare*

65 *Paulus conversus sibi tales exigit usus*

66 *Paulus, praeco dei, qui fera gentium*

67 *Paulus sic fatur: Christo*

68 *Paulus, ut adversam videt increbrescere*

69 *Pauper amicitiae cum sis, Lupe, non es*

70 *Pauper avaritia frangatur dapsilitate*
E MGH Poet. 5 p. 651

71 *Pauper causidicus nullos referentia nummos*

72 *Pauper videri Cinna vult; et est pauper*

73 *Paupere progenitus lare sum parvoque*

74 *Pauperibus pateat, praesul, tua ianua*

75 *Pauperies sana quid? Nisi divitias adsunt*

76 *Pauperis attende, medice, censum atque*
ETI CC 113A p. 227:18

77 *Pauperis est munus, sed non est pauperis*

78 *Pauperis extruxit cellam, sed vendidit Olus*

79 *Pauperis ut placeat carum tibi munus amici*

80 *Paupertas me saeva domat dirusque Cupido*

81 *Pausantes uno pariter cubile tenentur*

82 *Pauso sub hoc saxo Ludovicus regia proles*

83 *Pavit oves Domini pastor venerabilis annos*
E BEHRENDS p. XLIII

84 *Pavo ad Iunonem venit indigne ferens*

85 *Pax aeterna regat Christi te, praesul amate*
B Clavis Galliae II p. 259

– *Pax animam nutrit, retinet concordia pacem*
cf. *Pax tecum maneat*

86 *Pax, bonitas, virtus, lux et sapientia Christus*
MB HOFFMANN Buchkunst p. 333
MI cf. Cod. aur. Ept. ed. KAHSNITZ/MENDE/RÜCKER p. 67

87 *Pax comprimit iram*
ET Dhuoda ed. RICHÉ p. 230
ET Dhuoda ed. THIÉBAUX p. 146

88 *Pax cunctis sit legentibus*

89 *Pax erit, in mundo dum Gisela vixerit isto*

90 *Pax fido populo, regi sit gloria summo*

-a *Pax gloriae et gaudium*
EMI V. D. STEINEN ZSchwKG 40/1946 p. 258; 262

91 *Pax intranti istam ianuam. pax et remeanti*

92 *Pax ... lux lucis vera beatae*

93 *Pax me certa ducis placidos curvavit in usus*

94 *Pax sibi vivos homo posuit Antonius aram*

-a *Pax sit scribenti, sint gaudia plura legenti* [1
A inc. saec. X
EM Colophons 22830

95 *Pax tecum maneat, rex, pacem semper amato*
ET MESSINA p. 41:XV
I EBERHARDT p. 151; 167; 170

96 *Pax tibi sit, quicumque dei penetralia Christi*

97 *Pax veneranda mecum maneat noctuque*
E MGH Poet. 5 p. 650

98 *Peccantis famuli pugno ne percute dentes*

99 *Peccator plora, peccatis insere lora*

00 *Pectora Sileni barba vestirier aerea*

01 *Pectore de sterili si flumina larga rigarem*
ETC REYDELLET II p. 90
M DE MEYIER Codices Vossiani II p. 34

02 *Pectore pulsato mentem castigat acerbe*

03 *Pectore qui memori Prisciani perlegit artem*
E MGH Poet. 5 p. 644
M PASSALACQUA Codici p. 201s.

04 *Pectore vena loquax, mundano culta sapore*

05 *Pectoribus nostris adsit tua gratia, Christe*

06 *Pectoris haec vestri portu requiescere gestit*

07 *Pectoris ut nostri sedem colis, alme Syagri*

08 *Pectus amor nostrum penetravit flamma*
B Clavis Galliae II p. 35s.

09 *Pectus apostolicum succendit spiritus ardens*

-a *Pecunia ingens generis humani bonum* 5
A Sen.: epist. 115.15
E FPL^3 p. 313

10 *Pecuniam amico credens fert damnum*

11 *Pedere saepe solet, dum vult tussire misellus*

12 *Pedicabere, fur, semel; sed idem*

13 *Pedicabo ego vos et irrumabo*

14 *Pedicat pueros tribas Philaenis*

15 *Pedicatur Eros, fellat Linus: Ole, quid ad te*

16 *Pediconibus os olere dicis*

17 *Peior amate, meus quondam dilectus amicus*

18 *Pelagius coepit, complevit papa Iohannes*
M SIMS-WILLIAMS Archivum Historiae Pontificiae 21/1983 p. 33

19 *Pelagius, modico Patrum moderante senatu*

20 *Peliaco quondam prognatae vertice pinus*

21 *Pelides ego sum, Thetidis notissima proles*
M Paris, BN lat.: Cat. gén. VI 1975 p. 769

22 *Pelle palatinas post multa negotia rixas*
ETC REYDELLET II p. 121

23 *Pelle timorem / Nec dolor adsit*
EC ROBERTINI p. 293

24 *Pellibus accincti, peccati signa ferentes*

25 *Pellibus exiguis artatur Livius ingens*

26 *Pellit ab obsessis immundas qui legiones*

27 *Pellitur interea cunctis vastator ab oris*
I MODERAN MEFRA 99/1987 p. 964-989

28 *Pendentem summa capream de rupe videbis*

29 *Pendeo, dum nascor; rursus dum pendeo*

30 *Pendere ad lanium quidam vidit simium*

31 *Pendet Abessalon astrictus in arbore guttur*

32 *Pendula iam dudum laxavi carbasa pinu*
I QUACQUARELLI Poesia tardoantica p. 440; 460

33 *Pendula Pomptinos quae spectat Setia*

34 *Penelopes primam Didonis prima sequatur*

35 *Penna probatorem probat ast reprobat*

36 *Pennatis avibus quondam testudo locuta est*

37 *Penthesilea fuit respondens nomine formae*

38 *Per aliquot annos quaedam dilectum virum*

39 *Per cava telluris clam serpo celerrimus*

40 *Per cineres Pauli, per cani limina Petri*
I G. BRUMMER ByzZs 65/1972 p. 339-352

41 *Per conforme sui Matthaeum cerne notari*

-a *Per duodena pater*
A inc. saec. X?
M PASSALACQUA Codici p. 52

42 *Per famuli mortem Deus hanc subit in cruce*

43 *Per ferrum efficio, per me quod non facit*

44 *Per freta per maria traiectus saepe per*
E VIDMAN p. 294:677

45 *Per haec sepulcra perque quos colis Manes*

46 *Per me mors adquiritur et bona vita tenetur*

47 *Per me probantur veri falsique prophetae*

48 *Per me saecla diu renovavit prodita*

49 *Per me tergatur blande quod sorde videtur*

50 *Per medios ibit pueros mediasque puellas*

51 *Per montes, campos Aquilam, mea cartula*
B Clavis Galliae II p. 57
I GODMAN StudMed III 20/1979 p. 580s.

52 *Per pietatis opus, per qui pius imperat astris*
T COOK p. 30

53 *Per pol quam paucos reperias meretricibus*

54 *Per praefecturam flumina promit opum*

55 *Per quem te semper in caelis credimus*

56 *Per quinquennia iam decem*

57 *Per saecula tibi permaneat laus, victoria*

58 *Per sordes gradior et sordis conscia non sum*
E KORTEKAAS Historia p. 374s.

59 *Per te, per qui te talem genuere parentes*

60 *Per Titum Paulus revocat per scripta*

61 *Per totas aedes innoxius introit ignis*
E KORTEKAAS Historia p. 382s.
ET BERTINI Autori latini p. 180s.

62 *Per varios orbem rerum natura meatus*

63 *Per Verbum omnipotens Deus omnia*

64 *Pera, polenta, tribon, baculus, scyphus, arta*

65 *Peras inposuit Iuppiter nobis duas*

66 *Percepi numquam quod cunctis sumo diebus*
ET ZIOLKOWSKI Poetica 23/1991 p. 20
TC STELLA Poesia carolingia p. 270; 458s.
I ZIOLKOWSKI Talking animals p. 92s.

67 *Percidere puer, moneo: futuere puella*

68 *Percidi gaudes, percisus, Papyle, ploras*

69 *Percipit hic geminam Christo tangente*

70 *Percurrit mathesim, tacitas interrogat*

71 *Perde semel socium, quem ingratum noveris*

72 *Perdet Croesus Halyn transgressus maxima*

73 *Perdiderat laticum longaeva incuria cursus*
EI DUFT St. Gallen I p. 92

74 *Perdiderat proprium, sacrae quem preminet*

75 *Perdix perdici solet excipere ova latenter*

76 *Pereger externas vinctus perambulo terras*

77 *Perfecte bonus est, et vere dicitur insons*

-a1 *Perfectem in cunctis oportet crescere virum* [1
ET Virg. Gramm. ed. POLARA p. 64

-a2 *Perfecto trino numero / Ternis horarum* [*terminis*
EC Canterbury Hymnal 37517 p. 73s.

-a3 *Perfectos hucusque modos ruber indicat*

78 *Perfectum trinum numerum*
M GNEUSS MlatJb 35/2000 p. 244; 246
I NORBERG Les vers iambiques p. 23 n. 30

79 *Perfice, quod posco, per Christum quaeso*

80 *Perfida nox Danai dirarum caede sororum*
TI SCHETTER Hermes 114/1986 p. 239

-a *Perfidus interea missorum sera virorum*
M facs. WATSON Manuscripts II tab. 634

81 *Perfrixisse tuas questa est praefatio fauces*

82 *Perfudit fluvio pastus Baptista locustis*

83 *Perfunctus pelago Diomedes tutus in arvis*

84 *Perfusus Moyses domini dilectus amicus*
ET BISCHOFF in: Bibbia di San Paolo p. 151

85 *Pergame, non recte punitus fronte subisti*

86 *Pergamon has misit. Curvo destringere ferro*

87 *Perge foras, Adam, et felicia regna relinque*

88 *Perge foras, educ et cuncta animalia tecum*

89 *Perge, frater, qui adheres socius servitii*
I SCHALLER Studien p. 32

90 *Perge, libelle, celer, Caroli ad vestigia celsi*
I SCHALLER Wiener Studien 105/1992 p. 179 n. 32
I BISCHOFF in: Fs. HUNT 1976 p. 5 n. 5
I SCHALLER MlatJb 18/1983 p. 78
I SCHALLER Studien p. 107; 147

91 *Perge, libelle meus, dominum dominamque*
I NORBERG Paulin d'Aquilée p. 33 n. 13

92 *Perge, libelle sacer, cunctis praeclarior odis*
B Clavis Galliae II p. 84
I FISCHER Lat. Bibelhss. p. 244s.; 277

93 *Perge libelle, tuo te gnaro redde magistro*

94 *Perge, mea, citius Praeclaro, kartula, nostro*
I JACOBSEN in: Iren u. Europà I p. 439

95 *Perge, o libelle, Sirmium*

96 *Perge salutiferam specioso dicere versu*
ETC CC Cont. Med. 100 p. 101; 305
M CC Cont. Med. 100A tab. B12
MI ERNST Carm. fig. p. 262; 264s.
I BERSCHIN Gr.-lat. MA p. 159s.

97 *Perge, Thalia, placet, nostro sociata labori*
B Clavis Galliae I p. 375
I BUCHNER HJb 35/1914 p. 10ss.
I JELLEMA Speculum 30/1955 p. 25 n. 37
I GANSHOF StudMed II 2/1929 p. 15 n. 1
I ERMINI StudMed II 2/1929 p. 187
I RATKOWITSCH MlatJb 22/1987 p. 143
I WERNER in: Charlemagne's Heir p. 111 n. 400; p. 113
I SCHALLER Studien p. 412

98 *Perge vias duras, nostrum deferque diploma*

99 *Pergimus inclusas a gurgite cernere terras*

00 *Pergin, scelesta, mecum perplexe loqui*

– *Pergit in exilium pulcherrima gamma*
cf. *Ligneus hic paries*

01 *Pergite, Pierides, musali pollice flores*
B Clavis Galliae II p. 37
I MURRAY in: Latin Poetry and the Classical Tradition 1990 p. 12

02 *Pergo per innumera flexis discursibus arva*

03 *Pergo super latices plantis suffulta quaternis*
TI CAMERON Peritia 4/1986 p. 120

04 *Perhterat aetherii Herimanque perennia*

05 *Perhterat in claustro defuncta petit loca*

06 *Periclitatur capite Sotades noster*

07 *Periculosum est credere et non credere*

08 *Perii, quid agam? quo me vortam*

-a *Periit homo sceleribus*

09 *Perita fandi, iam progressum comprime*

10 *Perlege cuncta precor, cultor, pietate*

11 *Perlege facundi studiosi carmen Aviti*

12 *Perlege Maeonio cantatas carmine ranas*

-a *Perlege, rex sapiens, sophiae pia dogmata*
[*sanctae* 2
A Ioh. Scot.?
E JEAUNEAU Études Érigéniennes p. 580
EI JEAUNEAU RÉAug 28/1982 p. 119-132

13 *Perlegis? an coniunx prohibet nova*

14 *Perlegis haec quisquis capiens pia commoda*

– *Perlegite et felices plus minus iusta*
cf. *Hoc legite et felices vita*

15 *Permenius praesul Christi confessor et ipse*

– *Permultis prosum; ubi profui, gratiam nemo*
cf. *Corrigi vix tandem quod curvom est*

16 *Perna, lepus, turtur, perdix, Iunonius ales*

17 *Perparvam partem postulat Plautus loci*

18 *Perpes laus et honor*
I CH. W. JONES The Saint Nicholas Liturgy 1963 p. 98

19 *Perpetuae, cui fons vitae dans gaudia*

20 *Perpetualis amor capiendae et causa salutis*

21 *Perpetuam Christi tribuat tibi gratia lucem*
B Clavis Galliae II p. 308

22 *Perpetuam famam maternae gloriae semper*

23 *Perpetuam sedem nutritor possides ipse*
EC ICUR N. S. VIII p. 418:23429

24 *Perpetuam Stellae dum iungit Ianthida vati*

25 *Perpetuas sine fine domos mors incolit atra*

26 *Perpetui numquam moritura volumina Sili*

27 *Perpetuo totum nutu cingens deus aevum*
A Hartw. (saec. XI)
ETI RÜTZ Text im Bild p. 35; 152; 155
I BISCHOFF in: Verf. Lex.² III c. 530s.

28 *Perpetuos ignes, quos factor iure minatur*

29 *Perquam conspicuus generoso pectore τάφος*
MB HOFFMANN Buchkunst p. 146
I BERSCHIN Gr.-lat. MA p. 236

30 *Persequitur dum vasa dei fit Paulus et ipse*

31 *Persicos odi, puer, adparatus*

32 *Personam tragicam forte vulpes viderat*

33 *Perspicienda minus non est inflexio casus*

34 *Perspicior penitus nec luminis arceo visus*

35 *Perspicito cuncta tacitus, quid quisque*

36 *Perspicua clarum nimium cum fama per*

37 *Perspicua / rutilat iam dies ista*

38 *Persuadet moris tetrum variare colorem*

39 *Pertimui scriptumque tuum sine murmure*

40 *Pervenisse tuam iam te scit Rhenus in urbem*

41 *Pervigil aeterna mundum pietate gubernans*
ET ZIOLKOWSKI Poetica 23/1991 p. 20
I ZIOLKOWSKI Talking animals p. 92s.

42 *Pervigil in studiis abaci numerique figuras*

43 *Pervigiles pastorum oculos vis luminis*

44 *Pervolo valde celer, discurrens per inania*

45 *Pes est spondius, longa qui constat utraque*

46 *Pestis avaritiae ne regia pectora tangat*
ET MESSINA p. 41:XIV

I EBERHARDT p. 151; 159; 179

– ... *petens incorrupta claritas*
cf. *Omnes ergo recreati*

47 *Petit Gemellus nuptias Maronillae*

48 *Peto Petri pastoris praesidia*
M ZANNA in: Poesia dell'alto medioevo p. 368
B LAPIDGE/SHARPE p. 342:1293
I LAPIDGE Peritia 4/1985 p. 106

49 *Petre, pontifex inclite*

50 *Petre, summe Christi pastor, et Paule*
M ODERMATT Ordinarius St. Arnulf p. 390
M FILL Hss. Kremsmünster I p. 81; 413; 480
M NEUHAUSER Hss. UB Innsbruck I p. 91
B CROCKER p. 433
I DE GOEDE PRU p. CXLVI
I STÄBLEIN Ges. Aufs. p. 297-300; 309-317
I SCHALLER Studien p. 21; 211; 215; 221

51 *Petri hospes sancteque Anatholon domne*
B TOMEA Aevum 53/1979 p. 372

-a *Petrocio requiescunt hic*
I MONTORSI Epigrafe modenese p. 157

52 *Petroni carmen divino pondere currit*

53 *Petrus apostolico conservet nomine semper*
B Clavis Galliae II p. 409

54 *Petrus apostolicus princeps, pastorque*
B Clavis Galliae II p. 391s.
I DE MOREAU St.-Amand p. 219

55 *Petrus apostolicus princeps pius adiuvet hic*
B Clavis Galliae II p. 444s.

– *Petrus beatus catenarum laqueos*
cf. *Felix per omnes festum mundi cardines*

56 *Petrus cum Paulo subeunt certamine caelos*

57 *Petrus item Domini fervens in amore benigni*

58 *Petrus porticum et hanc sanctorum sorte*

59 *Petrus scandit equum, vos vos mea carmina*
M HOFFMANN Buchkunst p. 362

60 *Petrus septenis rexit vertigine annis*

61 *Petrus, sidereae sortitus claviger aulae*

62 *Petrus vixit quinquenis iam libere lustris*

63 *Petti, nihil me sicut antea iuvat*

64 *Pexatus pulchre rides mea, Zoile, trita*

65 *Phaedri libellos legere si desideras*

66 *Phasellus ille, quem videtis, hospites*

67 *Philon, meis qui vilicatus praediis*

68 *Philosophi simul hic pausant celebresque*
I DE MOREAU St.-Amand p. 55

69 *Phlegmon apoplexis rheuma lethargia*
M GNEUSS Handlist 12; 765
M KLEIN StudMed III 32/1991 p. 846

70 *Phoeba sedens gremio cum fert germana*

71 *Phoebe, fave coeptis nil grande petentibus*
I SHACKLETON BAILEY ClPh 77/1982 p. 131

72 *Phoebe, fave: novus ingreditur tua templa*

73 *Phoebe, peragrato tandem visurus in orbe*
I LADNER Images and Ideas p. 793

74 *Phoebe potens numeris, praeses Tritonia*

75 *Phoebe, salutiferum quod pangimus adsere*
M Bruxelles, BR 2424 (saec. XII)
M MUNK OLSEN Auteurs classiques II p. 476
M BALLAIRA Prisciano p. 175
M MlatJb 15/1980 p. 278; WIC 14081
I SMOLAK Acta antiqua et archaeologica 27/1998 p. 185s.

76 *Phoebe silvarumque potens Diana*
I STOTZ Sapph. Dichtung p. 197

77 *Phoebe, veni, sed quantus eras cum bella*

78 *Phoebeo domitus Python cum decidit arcu*

79 *Phoebi claro nondum orto iubare*
EBI SZÖVÉRFFY Latin Lyrics I p. 86s.
EI LAZZERINI StudMed III 20/1979 p. 139-184
BI DELBOUVILLE GRLMA 1/1972

p. 567s.; 605
BI SZÖVÉRFFY Latin Lyrics I p. 86s.
I LAZZERINI MedRom 10/1985 p. 19-35
I A. WOLF Variation u. Integration 1979 p. 6s.
I MOODY Modern Language Review 76/1981 p. 769-79

80 *Phoebi diem fert orbita*
B LAPIDGE/SHARPE p. 150:591

81 *Phoebum et ter ternas decima cum Pallade*

-a *Phoebus abierat subtractis cursibus* 25
A inc. saec. XI
ETI DRONKE Medieval Latin II p. 334
M facs. H. VAN THIEL Mittellat. Texte 1972 p. 22
B WIC 14090
I FRINGS Beiträge zur Romanischen Philologie 7/1986 p. 311-318
I DRONKE Medieval Poet p. 167ss.

82 *Phoebus me in somnis vetuit potare Lyaeum*

83 *Phoebus nunc pollens / hodie dies*
M CTrop V p. 82; 277; 279
I HÄRDELIN MlatJb 24-25/1989-1990 p. 149

84 *Phoebus surgit, caelum scandit*
ET Virg. Gramm. ed. POLARA p. 18
EI JONES Viator 6/1975 p. 333

85 *Phoebus ut elatum suspendit in aethera*
ETC REYDELLET I p. 122
EM MGH Script. 4 p. 42s.

86 *Phoebus volentem proelia me loqui*

87 *Phosphore, clamosi spatiosa per aequora*

88 *Phosphore, redde diem: quid gaudia nostra*

89 *Phosphora xilokopus nos fecit inertia ligna*

90 *Phyllis odoratos primaevis floribus artus*

91 *Piatus martyr victorque Georgius aram*
B Clavis Galliae II p. 399

92 *Pica hominum voces cuncta ante animalia*

93 *Pica loquax certa dominum te voce saluto*

94 *Picentina Ceres niveo sic nectare crescit*

95 *Picta fuit quondam Pharii regina Canopi*

96 *Picto quod iuga delicata collo*

97 *Pictor Apelleas cupiens aequare figuras*

98 *Pictus acu tunicas et barbara tegmina*

99 *Pictus eques pictum minat ascendo caballum*

00 *Pieridum columen, cuius Parnasia magno*

01 *Pierios vatis Theodori flamma penates*

02 *Pieris hoc tumulo tegitur de matre Venusta*

03 *Pieris hunc titulum posuit matercula nato*

04 *Pignora sanctorum divinae gloria mensae*

05 *Pignorat haec tellus terrae felicis alumnum*

06 *Pignus amicitiae semper memorabile nostrae*
ETC REYDELLET I p. 127

07 *Pignus dulce sui coniunx solamen amoris*

08 *Pilarum sacravit hunc pater*
ET HÄUSLE Denkmal p. 123

09 *Pindarum quisquis studet aemulari*

10 *Pinge, precor, pictor, tali candore puellam*

11 *Pinge, precor, similes apicum, mi pusio*

12 *Pingere si nostram, pictor, meditaris*

13 *Pingitur ora Venus, ne se contemnat Adonis*
I SCHETTER Hermes 114/1986 p. 233

14 *Pinguior exhausto canis occurrisse leoni*

15 *Pinxisti Venerem, colis, Artemidore*

16 *Pinxit imaginibus rerum studiosa coruscis*
M DE MEYIER Codices Vossiani VI p. 136

17 *Pio feramus pectore / Grates Deo perenniter*

18 *Pio feramus pectore / Grates superno nomini*

19 *Pio parenti statuit aram filius*

20 *Pio precare ture caelestum omina*

21 *Piscator solitus praedam suspendere saeta*

22 *Pisonis comites, cohors inanis*

23 *Pistica fraglavit nardus detecto alabaustro*

24 *Pistor qui fueras diu, Cypere*

25 *Pistrigero quae concha vehit Tritone*
I STAUBACH FMSt 96/1983 p. 17 n. 66

26 *Pistus et impubis situs hic - crudelius ultra*

27 *Pius praeclarus doctor alacer facundus*
EI GÓMEZ PALLARÈS in: Umanesimi p. 183

28 *Placare supplicantibus / salvator unigenite*

29 *Placat busta patris iugulata virgine Pyrrhus*

30 *Placat et uxoris dictis et iurgia natae*

31 *Placidas fuit dictus magister militum*
ET VISCARDI Origini Testi p. 152s.
M BOTTIGLIERI in: Poesia dell'alto medioevo p. 289
I V. D. STEINEN ZSchwKG 40/1946 p. 255
I LAPIDGE in: Scire litteras p. 256

32 *Placidiae pia mens operis decus omne*
I SCHIEFFER Zs. f. Rechtsgeschichte kan. 88/1971 p. 302

33 *Planctu Rachelis plebs mecum lugeat omnis*

34 *Plangamus cuculum, Dafnin dulcissime*
EC GREEN Carolingian pastoral p. 9s.; 46s.
EI BULST Lat. MA p. 76-80
TC STELLA Poesia carolingia p. 158; 402ss.
TI MICHEL p. 121
B Clavis Galliae II p. 68s.
I ZIOLKOWKSI Talking animals p. 55s.
I WALSH in: Papers of the Liverpool Latin Seminar ed. F. CAIRNS 1977 p. 161s.
I VINAY Alto Medioevo Latino p. 252ss.
I KLOPSCH Bukolik p. 158
I COURCELLE Lecteurs ... de l'Énéide p. 439
I KLOPSCH in: Fs. BRUNHÖLZL 1989 p. 149

– *Plangant filii / ploratione una*
cf. *Clangam, filii*

35 *Plangat Fulda suum, plangat pia Fulda*

36 *Planges praemi ...*

37 *Plangite me cuncti, quos terrae continet*

38 *Plangite, quaeso, viri, me cum pie plangite*
ET GODMAN Poetry p. 258ss.
EC GREEN Carolingian pastoral p. 21s.; 93s.
I BERSCHIN Biographie III p. 316 n. 494
I GANSHOF StudMed II 2/1929 p. 18
I ERMINI StudMed II 2/1929 p. 189
I SCHUPP Williram von Ebersberg p. 97
I BERSCHIN in: Witigowo von der Reichenau p. 12 n. 11
I WALLACE-HADRILL Frankish Church p. 234
I LÖWE Settimane ... Spoleto 32/1986 p. 515
I KLOPSCH in: Fs. BRUNHÖLZL 1989 p. 149
I B. KASTEN Adalhard v. Corbie. Die Biographie eines karol. Politikers u. Klostervorstehers 1985 p. 169 n. 15

39 *Plasmator hominis deus*
E Hymnarium oscense II p. 37
EC Canterbury Hymnal 37517 p. 51
M ODERMATT Ordinarius St. Arnulf p. 390
M Portiforium Wulfstani nr. 2724

40 *Plasmavit qui te, nascetur conditor ex te*
A inc. saec. X/XI (Cod. aur. Ept.)

41 *Plaudat laetitia lux hodierna*

42 *Plaudat polorum laudibus*

43 *Plaude, beate Pater, caelesti munere saeptus*

44 *Plaudite, felices populi, nova vota tenentes*
ETC REYDELLET I p. 16
ETI GEORGE Venantius Fortunatus p. 74-77; 192
I HOEFLICH RPL 5/1982 p. 134

45 *Plaudite laudes / Nunc, uterque sexus*

46 *Plaudite voce deo, pia reddite vota, sorores*

47 *Plaustra boves ducunt, qua remis acta*

48 *Plaustra viam carpunt, qua puppes ire*

-a *Plausu postremo gaudet moriens h( ) nemo*
M PELLEGRIN Bibliothèque Vaticane II.1 p. 372

49 *Plebis amor, procerumque decus, pietatis*

50 *Plebs crucis ad vota benedicta sit intime*

51 *Plebs Deo dicata pollens*
B CANTELLI BERARDUCCI p. 381s.
I NORBERG Les vers iambiques p. 86; 92
I NORBERG MlatJb 19/1984 p. 68

52 *Plebs devota Deo mente fideli*

53 *Plebs haec, domne pater, iugiter benedicier*
E LECLERCQ in: Miscellanea MERCATI II 1946 p. 482
M HOLTZ RevHistTextes 16/1986 p. 175

-a *Plebs in bello congregata est* 1
ET Virg. Gramm. ed. POLARA p. 32

54 *Plebs omnis sancta, conventus ecclesiae*

55 *Plena deo, moderata animo, miranda decore*

56 *Plena domus spinis, parva sed corporis*

57 *Plena laboratis habeas cum scrinia libris*

58 *Pleno coruscat trinitas mysterio*
EI ENGEMANN JACh 17/1974 p. 21-46
I BELTING-IHM Settimane ... Spoleto 41/1994 p. 856

59 *Plenus ab aeterno stabat rex perpete sceptro*
I LAPIDGE in: Jean Scot Érigène et l'Histoire de la Philosophie p. 446; 448

60 *Plerique caeli regna dicto principe*

61 *Plerique homines, quos quom nil refert pudet*

62 *Plerumque stulti risum dum captant levem*

63 *Pliadas aspicies omnes totumque sororum*

64 *Pliades ante genus septem radiare feruntur*

65 *Plorat Eros, quotiens maculosae pocula*

66 *Plorat Pythagoras et tu, bone Cicero, ploras*
EC SILAGI in: Fs. BULST 1981 p. 223s.

67 *Plura quid hinc tibi gaudia sint quot*

– *Plura saginato conclusit fercula capso*
cf. *Eminet impletus pullorum carnibus*

68 *Plures beata tergiversator nece Christi*

69 *Plures quin etiam diversa per abdita trusit*

70 *Pluribus admissis caelorum ad gaudia*

71 *Pluribus haec tellus hinc priscae legis*

72 *Pluribus ignotam primam sed origine fixam*

73 *Plurima cum Dominus fecisset signa per*

74 *Plurima labenti donavit lumina caelo*

75 *Plurima magnarum tribuit miracula rerum*

76 *Plurima mira malum signantia signa futurum*
A Patricius Dublinensis (saec. XI)
E MGH AA 13 p. 219
B LAPIDGE/SHARPE p. 88:310

77 *Plurima perque suum fecit miracula servum*
I GODMAN MedAev 50/1981 p. 224

78 *Plurima praeterea Solymae celebrata*
I COURCELLE Lecteurs ... de l'Énéide p. 348

79 *Plurima sanctorum bona sunt communia*

80 *Plurima sunt, Fuscine, et fama digna sinistra*

81 *Plurima sunt, sed pauca loquar, ne dira*

82 *Plurima tranquillae cum sint insignia vitae*
ETC C. ROCCARO Walahfrido Strabone, Hortulus 1979
I BERSCHIN Freiburger Diözesan-Archiv 104/1984 p. 12-18
I GODMAN in: Charles the Bald p. 301
I BERSCHIN Eremus p. 19
I VINAY Alto Medioevo Latino p. 248ss.

83 *Plurimam patroni iam sunt miracula sancti*

84 *Plus amat altithronus sensus quam sophia*

85 *Plus credit nemo tota quam Cordus in urbe*

86 *Plus ego sustinui quam corpus debuit unum*

87 *Plus esse in uno saepe quam in turba boni*

88 *Plus solito coeunt ad gaudia; dic amice quid*
B BHL 6673d

89 *Plus triginta annis natus sum, quom interea*

90 *Plus vigila semper nec somno deditus esto*

91 *Pneuma fovens undas primo dedit in cruce*

92 *Pneuma, tuum rorem super hunc asperge*
MI DUFT in: Fs. HAEFELE p. 88 (tab. facs.)

93 *Pocula qui vitae quaerit veniat sine lite*
E MGH Poet. 5 p. 672

94 *Poenico bello secundo Musa pinnato gradu*

– *Poenitentiam agimus pro malis nostris*
cf. *Patris dextera*

95 *Poeta quom primum animum ad scribendum*
EM WINTER Philologus 123/1979 p. 179s.

96 *Poetae tenero, meo sodali*

97 *Pollens imperii regnator Caesariani*
E BERSCHIN p. 273
T ÖBERG Poetry p. 213
I MCDONALD/GOEBEL Literary Patronage p. 211
I YORKE in: YORKE Aethelwold p. 69
I E. KARPF Herrscherlegitimation u. Reichsbegriff i. d. otton. Geschichtsschreibung d. 10. Jhs. 1985 p. 136
I STAATS Reichskrone p. 53

98 *Pollente eloquio pervenit epistula cursu*

99 *Pollet alma haec dies*

– *Polorum laudibus concentus omnis coelitus*
cf. *Plaudat polorum laudibus*

00 *Poma dat et gratos September ab arbore*

01 *Poma sumus Cybeles: procul hinc discede*

02 *Pompeios iuvenes Asia atque Europa, sed*

03 *Pompeius totum victor lustraverat orbem*
I GRIMAUDO Pan 10/1990 p. 87-110

04 *Pondera Paeoniis veterum memorata libellis*
M BALLAIRA Prisciano p. 127; 145; 147; 182
M Bruxelles, BR II 1017 (saec. XII) f. 42r-43r
M Basel, UB O II 3
M PELLEGRIN Bibliothèque Vaticane II.2 p. 531
M MlatJb 16/1981 p. 430; WIC 14226
M DE MEYIER Codices Vossiani III p. 33
M BISCHOFF Mal. Studien III p. 278 n. 1
M GNEUSS Handlist 27; 185
MB HOFFMANN Buchkunst p. 242
I SHACKLETON BAILEY ClPh 77/1982 p. 115
I EFFE Dichtung und Lehre p. 227-230

05 *Pondere detracto miseras, Martine, fatigas*

06 *Pondere telluris requiescit tecta sub isto*

07 *Pone arcum, Paean, celeresque reconde*

08 *Pone focum mensis dictus de nomine Iani*

09 *Pone metum: nihil hic iterum iurabis amanti*

10 *Ponendis in mille modos perfecta capillis*

11 *Ponite mature bellum, precor, iraque cesset*

12 *Ponitur Ausoniis avis haec rarissima mensis*

13 *Ponitur in feretro corpore lotus homo*
I QUACQUARELLI Poesia tardoantica p. 439; 441s.

14 *Ponitur in stabulo, totum qui continet orbem*

-a *Ponti namque natans litus pertingere temptat* [2
A inc. saec. IX/X
EI VILLA Lectura Terentii I p. 32

15 *Pontia sidereis aspirans vultibus olim*

16 *Pontice, quod numquam futuis, sed paelice*

17 *... pontifex quiesco ecce sorte debita*

-a *Pontificale decus fore sacrum ab origine* [*constat* 184 frgm.
EI SCHMIDT MlatJb 24-25/1989-1990 p. 439-447

18 *Pontificale decus qui gestit noscere cautus*
M J. VEZIN in: Miscellanea MASAI 1979 p. 161

– *Pontificalis apex et honor*
cf. *Praesul praecipue, atque venerande*

19 *Pontificalis apex et primus in orbe sacerdos*
B Clavis Galliae II p. 54

20 *Pontificalis apex, meritis archique sacerdos*
B Clavis Galliae II p. 356; 395
I LAPIDGE in: TRAUBE-Gedenkschrift p. 164 n. 16

21 *Pontificalis apex meritis vivacibus aram*
I BERSCHIN Biographie III p. 161 n. 183

22 *Pontificalis apex, meritorum munere clarus*
I ORCHARD JournMedLat 2/1992 p. 116ss.
I LAPIDGE in: TRAUBE-Gedenkschrift p. 162 n. 5

23 *Pontificalis apex, pastor, patriarcha*
E H. TRIBOUT DE MOREMBERT Saint Chrodegang 1967 p. 184
B Clavis Galliae II p. 431

24 *Pontificalis apex, pater Aethelharde, valeto*
B Clavis Galliae II p. 347s.

25 *Pontificalis apex, Petri dignissimus heres*

26 *Pontificalis apex, praeclarus in orbe*
B Clavis Galliae II p. 424

27 *Pontificalis apex, primus et in orbe sacerdos*
I FERRARI p. 24s.; tab. 14

28 *Pontificalis apex, princeps patriarcha*
B Clavis Galliae II p. 45

29 *Pontificalis apex servet Dionysius aram*
B Clavis Galliae II p. 411

30 *Pontificalis apex virtutum pondere fultus*
E GREGOROVIUS Tombe dei Papi p. 23*s.

31 *Pontificem meritis Aldricum, Christe*
B Clavis Galliae I p. 290s.

– *Pontificem Romanorum decreta vel acta*
cf. *Pontificum Romanorum*

32 *Pontificem summum Hattonem cerne*
I SCHALLER MlatJb 24-25/1989-1990 p. 435

33 *Pontificem summum, salvator Christe, tuere*
EC CC Cont. Med. 100 p. 7
M Rabanus Maurus i. s. Zeit p. 30s.
M CC Cont. Med. 100A tab. A3

34 *Pontifices caveant, domini ne mystica*

35 *Pontifices isti hanc sedem rite tenebant*

36 *Pontifices post hoc Solymae virtute nitentes*

37 *Pontifices post praemissus in culmina sedis*

38 *Pontifices sancti virtutibus oppido clari*

39 *Pontifices sanctos fidei ratione peritos*

40 *Pontifices summi, fidei via, semita vitae*

41 *Pontifices summi Roma huc quos misit*

42 *Pontifici magno hunc Arnoni reddite librum*
B Clavis Galliae II p. 371-379

43 *Pontifici sanctus praecepta refert Quiriacus*

44 *Pontificis baculum portavit Wormatiani*

45 *Pontificis bonitas manet hoc memoranda*
I KER Books p. 21

46 *Pontificis castrum spes est fidissima vitae*

47 *Pontificis requiem caelesti munere gessa*
A inc. saec. VI
E PICARD Souvenir p. 176 n. 194
ET NAUERTH p. 352
EM RUGO Iscrizioni III p. 38:38

48 *Pontificis sancti cineres tenet Honorati*
E PICARD Souvenir p. 312 n. 2

49 *Pontificis sancti requiescunt membra sacrato*
E PICARD Souvenir p. 316 n. 13

50 *Pontificis summi hic clauduntur membra*
E GREGOROVIUS Tombe dei Papi p. 41*

51 *Pontificis veneranda sequens vestigia Sossus*

52 *Pontificum capiti sit lux, pax, vita Tutoni*
I MGH Poet. 5 p. 682

53 *Pontificum decus, ecclesiae clarissima*

54 *Pontificum est proprium conferre per*
M facs. La Neustrie p. 86

55 *Pontificum Michael speculum iacet hic*

56 *Pontificum Romanorum decreta vel acta*

57 *Pontificum veneranda cohors pro dogmate*

58 *Ponuntur semper chrysendeta Calpetiano*

59 *Populea Lycidas nec non et Mopsus in*

60 *Porcellum sequitur vehemens formido*

61 *Porci et Socration, duae sinistrae*

62 *Porcius octophoro fertur resupinus ad*

63 *Porrige, posco, mihi celsam. pater inclite*

64 *Porrigo quid mihi dant peregrino haec*

65 *Porro Graeci pandunt suos*

66 *Porro - nam quis erit modus? - Quirites*

67 *Porro senectutis fugiens discrimina ferre*

68 *Porro soni crepitus proprii me fecit habere*

69 *Porro triforme ferum vel monstrum fingor*

70 *Porta domus domini haec est et regia caeli*
B Clavis Galliae II p. 425

71 *Porta manet templi, Speciosam quam*

72 *Porta paradisi primevam clausa per Aevam*

73 *Porta per hanc caeli fit pervia cuique fideli*

74 *Portantem me porto senem et vestigia firmo*

75 *Portarum valido firmavit limine muros*

76 *Portas spiniferam derisus, Christe, coronam*

77 *Portatus sum ut agnus innocens ad victimam*

78 *Portavi lacrimis madidus te, nostra catella*

79 *Porticus ante domum stet haec fornace*

80 *Portio si capitis morbo temptatur acuto*

81 *Porto dapes dorso, quis corpus pascitur apte*

82 *Porto domum mecum, semper migrare*
ET BERTINI Autori latini p. 176s.

83 *Poscimur, si quid vacui sub umbra*

84 *Poscit cum matre hoc baptista tuus*

85 *Posco, magister inclite, Notker*
E Notker Balb. ed. BERSCHIN p. 115

86 *Posse sistere cur Dei*

87 *Possedit glacies naturae signa prioris*
ETI LAURENS BAGB 1986 p. 345

88 *Possem minore ambigens fiducia*

89 *Possidet hanc levita dei Laurentius aram*

90 *Possidet non merita locus hic cito corpus*

– *... possim Theo ... / Caeliculae sic demum*
cf. *Cum describere non possim Theodotae*

91 *Post alias reliquas Augustus me creat auctor*

92 *Post aviae lacrimas miserata potentia*

93 *Post canas hiemes, gelidi post damna*

94 *Post casum Troiae fabricata classe superstes*

-a *Post crucis insignes subiit quam sponte* [*triumphos*
A Hilduinus de S. Dionysio?: Passio metrica S. Dionysii
MB WIC 14312
MI LAPIDGE MlatJb 22/1987 p. 56-79

95 *Post domini morsus damnentur Tartara*

96 *Post eremum Christi ipse etiam baptisma*

97 *Post erratus et excessus atque neglegentias*
I OHLY in: Festgabe O. HÖFLER 1976 p. 543 n. 76
I SCHALLER Studien p. 45

98 *Post evangelicum bis seni dogma senatus*
I HAUCK Taufpfalzen p. 58 n. 232
I W. POHL Die Awaren 1988 p. 97

99 *Post eversa Phrygum regna ut fuga coepta*
M COULSON Scriptorium 51/1997 p. 166
I SCHETTER Hermes 116/1988 p. 343-357

00 *Post flammas cineresque suos nova surgere*

01 *Post genetrix me quam peperit mea, sepe*

02 *Post haec candidulas aspexit stare catervas*
E BERSCHIN p. 269

03 *Post haec norma virum non continet ista*

04 *Post has nectit subsequentes in secunda*
M HOLTZ StudMed III 16/1975 p. 113

05 *Post hos, nocentes damnat Innocentius*

06 *Post hos sermones abscedunt ad sua fratres*

07 *Post hunc castrensi Caligae cognomine*

08 *Post hunc luce brevi Romani regmina*

09 *Post Iacobum Simeon Solymorum ad sacra*

10 *Post idus, quas quisque suas habet ordine*

11 *Post inclitos labores*
I MEYERS MA 93/1987 p. 90s.

12 *Post Marco tutela datur; qui scita Platonis*

13 *Post mare fluctivagum repetens ad litora*
I BIERBRAUER in: BEUMANN/SCHRÖDER Ethnogenese p. 33 n. 68
I WOLFRAM in: BEUMANN/SCHRÖDER Ethnogenese p. 119-121
I HAGENEDER in: BEUMANN/SCHRÖDER Ethnogenese p. 203; 211
I WOPFNER in: Fs. OTTENTHAL 1925 p. 362-417
I WILLIS Mnemosyne IV.41/1988 p. 123
I SHEERIN Traditio 38/1982 p. 53
I R. HEUBERGER Rätien im Altertum und Frühmittelalter 1932 p. 40-44; 311s.

14 *Post Martios labores*

15 *Post matutinis laudibus / Quas trinitati*
M GNEUSS MlatJb 35/2000 p. 244
I NORBERG Les vers iambiques p. 30; 39

16 *Post mille amplexus, post dulcia savia penem*

17 *Post mortem si vivit amor, si gratia prisca*

18 *Post obitum Christi tibi, mors, est portio*

19 *Post obitum Moysis surgit Naveius heros*
ET BISCHOFF in: Bibbia di San Paolo p. 158

20 *Post octingentos viginti quinque peractos*

21 *Post opus parvum studui compingere parvos*

22 *Post partum, virgo Maria*

23 *Post patriae cineres et culmina lapsa*

24 *Post Petrum, primum principem*
M BEERS Cistercian Hymnal p. 75s.
I WADDELL Cistercian Hymnal I p. IX
I NORBERG in: Cultura in Italia p. 366 n. 31
I NORBERG Les vers iambiques p. 32

25 *Post primam genesim volui describere cosmi*

26 *Post quem celsa subit Leo lura notamine*

27 *Post quem germanus praemitis regmina*
I ORCHARD JournMedLat 2/1992 p. 116ss.

28 *Post quem Nerva senex Traianum lectus*

29 *Post quos Narcissus, redolens flos atque*

30 *Post resides annos longo velut excita somno*
B BHL 6036

31 *Post revelatum corporis / Thesaurum Fidis*

32 *Post senium fessus, iaces isthic funere*

33 *Post septuagesimo numero tempus*

34 *Post sequitur socius retinens moderamina*

35 *Post Sixtum Romae solium Telesphorus*

36 *Post Sodomum et Gomorum viventia funera*
M BALLAIRA Prisciano p. 205

37 *Post sumptam domini carnem*

38 *Post tempestates et turbida nubila caeli*
I GEORGE Eranos 86/1988 p. 55; 59
I GEORGE Venantius Fortunatus p. 88-92

39 *Post tot repleta busta*

40 *Post ut in undecimum venit feliciter annum*
ET STAUB in: Witigowo von der Reichenau p. 60ss.
I BAYER Aachener Kunstbll. 54-55/1986-87 p. 36

41 *Post vitae excessum sancti magnique*

42 *Postera cum caelo motis Pallantias astris*

-a *Postera cum roseam pulsis Hyperionis*

43 *Postera cum teneras Aurora refecerit herbas*

44 *Postera lux hiemem medio discrimine signat*

45 *Postera lux melior: superat Masinissa*

46 *Posthabito mundi, quo grandi fulsit, honore*
B Clavis Galliae I p. 166s.

-a *Postquam alterno ciciderunt vulnere fratres*

47 *Postquam bis classe victus naves perdidit*

48 *Postquam castra duces pugnae iam mente*

49 *Postquam castra notat, quod Caesar victus*
M Hss. Krakau 524 f. 123r

50 *Postquam congressi sola sub nocte per*
E PEIPER p. 216
I ADAMS SIFC 53/1981 p. 199-215

51 *Postquam consilium ductor cognovit*
I MODERAN MEFRA 99/1987 p. 982-985; 987 n. 89-90

52 *Postquam conspicuo Iesus decesserat actu*

53 *Postquam conspicuo longinqua in devia*

54 *Postquam conticuit prudens permensio*

55 *Postquam corporeo Christus velamine tectus*
E BERSCHIN p. 36

56 *Postquam Crassus carbo factus, Carbo*

57 *Postquam est in thalami pendentia pumice*

58 *Postquam est mortem aptus Plautus*

59 *Postquam fixa solo semel*

60 *Postquam fracta fides refugis spirantibus*
ETC POLLMANN p. 70

61 *Postquam in conspicuo longinqua in devia*

62 *Postquam lux fidei crescens per climata*
E BERSCHIN p. 78
B BHL 8123

63 *Postquam magnanimus furias virtutis*

64 *Postquam martyrium explevit Bonifatius*

65 *Postquam maternas infantia prima papillas*
I VILLA Lectura Terentii I p. 138
I W. BERGMANN Innovationen im Quadrivium d. 10. u. 11. Jhs. 1985 p. 177-182
I BORST Zahlenkampfspiel p. 42s.
I FINKEL AKG 58/1976 p. 371-380

66 *Postquam militia et belli sudore vacabant*

67 *Postquam, mors, Christi pro nobis morte*
E GREGOROVIUS Tombe dei Papi p. 18*

68 *Postquam nocturnas ex more peregimus*
E MGH Poet. 5 p. 612

69 *Postquam nostra salus mundum renovaverat*
TC STELLA Poesia carolingia p. 256-263; 452ss.
I BEIERWALTES in: Jean Scot Écrivain p. 226
I JEAUNEAU Études Érigéniennes p. 240; 618
I DUTTON/JEAUNEAU StudMed III 24/1983 p. 100
I HERREN in: Giovanni Scoto nel suo tempo 1989 p. 550s.

70 *Postquam nulla meis creverunt germina*

71 *Postquam poeta sensit scripturam suam*

72 *Postquam poeta vetus poetam non potest*

73 *Postquam primo homini saevae sententia*
I COURCELLE Lecteurs ... de l'Énéide p. 489
I GARRISON in: Poetry and philosophy in the middle ages. Fs. P. DRONKE ed. J. MARENBON 2001 p. 63-78

74 *Postquam primus homo paradisi gaudia*
TI WOLTERBEEK Ridicula p. 116
M SOTTILI I Codici del Petrarca p. 183; 445
I GARRISON in: Poetry and Philosophy in the Middle Ages. Fs. P. DRONKE ed. J. MARENBON 2001 p. 63-78

75 *Postquam primus homo paradisi liquerat*
ET GODMAN Poetry p. 126ss.
B Clavis Galliae II p. 34s.
I FASOLI Settimane ... Spoleto 35/1988 p. 25s.
I CHATILLON RMAL 35/1979 p. 140
I THACKER in: Fs. WALLACE-HADRILL 1983 p. 150
I VIARRE in: TRAUBE-Gedenkschrift p. 229s.
I COURCELLE Lecteurs ... de l'Énéide p. 129
I EBENBAUER Carmen Historicum I p. 93-96
I C. RATKOWITSCH Maximianus amat 1986 p. 37
I GODMAN StudMed III 20/1979 p. 578s.
I ZANNA StudMed III 32/1991 p. 524-

548
I GARRISON in: Poetry and Philosophy in the Middle Ages. Fs. P. DRONKE ed. J. MARENBON 2001 p. 63-78

-a *Postquam pulsa sitis membraque levata*

76 *Postquam res Asiae deceptaque Pergama*
I SCHETTER Hermes 116/1988 p. 343-357

77 *Postquam res Asiae disiectaque moenia*

78 *Postquam res Asiae Priamique evertere*

79 *Postquam res sic gesta dedit nova corda*

80 *Postquam rex regum Christus super aethera*

81 *Postquam rex regum, qui solus regnat in*
E BERSCHIN p. 276
I SWINARSKI Herrschen mit den Heiligen p. 387
I STAUBACH in: Theophanu I p. 365
I ENGELS in: Theophanu I p. 43
I E. KARPF Herrscherlegitimation u. Reichsbegriff i. d. otton. Geschichtsschreibung d. 10. Jhs. 1985 p. 115-137
I RINGEL in: Deus qui mutat tempora. Fs. A. BECKER 1987 p. 141
I FICHTENAU Lebensordnungen I p. 232; II p. 546
I WOOD in: Fs. WALLACE-HADRILL 1983 p. 259
I STAATS Reichskrone p. 39; 53; 90
I WERNER MlatJb 24-25/1989-1990 p. 533
I KIRSCH MlatJb 24-25/1989-1990 p. 215-224
I HOFFMANN DA 51/1995 p. 57; 66

82 *Postquam rupta fides Tyriis, et moenia*

83 *Postquam sanctifico missos de caespite*

84 *Postquam sanctus amor hos nexuit atque*

85 *Postquam sidereus disrupit Tartara princeps*
ETC REYDELLET I p. 132
I QUACQUARELLI Poesia tardoantica p. 447

86 *Postquam summe bonus pastor, grege rite*
E MGH Poet. 5 p. 569

87 *Postquam transgressus Domini praeceptum*
EBI STOTZ Sapph. Dichtung p. 19; 28; 192-198; 208; 459

88 *Postquam vera salus descendit ab aethere*
ETC LAPIDGE JournMedLat 10/2000 p. 274-277; 299s.

89 *Postquam verborum vastum transnavimus*
E CC Cont. Med. 68 p. 159

90 *Postquam virginis beatae Mariae virginitas*
B MGH Poet. 5 p. 679
I CORBET Les Saints Ottoniens p. 187 n. 14

– *Postremo dico deprecandi canticum*
cf. *Tibique, domine, celsum Cherubim*

91 *Postremo mediis nigrantem deserit arvis*
EC ROBERTINI p. 111

92 *Postremus vixi, qui patrum nomina scripsi*
A Erkanbald. Argent.
B Clavis Galliae I p. 359s.
I BERSCHIN ZGObRh 134/1986 p. 20

93 *Postume, plorantem potuisti linquere Gallam*

94 *Potabis liquidum Signina morantia ventrem*

95 *Potavi modo consulare vinum*

96 –

97 *... es) poteris cognoscere, lector*

98 *Poto ego sextantes, tu potas, Cinna, deunces*

99 *Potor nobilis, Aule, lumine uno*

00 *Prae cuncta vitae commoda est mortalibus*

01 *Prae cunctis mihimet dulcis Wisiriche*
M MGH Poet. 5 p. 687

02 *Prae cunctis opibus laudem servavit honesti*

03 *Praebens solamen luctus mihi Musica nomen*

04 *Praebeo diversis labiis potabile mixtum*

05 *Praebuerat dictis Tritonia talibus aures*

06 *Praecedis, Vico, nec tamen praecedis*

07 *Praecelsa / admodum et clara*
I STÄBLEIN in: MGG XII 1965 c. 536

-a *Praecelsa dies veneranda*
I STÄBLEIN AMusWiss 18/1961 p. 12
cf. *Pretiosa dies ...*

08 *Praecelsa Germani fides*

09 *Praecelsa intonent cantica*

10 *Praecelsa saeclis colitur / dies omnibus*
I SPANKE Studien p. 118

11 *Praecelsae quercus frondenti in vertice*

12 *Praecelsis dominis famulor dum corde*
I NELSON Politics and Ritual p. 10

13 *Praecelso et spectabili his Arbogasti comiti*
T ÖBERG Poetry p. 79
I ANTON Francia 12/1984 p. 22s.
I ANTON Francia 14/1986 p. 2ss.
I HERREN CMCS 15/1988 p. 72
I NORBERG in: Cultura in Italia p. 364
I ANTON in: La Neustrie II 1989 p. 54; 60
I STOTZ in: Poesia dell'alto medioevo p. 161

14 *Praecelsus meritis, famoso et nomine clarus*
M SCHRAMM/MÜTHERICH Denkmale^2 p. 479

15 *Praecentorum / succentorumque turma*
I SPANKE Studien p. 120

16 *Praeceps sanguinea dum se rotat ursus*

17 *Praecepto monitus saepe te considera*

18 *Praeceptor fratres hoc signo convocat omnes*
M AUTENRIETH in: Landesgeschichte u. Geistesgeschichte. Fs. O. HERDING 1977 p. 48

19 *Praecessor almus gratiae / Et veritatis*
I SHEERIN VigChr 30/1976 p. 21

20 *Praecipiti modo quod decurrit tramite*
M DE MEYIER Codices Vossiani II p. 276

21 *Praecipua aderit nobis / salus continua*

22 *Praecisae silicis cautibus edite*

23 *Praeclarae vocis organo*

24 *Praeclari generis praestanti sanguine cretus*

25 *Praeclaris lirae camenis cantemus regi Deo*

26 *Praeclarum Christi militem*
I GIL Habis 7/1976 p. 209

27 *Praecluis hic recubat Landolfus vulnere*

28 *Praecluis orator, sudans opobalsama cosmo*

29 *Praeco praeclarus sacer et propheta*
I SCHALLER MlatJb 19/1984 p. 80
I SCHALLER Studien p. 259

30 *Praecones isti iuxta vestigia Christi*

31 *Praeconia / modo nectarea / voce promamus*

32 *Praecursor alti luminis / Et praeco*
M GNEUSS MlatJb 35/2000 p. 247
I SCHALLER MlatJb 19/1984 p. 79
I SCHALLER Studien p. 258

33 *Praecursor Christi / et magnus baptista*
M CTrop V p. 80; 100; 276; 278-280
MB CROCKER p. 442
I DE GOEDE PRU p. CXLVI

34 *Praecursor domini Christum qui tinxerat*

35 *Praecursor domini magnus baptista* [*Iohannes / Atque pius*
B Clavis Galliae II p. 453

36 *Praecursor domini magnus baptista* [*Iohannes / Hunc ornat*
B Clavis Galliae II p. 439

37 *Praecursor domini martyr baptista Iohannes*
EI GOMEZ PALLARES in: Umanesimi p. 184
I FAVREAU Settimane ... Spoleto 39/1992 p. 692
I HAUCK Taufpfalzen p. 59
I HOEFLICH RPL 5/1982 p. 129

38 *Praecursor domini, sacer, et baptista*

-a *Praedia pro Deo dant fratres haec Fridolino* [4
E FROS AnBoll 99/1981 p. 358
B BHL 3170

39 *Praedia pro domino dant fratres hic*

40 *Praedia solus habes et solus, Candide*

41 *Praedicta astra loquar ritu quocumque*
B Clavis Galliae I p. 300-302

42 *Praedictum tibi ne negare possis*

43 *Praedo fuit volucrum: famulus nunc aucupis*

44 *Praedurus adamans ferrum non suscipit*

45 *Praefixo moriens naturae munere functus*
M ICUR N. S. VI p. 67:15842

46 *Praefuit ecclesiae per septem lustra vel*

47 *Praefulgida / dicito margarita*

48 *Praefulgida / dies exstat / Andreas*
I DE GOEDE PRU p. CXLVI

49 *Praelata mundi culmina*
EI NORBERG Hymnarius Severinianus p. 40s.

50 *Praelati invidia fratrum quoque pectora*

-a *Praelibo necessarium* 640
A inc. saec. XI?
ETC MODESTO Cena Cypriani p. 244

51 *Praelucens praeco splendens praefamine*

52 *Praemia magna Dolon currus dum poscit*

53 *Praemia perpetui sumpturi maxima regni*

54 *Praemia plura pio persona pusillula patri*

55 *Praemia saltatrix poscit funebria virgo*

56 *Praemia sancta viri meritis titulata beati*

57 *Praemia tantorum cui dona, Christe*

58 *Praemia tot formae muneret quis voce*
E FO Romanobarbarica 8/1984-85 p. 165
M PELLEGRIN Bibliothèque Vaticane II.2 p. 566
I SALANITRO Orpheus N. S. 8/1987 p. 138-141
I W. OFFERMANNS Die Wirkung Ovids ... 1970 p. 59
I SALEMME Orpheus N. S. 9/1988 p. 98-101

59 *Praemicat, alme, tuum, praesul, venerabile*
I LOŠEK Wiener Studien 114/2001 p. 635

60 *Praenestina, tibi Verus tuus heu grave*

61 *Praenomen Tiberi nactus Nero prima*

62 *Praenuntiatrix usiae / Eximia deificae*
M ODERMATT Ordinarius St. Arnulf p. 390

63 *Praeparat in fletu qui fercula lauta vocatis*

– *Praeparat octavo bettum et quos mittat in*
cf. *Dat belli signum Laurenti*

64 *Praepotens miles cathedraeque princeps*

65 *Praesago sanctus pariter spiramine plenus*

-a *Praescie, lauripotens, Latonie, Delie, Paean* [124
A inc. saec. IV: Alcestis
ET R. ROCA-PUIG Alcestis 1982 p. 37ss.
ETC M. MARCOVICH Alcestis Barcinonensis 1988 p. 16
EC LEBEK ZPE 52/1983 p. 4-30
BI LEBEK in: Klass. Antike u. Gegenwart 1985 p. 50-57
BI ZURLI GIF 39/1987 p. 73-103
I PARSONS/NISBET/HUTCHINSON ZPE 52/1983 p. 31-36
I COURTNEY Mnemosyne IV.39/1986 p. 405

66 *Praesentem biblum iussit perscribere*
M GNEUSS Handlist 301
B SHARPE nr. 387
I LAPIDGE Wulfstan p. LXXXVIIs.; XCIII; XCV
I LAPIDGE Anglo-Latin Literature 1993 p. 73s.

67 *Praesentis numerat quindecim miles minas*

68 *Praesidio domini firmantur brachia regis*
ET MESSINA p. 45:XIX
I EBERHARDT p. 151; 179

69 *Praesidium aeternae firmat prudentia pacis*

– *Praesidium vita qui quaeritis, ecce, venite*
cf. *Quique laboratis, si vultis opem*

70 *Praestitit exhibitus tota tibi, Caesar, harena*
B BHL 7297

71 *Praestolatur ovans sponsam de gentibus*

72 *Praestricta est cursim rationis regula primae*

73 *Praesul Adalbertus omni virtute refertus*

74 *Praesul Adelwoldus quia fulsit in ordine*
TMI LAPIDGE Wulfstan p. XXVII; CXVIIs.; CXXV

75 *Praesul Adelwoldus sacro spiramine plenus*

76 *Praesul adhuc vivens Christi pascebat ovile*

77 *Praesul Amande, deo tali tu nomine dignus*
B Clavis Galliae II p. 389

78 *Praesul amande et reverende*

79 *Praesul amande, Leo, hic valeas per saecula*
B BHL 6676

80 *Praesul amate deo te, papa Gregorius, oro*
EC CC Cont. Med. 100 p. 8

81 *Praesul amate, precor, hac tu diverte, viator*
B Clavis Galliae II p. 49s.
I LILIENFELD in: Typus, Symbol p. 152 n. 21

82 *Praesul amate, precor, pergat haec cartula*

83 *Praesul Amate, tuae scriptorem splendidae*
EM Colophons 18540

84 *Praesul apostolicae sedis venerabilis omni*
E ICUR N. S. IX p. 176:24833
E GREGOROVIUS Tombe dei Papi p. 10*

85 *Praesul ave noster, cuncti te, Aldrice*
B Clavis Galliae I p. 290s.

-a *Praesul Eberhardus Christi famulamine [parcus* 2
EM HOFFMANN Buchkunst p. 361

86 *Praesul ego dictus Donatus sanguine Scottus*

87 *Praesul, episcopio vigeas in tempore longo*
ECI MCDONOUGH MlatJb 32.2/1997 p. 23-51
ECI ÖBERG MlatJb 33.2/1998 p. 21-43

88 *Praesul erat Killena sacer Colonatque*

89 *Praesul Evergerus, cuius sum nomine*
E JACOBSEN in: Theophanu I p. 187
M facs. Ornamenta Ecclesiae I p. 151s.

90 *Praesul Folcmarus, nulli pietate secundus*
E SIMSON Archiv f. d. Geschichte d. Niederrheins 7/1870 p. 150
I JACOBSEN in: Theophanu I p. 179

91 *Praesul fuit Pictavensis*

92 *Praesul Gregorius septeno pneumate plenus*
M SCHRAMM/MÜTHERICH Denkmale² p. 485
MBI HOFFMANN Buchkunst p. 86; 422

93 *Praesul hic egregius Formosus laudibus altis*

94 *Praesul hic Eusebius scripsit, solvitque*

95 *Praesul, honoris apex, generis fideique*
ETC REYDELLET I p. 117

96 *Praesul in arce pius rutilat Diense cathedrae*
M DOLBEAU Francia 11/1983 p. 100s.
MI GÄRTNER Eranos 99/2001 p. 18-27
B BHL 5247c
I COURCELLE Lecteurs ... de l'Énéide p. 289; 329

97 *Praesul Paulinus virtute fideque coruscus*

98 *Praesul Permini, fulgens lux aurea mundi*
TM facs. Ornamenta Ecclesiae I p. 140s.
MB HOFFMANN Buchkunst p. 344

99 *Praesul praecipue, atque venerande*

00 *Praesul regalem dicat hanc Agricius aedem*
EI KÖLZER Urkundenfälschungen p. 82s.

01 *Praesul summe dei regnantis culmine caeli*
A Berno Augiensis
EM HOFFMANN Buchkunst p. 346

02 *Praesul Taurine, poscimus / Succurre nobis*

– *Praesul ut eximius sit rite Gregorius almae*
cf. *Pontificem summum salvator Christe*

03 *Praesule Wulfstano hoc opus est censente*
I KER Books p. 21

04 *Praesuli Germano magna est haec ara*
B Clavis Galliae II p. 402

05 *Praesuli iunctum tumuloque Aviti*

06 *Praesulis Andreas praefati captus amore*

07 *Praesulis egregii Landberti laude perenni*
M MISONNE in: Miscellanea MASAI 1979 p. 123; tab. 16

08 *Praesulis egregii Martini mentio hic fit*

09 *Praesulis egregii merita, Gregorii rutilant*

10 *Praesulis egregii, quo cernis, pausat humati*
B Clavis Galliae I p. 366s.
I BERSCHIN ZGObRh 134/1986 p. 20
I SCHALLER Studien p. 56 n. 70

11 *Praesulis Erpho capit, fastigia summa*

12 *Praesulis Eugenii iacet hic venerabilie*

13 *Praesulis eximii laudes ornare camenis*
B BHL 7248a

14 *Praesulis eximii requiescunt membra*
E GREGOROVIUS Tombe dei Papi p. 42*s.

15 *Praesulis haec magni loca membra fovent*
M MlatJb 16/1981 p. 430; WIC 14491b

16 *Praesulis Heladii tumba requiescit in ista*

17 *Praesulis hic pulchram venerandi cernite*

18 *Praesulis hic recubant Iohannis membra*

-a *Praesulis hic redolent Aelfrici lipsana summi* [8
A inc. saec. XI
E FÖRSTER Anglia 41/1917 p. 154

19 *Praesulis hic tegitur famosi caespite corpus*
ETI P. HERDE Die Würzburger Inschr. 1988 p. 3:1
I HERRMANN Würzburger Diözesangeschichtsbll. 48/1986 p. 133-162

20 *Praesulis hoc tumulo requiescit corpus*
E PICARD Souvenir p. 367 n. 19

21 *Praesulis iunctum tumuloque Aviti*

22 *Praesulis octavi requiescunt membra*
E GREGOROVIUS Tombe dei Papi p. 32*s.
I D. LOHRMANN Das Register Papst Johannes' VIII. 1968 p. 273s.

23 *Praesulis officio simul abbatis quoque*
M GNEUSS Handlist 886

24 *Praesulis Uodalmanni tegit ossa lapillus*
E BISCHOFF in: Die Ausgrabungen in St. Ulrich und Afra in Augsburg 1977 p. 263; tab. 80

25 *Praeter legitimi genialia foedera coetus*

26 *Praeterea celebres hic consumasse*

27 *Praeterea multis ista tellure triumphis*

28 *Praeterea multos variis cruciatibus actos*

-a *Praeterea stomachus qui facit dapibus escas*
M DE MEYIER Codices Vossiani III p. 49
cf. *Propense stomachum qui farcit dape*

29 *Praeteriens dicas: sit tibi terra levis*

30 *Praeteriens hominum sortem miserere viator*

31 *Praeteriens miserere mei, qui vis misereri*

32 *Praeteriens quicumque leges haec carmina*

33 *Praeteriens quicumque legis, consiste viator*

34 *Praeteriens, tendis quocumque ex urbe*

35 *Praeterita aut praesens sic non fallet me*
B Clavis Galliae I p. 300-302

36 *Praetor ab Illyricis venit modo, Cynthia*

37 *Praetorem pauper centum sestertia Gaurus*

38 *Praetores duo, quattuor tribuni*

39 *Praevia fama ruens Latium conciverat*
I COURCELLE Lecteurs ... de l'Énéide p. 86

40 *Praevia flammiferi currus Aurora rubebat*

41 *Praevia veracis benedic mysteria pacis*
I MURGIA Philologus 131/1987 p. 293

42 *Prandeo poto cano ludo lavo ceno quiesco*

43 *Prandia lauta modis turbant plerumque*
ET BEHRENDS p. 252:142
M BEHRENDS Scriptorium 31/1977 p. 296

44 *Prandia lauta paras, sed linguae sordibus*

45 *Pravo favore labi mortales solent*

46 *Praxitelis Venerem lapidosa per oscula multi*

47 *Precamur nostras / Deus, animas*
MI STÄBLEIN in: MGG XII 1965 c. 526ss.

48 *Precamur patrem, Regem omnipotentem*
A Columbanus?
ETI HOWLETT Peritia 8/1994 p. 1-17; 11/1997 p. 70-75
M ZANNA in: Poesia dell'alto medioevo p. 368
B SHARPE nr. 201
I CURRAN Antiphonary p. 50ss.
I BULST in: Fs. BIELER 1976 p. 93-95
I NORBERG Les vers iambiques p. 72
I LAPIDGE Peritia 4/1985 p. 107-110
I BULST Lat. MA p. 23-25
I STANCLIFFE Peritia 10/1996 p. 91-97

– *Precem populi tui domine attende*
cf. *Creator mundi domine*

49 *Precor pietatem vestram ego puniendus*

50 *Precor, praeteriens dicito terram levem*

51 *Precor, si qui estis Manes, ut Trebelliae*

52 *Premente partu scrofa cum gemeret iacens*

53 *Presbyter aetate, meritis et presbyter, alme*

54 *Presbyter ecclesiae romanae rite Iohannes*

55 *Presbyter egregius excellens moribus, arcam*
EC CC Cont. Med. 117 p. 71

56 *Presbyter egregius simul et confessor*

57 *Presbyter egregius valde et venerabilis abba*
B Clavis Galliae II p. 359s.

58 *Presbyter electus iacet hac sub mole sepultus*
M PASSALACQUA Codici p. 277

59 *Presbyter et martyr Christi Theodule*

60 *Presbyter et monachus Otloh quidam*
I HOFFMANN Buchkunst p. 81

61 *Presbyter exiguus librum Lotharius istum*

62 *Presbyter Hesychius, veteris qui mystica*

63 *Presbyter hic Beda requiescit carne sepultus*
I HIGGIT The Antiquaries Journal 59/1979 p. 343-373

64 *Presbyter hic positus Felix in pace quiescit*

65 *Presbyter hic situs est Celerinus nomine*
EC ICUR N. S. VIII p. 24:20798

66 *Presbyter hic situs est meritis et nomine*

67 *Presbyter hic voluit Sisinnius ponere*
M ICUR N. S. VI p. 66:15839

-a *Presbyter Horosius ex hispanis. Oriundus*
A inc. saec. XI
M A. G. WATSON Catalogue of dated and datable manuscripts c. 435-1600 in Oxford libraries I 1984 p. 11

68 *Presbyter huic functo dictus cognomine*
I ORCHARD JournMedLat 2/1992 p. 116ss.

69 *Presbyter ille etiam claustro praelatus eidem*

70 *Presbyter integro celebravit nomine missam*
B Clavis Galliae II p. 18

71 *Presbyter ista tuo, Dionysi, Otfridus honori*
EI HAUBRICHS Otfrid p. 33ss.
I OHLY in: Memoria ed. K. SCHMID/J. WOLLASCH 1984 p. 17 n. 15
I LAPIDGE MlatJb 22/1987 p. 57

72 *Presbyter Ofredus et Mancafaxia fratres*

-a *Presbyter Otfridus carnis tunc vincula [linquens* 2
E MGH Poet. 2 p. 579
EI HAUBRICHS Otfrid p. 11

73 *Presbyteri Bedae martyrlogium incipit acri*
MI LAPIDGE RBén 94/1984 p. 339

74 *Presbyteri divina duo per sacra nitebant*

75 *Presbyteri insulsi super hoc responsa*
TI WOLTERBEEK Ridicula p. 117

76 *Presbyteros, monachos, fratrum reliquamque*
I ORCHARD JournMedLat 2/1992 p. 116ss.

77 *Pretiosa / candidata / martyrum turma*
I STÄBLEIN AMusWiss 18/1961 p. 24

-a *Pretiosa dies, / veneranda* 76
A inc. saec. XI?
E AH 42 p. 45s.:34
I STÄBLEIN AMusWiss 18/1961 p. 12

78 *Pretiosa solemnitas / adest annuata*
M CTrop V p. 80; 276; 279-281

79 *Priape, quod sis fascino gravis tento*

80 *Prima aetate tua rapta es, carissime coniunx*

81 *Prima Cleonaei tolerata aerumna leonis*
EM WINTER Philologus 123/1979 p. 178
M LAGORIO Classical Bulletin 50/1973 p. 7s.
M Rabanus Maurus i. s. Zeit p. 105

82 *Prima dei nutu patuit haec visio ternis*
I ORCHARD JournMedLat 2/1992 p. 121ss.
I LAPIDGE Wulfstan p. XIV; XVI; XIX; XXII; XXIV; CXI

83 *Prima deum magnis canimus freta pervia*

84 *Prima dicte mihi, summe dicende Camena*

85 *Prima die dixit deus: Fiat lux, et facta est*

86 *Prima diem primam Iani frons aspicit atram*

87 *Prima dies domini sacramento nomine fulget*

88 *Prima dies Iani est qua circumciditur agnus*
M DE MEYIER Codices Vossiani II p. 181
MI LAPIDGE RBén 94/1984 p. 328 n. 9 (v. 2: *Octavas idus colitur theophania Christi*); p. 329-369
B SILVESTRE RHE 75/1980 p. 409
I LAPIDGE in: TRAUBE-Gedenkschrift p. 165
cf. *Presbyteri Bedae martyrlogium incipit*

-a *Prima dies Iani est qua circumciditur agnus / [v. 2 Sancta Genovefa trinis in [sanguine fulget* 128
A inc. saec. X
EMI LAPIDGE RBén 94/1984 p. 363

89 *Prima dies lux est terris, mors una tenebris*
M L. MUNZI Il 'De partibus orationis' di Giuliano di Toledo 1983 p. 184
I DOLBEAU Latomus 48/1989 p. 416; 418s.

90 *Prima dies nam lux terrae mors una tenebris*
ECM STELLA Filologia mediolatina 3/1996 p. 13-34; tab.
I DOLBEAU Latomus 48/1989 p. 417

91 *Prima dies Phoebi sacrato nomine fulget*
M RUBIO FERNÁNDEZ Manuscritos clásicos p. 349:415
M DE MEYIER Codices Vossiani VI p. 265
M PASSALACQUA Codici p. 277
M MlatJb 16/1981 p. 430; WIC 14566
M N. R. KER Medieval Manuscripts in British Libraries II 1977 p. 813
M PELLEGRIN Bibliothèque Vaticane II.2 p. 425; 532
M GNEUSS Handlist 258
I FREISE in: Memoria ed. K. SCHMID/J. WOLLASCH 1984 p. 538 n. 468

92 *Prima dies tibi, Carna, datur: dea cardinis*

93 *Prima fides, nostrisque pater promiserat*
ET NAUERTH p. 422

94 *Prima fovebat aquas spirans columba*
I CURTIUS Ges. Aufsätze p. 338

95 *Prima fronte libri residet regnator Olympi*
A inc. saec. X/XI (Cod. aur. Ept.)

96 *Prima Iovi magno celebrantur Olympia*

97 *Prima malas docuit mirantibus aequoris*

98 *Prima mihi Musa est sub fagi Tityrus umbra*
M SOTTILI I Codici del Petrarca p. 263
M WALTHER Zentralblatt f. Bibl.wesen 49/1932 p. 275

99 *Prima Palatino lux est haec orta Tonanti*

00 *Prima plaga Aegpyti lymphas in sanguine*
M MlatJb 15/1980 p. 278; WIC 14585
M DE MEYIER Codices Vossiani III p. 121
M HOLTZ RevHistTextes 16/1986 p. 176

01 *Prima praefatio nostra viam erranti*

02 *Prima quidem haec caligo, dehinc post terra*

03 *Prima salutantes atque altera conterit hora*

04 *Prima sex centum annis ...*

05 *Prima sonat quartae, respondet quinta*
M BALLAIRA Prisciano p. 251
M CARLEY Anglo-Saxon England 23/1994 p. 277 n. 64
I LEBEK ZPE 41/1981 p. 70

06 *Prima suae Dominus thalamis dignatus*
M VENNEBUSCH IV p. 228
I DÜCHTING in: TRAUBE-Gedenkschrift p. 54

07 *Prima Syracosio dignata est ludere versu*

08 *Prima tenet spatium terris Latonia coniunx*

09 *Prima urbes inter, divum domus, aurea*

10 *Primae frugiparos fetus mortalibus aegris*

11 *Primatis aulae caelicae*

12 *Primi Lotharii Francorum tempore regis*
I GAUTHIER in: La Neustrie II 1989 p. 2s.
I BERSCHIN Biographie IV p. 18-20

– *Primis Iane tibi sacratur ut omnia mensis*
cf. *Primus Iane tibi*

13 *Primitiva ave: et tu quisquis es vale*

14 *Primo Deus caeli globum / Molemque terrae*
ETC RÄDLE in: Anglo-Saxonica. Fs. H. SCHABRAM ed. K. R. GRINDA/C.-D. WETZEL 1993 p. 53-73
I STELLA Poesia carolingia p. 9
I H. TRISTRAM Sex aetates mundi 1985 p. 154-157
I SCHALLER Studien p. 378

15 *Primo dierum omnium*
E Hymnarium oscense II p. 18s.
E PÉREZ GONZÁLEZ in: Poesia dell'alto medioevo p. 333s.
EC Canterbury Hymnal 37517 p. 24s.
M ACHTEN Theol. Hss. Berlin II 1984 p. 44
M ODERMATT Ordinarius St. Arnulf p. 390
M Portiforium Wulfstani nr. 255
M CATALUCCIO/FOSSA p. 176; 245
M Pistoia, Bibl. Com. Forteguerriana A.33
M GNEUSS Handlist 392
MI BULLOUGH Carolingian renewal p. 249

16 *Primo Grammaticam cognoscis in ordine*
M JEUDY RevHistTextes 12-13/1982-83 tab. IV (facs.); p. 188

17 *Primo supremum mira vertigine caelum*
M DOLBEAU RecAug 13/1978 p. 29; 217
M TURCAN-VERKERK Scriptorium 46/1992 p. 157-203
B BHL 8419
I BABCOCK Cl & Med 37/1986 p. 209
I DOLBEAU RÉAug 27/1981 p. 38-43
I A. DIERKENS Abbayes et chapitres entre Sambre et Meuse 1985 p. 91-102
I DOLBEAU Latomus 48/1989 p. 417-419
I COURCELLE Lecteurs ... de l'Énéide p. 253; 266; 461
I DIERKENS RBén 93/1983 p. 249s.
I BABCOCK MlatJb 18/1983 p. 105
I RÄDLE in: Umanesimi p. 539-550
I BERSCHIN Biographie IV p. 53
I DRONKE in: Umanesimi p. 103s.

18 *Primos passa toros et adhuc placanda*

19 *Primum est ut praestes, si quid te, Cinna*

20 *Primum nunc Iani vocitatum nomine mensem*
M PELLEGRIN Bibliothèque Vaticane II.1 p. 310

– *Primus a Parotias*
cf. *Quattuor a quadro consurgunt*

21 *Primus ab humana quia coepit promere*
I MGH Poet. 5 p. 685

22 *Primus ab illicitis hominum se continet ordo*

23 *Primus abusque chao meritis vivacibus*
M VENNEBUSCH IV p. 228

– *Primus ad ima ruit magna de luce superbus*
cf. *Cantemus, socii, Domino, cantemus*

24 *Primus adest Aries obscuro lumine lambens*
M PELLEGRIN Bibliothèque Vaticane II.2 p. 532
M MlatJb 16/1981 p. 430; WIC 14645
M PELLEGRIN Bibliothèque Vaticane I p. 439
M RUBIO FERNÁNDEZ Manuscritos clásicos p. 349:415
M GNEUSS Handlist 258

25 *Primus adest Aries Taurusque insignibus*
M MlatJb 16/1981 p. 431; WIC 14646
M clm 6911 (saec. XIV) f. 100ra
M N. R. KER Medieval Manuscripts in British Libraries II 1977 p. 813

26 *Primus Agenoridum cedentia terga videre*

27 *Primus amoena tenens factoris munere rura*
I PATCH The Other World p. 150
I GÄRTNER Maia N. S. 53/2001 p. 645-648

– *Primus apar cias alto inspirat*
– *Primus Aparctias Arctoo spirat*
– *Primus a Parotias*
cf. *Quattuor a quadro consurgunt limite*

28 *Primus apostolica canon documenta*

29 *Primus apostolicae tenuit qui scrinia sedis*

30 *Primus apostolicos Christum qui agnoverat*
B Clavis Galliae II p. 391
I DE MOREAU St.-Amand p. 219

31 *Primus Athanasius nostra fit praesul in urbe*

32 *Primus avus vivens, en, nos in morte redegit*
B LAPIDGE/SHARPE p. 170s.:648
I SCHRAMM Kaiser, Könige u. Päpste I p. 321
I MÜLLER Hrabanus Maurus p. 128
I ERNST Carm. fig. p. 178-180
I CHAZELLE The Cross p. 29ss.
I SCHALLER Studien p. 1; 3-6; 12-15

33 *Primus Burdigalae columen dicere, Minervi*

34 *Primus echionii palmes se iungere Bacchi*

35 *Primus ego Ausonio pastorum carmina versu*

36 *Primus eras nobis qui prima rogata dedisti*

37 *Primus erat referens inimici ex ordine verba*
ETC POLLMANN p. 118

38 *Primus et hic aries astrictius ordine currit*

39 *Primus evangelici scripsit mysteria regni*
I STELLA Poesia carolingia p. 213-216

40 *Primus ex septem niveis columnis*

41 *Primus grammaticae titulus reseratur*
EM TRONCARELLI Tradizioni p. 3
M facs. SPORBECK in: Theophanu I p. 371 tab. 1

42 *Primus habet, Libycam veniant ut Troes in*
EM O'CALLAGHAN Emerita 40/1972 p. 417
M PRETE Cod. Barb. Lat. p. 283 (cod. 91)
M Bern, Burgerbibliothek 165
M MUNK OLSEN Auteurs classiques II p. 688
M GNEUSS Handlist 919

43 *Primus habet patrem, genitum, flatumque vel*

44 *Primus habet pelagi minas, terraeque*
I SHACKLETON BAILEY ClPh 77/1982 p. 121

45 *Primus hic accubitus tendat sua castra*
A Israel Scot.?
E MGH Poet. 5 p. 649

46 *Primus hic Christum post Tartara saeva*

47 *Primus, Iane, tibi sacratur nomine mensis*
ECI COURTNEY MusHelv 45/1988 p. 33-57
EI ÖNNERFORS Vaterporträts p. 120; 143-148; 183-186
M PASSALACQUA Codici p. 277
I SHACKLETON BAILEY ClPh 77/1982 p. 119

48 *Primus in Ausonios scissis ex Alpibus agros*

49 *Primus in his pater Ausonius, quem ponere*

50 *Primus in orbe deos fecit timor, ardua caelo*

51 *Primus in orbe dies lucis primordia sumpsit*
M L. MUNZI Il 'De partibus orationis' di Giuliano di Toledo 1983 p. 184
M MlatJb 16/1981 p. 431; WIC 14669a
M GNEUSS Handlist 12; 829.8; 903

52 *Primus init Stefanus mercedem sanguinis*

53 *Primus iucundi fuit hic tibi fructus honoris*

54 *Primus martyrio qui reddit xenia Christo*

55 *Primus mihi nomen erat, dum vita manebat*

56 *Primus Olympiacae sacravit festa coronae*

57 *Primus Pipinus fuerat dux Austrasiorum*

58 *Primus regalem patefecit Iulius aulam*
M N. R. KER Medieval Manuscripts in British Libraries II 1977 p. 141

59 *Primus Romanas ordiris, Iane, kalendas*
ECI COURTNEY MusHelv 45/1988 p. 33-57
M DE MEYIER Codices Vossiani VI p. 265
M MlatJb 16/1981 p. 431; WIC 14678
M PELLEGRIN Bibliothèque Vaticane II.2 p. 439; 532
M N. R. KER Medieval Manuscripts in British Libraries II 1977 p. 813
M BALLAIRA Prisciano p. 134
M GNEUSS Handlist 258

60 *Primus ubi est, inquis, cum sit liber iste*

61 *Princeps beate, placido sub axe iamnunc*

62 *Princeps corusco sidere pulchrior*
I SCHALLER Studien p. 253; 264

63 *Princeps hic atrox post Neronem Ecclesiam*

64 *Princeps ingenio, fortunae munere princeps*

65 *Princeps ipse custodiat eximiumque*

66 *Princeps magnificus, quem deus extulit*

67 *Princeps Niliaci raperis, coracine, macelli*

68 *Princeps Walterus, fidei munimine fretus*

69 *Principe cum Petro hanc aram Pauloque*

70 *Principibus priscis vatum placuisse*

71 *Principibus tamen e cunctis non defuit unus*

72 *Principiis geminis orditur linea Christi*

73 *Principio aetherio flammatus Iuppiter igni*

74 *Principio caelum cum terra fecerat ipse*

75 *Principio dominus caelum terramque locavit*

76 *Principio mensis Phrygiae contermina Matri*

77 *Principio nascens dampnatur schisma*

78 *Principio rerum lux primo facta dierum*
I SCHALLER in: Fs. AUTENRIETH 1988 p. 139s.

79 *Principis accipiens olim porismata Saulus*
ET BISCHOFF in: Bibbia di San Paolo p. 172
M KESSLER p. 122

80 *Principis ecce fides te sa ... fecit vade in*
E HECHT Wandmalerei I p. 82; II tab. 241-256
ETC BERSCHIN MlatJb 29.2/1994 p. 3-17

81 *Principis ecclesiae recolentes festa venite*

82 *Principis ecclesiarum ista est sollemnitas*

83 *Principis hanc statuam Marciani cerne*

84 *Principis hic magni requiescunt membra*
I DE RUBEIS in: Poesia dell'alto medioevo p. 231

85 *Principis hinc custos sumptum pro Caesare*

86 *Principis insignem faciem visure libelle*

87 *Principium cui sola fuit divina voluntas*

88 *Principium des, Iane, licet velocibus annis*

89 *Principium Iani sancit tropicus Capricornus*
E CC 123B p. 333
M SPILLING Augsburg p. 10
M BALLAIRA Prisciano p. 134
M Klosterneuburg CCl 71 (HAIDINGER p. 130-138)
M PELLEGRIN Bibliothèque Vaticane II.2 p. 439; 532
M DE MEYIER Codices Vossiani VI p. 265
M RUBIO FERNÁNDEZ Manuscritos clásicos p. 349:415
M MlatJb 16/1981 p. 434; WIC 14721

90 *Principium mundi Deus est, quo cuncta*

91 *Principium nitidi prima sub origine mundi*
ET NAUERTH p. 152

92 *Principium signis ovium pater, inde iuvencus*

93 *Principium vitae ... obitus meditatio est*

94 *Principium vocis veterumque inventio mira*
M PASSALACQUA Codici p. 129
M BALLAIRA Prisciano p. 150
M GNEUSS Handlist 12; 478; 661
B LAPIDGE/SHARPE p. 197s.:731
I BERSCHIN Gr.-lat. MA p. 175
I SHANZER RFIC 112/1984 p. 295 n. 3
I HERREN Florilegium 3/1981 p. 126ss.; n. 60
I BISCHOFF Mal. Studien III p. 243
I SCHALLER Studien p. 416

95 *Principum egregius hanc aulam Vulfila fecit*

96 *Prisca redivivis consurgunt culmina templis*

97 *Prisce, decus semper nostrum, cui principe*

98 *Prisciani quicumque boni per gramina curris*
M PASSALACQUA Codici p. 195; 200

99 *Priscis insula Creta vocata ΗΣΤΟΠΟΛΙΣ*

00 *Prisco si credis, Maecenas docte, Cratino*

01 *Priscorum interpres vatum doctorque*

02 *Priscos cum haberes, quos probares, indices*

03 *Priscos ingenui cura poematis*

04 *Priscos, Luxori, certum est te vincere vates*

05 *Priscus ab Aetnaeis mihi, Flacce, Terentius*

06 *Privignum non esse tuae te, Galle, novercae*

07 *Pro aedificatione morum atque correctione*

08 *Pro bene defenso Warmundo praesule facto*

09 *Pro culpisque gemens tibi sit conpunctio*

10 *Pro cunctis sane rogita, martyr Kiliane*

11 *Pro deum atque hominum fidem, quod hoc*

12 *Pro di inmortales, tempestatem quoiusmodi*

13 *Pro genitor genetrixque deum deus unus et*
E FPL[3] p. 41
E August.: De civ. Dei 7.9
cf. *Iuppiter omnipotens regum rerumque*

14 *Pro Iuppiter, ut mihi quidquid ago lepide*

15 *Pro me, quaero, oramina precum: pandent*
M facs. Unterkircher cod. Vind. 751 f. 35[V]

16 *Pro me, quisque legas versus, orare*

17 *Pro meritis decorat Bonifatius aede Latinam*
B BHL 1417

18 *Pro meritis parvum munus hoc tibi doles*

19 *Pro merito vitae, Lanbertus ipse, beate*

20 *Pro misera nata petit hic mulier Chananaea*

21 *Pro mundo moriens hic mundi vita pependit*
TI Chazelle The Cross p. 53s.
B Clavis Galliae II p. 466

22 *Pro nefas, iste tuum loquitur, Petronia*

23 *Pro nostris malis flagellamur acrius*

24 *Pro paupertate haec summo tibi tempore*

25 *Pro peccatis amare*
M Zanna in: Poesia dell'alto medioevo p. 368
B Lapidge/Sharpe p. 343:1297
I Schaller in: Iren u. Europa I p. 472
I Lapidge Celtica 21/1990 p. 248ss.
I Lapidge Peritia 4/1985 p. 106
I Schaller Studien p. 240

26 *Pro pietate nefas matris purgavit Orestes*

27 *Pro populi culpis vituli mactantur in aris*
E MGH Poet. 5 p. 684

28 *Pro quibus flagellis caesus adductus es*

29 *Pro quo celsa Petri sextus Leo regmina*

30 *Pro sene, sed clare, votum Maro fecit amico*

31 *Pro summa veriti thronus est ecclesia*
MB Hoffmann Buchkunst p. 316

32 *Pro vitae meritis santum sortita sepulcrum*
E Alföldy Inschriften p. 444:1007

33 *Probatio pennae non sit mihi poena*

34 *... probatus in armis*

-a *Probra cavet vel flagra pavens, vel praemia [captans*
ET Behrends p. 250:139
T Öberg Poetry p. 219

35 *Probus libertus sine natura est filius*

– *Procedis, Vico, nec tamen praecedis*
cf. *Praecedis, Vico*

36 *Procedunt Christumque fida sub mente*
EC Severi Episcopi Malacitani (?) in Evangelia libri XII ed. B. Bischoff/W. Schetter/O. Zwierlein München 1994 p. 41

37 *Procedunt Februae quinta sub voce*

38 *Procubuit Iericho, sola stant atria Raab*

39 *... procul aspice ... / Ut semper cruciat*

40 *Procurator eram Lepidae moresque regebam*

41 *Prodentem ducibus Tirynthia tela Pelasgis*

42 *Prodentur minio caelestia signa legenti*
MI Text als Figur p. 8; 26s.
I Sears in: Charlemagne's Heir p. 608

43 *Prodit imago minor, quid sit substantia*
M Klein in: Fs. Mütherich 1985 p. 117:tab. 18 (facs.)
M W. v. d. Steinen Homo caelestis II 1965 tab. 158
MB Hoffmann Buchkunst p. 333

44 *Prodita prole parens partus enixa biformes*

45 *Proditor est Helles et proditor Europaeus*

46 *Proditus ad poenam sceleratae fraude*

47 *Productus testis, salvo tamen ante pudore*

48 *Proelia nos gerimus, cum iungimur ambo*
I PAVLOVSKIS Cl & Med 39/1988 p. 245

49 *Proelia qui mundi vicerunt pace tonantis*
B Clavis Galliae II p. 459

50 *Profecit poto Mithridates saepe veneno*

51 *Profecto domino suos amores Toxilius*

52 *Proficies nihil hoc, caedas licet usque*

53 *Profuit en tibi, quot fana coluisti deorum*

54 *Profusis precibus, lector, supplex tibi dico*

55 *Progenies lucis, Gisleni plaudite festis*

56 *Progenitor genetrixque deum deus unus et*

57 *Prohibeor solus noctis videre tenebras*
TC STELLA Poesia carolingia p. 206; 429ss.

58 *Prole viro regnoque carens Priameia*

59 *Proles vera dei cunctisque antiquior annis*

60 *Prolis optatae posteritatis*

61 *Prologus iste libri praeter narrata docebit*

62 *Prome, casta / contio, carmina*
M Paris, BN lat.: Cat. gén. VI 1975 p. 584
I HÄRDELIN MlatJb 24-25/1989-1990 p. 145

63 *Prome nunc contio / laeta rhythmice*

64 *Prome verba consona / vox nunc harmonica*
I HÄRDELIN MlatJb 24-25/1989-1990 p. 145

65 *Promere chorda iam conetur intima*

66 *Promiscuo per diem vultu dum reddor*

67 *Promissi memor ecce mei, Gotzberte, quod*
EI BERSCHIN in: St. Gallen I p. 117s.
B OSTERWALDER Ekkeh. IV. p. 41
I HERREN StudMed III 24/1983 p. 499
I BERSCHIN Biographie III p. 283ss.

68 *Prompta cuncta catholicae*

69 *Prompta mente trinitati canamus individuae*
C SCHALLER in: Fs. BULST 1981 p. 195
I BERSCHIN Gr.-lat. MA p. 179
I SCHALLER Studien p. 197; 206; 208

-a *Proni rogamus, Philippe, / os lampadis, pia [celestis aures pulsa iudicis*
EC Canterbury Hymnal 37517 p. 120

-b *Prope erat Phoebum / occasu celeri imos [invissere priscos*2
ET Virg. Gramm. ed. POLARA p. 114

70 *Propense stomachum qui farcit dape*

71 *Properate, quaeso, cari*

72 *Proponit primus liber, invehit, invocat atque*
M Hss. Krakau 524 f. 123^{r}

73 *Propositis rebus edere satis utile robur*

74 *Propter temetipsum deus / inclina aurem*

75 *Propulit ut classem velis cedentibus Auster*

76 *Prorsus Achivorum lingua pariterque Latina*

77 *Prorsus nil dubites, veniet tibi namque quod*

78 *Prosa silet, rursus dictabit cetera metrum*
B Clavis Galliae I p. 300-302

79 *Prosa tacens istic monstrabit cetera metrum*
B Clavis Galliae I p. 300-302

80 *Prosa tacet, claudens dicet restantia metrum*
B Clavis Galliae I p. 300-302

81 *Prosa vacans istic, tum metrica verba*
B Clavis Galliae I p. 300-302

82 *Prosaico quotiens direxi scripta relatu*
ETC REYDELLET II p. 102

83 *Prosapia pollens, gestorum lumine fulgens*

84 *Prosapia polles, meritorum lumine fulges*

-a *Proscipite (?) potentes praemia promissa* [16
A Valerius Bergidensis: Epitameron 5h
E DÍAZ Anecd. Wisig. p. 110

85 *Proscripti Regis Rupili pus atque venenum*

86 *Proscriptum famulus servavit fronte notatus*

87 *Prosper conubio dies coruscat*

88 *Prospera cuncta, precor, faciat tibi Christus*
B Clavis Galliae II p. 229s.

89 *Prospice qui veniant casus: hos esse*

90 *Prostrati omnes lacrimas producimus*

91 *Prostratum vasta Nemees in valle leonem*

92 *Protegat atque regat Christi vos dextera*

93 *Protege nos magni litus in postes cruor agni*

94 *Protinus aerii mellis caelestia dona*

95 *Protinus aerii mellis redolentia regna*
M U. WINTER Hss. Diez 1986 p. 75
I SCHETTER Hermes 116/1988 p. 343-357

96 *Protinus aspicies venienti nocte Coronam*

97 *Protogenes Clouli suavei heicei situst mimus*

98 *Protomartyr domini, Stephane, nos pius audi*

99 *Provida disponunt reges solacia plebi*

00 *Provida sum vitae, duro non pigra labore*

01 *Providet inde pio Dominus charismate*

– *Providus humanus firmus verusque sacerdos*
cf. *Ioannem tumulus vatem tegit astra*

02 *Proxima castra petens, vestrorum funera*

03 *Proxima centenis ostenditur ursa columnis*

04 *Proxima cognati dixere Caristia cari*

05 *Proxima cum veniet terras visura patentes*

06 *Proxima lux vacua est, at tertia dicta*

07 *Proxima prospiciet Tithono Aurora relicto*

08 *Proxima quae nostrae fuerat querimonia*

09 *Proxima sideribus tellus Erymanthidos*

10 *Proxima tu, genetrix Aeonia, sanguine mixto*

11 *Proxima victricem cum Romam inspexerit*

12 *Proxima Vulcani lux est, Tubilustria dicunt*

13 *Proximus absinthi frutices locus erigit acris*

14 *Proximus extincto moderatur sceptra*

15 *Proximus Hesperias Titan abiturus in undas*

16 *Prudens quisquis lector volumen cum legeris*

-a *Prudentes docuit sponsum filias occurrire* [*Christum* 2
A inc. saec. VII
E BISCHOFF Anecdota novissima p. 152s.

17 *Prudentis metrici prudens et nomen habentis*
I HOFFMANN Buchkunst p. 61

18 *Pruna peregrinae carie rugosa senectae*

19 *Pruna suis addunt felicia germina membris*

20 *Psallamus modulis carmina dulcibus*

21 *Psallat aemulans / odas pie coelicas*

22 *Psallat ecclesia Mater decora*

23 *Psallat ecclesia mater illibata*
ET KLOPSCH Lyrik p. 218
M NEUHAUSER Hss. UB Innsbruck I p. 92
M FILL Hss. Kremsmünster I p. 81; 413; 480
B CROCKER p. 448
I V. D. STEINEN ZSchwKG 41/1947 p. 158
I DE GOEDE PRU p. CXLVI
I STÄBLEIN AMusWiss 19/1962 p. 86
I WALL MedAev 45/1976 p. 248-250

24 *Psallat iucunda / regnanti Christo*

25 *Psallat mens nostra Domino gemebunda*

– *Psallat plebis sexus omnis voce, corde*
cf. *Christe, nostra nunc et semper*

26 *Psalle iam, / turba laeta, / cui cantat*

27 *Psalle lyrica carmina*

-a *Psalle modulamina laudis canora*
EI DRONKE in: Liturgische Tropen p. 3ss.
M BISCHOFF Schreibschulen I p. 203s.
I HAUBRICHS Georgslied p. 172

28 *Psalle symphonizando Christo regi sidereo*
A inc. saec. X
BI Stäblein Archaische Sequenz p. 352s.
I Spanke Studien p. 12; 32; 108
I v. d. Steinen ZSchwKG 40/1946 p. 241
I Lapidge StudMed III 18/1977 p. 264
I Stotz Sapph. Dichtung p. 427

29 *Psalle, / Turba canora*

30 *Psallere qui docuit dulci modulamine*
M MlatJb 16/1981 p. 431; WIC 14885
M facs. Berschin in: Theophanu I p. 331 tab. 6
M CC 25 p. XX
M Gneuss Handlist 381; 523
MI Bullough Carolingian renewal p. 295 n. 47

31 *Psallere quod docuit cythara*

32 *Psalmicen assiduus numquam dabat otia*

33 *Psalmificus David resplendet et ordo peritus*
M Kessler p. 108
M facs. La Neustrie II 1989 p. 336 tab. 9
M Mütherich/Gaehde p. 78:22

34 *Psalterii librum millena fruge refertum*

35 *Psalterium hoc domino semper sancire*
E Merton Buchmalerei St. Gallen p. 18
EM Colophons 18840
TI Berschin Eremus p. 56
M facs. Dat. Hss. Schweiz III (Abb.) p. 314 tab. 732

36 *Psilothro faciem levas et dropace calvam*

37 *Psittace dux volucrum, domini facunda*

38 *Psittacus a vobis aliorum nomine discam*

39 *Psittacus, Eois imitatrix ales ab Indis*

40 *Psittacus et corvus, cornix et garrula pica*
I Bradley MedAev 54/1985 p. 265 n. 26

41 *Publi rogo frustra noli tibi ...*

42 *Publica qui celsis educit moenia tectis*
E Shackleton Bailey nr. 204
I Pferschy MIÖG 97/1989 p. 292 n. 194-196; p. 293 n. 202
I Fo Romanobarbarica 8/1984-85 p. 227

43 *Puella senibus dulcior mihi cycnis*

44 *Puellam surdam et mutam*

45 *Puer, eia, surge et calceos*

46 *Puer hic sonat Iohannes*
B Cantelli Berarducci p. 381s.
I Schaller MlatJb 19/1984 p. 79

47 *Puer inclyte et indolis almae*

48 *Puer, notarum praepetum*

49 *Puer septuennis surripitur Carthagine*

-a *Pueri mei / Pueri boni*

50 *Puerorum in turba quidam ludentem Atticus*

51 *Pugio, quem curva signat brevis orbita vena*

52 *Pugnavere viri circa hanc virtutibus urbem*

53 *Pulcher adest onager: mitti venatio debet*

54 *Pulcher et intacta vitulus cervice resultans*

55 *Pulchra comis annisque decens et candida*
I Shackleton Bailey ClPh 77/1982 p. 121

56 *Pulchra cute, carne dulcis et acerba medullis*

57 *Pulchra mater ego natos dum collego multos*

58 *Pulchra medela fio balbis dum reddo*

59 *Pulchra patris splendet Baptistae mensa*

60 *Pulchra praepollent in arva hac die*
M CTrop V p. 80; 276; 278; 281

61 *Pulchra semper comis locis consisto desertis*

62 *Pulchram in angusto me mater concipit alvo*

63 *Pulchre convenit improbis cinaedis*

64 *Pulchre valet Charinus et tamen pallet*

65 *Pulchrifico radians mentis et vite Febo*
M Gneuss Handlist 12
I Dronke Inaugural Lecture p. 36 n. 24

66 *Pulchrior et nivei cum sit tibi forma coloris*

67 *Pulchrior me nullus versatur in poculis*
I BULLOUGH Aula Renovata p. 288
I MONTORSI Epigrafe modenese p. 149
I BULLOUGH Carolingian renewal p. 156 n. 45

68 *Pulchrior ut facie dulcis videaris amicis*

69 *Pulchris stare diu Parcarum lege negatur*

70 *Pulchrum quod putas esse vestrum regem*

71 *Pulchrum quod vides esse nostrum regem*

72 *Pulcinus milvo dum portaretur 'hoc' inquit*

73 *Pullorum hic cura et perpes nutritio constat*

74 *Pulsa metu Phrygios lustrabant agmina*

75 *Pulsa sitis fluvio, populataque gurgitis*

76 *Pulsat astra planctu magno / Rachel, plorans*
ETC Carm. Cant. 47 ed. ZIOLKOWSKI p. 124; 303
I ROSS AU 20.2/1977 p. 43

77 *Pulsis longe somni vaporibus*

78 *Pulveris aurati pluvia sit sparsa papyrus*

79 *Pulvis aquae tenuis modico cum pondere*

80 *Pulvis humo matris naturaque suo genitori*

81 *Puncta notis ilex et acuta cuspide clusa*

82 *Punica non alios umquam dignata sapores*

83 *Punica terra tulit quo splendeat omne*
B BHL 2044

84 *Punica turgentes redimibat zona papillas*

85 *Pupa quae bela es, tibi me misit qui tuus est*

86 *Puppibus illa prius patulis nunc hospita*

87 *Pura Deum laudet innocentia*
I STÄBLEIN Archaische Sequenz p. 376

88 *Purchardo nostras Dominus commisit*

89 *Purpura iuridicis sacros largitur honores*
ECI COURTNEY MusHelv 45/1988 p. 33-57

90 *Purpura sum terrae pulchro perfusa colore*
ET BERTINI Autori latini p. 178s.

91 *Purpureis maior Persarum in sede tyrannis*

92 *Purpureo quem flore sibi ver sancit Aprilem*

93 *Purpureos flores humus effert vere comanti*

94 *Pusio personae cum vultum obducit inanem*
cf. *Credo et prostratus iacuit palmasque*

95 *Putidius nostra non est in carne cadaver*

96 *Pyrrhae filia, Nestoris noverca*

97 *Pyrrhus Achillides, animosus imagine patris*

98 *Pythagora Euphorbi, reparas qui semina*

99 *Pythagorae resonabat malleus obsona*

00 *Pythagorea licet parvo cape dona libello*
TI GIBSON Artes and Bible VI p. 49s.
MB HOFFMANN Buchkunst p. 241
I RICHÉ in: Jean Scot Érigène et l'Histoire de la Philosophie p. 40
I GIBSON MlatJb 24-25/1989-1990 p. 118

Q

01 *Qua Christus hora sitiit*
E Hymnarium oscense II p. 57s.
M ODERMATT Ordinarius St. Arnulf p. 390

02 *Qua factus ratione sit requiris*

03 *Qua moechum ratione basiaret*

04 *Qua nisi tu dederis, caritura est ipsa*

05 *Qua patria natus, qualis, quantusque beatus*

06 *Qua primum in mortem est homo pulsus*

07 *Qua probitate vigens pietatis lumine clarus*

08 *Qua protenta iacent vastae divortia terrae*

09 *Qua puppes ibant, hac ducunt plaustra*

10 *Qua ratis egit iter, iunctu bove plaustra*

11 *Qua sinuata cavo consurgunt tecta regressu*

12 *Quam spem fundarat fungi ne morte paveret*

13 *Qua te condigna valeam sustollere doxa*
ET BERSCHIN/KLÜPPEL Heiligblut-Reliquie p. 44s.
I PABST Prosimetrum p. 634-636

– *Qua venit*
cf. *Qua venit Ausonias* (12897)

14 *Qua vicina pluit Vipsanis porta columnis*

15 *Quadam namque die genetrix dum forte*
B Rep. Font. IV p. 242

16 *Quadam nocte niger Dub nomine, Candidus*
M W. KLEIBER Otfrid von Weißenburg 1971 p. 377 tab. 29; cf. p. 109
B LAPIDGE/SHARPE p. 198:732

17 *Quadragesimae si scire semper vis initium*

18 *Quadraginta dies isto persolvite mores*

19 *Quadrans in quattuor iam habes annos*
ET Dhuoda ed. RICHÉ p. 338
ET HOMEYER Dichterinnen p. 198
ET Dhuoda ed. THIÉBAUX p. 218
B Clavis Galliae I p. 294-297

20 *Quadrantem Crispus tabulis, Faustine*

21 *Quadrifidas partes habitantes quique fideles*
A inc. saec. X/XI (Cod. aur. Ept.)

22 *Quadringenta tibi non sunt, Chaerestrate*

23 *Quadringentorum reddis mihi, Phoebe*

24 *Quadripedis pulchri quamvis constat mihi*

25 *Quadris kalendis certe Septembrium*

26 *Quadrupedis vituli Lucas formatur ad instar*
B BHL 4977c

27 *Quadrupedum et volucrum, vel cum terrena*

28 *Quadruplices questus (narrat) libri pars*
M Hss. Krakau 524 f. 123^{r}
I SHACKLETON BAILEY ClPh 77/1982 p. 131

29 *Quae capiunt mundum, iunxit mens docta*

30 *Quae carae matri, quae dulci verba sorori*

31 *Quae cernis veniens, lector, haec inclita*
TI 1200 Jahre Dom zu Salzburg. Festschrift zum 1200jährigen Jubiläum des Domes zu Salzburg 1974 p. 82
B Clavis Galliae II p. 453s.
I KAHL in: H. DOPSCH/R. JUFFINGER Virgil von Salzburg 1985 p. 117
I WOLFRAM in: H. DOPSCH/R. JUFFINGER Virgil von Salzburg 1985 p. 342
I RICHÉ in: Iren u. Europa II p. 736

32 *Quae culpare soles, ea tu ne feceris ipse*
M Klosterneuburg CCl 88 f. 29^{v} (HAIDINGER p. 197-200)

33 *Quae cupis, ut veniat, venias nec carta*
B Clavis Galliae II p. 50

34 *Quae cura patrum quaeve Quiritium*

– *Quae dabo iam rabidae medicamina digna*
cf. *Quaenam sunt rabidae*

35 *Quae dedit, ipsa tulit virtus Pallanta*

36 *Quae deus omnipotens promittit, perficit ipse*

37 *Quae faciamus mala, tergamus prece*

38 *Quae fama modo venit ad aures*

39 *Quae Februum mensura tenet sociatque*

40 *Quae fueram magnis olim patefacta*

41 *Quae fueram quondam tenere vagina*
EM BISCHOFF Mal. Studien III p. 206
M DE MEYIER Codices Vossiani VI p. 265

42 *Quae fueram quondam titulis generosa*

43 *Quae gemitus truncaeque deo Neptunius*

44 *Quae legis causa nupsit tibi Laelia, Quinte*

– *Quae legis, ex illo, Theseu, tibi litore mitto*
cf. *Mitius inveni quam te genus omne*

– *Quae legis in pulchro circumdata verba*
cf. *Qui legis*

45 *Quae lingua carnis eloquens*
I SCHALLER MlatJb 19/1984 p. 75 n. 12
I NORBERG Hymnarius Severinianus p. 13
I SCHALLER Studien p. 254 n. 12

46 *Quae lingua possit, quis valeat stilus*
I SCHALLER MlatJb 19/1984 p. 74 n. 6
I NORBERG Hymnarius Severinianus p. 13
I SCHALLER Studien p. 253

47 *Quae mala sunt domini, quae servi*

48 *Quae maneat merces, nosti, qui cuncta*

49 *Quae manus hos animavit equos? quis in*

50 *Quae me fata manent iuris, testor rogitanti*

51 *Quae mens recensere audeat*
MI NORBERG Hymnarius Severinianus p. 13-19
I CECCHINI RFIC 108/1980 p. 481s.

– *Quae mihi composuit mortalis pondera*
cf. *Ei mihi*

52 *Quae mihi de rapto tua venit epistula Celso*

53 *Quae mihi dictanti concessit gratia Christi*

54 *Quae mihi iura dedit civis, dedit et mihi*

55 *Quae mihi praestiteris memini semperque*

56 *Quae mihi, sancte, dabit grandes expromere*

57 *Quae modo litoreos ibatis carmina Pyrgos*

58 *Quae natat in Siculo grandis murena*

59 *Quae nocitura tenes, quamvis sint cara*

60 *Quae non sollicitus teneat servetque minister*

61 *Quae nondum septem compleverat annos*

62 *Quae nova tam similis genuit tibi Leda*

63 *Quae numero constant, numero discuntur*

64 *Quae occurrunt memoriae, licet non sint in*
B Clavis Galliae I p. 172

65 *Quae parvis mater natis alimenta parabat*

66 *Quae patimur vel quae deus irrogat, omnia*

67 *Quae poteras bene casta viri servare*

68 *Quae potus peccas, ignoscere tu tibi noli*

69 *Quae primum senio marcebat tempore longo*

70 *Quae quondam sueras pulchro decorata*

71 *Quae regina fui, quae claro nata Dymante*

72 *Quae res bene vortat mihi et tibi*

73 *Quae res in terris armatur robore tanto*

74 *Quae res mortalis vita faciunt non frui*

75 *Quae res progenerat, quo demum gignitur*

76 *Quae scit compositos manus improba mittere*

77 *Quae sequitur, haec quae posui postrema*

78 *Quae sibi dolorem iripuit et matri dedit*

79 *Quae sint introrsus quaerens hic dispice*

80 *Quae sit hiems Veliae, quod caelum, Vala*

81 *Quae solet ex rebus conceptos prodere*

82 *Quae solita est ferre unda rates, fit pervia*

83 *Quae stolidus modulor, sapiens non despice*
E MGH Poet. 5 p. 614

84 *Quae superimposito moles geminata colosso*

85 *Quae tam seposita est, quae gens tam*

86 *Quae tantae tenuere morae rumore sub omni*

87 *Quae te causa trahit vel quae fiducia Romam*

88 *Quae te dextra mihi rapuit, luscinia, ruscis*
ET GODMAN Poetry p. 144s.
EI MCENERNEY MlatJb 30.1/1995 p. 7-10
TC STELLA Poesia carolingia 368ss.; 506ss.
B Clavis Galliae II p. 74s.
I CHASE in: Insular Latin Studies p. 136-152
I COURCELLE Lecteurs ... de l'Énéide p. 169
I SCHALLER Studien p. 63

89 *Quae te tam subito rapuit miserabilis hora*

90 *Quae tibi cum pedibus ratio? Quid carmina*

91 *Quae tibi cumque mei potuerunt pignora*

92 *Quae tibi martyr ego rependo munera laudis*

93 *Quae tibi non stabat praecisa est mentula*

94 *Quae tibi quaerebam memorem testantia*

95 *Quae tibi, September, florentem nectit*

96 *Quae tot bellorum, tot famosissima rerum*

97 *Qua (!) venit Ausonias austro duce Poenus*

98 *Quae violenta furit cum magno praeda*

99 *Quae virgo mater extitit*
EMI BOUHOT RÉAug 31/1985 p. 230; 236

00 *Quae virtus et quanta, boni, sit vivere parvo*

01 *Quae vocat sedes habitanda captas*
BI STOTZ Sapph. Dichtung p. 18; 35-37; 59-61; 66; 162s.; 456

02 *Quae vota supplex, mente trepida voveram*

03 *Quaecumque lusi iuvenis et puer quondam*

04 *Quaedam iunior Hectoris parente*

05 *Quaedam me cupit, - invide, Procille*

06 *Quaedam me - si credis - amat, sed dissilit*

07 *Quaedam, si placet hoc tibi, Priape*

08 *Quaedam Wigberti meritorum gesta beati*

09 *Quaenam digrediens magnis a laudibus Oppi*

10 *Quaenam discors foedera rerum*

11 *Quaenam haec forma? dei. cur versa est?*

12 *Quaenam summi boni est? mens semper*
M MlatJb 16/1981 p. 431; WIC 15065
M RIGG MS 39/1977 p. 300
M SOTTILI I Codici del Petrarca p. 410
M PASSALACQUA Codici p. 65

13 *Quaenam sunt rabidae medicamina digna*

14 *Quaenam te mala mens, miselle Ravide*

15 *Quaeque vides, hospes, pendentia celsa, vel*

16 *Quaere novum vatem, tenerorum mater*

17 *Quaerebam, nonas Sanco Fidione referrem*

18 *Quaerebat maerens matrem per prata*
ET SCHNUR Fabeln p. 30-33
ET OCHSENBEIN in: St. Gallen II p. 166
TI ZIOLKOWSKI Talking animals p. 61ss.; 295
M DE MEYIER Codices Vossiani VI p. 265
I KNAPP Tierepos p. 27
I SCHALLER Studien p. 409

19 *Quaerendae et tuendae habendus est modus*

20 *Quaerendi adtentus, moderato commodus*

21 *Quaerere cessavi numquam nec perdere desi*

22 *Quaerere cessavi nunquam neque perdere*

23 *Quaerere consuevi semper neque perdere*

24 *Quaeri solet a quibusdam, cur septuagesima*
I NORBERG Les vers iambiques p. 109

25 *Quaeris cur nolim te ducere, Galla? Diserta*

26 *Quaeris, cur veniam tibi tardior? aurea*

27 *Quaeris, quot mihi basiationes*

28 *Quaerite vos ipsi causam qua vendor in arvis*

29 *Quaeritis, unde avidis nox sit pretiosa puellis*

30 *Quaeritis, unde mihi totiens scribantur*

31 *Quaeritis, unde putem Mcio data nomina*

32 *Quaeritur hinc vestros relevari fasce piacli*

33 *Quaeritur interea quis tantae pondera molis*

34 *Quaero diu totam, Safroni Rufe, per urbem*

– *Quaeruntur sexto Manes et Tartara Ditis*
cf. *Cumas deinde venit, fert hinc*

35 *Quaesii multum, quot memoriae tradere*

36 *Quaesisse temet saepe cogitans, Probe*

-a *Quaesita quommoda querentis quassabitur* [4
A Valerius Bergidensis: Epitameron 5i
E DÍAZ Anecd. Wisig. p. 111

37 *Quaeso, quid esse putas aut unde ita olere*

38 *Quaestio si, lector, movet, quis hunc condere*

39 *Quaesumus, a nobis iram depelle severam*
E MGH Poet. 5 p. 650

– *Quaesumus ergo, deus, ut sereno*
cf. *Christe, cunctorum dominator alme*

40 *Quaesumus exigui temet, pater optime, servi*

41 *Qualem, Flacce, velim quaeris nolimve*
M clm 28338 f. 14^{v} (GLAUCHE p. 123)

42 *Qualem ministrum fulminis alitem*

43 *Qualem paupertas potuit, memoriam dedi*

44 *Qualem te pictor stabulis formavit equorum*

45 *Qualia sint istic bellantis tela frequenter*
EI GILARDI Syll. Turon. p. 205; 219s.

46 *Qualibus Hippomenes rapuit Schoeneida*

47 *Qualis ab Eurota Phrygiis avecta carinis*

48 *Qualis bucolicis, quantus tellure domanda*
M Bruxelles, BR 10017 (saec. XIII) f. 158^{v}
M Bern, Burgerbibliothek 165
I SCHETTER Hermes 116/1988 p. 343-357

49 *Qualis et unde genus, qui sint mihi, Tulle*

50 *Qualis nox fuit illa, di deaeque*

51 *Qualis Picenae populator turdus olivae*

52 *Qualis scriptura mea sit notat ista figura*

53 *Qualis Thesea iacuit cedente carina*

54 *Qualiter adfixus ligno iam Christus in alto*
M GNEUSS Handlist 253

55 *Qualiter Assyrios renovant incendia nidos*

56 *Qualiter hic vixit, quisnam depromere possit*

57 *Qualiter in Scythica religatus rupe*

58 *Qualiter intacta processit Virgine partus*
E SHACKLETON BAILEY nr. 375
I PFERSCHY MIÖG 97/1989 p. 293 n. 203

59 *Quam bene candelis splendebant culmina*

60 *Quam bene concordes divina potentia iungit*

61 *Quam bene conveniunt genitor quos sustulit*
ETC REYDELLET II p. 116

62 *Quam bene curbati directa est semita pontis*
ETMfacs. WALSER Einsiedler Inschriftenslg. p. 15; 65

63 *Quam bene disposuit mundum deus*

64 *Quam bene iuncta decent, sacrati ut corporis*
ETC REYDELLET I p. 118

65 *Quam bene sub patulae recubabas tegmine*
I SCHALLER in: Iren u. Europa I p. 479 n. 69
I SCHALLER Studien p. 247 n. 69

66 *Quam bonum ecce simul fratres concorditer*
TC STELLA Poesia carolingia p. 214; 436s.
M SCHMIDT Reichenau p. 163

67 *Quam brevis inmensum cepit membrana*

– *Quam candore refert, raro theoremate fulget*
cf. *Ordinibus variis, quorum compagine*

68 *Quam cito fama volat pernicibus excita*
ETC REYDELLET II p. 101
I HOEFLICH RPL 5/1982 p. 132

69 *Quam clari abbates Gozpertus et Ymmo*
E MGH Poet. 5 p. 405:66; p. 682

70 *Quam cuperem solitas, Hero, tibi ferre per*

71 *Quam dilecta, deus, mihi sunt tua templa*
B Clavis Galliae II p. 423

72 *Quam dilecta tui fulgent sacraria templi*

73 *Quam dispar tibi sum, urbs Treviros ampla*

74 *Quam domino fuerant devota mente parentes*
E ICUR N. S. IX p. 175:24831
T JANSSENS Vita e morte p. 227ss.
B Rep. Font. IV p. 362

75 *Quam dulcis es / o alma, et sonore*
I DE GOEDE PRU p. CXLVI

76 *Quam dulcis fuerat primus natalis meis*

77 *Quam dulcis fuit ista, quam benigna*

78 *Quam dulcis sit libertas, breviter proloquar*

79 *Quam fuerit celebris Gislenus in arce*

80 *Quam in primo speciosa quadriga*
ETI HOWLETT Peritia 10/1996 p. 12-20
B LAPIDGE/SHARPE p. 83:300
B Clavis Galliae II p. 107
B SHARPE nr. 71
B CANTELLI BERARDUCCI p. 390s.

81 *Quam iniqui sunt patres*

82 *Quam late vestros duxit Fortuna triumphos*

83 *Quam legis a nobis missam tibi, Cotta*

84 *Quam legis, a rapta Briseide littera venit*

85 *Quam legis, ex illa tibi venit epistula terra*

86 *Quam legis, ex illis tibi venit epistula, Brute*

87 *Quam legis, unde tibi mittatur epistula*

88 *Quam lux rutilo nova caelo*

89 *Quam magna humanae mala pondere*

90 *Quam male sors leti confundit prospera vitae*

91 *Quam mea saepe fides legem temeravit*
EC ROBERTINI p. 294

92 *Quam melior, Neptune, tuo sors ista tridente*

93 *Quam mihi misisti verbis, Leandre, salutem*

94 *Quam mihi mittebas Saturni tempore lancem*

95 *Quam modicam stillam quanto torrente*

– *Quam nisi tu dederis, caritura est ipsa*
cf. *Qua nisi tu*

96 *Quam pia, digne Deo, praeconia rite sunt*

97 *... quam pretio aut precibus vincitur*

98 *Quam primum rapienda tibi est occasio*

99 *Quam prius inscribam fixam pietate*

00 *Quam prudens, humilis, patiens castusque*

01 *Quam puero legem fertur dixisse Priapus*

02 *Quam pulchre ymnizat fondens vox Belgika*

03 *Quam sancte atque pie Benedicti dogmate*

04 *Quam simplex purusque piis Mellitus in actis*

05 *Quam sit lusca Philaenis indecenter*

06 *Quam sit vita brevis, vel opes vel gloria*

07 *Quam sollers domino placuit, quam mente*
E GREGOROVIUS Tombe dei Papi p. 33*s.

08 *Quam vaga constantem retinent haec tecta*

09 *Quam validae senior virtutis Amantius actu*

10 *Quam variis terras animalia permeant*
I GODDEN in: Learning and Literature in Anglo-Saxon England ed. M. LAPIDGE/ H. GNEUSS 1985 p. 296

11 *Quam velox fugiat mundanae gloria vitae*

12 *Quam viguit dignus, quam claris actibus*

13 *Quam vis inscriptum feral carmine saxum*
ET HÄUSLE Denkmal p. 41

14 *Quam vixit celebris quondam Populonius*

15 *Quamdiu, stulte homo, Christum cognoscere*

16 *Quamdiu vixi, quaesivi nec cessavi perdere*

17 *Quamquam haec inter nos nuper notitia*

18 *Quamquam patricio clarus de germine*

-a *Quamquam terrignis primaeva exordia vitae* [45
EI MAZAL Biblos 17/1968 p. 51-56

19 *Quamvis a reliquis adversia partibus orta*
E CC Cont. Med. 68 p 174

20 *Quamvis ab Aurora fueris genetrice creatus*

21 *Quamvis aere cavo salpictae classica*

22 *Quamvis aetatis senio iam flecteret annos*
ETC REYDELLET I p. 154
I J. JARNUT Agilolfingerstudien 1986 p. 29; 94-97
I WAREMAN Cl & Med 37/1986 p. 200
I HOEFLICH RPL 5/1982 p. 124ss.

23 *Quamvis aetherea regnet in arce sacerdos*
E PICARD Souvenir p. 624 n. 153
B TOMEA Aevum 53/1979 p. 373

24 *Quamvis agricolis non sim laudabilis hospes*

25 *Quamvis astrigeros decoret curvamine*
ET GODMAN Poetry p. 290ss.
ET KLOPSCH Lyrik p. 202
EC CC Cont. Med. 117 p. 59
I VILLA Lectura Terentii I p. 97

26 *Quamvis Callaico rubeam generosa metallo*

27 *Quamvis clara fides multum det luminis*

28 *Quamvis cuncta avido rapiantur ab orbe*
ETC REYDELLET I p. 130
I KULLMANN in: Fs. AUTENRIETH 1988 p. 3
I QUACQUARELLI Poesia tardoantica p. 447

29 *Quamvis digna tuis non sint, pater ista*
E GREGOROVIUS Tombe dei Papi p. 12*

30 *Quamvis digressu veteris confusus amici*

31 *Quamvis doctiloquax te seria cura fatiget*
ETC REYDELLET II p. 120

32 *Quamvis fluente dives auri gurgite*
ETC Carm. Cant. 67 ed. ZIOLKOWSKI p. 136; 316

33 *Quamvis huc quondam, sceleris cogente*

– *Quamvis iam pepigisset / Casti foedera lecti*
cf. *Instructus sapientia, / Delectans*

34 *Quamvis in nostris apium vilesceret hortis*

35 *Quamvis in parvo consistat condita muro*

36 *Quamvis in sacris libris, quos nosce laboras*
I FISCHER Lat. Bibelhss. p. 242

37 *Quamvis instet iter retraharque volumine*
ETC REYDELLET I p. 45

38 *Quamvis lasse viator, rogo ne graveris*

39 *Quamvis lata gerat patella rhombum*

40 *Quamvis longa dies, brevis hic et hospita lux*
ETC REYDELLET I p. 145

41 *Quamvis longa seni ducatur in ordine vita*
ETC REYDELLET I p. 147

42 *Quamvis magna piis meritorum praemia*

43 *Quamvis maturo rapiaris funere, dulcis*

44 *Quamvis me ligulam dicant equitesque*

45 *Quamvis multa deo servirent crimine victo*

46 *Quamvis multa homini post vulnera prima*

47 *Quamvis nate tuos mors invida ruperit annos*
I CUGUSI Epigraphica 44/1982 p. 94

48 *Quamvis non rectum, cum iuvat, rectum*

49 *Quamvis pigra mihi iaceat sine fomite lingua*
ETC REYDELLET I p. 85

50 *Quamvis pontificem premeret tremebunda*
ETC REYDELLET I p. 136
I JACOBSEN in: Iren u. Europa I p. 445 n. 33

51 *Quamvis praecipuis reddantur sacra metallis*

52 *Quamvis quod cuperem fugit me vespere*

53 *Quamvis saeva tuos properans mors ruperit*
I CUGUSI Epigraphica 44/1982 p. 95

54 *Quamvis, Scaeva, satis per te tibi consulis et*

55 *Quamvis se Tyrio superbus ostro*
ETC Carm. Cant. 68 ed. ZIOLKOWSKI p. 138; 316

56 *Quamvis sis cunctis merito laudandus in*

57 *Quamvis sit tenerum madore mellis*

58 *Quamvis sublimes debent humiles metuere*

59 *Quamvis te longo possis satur esse libello*

-a *Quandiu vita fuit data, vixi bene cognitus*

60 *Quando bellum autem geritur aut inrigat*

61 *Quando Christus deus noster natus est ex*
M BISCHOFF Mal. Studien II p. 114
I HAUBRICHS Otfrid p. 45 n. 242

62 *Quando flagella iugas, ita iuga*

63 *Quando fui iuvenis bis binis fontibus hausi*
I WILLIAMS Riddles p. 78s.

64 *Quando Leo cecidit, misero doctore suasus*
I LLEWELLYN EHR 101/1986 p. 56

65 *Quando lien tumido circumligat ilia vinclo*

66 *Quando ponebam novellas arbores mali et*
EC Flori carmina ed. C. DI GIOVINE 1988 p. 76; 104ss.
EI DE PAOLIS Orpheus N. S. 3/1982 p. 99-102

67 *Quando repostum Caecubum ad festas dapes*

68 *Quandocumque igitur nostros mors claudet*

69 *Quandocumque levis tellus mea conteget*

70 *Quanta Gigantei memoratur mensa triumphi*

71 *Quanta homini conferre potest fortuna*

72 *Quanta quies placidi tantast facundia*

73 *Quanta tibi dederim nostris monumenta*

74 *Quanta tua est probitas tanta est infantia*

75 *Quantas caedes Christiani gregis inhorruerit*

76 *Quantas incipiat grates edicere, Galle*

77 *Quantas rerum flectat habenas*
ETC Carm. Cant. 66 ed. ZIOLKOWSKI p. 136; 316

78 *Quanti casus humana rotant*

79 *Quanto Augustini fulget situ Yppona magistri*

80 *Quanto plus liceat, tam libeat minus*
M MlatJb 16/1981 p. 432; WIC 15247

-a *Quantotae tuae tonant carminibus / Iuliane* [*uxores aptae* 2
ET Virg. Gramm. ed. POLARA p. 76

81 *Quantum Augustino clares tu, Hippone*
ETI CC 113A p. 225:13
I J. FONTAINE Culture et spiritualité en Espagne du IVe au VIIe siècle 1986 IV p. 153

82 *Quantum Christe o apostolum mundo misisti*

83 *Quantum distet ab Inacho*

84 *Quantum ego claruerim Mavortis in agmine*
M U. WINTER Hss. Diez 1986 p. 75

85 *Quantum fata valent atque inmutabilis ordo*

86 *Quantum iam superis, Caesar, caeloque*

87 *Quantum inter terram legimus culmenque*

88 *Quantum iure potest ornari femina donis*
B Clavis Galliae I p. 245s.

89 *Quantum sollicito fortuna parentis Etrusco*

90 *Quantum tres Priami potuissent vivere*

91 *Quantum valerent inter homines litterae*

92 *Quantus amor domini maneat tibi, papa*
ETC REYDELLET I p. 32
M DE MEYIER Codices Vossiani II p. 34
I BORGOLTE in: Fs. AUTENRIETH 1988 p. 33
I STEMMLER in: La Neustrie II 1989

p. 81

93 *Quantus, io, Latias mundi concentus ad aras*

94 *Quare age rumpe moras et vincla tenacia*

95 *Quare non habeat, Fabulle, quaeris*

96 *Quare tam multis a te, Laetine, diebus*

97 *Quarta igitur Latio vixdum deferbuit estas*
ET VISCARDI Origini Testi p. 206s.
I KULLMANN in: Fs. AUTENRIETH 1988 p. 7
I BABCOCK Cl & Med 37/1986 p. 207
I FEDELE ASRomana 22/1899 p. 188
I WILLEMS Université de Gand. Recueil de travaux 19/1896 p. 48

98 *Quarta redit duris haec iam messoribus*
I GNILKA in: Iconologia sacra p. 32s.
I J. T. LIENHARD Paulinus of Nola and early Western Monasticism 1977 p. 36s.

99 *Quarta tibi haec notos detexit epistula*

00 *Quartanis nonis dat lumina prima December*

01 *Quarte libelle, tribus iam nunc succede*
I SCHALLER Wiener Studien 105/1992 p. 179 n. 32
I SCHALLER Studien p. 135 n. 28; p. 352 n. 32

02 *Quarto decumo anno infelix mihi venit dies*

– *Quarto die iam fetidus*
cf. *A solis ortus cardine / Adusque*

03 *Quarto et milleno scriptus manet hic liber*
M K. FORSTNER Das Verbrüderungsbuch v. St. Peter in Salzburg 1974 p. 33s.; tab. 29 (facs.)

04 *Quarto idus Octebrium*

05 *Quartus adest pastor praeclaro nomine*
I ORCHARD JournMedLat 2/1992 p. 116ss.

06 *Quartus namque locus gaudet retinere*

07 *Quartus natalem recinit verbi puerique*

08 *Quas mihi porrexit modo pagina missa*
ETC REYDELLET II p. 83

09 *Quas modo plaustra premunt undas, ratis*

10 *... quasi vermiculus ligni tenerrimus ...*

11 *Quatenus Odrysios iam pax Romana triones*

– *... quatiavit carbasa plausus*
cf. *Humana litigosus: quassat*

12 *Quattuor a quadris venti flant partibus orbis*
I SMOLAK Wiener Studien 96/1983 p. 200

13 *Quattuor a quadro consurgunt limite venti*
M Froum. ed. STRECKER p. XI
M PASSALACQUA Codici p. 75; 129
M PELLEGRIN Bibliothèque Vaticane II.2 p. 309; 439
M BALLAIRA Prisciano p. 134; 149
M RUBIO FERNÁNDEZ Manuscritos clásicos p. 349:415
M Wien, ÖNB Cod. Lat. 378 f. 1r
M GNEUSS Handlist 845
M DALCHÉ Scriptorium 52/1998 p. 116:4; 145:68
I SMOLAK Wiener Studien 96/1983 p. 200
I OBRIST Speculum 72/1997 p. 39

14 *Quattuor abbatum scriptus liber iste piorum*
E MGH Poet. 5 p. 674

15 *Quattuor adde dies ductos ex ordine nonis*

16 *Quattuor aequales currunt ex arte sorores*
E KORTEKAAS Historia p. 386

-a *Quattuor afflictis ducibus fiducia belli*

17 *Quattuor ante dies quam lux Sextilis adusti*

18 *Quattuor antiquos celebravit Achaia ludos*

19 *Quattuor argenti libras mihi tempore*

20 *Quattuor ergo viri scriptores rite probati*

21 *Quattuor ergo viros animalia sancta figurant*
ET KAISER-MINN in: Bibliotheca Palatina, Textband ed. E. MITTLER 1986 p. 119

22 *Quattuor est primus, primis tribus alter*
M FILL Hss. Kremsmünster I p. 457

23 *Quattuor et pentas, duo, monas, tres, mias*
M TRONCARELLI Boethiana Aetas p. 255
M GNEUSS Handlist 829

B Clavis Galliae I p. 280

24 *Quattuor ex ventis subnixi colla ferentes*
E MGH Poet. 5 p. 660
I BERSCHIN ZGObRh 134/1986 p. 20

25 *Quattuor eximii candoris, quinque nigelli*
M DE MEYIER Codices Vossiani III p. 34
B LAPIDGE/SHARPE p. 198:732
B Clavis Galliae I p. 280s.

26 *Quattuor explevit partes extenta plagarum*

27 *Quattuor explicitis, lector venerande, libellis*

28 *Quattuor haec dominum signant animalia*
E JACOBSEN in: Theophanu I p. 187

29 *Quattuor haec primum pisces nox insuit*

30 *Quattuor has ego conclusa gero figuras*

31 *Quattuor hic rutilant uno de fonte fluentes*
EM KOEHLER/MÜTHERICH V p. 103 (facs. tab. 12a)
M KESSLER p. 45

32 *Quattuor hic socii comitantur in ordine*
EM KOEHLER/MÜTHERICH V p. 134 (facs. tab. 28a)
M facs. T. SEEBASS Musikdarstellung und Psalterillustration im früheren MA 1973, Bildband tab. 94

33 *Quattuor hinc pugnas fidei testantur et*

34 *Quattuor his alias subieci quattuor aeras*

35 *Quattuor his nunc versiculis perpende*
B LAPIDGE/SHARPE p. 200s.:745
I BERSCHIN Gr.-lat. MA p. 175

36 *Quattuor hos proceres psalmos dictare*

37 *Quattuor hos versus antistes dat Heribertus*

38 *Quattuor immensis quondam per prata*

39 *Quattuor inde notis locus est, quibus ordine*

40 *Quattuor insignis pedibus manibusque*

41 *Quattuor ut calvi Calvo puto Monte creati*
TI WOLTERBEEK Ridicula p. 109

42 *Quattuor, ut memini, fuerant tibi, Delia*

43 *Quem aethera et terra atque mare*

44 *Quem fatum eripuit prima lanugine*

45 *Quem fratres studio curarunt condere sancto*

46 *Quem in superna patria*

47 *Quem laudant superi, veneremur nos quoque*

48 *Quem liquidos pelagi gradientem sternere*

49 *Quem maeror, quem culpa premit, quem*
I HAUCK Taufpfalzen p. 59

50 *Quem mater flevit, Christo donante resurgit*

51 *Quem metuant fines terrarum funditus omnes*

52 *Quem modo caelatum stellis Delphina*

53 *Quem natum scribo, Matthaeum imagine*

54 *Quem natura marem dederat, fit femina ferro*

55 *Quem nec flamma vorax vicit, Laurentius*
B Clavis Galliae II p. 410

-a *Quem non ille sinit lentae moderator* [*habenae* 3
A L. Varius Rufus: de morte 2
E FPL[3] p. 100

56 *Quem non praevalent*

57 *Quem passum Christe domine*

58 *Quem penes est dominam servandi cura*

59 *Quem pietas coluit, heic est situs Pontilienus*

60 *Quem populi plausu, procerum quem voce*
T ÖBERG Poetry p. 57

61 *Quem, precor, inter nos habitura silentia*

-a *Quem primum genuit caelesti Iuppiter arce* [1
A Hieronymus: chron. praef. p. 12, 20-13, 2
E FPL[3] p. 395

62 *Quem primum mensem servari Iulius anni*

63 *Quem putat absumptum rex clemens plorat*

64 *Quem quaerit patriae maximus hic populus*

65 *Quem quaeritis, mulieres, ad sepulcrum*
BI CREMASCOLI in: La tradizione dei tropi liturgici 1990 p. 30
I JACOBSSON in: La sequenza medievale. Atti del Convegno Internazionale ... ed. A. ZIINO 1992 p. 129-140

66 *Quem recitas meus est, o Fidentine, libellus*

67 *Quem regale decus, sceptrum passimque*

68 *Quem rogo, pacificos animos ad prandia*
ETC REYDELLET II p. 121

69 *Quem sine matre pater, genuit sine semine*

70 *Quem superare potes, interdum vince*

71 *Quem superne / tripudiatim beatificant*
I SPANKE Studien p. 119

72 *Quem tegit hic paries dictus fuit hic Vivianus*

73 *Quem terra pontus aethera*
E Hymnarium oscense II p. 49s.
EC Canterbury Hymnal 37517 p. 82s.
M VENNEBUSCH IV p. 228
M LUISELLI RCCM 15/1973 p. 300
M ODERMATT Ordinarius St. Arnulf p. 390
M BEERS Cistercian Hymnal p. 21s.
M GNEUSS MlatJb 35/2000 p. 247
MI BULLOUGH Carolingian renewal p. 250; 265 n. 40
I STRECKER AfdA 33/1909 p. 45
I WADDELL Cistercian Hymnal I p. IX
I OHLY in: Gedenkschrift für W. FOERSTER 1970 p. 464s.
I NORBERG Les vers iambiques p. 20
I SZÖVÉRFFY Marianische Motivik p. 11-13
I SCHALLER Studien p. 369

74 *Quem tibi Carnotis concessit fons bonitatis*
E BEHRENDS p. 272

75 *Quem tibi quemque tuis rex Karolus ore*

76 *Quem tu, Melpomene, semel*

77 *Quem Veneri sacrum et proprium dixere*
I COURCELLE Lecteurs ... de l'Énéide p. 525

78 *Quem virum aut heroa lyra vel acri*
I STOTZ Sapph. Dichtung p. 93

79 *Quem vitae probitas, quem morum fovit*
B Clavis Galliae I p. 45
I MGH Poet. 5 p. 564

80 *Quemlibet hic segnem levitatis culpa*
ET GODMAN Poetry p. 178s.

81 *Queri necesse est de puellula dulci*

82 *Qui ad lucem fidei nigros converterat Indos*
B Clavis Galliae II p. 457s.

83 *Qui Aegyptios agni dudum de sanguine*

84 *Qui amans egens ingressus est princeps in*

85 *Qui amne nunc quadrifluo*

86 *Qui apice insigne Dialis flaminis gesistei*
I HEINZELMANN Bischofsherrschaft p. 37

87 *Qui benedici cupitis huc festini currite*
I SCHALLER Studien p. 197; 208

88 *Qui bona cuncta doces, nostras, deus*
I Berschin Gr.-lat. MA p. 179

89 *Qui bona multa cupit, haec undique carpere*

90 *Qui caeli culmen, terrae qui continet ima*

91 *Qui caeli cupiet portas intrare patentes*
B Clavis Galliae II p. 413

92 *Qui caelum credit iustis per saecula factis*

93 *Qui caelum, terram iusto moderamine regis*

94 *Qui calamo certare novit cum mortua pelle*
ETI CC 113A p. 233:25

95 *Qui caput ad laevam didicit, glossemata*

96 *Qui caput est nostrum, Christus caput hoc*

97 *Qui caput tuum arundine caesum*
TBI STOTZ Sapph. Dichtung p. 22s.; 194s.; 310s.; 315-317; 460

98 *Qui celat secreta regis quem mundus adorat*

99 *Qui celerare paras, iter huc deflecte, viator*
ETC REYDELLET I p. 24

– *Qui centum quondam terram vertebat*
cf. *Age iam precor mearum*

– *Qui cepisse librum dederas, finire dedisti*
cf. *Qui coepisse librum dederas, finire*

00 *Qui christiano nomini*

01 *Qui coepisse librum dederas, finire dedisti*
E Colophons 16503
M CC Cont. Med. 46A p. VIII
M DOLBEAU Sacris Erudiri 27/1984 p. 378-387

02 *Qui colis laetos hilarosque mores*

03 *Qui colitis Cybelen et qui Phryga plangitis*

04 *Qui confidunt in domino*

05 *Qui Corcyraei vidit pomaria regis*

06 *Qui corpus lecto refoves ignisque calore*
M HOLTZ RevHistTextes 16/1986 p. 175

07 *Qui cruce confixus praestavit dona salutis*

08 *Qui cruce confixus renovavit sanguine*

09 *Qui cruce munitus superas fera praelia*
M GNEUSS Handlist 938
B Clavis Galliae II p. 464
I CHAZELLE The Cross p. 53 n. 138
I SCHALLER Studien p. 188

10 *Qui crucis in patulo suspensus corpore ligno*
ET BERSCHIN/KLÜPPEL Heiligblut-Reliquie p. 22s.
MB HOFFMANN Buchkunst p. 323
B BHL 4152
I PABST Prosimetrum p. 634-636
I BERSCHIN Biographie IV p. 12-14

11 *Qui crucis lignum, quo Christus saecla*

12 *Qui cum, dum haberet clausam in castello*

13 *Qui cupias priscum modulandi noscere*

14 *Qui cupiat formas quas dat geometrica nosse*

15 *Qui cupiat rerum studiosus forte viator*
B Clavis Galliae I p. 167

16 *Qui cupis ad varias sponsi considere mensas*

17 *Qui cupis egregii structorem noscere templi*
ETC REYDELLET I p. 30
I STEMMLER in: La Neustrie II 1989 p. 80

18 *Qui cupis esse bonus et vis dinoscere verum*
M DE MEYIER Codices Vossiani III p. 48
M MUNK OLSEN Auteurs classiques I p. 71

19 *Qui cupis esse bonus, qui vitam quaeris [honestam / Dilige*
I BERSCHIN Biographie IV p. 46

20 *Qui cupis esse bonus, qui vitam quaeris [honestam / Me pete*
I FISCHER Lat. Bibelhss. p. 239

21 *Qui cupis in paucis perpendere grandia*
B Clavis Galliae I p. 52s.
B CALMA I p.48

22 *Qui cupis infestum semper vitare chelydrum*
M GNEUSS Anglia 96/1978 p. 137 n. 5
M LAPIDGE Anglia 98/1980 p. 106

23 *Qui cupis, ut precibus domini mereare*
B Clavis Galliae I p. 246

24 *Qui cupit aeterna sociari in sede beatis*
ETC REYDELLET I p. 25
I R. SONNTAG Studien zur Bewertung v. Zahlenangaben i. d. Geschichtsschreibung des früheren MA 1987 p. 32s.

25 *Qui cupit caelo sociare terram*

26 *Qui cupit, ecce bibat nostro de gurgite*

27 *Qui cupit egregios lapides irrumpere ferro*

28 *Qui cupit exercere mea dicta omnia plane*

29 *Qui cupit hoc epulum sanctumque haurire*

30 *Qui cupit hunc librum sibimet contendere*
M MUNK OLSEN Auteurs classiques I p. 575

31 *Qui cupit iratum placidumve scire tonantem*
ET BERTINI Autori latini p. 162-169
ET MOUSSY/CAMUS I p. 150
I NODES VigChr 43/1989 p. 282-292
I PATCH The Other World p. 139s.
I DOLBEAU Latomus 48/1989 p. 416-423

32 *Qui cupit rector probus esse iudex*

33 *Qui cupiunt celsum domini conscendere*

34 *Qui dator es vitae, scriptori crimina parce*

35 *Qui de morte estis redempti*
M STELLA in: Poesia dell'alto medioevo p. 249s.
M BOTTIGLIERI in: Poesia dell'alto medioevo p. 288
I NORBERG in: La Lexicographie du Latin Médiéval 1981 p. 93
I FRIED DA 45/1989 p. 407s.
I FEVRIER Settimane ... Spoleto 33/1985 p. 941
I SPANKE Studien p. 4
I V. D. STEINEN ZSchwKG 40/1946 p. 255
I ROPA Poesia "Rustica" p. 46
I MEYER Ges. Abh. III p. 295
I SCHALLER Studien p. 214

36 *Qui de rore dapes dedit et de petra*
B Clavis Galliae II p. 435s.

37 *Qui decem et quattuor vitae cum viveret*

38 *Qui dedit Aeneadum fastis ex ordine consul*

39 *Qui Diomedeis metuendus saetiger agris*

40 *Qui discurristi per cuncta volumina mundi*
M MUNK OLSEN Auteurs classiques II p. 377
B HENKEL in: Verf. Lex.[2] VIII c. 1088s.

41 *Qui dolet interitum, mentem soletur amore*
I CUGUSI Epigraphica 44/1982 p. 73

42 *Qui dubias artes per mystica dicta subibis*

43 *Qui ducis vultus et non legis ista libenter*

44 *Qui dum caeruleos calcat sicco pede campos*

45 *Qui dum vita datast, semper vivebat avarus*
ET HÄUSLE Denkmal p. 99

46 *Qui ecclesiam Petri sacrasti nomine cuique*

47 *Qui ex duro latices iussit producere saxo*

48 *Qui facis, ut pretium promittens, Gattula*

-a *Qui favum mellis non amat, odit tua carmina* [*Maevi* 1
ET Virg. Gramm. ed. POLARA p. 300

49 *Qui fert malis auxilium, post tempus dolet*

50 *Qui fit, Maecenas, ut nemo, quam sibi*

– *Qui fuerat largus, nulli bonitate secundus*
cf. *Quisquis in hoc tumulo vis membra*

51 *Qui fuerat mitis patiens humilisque sacerdos*
ETI FAVREAU p. 296s.; tab. 59

52 *Qui fuit en patriae quondam spes ampla*

-a *Qui fundando locum dedit hunc domino* [*dominorum* 4
A inc. saec. IX?
ETI R. NEUMÜLLERS-KLAUSER Die Inschr. d. Landkr. Calw 1992 p. 1:1

53 *Qui gemitu tristi lacrimis te deflet in oras*

54 *Qui gentis omnis mariaque et terras movet*

– *Qui graderis*
cf. *Haec si scruteris, hinc mage cautus eris*

55 *Qui gradiens pelagi fluctus compressit*
E GREGOROVIUS Tombe dei Papi p. 9*
M PASSALACQUA Codici p. 181

56 *Qui gravis es nimium, potes hinc iam, lector*

57 *Qui habet vocem serenam, hanc proferat*
ETC Carm. Cant. 33 ed. ZIOLKOWSKI p. 108; 274
I BULST Lat. MA p. 169-181
I Fs. ZIMMERMANN 1991 p. 442 n. 154ss.

58 *Qui homo timidus erit in rebus dubiis*

59 *Qui iam consumis terram, quam nunc bene*
E Notker Balb. ed. BERSCHIN p. 117

60 *Qui ieiunavit, populum deus hic satiavit*

61 *Qui in forma servi apparens*

62 *Qui in hac aula ingreditur sine mente bona*

63 *Qui intrasti templum pronusque hanc sistis*

64 *Qui intrastis templum, precibus qui implestis*

65 *Qui ioca laetitiamque colis, qui tristia*

66 *Qui Iudith egregiam, meritis facieque*

67 *Qui laetum ingenium, mores qui diligit*

68 *Qui laqueum collo nectebat, repperit aurum*

69 *Qui latas vario vestivit gramine terras*

70 *Qui latices quondam vini convertit in usum*

71 *Qui laudat Dominum de mundi conditione*

72 *Qui lavacro mergens et ab omni crimine*

73 *Qui lavat igne pios laticis post munera vivi*

74 *Qui legat, Alchuinum, dicat rogo, Christe*
B Clavis Galliae II p. 59

75 *Qui legat hunc librum, dicat, rogo, pectore*

76 *Qui leges, agnoscas tumuli nomenque*

-a *Qui legis et intellegis ora pro me peccatorem*
E RUGO Iscrizioni II p. 97:142

77 *Qui legis haec, flores viae, carmina pia*

78 *Qui legis has pueri moribundas perlege*

79 *Qui legis hic, tu nosce, quod hic tumulatus*

80 *Qui legis hunc titulum, Domino da vota*
M GNEUSS Handlist 383
I KER Books p. 20

81 *Qui legis hunc titulum, mortalem te esse*
I CUGUSI Epigraphica 44/1982 p. 82

82 *Qui legis hunc titulum, quid nomen scire*

83 *Qui legis in pulchro circumdata verba*
ETC REYDELLET II p. 120

84 *Qui legis Oedipoden caligantemque*

85 *Qui leni iugo Christi colla submittere cupis*
M BISCHOFF StMGBO 92/1981 p. 10
M GNEUSS Handlist 189
I HUYGHEBAERT RHE 73/1978 p. 45s.

86 *Qui maeres celeri sub carnis iure resolvi*

-a *Qui magnum pelagus libri cursumque [timebas* 2
E P. THOMAS Catalogue des mss. des classiques Latins de la Bibliothèque Royale de Bruxelles 1896 p. 20

87 *Qui male diffuso vetulorum velle supremo*

88 *Qui mali sunt, non fuere matris ab alvo mali*
EC Flori carmina ed. C. DI GIOVINE 1988 p. 76; 110ss.

89 *Qui manibus librum, lector, comprenderis*

90 *Qui mare gradiens undas planavit tumentes*
I MONTORSI Epigrafe modenese p. 147

91 *Qui mare, qui caelum, terram qui condidit*

92 *Qui mare, qui terram, caelum qui condidit [altum / v. 3 Conservet suo famulos*
A Hartw. (saec. XI)
B MGH Poet. 5 p. 687

93 *Qui mare, qui terram, caelum qui condidit [altum / v. 3 Iusserat hic hominem*
ET KLOPSCH Lyrik p. 92
M clm 28140 f. 66^{rv} (HAUKE p. 48)
M J. LECLERCQ Analecta monastica. Première série 1948 p. 64
B Clavis Galliae II p. 121-125
I VIARRE in: TRAUBE-Gedenkschrift p. 238-240
I PABST Prosimetrum p. 321-327
I FERRARI p. 118

94 *Qui mathesis fontem vis, quadro culmine*

95 *Qui me alter est audacior homo*

96 *Qui me de nihilo formasti, conditor alme*

97 *Qui mea forte cupit studio penetrare secreta*

– *Qui meditari vis laudes et cantica Christi*
cf. *Spiritus hic homines caelesti dogmate*

98 *Qui meminit vitae, scit quod morti*

99 *Qui meriti florem, maturis sensibus ortum*
T SCHRADER p. 21

00 *Qui mihi ruricolas optavi carmine musas*
ETI PIORO in: Poesia dell'alto medioevo p. 197-201
MI WASZINK Siculorum Gymnasium N. S. 29/1976 p. 449-459
MI WASZINK JACh Ergänzungsbd. 9/1982 (Gedenkschrift f. A. STUIBER) p. 79-85
I EVENEPOEL Maia 35/1983 p. 129
I J. LE GOFF Die Geburt des Fegefeuers 1984 p. 138
I WASZINK in: Fs. PELLEGRINO 1975 p. 683

01 *Qui mihi te, Cerinthe, dies dedit, hic mihi*

02 *Qui mirare meas tot in uno corpore formas*

03 *Qui modica pelagus transcurris lintre*

04 *Qui modo Nasonis fueramus quinque libelli*

05 *Qui modo per totam flammis stimulatus*

06 *Qui modo sublimes rerum flectebat habenas*

07 *Qui mortale genus statuit animamque creavit*

-a *Qui motus stabilis? Qui mobilis et status?*
[*Idem* 1
E JEAUNEAU Études Érigéniennes p. 664

08 *Qui mox nobiliter regales rexit habenas*

09 *Qui mundi laqueos vicit, labente palestra*
ETC CIMAH I p. 48

10 *Qui mundum redimis effusione cruoris*

11 *Qui mundum salvare veniens iudicatus es*

12 *Qui nascens hodie multos salvavit ab hoste*
E LECLERCQ in: Miscellanea MERCATI II 1946 p. 483

13 *Qui natum passumque deum repetisse*
E ICUR N. S. IX p. 174:24829
T JANSSENS Vita e morte p. 302

14 *Qui natus est infelix, non vitam modo*

15 *Qui nemo ut melius divini mystica verbi*

16 *Qui nescit, cuius hoc sit tam sublime*
I HEINZELMANN Bischofsherrschaft p. 177ss.

17 *Qui nescit scribere credit nullus esse*

-a *Qui nescit scribere nullum putet esse*
[*laborem* 2
A inc. saec. VIII
E LEHMANN Erforschung des MA V p. 212

– *Qui nescit scribere, putat hoc sine labore*
cf. *Qui scribere nescit*

– *Qui nolit properare mori nec cogere fata*
cf. *Qui non vult properare*

18 *Qui nomen vultumque patris, Pauline*

19 *Qui non vult properare mori nec cogere fata*

20 *Qui nondum Stygias descendere quaerit ad*

21 *Qui nos spiritu aquaque lavas a sorde*

22 *Qui novus aethereum venis hanc peregrinus*

23 *Qui nullam tibi dicebas iam posse nocere*

24 *Qui nunc Caesareae lusus spectatur harenae*

25 *Qui Palatinae caperet convivia mensae*

26 *Qui pastorali peragravit Maenala Musa*

27 *Qui pastoralis fastus ambitis honoris*

28 *Qui patriae rector spes gentis gloria regni*

29 *Qui peccatorum sordes abolere priorum*

30 *Qui pecudes, qui rura canit, qui proelia*
M U. WINTER Hss. Diez 1986 p. 75

31 *Qui pelago credit, magno se faenore tollit*

32 *Qui peragras plures, ut sis prudens, regiones*

33 *Qui Persas bello vicit Marathonis in arvis*

34 *Qui petit excelsa, debet vitare ruinam*
M PELLEGRIN Bibliothèque Vaticane II.2 p. 471

35 *Qui pietate pater, pastor cura, ore magister*
I F. J. FELTEN Äbte u. Laienäbte im Frankenreich 1980 p. 223 n. 41

36 *Qui pinxit Venerem tuam, Lycori*

37 *Qui placido in puppi carpebat pectore*
B Clavis Galliae II p. 99s.

38 *Qui plus corde petit quam praestat dextra*

39 *Qui ponti facies, numerum qui novit harenae*

40 *Qui possessa diu felix habitacula liquit*

– *Qui possit amplo famine praepotens*
cf. *Quis possit*

41 *Qui potuit Bacchi matrem dixisse Tonantem*

42 *Qui potuit nigrum vitiis praefigere theta*

43 *Qui praestat pietate pertinaci*

44 *Qui pretium meriti ab inprobis desiderat*

45 *Qui primus caram iuveni carumque puellae*

46 *Qui primus, Meroe, nomen tibi condidit, ille*

47 *Qui principium constas rerum*
ETC Carm. Cant. 7 ed. ZIOLKOWSKI p. 26; 183
I HAUBRICHS Georgslied p. 186

– *Qui prius est sanctus mundo quam matre*
cf. *Hic famulus Hincmar domini*

48 *Qui proceres veteremque volet celebrare*

49 *Qui prodesse potest, non est fugiendus*

50 *Qui properas quaeso, tarda viator iter*

51 *Qui putat, invenies quendam levitate*

52 *Qui quaerit solido lapides irrumpere ferro*

53 *Qui quondam adiecit morituro tempora regi*

54 *Qui quondam extiterant famosi late per*

55 *Qui quondam situs est*

56 *Qui recitat lana fauces et colla revinctus*

57 *Qui regis sceptra / forti dextra / solus cuncta [/ Celsa*

58 *Qui regis sceptra / forti dextra / solus cuncta [/ Tu*
I STÄBLEIN Ges. Aufs. p. 283s.
I BJÖRKVALL in: In Quest of the Kingdom ... ed. A. HÄRDELIN 1991 p. 109-134

59 *Qui regis una / supera et ima / omnia*

60 *Qui regit affectus animi, rex iure vocatur*
I STAUBACH in: Iconologia sacra p. 398s. n. 58
I STAUBACH Rex christianus p. 140; 298

61 *Qui regit arva, polum tibi sit, rex, fautor*
I D. L. BOUTELLE Louis the Pious and Ermoldus Nigellus 1970/^{n}1984 p. 179

62 *Qui regit imperio pelagum terramque*
B Clavis Galliae II p. 414

63 *Qui regit imperium mundi, qui continet astra*

64 *Qui regni claves et curam tradit ovilis*

65 *Qui Reminisco putat se dicere posse latine*

66 *Qui residet solio*

67 *Qui respondet Amen, Christi pertingat ad*

68 *Qui, rogo, civiles cupiat cognoscere mores*
M SOTTILI I Codici del Petrarca p. 354
M PASSALACQUA Codici p. 171
B Clavis Galliae II p. 159-162

69 *Qui Romam Roma, Turonum Turonove*

70 *Qui Romam Romaque venis hunc aspice*

71 *Qui sacra templa petis, votis accitus honestis*

72 *Qui sacra vivaci studio domicilia lustras*
E MGH Script. 13 p. 303
B Clavis Galliae I p. 181
I J. JARNUT Agilolfingerstudien 1986 p. 14; 25-27; 83; 109
I JÄSCHKE RhVjbl 33/1969 p. 1-13
I EBENBAUER Carmen Historicum I p. 3-6; 75ss.
I KNITTEL Walahfr. Wett. p. 14
I A. ANGENENDT Kaiserherrschaft u. Königstaufe 1984 p. 150 n. 14

73 *Qui salvare mundum veniens*

74 *Qui scelus, inde timete deum, non linquit*

75 *Qui scribere nescit, nullum putat esse*
EM Colophons 23107; 23108
M PASSALACQUA Codici p. 221
M RIOU Scriptorium 49/1995 p. 117
B GAMESON Scriptorium 49/1995 p. 207 n. 135
I VIRGILIO GIF N. S. 15 (36)/1984 p. 49s.

76 *Qui se committit homini tutandum inprobo*

77 *Qui se hominem meminit, securo pectore*
EI CUGUSI Epigraphica 44/1982 p. 68s.

78 *Qui se laudari gaudet verbis subdolis*

79 *Qui se peccatis gaudet feliciter uti*

80 *Qui se sponte negat peccasse, veniam*

81 *Qui se volet esse potentem*
ETC Carm. Cant. 69 ed. ZIOLKOWSKI p. 138;

316
I Spanke Studien p. 4

-a *Qui Semelem genuit, de qua pulcherrima*
[proles 2
A Hieronymus: chron. praef. p. 13, 10-12
E FPL[3] p. 395

82 *Qui serere ingenuum volet agrum*
ETC Carm. Cant. 65 ed. Ziolkowski p. 136; 315

83 *Qui signati estis Christo*
M Bourgain in: Poesia dell'alto medioevo p. 265
MI Barrett in: Poesia dell'alto medioevo p. 413
I Haubrichs Georgslied p. 183
I Jones Viator 6/1975 p. 333

84 *Qui silvas et agros et proelia versibus ornat*
M U. Winter Hss. Diez 1986 p. 75

85 *Qui sim nosse volens, scito, Bibliotheca*
I Fischer Lat. Bibelhss. p. 239
I Meyvaert RBén 89/1979 p. 42

86 *Qui sim scire venis, qui mortis stringor*

87 *Qui simulat verbis nec corde est fidus amicus*

– *Qui sine peccato templi est oblatus ad aram /*
[A nobis clemens
cf. *Quod chorus vatum venerandus olim*

88 *Qui sine peccato in templo est oblatus ad*
[aram / Nos peccatores

– *Qui solis et orbis actor es*
cf. *Qui solus orbis auctor es*

89 *Qui solitus fueram cura domitare leones*

90 *Qui solus orbis auctor es*

91 *Qui splendere cupis claro tenuique lavacro*

92 *Qui sponso veniente meam non porto*
E MGH Poet. 5 p. 651

93 *Qui stas quive sedes, qui rura et tecta*

94 *Qui sternit per bella truces fortissimus heros*
ET Berschin in: St. Gallen II p. 75
EM Colophons 18818
TI Berschin Eremus p. 8
MI A. von Euw Liber Viventium Fabariensis 1989 p. 75 tab. 9
I Fischer Lat. Bibelhss. p. 214

95 *Qui stomachum regem totius corporis esse*

96 *Qui studium tumulis rimati funera fertis*

– *Qui sum ligneus, ut vides, Priapus*
cf. *Quod sum ligneus*

97 *Qui tecum cupis esse meos ubicumque*

98 *Qui templum domini gressibus intrant*

99 *Qui tenet eloquii fastigia summa Latini*
M N. R. Ker Medieval Manuscripts in British Libraries II 1977 p. 704
M Coulson Scriptorium 51/1997 p. 166

00 *Qui terram variis per totum cultibus annum*

01 *Qui tolerat se divite mendicare parentes*

02 *Qui tonsor fueras tota notissimus urbe*

03 *Qui tot libris per Moysen*

04 *Qui triumpho crucis tuae*

– *... Qui tua perpetuo tempora rite regat*
cf. *Te deus omnipotens conservet ...*

05 *Qui tumuli causas ingressus discere quaeris*

06 *Qui tumulum Priami quaerit, legat Hectoris*

07 *Qui ut ovis ad victimam ductus es domine*

08 *Qui valet adversis oneratam ducere vitam*

09 *Qui velit exemplum veniae comprendere*
E Berschin p. 94

10 *Qui venis ac vadis, decus hoc attende, viator*

11 *Qui venis ad caros conviva fidelis amicos*
ETC Reydellet II p. 120

12 *Qui venit botulus mediae tibi tempore*

13 *Qui verpam vissit, quid cenasse illum putes*

14 *Qui vestes geritis pretiosas, qui sine fine*

15 *Qui vicit trabeas solium cinctumque*

16 *Qui videt, is peccat: qui te non viderit ergo*

17 *Qui vim ventorum, pelagi qui mitigat undas*
B Clavis Galliae II p. 417s.

18 *Qui vinctos Herebi de faucibus eripis insons*

19 *Qui virtute crucis mundum de morte redemit*
B Clavis Galliae I p. 322s.

20 *Qui virtute regit mundum, pietate gubernat*

21 *Qui vitam donat, hic mortis pocula gustat*

22 *Qui vitam spernit, facile contemnet dei*

23 *Qui vitam vixit iucundam et quietam amans*

24 *Qui vixit annos XXV dies XXV sine crimine*

– *Qui vocem habet serenam*
cf. *Qui habet vocem serenam*

25 *Qui volet ingenuis serere bona semina terris*

-a *Quia pia facilis et opifera*

26 *Quibus ludus est animo et iocularis cantio*
ETC Carm. Cant. 35 ed. ZIOLKOWSKI p. 110; 278
ETI WOLTERBEEK Ridicula p. 63-69; 312-317
I SUCHOMSKI p. 104

– *Quicquid ...*
cf. *Quidquid ...*

27 *Quicquid ab Hebraeo stilus Atticus atque*
M BROMMER Zs. f. Rechtsgeschichte kan. 91/1974 p. 118
M DE MEYIER Codices Vossiani VI p. 136
M TRONCARELLI Boethiana Aetas p. 159
M PASSALACQUA Codici p. 181
I BULLOUGH in: U.-R. BLUMENTHAL Carolingian Essays 1983 p. 37
I JEAUNEAU Études Érigéniennes p. 616
I W. THIELE Vetus Latina 11.1/1977 p. 62

28 *Quicquid formosum est, penetrat, trahit*

29 *Quicquid habet variis completus gentibus*
I SCHALLER Wiener Studien 105/1992 p. 174 n. 3
I W. POHL Die Awaren 1988 p. 416 n. 2; p. 419 n. 51
I TRISTRAM in: Iren u. Europa II p. 727 n. 145
I SCHALLER Studien p. 347 n. 3

30 *Quicquid in orbe vides, paret mihi. florida*

31 *Quicumque Albana tendis properasque*

32 *Quicumque amisit dignitatem pristinam*

33 *Quicumque Christum quaeritis*
I BASTIAENSEN Lampas 23/1990 p. 253

34 *Quicumque es, puero lacrimas effunde*

35 *Quicumque hic violam rosamve carpet*

36 *Quicumque ille fuit, puerum qui pinxit*

37 *Quicumque in libris nomen Ciceronis adoras*
M Hss. Krakau 515; 516; 518
M PRETE Cod. Barb. Lat. p. 29 (cod. 20)
M N. R. KER Medieval Manuscripts in British Libraries II 1977 p. 704
M COULSON Scriptorium 51/1997 p. 166

38 *Quicumque legis, obsecro rogo, dicas: pax*
I FISCHER Lat. Bibelhss. p. 85

39 *Quicumque legis titulum iuvenis, quoi sua*
I CERVELLI AFLN 14/1971-72 p. 43-47

40 *Quicumque Nolana tendis per rura viator*

41 *Quicumque nostram fur fefellerit curam*

42 *Quicumque regno fidit et magna potens*
I STOTZ Sapph. Dichtung p. 18; 33; 35; 37-39; 59-61

43 *Quicumque solam mente praecipiti petit*
ETC Carm. Cant. 63 ed. ZIOLKOWSKI p. 134; 315

44 *Quicumque turpi fraude semel innotuit*

45 *Quicumque vestrum, qui venitis ad cenam*

– *Quid abdicatis in meam curam, pater*
cf. *Quarta redit duris haec iam*

46 *Quid agam? quem mi amicum inveniam*

47 *Quid ais, Byrria? daturne illa Pamphilo*

48 *Quid bellicosus Cantaber et Scythes*

49 *Quid Cirrham vel Hyantias Camenas*
I STAUBACH FMSt 96/1983 p. 17 n. 66

50 *Quid cum femineo tibi, Baetice Galla*

51 *Quid cycni faciunt, resonant dum talia corvi*
TI ZIOLKOWSKI Talking animals p. 56s.; 269ss.
I SCHALLER Wiener Studien 105/1992 p. 179 n. 32
I BULLOUGH Friends, neighbours and fellowdrinkers p. 12 n. 21
I KULLMANN in: Fs. AUTENRIETH 1988 p. 3
I COURCELLE Lecteurs ... de l'Énéide p. 152
I GODMAN Poets p. 70 n. 168
I Hrabanus Maurus p. 3; 56-60; 196
I SCHALLER Studien p. 66s.; 84 n. 27; p. 89; 110-128; 352 n. 32; p. 411-419
I VILLA DA 51/1995 p. 41
I SZERWINIACK Scriptorium 48/1994 p. 227

52 *Quid de te, Line, suspicetur uxor*

53 *Quid dedicatum poscit Apollinem*

54 *Quid deus in famulis operetur opimus*

55 *Quid deus intendat, noli perquirere sorte*

56 *Quid dicam, Gelli, quare rosea ista labella*

57 *Quid est, Catulle? quid moraris emori*

58 *Quid est, pater dulcissime / Strictum iubes*
E Notker Balb. ed. BERSCHIN p. 95
ET KLOPSCH Lyrik p. 228
ET OCHSENBEIN in: St. Gallen II p. 156s.
TI BERSCHIN Eremus p. 36
M VECCHI Quadrivium 13/1972 p. 180

59 *Quid est quod artum circulum*
I BUCHHEIT Wiener Studien 99/1986 p. 245
I BUCHHEIT Wiener Studien 101/1988 p. 297-312

60 *Quid faceret laetas segetes, quod tempus*
I KOSTER in: Fs. KLOPSCH 1988 p. 293

61 *Quid faceret Mauri Zachariae culminis*

62 *Quid faciam si tu facias tu non ego serva*

63 *Quid faciat laetas segetes, quae sidera servet*
M U. WINTER Hss. Diez 1986 p. 75
I SCHETTER Hermes 116/1988 p. 343-357

64 *Quid faciat laetas segetes, quo sidere terram*

65 *Quid faciat volt scire Lyris: quod sobria*

66 *Quid faciet nullos hic inventura capillos*

– *Quid facis, ut pretium promittens, Gattula*
cf. *Qui facis, ut*

67 *Quid facit is, Gelli, qui cum matre atque*

68 *Quid faciunt leges, ubi sola pecunia regnat*

69 *Quid factum est, quod tu proiectis, Iuppiter*

70 *Quid factum est, rogo, quid repente factum*

71 *Quid faculam praefers, Phileros, quae nil*

72 *Quid fatis liceat quid saecula cuncta*

73 *Quid ferat en vitam, corruptio quid vereatur*
ETC CC Cont. Med. 100 p. 87; 303
M CC Cont. Med. 100A tab. B10
MI ERNST Carm. fig. p. 250-252

74 *Quid fit? vi me oculi postquam deduxstis in*
EI CUTOLO Vichiana 15/1986 p. 67

75 *Quid fles abducta gravius Briseide? quid fles*

76 *Quid fles, Asterie, quem tibi candidi*

77 *Quid frustra quereris, colone, mecum*

78 *Quid gelidam Rhodopen ...*

79 *Quid gemis et lacrimas, quod te, miserande*

80 *Quid hoc negoti est quave suspicer causa*

81 *Quid hoc negoti est, quod omnes homines*

82 *Quid hoc novi est? quid ira nuntiat deum*

83 *Quid hoc? sicine hoc fit, pedes? statin an*

84 *Quid igitur faciam? non eam ne nunc quidem*

85 *Quid immerentis hospites vexas, canis*

86 *Quid, inquit, recrastinas, dilectissime fili*

87 *Quid inquit tibi fecimus tale, ut nobis facias*
ET Ekkeh. IV. ed. HAEFELE p. 66
ET OCHSENBEIN in: St. Gallen II p. 110

88 *Quid iudicare cogitet livor modo*

89 *Quid iuvat ad tempus nugarum linquere*
I COURCELLE Lecteurs ... de l'Énéide p. 73

90 *Quid iuvat immunes belli cessare puellas*

91 *Quid iuvat imperio populos rexisse potenti*

92 *Quid iuvat ornato procedere, vita, capillo*

93 *Quid lacrimas? factum est, vir bone, vive*

94 *Quid laicus faciet, cum pergat ad arma*

95 *Quid levius fama? fulmen. quid fulmine?*
M U. WINTER Hss. Diez 1986 p. 75

96 *Quid loquar aut sileam? prohibet dolor ipse*

97 *Quid me compactum ceris et harundine rides*

98 *Quid me constricta spectatis fronte Catones*

99 *Quid me, etsi valeam. parare carmen*

00 *Quid me nunc cunctis certatio iuvit ademptis*

01 *Quid me, taure, paras specie deceptus inire*

02 *Quid me, Thai, senem subinde dicis*

03 *... Quid mea si canis aetas candesceret annis*

04 *Quid mecum est tibi? Me puella sumat*

05 *Quid mecum tibi, circitor moleste*

06 *Quid? medius Iudaeus, medius vis esse*

07 *Quid mendosa tibi retulit vulpecula, pastor*
EC CC Cont. Med. 117 p. 96

08 *Quid mihi caprigero cornuque minaris*
TI ZIOLKOWSKI Talking animals p. 135ss.
I ZIOLKOWSKI MlatJb 20/1985 p. 54

09 *Quid mihi desidiae non cessas fingere*

10 *Quid mihi, Livor edax, ignavos obicis annos*

11 *Quid mihi maesta die, sociis quid noctibus*

12 *Quid mihi propellis, vitule, ubera? vivere me*

13 *Quid mihi reddat ager quaeris, Line*

14 *Quid mihi, si fueras miseros laesurus amores*

15 *Quid mihi tam multas laudando, Basse*

16 *Quid mihi vobiscum est, infelix cura, libelli*

17 *Quid mihi vobiscum est, o Phoebe novemque*

18 *Quid mirare, meam si versat femina vitam*

19 *Quid mirum, dempsit martyr si ferrea vincla*

20 *Quid narrat tua moecha? Non puellam*

21 *Quid natura mihi simulata, quid indat imago*

22 *Quid non adversum miseris mortalibus addit*

23 *Quid non cogit amor? secuit nolente capillos*

24 *Quid non ex huius forma pateretur amator*

25 *Quid non saevus Amor flammarum numine*

-a *Quid notet intextus septemplex hic* [*Laborinthus* 11
A inc. saec. IX?
EMI ERNST Carm. fig. p. 491-495

26 *Quid nunc saeva fugis placidi lepus ora*

27 *Quid, pater, angustos repedas quid in*
EI DÜCHTING in: TRAUBE-Gedenkschrift p. 47-58
B Clavis Galliae I p. 137
I TREMP Thegan p. 9
I BERSCHIN Gr.-lat. MA p. 141
I C. RATKOWITSCH Maximianus Amat p. 39

28 *Quid pereunt stulto fortes haltere lacerti*

29 *Quid philomelinis depromitis organa fibris*

30 *Quid pote tan durum saxso aut quid mollius*

31 *Quid prodest caelum votis implesse, Neaera*

32 *Quid prodest Martis nomen de nomine*

33 *Quid prodest verbis commentum Pelagianum*

34 *Quid promittebas mihi milia, Gaure, ducenta*

35 *Quid prosunt fasces, quid pompae aulaeque*
E MGH Poet. 5 p. 615

36 *Quid? qua profectu' causa hinc es Lemnum*

37 *Quid quereris fatis mortis, clarissime*

38 *Quid queror? ipsa dedi bellum maestumque*

39 *Quid rear, affatus quod non mihi dirigis*

40 *Quid recitaturus circumdas vellera collo*

41 *Quid redis ad thalamos? tumuli iam pronior*

42 *Quid referam Equitium caelesti operante*

43 *Quid referam iuxta positi nimiumque*

44 *Quid referam, quae nemo legit, quae nemo*

45 *Quid saevi eveniat postremo tempore Paulus*

46 *Quid saevis, Cypare? domiti modo terga*

47 *Quid sentis, inquis, de nostris, Marce*

48 *Quid si hoc potis est ut tu taceas*

49 *Quid sibi fata velint bellissima quaeque*

50 *Quid sibi vult, quaeris, tellus congesta*

51 *Quid sim, peccator, cerne, viator*
B Clavis Galliae I p. 363
I BERSCHIN ZGObRh 134/1986 p. 20

– *Quid Sisenandum recolam gratia praecipua*
cf. *Pulchrifico radians mentis et vite*

52 *Quid sit vita brevis cunctis mortalibus aevi*

53 *Quid Stephano potentius*

54 *Quid, stulte, nostris versibus tuos misces*

55 *Quid subiecta ferat cognosces pagina, lector*

56 *Quid sumus aut loquimur, vita est quid*
ET HÄUSLE Denkmal p. 92

57 *Quid superos potuit iuvenis laesisse Penates*

58 *Quid tacitus, Corydon, vultuque subinde*

59 *Quid tacitus, Mystes? curae mea gaudia*
I SHACKLETON BAILEY ClPh 77/1982 p. 126

60 *Quid tam dulce darent mihimet materque*
T COOK p. 24

61 *Quid tam sollicitis vitam consumimus annis*

62 *Quid tantos iuvat excitare motus*

63 *Quid te bonum fingis alieno vulnere, nequor*

64 *Quid te, Tucca, iuvat vetulo miscere Falerno*

65 *Quid teneant intus nostri, si forte libelli*
E CC Cont. Med. 46A p. 214ss.
M DOLBEAU Sacris Erudiri 27/1984 p. 392
I PABST Prosimetrum p. 1068

– *Quid tibi fecimus tale, ut nobis facias male*
cf. *Quid, inquit, tibi fecimus tale*

66 *Quid tibi monstrata mansuescere profuit ira*

67 *Quid tibi, mors, faciam, quae nulli parcere*
T JANSSENS Vita e morte p. 41s.
M Paris, BN lat.: Cat. gén. VI 1975 p. 769
M GNEUSS Handlist 325
I SHACKLETON BAILEY ClPh 77/1982 p. 116
I R. AXTON European Drama of the Early Middle Ages 1974 p. 17s.

68 *Quid tibi nobiscum est, ludi scelerate*

69 *Quid tibi nunc prodest stricte vixisse tot*

70 *Quid tibi vis, mulier nigris dignissima barris*

71 *Quid tibi visa Chios, Bullati, notaque Lesbos*

72 *Quid totiens me dilaceras, cuculus sine*
TI ZIOLKOWSKI Talking animals p. 144ss.; 248s.
I ZIOLKOWSKI MlatJb 20/1985 p. 63

73 *Quid tu, virgo mater, ploras, Rachel formosa*
ET GODMAN Poetry p. 320ss.
T ÖBERG Poetry p. 183
TC STELLA Poesia carolingia p. 232; 442s.
B CROCKER p. 434
I SPANKE Studien p. 17
I STÄBLEIN AMusWiss 19/1962 p. 86
I V. D. STEINEN ZSchwKG 41/1947 p. 143

74 *Quid tua commemorem, nimium crudelis*

75 *Quid vellis vetulum, Ligeia, cunnum*

76 *Quid Veneris facibus compulsa, Marozia*
ET VISCARDI Origini Testi p. 196s.

77 *Quid Vermendensis memorem tot milia*
B LAPIDGE/SHARPE p. 168s.:644
B SHARPE nr. 182
I HOWLETT Peritia 11/1997 p. 82-84

78 *Quid, veterana, cupis pueri nudare decorem*

79 *Quid voluit, quid vidit rex Tholomeus agendo*

80 *Quid voveat Domino quisquis bene corde*

81 *Quidam concubitu futuit fervente Marinam*

82 *Quidam conducit, quos mundi vinea poscit. / [Aetas*

83 *Quidam conducit, quos mundi vinea poscit. / [Diversis*
A inc. saec. X/XI (Cod. aur. Ept.)

84 *Quidam dictiloqui libros senis Augustini*

85 *Quidam erat hic opibus pollens et honore*

86 *Quidam immolasset verrem cum sancto*

87 *Quidam impune ratus vanissimus et male*
TI WOLTERBEEK Ridicula p. 118

88 *Quidam me modo, Rufe, diligenter*

89 *Quidam mollior anseris medulla*

90 *Quidam nomine Iohel rex Orientis, maximas*
ETC MODESTO Cena Cypriani p. 180
TC STELLA Poesia carolingia p. 230ss.; 442ss.
I FILL Hss. Kremsmünster I p. 326
I SUCHOMSKI p. 209-211
I HAFERLAND in: H.-J. BACHORSKI Lektüren 1985 p. 182-184
I ZIOLKOWSKI Talking animals p. 57ss.

91 *Quidam olim furibundus draconei tumoris*

92 *Quidam optata suis imponunt nomina natis*

93 *Quidam per agros devium carpens iter*

94 *Quidam superbus opibus et fastu tumens*

95 *Quidam vir Hyppo generis de stemate Freso*

96 *Quidnam igitur mirum magno si culmine*

97 *Quidnam solivagus, Bucole, tristitia*
ET KORZENIEWSKI Hirtengedichte p. 58
I SCHMID in: Europäische Bukolik ed. K. GARBER 1976 p. 44-121
I ALIMONTI Struttura, ideologia ed imitazione virgiliana nel 'De mortibus boum' di Endelechio 1976

– *Quidquid ...*
cf. *Quicquid ...*

98 *Quidquid agit Rufus, nihil est nisi Naevia*

99 *Quidquid agit varios humana in gente*
MI RAMMINGER Wiener Studien 101/1988 p. 313-316
I PATCH The Other World p. 140
I WALLACE-HADRILL Frankish Church p. 76
I BEIKIRCHER Wiener Studien 99/1986 p. 262
I MAGEE MS 54/1992 p. 325s.
I MORISI Orpheus N. S. 13/1992 p. 93ss.
I ROBERTS Traditio 36/1980 p. 399-407
I NODES VigChr 39/1985 p. 79

00 *Quidquid Arabs aris, quidquid fert Indus*
ETI CC 113A p. 229:19

01 *Quidquid Castalio de gurgite Phoebus*

02 *Quidquid creatum permanet, / Laudes*

03 *Quidquid in Orpheo Rhodope spectasse*

04 *Quidquid mihi placidum dignumque*

05 *Quidquid Parrhasia nitebat aula*

06 *Quidquid ponitur hinc et inde verris*

07 *Quidquid promulgasse tui fuit inclite iussi*

08 *Quiesces in pace merens Leontia coniux*

09 *Quieti tempus adest*

10 *Quin et amygdaleos subeunt pistacia ramos*

11 *Quin et funereis amitam inpertire querellis*

12 *Quinque beatorum retinet domus ista*
ET GILARDI Syll. Turon. p. 214s.; 227
MI PIETRI RHEF 72/1976 p. 229

13 *Quinque deus panes fregit piscesque*

14 *Quinque dies tibi pollicitus me rure futurum*

15 *Quinque hic annorum aetatis conditur infans*

16 *Quinque mihi sensus, nullus mihi quaeso*

17 *Quinque movens, interna secans, sapientia*

18 *Quinque, per omnes / Sensus, mundi*

19 *Quinque poli zonis nonae nectuntur aprilis*
M DE MEYIER Codices Vossiani VI p. 265

20 *Quinque puto tremulas carpentes faucibus*
I SCHALLER in: Iren u. Europa I p. 479 n. 69 (= SCHALLER Studien p. 247 n. 69)

21 *Quinque sacrae claves dicunt praestare*
E MGH Poet. 5 p. 651
I ORCHARD JournMedLat 2/1992 p. 124ss.

22 *Quinque satis fuerant: nam sex septemve*

23 *Quinque trahit volvens annorum tempora*
M PELLEGRIN Bibliothèque Vaticane I p. 838

24 *Quinta vocor princeps vocum; est mihi trina*

25 *Quinte Caledonios Ovidi visure Britannos*

26 *Quinti, si tibi vis oculos debere Catullum*

27 *Quintia formosa est multis, mihi candida*

28 *Quintiliane, vagae moderator summe*

29 *... / Quintini sancti reliquiaeque simul*

30 *Quintinus martyr, pater et Dionysius aram*
B Clavis Galliae II p. 421

31 *Quintum annum et decimum Narcissus flore*

32 *Quintum pro Decimo, pro Crasso, Regule*

33 *Quintus ab aequoreis nitidum iubar extulit*

34 *Quintus erat mundi tristis ab origine limes*
A Paulin. Aquil.
ET HAUCK Taufpfalzen p. 62-67
TI RABE Ex patre filioque p. 193
B BHL 1577
I SCHALLER in: Fs. BRUNHÖLZL 1989 p. 27-45
I HAUCK Taufpfalzen p. 4ss.
I KAHL in: Fs. GRAUS 1982 p. 80
I WORSTBROCK in: Verf. Lex.[2] II c. 11-13
I BULLOUGH Aula renovata p. 283s.
I EBENBAUER Carmen Historicum I p. 7-17; 75ss.
I KRAHWINKLER Friaul p. 161 n. 241
I SCHALLER Studien p. 369; 429s.
I SCHALLER in: Karl d. Gr. Nachwirken I p. 197; 201-209
I STAUBACH FMSt 18/1984 p. 575

35 *Quintus habet fontis vitae clarissima dona*

– *Quintus habet ludos et classem corripit ignis*
cf. *Navigat Aeneas, Siculas defertur*

36 *Quintus nostrorum liber est, Auguste*

– *Quippe Nonae Iunii afferunt quinos*
cf. *Nonae kalendae afferunt quinos*

– *Quippe nonae kalendae Iunii afferunt quinos*
cf. *Nonae kalendae afferunt quinos*

37 *Quippe quotum lumen, si vis cognoscere*
B Clavis Galliae I p. 300-302

-a *Quippe solent reges omnes in rebus secundis* [13
A Ennius: annal. 11
E VAHLEN p. 63

38 *Quique cupitis audire ex meo ore carmina*
MI BARRETT in: Poesia dell'alto medioevo p. 412
I NORBERG Les vers iambiques p. 106 n. 36

39 *Quique cupitis saltantem me Iohannem*
ETC MODESTO Cena Cypriani p. 178
TC STELLA Poesia carolingia p. 228ss.; 442ss.
M VOLLMANN in: Poesia dell'alto medioevo p. 258
BI RAUNER in: LexMA III c. 402
I KINDERMANN Satyra p. 25-28; 105
I SUCHOMSKI p. 211
I GODMAN in: Charles the Bald p. 301
I ZIOLKOWSKI Talking animals p. 52ss.

– *Quique de morte (estis) redempti*
cf. *Qui de morte estis redempti*

40 *Quique deo grati, benedicite virginitati*

41 *Quique Deum propriis imploras parcere*

42 *Quique laboratis, si vultis opem pietatis*

43 *Quique pererratam subductus Persida Tigris*

– *Quiquis bellipotens saevis confidit in armis*
cf. *Quisquis bellipotens*

44 *Quiquomque ubi sunt, qui fuerunt quique*

45 *Quis Catinam sileat? quis quadruplices*

46 *Quis color in pullis pecudum si forte requiris*
A Heinricus Laureshamensis (saec. XII?)
E W. WEGSTEIN Studien zum 'Summarium Heinrici' 1985 p. 158

47 *Quis dabit aquam capiti? Quis succurret*
M DOLBEAU RecAug 13/1978 p. 31; 222
I FICHTENAU Lebensordnungen I p. 265
I SCHRAMM Kaiser, Könige u. Päpste I p. 84

48 *Quis dederis partem, voluisti quam dare*

49 *Quis dedit innumeros uno de marmore vultus*

50 *Quis desiderio sit pudor aut modus*

51 *Quis deus has incendit aquas? quis fontibus*

52 *Quis deus hoc medium flammavit crinibus*

53 *Quis deus, Octavi, te nobis abstulit? an*

54 *Quis digne indoctus metrorum versibus*
EM GORMAN RecAug 17/1982 p. 174
EI MUNZI RBén 102/1992-1993 p. 189-210
B CANTELLI BERARDUCCI p. 409
BI WORSTBROCK in: Verf. Lex.[2] X c. 1063-1066
I ALBERI JournMedLat 3/1993 p. 106
I CONTRENI in: U.-R. BLUMENTHAL Carolingian Essays 1983 p. 85
I HERZOG Bibelepik p. XXX
I KULLMANN in: Fs. AUTENRIETH 1988 p. 4
I GORMAN RBén 107/1997 p. 49s.

55 *Quis dives? Qui nil cupiet. Quis pauper*

56 *Quis domini expediet coelestia munera dictis*

57 *Quis duri silicis gravisque ferri*

58 *Quis fuit, horrendos primus qui protulit*

59 *Quis fuit ille dies, quo tristia semper amanti*

60 *Quis furor, exclamat, pacem convertit in*

61 *Quis furor iste novus? quae tanta licentia*
E DÍAZ DE BUSTAMANTE p. 283

62 *Quis hoc potest videre, quis potest pati*

63 *Quis inferorum sede ab infausta extrahit*

64 *Quis labor in phiala? docti Myos anne*

65 *Quis lapis hic? Amethystus. At hic? Ego*

66 *Quis lateat tumulo quisquis miraris in isto*

67 *Quis locus hic? Sacer est. Quibus est sacer*

68 *Quis me est mortalis miserior qui vivat alter*

69 *Quis me fervor agit? nova sunt suspiria*
I COURTNEY ClPh 79/1984 p. 312

70 *Quis mihi maesta dabit lacrimosis imbribus*
E CC 93 p. 207-214
ETC M. B. BIANCO Carmen de paenitentia 1984 p. 59
B MEL IX 2003
I BIANCO in: Disiecti Membra Poetae I ed. V. TANDOI 1984 p. 216-231
I BIANCO Augustinianum 24/1984 p. 549-560

71 *Quis mihi tribuat, ut fletus cessent immensi*
I NORBERG in: Cultura in Italia p. 370
I MONTORSI Epigrafe modenese p. 147

72 *Quis multa gracilis te puer in rosa*

73 *Quis negat Aeneae magna de stirpe Neronem*

74 *Quis nescit cuius hoc sit tam sublime*
I FERRARI MlatJb 24-25/1989-1990 p. 112s.

75 *Quis nescit, Volusi Bithynice, qualia demens*

76 *Quis nolens hospes maris illustrat tenebrosa*

77 *Quis non indomitam dirae torpedinis artem*

78 *Quis non obstupeat nostri spectacula fati*
I PAVLOVSKIS Cl & Med 39/1988 p. 245s.

79 *Quis non volta riget lacrimis maerore*

80 *Quis numerare queat felicis praemia, Galli*

81 *Quis numerare queat quibus illustrata*

82 *Quis Palatinos imitatus imagine vultus*

83 *Quis possit amplo famine prepotens*
M HOLTZ StudMed III 16/1975 p. 105
I NORBERG Hymnarius Severinianus p. 13
I SZÖVÉRFFY Marianische Motivik p. 17
I SCHALLER MlatJb 19/1984 p. 75ss.
I SCHALLER Studien p. 253-257; 258 n. 32; p. 260; 263-265

84 *Quis poterit unum proprie Deum nosse*

– *Quis potest deo placere*
cf. *Altus prosator vetustus*

85 *Quis potis est dignum pollenti pectore*

-a *Quis potis ingentis oras evolvere belli* 39
A Ennius: annal. 6
E VAHLEN p. 31

86 *Quis prior in mundo deprompsit tegmina*

87 *Quis puer hic nitidis absistit Ianthidos undis*

88 *Quis quanti meriti cui Quadragesimus*

89 *Quis quantusve fuit Samson clarissimus abba*

90 *Quis queat ore loqui, vel quis perpendere*

91 *Quis queritur sera virtutes dote iuvari*
I OPELT Romanobarbarica 3/1978 p. 159-166

92 *Quis qui non doleat, quod patrem grex*
B Clavis Galliae I p. 366s.
I BERSCHIN ZGObRh 134/1986 p. 20

93 *Quis rogo per facinus crimen compescuit*

94 *Quis, rogo, tam durus, quis tam fuit ille*

95 *Quis sicut Hel Fortis Medicus Soter*
M GAUSS Basler Zeitschrift für Geschichte und Altertumskunde 81/1981 p. 13 tab. 1
I WOLLASCH in: C. MEIER/U. RUBERG Text u. Bild 1980 p. 404
I KROGH RASMUSSEN in: Research on Tropes ed. G. IVERSEN 1983 p. 77s.
I BLOCH Monte Cassino I p. 17

96 *Quis sim, qui vobis fero munus tale laboris*

97 *Quis subit in poenam capitali iudicio? Vas*

98 *Quis tam diverso concludens atria cultu*

99 *Quis te Phidiaco formatam, Iulia, caelo*

00 *Quis te pictorum simulavit, pessima Colchis*

01 *Quis tibi persuasit naris abscidere moecho*

02 *Quis tu laete puer, genius cur dextera*

03 *Quis vetat et stellas, ut quaeque oriturque*

04 *Quis viguit meritis frater Florentius ursi*

05 *Quis vitae delectus erit? fert curia lites*

06 *Quis volucrum species numeret, quis nomina*
I SHACKLETON BAILEY ClPh 77/1982 p. 127

07 *Quisque bene loquitur et vita pravus habetur*

08 *Quisque deo lacrimas, lector, hanc fundis ad*
B Clavis Galliae II p. 385s.

09 *Quisque domo domini perfectis ordine votis*

10 *Quisque domum nostram veniens intrabis*
B Clavis Galliae II p. 447s.
I CHAZELLE The Cross p. 52; 86

11 *Quisque domum penetrans alienam, mutus in*

12 *Quisque gravas lacrimis Hilarini flebile*

13 *Quisque huic titulo manus intulerit*

14 *Quisque legas hominum, mentem tractando*
M BISCHOFF Mal. Studien III p. 198

15 *Quisque legens versus per celsa palatia*
B Clavis Galliae II p. 417

16 *Quisque legis, relegas felix, parcasque*

17 *Quisque legis titulum, lacrimas effunde*
EI GÓMEZ PALLARÈS in: Umanesimi p. 185

18 *Quisque meum titulum stat*

19 *Quisque praeteriens titulum scribtum legeris*

20 *Quisque sitit veniat cupiens haurire fluenta*
MI BULLOUGH Carolingian renewal

p. 294s. n. 47

21 *Quisque solo adclinis mersisti in pulvere*
ET GILARDI Syll. Turon. p. 210; 223s.

22 *Quisque suas repetunt misso certamine*

23 *Quisque vagus fuerit media librarius hora*
ETI CC 113A p. 235:26
I J. FONTAINE Culture et spiritualité en Espagne du IVe au VIIe siècle 1986 IV p. 170

24 *Quisque velis cryptam subsistens nosse*

25 *Quisque velis paschae loca, non contermina*
A inc. saec. XI?
E MGH Poet. 5 p. 655
MB HOFFMANN Buchkunst p. 399

-a *Quisque velit caelebs caelestes carpere [fructus* 2
A Ps. Sedul. Scot.
EI STAUBACH FMSt 20/1986 p. 581

26 *Quisque venis studio discendi fretus, amice*

27 *Quisque viam carpis, Marcum spectes*

28 *Quisque videns nostras sollerti corde figuras*
I HOFFMANN Buchkunst p. 8
I HYAM in: Charles the Bald p. 156

29 *Quisque vides tumulum, vitam si quaeris*

30 *Quisque volumen ad aspectum deduxerit*
I GANZ Corbie p. 93
I JEAUNEAU Études Érigéniennes p. 162

31 *Quisquis ab ecclesia baculum hunc*

32 *Quisquis ab occasu properas huc, quisquis [ab ortu / Axe vel*

33 *Quisquis ab occasu properas huc, quisquis [ab ortu / Munus in*
ETC REYDELLET I p. 143
I QUACQUARELLI Poesia tardoantica p. 448

34 *Quisquis ab occasu venis huc, vel quisquis [ab ortu / Praesulis hic*
B Clavis Galliae I p. 271s.

35 *Quisquis ab Occiduo properas huc, quisquis*

36 *Quisquis ad aeternae festinas gaudia vitae*
I CONTRENI Laon p. 58

37 *Quisquis ad aeternae festinus praemia vitae*
I DELEHAYE AnBoll 24/1905 p. 148s.
I EVENEPOEL Maia 35/1983 p. 128

38 *Quisquis ad aeternam festinat tendere vitam*
E GREGOROVIUS Tombe dei Papi p. 13*

39 *Quisquis ad aeternum mavult conscendere*
M STRAETEN Manuscrits hagiographiques p. 81
M DINTER Corp. cons. mon. X p. 202
M Mitteilungen aus der Königl. Bibl. 2: Neue Erwerbungen d. Hss.-abtlg. 1 (Lat. u. dtsche Hss erworben 1911) 1914 p. 5 = Berlin, Staatsbibl. Theol. lat. Fol. 726 f. 3r-4v (nur Verse 1-58)
I EBERHARDT p. 174-176; 516; 529
I FINCH Scriptorium 32/1978 p. 256s.

40 *Quisquis ad excelsi tendis fastigia montis*
E FO Romanobarbarica 8/1984-85 p. 167

41 *Quisquis ad haec domini concurris limina*
I JACOBSEN in: Theophanu I p. 178

42 *Quisquis ad haec properas venerandi limina*

43 *Quisquis ad haec sacri concurris culmina*
B Rep. Font. V p. 373
I ENGELMANN StMGBO 95/1984 p. 139
I ZETTLER in: Charlemagne's Heir p. 659 n. 20

44 *Quisquis ad haec sancti concurris limina*
ETC REYDELLET I p. 21

45 *Quisquis ad haec sancti festinas templa*

46 *Quisquis ad haec tendis sublimia limina*
E GREGOROVIUS Tombe dei Papi p. 46*

47 *Quisquis ad hanc almam caput inclinaveris*

48 *Quisquis ad hoc templum petiturus dona*

49 *Quisquis ad hunc tumulum properas concivis*

50 *Quisquis ad hunc tumulum succedas forte*

51 *Quisquis ad ista moves fulgentia limina*

52 *Quisquis ades celeri gressu, precor, ito*

53 *Quisquis ades, lector, causam qui noscere*

54 *Quisquis ades mediique subis in limina*
I FERRARI p. 362-366

55 *Quisquis adest, faveat: fruges lustramus et*

56 *Quisquis adhuc nondum fortunae mobile*

57 *Quisquis alumne, velis varias cognoscere*
M PELLEGRIN Bibliothèque Vaticane I p. 554
M GNEUSS Handlist 120

58 *Quisquis amarorem fletus de pectore fundis*

59 *Quisquis amas sacram, lector, addiscere*

60 *Quisquis amas typicos legis cognoscere*

61 *Quisquis amat, calidis non debet fontibus uti*

62 *Quisquis amat coniunx, hoc exemplo*

63 *Quisquis amat dictis absentum rodere vitam*
M MlatJb 16/1981 p. 433; WIC 16148

64 *Quisquis amat dictis absentum rodere vitam [/ v. 3. Felix qui*

65 *Quisquis amat dominum, debet sermonibus*
ET MESSINA p. 29:III
I EBERHARDT p. 151; 178

66 *Quisquis amat formam pulchrae laudare*
E CC Ser. Graec. 18 p. 14
MI JEAUNEAU Études Érigéniennes p. 195; 208s.; 456s.
I BERSCHIN Gr.-lat. MA p. 146

67 *Quisquis amat nigram, nigris carbonibus*

68 *Quisquis amat pueros sene finem puellas*

69 *Quisquis amat, valeat; pereat, qui nescit*

70 *Quisquis amat, veniat. Veneri volo frangere*

71 *Quisquis amicus adest cupiens dinoscere*
E Paolo Diacono, Storia dei Longobardi ed. C. LEONARDI/R. CASSANELLI 1985 p. 213 tab.

– *Quisquis amore sacro, lector, praediscere*
cf. *Quisquis amas sacram, lector*

– *Quisquis ardua turrium miraris culmina*
cf. *Sic semper Hispania tali rectore*

72 *Quisquis Athanasii vitam miraque beati*

73 *Quisquis bellipotens saevis confidit in armis*

74 *Quisquis caeleste desiderat regnum*

75 *Quisquis Cecropias, hospes, cognoscis*

76 *Quisquis ΧΕΙΡΟΥΡΓΟΣ nostras incidere*
I CONTRENI in: Charles the Bald p. 336

77 *Quisquis Clementis clementer carmina*

78 *Quisquis composito serenus aevo*
ETC Carm. Cant. 53 ed. ZIOLKOWSKI p. 130; 313

79 *Quisquis consilio aeterno contraria sentis*

80 *Quisquis Cumani lustravit litoris antra*

81 *Quisquis doctor ille es, qui hunc codicem*

82 *Quisquis, dolosis antiqui / Circumventus*
ETC Carm. Cant. 30a ed. ZIOLKOWSKI p. 98; 267
I STEVENS Words and Music p. 114s.

83 *Quisquis dona velit rite impetrare tonantis*

84 *Quisquis es, adventu nostrum contempla*

85 *Quisquis es, amissos hinc iam obliviscere*

86 *Quisquis es christianus, ad sublimia vere qui*

87 *Quisquis es, en hospes, quaeso lege - seic*

88 *Quisquis es et nomen dicam? dolor omnia*

89 *Quisquis es, extremi titulum lege carminis*

90 *Quisquis es, huc oculos paulum converte*

91 *Quisquis es hunc cernens titulum, dic*
B LAPIDGE/SHARPE p. 173:659

92 *Quisquis es o cernens, Elefanti quaeso*

93 *Quisquis ex me suum planaverit quandoque*

94 *Quisquis Flaminiam teris, viator*

95 *Quisquis florigeri sceptrum fert nobile regni*
I STAUBACH Rex christianus p. 212; 254

96 *Quisquis habes votum, quae sit dialectica*

97 *Quisquis habet nummos, secura naviget aura*

98 *Quisquis hanc aulam petiturus gressibus*
E Fo Romanobarbarica 8/1984-85 p. 169

99 *Quisquis heris post me dominus laris huius*

00 *Quisquis hoc legerit magno cum iure*
E Aurelian. Reom. ed. GUSHEE p. 53
B Clavis Galliae I p. 203-205
I EKENBERG Cur Cantatur? p. 146

01 *Quisquis honorem agitas, ita te tua gloria*

02 *Quisquis huc properas Christum pro crimine*
E GREGOROVIUS Tombe dei Papi p. 29*

03 *Quisquis huc properas ... / Illustrem natum*

04 *Quisquis huic tumulo succedis pneumate*
M R. REICHE Ein rhein. Schulbuch aus dem 11. Jh. 1976

05 *Quisquis hunc tabulae lustraris titulum huius*
EI GOMEZ PALLARES in: Umanesimi p. 186s.

06 *Quisquis in has partes, quisquis percurris in*

07 *Quisquis in hoc hominum fragili concluditur*
B Rep. Font. IV p. 242

08 *Quisquis in hoc templo Christum reverenter*
I HUTH FMSt 20/1986 p. 246

09 *Quisquis in hoc templo steteris, quod lympha*

10 *Quisquis in hoc tumulo cineres vis nosse*

11 *Quisquis in hoc tumulo vis membra iacentia*
B Clavis Galliae I p. 290s.

12 *Quisquis in orbe manet, curis constringitur*

13 *Quisquis iter carpis, haec, quaeso, disce*

14 *Quisquis iter carpis, versos hos respice*

15 *Quisquis laeta tuis et sera parentibus optas*

16 *Quisquis latro hunc libellum furto si*

17 *Quisquis legas, hominum mentem tractando*
EM Colophons 23268

18 *Quisquis lucifero sortitur munere saeclum*
I F. S. KOPP Ein neues Elogium von Ven. Fort., Diss. Würzburg 1938 p. 86s.

19 *Quisquis maestificum tumuli dum cernis*

20 *Quisquis magnorum dolet breve decidere*
B Clavis Galliae I p. 246

21 *Quisquis nauta maris sapiens cupit ire per*
M MGH Poet. 5 p. 679
MB HOFFMANN Buchkunst p. 241
B BHL 5751

22 *Quisquis nostra petis penetralia vilia scandis*
E JEAUNEAU Études Érigéniennes p. 655
M GNEUSS Handlist 765

23 *Quisquis opaca velis sophiae scandere regna*

24 *Quisquis plena deo mysteria mente requiris*

25 *Quisquis pontificis patrisque nostri*
I SHEERIN Traditio 38/1982 p. 57

26 *Quisquis post mundum aetherias*

27 *Quisquis praeteriens sitam viator*

28 *Quisquis profunda mente vestigat verum*
ETC Carm. Cant. 75 ed. ZIOLKOWSKI p. 140; 317

29 *Quisquis rhetorico festinat tramite doctus*
ET MONTEFUSCO p. 65
EM HOLTZ StudMed III 16/1975 p. 121:43

30 *Quisquis rhetorico verborum syrmate gaudet*
E CC Ser. Graec. 18 p. 14
MI JEAUNEAU Études Érigéniennes p. 195; 456s.
I BERSCHIN Gr.-lat. MA p. 146

31 *Quisquis Romulidum fasces clarumque*

32 *Quisquis sacra ad delubra cupit protendere*

33 *Quisquis sollicita mundum ratione secutus*

34 *Quisquis stolaeve purpuraeve contemptor*

35 *Quisquis tecta sui concivis viderit uri*
E MGH Poet. 5 p. 655

36 *Quisquis templa Dei petiturus mente serena*
ET GILARDI Syll. Turon. p. 207; 221

37 *Quisquis torpentem passus transisse*

38 *Quisquis tramite pendulo declivique*
I DRONKE Individuality p. 15 n. 1
I COURCELLE Lecteurs ... de l'Énéide p. 305

39 *Quisquis venerit huc, poeta fiat*

40 *Quisquis videns voluerit hos versus*
B Clavis Galliae I p. 300-302

41 *Quisquis volet perennem*
ETC Carm. Cant. 60 ed. ZIOLKOWSKI p. 134; 315

42 *Quisquis vult facile haec scripta argumenta*
B Clavis Galliae I p. 300-302

43 *Quo bibet ... ossa cinisque tegunt*

– *Quo duce te mundus surrexit in astra*
cf. *Quod duce te*

44 *Quo festinus abis gula impellente, sacerdos*

45 *Quo fugis, a demens? nulla est fuga: tu licet*

46 *Quo me, Bacche, rapis tui*

47 *Quo minus in nostris ponaris, amice, libellis*

48 *Quo modo mala in arbore pendunt, sic*

49 *Quo modo tu istuc, Stasime, dixti*

– *Quo modo vehar gressu nullus agnoscere*
cf. *Quo movear gressum, nullus*

50 *Quo movear gressum, nullus cognoscere*

51 *Quo ne tu missus doleas nec temet abyssus*
E RÄDLE in: Scire litteras p. 316

52 *Quo possit fieri modo, Severe*

53 *Quo pretio possunt habitacula priva liceri*

-a *Quo properet sanctus aquila iam praeduce*

54 *Quo, quo scelesti ruitis? aut cur dexteris*

55 *Quo rapto breviore subit fastigia sorte*

56 *Quo rursus baculo pastor venerandus adepto*

57 *Quo rursus sterilis calamus et sibila ruptis*

-a *Quo sacer Amandus virtute beatificandus*
A inc. saec. IX/X
E MGH Script. 15 p. 642
B GENICOT/TOMBEUR Index II p. 15

-b *Quo sine me mea lux oculis se errantibus* [*abdit* 10
A Ven. Fort.: carm. 11.2
I CONSOLINO Annali p. 1351

58 *Quo te, Moeri, pedes? an quo via ducit, in*

59 *Quo te praecipitat rabies tua, perfide Cain*
I MCCARTHY Cl & Med 40/1989 p. 213-225
I GNILKA Hermes 114/1986 p. 88-93
I GNILKA in: Roma Renascens. Fs. I. OPELT 1988 p. 78

60 *Quo ted hoc noctis dicam proficisci foras*

61 *Quo terrae in speciem perstabat pulchra*
I WALLACE-HADRILL Frankish Church p. 222
I V. D. BRINCKEN AKG 56/1976 p. 90
I J.-G. ARENTZEN Imago mundi cartographica 1984 p. 243 n. 43; p. 256
I SCHRAMM Kaiser, Könige u. Päpste I p. 318
I TRISTRAM in: Iren u. Europa II p. 727 n. 145

62 *Quo terrarum superumque parens*

63 *Quo tu, quo, liber otiose, tendis*

64 *Quo tua, Romanae vindex clarissime linguae*

65 *Quo valeas ... sacer per saecula cuncta*

66 *Quo vis cumque loco potes hunc finire*

67 *Quoad valeas, habeas, pascas, multos tu*

68 *Quocumque ire ferunt variae nos tempora*

69 *Quod alpha dixi, Corde, paenulatorum*

70 *Quod bibis et totum dimittis ab inguine*

71 *Quod cacumen culmenis faciendum curavit*

-a *Quod caeleste fuit caeli conscendit in auras*
A inc. saec. II/III
ETC SCHMIDT Chiron 20/1990 p. 101-107

72 *Quod caelum terramque deus formaverit*
I STOTZ MlatJb 24-25/1989-1990

p. 495s.

73 *Quod Caietano reddis, Polycharme, tabellas*

74 *Quod cernis, dicor, tollatur littera prima*

75 *Quod cernunt oculi, deus est: fons nempe*

76 *Quod chorus vatum venerandus olim*
E Hymnarium oscense II p. 48s.
EC Canterbury Hymnal 37517 p. 68
M ODERMATT Ordinarius St. Arnulf p. 390
M FILL Hss. Kremsmünster I p. 151
M GNEUSS MlatJb 35/2000 p. 247
I SZÖVÉRFFY Marianische Motivik p. 18

77 *Quod clamas semper, quod agentibus*

78 *Quod convivaris sine me tam saepe, Luperce*

79 *Quod convolutis artubus*
E PÉREZ GONZÁLEZ in: Poesia dell'alto medioevo p. 330

80 *Quod credis templum, quod saepe viator*

81 *Quod cupis in nostris dicique legique libellis*

82 *Quod dabitur viro premium*

– *Quod dare non possis, verbis promittere noli*
cf. *Quod praestare potes, ne bis*

83 *Quod de uno dixit Decembrio*

84 *Quod decuit facere filiam parentibus*

85 *Quod decuit facere filium matri suae*

86 *Quod decuit filium matri suae fecisse*

87 *Quod decuit natam matri patrique parare*

88 *Quod decuit natam patri praestare sepulto*

-a *Quod decuit patri maiorum rite*
EI Epigraphica 37/1975 p. 125; 143

89 *Quod dedit heu tristes tibi Festela Qommia*
E ALFÖLDY Inschriften p. 427:969

90 *Quod disponit homo forte vel ordinat*

91 *Quod donare potes gratis, non vende roganti*

92 *Quod duce te mundus surrexit in astra*
ETMfacs. WALSER Einsiedler Inschriftenslg. p. 19; 67
TI HAUCK Taufpfalzen p. 11
I FAVREAU Settimane ... Spoleto 39/1992 p. 715
I HAUCK FMSt 20/1986 p. 529
I LAVAGNE Journal des Savants 1977 p. 174

93 *Quod dulcis nati quod cara pignera*

94 *Quod edi bibi, mecum habeo, quod reliqui*

95 *Quod est beatum, morte et aeternum carens*

96 *Quod facere fuerat gnatum par parentibus*

– *Quod factum scis non recte, nolito silere*
cf. *Quod nosti factum prave*

97 *Quod fas parenti decuit facere filium*

98 *Quod fas parenti facere debuit filius*

99 *Quod fellas et aquam potas, nil, Lesbia*

00 *Quod Flacco Varioque fuit summoque*

01 *Quod fore morte mea speraram a coniuge*

02 *Quod fronte Selium nubila vides, Rufe*

03 *Quod fuit a saeclis, quodque est in saecla*

04 *Quod fuit esse quod est quod non fuit esse*
E MGH Poet. 5 p. 632 n.

05 *Quod futuit Glaphyran Antonius, hanc mihi*

06 *Quod gens Carnuntum muris sublimibus*

07 *Quod iustum est petito vel quod videatur*

08 *Quod lana caput alligas, Charine*

09 *Quod leges mirans viator, illud est quod scis*

10 *Quod legis, o vates magnorum maxime*

11 *Quod leo tam tenui patitur sub harundine*

12 *Quod licuit Iunianos reparare penates*

13 *Quod magni Thraseae consummatique*

14 *Quod merito pateris, patienter perfer id*

15 *Quod merui vitam, moriens quot et ipse*

16 *Quod micat ornatum pulchro munimine*
E Fo Romanobarbarica 8/1984-85 p. 168

17 *Quod Michael idicos merito celebratur in*

18 *Quod mihi fortuna casuque oppressus*
I Van Sickle HStClPh 84/1981 p. 91-95

19 *Quod mihi vix unus toto liber exeat anno*

20 *Quod minimos cernis, mitti nos credis*

21 *Quod mundus stabili fide*
ETC Carm. Cant. 64 ed. Ziolkowski p. 136; 315
TI Michel p. 102

22 *Quod natum Phoebus docuit, quod Chiron*

23 *Quod nec carmine glorior supino*

24 *Quod nec Vergilius nec carmine dicit*

25 *Quod nec vota pati nec fingere somnia*

26 *Quod neque conatust quisquanst neque*

27 *Quod nimio gaudes noctem producere vino*

28 *Quod nimium est fugito, parvo gaudere*

29 *Quod nimium lives nostris et ubique libellis*

30 *Quod nimium mortem, Chaeremon Stoice*

31 *Quod nocet, interdum, si prodest, ferre*

32 *Quod nocturna tibi, Leandre, pepercerit*

33 *Quod non argentum, quod non tibi mittimus*

34 *Quod non crediderit Dorothea piissima*

35 *Quod non expectes, ex transverso fit ubique*

36 *Quod non insulse scribis tetrasticha*

37 *Quod non sit Pylades hoc tempore, non sit*

38 *Quod nosti factum prave, nolito silere*
T Öberg Poetry p. 35

39 *Quod novus et nuper factus tibi praestat*

40 *Quod nubis, Proculina, concubino*

41 *Quod nulli calicem tuum propinas*

42 *Quod numerum excedit, nullus hominum*

43 *Quod numquam maribus iunctam te, Bassa*

44 *Quod nunc es, fueram, fies post tu quoque*

45 *Quod nutantia fronte perticata*

46 *Quod optimum sit disputat convivium*

47 *Quod par parenti facere fuerat filiam*

48 *Quod par parenti fuerat facere filium*

49 *Quod par parenti fuit facere filiam*

50 *Quod parenti facere debuit filia*

51 *Quod partem madidam mei videtis*

52 *Quod pectus, quod crura tibi, quod bracchia*

53 *Quod pharisaeus / Ut vidit indignans*

54 *Quod pius et supplex elephas te, Caesar*

55 *Quod plerumque mali in sanctos saevire*

56 *Quod poscit divinus honor, quod funus*

57 *Quod potes id tempta: nam litus carpere*
I Jeauneau Études Érigéniennes p. 246

58 *Quod potes, id tempta: operis ne pondere*

59 *Quod potui miserandus homo me iunxi*

60 *Quod praestare potes, ne bis promiseris ulli*

61 *Quod prior erravit scriptor, tu corrige lector*

62 –

63 *Quod pudeat, socios prudens celare*

64 *Quod quacumque venis Cosmum migrare*

65 *Quod querulum spirat, quod acerbum*

66 *Quod quisque vestrum mortuo optarit mihi*

67 *Quod re sua diffeidens asper afleicta*

68 *Quod refero, mecum pagenses dicere norunt*

69 *Quod reliquis in me libet, hoc mihi vile*
I Pavlovskis Cl & Med 39/1988 p. 250

70 *Quod scieris opus esse tibi, dimittere noli*

71 *Quod seminavit lacrimans*

72 *Quod semper casiaque cinnamoque*

73 *Quod semper superos invito fratre rogasti*

74 *Quod sequitur partum, de me scitote*
A Hartw. (saec. XI)
ETI RÜTZ Text im Bild p. 39; 92; 152
M Regensburger Buchmalerei tab. 96
I BISCHOFF in: Verf. Lex.^{2} III c. 530s.

75 *Quod sequitur specta quodque imminet ante*

76 *Quod si scire iuvat, quota sit cuiusque diei*

– *Quo sibi constituit tumulum iussitque reponi*
cf. *Hic sibi constituit*

77 *Quod siccae redolet palus lacunae*

78 *Quod sim iam senior meumque canis*

79 –

80 *Quod sit in his eadem sententia, Brute*

81 *Quod soleant aquilae super aeris alta volare*

82 *Quod spirat tenera malum mordente puella*

83 *Quod sum ligneus, ut vides, Priapus*

84 *Quod summum formae decus est, cecidere*

85 *Quod superest homini, requiescunt dulciter*

86 *Quod tacitum esse vis dicere noli*

87 *Quod tam grande sophos clamat tibi turba*

88 *Quod te diripiunt potentiores*

89 *Quod te mane domi toto non vidimus anno*

90 *Quod te nescioquis per iurgia dixerit esse*

91 *Quod te nomine iam tuo saluto*

92 *Quod te pallidulum, Marine noster*

93 *Quod te viva officium tibi facere non*

94 *Quod tibi consilium dederit probitatis*

95 *Quod tibi crura rigent saetis et pectora villis*

96 *Quod tibi Decembri mense, quo volant*

97 *Quod tibi defunctae superest de coniuge fido*

98 *Quod tibi naturae dederit lex germen, amice*

99 *Quod tibi nunc mando firmum videatur*
E MGH Poet. 5 p. 640

00 *Quod tibi praerepti, Melior, solamen alumni*

01 *Quod tibi sors dederit tabulis suprema*

02 *Quod tibi sum quod ero, quod in affectu tibi*

03 *Quod tibi suspectum est, confestim discute*

04 *Quod tu debueras, frater, post tempora*
I CUGUSI Epigraphica 44/1982 p. 77

05 *Quod tua mille domus solidas habet alta*

06 *Quod tua vox iussit, Hugo dilectissime*
B Clavis Galliae II p. 153-159

07 *Quod vile est carum, quod carum vile putato*

08 *Quod vitae sectabor iter, si plena tumultu*

09 *Quod vitae secteris iter? fora litibus ardent*

10 *Quod viva merui, moriens quot et ipse rogavi*

11 *Quod volumus, cupimus, peregre hic non*

12 *Quod voto petiere suis plerumque parentes*

13 *Quodam forte die caelo dum turbidus imber*
ET GODMAN Poetry p. 278s.
B LAPIDGE/SHARPE p. 193:718
B SHARPE nr. 199

– *Quodcumque vinclis super terram strinxerit*
cf. *Felix per omnes festum mundi*

14 *Quodque abstulisti multa lucra, non erit*

15 *Quodque foris pulchrum carumque videtur*

16 *Quonam cruenta maenas*

17 *Quondam Porticus attulit*

18 *Quoniam a viro ad me rus advenit nuntius*

19 *Quoniam fuit voluntas animi et corporis*

20 *Quorum Nazarium Celsumque nitore levatos*

21 *Quorum si mediis Boeotum Oriona quaeres*

22 *Quos alo nascentes, crescentes scindor ab*

23 *Quos Babylone reos alogia fecerat olim*

24 *Quos claros orbe celebrat medicina*
ETI CC 113A p. 227:16
I MADOZ p. 223

25 *Quos cuperet Phlegraea suos victoria ludos*

26 *Quos cursu solis iungant sua tempora*
M FINCH Scriptorium 31/1977 p. 84
M GNEUSS Handlist 612
I COURCELLE Lecteurs ... de l'Énéide p. 301

27 *Quos devota fides densis celebrare beatum*

28 *Quos gemitus Romane meus in pectore*

29 *Quos legis a prima deductos menide libri*

30 *Quos opus hoc libros teneat cognoscere si*

31 *Quos paribus meritis iunxit matrimonio dulci*
I MONTORSI Epigrafe modenese p. 157

32 *Quos paribus nutrix eadem pavisse papillis*

– *Quos per longaevos discordia dirimit annos*
cf. *Quos paribus nutrix eadem*

33 *Quos pretio tali voluit Deus appreciari*

34 *Quos pudet aetatis longae, quos sancta*

– *Quos redemisti sanguine*
cf. *Pro quibus flagellis*

35 *Quos vetus atque nova habuit lex ecce*

36 *Quos vides sedere celsos solii culmine reges*

37 *Quot caelum retinet stellas, quot terra*

38 *Quot domini verbis constat perfectio legis*
A inc. saec. X/XI (Cod. aur. Ept.)

39 *Quot habeas apices, sanctas, mea carta*
B Clavis Galliae II p. 278-280

40 *Quot par parenti decus faceret filius*

41 *Quot par parenti fuerat faceret filius*

42 *Quot voces oculis langua audituque*

43 *Quotquot diem determinant*

R

44 *Radelchis princeps monumento clauditur isto*
I DE RUBEIS in: Paolo Diacono … ed. P. CHIESA 2000 p. 139ss.

45 *Raedarum custos, numquam latravit inepte*

46 *Raginthruda piis semper memoranda*

47 *Rainoldus iacet hic cum Hildegarde sorore*

48 *Rapienda, non capienda agendi occasio est*

49 *Rapta iaces natis quos mater ad ubera liquit*

50 *Rapta sinu matris iacet hic miserabilis infans*

51 *Raptus abit media quod ad aethera taurus*

52 *Raptus aquator (amatus) Hylas: Nympharum*

53 *Raptus ego superis patribusque ablatus*

54 *Rara tibi curva craticula sudet ofella*

55 *Raros colligis hinc et hinc capillos*

56 *Ratione non vi vincenda adolescentia est*

57 *Rauca novem cornix vivendo saecula vincit*

58 *Rauca sonans ego sum media vocalis in unda*

59 *Rauca sonora / languida voce*
ETC HOWLETT ALMA 55/1997 p. 277-280
EI LAPIDGE StudMed III 18/1977 p. 314; 827ss.; 878ss.
B LAPIDGE/SHARPE p. 325:1228
I STOTZ Sapph. Dichtung p. 426

60 *Raucae chortis aves et ova matrum*

61 *Re fruere, ut natus mortalis: dilige set rem*

62 *Rebus conspectis saeculi / Non satiantur*
ETI WOLTERBEEK Ridicula p. 73-84; 322-365
EC KLEIN StudMed III 32/1991 p. 843- 886
M H. VAN THIEL Mittellat. Texte 1972 p. 19
B GÉNICOT/TOMBEUR Index II p. 21
BI VOLLMANN in: Verf. Lex.[2] X c. 80-85
I FICHTENAU Lebensordnungen I p. 160; II p. 437; 440
I SUCHOMSKI p. 106-110
I SCHNEIDER Settimane ... Spoleto 31/1985 p. 486; 492s.; 522
I M. DE MEYER Vlaamsche Sprookjesthema's in het licht der Romaansche en Germaansche Kultuurstroomingen 1942 p. 133-163
I KUCHENBUCH in: Katalog z. Ausstellung 'Vergessene Zeiten. Mittelalter im Ruhrgebiet' II 1990 p. 107
I BERTINI Maia 47/1995 p. 325-341

63 *Rebus et exemplis quaedam bene nosse*
ET GODMAN Poetry p. 172ss.
TC STELLA Poesia carolingia p. 48; 180; 415ss.
TI ZIOLKOWSKI Talking animals p. 59s.; 265ss.
I HANNIG MIÖG 91/1983 p. 331
I SCHALLER MlatJb 27/1992 p. 93; 98

64 *Rebus et in censu si non est quod fuit ante*

65 *Rebus in adversis animum submittere noli*

66 *Recipiunt factis condigna dona peractis*

67 *Reclusis foribus grandes percidis, Amille*

– *Recordemur iustitiae nostri patroni fulgidae*
cf. *Audite, pantes, ta erga*

68 *Recosindi abba hic latet urnula*

69 *Recta fides domini, qui mundi conditor instat*

70 *Recta fides sensum pandit, non credere*

71 *Recta volens animus sapiens, et amator*

72 *Rectius vives, Licini, neque altum*
I STOTZ Sapph. Dichtung p. 52s.

73 *Rector aeterni metuende saecli*
ET OCHSENBEIN in: St. Gallen II p. 167s.
M FILL Hss. Kremsmünster I p. 191
M KOTTJE Bußbücher p. 61
I J. DUFT St. Gallen II 1991 p. 155

74 *Rector magnificus, piusque princeps*
B Clavis Galliae I p. 85
I M. BORGOLTE Der Gesandtenaustausch

d. Karolinger m. d. Abbasiden u. d. Patriarchen v. Jerusalem 1976 p. 129s.

75 *Rector potens, verax deus*
E Hymnarium oscense II p. 23
EC Canterbury Hymnal 37517 p. 30s.
M BEERS Cistercian Hymnal p. 16s.
M GNEUSS MlatJb 35/2000 p. 244
I WADDELL Cistercian Hymnal I p. IX

76 *Rector, redemptor, conditor*

77 *Rector serene, rutilans sub axe sidus*
EC CC Cont. Med. 117 p. 92
I ERNST Carm. fig. p. 215s.

78 *Rector terrarum, rerum, mentis moderator*
MI ERNST Carm. fig. p. 380-382

79 *Rectori summo nos te committimus, Ymmo*

80 *Rectrix agnarum, Christus, te colloquor*
A Hartw. (saec. XI)
ET RÜTZ Text im Bild p. 58
M Regensburger Buchmalerei tab. 11
I BISCHOFF in: Verf. Lex.[2] III c. 530s.

81 *Reddas ipsa diu sponso, qui talia fecit*

82 *Reddat ut hoc donum tibi, qui dat cuncta*

83 *Redde pilam: sonat aes thermarum. Ludere*

84 *Reddendum est quidquid mundi bene*

85 *Reddere Nazario me, lector care, memento*
I Wilhelmus Lucensis, Comm. in tertiam ierarchiam Dionisii ed. F. GASTALDELLI 1983 p. XCIV

86 *Reddere patrono cum munera facta volebam*

87 *Reddere quot solum licuit post morte marite*

88 *Reddere te fatis, Ephire, si posse liceret*
ET HÄUSLE Denkmal p. 128

89 *Reddidit Eurydicen vati: sed perdidit ipse*

90 *Reddita ne doleas, felix Magantia, casus*
I K. HEINEMEYER Das Erzbistum Mainz in röm. u. fränk. Zeit I 1979 p. 12s.

91 *Reddita post longum Tyriis est mira voluptas*

92 *Redditur effigies liquida visentis in unda*

93 *Redditus est nobis Caesar cum Caesare*

94 *Redditus imperiis Auster subiectaque rursus*

95 *Reddunt, ecce, boni me salvatoris alumni*

96 *Redemptor mundi, Domine / crimina nostra*
I STOTZ Sapph. Dichtung p. 385

97 *Redemptorum pretium redemptor sanctifica*

98 *Redi, papa, iam, Corneli, ad ovile proprium*
I NORBERG Les vers iambiques p. 103 n. 27

99 *Redite sursum flumina*

-a *Refert hominem / Liber Mathei*

00 *Refulgent clara huius templi culmina*
EI NORBERG Paulin d'Aquilée p. 66-80; 161s.
I SCHALLER Studien p. 390
cf. *Clara refulgent*

01 *Refulgit omnis luce mundus aurea*
EI NORBERG Paulin d'Aquilée p. 66-80; 150-156
I TREMOLI in: Aquileia e le Venezie p. 219s.
I V. D. STEINEN ZSchwKG 40/1946 p. 255
I NORBERG in: Bivium p. 204
I STOTZ Sapph. Dichtung p. 354
I SCHALLER Studien p. 319; 371; 379; 393

02 *Refulsit almae dies lucis candidus*
EI NORBERG Paulin d'Aquilée p. 66-80; 144-146
I SZÖVÉRFFY Marianische Motivik p. 17s.
I SCHALLER Studien p. 387

03 *Regali de stirpe potens Radegundis in orbe*
ETC REYDELLET II p. 148
T COOK p. 16
I JACOBSEN in: Iren u. Europa I p. 466

04 *Regali de stirpe satus tumulatus habetur*
ETI CIFM 21 p. 193:174

05 *... regali linea splendet / Si ad cursus rerum*

06 *Rege nostro carne tecto*

07 *Regem me quondam gnari et dominum*

08 *Reges terrae, quos male gesta*
I STAUBACH in: Iconologia sacra p. 399 n. 58
I STAUBACH Rex christianus p. 140; 297

-a *Regi caelorum nostra / pangat harmonia* [63
A inc. saec. X/XI?
E AH 53 p. 147s.:84
I V. D. STEINEN Notker II p. 554

09 *Regi Christo salvatori*

10 *Regi perpetuo iubilemus corde benigno*

11 *Regi polorum debitas / Cuncti canamus*

12 *Regi regum semper laudes nos debemus*
I KRAHWINKLER Friaul p. 122 n. 26
I SCHALLER in: Fs. BRUNHÖLZL 1989 p. 43
I SCHALLER Studien p. 361-398; 430
I SCHALLER in: Karl d. Gr. Nachwirken I p. 194-197

13 *Regi Rotberto sic praesul Adalbero plaudit*
M MlatJb 16/1981 p. 433; WIC 16501
I B. SCHNEIDMÜLLER Nomen patriae 1987 p. 50 n. 78
I OLDONI StudMed III 24/1983 p. 167ss.
I CAROZZI Annales 32/1978 p. 683-702

14 *Regi Rotberto sic praesul Adalbero scribo*
I FICHTENAU Lebensordnungen I p. 13; 29; 44; 97; 158; 227; II p. 527; 549
I OEXLE FMSt 12/1978 p. 19

15 *Regia festa canam sollemnibus annua votis*
E SHACKLETON BAILEY nr. 371
I PFERSCHY MIÖG 97/1989 p. 292 n. 198

16 *Regia mitifici fulgent insignia David*

17 *Regia praeclaras erexit iussio moles*
E SHACKLETON BAILEY nr. 203
I PFERSCHY MIÖG 97/1989 p. 292 n. 196

18 *Regia progenies, cui nobilitatis origo*

19 *Regia progenies, praecelsi et mater honoris*

20 *Regia progenies produxit nobile stemma*
A Petrus Malmesb.?
I LAPIDGE Anglo-Saxon England 9/1981 p. 62-71

21 *Regia pyramidum, Caesar, miracula ride*

22 *Regia Sidoniae convivia laudat Elissae*

23 *Regia Solis erat sublimibus alta columnis*

24 *Regia te sepelit Iani: Tulit hernica brua*

25 *Regia vexilla fulgent in montibus altis*

26 *Regiamque sedem Hermenegildus tenet*
I WRIGHT Late Latin p. 179

27 *Regibus invitis et musca et reptile crescit*

28 *Regibus occurrens ubi Mettica moenia*
T K. HESSEL Die ältesten Mosellieder [2]1904 p. 26
M DE MEYIER Codices Vossiani II p. 34
I EIDEN (p. 362); EWIG (p. 371) in: J. WERNER/E. EWIG Von der Spätantike zum frühen MA 1979
I NAVARRA Studi storico-religiosi 3/1979 p. 79-131
I JACOBSEN in: Iren u. Europa I p. 463 n. 83
I ROBERTS Traditio 49/1994 p. 1-22

29 *Regina inclita et pia*
M CTrop V p. 81; 276; 279; 285

30 *Reginae cupiunt animis me cernere, nec non*

31 *Reginae nunc caelorum festa / recolat*
I STÄBLEIN AMusWiss 18/1961 p. 33

32 *Regis adire sacrae qui vis sollemnia mensae*
EM Colophons 16633

33 *Regis aeterni decus atque lumen*

34 *Regis, celsa / qui regit atque ima*

35 *Regis Hodelrico summi vehementer amico*
EI COLETTI Studi e ricerche dell'Istituto Latino. Univ. Genova, Fac. di Magistero 1/1977 p. 71-77

36 *Regis immensi militis triumphis*

37 *Regis in hoc tumulo requiescunt membra*

38 *Regis regum proceres duodeni*

39 *Regis superni signifer / O Nicolae pontifex*

40 *Regius est Abcar servus, palus hispidus*

41 *Regius est vero sublimi nomine morbus*

42 *Regius hic lectus auro rutilante coruscans*

43 *Regmen apostolici mundo venerabile iuris*
B BHL 4765

-a *Regna poli Dominus* 8
A Hraban.: cruc. 1.17
E MPL 107 c. 218
I KLEIBER Otfrid v. Weißenburg 1971 p. 290
cf. *Sancta, beata, potens*

44 *Regna poli ianuas populus intrate per almas*
E MGH Poet. 4 p. 1083:11
M HAMPE NA 23/1898 p. 637
M PASSALACQUA Codici p. 246
I BELTING DOP 16/1962 p. 172
cf. *Tendite regna poli, ianuas entrate per almas*

45 *Regna ruent Romae ferro flammaque*

46 *Regnandi tibi quid iuvenum tam dira cupido*

47 *Regnantem sempiterna / per saecula*
A inc. saec. IX
MB CROCKER p. 447
I DE GOEDE PRU p. CXLVI

48 *Regnator caeli fit vilis sessor aselli*
A inc. saec. X/XI (Cod. aur. Ept.)

-a *Regnator caeli verax et culmen honoris* 6
A Paul. Diac.
E DÜMMLER ZfdA 12/1865 p. 460
TMI ERNST Carm. fig. p. 199-202
I ERNST in: Mittelalter-Rezeption ed. P. WAPNEWSKI 1986 p. 183 n. 26

49 *Regnator, salve, felix haec iura videto*
B Clavis Galliae I p. 300-302

50 *Regnum, Christe, tuum constat per saecula*

51 *Regula quos fidei commendat noscere libros*
I STELLA Poesia carolingia p. 31-33; 78

52 *Regum dulcis amor, patriae pater, altor*
ETI H. GIERSIEPEN Die Inschr. d. Stadt Bonn 2000 p. 3:1

53 *Regum magnifica fueram nutritus in aula*

54 *Regum princeps atque virtus*

55 *Regum stirpe sata, rebus specieque beata*

– *Relegat antiquas cupiat qui scire loquelas*
cf. *Me legat antiquas*

56 *Religio est, tacitum si te, Sedate, relinquam*

57 *Religionis opus solusne probabile Romae*

58 *Relinquet ob rem patrem matremque*
ET Dhuoda ed. RICHÉ p. 182
ET Dhuoda ed. THIÉBAUX p. 114

59 *Reliquiae cineris tumulo mandata quiescunt*

60 *Reliquiae pueri quondam Phrygii pastoris*

61 *Reliquias Danaum dira premit arte*

62 *Reliquias i ... / Qui tulit hebdomada*

63 *Rem elocuta sum tibi omnem; sequeren, mea*

64 *Rem factam Pompullus habet, Faustine*

65 *Rem peragit nullam Sertorius, inchohat*

66 *Rem populi tractas? barbatum haec crede*

67 *Rem tibi quam scieris aptam dimittere noli*

68 *Remigii meritum sic coepit condere templum*

69 *Remigius praesul Christo per saecula vivat*
ETI CIFM 17 p. 80:17

70 *Remigius praesul meritis ortuque venustus*
M ODERMATT Ordinarius St. Arnulf p. 390

71 *Reminisco, Rufus dixit in versu suo*

72 *Remis equum misit, mulum Burdegala*

73 *Remis equum nobis, mulum Burdegala vobis*

-a *Remorum primi generis flos, nullius germen* [3
ETI LEBEK ZPE 63/1986 p. 83-100
EM BISCHOFF Anecdota novissima p. 149

74 *Renidet in manu flabellum comitis almi*

75 *Repente liberalis stultis gratus est*

– ... *replete civibus*
cf. *Haec nostra nobis conferunt*

76 *Repsit quale nefas intra pia saepta synaxi*
ETC REYDELLET II p. 154

77 *Reptilium pecudumque genus cunctasque*

78 *Rerum certa salus, terrarum gloria, Caesar*

79 *Rerum creator omnium / ad te precem*

80 *Rerum creator optime / Rectorque noster*
E Hymnarium oscense II p. 31
EC Canterbury Hymnal 37517 p. 43
EM PÉREZ GONZÁLEZ in: Poesia dell'alto medioevo p. 335s.; tab.
M ODERMATT Ordinarius St. Arnulf p. 390
M Portiforium Wulfstani nr. 2645

81 *Rerum creator, protector omnipotens*
EI NORBERG Paulin d'Aquilée p. 66-80; 163-165
I TREMOLI in: Aquileia e le Venezie p. 220-224
I LIVER p. 375-379
I MONZA p. 89
I SCHALLER Studien p. 374

82 *Rerum deus fons omnium*

83 *Rerum deus tenax vigor*
E Hymnarium oscense II p. 23
EC Canterbury Hymnal 37517 p. 31
M BEERS Cistercian Hymnal p. 17
M Basel, UB A X 90; A X 97
I WADDELL Cistercian Hymnal I p. IX

84 *Rerum pontificem Warmundum dirige rector*

85 *Rerum prime dator, benedic, pater et*

86 *Res age quae prosunt, rursus vitare memento*

87 *Res eadem assidue momento volvitur uno*
I SCHETTER Hermes 114/1986 p. 231s.

88 *Res est mira quidem, vult quam tibi dicere*
B Clavis Galliae II p. 418

89 *Res et imago duas fert ista notatque figuras*

90 *Res hodie minor est, here quam fuit, atque*

91 *Res hominum fragiles alit et regit et perimit*

92 *Res incorporeas mage / censeri solidas liber*

93 *Res mihi cara fidem satagit subducere facti*

94 *Res notat hic hominis Matthaeus scriptor*
MB HOFFMANN Buchkunst p. 332

95 *Res nova: dum Purchart Gallo sua tecta*

96 *Res secreta silet. Opus ipse suum manifestat*
B BHL 6428c

97 ... *resolutaque membra iacent*

98 *Resonat / sacrata / iam turma*

99 *Resonet vox fidelis, resonet et concrepet*

– *Respice angustum praecisa rupe sepulcrum*
cf. *Despicis angustum*

00 *Respice de caelo, deus, respice propicius*
I V. D. STEINEN ZSchwKG 40/1946 p. 255
I SCHALLER Studien p. 390

01 *Respice delicias, felix conviva, beatas*

02 *Respice desursum, sanctissime praesul, et*
I D'ANGELO in: Teoderico il Grande 1993 p. 649

03 *Respice et crede: hoc est, sic est, aliud fieri*

– *Respice placabilis domine salvator*
cf. *Extensis ad te manibus*

04 *Respice portentum permixto iure creatum*

05 *Respice praeteriens, oro, titulumque dolebis*

06 *Respice praeteriens, Viator, consobrini*

07 *Respice principium vafer isto in carmine, per*

08 *Respice quam parvus cubat hic sine felle*

09 *Respice, qui gressum sinuas per amoena*

10 *Respiciet Titan actas ubi tertius idus*

11 *Respicis angustum praecisa rupe sepulcrum*
M PASSALACQUA Codici p. 205
M DE MEYIER Codices Vossiani II p. 180
M BISCHOFF Mal. Studien III p. 203
M COULSON Scriptorium 51/1997 p. 167

– *Respicis Apriles, Aries Phrixaee, Kalendas*
cf. *Principium Iani sancit tropicus*

12 *Respicis hospitium quam vili schemate*
M R. REICHE Ein rhein. Schulbuch aus dem 11. Jh. 1976

13 *Respicis oppositum marmor procul? huius in*

14 *Respicit ad malum pernicibus ignea plantis*

15 *Respicit hic spaciis quadratum circulus*

-a *Respicite reminiscentes requiem [repromissionis* 11
A Valerius Bergidensis: Epitameron 5k
E DÍAZ Anecd. Wisig. p. 111

16 *Respuis, infelix, bonum disciplinae caelestis*

17 *Resta viator et lege crudelem casum*

18 *Restant nunc ad Christi fidem*

19 *Restat adhuc alios turpesque revolvere casus*

20 *Restat quem longo servet rex inclitus aevo*

21 *Restitutus hoc infelix tegitur in tumulo puer*

22 *Restitutus multas decepit saepe puellas*

23 *Restutus nomen factus in morte fidelis*

24 *Resultet toga, omnis unum conclamet*

25 *Resurgit ex praeceptis divinis haec machina*

26 *Reti piscator de mari extraxit vidulum*

27 *Retia dum cessant latratoresque Molossi*

28 *Retia vestra, pater, oneroso pisce redundant*
ETC REYDELLET I p. 112
I GRÉGOIRE Settimane ... Spoleto 33/1987 p. 682

29 *Rex aeternae gloriae, da nostrae memoriae*

30 *Rex aeterne / arvae, poli pontique*
M PASSALACQUA Codici p. 129
M GNEUSS Handlist 196

31 *Rex aeterne deus, auctor rectorque serenus*
EC SPERANZA p. 3ss.
M CTrop V p. 85; 277; 279; 281
I DOLBEAU Latomus 48/1989 p. 416; 418

32 *Rex aeterne, Deus, fons pietatis*
I GIL Habis 9/1978 p. 163

-a *Rex aeterne deus ... mundique redemptor*
A inc. saec. X
I CHIESA MlatJb 24-25/1989-90 p. 74 n. 21

33 *Rex aeterne / dominator, conserva*

34 *Rex aeterne domine / Rerum creator*
E Hymnarium oscense II p. 64s.
EMI MOSETTI CASARETTO MlatJb 30/1995 p. 11-38
M ODERMATT Ordinarius St. Arnulf p. 390
M Aurelian. Reom. ed. GUSHEE p. 67
M GNEUSS Handlist 381
M GNEUSS MlatJb 35/2000 p. 244
M ZANNA in: Poesia dell'alto medioevo p. 368
I BULST in: Fs. BIELER 1976 p. 85-88
I SZÖVÉRFFY Holy Cross p. 6
I NORBERG Les vers iambiques p. 36
I BULST Lat. MA p. 15-18
I NORBERG in: Cultura in Italia p. 364
I Lo Spazio Letterario I.1 p. 405; 418

35 *Rex aeterne, illi des vitae gaudia, tu rex*
B Clavis Galliae I p. 159s.

36 *Rex aeterne, mihi veram largire quietem*
B Clavis Galliae I p. 159s.
I JACOBSEN in: Iren u. Europa I p. 436 n. 9

37 *Rex aeterne poli, mundani rector et orbis*
A inc. saec. IX/X
I LAPIDGE in: Scire litteras p. 257
I MONTEVERDI StudMed III 23/1980 p. 407s.
I LAPIDGE MlatJb 24-25/1989-1990 p. 252-254; 259

38 *Rex aeterne salus via lux data dulcis et*
B Clavis Galliae I p. 167s.

39 *Rex alme Deus / salus omniumque vita*

40 *Rex altissime et perennis domine*

41 *Rex angelorum, Domine*

42 *Rex angelorum praepotens*

43 *Rex Arnulphus amore dei perfecerat istud*

44 *Rex Avarum Kagan debellans ultima mundi*

45 *Rex benedicte, benedic et protege*

46 *Rex benedicte, tibi haec placeat bibliotheca*
EM Paolo Diacono, Storia dei Longobardi ed. LEONARDI/CASSANELLI 1985 p. 71 (tab.)
EM Colophons 18490
M SCHRAMM/MÜTHERICH Denkmale[2] p. 480
I LILIENFELD in: Typus, Symbol p. 152 n. 23
I STAUBACH Rex christianus p. 23 n. 10
I KESSLER Settimane ... Spoleto 39/1992 p. 647ss.
I WALLACE-HADRILL Frankish Church p. 245

47 *Rex benedicte vale, valeas per tempora*
I EBENBAUER Carmen Historicum I p. 78s.; 83s.
I GODMAN Poets p. 77 n. 200
I HAUCK Taufpfalzen p. 22ss.
I FRIED in: Charlemagne's Heir p. 233 n. 12
I MORDEK in: Kunst und Kultur in der Karolingerzeit II p. 49
I SWINARSKI Herrschen mit den Heiligen p. 313 n. 18

48 *Rex benedicte, veni, visens habitacula Galli*
EI BULST Lat. MA p. 154-157
M SCHMIDT Reichenau p. 158
BI SZÖVÉRFFY Latin Lyrics I p. 18s.
I WILLMES Herrscher-'Adventus' p. 84ss.
I BERGER StMGBO 104/1993 p. 278-285

49 *Rex caeli domine maris undisoni*
M E. L. WAELTNER Die Lehre vom Organon bis zur Mitte d. 11. Jhs. 1975 p. 10; 40
MI STÄBLEIN Schriftbild p. 220s. tab. 94
BI STÄBLEIN Archaische Sequenz p. 352ss.
I DRONKE in: Liturgische Tropen p. 1ss.
I HAUBRICHS Georgslied p. 174
I Musica enchiriadis p. 252
I SPANKE Studien p. 44; 92; 96
I V. D. STEINEN ZSchwKG 40/1946 p. 241
I DE GOEDE PRU p. CXLVI

50 *Rex caeli dominus solita pietate redundans*
ET BISCHOFF in: Bibbia di San Paolo p. 147s.
M KESSLER p. 135
M SCHRAMM/MÜTHERICH Denkmale[2] p. 481
I STAUBACH Rex christianus p. 179; 235; 255; 258s.; 303
I STAUBACH FMSt 9/1975 p. 351

-a *Rex caelice* 65
E AH 9 p. 288s.:396
I STÄBLEIN AMusWiss 18/1961 p. 12

51 *Rex caelitum tua mundum qui regis potentia*

– *Rex Carolus*
cf. *Rex Karolus*

52 *Rex Carulus Petro, dulci doctoque magistro*
M U. WINTER Hss. Diez 1986 p. 76
I VILLA DA 51/1995 p. 44

53 *Rex Christe, dignanter fave* 28
E Hymnarium oscense II p. 79

54 *Rex Christe, factor omnium*

55 *Rex Christe, Martini decus*
E Hymnarium oscense II p. 85s.
M ODERMATT Ordinarius St. Arnulf p. 390
M NORBERG Hymnarius Severinianus p. 6

56 *Rex Christe, servi laudibus*

57 *Rex Christe, splendor gloriae*

58 *Rex Christe, tu mirificas*

59 *Rex confessorum gloria / Et martyrum*

60 *Rex decorando Boso gemmis vestivit et auro*
ETI CIFM 15 p. 2:1

61 *Rex deus aeternus, patris veneranda potestas*
B BHL 6240b
B Clavis Galliae II p. 140s.
I LAPIDGE in: TRAUBE-Gedenkschrift p. 166s.
I BERSCHIN Biographie III p. 115
I ORCHARD JournMedLat 2/1992 p. 114ss.

62 *Rex deus ille magnus, qui vos in tanto*

63 *Rex deus immense, quo constat machina*
M VENNEBUSCH IV p. 228
U STOTZ in: Liturgische Tropen p. 29

64 *Rex Deus omnitenens, lumen de lumine*

65 *Rex dominans mihi fautor ades, ne codice*

66 *Rex erat unus in arce potens*

67 *Rex erit qui recte faciet, qui non faciet, non*

68 *Rex fuit Antiochus, cordis feritate malonus*
I SHEERIN Traditio 38/1982 p. 58
I KLOPSCH in: Fs. BRUNHÖLZL 1989 p. 150

69 *Rex fuit Antiochus Syriae ditissimus olim*
M PELLEGRIN Scriptorium 39/1985 p. 270
B BHL 5112

70 *Rex fuit eximius, de multis fratribus unum*

71 *Rex fuit Herodes Iudaea in gente cruentus*
I WIELAND Anglo-Saxon England 14/1985 p. 171s.

72 *Rex genus egregium, sine quo nil nobile*

73 *Rex gloriose martyrum (praesulum)*
EC Canterbury Hymnal 37517 p. 123
M ODERMATT Ordinarius St. Arnulf p. 390
M GNEUSS MlatJb 35/2000 p. 247

74 *Rex Heinricus ovans, fidei splendore*
M SCHRAMM/MÜTHERICH Denkmale² p. 484
MB HOFFMANN Buchkunst p. 332
I KELLER FMSt 19/1985 p. 310

75 *Rex hoc Rodulfus, patrem pro lege*

76 *Rex humilis Christus suspensus crimine nullo*

77 *Rex Hunerix, manifesta fide quem fama*
E SHACKLETON BAILEY nr. 382
I PFERSCHY MIÖG 97/1989 p. 292 n. 193

78 *Rex, illi in tumulo placidam concede quietem*
B Clavis Galliae I p. 159s.

79 *Rex immense deus, cunctorum conditor et*
ET MOUSSY/CAMUS II p. 176
I JACOBSEN in: Iren u. Europa I p. 454
I CLOVER in: CHRYSOS/SCHWARCZ Das Reich u. die Barbaren 1989 p. 62-66
I SHANZER Hermes 115/1987 p. 127
I DOLBEAU Latomus 48/1989 p. 416-423

-a *Rex in aeternum* 17
A inc. saec. X?
E AH 49 p. 271:516
I STÄBLEIN AMusWiss 18/1961 p. 16

80 *Rex invisibilis mundum, qui cernitur, egit*
I LAPIDGE in: Jean Scot Érigène et l'Histoire de la Philosophie p. 446
I SMOLAK Wiener HumBll 27/1985 p. 25

– *Rex Karolus*
cf. *Rex Carulus*

81 *Rex Karolus Christi magno devotus amore*
B Clavis Galliae II p. 441

82 *Rex Karolus gaudens te pater ... magister*
B Clavis Galliae II p. 103s.

83 *Rex laudes Christe nostras*

84 *Rex legum, rex imperii, rex iuris honesti*

85 *Rex magne Deus / qui intueris*
M CTrop V p. 75; 92; 276s.; 279

86 *Rex metuende, omnium creator*

87 *Rex micat aethereus condigne sive prophetae*
M facs. Cod. aur. Ept. ed. KAHSNITZ/MENDE/RÜCKER p. 81
M KESSLER p. 55
M facs. in: La Neustrie p. 235
M MÜTHERICH/GAEHDE p. 80:23
B Clavis Galliae II p. 494

88 *Rex mundi dominator / die hodierna*
I DE GOEDE PRU p. CXLVI

89 *Rex nostras Christe laudes*
MB CROCKER p. 438
MB V. D. STEINEN ZSchwKG 40/1946 p. 258

90 *Rex omnipotens / die hodierna*
EMI MOORES Anglia 106/1988 p. 138-144
M CTrop V p. 78; 97; 276; 278
M Paris, BN lat.: Cat. gén. VI p. 67
MB CROCKER p. 438
I DE GOEDE PRU p. CXLVI
I BJÖRKVALL MlatJb 24-25/1989-1990 p. 52

91 *Rex pie, rex clemens, almae virtutis amator*

92 *Rex pie, sume, precor, munus quod defero*

93 *Rex pietate vigil, nostros miserate labores*
B LAPIDGE/SHARPE p. 199:737
I COURCELLE Lecteurs ... de l'Énéide p. 428; 683
I STAUBACH FMSt 20/1986 p. 574s.

94 *Rex pius Aedelstan, patulo famosus in orbe*
ETI LAPIDGE Anglo-Saxon England 9/1981 p. 93-97
M GNEUSS Handlist 362
I BROOKS The Early History of the Church of Canterbury 1984 p. 219s.
I LAPIDGE Anglo-Latin Literature 1993 p. 472
I WOOD in: Fs. WALLACE-HADRILL 1983 p. 261
I HOFFMANN Buchkunst p. 9
I KEYNES in: Learning and Literature in Anglo-Saxon England ed. M. LAPIDGE/H. GNEUSS 1985 p. 150; tab. IV

95 *Rex pius et sapiens terno moderamine regnat*
I MEYERS MA 93/1987 p. 87
I STAUBACH Rex christianus p. 177

96 *Rex quod ab aeterno Iesus decreverat ergo*
I FRIED DA 45/1989 p. 455
cf. *Convivas epuli*

97 *Rex quoque clarus omni mundo factus*
I WRIGHT Late Latin p. 178s.

98 *Rex regionis apex et supra regna regimen*

99 *Rex regum aeternam Christus donet tibi*

00 *Rex regum Atrides, fraternae coniugis ultor*

01 *Rex regum, deus noster colende*
M FILL Hss. Kremsmünster I p. 413
B CROCKER p. 443
I STÄBLEIN AMusWiss 19/1962 p. 86
I DE GOEDE PRU p. CXLVI

02 *Rex regum dominus, mundum dicione*
ETC CC Cont. Med. 100 p. 11; 291
M MÜTHERICH/GAEHDE p. 54:12
M Die Zeit der Staufer (Katalog Stuttgart 1977) I p. 532s.; II tab. 508
M Rabanus Maurus i. s. Zeit p. 27
M SCHRAMM/MÜTHERICH Denkmale[2] p. 479
M CC Cont. Med. 100A tab. A5
MI Text als Figur p. 13; 39s.
MI Byzanz u. das Abendland p. 84:37
MI ERNST Carm. fig. p. 225; 292-297
I SEARS in: Charlemagne's Heir p. 605-628

03 *Rex, regum dominus, tribuat tibi tempora*

04 *Rex regum Karolo pacem tribuatque salutem*
EM KOEHLER/MÜTHERICH V p. 136

05 *Rex, requiem Angilberto (Bernowino) da [pater atque pius rex / Lex legum, [hoc*
B Clavis Galliae I p. 168s.
I ERNST Carm. fig. p. 208

06 *Rex requiem Angilberto da, pater atque pius [rex / Lex, legum vitam*
B Clavis Galliae I p. 168s.

07 *Rex, requiem illi da pater atque pius rex*
B Clavis Galliae I p. 168s.

08 *Rex rerum rector clemens seniorque benigne*
M SCHRAMM/MÜTHERICH Denkmale[2] p. 480

09 *Rex Romae praecelsa novae quo sceptra*

10 *Rex Romanorum ruit, / pater patriae*

11 *Rex Sabbaoth magnus Deus est et dicitur*

12 *Rex Salomon summa qui fulsit in orbe sophia*
E MGH Poet. 5 p. 602

13 *Rex salvator alme, suscipe nostrarum*

– *Rex sanctorum angelorum, totum mundum*
cf. *Ora primum tu pro nobis, virgo mater*

14 *Rex sanctorum, lux et virtus, verus de Deo*

15 *Rex secreta silet, opus ipse suum manifestat*

16 *Rex si caelorum peccata luit famulorum*

17 *Rex ubi versifico psalmorum cantica plectro*

18 *Rex vivat, valeat iugiter per saecula noster*
I HERREN StudMed III 24/1983 p. 502

19 *Rhenus ab Ausoniis quo ducitur Alpibus*
ET BERSCHIN in: St. Gallen II p. 90s.
I WALLACE-HADRILL Frankish Church p. 323
I EPPERLEIN Herrschaft u. Volk p. 79
I AUTENRIETH in: Iren u. Europa II p. 907
I BERSCHIN Eremus p. 44
I PATCH The Other World p. 104s.; 109;

130
I TREMP Thegan p. 117s.
I A. SCHMITT-WEIGAND Rechtspflegedelikte i. d. fränkischen Zeit 1962 p. 154s.
I ERNST Carm. fig. p. 541; 543
I ZETTLER in: Charlemagne's Heir p. 658; 661s.
I BROOKE in: Charlemagne's Heir p. 554s.
I BERSCHIN Biographie III p. 274

20 *Rhetora Luciolum, condiscipulum atque*

21 *Rhetoras pulchros Theophrastus ornat*

22 *Rhetorica gladio ceu pugnans cernor acuto*

23 *Rhetoricas pulchre structuras dochmius*

24 *Rhetoris haec Rufi statua est: nil verius; ipse*

25 *Rhetoris haec Rufi statua est? si saxea, Rufi*

26 *Rhythmus grammarum servit organa*
A Hartw. (saec. XI)
ETI RÜTZ Text im Bild p. 50; 115; 154
M Regensburger Buchmalerei tab. 10
I BIELITZ StudMed III 17/1976 p. 269
I BISCHOFF in: Verf. Lex.[2] III c. 530s.

27 *Ricarde, bonus, recolenaus*

28 *Rictibus his tauros non eripuere magistri*

29 *Ride si sapis, o puella, ride*

30 *Rideto multum qui te, Sextille, cinaedum*

31 *Ridiculum est cum te cascam tua dicit amica*

32 *Rimans nexa poli culmina rectrix*

– *... Rimberto nomine claro Agius obsequium*
cf. *Cum cunctae penitus dentur*

33 *Ringeris archiatro non solvens debita digno*
TI WOLTERBEEK Ridicula p. 110

34 *Riparum frenos, naturae vincula, surgens*

35 *Risi nescioquem modo e corona*

36 *Risus eram positis inter convivia mensis*

37 *Rite deam colitis, Latiae matresque nurusque*

38 *Rite diem festum colimus, mundo*

39 *Rite tuas retinere vias si noscere quaeris*

40 *Rite vicenis cum quadragies octies una*

41 *Robida, curva capax, alienis humida guttis*

42 *Robora Burchardus ex nomine denotat artis*

43 *Robora Palladii decorant silvestria rami*

– *Rogamus te rex saeculorum deus sancte*
cf. *Iesu redemptor qui solus victima*

44 *Rogare longo putidam te saeculo*

45 *Rogat ut resistas, hospes, te hic tacitus lapis*
ET HÄUSLE Denkmal p. 43

46 *Rogavit alter, tribadas et molles mares*

47 *Rogemus omnes / dominum Deum*

48 *Rogo per deos Stygios, ossa nostra, quisquis*

49 *Rollo potensque valensque vigensque*

50 *Rollo, quid en terris morulans versaris in*

51 *Rollo, quid horrescis titubans, metuisque*

52 *Rollo, tui visus capies en mystica sensa*

53 *Roma beata nitet Petri de corpore sancti*

54 *Roma capus mundi*

55 *Roma caput mundi, rerum suprema potestas*

56 *Roma, caput praestans orbis praeclara*

57 *Roma, decus mundi, laus rerum, summa*

58 *Roma domus fiet: Veios migrate, Quirites*

59 *Roma labore vigil fregit Carthaginis arces*

60 *Roma magis fuscis vestitur, Gallia rufis*

61 *Roma muro luces summus seculorum amor*
E MGH Poet. 5 p. 633 n.

62 *Roma potens dum iura suo declarat in orbe*
M MGH Poet. 5 p. 685
M SCHROEDER Echternach p. 41
M Basel, UB A N IV 11 (saec. XI) f. 75ra
M VON BÜREN Scriptorium 50/1996 p. 65-

71
MB HOFFMANN Buchkunst p. 509
I MÜTHERICH Otto III. p. 20
I FROVA in: Gerberto - scienza, storia e mito p. 376s.
I BERSCHIN Gr.-lat. MA p. 223s.
I GIBSON MlatJb 24-25/1989-1990 p. 117

63 *Roma, tibi ambiguum mea mors sine teste*

64 *Roma tibi subito motibus ibit amor*
E MGH Poet. 5 p. 633 n.
EM JEAUNEAU Études Érigéniennes p. 344
EM GANZ Corbie p. 161
M DE MEYIER Codices Vossiani II p. 276

65 *Romam Franco pater cum rege meavit*

66 *Romam petebat esuritor Tuccius*

67 *Romam prima, duae post hanc venere*

68 *Romam, vade, liber: si, veneris unde*

69 *Romana Quirinus / stirpe procreatus*

70 *Romane, Christi fortis adsertor dei*
EI R. HENKE Studien zum Romanushymnus des Prudentius 1983 p. 66ss.
I HENKE WüJb N. F. 11/1985 p. 135-150

71 *Romani imperii decus amplum tertius Otho*
ETI GIERSIEPEN p. 16:18

72 *Romani luctam aureolo Prudentius ore*

73 *Romani phialas, auro caute variatas*

74 *Romani populi Ioannes gloria constat*
B LAPIDGE/SHARPE p. 200:742
I JEAUNEAU ALMA 41/1977-78 p. 21
I JEAUNEAU Études Érigéniennes p. 103

75 *Romani princeps populi, decus ordinis ampli*
M Hss. Krakau 515; 516; 518
M COULSON Scriptorium 51/1997 p. 166

76 *Romanos rerum dominos gentemque togatam*

77 *Romanus, Francus Bardusque viator et*

78 *Romulea prole Tarpeiaque arce editus*

79 *Romuleam tegetem nox oris nubila fuscat*

80 *Romuleas quoque clara vias portumque*

81 *Romuleum ditant etiam pia munera portum*

82 *Romuleum Sicula qui fingit carmen avena*

83 *Romulidum ductor, clari lux altera solis*
E MGH AA 6.1 p. XCV
ET HOMEYER Dichterinnen p. 180
M MUNARI Math. Vind. I 1977 p. 128
I SHANZER RÉAug 32/1986 p. 232-248
I COURCELLE Lecteurs ... de l'Énéide p. 373

84 *Romulum post hos prius an Corinthi*

85 *Roscida de lacrimis miserorum terra*

86 *Roscida me genuit gelido de viscere tellus*
I PAVLOVSKIS Cl & Med 39/1988 p. 239

87 *Roscida puniceo Pallantias exit amictu*

88 *Roscida purpureos Aurora ostenderat ortus*
ETC ANTÈS p. 33
I SPECK Philologus 134/1990 p. 82-92
I CURTIUS Ges. Aufsätze p. 279

89 *Rota modos arte personemus musica*
ETC Carm. Cant. 45 ed. ZIOLKOWSKI p. 122; 300
M BERNHARD in: Fs. BRUNHÖLZL 1989 p. 145
I STEGER Philologia Musica p. 117ss.

90 *Rotberto doctis fulgenti semper alumnis*
ECI MCDONOUGH MlatJb 32.2/1997 p. 23-51
ECI ÖBERG MlatJb 33.2/1998 p. 21-43
I WOLTERBEEK Ridicula p. 214

91 *Rotberto domino subnixo praesulis ostro*
ETC C. J. MCDONOUGH Warner of Rouen 1995 p. 72
ETI WOLTERBEEK Ridicula p. 205-214; 416; 455
BI VAN HOUTS in: Anglo-Norman Studies ed. R. A. BROWN VI 1983 p. 107ss.; 107 n. 1

92 *Rotbertum salvere iubent praeconia metri*
E JEAUNEAU Études Érigéniennes p. 656
M JEUDY StudMed III 18/1977 p. 200
M Leningrad F VI.3 (saec. XI)
M GNEUSS Handlist 765; 903
B MGH Poet. 5 p. 686
B LAPIDGE/SHARPE p. 195:723
B SHARPE nr. 540
I SEMMLER in: Iren u. Europa II p. 945
I BERSCHIN Gr.-lat. MA p. 241 n. 51

I HOWLETT Peritia 13/1999 p. 113

93 *Rotomage, super missa vage littora*

94 *Rotomage, tuus modo puer*

95 *Rubicolor flammor: flagrat ceu spargine*

96 *Rufe mihi frustra ac nequiquam credite*

97 *Rufe, vides illum subsellio prima terentem*

98 *Rufinam hoc bello capimus pariterque*

99 *Rufine haruspex, di te servent cum tuis*

00 *Rufus vocatus rhetor olim ad nuptias*

01 *Rumor ait crebro nostram peccare puellam*

02 *Rumores fuge, ne incipias novus auctor*

03 *Rumori ne crede novo nec ficta loquendo*

04 *Rumpe, Camena, moras, virtutum foedera*

05 *Rumpimus altricem tenero quae vertice*

06 *Rumpitur invidia quidam, carissime Iuli*
M DE MEYIER Codices Vossiani VI p. 264

07 *Rupe cava manes feci nunc coniugi Paulae*

08 *Rupibus in celsis, qua tundunt caerula cautes*

09 *Rupis Achaemeniae scopulis, ubi versa*

10 *Rura meam, Cornute, tenent villaeque*

11 *Rura meus Tyrrhena petit saltusque Tagetis*

12 *Rura sacerdotum Ioseph inmunia fecit*

13 *Rure morans flexo decerpsi pollice flores*
M KOTTJE Bußbücher p. 21
I HAEFELE in: Fs. BRUNHÖLZL 1989 p. 59-64

14 *Rure morans quid agam, respondi pauca*
M BALLAIRA Prisciano p. 149
M MUNK OLSEN Auteurs classiques II p. 95
M clm 28362 f. 189r (GLAUCHE p. 153s.)
M GNEUSS Handlist 252

15 *Rure opulens carusque suis Callistratus ipse*

16 *Ruris bibliotheca delicati*

17 *Rursum Camena parvo*

18 *Rursus in ambiguos gravis ammonet anchora*
ET GODMAN Poetry p. 196ss.
T ÖBERG Poetry p. 117
C SCHWIND in: De Karolo rege p. 143-155
C SCHWIND MlatJb 35/2000 p. 11-19
M MlatJb 16/1981 p. 434; WIC 16945
M De Karolo rege p. 119-142
B Clavis Galliae I p. 171; 339s.
B CANTELLI BERARDUCCI p. 831
I BRUNHÖLZL HJb 120/2000 p. 274-283
I VINAY Alto Medioevo Latino p. 235ss.
I EBENBAUER Carmen Historicum I p. 34-74; 77-83
I SCHRAMM Kaiser, Könige u. Päpste I p. 249
I H.-J. REISCHMANN Die Trivialisierung des Karlsbildes der Einhard-Vita in Notkers 'Gesta Karoli Magni' 1984 p. 18-25
I GODMAN Poets p. 82-91
I HAUCK Taufpfalzen p. 4ss.
I GODMAN in: Charles the Bald p. 297ss.
I ROBERTS ClPh 77/1982 p. 248 n. 20
I COURCELLE Lecteurs ... de l'Énéide p. 99ss.
I WALLACE-HADRILL Frankish Church p. 188
I H. KUGLER Die Vorstellung der Stadt i. d. Literatur d. dt. MA 1986 p. 58-78
I HAUCK FMSt 20/1986 p. 528 n. 65
I KULLMANN in: Fs. AUTENRIETH 1988 p. 4
I SCHALLER Wiener Studien 105/1992 p. 179ss.
I ANDERSSON Epic Scenery p. 105-122
I SILAGI DA 37/1981 p. 786-791
I Königspfalzen p. 9; 30s.; 50
I IRVINE Textual Culture p. 311s.
I D'ANGELO Vichiana 15/1986 p. 176-215
I CUMMINGS PhQ 64/1985 p. 337-346
I PRINZ Westfälische Zeitschrift 136/1986 p. 236s.
I CIZEK MlatJb 26/1991 p. 17-19; 22-28; 30
I SCHALLER MedRin 1/1987 p. 75-100
I SCHALLER in: Kontinuität u. Transformation d. Antike im MA ed. W. ERZGRÄBER 1989 p. 368-370
I GODMAN in: Charlemagne's Heir p. 576-586
I SCIVOLETTO GIF 5/1952 p. 304-313
I SCHALLER RhVjbl 41/1977 p. 160-179

I SCHALLER Studien p. 129-183; 419-422
I MEIER in: Karl d. Gr. Nachwirken I p. 284s.; 294s.
I SCHALLER in: Karl d. Gr. Nachwirken I p. 213-217
I VILLA DA 51/1995 p. 42
I VON PADBERG in: De Karolo rege p. 66-80
I RATKOWITSCH Karolus Magnus p. 9-76
I C. RATKOWITSCH Karoli vestigia magna secutus 1999
I HACK in: Kunst und Kultur in der Karolingerzeit II p. 22-28
I RATKOWITSCH Das Mittelalter 4.2/1999 p. 27-38

19 *Rursus, sancte pater, tua me dilectio cogit*
I SCHALLER Studien p. 132 n. 14

20 *Rursus tolluntur voces, laudesque canuntur*

21 *Rus mane dudum hinc ire me iussit pater*

22 *Rustica cara suis: sit tibi terra levis*

23 *Rustica deflentem parvum iuraverat olim*
M Basel, UB A X 6
M U. WINTER Hss. Diez 1986 p. 76

24 *Rustica mercatus multis sum praedia nummis*

25 *Rustica, perpetuae non te sors pallida vitae*

26 *Rustica sim an perdix quid refert, si sapor*

27 *Rustice lustrivage capripes cornute*
M clm 18362 f. 189^{V} (GLAUCHE p. 153s.)
M MlatJb 15/1980 p. 281; WIC 16956
I MAZZARINO Helikon 29-30/1989-1990 p. 305-320
I MARIOTTI in: Mnemosynum. Fs. A. GHISELLI (Edizioni e saggi universitari di Filologia Classica 42) 1989 p. 411-413

28 *Rusticus es? nescis quid Graeco nomine*

29 *Rusticus impresso molitus vomere terram*

30 *Rusticus imprudens plantam nucis hic posuit*

31 *Rusticus indocte si quid dixisse videbor*

32 *Rusticus inscitiae quamquam nostrae stylus*

33 *Rusticus, ut Coridon, stupet in sermone*

34 *Rutilantior iubare / opaca nostra*

35 *Rutilat per orbem / praeclara*
I STÄBLEIN AMusWiss 18/1961 p. 16

36 *Rutilo decens capillo*
I TIMPANARO in: Fs. MUNARI 1986 p. 309

S

37 *Sabbata spiritui paschae ultima rite parata*

38 *Sabinus dissignator cum plausu facit*

39 *Sabinus ille, quem videtis, hospites*

40 *Sabinus praetor magna res formis periit*

41 *Sacer octavarum dies*

42 *Sacer puritatum dies*

43 *Sacerdotem Christi Martinum cuncta per*
M NEUHAUSER Hss. UB Innsbruck I p. 92
M FILL Hss. Kremsmünster I p. 81; 413; 480
I V. D. STEINEN ZSchwKG 40/1946 p. 267
I DE GOEDE PRU p. CXLVI

44 *Sacerdotes orate / flectentes genua dicite*

45 *Sacra Camena, refer: quis te decoravit*
EC CC Cont. Med. 117 p. 118
I STAUBACH in: Theophanu I p. 351 n. 57

46 *Sacra dies colitur hodie per climata mundi*
M ODERMATT Ordinarius St. Arnulf p. 390

47 *Sacra dies infunditur*

48 *Sacra Diogeniae clauduntur membra*

49 *Sacra facit vates: sint ora faventia sacris*

50 *Sacra laresque Phrygum, quos Troiae maluit*

51 *Sacra piorum martyrum*

52 *Sacra sanctorum veneranda festa*

53 *Sacra Vincentii / mundus certamina*

54 *Sacrae refulgent mystica*
I NORBERG Hymnarius Severinianus p. 61

55 *Sacrae triumphum martyris*
I GIL Habis 9/1978 p. 161

56 *Sacrae virginis triumphum*
I GIL Habis 7/1976 p. 199

57 *Sacrata Christi tempora*
I GIL Habis 7/1976 p. 194

58 *Sacrata libri dogmata*
M FILL Hss. Kremsmünster I p. 414
I HAUBRICHS Georgslied p. 183

59 *Sacratae manus illae / quae cruci sunt*

60 *Sacratam Phoebo Cumarum fertur in urbem*

61 *Sacrate veni spiritus*
I GIL Habis 7/1976 p. 194

62 *Sacrati nemoris Domino per amoena vireta*

63 *Sacratissimi martyres summi dei*
M ZANNA in: Poesia dell'alto medioevo p. 368
I CURRAN Antiphonary p. 74ss.

64 *Sacratissimorum*

65 *Sacratum Christi antistitem*

66 *Sacratum hoc templum dei*
M GNEUSS MlatJb 35/2000 p. 246

67 *Sacri, Christe, pontificis*

– *Sacri et ordinis et graduumque*
cf. *Puer inclyte, et indolis almae*

68 *Sacri fontis honor labor est meritumque*

69 *Sacri triumphale tui*
I WADDELL Cistercian Hymnal I p. X
I NORBERG Les vers iambiques p. 37

70 *Sacrilegus regnare diu nimis optat avarus*

71 *Sacris ordinibus firmatur praesule clerus*

72 *Sacrum sacerd ...*

73 *Sacrum tempus in calculo*

74 *Saecla Dei -, nate, fruaris consortio - Serbus*

75 *Saecula Carpophorum, Caesar, si prisca*

76 *Saecula Nestoreae permensa, Philaeni*

77 *Saecula sex Phoebus cum lustris volverat*

78 *Saepe boni domini caris famulantur alumnis*
B BHL 2870-2871

79 *Saepe caput circumvallant latera impia*

80 *Saepe cibi specie, vitio vel corporis ipso*

81 *Saepe dat ingenium quod vis conferre*
ET GODMAN Poetry p. 166ss.
TI WOLTERBEEK Ridicula p. 106s.

82 *Saepe ego Chrestinam futui. Det quam bene*

– *Saepe ego cum media vigilare perdita nocte*
cf. *O utinam liceat collo complexa*

83 *Saepe ego multa tuae levitatis dura timebam*

84 *Saepe ego res multas tibi mandavi, Milphio*

85 *Saepe expugnaverunt me*

86 *Saepe fortuna innocentem, numquam spes*

87 *Saepe gravis digitis elabitur anulus unctis*

88 *Saepe in coniugiis fit noxia, si nimia est, dos*

89 *Saepe ita pervadit vis frigoris ac tenet artus*

90 *Saepe levi motu diversa poemata fingens*
B Clavis Galliae I p. 290s.
I SCHALLER MlatJb 27/1992 p. 99s.

91 *Saepe loquar nimium gentes quod, Avite*

92 *Saepe meis tumulis avis Attica parvula venit*

93 *Saepe meos laudare soles, Auguste, libellos*

94 *Saepe mihi dicis, Luci carissime Iuli*

95 *Saepe mihi dubiam traxit sententia mentem*
I POTZ Philologus 134/1990 p. 66-81

96 *Saepe mihi plures cecinerunt, quod modo*

97 *Saepe mihi queritur non siccis Cestos ocellis*

98 *Saepe molam petiere canes: in tempore*

99 *Saepe nocet puero miseratio blanda magistri*

00 *Saepe oculos, memini, tangebam parvus*

01 *Saepe quidem Dominus sic cuncta adversa*

02 *Saepe rogare soles qualis sim, Prisce*

03 *Saepe, sacer, portarum specto foramina bina*

04 *Saepe salutatus numquam prior ipse salutas*

05 *Saepe tibi studioso animo venante requirens*

06 *Saepe tuam placide cupio quia nosse salutem*

07 *Saepibus in gyrum ductis sic cingitur aula*

08 *Saepius ad palmam prasinus post fata*

09 *Saepius futuis nimisque semper*

10 *Saepius hac residet Christus susceptus in*

11 *Saepius hic presse canitur psalmodia dulcis*

12 *Saepius hic residet Christus, mitissimus*

13 *Saepius intestina patent venenata sub occes*

14 *Saepius occultus victa coxendice morbus*

15 *Saepius optaram fieri me remige nauta*
ETC REYDELLET II p. 122

16 *Saepta gravi ferro, levibus circumdata pinnis*

17 *Saepta micant spinis felicis munera mali*

18 *Saetiger in silvis armatos dentibus apros*
I Liber monstrorum ed. PORSIA p. 98

19 *Saetigerae matris fecunda natus in alvo*

20 *Saeva mihi genetrix atroxque est lena*

21 *Saeva nefandorum non gessi furta latronum*
I PAVLOVSKIS Cl & Med 39/1988 p. 249s.

22 *Saeva vorax nil posse tua mors aspice vires*
E GREGOROVIUS Tombe dei Papi p. 17*

23 *Saevam intra quamvis aulam nigra murmura*

24 *Saeve nimis, lacrimis quisquis discrimina*

25 *Saevus bella serit barbarus horrens*
I Gneuss MlatJb 35/2000 p. 233

26 *Sal, panis, porrum, pisces, vinum, cibus*

27 *Sal Remaclus erat, fraus nulla quod*
I Haefele in: Fs. Duft 1980 p. 196

28 *Salax taberna vosque contubernales*

29 *Salgama non hoc sunt, quod balsama: cedite*

30 *Salmacis optato concreta est nympha marito*
M Sottili I Codici del Petrarca p. 444

31 *Salomon legitur sapiens scriptisque probatur*

32 *Salsipotenti et multipotenti Iovi' fratri et*

33 *Saltem patroni devote cerne sequentes*
EC Poncelet AnBoll 24/1905 p. 79-91

34 *Salus aeterna, / indeficiens / mundi vita*
MB Crocker p. 445
I de Goede PRU p. CXLVI
I Björkvall in: In Quest of the Kingdom … ed. A. Härdelin 1991 p. 109-134

35 *Salutem primum iam a principio propitiam*

36 *Salva Roma, salva patria: salvus est*

37 *Salvator bone, rex, vita, salus, via*

– *Salvator mundi Iesus, dei filius*
cf. *Agnus et leo mitis et terribilis*

38 *Salvator mundi postquam de virgine nasci*
ET Godman Poetry p. 342ss.
I Bachrach Settimane ... Spoleto 31/1985 p. 722 n. 58
I Kahl in: Fs. F. Graus 1982 p. 110 n. 29
I Löwe Settimane ... Spoleto 32/1986 p. 502ss.
I Krahwinkler Friaul p. 123s. n. 32
I Curtius Ges. Aufsätze p. 126

39 *Salvator mundi qui caeli sceptra gubernas*

40 *Salvator mundi, salva nos semper ubique*
M Cataluccio/Fossa p. 172

41 *Salvatoris honor praesentem continet aram*

-a *Salvatoris mater, Maria, gloriae palmam*

[37
E Díaz in: Fs. Bulst 1981 p. 74s.
MI Ernst Carm. fig. p. 482-484
I Díaz y Díaz MlatJb 24-25/1989-1990 p. 97; 100

42 *Salve, abba mitissime*
A Thiofridus Epternacensis?
M Schroeder Echternach p. 109

43 *Salve aeternum mihi Maxime frater*

44 *Salve, care mihi coniux, dilecta propago*

45 *Salve, confrater mihi dulcis semper amore*

46 *Salve, crux sancta, / arbor digna*
M Odermatt Ordinarius St. Arnulf p. 390
I de Goede PRU p. CXLVI
I Szövérffy Holy Cross p. 28

47 *Salve, crux sancta, salve mundi gloria*
I Szövérffy Holy Cross p. 31
I Schupp MlatJb 5/1968 p. 35s.

48 *Salve, exsultans / sancta parens a gratia*
I Stäblein AMusWiss 18/1961 p. 14

49 *Salve, festa dies, laudabilis atque beata*
EI Bulst Lat. MA p. 160-164
I Willmes Herrscher-'Adventus' p. 84ss.

50 *Salve, festa dies, toto venerabilis aevo*
ETC Carm. Cant. 22 ed. Ziolkowski p. 86; 238
M Odermatt Ordinarius St. Arnulf p. 390
M Sottili I Codici del Petrarca p. 283
M Spilling Augsburg p. 13
M Munk Olsen Auteurs classiques I p. 71s.
M Rubio Fernández Manuscritos clásicos p. 455:537
I Wilhelm Month p. 78
I Collins JThSt 50/1949 p. 69
I Schaller Studien p. 365

51 *Salve, fidus amor, felix dilectio, salve*
I Kullmann in: Fs. Autenrieth 1988 p. 4

52 *Salve flos iuvenum, forma speciosus amoena*
I Klopsch in: Geistesleben um den Bodensee p. 81

53 *Salve, Grammatice, salve, esurientibus unum*

54 *Salve, Grammatice, salve, medicina reperta*

55 *Salve, herediolum, maiorum regna meorum*
I ÖNNERFORS in: Fs. MUNARI 1986 p. 267

56 *Salve, lacteolo decoratum sanguine festum*
I HAUBRICHS Georgslied p. 185
I SCHALLER MlatJb 18/1983 p. 79s.

57 *Salve, magne Leo, summa potentia*
I BLOCH Monte Cassino I p. 8

58 *Salve, magne parens, felix sis semper in*
I TREMP Thegan p. 4; 9

59 *Salve, magne pater, divum suavissime, salve*
M PRETE Cod. Barb. Lat. p. 284 (cod. 42)
I CASTILLO Cuadernos FilClas 5/1973 p. 56
I SHACKLETON BAILEY ClPh 77/1982 p. 132

60 *Salve, mater Christi o inclita*

61 *Salve, miles egregie*

62 *Salve mille animarum inlustricenare opus*

63 *Salve, nec minimo puella naso*

64 *Salve, nobilium Caesar spes inclita patrum*

– *Salve, o Apollo vere, Paean inclite*
cf. *Lux festa sacris vult litari*

65 *Salve, papa noster, salve, Gregori*
I SCHRAMM Kaiser, Könige u. Päpste III p. 235

66 *Salve, porta / perpetuae / lucis fulgida*
M ODERMATT Ordinarius St. Arnulf p. 390
I DE GOEDE PRU p. CXLVI

67 *Salve, praesul amate deo, per saecula salve*

68 *Salve, praesul amate deo, sine margine salve*

69 *Salve, proles regum invictissimorum*
EI BULST Lat. MA p. 136-138
M SCHMIDT Reichenau p. 157
I WILLMES Herrscher-'Adventus' p. 83ss.
I BERGER StMGBO 104/1993 p. 278-285

70 *Salve, rector ovans, aeterno munere fretus*
MI ERNST Carm. fig. p. 338-340
I SCHALLER in: Fs. BULST 1960 p. 45
I SCHALLER Studien p. 24

71 *Salve, regalis proles clarissima stirpis*
E BERSCHIN p. 3
B BHL 5346
I VILLA Lectura Terentii I p. 112

– *Salve, regum sancta proles*
cf. *Ecce votis apta vestris*

72 *Salve, Roma potens, mundi decus, inclyta*
ET KLOPSCH Lyrik p. 90
B Clavis Galliae II p. 43

73 *Salve, salus peccatoris / salve, mater*

– *Salve, sancta deum sata*
cf. *Fave, sancta deum sata*

74 *Salve, sancta parens, enixa puerpera regem*

75 *Salve, sancta salus, Christi, o tu passio laeta*
ETC CC Cont. Med. 100 p. 43; 296
M CC Cont. Med. 100A tab. B3
MI Text als Figur p. 14; 40
MI ERNST Carm. fig. p. 262s.

76 *Salve, sancte iterum Iuli, salvete recepti*

77 *Salve, sancte parens, Christi venerande*

78 *Salve, sancte pater, meritoque beatus in orbe*

79 *Salve, sancte pater Priape rerum*
BI STOTZ Sapph. Dichtung p. 235-238
I CUGUSI Epigraphica 44/1982 p. 74

80 *Salve, summus et unus*

81 *Salve, tropaeum gloriae, salve, sacrum*

82 *Salve, vitae norma praeclarae, flos*
ETC Carm. Cant. 38 ed. ZIOLKOWSKI p. 114; 284

83 *Salvere iubeo spectatores optumos*

84 *Salvete, agni electa turba*

85 *Salvete, flores martyrum, / Quos lucis*
M GNEUSS MlatJb 35/2000 p. 246

86 *Salvificis epulis ergo tua sancta potestas*
E MGH Poet. 5 p. 651

87 *Salvius hanc aram, magnus quoque sanctus*
B Clavis Galliae II p. 406s.

88 *Salvius hic praesul meritis et martyr*
B Clavis Galliae II p. 440

89 *Salvo papa Leone Agnellus presbyter ornat*

90 *Sambucus, in silva putris dum fronde virescit*
TI CAMERON Peritia 4/1985 p. 129
I MURGIA Philologus 131/1987 p. 294

91 *Samnis sum genere, Proculam dixere*

92 *Samnites populos eruit hostibus*

93 *Samson ingressus Gazam fortissimus urbem*

94 *Sancta, beata, potens, vitae laus, gloria*
ETC CC Cont. Med. 100 p. 137; 310
M CC Cont. Med. 100A tab. B17
MI ERNST Carm. fig. p. 254-256
MI STAATS Reichskrone p. 27; tab. 10 facs.

95 *Sancta Bethlem caput est orbis, quae protulit*

96 *Sancta comes faustos omnes comitata*
M HOLTZ Donat p. 411
I ERNST Carm. fig. p. 548

97 *Sancta dei genetrix et semper virgo Maria*
ETI FAVREAU p. 135s.

98 *Sancta Dei genitrix, post partum virgo*

99 *Sancta dei patris benedicat dextera nobis*
M Regensburger Buchmalerei tab. 8

00 *Sancta ducis summi prohibet censura*

01 *Sancta Fides humili respondit voce roganti*
EC ROBERTINI p. 120

02 *Sancta Fides, miseram me consolare*
EC ROBERTINI p. 296

03 *Sancta lux, fratres, hodierna poscit*
B STOTZ in: Umanesimi p. 714 n. 32

04 *Sancta Maria, quid est? Si caeli climata*
MI HOFFMANN in: Bernward II p. 136ss.
BI SZÖVÉRFFY Latin Lyrics I p. 143-145
I FRIED DA 45/1989 p. 429s.
I BERSCHIN Gr.-lat. MA p. 224
I SZÖVÉRFFY Marianische Motivik p. 29-31
I MÜTHERICH Otto III. p. 19
I JEUDY StudMed III 18/1977 p. 186-205
I FRINGS Analecta Cisterciensia 52/1996 p. 224-250

– *Sancta poli domina, cui vincla iugalia curae*
cf. *Iuno, poli domina*

05 *Sancta probis pax est: irasci desine victus*

06 *Sancta prophetiae benedicat vox Esaiae*

07 *Sancta pudicitia flammis celestibus urat*
E MGH Poet. 5 p. 650

08 *Sancta Salonini terris requiescit Hiberis*

09 *Sancta salutiferi redeunt sollemnia Christi*

10 *Sancta sanctorum opera*
M ZANNA in: Poesia dell'alto medioevo p. 368
B LAPIDGE/SHARPE p. 147:576
I CURRAN Antiphonary p. 82

11 *Sancta super cryptam sanctorum structa*

12 *Sancta, tibi hunc titulum pueri posuere*

13 *Sancta trinitas, nostram vocem tempera*

– *Sancta tu virgo Maria / Mater Christi*
cf. *Beata tu, virgo Maria*

14 *Sanctae crucis celebremus*
I SZÖVÉRFFY Holy Cross p. 29

15 *Sanctae memoriae Celsus episcopus claro ex*
M DE MEYIER Codices Vossiani II p. 10

16 *Sanctae Vitoriae Restutae coniugi Taurus*

17 *Sanctam Ierusalem gemmis averte coruscam*

18 *Sancte Columba tibi Scotto tuus incola*
B Clavis Galliae I p. 323s.

19 *Sancte confessor, meritis beate*

20 *Sancte, cuius iugiter famulis Baptista*

21 *Sancte, decus mundi ac rerum summa salutis*
I SEARS in: Charlemagne's Heir p. 608

22 *Sancte Dei custos pecoris, pastoris et arma*

23 *Sancte dei praesul, meritis in saecula vivens*
EC CC Cont. Med. 100 p. 5
I WALLACE-HADRILL Frankish Church

p. 316
I ERNST Carm. fig. p. 224
I FERRARI p. 11

24 *Sancte deus, lucis lumen, concordia rerum*

25 *Sancte deus miserator tu pia via salutis*
B Clavis Galliae I p. 169
I CHAZELLE The Cross p. 70

26 *Sancte Deus miserere loci quem semper*
ET GILARDI Syll. Turon. p. 204s.; 219

27 *Sancte memento deus quia condidit iste*

28 *Sancte Michael archangele*

29 *Sancte, mihi dicta, referam quid, spiritus*

30 *Sancte pater, dignare brevem percurrere*
I TREMP Thegan p. 122 n. 475

31 *Sancte pater Galle, Cotescalcho praemia*
EMI facs. DUFT St. Gallen I tab. 20s.; p. 110; 255

32 *Sancte pater, iuva nos, sancte fili, salva nos*
M FILL Hss. Kremsmünster I p. 415
I NORBERG Introduction p. 128 n. 1
I ANTON in: Iren u. Europa II p. 606
I HAUBRICHS Georgslied p. 184

33 *Sancte pater, summa caeli qui sedes in aula*
M GNEUSS Handlist 12

34 *Sancte Paule, pastor bone*
A inc. saec. X
C SCHALLER in: Fs. BULST 1981 p. 210
M facs. STÄBLEIN Ges. Aufs. p. 257
I SPANKE Studien p. 4; 22-25; 108; 131
I V. D. STEINEN ZSchwKG 40/1946 p. 241; 255
I DE GOEDE PRU p. CXLVI
I STÄBLEIN Ges. Aufs. p. 243-250; 309 n. 59
I SCHALLER Studien p. 211; 221

35 *Sancte Pauline, vivas et floreas et semper*

36 *Sancte Petre, apostole*
M ZANNA in: Poesia dell'alto medioevo p. 369
B LAPIDGE/SHARPE p. 343:1296
I LAPIDGE Peritia 4/1985 p. 106

37 *Sancte puer, claro qui signas lumine*
MI facs. RICO/MUNDÓ Ripoll p. 33; 35; tab. 24

38 *Sancte rex / cuius forti dextera*

39 *Sancte sacer Randberte sacro venerabilis*

40 *Sancte sator, suffragator / Legum lator*
ETC LAPIDGE Anglo-Latin Literature 1993 p. 241-244
M GNEUSS Handlist 12
M ZANNA in: Poesia dell'alto medioevo p. 369
B LAPIDGE/SHARPE p. 342:1290
I LAPIDGE Peritia 4/1985 p. 106
I LAPIDGE Anglo-Saxon England 15/1986 p. 47
I U. SCHWAB Einige Beziehungen zw. altsächs. u. angelsächs. Dichtung 1988 p. 67
I NORBERG Les vers iambiques p. 111
I HERREN CMCS 15/1988 p. 83
I JONES Viator 6/1975 p. 333
I SCHALLER Studien p. 33

41 *Sancte, tui Sigloardi miserere monachi*

42 *Sancte, tui vatis, Caesar, miserere serenus*
I Text als Figur p. 27

-a *Sanctem deorum cultorem quis non laudabit* [1
ET Virg. Gramm. ed. POLARA p. 64

43 *Sancti Ambrosii praesulis*

44 *Sancti baptistae Christi praeconis*
M NEUHAUSER Hss. UB Innsbruck I p. 90
M FILL Hss. Kremsmünster I p. 413; 480
B CROCKER p. 444
I STÄBLEIN AMusWiss 19/1962 p. 85
I V. D. STEINEN ZSchwKG 41/1947 p. 158
I DE GOEDE PRU p. CXLVI

45 *Sancti belli celebremus triumphum laude*

46 *Sancti Caesarii sequens vestigia sacer*

47 *Sancti confessoris Christi / Praesulis Remigii*
M PASSALACQUA Codici p. 241

48 *Sancti ductorem pisces captare volentem*

49 *Sancti Gregorii praesulis*

50 *Sancti infantes martyres*

51 *Sancti Iohannis / hunc festum agimus*

52 *Sancti Marci confessoris*

53 *Sancti merita / Benedicti inclita*
M FILL Hss. Kremsmünster I p. 413
M ODERMATT Ordinarius St. Arnulf p. 391
I V. D. STEINEN Notker II p. 606

54 *Sancti Placidi / Martyris Christi*

55 *Sancti spiritus assit nobis gratia*
ET KLOPSCH Lyrik p. 220
T ÖBERG Poetry p. 179
M Paris, BN lat.: Cat. gén. VI 1975 p. 67; 583
M VENNEBUSCH IV p. 228
M CC Cont. Med. 66A p. 567
M NEUHAUSER Hss. UB Innsbruck I p. 89
M BALLAIRA Prisciano p. 31
M FILL Hss. Kremsmünster I p. 81; 480
M CTrop V p. 79; 100; 276; 278
M ODERMATT Ordinarius St. Arnulf p. 391
M GNEUSS Handlist 435
B CROCKER p. 439; 440
I STÄBLEIN AMusWiss 19/1962 p. 86
I V. D. STEINEN ZSchwKG 41/1947 p. 158
I BERSCHIN Eremus p. 34
I DE GOEDE PRU p. CXLVI

56 *Sancti Thomae apostoli / laudes canamus*

57 *Sancti, venite / Christi corpus sumite*
M ZANNA in: Poesia dell'alto medioevo p. 369
I BULST Lat. MA p. 22s.
I CURRAN Antiphonary p. 47ss.
I NORBERG Les vers iambiques p. 72
I BULST in: Fs. BIELER 1976 p. 92s.

58 *Sancti Zenonis praesulis*

59 *Sanctificet Christi nostrum sacra dextra*

60 *Sanctificis semper meritis, memorande*
ET NAUERTH p. 488

61 *Sanctificus semper moritis, memorande*
ET PICARD Souvenir p. 185s.
ET NAUERTH p. 390

62 *Sanctis contiguus sacroque patri*

63 *Sanctis honor summus. Modefredi memoria*

64 *Sanctissimae Leucadiae sollemne festum*

65 *Sanctissimi Mononis martyris odas*

-a *Sanctissimi sanctique sacerdotes salvatoris [Domini* 12
A Valerius Bergidensis: Epitameron 51
E DÍAZ Anecd. Wisig. p. 111s.

66 *Sanctius iste comes populis dedit optima iura*

67 *Sancto Celso / Nostra canat*

68 *Sancto Cornelius gentilis Petro sanatus*

69 *Sancto Ruricius cliens patrono*

70 *Sancto spiritu / nos instructi*

71 *Sanctorum chorus, Christe, tuo munere*

72 *Sanctorum eximiis meritis precibusque*

73 *Sanctorum exuviis penitus confine sepulcrum*

74 *Sanctorum gremiis commendat Maria corpus*

75 *Sanctorum labor et merces sibi rite*
EI ENGEMANN JACh 17/1974 p. 21-46
I BELTING-IHM Settimane ... Spoleto 41/1994 p. 857

76 *Sanctorum laudes celebret*
EMI NORBERG Hymnarius Severinianus p. 8; 37-40

77 *Sanctorum meritis claro semperque beato*

78 *Sanctorum meritis digna trophaea*
M DE MEYIER Codices Vossiani III p. 80
I STOTZ Sapph. Dichtung p. 127

79 *Sanctorum meritis facies tranquilla tonantis*
B BHL 4534
B Clavis Galliae I p. 200s.

80 *Sanctorum meritis inclita gaudia*
A inc. saec. VII?
E Hymnarium oscense II p. 89s.
EC Canterbury Hymnal 37517 p. 124s.
M Ars Iuliani Tol. 20.39
M HOLTZ StudMed III 16/1975 p. 105
M BEERS Cistercian Hymnal p. 72-74
M NEUHAUSER Hss. UB Innsbruck I p. 54
M ODERMATT Ordinarius St. Arnulf p. 391
M GNEUSS MlatJb 35/2000 p. 247
I BULLOUGH Carolingian renewal p. 265

n. 29
I RÄDLE in: Verf. Lex.[2] III c. 192
I GIBSON Artes and Bible XVI p. 217s.
I Musica enchiriadis p. 203; 424s. d.13
I WADDELL Cistercian Hymnal I p. X
I SCHALLER Studien p. 257 n. 30; p. 260-262; 427

81 *Sanctorum meritis, quorum hic sacra*

82 *Sanctorum nobis miracula reddis avorum*

83 *Sanctorum pariter promite principium*

84 *Sanctorum plures Lucina beata fovebat*

85 *Sanctorum precibus foveat nos conditor*
E LECLERCQ in: Miscellanea MERCATI II 1946 p. 482

86 *Sanctorum, quicumque legis, venerare*
E ICUR N. S. IX p. 7:23751

87 *Sanctorum veneranda cohors sedet ordine*
ETMfacs. WALSER Einsiedler Inschriftenslg. p. 47; 112
EI MARROU p. 168ss.

88 *Sanctorum vitam transactis cursibus aevi*

89 *Sanctum damnavere suum gens impia regem*

90 *Sanctum diem celebremus*

91 *Sanctum sanctificans Benedictum te*

92 *Sanctum simpliciter Patrem cole*
ET BEHRENDS p. 262:149
M BEHRENDS Scriptorium 31/1977 p. 296
BI SZÖVÉRFFY Latin Lyrics I p. 220-222
I SZÖVÉRFFY Wiener Studien 96/1983 p. 230s.

93 *Sanctus ab officio, vita gravis, indole priscus*

94 *Sanctus Amandus in hac ara de carne*

95 *Sanctus Caesarius commendans ius*
M facs. Regensburger Buchmalerei tab. 92

96 *Sanctus Maximinus Germanus*

97 *Sanctus papa Gregorius / Augustini*

98 *Sanctus Petrus, apostolus*
M ZANNA in: Poesia dell'alto medioevo p. 369
B LAPIDGE/SHARPE p. 220s.:821
I Ó NÉILL in: Irland u. Europa/Ireland and Europe ed. P. NÍ CHATHÁIN/M. RICHTER 1984 p. 285

99 *Sanctus Petrus / et magnus Paulus*
M CTrop V p. 80; 276; 278; 281
I V. D. STEINEN ZSchwKG 41/1947 p. 154

00 *Sane pro meritis condigna rependere novit*

01 *Sanguine caesareo iacet hic excelsa propago*
M HOLTZ RevHistTextes 16/1986 p. 176
I BAYER Aachener Kunstbll. 54-55/1986-87 p. 36

02 *Sanguine Cinyphio placantur templa Lyaei*
M U. WINTER Hss. Diez 1986 p. 76

03 *Sanguine cordis enim noster viget intellectus*

04 *Sanguine de nostro tinctas, ingrate, lacernas*

05 *Sanguine diluitur tellus, cava terra lutescit*

06 *Sanguine flos genitus fraudem testatur Ulixis*

07 *Sanguine martyrii praesul Dyonisius aram*
B Clavis Galliae II p. 396

08 *Sanguine mente opibus facie virtute pudore*

09 *Sanguine muta probat facinus Philomela*

10 *Sanguine praecipuo Francorum germinis*
EI BILLANOVICH in: Ambrosius Episcopus. Atti del Congresso internazionale ... (Pubblicazioni della Università Cattolica del Sacro Cuore Milano) 1976 p. 30-32

11 *Sanguine qui proprio caelestia praemia*

12 *Sanguineo percussa malo grandique ruina*

13 *Sanguinis ergo sacri nos fusio lavit et unda*
ETC CC Cont. Med. 100 p. 159; 313
M CC Cont. Med. 100A tab. B20
MI ERNST Carm. fig. p. 272-274

14 *Sanguinis humani reus et ferus en ero vindex*

15 *Sanguinis tui hostia / nos a criminibus*

16 *Santonica medicata dedit mihi pocula virga*

17 *Sanus piger febriente multo est nequior*

18 *Sanxerat iste puer haec orbi carmina Notker*
EMI facs. DUFT St. Gallen I p. 253 tab. 16

19 *Sarcophago recubant Sicheri membra sub*

20 *Sarcophago recubat sine pulsu, Christe, sub*

21 *Sardonychas, zmaragdos, adamantas*

22 *Sarlius imbellis, multorum fisus in armis*

23 *Sarpedon Lycius, genitus Iove, numine patris*

24 *Sati' fuit indoctae, inmemori, insipienti*

25 *Sati' iam sati', Simo, spectata erga te*

26 *Satis precum datum deo*

27 *Sator arepo tenet opera rotas*
I MARCOVICH ZPE 50/1983 p. 155-171
I PFEIFFER Gymnasium 93/1986 p. 370-372
I DA 34/1978 p. 273

28 *Sator deorum, cuius excussum manu*

29 *Sator princepsque temporum*
M GNEUSS MlatJb 35/2000 p. 244
I NORBERG Les vers iambiques p. 19; 23

30 *Sator summe, / praeconia / canimus tibi*

31 *Saturnalia divitem Sabellum*

32 *Saturnalicio Macrum fraudare tributo*

33 *Saturni aurea saecla quis requirat*

34 *Saturnine tibi martyr mea vota rependo*

35 *Saturnusque senex si deus, deus quando*

36 *Saucio letiferis omnes cum morsibus intus*

37 *Saule minax, zelus tibi corde respiret*

38 *Saulus, qui sanctas conclusit carcere turbas*

39 *Saulus, qui sanctas mutavit carcere turbas*
I HAUCK Taufpfalzen p. 60

40 *Saxa premunt Licinum, levat altum fama*

41 *Scalam ad caelos subrectam, tormentis*
ET GODMAN Poetry p. 318ss.
TI P. DRONKE The Medieval Lyric 1968 p. 41-44
B CROCKER p. 440
I MESSENGER Folia 2/1947 p. 55-63
I STÄBLEIN AMusWiss 19/1962 p. 86
I DE GOEDE PRU p. CXLVI

42 *Scalpsit Prometheus in amethysto Liberum*

43 *Scande caeli templa, virgo, digna tanto*
A Mart. Cap. 2.117ss.
E DICK p. 49ss.
M MGH Mer. 2 p. 225
M SILVESTRE RBén 91/1981 p. 170
M E. L. WAELTNER Die Lehre vom Organon bis z. Mitte d. 11. Jhs. 1975 p. 44
MI SMITS VAN WAESBERGHE p. 178
I Musica enchiriadis p. 215 d. 1

– *Scande cantantes domino dominumque*
cf. *Scandite cantantes*

44 *Scandere puppim transque meare salum*

45 *Scandere quod possit carnis substantia*

46 *Scandite cantantes domino dominumque*
ETMfacs. WALSER Einsiedler Inschriftenslg. p. 21; 71

47 *Scelestiorem ego annum argento faenori*

48 *Sceptrorum columen terrae decus et iubar*
I F. S. KOPP Ein neues Elogium von Ven. Fort., Diss. Würzburg 1938 p. 85s.
I PFERSCHY MIÖG 97/1989 p. 302 n. 269
I KAMPERS Francia 27/2000 p. 1-32

49 *Schema crucis typicum meditatur vita*
A Hartw. (saec. XI)
E MGH Poet. 5 p. 440:21.3.5
ETI RÜTZ Text im Bild p. 51; 151
M Regensburger Buchmalerei tab. 10
I BISCHOFF in: Verf. Lex.^{2} III c. 530s.

50 *Schemate praeliquido Martini floscula*
M DE MEYIER Codices Vossiani VI p. 264

51 *Schemate sermonis Marcus gerit ora leonis*
MB HOFFMANN Buchkunst p. 300
I CAMPANA in: Studi e ricerche ... in mem. G. MERCATI 1959 p. 34-47

-a *Schematibus nitidis hanc speram rithmus*

[*adornat* 17
M PELLEGRIN Bibliothèque Vaticane II.2 p. 424

– *Scilicet hoc sine fraude, Vari dulcissime*
cf. *Si licet hoc sine*

52 *Scilicet iste globus telluris cernitur intus*

53 *Scipio quam genuit, Pauli fudere parentes*
M PASSALACQUA Codici p. 205; 238

54 *Scire Deum cupiens, gaudere et vivere*

55 *Scire velim, quare totiens mihi, Naevole*

56 *Scire volens, cur triste genus mortale*
E GREGOROVIUS Tombe dei Papi p. 30*

57 *Scire volens, in qua rerum sis parte locandus*

58 *Scire volens, lector, qui sit in funere fletus*

59 *Scire volens, lector, tumulo quis conditur*

60 *Scis here mi multas pariter placuisse puellas*

61 *Scis iter ex animo sublatum triste puellae*

62 *Scis te captari, scis hunc qui captat, avarum*

63 *Scissa tibi pellis fidei, Iudeus Apella*

64 *Scit legem, docteque tenet iussa*
I FISCHER Lat. Bibelhss. p. 243

65 *Sclavus grunniat, Ungarus strideat*
EI BULST Lat. MA p. 92-110

66 *Scorpios in caelo, cum cras lucescere nonas*

67 *Scrauuan erat veltes melior cui nomine altis*

68 *Scribam quod verum devitans promere*
E MGH Poet. 5 p. 644
I FICHTENAU Lebensordnungen II p. 393

69 *Scribant de te alii vel sis ignota licebit*

70 *Scribe, puer, scribe, qui nomen habes*

71 *Scribe sagax, Mahtfrid, karis quod plus cano*

72 *Scribebamus epos; coepisti scribere: cessi*

73 *Scribenti mi dictat Amor monstratque*

74 *Scribentis labor ignaris nimium levis exstat*

75 *Scribere disce puer, ne sis per singula*
I HOFFMANN Buchkunst p. 54

76 *Scribere hunc librum fecit iam archisacerdos*

77 *Scribere me cogis dum scribere nescio*

78 *Scribere me quereris, Velox, epigrammata*

79 *Scribere me satiram qui culpat, maxime*

80 *Scribere nulla iuvat, scriptor quia noster*
I GEUENICH in: Fs. AUTENRIETH 1988 p. 59
I D. A. TRAILL Walahfrid Strabo's Visio Wettini 1974 p. 9
I KLOPSCH in: Geistesleben um den Bodensee p. 79
I BERSCHIN Eremus p. 14

81 *Scribere per lacrimas si possent dura*
ETC REYDELLET I p. 163
I HALSALL Early Medieval Europe 5/1996 p. 14

– *Scribere qui nescit nullum putat esse*
cf. *Qui scribere nescit nullum*

82 *Scribere qui tibi digna putat*
I JACOBSEN in: Theophanu I p. 173s.
I FRIED DA 43/1987 p. 574-583
I HOFFMANN Buchkunst p. 8

83 *Scribere si noris, vitae solator haberis*

84 *Scribere te quae vix intellegat ipse Modestus*

85 *Scribere versiculos Iohannis compulit istos*

-a *Scribere vina vide nec scriptum nec metra* [*ride*
M PELLEGRIN Bibliothèque Vaticane II.1 p. 372

86 *Scriberis Vario fortis et hostium*

87 *Scribi in titulo versiculos volo quinque*

88 *Scribis, ut oblectem studio lacrimabile*

89 *Scribit Gregorius, dictat quae spiritus almus*
MB HOFFMANN Buchkunst p. 329

90 *Scribit in aversa Picens epigrammata charta*

91 *Scribitur octono silvarum grammate lignum*

92 *Scripsi, rescripsit nil Naevia, non dabit ergo*

93 *Scripta sunt caelo duorum martyrum*
B BHL 2532

94 *Scriptor et interpres Petri sacer atque*
E JACOBSEN in: Theophanu I p. 187

95 *Scriptor evangelicus servet hanc Matheus*
B Clavis Galliae II p. 458

96 *Scriptor evangelii dilectus rite Ioannes*

97 *Scriptor honoratum si forte reponis Achillem*

98 *Scriptorum Domini plene videt omne*
I FISCHER Lat. Bibelhss. p. 243

99 *Scriptorum princeps ego, nec obitura*
A saec. XII?
E Colophons 3616
TI Ornamenta Ecclesiae I p. 216
I VERFAILLIE-MARKEY Scriptorium 37/1983 p. 253

00 *Scripturae finem sibi quaerunt hic Ysagogae*
A Israel Scot.
E MGH Poet. 5 p. 648
B LAPIDGE/SHARPE p. 195:724; p. 200:744
B SHARPE nr. 540
I JEUDY StudMed III 18/1977 p. 204
I JEAUNEAU Études Érigéniennes p. 649
I BERSCHIN Gr.-lat. MA p. 241 n. 51

– *Scripturam pulchram quisquis bene scribere*
cf. *Si quis scripturam quaerit sibi*

01 *Scrutari legem possunt utcumque quieti*

02 *Scrutator bene valde fuisti, sancte Iohannes*

03 *Sculpturas eboris auri petulis decorabis*

04 *Se Narcissus amat captus lenonibus undis*

05 *Se primum quatiens strepit Gallus, cum*
M CHIESA Filologia mediolatina 5/1998 p. 247s.

06 *Sebastiani incliti / dicatus almo sanguine*

07 *Sebastiani martyris sollemne est*
I GIL Habis 9/1978 p. 162

08 *Seclusis fatuis lampas centena coruscat*

09 *Secreti cupidus sancto vir numine plenus*

10 *Secreti Manes qui regna Acherusia Ditis*

11 *Secta nisi in tenues essemus ligna tabellas*

12 *Secti podicis usque ad umbilicum*

13 *Securam quicumque cupis perducere vitam*

14 *Securi dormite, canes: custodiet hortum*

15 *Securo nihil est te, Naevole, peius; eodem*

16 *Sed deus omnipotens animas donaverat illi*

17 *Sed diva flava et candida*

18 *Sed iam claudatur noster hoc fine libellus*

19 *Sed iam praeteritas quartus tibi Lucifer idus*

20 *Sed mensura tenax talem tibi reddet avare*

21 *Sed miserante Deo Radon miserabilis abba*

22 *Sed neque converti tardes de crimine facto*

23 *Sed neque te maesta, Dynami, fraudabo*

24 *Sed purum astrificis caelum scandebat*

25 *Sed quid et Orion et cetera sidera mundo*

26 *Sed quod contulerat sibi signum summa*
I PABST Prosimetrum p. 663-665

27 *Sed tempus lustrare aliis Helicona choreis*

28 *Sede sedens diva comes, abba, praesul Oliva*
M PASSALACQUA Codici p. 10

29 *Sede sub hac recubat clarus praetorique*

30 *Sede throni residens, mundum qui ponderat*
ET BISCHOFF in: Bibbia di San Paolo p. 166
M KESSLER p. 56

-a *Sedecimis Iani migravit Liuto kalendis* 1
EM BISCHOFF Mal. Studien III p. 209

31 *Sedere primo solitus in gradu semper*

32 *Sedes celsa dei praefert insignia Christi*
BI PIETRI RÉAug 24/1978 p. 13
I BELTING-IHM Settimane ... Spoleto 41/1994 p. 852

33 *Sedibus aeternis Femuleius fueris a vita*

34 *Sedimus ignotos dirae Babylonis ad amnes*

35 *Sedis Alexander post hos moderamina*

36 *Sedis apostolicae Gaius post Eutychianum*

37 *Sedis apostolicae levites primus in ista*

38 *Sedis apostolicae primaevis miles ab annis*
E GREGOROVIUS Tombe dei Papi p. 14*

39 *Sedis apostolicae princeps, lux aurea Romae*
EC CC Cont. Med. 100 p. 7
I FRIED in: Charlemagne's Heir p. 269 n. 229

40 *Sedis apostolicae pulchrum et sublime*

41 *Sedulius Christi miracula versibus edens*
M LAPIDGE Anglia 100/1982 p. 3
M GNEUSS Handlist 12; 253; 491; 890; 903
I ERNST Carm. fig. p. 549

42 *Sedulius Domini per culta novalia pergens*
M Cambridge, UL Gg 5.35 f. 84r (RIGG/WIELAND Anglo-Saxon England 4/1975 p. 121)
M LAPIDGE Anglia 100/1982 p. 3
M GNEUSS Handlist 12; 253; 491; 890; 903

43 *Sefronius tegetur tomolo antestis in isto*
EI GÓMEZ PALLARÈS in: Umanesimi p. 187

44 *Segmina pergameni tereti circumdata ligno*

45 *Segne iter emenso vixdum Tarpeia videri*

46 *Segnior Oceano casu quo bella geruntur*

47 *Segnior, Oceano quam lex aeterna vocabat*

48 *Segnitiem fugito, quae vitae ignavia fertur*

49 *Sei quid amor valeat nostei, sei te hominem*

50 *Seiius Fundanus nutrivit natos duo*

51 *Selectos nisi das mihi libellos*

52 *Semiferos partus metuendaque pignora matri*

53 *Semine nec ullo patris creata renascor*
TC STELLA Poesia carolingia p. 204; 428ss.

54 *Semita fit plaustro, qua puppis adunca*

55 *Semivir uxorem duxisti, Zoile, moecham*

56 *Semota et vasto disiuncta Britannia ponto*

– *Semotam a curis si vis producere vitam*
cf. *Securam quicumque cupis perducere*

57 *Semper adest praesens, cunctos fovet, implet*

58 *Semper agis causas et res agis, Attale*

59 *Semper bella duos movet adversarius inter*

60 *Semper complacitis amica Musis*

61 *Semper cum mihi diceretur esse*

62 *Semper ego auditor tantum? numquamne*

63 *Semper ego clarum praecedo lumine lumen*
I WIELAND JournMedLat 8/1998 p. 67s.

64 *Semper erunt quod sunt aeternae gaudia*

65 *Semper habens virides frondenti in corpore*

66 *Semper in aeternum faciat haec clocula*
B Clavis Galliae II p. 437

67 *Semper in aeternum, mundi spes magna*
B Clavis Galliae II p. 301

68 *Semper in aeternum, praesul sanctissime*
B Clavis Galliae II p. 180s.

69 *Semper in aeternum valeas, sanctissime*
B Clavis Galliae II p. 37s.

70 *Semper in aeternum vivat feliciter, opto*
B Clavis Galliae II p. 293

71 *Semper in hanc tabula hilare ludamus amici*

72 *Semper inest intus, sed raro cernitur ignis*

73 *Semper M. Terentius Eudoxsus unus sustenet*

74 *Semper mane mihi de me mera somnia*

75 *Semper munditias, semper, Basilissa*

76 *Semper ob meritum vincis praeconia laudis*

77 *Semper pauper eris, si pauper es, Aemiliane*

78 *Semper quam pote se posse iuratus plus*

79 *Semper regnans, patris sinu*
MB CROCKER p. 434
MB V. D. STEINEN ZSchwKG 40/1946 p. 258

80 *Semper, sancte, tuos, Richari, protege servos*
B Clavis Galliae I p. 169

81 *Semper te canerem, si perbene psallere*

82 *Semper ut inducar blandos offers mihi vultus*

83 *Sempiterna / virtute cluit cuncta*

84 *Senanus ex nobilibus procreatur parentibus*

85 *Senem severum semper esse condecet*

86 *Senericus, hic advena*

87 *Senex avarus vix sibi credens Euclio*

88 *Senex castigat filias quod eae viros*

89 *Senex fidelis prima credendi via*
I GNILKA VigChr 42/1988 p. 147-155
I GNILKA Wiener Studien 98/1985 p. 179-203

90 *Seni supino colei culum tegunt*

91 *Senior ab aevo, Eva sum senior ego*
I PAVLOVSKIS Cl & Med 39/1988 p. 237

92 *Senis Richarii colitur natalis et almi*

93 *Senos Charinus omnibus digitis gerit*

94 *Sensi, cuius verba cepi exarata paginis*
ET KLOPSCH Lyrik p. 78
ET GODMAN Poetry p. 86ss.
I KULLMANN in: Fs. AUTENRIETH 1988 p. 4
I KRAHWINKLER Friaul p. 140 n. 127
I BERSCHIN Gr.-lat. MA p. 136s.
I BULLOUGH Aula Renovata p. 288
I BULLOUGH Carolingian renewal p. 156
I SCHALLER Studien p. 390
I BERSCHIN in: Karl d. Gr. Nachwirken I p. 158

95 *Sensus Geroldo simul sermone tabescit*

96 *Sentibus involitans deus igneus ore corusco*

97 *Sentio, fugit hiems; Zephyrisque animantibus*

98 *Sentio, summe pater, lumen venerabile*
ETC REYDELLET II p. 34

99 *Septem clepsydras magna tibi voce petenti*

00 *Septem columnis intus eminet domus*

01 *... septem miser occidit annis*

02 *Septem passa neces mater moriendo*

03 *Septem post calices Opimiani*

04 *Septem sapientes, nomen quibus istud dedit*

05 *Septem sigillis agnus innocens modis*
M DAVIS-WEYER in: Fs. MÜTHERICH 1985 p. 69 tab. 2 (facs.)
M facs. La Neustrie p. 238
M KESSLER p. 74
B Clavis Galliae II p. 494

06 *September quinque quinisque October*

07 *September semper quinisque October*
M PELLEGRIN Bibliothèque Vaticane II.2 p. 425

08 *Septembres Regulus tenet orditurque*

09 *Septena alarum me circumstantia cingit*
I TRONCARELLI Tradizioni p. 112s.

10 *Septenas revocante Aprilis Marte kalendas*

11 *Septenis binis constat divisio saecli*

12 *Septenis decies cum Eustacia vixerit annis*

13 *Septenis in carne modis peccata abolentur*

14 *Septenis patriam sapientum, nomina, voces*

15 *Septenis superat Dionysius Idibus hostes*

16 *Septeno Augustas decimo praeeunte*
EC WEBER Gottschalk p. 153
I RICHÉ in: Jean Scot Érigène et l'Histoire de la Philosophie p. 38
I SCHRIMPF in: Iren u. Europa II p. 830

I HAUBRICHS Otfrid p. 52 n. 283
I MCKITTERICK in: Charles the Bald p. 385
I JEAUNEAU Études Érigéniennes p. 59
I CAPPUYNS RThAM 1/1929 p. 102
I EPPERLEIN Herrschaft u. Volk p. 223 n. 278
I BOUHOT p. 15s.
I STAUBACH Rex christianus p. 43

17 *Septima iam, Phileros, tibi conditur uxor in*

18 *Septimi, Gadis aditure mecum et*

19 *Septimius, Claudi, nimirum intellegit unus*

– *Septimus Aeneam reddit fatalibus arvis*
cf. *Hic quoque Caietam sepelit*

20 *Septimus exsurgit Leo, nec tamen ista*

21 *Septimus hinc oriens cum se demiserit undis*

22 *Septimus hinc recinit Martini pontificatum*
B BHL 5627

23 *Septimus hinc Stephanus binos praefulget in*

24 *Septua- si nosse cupis -gesimae nam*

25 *Seque putat cursu timidis contendere dammis*

26 *Sequere hac me, gnata, ut munus fungaris*

27 *Sera dedit Phoebo fugiente crepuscula*

28 *Sergius antistes tumulum qui in arce locavit*

29 *Sergius en iunior praesul et plebis amator*
E GREGOROVIUS Tombe dei Papi p. 29*

30 *Sergius hanc coepit praesul, quam cernitis*

31 *Sergius hic recubat metropolita sepultus*

32 *Sergius ipse pius papa hanc qui coepit ab*

33 *Sergius ut pubes excedere coeperat annos*

34 *Seria cum possim, quod delectantia malo*

35 *Sericeum tegmen gemmantia tecta laconum*
M GNEUSS Handlist 682

36 *Sericus in ventos gemmato lumine serpens*

37 *Sermo propheticus ostendit vada torrida*

– *Sermone blando angelus*
cf. *Aurora lucis rutilat*

38 *Sermonem muto dat Iesus daemone pulso*

39 *Sermones blandos blaesosque cavere*

40 *Serpens angelicus genuit me in culmine caeli*

41 *Serpens lacertam forte aversam prenderat*

42 *Serpentis lusus si qui sibi forte notavit*
I ERNST Carm. fig. p. 457

43 *Serranum Vegetumque simul iunctumque*

44 *Serta, senex, pelle: thalamorum gaudia*

45 *Serum post patruos patremque carmen*

46 *Serus ades, Lycida: modo Nyctilus et puer*

47 *Serus ut aetheriae Germanicus imperet aulae*

48 *Servandum spurcum medicum nostrumque*

49 *... servans tutamina vitae / ... gentilium vario*
I MONTORSI Epigrafe modenese p. 153

50 *Servatur fidei patriaeque semper amator*
I HOWLETT Peritia 11/1997 p. 79s.

51 *Servavi thalamum genio, dulcissime coniux*

52 *Servi qui quom culpa carent tamen*

– *Servi tui domine acclines orant*
cf. *Amove nostrum facinus*

53 *Servilia Irene reverens pia casta pudica*

54 *Servitio Marthae das laudem, Christe*

55 *Servorum culpis cum te dolor urguet in iram*

56 *Servorum meritis dominus dat lucra laboris*

57 *Servulus ecce tuus, Richarius inclite pastor*
B Clavis Galliae I p. 170
I SCHALLER Studien p. 334 n. 20

58 *Servum, Galle, tuum libri decus hoc*
TI Vitae S. Wiboradae ed. W. BERSCHIN 1983 p. 22s.

59 *Servus profugiens dominum naturae asperae*

60 *Sescenti cenant a te, Iustine, vocati*

61 *Sessio Teudulfi placeat, precor, omnis et*

– *Sessor habens libram crudelis forma tyranni*
cf. *Albi sessor equi rigidum qui contrahit*

62 *Setinos, moneo, nostra nive frange trientes*

63 *Setinum dominaeque nives densique trientes*

64 *Seu leviter noto, seu caro missa sodali*

65 *Seu mortis miseret seu te vitae, perlige*

66 *Seu stupor est huic studio sive est insania*

67 *Seu tu Paestanis genita es seu Tiburis arvis*

68 *Severus ac Severianus postmodum*

69 *Sevola post patroni obitum dilecta puella*

70 *Sex gradibus consummatur perfectio casta*
ET BEHRENDS p. 250:140
M MlatJb 15/1980 p. 283; WIC 17600

71 *Sex gradibus hominum tota distinguitur*

– *Sex Idus Maii accomodent quinos*
cf. *Sexto idus (mai) accomodant quinos*

72 *Sex mihi litterulae sunt et praeclara potestas*
B Clavis Galliae II p. 18

73 *Sex sestertia si statim dedisses*

– *Sex sunt aetates hominum et septima mors*
cf. *Primus in orbe dies lucis primordia*

74 *Sex ubi, quae restant, luces Aprilis habebit*

75 *Sexagena teras cum limina mane senator*

76 *Sexagesima, Marciane, messis*

77 *Sexta aetate virgine*

78 *Sextantes, Calliste, duos infunde Falerni*

79 *Sexte, nihil debes, nil debes, Sexte, fatemur*

80 *Sexte, Palatinae cultor facunde Minervae*

81 *Sextiliane, bibis quantum subsellia quinque*

82 *Sexto idus (mai) accomodant quinos*

83 *Sextoque Maii Idus adibit iterque quinis*

84 *Sextum quem numero et Sextilem Romulus*

85 *Sextus ab hinc Graeca sequitur de gente*

86 *Sextus habet Petri claves laudesque*

87 *Sextus mittitur hic tibi libellus*

88 *Sextus Pompeius dictus cognomine Pandus*

89 *Sextus ubi Oceano clivosum scandit*

– *Sfodra mirabilem promite carmine*
cf. Σφόδρα *mirabilem*

-a *Shogdelio domino patri probitate colendo*
EM Colophons 16393

90 *Si bene non scribis, cutem meam denique*

-a *Si bene non scribis, non inpunitus abibis*
M PELLEGRIN Bibliothèque Vaticane II.1 p. 372

91 *Si bene non scribis, scribam tua dorsa*

92 *Si bene non scribis, verbera dura capis*

93 *Si bene nosse cupis valeat quid lectio*

94 *Si bene quid facias, facias cito. nam cito*
M PRETE Cod. Barb. Lat. p. 285 (cod. 42)

95 *Si bene te novi, metues, liberrime Lolli*

96 *Si caldum potas, ardenti murra Falerno*

97 *Si caput abstuleris, apparet fortis in armis*
MB SILVESTRE in: Miscellanea MASAI 1979 p. 138

98 *Si caput aspicias tantum Hectora credas*

99 *Si caput innumeris agitatur pulsibus aegrum*
M DE MEYIER Codices Vossiani III p. 134

00 *Si cessent homines velociter ire, per austros*
ETC REYDELLET II p. 158

01 *Si comes ista tibi fuerit membrana, putato*

02 *Si, Comini, populi arbitrio tua cana senectus*

03 *Si commissa meae carpes pomaria curae*

04 *Si commissa verens avidus reserare magister*
E MGH Poet. 5 p. 656
M PELLEGRIN Bibliothèque Vaticane II.1 p. 312
cf. *Sic commissa verens*

05 *Si concussa minaretur domus ulla ruinam*

06 *Si condire meos mellis dulcedine versus*
I LAPIDGE MlatJb 22/1987 p. 56

07 *Si contentus eo fueris, quod postulat usus*

08 *Si credis mihi, Quinte, quod mereris*

09 *Si cui vessicae tardus cunctabitur umor*

10 *Si cuperes alium, posses, Narcisse, potiri*

11 *Si cupias, breviter hoc ius per metra*
B Clavis Galliae I p. 300-302

12 *Si dare pro morte gemmas licuisset et aurum*

13 *Si daret autumnus mihi nomen, Oporinos*

-a *Si de Belligeris debetur adorea gentis* 12
A inc. saec. X?
EI HAMANN-MACLEAN Reimser Denkmale p. 183s.

14 *Si decus argenti, pretium mihi seu foret auri*

15 *Si decus est virtus et praemia cuncta meretur*
E DÍAZ DE BUSTAMANTE p. 343

16 *Si dederint superi decies mihi milia centum*

17 *Si deiecta gemas longo venabula rostro*

18 *Si desiderium, Caesar, populique patrumque*

19 *Si det iniqua tibi tristem fortuna reatum*

20 *Si deus est animus nobis, ut carmina dicunt*
M U. WINTER Hss. Diez 1986 p. 76
M J. FLIEGE Die Hss. aus Quedlinburg in Halle 1982 p. 304
M MUNK OLSEN Auteurs classiques II p. 879ss.
M MlatJb 16/1981 p. 435; WIC 17701
M PRETE Cod. Barb. Lat. p. 285 (cod. 42)

21 *Si deus omnipotens vitam dederitque salutem*
E MGH Poet. 5 p. 641

22 *Si deus tua captus nunc arte Theorost*

23 *Si di inmortales id voluerunt, vos hanc*

24 *Si dolor infractum potuit convellere pectus*

25 *Si dolor insanus tota desaevit in alvo*

26 *Si domini templum supplex peccator adisti*
ETC FO RBén 16/1999 p. 97-167

27 *Si donare vocas promittere nec dare, Gai*

28 *Si efficax nostra et caperet voluntas*
BI STOTZ Sapph. Dichtung p. 18; 136-153; 235; 303; 425; 458

29 *Si ex te tacente fieri possem certior*

30 *Si famam servare cupis, dum vivis, honestam*

31 *Si famis atque sitis diram vis noscere*

32 *Si fas est ludos abiectis ducere curis*
E MGH Poet. 5 p. 652
I BORST Zahlenkampfspiel p. 46; 69; 71
I FICHTENAU Lebensordnungen II p. 532

33 *Si fatuo dabitur tam sanctum nomen homullo*

34 *Si fieres lauro celata polita sub auro*
E MGH Poet. 5 p. 638

35 *Si fontis brevis unda latens demersa tenetur*
MI BROWN ClPh 68/1973 p. 213s.
MI STELLA Filologia mediolatina 5/1998 p. 281
I SHACKLETON BAILEY ClPh 77/1982 p. 120
I W. TRILLITZSCH Seneca im liter. Urteil d. Antike I 1971 p. 191ss.
I P. MASTANDREA Lettori cristiani di Seneca filosofo 1988 p. 59-77

36 *Si fortuna suos potuisset flectere manes*

37 *Si grave non, hospes, fuerit, remorare viator*

38 *Si Hilarium quaeris qui sit cognoscere*
ETC REYDELLET I p. 71

39 *Si Libycae nobis volucres et Phasides essent*

40 *Si licet et pateris, nomen facinusque tacebo*

41 *Si licet, hoc sine fraude, Vari dulcissime*

42 *Si licet occultos monitus audire deorum*

43 *Si locus aut tempus favet aut persona*

44 *Si, Lucane, tibi vel si tibi, Tulle, darentur*

45 *Si lutus, si pulvis tardat te forte, viator*

46 *Si manus aut similis docilis mihi fingere*

47 *Si Maro, si Flaccus, si Naso, si Persius*
ETI CC 113A p. 223:11
EC ORTEGA p. 266
I MADOZ p. 222

48 *Si matutinos facilest tibi perdere somnos*

49 *Si mavis, lector, typicos dinoscere sensus*
I STELLA Poesia carolingia p. 136-139

50 *Si me mobilibus scis expulsare sinistris*

51 *Si me non nimium pluviatilis aura vetaret*
T COOK p. 14

52 *Si me respirare parum sineres, tibi cuncta*
E Notker Balb. ed. BERSCHIN p. 116

53 *Si me retro legis, dicam tibi semper id ipsum*

54 *Si me retro legis, facere qui vulnera novi*

55 *Si me retro legis, faciam de nomine verbum*

56 *Si me retro legis, potui quae vivere*

57 *Si mea dona tibi cupias, nimbose viator*
B Clavis Galliae II p. 19

58 *Si memini, fuerant tibi quattuor, Aelia dentes*
M Paris, BN lat. 8069 (saec. X) f. 6rb

59 *Si mentes puras retinent confinia caeli*

60 *Si mentis virtus lucisque serenior usus*

61 *Si meritis iacentum piis laus datur sepulchris*
I BOGNETTI in: Storia di Milano II p. 191
I NORBERG in: Cultura in Italia p. 369s.
I MONTORSI Epigrafe modenese p. 147
I PICARD Souvenir p. 213

62 *Si meritis possem dare munera tantum*

63 *Si metis agnosces quod egerit umbra pedum*

64 *Si meus aurita gaudet lagalopece Flaccus*

– *Si mihi di faciles et sunt in amore secundi*
cf. *Mittit Abydenus, quam mallet*

65 *Si mihi linguae centum sint, milleque ora*
I BISCHOFF Anecdota novissima p. 133 n. 3

66 *Si mihi non vultis, oculis vel credite vestris*
TI BERSCHIN Eremus p. 3

-a *Si mihi nunc tristis primum inluxit dies*

67 *Si mihi pes lapset, relevans vice tu pedis asta*

68 *Si mihi Picena turdus palleret oliva*

69 *Si mihi Pindareae praestarent organa*
EC PASCAL in: Hrotsvit of Gandersheim ed. K. M. WILSON 1987 p. 211-228
I HEAD Hagiography and the Cult of Saints p. 218 n. 81s.
I ZIOLKOWSKI Viator 15/1984 p. 107
I ZUG TUCCI Settimane ... Spoleto 31/1985 p. 359
I BERTINI MlatJb 24-25/1989-1990 p. 39-48

70 *Si mihi quae legi, Pari, non legisse liceret*

71 *Si mihi susceptum fuerit decurrere munus*

72 *Si mihi vel vestros licuisset cernere vultus*
ETC REYDELLET I p. 126

73 *Si modicus pleno manat de corpore sanguis*

74 *Si modo sunt Manes, sentiant: spes vitae*

75 *Si mollis iecoris fibras dolor angit acerbus*

76 *Si monitis gradiare meis, fidissime lector*

77 *Si mundo moritur divino fonte renascens*

78 *Si mutare paras longaevos cana capillos*

79 *Si nequeo praesens, absens tibi solvo*

80 *Si nequit infandum praevertere cautio virus*

81 *Si nescit mens sancta mori, si pura voluntas*

82 *Si nil post obitum prodest commissa fateri*

83 *Si nimius videor seraque coronide longus*

84 *Si nitidus vivas, eccum domus exornata est*
E ALFÖLDY Inschriften p. 371:801

85 *Si nobis, Deus, est promissae auctor salutis*

86 *Si non ante diem crudelia fata fuissent*

87 *Si non conplestis quod hic conpleta vocatur*
T COOK p. 29

88 *Si non est grave nec nimis molestum*

89 *Si non fatorum praeceps hic mortis obisset*

90 *Si non fatorum praepostera iura fuissent / [Hic pater et*

91 *Si non fatorum praepostera iura fuissent / [Hoc titulo mater*

92 *Si non fatorum praepostera iura fuissent / [Mater in hoc titulo*

93 *Si non fatorum praepostera iura fuissent / [v. 3 Quae rogat ut dicas aetatis*

94 *Si non fatorum praepostera iura fuissent / [v. 3 Quae rogat ut dicas motus*

95 *Si non ignota est docti tibi terra Catulli*

96 *Si non molestum est, hospes, consiste et lege*

97 *Si non molestum est teque non piget, scazon*

98 *Si non mortalis sors irrevocabilis aevi*

-a *Si non, Penzo, tuam temptabis rumpere [vocem* 7
A inc. saec. X?
E MGH Poet. 5 p. 639

99 *Si nos tardamus, non tardant tempora nostra*

00 *Si nostram, frater, festucam tollere quaeris*

-a *Si nostram, lector, festucam tollere quaeras* [8
E JEAUNEAU Études Érigéniennes p. 658

01 *Si nova nunc fierent tantarum exordia rerum*

02 *Si novus a Iani sacris numerabitur annus*
M Berlin, DStB Hamilton 473 (BOESE p. 221)
M U. WINTER Hss. Diez 1986 p. 76

03 *Si par vivendi reparatur gratia manes*

04 *Si pax proveniat seu plaudant ampla tropaea*

05 *Si pensare animas sinerent crudelia fata*
M PRETE Cod. Barb. Lat. p. 285 (cod. 81)

06 *Si Pergamenis digna canimus paginis*

07 *Si persona potens, si quisquam mitteret*

08 *Si Phoebi soror es, mando tibi, Delia*

09 *Si pietas et sanctus amor dat vota petenti*
T COOK p. 26

10 *Si pietate aliquem redimi fatale fuisset*

11 *Si pietatis opus numquam morietur in aevo*
ETC REYDELLET I p. 162

12 *Si pietatis prodest quicquam, vixisse modeste*

13 *Si plus dis (bis?) terque quaterque fieri quod*
ETI CC 113A p. 235:27
I MADOZ p. 223

14 *Si possem, totas cuperem misisse lacernas*

15 *Si potes Archiacis conviva recumbere lectis*

16 *Si potes et non vis, cur gaudia differs*

17 *Si potes, ignotis etiam prodesse memento*
M PRETE Cod. Barb. Lat. p. 285 (cod. 48)

18 *Si praestaretur praeconia pandere regum*
I GEORGE Venantius Fortunatus p. 57-59

19 *Si precibus Christo famulantum nostra*

20 *Si primum non inficeret sua culpa parentem*

21 *Si prior Euganeas, Clemens, Helicaonis oras*

22 *Si pro virtute et animo fortunam habuissem*

23 *Si prodi verbis affectus posset amantis*
ETC REYDELLET II p. 114

24 *Si pudor in vita quicquam prodesse putatur*

25 *Si qua fides falsis umquam est adhibenda*

26 *Si qua fides hominum est, unam te semper*

27 *Si qua fides veris, praeferri, maxime Caesar*

28 *Si qua fuit virtus, cuperet quam femina*

29 *Si qua manent obitis vitae sine fraude*

30 *Si qua mihi, veniet quotiens, occasio dulcis*
ETC REYDELLET II p. 157

31 *Si qua recordanti benefacta priora voluptas*

32 *Si qua renascentes optant certamina laudis*

33 *Si qua tamen pietas gelidos movet, Rustica*

34 *Si qua verecunde viventi gloria danda est*

35 *Si qua viam faceret nostris fiducia votis*

36 *Si qua videbuntur chartis tibi, lector, in istis*

37 *Si quaeris rerum fuerit si gloria vitae*

38 *Si quaeris viridi scriptura colore notari*

39 *... si quaeritis ossa Sereni*

40 *Si quam rem accures sobrie aut frugaliter*

41 *Si quando in silvis urso desunt copiae*

42 *Si quando leporem mittis mihi, Gellia, dicis*

43 *Si quantas rapidis flatibus incitus*
ETC Carm. Cant. 58 ed. ZIOLKOWSKI p. 132; 314

44 *Si quantis regum sit subdita vita periclis*
I HAMANN-MACLEAN Reimser Denkmale p. 183s.

45 *Si quem sancta tenet meditanda in lege*

46 *Si qui forte mearum ineptiarum*

47 *Si quicquam mutis gratum acceptumve*

48 *Si quicquam tacito commissum est fido ab*

49 *Si quid adhuc superest in nostri faece locelli*

50 *Si quid est homini miseriarum quod*

51 *Si quid forte petam timido gracilique libello*

52 *Si quid, Fusce, vacas adhuc amari*

53 *Si quid habet pretii fidei laudisque uetustas*

54 *Si quid lene mei dicunt et dulce libelli*

55 *Si quid nostra tuis adicit vexatio rebus*

56 *Si quid opus fuerit, scis me non esse*

57 *Si quid praeteriens titulo vis dicere nostro*

58 *... / Si quid v ... ociare sui / Sed satanas non*
I BISCHOFF in: Die otton. Wandbilder d. St.-Georgskirche Reichenau-Oberzell ed. K. MARTIN 1975 p. 109 (cf. MGH Poet. 5 p. 681)

59 *Si quidam doctores, dum expectant munera*

60 *Si quis ades longis serus spectator ab oris*

61 *Si quis Arcturi sidera nescit*

62 *Si quis Avitacum dignaris visere nostram*

63 *Si quis erit, qui turpe putet servire puellae*

64 *Si quis erit raros inter numerandus amicos*

65 *Si quis es, insultes qui casibus, inprobe*

66 *Si quis forte legit titulum nomenve requirit / [Dorchadis inveniet*

67 *Si quis forte legit titulum nomenve requiret / [Nardinis invenies*

68 *Si quis forte meam cupiat violare puellam*

69 *Si quis forte mei domum Catonis*

70 *Si quis forte mihi possit praestare roganti*

71 *Si quis forte morae patiens vis scire viator*

72 *Si quis forte velis curiose scire viator*

73 *Si quis forte velit tumuli cognoscere fatum*

74 *Si quis Fructuariae mavult praenoscere*

– *Si quis hoc nostro detrahit ingenio*
cf. *Parva quod exiguo sint scripta*

75 *Si quis honos vitae est testis post munera fati*
EI CUGUSI Epigraphica 44/1982 p. 69s.

76 *Si quis in hoc artem populo non novit*

77 *Si quis non valeas praesens cum voce referre*
I LÖFSTEDT/LANHAM Eranos 73/1975

p. 71

78 *Si quis non vidit Venerem, quam pinxit*

79 *Si quis nosse cupit quantum mendacia vitam*

80 *Si quis per normam cupit hanc cognoscere*

81 *Si quis plorator collo tibi vernula pendet*

-a *Si quis rhetorico festinat tramite ductus*
M BALLAIRA Prisciano p. 85

82 *Si quis scire cupit, hoc cuius membra*

83 *Si quis scripturam quaerit sibi scribere*

84 *Si quis ut vivat quaerit addiscere semper*

85 *Si quisquamst qui placere se studeat bonis*

86 *Si quit bis facere, te bibo fac dulciter*

-a *Si quo sint effata sibi contraria quaeris*

87 *Si quod mille sonat relationum*
I WILHELM Month p. 94 n. 48

88 *Si quod voce sonat, fido mens pectore gestat*

89 *Si quoi iure bono sacer alarum obstitit*

90 *Si quoi quid cupido optantique optigit*

91 *Si quot habes versus, tot haberes poma*

92 *Si quotiens peccant homines, sua fulmina*

93 *Si rapidis oculis te semper, amice, viderem*

94 *Si recitaturus dedero tibi forte libellum*

95 *Si Romana forent haec Socratis ora, fuissent*

96 *Si Salomoniaci memoretur machina templi*
ETC REYDELLET I p. 66
M facs. O. MAZAL Lehrbuch d. Handschriftenkunde 1986 p. 328
M DE MEYIER Codices Vossiani II p. 34
I DERENS/FLEURY Journal des Savants 4/1977 p. 247-256
I HOEFLICH RPL 5/1982 p. 128
I STAUBACH FMSt 96/1983 p. 46 n. 200
I STAUBACH FMSt 18/1984 p. 551 n. 17
I GEORGE Eranos 86/1988 p. 56
I HUNT/LAPIDGE Anglo-Saxon England 8/1979 p. 290s.
I WOOD Early Medieval Europe 7/1998

p. 292

97 *Si scribam quaeris, qui mi penna coloraret*
EM Colophons 16855
I HOFFMANN Buchkunst p. 45

98 *Si sine carne voles ientacula sumere frugi*

99 *Si sol est, et lux est; at sol est: igitur lux*

00 *Si solum spectes hominis caput, Hectora*

01 *Si spumet rubra conchis tibi pallida testa*

02 *Si stomachus nondum concoctas expuit escas*

03 *Si subsistendi non est mora praetereuntium*

04 *Si talem Graium tetulissent fata poetam*

05 *Si tantam meruere suo pro carmine famam*
ET PÖRNBACHER p. 32
M DE MEYIER Codices Vossiani VI p. 135
B BHL 1368
I SCHMID Klostergemeinschaft Fulda p. 242
I WALLACE-HADRILL Frankish Church p. 323
I COURCELLE Lecteurs ... de l'Énéide p. 327
I TREMP Thegan p. 118
I KNITTEL Walahfr. Wett. p. 15; 107 n. 35
I BROOKE in: Charlemagne's Heir p. 563s.
I BERSCHIN Biographie III p. 274s.

06 *Si tantas facies tunc sumpsit divus adulter*

07 *Si te Messala, studiis mihi pandere velles*

08 *Si te perliquido tuemur ore*

09 *Si te propositi nondum pudet atque eadem*

10 *Si te sportula maior ad beatos*

11 *Si tecum mihi, care Martialis*

12 *Si temperari balneum cupis fervens*

– *Si tenebrae Aegyptus Graio sermone*
cf. *Bis deni binique dies scribuntur*

– *Si ter quaternis trahitur*
cf. *Sic ter quaternis*

13 *Si terrena, sacer, quondam tibi cura fuisset*
ETC REYDELLET I p. 139
I QUACQUARELLI Poesia tardoantica p. 448

14 *Si tibi Cecropio saturata Cydonea melle*

15 *Si tibi frumenti superarit copia, sive*

16 *Si tibi magnanimus rigida virtute videris*
ETC REYDELLET II p. 122

17 *Si tibi, magne, velim fasces memorare*
T SCHRADER p. 101
I SCHRADER VigChr 42/1988 p. 76

18 *Si tibi Mistyllos cocus, Aemiliane, vocatur*

19 *Si tibi morosa prurigine verminat auris*

20 *Si tibi non opus est servata, stulte, puella*

21 *Si tibi pro meritis nemo respondet amicus*

22 *Si tibi sancta fides, si Christo dedita mens est*
ET GILARDI Syll. Turon. p. 215; 228

23 *Si tibi sunt animae, pictor, quibus*

24 *Si tibi talis erit, qualem, dilecta Catullo*

25 *Si tineas cariemque pati te, charta, necesse*

26 *Si torpens celeri tigrem superare fugacem*
C LAPIDGE Anglo-Latin Literature 1993 p. 485s. zu p. 248ss.
M GNEUSS Handlist 27
I LAPIDGE Wulfstan p. XCVs.

27 *Si tristi domicenio laboras*

28 *Si tu, lector, amas custodem noscere templi*

29 *Si tua, Cerini, promas epigrammata vulgo*

30 *Si tua, Cureti, penitus cognoscere quaeris*

31 *Si tua nec Thais nec lusca est, Quinte, puella*

32 *Si umquam quemquam di immortales voluere*

33 *Si vacat exiguum profugo dare tempus amico*

34 *Si vel nare quidem vel si volitare valerem*

35 *Si velut auratum fellis pinguedine cuprum*

36 *Si veneto prasinove faves, quid coccina*

37 *Si veniant linguae pariter Graeca atque*
ETC REYDELLET I p. 91

38 *Si vera loquax fama Tonantis*

39 *Si vere exurunt ignes, cur vivitis, undae*

40 *Si verum - simile ut verum, qui iure necesse*

41 *Si vicina tibi Nomento rura coluntur*

42 *Si vis auribus Atticis probari*

43 *Si vis celsi iura Tonantis*
M STÄBLEIN Schriftbild p. 147 tab. 33

44 *Si vis esse satur, nostrum potes esse Priapum*

45 *Si vis perfectam, Domino committe medelam*

46 *Si vis splendentem gemmis inferre nitorem*

47 *Si vis* ΟΥΡΑΝΙΑΣ *sursum volitare per auras*
TC STELLA Poesia carolingia p. 246ss.; 448ss.
TI MICHEL p. 138
M Bruxelles, BR 5327 (saec. IX/X) f. 173r
MI JEAUNEAU Études Érigéniennes p. 230ss.; 475; 664
I PREAUX in: Jean Scot Érigène et l'Histoire de la Philosophie p. 167
I LAPIDGE in: Jean Scot Érigène et l'Histoire de la Philosophie p. 441

48 *Si vitam inspicias hominum, si denique*

49 *Si vivunt animae corpore condito*

50 *Sibi non cavere et aliis consilium dare*

– *Sibi sperabant fessis a secunda puella*
cf. *Infelices parentes filiae testantur*

51 *Sic alterna duces bellorum uolnera passos*

52 *Sic Apollo, deinde Liber sic videtur ignifer*
EC Flori carmina ed. C. DI GIOVINE 1988 p. 76; 99ss.

-a *Sic celso residet solio qui condidit astra* [2
A Aethelwoldus Winton.?
EI LAPIDGE in: YORKE Aethelwold p. 96
I LAPIDGE Wulfstan p. LXXXIXs.

-b *Sic commissa verens avidus reserare [magister* 4
E MGH Poet. 5 p. 656
cf. *Si commissa verens*

53 *Sic contra rerum naturae munera nota*
I SHACKLETON BAILEY ClPh 77/1982 p. 123

54 *Sic custos pater usta igni fidissimus atro*

55 *Sic decet in palmis patres celebrare*

56 *Sic decorare suos consuevit Christus*

57 *Sic Deus est magnus, de se valet, et manet in*
I SCHALLER in: Fs. AUTENRIETH 1988 p. 136ss.

58 *Sic effato simul vestem contraxit ab imo*

59 *Sic ego non ullos iam norim in amore*

60 *Sic ego pro meritis capio nomineque salutor*
ET HÄUSLE Denkmal p. 68

61 *Sic ego suscepi tua carmina, maxime*
M DE MEYIER Codices Vossiani VI p. 265
I BULLOUGH Aula Renovata p. 288
I GODMAN in: Charles the Bald p. 297
I BULLOUGH Carolingian renewal p. 156 n. 45

62 *Sic Ephesum Christo dilecti membra Ioannis*

63 *Sic est Maecenas fato veniente locutus*
I SHACKLETON BAILEY ClPh 77/1982 p. 128

64 *Sic et ames, mea lux, et rursus semper*

65 *Sic et membra solent auras includere ventris*

66 *Sic etiam meruit sentire domesticus ille*

67 *Sic etiam nigrum pingendi transfer in usum*

68 *Sic etiam nimium tu virens effice vitrum*

69 *Sic ex Romano poteris conficere vitro*

70 *Sic facile similem poteris servare colorem*

71 *Sic fatur lacrimans, classique immittit*

72 *Sic fatur lacrimans. Cumarum adlabitur oris*

73 *Sic felix falsus finivit falsa capella*
M GNEUSS Handlist 48

74 *Sic florem aetatis tenuit Veratia caste*

75 *Sic fugiens dux zelotypos quam karus*

76 *Sic hesterna dies totas mihi transtulit horas*
I CONSOLINO Annali p. 1355

77 *Sic homo consistit, sic corporis illius artus*
EI G. BAESECKE Kleinere Schriften 1966 p. 25
M DE MEYIER Codices Vossiani VI p. 136

78 *Sic illa quondam marmoris rubri via*

79 *Sic in gramine florido reclinis*

80 *Sic lacrimans tandem Cumarum adlabitur*
I SCHETTER Hermes 116/1988 p. 343-357

81 *Sic me custodi, Cosconia, neve ligata*

82 *Sic me formavit naturae conditor almus*

83 *Sic me fronte legat dominus, Faustine*

84 *Sic me iamdudum rerum veneranda potestas*

85 *Sic mihi sit frater maiorque minorque*

86 *Sic nam quaere semper lunam*

87 *Sic non Aethiopum campos aestate pererrem*

88 *Sic nuncquam Fortuna sinat te nosse*

89 *Sic patriarchae, sic prophetae nobiles*
B CANTELLI BERARDUCCI p. 383s.

90 *Sic perit omnis honor, sic defluit omne*

91 *Sic pia, sic felix, sic quod tibi vita beata*

92 *Sic placidum videas semper, Crispine*

93 *Sic poteris viridem tibi pictor habere*

94 *Sic prece benigna nos fove / Psallentes*

95 *Sic primo Christum certabant pendere regem*
I MONTORSI Epigrafe modenese p. 154

96 *Sic puerum truciore rogo Babylonis adactum*

97 *Sic quis forte velit curiose scire viator*

98 *Sic quoque continuo, sed et, o mirabile dictu*
EC ROBERTINI p. 221

99 *Sic raro scribis, ut toto non quater anno*

00 *Sic redit ad propria sacer et venerabilis*

01 *Sic rex et populi, pariter dites et egeni*

02 *Sic semper Hispania tali rectore laetetur*
EI GÓMEZ PALLARÈS in: Umanesimi p. 185s.

03 *Sic si faxitis, Romani, res meliores*

04 *Sic sic servatis praeceptum domini*

05 *Sic tamquam tabulas scyphosque, Paule*

06 *Sic te diva potens Cypri*

07 *Sic tegat omnipotens radiantia culmina regis*
ETC REYDELLET II p. 119

08 *Sic ter quaternis trahitur*
EC Canterbury Hymnal 37517 p. 75s.
M Portiforium Wulfstani nr. 438
M GNEUSS MlatJb 35/2000 p. 244; 246
M ZANNA in: Poesia dell'alto medioevo p. 366
I NORBERG Les vers iambiques p. 28
I NORBERG in: Cultura in Italia p. 364

09 *Sic tibi contingat feliciter ire, viator*

10 *Sic tibi contingat semper florere, Sabina*

11 *Sic tibi florentes aequaevo germine nati*

12 *Sic tibi, magne Pater, sacra virgo remisit*
EC ROBERTINI p. 247

13 *Sic tibi perpetuo sint, lector, vota secunda*
E ICUR N. S. VIII p. 404:23359

14 *Sic tibi praeterito redeat felicior annus*

15 *Sic tibi quae votis optaveris, omnia cedant*

16 *Sic tibi virginitas mansuro constet in aevo*

17 *Sic Tiburtinae crescat tibi silva Dianae*

18 *Sic tua poeniteat te crimina saeva patrasse*

19 *Sic tua semper ames, quisquis pia vota*
A inc. saec. IV/V?
ETC An anonymous epistle of Dido to Aeneas ed. E. L. CHUBB Diss. Philadelphia 1920
ETC Epistula Didonis ad Aeneam ed. SOLIMANO 1988
TC SHACKLETON BAILEY HStClPh 84/1980 p. 198s.

20 *Sic tua sit, quamcumque tuam vis esse*

-a *Sic ubi corrector meus haesit, corrige lector* [1
A inc. saec. X
EM Colophons 23480

21 *Sic ubi fata vocant, udis abiectus in herbis*

22 *Sic umbrosa tibi contingant tecta, Priape*

23 *Sic vegetata sedent sibimet plerumque*

24 *Sic vos Caesarii monitis honor ornet in orbe*

25 *Sicanius vates silvis, Ascraeus in arvis*

26 *Sicca pruinosam crebris effundo fenestris*

27 *Sicco per ingenium mire conscendit in altum*

28 *Siccum utique campum et viantibus satis*

29 *Siccus, sobrius est Aper; quid ad me*

30 *Sicelides Musae, paulo maiora canamus*

31 *Sicilia tellus, quam vallant caerula ponti*
B BHL 137

32 *Sicine componis populos, Fortuna, furentis*

– *Sicque pavus varie pavescens voce resultat*
cf. *Hinc ululansque lupus rugens et vilis*

33 *Sicut naviganti dulcis est portus*

-a *Sicut navigantibus dulcis est portus* [2
A inc. saec. VII/VIII
EM Colophons 23492

-b *Sicut navigantibus optimus portus* 2
A inc. saec. IX
EM Colophons 23493

-c *Sicut navigantibus proximus est portus*

[3
A inc. saec. VII
EM Colophons 23494

34 *Sicut optatus genitor piisque*
EC CC Cont. Med. 117 p. 21
I BRUNHÖLZL in: Scire litteras p. 91
I WILLMES Herrscher-'Adventus' p. 82
I STAUBACH Rex christianus p. 326

-a *Sicut portus oportunus navigantibus*
[3
A inc. saec. VIII/IX
EM Colophons 23496

35 *Sicut tuom vis unicum gnatum tuae*

36 *Sidera deinde canit, segetes et dona Lyaei*
I SCHETTER Hermes 116/1988 p. 345-357
I REEVE Phoenix 39/1985 p. 178

37 *Sidera iam Tyrius Phrixei respicit agni*

38 *Sidera me retinent, nil me, mors impia*

39 *Sidera si caelo possunt, si gramina terris*
B BHL 2870s.
I GNILKA in: Iconologia sacra p. 26 n. 6; p. 51s.

40 *Sidera si sparsim speciali lumine fulgent*
I JEAUNEAU Études Érigéniennes p. 67
I HERREN in: Jean Scot Écrivain p. 271
I DUTTON in: Jean Scot Écrivain p. 55

41 *Sidere ab hoc ignis venienti nocte Leonis*

42 *Sidere percussa est subito tibi, Zoile, lingua*

43 *Siderea de sede nitens, bone conditor, orbis*

44 *Siderea de sede poli pater alme serenus*
B Clavis Galliae I p. 170
I CHAZELLE The Cross p. 70

45 *Siderei montes, speciosa cacumina Sion*
ETC REYDELLET I p. 95
M DE MEYIER Codices Vossiani II p. 34
M HUNT/LAPIDGE Anglo-Saxon England 8/1979 p. 284; 290
I LAPIDGE/ROSIER p. 37
I QUACQUARELLI Poesia tardoantica p. 459

46 *Sidereis stipor turmis in vertice mundi*

47 *Sidereo genitor residens in vertice caeli*
MI BULLOUGH in: U.-R. BLUMENTHAL Carolingian Essays 1983 p. 47
M GNEUSS Handlist 401; 903

48 *Sidereos coetus et culmina sacra polorum*

49 *Siderum factor dominusque caeli*
A inc. saec. IX: Adalhardo episcopo
M KOTTJE Bußbücher p. 73
B LAPIDGE/SHARPE p. 201:746
I HEYSE in: LexMA II c. 1509

50 *Sidon, frontem absconde tuam! clamans*

51 *Sidonius, de Constantis quam nomine dicunt*
E Notker Balb. ed. BERSCHIN p. 116

52 *Sidus honestatis, lux morum, sol probitatis*

53 *Signa, duces gentesque feras Martisque*
I ZARINI RÉAug 32/1986 p. 74-91

54 *Signa salutiferi nemoris haec inclita laetis*
B BHL 1314

55 *Signa sonant sacris, satagant sua solvere*

56 *Signet pisciferos Christus cum piscibus istos*

57 *Signifer aethereus, mundus quo cingitur*
M PELLEGRIN Bibliothèque Vaticane II.2 p. 167

-a *Signifer ingentis caeli quoque claviger*
A inc. saec. IX?
M MGH Poet. 6 p. 288

58 *Signorum princeps Aries et Taurus et una*
M MlatJb 16/1981 p. 436; WIC 18204

59 *Signum crucis mirabile*
M ODERMATT Ordinarius St. Arnulf p. 391
M ACHTEN Theol. Hss. Berlin II p. 44
I SZÖVÉRFFY Holy Cross p. 27

60 *Signum et derectam prisca regione*

-a *Signum gessit mirabile*
A Clemens (saec. IX)
EI ALMA 40/1977 p. 56

61 *Signum iudicii pandens, haec taliter inquit*

62 *Signum nos dominici defendat ligni*
M Dublin, Trinity College Ms. TCD 312

f. 155[r]

63 *Sileteque et tacete atque animum advortite*

64 *Sili, Castalidum decus sororum*

65 *Siliqua frequens foveas mea membra lavacro*

66 *Silius haec magni celebrat monimenta*

67 *Silva fui dudum crescens in sentibus aspris*
TC STELLA Poesia carolingia p. 202; 426ss.

68 *Silvane, sacra semicluse fraxino*

69 *Silvanus unde deus iterum apparuit esse*

70 *Silvester, cathedrae sortitus culmina Petri*

71 *Silvestri, almi praesulis*

72 *Silvestri imperio coeunt, et lumina Patres*

73 *Silvi, Brito Bonus: quamvis homo non bonus*

74 *Silvius esse Bonus fertur ferturque Britannus*

75 *Silvius hic Bonus est. Quis Silvius? Iste*

76 *Silvius hic Bonus est, sed Brito est Silvius*

77 *Silvius ille Bonus, qui carmina nostra*

78 *Sim licet angustum lapidis sub tegmine*

79 *Sim licet exilis perpaucis dicere nisus*

80 *Simon, ille lupus ficto seu nomine frater*

81 *Simon, quem vocitant Petrum*

82 *Simon Zelotes, Chananaeus idemque vocate*

83 *Simon Zelotes necnon Cananeus idem*
I HAUCK Taufpfalzen p. 60

84 *Simplex grex ovium, rabiem sedate luporum*

85 *Simplex purus et unus aeterni pater atque*

86 *Simplex trine deus, genitor, sate, spiritus*
I REXROTH in: Aspekte d. Nationenbildung im MA ed. H. BEUMANN/W. SCHRÖDER 1978 p. 313

87 *Simplicio nunc ipse dedit sacra iura tenere*

88 *Simplicior priscis, Munati Galle, Sabinis*

89 *Simplicitas animi virtutum semina nutrit*
ET MESSINA p. 31:VI
I EBERHARDT p. 151ss.

90 *Simpliciter tibi me, quodcumque est, dicere*

91 *Simulata interdum vitia prosunt hominibus*

92 *Sine lite et questu ullius vixsi quom fide*

93 *Singula de propriis per mundum moenia*
I COURCELLE Lecteurs ... de l'Énéide p. 319; 461

94 *Singula si vivens firmis constitero plantis*

95 *Sint licet exiguae fugientia tempora Vitae*

96 *Sint tibi deliciae, sint ditis prandia mensae*

97 *Sint tibi placati Manes et tuta quiescas*

98 *Sion, psalle, Sion plaude / diem laetum duc*

99 *Siqua meis fuerint, ut erunt, vitiosa libellis*

00 *Siqua tamen caecis errabunt scripta lituris*

01 *Siquis adhuc istic meminit Nasonis adempti*

02 *Siquis adhuc usquam nostri non immemor*

03 *Siquis habens nummos venies, exibis inanis*

04 *Siquis habes nostris similes in imagine vultus*

05 *Siquis havet nostro conferre dolore*

06 *Siquis rem dubiam deliberet, armat iambus*

07 *Sirenas hilarem navigantium poenam*

08 *Sirenes varios cantus, Acheloia proles*

09 *Siricius pia nunc persolvit munera sanctis*
E ICUR N. S. VIII p. 359:23056

10 *Sis felix sospes, sis laetus semper ubique*

11 *Sis humilis, hilaris dum vivens corpore sistis*

12 *Sis licet in numero, suboles, suscepta piorum*

13 *Sis memor ergo tui, qui cernis fata sepulti*

-a *Sis memor nostri versus cum legeris istos*

[1
EM facs. GAVINELLI Aevum 59/1985 p. 185s.

14 *Sis mihi, cunctipotens, cubitanti dexter*

15 *Sis pater alme tuis famulis spes firma salutis*
B BHL 5924

16 *Sis pia, quaeso, tuo Bernwardo, trina*
EM BERGES/RIECKENBERG p. 48; 172
MB HOFFMANN Buchkunst p. 289

17 *Sis pius, oro, mihi, Martine, habitator*

18 *Sis prece contentus ne sit tibi vana iuventus*

19 *Siste gradum, fugiat quamvis brevis hora*
EM CIFM 2 p. 29:24

20 *Siste gradum quaeso, sine te levet umbra*

21 *Siste gradum quicumque precor paulumque*

22 *Siste gradum stabilem prudens quicumque*

23 *Siste gradus, itor, paucis te fabor; abito*

24 *Siste, precor: quaeso, cippum cognosce*

25 *Siste viator iter meaque aspice fata sepulcro*

26 *Siste viator iter, per me tu gnoti ceayton*
ETI FAVREAU p. 111s.

27 *Sit cisterna mihi quam vinea malo Ravennae*

28 *Sit culus tibi quam macer, requiris*

29 *Sit dominus tecum, semper tua gratia mecum*
M SCHMIDT Reichenau p. 163

30 *Sit germanus amor, fratres, vos inter ubique*
B Clavis Galliae II p. 435

31 *Sit grata requies, quem pia cura tegit*

32 *Sit iucunda / Deo nostro laus*
M CTrop V p. 77; 276; 279; 281; 285; 292
I v. D. STEINEN ZSchwKG 40/1946 p. 254
I BJÖRKVALL MlatJb 24-25/1989-1990 p. 50

33 *Sit longaevus amor, sis sospes tempore multo*

34 *Sit mihi talis amica velim*

35 *Sit nobis aetate puer, non pumice levis*

36 *Sit nobis Christus mira dulcedine potus*

37 *Sit noster tantum, non stringunt crimina*

38 *Sit nox illa diu nobis dilecta, Nealce*

39 *Sit pariter Lupo pax vita longa salusque*
I KER Books p. 55

40 *Sit pax hanc famulis aeterna petentibus*

41 *Sit Phlogis an Chione Veneri magis apta*

42 *Sit pius et iustus, par, providus atque quietus*

43 *Sit salus atque decus tecum pietate paterna*

44 *Sit tibi, Christe, laus simulque Deipara virgo*

45 *Sit tibi laus, sit honor, rerum mirabilis*

46 *Sit tibi praecipue, quod primum est, cura*

47 *Sit tibi, sanctus phalanx, fecundi ruris ad*

48 *Sit tibi summa salus semper sine fine beata*

49 *Sit tibi, summe deus, benedictio gloria virtus*

50 *Sit tibi terra levis, iucunda tibi requies sit*

51 *Situs hic Alfius Felix Flavianus est*

– *Sive apros feroces fudi, ut gratus venanti*
cf. *Apros feroces fudi - at gratus*

52 *Sive homo seu similis turpissima bestia nobis*

53 *Sive probas Tyrio textam subtemine vestem*

54 *Sixtus Alexandrum sequitur, qui culmina*

55 *Sobria cella cadis vinum quod servat onustis*

– *Sobria prospiciens mater pia filia concors*
cf. *nitore / Sobria prospiciens mater*

56 *Sobrietas caput huius erit finisque libelli*
ET GODMAN Poetry p. 310ss.
M DOLBEAU RecAug 13/1978 p. 33
I RICHE in: Jean Scot Érigène et l'Histoire de la Philosophie p. 44
I DE MOREAU St.-Amand p. 54s.

57 *Socer, beate nec tibi nec alteri*

58 *Sol angelorum, respice*
MI BULLOUGH Carolingian renewal p. 251
I CURRAN Antiphonary p. 31

59 *Sol, astra, terra, aequora*

60 *Sol calet igne meo. flagrat Neptunus in undis*
M MlatJb 11/1976 p. 62; WIC 18367
MI SMOLAK Wiener Studien 94/1981 p. 233-248

-a *Sol, crystallus, aqua, dant qualemcumque [figuram* 19
A Adson (saec. X): Vita s. Mansueti
E GOULLET AnBoll 116/1998 p. 104s.

-b *Sol, crystallus, aqua perpenditur esse figura* [19
A Adson (saec. X): Vita s. Mansueti
E GOULLET AnBoll 116/1998 p. 104s.

61 *Sol et luna, Deum hic Christum en benedicite*
ETC CC Cont. Med. 100 p. 81; 302
M CC Cont. Med. 100A tab. B9
MI ERNST Carm. fig. p. 247-250

62 *Sol hodie flores roseos dat habere colores*
I BERSCHIN Gr.-lat. MA p. 179

-a *Sol in occasu metitur maria* 1
ET Virg. Gramm. ed. POLARA p. 28

63 *Sol, luna, caelum, sidera*
M GNEUSS MlatJb 35/2000 p. 246

64 *Sol maximus mundi lucifer*
ET Virg. Gramm. ed. POLARA p. 24

65 *Sol oriens currusque suos e gurgite tollens*

66 *Sol oriens faciem stellarum obviscerat*

67 *Sol oriens intrat quinis ter sidera capri*

68 *Sol profectus a teporo veris aequinoctio*

-a *Sol qui candentem fervido curru*
A Apuleius
ET HELM p. 182

69 *Sol, qui flammigeris mundum complexus*
ETC TAEGERT p. 62

70 *Sol qui micantem candido curru atque equis*

71 *Sol, qui multifluo distinguit lumine mundum*
B OSTERWALDER Ekkeh. IV. p. 41
I COURCELLE Lecteurs ... de l'Énéide p. 211; 313
I SHEERIN Traditio 38/1982 p. 58
I LAPIDGE MlatJb 22/1987 p. 73
I BERSCHIN Biographie III p. 283ss.
I BECHT MlatJb 24-25/1989-1990 p. 7

72 *Sol, qui terrarum flammis opera omnia*

73 *Sol quoque exoriens. et cum se condet in*

74 *Sol, salveque valeque. Theombrotus*

75 *Sola tibi fuerant sestertia, Miliche, centum*

76 *Solae decertant acies sine numine divum*

77 *Solamen, tibi, Phoebe, novum dedit Oebalis*

78 *Sole, medere pede, ede perede melos*

79 *Solem iustitiae, regem paritura supremum*
B Chartres p. 299

80 *Solent mendaces luere poenas malefici*

-a *Soles meos omni ecclesiae vestrae [commendo* 1
ET Virg. Gramm. ed. POLARA p. 60

81 *Solet a despectis par referri gratia*

-a *Solibus haud plenies decies haec dicta [quaternis* 4
E Colophons 5644
EM Manuscrits Dat.: France VII p. 65

82 *Solibus indomitum glacies Alpina rigorem*
ETI LAURENS BAGB 1986 p. 346

83 *Solis verbis cyclos lunae*

84 *Solitas galea fulgere comas*

85 *Sollemne festum, plebs benigna, promite*
I GIL Habis 7/1976 p. 210

86 *Sollemne rutilat ac venerabile*
I GIL Habis 7/1976 p. 209

87 *Sollemne tempus vertitur, / Quo pontifex*

88 *Sollemne tempus vertitur, / Quod martyr*
I NORBERG Hymnarius Severinianus p. 61ss.

89 *Sollemnem diem / celebret plebs inclita*

90 *Sollemni iubare nitet dies haec*

91 *Sollemnis dies advenit*
M SILVESTRE RBén 91/1981 p. 169s. n. 3

92 *Sollemnis, memorandus et omnibus aptus*
M MGH Poet. 5 p. 683

93 *Sollemnis redit temporis / victoria Vincentii*

94 *Sollemnitas cunctis / veneranda / beati*

95 *Sollemnitas sancti Pauli*
I SPANKE Studien p. 28

96 *Sollemnitate rutilans / apostolica*

97 *Sollemnitatem, fratres carissimi*

98 *Solemnitatem huius, / Devoti filii, ecclesiae*

99 *Sollers artis eram prima florente iuventa*
I STAUBACH Rex christianus p. 24 n. 20; p. 37 n. 74

00 *Sollers magnanimus pius ingenio cato*
E ALFÖLDY Inschriften p. 413:939

01 *Sollicita pietate iubes cognoscere semper*
I WILLIS Mnemosyne IV.41/1988 p. 122s.

02 *Sollicitant pavidi dum rhinocerota magistri*

03 *Sollicitat famulum dominae sua cura*

04 *Sollicitata levi marcescunt corda virorum*

05 *Sollicitos et conversos cunctosque beatos*
I JEUDY StudMed III 18/1977 p. 200

06 *Sollicitus quicumque cupit cognoscere*
ET BINSFELD in: Fs. F. J. RONIG 1989 p. 42

07 *Solo tu nutu natis e diceris unus*
MI ERNST Carm. fig. p. 382-387

08 *Solon praecipuus, fertur qui natus Athenis*

-a *Solus Cato miles, populus turbatus, in acie [stetit* 1
ET Virg. Gramm. ed. POLARA p. 294

09 *Solus habes aquila corvos laniante triumvir*

10 *Solus in antiquo fulgebat clara potestas*

11 *Solvamus, fratres, Christo cum carmine*
M KOTTJE Bußbücher p. 21

12 *Solve graves scelerum nodos pietatis ad*

13 *Solve iubente deo nexo, Petre, vincula*

14 *Solve iubente (iuvante) deo terrarum, Petre*
M SIMS-WILLIAMS Anglo-Saxon England 10/1982 p. 28-31
M GNEUSS Handlist 938
I SCHALLER Studien p. 186s.

15 *Solve, lingua, moras et beato laudes*
ET BECHT-JÖRDENS in: SCHWAB/BECHT-JÖRDENS AWLsK 55/1993 p. 53-63
EI U. SCHWAB in: Lat. u. Volkssprache 1992 p. 85-87
M Bruxelles, BR 8860-67 f. 15^{v}

16 *Solverat antiquas moles ruinosa vetustas*
I FO Romanobarbarica 8/1984-85 p. 228

17 *Solverat ignivomos mundi regione peracta*

18 *Solvere dodrantem nuper tibi, Quinte*

19 *Solvere nos typicae scelus est signacula legis*

20 *Solvere, Paete, decem tibi me sestertia cogis*

21 *Solvere qui potuit caelo terraque ligata*

22 *Solvi libenter corpus in patrio solo*

23 *Solvimus ecce tibi, rex, censum iure perenni*
MB HOFFMANN Buchkunst p. 332

24 *Solvimus, en, grates summas, dulcissime*

25 *Solvitur acris hiems grata vice veris et*

26 *Solvo, pater, profluas hilari de pectore*

27 *Solvuntur in his gaudiis*

28 *Somnia ne cures, nam mens humana quod*

29 *Somnia, quae mentes ludunt volitantibus*

30 *Somniat inlapsum Petrus alto ex aethere*

31 *Somnio praemonitus miles hanc ponere iussit*

32 *Somno refectis artubus*
E Hymnarium oscense II p. 26s.
E PÉREZ GONZÁLEZ in: Poesia dell'alto

medioevo p. 334s.
EC Canterbury Hymnal 37517 p. 37s.
M ODERMATT Ordinarius St. Arnulf p. 391
M Portiforium Wulfstani nr. 2588

33 *Sonent regi nato nova cantica*

34 *Sophia patris, Christe magister, munera*
I LILIENFELD in: Typus, Symbol p. 155

35 *Sophron hic situs est aetatis parvae*

36 *Sorba sumus, molles nimium tendentia*

37 *Sorba suos partus merita maioris honestant*

38 *Sordida cum tibi sit, verum tamen, Attale*

39 *Sordida quaeque placent iniustis quos gravat*

40 *Sordida si flavo fuerit tibi pulvere vestis*

41 *Sordidior caeno cum sit toga, calceus autem*

42 *Sordidus ex umeris nodo dependet amictus*

43 *Soror Tonantis, hoc enim solum mihi*

44 *Sororem falso creditam meretriculae*
EM WINTER Philologus 123/1979 p. 179
M MlatJb 15/1980 p. 284; WIC 18456

45 *Sororem falso dictitatam Thaidis*

46 *Sors confessorum Christi hanc obtinet aram*

47 *Sors tibi sub teneris, Argentea, contigit annis*
I CUGUSI Epigraphica 44/1982 p. 93

48 *Sorte ministerii Eugenius perfungitur alter*

49 *Sortior in prologo, quae sint meditatio voto*

50 *Sortis adesto memor, legis haec quicumque*

51 *Sortitos celsis replicant anfractibus orbes*

52 *Sortitus thecam calamis armare memento*

53 *Sosia, prandendum est. quartam iam totus in*

54 *Sospitat incolumis nostratis portio mentis*

55 *Sossius hic situs est Successus iure peritus*

56 *Sotae filia clinici, Labulla*

57 *Soter Anicetum sequitur, qui dimovet aris*

58 *Spadone cum sis eviratior fluxo*

59 *Sparge mero cineres bene olentis et unguine*

60 *Sparge rosas, lector, et lilia candida pone*
A inc. saec. VIII (Eug. Tol.)
EM RUGO Iscrizioni III p. 71:93

61 *Sparserat in toto lumen venerabile mundo*
B BHL 5617

62 *Spe frustrate senex, privatus sceptra mereri*

63 *Species venusta, mens cui aderat prisca*
I NORBERG ALMA 44-45/1983-85 p. 217
I MONTORSI Epigrafe modenese p. 147

64 *Spectabat modo solus inter omnes*

65 *Spectant de muris miseri sua fata parentes*

66 *Spectantis faciem nitidissimus adsimulat fons*

67 *Spectat nos, Philomuse, cum lavamur*

68 *Spem positam voti noli tu semper habere*

69 *Spem tibi promissi certam promittere noli*

70 *Spendophoros Libycas domini petit armiger*

71 *Sperati, sancti martyris*

72 *Speravi dolor heu vitam producere longam*

73 *Sperne lucrum: versat mentes insana cupido*
M MlatJb 16/1981 p. 436; WIC 18488

74 *Sperne mores transmarinos, mille habent*
EC Flori carmina ed. C. DI GIOVINE 1988 p. 77; 112ss.

75 *Sperne repugnando tibi tu contrarius esse*

-a *Spernet hoc nullus, nisi quem Sapientia [spernet*
ET BISCHOFF Settimane ... Spoleto 22/1975 p. 75 (= BISCHOFF Mal. Studien III p. 65)

76 *Spes animaque mea exspectant die ultimo*

77 *Spes atque opes vitae meae iacent sepultae*

78 *Spes, deus, aeternae stationis conciliator*

79 *Spes fallax, spes dulce malum, spes summa*

80 *Spes generis clari magnorum gloria patrum*
EC ICUR N. S. VIII p. 403:23358
I HEINZELMANN Bischofsherrschaft p. 49

81 *Spes mea, Christe, rex benedicte, lux pia*
EC WEBER Gottschalk p. 137
I EPPERLEIN Herrschaft u. Volk p. 224 n. 281
I SPANKE Studien p. 3

82 *Spes mihi summa, deus, quod functus morte*

83 *Spes ratio via vita salus sapientia mens mons*
M LAPIDGE Anglia 100/1982 p. 3
M GNEUSS Handlist 890

– *Spes via vita salus ratio sapientia lumen*
cf. *Spes ratio via vita salus*

84 *Sphaera caeli duodenis signis circumvolvitur*
M PELLEGRIN Bibliothèque Vaticane I p. 439
M VOLLMANN in: Poesia dell'alto medioevo p. 258
I SCHALLER Studien p. 390

85 *Sphaera caeli quater senis horis dum*
I STEVENS in: Karl d. Gr. Nachwirken I p. 442-444
I SCHALLER Studien p. 390
I DRONKE in: Umanesimi p. 100s.

86 *Σφόδρα mirabilem promite carmina*

87 *Spicula comminuam tibi, Iuppiter inquit*

88 *Spirat in advecto, sed iam piger, aequore*

89 *Spirat post dominum sanctorum vita per*
A Hartw. (saec. XI)
ETI RÜTZ Text im Bild p. 43; 95; 111; 153
M Regensburger Buchmalerei tab. 10
I BISCHOFF in: Verf. Lex.² III c. 530s.

90 *Spiritus accelerans David cor regis adurit*
ET BISCHOFF in: Bibbia di San Paolo p. 162
M KESSLER p. 107

91 *Spiritus accensam verbo radiante lucernam*
T SCHRADER p. 60
M HOFFMANN Buchkunst p. 362
I SCHRADER VigChr 42/1988 p. 76-78

92 *Spiritus ad terras domini descendit in igne*

93 *Spiritus alme deus, regem benedicito*
M facs. BLOCH Monte Cassino III p. 1141
M facs. Regensburger Buchmalerei tab. 14
MB HOFFMANN Buchkunst p. 300
I CAMPANA in: Studi e ricerche ... in mem. G. MERCATI 1959 p. 34-47

94 *Spiritus alme veni, dulces mihi condere*
I HAUBRICHS in: Verbum et Signum. Fs. F. OHLY I 1975 p. 247

95 *Spiritus alme veni nostrumque iuvato*

96 *Spiritus alme, veni, supera directus ab arce /*
[*Ut praestes*

97 *Spiritus alme, veni supera directus ab arce /*
[*Ut tibi devotam*
ETC CC Cont. Med. 100 p. 129; 309
M CC Cont. Med. 100A tab. B16
MI ERNST Carm. fig. p. 285; 287-289

98 *Spiritus angelicus circumscriptus perhibetur*

99 *Spiritus astra petit, animam sumsere ministri*

00 *Spiritus divinae lucis gloriae*
M LOWE in: Folia Ambrosiana ed. A. L. GABRIEL/J. N. GARVIN 1965 tab. VI
M ZANNA in: Poesia dell'alto medioevo p. 369
B LAPIDGE/SHARPE p. 147:577
I CURRAN Antiphonary p. 66ss.

01 *Spiritus effuget sanctus nam pectora ficti*

02 *Spiritus exhausto volitat praelubricus auro*

03 *Spiritus hic homines caelesti dogmate*
I J. FONTAINE Culture et spiritualité en Espagne du IVe au VIIe siècle 1986 IV p. 197s.

04 *Spiritus hos edocens linguis hic ardet et igne*
TM F. J. RONIG Codex Egberti. Das Perikopenbuch d. Erzbischofs Egbert v. Trier (977-993) 1977 p. 121 facs.
MI facs. Cod. aur. Ept. KAHSNITZ/MENDE/RÜCKER p. 95; 98
MB HOFFMANN Buchkunst p. 488

05 *Spiritus hostilis praedictum Barbilianum*

06 *Spiritus in mundo proprii nil possidet ater*

07 *Spiritus interni solaminis ac pietatis*

08 *Spiritus ore patris procedens munere prolis*

09 *Spiritus sanctus / procedens a patre, / in*

10 *Splendent tecta Bassiani fundi cognomine*

11 *Splendet apostolici radio locus iste dicatus*
ETI LAPIDGE Anglo-Latin Literature 1993 p. 316
EI SCHALLER MlatJb 12/1976 p. 18
M SIMS-WILLIAMS Anglo-Saxon England 10/1982 p. 24
M GNEUSS Handlist 938
I SCHALLER Studien p. 192-196

12 *Splendet lux clara / polorum et lampas*

13 *Splendida cum volitant Spartani pondera*

14 *Splendida dum rutilat roseis aurora*
M HOLTZ RevHistTextes 16/1986 p. 195
B Clavis Galliae II p. 54
I COURCELLE Lecteurs ... de l'Énéide p. 401

15 *Splendida marmoreis ornata est aula*
E HECHT Wandmalerei I p. 24
E MERTON Buchmalerei St. Gallen p. 55
M B. HERTENSTEIN Joachim von Watt ... 1975 p. 147
M DE MEYIER Codices Vossiani VI p. 136

16 *Splendida ne madidis violent bombycina*

17 *Splendida nempe dies rutilat*

18 *Splendida quadratis decorata est aula*

19 *Splendida terrarum lux Heinrich gloria*

20 *Splendide palmes, ave, Francorum gloria*
EC CC Cont. Med. 117 p. 44
I WILLMES Herrscher-'Adventus' p. 82

21 *Splendidior lux luce micat, maiorque diebus*

22 *Splendidior omni Phoebo*

23 *Splendor apex fidei, venerabile mente Niceti*
ETC REYDELLET I p. 106

24 *Splendor diei rutilat*

25 *Splendor opime patris purga mea Christe*
M DE MEYIER Codices Vossiani VI p. 263

26 *Splendor parentum nil mihi maius dedit*
I HEINZELMANN Bischofsherrschaft p. 46

27 *Splendor paternae gloriae, de luce lucem*
E Hymnarium oscense II p. 27s.
EC FONTAINE Ambroise de Milan p. 179ss.
EC Canterbury Hymnal 37517 p. 38s.
T ÖBERG Poetry p. 37
TI WILHELM Month p. 69ss.
TI MICHEL p. 59
M Basel, UB A VII 3; A X 84; 90; 97
M Portiforium Wulfstani nr. 2607
M B. LUISELLI RCCM 15/1973 p. 299
M GNEUSS Handlist 381
M GNEUSS MlatJb 35/2000 p. 244
I SZÖVÉRFFY Wiener Studien 96/1983 p. 214s.
I IVERSEN in: Pax et Sapientia ed. R. JACOBSSON 1986 p. 28
I WADDELL Cistercian Hymnal I p. VIII
I BASTIAENSEN Lampas 23/1990 p. 250
I SCHALLER Studien p. 380

28 *Splendoris patris genitrix*

29 *Spoletina bibis vel Marsis condita cellis*

30 *Spoletum e Syria qualis perducitur hospes*

31 *Spoletum rutilo Patrum splendore decoram*

32 *Spondeo narrare solent tibi rhetores acta*

33 *Sponsa decora dei petit alta Scholastica*
E MGH Poet. 5 p. 596
M BLUM Traditio 12/1956 p. 91s.

34 *Sponsa latus Davidis desponsat quinque*

35 *Sponsa redemptoris iacet hic tumulata*

36 *Sponso cum sponsa statuatur prodiga mensa*

37 *Sponso sponsa karissimo se ipsam in*
ETC Carm. Cant. 25 ed. ZIOLKOWSKI p. 90; 244
I BERSCHIN Gr.-lat. MA p. 228

-a *Sponsus sic sponsae praeclaro famine fatur* [15
A Sedul. Scot.?
ETC MEYERS/VON BÜREN ALMA 57/1999 p. 80-85

38 *Sponte mea nascor fecundo cespite vernans*
TI CAMERON Peritia 4/1985 p. 128

39 *Sponte mea veniens, varias ostendo figuras*

40 *Sportula, Cane, tibi suprema nocte petita est*

41 *Sportula nulla datur; gratis conviva*

42 *Spumanti musto pomisque Octimber onustus*

43 *Sputa per os homines, norgam de naribus*

44 *Squalent arva soli pulvere multo*
E DREVES Jtsd. II p. 132
M Ars Iul. Tol. 20.45
M GNEUSS p. 39
I SCHALLER MlatJb 19/1984 p. 78 n. 30; p. 82
I STOTZ Sapph. Dichtung p. 125
I SCHALLER Studien p. 257 n. 30; p. 261s.; 428
I GNEUSS MlatJb 35/2000 p. 232

45 *Squalentes humeris habitus reiecit Ulixes*

46 *Squama sub aetherio conspectu torta*

47 *Squameus anguis erat, qui reddidit aethera*
I SCHETTER Hermes 114/1986 p. 237

48 *Sta lapis in longum et luctu defleta parentum*

49 *Stabat acerba tuens defixo lumine terrae*

50 *Stallius Gaius has sedes Hauranus tuetur*

51 *Stamina qui quondam sciolus subtilia nevi*

– *Stamine metrorum exstructor conserta*
cf. *Sub deno quater haec diverse*

52 *Stamine resplendens et mira textilis arte*

53 *Stans a longe, / qui plurima / perpetrarat*
C SCHALLER in: Fs. BULST 1981 p. 195
M CTrop V p. 86; 277s.; 283s.
I DE GOEDE PRU p. CXLVI
I WALL MedAev 45/1976 p. 246s.
I BRINKMANN ZfdPh 102/1983 p. 31
I SPANKE Studien p. 92
I V. D. STEINEN ZSchwKG 40/1946 p. 264; 41/1947 p. 158s.
I SCHALLER Studien p. 206

54 *Stans Petrus in propria cum tanto rege*

55 *Stant lupi mites cum haedis nec bidentes*
E Notker Balb. ed. BERSCHIN p. 113

56 *Stare iubes semper nostrum tibi, Lesbia*

57 *Stare, Luperce, tibi iam pridem mentula desit*

58 *Stat domini sanguis pretium pro crimine*

59 *Stat domus exerrans constructa lymphis et*

– *Stat domus in lymphis, stat in alto gurgite*
cf. *Stat nemus in lymphis*

60 *Stat duplex nullo conpletus corpore Chiron*

61 *Stat nemus in lymphis, stat in alto gurgite*
I PAVLOVSKIS Cl & Med 39/1988 p. 223

62 *Stat qua perspicuas nitidi Melioris opacet*

63 *Stat similis auro citri mirabilis arbos*

64 *Stat vetus et multos incaedua silva per annos*

65 *Statio Marullo fratri Stercoria sepulchrum*

66 ... *statuae donatus honore*

67 *Statuor Cancellarius illustrisque fidelis*
E BISCHOFF in: Die Ausgrabungen von St. Ulrich u. Afra in Augsburg 1977 p. 265; tab. 82s.
EI LEBEK Zs. des hist. Vereins für Schwaben 75/1981 p. 73-86
I VOLLMANN in: Poesia dell'alto medioevo p. 261

68 *Stella, comas lucis quia fundit, dicta cometes*

69 *Stella maris prodit, surgit spes unica mundi*

70 *Stella, prius vivis fulgebas Lucifer: at nunc*

71 *Stellae delicium mei columba*

72 *Stellarum in caelo fabulose schemate quidam*

73 *Stellio guttatus nomen de corpore sumpsit*

74 *Stemma magnorum Mathildis erat titulorum*

75 *Stemma micans Viti splendescit honore beati*

76 *Stemmata quid faciunt? quid potest, Pontice*

77 *Stemmata virtutum comitantia lumine*
A Hartw. (saec. XI)
ETI RÜTZ Text im Bild p. 41; 94; 150
M Regensburger Buchmalerei tab. 96

I BISCHOFF in: Verf. Lex.[2] III c. 530s.

78 *Stemmate praecipuum trabeatis fascibus*

79 *Stemmatis egregii consul meritique perennis*

80 *Stephane sancte papa, mea carmina suscipe*
B BHL 1794

81 *Stephano primo martyri / cantemus*
M BEERS Cistercian Hymnal p. 52s.

82 *Stephanus hunc ritum quaerit servare*

83 *Stercorari, ad murum progredere*

-a *Sterne resistentes, stantes rege, tolle iacentes* [1
A inc. saec. XI
EC BERGES/RIECKENBERG p. 108; 181

84 *Stertus anhelanti fessus quod corde, Lycaon*

85 *Stigmata cur spectas maiorum infigere dictis*

86 *Stirpe, Maria, regia / procreata*
M FILL Hss. Kremsmünster I p. 413; 480
M NEUHAUSER Hss. UB Innsbruck I p. 91
B CROCKER p. 447
I SZÖVÉRFFY Marianische Motivik p. 23s.
I DE GOEDE PRU p. CXLVI
I STÄBLEIN AMusWiss 19/1962 p. 85

87 *Stirpe negata patrium nomen*

88 *Stirpe Syra veniens, quintus Romana Ioannes*

89 *Stirps veneranda satis nimium praecelsa*

90 *Storax - non rediit hac nocte a cena*

91 *Strabus ab interno tibi mittit amore salutem*

92 *Strabus opem domini veteri optat adesse*
I TREMP Thegan p. 4

93 *Stragula purpureis lucent villosa tapetis*

94 *Stragula succincti venator sume veredi*

95 *Stratus humi palmes viduas desiderat ulmos*

96 *Straverat infandam felix constantia pestem*
I GANSHOF StudMed II 2/1929 p. 13 n. 4

97 *Strenuus hic pulcher recubans sub tegmine*

98 *Stridula musca volans calvum conspexit*
A inc. saec. IX?
E AL II p. 150 n.
TI ZIOLKOWSKI Talking animals p. 140
M HOLTZ RevHistTextes 16/1986 p. 176

99 *Stringe, dolor, lacrimas. quaeris, plebs*

00 *Studium habui ut facerem viva mihi*

01 *Stulte, non permoreris nec mortuus effugis*

02 *Stultum consilium non modo effectu caret*

03 *Stultus carens cor loqui non valet*
ET Dhuoda ed. RICHE p. 228
ET Dhuoda ed. THIEBAUX p. 144

– *Stultus ... iusta rancore*
cf. *Stultus carens cor loqui non valet*

04 *Stuppea suppositis tenduntur vincula lignis*

05 *Suasisti, Venus, ecce, duas dyseros ut*

06 *Suave, mari magno turbantibus aequora*

07 *Suave tibi nomen; sed si te talia tangunt*

08 *Sub deno quater haec diverse aenigmata*
I LAPIDGE/ROSIER p. 66

09 *Sub regibus Liguriae ducatum tenuit audax*
E Paolo Diacono, Storia dei Longobardi ed. LEONARDI/CASSANELLI 1985 p. 213 (tab.)
I MONTORSI Epigrafe modenese p. 147
I DE RUBEIS in: Poesia dell'alto medioevo p. 230

10 *Sub tempore Ieremiae multae malitiae fiet*

11 *Sub terra premitur situs hac*

– *Sub terrore dei metuentes ite ministri*
cf. *Spiritus hic homines caelesti dogmate*

12 *Subdo libenter 'Amen' et termino sic*

13 *Subdola famosae moneo fuge retia moechae*

14 *Subductos olim latices patriaeque negatos*

15 *Subductum primae Pyladen haec ara*

16 *Subduxit morti vivax pictura Maronem*

17 *Subiacet hic Stephanus Romanus papa*
E GREGOROVIUS Tombe dei Papi p. 27*

18 *Subiecto tumulo templi huius structor*

19 *Subiectus mecum populus nunc plaudat*

20 *Sublatis tenebris quia per te mundus habere*

21 *Sublato pastore Patres Romanaque pubes*

22 *Sublatum nihil est, nihil est extrinsecus*

23 *Sublatum viduae iuvenum tibi, Francia, luge*

24 *Sublime festum, valde celebrabile*

25 *Sublimem posco rectorem*

26 *Sublimes ortus in finibus Europe*
M M. Cornelii Frontonis epistulae ed. M. P. J. VAN DEN HOUT 1988 p. XVI
I NORBERG in: Cultura in Italia p. 369 n. 32
I KAMPTNER in: Poesia dell'alto medioevo p. 187-195
I DE RUBEIS in: Poesia dell'alto medioevo p. 228

27 *Sublimes quisquis tumuli miraberis arces*
T JANSSENS Vità e morte p. 132
I HEINZELMANN Bischofsherrschaft p. 47

28 *Sublimis nobis imminet*

29 *Submotis Patribus, toto vibrat arma tyrannus*

30 *Subrides si, virgo, faces iocularis ocellis*

31 *Subripuit pastor quae nondum stantibus*

32 *Subscriptus patriae reditum docet ordo*

33 *Substa, praecor, paulum festinas ire viator*

– *Subveniat nobis domine*
cf. *Inclite deus patiens*

34 *Succedunt meliora tibi miranda tuenti*

35 *Succendit Nabugodonosor cocus ardua*

36 *Successor Karoli, felix Hloduice, valeto*
B LAPIDGE/SHARPE p. 174:66
B Clavis Galliae I p. 300-302

37 *Successus ad perniciem multos devocat*

38 *Successus pravos noli tu ferre moleste*

39 *Succina / cantibus / phalanx, organa*

40 *Succumbit sterili frustra gallina marito*

41 *Sueta cothurnatos scenis depromere cantus*

42 *Suetrius Hermes hic situs est, cui Tertia*

43 *Suffenus iste, Vare, quem probe nosti*

44 *Sufficit anne tibi cetera nosse libet*

45 *Suffragare trinitatis unitas*
ET HERREN Hisperica Famina II p. 76
ET KLOPSCH Lyrik p. 56
M GNEUSS Handlist 28; 421
M ZANNA in: Poesia dell'alto medioevo p. 369
B LAPIDGE/SHARPE p. 80s.:294
B CANTELLI BERARDUCCI p. 391
I SCHALLER in: Iren u. Europa I p. 471

46 *Suffusus minio perque optima facta*

47 *Suggerit hinc cautam causis prudentia*
M facs. Regensburger Buchmalerei tab. 14
M facs. BLOCH Monte Cassino III p. 1141
MB HOFFMANN Buchkunst p. 300
I CAMPANA in: Studi e ricerche ... in mem. G. MERCATI 1959 p. 34-47

– *Sulla*
cf. *Sylla*

48 *Sulpicia est tibi culta tuis, Mars magne*

49 *Sulpiciae cineres lectricis cerne, viator*

50 *Sulpicius praesul, pastor, patriarcha fidelis*
B Clavis Galliae II p. 422

51 *Sulpicius praesul praeclarus in urbe Biturca*
B Clavis Galliae II p. 455s.
I COENS AnBoll 77/1959 p. 388

52 *Sum castae cinerum lapis puellae*

53 *Sum cava, bellantum crepitu quae corda*

54 *Sum cingens castos cyclico moderamine*
EC CC Cont. Med. 117 p. 30

55 *Sum cocleis habilis sed nec minus utilis ovis*

56 *Sum, fateor, semperque fui, Callistrate*

-a *Sum ferus et fortis cupiens dare vulnera [mortis*
EI BIRKHAN in: Fs. PITTIONI II 1976 p. 436

57 *Sum figuli lusus russi persona Batavi*

58 *Sum fragilis: sed tu, moneo, ne sperne*

59 *Sum genus Aeneadum Gaius cognomine*
M U. WINTER Hss. Diez 1986 p. 77

60 *Sum levis et lenis piceo rigrore gagates*

61 *Sum mihi dissimilis vultu membrisque*
I Liber monstrorum ed. PORSIA p. 98
I LAPIDGE/ROSIER p. 23

62 *Sum namque armatus rugosis cornibus*

63 *Sum namque excellens specie, mirandus in*
I WRIGHT Peritia 4/1985 p. 138

64 *Sum niger exterius rugoso cortice tectus*

65 *Sum noctis socia, sum cantus dulcis amica*
M PASSALACQUA Codici p. 129
M BOUHOT RecAug 18/1983 p. 159
I WILHELM Month p. 79 n. 19
I ZIOLKOWSKI Talking animals p. 44s.

66 *Sum Phrygiae terra natus et multa peragrans*

-a *Sum scriptus recte Wazo patre precipiente*
E Colophons 15198

67 *Sum tenuis facie, multisque fugacibus alis*

68 *Sum Titus hic ecce Crescens Vesdrunus ipse*

69 *Sum vagus assidue, toto circumferor orbe*

70 *Sumat perpetuam pro facto Bertha coronam*
ETI CIFM 17 p. 80:17

71 *Sume Cytheriaco medicatum nectare ceston*

72 *Sume, dei genetrix, Warmundi dona fidelis*

73 *Sume igitur pastas dumoso in rure volucres*

74 *Sume miser debitum propriae ruinae*

75 *Sume pater librum multo sudore paratum*
B GÉNICOT/TOMBEUR Index II p. 101
I HOFFMANN Buchkunst p. 91

76 *Sume, pater, manibus carmen, quod fistula*

77 *Sume, pater, manibus placidis simul atque*

– *Sume pater meritis*
cf. *Sume sacer meritis*

78 *Sume, pater, placidus modulantis vota*
I EKENBERG Cur Cantatur? p. 26
I ORCHARD JournMedLat 2/1992 p. 116ss.
I PADBERG in: Iconologia sacra p. 295
I LAPIDGE in: TRAUBE-Gedenkschrift p. 162 n. 4; 6
I LAPIDGE Anglo-Latin Literature 1993 p. 381-398

79 *Sume pater placidus multorum gesta piorum*

80 *Sume plectrum, lingua metri*
I NORBERG in: Fs. MUNARI 1986 p. 340

81 *Sume preces servorum, rex bone Christe, per*
E LECLERCQ in: Fs. MERCATI II p. 483

82 *Sume, precor, Bachum ne spernas, munera*
M BALLAIRA Prisciano p. 311
B LAPIDGE/SHARPE p. 199:736

-a *Sume, precor, parvum, frater dulcissime, [piscem* 2
A inc. saec. IX
E FINCH The Classical Outlook 52/1975 p. 51

83 *Sume sacer ... Calibitis gesta Iohannis*

84 *Sume, sacer meritis, veracis dicta poetae*
M MUNARI Math. Vind. I 1977 p. 128
M GNEUSS Handlist 12; 253

85 *Sume, sacer, tandem sanctorum letus agones*
E BERSCHIN in: TRAUBE-Gedenkschrift p. 40

86 *Sume, soror, carmen, solacia tristia fratris*
I CUGUSI Epigraphica 44/1982 p. 100

87 *Sume tibi calamum craxantis more sophistae*

88 *Sume, Valentine martyr, haec dona, beate*

89 *Sumimus hic victum, capiamus, corporis*

90 *Sumite perpetuam sancto de gurgite vitam*

91 *Sumite Scottigenam devota mente benigni*
B LAPIDGE/SHARPE p. 193:715

B SHARPE nr. 274

92 *Sumito quae misi laetus munuscula parva*
I LEVISON HJb 37/1916 p. 691
I LEVISON NA 41/1919 p. 287
I F. J. FELTEN Äbte u. Laienäbte im Frankenreich 1980 p. 223 n. 42

93 *Sumitur hinc sanguis Domini de corpore*
E DINTER Corp. cons. mon. X p. 259
M TRONCARELLI Boethiana Aetas p. 188

94 *Summa boni est alacres homini contingere*

95 *Summa ciens tonitru parces cineri, probe*

96 *Summa Dei bonitas, caeli quae saepta*
MI LAPIDGE Wulfstan p. XXXVII-XXXIX

97 *Summa Dei pietas multis feliciter annis*
B Clavis Galliae II p. 245s.

98 *Summa dei virtus vitiorum fluxa restringat*
TC STELLA Poesia carolingia p. 270; 459

99 *Summa deum, Pietas, cuius gratissima caelo*

00 *Summa dies e quinque tubas lustrare*

01 *Summa in summis potens caelis*
ET Virg. Gramm. ed. POLARA p. 166

02 *Summa laude / diem nunc patris / Fintani*

03 *Summa licet velox, Agathine, pericula ludas*

04 *Summa Palatini poteras aequare Colossi*

-a *Summa pia gratia nostra*
M KOEHLER/MÜTHERICH V p. 129

05 *Summa poli spatians dum lustro cacumina*

06 *Summa rectorum gloria, disponens Deus*

07 *Summa salus pia laus victrix per tempora*
B Clavis Galliae I p. 170s.
I ERNST Carm. fig. p. 204-207

08 *Summa sollemnitas / canat hodierna*

09 *Summa tuae, Meleagre, fuit quae gloria*

10 *Summae deus clementiae / mundique factor*
E Hymnarium oscense II p. 37s.
E PÉREZ GONZÁLEZ in: Poesia dell'alto medioevo p. 336s.
EC Canterbury Hymnal 37517 p. 52
M Portiforium Wulfstani nr. 2726

11 *Summae sedes antistitis*

12 *Summatim una / cunctipotentem / casta*

13 *Summe confessor sacer et sacerdos*
E Hymnarium oscense II p. 93s.
M GNEUSS MlatJb 35/2000 p. 247
I NORBERG MlatJb 19/1984 p. 69s.

14 *Summe, Deus, mundi plasmator et auctor*
B OSTERWALDER Ekkeh. IV. p. 42
I D. WALZ Auf den Spuren der Meister. Die Vita des hl. Magnus v. Füssen 1989 p. 61
I PABST Prosimetrum p. 609-618

15 *Summe deus, rogito, miserans conserva*

16 *Summe et sancte deus, cunctae virtutis origo*
I NODES VigChr 43/1989 p. 284; 289 n. 8

– *Summe largitor praemii*
cf. *Summi largitor*

-a *Summe magister / discipulorum*
EM GANZ Corbie p. 160

17 *Summe pater cunctorum editor*

18 *Summe pater patriae, celsum et generale*
ETC REYDELLET II p. 157

19 *Summe pater patriae, dulci mihi nomine*

20 *Summe pater patriae, specimen pietatis*
ETC REYDELLET II p. 37

21 *Summe pater rerum caelique aeterna*
M LIENHARD VigChr 31/1977 p. 53ss.

-a *Summe praecor parvum frater dulcissime [piscem*
M PELLEGRIN Bibliothèque Vaticane II.1 p. 385

22 *Summe sacer, te summa salus tueatur amicis*
ETC GWARA JournMedLat 2/1992 p. 215ss.
I ERNST Carm. fig. p. 461-463

23 *Summe sacerdotum, bonitatis opima facultas*
A Ven. Fort.: carm. 5.12/9.8
ETC REYDELLET II p. 38

24 *Summe salvator omnium*

25 *Summe sator rerum, qui spinis cultor*

26 *Summe sator rerum, qui verbo cuncta creasti*
M SCHRAMM/MÜTHERICH Denkmale[2] p. 479
MI ERNST Carm. fig. p 298-300

27 *Summi largitor praemii*
E Hymnarium oscense II p. 54s.
M BEERS Cistercian Hymnal p. 28-32
M ODERMATT Ordinarius St. Arnulf p. 391
M facs. Dat. Hss. Schweiz III (Abb.) p. 327 tab. 758
M GNEUSS MlatJb 35/2000 p. 246
I WADDELL Cistercian Hymnal I p. IX
I NORBERG Les vers iambiques p. 60

28 *Summi mater principii*

29 *Summi poetae quae solent in versibus*
M BALLAIRA Prisciano p. 205

30 *Summi regis archangele / Michael, intende*
M NEUHAUSER Hss. UB Innsbruck I p. 92
B Clavis Galliae II p. 98
I DE GOEDE PRU p. CXLVI
I VIARRE in: TRAUBE-Gedenkschrift p. 230s.

31 *Summi regis potentia cuncta disponens*

32 *Summi tonantis filius non despexit propitius*

33 *Summi tonantis unice, Christe, lumen de*

34 *Summi triumphum regis prosequamur laude*
C SCHALLER in: Fs. BULST 1981 p. 194s.
M FILL Hss. Kremsmünster I p. 81; 413; 480
M ODERMATT Ordinarius St. Arnulf p. 391
M NEUHAUSER Hss. UB Innsbruck I p. 89
B CROCKER p. 440
I DE GOEDE PRU p. CXLVI
I STÄBLEIN AMusWiss 19/1962 p. 85
I SCHALLER Studien p. 205; 225 n. 16

35 *Summi vatis praeconium Simpliciani*
I NORBERG Les vers iambiques p. 37

36 *Summis conatibus nunc deo nostro*

-a *Summis laudem praeconiis / Alexii* [*praenobilis*
A inc. saec. XI
E MÖLK in: Fs. BULST 1981 p. 151s.

37 *Summo apici rerum regi dominoque potenti*
I MERTON Buchmalerei St. Gallen p. 25

38 *Summo factori totius creature*

-a *Summo pastori miserandum transfero* [*carmen* 98
A inc. saec. XI
E DÜMMLER NA 10/1885 p. 351
M FÖRSTER Anglia 41/1917 p. 155
B WIC 18791

39 *Summum opus excelsae crucis venerabilis*

40 *Summum percurrit circulum*

41 *Summum praeconem Christi collaudemus*
C SCHALLER in: Fs. BULST 1981 p. 194s.
I BERSCHIN ZSchwKG 66/1972 p. 268
I BERSCHIN Gr.-lat. MA p. 179; 212
I SCHALLER Studien p. 197; 205; 225 n. 16

-a *Summum praesto bonum pensando uices* [*meritorum* 2
A inc. saec. XI
M clm 6831 f. 2^r; facs. Freising 1250 Jahre geistliche Stadt 1989 p. 247

42 *Summum satorem - solia sedit qui per*
M facs. UNTERKIRCHER Cod. Vind. 751 f. 41^v
I HERREN CMCS 15/1988 p. 76
I Liber monstrorum ed. PORSIA p. 102-105
I GROSJEAN AnBoll 75/1957 p. 215

43 *Summus ab aeterna delapsus nuntius aula*

44 *Summus et omnipotens genitor, qui cuncta*
EM BECCHI Quadrivium 13/1977 p. 178-189
M FILL Hss. Kremsmünster I p. 415
I BERSCHIN Gr.-lat. MA p. 177
I HAUBRICHS Georgslied p. 185

45 *Summus in arce dei pia dona Leontius offert*
ETC REYDELLET I p. 33

-a *Summus surgis apex, fac nos consurgere* [*tecum* 18
A Sedul. Scot.?
ETI MEYERS/VON BÜREN ALMA 57/1999 p. 89-95

– *Sumno refectis artibus*
cf. *Somno refectis artubus*

46 *Sumpsit ab antigraphis Augusti tempore*

47 *Sumptibus e propriis Felix Calvusque*

48 *Sunt a Gregorio Romano praesule quarto*

49 *Sunt alii, quos dira movet natura, tumores*

50 *Sunt aliquid Manes: letum non omnia finit*

51 *Sunt bona, sunt quaedam mediocria sunt*

52 *Sunt chartae mihi quas Catonis uxor*

53 *Sunt diversa quidem mala frigoris atque*

-a *Sunt duo quae modicum confert aestate [flabellum*
E FINCH The Classical Outlook 52/1975 p. 51

54 *Sunt et caelicolum monosyllaba: prima deum*

55 *Sunt et segmata sane caeli*

56 *Sunt etenim pennae volucres mihi*

57 *Sunt etiam musis sua ludicra: mixta camenis*
I IRVINE Textual Culture p. 84ss.

58 *Sunt gemini fratres, diversa sed inguina*

59 *Sunt hic Angliaci clarissima lumina regni*

60 *Sunt hic plura sacra, sunt hic mundalia*
ETI CC 113A p. 213:2
EC ORTEGA p. 272
M GNEUSS Handlist 87
I STELLA Poesia carolingia p. 29-31
I J. FONTAINE Culture et spiritualité en Espagne du IVe au VIIe siècle 1986 VI p. 17

61 *Sunt hic plura sacra, sunt vero docmate*
I WRIGHT Late Latin p. 152

62 *Sunt medico dona quamdiu quisque laborat*
ETI CC 113A p. 227:17

63 *Sunt mihi diverso varia sub tempore fata*

64 *Sunt mihi germanae genitae de virgine binae [/ Nominibus*

65 *Sunt mihi germanae genitae de virgine binae [/ Una secunda*

66 *Sunt mihi germanae patrio sine semine*

67 *Sunt mihi praeterea - nam rex venerande*
B Clavis Galliae I p. 374
I CORBET Les Saints Ottoniens p. 187 n. 14
I J. HANNIG Consensus Fidelium 1982 p. 248ss.
I BRUGNOLI RCCM 3/1961 p. 179
I ANTON in: Iren u. Europa II p. 606
I BUCHNER HJb 35/1914 p. 11ss.
I COLLINS in: Charlemagne's Heir p. 364 n. 6
I SCHALLER MedRin 1/1987 p. 91

68 *Sunt mihi qui dicunt: cur tu nunc, ultime*

69 *Sunt mihi sex oculi, totidem simul auribus*
EC SIDWELL Medieval Latin p. 101

70 *Sunt mihi, sunt lacrimae, sed non est causa*

71 *Sunt mihi tres mirae species, sunt lumina*

72 *Sunt minimae specie, sed dirae vulnere*

73 *Sunt pecudes multae mihi, quas nutrire*

74 *Sunt quibus in satura videar nimis acer et*

75 *Sunt quidam qui me dicant non esse poetam*

76 *Sunt septem numero pares ac lege metrorum*

77 *Sunt tibi, confiteor, diffusi iugera campi*

78 *Super alta vectus Attis celeri rate maria*

79 *Super iuvencum stabat deiectum leo*

80 *Superbe Noctuine, putidum caput*

81 *Superne usie sit gratum hoc caesaris donum*

82 *Supernum vasti posco herum poli*

83 *Supersunt mihi, quae scribam, sed parco*

84 *Supplex, o lector, valeat, tu dicito, scriptor*

85 *Supplicibus votis referat mandata salutis*

86 *Suppliciter semper deposco cunctipotentem*

87 *Supremas tibi triciens in anno*

88 *Supremum vitae titulum tibi munus aclete*

89 *Supremus numerum concludat Thaddeus* [2
I HAUCK Taufpfalzen p. 60

-a *Sur sol succurrere clara fulgens luce*
ET Virg. Gramm. ed. POLARA p. 136

90 *Surda sit oranti tua ianua, laxa ferenti*

91 *Surge igitur cithara totisqu<e> intendere*
cf. Paul. Nol.: carm. 15.26

92 *Surge, meo domno dulces fac, fistula, versus*
ET GODMAN Poetry p. 112ss.
ET KLOPSCH Lyrik p. 104
EC GREEN Carolingian pastoral p. 11s.; 52s.
B Clavis Galliae I p. 171
I IRVINE Textual Culture p. 313
I BULLOUGH Friends, neighbours and fellowdrinkers p. 12 n. 21
I KLOPSCH Bukolik p. 159
I GODMAN in: Charles the Bald p. 301 n. 49
I GODMAN Poets p. 55ss.
I KULLMANN in: Fs. AUTENRIETH 1988 p. 4
I GODMAN StudMed III 20/1979 p. 583
I FALKENSTEIN p. 103
I LILIENFELD in: Typus, Symbol p. 152 n. 23
I SCHALLER Studien p. 89; 102 n. 42; p. 314 n. 6; p. 333 n. 16; p. 413s.

93 *Surge, precor, iuvenis, vigeas dum corpore*
B Clavis Galliae II p. 415

94 *Surge, sancta Iuliana, mansione propria*

95 *Surgentes ad te, Domine*
E PÉREZ GONZÁLEZ in: Poesia dell'alto medioevo p. 330s.
EC Canterbury Hymnal 37517 p. 60s.
M GNEUSS MlatJb 35/2000 p. 246
I NORBERG Hymnarius Severinianus p. 48

96 *Surgeret in thalamum ducto cum Pelion arcu*

97 *Surgit ab oceano Tithoni fulgida coniunx*

98 *Surgit abhinc decimus scandens sacra iura*

99 *Surgite: iam vendit pueris ientacula pistor*

00 *Surgite vos, fratres, laudes et dicite Christo*
B Clavis Galliae II p. 414

01 *Surgito Musa celer, lampas accendit eoa*
I COURCELLE Lecteurs ... de l'Énéide p. 197; 461
I BERSCHIN Gr.-lat. MA p. 170
I FICHTENAU Lebensordnungen I p. 94 n. 102
I POULIN Journal des Savants 1983 p. 147
I WERNER in: La Neustrie I 1989 p. XXV

02 *Surrentina bibis? nec murrina picta nec*

03 *Surrexit Christus a sopore dormiens*

04 *Surrexit Pharao, qui te non novit, Ioseph*

– *Surrexit quia Christus a sepulcro*
cf. *Cantemus domino deoque nostro, / Fratres*

05 *Surrupui tibi, dum ludis, mellite Iuventi*

06 *Sursum peior eras, escendens sed mage*

07 *Sus fera iam gravior maturi pignore ventris*

08 *Sus iuvenis serpens casum venere sub unum*
I LAUSBERG Das Einzeldistichon p. 367s.

09 *Sus periit ferro, pede serpens, virque veneno*

10 *Suscepit speciem tellus, quam protulit ante*

11 *Susceptum merito votum tibi, Mercuri, solvi*

12 *Susceptum propero Paschalis honore secutus*
B BHL 6468

13 *Suscipe, Christe, animas carae genetricis in*

14 *Suscipe Christe potens acoluthi vota Georgi*

15 *Suscipe clementem, plebs devotissima, regem*
EI BULST Lat. MA p. 151-154
M SCHMIDT Reichenau p. 157
BI SZÖVÉRFFY Latin Lyrics I p. 17s.
I WILLMES Herrscher-'Adventus' p. 84ss.
I BERGER StMGBO 104/1993 p. 278-285

16 *Suscipe clementer paucos, pater optime*

17 *Suscipe complectens Christo dignissima*
EM Colophons 23620
I FLURY Philologus 132/1988 p. 286-296

18 *Suscipe completi laudes, o Christe, laboris*

19 *Suscipe consertas quas mitto rite tabellas*
E MGH Poet. 5 p. 668
MB HOFFMANN Buchkunst p. 250

20 *Suscipe, digne sacer, nostrarum litterularum*

21 *Suscipe directum, carissime, munus amici*

22 *Suscipe discipulos, o Christi claviger aulae*
B BHL 3642

23 *Suscipe, Eusebi, Siponti clara lucerna*

24 *Suscipe funerea parentum carmina, nate*
EC ICUR N. S. VIII p. 404:23360

25 *Suscipe gesta tui proavi, praesul recolende*

26 *Suscipe gratanter tibi collectum vigilanter*

27 *Suscipe me sociam tumulis, dulcissime*

28 *Suscipe nunc lacrimas mater natique*

29 *Suscipe parva tui, praesul sanctissime*
I TREMP Thegan p. 4; 9; 73

30 *Suscipe, quaeso, apicum nostrorum, care*

31 *Suscipe, quaeso, pater, nostrum tu carmen*

32 *Suscipe, rex, parvum magni modo munus*
EM Colophons 23622
I FISCHER Lat. Bibelhss. p. 224s.

33 *Suscipe Romuleos, pastor venerande*
M BALLAIRA Prisciano p. 126
I LOHRMANN Das Register Papst Johannes' VIII. 1968 p. 185ss.

34 *Suscipe, sancte deus, quod fert Desiderius*

35 *Suscipe, sancte pater, pauper quae munera*
I COURCELLE Lecteurs ... de l'Énéide p. 345

36 *Suscipe servorum, pater optime, verba*

37 *Suscipe, Sethe, libens et perlege mente*
M DE MEYIER Codices Vossiani VI p. 262
B LAPIDGE/SHARPE p. 172:651
B SHARPE nr. 202
BI STANTON JournMedLat 3/1993 p. 150 n. 6
I JACOBSEN in: Iren u. Europa I p. 442
I COURCELLE Lecteurs ... de l'Énéide p. 65; 212
I HERREN StudMed III 24/1983 p. 487ss.
I LAPIDGE StudMed III 18/1977 p. 301

38 *Suscipe, terra, tuo corpus de corpore*
E GREGOROVIUS Tombe dei Papi p. 16*s.
M GAUTIER DALCHÉ RevHistTextes 12-13/1982-83 p. 154

39 *Suscipe terra tuo corpus de corpore sumta*

40 *Suscipe terra tuum germen de carne creatum*
I KLOOS in: Atti del 6° congresso intern. di studi sull'alto Medioevo Spoleto 1980 p. 174s.

41 *Suscipe versiculos, Anthimi, pignus amantis*
ETC REYDELLET I p. 127

42 *Suscipe versiculos, Ennodi proxime, nostros*

43 *Suscipe voces pariterque laudes*

44 *Suscipe vota tuorum, rex regum, famulorum*
E LECLERCQ in: Miscellanea MERCATI II 1946 p. 483

45 *Suscipit, agne, tuum, populus, venerande*
EM facs. JEAUNEAU Études Érigéniennes p. 610; tab. 2b
EM KOEHLER/MÜTHERICH V p. 181 (facs. tab. 47)
MI DUTTON/JEAUNEAU StudMed III 24/1983 p. 92; tab. 2b
I CHRISTE in: Eriugena Redivivus ed. W. BEIERWALTES 1987 p. 144
I KELLER FMSt 19/1985 p. 303 n. 64

46 *Suscipit eximium sublimis regia caeli*

47 *Suscipit legem Moyses corusca*
M KESSLER p. 66
B Clavis Galliae II p. 494

48 *Suscipit oblatum, veniam cui contulit Iesus*

49 *Suspectus caveris, ne sis miser omnibus*

50 *Suspendentis aquas natum quem gratia fecit*

51 *Suspendit madidum Cayphas in funibus*

52 *Suspice, si rutilis refulgent aethera flammis*

53 *Suspirat propriae Narcissus gaudia formae*

54 *Sustinet hos titulos veteri sub lege sacerdos*

55 *Sustinet unda rotam patulae modo pervia*

56 *Sutor cerdo dedit tibi, culta Bononia, munus*

57 *Sylla forum statuit Cornelius; hoc Itali*
T M. Bless-Grabher Cassian v. Imola 1978 p. 33s.
B BHL 1625

58 *Syllaba quem quadruplex, quem ter tria*

59 *Syllabas quae rite metro congruunt heroico*

60 *Syllae forum qua Cassianus gloria*

61 *Symbolico Marcum ...*
EM Koehler/Mütherich V p. 104 (facs. tab. 15a)

62 *Symmachus accedens vario certamine gliscit*

63 *Symmachus has arces cultu meliore novavit*

64 *Symmachus ista tibi persolvit vota sacerdos*

65 *Synthesibus dum gaudet eques dominusque*

66 *Syre, dei pastor necnon virtutis amator*
MB MGH Poet. 5 p. 684

67 *Syrius est, Canem quod vulgus nuncupat*

68 *Syrus tonantis unicum*
B BHL 7977b

T

69 *Tacere nemo stultus in vino potest*

70 *Tado, benigne vide vatis pia vota canentis*
B LAPIDGE/SHARPE p. 199:737
I VILLA Lectura Terentii I p. 61 n. 53
I STAUBACH in: Theophanu I p. 351 n. 61
I STAUBACH FMSt 20/1986 p. 578; 596

71 *Tale charisma tuis, bone Christe, fidelibus*

72 *Tale quid hoc etiam patratum tempore nobis*
TC STELLA Poesia carolingia p. 182; 415ss.
I SCHALLER MlatJb 27/1992 p. 93

73 *Tales a Domino, quales formamur, amamur*

74 *Tales Herculea Stymphalidas arte coactas*

75 *Tali in coniugio haec uni officium praestitit*

76 *Talia dicentem confestim factio frendens*

77 *Talia dictat amor: verus respondet amator*

78 *Talia dum memorans vatis iam nuntius infit*
I ORCHARD JournMedLat 2/1992 p. 116ss.

79 *Talia dum serit historiae levita Ioannes*

80 *Talia mente gerens venturaque saecula*

81 *Talia rite luit, qui se praefert meliori*

82 *Talia, sancte, tibi famulanti commoda*

83 *Talia te fallant utinam mendacia, caupo*

84 *Talibus infectae deponis verba senectae*

85 *Talibus ornatus donis Thetideius heros*

86 *Talis apostolicum colit observantia festum*

87 *Talis in requie fratrum celebrabitur usus*

88 *Talis religio praecessit tempore primo*

89 *Taliter effatur rex, et vox una levatur*

90 *Taliter iniusti, quos punit laeva Tonantis*

91 *Taliter innecti moneat vos Passio Christi*

92 *Taliter, inquam, rex animarum*
MI ERNST Carm. fig. p. 375-377

93 *Taliter octavis peragatur theophaniae*

94 *Tam bene reliquias nostras hoc vile*

95 *Tam cito pictor acu Stygia delatus ad*

96 *Tam dubia est lanugo tibi, tam mollis ut*

-a *Tam male scribenti quam denique desipienti* [2
A Ekkeh. IV.
EM MUNK OLSEN Auteurs classiques II p. 305
EM HOFFMANN Buchkunst p. 398

97 *Tam male Thais olet quam non fullonis avari*

98 *Tam malum est habere nummos, non habere*
EC Flori Carmina ed. C. DI GIOVINE 1988 p. 77; 118ss.

99 *Tam saepe nostrum decipi Fabullinum*

00 *Tam segnis scriptor, quam lentus, Pergame*

01 *Tam tremulum crisat, tam blandum prurit, ut*

02 *Tam varii casus mortalia saecla fatigant*

03 *Tamquam parva foret sexus iniuria nostri*

04 *Tamquam praecipitans turbo regentes*

05 *Tamquam simpliciter mecum, Callistrate*

06 *Tandem deveniunt Laurentia Troes in arva*

07 *Tandem eluctati retinacula blanda morarum*

08 *Tandem laboris fructus aethram fulgidam*

09 *Tandem loquacis terminata paginae*

10 *Tandem progreditur Veneris iustissima cura*

11 *Tandem regia nobilis*

12 *Tandem sidereo venisti missus Olympo*

13 *Tandem venit amor, qualem texisse pudori*

14 *Tanta dei bonitas fragiles nos instruit, ornat*

15 *Tanta est quae Titio columna pendet*

16 *Tanta per Ausonios defervere proelia*

17 *Tanta tibi est animi probitas orisque, Safroni*

18 *Tanta tibi est recti reverentia, Caesar, et*

19 *Tantalidae Pelopi maestum dicat Elis*

20 *Tantillus tanto prompsit parasitus alumno*
I SPANKE Studien p. 141

21 *Tantis pro donis sit pax animae Salomonis*
ET Ekkeh. IV. ed. HAEFELE p. 64

22 *Tantis pro meritis felix provincia per te*

-a *Tantisque tormentorum trucidamentis territi* [18
A Valerius Bergidensis: Epitameron 5m
E DÍAZ Anecd. Wisig. p. 112

23 *Tantos et tantas si dicere Sextilianum*

24 *Tantum dat tibi Roma basiorum*

25 *Tantum magna suo debet Verona Catullo*

26 *Tantum vina nocent quantum non vipera*

27 *Tantus es et talis nostri Polypheme, Severi*

28 *Tarda, gradu lento, specioso praedita dorso*

29 *Tardior en quantum remanet retro, sole*
B Clavis Galliae I p. 300-302

30 *Tardius invento citius defrudor amico*
I DUFT Bodensee p. 47

31 *Tardus in incessu neque compos stellio nisu*

32 *Tarpeiae venerande rector aulae*

33 *Tarpeias Diodorus ad coronas*

– *Tarpeio quondam consedit culmine cornix*
cf. *Nuper Tarpeio quae sedit culmine*

34 *Tarpeium nemus et Tarpeiae turpe*

35 *Tarraco, Campano tantum cessura Lyaeo*

36 *Tartara despolians, devicta morte resurgens*

37 *Tartara fracta tui sunt viribus, atque*

38 *Tartaream vocat in sedem Cyllenius umbras*

39 *Tartarus ignivomo constrictus carceris antro*

40 *Taumantis proles priscorum famine fingor*

41 *Taurino poteras pectus constringere tergo*

42 *Taurus draconem genuit et taurum draco*

43 *Tautane, infamem nulla quem coniuge*

44 *Te aeternum patrem tellus veneratur*
M GNEUSS Handlist 12

45 *Te Andromacha per ludum manu*

46 *Te, beate rex, precamur ore corde mentibus*
EC CC Cont. Med. 117 p. 103

– *Te Bethlem celebrat, te totus personat orbis*
cf. *Hieronyme interpres, variis doctissime*

47 *Te canit accelebratque polus, rex gazifer*

48 *Te centies mille legionum angeli*
I PÉREZ DE URBEL in: Litúrgia y música mozárabes D 1/1975 p. 156 (Congreso internacional de estudios mozárabes, Toledo 1979)
cf. *Centies mille legionum*

49 *Te, Christe, deum dominum*

50 *Te, Christe, patris filium*

51 *Te, Christe, patris verbum, virtus inclita*

52 *Te, Christe, sponse virginum*

53 *Te collaudant agmina / manentia*

54 *Te crux alma colit tellus quicquid virescit*
E MGH Poet. 5 p. 630
ETI EICKERMANN Beiträge Essen 101/1987 p. 1-13 facs.
MI ERNST Carm. fig. p. 500-502

55 *Te cuperet Phoebus roseis aptare quadrigis*

56 *Te de pauperibus natum suscepit alendum*
ET BEHRENDS p. 242:133

T ÖBERG Poetry p. 219
TI MICHEL p. 173

57 *Te decet hymnus in Sion, omnipotens*
I NORBERG Les vers iambiques p. 77
I GIL Habis 7/1976 p. 200

58 *Te decet laus / pater, qui es dives*
MI BULLOUGH Carolingian renewal p. 249

59 *Te deprecamur, domine*
M GNEUSS MlatJb 35/2000 p. 244

60 *Te deprecor, pater sancte / ut digneris*
B LAPIDGE/SHARPE p. 343s.:1299

61 *Te Deus aeternus cuncta per tempora servet*
E CC Cont. Med. 44 p. 3

62 *Te deus aeternus, hominum sanctissimus*

63 *Te deus altithronus sancta conservet in aede*

64 *Te, Deus, humani generis, benedicimus*
MI KERLOUÉGAN in: Sur les pas de Paul Aurélian. Colloque international ... ed. B. TANGUY/D. TANGUY 1997 p. 55-65
I PABST Prosimetrum p. 623s.

65 *Te deus omnipotens conservet ...*

66 *Te deus omnipotens conservet semper ubique*
B Clavis Galliae II p. 36

67 *Te Deus omnipotens nostri miserere*

68 *Te deus omnipotens omnes venerentur*

69 *Te deus omnipotens verbis laudamus et actis*

70 *Te deus omnitenens semper, carissime frater*

71 *Te duce, Christe, via facilis est ire per omnes*
B Rep. Font. IV p. 552

72 *Te duce Venerius rapidas commiscuit iras*
M ICUR N. S. VI p. 78:15894

73 *Te exspectabam: est de tua re*

74 *Te formose Mida, iam dudum nostra*
M MUNK OLSEN Auteurs classiques II p. 21
I SHACKLETON BAILEY ClPh 77/1982 p. 125

75 *Te fortasse magis capiat de virgine porca*

76 *Te, Genesis, crux alma beat, tua munera*

77 *Te, genitor verbi, summo deitatis honore*
B Clavis Galliae I p. 198

78 *Te homo laudet / Alme creator*
ET KLOPSCH Lyrik p. 96
TI MICHEL p. 120
M J. LECLERCQ Analecta monastica. Première série 1948 p. 64
M clm 28140 f. 67r-68r (HAUKE p. 48)
B Clavis Galliae II p. 121-125
I LAPIDGE StudMed III 18/1977 p. 258
I PABST Prosimetrum p. 321-327

79 *Te Ioannem Tarraco coluit mirificum vatem*
E ALFÖLDY Inschriften p. 412:938

80 *Te lapis, obtestor, levis ut super ossa [quiescas / Ne temerae*

81 *Te lapis, obtestor, leviter super ossa [quiescas / Et mediae*

82 *Te lapis, obtestor, leviter super ossa residas / [... f.tatim*

83 *Te lapis obtestor, leviter super ossa residas / [Ne nostro doleat*

84 *Te lapis, obtestor, leviter super ossa residas / [Ne nostro officio*

85 *Te lapis, obtestor, leviter super ossa residas / [Ni dolor*

86 *Te lucis ante terminum*
E Hymnarium oscense II p. 24s.
EC Canterbury Hymnal 37517 p. 33
M BEERS Cistercian Hymnal p. 19
M ODERMATT Ordinarius St. Arnulf p. 391
M GNEUSS MlatJb 35/2000 p. 244
MI BULLOUGH Carolingian renewal p. 251
I WADDELL Cistercian Hymnal I p. IX

87 *Te, lucis auctor, personant*
M ODERMATT Ordinarius St. Arnulf p. 391
M GNEUSS MlatJb 35/2000 p. 246
I BULLOUGH Carolingian renewal p. 254
I CURRAN Antiphonary p. 31

88 *Te, maiestatis Domine*

89 *Te manet imperium caeli terraeque marisque*

90 *Te maris et terrae numeroque carentis*

91 *Te matutinus flentem conspexit Eous*

92 *Te mea mens sequitur, carissime Candide*
B Clavis Galliae II p. 55
I VIARRE in: TRAUBE-Gedenkschrift p. 228

93 *Te, Messalla, canam, quamquam tua cognita*

94 *Te mihi Glycerium fors abstulit funere duro*

95 *Te moderante regor Deus, sit mihi vita beata*
EI GÓMEZ PALLARÈS in: Umanesimi p. 187s.

– *Te, Neptune pater, cui tempora cana*
cf. *Tu, Neptune pater*

96 *Te neque transierim, Latiae cui libera*

97 *Te nunc astrisonum carmine, Iuppiter*
ETC CRISTANTE p. 118

98 *Te nunc, Christe Deus, magne / potens*
B BHL 5530c

-a *Te nunc laudamus dominum te corde fatemur*
A Wulfstan.: Narr. metr. de S. Swith. 1.984-1020
B DRONKE/LAPIDGE/STOTZ MlatJb 17/1982 p. 55

99 *Te nunc peto, care, mane atque nocte*
M ZANNA in: Poesia dell'alto medioevo p. 369
B LAPIDGE/SHARPE p. 343:1295
I LAPIDGE Peritia 4/1985 p. 106
I H. LAUSBERG Der Hymnus 'Ave maris stella' 1976 p. 131
I SZÖVÉRFFY MlatJb 14/1979 p. 325

00 *Te nunc, sancte speculator*
ETI LAPIDGE Anglo-Latin Literature 1993 p. 225-240
M GNEUSS Handlist 90
B SHARPE nr. 1686
I LAPIDGE Anglo-Saxon England 15/1986 p. 46
I HERREN CMCS 15/1988 p. 82
I LAPIDGE CMCS 10/1985 p. 11

01 *Te oramus, altissime*
M ZANNA in: Poesia dell'alto medioevo p. 369
I HERREN CMCS 15/1988 p. 64
I LAPIDGE CMCS 10/1985 p. 10

02 *Te pater ac fili nec non et spiritus alme*

03 *Te, pater alme poli, doctorem carmine in isto*
ETC CC Cont. Med. 100 p. 95; 304
M CC Cont. Med. 100A tab. B11
MI ERNST Carm. fig. p. 242; 252-254
I Text als Figur p. 40

04 *Te, pater alme virum, monachorum atque*

05 *Te, pater omnipotens, mundum qui luce*
ET VISCARDI Origini Testi p. 136
EI NORBERG Paulin d'Aquilée 1979 p. 26-33; 91-96
EI RABE Ex patre filioque p. 350
I COURCELLE Lecteurs ... de l'Énéide p. 617
I PRESACCO in: Aquileia e le Venezie p. 243
I TREMOLI in: Aquileia e le Venezie p. 205-209
I SCHALLER Studien p. 319 n. 31; p. 320

– *Te perfruamur, Domine*
cf. *Te deprecamur, Domine*

06 *Te peto, qui hoc templum ingrederis, ne*
B Clavis Galliae I p. 337
I WALLACE-HADRILL Frankish Church p. 203

07 *Te precor, Alcide, sacris, invicte, peractis*

08 *Te precor ex tumulo, frater, qui summa*
I CONSOLINO Romanobarbarica 7/1982-83 p. 126
I SCHALLER Studien p. 159 n. 145

09 *Te precor, o lector, cum sumpseris ipse*

10 *Te precor, omnipotens quadrati conditor*
B LAPIDGE/SHARPE p. 173:659
B Clavis Galliae I p. 317

11 *Te quoque Dryadiam materteram*

12 *Te quoque, magna Pales, et te, memorande*

13 *Te quoque praecipuum sermonibus, optime*
EM KOEHLER/MÜTHERICH V p. 92; 104 (facs. tab. 16b)

14 *Te quoque, sancta domus, cecini quam*

15 *Te quoque Thessalico iam serus ab hospite*

16 *Te quoque Vergilio comitem non aequa*
M PRETE Cod. Barb. Lat. p. 285 (cod. 34)
M U. WINTER Hss. Diez 1986 p. 77
M PASSALACQUA Codici p. 346
M Bruxelles, BR 14638 (saec. XV) f. 108ᵛ
M Bruxelles, BR 14640 (saec. XV) f. 33ʳ

17 *Te quotiens victum circus, Cyriace, resultat*

18 *Te rogo, praeteriens, dicas: sit tibi terra*

19 *Te rogo, praeteriens: fac mora et perlege*

20 *Te rogo, praeteriens: nolis calcare iacentem*

21 *Te rogo, praeteriens: quisquis legis haec*

22 *Te rogo, praeteriens: sit tibi terra levis*

23 *Te rogo, praeteriens, ut parcas calcare*

24 *Te rogo, sancte pater, supplex per carmina*
B Clavis Galliae II p. 38
I KULLMANN in: Fs. AUTENRIETH 1988 p. 3

25 *Te simul ecce petunt, Petri dum limina*

26 *Te stola ne dubium teneat cultusque venusti*
M U. WINTER Hss. Diez 1986 p. 77

27 *Te, terra, obtestor, leviter super ossa*

28 *Te timemus terribilem nullum credentes*
I SCHALLER in: Iren u. Europa I p. 471
cf. *Noli pater indulgere*

29 *Te totus laudesque tuas, rex, personat orbis*
ET GODMAN Poetry p. 150ss.
I KULLMANN in: Fs. AUTENRIETH 1988 p. 3
I GODMAN Poets p. 68ss.
I VINAY Alto Medioevo Latino p. 254ss.
I GODMAN in: Charles the Bald p. 301 n. 49
I ZOTZ in: Curialitas. Studien zu Grundfragen d. höfisch-ritterlichen Kultur ed. J. FLECKENSTEIN 1990 p. 400s. n. 46
I BULLOUGH Aula Renovata p. 275 n. 3
I BULLOUGH Friends, neighbours and fellowdrinkers p. 12 n. 21
I SIDWELL JournMedLat 2/1992 p. 55ss.
I WALLACE-HADRILL Frankish Church p. 217s.
I CURTIUS Ges. Aufsätze p. 280
I WITKE Satire p. 171-176
I FICHTENAU Lebensordnungen II p. 370
I SCHALLER Wiener Studien 105/1992 p. 178s.
I W. POHL Die Awaren 1988 p. 312; 399 n. 44
I MCDONALD/GOEBEL Literary Patronage p. 12
I GODMAN in: Charlemagne's Heir p. 580
I CIZEK MlatJb 26/1991 p. 24s.; 27; 29s.
I RICHÉ in: Iren u. Europa II p. 737
I SCHALLER Studien p. 89-98; 116s.; 137; 168; 351s.; 413; 418
I GORMAN RBén 107/1997 p. 58s.
I SCHALLER Wiener Studien 105/1992 p. 178s.
I SZERWINIACK Scriptorium 48/1994 p. 227

30 *Te trina deus unitas*

31 *Te vigilans oculis, animo te nocte requiro*

32 *Te virtute crucis soter, Guillelme, coronet*
B Rep. Font. V p. 189s.
I NELSON in: Literacy in early mediaeval Europe p. 271 n. 51
I BRADLEY MlatJb 22/1987 p. 122 n. 48
I ERNST Carm. fig. p. 333-336

33 *Tecta novem Phoebi nuper dicata Camenis*

34 *Tecta Valentiniani membra haec continet*

35 *Tectum augustum ingens, centum sublime*
I COURCELLE Lecteurs ... de l'Énéide p. 117; 134; 152

36 *Tecum principium, finis rex Christeque*

37 *Tegmine sub vili tegitur hoc cartula vilis*

38 *Telephus, excellens Alcidis pignus et Augae*

39 *Telephus hac sede Iucunda Pothusque*

40 *Telluris ingens conditor / Mundi solum*
E Hymnarium oscense II p. 30s.
EC Canterbury Hymnal 37517 p. 42
M ODERMATT Ordinarius St. Arnulf p. 391
M Portiforium Wulfstani nr. 2643

41 *Telluris si forte velis cognoscere cultus*
M PRETE Cod. Barb. Lat. p. 286 (cod. 48)

42 *Tellus ac aethra iubilent*
M ODERMATT Ordinarius St. Arnulf

p. 391
M FILL Hss. Kremsmünster I p. 414
M ZANNA in: Poesia dell'alto medioevo p. 369
I SPANKE Studien p. 5

43 *Tellus vilescit / quos hilcrescit*
E MGH Poet. 5 p. 641

44 *Tempera iam genitor lacrimis tuque, optima*

45 *Temperat ergo bene iam cuncta modestia*

46 *Temperet interea virtus prudentia regem*
ET MESSINA p. 31:V
I EBERHARDT p. 151; 373

47 *Tempestate sub hac, divino numine ductus*

48 *Tempestate tyrannorum ceu nube procellae*

49 *Templa micant plus compta fide quam luce*

50 *Templa micant Stephani meritis et nomine*
ET NAUERTH p. 308

51 *Templa viri pietas fecit pro munere magno*

52 *Templi factores fuerant Fredaldus et uxor*

53 *Templo Gregorius quo fundere vota solebat*

54 *Templum, Christe, tibi famulator Agalsius*
M GAUTIER DALCHÉ RevHistTextes 12-13/1982-83 p. 153s.
B CALMA I p. 83
B Clavis Galliae I p. 64s.

55 *Templum Christi, virgo casta*
ETC Carm. Cant. 36 ed. ZIOLKOWSKI p. 112; 281
EC BRADLEY MlatJb 31.2/1996 p. 92-95

56 *Templum Dei mundissimum*

57 *Templum hoc, Domine, Cixila condidit*
I PÉREZ DE URBEL in: Litúrgia y música mozárabes D 1/1975 p. 140 (Congreso internacional de estudios mozárabes, Toledo 1979)

58 *Templum hoc sacratum heroibus, qui quod*

59 *Templum in rupe Tagi superis et Caesare*

60 *Templum ingens domino Salomon rex*
I SCHALLER Studien p. 191

61 *Templum quod Gallo Cozpertus struxerat*
ET Ekkeh. IV. ed. HAEFELE p. 184

62 *Templum tristis adit, rediit sed laeta*
ET BISCHOFF in: Bibbia di San Paolo p. 159

-a *Tempo quae ra prae suum suo sub iure finem* [2
ET Virg. Gramm. ed. POLARA p. 138

63 *Tempora anni sunt quaterna*

64 *Tempora concedat Christus felicia regni*
B Clavis Galliae II p. 283s.

65 *Tempora cum causis Latium digesta per*

66 *Tempora florigero rutilant distincta sereno*
ET GEORGE Venantius Fortunatus p. 188
ETC REYDELLET I p. 99
T ÖBERG Poetry p. 87
M HUNT/LAPIDGE Anglo-Saxon England 8/1979 p. 284
M PELLEGRIN Bibliothèque Vaticane I p. 414; 473
M FILL Hss. Kremsmünster I p. 414
I QUACQUARELLI Poesia tardoantica p. 451; 460
I SCHALLER Studien p. 365; 370s.

67 *Tempora fulgida nunc rutilant*
MI facs. RICO/MUNDÓ Ripoll tab. 13; p. 18ss.; 23

68 *Tempora iam volitant cyclicis fulgentia*
EC CC Cont. Med. 117 p. 113
I STAUBACH FMSt 20/1986 p. 558-562
I STAUBACH in: Theophanu I p. 351 n. 55

69 *Tempora labuntur, tacitisque senescimus*
M MlatJb 15/1980 p. 284; WIC 19123

70 *Tempora lapsa volant, fugitivis fallimur*
ETC REYDELLET II p. 103
M Colmar 465 (Cat. gén. 56 p. 175)
I KULLMANN in: Fs. AUTENRIETH 1988 p. 3

71 *Tempora longa tibi noli promittere vitae*

72 *Tempora per lunae cursum tyrania cerne*
B Clavis Galliae I p. 300-302

73 *Tempora Pieria solitus redimire corona*

– *Tempora poenis veterum memorata libellis*
cf. *Pondera Paeoniis veterum*

74 *Tempora praecipiti vos invidistis amori*
ETC REYDELLET II p. 81
ETI BLUME in: Fs. DÜCHTING 2001 p. 22-40

75 *Tempora prisca Deus decorans pie lampade*

76 *Tempora prisca Deus sanctis insigniter almis*

77 *Tempora prisca Deus sanctis insigniter almis [/ Condecorans*

78 *Tempora, quae Stilbon volvat, quae saecula*

79 *Tempora si solito mihi candida lilia ferrent*
ETC REYDELLET II p. 149
T COOK p. 15

80 *Tempora sunt anni quattuor, quibus sol per*

81 *Tempora temporibus cedunt, vadit rota*
I BERSCHIN Biographie II p. 72
I CURTIUS Ges. Aufsätze p. 280
I COURCELLE Lecteurs ... de l'Énéide p. 62ss.

82 *Tempora temporibus subeunt, abit et venit*
B BHL 2870-2871
I W. EVENEPOEL in: Fs. BARTELINK 1989 p. 167-176
I JACOBSEN in: Iren u. Europa I p. 444 n. 33

83 *Tempore, Basilius quo vir virtutibus almus*
E BERSCHIN p. 95

84 *Tempore brumali non multum levia prosunt*

85 *Tempore de primo noctis mihi nomen*

– *Tempore Gothorum fuerat virguncula [quaedam*
cf. *Omnipotens genitor mundum dicione*

86 *Tempore iam brumae cum se sol vertit ad*
EI BILLANOVICH ItMedUm 17/1974 p. 46-60; tab. VI
B Rep. Font. V p. 492s.
I AVESANI in: Storia della Cultura Veneta I 1976 p. 266s.
I BILLANOVICH in: Scire litteras p. 35
I VILLA Lectura Terentii I p. 9s.; 38; 49

87 *Tempore non modico postquam terrestria*

88 *Tempore poenarum domini cor plangat*

89 *Tempore pontificis noni summique Iohannis*

90 *Tempore qui laeto sortem ridemus amaram*

-a *Tempore, quo Chr(istu)s tumulo surrex(it) ab [imo*
EM DE MEYIER Codices Vossiani III p. 172

91 *Tempore quo factae fuimus, pugnare*

92 *Tempore quo gladius secuit pia viscera [matris / Egregius*
M ICUR N. S. VI p. 232:16963

93 *Tempore quo gladius secuit pia viscera [matris / Hic*

94 *Tempore quo gladius secuit pia viscera [matris / Sexaginta*
E ICUR N. S. IX p. 7:23753

95 *Tempore quo lector praeclarus gaudia digna*
I ORCHARD JournMedLat 2/1992 p. 116ss.

96 *Tempore quo medio peragunt suum sidera*

97 *Tempore quo nasci voluit de virgine sacra*
B Clavis Galliae I p. 198s.
I STELLA Poesia carolingia p. 290-293

98 *Tempore, quo regni Francorum sceptra*

99 *Tempore quo regni gessit Pippinus eoi*
E BERSCHIN p. 42
I FICHTENAU Lebensordnungen I p. 88

00 *Tempore quo sum genita, natura mihi*

01 *Tempore ruricolae patiens fit taurus aratri*

02 *Tempore supremo Faustest tibi cura soluta*

03 *Tempore virgo sub hoc Seraphia passa*

04 *Tempore vita brevis meritis fit longior almis*
ETC REYDELLET I p. 27

05 *Temporibus Domini Liutprandi Catholico*

06 *Temporibus laetis tristamur, maxime Caesar*
M PASSALACQUA Codici p. 365
M U. WINTER Hss. Diez 1986 p. 77
I MARIOTTI in: Fs. C. DIONISOTTI 1974 p. 546; 549 (= S. MARIOTTI Scritti medievali e umanistici 1976 p. 158;

162)

07 *Temporibus longis regali dives in aula*
ETC REYDELLET II p. 111
I GEORGE Venantius Fortunatus p. 82-84

08 *Temporibus nostris aetas cum cedat avorum*

09 *Temporibus priscis pulix lacerasse potentes*
ET SCHNUR Fabeln p. 32s.
ET OCHSENBEIN in: St. Gallen II p. 166s.
TI ZIOLKOWKSI Talking animals p. 63; 290
M DE MEYIER Codices Vossiani VI p. 265
I SCHALLER Studien p. 409

10 *Temporibus quondam tranquilla pace*
M FLECKENSTEIN in: Bernward I p. 52
M SCHRAMM/MÜTHERICH Denkmale[2] p. 482
MB HOFFMANN Buchkunst p. 489
I SCHRAMM Kaiser, Könige u. Päpste I p. 84
I NORDENFALK in: Fs. MÜTHERICH 1985 p. 87

11 *Temporis ergo status, locus, aura et motio*

12 *Temporis infausta sub potestate dolendi*
I MCDONALD/GOEBEL Literary Patronage p. 15

13 *Temporis prisci proceres Damascum*

14 *Tempus ab adventu domini currentibus annis*

15 *Tempus ad hoc lustris bis iam mihi quinque*

16 *Tempus adest. facias, tibi si facienda*

17 *Tempus adest niveum sincera luce coruscum*
EC CC Cont. Med. 117 p. 26
EI DÜCHTING in: Iren u. Europa II p. 871
I BRUNHÖLZL in: Scire litteras p. 91

18 *Tempus enim nunc est, 'hu hu' quo dicimus*

19 *Tempus erat noctis, lucem cum praedicat*
I ORCHARD JournMedLat 2/1992 p. 116ss.

20 *Tempus erat, quo prima quies mortalibus*
ETC Carm. Cant. 34 ed. ZIOLKOWSKI p. 110; 277

21 *Tempus erat, quo sol medium transcenderat*
MI RAMMINGER Wiener Studien 101/1988 p. 319-321
I NODES VigChr 39/1985 p. 80

22 *Tempus erit, quando frater cum fratre*
B SHARPE nr. 178
B Clavis Galliae I p. 263s.; II p. 67

23 *Tempus habens aevi speciem stat motio*

24 *Tempus Iuleis cras est natale kalendis*

25 *Tempus noctis surgentibus*
M GNEUSS MlatJb 35/2000 p. 244
I NORBERG Les vers iambiques p. 23 n. 30

26 *Tempus sopori congruum adest*

27 *Tempus victuro mihi longum stamine Parca*

28 *Tempus vocandis namque amicis adpetit*

29 *Tendite regna poli, ianuas entrate per almas*

30 *Tenditur ratio temporum trimoda*

31 *Tenebrae et umbra mortis patefacta inferi*

– *... to) tenebrisque fugatus*
cf. *Aspice, descensu extructo tenebrisque*

-a *Tenebrosa celant cela* 3
ET Virg. Gramm. ed. POLARA p. 202

32 *Teneo liquentem, sequor membrana celatum*

33 *Tenet amicorum memoria caritatem*

34 *Tenuis imago mihi, sed vis non parva videtur*

35 *Teque Pales et te, pastor memorande*
I SCHETTER Hermes 116/1988 p. 343-357

36 *Ter bibe vel totiens ternos: sic mystica lex*

37 *Ter binas hiemes festina luce peregit*

38 *Ter binos deciesque novem super exit in*
M PRETE Cod. Barb. Lat. p. 286 (cod. 26)

39 *Ter centena quidem poteras epigrammata*

40 *Ter centum vulpes Samson, capit, ignibus*

41 *Ter corripui terribilem manu bipennem*

42 *Ter denis annis pastor ...*
B Clavis Galliae I p. 207s.

43 *Ter denis honor hic annis requiescit Apici*

44 *Ter geminis geminae patuerunt arcubus*

45 *Ter hora trina volvitur*
M Gneuss MlatJb 35/2000 p. 244
I Bullough Carolingian renewal p. 250
I Norberg Les vers iambiques p. 20s.

46 *Ter quinos animo suadente per ardua libros*

47 *Ter sine perpetuo caelum versetur in axe*

48 *Ter singulos nondum compleverat annos*

49 *Ter ternae, varias docte quae traditis artes*
ETI A. J. Baumgartner Untersuchungen z. Anthologie d. Codex Salmasianus 1981 p. 13
TC Shackleton Bailey HStClPh 84/1981 p. 210
I Rauner in: LexMA III c. 402
I Castillo Cuadernos FilClas 5/1973 p. 56
I Milazzo Orpheus N. S. 3/1982 p. 250-274

50 *Ter ternos habuit annos qui scripserat istut*
EM Colophons 16392

51 *Ter trinis Hludovich Francis dum imperat*
B Rep. Font. V p. 373

52 *Tercentum Libyci modios de messe coloni*

53 *Terentius Sabinianus fons et camena litteris*

54 *Terga bovis credens Europa ascendit alumni*

55 *Terge luctum maerens: prata virentia vides*

-a *Terminat Hyginus vol(u)men doctus [moderans et* 38
A inc. saec. XI: Abbo Flor.?
ETC Lapidge/Baker JournMedLat 6/1996 p. 8s.; 26s.
M Munk Olsen Auteurs classiques I p. 525

56 *Terminus est vitae nostrae tertius et*

57 *Terminus octonas Martis fert quinque*

58 *Terna quaterna micans Arcturus continet*

59 *Ternis ter horis numerus*
M Odermatt Ordinarius St. Arnulf p. 391

60 *Terra deum laudet, quae iuncta Deo caro*

61 *Terra ferax trimoda beat almum*

62 *Terra fui primo, latebris abscondita diris*

63 *Terra levi tumulo levior, ne degravet ossa*

64 *Terra marique victor honorande*
I Swinarski Herrschen mit den Heiligen p. 379s.
I Willmes Herrscher-'Adventus' p. 83ss.

65 *Terra mihi corpus, vires mihi praestitit ignis*

66 *Terra parens quondam caelestibus invida*
M de Meyier Codices Vossiani VI p. 262

67 *Terra parens, tibi Fortunatae commissimus*

68 *Terra, precor, quaecumque iaces Nicario*

69 *Terra premes teneros iniusto pondere manes*

70 *... terra quam procul a patria*

71 *Terra tenet corpus, nomen lapis atque*
ET Häusle Denkmal p. 92

72 *Terra tibi tribulos pro crimine germinet*

73 *Terra tuum spinis obducat, lena, sepulcrum*

74 *Terrae mensuram doceo, Geometrica, totam*

75 *Terram terreno comprendimus, aethera*

76 *Terram terreno sentimus, at aethera flammis*

77 *Terrarum culpis vitium, potator, obumbras*

78 *Terrarum dea genitumque Roma*

79 *Terras nec minus et maria*

80 *Terrenis opibus cum dives gaudet iniquus*

81 *Terrenum corpus caelestis spiritus in me*

82 *Terrenum corpus claudant haec forte*
E Gregorovius Tombe dei Papi p. 15*s.

83 *Terrenum nil theologo par esse Iohanni*
EM KOEHLER/MÜTHERICH V p. 92 (facs. tab. 10a); p. 104s. (facs. tab. 18b)

-a *Terribilis rex alme*
A inc. saec. IX
EI STÄBLEIN AMusWiss 18/1961 p. 21s.

84 *Terrigenae bene nunc laudent ut condecet*
ET DRONKE/LAPIDGE/STOTZ MlatJb 17/1982 p. 67
M GNEUSS Handlist 12

85 *Terris atque polis micat huius gratia solis*

86 *Terris quicumque viator transieris*

87 *Terror Aegyptiaci Niger astat militis ingens*

88 *Terruit angelicas acies concessa potestas*

89 *Tertia iam gelidas Tithonia solverat umbras*

90 *Tertia luce petes Pthiae praefertilis arva*

91 *Tertia lux - memini - ludis erat, ac mihi*

92 *Tertia lux refugis Hyperiona fuderat astris*
EC ROBERTINI p. 294

93 *Tertia lux veniet, qua tu, Dodoni Thyone*

94 *Tertia nox de mense suos ubi moverit ortus*

95 *Tertia nox veniat, Custodem protinus Ursae*

96 *Tertia pars orbis, fratres, Europa vocatur*
ET GODMAN Poetry p. 326ss.
ET HAUG/VOLLMANN Frühe dt. Lit. p. 166
ET Waltharius ed. E. D'ANGELO 1998 p. 58
ETB Waltharius ed. G. VOGT-SPIRA 1994
T ÖBERG Poetry p. 199
C HAUG/VOLLMANN Frühe dt. Lit. p. 1189-1222
C STIENE Konkordanz zum Waltharius-Epos 1982
C A. ÖNNERFORS Classica et Mediaevalia 1998 p. 105-146
M O. MAZAL Buchkunst d. Romanik 1978 tab. 32
M facs. O. MAZAL Lehrbuch d. Handschriftenkunde 1986 p. 330
M DOLBEAU RecAug 13/1978 p. 32; 226
B Rep. Font. IV p. 303
B CANTELLI BERARDUCCI p. 495-497
B Clavis Galliae I p. 376s.
BI KLOPSCH in: Verf. Lex.[2] X c. 627-638
I A. ÖNNERFORS Die Verfasserschaft des Waltharius-Epos aus sprachl. Sicht 1979
I WESTRA MlatJb 15/1980 p. 51-56
I BACHRACH SMRH 7/1970 p. 59; 62
I B. T. EBELING-KONING Style and Structure in Ekkehard's Waltharius, Diss. Columbia Univ. 1977
I BRUNHÖLZL in: Fs. KLOPSCH 1988 p. 46-55
I COURCELLE Lecteurs ... de l'Énéide p. 43ss.
I A. ÖNNERFORS Waltharius, passim
I SCHIEFFER DA 36/1980 p. 193-201
I MORETTI StudMed III 24/1983 p. 711-715
I PENNISI Orpheus N. S. 4/1983 p. 286-341
I FICHTENAU Lebensordnungen I p. 156; II p. 442
I SCHÜTTE MlatJb 21/1986 p. 70-74
I CLASSEN MlatJb 21/1986 p. 75-78
I ERNST MlatJb 21/1986 p. 79-83
I LÜHRS MlatJb 21/1986 p. 84-87
I SCHERELLO MlatJb 21/1986 p. 88-90
I GÄBE MlatJb 21/1986 p. 91-94
I HEINTZE MlatJb 21/1986 p. 95-100
I BABCOCK MlatJb 21/1986 p. 101-105
I SCHALLER MlatJb 18/1983 p. 63-83
I WAWRZYNIAK MlatJb 18/1983 p. 100-104
I LANGOSCH MlatJb 18/1983 p. 84-99
I BERSCHIN ZGObRh 134/1986 p. 14-16
I MORGAN Latomus 45/1986 p. 171-177
I SCHALLER in: Fs. AUTENRIETH 1988 p. 135-144
I DUMVILLE CMCS 6/1983 p. 87-93
I GEARY in: Proceedings of the Eighth annual Meeting of the Western Society for French History ed. E. L. NEWMAN 1980 p. 46
I JAEGER RPL 6/1983 p. 171-185
I SCHALLER MlatJb 16/1981 p. 54-57
I ANDERSSON Epic Scenery p. 131-144
I DRONKE Waltharius, passim
I MANNING StudMed III 31/1990 p. 259-264
I KRATZ in: The Epic in Medieval Society ed. H. SCHOLLER 1977 p. 126-137
I UGOLINI Romanobarbarica 6/1981-82 p. 341-343
I LAPIDGE MlatJb 22/1987 p. 74
I J. SVENNUNG Anredeformen 1958 p. 45s.
I MCDONALD/GOEBEL Literary Patronage p. 219
I BACHRACH Studies in Medieval and

Renaissance History 7/1970 p. 59; 62
I PÀROLI Settimane ... Spoleto 35/1988 p. 569
I ZUG TUCCI Settimane ... Spoleto 31/1985 p. 317
I SCHNEIDER Settimane ... Spoleto 31/1985 p. 525
I BACHRACH Settimane ... Spoleto 31/1985 p. 740 n. 107
I D'ANGELO Vichiana 15/1986 p. 176-215
I D'ANGELO StudMed III 32/1991 p. 159-190
I WERNER in: Charlemagne's Heir p. 101-108; 112-123
I WAGNER in: triuwe. Fs. E. STUTZ 1992 p. 109-125
I SCHALLER MlatJb 24-25/1989-1990 p. 423-437
I KRATZ in: Umanesimi p. 307-313
I V. MILLET Waltharius-Gaiferos 1992
I SCHMIDT in: Exil, Fremdheit ... p. 241-244
I VOLLMANN in: Fs. DÜCHTING 2001 p. 510-512
I GOTTZMANN in: Fs. BLANK 2000 p. 29-50
I BERTINI Filologia mediolatina 6-7/ 1999-2000 p. 63-77

97 *Tertia per concurrentes nihilominus acta*

98 *Tertia Phoebeae lauri domus Antiochia*

99 *Tertia post decimam fieret cum virginis*

00 *Tertia post Hyadas cum lux erit orta remotas*

01 *Tertia post idus lux est celeberrima Baccho*

02 *Tertia post idus nudos Aurora Lupercos*

03 *Tertia post nonas removere Lycaona Phoebe*

04 *Tertia post Veneris cum lux surrexerit idus*

05 *Tertia Romulei sumant exordia fasces*
I LUCIANI RÉAug 31/1985 p. 252

06 *Tertio in flore mundus adhuc dum*
E DU MERIL 1854 p. 286
ECM GUSCIN MlatJb 26/1991 p. 56-69
EI NORBERG Paulin d'Aquilée 1979 p. 39-50; 114-125
M BOTTIGLIERI in: Poesia dell'alto medioevo p. 289
I DRONKE in: Fs. K. V. SEE 1989 p. 99
I SCHALLER Studien p. 28; 33; 44; 326 n. 53; p. 375; 387; 406
I STOTZ in: Poesia dell'alto medioevo p. 164; 166s.

07 *Tertius emissos Adrianus honore secutus*

08 *Tertius enarrat Christi magnalia vel quod*

– *Tertius errores pelagi terraeque requirit*
cf. *Post eversa Phrygum regna ut fuga*

09 *Tertius est finitus in isto patre libellus*

10 *Tertius exponit primo quid Iulia dixit*
M Hss. Krakau 524 f. 123r

11 *Tertius exsequitur Lucas pia vota ministrans*

12 *Tertius haec hagiae Salomon dat dona*
E Colophons 16909
ET Ekkeh. IV. ed. HAEFELE p. 62
M DE MEYIER Codices Vossiani VI p. 263
M J. AUTENRIETH Die Domschule v. Konstanz zur Zeit d. Investiturstreits 1956 p. 86
I MAURER Konstanz p. 40 n. 62
I BERSCHIN ZGObRh 134/1986 p. 4

– *Tertius haec Salomon sanctae dat dona*
cf. *Tertius haec hagiae*

13 *Tertius hanc urbis sedem tenuit Honoratus*

-a *Tertius hic papa Gregorius est tumulatus* [1
E GREGOROVIUS Tombe dei Papi p. 26*
E ICUR II p. 201; 460

14 *Tertius hinc Stephanus, sacris feritate*

15 *Tertius horrentem Zephyris laxaverat annum*

16 *Tertius huic fastu Leo mox succedit et actu*

17 *Tertius in numero regum, sed proximus Otto*

18 *Tertius incipiet tandem nunc nempe libellus*
B Clavis Galliae I p. 300-302

19 *Testatur simplex triplicem natura figuram*

20 *Testibus adseritur gens census vita, Tribune*

21 *Testor quod crevi, rarus mihi credere sed*

22 *Tetgaudus quidam praesul, privatus honore*

23 *Tethya marmoreo fecundam pandere ponto*

24 *Tetrametros trimetrosque capit comoedia*

25 *Teuzo praesentem fundavit episcopus aedem*

26 *Texta rosis fortasse tibi vel divite nardo*

27 *Textum si cupies canonis servare sophista*

28 *Textus principio, Francorum quae sit origo*

29 *Thaddeus egregius doctor Simonque minister*
B Clavis Galliae II p. 458

30 *Thaida Quintus amat. Quam Thaida*

31 *Thaida tam tenuem potuisti, Flacce, videre*

32 *Thais habet nigros, niveos Laecania dentes*

– *Thaumantis proles priscorum*
cf. *Taumantis proles*

33 *Thaumantis proles variantı veste refulgens*

34 *Thebarum regina fui, Sipyleia cautes*

35 *Theca tectus ahenea lavatur*

36 *Thelyn viderat in toga spadonem*

37 *Thema tenet nitidum pacis coniunctio semper*
E CC Cont. Med. 68 p. 204

38 *Themate pertenui quoniam digestus haberis*

39 *Theodori monachi pausant hic membra*
EI THOMAS RhVjbl 31/1966-67 p. 42-63
I HAUBRICHS Otfrid p. 17 n. 58

40 *Theodorus validis staret cum miles in armis*

41 *Theodosii iussis gemino nec mense peracto*

42 *Theodosius coepit, perfecit Honorius aulam*

43 *Theodosius pater Eudocia cum coniuge*

44 *Theophilacte pater, sophiae tu doctor*
B Clavis Galliae II p. 40

45 *Theophilus praesul hic lumine claruit almo*

46 *Theotocos ortum celebret sic turba clientum*

47 *Theotrada deo quadrantem carnis honestat*
MI ERNST Carm. fig. p. 366-371
I ERNST Das Mittelalter 6.2/2001 p. 72

48 *Thermarum in solio si quis Polygitona vidit*

49 *Thesauro invento qui limina mortis inibat*

50 *Thesaurum abstrusum abiens peregre*

51 *Thesaurum in sepulcro ponit, qui senem*

52 *Thesea magnanimum non cepit ianua Ditis*

53 *Theseus intravit monstrumque biforme*
EI BIRKHAN in: Fs. PITTIONI II 1976 p. 436

– *Thesiphonem vocat Oedipodes Stige*
cf. *Tisiphonem vocat Oedipodes Styge*

54 *Thespiades, Hippocrene quas spumanti*
I NORBERG MlatJb 19/1984 p. 71s. n. 43
I MATTIACCI in: Poesia dell'alto medioevo p. 20s.

55 *Thessalicae plebis cuneus laudatur abunde*

56 *Thessalici proceres iunctis virtutibus Argo*

57 *Thestyle, Victoris tormentum dulce Voconi*

58 *Thestylon Aulus amat sed nec minus ardet*

59 *Thomas confidit cum Christi vulnera vidit*

60 *Thomas, qui Didymus, latus inscrutatur*

61 *Thrax puer adstricto glacie cum luderet*
M U. WINTER Hss. Diez 1986 p. 77
M PASSALACQUA Codici p. 163

62 *Threiciam volucrem fertur Iunonius ales*

63 *Threicius quondam vates fide creditur*

64 *Throno sedente principe / cum venerit*

65 *Tibi Christe splendor patris*
E Hymnarium oscense II p. 81s.
EC Canterbury Hymnal 37517 p. 107
M GNEUSS MlatJb 35/2000 p. 247

66 *Tibi Christe / supplices exoramus*

67 *Tibi cum non sit diei panis*

68 *Tibi laus perennis, auctor*
M ROPA Quadrivium 13/1972 p. 67

69 *Tibi, summe Rheni domitor et parens orbis*

70 *Tibique, Domine, celsum Cherubim dicatum*

71 *Tibur in Herculeum migravit nigra Lycoris*

72 *Tibur mihi patria, Agricola sum vocitatus*
E VIDMAN p. 217:451
ET HÄUSLE Denkmal p. 98
I MONTORSI Epigrafe modenese p. 158

73 *Tiburtina tegit cineres septem aggere*

74 *Ticianus vates Christi doctrina peritus*
E PICARD Souvenir p. 303 n. 40

75 *Timo comes missusque tuus, rex inclite*
I GODMAN Poets p. 166 n. 84

76 *Tinctis murice vestibus quod omni*

77 *Tinctus in hoc sacro mortem non sentiet*

78 *Tingitur oceano custos Erymanthidos ursae*

79 *Tingue caput Cosmi folio, cervical olebit*

80 *Tingue semel calamum, caritas, in gurgite*
B Clavis Galliae II p. 39
I KRAHWINKLER Friaul p. 161 n. 242

81 *Tingue tuos calamos, caritas, in gurgite*
B Clavis Galliae II p. 38s.

82 *Tinguite candentes roseo de murice vultus*

83 *Tinguitur agnus aqua, mundi qui crimina*

-a *Tisiphonem vocat Oedipodes Styge caecus*
[*ab ima* 12
A Stat. arg. Theb. 1
E KLOTZ/KLINNERT p. 588
E CLOGAN Manuscripta 7/1963 p. 31
EI EBERT Philologus 134/1990 p. 234-237
EI JAKOBI Hermes 117/1989 p. 241-244
I SCHETTER Hermes 117/1989 p. 245s.

84 *Titanes vobis tutanos dicitis esse*

85 *Titaneus olympium inflamat arotus*

86 *Titanum suboles, socia nostri sanguinis*

87 *Tithoni coniunx roseo sublime rubore*

88 *Tithoni croceum linquens Aurora cubile*

89 *Titulis auroque nitebant; tunc et fortuna*

90 *Titulle, moneo, vive: semper hoc serum est*

91 *Tityre, si toga calda tibi est, quo tegmine*

92 *Tityre, te Latio cecinit mea fistula versu*

93 *Tityre, tu fido recubans sub tegmine Christi*

94 *Tityre, tu patulae recubans sub tegmine fagi*
[/ *Nescio*
I COURCELLE Lecteurs ... de l'Énéide p. 301
I CASTILLO Cuadernos FilClas 5/1973 p. 55
I VIDAL RÉAug 29/1983 p. 233-256

95 *Tityre, tu patulae recubans sub tegmine fagi*
[/ *Silvestrem*

96 *Tityron ac segetes cecini Maro et: arma*
M U. WINTER Hss. Diez 1986 p. 77
M SOTTILI I Codici del Petrarca p. 263
M DE MEYIER Codices Vossiani III p. 34
M GNEUSS Handlist 120

97 *Tityrus agresti modulatus carmine ruris*
I SCHETTER Hermes 116/1988 p. 343-357

98 *Tityrus in silvis ego tristis mente remansi*
EC CC Cont. Med. 117 p. 5

99 *Tityrus ut quondam patulae sub tegmine fagi*
I KOSTER in: Fs. KLOPSCH 1988 p. 293

00 *Tolle, puer, calices tepidique toreumata Nili*

01 *Tollite vos portas, aditus aperite volentes*
EC CC Cont. Med. 117 p. 47
I WILLMES Herrscher-'Adventus' p. 82
I DÜCHTING in: Fs. BRUNHÖLZL 1989 p. 90-96
I ORŁOWSKI CCM 30/1987 p. 140
I STAUBACH Rex christianus p. 109 n. 19

02 *Tollitur adclini tellus subnixa tumore*

03 *Tomentum concisa palus Circense vocatur*

04 *Tondendis haec arma tibi sunt apta capillis*

05 *Tongilianus habet nasum, scio, non ego. Sed*

06 *Tonsorem puerum sed arte talem*

07 *Tonstrix Suburae faucibus sedet primis*

08 *Torqueo torquentes, sed nullum torqueo*
EC SIDWELL Medieval Latin p. 100

09 *Torra Mimalloneis implerunt cornua bombis*

10 *Torrens me genuit fornax de viscere flammae*

11 *Torvus aper fulvusque leo coiere superbis*

12 *Tot Iovis illecebras, tot crimina viva figuris*

13 *Tot rebus fallax quid garris, pica biformis*

14 *Tot restant de mense dies, quot nomina*

15 *Tota domus patris cuiusdam tempore multo*

16 *Tota mihi dormitur hiems et pinguior illo*

17 *Tota monasterio famulantum hic turba*

18 *Tota quidem ponatur anus, sed pectore*

– *Tota vocor graece, sed non sum tota latine*
cf. *Beta vocor graece, sed non sum beta*

19 *Totis, Galle, iubes tibi me servire diebus*

20 *Totius Hieronymus doctor mirabilis orbis*
B Clavis Galliae II p. 412s.

21 *Totius mundi machinae creator*
M DE MEYIER Codices Vossiani III p. 121
I SPANKE Studien p. 3

22 *Totius nobis benedicat conditor orbis*

23 *Toto vertice quot gerit capillos*

24 *Totus in angelicis Gregorius intima fixit*

25 *Toxica zelotypo dedit uxor moecha marito*

26 *Tractando iustum discernite semper*
M CORBET Les Saints Ottoniens p. 282 tab. 8
MB HOFFMANN Buchkunst p. 332

27 *Tractus per varios vestigia diva legentem*
B BHL 5236

-a *Tradimus historiae decreat quod saecula* [*scire* 15
E L. DELISLE Le Cabinet des Manuscrits de la Bibliothèque Nationale II 1874 p. 350
B VAN DER STRAETEN AnBoll 53/1979 p. 246
B TOMEA Aevum 53/1979 p. 373

28 *Traditio Toletana institutioque sancta*
I WRIGHT Late Latin p. 183s.

29 *Traditur, en, Christus, titubat non denique*

30 *Traditur hac rabie procerum perpessa*

31 *Traditur haec rabies sanctos quoque*

32 *Traditur hoc festum reverentis esse dierum*

33 *Traiani quaerent atria*

34 *Traiectina feris urbs Danis versa latebat*
I R. GROSSE Das Bistum Utrecht u. seine Bischöfe im 10. u. frühen 11. Jh. 1987 p. 103

35 *Traiectus per utrumque latus laticem atque*

36 *Tramite munifico celebravit pagina cursum*
ETC REYDELLET II p. 159
I SHEERIN Traditio 38/1982 p. 53
I JACOBSEN in: Iren u. Europa I p. 463 n. 83

37 *... tranquilla per annos*

38 *Tranquillis rebus semper adversa timeto*

39 *Tranquillo, nymfae, decurrite fluminis ortu*
E SHACKLETON BAILEY nr. 205
I PFERSCHY MIÖG 97/1989 p. 292 n. 196

40 *Trans freta iam venit Dominus propriam*

41 *Transcursa, lector, parte magna fabula*
M SMITS VAN WAESBERGHE p. 187

42 *Transferat huc liquidos fontes Heliconia*

43 *Transferri in nubes, nitidus dum cogitur aer*

44 *Transgrediens caelos verbum patris sancte*

45 *Transgrediens paulum pede, quaeso, resiste*

46 *Transieram celerem nebuloso flumine*
MI TRÄNKLE MusHelv 31/1977 p. 155-168
I JACOBSEN in: Iren u. Europa I p. 463

n. 83
I GRUBER in: Fs. KLOPSCH 1988 p. 69-75
I NAVARRA Studi storico-religiosi 3/1979 p. 79-131
I GRENN RPL 1/1978 p. 89-94
I ÖNNERFORS in: Fs. MUNARI 1986 p. 265

47 *Transmissas epulas, quae pruna nigella*
T COOK p. 31

48 *Trebula nos genuit; commendat gratia*

49 *Trechete, dique deae, Corydonem stringere*

50 *Tres causae faciunt homines peccata cavere*
ET BEHRENDS p. 248:138
M MlatJb 15/1980 p. 285; WIC 19375

51 *Tres digiti scribunt et totum corpus laborat*
M PASSALACQUA Codici p. 260s.
EM Colophons 23684
I VIRGILIO GIF N. S. 15 (36)/1984 p. 50

52 *Tres digiti scribunt et totum corpus laborat / [Sortitur*

53 *Tres fuerant Charites, sed, dum mea Lesbia*

54 *Tres gemini repunt stimulati marmore pellis*

55 *Tres habuit dentes, pariter quos expuit*

56 *Tres habuit turris scriptas in fronte figuras*
E TOSI in: Gerberto - scienza, storia e mito p. 110; 176
EM Kataloge d. Herzog-August-Bibl. Wolfenbüttel IX: Die Gudischen Hss. 1966 p. 252
M DE MEYIER Codices Vossiani VI p. 136

57 *Tres iter assumunt, nihil huc nisi corpora*

58 *Tres iuvenes fratres, uno de patre creati*
M H. VAN THIEL Mittellat. Texte 1972 p. 3

59 *Tres luctus causae sunt hoc sub marmore*
I BAYER Aachener Kunstbll. 54-55/1986-87 p. 36

60 *Tres mihi sunt dentes, quos unus continet*

61 *Tres nimium cimas dura de rupe recisas*
EM Kataloge d. Herzog-August-Bibl. Wolfenbüttel IX: Die Gudischen Hss. 1966 p. 252
M PELLEGRIN Bibliothèque Vaticane II.1 p. 312
M GNEUSS Handlist 188

62 *Tres olim fuimus, qui nomine iungimur uno*

63 *Tres orbes, Saturne, tuos, pater optime vixi*

64 *Tres patres summi meritorum pondere*
B Clavis Galliae II p. 457
I COENS AnBoll 77/1959 p. 386

65 *Tres proles nantes iuncte genuere sorores*

-a *Tres rogat h ... s ... g.ll ... tr.s ... m* frgm.
E MGH Poet. 5 p. 677

66 *Tres si quidem in partes orbis distinguitur*

67 *Tres sumus ecce deae: forma se quaelibet*

68 *Tres sunt fatales quae ducunt fila sorores*
A inc. saec. IX/X?
M SILAGI DA 36/1980 p. 615
M PELLEGRIN Bibliothèque Vaticane II.2 p. 632
M COULSON/LEMAITRE Scriptorium 41/1987 p. 264
M COULSON Scriptorium 42/1988 p. 264
M Magister Siguinus ed. KNEEPKENS/ REIJNDERS 1979 p. 176
M R. W. HUNT The History of Grammar 1980 p. 163
MB SCHALLER ZRPh 93/1977 p. 567
MI TRAUBE O Roma nobilis p. 309
cf. *Clotho colum baiulat*

69 *Tres ubi Luciferos veniens praemiserit Eos*

70 *Tres unam pereunt adulescentes mulierem*

71 *Tres uno in lecto: stuprum duo perpetiuntur*

72 *Treveris urbs clara prius est Augusta vocata*

73 *Treveris urbs multis bellorum compta*

74 ... *triginta argenteos / Iudas retulit*
I V. D. STEINEN ZSchwKG 40/1946 p. 255

75 *Triginta mihi quattuorque messes*
M clm 28338 f. 14^{v} (GLAUCHE p. 123)

76 *Triginta tibi sunt pueri totidemque puellae*

77 *Triginta toto mala sunt epigrammata libro*

78 *Trinacrii quondam currentem in litoris ora*

-a *Trinitas altitonans munus tibi Stephanus*
[*istud* 8
EM Manuscrits Dat.: France VII p. 299
EM Colophons 17360

79 *Trinum Deum / laudemus omnes*

-a *Trinus ab inclitis hominum se continet ordo*
ET BEHRENDS p. 248:137

80 *Tripudians martyr caelesti munere fretus*

81 *Tripudiat ecclesia, / Persultat urbs Lutetia*

82 *Triste sub hoc tumulo crudeli funere rapti*

83 *Triste supercilium durique severa Catonis*

84 *Triste vix unquam poterit deponere crimen*

85 *Tristes nunc populi, Christe, redemptor*
EI DÍAZ Y DÍAZ in: A. GONZÁLES BLANCO Los Visigodos 1985 p. 448-452
I GNEUSS MlatJb 35/2000 p. 233

86 *Tristia corda solent maestum quia promere*
M PASSALACQUA Codici p. 241

87 *Tristia fata tui dum fles in Daphnide Flacci*

88 *Tristia iam redeunt iterum sollemnia nobis*

89 *Tristis Anastasio Constantia carmina scribit*

90 *Tristis Athenagoras non misit munera nobis*

91 *Tristis es et felix. Sciat hoc Fortuna caveto*

92 *Tristis origo hominis, sed tristior ultima sors*
B CALMA I p. 49
B Clavis Galliae I p. 59
I STAUBACH FMSt 20/1986 p. 554 n. 22
I STAUBACH Rex christianus p. 176 n. 236

93 *Tristis venit ad Pilatum pastoris discipulus*
I SPANKE Studien p. 4

94 *Triumphalis gloriae diem plenum hodie*

95 *Triumphat hoc Sabinus aestu pontifex*

96 *Triumphum sacrae virginis, / Sanctae*

97 *Troas Achilleo coniuncta Polyxena busto*

98 *Troia me genuit tellus quae clara creavit*

99 *Troia vacat lacrimis, ludis Argiva iuventus*

00 *Troiani belli scriptorem, Maxime Lolli*

01 *Troiani praedonis iter raptumque Lacaenae*
E DIAZ DE BUSTAMANTE p. 311
I BRIGHT The miniature epic p. 85ss.
I SCHETTER Hermes 115/1987 p. 211-231

02 *Troianis Rutulisque placet coniungere*

03 *Truncum terra tegit, latitant in cespite*

04 *Tu, Christe domine rerum, quem lingua*

05 *Tu civium, deus, conditor et sanctificator*
I DE GOEDE PRU p. CXLVII
I STÄBLEIN AMusWiss 19/1962 p. 85

06 *Tu, coniux miserande, duas quoi funere*

-a *Tu corda nostra dirige / Ad te felici tramite*
M LAPIDGE Anglia 100/1982 p. 3

07 *Tu, dea, tu praesens nostro succurre labori*

08 *Tu decus ecclesiae, virtus et gloria regni*
ET MESSINA p. 51:XXI

09 *Tu decus magnum, metuenda virtus*
BI STOTZ Sapph. Dichtung p. 18; 63-66

10 *Tu decus omne tuis, o summe et nobilis Odo*

11 *Tu Deus omnipotens, qui culmina caelica*

12 *Tu dum esses ad superos, nemo mihi fuit*
I MONTORSI Epigrafe modenese p. 157

13 *Tu forte in lucis lentus vaga carmina gignis*
EC ORTEGA p. 264
M HOLTZ RevHistTextes 16/1986 p. 183
M GAUTIER DALCHÉ Scriptorium 52/1998 p. 115
B CANTELLI BERARDUCCI p. 380
I KLOPSCH Bukolik p. 155
I VAN DER LOF RÉAug 18/1972 p. 145-151

14 *Tu frondosa, senex vates, protectus opaca*
ET GODMAN Poetry p. 190ss.
ET KORZENIEWSKI Hirtengedichte p. 76
EC GREEN Carolingian pastoral p. 14s.; 70s.
I RATKOWITSCH Karolus Magnus p. 77-

82
I GODMAN in: Charles the Bald p. 297
I KULLMANN in: Fs. AUTENRIETH 1988 p. 3
I KLOPSCH Bukolik p. 159
I SCHRAMM Kaiser, Könige u. Päpste I p. 278
I IRVINE Textual Culture p. 312s.
I ERMINI StudMed II 2/1929 p. 187
I KLOPSCH in: Fs. BRUNHÖLZL 1989 p. 149
I LADNER Images and Ideas p. 690
I GODMAN Poets p. 78 n. 206
I SCHALLER Studien p. 146; 160

15 *Tu, leo, surgentem describis, Marce, leonem*

16 *Tu licet abiectus Tiberina molliter unda*

17 *Tu loqueris, cum sis iam noto fabula libro*

18 *Tu lux certa tuis, spes tu fidissima rerum*

19 *Tu meus es placitus, placeas super aethera*

20 *Tu mihi aeternum renovas tumulata dolorem*

21 *Tu mihi debueras facere, nunc feci ego tibi*

22 *Tu mihi dulcis amor, semper soror inclita*
B Clavis Galliae II p. 53s.

23 *Tu mihi, tu certe, memini, Graecine, negabas*

– *Tu misericors domine*
cf. *Ecclesiam quam praeelegisti*

24 *Tu modo, Frumenti, domito virtute rebelli*

25 *Tu ne quaesieris, scire nefas, quem mihi*

26 *Tu, Neptune pater, cui tempora cana*
E MAESTRE YENES Ars Iuliani Toletani Episcopi p. 203

27 *Tu ni scis quantis vitam deduxerit annis*
ET HÄUSLE Denkmal p. 43

– *Tu nimbos ventosque cies tibi Iuno sorores*
cf. *Ac sceptrum regi cessit, quod*

– *Tu pastor bone*
cf. *Virtus perennis*

28 *Tu pastor et ovis / tu via salutis*

29 *Tu pater et mater lacrimis retinete dolorem*

30 *Tu pater in caelis resides quia verus et es rex*
E MGH Poet. 5 p. 663
TI ERNST Carm. fig. p. 504s.

31 *Tu pede qui stricto vadis per semita, viator*
EI MARIOTTI Scritti p. 235 tab. III

32 *Tu, pia tu mater cineres operire memento*

33 *Tu primus Libycum Nolae sub moenibus*

34 *Tu quae ne videas notam virilem*

35 *Tu quae rhetorico clangere syrmate*

36 *Tu quae Tarpeio coleris vicina Tonanti*
ET HÄUSLE Denkmal p. 65

37 *Tu quem psallentem thalamis, quem matre*

38 *Tu qui carpis iter gressu properante, viator*

39 *Tu qui consortem properas evadere casum*

40 *Tu qui de nihilo mundum finxisse probaris*
ET BEHRENDS p. 246:135
I FRIED DA 45/1989 p. 439

41 *Tu qui ducis vultus et non legis ista libenter*

42 *Tu qui legis praeteriens bene dicas mihi*

43 *Tu qui legisti nomina nostra, vale*

44 *Tu qui lucernam cogitas accendere*

45 *Tu qui, nasute, scripta destringis mea*

46 *Tu qui non bene cogitas et aegre*

47 *Tu qui nunc patrias gubernas oras*

48 *Tu qui pene viros terres et falce cinaedos*

49 *Tu qui pergis iter per celsa palatia, lector*
M PASSALACQUA Codici p. 181
B Clavis Galliae II p. 18

50 *Tu qui praeteriens legis hoc mortis*

51 *Tu qui praeteriens spectas monumentum*

52 *Tu qui praeteriens spectas mortis*

53 *Tu qui praeteriens titulum nunc perlegis [istum / Oro*

54 *Tu qui praeteriens titulum nunc perlegis*

[*istum / Ut*

55 *Tu qui praeteries spectas mortis*

56 *Tu qui scandisti culmen sublime, minister*
I PABST Prosimetrum p. 348-352

57 *Tu qui secura procedis mente, parumper*

58 *Tu qui secura spatiarus mente viator*

59 *Tu qui stas atque spectas monumentum*

60 *Tu qui stas et spectas mortem monimenti mei*

61 *Tu qui tendis iter properatim, siste parumper*

62 *Tu quicumque cupis, iuvenis, hunc scire*

63 *Tu quicumque cupis requies cognoscere*
B Clavis Galliae II p. 363

64 *Tu quicumque leges, orc ne laeseris ullum*

65 *Tu quicumque legis titulum ferale sepulti*

66 *Tu quicumque legis titulum nostrum*

-a *Tu quicumque libens librum perlegeris*
[*histum* 1
A inc. saec. IX
EM Colophons 23698

67 *Tu quicumque mei veheris prope limina busti*

68 *Tu quicumque titulum nostrum legeris*

69 *Tu, quicumque velis gaudiflua dona salutis*
EC CC Cont. Med. 117 p. 58

70 *Tu quicumque velis verum discernere falso*
I RICHÉ Settimane ... Spoleto 27/1981 p. 731
I SCHALLER Studien p. 36-40; 199; 405s.

71 *Tu quicumque venes devoto pectore supples*

72 *Tu, quicumque vides circa tectoria nostra*

– *Tu quid iubes*
cf. *Ut quid iubes*

73 *Tu quod es ipse fui, tu nunc perpende, viator*

74 *Tu, quod saepe soles, nostro laetabere casu*

75 *Tu quoque communi mansurus sede viator*

76 *Tu quoque in aevum, Crispe, futurum*
I STOTZ Sapph. Dichtung p. 427

77 *Tu quoque litoribus famam, Caieta, dedisti*
I SCHETTER Hermes 116/1988 p. 343-357

78 *Tu quoque litoribus nostris, Aeneia nutrix*

79 *Tu quoque litoribus nostris Caieta, manebis*

80 *Tu quoque maturos, puer immature, dolores*

81 *Tu quoque, nate (nane), vale, maior tibi*
B Clavis Galliae II p. 60

82 *Tu quoque non meritis, crispis sed calve*
B Clavis Galliae II p. 59

83 *Tu quoque, nostrarum quondam fiducia*

84 *Tu quoque, qui sacri succedis limina templi*

85 *Tu quoque, qui solus lecto sermone, terenti*
I VILLA Lectura Terentii I p. 39

86 *Tu quoque sive nurus mihi nomine, vel vice*

87 *Tu quoque, tu in summis, o dimidiate*

88 *Tu redemptor Iesu Christe*

89 *Tu, rex, redemptor omnium*
E PÉREZ GONZÁLEZ in: Poesia dell'alto medioevo p. 337

90 *Tu Setina quidem semper vel Massica ponis*

91 *Tu tamen, o Iesu clemens, miserabile dictu*
ET BERSCHIN/KLÜPPEL Heiligblut-Reliquie p. 40s.
I PABST Prosimetrum p. 634-636

92 *Tu, Timavi, dulcem nomen, dulcibus votis*

93 *Tu traditus es ad mortem redemptor sancte*

94 *Tu trinitatis unitas / Orbem potenter*
E Hymnarium oscense II p. 35s.
EC Canterbury Hymnal 37517 p. 26
EM PEREZ GONZALEZ in: Poesia dell'alto medioevo p. 336; tab.
M Portiforium Wulfstani nr. 2700
M ODERMATT Ordinarius St. Arnulf p. 391
I BULLOUGH Carolingian renewal p. 256

95 *Tu viator, qui transis, rista, lege titulum*

96 *Tuba clarifica, plebs Christi, revoca*
I GIL Habis 7/1976 p. 211
I P. DRONKE The Medieval Lyric 1968 p. 186
I COLLINS JThSt 50/1949 p. 70

97 *Tuba nostrae vocis elevetur*

98 *Tubam bellicosam, / quam dei / non verentes*
B CROCKER p. 432
I STÄBLEIN AMusWiss 19/1962 p. 85

– *... tui me oculi postquam deduxstis in ignem*
cf. *Quid fit? vi me oculi postquam*

99 *Tuis parce supplicibus*

00 *Tullius Arpinas ex ordine natus equestri*
M N. R. KER Medieval Manuscripts in British Libraries II 1977 p. 704
M COULSON Scriptorium 51/1997 p. 166

01 *Tullius erexit Romanae insignia linguae*

02 *Tullius Hesperios cupiens componere mores*
M Hss. Krakau 515 f. 46^{v}; 516 f. 71^{v}

03 *Tullius hic situs est, venerabile nomen in*
M Hss. Krakau 515; 516; 518
M COULSON Scriptorium 51/1997 p. 166

– *Tum beatam dico vitam, cum peracta fata*
cf. *Tunc beatam*

04 *Tum comitante salutarem Luceia caterva*

05 *Tum liceat pelagi volucres tardaeque paludis*

06 *Tum litterator creditos*

07 *Tum quaerit nomen multis notescere nostrum*

08 *Tum quam satis horrida pugna*
M CHIESA Filologia mediolatina 5/1998 p. 246s.

09 *Tum studio effusae matres ad limina ducunt*

10 *Tum vice sermonis fatur Laertius heros*

11 *Tum vix senex reclusis*

12 *... tumulari membra sepulcro*

13 *Tumulus iste docet, cuius retinet corpus*

14 *Tunc agilis Cicero constantius agmine fisus*

15 *Tunc beatam dico vitam, cum peracta fata*

16 *Tunc Capanei ardentis Danaos incendia*

17 *Tunc cita terrifico propellit carbasa fluctu*
EC ROBERTINI p. 274

18 *Tunc data pontifici est Traiecto sedis in urbe*

19 *Tunc Domini servus sensit per saecula*
I PABST Prosimetrum p. 663-665

20 *Tunc Eleutherius virtute et sanguine clarus*

21 *Tunc et beatus sic subegit presbyter*

22 *Tunc fuerat quidam Robertus nomine dictus*

23 *Tunc Gallicanus rege mactus inclito*

24 *Tunc graviter superos obiurgat rector Averni*

25 *Tunc ille Iudas carnifex*

26 *Tunc imperator incitatus manibus*

27 *Tunc lacerata genas, ac sparsos fusa*

28 *Tunc me discussa liquerunt nocte tenebrae*
ETC Carm. Cant. 52 ed. ZIOLKOWSKI p. 130; 313

29 *Tunc Pergentinus Laurentinusque beati*

30 *Tunc Polycarpus, apostolico radiatus ab ore*

31 *Tunc Pontianus, Eusebius et compares*

32 *Tunc praevisor ovans animam cum sorte*
I PABST Prosimetrum p. 663-665

33 *Tunc Primus et Felicianus, auream*

34 *Tunc, risisse fuit, mulier, cui talia fastus*

35 *Tunc triplices nostros non vilia dona putabis*

36 *Tunc vir evangelicus remeans Wilbrordus et*

37 *Tuncque intercepti subeunt Herennius atque*

38 *Tune es ille miser religatus nexibus atris*

39 *Tune etiam Augustae sedis penetralia foedas*

40 *Tune igitur demens, nec te mea cura moratur*

41 *Tuque favendo, / Caesar adesto*
M SCHRAMM/MÜTHERICH Denkmale[2] p. 480

42 *Tuque gradu generis matertera, sed vice*

-a *Tuque Lycaonio mutata e semine nympha* [4
A inc. saec. I ante Chr. n.
E FPL[3] p. 425

43 *Tuque Pudentillam verbis adfare supremis*

44 *Turba deo palmas, vestes prosternit, olivas*

45 *Turba gravis paci placidaeque inimica quieti*

46 *Turba laudari vult mitis sessor aselli*

47 *Turba proclama laeta, / laude corona*

48 *Turbabis versus nec littera tota volabit*

49 *Turbas Astripotens verbi dulcedine pascens*

50 *Turbato monstris Latio cladisque futurae*

51 *Turbine sub mundi cum persequebantur*
ETC REYDELLET I p. 70
M FRAËYS DE VEUBEKE in: Miscellanea MASAI 1979 p. 220; 228
B BHL 5749r

52 *Turbinibus variis cui casibus innumerisque*

53 *Turbo volans hic dividuus sola Gallica*

54 *Ture deum placa, vitulum sine crescat aratro*

55 *Turgens in terra lucifer ille*
ET DRONKE/LAPIDGE/STOTZ MlatJb 17/1982 p. 71
ETC Carm. Cant. 77 ed. ZIOLKOWSKI p. 140; 317
M GIBSON/LAPIDGE/PAGE Anglo-Saxon England 12/1983 p. 147
I STOTZ Sapph. Dichtung p. 127

56 *Turgida sum moriens sollertique arte defixa*

57 *Turne, spes Italum, custos fortissime regni*

58 *Turnus honore ruit fusi Pallantis in hostem*

59 *Turnus iam fractis adverso Marte Latinis*
M COULSON Scriptorium 51/1997 p. 166

60 *Turnus ut infractos adverso Marte Latinos*

61 *Turnus ut infractos vidisset et undique*
I SCHETTER Hermes 116/1988 p. 343-357

62 *Turnus ut infractos vidit cessisse Latinos*

63 *Turpe pecus mutilum, turpis sine gramine*
E MPL 122 p. XVIII

64 *Turpe quid ausurus te sine teste time*
M SOTTILI I Codici del Petrarca p. 359
M VENNEBUSCH IV p. 228

65 *Turpia tot tumulo defixit crimina Balbus*

66 *Turris celsa nimis, quae caeli vexit ad arcem*

67 *Turritum caput extollis super aethera cuncta*

68 *Tuscae glandis aper populator et ilice multa*

69 *Tuscia tunc vidit certans ut Barbara virgo*

70 *Tutelam pomarii, diligens Priape, facito*

71 *Tutor in hoc festo, Matthaee, fidelibus esto*

72 *Tutus agit vir iustus iter vel per mare*

73 *Tutus falsa loqui poteris sine teste, Tribune*

74 *Ty for dic si cur pri for pas quo te meri extre*
I BISCHOFF Mal. Studien III p. 307

75 *Tyrrhena regum progenies, tibi*

U

76 *Ubera fecundo valde lactentia suco*

77 *Ubera quid pulsas frigentia matris aenae*

78 *Ubi fata peccant, hominum consilia excidunt*

79 *Ubi ipse metuas, consultores praevenis*

80 *Ubi perna cocta est, si convivae apponitur*

81 *Ubi resplendent semper angelorum milia*
I SCHALLER in: Iren u. Europa I p. 472
I SCHALLER Studien p. 240

82 *Ubi vanus animus aura captus frivola*

– *Uius namque tumulo*
cf. *Huius namque tumulo*

83 *Ulla non canit Camoena*

84 *Ulla si iuris tibi peierati*

85 *Ulpia Celerina dulcis, habe Gorgonio tuo*

86 *Ulterius nihil est morte neque utilius*

– *Ulterius tenebrae tarde labentibus astris*
cf. *Alterius tenebrae*

87 *Ultima cingebat Thybris tua, Romule, regna*

88 *Ultima clauserunt Parcarum stamina filo*

89 *Ultima concludens praesentis tempora vitae*
M SIMS-WILLIAMS Anglo-Saxon England 10/1982 p. 29

90 *Ultima fatorum, coniunx, tibi munera pono*

91 *Ultima funereo persolvens munia busto*

92 *Ultima iam subii crudeli funere fata*

93 *Ultima saecli generate meta*
E Notker Balb. ed. BERSCHIN p. 93
ET KLOPSCH Lyrik p. 226
ET OCHSENBEIN in: St. Gallen II p. 155
TI BERSCHIN Eremus p. 34
B BHL 3255t-3256

94 *Ultima sic Anti- fulgebunt dogmata -christi*

95 *Ultima sors avido graviter properavit hiatu*
ETC REYDELLET I p. 140

96 *Ultima terrarum praepollens India constat*
I HAUCK Taufpfalzen p. 60

97 *Ultima tormentis succedent tempora duris*

98 *Ultime sacro discipuli venere sepulchro*

99 *Ultimus amphibrachys velocem claudit*

00 *Ultimus hic honor est titulos inscribere saxis*

01 *Ultimus in clero Fulberti nomine Sigo*
E BEHRENDS p. XLIII
EM Colophons 17144
I HOFFMANN Buchkunst p. 44

02 *Ultio caelestis mox est immissa tyrannis*

03 *Ultor successorque dehinc Octavius, idem*

04 *Ultra Sauromatas fugere hinc libet et*

05 *Ultro sollicitus scrutetur quisque sacerdos*

06 *Umbrarum ac nemorum incolam*

07 *Umbrarum secura quies animaeque piorum*

08 *Umbrifera quadam nocte de pectore somnum*
B LAPIDGE/SHARPE p. 199:739
I DUFT in: Iren u. Europa II p. 928

09 *Umbrosis prope stabat (ibi) ficulnea ramis*

10 *Umida qua gelidas summittit Trebula valles*

11 *Ummidiae manes tumulus tegit iste simulque*

12 *Una dies adimit crudeli clade peremptas*

13 *Una dies media est, et fiunt sacra Minervae*

14 *Una dies in perpetuum, deus alme, dierum*
ETC LAPIDGE JournMedLat 10/2000 p. 255-306
M GNEUSS Handlist 474.5
I LAPIDGE MlatJb 24-25/1989-1990 p. 255s.; 259

15 *Una dies ridet, casus cras altera plangit*
I COURCELLE Lecteurs ... de l'Énéide p. 460

16 *Una domus duplici discreta iungitur aede*

17 *Una est in nostris tua, Fidentine, libellis*

18 *Una est nobilitas argumentumque coloris*

19 *Una et bis senas turres crescebant in ordine*
ETI DUVAL Loca Sanctorum Africae p. 181

20 *Una fides trino sub nomine quae colit unum*

21 *Una fides, unum baptisma, unus deus*
M DE MEYIER Codices Vossiani VI p. 135

22 *Una Iuvaniae domus hos produxit alumnos*

23 *Una mihi soror, unus et ego sorori*
TC STELLA Poesia carolingia p. 204s.; 429ss.

24 *Una mihi toto cervix pro corpore constat*

25 *Una nocte quater possum: sed quattuor*

26 *Una nota est Marti nonis, sacrata quod illis*

– *Una quidem bonitas proprio regit omnia*
cf. *Nauta rudis pelagi*

27 *Una quidem, geminis fulget set dissita*
ET BINSFELD in: Fs. F. J. RONIG 1989 p. 43
ET HÄUSLE Denkmal p. 137

28 *Una salus homini est calidum captare*

29 *Una tres natae sumus olim ex matre sagaci*

30 *Una via est Solis bis senis lucida signis*

31 *Unam duorum gloriam*

32 *Unam expetebant virginem iuvenes duo*

33 *Unam iuvencam pastor forte amiserat*

34 *Unanimes cuncti atque concordes digna*

35 *Uncia viginti scirpulos et quattuor ambit*
ET BEHRENDS p. 256:146

36 *Unciarum quoque divisio / res est apta*

37 *Unctis falciferi senis diebus*

38 *Uncto Corduba laetior Venafro*

39 *Unctor, Xanthe, tibi carus lusuque iocoso*

40 *Unda capax ratium plaustris iter algida*

41 *Unda fui quondam, quod me cito credo*

42 *Unda lavat carnis maculas, sed crimina*

43 *Unda quieta refert alto de gurgite formas*

44 *Unda rotam patitur celerem nunc passa*

45 *Undae unde colonus Eoae*

46 *Undarum rector, genitor maris, arbiter orbis*
I SHACKLETON BAILEY ClPh 77/1982 p. 124

47 *Unde Christi plebs nuperque ecclesia*

48 *Unde et quo Catius? non est mihi tempus*

-a *Unde fluitat / Flumen Euphrates*

– *Unde ignis cluet mortalibus clam*
cf. *Titanum suboles, socia nostri*

49 *Unde licet, non unde iuvat, Graecine*

50 *Unde mihi rediit radianti lumine vultus*
ET GEORGE Venantius Fortunatus p. 196
ETC REYDELLET II p. 153
T COOK p. 19
I QUACQUARELLI Poesia tardoantica p. 457

51 *Unde, praesul, te peroro versibus trochaicis*
B CANTELLI BERARDUCCI p. 383s.

52 *Unde prius coepti surgunt mihi carmine ordo*
M MUNK OLSEN Auteurs classiques II p. 21

53 *Unde redit fulgor templis? quis inania nuper*
TI SHACKLETON BAILEY HStClPh 84/1981 p. 178
I COURTNEY ClPh 79/1984 p. 310
I FOCARDI in: Orpheus N. S. 5/1984 p. 1-31

54 *Unde sacro Latii sonuerunt carmine montes*

55 *Unde solent tempestatum ebullire procellae*

56 *Unde tuos, sodes, voluisti tendere gressus*
I STOTZ in: Fs. DÜCHTING 2001 p. 503

– *Unde venis, Iezabel? - De foedo carcere*
cf. *Nomen ab Ie sonat*

57 *Unde voluntatis sanctae subsistat origo*

-a *Undecies quinis, et nongentis simul annis* [10
A inc. saec. X?
EI HAMANN-MACLEAN Reimser Denkmale p. 183s.

58 *Undecies senis quod Vestae paruit annis*

59 *Undecies una surrexti, Zoile, cena*

– *Undecimo victa est non aequo Marte*
cf. *Constituit Marti spoliorum ex hoste*

60 *Undecimus magno nunc volvitur orbe*

61 *Undenis pedibusque syllabisque*

62 *Undique diffuse vocat hac dispersio fame*

63 *Undique divinis exornans cultibus aras*

64 *Undique ter geminis reseratur ecclesia valvis*

65 *Undis cyaneis donum placabile fecit*

66 *Undis raucisonis vela tumentia*

67 *Unguenta et casias et olentem funera*

68 *Unguenta hic cernis varia, quae Graecia*
ETI CC 113A p. 233:23
I MADOZ p. 223

69 *Unguenti genera dum constent florida plura*
ETI CC 113A p. 231:22

70 *Unguenti genera dum sint gratissima plura*
ETI CC 113A p. 231:21

71 *Unguentum, fateor, bonum dedisti*

72 *Unguentum fuerat, quod onyx modo parva*

73 *Unguentum heredi numquam nec vina*

74 *Ungues Mercurio, barbam Iove, Cypride*

75 *Uni Crassitio se credere Zmyrna probavit*

76 *Unica mors mortis, dare morsus unice fortis*

77 *Unica nata meo pulcherrima cura dolori*

78 *Unica quae quondam vino mutaverat undas*

79 *Unica spes mundi, dominatrix inclita caeli*
E BERSCHIN p. 4

80 *Unica sum Phoenix inmensi temporis ales*

81 *Unice Christe, patris verbum, sapientia*
B BHL 775

82 *Unice, cognato iunctum mihi sanguine*

83 *Unice nate Deus verbum patris omnitenentis*

84 *Unicus altithroni genitus retro tempora*
E BERSCHIN p. 93

85 *Unicus Euryalus meruit solacia matris*

86 *Unicus orator, lumenque decusque senatus*
M Hss. Krakau 515; 516; 518
M N. R. KER Medieval Manuscripts in British Libraries II 1977 p. 704
M COULSON Scriptorium 51/1997 p. 166

87 *Unitas triplex te deprecor merita*

-a *Universis versorum vius extremi volvis* 9
A Valerius Bergidensis: Epitameron 5o
E DÍAZ Anecd. Wisig. p. 113

88 *Uno fixa loco longinquis porrego victum*

89 *Unum credo deum, personis praedico trinum*

90 *Unum et viginti bis iuncti viximus annos*

91 *Unum in tribus colimus*

92 *Unus de toto peccaverat orbe comarum*

93 *Unus es, ex sacris cui parent dona Dianae*

94 *Unus et ineffabilis, immensus deus, perennis*

95 *Unus inest homo, qui tantum in me clausa*

96 *Unus item scirpus calcis componitur octo*
ET BEHRENDS p. 256:146

97 *Unus saepe tibi tota denarius arca*

98 *Unus sum genitus lucifer fratris sine fructu*

99 *Unus tota salus in quo Troiana manebat*

– *Urania poli motus scrutatur et astra*
cf. *Clio gesta canens*

00 *Uranio Satyro supremum frater honorem*
EI PICARD Souvenir p. 37 n. 64
I BOGNETTI in: Storia di Milano II p. 725

01 *Urbani, servate uxores: moechum calvom*

02 *Urbanilla mihi coniunx verecundia plena*

-a *Urbanum urbis nomine* 36
A inc. saec. IX/X
E AH 12 p. 243:451
M HAUBRICHS in: Text u. Bild 1980 p. 83s.

03 *Urbanus tibi, Caecili, videris*

04 *Urbanus validi robustus iura Calixti*
B BHL 1498

05 *Urbe fuit in Romana abba Dionysius*

06 *Urbem Cappadoces habitant, quos ille*
ET PÖRNBACHER p. 50
I WALLACE-HADRILL Frankish Church p. 323
I COURCELLE Lecteurs ... de l'Énéide p. 373; 423
I TREMP Thegan p. 118
I KNITTEL Walahfr. Wett. p. 107 n. 35
I SCHALLER MlatJb 18/1983 p. 74s.
I LAPIDGE MlatJb 22/1987 p. 73
I BERSCHIN Biographie III p. 275ss.
I SCHALLER MlatJb 24-25/1989-1990 p. 424-426

07 *Urbem hanc Procopius legitur decorasse*

08 *Urbem Trevericam petit hoc antistite claram*

09 *Urbibus egregiis, quarum nova culmina*
B Clavis Galliae II p. 436

10 *Urbis ab aeternae deductam rege Quirino*

11 *Urbis alumna, graves casus huc usque*

12 *Urbis amatorem Fuscum salvere iubemus*

-a *Urbis Caesareae conservant moenia Christi* [10
E MGH Poet. 5 p. 686

13 *Urbis celsa gravi vexantur culmina lapsu*

14 *Urbis magister Tasciae*

15 *Urbis Romuleae iam toga candida*

16 *Urbis uranicae gaudet collegium*

17 *Urbs aeterna dei, terrae sal, lumina mundi*
E MGH Epist. 4 p. 48s.
B Clavis Galliae II p. 184s.

– *Urbs Alamannorum recolit Constantia*
cf. *Augustus demum pleno*

18 *Urbs beata Hierusalem, dicta pacis visio*
E Hymnarium oscense II p. 98s.
M ODERMATT Ordinarius St. Arnulf p. 391
I LADNER Images and Ideas p. 186
I H. KUGLER Die Vorstellung d. Stadt i. d. Literatur d. dt. MA 1986 p. 94
I FONSECA Settimane ... Spoleto 36/1989 p. 927

-a *Urbs est sublimis, miris fabricata figuris* [24
A inc. saec. XI
EC BERGES/RIECKENBERG p. 126; 185

19 *Urbs in conspectu montana cacumina velat*

20 *Urbs luculenta, micans milite sacro*

21 *Urbs nacta Antiochi nomen de nomine regis*

22 *Urbs, quae tantum alias inter caput extulit*
I SHACKLETON BAILEY ClPh 77/1982 p. 122

23 *Urbs romana fuit dudum circumdata gothis*

24 *Urbs Vereduna, brevi quamvis claudaris in*
ETC REYDELLET I p. 121
EM MGH Script. 4 p. 42
M facs. Écriture et enluminure en Lorraine au Moyen Âge. Catalogue de l'exposition 'La plume et le parchemin' Nancy 1984 p. 93s.
I M. SOUPLET Saint Airy, évêque de Verdun 1965

25 *Urguet Treverìcos Aquitanica plebs fugitivos*

26 *Uri Tongilius male dicitur hemitritaeo*

27 *Uritur igne suo fumantibus Aetna cavernis*

28 *Uritur ignivoma Laurentius ultro catasta*

– *Uritur in quarto Dido flammasque fatetur*
cf. *At regina gravi Veneris iam carpitur*

29 *Urna Valentinum haud totum tegit haec*

30 *Ursi tumulum cernis quicumque viator*
EI ERNST Carm. fig. p. 147-149

31 *Ursiniano subdiacono sub hoc tumulo ossa*

32 *Ursulus illustris meritis et sanguine clarus*

33 *Ursus hic recubat toto celeberrimus orbe*

34 *Ursus togatus vitrea qui primus pila*

35 *Usque adeone tuae producitur impetus irae*

36 *Usque huc pauper eras; relevat me gloria*

37 *Ussit amatorem Nemesis lasciva Tibullum*

38 ... *usta igni fidissimus atro*

39 *Usu peritus hariolo vel doctior*

40 *Usurae vitae sortem morti reddidit*

41 *Usus amicitiae tecum mihi parvus, ut illam*

42 *Ut belli signum cecinit, sociosque vocavit*

43 *Ut belli signum Laurenti Turnus ab arce*

44 *Ut belli signum Turnus Mezentiaque arma*
I SCHETTER Hermes 116/1988 p. 343-357

45 *Ut belli sonuere tubae, violenta peremit*
M BALLAIRA Prisciano p. 148
M PELLEGRIN Bibliothèque Vaticane II.2 p. 33
M MUNK OLSEN Auteurs classiques I p. 592
M GNEUSS Handlist 12; 253; 919
M ORTH Scriptorium 52/1998 p. 368

46 *Ut bene cacaret, ventrem palpavit Solon*

47 *Ut bene loquatur sentiatque Mamercus*

48 *Ut cantemus Mono monet / Lyram cordis*

49 *Ut cito sis verax tibi mandat nuncius audax*

50 *Ut decet parenti filius fecit suo*

51 *Ut devota piis clarescunt limina templis*

52 *Ut dominum credas, hominem tu, Dydime*

53 *Ut faciam breviora mones epigrammata*

54 *Ut fluvius stagnas, cum caelica dogmata*
ET RÜTZ Text im Bild p. 73

55 *Ut fuga pyrrichius constat, spondeus ut*

56 *Ut gaudere solet fessus iam nauta labore*
EM Colophons 23716
M MUNK OLSEN Auteurs classiques II p. 25
M TRONCARELLI Boethiana Aetas p. 202; 240
M CRICK Geoffrey Mss. p. 15
M COULSON Scriptorium 51/1997 p. 170
I VILLA Lectura Terentii I p. 32 n. 96

57 *Ut generis clari, veterum sic femina morum*

58 *Ut globus lunae modo luce crescit*
TC STELLA Poesia carolingia p. 374ss.; 509ss.

59 *Ut labor agricolis proscindere vomere terras*
E Colophons 15192

60 *Ut laetus ponti spumantis navita lymphas*
M TRONCARELLI Boethiana Aetas p. 240

61 *Ut laus est cerae, mollis cedensque sequatur*

62 *Ut leo voce fremit Marcus, dum talia scribit*
MB HOFFMANN Buchkunst p. 332

63 *Ut lumen fidei Christus committeret orbi*

64 *Ut mediam solio sese dedit advolat omnis*

65 *Ut medium valli, pax nostra, resolvit Iesus*

66 *Ut mihi caelestis reseretur porta Iohanni*

67 *Ut mihi membranulas quasdam, pater*
EM Colophons 23721

68 *Ut morbo oppressis praestanda est cura*

69 *Ut Nasidieni iuvit te cena beati*

70 *Ut nitidum Titan radiis patefecerat orbem*

71 *Ut nituit primis gliscens virguncula gestis*

72 *Ut nomen tibi, nate, suum, sic praedia mater*
I PASCUCCI in: Fs. MUNARI 1986 p. 290-297

73 *Ut nova dona tibi, Caesar, Nilotica tellus*

74 *Ut nox tenebris obsita / v. 7: Occasu sol*

75 *Ut nox tenebris obsita / v. 7: Sol occidens*

76 *Ut numquam studium sic friget ubique*

77 *Ut patiar moechum rogat uxor, Galle, sed*

78 *Ut patrio de corde satus, rerum sator et rex*

79 *Ut perdunt propriam mortalia corpora vitam*

80 *Ut Phoebus specular intrans corrumpere*

81 *Ut placidus noctu tibi Morpheus adsit*

82 *Ut poscas, Clyte, munus exigasque*

83 *Ut possit digna nunc voce sonare Thalia*
E MGH Poet. 5 p. 663
MI ERNST Carm. fig. p. 508-511

84 *Ut potui levius varios tibi frater ad usus*

85 *Ut potui sub omni / agilitate exaraui*

86 *Ut praecepta mihi dederas, dulcissime*
B Clavis Galliae II p. 91s.
I LILIENFELD in: Typus, Symbol p. 153 n. 25

87 *Ut primum adolevit pollens viribus, decora*

88 *Ut primum aetatis complerunt tempora vitae*

89 *'Ut primum' primo notat ut perrexit ad*

90 *Ut primum terras Pompei colla secutus*

91 *Ut proficiscentem docui te saepe diuque*

92 *Ut pueros emeret Labienus vendidit hortos*

93 *Ut quaedam tenues maculae in splendore*

94 *Ut queant laxis resonare fibris*
E Hymnarium oscense II p. 72ss.
ET KLOPSCH Lyrik p. 84
EC Canterbury Hymnal 37517 p. 100-102
T ÖBERG Poetry p. 129
TC STELLA Poesia carolingia p. 278; 464ss.
M QUESTA in: Il Libro e il Testo p. 385
M ODERMATT Ordinarius St. Arnulf p. 391
M Basel, UB A X 90
M STÄBLEIN Schriftbild p. 219; tab. 90
M École pratique des Hautes Études, Annuaire 1971/72 p. 374
M GNEUSS MlatJb 35/2000 p. 247
I VIRET in: Le soleil, la lune et les étoiles au Moyen Âge 1983 p. 421
I SCHALLER MlatJb 19/1984 p. 76 n. 19; p. 79
I CHAILLEY ActMus 56/1984 p. 48-69
I JONES Viator 6/1975 p. 322
I STOTZ Sapph. Dichtung p. 174; 195; 287; 319
I J. KNOBLOCH Sprache u. Religion II 1983 p. 48
I SCHALLER Studien p. 255 n. 19; p. 258s.
I STOTZ in: Italica – Raetica – Gallica (Fs. R. LIVER) 2001 p. 637-653

95 *Ut quid iubes, pusiole*
ET GODMAN Poetry p. 228ss.
ET KLOPSCH Lyrik p. 176
EC WEBER Gottschalk p. 147
T ÖBERG Poetry p. 157
TC STELLA Poesia carolingia p. 46; 166; 407ss.
TI GIBSON Artes and Bible X p. 3
TI MICHEL p. 127
M STEVENS Words and Music p. XVIII facs.
MI STÄBLEIN Schriftbild p. 146s. tab. 32
I JONES Viator 6/1975 p. 339
I STEVENS Words and Music p. 51
I SPANKE Studien p. 4
I KRAHWINKLER Friaul p. 260
I EHLEN in: Exil, Fremdheit … p. 193-208

96 *Ut recitem tibi nostra rogas epigrammata*

97 *Ut reddat rursum, terra capit proprium*

98 *Ut revelatus Stephanus micabat*

99 *Ut rosa amoena homini est quom primo*
M PRETE Cod. Barb. Lat. p. 116 (cod. 65)
cf. *Clio gesta canens*

00 *Ut sapiant fatuae, fabrorum prandia, betae*

01 *Ut sceleris Iudaea sui polluta cruore*
T SCHRADER p. 25
B BHL 7849m

I CHATILLON RMAL 35/1979 p. 9-20
I WIELAND Anglo-Saxon England 14/1985 p. 154ss.
I SCHRADER VigChr 42/1988 p. 75-78
I HART EHR 97/1982 p. 573
I MOORHEAD Latomus 46/1987 p. 166
I LAPIDGE MlatJb 24-25/1989-1990 p. 258s.

02 *Ut scelerum noxas redimam, tibi, conditor*
B CALMA I p. 49
B Clavis Galliae I p. 62

03 *Ut sceptrum princeps, sic gestat dextera*

04 *Ut sis conspectu praeclara et cara venusta*
I BOGNETTI in: Storia di Milano II p. 154

05 *Ut subitus vates pallentibus incidit umbris*

06 *Ut subtilis erat dicti vox praesulis alma*

07 *Ut sumus in Ponto, ter frigore constitit*

08 *Ut te, Palladi, raptum flevere Camenae*

09 *Ut tibi clarum resonemus hymnum*
I STOTZ Sapph. Dichtung p. 369

10 *Ut timeas dominum legis praecepta secutus*
ET MESSINA p. 27:II
I EBERHARDT p. 151; 163; 178s.; 278

11 *Ut tuae vitae, Benedicte, laudes*

12 *Ut tutus fias infestae fraude novercae*

13 *Ut valeant aquilae formatos prodere fetus*

14 *Ut valeas iugiter, Dominum deposco*

15 *Ut valeas vero regi coniungier uno*
ET MESSINA p. 29:IV
I EBERHARDT p. 373:151

16 *Ut valeas, vigeas, optime prolis*
ET Dhuoda ed. RICHÉ p. 340
ET Dhuoda ed. THIÉBAUX p. 220
B Clavis Galliae I p. 294-297
BI STOTZ Sapph. Dichtung p. 24; 327; 361; 379-383; 456; 460

17 *Ut valeat nobis, divino semine iacto*
I D. L. BOUTELLE Louis the Pious and Ermoldus Nigellus 1970/^{n}1984 p. 220

18 *Ut Venus in terris, in aquis dat iura Cupido*

19 *Ut videt ad stagnum, Iohannes prodidit*
I HAEFELE in: Fs. DUFT 1980 p. 187

20 *Ut virginem fetam loquar*
I SZÖVÉRFFY Marianische Motivik p. 10s.
I SCHALLER MlatJb 19/1984 p. 75 n. 11
I COLLINS JThSt 50/1949 p. 69
I SCHALLER Studien p. 254 n. 11; p. 265

21 *Ut voluisti, Paule, cunctos Bissulae versus*

22 *Ut vos in vostris voltis mercimoniis*

23 *Utendum est aetate; cito pede labitur aetas*

24 *Utenti quo sit venia et tollenti anathema*
EM Colophons 23725
B Clavis Galliae I p. 206

– *Utere blanditiis odiosaque iurgia differ*
cf. *Insanas lites odiosaque*

25 *Utere felix munere Christi*
I SCHRAMM Kaiser, Könige u. Päpste I p. 243 n. 85
I STOTZ Sapph. Dichtung p. 429

26 *Utere femineis complexibus, utere, Victor*

27 *Utere lactucis et mollibus utere malvis*

28 *Utere quaesitis modice: cum sumptus*

29 *Utere quaesitis opibus, fuge nomen avari*

30 *Utere quaesitis, sed ne videaris abuti*

– *Utere, quisque legas librum, felicibus annis*
cf. *O vos, est aetas, iuvenes*

31 *Utere terreno, caelesti postea regno*
M SCHRAMM/MÜTHERICH Denkmale^{2} p. 485
MB MGH Poet. 5 p. 418; 683
I SCHRAMM Kaiser, Könige u. Päpste I p. 84

-a *Utere tu subito dotibus utere tu*
EI JEAUNEAU Études Érigéniennes p. 344
cf. *Roma tibi subito*

32 *Uterum si mihi praelucens texerit umbra*
TC STELLA Poesia carolingia p. 204; 429ss.

33 *Utile coniugibus exemplum praebeo turtur*

34 *Utile consilium dominus nec despice servi*

35 *Utile prudenti est mundana adversa cavere*

36 *Utilibus monitis prudens accomodet aurem*
M Ps. Cato ed. BOAS/BOTSCHUYVER p. LXIII
I JACOBSEN in: Iren u. Europa I p. 436 n. 8

37 *Utilis ecclesiae pius Erkanbaldus hagiae*
B Clavis Galliae I p. 363s.
I BERSCHIN ZGObRh 134/1986 p. 20
I SCHALLER Studien p. 56

38 *Utilis es nulli, cunctis ingrata, senectus*

39 *Utilis in multis ars musica rebus habetur*
B Clavis Galliae I p. 250

40 *Utilius homini nihil est quam recte loqui*

41 *Utilius nobis quid sit dic, Phoebe, obsecro*

42 *Utimur incluso per fraudes ense bacillo*

43 *Utinam ne in nemore Pelio securibus*

-a *Utinam, o viri, dolorem pro vestris P* 10
ET Virg. Gramm. ed. POLARA p. 140

44 *Utitur interea venturi nescia casus*
MI RAMMINGER Wiener Studien 101/1988 p. 317-319
I SMOLAK Wiener Studien 105/1992 p. 192s.
I MAGEE MS 54/1992 p. 317-326
I NODES VigChr 39/1985 p. 79s.

45 *Utraque fecundo nutritur belua Nilo*

46 *Utraque pars psallentium*

47 *Uva, uva sum et uva Falerna*

48 *Uvis aridior puella passis*

49 *Uxor cara viro monumentum fecit amanti*

50 *Uxor cum tibi sit formonsa, pudica, puella*

51 *Uxor cum tibi sit puella qualem*

52 *Uxor flasconis cupis dotata Falerni*

53 *Uxor legitimus debet quasi census amari*

54 *Uxor pauperis Ibyci*

55 *Uxor, vade foras aut moribus utere nostris*

56 *Uxor, vivamus, quod viximus, et teneamus*
T ÖBERG Poetry p. 31

57 *Uxorem armati futuis, puer Hylle, tribuni*

58 *Uxorem, Charideme, tuam scis ipse sinisque*

59 *Uxorem duces si, Zoile, pauper egenam*

60 *Uxorem ducit Pamphilus Philumenam*

61 *Uxorem fuge ne ducas sub nomine dotis*

62 *Uxorem habendam non putat Quirinalis*

63 *Uxorem nolo Telesinam ducere: quare*

64 *Uxorem pellis, miser, qui fiducia pellis*

65 *Uxorem quare locupletem ducere nolim*

66 *Uxoris linguam, si frugi est, ferre memento*

V

67 *Vaccarum septem effigies cava signat iaspis*

68 *Vade foras, Adam, paradisi haud sisque*
I STELLA Poesia carolingia p. 192

69 *Vade libens, charta, pro me transire iuberis*

70 *Vade, liber, nostri fato meliore memento*
E Cornelius Nepos ed. MARSHALL p. 87
EI P. K. MARSHALL The Manuscript Tradition of Cornelius Nepos. Bulletin Supplement 19/1977 p. 1
M U. WINTER Hss. Diez 1986 p. 78

71 *Vade salutatum pro me, liber: ire iuberis*

72 *Vade salutatum, subito perarata, Perillam*

73 *Vado, sed sine me quia te sine: nec nisi*

74 *Vae mihi, vae misero, qui semper fessus*

75 *Vae tibi, qui rides! plorabis et "heu mihi*

76 *Valde lumen / quod mirantur / sol luna*

77 *Valde viatorem stultum speramus haberi*

78 *Vale Christo veraciter, ut et vivas perenniter*
E CC 133B p. 12
M MlatJb 16/1981 p. 439; WIC 20018

79 *Vale Christo virguncula, Christi nempe*
M facs. UNTERKIRCHER Cod. Vind. 751 f. 20^{V}
I NORBERG Les vers iambiques p. 46

-a *Vale fidens domino, Christi vestitus amore* [1
A inc. saec. X
EM Colophons 23730

80 *Vale frater, florentibus iuventutis cum*
M facs. UNTERKIRCHER Cod. Vind. 751 f. 1^{V}
I SCHRAMM Kaiser, Könige u. Päpste I p. 98

81 *Vale, salus patriae, lumenque decusque*

82 *Vale, vale, fidissime Philochriste carissime*
M facs. UNTERKIRCHER Cod. Vind. 751 f. 42^{V}
I COURCELLE Lecteurs ... de l'Énéide p. 460
I Liber monstrorum ed. PORSIA p. 102-105

83 *Vale; verae virgo vitae ut et vivas angelicae*
I SCHRAMM Kaiser, Könige u. Päpste I p. 98

84 *Vale vive virtutibus, / Virgo Christi*

85 *Vale vivens feliciter, ut sis sanctus*
I CLASSEN AKG 72/1990 p. 269

86 *Valentina dulcis tantum dilecta molesti*

87 *Valete, manes inclitorum rhetorum*

88 *Vallebanae nova res et vix credenda poetis*

89 *Vana colunt miseri, patiuntur vincula iusti*

90 *Vana velut cautae surgens formido parenti*

91 *Vandalica rabies hanc ussit martyris aulam*

92 *Vandalirice potens, gemini diadematis heres*

93 *Vane, quid adfectas faciem mihi ponere*

94 *Vapulat adsidue veneti quadriga flagello*

95 *Vare, Paraetonias Latia modo vite per urbes*

96 *Varia penuria saeva discrimina pandes*

97 *Varro, Sophocleo non infitiande cothurno*

98 *Varus me meus ad suos amores*

99 *Vas, ubi dormivit, quem mors violare*
I RICHÉ in: Jean Scot Érigène et l'Histoire de la Philosophie p. 44

00 *Vascula concreta fragili de pulvere cretae*
ETI CC 113A p. 233:24

01 *Vasta tholi firmo sistunt fundamine pulchra*

02 *Vastantem segetes et pinguia culta ruentem*

03 *Vastum utique campum et viantibus satis*

04 *Vate Syracosio qui dulcior, Hesiodoque*

05 *Vates Ambrosi, Gotfredus dat tibi, sancte*
M SCHRAMM/MÜTHERICH Denkmale[2] p. 482

06 *Vates quo nemo in muliebria pignora maior*

07 *Vatibus antiquis dicendi maxima virtus*

08 *Vatibus hic mos est, certum sibi poscere*

09 *Vatis Anastasii quiescunt membra sepulcro*
E GREGOROVIUS Tombe dei Papi p. 40*

10 *Vatis Apollinei magno memorabilis ortu*

11 *Vatis Cypriani et martyris*

12 *Vatum digna modis veterum monumenta*

13 *Vectum Pegaseo volucri pendente caballo*

14 *Veientana mihi misces, ubi Massica potas*

15 *Vel nunc morando resta, qui perges iter*

16 *Vel vos, quos pietas duxit munerare parentes*

17 *Vela Neritii ducis*

-a *Velamenta votiva veneranda vehantur* 17
A Valerius Bergidensis: Epitameron 5n
E DÍAZ Anecd. Wisig. p. 112s.

18 *Velim te arbitrari med haec verba, frater*

19 *Velle quid hanc dicas, quamvis sim ligneus*

– *Vellem esse gemma hora non melius una*
– *Vellem essem gemma hora sexta, melius esse*
cf. *Gemma velim fieri hora non amplius*

20 *Vellera consumunt Patavinae multa trilices*

21 *Velleribus primis Apulia, Parma secundis*

22 *Velleris aurati fulget pecus aureaque Io*

23 *Velocem potius reditum mirabere, lector*
T ÖBERG Poetry p. 60
I MAAZ in: Roma Renascens. Fs. I. OPELT 1988 p. 235-256
I KORZENIEWSKI Gymnasium 86/1979 p. 541s.
I LADNER Images and Ideas p. 561; 564; 793

24 *Velox amoenum saepe Lucretilem*

25 *Velox Calliope, viam frequenta*
ET KLOPSCH Lyrik p. 168
TC STELLA Poesia carolingia p. 45; 160; 404ss.

26 *Velox curro nascens grandi virtute sonorus*

27 *Velox quae plaustro succedit stella Boetes*

28 *Velut quidam arentis terrae austeritatem*

29 *Venandi cano mille vias hilaresque labores*
I EFFE Dichtung u. Lehre p. 165-173

30 *Venator iaculis haud irrita vulnera torquens*

31 *Venator iucunde nimis atque arte ferarum*

32 *Venatori oculos manibus pictura locavit*

33 *Vendere, Tucca, potes centenis milibus*

34 *Venderet excultos colles cum praeco facetus*

35 *Vendidit hic Latium populis agrosque*

36 *Venditor insignem referens de marmore*

37 *Venditus insidiis fratrum puer ipse vicissim*

38 *Vendunt carmina Gallus et Lupercus*

39 *Veneranda / die ista / pax hominibus est data*
I DE GOEDE PRU p. CXLVII

40 *Venerandus mihi fatus, reverendosque secuta*

41 *Venerat ad portum vitata pericula credens*

42 *Venerat ad quandam cellam venerabilis*

43 *Venerat Eoum quatiens Antonius orbem*
I COURCELLE Lecteurs ... de l'Énéide p. 300

44 *Venerat infelix rurensis turba timore*
B Clavis Galliae II p. 442
I EPPERLEIN Herrschaft u. Volk p. 46

45 *Venerat occiduis quidam de finibus orbis*
I VIARRE in: TRAUBE-Gedenkschrift p. 224-227
I WRIGHT Romanobarbarica 6/1981-82

p. 367
I GODMAN MedAev 50/1981 p. 223s.
I I DEUG-SU StudMed III 21/1980 p. 47-96
I WIELAND in: Insular Latin Studies p. 113

46 *Venerunt aliquando rosae. pro veris amoeni*
EC Flori carmina ed. C. DI GIOVINE 1988 p. 75; 87ss.

47 *Venerunt apices vestrae pietatis ab aula*
E Virg. Gramm. ed. TARDI p. 14 (v. 17-20)
ET GODMAN Poetry p. 118ss.
B Clavis Galliae II p. 43s.
I BULLOUGH Friends, neighbours and fellowdrinkers p. 12 n. 21
I J. HANNIG Consensus fidelium 1982 p. 234
I GODMAN in: Charles the Bald p. 301 n. 49
I KULLMANN in: Fs. AUTENRIETH 1988 p. 3
I KLEIN Gnomon 60/1988 p. 592
I CREUTZ StMGBO 48/1930 p. 319
I SCHALLER Studien p. 89-91; 98-109; 413
I SCHEFERS in: Einhard. Studien zu Leben u. Werk (Darmstadt 1997) p. 81-93

48 *Veni, creator spiritus*
E Hymnarium oscense II p. 71s.
ET VISCARDI Origini Testi p. 250s.
ET KLOPSCH Lyrik p. 156
ET Rabanus Maurus i. s. Zeit p. 117
ET GODMAN Poetry p. 246ss.
EC Canterbury Hymnal 37517 p. 96s.
T ÖBERG Poetry p. 175
M FILL Hss. Kremsmünster I p. 118
M NEUHAUSER Hss. UB Innsbruck I p. 53
M Basel, UB A X 90
M ODERMATT Ordinarius St. Arnulf p. 391
M BEERS Cistercian Hymnal p. 50-52
M GNEUSS Handlist 306.5
M GNEUSS MlatJb 35/2000 p. 246
MI STÄBLEIN Schriftbild p. 120s.
BI WORSTBROCK/BAUER in: Verf. Lex.^{2} X c. 214-224
I MICHEL p. 123
I H. LAUSBERG Nachr. Ak. Wiss. Göttingen, Phil. Hist. 11/1976 p. 389
I LAUSBERG in: Fs. d. Kaiser-Karls-Gymnasiums zu Aachen zum 375-jährigen Jubiläum 1976 p. 10
I H. KÖHLER in: Mittelalterstudien. E. KÖHLER zum Gedenken ed. H. KRAUSS/D. RIEGER 1984 p. 133-146
I WADDELL Cistercian Hymnal I p. IX
I H. LAUSBERG Abh. rhein.-westf. Ak. Wiss. 64/1979 passim

49 *Veni, frater Albuine*

-a *Veni, redemptor gentium*
I BULLOUGH Carolingian renewal p. 255
cf. *Intende, qui regis Israel*

50 *Veni, spiritus / aeternorum alme*
M JEUDY Scriptorium 38/1984 p. 147
M GNEUSS Handlist 844
MB CROCKER p. 445s.
I DE GOEDE PRU p. CXLVII
I V. D. STEINEN ZSchwKG 40/1946 p. 252

51 *Veniet rex in aeternum, / quem exspectant*
I BJÖRKVALL in: In Quest of the Kingdom ... ed. A. HÄRDELIN 1991 p. 109-134

52 *Venimus ad Cantum felici tramite blandum*
ETC REYDELLET II p. 77

-a *Venimus ad portum nimium sudore libelli* [1
A inc. saec. IX
EM Colophons 23736

53 *Venimus en isthuc, hic nemo personat eheu*
ET GILARDI Syll. Turon. p. 203; 218
B BHL 5624b

54 *Venimus hoc cupidi, multo magis ire*

55 *Venimus hoc vivi, iam festino magis ire*

56 *Venimus in portum libro cum mense peracto*

57 *Venisti tandem ad quod debebaris, amice*

58 *Venit ad aegrotum medici vox alma Gregori*
ETC REYDELLET II p. 153
I WILLIS Mnemosyne IV.41/1988 p. 122

59 *Venit deus factus homo, exsultet omnis natio*

60 *Venit festa dies caelo, celeberrima terris*
I DE VOGÜÉ in: Fs. BARTELINK 1989 p. 127 n. 10

-a *Venit, homo, extrema ecce dies, Alleluia*
A inc. saec. X/XI
E CTrop V p. 327

61 *Venit victor vincens mundum*

62 *Venite omnes populi, / laudemus nomen*

63 *Venite pusilli simul et magni*

64 *Venter mihi nullus, infra praecordia nulla*

65 *Ventosa cum desaeviat*
I PABST Prosimetrum p. 358-360

66 *Ventris onus misero, nec te pudet, excipis*

67 *Venturum iuras semper mihi, Lygde, roganti*

-a *Ventus e terra roborum radices evellit* 1
ET Virg. Gramm. ed. POLARA p. 30

68 *Venus o amoris altrix*

69 *Vepribus offensus "Requies", ait, "haec mea*

70 *Ver aestas autumnus hiems sunt quattuor*
M MlatJb 16/1981 p. 439; WIC 20125

71 *Ver age carminibus, fluat articulata modestis*

72 *Ver agros nitidum gemmis stellantibus ornat*

73 *Ver avibus voces aperit, mea lingua suum*
TI WILHELM Month p. 75s.
B BHL 2870-2871

74 *Ver erat et blando mordentia frigora sensu*
ETC Il 'De rosis nascentibus' ed. G. CUPAIUOLO 1984
M U. WINTER Hss. Diez 1986 p. 78
M RIGG MS 39/1977 p. 306
M N. R. KER Medieval Manuscripts in British Libraries II 1977 p. 706

75 *Ver gignit flores, pinguescit messibus aestas*

– *Ver novum, ver iam canorum: vere natus*
cf. *Cras amet, qui numquam amavit*

76 *Ver pingit vario gemmantia prata colore*

77 *Ver placidum vario nectit de flore coronas*

78 *Ver, quia cuncta revivescunt hoc tempore*

79 *Ver tibi contribuat sua munera florea grata*

80 *Vera loquor, quamvis fatum dubitabile*

81 *Vera placent odiis, mulcens blandicio donis*

82 *Vera sume librum fide sacratum*

83 *Vera trinitas, alme deus, exaudi peccatorem*

84 *Vera Venus Gnidiam cum vidit Cyprida, dixit*

85 *Verani, omnibus e meis amicis*

86 *Verax vir gaude virtutum stemma tuarum*
B Clavis Galliae I p. 364
I BERSCHIN ZGObRh 134/1986 p. 20

87 *Verba cum vitae civibus diffunderet*
EI LEONARDI in: Fs. MUNARI 1986 p. 353
I STOTZ Sapph. Dichtung p. 362

88 *Verba / cuncta / regis celsi quem laudat*
M CTrop V p. 82; 276; 279

89 *Verba mihi desunt eadem tam saepe roganti*

-a *Verba sacerdotis tanti et celata Latinis* 5
A inc. saec. VIII?
E P. PETITMENGIN Pélagie la Pénitente I 1981 p. 199; 231

90 *Verba tui famuli, rex summe, adtende*
ET VISCARDI Origini Testi p. 90
ET GODMAN Poetry p. 82
ET KLOPSCH Lyrik p. 72
I BULLOUGH Aula Renovata p. 287
I KRAHWINKLER Friaul p. 142s.
I KLEIN Gnomon 60/1988 p. 592
I SCHALLER Studien p. 327 n. 61

91 *Verbera carnificis, flammas, tormenta*

92 *Verbera cum tuleris discens aliquando*
M PASSALACQUA Codici p. 349

93 *Verbera fert Christus in multis conviciatus*

94 *Verbera securi solitus leo ferre magistri*

– *Verbi in martyribus gladio quod sessor*
cf. *Albi sessor equi rigidum qui contrahit*

95 *Verbis crede meis, quoniam non fribula fingo*
E DÍAZ Rioja p. 300

96 *Verbum bonum et suave personemus illud*
I DE GOEDE PRU p. CXLVII
I SZÖVÉRFFY Marianische Motivik p. 44s.
I STOTZ Sapph. Dichtung p. 415; 417
I RONCAGLIA in: La sequenza medievale. Atti del Convegno Internazionale …

ed. A. ZIINO 1992 p. 141-154

97 *Verbum Christe Dei, Patris caelestis imago*

98 *Verbum dei spiritumque legifer in Genesi*
ET BEHRENDS p. 270:155
M DE MEYIER Codices Vossiani II p. 31

– *Verbum patris altissimi*
cf. *Ad te levamus oculos*

99 *Verbum patris altissimi*

00 *Verbum patris, principium*

01 *Verbum patris, quod prodiit factum caro*
I NORBERG Les vers iambiques p. 67s.

02 *Verbum profecto proditum / tulit reatum*

03 *Verbum salutis omnium / Patris ab ore*

04 *Verbum supernum prodiens, a patre olim*
E Hymnarium oscense II p. 40s.
EC Canterbury Hymnal 37517 p. 57s.
M ODERMATT Ordinarius St. Arnulf p. 391
M GNEUSS MlatJb 35/2000 p. 246

05 *Vere gravis fundit tellus cum floribus herbas*

06 *Vere novis laeto decorantur floribus arva*

07 *Vere novo florebat humus, satus aethere*

08 *Vere novo, tellus fuerit dum exuta pruinis*
ETC REYDELLET II p. 43
I QUACQUARELLI Poesia tardoantica p. 444; 449
I HOEFLICH RPL 5/1982 p. 129ss.
I U. FRINGS Cl. Claudianus, Epithalamium 1975 p. 13

09 *Vere rosa, autumno pomis, aestate*

10 *Vere sinum tellus aperit floresque ministrat*

11 *Vere tepet picto Zephyris spirantibus aer*

12 *Vere terribilis, sanctus, metuendus, amandus*

13 *Vere Venus gaudet florentibus aurea sertis*

– *Vergilii mihi nomen erat, quem Mantua felix*
cf. *Vergilius mihi*

14 *Vergilium vatem melius sua carmina laudant*

15 *Vergilius iacet hic, qui pascua versibus edit*
M U. WINTER Hss. Diez 1986 p. 78

16 *Vergilius magno quantum concessit Homero*
M PASSALACQUA Codici p. 292
M Bruxelles, BR 10017 (saec. XIII) f. 158^{v}
M Bruxelles, BR 5327 (saec. IX/X) f. 173ra
M COULSON Scriptorium 51/1997 p. 166
I REEVE Phoenix 39/1985 p. 177
I SCHETTER Hermes 116/1988 p. 343-357

17 *Vergilius mihi nomen erat, quem Mantua*

18 *Veridicae Moses pandit penetralia legis*

19 *Veridicus rector lapsos quia crimina flere*
E ICUR N. S. IX p. 174:24830
E GREGOROVIUS Tombe dei Papi p. 7*

20 *Veris honos tepidi flores, vere omnia rident*

21 *Veritas vera, aequitas aequa*
ET Virg. Gramm. ed. POLARA p. 22

22 *Veritatis iter aggrediens olim calle salutis*

23 *Verius hunc titulum matri tu, nata, dicasses*

24 *Vermibus ascriptus nec non serpentibus atris*

25 *Vermis homo, putredo, cinis, laquearia*

26 *Verna clausas inter undas et lacunas regias*

27 *Vernaculorum dicta, sordidum dentem*

28 *Verona docti syllabas amat vatis*

29 *Veronae praesul, sed ter Ratherius exul*
M DOLBEAU Sacris erudiri 27/1984 p. 387 n. 58
M CC Cont. Med. 46A p. VIII

30 *Verque novum stabat cinctum florente*
I CASTILLO Cuadernos FilClas 5/1973 p. 57

31 *Verrit tetra boum gratos formica labores*

-a *Verrunt extemplo placide mare: marmore* [*flavo* 13
A Ennius: annal. 14
E VAHLEN p. 69

32 *Versantem peregre hic interfecere latrones*

33 *Versibus an verbis moneam pro parte*

34 *Versibus atque metris par est donare poetam*
I SPILLING in: Iren u. Europa II p. 880s.

35 *Versibus ego canam quos Lucas retulit actus*

36 *Versibus egregiis decursum clarus Arator*
M LAGORIO Classical Bulletin 51/1974 p. 14
M Trier, Stadtbibl. 1093 (saec. X) f. 231r
M Einsiedeln 302 (saec. X) f. 65
M clm 19451 (saec. X) f. 154
M Bern, Burgerbibliothek 286 (saec. XI) f. 89r
M Cambridge UL Gg.V.35 (saec. XI) f. 127r
M Wolfenbüttel, Gud. Lat. 109 (saec. XII) f. 61v
M Charleville, BM 103 (saec. XII-XIII) f. 345
M SCHROEDER Echternach p. 41
M GNEUSS Handlist 12
I GLAUCHE Schullektüre p. 67s.

37 *Versibus, en iuvenis, durant et carmina*
E CC 133B p. 4s.
EI SCHRAMM Kaiser, Könige u. Päpste I p. 99s.
EI ERNST in: Mensura. Maß, Zahl, Zahlensymbolik i. MA ed. A. ZIMMERMANN 1984 p. 324ss. tab. IV
MI facs. Text als Figur p. 34
MI ERNST Carm. fig. p. 162-167
MI CHAZELLE The Cross p. 10
I G. J. GEBAUER Prolegomena to the Ars Grammatica Bonifatii 1942 p. 3
I G. POZZI La parola dipinta 1981 p. 163
I SCHALLER Studien p. 3 n. 12; p. 317 n. 26

38 *Versibus exponam breviter, quid palma*
B Clavis Galliae II p. 121-125

39 *Versibus his paucis liceat mandare salutes*

40 *Versibus incomptis, summo sed mentis*

41 *Versibus intextis vatem nunc iure salutat*

42 *Versicolor cernor nunc, nunc mihi forma*
I PAVLOVSKIS Cl & Med 39/1988 p. 243

43 *Versicolor fugiens caelum terramque*

44 *Versicolor varie migrans per saecula lustro*

45 *Versiculi properant nostri, nisi ore recuses*
M MGH Poet. 5 p. 687

46 *Versiculis sum dicturus vale omnibus unus*
TI ZIOLKOWSKI Talking animals p. 148s.
I ZIOLKOWSKI MlatJb 20/1985 p. 62

47 *Versiculos in me narratur scribere Cinna*

48 *Versifici clari liber est hic Maximiani*

49 *Versu volo, Liber, tua praedicentur acta*

50 *Versus ab imo / Ordiar ergo*
I LAPIDGE StudMed III 18/1977 p. 259

51 *Versus et breve vividumque carmen*

52 *Versus numquam conposui nec in studio*
TI RÄDLE in: Bernward I p. 204

53 *Versus scribere me parum severos*

54 *Versus scribere posse te disertos*

55 *Verterat interea solitis recursibus annus*

-a *Vertice sublato tendebat ad aetera culmen* [14
M BALLAIRA Prisciano p. 147
M DE MEYIER Codices Vossiani II p. 90

56 *Verticis et thalami pignus sublime Tonantis*

57 *Verum est an timidos fabula decipit*

58 *Verum est quod cecinit sacer*

59 *Verum, Fama, tibi vultum pictura notavit*

60 *Verum tanta stupens et Christo pronus*

61 *Verus amor Christi vera est custodia legis*
I FISCHER Lat. Bibelhss. p. 242

62 *Verus amor iunctos quos continet atque*

– *Verus dei filius Christe*
cf. *Qui triumpho crucis tuae*

– *Verus deus filius dei Christe*
cf. *Propter temetipsum deus*

– *Verus deus misericors*
cf. *Qui mundum redimis*

63 *Verus honor vitem tribuit, sed munera vitis*

64 *Verus redemptor, Christe, lumen luminis*
EI M. C. DÍAZ Y DÍAZ De Isidoro al siglo XI 1976 p. 266
I NORBERG Les vers iambiques p. 67

65 *Vescitur hic Adam malum de stipite fici*
I STELLA Poesia carolingia p. 191; 193

66 *Vesper adest: iuvenes, consurgite! Vesper*

67 *Vesper in occiduo splendescens climate*

68 *Vespertino sub tempore*

69 *Vesta fave! tibi nunc operata resolvimus ora*

70 *Vestibus exscissis, laceratis atque capillis*
EC ROBERTINI p. 296

71 *Vestiunt silvae tenera ramorum*
ETC Carm. Cant. 23 ed. ZIOLKOWSKI p. 86; 239
I BRADLEY MedAev 54/1985 p. 259-265
I STOTZ Sapph. Dichtung p. 215; 218
I LENDINARA in: Atti del XXI Congresso Internazionale di Linguistica e Filologia Romanza ed. G. RUFFINO VI 1998 p. 251-263
I SCHALLER Studien p. 83 n. 18

72 *Vestra, precor, Christus caelestibus inclita*
B Clavis Galliae II p. 276s.

73 *Vestra sagax votis faveat prudentia nostris*

74 *Vestri tecta nitent luce serena*
ET GODMAN Poetry p. 228ss.
EC CC Cont. Med. 117 p. 8
T ÖBERG Poetry p. 163
I BRUNHÖLZL in: Scire litteras p. 88ss.

75 *Veteres Casmenas, cascam rem volo profari*

76 *Vexatione vicit hac Felicitas dilecta Christo*

77 *Vexerat Europen fraterna per aequora*

78 *Vexilla martyrum sacra / melodemata*

79 *Vexilla regis / Prodeunt et fulget*
M CTrop V p. 85; 96; 277; 279
I SZÖVÉRFFY Holy Cross p. 29

80 *Vexilla regis prodeunt, / Fulget crucis*
E Hymnarium oscense II p. 58s.
ETC REYDELLET I p. 57
ECI SZÖVÉRFFY Holy Cross p. 15-18
T ÖBERG Poetry p. 83
M ODERMATT Ordinarius St. Arnulf p. 391
M BEERS Cistercian Hymnal p. 33s.
M HUNT/LAPIDGE Anglo-Saxon England 8/1979 p. 284
M Portiforium Wulfstani nr. 629; 633
M Basel, UB A X 90
M NEUHAUSER Hss. UB Innsbruck I p. 53
M GNEUSS MlatJb 35/2000 p. 246
I NORBERG in: Cultura in Italia p. 366s.
I BLASWELL VigChr 29/1975 p. 225
I QUACQUARELLI Poesia tardoantica p. 453s.
I WILHELM Month p. 86
I SZÖVÉRFFY Wiener Studien 96/1983 p. 226ss.
I WADDELL Cistercian Hymnal I p. IX
I STOTZ Sapph. Dichtung p. 318
I RAW Crucifixion Iconography p. 135
I WITKE in: Studies in honor of C. W. JONES II 1979 p. 1ss.

-a *Vexilla regis prodeunt, / Fulgent crucis mysteria*
EC Canterbury Hymnal 37517 p. 84s.

81 *Vexillum domini qui vicit Tartara Christi*

82 *Vexillum regis venerabile cuncta regentis*
ET BEHRENDS p. 244:134
ECI SZÖVÉRFFY Holy Cross p. 41-43
M DE MEYIER Codices Vossiani II p. 32

83 *Vexillum sublime crucis venerare, fidelis*
M SIMS-WILLIAMS Archivum Historiae Pontificiae 21/1983 p. 25
B Clavis Galliae II p. 462s.
I CHAZELLE The Cross p. 52s.
I SCHALLER Studien p. 188; 375

84 *Vi captus talis miserisque parentibus istis*

85 *Viator audi, si libet, intus veni*

86 *Viator remane, re nova nomen scies*

87 *Vibi Maxime, si vacas havere*

88 *Vicinis furis celebres vidit nuptias*

89 *Vicinis offensa, deo carissima plebes*

90 *Vicinus meus est manuque tangi*

91 *Vicisti, Fortuna, meos infesta labores*

92 *Victa prius nulli, nullo spectata triumpho*

93 *Victe pudor, conpone preces, secreta duorum*

94 *Victima crudelis, fatis postratur iniquis*

-a *Victima que vicit, septem signacula solvit* [2
A inc. saec. XI
EC BERGES/RIECKENBERG p. 76; 174

95 *Victor ab hoste redit, divino munere clarus*
M FRAËYS DE VEUBEKE in: Fs. MASAI 1979 p. 224
B Clavis Galliae II p. 407

96 *Victor, ab occasu quem laus extendit in*
ETC REYDELLET II p. 50
I GEORGE Venantius Fortunatus p. 40-43

97 *Victor, apostolica tutus virtute sacerdos*
ET NAUERTH p. 294

98 *Victor canitie fideique decore nitebat*

99 *Victor ego quondam in matura aetate defeci*
EC ICUR N. S. VIII p. 7:20739
I MONTORSI Epigrafe modenese p. 157

00 *Victor, Nabor, Felix, pii*
EC FONTAINE Ambroise de Milan p. 445ss.
I BUCHHEIT in: Fs. MUNARI 1986 p. 273-289
I PICARD Souvenir p. 39 n. 71; p. 613 n. 115

01 *Victor sidereis pollens virtutibus ibis*

02 *Victor surrexit, homines a morte revexit*

03 *Victorem forte gymnici certaminis*

04 *Victores placidam Romani nocte quietem*
I MODERAN MEFRA 99/1987 p. 982s.; 985 n. 83

05 *Victori mortis inclita pangamus laude*

06 *Victori studiose, memor, celer ignoratis*

07 *Victoria: Balbus pedico vicit et gaesatus*

08 *Victoris Agni sanguine / Dies sacratus hodie*

09 *Victoris, proceres, praesumpsi dicere lauros*
ETI ZARINI RÉAug 32/1986 p. 74-91
I SCHALLER Studien p. 347; 431

10 *Victoris Romae Zephyrinus iura capessit*

– *Vide, domine, humilitatem meam*
cf. *A patre missus veni*

11 *Viderat armatam Venerem Tritonia Pallas*

12 *Viderat Ausonium posito modo crine*

13 *Viderat excelsa pascentem rupe capellam*

14 *Vides ut alta stet nive candidum*
I SCHALLER Studien p. 263

15 *Vides, ut ara stem dicata Pythio*

16 *Vidi ego, nec dignus tanta ad praeconia*

17 *Vidi ego praeventos fletus magis ubere fletu*

18 *Vidi hominem pendere cum via*

19 *Vidi in caelo cornutam petisse volantem*

20 *Vidi pyramidas sine te, dulcissime frater*

21 *Vidi te in somnis fracta, mea vita, carina*

22 *Vidimus in somnis, cives, nisi fallor, et istud*

23 *Vidissem modo forte cum sedentem*

24 *Vidisti semel, Oppiane, tantum*

25 *Vidit ab aetherio mundum torquerier axe*

26 *Vidit ut Aeneas summa vi bella parari*

27 *Viginti atque novem genetrici Callicrateae*

28 *Viginti duo erant anni, si fata dedissent*

29 *Vigintique dies nonies bis quinque semelque*
B Clavis Galliae I p. 300-302

30 *Vigula matutina captabis aes cito*

31 *Vile potabis modicis Sabinum*

32 *Vilia maternis fueramus Persica ramis*

33 *Vilia pro meritis sunt haec munuscula vestris*

34 *Vilia sutoris calicem monimenta Vatini*

35 *Vilia tecta prius facibus cessere beatis*

36 *Vilice silvarum et mihi me reddentis agelli*

37 *Vilicus aerari quondam, nunc cultor agelli*

38 *Villula, quae Sironis eras, et pauper agelle*

39 *Vim Diomedis equi monstrabant hospite*

40 *Vimine clausa levi niveae custodia coctae*

41 *Vimineos qualos texebant colaque patres*

42 *Vince mero curas et, quidquid forte remordet*

43 *Vincentem roseos facieque comaque*

44 *Vincenti, / verbo dei vincis*

45 *Vincentius hic est, pantomimorum decus*

46 *Vincere cum possis, interdum cede sodali*

47 *Vincere falsa pudor poterat. sed castus et*

48 *Vincere me nulli possunt, sed perdere multi*

49 *Vincla famis vitat, iuxta quem panis abundat*

50 *Vincla recusanti dedignantique iuvenco*

51 *Vincla sepulcrali sub carcere ferrea daemon*

52 *Vinctus in his dominus stetit aedibus atque*

53 *Vincula solvit amor, quae quondam nexuit*

54 *Vinculis extensa multos comprendo vagantes*

55 *Vincuntur poenae, franguntur praesidis irae*

56 *Vindemiarum non ubique proventus*

57 *Vindicat extincti corpus Telamonius Aiax*

58 *Vindicat ipsa suos, quos pertulit, uva labores*

– *Vinum cum biiugo parabo plaustro*
cf. *Virum cum biiugo parabo plaustro*

59 *Vir armis ingenio et animo maximo*

60 *Vir bone, dulcis, amans, mitis serenissime*

61 *Vir bone, pro meritis adipiscens culmen*
ETC REYDELLET II p. 40

62 *Vir bonus et pauper linguaque et pectore*

63 *Vir bonus et sapiens, qualem vix repperit*
M U. WINTER Hss. Diez 1986 p. 78
M MUNK OLSEN Auteurs classiques II p. 693
M clm 28362 f. 187^v (GLAUCHE p. 153s.)

64 *Vir bonus et prudens studiis in pace decessit*

65 *Vir bonus hoc iacet in tumulo ... dudum*

66 *Vir celsus meritis, avorum sanguine clarus*

67 *Vir Celtiberis non tacende gentibus*

68 *Vir facie, mulier gestu, sed crure quod ambo*
I D'ANGELO in: Teoderico il Grande 1993 p. 649

– *Vir felix qui non sequitur consulta malorum*
cf. *Hic psalmus titulo primus*

69 *Vir fuit in populo largus pergentibus hospes*

70 *Vir fuit ingenuus, regum de stirpe creatus*
ETC LAPIDGE JournMedLat 10/2000 p. 276-297; 300-306

71 *Vir fuit iste dei patiens, moderatus, honestus*

72 *Vir fuit iste ferox, qui torvus fronte verenda*

73 *Vir gravis ut longis senuit Menelaeus in*

74 *Vir gravis uxori ius morti solvit avitum*

-a *Vir Leonarde dei, regis miserere Philippi* [8
A inc. saec. XI
EC PONCELET AnBoll 24/1905 p. 85

75 *Vir magnus bello, nulli pietate secundus*
M COULSON Scriptorium 51/1997 p. 166

76 *Vir patiens, humilis, sobrius, fidusque*
I PABST Prosimetrum p. 796

77 *Vir patiens patriam poterit conscendere*
ET MESSINA p. 33:VII
I EBERHARDT p. 166:151

78 *Vir pietate calens, blanda dulcedine vernans*
ETC REYDELLET I p. 124

79 *Vir pietate probus Verecundi nomine dictus*

80 *Vir potens meritis nosterque sacerdos*
I HEINZELMANN Bischofsherrschaft p. 118ss.

81 *Vir redit in currum; ducuntur ab axe iugales*

82 *Vir tuus est epulas nobis aditurus easdem*

83 *Vir venerande, sacer meritis et honore*

84 *Virgineus decor hic trino splendore coruscus*

85 *Virgineus natus puer, quos tulit, hos*

86 *Virginibus sacris hoc est altare dicatum*
B Clavis Galliae II p. 427

87 *Virginibus sacris praesens haec ara dicata*
B Clavis Galliae II p. 459s.
I COENS AnBoll 77/1959 p. 387
I GROSJEAN AnBoll 78/1960 p. 111
I WERNER in: Iren u. Europa I p. 259 n. 84

-a *Virginis, alme deus, soboles* 35
A inc. saec. X
E MÖLK in: Imago linguae. Fs. F. PAEPCKE 1977 p. 394
E AH 11 p. 251:465
B MMMA 1 p. 126:194

88 *Virginis almificae pictor mira arte Tutelo*

89 *Virginis angelicae cernis, lector, Genovefae*
E C. KOHLER Étude critique sur le texte de la vie Latine de Sainte-Geneviève Paris 1881 p. XXVI (BEHE 48)

90 *Virginis assumptum cuncti sic ducite mecum*

91 *Virginis aula micat, Christum quae cepit ab*
ET NAUERTH p. 266

92 *Virginis aula micat variis decorata metallis*
M SIMS-WILLIAMS Archivum Historiae Pontificiae 21/1983 p. 20s.

93 *Virginis Christi merita beatae*

94 *Virginis eximiae cunctis recolenda Luciae*
M MGH AA 14 p. 11

95 *Virginis eximiae festum Theodosiae recolat*

96 *Virginis hanc aulam sacravit Oliva beatam*
A Oliba Rivipullensis
ETM MUNDÓ/MEDINA in: RICO/MUNDÓ Ripoll p. 62; Rückendeckel

97 *Virginis hic cineres sunt prima aetate*

98 *Virginis hic tenerae, lector, miserere*
E ICUR N. S. VIII p. 362:23066

99 *Virginis hoc titulo nomen non debuit esse*

00 *Virginis in variis radiat domus alta figuris*

01 *Virginis insano Iulianus captus amore*

02 *Virginis proles opifexque matris*
E Hymnarium oscense II p. 95s.
M ZANNA in: Poesia dell'alto medioevo p. 370
M Portiforium Wulfstani nr. 2311
M ODERMATT Ordinarius St. Arnulf p. 391
M GNEUSS MlatJb 35/2000 p. 247
I STOTZ Sapph. Dichtung p. 356; 450

03 *Virginis sacrae triumphum plebs alumna*
I GIL Habis 9/1978 p. 160

04 *Virginis sacrae triumphum prosequamur*
I GIL Habis 7/1976 p. 199

05 *Virginis sacratae / Maxelindis praeconia*

06 *Virginis venerandae de numero sapientum*
M FILL Hss. Kremsmünster I p. 413
I V. D. STEINEN ZSchwKG 41/1947 p. 158
I DE GOEDE PRU p. CXLVII

07 *Virginis virginum cantica Mariae*
I DE GOEDE PRU p. CXLVII
I SPANKE Studien p. 18; 21; 33; 108
I V. D. STEINEN ZSchwKG 40/1946 p. 241

08 *Virginitas carnis intacto corpore habetur*

09 *Virginitas superis placeat ...*

10 *Virginum virtus, decus et corona*
I STOTZ Sapph. Dichtung p. 187

11 *Virgo armata decens, rerum sapientia*

12 *Virgo Columba simul Senonis veneratur in*

-a *Virgo columba suo florem mihi protulit alvo* [2
E PELLEGRIN Bibliothèque Vaticane II.2

p. 42

13 *Virgo creavit arvam virginem*
ET Dhuoda ed. RICHÉ p. 182
ET Dhuoda ed. THIÉBAUX p. 114

14 *Virgo dei genetrix de corpore ducta pudico*

15 *Virgo dei genetrix, divino pignore felix*
A Hartw. (saec. XI)
M Regensburger Buchmalerei tab. 96
I BISCHOFF in: Verf. Lex.[2] III c. 530s.

16 *Virgo Dei genetrix eia obsecro*
ETC Carm. Cant. 83 ed. ZIOLKOWSKI p. 160; 330

17 *Virgo dei genetrix hanc aram rite teneto*
I WERNER in: Iren u. Europa I p. 258 n. 83

18 *Virgo dei genetrix hanc aram tu ipsa dicato*

19 *Virgo dei genetrix, nostrae regina salutis*
B Clavis Galliae II p. 388

20 *Virgo dei genetrix nostrae veniaeque*
E LECLERCQ in: Miscellanea MERCATI II 1946 p. 483

21 *Virgo dei genetrix, quem totus non capit*
M GNEUSS Handlist 938
I SCHALLER Studien p. 187

22 *Virgo dei genetrix sanctum generosa*
ET RÜTZ Text im Bild p. 40

23 *Virgo / Dei Maria / astra petit, gaudete una*

– *Virgo, Dei mater, David clarissima proles*
cf. *Rite diem festum colimus, mundo*

24 *Virgo devota cunctis, fave votis plebis*

25 *Virgo faveto dei nobis haec dona ferenti*
B GÉNICOT/TOMBEUR Index II p. 101

26 *Virgo Fides, dilecta Deo, lux inclita mundi*
EC ROBERTINI p. 221

27 *Virgo fovet natum genetricem nutrit et ipse*

28 *Virgo hic sepulta fida puella iacet*

29 *Virgo, Israel decus / et cunctorum gloria*
M CTrop V p. 76; 276; 279
I DE GOEDE PRU p. CXLVII

30 *Virgo Maria, dei genetrix, castissima virgo*
B Clavis Galliae II p. 445

31 *Virgo Maria dei genetrix, haec aula resultat*

32 *Virgo Maria dei genetrix hanc continet aram*

33 *Virgo Maria, dei genetrix, hoc ipsa dicato*

34 *Virgo Maria, dei genetrix intacta tonantis*

35 *Virgo Maria, deum tenetis (teneas) complexa*
E DE MEYIER Codices Vossiani IV p. 13
M facs. DE MEYIER Codices Vossiani III p. 161

36 *Virgo Maria, digna parens dei*
I SZÖVÉRFFY Marianische Motivik p. 28s.
I SCHALLER MlatJb 19/1984 p. 85
I A. GIER Der Sünder als Beispiel 1977 p. 272ss.
I SCHALLER Studien p. 264

37 *Virgo Maria suo sancto me famine tangens*
E MGH Poet. 5 p. 632

38 *Virgo Maria suo / Vota deo vovit*

39 *Virgo Maria tenet hominem regemque*

40 *Virgo Maria, tibi Xystus nova tecta dicavi*
TI ENGEMANN JACh 17/1974 p. 29
I BELTING-IHM Settimane ... Spoleto 41/1994 p. 860

41 *Virgo Maria, tuus hunc librum dat tibi*
EM Colophons 16665

42 *Virgo Maria, tuus tibi praesul Adalbero*

43 *Virgo modesta nimis legem bene servo*

44 *Virgo parens aliaeque simul cum munere*

45 *Virgo parens hac luce deumque virumque*

46 *Virgo parit dominum, concepit femina*

47 *Virgo perite*

-a *Virgo petit caelum facit exultatio versum* [12
A inc. saec. XI
ET CLAYTON AnBoll 104/1986 p. 425

48 *Virgo, quae ave perenne*

49 *Virgo, quae lucem saeculo*

50 *Virgo, quae, vanas mundi pompas ruituri*
E BERSCHIN p. 114
B BHL 163

51 *Virgo, quam Phlegethon vocat sororem*

52 *Virgo sacrata deo caelestibus inclyta donis*
B Clavis Galliae II p. 404

– *Virgo supra pectus Christi accubitare*
cf. *Matthaeus e sacro totus*

-a *Virgo Valeria suppliciter* 35
A inc. saec. X
E MÖLK in: Imago linguae. Fs. F. PAEPCKE 1977 p. 395

53 *Virgo Verena fuit, quam multum Christus*
I BERSCHIN Biographie IV p. 10s.

54 *Viribus, ah, nocuis, meditatibus atque*

55 *Viribus e nostris factum est quotcumque*

56 *Viribus exiguis canerem, cum, lector*
I DE MOREAU St.-Amand p. 222
I SHEERIN Traditio 38/1982 p. 58
I GODMAN Poets p. 177 n. 134

57 *Viribus Herculeis dum noxia facta requirit*

-a *Virile quoque certari conpetit agmen* 1
ET Virg. Gramm ed. POLARA p. 120

– *Viros servasti eternali sanguine fuso*
cf. *Et nos servasti eternali*

58 *Virtus, Albine, est, pretium persolvere verum*

59 *Virtus celsa crucis totum recte occupat*
ETC REYDELLET I p. 52
M facs. SPORBECK in: Theophanu I p. 373 tab. 3
M HUNT/LAPIDGE Anglo-Saxon England 8/1979 p. 284
I QUACQUARELLI Poesia tardoantica p. 452

-a *Virtus est Domino parendi firma voluntas*
ET BEHRENDS p. 254:145

60 *Virtus et nomen vulgata potentia passim*

61 *Virtus ficta viget, nequicquam vera fatiscit*
I AMORY RecThéol 53/1986 p. 30s.

62 *Virtus magna mihi; duro mollitur ab igne*

63 *Virtus nempe Christi mihi solacium Vigilani*
I DÍAZ Y DÍAZ MlatJb 24-25/1989-1990 p. 96s.; 101-103

64 *Virtus perennis sapientia*

65 *Virtus summa, deus, cunctorum rector*

66 *Virtute officio meritis et nomine Magnus*
E PICARD Souvenir p. 70 n. 181

67 *Virtutem primam esse puto conpescere*
M MlatJb 16/1981 p. 440; WIC 20605
B SILVESTRE RHE 75/1980 p. 409

68 *Virtutem, Verine, tuam plus mirer in armis*
I SHACKLETON BAILEY ClPh 78/1983 p. 315

69 *Virtutes generis mieis moribus accumulavi*
I HEINZELMANN Bischofsherrschaft p. 35

70 *Virtutes magnas de viribus affero parvis*
I PAVLOVSKIS Cl & Med 39/1988 p. 222
I LAPIDGE/ROSIER p. 63

71 *Virtutis expers verbis iactans gloriam*

72 *Virtutum celebres iubilantes cerne cohortes*

73 *Virtutum Deus / corporibus qui ingeris*

74 *Virtutum deus ipse potens, in proelia fortis*

75 *Virtutum doctor, pie noster ad aethera*
TM facs. Ornamenta Ecclesiae I p. 141s.
MB HOFFMANN Buchkunst p. 344

-a *Virtutum frutex. nimium sapiens Leo iudex*
EM LECLERCQ Analecta sacri ordinis Cisterciensis 20/1964 p. 222

-b *Virtutum gemmis et morum flore venusta* [2
A inc. saec. VIII
EM RUGO Iscrizioni III p. 75:97

76 *Virtutum meritis venerandus, honoribus altus*

77 *Virtutum quid celsa fides mereatur honoris*
ETC REYDELLET I p. 120

78 *Virtutum scriptor Matthaeus in ordine*
ET BISCHOFF in: Bibbia di San Paolo p. 167

79 *Virtutum signis pollens Eustorgius almus*

80 *Virtutum species primum prudentia pandit*

81 *Virum cum biiugo parabo plaustro*

82 *Virum mihi, Camena, insece versutum*

83 *Virum sanctum / collaudamus*
M ROPA Quadrivium 13/1972 p. 31

84 *Vis carmen nostrum vultu perspicere*

85 *Vis commendari sine me cursurus in urbem*

86 *Vis fieri liber? mentiris, Maxime, non vis*

87 *Vis fidei tanta est, quae germine prodit*

88 *Vis futui gratis, cum sis deformis anusque*

89 *Vis futui nec vis mecum, Saufeia, lavari*

90 *Vis mihi naturae dedit, immo creator Olimpi*

91 *Vis nulla est animi, non somnus claudit*

92 *Vis te, Sexte, coli: volebam amare*

93 *Visa diu felix, mater modo dicta Neronum*
M SCHOONHOVEN Mnemosyne IV. 37/1984 p. 147s.
M REEVE RevHistTextes 6/1976 p. 79-98

– *Visas Fiscannis semper felicibus annis*
cf. *Vivas Fiscannis*

94 *Viscera ne sanctum triplo curvamine panem*

95 *Visceribus lapidum permixta lege coactis*

96 *Visceribus miserorum et sanguine pauperis*

97 *Visceribus propriis externos fundere partus*
I D'ANGELO in: Teoderico il Grande 1993 p. 653

98 *Viscia Paula soror et coniunx Viscia Firma*

– *Visio caelestis mox est immissa tyrannis*
cf. *Ultio caelestis mox est*

99 *Visitat a vobis dignanter epistula currens*
ETC REYDELLET II p. 40

00 *Visitat inde pios sanctus sibi carne*

01 *Visne tibi referam cur haec ars musica*

02 *Vissire tacite Chilon docuit subdolus*

03 *Visus eram molli recubans Heliconis in*

04 *Vita bona fama fuit, mors exitu honesto*

05 *Vita bonum est et vita malum*

06 *Vita bonumque simul / Morsque*

07 *Vita brevi studii contexitur ordine sacri*
I PABST Prosimetrum p. 620-623

08 *Vita brevis hominum, fugiunt praesentia*
ETC REYDELLET II p. 121
M Colmar 465 (Cat. gén. 56 p. 174)
I HOEFLICH RPL 5/1982 p. 131

09 *Vita brevis hominum, sed non brevis illa*
ETC REYDELLET I p. 146
I QUACQUARELLI Poesia tardoantica p. 448

10 *Vita brevis longo melior mortalibus aevo*

11 *Vita caelestis sacra sanctitatis*

12 *Vita dedit vitam, sacra victum Romaque*

13 *Vita ferox, mors foeda tibi, nec digne, Vitelli*

14 *Vita fugit corpus victum dolitura negatum*

– *... vita fuit Marci, quam novimus omnes*
cf. *Insons vita fuit*

15 *Vita hominum brevis est, certa hanc*
E GREGOROVIUS Tombe dei Papi p. 18*s.

16 *Vita mihi mors est; morior si coepero nasci*

17 *Vita opibus tenuis, sed parvo in cespite*

18 *Vita sacrosancti descripta est ordine Pauli*
I PABST Prosimetrum p. 623s.

19 *Vita, salus, virtus, verbum, sapientia*
MI ERNST Carm. fig. p. 183-186
B LAPIDGE/SHARPE p. 170s.:648
I SCHRAMM Kaiser, Könige u. Päpste I p. 321
I CHAZELLE The Cross p. 29s.; 39s.
I SCHALLER Studien p. 1; 3-6; 12-15

20 *Vita sanctorum, Deus angelorum*
I BULLOUGH Carolingian renewal p. 251

21 *Vita sanctorum, via spes, salusque*
M FILL Hss. Kremsmünster I p. 191

22 *Vita tua valeat sospes, sanctissime pastor*

23 *Vitae dator, omnifactor, deus, naturae*
ETC Carm. Cant. 12 ed. ZIOLKOWSKI p. 54; 202
ETI PÖRNBACHER MlatJb 28.2/1993 p. 1-15; tab. 1-3
ECM HAEFELE DA 49/1993 p. 479-499
M BERNHARD in: Fs. BRUNHÖLZL 1989 p. 143
M École pratique des Hautes Études, Annuaire 1971/1972 p. 374
I BRADLEY MlatJb 22/1987 p. 115 n. 9
I DRONKE Musica e storia 6/1998 p. 55-80
I SPANKE Studien p. 98

24 *Vitae perpetuae vernans cum floribus almis*

25 *Vitae / princeps principe / mortis vincto*
I HAUBRICHS Georgslied p. 330

26 *Vitalianus cultor almae regulae*

27 *Vitalis tritam reparat versamque tyrannis*

28 *Vitam quae faciant beatiorem*
E Hymnarium oscense II p. 41s.

29 *Vitam vivere si cupis beatam*

30 *Vitans plumigeras infelix bubo catervas*

31 *Vitas inuleo me similis, Chloe*

32 *Vite nocens rosa stabat moriturus ad aras*

33 *Vitea quot longis sunt tecta excepta columnis*

34 *Vitibus intextis ales sub palmite vernat*
ETC REYDELLET I p. 112

35 *Vitifer hic siccus matrem complector erilis*

36 *Vitis una floruit, vitis clara rediit*

37 *Viva Philematium sum Aurelia nominata*

38 *Viva viro placui prima et carissuma coniunx*

39 *Vivamus, mea Lesbia, atque amemus*

40 *Vivas Fiscannis semper felicibus annis*

41 *Vivas innumero saeclorum tramite, rector*

42 *Vivas qui dixeris: vivit Elysiis*

-a *Vivat adhuc annis gratanter Adalbero multis* [2
A inc. saec. XI
M Paris, BN lat.: Cat. gén. III p. 175s.

– *Vivat et ipse sacer. dicque sinistra soror*
cf. *... fieri nos qui dedit esse sacratas*

43 *Vive boni cultor gregis et mitissime pastor*
MI ERNST Carm. fig. p. 503; 507s.

44 *Vive Deo carus multis feliciter annis*
B Clavis Galliae II p. 215s.

45 *Vive deo, dum fata sinunt, nam curva*

46 *Vive Deo felix, carissima filia, semper*
B Clavis Galliae II p. 233

47 *Vive Deo felix, Christi laurate triumphis*
M facs. UNTERKIRCHER Cod. Vind. 751 f. 63r

48 *Vive Deo felix, felix, pater optime, vive*
B Clavis Galliae II p. 228s.

49 *Vive Deo felix, fili, florentibus annis*
B Clavis Galliae II p. 324

50 *Vive Deo felix, florens virtutibus almis*
B Clavis Galliae II p. 193

51 *Vive Deo felix, mundo nam vivere mors est*
B Clavis Galliae II p. 318s.

52 *Vive deo felix per plurima tempora, lector*
EM Colophons 17792
M facs. La Neustrie p. 229; 271

53 *Vive Deo florens, laeta gaudensque salute*
B Clavis Galliae II p. 242

54 *Vive deus posito si quis mihi dicat amore*

55 *Vive et amicitias omnes fuge: verius hoc est*
I GAGLIARDI Civiltà class. e crist. 5/1984 p. 201-206

56 *Vive et amicitias regum fuge. pauca monebas*

57 *Vive laetus quique vivis, vita parvom munus*
E ALFÖLDY Inschriften p. 89:161

58 *Vive meae vires lassarumque anchora rerum*

59 *Vive, Sofride, potens per splendida saecla*
B LAPIDGE/SHARPE p. 199:737
I STAUBACH in: Theophanu I p. 351 n. 62
I STAUBACH FMSt 20/1986 p. 586

60 *Vivebam: sum facta silex, quae deinde polita*

61 *Vivendo atque videndo in peius proruit aetas*

62 *Vivendo sancte caelo qui quaeris inesse*

63 *Vivere me terris vix vix sinit improba febris*
B Clavis Galliae II p. 277s.
I W. BERGMANN Innovationen im Quadrivium d. 10. u. 11. Jhs. 1985 p. 25s.
I SCHALLER Studien p. 416

64 *Vivere post obitum vatem vis nosse viator*
ET HÄUSLE Denkmal p. 44
M DE MEYIER Codices Vossiani VI p. 265
MI SIMS-WILLIAMS Anglo-Saxon England 10/1982 p. 36s.
B Clavis Galliae II p. 112s.

65 *Vivida cum poscas epigrammata, mortua*

66 *Vivit in aeternum de nomine fama vetusto*

67 *Vivite felices, moneo, mors omnibus instat*

68 *Vivite felices nostrisque profundite Manis*

69 *Vivite felices quibus est data longior aetas*

70 *Vivite felices, quibus est data longior hora*

71 *Vivite felices, quibus est data vita fruenda*

72 *Vivite felices, quibus est fortuna beata*

73 *Vivite felices, quibus haec sunt condita tecta*

74 *Vivo novem vitas, si me non Graecia fallit*

75 *Vivos mi feci, ne post me lentius heres*

76 *Vix Aurora suo rubefecerat aethera curru*

77 *Vix capiunt patuli populorum gaudia campi*

78 *Vixdum transcursis Elysium ingrederis*

79 *Vixi beatus dis, amicis, literis*

80 *Vixi puellis nuper idoneus*

81 *Vixi quod potui semper bene pauper honeste*

82 *Vixi quod volui semper bene pauper honeste*

83 *Vocaris ad vitam, sacrum Dei genus*
I NORBERG Les vers iambiques p. 67s.

84 *Voce consona / iubilet ecclesia*

85 *Voce iucunda resonemus omnes*

86 *Voce praecelsa laudes / debitas nunc*
M CTrop V p. 80; 276; 279; 281

87 *Voce, quis ut deus exprimitur Michael Latiali*

88 *Voce, vita mundum vita*

89 *Voces laudis humanae*
ETC Carm. Cant. 3 ed. ZIOLKOWSKI p. 4; 167
I FICHTENAU Lebensordnungen I p. 217

90 *Vocibus angelicis resonet polus omnis et*
B BHL 2166

91 *Vocibus organicis Martino psallite patri*

92 *Vocis auditae novitas refulsit*

93 *Volavit volucer sine plumis*

-a *Volo tandem tibi parcas, labor est in chartis* [4
A Augustin.: de mus. 2.22
E FPL[3] p. 409

94 *Volt, non volt dare Galla mihi, nec dicere*

95 *Volup est, quod agas, si id procedit lepide*

96 *Voluptas nullast navitis, Messenio*

97 *Volve tuos oculos: metuendum hunc aspice*
M U. WINTER Hss. Diez 1986 p. 78

98 *Vortumnum Ianumque, liber, spectare*

99 *Vos aeterna Dei conservet gratia, fratres*
B Clavis Galliae II p. 205

00 *Vos comitetur - amen - pietas, pax alma*
EC CC Cont. Med. 117 p. 54

I STAUBACH Rex christianus p. 109 n. 19

01 *Vos ego nunc moneo, semper qui vivitis*

02 *Vos equidem, nati, caelestia regna videtis*
EC ICUR N. S. VIII p. 425s.:23461

03 *Vos etiam, quos nulla mihi cognatio iunxit*

04 *Vos, Heliconiades, neque enim mihi sola*

05 *Vos homines, hominis Matthaei credite*
A inc. saec. X/XI (Cod. aur. Ept.)
M facs. Cod. aur. Ept. ed. KAHSNITZ/MENDE/RÜCKER p. 74; tab. 15

06 *Vos istaec intro auferte: abite. - Sosia*

07 *Vos Michael sanctus, Gabriel Raphaelque*

– *Vos qui gaudetis de pace modo verum*
cf. *Foeda res est causam audire*

-a *Vos qui Germanum gaudetis habere [patronum*
M Montpellier, Bibl. Interunivers. Section de Médicine H 306 (saec. IX) f. 222v
M DIONISOTTI RBén 92/1982 p. 138

08 *Vos qui transitis, nostri memores rogo sitis*

09 *Vos rogitat quaeso soror unica fratris*

10 *Vos rogo, germani speciosa prole beati*
MB MGH Poet. 5 p. 684

11 *Vos sancti Domini, quorum hic praesentia*
EC MGH AA 11 p. 348

12 *Vos Stephani memores, eius pia festa*

13 *Vos tenet, Etruscis manat quae fontibus unda*

– *Vos vivete deo semper, nam vivere mors est*
cf. *Flumina qui metuunt modica*

14 *Vosque valete, viri fratres patresque fideles*
B Clavis Galliae II p. 60

15 *Vota deo caeli vigiles dent laude fideli*

16 *Vota deo vovit bellorum tempore David*
E MGH Poet. 5 p. 619

17 *Vota Faventinus bis deni suscipit orbis*

-a *Vota serena tibi, Ihesu bone, reddere vovi [716*
A Wulfstan.: brevil., praef.
EI DOLBEAU AnBoll 106/1988 p. 35-98
EI HOWLETT MlatJb 31.1/1996 p. 61-65
I LAPIDGE Wulfstan p. XVII-XXII

18 *Vota supervacua fletusque et numina divum*

19 *Vota tui breviter si vis cognoscere Marci*

– *Votis supplicibus voces super astra feramus*
cf. *Sancte pater, iuva nos*

20 *Votis tuorum, Christe, fidelium*

21 *Votiva cunctis orbita*

22 *Voto Serenus aram instruxit Iovi*

23 *Votorum compos laetus tibi munera solvo*

24 *Votorum, deus, arbiter*

25 *Voverat attritus quondam per proelia miles*

26 *Vox arcana patris caeli quibus aequa*

27 *Vox benedicta pias Salomen legat atque*

28 *Vox clara ecce intonat*
EC Canterbury Hymnal 37517 p. 58
M ODERMATT Ordinarius St. Arnulf p. 391
M LUISELLI RCCM 15/1973 p. 299
M GNEUSS MlatJb 35/2000 p. 246

29 *Vox, ecce, vatum vivida personat*
I SCHALLER MlatJb 19/1984 p. 86
I GIL Habis 7/1976 p. 208
I SCHALLER Studien p. 265; 267

30 *Vox in desertis clamans praenuntia verbi*
I HAMANN-MACLEAN Reimser Denkmale p. 163 tab. 65

31 *Vox mea diversis variatur pulchra figuris*

32 *Vox mea non sonuit penitus non atque*

33 *Vox, philomela, tua cantus edicere cogit*
T ÖBERG Poetry p. 93
M BOUHOT RecAug 18/1983 p. 159
I WILHELM Month p. 79
I SCHALLER Studien p. 82 n. 9; p. 83 n. 14s.

34 *Vox, philomela, tua metrorum carmina vincit*
I WILHELM Month p. 79

35 *Vox / prophetica clara / agnum adfore*

-a *Vuarinus primam, Rannulfus necne [secundam* 4
E Colophons 5644
EM Manuscrits Dat.: France VII p. 65

36 *Vulcanus cessat, Ciclopum brachia cessant*

37 *Vulgare amici nomen, sed rara est fides*

38 *Vulgari plebem, clerum sermone Latino*

39 *Vulnera praedictis qua plura lavantur in*

40 *Vulnera saevus aper laesae spectanda*

41 *Vulnera tabescunt spatio vitiata vetusto*

42 *Vulnere mucronis tam parvi pallidus exul*

43 *Vulneris impatiens hominum rerumque*

44 *Vulpe salitur ovis, dum densis vepribus*

45 *Vulpem rogabat partem caudae simius*

46 *Vulpes, cubile fodiens, dum terram eruit*

47 *Vulpes porcus avis ursus leo cornipes anguis*
E MGH Poet. 5 p. 656

-a *Vult avidus lector canas qui scire loquelas* [6
A inc. saec. IX
ETI GIBSON in: Charles the Bald p. 311-316
M PASSALACQUA Codici p. 223

-b *Vult huiuscemodi cythare qui fide potiri*
EC SILAGI in: Fs. BULST 1981 p. 224s.

48 *Vult medio terram finique reponere merdam*

– *Vult non vult*
cf. *Volt non volt*

49 *Vynfreth priscorum Duddo congesserat*
E CC 133B p. 4s.

W

50 *Waltharius fortis, quem nullus terruit hostis*
ET VISCARDI Origini Testi p. 260s.
BI SZÖVÉRFFY Latin Lyrics I p. 229s.
I CURTIUS Ges. Aufsätze p. 281

51 *Warmundum vatem supero rex erige nutu*

52 *Wicharius iunior concors et Wikeli maior*

53 *Wigberti dies natalis venit modo mirabilis*

54 *Wilfridus hic magnus requiescit corpore*
I HIGGIT The Antiquaries Journal 59/1979 p. 343-373

55 *Willa quid insanis? aurum quod condere*

56 *Witgario tribuit sacro spiramine plenum*
cf. *Hanc zonam regina nitens*

57 *Wulfengo domino duodenas opto salutes*
EC CC Cont. Med. 117 p. 34

X Y Z

58 *X Y Z Sic conclauditur littera*

59 *Xerses magnus adest; totus comitatur euntem*
[/ *v. 3: Mundus*

60 *Xerses magnus adest; totus comitatur euntem*
[/ *v. 3: Tellus*

– *Xristus*
cf. *Christus*

61 *Y quod habens signat mihi lex profitens*

– *Ymnus*
cf. *Hymnus*

62 *Ythalonimualonuthsicorathisymacomsyth*

63 *Zaboli neque hircus in me convaliscere*

64 *Zacharias sanctus sanctum, mitisque*

65 *Zacheus in ramo est, rapti iam prodigus auri*

– *Zelaris plures incurva clune puellas*
cf. *Zelo agitas plures, Incurvus*

66 *Zeleris nimium cur mea, Marcie*

67 *Zelo agitas plures, Incurvus, clune puellas*

– *Zelum chelydri calcavit messias*
cf. *Caterva plebis sex centum milium*

68 *Zelum karnis pax fugat quam Eli dinoscebat*

69 *Zelus domini verba dicit*

70 *Zelus ut in numerum virtutum transeat, ante*
ET MESSINA p. 43:XVI
I EBERHARDT p. 155ss.

71 *Zeno, pontifex inclite*

72 *Zephyri qui flores vineas et cum germina*

73 *Zmyrna mei Cinnae nonam post denique*

74 *Zoile, quid solium subluto podice perdis*

75 *Zoile, quid tota gemmam praecingere libra*

76 *Zoilus aegrotat: faciunt hanc stragula*

77 *Zoticus hic nudum vanumque reliquit*

Inhaltsverzeichnis

Vorbemerkung V

Einleitung VII

Benutzungsanleitung XIII

Allgemeine Abkürzungen XIV

Bibliographie-Supplement XV

Initia carminum Latinorum saeculo undecimo antiquiorum 1-492

Hypomnemata

Untersuchungen zur Antike und zu ihrem Nachleben

158: Christopher B. Krebs
Negotiatio Germaniae
Tacitus' Germania und Enea Silvio Piccolomini, Giannantonio Campano, Conrad Celtis und Heinrich Bebel
2005. 284 Seiten, gebunden
ISBN 3-525-25257-9

157: Demetrios C. Beroutsos
A Commentary on the "Aspis" of Menander
Part One: Lines 1-298
2005. 112 Seiten, gebunden
ISBN 3-525-25256-0

156: Katharina Luchner
Philiatroi
Studien zum Thema der Krankheit in der griechischen Literatur der Kaiserzeit
2004. 462 Seiten, gebunden
ISBN 3-525-25255-2

155: Martin Holtermann
Der deutsche Aristophanes
Die Rezeption eines politischen Dichters im 19. Jahrhundert
2004. 352 Seiten, gebunden
ISBN 3-525-25254-4

154: Jens Leberl
Domitian und die Dichter
Poesie als Medium der Herrschaftsdarstellung
2004. 394 Seiten, gebunden
ISBN 3-525-25253-6

153: Anja Bettenworth
Gastmahlszenen in der antiken Epik von Homer bis Claudian
Diachrone Untersuchungen zur Szenentypik
2004. 543 Seiten, gebunden
ISBN 3-525-25252-8

152: Francesca Schironi
I frammenti di Aristarco di Samotracia negli etimologici bizantini
Etymologicum Genuinum, Magnum, Symeonis, Megalh Grammatikh, Zonarae Lexicon. Introduzione, edizione critica e commento
2004. 615 Seiten, gebunden
ISBN 3-535-25251-X

151: Immanuel Musäus
Der Pandoramythos bei Hesiod und seine Rezeption bis Erasmus von Rotterdam
2004. 234 Seiten, gebunden
ISBN 3-535-25250-1

150: Adam Nicholas Bartley
Stories from the Mountains, Stories from the Sea
The Digressions and Similes of Oppian's Halieutica and the Cynegetica
2003. XII, 342 Seiten, gebunden
ISBN 3-525-25249-8

149: Augustin Speyer
Kommunikationsstrukturen in Senecas Dramen
Eine pragmatisch-linguistische Analyse mit statistischer Auswertung als Grundlage neuer Ansätze zur Interpretation
2003. 320 Seiten mit 21 Figuren und 15 Tabellen, gebunden
ISBN 3-525-25248-X

V&R
Vandenhoeck & Ruprecht